中国智能交通行业发展年鉴
（2013）

中国智能交通协会 编

電子工業出版社
Publishing House of Electronics Industry
北京·BEIJING

内 容 简 介

由中国智能交通协会、国家智能交通产业技术创新战略联盟组织国内智能交通技术领域知名专家、地方政府和协会组织、骨干企业等共同完成编辑的《中国智能交通行业发展年鉴（2013）》分为综述篇、政策及标准篇、技术篇、产业篇、统计篇、纪事篇及附录，比较全面地反映了2013年我国智能交通行业的总体发展状况。与往年的年鉴相比，本年鉴增加了以下几部分内容：综述篇增加了国际车路协同技术发展动态和国际智能汽车技术发展动态，对智能汽车技术进行了介绍；产业篇新增了协同创新章节，介绍了我国智能交通领域重点协同创新中心的基本情况及工作进展；统计篇中增加了全国机动车和驾驶人数据的统计，收集了我国智能交通相关的主要高校有关院（所）的人才培养数据资料，便于了解智能交通领域的人才培养和基础研究等情况。

本书可作为智能交通相关领域的科研、管理及实际工作者的工具书，也可作为高等院校相关专业培养研究生、本科生的教学参考资料，对政府部门、研究单位和相关企业也具重要的参考价值，具备一定的收藏意义。

图书在版编目（CIP）数据

中国智能交通行业发展年鉴. 2013 / 中国智能交通协会编.—北京：电子工业出版社, 2014.10

ISBN 978-7-121-24534-3

Ⅰ. ①中… Ⅱ. ①中… Ⅲ. ①公路运输－交通运输管理－智能控制－中国－2013－年鉴 Ⅳ. ①U495-54

中国版本图书馆CIP数据核字（2014）第240069号

责任编辑：赵　娜
印　　刷：涿州市京南印刷厂
装　　订：涿州市京南印刷厂
出版发行：电子工业出版社
　　　　　北京市海淀区万寿路173信箱　　邮编：100036
开　　本：787×1092　1/16　　印张：55.25　　字数：1414.4千字
版　　次：2014年10月第1版
印　　次：2014年10月第1次印刷
定　　价：898.00元（含光盘1张）

凡所购买电子工业出版社图书有缺损问题，请向购买书店调换。若书店售缺，请与本社发行部联系，联系及邮购电话：（010）88254888。

质量投诉请发邮件至zlts@phei.com.cn，盗版侵权举报请发邮件至dbqq@phei.com.cn。

服务热线：（010）88258888。

《中国智能交通行业发展年鉴（2013）》

编　委　会

参加年鉴撰稿和编辑的人员（按姓氏拼音排名）

常振臣　陈徐梅　褚端峰　崔　健　崔学荣　付　睿　高　岩
高博麟　公维勇　郭丽君　贺　松　姜良维　金　盛　贾　研
李兴山　林　瑜　刘好德　吕能超　裴　欣　宋向辉　唐少虎
王大珊　王佳谈　许　曼　晏　松　赵江雄　赵玉娟　郑宗杰
朱　勇　诸彤宇　翟　希

序

《中国智能交通行业发展年鉴》从2010年度开始连续编辑出版3年了，今年是年鉴编辑出版的第4个年度，内容日益完善，印刷数量也逐年增加，标志着年鉴在行业内的影响力不断提升，对智能交通行业总体发展的促进作用正在加强。

《中国智能交通行业发展年鉴（2013）》全面展示和总结了我国智能交通行业2013年度的发展成就，反映了我国智能交通行业的创新应用发展趋势，是政府部门和社会各界全面了解智能交通行业发展的重要参考资料。

经过最近十几年的建设与发展，中国公路、水运、高速铁路、民航等交通基础设施建设成效显著。截止到2013年年底，全国公路总里程达424万公里，其中，高速公路达10.44万公里；航空运输方面，2013年全行业完成运输总周转量673亿吨公里；到2013年底，全国铁路营业里程达10.3万公里，高铁运营里程达1.1万公里，在建规模1.2万公里，居世界第一位。在交通基础设施建设大规模发展的同时，我国交通管理和服务的信息化与智能化水平也不断提高，《中国智能交通行业发展年鉴》从不同侧面反映了智能交通系统的建设成就，对于了解和认识智能交通行业的发展具有重要参考价值。

智能交通在提升交通效率、保障安全、服务社会公众、促进交通运输系统可持续发展等方面的成效显著。近年，新一代信息技术发展迅猛，大数据、云计算、物联网、移动互联等在交通领域的广泛应用，为智能交通系统带来新的发展方向和内涵。大力发展智能交通系统，推进智能交通创新成果应用，发展智能交通产业，是我国交通行业转型、建立可持续发展的交通运输系统的重要内容。

中国在保持经济水平稳步增长的同时，对经济增长质量、节能降耗、环境保护也提出了更高的要求。中国的城市化进程面临着交通拥堵、交通安全、环境污染、资源能源制约等问题的巨大挑战。十八大后新组建的交通运输部提出要发展“综合交通、智慧交通、绿色交通和平安交通”四大交通。今后一个时期，立足国情、运用新技术手段，结合智慧城市建设，构建具有中国特色的新一代智能交通系统，将是我国智能交通发展的重要方向。

《中国智能交通行业发展年鉴》的编辑工作目前已成为中国智能交通协会年度工作计划的重要内容。全体编委、撰稿专家、学者、编辑工作人员为之付出了辛勤的劳动。年鉴付梓之际，对参与年鉴编辑工作的所有人员以及为年鉴编辑出版提供支持和帮助的单位和个人表示感谢。

中国智能交通协会理事长

2014年10月

《中国智能交通行业发展年鉴（2013）》编辑说明

《中国智能交通行业发展年鉴（2013）》是中国智能交通协会和国家智能交通产业技术创新战略联盟组织编写的介绍我国智能交通行业年度发展情况的资料性工具书。本年鉴的总体框架沿用《中国智能交通行业发展年鉴（2010）》、《中国智能交通行业发展年鉴（2011）》和《中国智能交通行业发展年鉴（2012）》的结构，具体内容根据2013年的资料情况进行了调整和完善，在编写过程中，也广泛吸收了有关领导、专家和读者提出的意见和建议。

《中国智能交通行业发展年鉴》总体定位为反映我国智能交通行业领域发展状况的权威性与实用性结合的综合性资料。年鉴广泛收集智能交通相关行业发展、政策标准、技术创新、产业发展等资料，总结主要城市和地区的智能交通建设成就，介绍智能交通产业和市场的发展情况，力求全面、系统地展示智能交通行业的年度发展情况。

《中国智能交通行业发展年鉴（2013）》分为综述篇、政策及标准篇、技术篇、产业篇、统计篇、纪事篇和附录七大部分。在部分内容上具有一定的特色：综述篇国际智能交通发展方面，增加了国际车路协同技术发展动态和国际智能汽车技术发展动态，对智能汽车技术进行了介绍；产业篇新增了协同创新的章节，介绍我国智能交通领域重点协同创新中心的基本情况及工作进展；统计篇中增加了全国机动车和驾驶人数据的统计；统计篇中还对我国智能交通相关的主要高校有关院（所）的人才培养数据资料进行了收集，便于了解智能交通领域的人才培养和基础研究等情况。在智能交通主要产品市场分析等方面，目前尚缺乏权威、系统的统计，年鉴在产业篇中收录了有关机构的分析研究报告，以供参考。

在《中国智能交通行业发展年鉴（2013）》的编辑出版过程中，得到了科学技术部高新技术发展及产业化司、高技术研究发展中心以及公安部、交通运输部、国家铁路局、住房和城乡建设部、中国民航局等部委有关部门领导的指导；得到了有关行业、城市和地区的交通管理部门、高校和研究单位、企业的大力支持；全国智能运输系统标准化技术委员会等为年鉴的编辑出版开展了积极的工作；众多专家积极为年鉴撰稿和整理资料，对编辑工作提供了大力支持，在此一并致谢。

由于智能交通行业涉及领域多且构成比较复杂，年鉴编辑在资料收集、统计等方面还有许多局限，在资料的系统性、全面性、准确性等方面还有待提高。衷心希望智能交通领域的广大同仁和社会各界对年鉴的编辑出版给予更多的关心和支持，使年鉴的总体水平逐年提升。对于年鉴内容的不足之处，敬请广大读者批评指正。

中国智能交通协会

《中国智能交通行业发展年鉴（2013）》编委会

2014 年 10 月

目 录

第一篇 综述篇

第二篇 政策及标准篇

第三篇 技术篇

第五篇 统计篇

第六篇 纪事篇

第七篇 附录

第一篇

综述篇

第一章

相关行业发展动态

2013年公路行业发展概况

一、总体篇

（一）坚持稳中求进，公路交通基础设施建设取得新进展

2013年，交通运输部编制并报国务院批准了《国家公路网规划（2013—2030年）》，提出了到2030年构建布局合理、功能完善、覆盖广泛、安全可靠的国家公路网络。积极推进国家高速公路联网贯通，加快“断头路”和“瓶颈路段”项目建设改造。浙江嘉绍大桥、安徽马鞍山长江大桥、江西九江长江二桥顺利建成，港珠澳大桥关键控制性工程取得突破。新疆公路代建援建工作进展顺利。国省干线建设、改造步伐加快，西藏墨脱公路建成通车。西部地区农村公路通畅工程、东中部地区县乡公路改造连通工程建设稳步推进。加快实施集中连片特困地区交通项目建设，制定《“溜索改桥”建设规划（2013—2015年）》，扎实做好联系六盘山片区、定点扶贫阿坝州等工作。公路养护管理、路网结构改造、桥梁安全运行管理进一步加强。

（二）强化服务民生，运输服务保障能力持续提升

鲜活农产品运输“绿色通道”政策和重大节假日小客车免费通行政策平稳实施。收费公路清理和取消政府还贷二级公路收费工作有序推进。二是加强和改进运输服务。有力保障了重点物资运输和特殊时段旅客运输。进一步推广电子不停车收费系统（ETC）应用联网，推动军车安装使用ETC，在北京等11个省份开展了试运行工作。

（三）积极应对重大突发事件，安全监管和应急搜救能力不断提高

完成了3730座危桥、6.2万公里安全隐患路段和3825公里地质灾害隐患路段的整改工作，对40座长大桥梁和2.2万公里国道进行了抽检。扎实推进平安工地建设，全面推行桥梁隧道施工安全风险评估制度，开展了“防坍塌、防坠落、反三违”专项治理活动，施工安全风险管控能力进一步增强。提高重大突发事件应急保障能力，成功应对四川芦山、甘肃岷县漳县地震、四川特大泥石流灾害、东北西北大范围强降雨以及多起严重雾霾等突发事件对交通运输的影响，在抢通保通和灾后恢复重建中较好地完成了各种急难险重任务。军民融合发展持续深化，武警交通部队在抢险救灾和处突中的重要作用更加突出。

二、数字篇

（一）公路基础设施

1. 公路建设

截至 2013 年底，全国公路总里程达 435.62 万公里，比上年末增加 11.87 万公里。公路密度为 45.38 公里 / 百平方公里，提高 1.24 公里 / 百平方公里。公路养护里程 425.14 万公里，提高 0.4 个百分点。

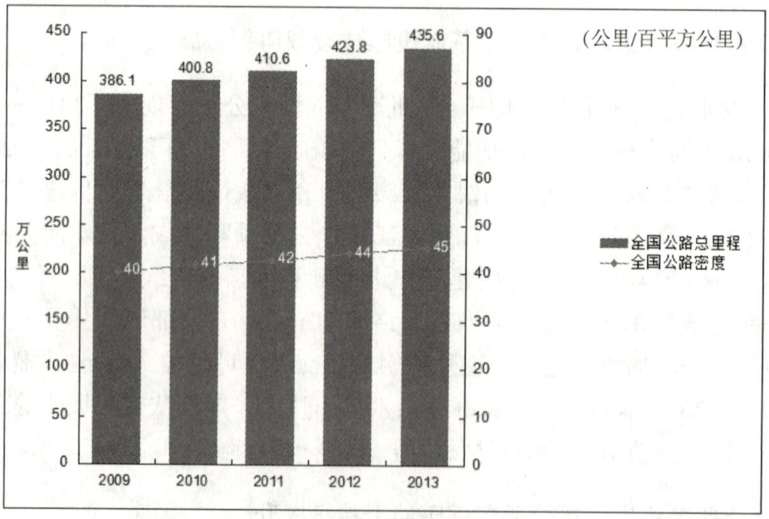

图1　2009－2013年全国公路总里程及公路密度

全国等级公路里程 375.56 万公里，比上年末增加 14.60 万公里。等级公路占公路总里程 86.2%，提高 1.0 个百分点。其中，二级及以上公路里程 52.44 万公里，增加 2.25 万公里，占公路总里程 12.0%，提高 0.2 个百分点。

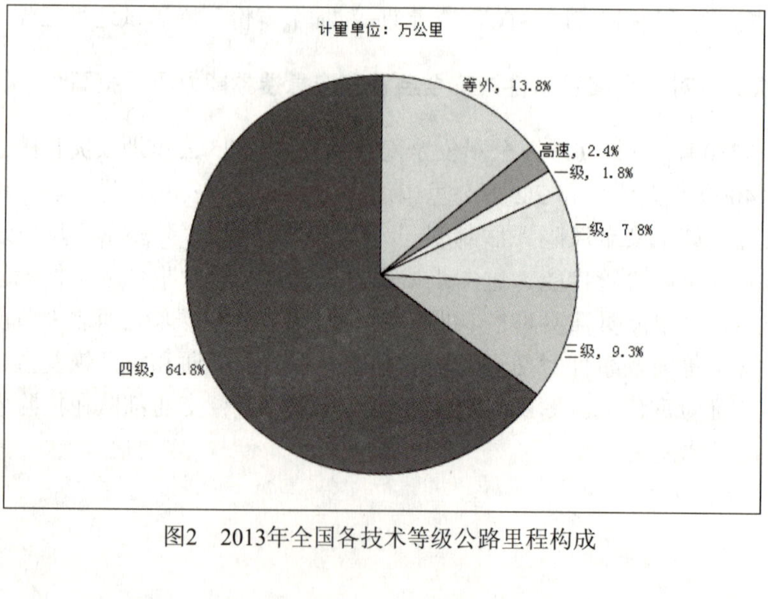

图2　2013年全国各技术等级公路里程构成

各行政等级公路里程分别为：国道 17.68 万公里（其中普通国道 10.60 万公里）、省道 31.79 万公里、县道 54.68 万公里、乡道 109.05 万公里、专用公路 7.68 万公里，比上年末分别增加 0.35 万公里、0.58 万公里、0.73 万公里、1.39 万公里和 0.31 万公里。

全国高速公路里程达 10.44 万公里，比上年末增加 0.82 万公里。其中，国家高速公路 7.08 万公里，增加 0.28 万公里。全国高速公路车道里程 46.13 万公里，增加 3.67 万公里。

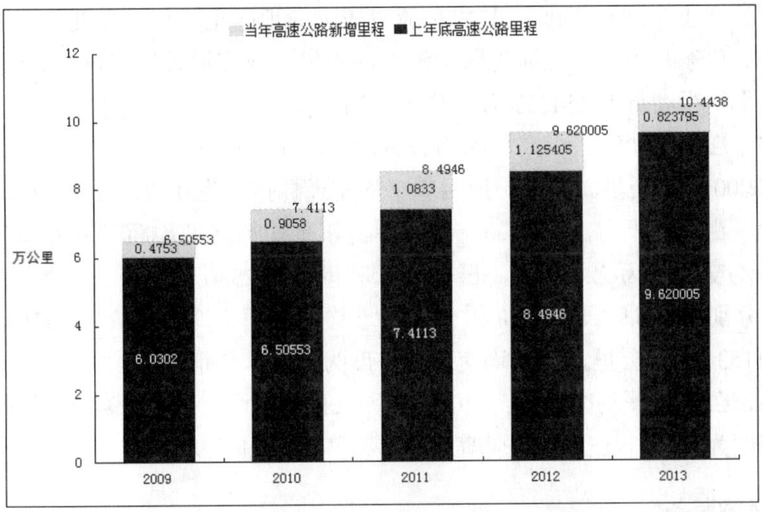

图3　2009－2013年全国高速公路里程

全国农村公路（含县道、乡道、村道）里程达 378.48 万公里，比上年末增加 10.64 万公里，其中村道 214.74 万公里，增加 8.52 万公里。全国通公路的乡（镇）占全国乡（镇）总数 99.97%，其中通硬化路面的乡（镇）占全国乡（镇）总数 97.81%、比上年末提高 0.38 个百分点；通公路的建制村占全国建制村总数 99.70%，其中通硬化路面的建制村占全国建制村总数 89.00%、提高 2.54 个百分点。

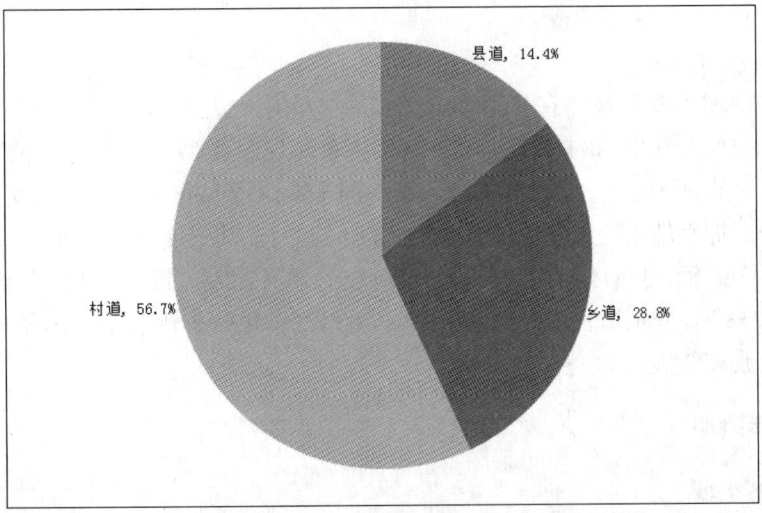

图4　2013年全国农村公路里程构成

全国公路桥梁达73.53万座、3977.80万米，分别比上年末增加2.19万座、315.02万米。其中，特大桥梁3075座、546.14万米，大桥67677座、1704.34万米。全国公路隧道为11359处、960.56万米，增加1337处、155.29万米。其中，特长隧道562处、250.69万米，长隧道2303处、393.62万米。

2．国家干线公路交通流量

全国国道网机动车年平均日交通量为14564辆（当量标准小客车，下同），按可比口径（下同）比上年增长2.1%，其中车流量较大的地区主要集中在北京、天津、上海、江苏、浙江、广东和山东，上述地区国道网的年平均日交通量均超过2万辆。全国国道网机动车日平均行驶量为254737万车公里（当量标准小客车，下同），增长4.2%，其中河北、辽宁、江苏、浙江、山东、河南、湖南、广东、广西、陕西的国道网日平均行驶量均超过10000万车公里。全国国道网年平均交通拥挤度为0.47，增长2.1%，其中北京、天津、河北、山西、上海、浙江、广东的国道年平均拥挤度均超过0.6。其中，国家高速公路日平均交通量为22450辆，日平均行驶量为162580万车公里，年平均交通拥挤度为0.37，分别增长5.9%、10.3%和5.4%；普通国道日平均交通量为10714辆，日平均行驶量为111531万车公里，年平均交通拥挤度为0.63，分别下降1.0%、0.4%和1.5%。

全国高速公路日平均交通量为20998辆，日平均行驶量为229416万车公里，年平均交通拥挤度为0.34，比上年分别增长5.6%、14.6%和5.9%。

（二）运输装备

1．公路营运汽车

2013年底，全国拥有公路营运汽车1504.73万辆。

拥有载客汽车85.26万辆、2170.26万客位，比上年末分别减少1.67%和增加0.17%。其中，大型客车29.90万辆、1283.12万客位，分别增长4.2%和4.9%。拥有载货汽车1419.48万辆、9613.91万吨位，其中普通货车1080.75万辆、5008.34万吨位，专用货车46.21万辆、514.45万吨位。

2．城市客运车辆

年末全国城市及县城拥有公共汽电车50.96万辆、57.30万标台，比上年末分别增长7.3%和8.5%，其中BRT车辆4484辆。按车辆燃料类型分，其中柴油车、天然汽车、汽油车分别占59.3%、24.3%和3.4%。全国有18个城市开通了轨道交通，比上年末增加2个。拥有轨道交通车站1549个，增加174个，其中换乘站134个，增加18个；运营车辆14366辆、34415标台，分别增长13.9%和12.2%，其中，地铁车辆12971辆，轻轨车辆1253辆，分别增长15.6%和0.5%。出租汽车运营车辆134.00万辆，增长3.1%。城市客运轮渡422艘。

（三）运输服务

1．公路运输

全年全国营业性客运车辆完成公路客运量185.35亿人、旅客周转量11250.94亿人公里，按可比口径比上年分别增长 4.2% 和 1.0%，平均运距 60.70 公里。全国营业性货运车辆完成货运量 307.66 亿吨、货物周转量 55738.08 亿吨公里，按可比口径比上年分别增长 10.9% 和 11.2%，平均运距 181.16 公里。

2．城市客运

全国拥有公共汽电车运营线路 41738 条，运营线路总长度 74.89 万公里，比上年末增加 3495 条、3.44 万公里，其中公交专用车道 5890.6 公里，增加 634.8 公里；BRT 线路长度 2753 公里；全年新辟、撤销、调整公共汽电车运营线路条数分别为 3373 条、833 条、5248 条。轨道交通运营线路 81 条，运营线路总长度 2408 公里，增加 12 条、350 公里，其中地铁、轻轨线路分别为 67 条、2050 公里和 9 条、290 公里。城市客运轮渡运营航线 143 条，运营航线总长度 575 公里。

全年城市客运系统运送旅客 1283.35 亿人，比上年增长 4.5%。其中，公共汽电车完成 771.17 亿人，增长 2.8%，BRT 客运量 10.96 亿人次，公共汽电车运营里程 348.96 亿公里，增长 0.6%；轨道交通完成 109.19 亿人，运营里程 2.74 亿列公里，分别增长 25.1% 和 21.5%；出租汽车完成 401.94 亿人，运营里程 1593.21 亿公里，分别增长 3.1% 和 1.7%；平均每车次载客人数 1.97 人 / 车次，空驶率 30.9%；客运轮渡完成 1.06 亿人，下降 19.4%。

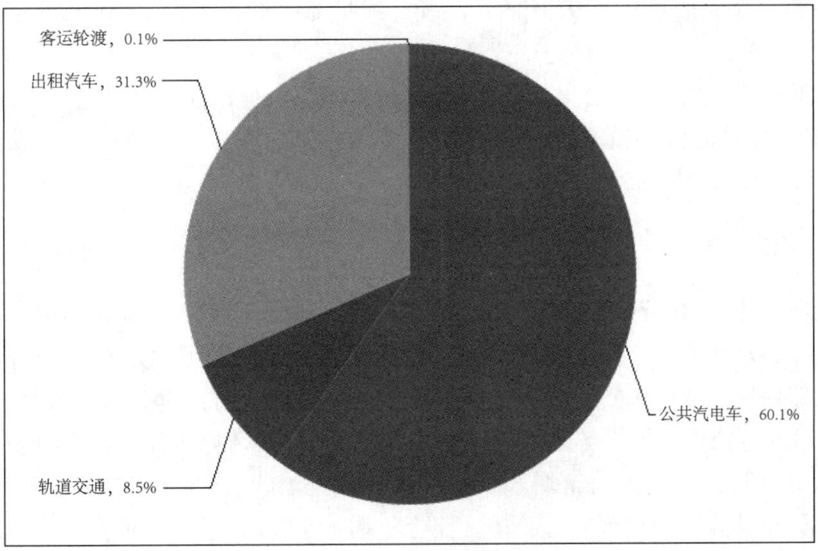

图5　2013年城市客运系统客运量构成

（撰稿：李爱民）

2013年铁路行业发展概况

2013 年，国务院机构改革和职能转变方案正式公布，铁路系统一分为二，实现铁路政企分开，组建国家铁路局由交通运输部管理，组建中国铁路总公司承担原铁道部的企业职责。铁路行业以改革为动力，深入推进安全风险管理、运输组织改革、铁路基本建设，维护铁路安全稳定，各方面工作都取得了新成绩。

一、铁路建设平稳持续发展

（一）基本建设

2013 年全国铁路共完成投资 5327.70 亿元，其中国家铁路 .70 亿元，其中国家铁路和合资铁路完成投资 5308.88 亿元。路网大中型项目 332 个，完成投资 5308.05 亿元。其中，新建铁路完成投资 4291.0 亿元，既有线扩能改造完成投资 1017.05 亿元，分别占 80.8% 和 19.2%。地方铁路完成投资 18.82 亿元。

全年共投产新线 5586 公里，其中高速铁路 1672 公里，津秦、西宝、宁杭、盘营、杭甬等高铁开通运营；投产复线 4180 公里、电气化铁路 4810 公里。完成新线铺轨 7025 公里、复线铺轨 5954 公里。

（二）路网规模

2013 年全国铁路营业里程达到 10.3 万公里，比上年增长 5.7%。其中，高铁营业里程达到 1.1 万公里；合资铁路营业里程达到 3.2 万公里，地方铁路营业里程达到 0.4 万公里。路网密度 106.9 公里 / 万平方公里，比上年增加 5.7 公里 / 万平方公里。其中，复线里程 4.8 万公里，比上年增长 10.4%，复线率 46.8%，比上年提高 2 个百分点；电气化里程 5.6 万公里，比上年增长 9.4%，电化率 54.1%，比上年提高 1.8 个百分点。西部地区铁路营业里程达到 4 万公里，比上年增加 2245 公里、增长 6.0%。

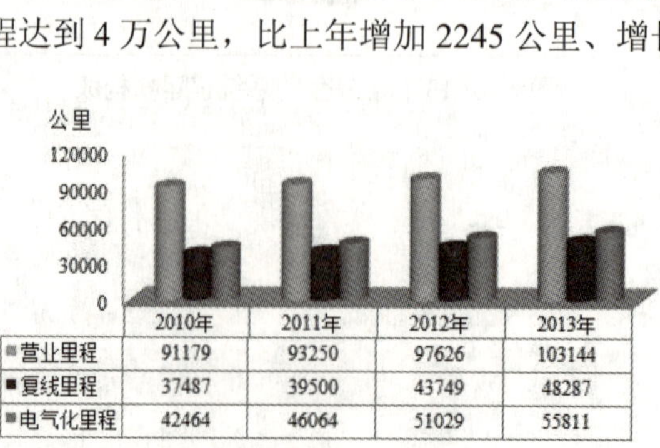

	2010年	2011年	2012年	2013年
营业里程	91179	93250	97626	103144
复线里程	37487	39500	43749	48287
电气化里程	42464	46064	51029	55811

图1　2008—2013年全国铁路营业、复线、电气化里程

（三）装备规模

国家铁路机车车辆购置完成投资 1038 亿元。全国铁路机车拥有量为 2.08 万台，比上年增加 38 台，其中和谐型大功率机车 7017 台，比上年增加 972 台。内燃机车占 47.8%，电力机车占 52.1%。全国铁路客车拥有量为 5.88 万辆，比上年增加 0.11 万辆；其中空调车 4.86 万辆，占 82.6%，比上年提高 4.8 个百分点。“和谐号”动车组 1308 组、10464 辆，比上年增加 225 组、1800 辆。全国铁路货车拥有量为 68.8 万辆，比上年增加 1.74 万辆，增长 2.6%。

二、铁路运输生产成效显著

（一）旅客运输

2013 年全国铁路旅客发送量完成 21.06 亿人，比上年增加 2.04 亿人、增长 10.8%。其中，国家铁路 20.75 亿人，增长 10.7%；非控股合资铁路 0.24 亿人，增长 15.0%；地方铁路 0.07 亿人，增长 18.4%。全国铁路旅客周转量完成 10595.62 亿人公里，比上年增加 783.29 亿人公里、增长 8.0%。其中，国家铁路 10550.32 亿人公里，增长 8.0%；非控股合资铁路 38.02 亿人公里，增长 17.7%；地方铁路 7.28 亿人公里，增长 5.9%。

（二）货物运输

2013 年全国铁路货运（含行包）总发送量完成 39.67 亿吨，比上年增加 0.63 亿吨、增长 1.6%。其中，国家铁路 32.22 亿吨，下降 0.4%；非控股合资铁路 4.95 亿吨，增长 12.6%；地方铁路 2.50 亿吨，增长 9.1%。全国铁路货运（含行包）总周转量完成 29173.89 亿吨公里，比上年减少 13.20 亿吨公里、下降 0.05%。其中，国家铁路 26845.01 亿吨公里，下降 1.4%；非控股合资铁路 2173.94 亿吨公里，增长 18.8%；地方铁路 154.94 亿吨公里，增长 13.8%。

（三）重点运输

2013 年全国铁路煤炭运量完成 23.22 亿吨，比上年增长 2.7%。冶炼物资运量完成 8.51 亿吨，下降 0.8%。石油运量完成 1.39 亿吨，增长 0.8%。粮食运量完成 1.10 亿吨，增长 5.4%。化肥及农药运量完成 0.87 亿吨，下降 6.0%。集装箱运量完成 0.88 亿吨，下降 4.5%。全国铁路口岸共完成进出口货物运量 0.58 亿吨，增长 7.3%。其中：满洲里、绥芬河、二连、阿拉山口四大口岸站共完成进出口货物运量 0.56 亿吨，增长 4.5%。

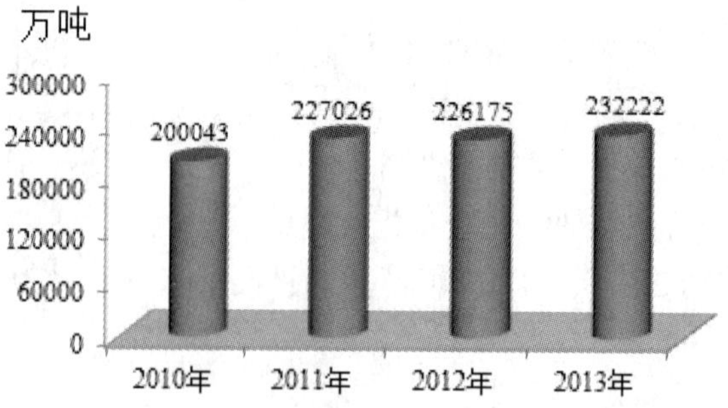

图2　2010—2013年全国煤炭发送量

三、铁路行业政策解析与导向

2012年以来，铁路行业相关政策密集出台。与往年相比，这些政策除集中于制定与完善铁路工程建设与施工的技术标准，监管铁路运行安全外，还涉及到调整铁路运价、重新分配税收收入、建立行业节能减排目标等各个方面，以推进行业全面健康发展。此外，铁道部的市场化改革在2013年得以实现，政企分开顺利实现，其中原铁道部的企业职能由新组建的铁路总公司负责，铁路总公司的企业市场主体地位得以确立，铁路也将逐渐进入市场化的运营模式。

根据铁路系统的市场化进程以及2013年全国铁路工作会议要求，我国铁路行业政策重点将集中于以下几个方面：

（一）鼓励发展“海铁联运”、“公铁联运”等联合运输方式

大部制改革后，交通部全面考虑、统一规划全国的交通设施建设，加强多种交通方式的衔接，促进我国“大交通”综合运输体系的快速建立，尤其鼓励发展“海铁联运”、“公铁联运”等联合运输方式，加快提升货物运输效率，一方面为铁路运输带来更多货源、提高铁路的盈利能力，另一方面能更好发挥铁路的运输优势，改善铁路缺乏灵活性等问题。

（二）加快推进铁路客货运价改革

在国家宏观调控指导下，合理确定铁路客货运价水平、建立市场化运价形成和调整机制的建议，探索建立成本监审与价格审批相结合，并与居民可支配收入、生产资料价格指数等数据联动的运价调节机制。初步预计，铁路公司的相对经营自主权主要体现在价格的浮动上，如根据淡旺季浮动、不同线路差别定价等。

（三）积极推进铁路系统投融资体制改革

随着铁路企业体制改革的顺利推进，铁路行业资产划分重组、定价机制、收入清算机制将逐渐清晰，预计政府将逐步放开对铁路行业的投资限制。未来铁路融资将实

现多元化，民营资本、外资等将加快进入建设及运营领域。同时，还将充分利用现有铁路上市公司资本市场融资平台的作用，促进相关上市公司资产加快注入进程。

（四）大力发展铁路现代物流

物流业是国民经济的重要组成部门，也是衡量一个国家现代化水平与综合国力的重要标志之一。铁路具有得天独厚的运输网络优势和相应的仓储场站、运输代理、信息系统等配套服务条件，在我国现代物流综合体系中占有重要地位。现代物流是铁路货运的发展方向。未来铁路将从三个方面推进现代物流发展，一是积极拓展集装箱、行包、特货、小汽车、冷藏等物流领域的市场开发和全程服务。在高附加值小件货物运输需求旺盛的地区积极开行行包行邮专列，在适箱货源充裕的地区和港口枢纽，大力开行集装箱班列。二是加快推进 18 个集装箱中心站、33 个集装箱专办站以及一批行邮行包基地等设施建设，做好与既有物流节点的有效衔接，实现物流综合网络功能。三是推动装卸与物流企业的重组整合，使装卸逐步从生产型、限制型向经营型、服务性转变。整合既有铁路装卸资源，解决资源分散、多头经营等问题，提升铁路装卸专业化水平。

（撰稿：中国智能交通协会）

2013年水运行业发展概况

一、发展状况

（一）基础设施建设

水路交通基础设施建设稳步推进。2013 年年末全国内河航道通航里程 12.59 万公里，比上年末增加 858 公里。等级航道 6.49 万公里，占总里程 51.6%，提高 0.6 个百分点。其中，三级及以上航道 10201 公里，五级及以上航道 2.76 万公里，分别占总里程 8.1% 和 21.9%，分别提高 0.2 个和 0.8 个百分点。

各等级内河航道通航里程分别为：一级航道 1395 公里，二级航道 3043 公里，三级航道 5763 公里，四级航道 8796 公里，五级航道 8600 公里，六级航道 19190 公里，七级航道 18113 公里。等外航道 6.10 万公里。

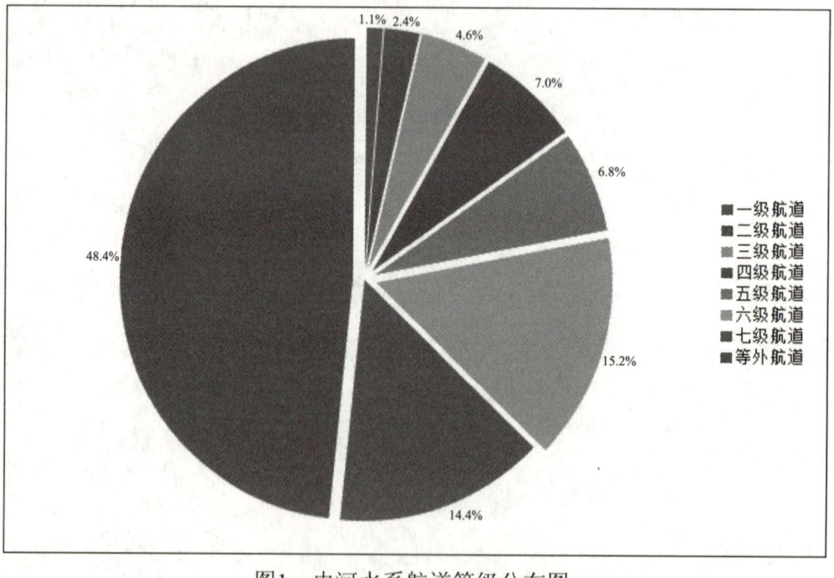

图1　内河水系航道等级分布图

各水系内河航道通航里程分别为：长江水系 64254 公里，珠江水系 16163 公里，黄河水系 3488 公里，黑龙江水系 8211 公里，京杭运河 1437 公里，闽江水系 1973 公里，淮河水系 17338 公里。

2013 年末全国港口拥有生产用码头泊位 31760 个，比上年末减少 102 个。其中，沿海港口生产用码头泊位 5675 个，增加 52 个；内河港口生产用码头泊位 26085 个，减少 154 个。

全国港口拥有万吨级及以上泊位 2001 个，比上年末增加 115 个。其中，沿海港口万吨级及以上泊位 1607 个，增加 90 个；内河港口万吨级及以上泊位 394 个，增加 25 个。详细的统计情况见表 1 所示。

表1　2013年全国港口万吨级及以上泊位（计量单位：个）

项目 / 泊位吨级	全国港口	比上年末增加	沿海港口	比上年末增加	内河港口	比上年末增加
1-3万吨级（不含3万吨级）	736	4	567	3	169	1
3-5万吨级（不含5万吨级）	356	21	254	22	102	-1
5-10万吨级（不含10万吨级）	648	67	532	43	116	24
10万吨级及以上	261	23	254	22	7	1
合计	2001	115	1607	90	394	25

全国万吨级及以上泊位中，专业化泊位 1062 个，通用散货泊位 414 个，通用件杂货泊位 345 个，比上年末分别增加 65 个、35 个和 5 个。详细的统计情况见表 2 所示。

表2　2013年全国港口万吨级及以上泊位（计量单位：个）

泊位用途	2012年	2013年	比上年增加
专业化泊位合计	997	1062	65
其中：集装箱泊位	309	321	12
煤炭泊位	189	206	17
金属矿石泊位	60	61	1
原油泊位	68	68	0
成品油泊位	114	124	10
液体化工泊位	141	157	16
散装粮食泊位	34	36	2
通用散货码头	379	414	35
通用件杂货码头	340	345	5

在全国水路货运中，内河运输完成货运量 32.39 亿吨、货物周转量 11514.14 亿吨公里；沿海运输完成货运量 16.47 亿吨、货物周转量 19216.14 亿吨公里；远洋运输完成货运量 7.12 亿吨、货物周转量 48705.37 亿吨公里。

全年全国港口完成货物吞吐量 117.67 亿吨，比上年增长 9.2%。其中，沿海港口完成 75.61 亿吨，内河港口完成 42.06 亿吨，分别增长 9.9% 和 7.9%。

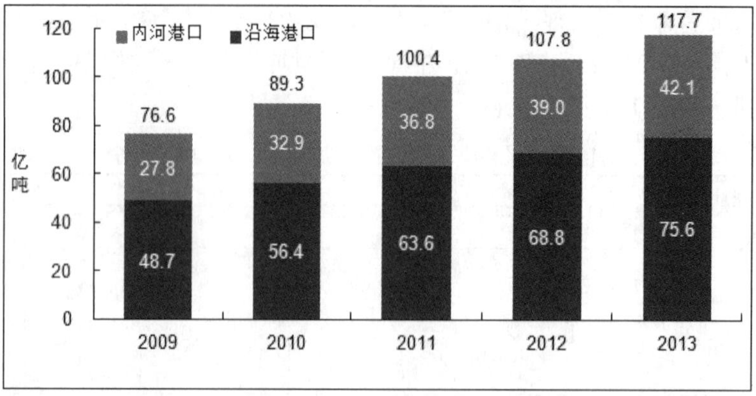

图2　2009—2013年全国港口货物吞吐量

全国港口完成旅客吞吐量 1.85 亿人，比上年下降 4.8%。其中，沿海港口完成 0.78 亿人，内河港口完成 1.07 亿人，分别下降 1.2% 和下降 7.3%。

全国港口完成外贸货物吞吐量 33.60 亿吨，比上年增长 9.9%。其中，沿海港口完成 30.57 亿吨，内河港口完成 3.03 亿吨，分别增长 9.7% 和 11.8%。

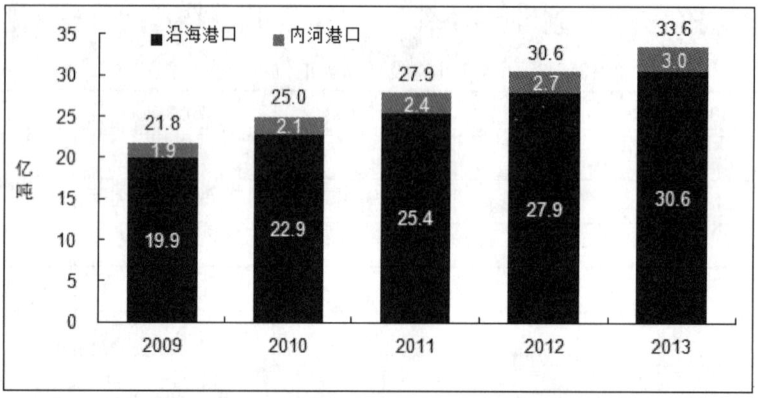

图3　2009—2013全国港口外贸吞吐量

全国港口完成集装箱吞吐量 1.90 亿 TEU，比上年增长 7.2%。其中，沿海港口完成 1.70 亿 TEU，内河港口完成 2053 万 TEU，比上年分别增长 7.4% 和 5.3%。

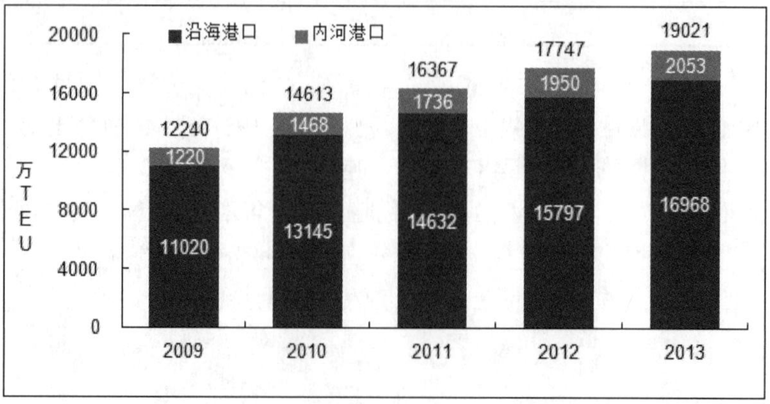

图4　2009—2013全国港口集装箱吞吐量

全国港口完成液体散货吞吐量9.48亿吨，比上年增长4.6%；干散货吞吐量69.10亿吨，增长9.8%；件杂货吞吐量11.67亿吨，增长9.6%；集装箱吞吐量（按重量计算）21.85亿吨，增长10.3%；滚装汽车吞吐量（按重量计算）5.57亿吨，增长4.5%。

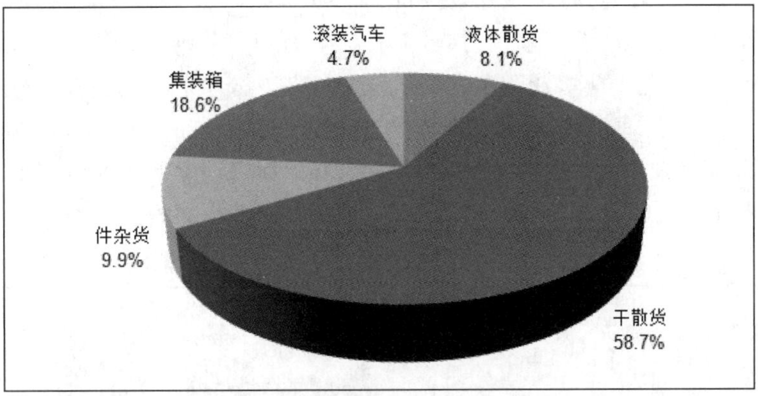

图5　2013年各形态货种吞吐量构成

全国规模以上港口完成货物吞吐量106.49亿吨，比上年增长8.9%。其中，完成煤炭及制品吞吐量21.73亿吨，石油、天然气及制品吞吐量7.58亿吨，金属矿石吞吐量16.70亿吨，分别增长8.9%、2.6%和11.4%。

表3　2013年规模以上港口各货类吞吐量及增长速度

货类名称	吞吐量（亿吨）	比上年增长（%）	外贸吞吐量（亿吨）	比上年增长（%）
总计	106.49	8.9	33.24	9.7
煤炭及制品	21.73	8.9	3.13	19.1
石油、天然气及制品	7.58	2.6	3.62	7.5
#原油	4.06	3.2	2.72	6.4
金属矿石	16.7	11.4	10.22	12.6
#铁矿石	14.65	10.2	8.89	11.7
钢铁	4.52	6.9	0.72	7.3
矿建材料	16.31	9.2	0.32	17.1
水泥	2.86	14.9	0.13	27.5
木材	0.72	8.2	0.58	11.7
非金属矿石	2.34	13.6	0.63	33
化学肥料及农药	0.39	2	0.22	6.3
盐	0.16	22.9	0.08	58.2
粮食	2.25	12.7	0.81	6.7
机械、设备、电器	1.96	0.2	1.18	0.2
化工原料及制品	2.16	14.2	0.88	14.1
有色金属	0.16	35.7	0.14	32.9
轻工、医药产品	1.11	11.4	0.48	4.3
农林牧渔业产品	0.42	-3.6	0.21	-3.9
其他	25.11	8.7	9.89	4.7

（二）建设投资结构

水运建设投资结构进一步优化。全年内河及沿海建设完成投资 1528.46 亿元，比上年增长 2.3%。其中，内河建设完成投资 545.97 亿元，增长 11.5%。内河港口新建及改（扩）建码头泊位 164 个，新增吞吐能力 9271 万吨，其中万吨级及以上泊位新增吞吐能力 4316 万吨。全年新增及改善内河航道里程 866 公里。沿海建设完成投资 982.49 亿元，下降 2.2%。沿海港口新建及改（扩）建码头泊位 125 个，新增吞吐能力 30597 万吨，其中万吨级及以上泊位新增吞吐能力 27163 万吨。集中连片特困地区贫困县完成水运建设投资 19.33 亿元，全部为内河建设投资，增长 20.7%，占全国内河建设投资 3.5%。

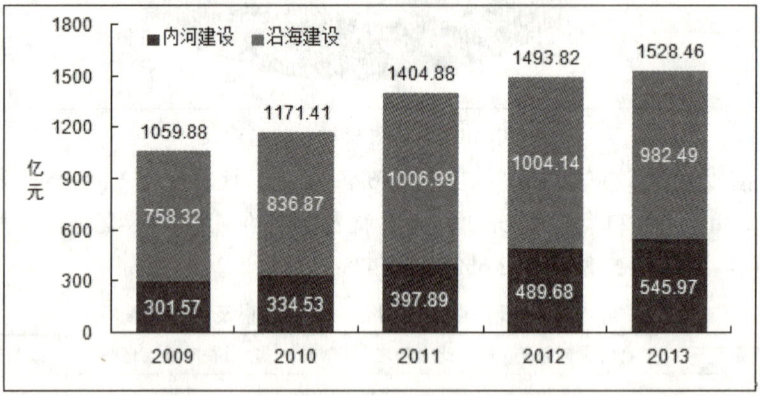

图6　2009—2013年水运建设投资额

（三）运输保障能力

运输保障能力不断增强，服务水平进一步提升。在运输装备方面，继续推进运力结构调整，鼓励发展专业化、大型化运输工具。年末全国拥有水上运输船舶 17.26 万艘，比上年末减少 3.4%；净载重量 24401.03 万吨，增长 6.8%；平均净载重量 1414.11 吨 / 艘，增长 10.5%；载客量 103.30 万客位，增长 0.8%；集装箱箱位 170.16 万 TEU，增长 8.1%；船舶功率 6484.66 万千瓦，增长 1.5%。

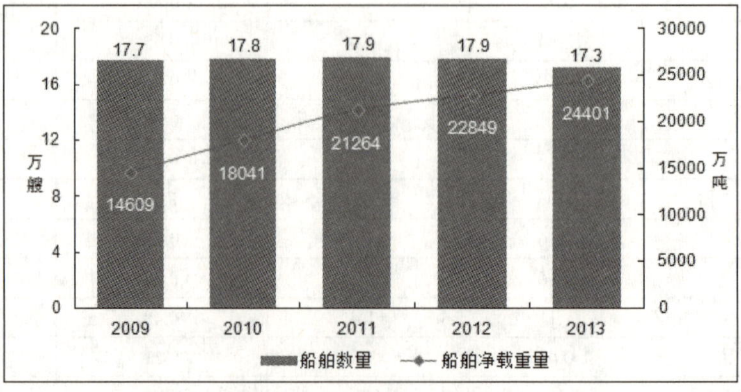

图7　2009—2013年全国水上运输船舶拥有量

表4　2013年水上运输船舶构成（按航行区域分）

指标	计量单位	实绩	比上年增长（%）
内河运输船舶			
运输船舶数量	万艘	15.91	-3.7
净载重量	万吨	10215.65	8.9
平均净载重量	吨/艘	642	13.1
载客量	万客位	81.7	0.1
集装箱箱位	万TEU	24.47	28.9
船舶功率	万千瓦	3011.44	0.5
沿海运输船舶			
运输船舶数量	万艘	11024	0.7
净载重量	万吨	6818.78	4.5
平均净载重量	吨/艘	6185	3.8
载客量	万客位	19.56	3.5
集装箱箱位	万TEU	28.03	23.4
船舶功率	万千瓦	1736.6	1.8
远洋运输船舶			
运输船舶数量	万艘	2457	-1.2
净载重量	万吨	7366.6	6.1
平均净载重量	吨/艘	29982	7.3
载客量	万客位	2.04	4.5
集装箱箱位	万TEU	117.66	1.7
船舶功率	万千瓦	1736.62	2.9

（四）交通安全监管

水上交通安全监管能力稳步增强。2013 年全年全国共发生运输船舶水上交通事故 262 件，死亡失踪 265 人，沉船 142 艘，直接经济损失 3.84 亿元，比上年分别下降 3.1%、4.3%、13.9% 和 17.6%。全国各级海上搜救中心全年共组织、协调搜救行动 2164 次，出动、协调各类船艇 7507 艘次、飞机 386 架次；在我国搜救责任区遇险船舶 2129 艘，获救船舶 1748 艘，遇险人员 21379 名，成功搜救 20692 名，搜救成功率达 96.8%。

公路水路交通运输建设领域全年共发生生产安全事故 56 起，比上年增长 36.6%，死亡 89 人，下降 10.1%。其中，死亡 3 ～ 9 人的较大事故 5 起、死亡 17 人，分别减少 5 起、24 人。死亡 10 ～ 29 人的重大事故 1 起、死亡 11 人。

二、发展动向

（一）航运综合服务信息系统在内河领域开始规模应用

20 世纪末，为了促进欧洲内河航运业进一步发展，满足日益频繁的跨国、跨地区运输需求，实现跨国交通运输无缝管理、快捷物流以及航运安全，欧盟提出发展统一的内河航运综合信息服务（Harmonized River Information Services，RIS），为不同用户提供实用性、多源协同式信息服务。其特点就是跨区域、跨部门异构系统的资源整合。

随着近年来我国内河航运信息化的不断深入，内河航运信息服务综合化、协同化的观念正逐步加强，政府及各级航运管理部门也认识到业务系统互连互通、航运信息综合利用的必要性与迫切性。引入内河航运综合信息服务，有助于改变我国内河航运信息共享差的现状，加快实现内河航运现代化。

当前，长江流域已经建立起长江黄金水道综合信息服务系统，长江航运综合服务信息系统、珠江航运综合服务信息系统也正在筹建中。通过搭建集行业管理、运输组织及运输服务于一体的、面向全行业及社会公众的内河航运综合服务信息系统平台，建立内河航运信息资源比较充足、应用集成比较完整、信息资源数据传输快捷的航运综合服务信息体系，以信息化带动内河航运现代化，实现内河航运业务电子化、航运信息网络化，引领我国内河航运业向现代服务业转型，推动内河航运现代化。

（二）海事信息化建设提速

船舶“一卡通”系统是作为部海事局推进海事管理现代化进程，建设水上安全监督管理信息系统的重点工程。预设计将实现六大功能板块：数据统一化、签证电子化、计费自动化、统计智能化、业务协同化、管理网络化。“数据统一化”功能建立全国统一权威的船舶数据库，实现基本信息共享；“签证电子化”、“计费自动化”和“统计智能化”，提高船舶管理业务的效率，防止不规范操作;“业务协同化”和“管理网络化”，实现智能化管理。该系统成功将海事人员从繁琐低效的手写时代解脱出来。同时，全国联网的船员信息及网上申办系统也开始建设。

（三）长江数字航道与智能航道建设初步完成

为落实交通运输部“关于贯彻《国务院关于加快长江等内河水运发展的意见》的实施意见”，长江航道局2012年工作会议提出，加快数字航道和智能航道建设，到2015年基本建成长江干线数字航道，初步建成长江干线智能航道。

近年来，随着长江“数字航道”建设的启动，长江航道信息化建设经历了一个快速的发展历程，在电子航道图建设、航道测量、信息基础设施建设等方面取得了一系列的成绩，已经初步具备由数字化向智能化转变的条件。数字航道的建设成果为解决制约长江“智能航道”发展的全局性、系统性问题，进一步提高长江航道管理的能效，实现长江航道的管理和服务水平的大幅度提升，推动长江航道由传统服务型向主动服务型转变，养护方式由劳动密集型向技术管理型转变，管理手段由单纯行政管理向依法综合管理转变，尽早开展长江“智能航道”的研究和规划，具有十分重要的意义。

三、ITS的应用发展

（一）水上智能交通系统

水上智能交通系统主要包括船舶航行监控系统、交通管理系统、船舶自动导航与避碰系统、突发事件应急系统及交通信息发布系统等。系统将先进的计算机技术、传感器技术、识别技术、数字化和数据库技术、网络技术、自动控制技术等有效地融合起来。并与所有的航海信息应用系统有机地结合在一起，最终形成一个开放的，集查询、控制、管理、决策于一体的水上数字交通系统，从而实现提高船舶交通的安全水平。海运行业应用电子信息技术改造传统产业已经迈出了坚实的步伐，取得了显著成效。

目前在航运信息管理系统领域，国内的应用主要有：

中远集团和中海集团的船务管理系统、箱务管理系统、船舶智能动态管理系统；上海、天津、青岛、广州、大连等港口的装卸调度系统、堆场管理系统、水上交通安全管理 (VTS) 系统等。另外，还有许多行业性的信息系统、国际集装箱电子信息交换系统、水运信息统计系统、港口航道基础数据库系统等。

这些智能系统为进一步的海上智能交通系统研究和开发打下了良好的基础。

（二）船联网逐步应用

船联网即融合了物联网技术的智能航运信息网络。船联网的发展，是在原有的航运业信息化建设的基础上进行的。而我国的航运业是交通运输业对外开放较早的子行业，因此其信息化智能化起步较早，发展也更完善。但传统的船舶交通管理系统在系统信息网络共享等方面存在较多局限。随着信息、网络技术的发展升级，航运业开始出现了物联网技术应用的案例，可以看做船联网的雏形。

随着信息技术及物联网技术的进一步发展，船联网将会得到更加迅速的发展。

（三）北斗系统的引入

2013 年 11 月 10 日，交通运输部北斗项目工作组与长江南京通信管理局联合举行北斗地基增强系统建设方案研讨会。并在会上确定，今后长江航运通信中将密切引入北斗卫星的高精度定位数据，为长江航运提供高质量通信数据信息。

相比 GPS 系统，北斗系统的技术水平起点更高，完全能满足长江航运的需求，还能保障国家信息通信领域的安全。届时，长航公安、航道、引航、港口等部门将积极分享长江航运通信北斗应用系统带来的效益。根据交通运输部规划，今后北斗系统将广泛应用于交通领域的各个环节。

（撰稿：严新平、黄明、张笛）

2013年中国民用航空发展概况

2013年，民航全行业深入贯彻党的十八大、十八届二中三中全会会议精神，认真落实《国务院关于促进民航业发展的若干意见》，坚持稳中有进，加强安全生产，各项工作取得较好成绩，民航业在经济社会发展中战略作用更加显现。

一、我国运输航空发展现状

（一）航空公司与机队规模

《2013年民航行业发展统计公报》显示，截至2013年底，我国共有运输航空公司46家，按不同所有制类别划分：国有控股公司36家，民营和民营控股公司10家。

截至2013年底，民航全行业运输飞机期末在册架数2145架，比上年增加204架。

（二）机场服务能力

截至2013年底，我国共有颁证运输机场193个，比上年增加10个。2013年新增机场分别为内蒙古阿拉善左旗机场、内蒙古阿拉善右旗机场、内蒙古额济纳旗机场、河北张家口机场、四川稻城机场，贵州凯里机场、安徽池州机场、贵州毕节机场、江西宜春机场、甘肃甘南藏族自治州夏河机场。另外，完成了合肥机场迁建。四川攀枝花机场恢复执行定期航班、新疆且末机场停航。根据《2013年民航行业发展统计公报》，见表1。

表1　2013年各地区运输机场数量

地区	运输机场数量	占全国比例%
全国	193	100%
其中：　东北地区	20	10.4%
东部地区	48	24.9%
西部地区	98	50.8%
中部地区	27	14.0%

（三）机场业务量

2013年，全国民航运输机场完成旅客吞吐量7.54亿人次，比上年增长11.0%。根据《2013年民航行业发展统计公报》，如图1所示。

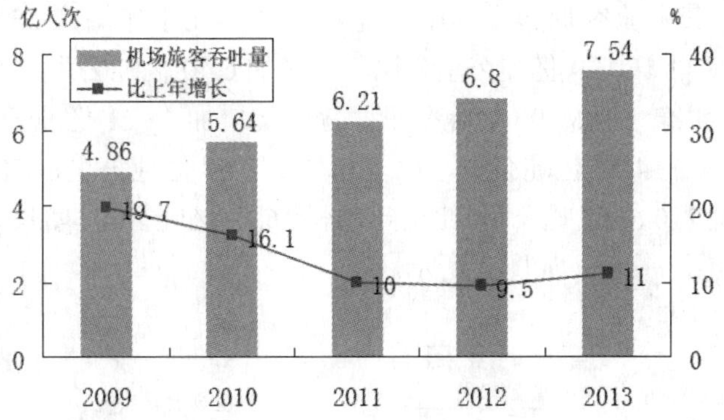

图1　2009—2013年民航运输机场旅客吞吐量

2013 年全国运输机场完成货邮吞吐量 1258.52 万吨，比上年增长 4.9%。根据《2013 年民航行业发展统计公报》，如图 2 所示。

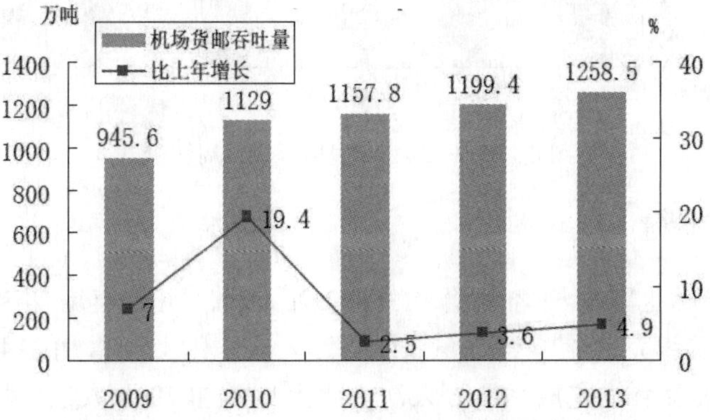

图2　2009—2013年民航运输机场货邮吞吐量

2013 年，全国运输机场完成起降架次 731.54 万架次，比上年增长 10.8%。根据《2013 年民航行业发展统计公报》，如图 3 所示。

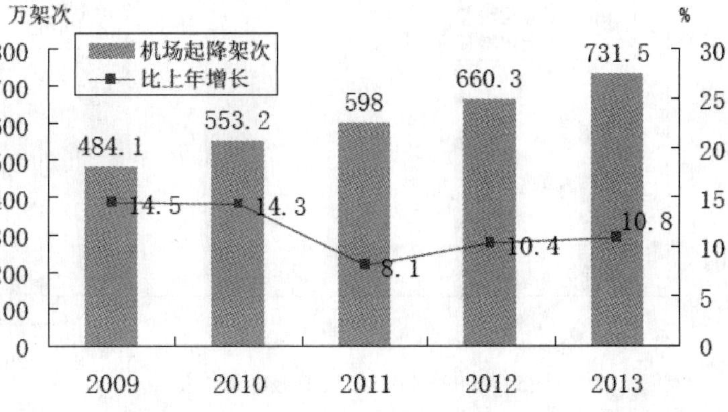

图3　2009—2013年民航运输机场起落架次

（四）运输总周转量

2013 年，全行业完成运输总周转量 671.72 亿吨公里，比上年增加 61.40 亿吨公里，增长10.1%，其中旅客周转量501.43亿吨公里，比上年增加55.00亿吨公里，增长12.3%；货邮周转量170.29亿吨公里，比上年增加6.40亿吨公里，增长3.9%。其中，国内航线完成运输周转量461.05亿吨公里，比上年增加45.21亿吨公里，增长10.9%，其中港澳台航线完成14.23亿吨公里，比上年增加0.56亿吨公里，增长4.1%；国际航线完成运输周转量210.68亿吨公里，比上年增长16.19亿吨公里，增长8.3%。根据《2013年民航行业发展统计公报》，如图4所示。

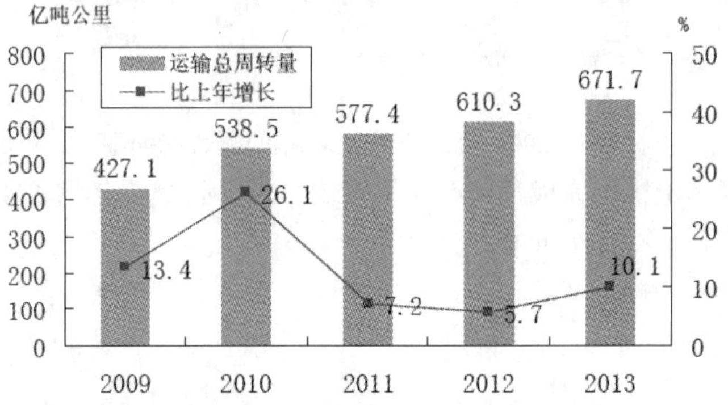

图4　2009—2013年民航运输总周转量

（五）旅客运输量

2013年，全行业完成旅客运输量35397万人次，比上年增加3461万人次，增长10.8%。国内航线完成旅客运输量32742万人次，比上年增加3142万人次，增长10.6%，其中港澳台航线完成904万人次，比上年增加70万人次，增长8.4%；国际航线完成旅客运输量2655万人次，比上年增加319万人次，增长13.7%。根据《2013年民航行业发展统计公报》，如图5所示。

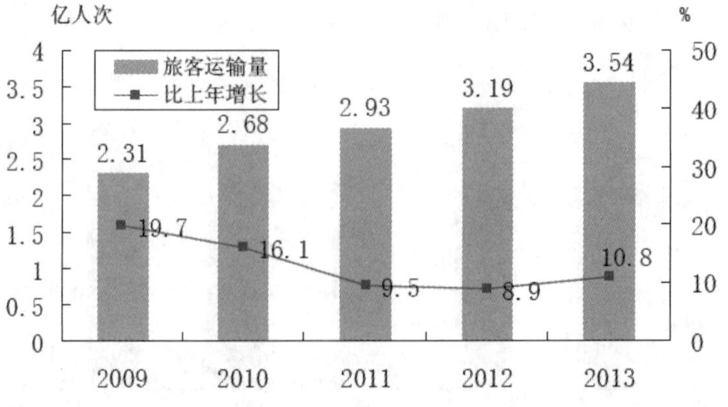

图5　2009—2013年民航旅客运输量

（六）货邮运输量

2013年，全行业完成货邮运输量561万吨，比上年增长3.0%。国内航线完成货邮运输量406.7万吨，比上年增长4.7%，其中港澳台航线完成19.9万吨，比上年降低

4.4%；国际航线完成货邮运输量 154.5 万吨，比上年降低 1.3%。根据《2013 年民航行业发展统计公报》，如图 6 所示。

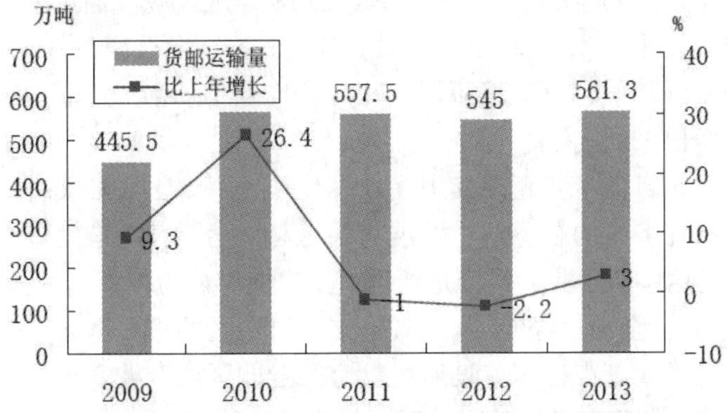

图6　2009—2013年民航货邮运输量

（七）航线网络

截至 2013 年底，我国共有定期航班航线 2876 条，按重复距离计算的航线里程为 634.22 万公里，按不重复距离计算的航线里程为 410.60 万公里。根据《2013 年民航行业发展统计公报》，见表 2。定期航班国内通航城市 188 个（不含香港、澳门、台湾）。我国航空公司国际定期航班通航 50 个国家的 118 个城市，内地航空公司定期航班从 41 个内地城市通航香港，从 10 个内地城市通航澳门，大陆航空公司从 42 个大陆城市通航台湾地区。

表2　2013年我国定期航班条数及里程

<table>
<tr><th colspan="2">指标（单位）</th><th>数 量</th><th>总数</th></tr>
<tr><td rowspan="3">航线条数（条）</td><td>国内航线</td><td>2449</td><td rowspan="3">2876</td></tr>
<tr><td>其中：港澳台航线</td><td>107</td></tr>
<tr><td>国际航线</td><td>427</td></tr>
<tr><td rowspan="3">按重复距离计算的航线里程（万公里）</td><td>国内航线</td><td>440.57</td><td rowspan="3">634.22</td></tr>
<tr><td>其中：港澳台航线</td><td>17.49</td></tr>
<tr><td>国际航线</td><td>193.65</td></tr>
<tr><td rowspan="3">按不重复距离计算的航线里程（万公里）</td><td>国内航线</td><td>260.29</td><td rowspan="3">410.60</td></tr>
<tr><td>其中：港澳台航线</td><td>16.84</td></tr>
<tr><td>国际航线</td><td>150.32</td></tr>
</table>

（八）对外关系

截至 2013 年底，我国与其他国家或地区签订双边航空运输协定 115 个，比 2012 年底增加 1 个。其中：亚洲 44 个国家，非洲 23 个国家，欧洲 35 个国家，美洲 9 个国家，大洋洲 4 个国家。

二、我国通用航空发展现状

《2013年通用航空发展报告》显示，截至2013年底，我国通用航空机队在册总数为1654架（具），比上年增长23.2%。2013年经民航局批准引进通用航空器291架，注销通用航空器60架。从飞行业务量看，2013年我国通用航空的飞行总量将达到60万小时，较上年增长6%左右。

从业务结构看，目前主要还是集中在农林化作业、海上石油飞行、训练飞行等传统业务领域。新兴业务中的公务航空发展势头迅猛，而除公务航空外的其他新兴业务几乎还是空白，而这些新兴业务恰恰是通用航空产业中最为精彩的业务领域。

截至2013年底，全国已经有28个省、市、自治区的116个县级以及县级以上城市已经在规划、建设或者声称要建设通用航空产业园区或产业基地。在中国通用航空的发展进程中，地方政府将是推动区域通用航空发展的主导力量。

中国通用航空采用“点—线—面”的发展路径。从全国范围看，通用航空产业发展的格局还未形成，尚处于“单点”建设阶段。由“点”到“线”，需要划设区域性低空飞行航线，开辟非定期固定飞行业务，并使之常态化。除空域开放之外，还需要进行机场、空管导航和服务保障体系的全面性建设，最终形成“面”式格局。

从通航发展的整体情况看，虽然其总量增长较快，但规模仍然较小，不能满足经济社会的发展需求。我国通用航空的现状可以用‘两多、两少、两小、一弱’来概括，即老旧机型多、小企业多，保障设施少、专业人才少，产值与利润小、整体产业规模小，支撑通用航空发展的基础体系薄弱。

此外，我国通用航空的飞行基础设施与服务体系也不健全，现有的空管手段也难以对低空飞行活动实行跟踪监控。由于技术标准高、炼制工艺复杂、易挥发、运输和储存困难等原因，航空汽油难以满足通用飞机的飞行需求。另外，气象服务、航材保管、维护等支撑通用航空运营的配套服务滞后，固定基地运营商（FBO）的建设和发展步伐较慢，通用航空飞行服务站的建设刚刚起步，限制了通航飞行活动的广泛开展。

三、我国民用航空发展政策

2012年7月8日，国务院出台了《国务院关于促进民航业发展的若干意见》。《若干意见》的出台，有利于营造良好的内外部环境，形成有利于民航业发展的整体合力，其贯彻落实需要相关部门协调发展，共同努力，对此，民航局、财政部和国家发改委召开了新闻发布会，就今后工作指出了明确方向。

民航局工作主要集中在构建有利于民航业发展的外部环境，引导好、调动好各级地方政府的积极性，发挥好民航业发展的主体作用；国家财政方面，同民航局一起出台支持通用航空节能减排、科技创新、安全能力和适航审定能力建设等配套政策；国家发改委有意加快建立综合交通运输体系，完善机场布局规划，有序推进民航基础设施建设，改革空域管理体制，提高空域资源配置效率。

2013年1月24日，国务院办公厅下发《促进民航业发展重点工作分工方案》，对

《意见》的各项目标和任务进行了细化和分解，主要包括三个方面内容：机场建设、通用航空和国产民机制造。

（1）机场等基础设施建设有赖于政府大规模的政策投入力度。机场建设要求相关部门抓紧完善布局，加大建设力度，按照建设综合交通运输体系的原则，确保机场与其他交通运输方式的有效衔接。国内机场建设方面，按照“十二五”规划将从2010年的175个机场增加到2015年的230个以上，全行业固定资产投资规模超过1.5万亿元（含机场、航空公司及配套投资）。机场投资很大程度上依赖于地方政府财政支持力度。从实际情况看，作为改善地方投资环境重要一环的机场建设，地方政府投资热情很高，成为重要的基建投资项目之一。

（2）通用航空方面，延续了《若干意见》的指导原则，但在《分工方案》中，相关细节仍有待深化，应该说，通用航空在经历了长时期市场培育和政策调整之后，有望成为我国航空业一个重要的新的增长点。尤其是私人飞机和公务飞行等新兴通用航空服务，其市场成熟度逐步提高，但考虑到我国空域管制的特殊性以及民航总局对通用航空市场放开的谨慎性，大规模激活通用航空市场仍需时日。

（3）积极支持国产民机制造方面。经过多年的资金投入和国际合作，中国民机制造水平已获得较大提升，但离成熟产品仍有一段距离。目前来看，通用飞机因市场需求增长快，技术成熟度高，有望成为国产民机制造最大的亮点。

总的来说，本次《分工方案》的公布更多是对中国民航业中长期发展战略的考虑，是行业发展的长期性利好，但短期影响有限。

为了进一步贯彻落实《分工方案》，民航局及相关单位采取了一系列举措，对通用航空的发展给予大力支持：

（1）中国民航局修订印发《引用通用航空器管理暂行办法》

2012年12月11日，中国民航局、财政部联合印发的《通用航空发展专项资金管理暂行办法》正式颁布实施，这是2012年7月份《国务院关于促进民航业发展的若干意见》出台后又一具有实质意义的利好政策，对中国通用航空发展具有推动作用。

（2）工信部发布《民用航空工业中长期规划（2013—2020）》

2013年5月，工信部发布了《民用航空工业中长期规划（2013—2020）》，将通用航空列为重点支持的发展领域。

（3）民航局发布《关于2013年通用航空专项资金使用方案的公示》

国家通用航空补贴政策于5月、12月先后两次兑现，补贴金额达6亿元，获千万补贴的企业超过13家。2013年5月24日，民航局公示了“2013年 通用航空专项资金使用方案”，方案显示，共有65家通航企业将获得补贴，为这些企业2010年7月至2012年6月两年的通航飞行作业与飞行员执照培训补贴。总金额达3.9亿元。这对于目前经营状况普遍欠佳，甚至艰苦度日的通航企业来说，可谓雪中送炭。

（4）民航局成立领导小组

2013年10月，民航局成立了以李家祥为组长的通用航空工作领导小组，预示着局方将进一步加大力度推动通航发展。这同时也说明我们还缺乏支持通用航空发展的系统性的管理支撑体系。

（5）民航局放宽私用飞行驾照获取标准

2013年11月，在民航局飞行标准司连续下发的三个咨询通告中，对私用飞行驾照申领者在理论考试、实践考试、体检三个方面放宽了标准。只要年满17周岁，具有初中或初中以上文化程度，经过体检鉴定取得民用航空人员体检合格证，完成40小时的理论学习、40小时的飞行训练，通过相应的考试，即可取得私用飞行驾照。此举将对促进我国通用航空事业的发展、加大飞行专业人才储备起到积极作用。

（6）民航局发布《通用航空飞行任务审批与管理规定》

2013年11月18日，中国人民解放军总参谋部和中国民用航空局联合发布了《通用航空飞行任务审批与管理规定》，指出军方将与国防、领土不相关的通用航空飞行任务的审批权让渡了出来，从而在一定程度上简化了对通航飞行的流程。

（7）民航局发布《关于2014年通用航空专项资金使用方案的公示》

2013年12月4日，民航局公示了“2014年通用航空专项资金使用方案”，方案显示，共有79家通用航空企业可获得政策补贴2.1亿元。加上5月的3.9亿元，民航局对通航企业累计补贴金额已达到6亿元。

通航发展一个关键点就是空域改革。从2013年起，航空管制放松，低空空域开放的力度在全国铺开，湖北等中南地区5省37片空域开放。这对通航对整个中国经济的发展都具有重要的意义。

四、空管新技术发展及应用

（一）基于性能的导航（PBN）技术的应用发展

基于性能的导航（Performance Based Navigation，PBN）是近年来国际民航界发展的一项航行新技术，是国际民航组织(ICAO)在整合各国区域导航（RNAV）和所需性能导航（RNP）运行实践和技术标准的基础上，推出的一种新型运行概念。PBN涵盖了从起飞和进近着陆、航路到终端区的所有飞行阶段。

作为我国建设新一代航空运输系统的核心技术之一，基于性能导航的实施是实现我国民航强国战略计划中的重要组成部分，它的应用和推广将对我国民航的机载设备、机场建设、飞行运行、导航设施布局和空域使用产生重大影响，对有效促进民航持续安全、提高飞行品质、减少地面设施投入、增加空域容量等具有积极作用。

2013年我国共完成了30个机场的PBN飞行程序，国内60%的机场具备了RNAV/RNP程序。2013年6月27日起，在京沪、京广、中韩、京昆、上海—武汉、武汉—成都—拉萨六条主干航路上正式实施PBN运行。这一举动一方面能够提升系统整体导航能力，减少航空器对地面导航设施的依赖；另一方面能够促进我国航路航线划设和导航运行的规范化，提高我国在国际航行技术应用上的主导地位，同时，也为今后我国全面采用PBN技术和优化航路航线奠定基础。

（二）增强型气象信息系统（EWINS）技术的应用

增强型气象情报系统（EWINS）是一种经民航局方批准的航空承运人气象情报系统。它通常由气象预报员、设备、气象情报源、质量保证、培训和手册等6个部分组成。除具有收集、分析和使用航空气象情报的职能外，还有制作特定的气象预报的资格。使用EWINS的航空承运人，可以授权合格的航空气象预报员制作特定的飞行动态预报，还可以根据气象情报修改一般的航空气象预报或重要天气现象预报；授权具有预报资格的飞行签派员，针对特定的飞行，通过发布飞行动态预报的方式对危险天气进行必要的修订。作为航空公司运行控制系统的重要组成部分，EWINS对提高其运行控制能力，保证日常以及紧急情况下的飞行安全非常重要。

民航局于2010年10月26日下发了《航空承运人增强型气象情报系统运行批准指南》的咨询通告，民航局飞标司对我国航空公司气象情报系统建设进行了多年的调研，指定南方航空公司作为我国航空承运人建设EWINS的试点单位。南航按照咨询通告要求，从2010年起开始筹备EWINS项目建设，并将项目分三个阶段实施：一期（2012年中~2013年初）实现精细化告警和质量保证程序，二期（2013年~2014年）完成核心系统开发，资质、培训、手册部分，三期（2015~2017年）建立外部气象系统，并对接各主要运营业务。

目前，南航在系统方面，已完成精细化天气告警、自动发送ACARS天气、台风预报发布系统的开发；在产品方面，建立了工作质量考核方法，制定了各类的危险天气预报产品的发布流程与相应的质量评定方法；在人员方面，建立了始的工作手册、流程手册；制定了EWINS培训大纲。

（三）电子飞行包（EFB）技术的应用

电子飞行包系统（Electronic Flight Bag system，EFB）是一种在飞机驾驶舱中向飞行机组提供各种手册、文件、航图、航行通告和气象资料等航行信息的电子设备，具备基本的计算功能，并拥有较强的功能拓展能力，能够实现“无纸化驾驶舱”。EFB包括地面管理和终端应用两个子系统，地面管理系统对EFB终端（即通常所说的EFB）进行管理和提供支持。EFB的推广和应用可以实现机载资料电子化，从而在降低运营成本、提升运行效率、提高安全运行裕度等方面起到不可替代的作用。

民航局在2009年和2010年下发了EFB的咨询通告和审定指南，为航空公司的EFB推进和审定提供了依据。东航于2011年制定了公司EFB规划路线图，并在当年年底启动了EFB建设项目。2012年12月26日，民航华东地区管理局正式批准东航在A330机队实施1级电子飞行包（EFB）试运行。2013年9月30日，东航A330机型1级EFB获得民航华东地区管理局的正式批准，东航成为国内首家正式获准在驾驶舱并在关键阶段使用EFB的航空公司。

东航工程技术公司联合厂家开发了A330机型的IPAD固定支架，在不改变飞机结构的情况下实现了IPAD在侧窗上的固定。该设计属于世界首创，已申请国家专利。

海南航空的一级电子飞行包 EFB 项目已于 2013 年 9 月 25 日获得民航局的批准，成为我国中南地区首家运行一级电子飞行包的航空公司。海南航空将在 1 至 2 年内将一级 EFB 推广到所有机队。据测算，这将为海南航空带来每年上千万的经济效益，此外还将更进一步地提升航班运行效率和安全效益。

（四）驾驶舱平视显示（HUD）技术的应用

驾驶舱平视显示（Head Up Display，HUD）是一项航行新技术，利用计算机技术将地面导航和飞行姿态信息集成显示在平视显示器上，驾驶员可保持平视状态注视平视镜上的飞行仪表和导航数据跟随 HUD 指引飞行。HUD 平视镜上的数据与飞机外界实景叠加，飞行员可随时根据数据指示修正飞行状态，实现精细化飞行，有效防止各类天气条件下飞机平飘距离过长和低空大坡度的事件。这项新技术能极大地提高飞行员的飞行状态感知能力和精准操作能力，对提高飞行安全品质和低能见度条件下的运行安全水平具有十分重要的作用，如图 7 所示。

图7　HUD设备为飞行员提供了更加清晰的“视”界

近年来，国际民航组织建议各国民航当局将 HUD 技术作为提高飞行安全品质的措施之一，并进行推广。截至 2012 年 8 月，HUD 设备已在全球 22 个国家的 36 家航空公司的 4500 余架飞机上使用。

自 2005 年起，中国民航局在山东航空公司进行了 HUD 系统推广应用试点工作。截至 2012 年 6 月，山东航空已在 40 余架波音 737-800 飞机上安装了 HUD 设备，并已具备了使用 HUD 设备实施 II 类运行的资格。

2012 年 6 月，首都航空公司完成了 G-550 飞机使用“增强型目视飞行系统（HUD+EVS）”审定工作，6～9 月在 HUD 试运行期间，运行 105 个航道，仅一次触发软警告，飞机沿下滑道飞行的轨迹差小于 0.1，大大提高了飞机进近的稳定性和着陆的精确性。

中国民航局结合我国民航实际，在 2012 年 8 月发布了《平视显示器应用发展路线图》，提出了从 2013 年到 2025 年间分为三个阶段实施路线规划，即：近期（2013—2015）、中期 (2016—2020)、远期 (2021—2025)。中国民航局希望通过 HUD 这项新技术在全行业的应用，进一步提升我国民航飞行安全品质和提高运行效率，帮助解决民航运输系统在快速发展中所面临的诸多运行挑战。

参考文献

[1]《2013年民航行业发展统计公报》

[2]《2013年通用航空发展报告》

[3] http://www.qixianghangkong.org/html/redianxinwen/guonazixun/20140102/74460.html

[4] http://finance.qq.com/a/20130124/002045.htm

[5] http://news.carnoc.com/list/270/270293.html

[6] http://news.carnoc.com/list/232/232238.html

（撰稿：张学军）

2013年汽车产业发展概况

2013 年，国民经济呈现稳中有进、稳中向好的发展态势，为我国汽车工业的健康发展提供了重要保障。在汽车消费热情高涨、消费升级、城市限购预期等有利因素促进下，汽车产销增速总体呈现较快回升，汽车产销双双超过 2000 万辆，创全球历史新高，并连续 5 年蝉联全球第一。

一、我国汽车工业发展现状及特点

（一）2013 年我国汽车产销情况

2013 年，汽车产销 2211.68 万辆和 2198.41 万辆，同比增长 14.76% 和 13.87%，增幅高于上年 10.13 个百分点和 9.54 个百分点。其中乘用车产销 1808.52 万辆和 1792.89 万辆，同比增长 16.50% 和 15.71%，增幅高于上年 9.33 个百分点和 8.64 个百分点；商用车产销 403.16 万辆和 405.52 万辆，同比增长 7.56% 和 6.40%。

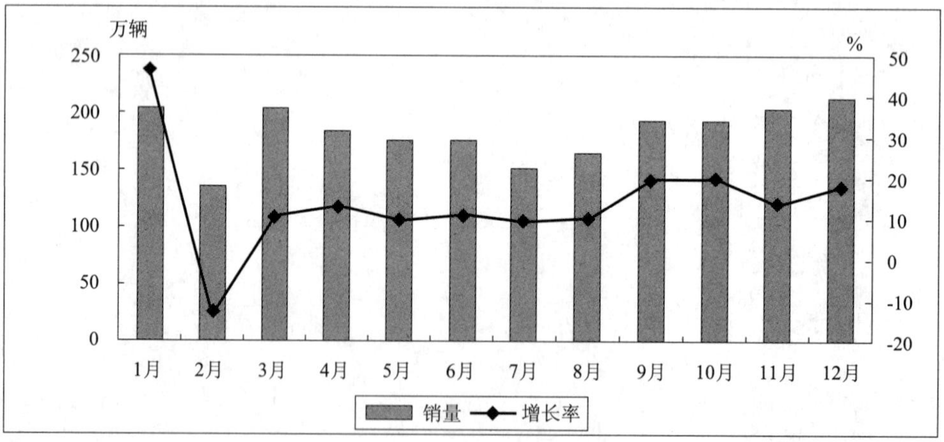

图1　2013年汽车月度销量

从 2013 年各月汽车产销情况来看，2 月同比下降，5 月和 7 月增速略低，其它各月累计增速均超过 10%。2013 年月均产销 184.31 万辆和 183.21 万辆，比上年分别多出 23.71 万辆和 22.32 万辆。

分季度来看，一季度产销同比较快增长，分别为 539.69 万辆和 542.42 万辆，同比增长 12.70% 和 13.11%；二季度产销略低于一季度，分别为 535.41 万辆和 535.73 万辆，同比增长 12.72% 和 11.40%；三季度由于 7 月和 8 月为传统销售淡季，分别为 518.71 万辆和 510.10 万辆，同比增长 12.78% 和 13.56%；四季度产销为全年最高，分别达到 618.82 万辆和 611.07 万辆，同比增长 20.55% 和 17.36%。

（二）2013 年我国汽车市场特点

在经历两年微增长后，我国汽车销量在 2013 年再创辉煌，实现两位数增长。市场呈现主要特点如下：

1. 全年销量近 2200 万辆，单月销量突破 200 万辆

在经历两年低速增长后，2013 年全国汽车销量增长率达到 13.87%，重新回到两位数增速。继上年销量首次突破 1900 万辆后，全年销量再创新高，其中 1 月、11 月和 12 月三个月全国汽车销量均超过 200 万辆，相当于 2000 年全国汽车全年的销量。

2013 年是我国汽车消费市场的正常回归。2009、2010 年党中央、国务院启动了 4 万亿投资计划，汽车产业也出台了多种汽车消费优惠政策，汽车市场获得了高速增长，这其中包括了一部分超前消费量，而 2011、2012 年由于超前消费后的市场需求放缓，加上各种优惠政策的推出，导致汽车市场增速大幅降低。

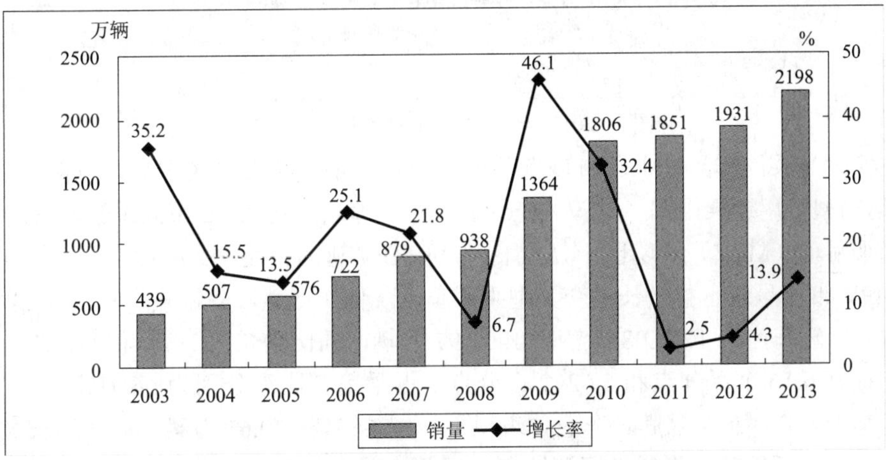

图2　2003—2013年汽车销量及同比增长变化情况

2. 乘用车继续保持增长，自主品牌占有率同比下降

2013 年，乘用车产销双双超过 1700 万辆，占汽车产销总量的 81.77% 和 81.55%，比上年高出 1.22 个百分点和 1.29 个百分点。进入 2013 年以来，乘用车市场总体保持较为活跃的态势，月均销量达到 149.41 万辆，比上年增加 20.28 万辆。

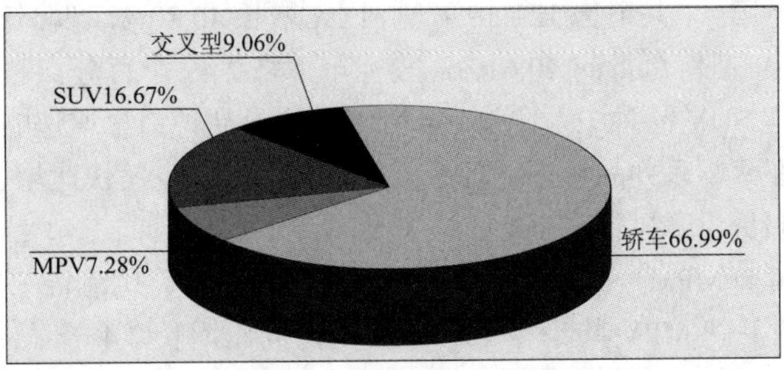

图3　2013年四大类乘用车品种市场占有率

本年度自主品牌乘用车共销售 722.20 万辆，同比增长 11.37%，高于上年 5.27 个百分点；占乘用车销售总量的 40.28%，占有率比上年下降 1.57 个百分点，降幅又有所

加大。本年度国外品牌对自主品牌的冲击较往年更大，共销售1070.31万辆，同比增长18.89%，高于乘用车行业增速3.18个百分点。德系、美系品牌继续保持增长，日系市场需求也有所恢复。此外，消费者对于品牌内在品质日益注重，相比较而言，国外品牌竞争力仍明显高于自主品牌。

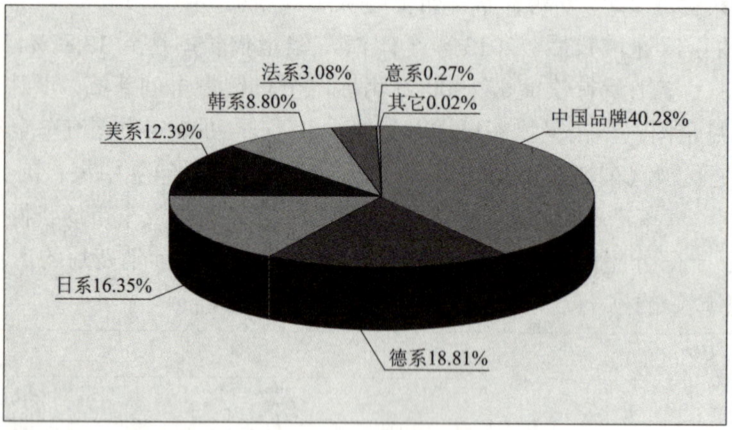

图4 2013年乘用车分国别销量所占比重

在四大类乘用车品种中，市场竞争更为激烈。轿车继续稳居主导，且新产品不断推出；运动型多用途乘用车（SUV）延续了上年快速增长势头，日系品牌销量有所恢复；多功能乘用车（MPV）表现也十分抢眼，低价MPV进入市场，极大地激活了市场需求，使得MPV市场呈现迅猛增长。交叉型乘用车表现依然低迷，降幅较上年明显加大。

本年度轿车产销1210.08万辆和1200.97万辆，同比增长12.38%和11.77%，增幅较上年提升6.16个百分点和5.62个百分点；占乘用车比重分别为66.91%和66.99%，较上年有所下降。自主品牌轿车总体表现不佳，共销售330.61万辆，同比增长8.41%，增幅较上年有所提升，但低于同期轿车全行业；占轿车销售总量的27.53%，比上年同期低0.85个百分点。

由于消费者习惯变化、良好的市场环境、相对宽松的政策环境以及企业加大研发投入等因素的影响，SUV保持了持续较高增速。本年度SUV车型销量达到298.88万辆，同比增长49.41%，增幅较上年提升23.91个百分点。从国别销售情况看，自主品牌占有率继续保持第一，共销售121.38万辆，同比增长40.80%，增幅低于上年同期3.15个百分点；占SUV销售总量的40.61%，较上年下降2.49个百分点。从驱动形式细分类别来看，在四驱SUV品种中，除3.0升以上大排量品种销量增速略低外，其它品种均呈较快增长；在两驱系列品种中，各系列销量同比增幅也呈快速增长势头，其中1.6升及以下品种增幅更为明显。

多功能乘用车（MPV）市场格局发生明显变化。MPV共销售130.52万辆，同比增长1.6倍。自主品牌MPV共销售107.87万辆，同比增长2.4倍；占MPV销售总量的82.65%，较上年同期提升17.93个百分点。从MPV排量细分类别来看，1.6升及以下MPV品种增速最为迅猛，共销售97.26万辆，同比增长2.9倍，占MPV销售总量的74.52%；1.6升＜排量≤2.0升系列共销售10.16万辆，同比增长62.67%；2.0升＜排量≤ 2.5 升和 2.5 升＜排量≤ 3.0 升两个系列也呈较快增长，分别销售 19.82 万辆和 3.22 万辆，同比增长 26.48% 和 19.70%。3.0 升以上系列所占比重较小，仅销售 572 辆，同比下降 37.49%。

交叉型乘用车市场表现依旧低迷。交叉型乘用车共销售 162.52 万辆，同比下降 27.98%，降幅较上年同期加大 27.91 个百分点。在乘用车品种中，只有交叉型乘用车表现低迷，未来产品转型升级任务将会更加迫切。

3．商用车市场需求有所恢复，商用车重新回到增长状态

商用车在 2010 年达到历史高点后，2011 年和 2012 年连续两年出现负增长，今年恢复增长。本年度商用车产销分别完成 403.16 万辆和 405.52 万辆，比上年分别增长 7.6% 和 6.4%，由上年的下降转为增长，产销率为 100.59%，继续保持较高水平。从全年商用车市场表现来看，上半年表现略好于下半年，上半年商用车月均销售 35.28 万辆，比下半年多出 2.81 万辆。商用车分车型情况看，货车（含货车非完整车辆、半挂牵引车）销售 349.6 万辆，比上年增长 5.8%；客车（含客车非完整车辆）销售 55.9 万辆，比上年增长 10.2%。货车市场分车型看，重型、轻型货车销量高于上年，增速分别为 21.7% 和 3.6%，成为拉动货车增长的主要动力；中型和微型货车低于上年，分别下降 1.8% 和 4.1%；客车市场的增长主要由轻型客车拉动，而中型客车销量低于上年。

4．汽车出口回落，进口小幅增长

2013 年汽车出口未能延续上年良好发展态势，有所下降。本年度汽车企业共出口 97.73 万辆，同比下降 7.46%。出口下降的外因一方面由于一些主要出口目的国受战乱及国内政治危机影响导致本国经济环境恶化，另一方面，一些国家还特别针对我国采取了贸易保护措施；从出口企业自身因素分析，最重要的原因是自主品牌转型升级未跟上国际市场发展节奏。汽车出口由 2012 年的高速增长转为下降，也在一定程度上提醒汽车出口企业今后需提升产品性能，只有自身产品品质具有充分竞争力后，才能在国际市场上有更多的话语权及更好的销路。

从整车细分出口类别表现来看，乘用车降幅略高于商用车，共出口 59.63 万辆，同比下降 9.82%。在四大类乘用车出口品种中，所占比重最大的基本型乘用车（轿车）降幅较明显，且为唯一下降的乘用车车型；其他三大类品种保持一定增长，其中多功能乘用车(MPV)和交叉型乘用车增速更快。商用车共出口 38.10 万辆，同比下降 3.51%。在商用车主要出口类别中，客车、客车非完整车辆和货车非完整车辆依旧呈稳定增长，其它种类有所下降。

汽车进口方面，以豪华车型为主的进口汽车市场需求大幅减少。2013 年 1 ～ 11 月进口汽车 107.34 万辆，同比增长 1.82%。进口汽车的产品结构也出现了变化，从高价格、大排量车型转向高性能、个性化车型。

5．新能源汽车产销量持续增长

据中国汽车工业协会不完全统计，2013 年我国新能源汽车生产 1.75 万辆，同比上年增长 39.7%，其中纯电动汽车 14243 辆、插电式混合动力 3290 辆；新能源汽车销售 1.76 万辆，同比上年增长 37.9%，其中纯电动汽车 14604 辆、插电式混合动力 3038 辆。

虽然2013年新能源汽车有了快速发展，但距离《节能与新能源汽车产业发展规划（2012—2020年）》中争取2015年新能源汽车累计产销量达到50万辆，到2020年超过500万辆，任务仍然很重。

二、行业政策及变化

2013年我国汽车行业政策的出台与实施频率远胜往年，如“三包”、“召回条例”等业界与消费者翘盼多年的政策终于问世，虽然暂时因为相关配套法规的不完备让其效力难达预期，但其对消费者权益的护航意义已经十分明显。另外，中央政府仍希望尽快转变经济增长方式，结束粗放型增长转向集约型经济，提高经济效益成为未来我国经济和社会发展过程中的一项重要战略方针，这一方针在汽车行业中突出表现在中央加速淘汰落后产能、推动行业兼并重组。

2013年国内汽车行业政策最高频词当属“环保”，受年初北方大范围雾霾天气的影响，政府层面对节能减排的重视程度达到空前，被广泛定义为主要大气污染源的汽车当仁不让的受到了较多“照顾”，促进汽车行业节能减排也成为全年宏观政策层面的最显著特征。

下面整理了2013年中央各部委颁布实施的与车市相关的重点政策：

1．乘用车企业平均燃料消耗量核算办法

作为2012年国务院印发的《节能与新能源汽车产业发展规划(2012-2020年)》中相关规定的配套政策，2013年3月，工信部、发改委、商务部、海关总署、质检总局共同颁布了《乘用车企业平均燃料消耗量核算办法》(以下简称《办法》)。

《节能与新能源汽车产业发展规划》中明确规定，2015年和2020年分别实现我国乘用车产品平均燃料消耗量由当前的7.38升/100公里降至6.9升/100公里和5.0升/100公里的目标，《办法》对这一规定的具体推行进行了更加详细的规定，明确了核算主体以及燃料消耗量数据报送与公示系统，并对具体核算方式进行了解读。

2．新能源汽车补贴

9月17日，财政部网站公布了由财政部、科技部、工信部、发改委共同制定的《关于继续开展新能源汽车推广应用工作的通知》(以下简称“通知”)。通知中规定了对消费者购买新能源汽车给予补贴，补贴范围是纳入中央财政补贴范围的新能源汽车车型应是符合要求的纯电动汽车、插电式混合动力汽车和燃料电池汽车。根据新规，新能源乘用车可获得3.5万、5万和6万元不等补贴。

新的补贴标准相较于2010年实施的补贴政策主要有以下几点不同：首先，新规中的补贴指标发生了改变，由之前衡量电池组能量改为汽车在纯电动模式下的续航里程，新标准更加看重新能源汽车的性能，更有利于引导车企的研发方向。再者，新规规定中央财政补贴资金将直接划拨给新能源汽车生产企业，不再经手地方政府，此举对于打破地方保护壁垒以及加速新能源车进入私人消费领域都是一大利好。另外，新规还对新能源汽车补贴启动了“退坡机制”，此次新能源汽车补贴政策的期限是2013年至2015年，按照规定，自2014年起，每年的补贴将逐步减少。

3．汽车三包

《家用汽车产品修理、更换、退货责任规定》自 2013 年 10 月 1 日起施行。

通过汽车“三包”，消费者购买汽车产品将获得更大的权益保障，主要体现在以下几点：消费者知情权保障、消费者选择权保障、消费者权益受损时保障获得相应补偿。

不过，由于相关配套标准的不健全、第三方监测机制的缺失以及车商违规成本较低（根据三包规定，针对车商的罚款基本都在三万以下）等原因，汽车“三包”实施后的市场反响并未达到预期值，在当前的国内消费环境中，相较于单薄的行业政策，消费者还是更加看重口碑。

4．汽车召回条例

《缺陷汽车产品召回管理条例》(以下简称《条例》) 自 2013 年 1 月 1 日起施行。

召回条例提高了车商的违规处罚力度，一些应召回而拒不召回的行为或将面临上亿元的罚款。《条例》第二十四条明确规定，出现未停止生产、销售或者进口缺陷汽车产品、隐瞒缺陷情况、经责令召回拒不召回三种情形之一，可处缺陷汽车产品货值金额 1% 以上 10% 以下的罚款；有违法所得的，并处没收违法所得；情节严重的，由许可机关吊销有关许可。

5．天津限购

面对严重的道路拥堵和雾霾天气，天津市也终于负重难行，成为又一个加入限购汽车行业的城市。12 月 15 日晚，天津市政府紧急发布两条公告，《关于实行小客车总量调控管理的通告》和《关于实施机动车限行交通管理措施的通告》，其中指出自 12 月 16 日零时开始天津实施无偿摇号与有偿竞价相结合的限牌措施。2014 年 3 月 1 日开始实施限行措施，每日和每周限行的尾号与北京一致。

天津限购最主要的影响并不在于其将重构当地汽车市场，更重要的是其示范效应很有可能将拉开全国范围内大面积城市限购的序幕，有媒体已经报出，2015 年前后或将有 25 家城市加入到限购汽车的行列。

6．取消公务车

11 月 25 日，中共中央、国务院印发了《党政机关厉行节约反对浪费条例》，《条例》共分 12 章、65 条，对党政机关经费管理、国内差旅、因公临时出国 (境)、公务接待、公务用车等方面作出全面规范。

《条例》中与汽车行业相关的规定主要针对公务用车，《条例》指出，要坚持社会化、市场化方向改革公务用车制度。改革公务用车实物配给方式，取消一般公务用车。

7．兼并重组指导意见

1 月 22 日，工信部网站公布消息，工信部、发改委、财政部等国务院促进企业兼并重组工作部际协调小组 12 家成员单位联合印发了《关于加快推进重点行业企业兼并重组的指导意见》(以下简称《意见》)。《意见》指出，将以汽车、钢铁、水泥等九大行业为重点，推进企业兼并重组。

具体到汽车行业，《意见》的出台，鼓励更多的汽车企业把握时机开展跨国并购，在全球范围内优化资源配置，增强国际竞争力。《意见》指出，到 2015 年，汽车行业前10家整车企业产业集中度达到90%，并形成几家具有核心竞争力的大型汽车企业集团。

据统计，目前我国有各类车辆生产企业1300多家，其中汽车整车企业有171家，汽车行业呈现小、弱、散的特点，一批企业处于多年半停产状态，产量极少，生存困难。2013年11月份，工信部发布了首批《特别公示车辆生产企业(第1批)》公告，公布了首批48家车企“劝退”名单，责令其两年之内完成整顿，否则将被取消生产资质，这也预示着，未来两年将有更多的“空壳车企”出局。

8. 大气国十条

2013年9月10日，国务院发布《大气污染防治行动计划》十条措施(简称“大气国十条”)，明确了未来5年大气污染防治的治理目标和重点治理措施，其中多项措施涉及汽车及相关产业，例如实施公交优先战略、根据城市发展规划合理控制机动车保有量、提升燃油品质、加快淘汰黄标车和老旧车辆等。

“国十条”被看做是中央层面首次官方松口肯定地方限购。要求根据城市发展规划，合理控制机动车保有量，北京、上海、广州等特大城市要严格限制机动车保有量。

三、2014年我国汽车产业展望

1. 2014年汽车产销量进入“微增长”时代

2014年我国车市的产销量增幅将会回落至10%以内，进入“微增长”时代，原因如下：一，2013年我国车市产年销量双双超过两千万辆，若再保持10%以上的增速难度较大；二，大城市交通堵塞、限购等不利因素的影响，也将削弱一二线城市对车市的贡献，车市在2014年的增量将主要依靠三四线市场。

2. SUV和MPV市场热度不减

作为所有车型中销量增长最快的车型，SUV在2013年的产销量达到302.57万辆和298.88万辆，同比增长51.40%和49.41%，SUV在国内汽车市场上仍然处于高歌猛进的状态。

3. 节能与新能源汽车迎接破冰期

2013年雾霾席卷中华大地，霾绿之争从年头延至年尾。2013年北京提前实施了京五标准，并宣布国五标准将在2018年起在全国实施。可以肯定的预知是：2014年从政府政策到企业研发再到消费者购买，鼓励和推广新能源汽车的步伐将进一步加快。

此外，2014年各大车企将提速节油技术的应用，原因在于《乘用车燃料消耗量限值》第三阶段标准即将于2015年正式实施。

4. 限购城市阵容扩增

中国汽车工业协会预计，深圳、杭州、成都、重庆、武汉等城市都可能在几年内实施汽车限购、限牌措施。限购、限行等抑制汽车消费的地方性政策逐步向更多大中城市扩散，将会对国内汽车市场带来重要影响，自主品牌车企或成为受冲击力度最大者。

5．二手车市场规模扩大

随着汽车保有量的不断增长，二手车的交易量也会不断增加。与国外相比，目前国内二手车与新车的销量比还远远偏低。由于一些城市汽车限购政策的实施，为换新车，很多车主不得已要出售自己的旧车，这将促使二手车交易更加地活跃。在二手车交易增长的同时，二手车经纪公司的数量也在快速增加。

四、结束语

2013 年，我国汽车产销虽然双双超过 2000 万辆，再创世界汽车产销历史新高，同比增长也重新回归两位数，一扫前两年阴霾。但我国汽车工业离强国之梦的实现仍然有较大差距。新能源汽车目前依然处于起步阶段；传统汽车节能环保压力日益增大；汽车社会提前到来之后交通、安全等瓶颈制约愈发突出。虽然汽车作为刚性需求仍会在今后促进产销持续增长，但未来汽车行业的重点将是处理增长与质量效益之间的平衡，如何让汽车发展更好惠及大众，最终形成可持续健康发展将是今后汽车工业必须处理的热点与难点。

2014 年，预计国民经济会继续保持平稳增长，同时随着二、三线城市汽车需求逐渐扩大，大中城市消费需求更新步伐的加快，汽车产销依然会保持平稳增长。

（撰稿：高博麟）

2013年电子信息产业发展概况

2013 年，面对错综复杂的国内外政治经济形势，我国电子信息产业各级主管部门认真贯彻党中央、国务院“稳中求进”的经济工作总基调，坚持统筹稳增长、调结构与促改革之间的关系，加大政策预调微调力度，积极培育信息消费等热点领域，产业内骨干企业加快转变发展方式，不断优化产品与市场结构，全面深化转型升级，使得产业整体运行呈现平稳态势，生产保持较快增长，效益规模稳步提升，结构调整不断加快，为提高社会信息化发展水平和促进两化深度融合发挥了积极作用，在国民经济中的重要性持续提高。

一、综合

（一）产业规模稳步扩大

2013 年，我国电子信息产业销售收入总规模达到 12.4 万亿元，同比增长 12.7%；其中，规模以上电子信息制造业实现主营业务收入 9.3 万亿元，同比增长 10.4%；软件和信息技术服务业实现软件业务收入 3.1 万亿元（快报数据），同比增长 24.6%。

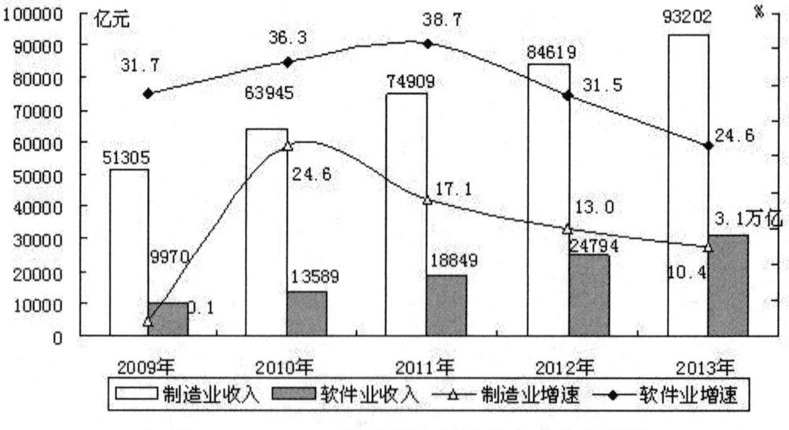

图1　2009—2013年我国电子信息产业收入规模

（二）产业增速保持领先

2013 年，我国规模以上电子信息制造业增加值增长 11.3%，高于同期工业平均水平 1.6 个百分点；行业收入、利润总额和税金占工业总体比重分别达到 9.1%、6.6% 和 4.0%，其中利润总额和税金增速分别达到 21.1% 和 19.1%，明显高于工业 12.2% 和 11.0% 的平均水平，电子信息制造业在工业经济中保持领先地位，支撑作用不断增强。

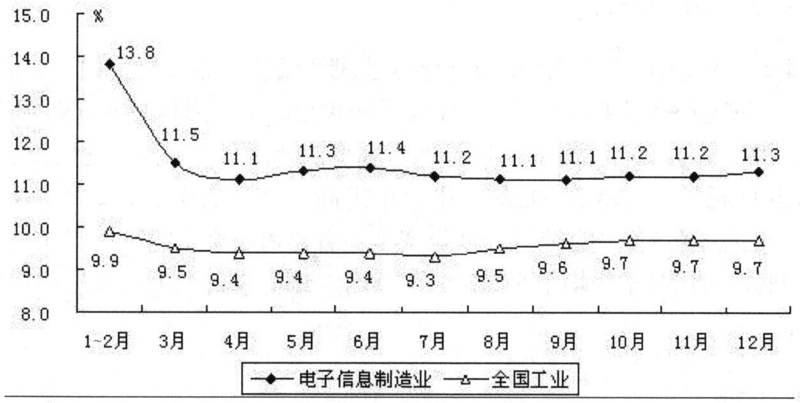

图2　2013年电子信息制造业与全国工业增加值累计增速对比

（三）国际地位日趋稳固

2013 年，我国电子信息产业销售收入 12.4 万亿元，折美元计算，占同期全球 IT 支出比重超过 50%。在硬件产品制造方面，我国手机、计算机和彩电等产品产量分别达到 14.6 亿部、3.4 亿台和 1.3 亿台，占全球出货量比重均在半数以上。在软件产品开发方面，我国软件业务收入同比增长 24.6%，明显高于全球 5.7% 的平均水平，占全球市场份额进一步提高。

二、投资

（一）产业投资缓慢增长

2013 年，我国电子信息产业 500 万元以上项目完成固定资产投资额 10828 亿元，同比增长 12.9%，增速比上年提高 7.2 个百分点，但仍低于同期工业投资增速 4.9 个百分点。全年，新增固定资产投资 6749 亿元，同比增长 1.3%，增速比上年回落 11.7 个百分点；新开工项目 7949 个，同比增长 5.0%，增速比上年回落 3.3 个百分点。

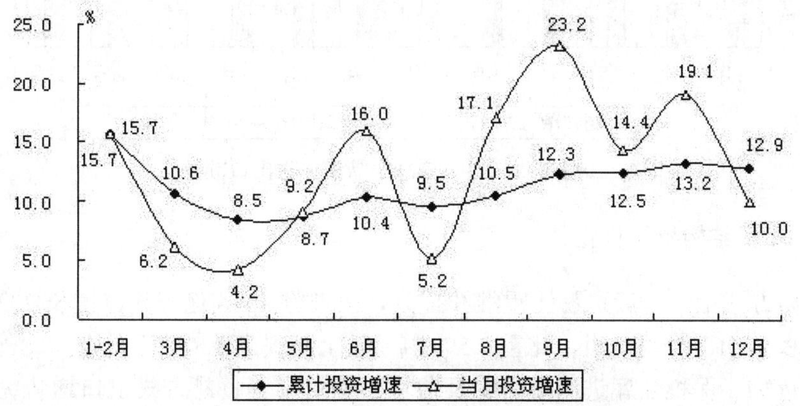

图3　2013年电子信息产业固定资产投资增速

（二）投资结构加快转变

分行业看，在政策引导下，集成电路行业投资活跃，完成投资额 578 亿元，同比增长 68.2%，增速居各行业首位；在 4G 建设加快拉动下，通信设备行业完成投资 897 亿元，同比增长 37%，明显高于全行业平均水平；分地区看，西部地区投资加速，完成投资 1650 亿元，同比增长 29.2%，比上年提高 24.1 个百分点，高于平均水平 11.2 个百分点，比重提高 1.9 个百分点；从投资主体看，内资企业完成投资 8772 亿元，同比增长 16.1%，增速高于平均水平 3.2 个百分点，比重达到 81.0%，比上年提高 2.2 个百分点。

三、进出口

（一）外贸增速高位趋稳

2013 年，我国电子信息产品进出口总额达 13302 亿美元，同比增长 12.1%，增速高于同期全国外贸进出口总额水平 4.5 个百分点。其中，出口 7807 亿美元，同比增长 11.9%，高于全国外贸出口增速 4.0 个百分点，占全国外贸出口比重达到 35.3%，比上年提高 1.2 个百分点，对全国外贸出口增长的贡献率为 51.1%。进口 5495 亿美元，同比增长 12.4%，高于全国外贸进口增速 5.1 个百分点，占全国外贸进口比重达到 28.2%，比上年提高 1.3 个百分点，对全国外贸进口增长的贡献率为 45.7%。从全年进出口走势来看，呈逐步趋稳态势。

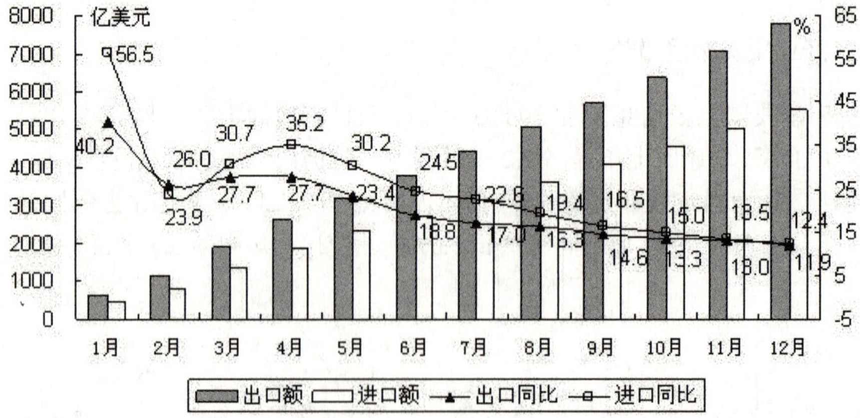

图4　2013年我国电子信息产品累计进出口额及增速

（二）外贸结构持续优化

在贸易方式上，一般贸易比重继续提升，出口额 1514 亿美元，增长 23.2%，增速高于平均水平 11.3 个百分点，比重（19.4%）较上年提高 1.8 个百分点，此外，保税区仓储转口货物、保税仓库进出境货物及边境小额贸易等贸易方式出口增势突出，出口额达到 1138、105 和 16 亿美元，分别增长 64.3%、41.5% 和 88.4%，贸易方式多元化趋势更加明显；在贸易主体结构上，内资企业出口1958亿美元，同比增长38.4%，增速高于平均水平26.5个百分点，比重（27.5%）较上年提高5.3个百分点；在贸易伙伴结构上，新兴市场成为新的增长点，对越南、南非和阿根廷等国出口增速分别达到78.5%、34.1%和23.5%。在区域结构上，中西部地区成为新的增长极，如陕西、山西、重庆和安徽等省市出口增速分别达到86.5%、65.9%、64.9%和53.1%。

四、经济效益

（一）效益规模继续扩张

2013年，我国规模以上电子信息制造业主要效益指标稳步增长，实现销售收入93202亿元，同比增长10.4%，利润总额4152亿元，同比增长21.1%，税金总额1845亿元，同比增长19.1%。

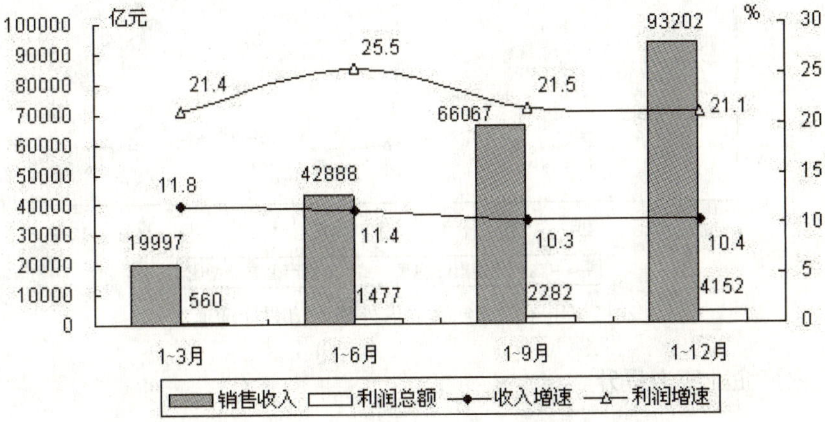

图5 2013年我国规模以上电子信息制造业收入及利润情况

（二）效益水平有待提升

从效益水平看，2013年，我国规模以上电子信息制造业销售利润率为4.5%，比上年提高0.4个百分点，但低于工业平均水平1.6个百分点。全年，规模以上电子信息制造业每百元主营业务收入中成本为88.6元，比工业平均水平高3.3元，企业生产经营的成本压力较大，盈利水平偏低。

五、产业结构调整

（一）融合化趋势日益凸显

一是软硬比例趋于协调。2013年，我国电子信息产业中，软件业收入比重达到25.0%，比上年提高2.3个百分点，比十一五末提高6.8个百分点。二是软硬融合步伐加快。随着产业发展层次的不断提高，纯粹的硬件设备越来越少见，绝大多数硬件都含有嵌入式软件、平台软件或应用软件，硬件设备的价值越来越多的取决于其中软件产品的价值技术含量。以彩电为例，创维、海信、长虹等主要厂商通过组织力量研发配套软件，或与软件企业开展合作，以提升产品的附加值。同时，软件企业及互联网企业也开始涉足硬件制造领域，如乐视网推出电视产品，奇虎360推出随身WiFi设备等。

（二）内销市场地位提高

2013年，我国规模以上电子信息制造业实现内销产值45373亿元，同比增长18.4%，高于平均水平7.4个百分点；完成出口交货值48519亿元，同比增长4.9%，低于行业平均水平；全年来看，内销产值增速始终领先于外销产值增速，所占比重达到48.3%，比上年提高3.3个百分点。

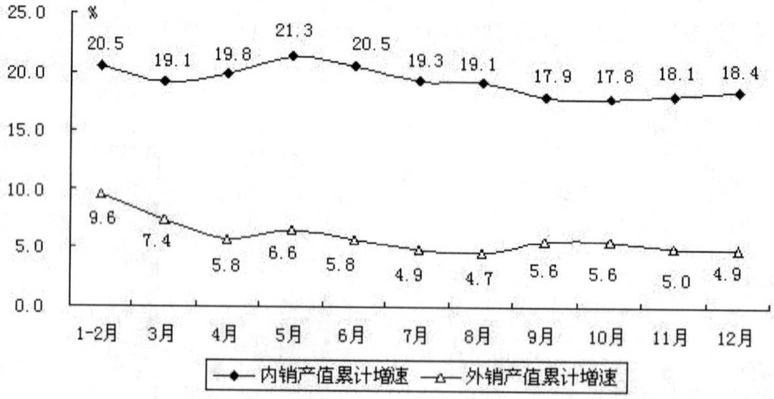

图6　2013年电子信息制造业内外销产值累计增速对比

（三）内资企业实力提升

2013年，我国规模以上电子信息制造业中，内资企业实现销售产值30975亿元，同比增长18.5%，高于行业平均水平7.5个百分点；三资企业实现销售产值62917亿元，同比增长7.7%，增速低于平均水平3.3个百分点；内资企业销售产值比重达到33.0%，比上年提高2.1个百分点。

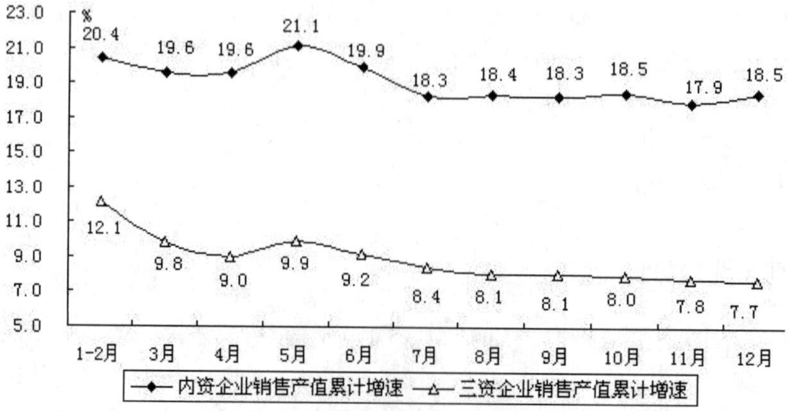

图7　2013年电子信息制造业不同性质企业销售产值累计增速对比

（四）产业转移有序推进

2013 年，我国规模以上电子信息制造业中，中部地区和西部地区分别实现销售产值 10208 和 7659 亿元，同比增长 28.0% 和 28.9%，增速高于平均水平 17.0 和 17.9 个百分点；中西部地区销售产值比重达到 19.0%，比上年提高 2.5 个百分点。

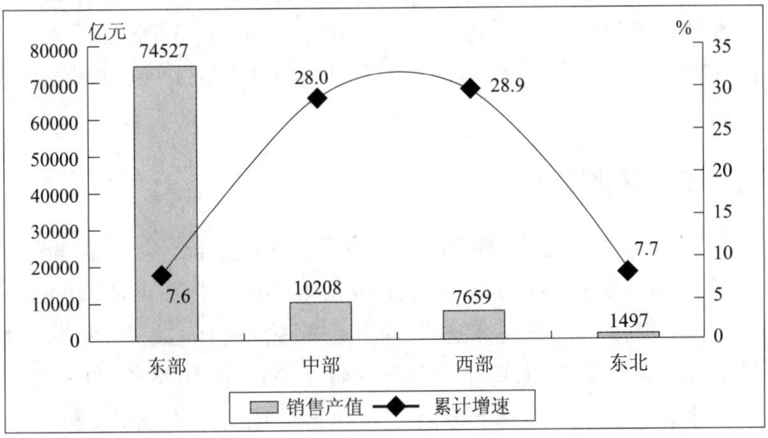

图8　2013年东、中、西、东北部电子信息制造业发展态势对比

六、科研创新

（一）创新环境不断完善

2013 年以来，电子信息产业各级主管部门下大力度优化企业创新政策环境，落实促进企业创新的财税政策。开展国家技术创新示范企业认定，建设以企业为主导的产业创新联盟；培育发展战略性新兴产业及信息消费等新兴业态和市场热点；组织实施重大创新发展工程和应用示范工程，加强关键核心和共性技术攻关，推进科技成果产业化；加快重点领域标准制修订，提升国际标准制定话语权；为我国电子信息产业自主科研创新营造了良好的政策环境，提供了有力的政策支持。

（二）重点领域不断取得技术突破

在电子材料领域，石墨烯科研成果迅速转化，国内第一条世界领先的石墨烯生产线已开工在建，标志着我国在该领域跻身世界前列；在集成电路领域，国内第一款具有自主知识产权的 55 纳米相变存储技术产品发布，打破了国外芯片存储核心技术长期垄断的局面；我国完全自主知识产权的大功率 IGBT 芯片通过专家鉴定并投入批量生产，终结了高端 IGBT 芯片完全依赖进口的历史，将为我国轨道交通、电力系统等相关行业的发展提供强劲支撑；在卫星导航领域，我国北斗导航手持机和芯片亮相 2013 年世界雷达博览会；在超级计算机领域，我国研制的“天河二号”荣登全球超计算机 500 强排行榜榜首；在液晶显示领域，国内首颗 AMLOED 驱动芯片研制成功，具有重要的里程碑意义。

七、社会贡献

（一）经济贡献日益增强

2013 年，我国规模以上电子信息制造业收入、利润总额和税金占工业总体比重分别达到 9.1%、6.6% 和 4.0%；电子信息产品进出口总额达 13302 亿美元，占全国外贸进出口总额的 32.0%，比上年提高 1.3 个百分点；电子信息产业对国民经济增长的支撑作用不断增强。

（二）助推社会信息化建设

2013 年，我国电信固定资产投资完成额达到 3755 亿元，全年新建光缆线路 265.8 万公里，总长度达到 1745.1 万公里，同比增长 17.9%。截止 2013 年 12 月末，使用 4M 及以上高速率宽带接入用户占整个国内互联网接入用户数的 78.8%，比上年提高 14.3 个百分点；我国网络国际出口带宽达到 341 万 M，同比增长 79.3%，比上年提高 42.6 个百分点。移动电话普及率达到 90.8 部 / 百人，比上年提高 8.3 部 / 百人；互联网宽带接入用户数和移动互联网用户数分别达到 1.9 和 8.1 亿户，比上年末增加 1906 和 4319 万户。同时 3G 网络已经覆盖到全国所有乡镇，3G 用户总规模突破 4 亿户，渗透率达到 32.7%，比上年同期提高 11.8 个百分点。城镇居民的彩电、计算机拥有率继续提高。同时，信息技术的渗透带动作用日益增强，推动生产制造业、交通物流业、出口贸易业等各行业的智能化和自动化改造，传统行业企业通过广泛应用信息技术加快转型升级，逐步占据价值链高端。此外，电子信息技术在国防和国家重点工程领域也发挥了重要作用。2013 年 12 月 15 日，嫦娥三号着陆器、巡视器顺利完成互拍成像，标志着我国探月工程二期取得圆满成功。在这其中，以中国电科为代表的一批电子信息企业功不可没。

2014 年是全面贯彻落实党的十八大和十八届三中全会精神、全面深化改革的开局之年，也是电子信息产业转型升级发展的关键一年。目前，我国电子信息产业发展的基本面仍较为良好，但也面临着较多的不确定和挑战性因素，长期结构性问题与短期困难相互交织，形势较为复杂，提升产业发展质量和效益的任务仍较为艰巨。下一阶段，需要认真贯彻落实十八届三中全会和中央经济工作会议精神，坚持稳中求进，改革创新，把改革贯穿于产业发展各个领域各个环节，科学监测、密切关注，做好形势预判并及时采取应对措施，推进电子信息产业持续健康发展。

预计，2014 年我国规模以上电子信息制造业增加值将增长 10% 左右，软件业增速将在 20% 以上。

附表：

表1　2013年电子信息产业主要指标完成情况

	单位	数额	增速%
规模以上电子信息制造业			
工业增加值增速			11.3%
主营业务收入	亿元	93202	10.4%
利润总额	亿元	4152	21.1%
税金总额	亿元	1845	19.1%
销售产值	亿元	93891	11.0%
出口交货值	亿元	45819	4.9%
固定资产投资	亿元	10828	12.9%
电子信息产品进出口总额	亿美元	13302	12.1%
其中：出口额	亿美元	7807	11.9%
进口额	亿美元	5495	12.4%
软件业			
软件业收入（快报数据）	万亿元	3.1	24.6%
主要产品产量			
手机	万部	145561	23.2%
微型计算机	万台	33661	−4.9%
彩色电视机	万台	12776	−0.4%
集成电路	亿块	867	5.3%
程控交换机	万线	3116	10.2%

（撰稿：关志超）

2013年中国公交都市建设概况

一、建设概况

为贯彻落实国家城市公共交通优先发展战略，提高城市公共交通服务水平，满足人民群众基本出行需求，缓解城市交通拥堵和资源环境压力，交通运输“十二五”发展规划提出，“结合国家低碳城市建设需要，选择30个城市实施‘公交都市’建设示范工程。研究制定‘公交都市’建设目标和评价指标体系。支持综合客运枢纽、智能交通系统和公共服务信息系统建设，鼓励新能源公交车辆的更新使用和配套服务设施建设，提升公交运营效率和服务品质。通过5年的努力，在示范城市实现主城区500米上车，5分钟换乘，公共电汽车运行速度明显提高，公交出行分担率达到50%以上。”

根据《交通运输“十二五”发展规划》要求，2011年11月，交通运输部印发《关于开展国家公交都市建设示范工程有关事项的通知》（交运发〔2011〕635号），决定开展“公交都市”建设示范工程。

“公交都市”建设示范工程的指导思想是：坚持以科学发展观为指导，通过政府主导、规划先导、政策引导、试点先行，推动相关城市深入贯彻落实城市公共交通优先发展战略，大力推进城市公共交通发展方式转变，加快建立以公共交通为导向的城市发展模式，促进城市发展与城市交通的良性互动，缓解城市交通拥堵，并为全国其他城市公共交通发展积累经验。在推进过程中，坚持以下基本原则：（一）政府主导，政策扶持。（二）因地制宜，科学谋划。（三）统筹规划，协调发展。（四）以点带面，分步推进。

“公交都市”建设示范工程优先选择城市人口较为密集，公共交通需求量大，城市公共交通发展水平较高，城市轨道交通或快速公交系统发展较快，城市人民政府对城市公共交通发展有明确的扶持政策的大中城市。

2011年以来，通过城市申请、省市推荐、择优选择的方式，交通运输部先后确定了两批37个创建城市开展试点工作。2013年，交通运输部相继发布了《交通运输部关于印发<公交都市考核评价指标体系>的通知》（交运发〔2013〕387号）以及《交通运输部关于推进公交都市创建工作有关事项的通知》（交运发〔2013〕428号），明确了各创建城市的考核目标，并从城市客运枢纽、城市智能公交系统、城市快速公交运行监测系统、清洁能源公交车辆等四个方面对各城市的创建工作予以支持。

2012年以来，37个创建试点城市积极探索，强化“公交引领城市发展”理念，科学制定城市综合交通规划和公共交通规划，出台公交土地保障、资金补贴、路权优先等方面优惠政策，解决公交发展难题；因地制宜加强公交运营管理，特许经营、综合开发等创新模式不断涌现，智能化服务便民提效，公交行业运营效率显著提升；公交服务水平显著提升，定制公交、商务快巴、微循环公交等新服务深受百姓好评，“最美司机”接连涌现；公交优先的社会氛围日益浓厚，全社会共建共享公交都市的局面正在形成。

二、创建进展

（一）工作进展

1．第一批“公交都市”示范工程创建试点城市

2012 年 10 月，经有关城市人民政府申请、省级交通运输主管部门推荐和专家评审，交通运输部研究确定北京市、石家庄市、太原市、大连市、哈尔滨市、南京市、济南市、郑州市、武汉市、长沙市、深圳市、重庆市、昆明市、西安市、乌鲁木齐市共 15 个城市为公交都市建设示范工程第一批创建城市。

按交通运输部要求，各城市对照公交都市创建要求，科学编制本市公交都市建设示范工程实施方案，并于 2012 年 12 月底之前，经省级交通运输主管部门审核，报交通运输部审查批准。创建工作开展以来，各城市加快建设完善推动城市公共交通优先发展的体制机制，并通过科学规划、政策扶持和系统建设，确保创建工作取得积极实效。

哈尔滨、昆明、石家庄、武汉、郑州、长沙、太原、南京、济南、乌鲁木齐等 10 个城市成立了由市长亲自挂帅的创建工作领导小组。昆明市、郑州市在领导小组下还成立了 8 个工作小组，分类负责相关工作。西安市将公交都市创建纳入市政府重要工作日程，定期召开市政府专题会议，协调解决工作中存在的问题。南京市还专门成立了城市公共交通委员会。

各创建城市交通运输主管部门在城市人民政府的领导下，结合交通运输部发布的《公交都市考核评价指标体系》和部专家组对初步实施方案的反馈意见，进一步编制完善了创建实施方案，规范了指标计算方法，合理调整了创建目标。各城市还从规划引领、优先通行、网络建设、枢纽支撑、智能交通、低碳交通、运能提升、需求管理、城乡客运一体化等多个方面，提出了促进城市公共交通优先发展的“组合拳”，并将创建任务落实到部门、转化为具体项目，使实施方案中的公交专用道设置具体到路、公交枢纽场站建设细化到点、车辆购置数量精确到个位。

湖南省强化城市公交专项规划与城市总体规划的衔接，市一级城市公共交通规划制修订率达到 100%。大连市已完成城市综合交通规划、城市公交专项规划、停车设施专项规划、城市公交专用道专项规划等多项交通规划，形成了较为完善的规划体系。武汉市出台了《关于加快城市公共交通场站建设的通知》，在公交场站规划、建设用地、建设资金、项目配套等方面做了政策性规定，并提出市政府每年安排不少于 1 亿元资金作为中心城区公交场站建设资本金。哈尔滨市出台了《城市公共交通基础设施规划建设管理办法》，采用资源置换的方式，并通过市场化运作机制将公交首末站用地和投

资统一纳入新建小区建设规划中。乌鲁木齐市出台了7项惠及公交职工的优惠措施。长沙市提出政策保障优先、规划编制优先、资金投入优先、用地保障优先、道路路权优先“五个优先”，完整系统地体现了“公交优先”。郑州市把城市公交发展建设纳入公共财政体系，设立公共交通发展基金，建立了公交企业政策性亏损长效补贴机制。

北京市加快轨道交通网络建设，轨道交通日最高客运量已超过1000万人次；推出了定制公交和潮汐车道，为广大市民提供了多样化出行服务。乌鲁木齐市建成了国内一流的大容量快速公交系统，实现了当年规划、当年建设、当年开通的目标，目前快速公交系统日均客流量已达到50万人次，占公共交通总客流量的20%。深圳市城市公交日客运量突破1000万人次，公交出行分担率再创新高。济南市立足自身特点，提出“泉城电车复兴计划”，着力打造以电车网络为骨干的城市公交网络，根据规划，到2017年济南市将形成“6环9射”的电车网络。

各地积极利用网络、电视、报纸、广播等媒体，加大对公交都市创建工作的宣传报道，提高群众的参与意识，为推动公交都市创建营造了良好的社会氛围。

2．第二批“公交都市”示范工程创建试点城市

2013年8月，交通运输部办公厅印发《关于启动第二批公交都市创建城市申报工作的通知》（厅运字〔2013〕197号）。经有关城市人民政府申请、省级交通运输主管部门推荐和专家评审，2013年12月，交通运输部研究确定天津、保定、呼和浩特、沈阳、长春、上海、苏州、杭州、宁波、合肥、福州、南昌、青岛、新乡、株洲、广州、柳州、海口、贵阳、兰州、西宁、银川共22个城市为公交都市建设示范工程第二批创建城市。

交通运输部确定第二批公交都市创建城市以来，各创建城市在城市人民政府统一领导下，有关部门分工负责、齐抓共建，城市公交引领城市发展的理念得到广泛认同，公交优先发展的支持政策体系逐步完善，城市公共交通基础设施、运营保障能力和服务水平稳步提升，公交都市创建工作进展顺利。

（1）政府主导的创建工作机制基本建立。各地将公交都市创建确立为市长工程、民心工程、民生工程，充分认识并发挥城市人民政府的创建主体作用，建立了市领导牵头负责、多个部门共同参与的组织领导机构，形成了完善的工作机制。

（2）规划先行的创建理念得到普遍认同。各创建城市坚持规划先行的创建理念，积极开展城市公共交通规划及相关专项规划的编制工作，公共交通引领城市发展的作用初步呈现。

（3）综合配套的政策保障体系基本形成。各相关省份和创建城市围绕公交优先理念，注重以政策制度创新激发城市公交发展内生动力，结合各自实际，积极探索，敢于创新，先行先试，出台了很多内容实在、含金量高的政策意见，有效保障了创建工作的顺利推进，让群众实实在在享受到出行的便捷和实惠。

（4）综合衔接的公交基础设施建设快速推进。各创建城市积极推进公交基础设施建设，公交场站用地和建设资金逐步得到落实，一批城市综合客运枢纽等公交基础设施启动建设。同时实施公交用地综合开发政策，大力推进立体停保场建设，形成一体化换乘服务体系。

（5）多样化的出行服务保障体系初步形成。各地不断创新服务方式，提升服务品质，全方位、多层次、高效率、一体化的公共交通服务体系快速推进。定制公交、商务快巴、旅游专线、社区巴士等特色公交服务迅速推广，一大批“星级服务”文明线路、“青年文明号”先进班组和模范个人不断涌现，城市公共交通行业服务意识和创新活力得到大幅提升。

（6）公交都市的带动和示范效应初步显现。公交都市创建活动的顺利开展，进一步激发了各地贯彻落实国务院64号文件、推进公交优先发展的积极性和热情。在创建城市的示范带动下，各地将“实施公交优先发展战略”作为新一轮城镇化发展的重要支撑点，积极借鉴创建城市发展经验，有力推动了城市交通的科学发展。广东、江苏、河南等省借鉴公交都市创建经验，在省内开展了公交优先示范城市创建活动，有效带动了省内其他城市公共交通的全面发展。

3．创建工作推进会

为促进公交都市创建工作的经验交流与分享，交通运输部分别于2013年9月和2014年8月在西安和哈尔滨举行了两次公交都市创建工作推进会。交通运输部指出，下一步公交都市创建的要点集中于八个方面：一是加快建立规划引领机制。科学谋划公共交通发展与城市功能布局，确立公共交通在城市交通系统中的主体地位，推动建立“密度较高、功能混用和公交导向”的城市发展模式。二是因地制宜打造公交快速通勤系统。这既是提升城市公交快捷性的重要平台，也是提升城市应急反应能力的重要载体。三是加快落实《国务院关于城市优先发展公共交通的指导意见》等关键政策。创新土地综合开发政策，建立科学合理的定价调价机制，规范公交补贴补偿制度，加快落实部相关扶持政策。四是加快建设绿色公交系统。各创建城市要坚持政府主导和制度创新，努力建成以“低污染、低排放、高效率、高效能”为主要特征的绿色公交系统。交通运输部已经起草了贯彻落实国务院办公厅《关于加快新能源汽车推广应用的指导意见》的实施意见，拟于近期下发征求意见。五是加快提升公交吸引力。把“为群众提供满意的公共交通服务”作为根本标准，切实提升公共交通的快捷性、可靠性和换乘便利性。六是加快建设平安公交系统。各创建城市要立足自身职责，积极配合公安部门做好城市公共交通安全防范和反恐工作。七是加快推进公交改革创新。加快统筹城际、城市、城区一体化交通发展。基于综合运输体系构建，进一步梳理道路运输和城市公交的服务定位和范围，进一步完善群众出行链，强化各环节的衔接和协调，提升服务能力和服务水平。八是加快培育公交出行文化。要深入社区、企业、学校和基层单位，充分发挥传媒作用，做好舆论引导，为公交都市创建营造良好的社会氛围。

（二）发展现状

截至2012年底，37个公交都市创建城市公共交通车辆标台总数达到28.05万标台，平均万人公共交通车辆保有量16.82标台／万人，公共汽电车运营线路共11218条，总长度21.8万公里，其中公交专用道3209.22公里。公共汽电车运营总里程达到134.77亿车公里，公共汽电车场站总面积2890.6万平方米。在37个公交都市创建城市当中，共有14个城市开通了轨道交通，线路总数67条，轨道交通运营线路总长度1818.94公里，运营里程达到2.12亿列公里。公交都市创建城市的公共交通年客运总量达到472.23亿人次。

公交都市创建周期原则上为5年，公交都市创建任务完成后，各创建城市将实现公共交通机动化分担率达到60%，公共交通站点500米覆盖率达到100%，万人公共交通车辆保有量达到16标台/万人以上，公共汽电车进场率达到70%以上，早晚高峰时段公共交通平均拥挤度不超过90%，公共交通乘客满意度达到80%以上，城乡客运线路公交化运营比率达到85%以上，公共交通乘车一卡通使用率达到80%以上的目标。

三、主要创建工作

根据《交通运输部关于推进公交都市创建工作有关事项的通知》（交运发〔2013〕428号），交通运输部重点从城市客运枢纽、城市智能公交系统、城市快速公交运行监测系统、清洁能源公交车辆等四个方面对各城市的创建工作予以支持。

（一）城市客运枢纽

交通运输部重点支持与城市公共交通相衔接的综合客运枢纽。主要包括：一是城市公共交通与两种及以上对外交通方式相衔接的综合客运枢纽；二是城市公共交通与城际客运站相衔接的综合客运枢纽；三是城市公共交通与城乡公路客运站相衔接的综合客运枢纽；四是适当考虑与城市轨道交通相衔接的综合换乘枢纽。城市公共交通有关设施应当与综合客运枢纽同步规划、同步建设、同步交付使用。

2014年8月，交通运输部办公厅发布《关于落实公交都市创建城市支持政策 推进城市综合客运枢纽建设有关事项的通知》（交办运〔2014〕149号），要求各有关省级交通运输主管部门要组织辖区内的创建城市做好项目确定和申报工作，根据公交都市创建工作实施方案，科学确定城市综合客运枢纽建设项目，明确项目建设规模、功能定位、投资预算、融资方案、进度安排等。每个创建城市申报城市综合客运枢纽建设项目的数量原则上不超过5个。部将根据公交都市创建工作总体要求并结合创建城市实际，对各省级交通运输主管部门组织申报的项目进行审核，符合支持政策要求的，纳入交通运输部部统一的项目库。

（二）城市智能公交系统

交通运输部继续在公交都市创建城市实施城市公共交通智能化应用示范工程。加强对示范工程建设的指导，在总结第一批城市公共交通智能化应用示范工程建设成果和经验的基础上，进一步明确建设思路，确定并启动新一批公共交通智能化应用示范工程。部重点支持公共交通信息化应用系统建设、相关支撑系统建设、数据资源与交换系统建设，以及相关标准规范的制修订等工作。截止目前，目前交通运输部已经面向 37 个公交都市示范工程创建城市全面启动了城市公共交通智能化应用示范工程的推进工作。

（三）城市快速公交运行监测系统

将创建城市快速公交运行监测系统建设纳入交通运输部支持范围。支持创建城市加快建设快速公交监控调度指挥系统、快速公交信息化应用系统和相关支撑系统等，并完善快速公交运行监测相关的技术标准规范。郑州、合肥、乌鲁木齐等公交都市示范建设工程城市在交通运输部的资金支持引导下正在建设包括出行信息服务系统、应急响应系统、综合运行分析系统、行业管理系统在内的快速公交运行监测系统。该系统与公用交通应急系统联动，平时监测，并且在监测到相应的异常情况下，根据预先设定的预警等级，进行不同的处置，并在紧急情况下启动应急管理系统的联动。

（四）节能减排

将公交都市创建城市推广应用液化石油气、天然气等清洁能源公交车辆纳入交通运输节能减排专项资金支持范围。按照《交通运输节能减排专项资金管理暂行办法》(财建〔2011〕374 号），采取以奖代补的形式，通过测算清洁能源公交车辆的能源替代量给予相应的资金补助。

（撰稿：陈徐梅、刘好德）

2013年中国物流发展概况

2013 年，在国民经济趋稳向好的推动下，我国物流业坚持贯彻稳中求进的总基调，抓住机遇，稳中求变，呈现出一系列新特点。

一、总体运行平稳

（一）社会物流总额缓中趋稳

2013 年，全国社会物流总额 197.8 万亿元，按可比价格计算，同比增长 9.5%，增幅较上年回落 0.3 个百分点。分季度看，一季度增长 9.4%，上半年增长 9.1%，前三季度增长 9.5%，呈现“缓中趋稳”的态势。2013 年社会物流需求系数为 3.5，即每 1 个单位的 GDP 需要 3.5 个单位的物流量来支撑。

从构成情况看，工业品物流总额 181.5 万亿元，同比增长 9.7%，占社会物流总额的比重为 91.8%；进口货物物流总额 12.1 万亿元，同比增长 6.4%，占社会物流总额的 6.1%；农产品物流总额 3.1 万亿元，同比增长 4.0%，占社会物流总额的 1.6%；单位与居民物品物流总额 2726 亿元，同比增长 30.4%，占社会物流总额的 0.1%；再生资源物流总额 7750 亿元，同比增长 20.3%，占社会物流总额的 0.4%。

（二）物流市场分化明显

在社会物流总额增速减缓的同时，物流市场分化明显。一方面，受国内经济增速放缓和产能过剩等因素影响，钢铁、煤炭等大宗商品物流市场持续低迷，行业陷入深度调整。另一方面，受内需扩大的带动，快速消费品、食品、医药、家电、电子等与居民消费相关的物流市场保持较高增长。受电子商务和网络购物快速增长带动，单位与居民物品物流总额保持快速增长态势，同比增长 30.4%，增幅比上年加快 6.9 个百分点；受绿色经济、低碳经济和循环经济快速发展带动，再生资源物流总额快速增长，同比增长 20.3%，增幅比上年加快 10.2 个百分点。

（三）社会物流总费用增速放缓

2013 年，社会物流总费用 10.2 万亿元，同比增长 9.3%，增幅较上年同期回落 2.1 个百分点。社会物流总费用与 GDP 的比率为 18.0%，与上年基本持平，我国经济社会运行的物流成本仍然较高。

其中，运输费用 5.4 万亿元，同比增长 9.2%。运输费用中，受市场需求减弱影响，道路与水路运输费用增速回落，全年同比分别增 9.9% 和 1.1%；而受铁路改革提价带动，铁路运输费用增速明显回升，全年同比增长 14.3%。

保管费用 3.6 万亿元，同比增长 8.9%。保管费用中，受利率下调影响，利息费用同比增长 8.7%；仓储费用同比增长 9.2%，增幅较 2012 年回落 2 个百分点。

管理费用 1.3 万亿元，同比增长 10.8%，增幅较上年回落 2.3 个百分点。

从构成结构看，运输费用占社会物流总费用的比重为 52.5%，与上年基本持平。保管费用占比为 35.0%，同比下降 0.2 个百分点；管理费用占比为 12.5%，同比提高 0.2 个百分点。

（四）社会物流总收入平稳增长

2013 年社会物流总收入 7.2 万亿元，同比增长 9.2%。随着我国现代物流业的快速发展，物流社会化、专业化分工加快，产业细分更加深入，我国专业物流市场规模进一步扩大。

然而，与社会物流总费用相比，社会物流总收入仅相当于社会物流总费用的 70.5%，物流总收入增幅低于物流总费用增速 0.1 个百分点。此外，受物流服务价格长期偏低、物流经营成本逐步攀高的影响，物流企业生存压力一直较大，长期处于“价低利薄”的发展境地，不利于企业做大做强和可持续发展。

（五）物流业增加值保持平稳增长

2013 年，我国物流业增加值 3.9 万亿元，可比增长 8.5%，增幅较上年同期回落 0.7 个百分点。物流业增加值占 GDP 的比重为 6.8%，占服务业增加值的比重为 14.8%，较上年降低 0.5 个百分点。

其中，交通运输物流业增加值 2.8 万亿元，可比增长 7.2%。贸易物流业增加值 7256 亿元，增长 9.5%。仓储物流业 2975 亿元，增长 9.2%。邮政物流业增加值 1159 亿元，增长 33.8%。

从构成结构看，交通运输物流业增加值占物流业增加值的比重为 71.8%，仍是物流业增加值的主要组成部分，同比增加 0.4 个百分点；贸易物流业增加值占比为 18.6%，同比下降 0.3 个百分点；仓储业增加值占比为 7.6%，同比下降 0.1 个百分点；邮政业增加值占比为 3%，同比增加 0.5 个百分点。

（六）物流服务价格低位震荡

2013 年，受经济增速放缓、市场需求回落等诸多因素影响，物流价格保持低位运行。物流服务价格上升动力不足。其中，海运市场低位震荡，公路运输市场保持相对平稳。从海运市场来看，2013 年前 11 个月，中国沿海干散货运价指数累计平均都较上年同期有所下降。而 1-12 月份，该指数累计平均为 1101.0 点，同比增长 0.2%，累计平均价格由下降转为略有上升。

（七）基础设施投资有所回升

2013 年，交通运输、仓储和邮政业固定资产投资 3.62 万亿元，同比增长 17.2%，增幅较上年同期提升 6 个百分点。道路运输业投资实现快速增长，全年完成固定资产投资 2.1 万亿元，同比增长 18.5%，增幅较上年提升 9.9 个百分点；铁路运输业投资仍处于相对集中期，全年完成固定资产投资 6514.74 亿元，同比增长 6.3%，增幅较上年提升 2.7 个百分点；储业保持了持续高速增长态势，全年完成投资 4200.7 亿元，同比增长 32.7%，增幅较上年提升 2.8 个百分点；航空运输业投资保持平稳增长，航空运输业全年完成投资 1284.74 亿元，同比增长 14.3%，增幅较上年回落 20.2 个百分点。

（八）货物运输量平稳增长

2013 年，全年货物运输总量 451 亿吨，比上年增长 9.9%。货物运输周转量 18.65 万亿吨公里，增长 7.3%。全年规模以上港口完成货物吞吐量 106.1 亿吨，比上年增长 8.5%，其中外贸货物吞吐量 33.1 亿吨，增长 9.2%。规模以上港口集装箱吞吐量 1.9 亿标准箱，增长 6.7%。

全年邮电业务总量 1.7 万亿元，比上年增长 11.1%。其中，邮政业务总量 2725 亿元，增长 33.8%；电信业务总量 1.4 万亿元，增长 7.5%。邮政业全年完成邮政函件业务 63.20 亿件，包裹业务 0.69 亿件，快递业务量 91.9 亿件；快递业务收入 1442 亿元。

（九）物流业仍处于景气周期

2013 年，中国物流与采购联合会发布中国物流业景气指数（Logistics Prosperity Index, LPI）。LPI 以 50% 为经济强弱分界点。高于 50% 时，反映物流业经济扩张；低于 50%，反映物流业经济收缩。2013 年，LPI 指数全年均高于 50% 的临界点，平均值为 53.1%，呈现先扬后抑、小幅波动态势，显示物流业活动总体仍处于平稳增长的景气周期。

二、物流企业深度调整

中国物流与采购联合会 2014 年初对 128 家大中型物流企业进行了统计调查。其中，5A 级企业占 46.3%，4A 级企业占 25.9%，两者合计占 72.2%。运输型企业占 30.1%，仓储型企业占 14.5%，综合型企业占 55.4%。国有及控股企业占 43.9%，民营企业占 34.1%，外资合资企业占 15%，集体企业占 1.2%。调查结果显示，各类物流企业进入深度调整。

（一）业务收入小幅增长

2013 年，调查企业主营业务收入同比增长 6.2%，其中，运输型企业收入同比减少 10%，仓储型企业收入同比增长 8%，综合型企业收入同比增长 15%。运输型企业受大宗商品运输业务萎缩和“营改增”税率上升较高影响，收入全面下滑。仓储型企业中以生产资料和大宗商品仓储为主的企业收入增幅较小，平均在5%~8%。以生活消费和电子商务为主的企业收入增幅较大，普遍超过20%。

（二）业务成本增长较快

2013年调查企业主营业务成本同比增长7.9%，成本增长依然高于收入增长。其中，运输型企业成本同比减少7.3%，仓储型企业成本同比增加9.4%，综合型企业成本同比增加16.7%。

企业人力成本占企业主营业务成本15.1%，由于工资上调和社保基数增加，普遍保持10%~15%的增长速度。

企业财务成本占企业主营业务成本3.3%，由于贷款规模上升和融资成本增加，平均增加10个百分点左右。

企业燃油费支出占企业运输成本的21.9%，过路过桥费占运输成本的9.1%。其中，运输型企业燃油费支出占运输成本的28.4%；过路过桥费支出占运输成本的20.5%，公路罚款占运输成本的1.4%。

2013年，营业税改征增值税后，调查企业缴纳增值税与营业税体制下缴纳营业税相比平均增长52.9%，其中交通运输服务增长115.4%。分类型看，运输型企业增值税增长116.2%；仓储型企业增值税增长10.8%；综合型企业增值税增长51.8%。

（三）实现利润大幅下滑

2013年调查企业实现净利润同比减少7%。其中，运输型企业实现净利润同比减少39%，仓储型企业实现净利润同比减少10%，综合型企业净利润同比增长12.9%。综合型企业中，商贸消费类企业利润增幅较大，普遍超过30%。调查企业净利润率平均为4.3%，其中，运输型企业净利润率为2.3%，仓储型企业净利润率为4.6%，综合型企业净利润率为5.5%。

（四）资产总额稳步增加

2013年调查企业年末资产总额同比增长10.7%。其中，运输型企业资产减少1.5%，仓储型企业资产增长22%，综合型企业资产增长15.5%。

（五）市场集中度进一步提高

据中国物流与采购联合会发布的“2013年度中国物流企业50强排名”，50强物流企业主营业务收入共达7807亿元，同比增长12.1%。在50强物流企业中，物流业务收入排名第一位的是中国远洋运输（集团）总公司，为1587.8亿元，第50名为20.3亿元，同比增长8%。

（六）投资增长速度快

2013年，多家产业基金投资快递、公路快运、冷链物流、化工物流、物流地产、服装物流等领域的领先物流企业。其中，快递业由于其持续高速增长的预期，受到重点关注，资本运作活跃度高。行业兼并重组应对市场变革，整合分散的物流资产，打造一体化物流服务平台；收购互补性资产，弥补业务不足，加快进入新兴市场。一批领先的物流企业积极筹备上市。

三、物流市场分化明显

2013 年，由于国际需求不振，国内经济增速放缓，我国航运、航空货运市场依然低迷，公路货运市场增速趋缓。在大宗货物运输需求下降的情况下，铁路部门积极推行货运组织改革，铁路货运市场全年实现基本持平。受扩大内需特别是网上购物带动，仓储、快递、快运市场保持高速增长。

（一）公路货运市场增速趋缓

2013 年，我国公路货运量 355.0 亿吨，比上年增长 11.3%，较上年同期回落 1.8 个百分点；公路货运周转量 6.7 万亿吨公里，比上年增长 12.7%，较上年回落 3.2 个百分点。公路货运量、公路货运周转量分别占货物运输总量和运输周转量的 78.8% 和 36%，分别较上年回落 0.6 和上升 1.4 个百分点。

公路货运市场集中度依然较低，零担快运等一些细分市场集中度逐步提高，并有带动整个市场加快集聚的趋势。通过平台整合、联盟合作等多种方式，公路货运正在积极探索行业集中、效率提升的新途径。公路货运枢纽加快网络化布局，多家平台型企业实现模式快速复制。

（二）铁路货运市场止跌回升

2013 年，我国铁路货运量完成 39.7 亿吨，比上年增长 1.6%，扭转了上半年负增长的局面；铁路货运周转量 2.9 万亿吨公里，与上年基本持平。铁路货运量、铁路货运周转量分别占货物运输总量和货物运输周转量的 8.8% 和 15.6%，分别下降 0.6 和 1.3 个百分点。

铁路货运依然是重点物资的主要运输方式，2013 年国家铁路煤炭运量完成 16.8 亿吨，占全国总产量的 45.6%。铁路货运改革全面推进，加快向现代物流转型过渡。铁路运价市场化改革启动，铁路货运价格由政府定价改为政府指导价。铁路推出快递等新产品，为客户提供“门到门”服务。

（三）水路货运市场小幅提升

2013 年，我国水路货运量 49.3 亿吨，比上年增长 7.5%，增幅较上年回落 0.5 个百分点；水路货运周转量 8.7 万亿吨公里，比上年增长 5.9%，增幅较上年回落 1 个百分点。水路货运量、货运周转量分别占货物运输总量和货物运输周转量的 10.9% 和 46.4%，较上年分别回落 0.2 个百分点。

沿海干散货市场止跌回升。受下半年国内投资增速加快带动，煤炭、铁矿石、粮食等大宗商品需求旺盛，沿海干散货运输需求整体稳中走强。国际集装箱运输市场缓慢复苏。主干航线海运量缓慢恢复，区域内航线海运量增长较快。航运企业积极自救应对，出现强强联盟趋势，全球前20大承运人中已有13家加入联盟，占据集运市场总运力的68.85%。

（四）航空货运市场小幅回升

2013年，我国航空货运量557.6万吨，比上年增长2.3%，增幅较上年回升4.5个百分点；航空货运周转量168.6亿吨公里，比上年增长2.9%，较上年回升8.66个百分点。两项指标均结束了连续两年负增长的局面。航空货运量、货运周转量分别占货物运输总量和货运周转量的0.12%和0.09%，与上年基本持平。

航空货运市场加快分化，受电子商务带动快递业高速发展影响，航空快件业务量持续快速增长。航空快件业务量已经占国内航空货运量50%的市场份额。航空货运企业谋求转型。国内航空公司加快延伸服务链条，进入快递、电商等高附加值领域。快递企业加大航空货运比重，加快进入航空货运市场。

（五）仓储服务市场逐步分化

生产资料和大宗商品仓储业务增速放缓。据中国物资储运协会调查统计，2013年样本企业主营业务收入仅增长2.66%，增速大大低于往年。样本企业货物吞吐量比上年下降30%，期末库存量减少12%，平均收入利润率只有1%左右。同时，样本企业货物平均周转次数7.66次，高于上年的7.6次，物流效率得到提升。

生活消费和电子商务仓储业务持续上升。据中国物流与采购联合会抽样调查显示，2013年，北京、广州、苏州、杭州、武汉、沈阳等主要城市优质仓库租金普遍接近或超过1元/平方米·天，上海、深圳等部分城市优质仓库租金接近或超过1.5元/平方米·天。

业务格局调整加快。电商、连锁零售、快递等消费型业务快速增长；冷链、医药、服装等专业化业务增长加快；钢铁、煤炭、粮食等大宗物资仓储设施增长趋缓。部分仓储企业开始主动转型。仓储业投资持续快速增长，物流地产成为投资热点。

（六）快递市场规模持续快速扩张

据国家邮政局统计，2013年我国快递业完成快递业务量91.9亿件，同比增长61.1%，较上年提高6.1个百分点；快递业务收入完成1441.7亿元左右，同比增长36.6%，较上年回落3.4个百分点。全年我国快递业务量接近美国，保持了全球快件量第二大国的地位。

市场集中度进一步提升。前六大快递企业占我国快件业务量市场份额的80%左右。快递业爆仓问题明显好转，企业保障能力稳步提升。目前，我国快递市场仍然以“以价换量”模式为主导，出现了“微利化”趋势。随着跨境电商的快速发展，国际快递配套服务需求大幅上升，对快递业国际化发展提供了重要机遇。

（七）冷链物流快速增长

冷链物流需求快速增长。2013 年，冷链市场需求达到 9200 万吨，冷链物流总体增长速度达到 20% 左右。冷链基础设施建设再创新高。2013 年，我国冷链物流业固定资产投资超过 1000 亿元，同比增长 24.2%。冷库规模继续保持较快增长势头。冷链运输设施小幅增长。目前，公路运输占我国冷藏运输量的 90%，2013 年冷藏车市场保有量新增 13000 台左右，同比增长 14% 左右。

四、物流发展趋向综合

（一）综合交通运输体系建设

据交通运输部初步统计，到 2013 年年底，全国综合交通网总里程达到 470 万公里。铁路总里程超过 10 万公里，其中高速铁路运营里程超过 1 万公里；公路总里程达到 434.6 万公里，其中高速公路通车里程 10.45 万公里；内河航道里程达到 12.58 万公里，其中高等级航道 1.21 万公里；规模以上港口万吨级泊位达到 1914 个；民航机场达到 193 个；轨道交通运营线路达到 2333 公里。

（二）多式联运发展

目前，我国集装箱多式联运的主要形态是公水联运，约占港口集装箱集疏运量的 84% 左右；其次是水水联运，约占 14% 左右，铁水联运约占 2% 左右。2013 年，我国启动大部制改革，铁路发展规划和政策的行政职责划入交通运输部，我国港口海铁联运发展迎来新的体制环境。

（三）区域物流一体化推进

长三角区域通关一体化进程加快。长三角区域大通关建设协作第六次联席会议在合肥举行。长三角内河集装箱运输发展合作联席机制正式启动。泛珠三角加强公路、铁路、航运、物流等领域合作。

（四）区域物流中心发展变化

航运中心加快分化。其中，第一梯队是上海航运中心，主要定位为具有全球影响力的，与国际知名航运中心进行竞争。第二梯队是大连的东北亚航运中心，天津的北方航运中心，厦门的东南航运中心，都是区域性的航运中心。第三梯队是长江流域里的重庆、武汉、南京，分别在长江上、中、下游形成航运集聚地。中部物流中心各有特色。西部物流中心双轮驱动。城市物流竞相发力。

五、外部环境有所改善

政策环境、经济环境、交通环境以及教育环境等的改善将推进物流产业的发展。

（一）交通运输管理体制改革

2013 年 3 月，《国务院机构改革和职能转变方案》正式发布，实行铁路政企分开。原铁道部拟定铁路发展规划和政策的行政职责划入交通运输部，组建中国铁路总公司，承担原铁道部的企业职责。目前，我国已经实现由交通运输部统筹规划铁路、公路、水路、民航发展，推进综合交通运输体系建设，将有利于形成真正意义上的大交通格局。

（二）各部门积极推动物流业发展

国务院提出深化流通体制改革加快流通产业发展重点工作部门分工方案，推进铁路投融资体制改革，取消一批行政事业性收费和行政审批项目。国家发改委出台《全国物流园区发展规划》，发布《促进综合交通枢纽发展的指导意见》。财政部和国家税务总局将铁路运输和邮政业纳入营业税改征增值税试点，继续落实土地使用税减半征收政策。交通运输部发布《国家公路网规划》，出台《关于交通运输推进物流业健康发展的指导意见》，支持甩挂运输和物流园区发展，加强快递市场和城市配送管理，促进航运业转型升级，《收费公路管理条例》公开征求意见。商务部发布《关于促进仓储业转型升级的指导意见》，推进重点商贸功能区建设，在现代服务业综合试点工作中启动实施城市共同配送试点。工业和信息化部提出《关于推进物流信息化工作的指导意见》，开展信息化和工业化深度融合专项行动。海关总署继续推进大通关建设，创新监管服务模式。

（三）物流标准化工作有新突破

由全国物流标准化技术委员会提出，国家标准委批准发布《物流园区服务规范及评估指标》等八项物流国家标准。新申报国家标准 3 项，行业标准 12 项。在制的国家标准共计 61 项，行业标准 24 项。

（四）海关特殊监管区建设提速

《国务院关于促进海关特殊监管区域科学发展的指导意见》2012 年底出台，推动了我国综合保税区建设的新高潮。2013 年我国新增综合保税区 5 个：分别是南通综合保税区、太仓港综合保税区、湖南湘潭综合保税区、贵阳综合保税区、红河综合保税区。

（五）中国（上海）自由贸易试验区成立

8 月 22 日，国务院批准设立中国（上海）自由贸易试验区。9 月 29 日，上海自贸区挂牌成立。上海自贸区的总体目标是加快转变政府职能，积极推进服务业扩大开放和外商投资管理体制改革，为我国扩大开放和深化改革探索新思路和新途径。

（六）跨境电子商务带动物流发展

2012年中国跨境电子商务交易额超过2万亿元，2013年交易规模将保持至少30%左右的增速。大型快递和物流企业积极申请国际快递资质，制定海外发展战略；越来越多的企业考虑在境外建立保税物流中心等保税场所，以期拓展国际物流业务；部分快递和航运企业正在根据跨境电子商务的特点筹建“海外仓”，以缩短到货时间，增强客户体验。

（七）中欧铁路大通道多点开行

渝新欧铁路联运大通道正式进入了常态化运营。与空运相比，渝新欧的成本只有其五分之一；与海运相比，时间可以节约20至30天。截至2014年1月，渝新欧国际班列已成功开行联运班列96趟，外贸货物运输总量达8434标箱。重庆、武汉、成都、郑州、西安先后开通欧洲货运班列，助推我国加快向西开放。

（八）人才培养稳步扩大

全国已有443所本科院校、954所高职高专院校、900多所中职中专院校开设了物流专业。物流师职业资格培训与认证工作自2003年11月开展以来，已有30多万人参加了认证培训，20多万人取得高级物流师、物流师、助理物流师和采购师资格证书。

六、物流发展面临的问题

（一）“社会物流成本偏高”与“物流企业盈利偏低”相并存

当前，我国物流发展面临的核心问题是物流费用高、效率低，导致“社会物流成本偏高”与“物流企业盈利能力偏低”相并存。近年来，全社会物流总费用与GDP的比率维持在18%左右，难以下降。这一比率高于美国、日本和德国9.5个百分点左右；高于全球平均水平约6.5个百分点；高于“金砖”国家印度和巴西5～6个百分点左右。但与此同时，全社会物流企业收入增速低于全社会物流费用增速，物流企业普遍盈利能力偏低。2013年1～11月份，重点物流企业主营业务收入利润率仅为4.1%，低于同期的规模以上工业企业主营业务利润率1.4个百分点。

我国物流费用偏高已经形成共识，但费用偏高是由多种因素造成的，既有合理的因素，也有不合理的因素；既与我国经济发展阶段、产业布局相关，也与物流自身发展密切相关。

首先，经济发展阶段是物流费用偏高的基础性原因。

目前，我国总体上仍处于工业化中期阶段，服务业欠发达、工业产品附加值偏低，是现阶段经济发展的基本特征，这也是我国物流费用高于美国和日本，甚至高于印度和巴西的基础性原因。

从产业结构来看，我国第一、二产业占比高而第三产业占比低。第三产业增加值占 GDP 的比重不仅远低于美国和日本 70% 以上的水平，也低于巴西 60% 以上的水平，导致经济发展的物耗和能耗偏高，引致物流需求规模偏大。从产业布局来看，由于上游能源资源和部分下游产业逆向分布，一些高能耗、高物耗产业不能按照地区比较优势布局，致使煤炭等大宗商品长距离、大规模运输，导致我国货物周转量明显偏高。

各行业内企业物流费用占销售额的比重是反映反映物流费用高低的另一个重要指标。据中国物流信息中心的重点企业调查，2012 年，我国工业、批发和零售业企业物流费用占销售额的比重为 8.6%，高于日本调查企业 3.9 个百分点，高于美国调查企业 0.7 个百分点。其中，工业企业为 9.2%，批发零售业企业为 7.8%。

从行业层面看，我国企业物流费用占销售额的比重与美国的差距较小，差距在 1 个百分点以内；而从宏观层面看，我国物流费用与 GDP 的比率高于美国 9.5 个百分点左右。这就说明，在生产力发展水平上，我国与美日等发达国家相比差距较大，实现同样多的商品销售额、耗费同样多的物流费用，但所创造的增加值明显偏低，从而导致物流费用与 GDP 的比率偏高。

其次，生产方式粗放是我国物流费用偏高的重要原因。

当前，我国已进入过剩经济时代，与此相应，消费模式也逐渐从单纯追求温饱型或数量型，向追求消费价值多元化、个性化转变。但生产方式仍以“大批量、规模化”为主，导致产需不能有效衔接、资源周转偏慢、社会库存居高不下。

国际上，日本在上世纪 50 年代就出现了准时制精益生产模式，将企业生产流程与市场需求有效整合；美国在上世纪 90 年代实现了柔性化敏捷制造模式，以有效协调的方式响应客户需求。生产方式的变革大幅降低了美、日等国企业的库存水平，显著地降低了物流费用。2012 年，我国工业企业存货率为 9.4%，远高于日本等发达国家 5% 的水平。因而，降低物流费用需要切实转变生产方式。

再次，流通模式粗放与物流费用偏高密切相关。

流通模式粗放，突出表现在两个方面。一是以供应链为主的现代流通体系建设进展相对缓慢。社会物流资源缺乏有效整合、不能集约使用，导致物流效率偏低、费用偏高。2012 年，根据中国物流信息中心的重点企业调查，我国企业对外支付的物流费用占企业物流总费用的比重为 61.0%，低于日本约 9 个百分点，差距较为明显。二是物流一体化建设相对滞后。社会资源周转慢、环节多、费用高。例如，我国海铁联运比例远远低于全球平均水平，目前国际上港口集装箱的海铁联运比例通常在 20% 左右，美国为 40%，而我国仅为 2.6% 左右。我国工业企业流动资产周转次数为不到 3 次，远低于日本和德国 9 ～ 10 次的水平。

（二）“物流围城”和“最后一公里”问题依然突出

1．仓储等物流基础设施资源紧缺

随着城市化进程加快，物流仓储设施、配送中心设施不断外迁，配送半径不断增加；由于缺乏科学的城市物流规划，致使城市周边仓库、货场供给不足，仓储租金不断提高，增加了物流成本，降低了物流运行效率。

2．城市内配送效率低下

在现行的大城市物流管理中，由于把货运车辆作为城市交通的拥堵源之一进行管控，导致“路难行、车难停、货难卸、证难求”的问题长期存在。

3．物流行业税收负担偏重

据中国物流与采购联合会的调查资料显示，2008 年至 2012 年期间，样本企业五年间平均税收负担水平为 20.19%，高于全国同期宏观税负水平 1.93 个百分点。

“营改增”的实施，有利于促进物流一体化运行，但物流企业整体税负水平不降反升。出现这种现象的主要原因有，服务于小微型企业的物流企业无法得到增值税进项抵扣发票；铁路运费细化改革后，电气化费和分流费无法抵扣；物流行业属于轻资产行业，可抵扣项目较少；物流企业的人工成本占经营成本的绝大部分，而在增值税体制下，人工成本得不到抵扣；增值税补贴速度较慢等等。

此外，土地使用税减半征收政策落实不够、地区执行标准差异明显，部分符合资格的物流企业没有享受到土地使用税减半征收优惠政策。对于物流园区的相关土地设施征收房产税，加重了企业税负负担。

4．物流企业融资困难、物流市场竞争日趋激烈

一方面，物流企业多属于轻资产企业，取得抵押贷款较难，资金不足制约了物流业的快速发展；另一方面，风险资本、制造业资本、商贸资本开始大量进入物流行业，发展物流园区和仓储基地，物流市场竞争日趋激烈；同时，也存在“炒地皮”、抬高土地价格等非真实性物流投资现象，对已有物流企业造成较大冲击。

（撰稿：徐磊、邵毅明）

第二章

国际智能交通发展动态

2013年美国智能交通发展

一、智能交通系统简介

智能交通系统（ITS）是将先进的计算机处理技术、信息技术、数据通信传输技术及电子自动控制技术等有效地综合运用于交通管理体系，通过人、车、路的密切配合提高交通运输效率，缓解交通阻塞，提高路网通过能力，减少交通事故，降低能源消耗，减轻环境污染。智能交通系统作为一个信息化的系统，它的各个组成部分和各种功能都是以交通信息应用为中心展开的，因此，实时、全面、准确的交通信息是实现城市交通智能化的关键。

智能交通系统是一个复杂的综合性的系统，从系统组成的角度可分成以下子系统：

（一）先进的交通信息服务系统（ATIS）

ATIS 是建立在完善的信息网络基础上的。交通参与者通过装备在道路上、车上、换乘站上、停车场上以及气象中心的传感器和传输设备，向交通信息中心提供各地的实时交通信息；ATIS 得到这些信息并通过处理后，实时向交通参与者提供道路交通信息、公共交通信息、换乘信息、交通气象信息、停车场信息以及与出行相关的其他信息；出行者根据这些信息确定自己的出行方式、选择路线。更进一步，当车上装备了自动定位和导航系统时，该系统可以帮助驾驶员自动选择行驶路线。

（二）先进的交通管理系统（ATMS）

ATMS 有一部分与 ATIS 共用信息采集、处理和传输系统，但是 ATMS 主要是给交通管理者使用的，用于检测控制和管理公路交通，在道路、车辆和驾驶员之间提供通信联系。它将对道路系统中的交通状况、交通事故、气象状况和交通环境进行实时的监视，依靠先进的车辆检测技术和计算机信息处理技术，获得有关交通状况的信息，并根据收集到的信息对交通进行控制，如信号灯、发布诱导信息、道路管制、事故处理与救援等。

（三）先进的公共交通系统（APTS）

APTS 的主要目的是采用各种智能技术促进公共运输业的发展，使公交系统实现安全便捷、经济、运量大的目标。如通过个人计算机、闭路电视等向公众就出行方式和事件、路线及车次选择等提供咨询，在公交车站通过显示器向候车者提供车辆的实时运行信息。在公交车辆管理中心，可以根据车辆的实时状态合理安排发车、收车等计划，提高工作效率和服务质量。

（四）先进的车辆控制系统（AVCS）

AVCS 的目的是开发帮助驾驶员实行车辆控制的各种技术，从而使汽车行驶安全、高效。AVCS 包括对驾驶员的警告和帮助，障碍物避免等自动驾驶技术。

（五）货运管理系统

这里指以高速道路网和信息管理系统为基础，利用物流理论进行管理的智能化的物流管理系统。综合利用卫星定位、地理信息系统、物流信息及网络技术有效组织货物运输，提高货运效率。

（六）电子收费系统（ETC）

ETC 是世界上最先进的路桥收费方式。通过安装在车辆挡风玻璃上的车载器与在收费站 ETC 车道上的微波天线之间的微波专用短程通信，利用计算机联网技术与银行进行后台结算处理，从而达到车辆通过路桥收费站不需停车而能交纳路桥费的目的，且所交纳的费用经过后台处理后清分给相关的收益业主。在现有的车道上安装电子不停车收费系统，可以是车道的通行能力提高 3-5 倍。

（七）紧急救援系统（EMS）

EMS 是一个特殊的系统，它的基础是 ATIS、ATMS 和有关的救援机构和设施，通过 ATIS 和 ATMS 将交通监控中心与职业的救援机构联成有机的整体，为道路使用者提供车辆故障现场紧急处置、拖车、现场救护、排除事故车辆等服务。

二、美国ITS发展历程与现状

美国是应用 ITS 较为成功的国家之一。美国 ITS 的雏形是始于 20 世纪 60 年代末期的电子路径导向系统（ERGS）。到了 80 年代中期，加利福利亚交通部门研究的 PATHF INDER 系统获得成功，此后开展一系列 ITS 方面的研究。1990 年美国运输部成立智能化车辆道路系统（IVHS）组织，1991 年国会制定了综合地面运输效率方案（ISTEA），除了对地面运输常规项目进行安排外，重要的是安排 IVHS 的研发和试验，希望利用通信和信息技术进行合理的交通分配以提高整个路网的效率，1994 年 IVHS 更名为 ITS America。1995 年 3 月，U.S. DOT 出版了“国家智能交通系统项目规划”（National ITS Program Plan），明确规定了智能交通系统的 7 大领域和 29 个用户服务功能。7 大领域包括出行和交通管理系统、出行需求管理系统、公共交通运营系统、商用车辆运营系统、电子收费系统、应急管理系统、先进的车辆控制和安全系统。

在 ITS 建设方面，美国注重 ITS 安全系统设施的建设。根据美国的交通基础设施特点和实际需要，美国已建立起相对完善的车队管理、公交出行信息、电子收费和交通需求管理等四大系统及多个子系统和技术规范标准。其中建设发展较快的分别是：车辆安全系统、电子收费、公路及车辆管理系统、实时自动定位系统、商业车辆管理系统。“9·11”恐怖事件引发了美国政府和交通界人士的反思，认为 ITS 应该而且能够有效预防恐怖袭击，加强基础设施和出行者的安全，并可以用于评价灾难的程度和加快交通的恢复，快速疏散和隔离。因此，美国 ITS 今后的建设趋势之一就是研究 ITS 在美国安全体系中维护地面交通安全的作用，重点将集中在安全防御、用户服务、系统性能和交通安全管理方面。

在 ITS 管理方面，美国的一个重要目标是减少撞车交通事故。事故自动定位信息系统能通过无线电话和其它通信设施传送信息；交通事故应变路线软件能够用来查询最适宜的救援中心，并为救护人员赶赴现场规划最佳路线；路线引导软件功能包括最佳路线识别、优先调用平交口信号等，能有效地引导救护车辆快速到达事故现场；在救护现场，声像通信设施能将抢救实况直接转送到医疗中心，以便医疗中心在伤员到达之前作好抢救手术的准备工作。

2009 年 12 月，美国交通部（DOT）发布了《ITS 战略研究计划：2010—2014》，为 2010—2014 五年中的 ITS 研究项目提供战略指导。该计划的核心智能驾驶（IntelliDrive），即在车辆、控制中心与驾驶者三者之间建立无线联系的网络，通过实施监控和预测及时沟通信息、缓解交通堵塞、减少撞车事故、降低废气排放，实现安全、灵活和对环境的友好性。在 2010—2014 五年内，每年 ITS 研究项目将获得 1 亿美元的资助，开展多领域的研究，如 IntelliDrive 的研究内容包括：车辆与车辆（V2V）通信的安全性、车辆与基础设施（V2I）通信的安全性、实时数据的采集和管理、动态移动应用等。除此之外，五年计划还支持主动交通管理、国际国境、电子支付、海上应用，以及智能交通领域的技术转让、知识技能研发以及相关技术标准制定。

2012 年 10 月，U.S. DOT 发布了《通过连接改变交通：智能交通系统战略研究计划：2010—2014》，对 2010 年智能交通系统战略研究计划做了更新。该计划总结了过去两年各研究项目的进展、关键研究、经验教训，提出了下一步行动计划。其亮点是新增“车联网安全试点项目”，对车辆与车辆应用和技术原型的安全性进行论证，并提供更加详细的政策研究、连接车辆道路天气应用、变革的环境概念等内容。

三、2013年美国ITS动态

在 2013 年，有 52 家企业、部门和研究机构加入了美国智能交通协会，这说明美国 ITS 市场正在持续的不断扩大中。

（一）2013 美国 ITS 相关会议和座谈会

2013 年 4 月 22 ～ 24 日，美国 ITS 协会第 23 届年度会议暨博览会（ITS America 2013 Annual Meeting & Exposition）在田纳西州纳什维尔市举行，会议主题为“ITS: Real Progress, Great Future”，展示和探讨了美国 ITS 技术已有的成果，同时进一步讨

论了创建更安全、更高效和可持续发展交通系统的前景。会议组邀请了来自公私部门的创新领导者做关于自适应信号系统、运行评估、智能停车和车联网等领域的最新技术解决方案讲座。期间，重点展出了正在开发并已在美国各地实施应用的交通创新技术和方案，包括车联网、自适应交通信号、先进的交通及事故管理系统、电子收费和定价系统、智能移动终端 APP、实时路况、交通、导航和停车信息。

在 2013 年，美国 ITS 还举办了一系列的座谈会：

（1）3 月 18 至 19 号，美国 ITS 在加州伯克利市举办了加州智能停车研讨会（California Smart Parking Symposium）。超过 150 位公私部门官员、研究领导者参加了此次座谈会，座谈会重点内容聚焦在智能停车技术在公共空间的应用，对城市环境和经济的影响。

（2）美国 ITS 的国会山智能交通技术展示座谈会于 6 月 26 日举行，会议聚集了国会议员、国会工作人员、华盛顿记者团成员和智能交通领域的领导者。这次座谈会更多地展示了美国 ITS 正在改变我们生活、工作和出行的最前沿技术，这些技术包括：实时交通、导航和停车信息技术，改善车辆和公路安全技术，减少交通拥堵和交通事件响应时间技术，减少能源使用和碳排放技术，提高货运和供应链效率技术等。

（3）7 月 25 至 26 日，美国 ITS 聚集了来自全国各地的近 200 运输领导人、研究人员和从业人员在芝加哥运输管理局总部参加完整街道研讨会（Complete Streets Symposium）。本次活动重点聚焦在利用科技技术推进新的交通战略和思路，使芝加哥的交通路网更加安全、便捷和方便。

（二）2013 年美国 ITS 相关研究、报告、项目

美国 ITS 协会和管理部门在 2013 年初联手推出了智能基础设施导航工具（Intelligent Infrastructure Navigator），该工具为智能交通专业人员提供个性化的在线业务发展和搜索服务，包括：RFPs 和 bids、合同受理（Contract awards）、pre-RFPs、发展中的机遇、完备的法定指标、市场风险和买家联系信息报价。

美国 ITS 于 4 月 24 日为 Airbiquity 公司和日产北美公司颁发了 Smart Solution Spotlight 奖，该奖项用于表彰利用智能交通科技创造更安全、环保、高效和可持续发展的交通系统的企业和组织。

日产北美公司在全球推出的 LEAF 电动汽车（EV）配置了车载信息服务（CARWINGS）远程信息处理设备。通过这套设备，日产 LEAF 车主和司机可以跟踪电池的充电和使用，激活远程服务，找到充电站，以及其他重要的电动车项目。同时，通过一个为日产 LEAF 车主专门开放的网站对车辆进行访问，从而可以使用移动手机、智能手机等终端来了解和掌控电动车的能源使用情况。日产 LEAF 车载信息服务系统具有社交网络功能，可以对每个驾驶员的驾驶行为评分，且能显示驾驶员在区域以及全球的排名。

Airbiquity 公司为电动汽车专门设计的 Choreo 服务平台能与汽车制造商的后台系统无缝衔接，为车主和司机时刻监测汽车状态提供了一个可扩展的、灵活的平台，同

时为日产 LEAF 汽车的信息和通信技术（ICT）提供了设施基础。有了 ICT 系统，日产 LEAF 车主在任何时候都能获得他们所想要的电动车过去的数据和信息。

美国 ITS 于 8 月 14 日发表关于主动传感技术的优点及其局限性的相关报告。报告指出，随着未来电子制动、转向和其它控制系统成本的下降，几乎所有新制造的汽车都可能安装雷达或者其它主动传感性能的设备，以帮助车辆的自动防撞功能。由美国交通运输部（U.S. DOT）赞助的一份报告（Connected Vehicle Insights: Trends in Roadway Domain Active Sensing）指出，诸如雷达或者激光雷达等主动传感技术在检测车辆通过、速度和交通流量时，具有明显的优势，但这些技术不能直接从车辆、行人或者交通管控设备接收避免交通碰撞的信息或者警告。

（三）2013 美国智能交通关注热点：车联网

根据车联网产业技术创新战略联盟的定义，车联网是以车内网、车际网和车载移动互联网为基础，按照约定的通信协议和数据交互标准，在车 -X（X：车、路、行人及互联网等）之间，进行无线通信和信息交互的大系统网络，是能够实现智能化交通管理、智能动态信息服务和车辆智能化控制的一体化网络。

车联网是由车辆位置、速度和路线等信息构成的巨大交互网络。通过 GPS、RFID、传感器、摄像头图像处理等装置，车辆可以完成自身环境和状态信息的采集；通过互联网技术，所有车辆可以将自身的各种信息传输汇聚到中央处理器；通过计算机技术，这些海量车辆信息可以被分析和处理，从而计算出不同车辆的最佳路线、及时汇报路况和安排信号周期。

2010 年以来，美国车联网产业进入了新一轮快速发展阶段，体现在三个方面：

（1）硬件价格大幅度下降，达到大部分用户可以接受的范围内；

（2）需求增加。美国的车联网产业已经迈过了市场认知阶段，大部分消费者对车联网业务已经比较认同，目前北美市场的新车型更加突出了信息需求，使得远程信息处理系统成为车辆的必要部分；

（3）美国市场的远程信息系统已经可以全方位地为汽车用户提供服务，内容包括信息服务、安全监视、汽车诊断、及时通信、多媒体娱乐等各个方面。

近年来，U.S. DOT 与主要的汽车制造商、公私创新部门合作，致力于推动车到车（vehicle-to-vehicle，V2V）和车辆到基础设施（vehicle-to-infrastructure ，V2I）的传感通信技术，向用户提供主动的、实时的交通交通信息，帮助驾驶员避免交通碰撞，减少交通拥堵，为用户提供更准确的出行信息，同时有效地加强交通管理和控制。

在 2012 年 8 月，密歇根大学交通研究所（UMTRI），U.S. DOT 和主要汽车制造商已经开始在密歇根州的阿拉伯市推行车联网安全领航器，在将近 3000 辆小汽车、卡车和巴士上装备了专用短程通信（DSRC）无线设备。该项目意在告知美国国家高速公路交通安全管理局今后是否需要强制在美国所有车辆上都使用 DSRC 设备作为重要的安全防范装置。

V2V 通信，这可能让汽车“看见”周围的角落甚至一英里以外的东西，这远远超出了那种最后一秒避碰辅助技术，如主动制动辅助系统和自适应巡航控制系统。2013年，美国联邦通信委员会（FCC）有意开放或重新分配车辆通信中的5.9 GHz频段，用于发展智能交通系统。U.S. DOT估计若5.9 GHz频段被分配用于V2V或V2I通信中，80%的未受损碰撞事故可以得到解决，每年可以挽救成千上万人的生命财产安全。

四、总结

美国ITS旨在如何创建更安全、环保、高效和可持续发展的智能交通系统。2013年召开的一系列ITS会议重点讨论了最前沿的ITS技术和方案对我们生活、工作和出行的影响，包括车联网，自适应交通信号，先进的交通及事故管理系统，电子收费和定价系统，智能移动终端APP，实时路况、交通、导航和停车信息服务等。

此外，美国ITS近期和未来一段时间都将车联网技术作为研究的热点。2013年，FCC有意开放或重新分配车辆通信中的5.9GHz频段用于发展车联网技术，为用户提供主动的、实时的、准确的出行信息。这样的智能通信系统可以实现车与车之间的随时通信，方便了解车与车之间距离，从而及时防止交通事故的发生。然而，对于汽车厂商来说，车车通信系统的研发成本过于庞大。因此，对车联网技术需要长期的投资。但出于对交通安全的考虑，相关部门认为该系统是非常必要的，预计到2017年，美国将全面使用车车通信系统。

（撰稿：闫学东）

2013年日本智能交通发展

一、国家政府及各部委的ITS工作

日本政府ITS相关部委有内阁府、警察厅、总务省、经济产业省和国土交通省等。针对ITS的工作，各部委既有比较严格的任务分工，又有良好的协作。

2012年12月，众议院选举实现了政府权力从民主党向自民党的移交。2013年1月，内阁总理大臣安倍晋三上台后提出了如下要求："负责信息通信技术(IT)的大臣要协同相关大臣，重新研究制定政府相应的IT政策，达到应用IT技术在社会节能、远程医疗、在自家上班环境建设等多个领域实现世界最高水平的IT社会。"

为了贯彻安倍总理的指示，2013年6月，日本议会颁布了《创建世界最先进IT国家宣言》。并作为日本新的IT战略实施。在该宣言中，将"打破封闭，再建日本"作为基本理念，为了对解决由长期经济萧条和经济增长缓慢带来的国际地位的降低、少子高龄化、社会保险支付压力增大以及重特大灾害对策等国家层面面临重大问题的解决作出大的贡献，作为"经济增长战略"的支柱，将IT产业作为经济增长的引擎，打破日本的封闭，以期经济的持续增长和社会发展。

其中，道路交通以"以实现世界上最安全、环境友好、经济的道路交通社会"为发展目标。具体而言，制定了跨都道府县行政体制的国家推动路线图，同时，构建推进体制，为了推动高度辅助驾驶、无人驾驶系统的开发及应用，进一步加快发展产官联合开发、对辅助安全驾驶系统的早期应用、交通拥堵对策和防灾等有效的交通信息采集和服务业务等。通过这些战略和措施的实施，目标在2018年将道路交通事故死亡人数降低到2500人以下。到2020年，实现世界上最安全的道路交通国家，同时大幅度缓解道路交通拥堵。

此外，在IT综合战略本部下，设立了以政府CIO为中心的新战略推进专门调查会，对电子政务、新产业、农业、医疗、防灾、道路交通、人才培养等重点领域，还在专门调查会下设置分会，研究相关领域推进新战略需要的具体方法、政策和评价指标，制定和修订实施路线图及对实施状况进行评价等。

基于以上要求，2013年10月，成立了新战略推进专门委员会道路交通分会，进行今后10～20年IT战略及"创建世界最先进IT国家宣言"目标及实现这一目标的官民ITS规划和推进路线图的研讨，制定官民ITS规划和推进路线图，尤其是研究了今后"辅助安全驾驶、无人驾驶系统"及"交通数据的应用"相关推进路线图。

到2014年3月为止，道路交通分会进行了5次研讨，就制定官民ITS规划和推进路线图的制定进行了深入讨论。此外，在道路交通分会下，又设置了"辅助安全驾驶、无人驾驶系统”及“交通数据的应用”2个工作组，进行了更加详细的研究。尤其是辅助安全驾驶和无人驾驶系统的推进路线图的工作更加深入，形成了提交分会的提案。

在这种国家层面的环境和要求下，2013年各部委的ITS具体工作如下：

（一）内阁府

内阁府的任务是代表政府制定ITS发展战略，整体推动ITS的发展。2010年5月，日本政府制定了“新信息通信技术战略”，同年6月又制定了实施步骤。该战略包括以下三个重点：①实现充分享受信息通信技术改革的电子行政办公；②充分利用ICT盘活区域经济；③开拓国际新市场。在这种背景下，以各部委副大臣为骨干成员，组建了规划委员会，协调重要工作，监督实施进度等，并在该组织下设立了ITS工作组进行实质性推动工作。

内阁府还负责组织“综合科学技术会议”，日本国家综合科学技术会议的议长是总理大臣，由科学技术主管大臣和相关大臣、学者、相关机构的负责人（如，日本学术振兴会会长）等成员构成，从国家层面审议综合、基础科学技术计划并进行调整，下设“科学技术改革政策推进分委员会”、“重要课题调查分委员会”、“评价调查分委会”以及“生命伦理调查分委员会”等4个分委员会。

“安心、安全的社会”是日本政府制定的科学技术政策中长期战略“改革25*2”描述的5个发展蓝图之一。为了实现“安心、安全社会”，利用ITS实现交通事故的显著减少，用缓解交通拥堵削减二氧化碳排放，以及降低物流成本。作为实施项目，至2013年3月，完成了为期5年的项目“利用信息通信技术实现安全、高效的道路交通社会”。

2013年6月，日本议会通过了“科学技术改革综合战略—面向新高度日本再造的挑战”。该战略中，作为重点课题“通过下一代基础设施带动区域和城镇建设”的重点，确定了“先进交通系统的实现”，其中包括由ITS技术的提升，推动更加先进的辅助交通安全、交通拥堵缓解技术、道路交通信息的收集和通信技术、交通管制技术以及方便性提升技术的开发等。

此外，2013年7月，议会通过了“2014年度科学技术预算资源分配方案”和“科学技术重要措施刺激规划”。在其“先进交通系统的实现”中，车车通信等下一代ITS技术、低碳排放汽车技术以及交通管制技术等的研究开发均被列入。

（二）警察厅

警察厅的ITS工作任务是推动智能化交通管制和保证出行安全。2013年，继续推动了新一代交通管理系统UTMS、基于车路协同的辅助安全驾驶系统DSSS的工程应用和利用数据挖掘的交通管控系统性能提升等工作，具体如下：

1．新一代交通管理系统UTMS的推进

UTMS是利用光信标传感器使车辆与交通指挥中心之间实现双向通信，通过信息交互，提高驾驶安全、减少交通拥堵、削减交通污染，构筑以安全、舒适和低环境污染为目标的交通社会。2013 年，UTMS 的主要推动工作体现在以下几方面：

交通信息服务系统 AMIS。AMIS 利用可变情报板和交通广播等，通过光信标传感器对车载设备提供交通信息服务，以达到分散交通流和缓解道路交通拥堵的目的。该系统 2013 年已在全国推广应用。

紧急救援车辆保障系统 FAST。FAST 在紧急救援车辆出动和通行次数比较频繁的区域，通过光信标传感器检测执行任务的紧急救援车辆，对其实施信号优先控制，缩短该车辆到达目的地的时间，同时防止紧急救援车辆因高速行驶产生的交通事故。该系统 2013 已在 15 个都道府县应用。

公交车辆优先系统 PTPS。PTPS 对巴士等公共运输车辆实施交通信号优先控制，保证其优先通行，提高运行车辆的准点率和乘客的方便性。该系统 2013 年在 40 个都道府县应用。

2．基于车路协同的辅助安全驾驶系统 DSSS 应用

DSSS 通过路侧检测器检测危险因素并进行信息服务的“DSSS-I(信息服务型)”已于 2006 年在东京都，2007 年在琦玉县进行了应用。2008 年，在来自路侧检测器信息的基础上，又加入了行驶车辆的位置和速度等信息开发了“DSSS-II(判断型)”。判断型 DSSS 车载机根据上述信息判断是否需要对驾驶人进行信息服务和服务的时机，并通过声音和图像等提醒驾驶人注意。该系统进行了大规模的实证试验。通过该系统，不仅获得了在路侧检测器设置区段的交通事故预防效果，而且获得了利用学习功能对驾驶人驾驶行为的整体改善效果。

2010 年，以光信标传感器为基础的 DSSS-II 子系统，包括“防疏漏信号辅助系统”、“防追尾辅助系统”、“防疏漏停车让行辅助系统”以及“防掉头撞车辅助系统”等，设置于东京都和神奈川县交通事故多发交叉口，并于 2011 年 7 月 1 日投入了使用。

2013 年，又对不需要与交通指挥中心连接的该低成本系统进行了实证性试验。

3．利用挖掘数据的交通管控系统性能提升

警察厅从 2009 年开始利用 4 年的时间，实施了“利用挖掘数据（车载机中储存的行驶历史数据）的新一代交通管制示范工程”。2013 年，是该工程的集大成之年，基于前三年的成果，利用数据挖掘，实施了更加详细的交通信号控制系统应用示范工程，并在 2 个县实施。

（三）总务省

总务省的 ITS 工作任务是提供通信频道和电波等相关技术和系统研发支撑。2013 年，总务省在 ITS 方面的主要工作有，利用 700MHz 的辅助驾驶安全通信系统研究、79GHz 高分解能雷达制度建设及其性能提升研究开发以及面向实现低碳社会的 ITS 信息通信系统调查及实证。具体如下：

1．总务省的作用和重点措施

总务省对利用电波的系统，考虑电波的利用状况及其与其他无线系统之间的干

扰等进行新波段的分配和技术标准的制订等工作。对于ITS，进行VICS、ETC和ITS服务点等利用频率的分配和技术标准的制订，同时进行了这些ITS系统的普及工作。

至今，为了实现安全的道路交通社会，推动着应用700MHz频带的安全驾驶通信系统。数字化远程信息处理的推广空出了700MHz频带，并将其分配给ITS，同时研究了与其他系统的干扰，2011年12月进行了相关行业标准的修编和制度建设。

79GHz高分解能雷达可以检测行人等小型物体，因此2012年12月也修改了相关行业标准，协调了管理制度。本系统从2013年4月开始，在包括因东日本大地震影响而推迟的数字化地球东北地区在内，已在全国普及应用。

2013年度，对79GHz高分解能雷达系统进行了综合性能试验，验证了其距离分解能小于20m，角度分解能小于5度。为了能纳入国际标准，在2013年11月召开的ITU-R例会上，将“79GHz带宽共享研究所需要的雷达系统特性报告”作为新提案提交审议，提高了日本在该领域的影响力。

此外，参加了2013年10月在东京召开的“世界ITS大会2013”和2014年3月召开的“信息通信支撑的下一代ITS—总务省ITS相关项目成果发表会”。

2．利用700MHz的辅助安全驾驶通信系统研究

2008年10月，组织召开了“ITS无线系统的高效利用研讨会”，进行了以安全和安心为目标的ITS无线通信系统构建，并于2009年6月对其利用和通信关键技术等进行了总结，形成了研究报告。在此基础上，于2009年7月，在政府的“无线通信审议会”主导下，针对“ITS无线通信技术条件”中的“700MHz辅助安全驾驶通信系统技术条件”，进行了面向车车通信和车路通信无线通信系统的技术标准制订的干扰研究，并于2011年8月审议通过了“700MHz辅助安全驾驶通信系统技术条件”。在此基础上，2011年12月，围绕“700MHz高效道路交通系统”对相关行业标准进行了修订，调整完善了制度。于2013年4月1日开始，路侧设备可以在全国范围内设置，同时也为车载设备获得技术基准适用证明消除了障碍。

2013年4月开始，着眼于进一步提高辅助安全驾驶系统的功能，针对与车车和车路共存的人车和路路通信进行了通信控制方式等的研究。

3．79GHz高分解能雷达使用制度建设及其性能提升研究与开发

目前,60/70GHz雷达汽车防撞系统已经推广应用，它可以检测行驶前方约200米范围以内的机动车等大型物体，用于车辆间的防撞。然而，在全社会倡导交通安全的大背景下，还需要检测车辆周边的自行车和行人等较小的物体，以确保自行车和行人交通的安全。为此，从2010年2月开始，总务省在日本“信息通信审议会”开始了“79GHz高分解能雷达技术条件”研究，研究雷达方式、系统内部以及与其它系统的兼容等问题。2012年4月，信息通信审议会通过。2012年12月，进行了相应部颁标准的修订和管理制度的调整。

此外，尽管当前使用着24GHzUWB高分解能雷达可以检测自行车和行人，但是其使用期限到2016年，从可持续角度也期待着79GHz雷达汽车防撞系统的普及。

2011 年开始，设立了“79GHz 雷达汽车防撞系统的技术开发”课题，对系统使用的方便性和检测范围的广角化等进行了研究，并进行了技术开发的基础设计及其效果的仿真。2012 年，进行了设备研制和在交叉口及雨天环境试验，验证了系统在实际环境条件的有效性。

2013 年度，总务省基于上述的研究成果，进行了系统的综合试验，测试了在室外环境中的干涉、角度分解能及多个对象物体分离技术的场地试验。

4．窄域通信系统（DSRC）提升技术研究

如前所述，在日本，为了辅助安全驾驶，利用了 700MHz 的车与车之间、路与车之间通信的先进交通系统、利用 5.8GHz 窄域通信的 ETC 和 ITS 服务点等各种地点通信已经成为现实。然而，人们期待着利用 700MHz 应对未来环境、舒适、方便性的提升等 5.8GHz 地点通信难以解决的更加个性化、多样化的 ITS 服务。总务省结合欧洲使用着的 5.9GHz 窄域通信的问题，从国际化的视角，于 2013 年度实施了对既有通信方式没有影响的新通信方式应用的可能性研究。

（四）经济产业省

2013 年，经济产业省实施了绿色环保车辆技术调查研究和 ITS 标准化等工作。

1．绿色环保车辆技术调查研究

本年度，充分借助“ITS 世界大会东京 2013”的机会，为了提高“能源 ITS 推进工程”（2008 年至 2012 年）研究开发技术的社会认可度进行了展示和调查。

无人驾驶车辆列队行驶的认可度调查。以对货运车辆的列队行驶技术的技术水平进行广泛的介绍、提高其社会认可度等为目的，将产业综合研究所试验厂（筑波市）3 辆卡车列队行驶情况（时速 80km/h，最小间隔 4m）在 ITS 世界大会会场进行了现场直播，会议期间共直播了 10 次，全部获得成功，验证了列队行驶是具有很高可靠性的技术。在会场观看直播的有包括市民群众在内的 ITS 世界大会参会人员，在成功地广泛宣传了列队行驶技术的同时，也确认了参会人员对本技术高度关心。

二氧化碳 (CO_2) 削减效果评价方法的认可度调查。为了广泛介绍 ITS 的应用对 CO_2 削减效果的定量评价方法和技术，与欧美同领域研究人员对评价工具和方法达成了一致意见并出版发行了国际合作研究报告“Guideline for Assessing the Effects of ITS on CO2 Emission – International Joint Report”。2013 年做成了日文版在 ITS 世界大会会场进行了展示，介绍了在示范城市柏市和丰田市对辅助生态驾驶等的 CO2 削减效果，通过问卷形式进行了认可度调查。

2．ITS 标准化

对人类和环境友好、优秀的日本 ITS 技术应该推广到开放的国际标准中，在把握海外 ITS 相关技术的发展动向等的同时，2013 年进行了国际标准推荐稿的编制和协助国际标准化（ISO/TC204）组织工作等活动。

（五）国土交通省

国土交通省的ITS工作任务是进行ITS相关路上和车路基础设施建设。2004年8月，智能公路（Smartway）在“面向ITS的第二阶段”中获得立项以来，官产学研一体进行了“新车路协同系统的研究开发和实证”，于2011年8月开始，以全国的高速公路为中心进行了ITS服务点建设。2013年的具体工作如下：

1．ITS的普及

截至2013年底，车载导航累计销售台数达约5900万台套，其中，进行实时信息服务的VICS车载导航仪（1996年开始出售）累计出售约4000万台套。

ETC的普及促进及其效果。于2001年3月正式投入使用的ETC系统，截至2013年底，累计安装4400余万套。此外，还统一了全国24家高速公路管理公司和道路公社的ETC系统，日利用量达到了710万辆，利用率超过了89%，由此占高速公路交通拥堵约3成的收费站拥堵已经基本消除，同时具有削减CO2排放的效果，对减少环境负担具有积极作用。

智能公路的推动。近年来，作为智能公路的一部分，在全国范围内以高速公路为中心，从2011年8月开始，进行了被称作“ITS服务点(ITS Sport Service)”建设，其服务已经扩大到全国范围。

2．ITS服务点的全国推广

ITS服务点。ITS服务点，即对安装有其车载机的车辆行驶到该服务点覆盖的道路断面时，可以获得详尽的信息服务。该工程于2009年秋，首先在首都高速公路开始投入使用，2011年8月推广到了全国的高速公路，2013年设置数量达到了1600个。

对应车载机的销售。从2009年秋开始，7家民企开始了ITS服务点车载机的销售。截至2013年底，扩大到22家，并预计会继续得到普及。

推广普及宣传活动。为了让更多的人了解ITS服务点，在2013年10月召开的CEATEC JAPAN2013以及在日本各地召开的汽车展等大型活动会场设置了专门宣传展位。还有，在全国的“道路驿站”、高速公路服务区和停车场等场所也进行了积极的宣传活动，并且计划通过政府和企业相结合的形式，进一步推动宣传活动。具体策略有：

无人驾驶系统的应用研究。为了整理和研究该省2012年6月在高速公路上实现的无人驾驶系统应用课题，在国土交通省政务官的主导下，成立了“无人驾驶系统研究会”，2013年10月公布了总结报告。

参加了ITS世界大会东京2013。该省在ITS世界大会上展示了“ITS GREEN SAFETY”车路协同系统。

3．ASV项目

ASV(Advanced Safety Vehicle)项目是从1991年开始，并且是通过政府主导的产学研方式研发的项目，2011年开始了第5期工程。在2013年东京ITS世界大会上，作为ITS Green Safety Showcase进行了车车/人车协同安全驾驶辅助系统的道路试验，并有很多与会者进行了乘车体验。

4．地方公共交通改善工程

该工程从 2011 年开始，针对生活出行困难地区，创建了补贴制度，以补贴根据地区情况提供合适的公交出行手段，以及对为老人提供服务的公共交通交通系统建设和运营维修管理的费用。2013 年度继续推动了该项目，并对公交车 IC 卡系统、公交车定位系统、定制公交系统以及其他 IT 系统提升等促进地方公共交通利用环境的项目进行了补贴。

二、地方ITS发展

地方是 ITS 的用户。ITS Japan 与各地方政府共同推动了 2013 年度 ITS 的发展。

ITS Japan 采用定制式方式，与各地方负责人共同商讨了 ITS/ICT 在其负责地方应用的途径，并且进行了在其他地方应用时相互间的交流。

2013 年度，日本各地也进行了丰富多彩的 ITS 推广活动，其活动如表 1 所示。

表1　日本各地的ITS活动

地方政府	活动内容	实施单位或机构
北海道	2013年北海道ITS推动论坛	北海道ITS推动论坛
青森县	积雪寒冷地区组合出行及大数据	NPO法人青森ITS俱乐部
新泻县	IT政策研讨	新泻县IT与ITS协会
柏市	沼南地区定制公交项目	柏市政府
横滨市	微型交通工具的大规模租赁	横滨市
静冈县	静冈ITS推进协会的作用	静冈ITS推进协会
爱知县	爱知ITS世界2013召开	爱知县ITS协会
丰田市	丰田ITS祭召开	丰田市城市建设推进协会
中国地区	ITS讲演会和ITS研讨会	中国地区ITS研究会
高知县	K-Cle，非接触式充电电动自行车系统开发	高知县、高知工科大学
九州地区	冲绳交通相关公司视察	一般社团法人 九州经济联合会
长崎县	低地板路面电车运行位置信息服务系统	长崎ITS推进研究会、长崎市LRT诱导促进协会

注：日本的“中国地区”指辖广岛县、冈山县、鸟取县等县的地区。

三、企业ITS的发展

2013 年，以信息通信的高速化、智能手机等移动终端设备及其低成本服务的促进等为背景，加之“无人驾驶、高级辅助驾驶”及“大数据应用”也受到了广发关注，ITS 企业的业务范围得到了扩大。

作为 2012 年度的延续，2013 年度从 ITS Japan 会员企业中选取了 14 家，归纳总结了其年度 ITS 活动内容。如表 2 所示。

表2 日本企业ITS实施案例或项目

企业名	题目
五十铃汽车	利用信息化技术实现运营车辆运营效率的提高
冲电气工业	利用ETC的“DSRC来店检测系统”
KDDI研究所	利用个体智能体和HTML5的车载信息服务系统
铃木	驾驶人监视系统—防止驾驶人瞌睡和低头的虹彩位置检测
住友电气工业	利用挖掘数据的新信号控制
电装	ITS世界大会东京2013演示
东芝	城市交通、道路、能源约束下的交通流与能源的优化
丰田汽车	面向智能出行社会实现的系统构建2013
日产汽车	单向型汽车租赁—利用实施车载GPS的动态管理
日本电气	面向缓和交通拥堵的个性化道路拥挤收费实现—乘车人数自动检测系统的应用
松下电器	前面投影型显示仪
富士重工业	参加“ITS世界大会东京2013”展位并演示
富士通	利用大数据时代的位置信息云服务与数据开放
日立	EV租赁车用云充电管理系统
富士通	基于大数据位置信息的云服务
本田技研工业	“ITS世界大会东京2013”本田展位及演示
马自达	“ITS世界大会东京2013”广岛展位及演示
三菱汽车工业	利用V2X通信的辅助驾驶系统开发
三菱重工业	ITS项目介绍
三菱电机	三菱电机概念电动车(EMILAI2)的开发
矢崎综业	云型运行记录系统

四、学术界ITS研究

2013 年，在日本的大学，以大数据处理和云计算为代表，进行 ITS 数据分析以及与企业合作开发研究更加紧密。

日本学术界利用广泛进行国际学术交流建立的人脉关系，积极参与企业的 ITS 技术开发，甄别其先进性，对保持旺盛的国际竞争力起到了积极作用。同时，积极参与 2013 年东京“ITS 世界大会”的组织和 ITS Japan 负责组刊的国际 ITS 杂志 (International Journal of Intelligent Transport Systems Research，2010 年 1 月 27 日获批) 的工作。

2013 年 7 月 31 日，ITS Japan 在熊本市国际交流会馆主办了“ITS 熊本研讨会”，就交通城市建设与 ITS 和 ICT 利用的思考进行了广泛交流。

2013 年 11 月 26 日，ITS Japan 在东京主办了“第八届日本 ITS 推进会议”，与会人员达 270 名。

2013 年 11 月 27 日，日本东京大学与 ITS Japan 共同主办了“ITS 东京研讨会”，以未来 ITS 为主题进行了广泛的讨论，与会人员达 320 名。

最后，在“ITS 世界大会东京 2013”上，日本学界共投稿学术论文 310 篇，占了投稿总数的 48.5%，创造了历届最高纪录，其内容主要有：先进的辅助安全驾驶系统，驾驶行为，交通数据采集，交通控制与运营，V2X 协同系统，交通模型与仿真，交通传感器，人机界面以及道路拥挤收费（ETC/ERP）等。

参考文献

[1]《日本のITS》，ITS年次レポート　2014年版，産官学民連携による次世代ITS推進，2014年 6 月発行。

（撰稿：邵春福、关宏志）

2013年欧洲智能交通发展

2013 年，欧洲智能交通协会无论从政策支持、还是技术进展都取得较大进展。主要体现在五个方面：①政治措施加强 ITS 的实施和应用。欧洲智能交通协会表达了强烈的政治意愿，其工作重点放在建设实时交通信息、安全停车、eCall 和合作系统方面，以实现欧洲统一有效的智能交通系统；还通过采取一些政治措施来进一步加强 ITS 技术的实施和应用。②车联网和标准化建设趋势：车联网系统将车辆和基础设施相联接，欧洲花费较大精力在车联网建设方面，其中包括了大量得到 CEN、ETSI、ISO 和其他标准认证机构标准化的工作。③应用型项目比重上升：整个欧洲在智能交通系统的部署和发展方面已做得较好，许多道路、交通管理中心、物流公司、车辆等都已经应用智能交通技术，产生了较多积极的影响，如帮助人们尽快找到目的地、避开交通拥堵、交通事故等。2013 年，欧洲智能交通系统在生态出行、智能出行和安全出行三方面均取得较大进展。④生态出行主题更加突出：和去年相比，生态出行类项目比重提升，主要体现在降能耗、提能效和减少机动车相关污染物的排放，从 生态驾驶、生态货运及物流、生态流量管理和生态汽车多方面予以研发支持。⑤跨区域、跨平台合作趋势显著：ERTICO 支持各国之间的合作，比如 ITS Directive 项目在欧盟各成员国执行，为各成员国提供一个合的平台，共同探讨国家 ITS 行动方案，努力解决交通共同问题、实现共同利益；同时，还积极加强与中国、美国、日本等国家的合作，如 EUTRAIN 项目集成了美国、日本、中国、澳大利亚等国家分块研究成果；欧洲智能交通协会以一个中立平台身份把行业内的企业、政府、组织等联系起来，开展各项合作，目前在全球已有约 100 多家合作单位，会员单位已达 400 余家，在全面合作和广泛活动的基础上，促进和支持 ITS 在整个欧洲的应用，共同创建一个成功的欧洲 ITS 大市场。

一、智能出行

（一）EUTRAIN 项目（欧洲交通研究国际合作体系）

项目期限 :2011 年 10 月—2013 年 9 月

EUTRAIN 项目通过在交通研发领域开展国际合作，推动专业知识、经验、技能的传播和推广，通过合作模式的创新和突破来解决面临的交通问题。EUTRAIN 项目可以提高欧洲交通的研发水平并提升欧洲的国际竞争力。2013 年，EUTRAIN 在巴西圣保罗组织了关于南美地区交通研究国际合作的研讨会，推动双边交流，探索交通领域国际合作的新机遇。2013 年 9 月于布鲁塞尔举行的该项目最终会议，为科技工作者、政府部门以及工业界提供了共同探寻交通研究领域未来国际合作的机会。

项目的主要目标包括：

（1）为建立交通研究的国际合作体系作出贡献；

（2）寻找美国、日本、澳大利亚、南美、印度、中国等区域在交通领域开（3）展国际双赢合作的可能性；

（4）探究交通研究领域国际合作的管理及壁垒问题；

（5）评估当前国际合作模式及方法优劣；

（6）探寻推广国际合作更有效的方法和工具。

（二）STADIUM 项目（在大型活动中智能交通应用对于出行的影响）

项目期限：2009 年 5 月—2013 年 4 月

服务的效率 (频率、准时度、可靠度)，交通服务的舒适性、便利性、安全性、成本高低，以及对于周边社区的交通拥堵、空气质量等方面的影响。2013 年发布了 STADIUM 在线指南系统，可以帮助确定重大活动期间交通管理的最优方案。该指南系统借鉴了在南非世界杯（2010 年）、英联邦运动会（2010）、伦敦奥运会（2012 年）的成功运行经验，并将在 2014 年巴西世界杯上在库里蒂巴投入使用。

2013 年取得的应用与成果包括：

（1）多区域已应用示范，评估结果表明创新的出行管理方案非常有效。

（2）关于支撑该系统组织和运行的综合手册将被出版。

（3）有成功使用该系统经验的城市将为其他举行类似重大活动的城市提供参考。

（三）Instant Mobility（面向智慧、高效、绿色出行的未来互联网）

项目周期：2011 年 4 月—2013 年 3 月

Instant Mobility 项目致力于通过互联网提供实时服务信息，整合汽车、出行者、货物、基础设施的状态信息，优化城市多模式交通，为以下人群支持新型互联应用：

（1）多模式交通换乘者

（2）汽车驾驶员和乘客

（3）公共交通和其他交通运营单位

（4）货车和物流运营单位

（5）道路运营者和交通管理者

该项目定义了未来互联网工具功能要求和技术要求，以便能够为上网用户提供相关服务。这些要求以一整套技术规范为基础，并为未来互联网技术在交通和出行领域应用可行性验证提供原型。该项目计划在第二阶段进行实地测试，为第三阶段建立可运行的交通和出行互联网平台奠定基础。该项目也将研究一些非技术因素，譬如安全和隐私等，这些因素同样会影响快速出行服务的推广。2013 年于巴塞罗那举行的项目最终展示会上，Instant Mobility 团队展示了包括个人出行伴侣、智慧城市物流以及云端交通控制，同时关于未来互联网的商业模式也被提出与探讨，展示会取得了圆满的效果。

（四）SATIE（支持欧洲全面推广应用交通信息通信（ICT）技术）

项目期限：2011 年 9 月—2014 年 8 月

SATIE 项目旨在创造安全、高效、可持续发展的出行环境，在欧洲广泛推广和应用 ICT 技术做好准备。通过推广 ICT 技术，道路安全、环境保护、出行效率都能得到极大的提升。该项目承担单位涉及范围较广，包括政府部门、研究机构、道路运营商、用户等等。

2013 年，于荷兰海尔蒙德举行了 SATIE 项目研讨会，探讨了欧洲地区智能交通系统测试基地的现状以及其对智能交通系统布设的影响，并分析了跨境合作能带来的双赢结果。

（五）MOBiNET（互联出行服务平台）

项目期限：2012 年 12 月—2016 年 6 月

MOBiNET 项目于 2012 年年末启动，旨在为欧洲全面推广互联出行服务提供运营平台，倡导开放性、兼容性、互动性以及高质量性。MOBiNET 包含一个智能出行的应用程序，一个 B2B 的电子商务平台，一个欧洲范围内的出行数据库和服务系统，以及一个安全的中介软件环境为用户提供一对一的身份验证和账户。欧洲智能交通协会作为协调者，联合 34 家合作单位共同参与此项目。

该项目将为 B2B 和 B2C 用户提供以下服务：

（1）全面的欧洲交通数据库和服务信息；

（2）一个连接终端用户，信息提供方，服务提供商的电子商务平台；

（3）MOBiNET 注册会员或单次用户的付款账号；

（4）MOBiNET B2B 供应商会员体系，使供应商可以加入第三方的信息和服务；

（5）面向终端用户的独立平台，用户可以进入 MOBiNET 应用商店下载相关程序等。

2013 年春季 MOBiNET 推出了由 9 大子模块组成的智能交通系统策略方案，包括智能交通系统参考架构、交通系统实时图像、综合交通、只能控制系统等等，致力于在一年内在示范城市赫尔辛基与坦佩雷进行研发与应用，并将于 2014 年进行应用示范。

（六）COMeSafety2（推动欧洲合作智能交通系统应用支持行动）

项目期限：2011 年 1 月—2013 年 12 月

COMeSafety2 项目在欧洲道路推进合作系统的研发。项目支持建立共同的欧洲智能交通多模式合作框架，发掘智能交通合作系统应用的非技术因素。该项目将在 ECITS 标准框架下协调欧洲电信标准协会 (ETSI) 和欧洲标准化委员会 (CEN) 合作系统标准的统一，以及和 ISO、ITU 等国际标准的统一。

项目将包括：

（1）欧洲智能交通通信框架的更新，利用欧洲、美国、日本光纤传输技术的最新成果，建立多模式智能交通系统合作框架；

（2）建立经验方法以及测试结果信息共享平台，更好的协助智能交通系统的布设；

（3）基于欧盟法案进行合作系统需求研究分析；

（4）在欧洲和美国建立统一的合作系统标准；

（5）支持和推进欧洲标准化过程等。

2013 年该项目取得了较大进展。COMeSafety2 在都柏林的欧洲智能交通会议上以及东京、木你会举行的研讨会上进行了项目汇报，完成了 EC Mandate 453 中的一系列标准的制定，已成为促进欧洲国际合作系统建设的重要因素，未来将向自动驾驶汽车研究领域迈进。

二、生态出行

（一）ECoMove（节能的合作出行系统）

项目期限：2010 年 4 月—2013 年 3 月

eCoMove 主要关注以合作系统（车车、车路通信）为基础的绿色智能交通技术的研发、测试和验证，创新点在于提供的服务和应用能够在生态出行系统上进行集成，支持以下服务：

（1）驾驶员通过采用绿色驾驶方式，进行路径规划，减少不必要的能耗；

（2）车队管理人员通过生态驾驶支持系统和货车导航来优化路径规划，减少能源消耗；

（3）道路运营方在城市和城际以节能方式平衡交通流量。

2013 年初，开始进入项目验证阶段。2013 年 6 月，eCoMove 在赫尔辛基欧洲智能交通大会上作技术部分的最终结果展示，主要从 ITS 的环境效益分析（生态优先和绿波分析、驾驶行为评价）和城市应用（车路协同系统和成本效益分析）两大方面。2013 年 11 月，在德国亚琛向社会公开了其最终项目报告，研究表明，对于城市路网 eCoMove 可减少 10% 的 CO2 排放，对于重负载网络，可减少排放 12%CO2，在减少 CO2 排放的同时，还可以改善旅行时间，车路协同系统为终端出行用户和路网管理者提供了可持续交通发展的新机遇。

（二）SmartCEM（互联的智能电动出行）

项目期限：2012 年 1 月—2014 年 12 月

SmartCEM 项目将新的信息通信技术应用于驾驶过程、信息共享环节和收费服务领域，主要目标是提高电动汽车的效能，具体如下：

（1）通过驾驶服务调查，验证用户对电动汽车的接受程度至少上升了 15%；

（2）开发电动出行对 CO2 排放影响的评估模型或方法；

（3）识别调度发展的机遇、障碍和解决方案；

（4）支持全欧洲通用模式；

（5）提高电动出行在道路运输系统中的使用比重 .

此外，其该项目已在西班牙巴塞罗那，西班牙巴斯克、英国纽卡斯尔、意大利、都柏林四个城市试运行，该项目制定针对城市具体需求的五大服务框架：

（1）电动汽车导航系统

（2）电池汽车高效驾驶系统

（3）电动汽车路径管理系统

（4）电动汽车充电站管理系统

（5）电动汽车共享管理系统

但在不同城市试运行关注点不同：

（1）西班牙巴塞罗那：关注电动汽车共享服务

（2）西班牙巴斯克：整合城市、城际汽车共享设施和电动公共汽车服务

（3）英国纽卡斯尔：整合电动汽车和相关基础设施满足公共服务需求

（4）意大利都林：整合送货车辆和汽车共享服务

2013 年 1 月，关于电动汽车用户访谈和工程时事通信公开发行；2013 年 4 月试验了从好莱坞到意大利的全程电动汽车驾驶；2013 年 6 月，第三期时事通信发行，主要是 Thomas Kemmere 和 Reggio Emilia 的访谈；201 年 10 月，第四期时事通信发行，与混合动力公交车司机 Ángel Arias 的访谈，着重介绍即将启动的面向 smartCEM 移动门户的五项先进的电动汽车移动服务。

（三）COSMO（可持续出行和节能的合作系统）

项目期限：2010 月 11 月—2013 年 6 月

COSMO 项目对能效采取全系统性评估的方法，测算一系列创新型交通管理系统指标，不仅包括燃料消耗和交通排放，还考虑设备本身对能耗的影响、产品全生命周期和能源的收集，其主要成果是一套量化规范，包括技术、法律、组织和采购、安装、操作和维护。新建三个试点站点：萨勒诺、维也纳和哥德堡。继 2012 年 COSMO 在智能交通世界大会上展示了真实交通环境下的拥堵提醒、道路施工提醒等多种合作服务，2013 年 4 月在欧洲电子杂志第四期发表论文阐述本项目研究成果：从研究到实践，如何更加发展生态驾驶技术；2013 年 5 月公布最终成果视屏。

（四）ECOSTAND（通过国际合作建立统一的方法评价智能交通系统对于节约能源和减少二氧化碳排放的影响）

项目期限：2010 年 12 月—2013 年 11 月

ECOSTAND 项目是通过欧盟、日本和美国的共同推动，建立统一的信息交互技术，评估智能交通对于 CO2 等交通环境污染物的排放影响。该项目旨在提供必要的政策支持和专业技术知识，使欧洲代表在这个国际合作中继续发挥积极和有效的作用；同时要求制定未来研究议程和国际标准评估方法的路线图。ECOSTAND 有助于生态货运及物流、生态交通管理和生态汽车等相关目标的实现。

2013 年 1 月，在华盛顿举办了关于“我们是否仍需担心排放量”的研讨会，让公众了解 ECOSTAND 的研究范围及可能贡献；2013 年 5 月，在布鲁塞尔 eCoMove、COMeSafety2、ECOSTAND 和 Amitra 项目共同探讨如何提高绿色能源利用效率及讨论各

项目影响评估的协调应用；2013 年 8 月，欧盟协调行动 ECOSTAND 的欧洲合作伙伴，以及来自日本的能源项目，并在美国 AERIS 方案专家共同制定出联合技术报告，以评估确定其对能源效率和二氧化碳排放量的影响；2013 年 10 月，在东京世界智能交通大会上，ECOSTAND 展示了该项目三年研究联合技术报告，主要注重于相关用户群体及未来潜在用户的预期利益，并指出下一步将实践该评估放在对全球智能交通能源效率的影响。

（五）ecoDriver（支持节能减排的驾驶方式）

项目期限：2011 年 10 月—2015 年 9 月

ecoDriver 项目旨在通过优化司机 - 动力组成 - 环境反馈指导司机绿色驾驶，不仅利用减少碳排放，而且利用提高节能省油汽车的使用率。驾驶员在驾驶过程中会收到针对他们本人和车辆特性的各种生态驾驶建议，包括驾驶习惯、能耗方式 (传统、混合动力、纯电动)，汽车类型 (载客汽车、厢式货车、卡车、公共汽车) 在内的各种信息和数据将被分析和测试，目的是为了优化驾驶环境。生态驾驶正在研发任何环境下最适合的生态驾驶方式并提出驾驶建议。2013 年完成了 ecoDrivex 的项目驾驶行为数据采集与分析，初步完成了生态驾驶行为模型的研发。

（六）Amitran（评估信息通信技术在多模式交通中对交通参与者行为及二氧化碳减排的影响）

项目期限：2011 年 11 月—2014 年 4 月

Amitran 项目针对多模式交通：道路、铁路、海运 (近海和内陆导航) 等，制定一种通用的评估方法，用于探讨智能交通系统对 CO2 排放的影响。2013 年，根据 CO2 排放强度和影响力参数，完成对智能交通应用的分类工作。该项目主要目标是：

(1) 考虑多模式客运和整个交通链（从驾驶行为到二氧化碳排放）等各种影响因素，研究一种基于信息通信技术的二氧化碳排放评估方法；

（2）基于项目的研究方法，设计一种开放的交通模式仿真模型；

（3）为使局地交通效益扩展至全欧洲尺度，建立一种可接受的公共数据库；

（4）使用其他项目的研究数据对评价方法进行验证，为未来项目的实施建立在线列表和手册提供参考。

（七）ECOeffect（对商用货车和轻型车辆驾驶人员进行生态驾驶培训）

项目期限：2011 年 5 月—2013 年 10 月

ECOeffect 是一个培训项目，为货车驾驶员、公路运营商等培训者提供一系列理论和实践课程，证实生态驾驶和好处。节能的驾驶方式，培训者模式将为货运、公路运输相关单位提供节能、省时、省钱的方法。该项目旨在为培训人员提供高水平的生态驾驶培训，并建议在专业司机考核中加入生态驾驶要求。2013 年进入项目的总结和成果展示期，研究表明该项目生态驾驶能减少 5% ～ 15% 的能源消耗。

（八）Compass 4D（合作出行服务示范应用—推动交通安全和可持续发展）

项目期限：2013年1月—2015年12月

COMPASS 4D项目综合考虑公共汽车、出租车、私人轿车、卡车和电动汽车等多模式交通用户利益，以波尔多、哥本哈根、纽卡斯尔、塞萨洛尼基、维罗纳和比戈欧洲7座城市为试点，通过实施正向碰撞预警、闯红灯警示和节能路口提示三项合作服务，旨在改善道路安全、提高能效和减少交通拥堵。该项目于2013年启动，同年7月，在东京ITS世界大会上，COMPASS4D举办了专题会议题为“在城市环境中部署协调移动服务的发展”；11月在维罗纳组织关于“智能交通系统在建设可持续发展城市的努力：技术进展和政策支持”的研讨会。

三、安全出行

（一）HeERO（统一的欧洲紧急呼叫系统ecall测试）

项目期限：2011年1月—2014年12月

车载eCall紧急呼叫系统由司机手动控制或者车载感应器自动激活，当系统被激活后车载系统会和相应公共安全应答点取得语音连线，安全应答点可能是公共或者私营的eCall紧急中心在相关政府部门指导下，依据相应法律进行运营。语音连线后，系统与车的相关数据会被发送至应答点。

项目的整体目标是在欧洲新车上强制配备紧急呼叫ecall做好筹备，确保基础设施和技术能为泛欧地区以112为平台的ecall在欧洲推广成为现实。欧洲智能交通协会协调项目的各项活动，并在九个会员地区应用和测试ecall紧急呼叫服务，在HeRO2项目中，测试地区新加六个其他欧洲国家。除此之外，三个其他会员地区作为无经费支持的国家联合参与测试。

2013年6月欧盟委员会提出紧急呼叫系统将在2015年强制实行，乘用车和轻型车辆的所有新车型将配备112平台。为了确保兼容性、互操作性和欧盟范围内的紧急呼叫服务的连续性，创建正确接收和处理eCalls紧急呼叫响应的基础设施。

（二）DRIVE C2X（欧洲车路、车车通信技术的推广和评估）

项目期限：2011年1月—2013年12月

集成项目DRIVE C2X（实施DRIVing，评估欧洲车路通信技术）主要目标是在欧洲范围内为合作系统建立统一的测试环境，检测合作系统在交通流量控制、交通管理、危险预警、辅助驾驶、信息服务等方面的作用。项目将协调相关项目单位，开展测试评估合作系统收益，最终目的是为了推广合作驾驶。DRIVE C2X项目将在德国、意大利、荷兰、瑞典、西班牙、法国和芬兰七个地区进行测试，项目的核心是测试方法，以及评估合作驾驶对于驾驶员、环境和社会带来的影响。用户的反馈和技术测试的结果将为向市场全面推广合作驾驶提供依据。

2013 年，各种活动顺利开展，两次公共展示在荷兰海尔蒙德和法兰克福成功展开。两项操作测试由欧洲智能交通协会和欧洲电信标准化协会共同组织，成功进行系统测试，证实合作系统中 DRIVE C2X 相关系统的作用。

（三）FOT-Net（现场运行测试网路）

项目期限：2011 年 1 月—2013 年 12 月

现场运行测试（FOT）主要研究信息通信系统对于驾驶员行为的影响，包括个人的安全影响和更大范围对社会和经济的影响。

现场运行测试项目第二阶段主要集成欧洲和国际其他国家的相关单位在一个战略框架平台，展现现场运行测试的各项成果，共同讨论工作项目，运用方法作为基础，探索综合的现场运行测试方法。

2013 年 11 月开展了关于自然驾驶学（NDS）第十届 FOT-NET 研讨会，NDS 被定义为可以被定义为：在没有实验控制的条件下，借助不显眼的数据采集设备记录驾驶员、车辆和周围环境等细节来研究驾驶员一天的驾驶行为。

（四）79GHz 支持行动（国际范围内统一汽车 79GHz 频率测试和全球汽车雷达频率标准平台）

项目期限：2011 年 7 月—2014 年 6 月

79GHz 支持行动旨在为所有的 79GHz 利益相关者在全球范围内提供开展、协调各项活动的国际平台。该项目的目的是在 77GHz 至 81GHz 之间的汽车雷达系统建立统一的频率分配标准，建立一个全球协作的社区网络，具有共同利益的统一 79 GHz 的汽车雷达频率分配和监管。

（五）UDRIVE（欧洲自然驾驶研究项目）

项目期限：2012 年 10 月—2016 年 9 月

UDRIVE 集成项目于 2012 年启动，应用最新的信息和通信技术观察和分析驾驶行为，目标是提高道路安全并减少能耗。该项目的目标包括：

（1）在欧洲不同地区，用量化的方法分析道路使用者在正常情况以及（快要）发生交通事故时刻的行为，对于安全相关的驾驶行为进行量化评估；

（2）用量化的方法分析和排放等级，能源消耗相关的道路使用者行为；

（3）研究新的方法，提高交通系统的安全性和可持续性。

2013 年 3 月，UDRIVE 研讨会在布鲁塞尔举行，介绍相关项目的范围和科学方法，就碰撞发生的因素、机动车安全、行人和骑车人与汽车的交互及加强环保驾驶知识等问题展开探讨。

（撰稿：吴建平）

2013年韩国智能交通发展

一、概况

（一）执行政策

1．道路政策[1]

- 引进先进的C-ITS，其能够自动识别并通知道路危险，包括事故，停止临近车辆。
- 增加在高速路段上的危险路段的安全检测区域，继续建设安全设施如人行道，并提高安全标准。
- 强化道路安全和灾难管理系统，包括预防大雪，洪水，斜坡坍塌，隧道火灾等，同时应急系统也强化。
- 在上下班时期，通过在拥堵路段加强政府控制来提高30%的运行速度。
- 推广高速路（政府和私有）和基于7×9的国道网规划的国道的建设，以确保可以从任何地方到进入过道路网。
- 将政府资金投资于政府资助的区域道路，大城市的拥堵路段和特大城市的道路，以补充国道网络。
- 加强国道间的链接性；提高高速公路运作包括无停止，无拥堵；开发景区道路；改进服务区。
- 调整私有资金资助项目，回顾未来管理的流动资产评估和通过高通行费来缓解交通压力的操作许可。
- 在高速路上的休息区内，开发一种包括后勤，换乘和商业设施的复杂中心。
- 提高高速路⟷国道⟷城市之间的 ITS信息的互通性，以此来提高实时交通信息并提供精确及时的信息。
- 提高卡车司机的工作环境并调整通行费折扣系统来减轻压力。

2．公共交通政策[2]

- 提高公共汽车线路以缓解上下班时期的交通拥堵。
- 扩大BRT以提供更加便利和快速的公交车服务。
- 促进公交中转中心的建设以推进公交运输和行走城市的发展。
- 建设多模式的公交运输终端，便捷的换乘和商业贸易，文化和船舶设施以确保城市生活质量。
- 采用“一卡通”，其适用于任何交通模式。

- 建立国内城市间的公交车终端的在线预订和往返票务发行系统。
- 建立智能停车系统以提供更易获取的停车信息，方便城市停车。
- 促进车辆共享以缓解城市交通拥堵并能促进过路临时用车的使用便捷性。

（二）项目课题

1．国际合作

（1）汽车、公路、列车轨道系统

2013 年 7 月 4 日，韩国交通运输部宣布，韩国与阿富汗签署了一项关于公共交通的合作协议。阿富汗政府将借鉴韩国的模式发展其运输基础设施。自从近期战争结束后，阿富汗逐渐恢复其交通建设，目前着眼于以首都地区为中心的综合运输基础设施项目。

掩埋型列车轨道系统，可以应用于自身经营城市电车等等，它被认定为与交通环境友好的手段，在未来的实施过程中将采用韩国专利技术，无需任何进口国外的技术。使用 PURailstrip 和 Poly cork13 号技术的埋式列车轨道系统，使道路和突出的火车轨道整体成形，从而使它更容易让汽车和行人通过道路。这个系统包含耐久性的先进技术，其施工精度与传统相比大大改善，包括用于固定导轨的合成树脂，导轨垫和导轨的固定装置。

（2）公共交通综合指挥运营系统

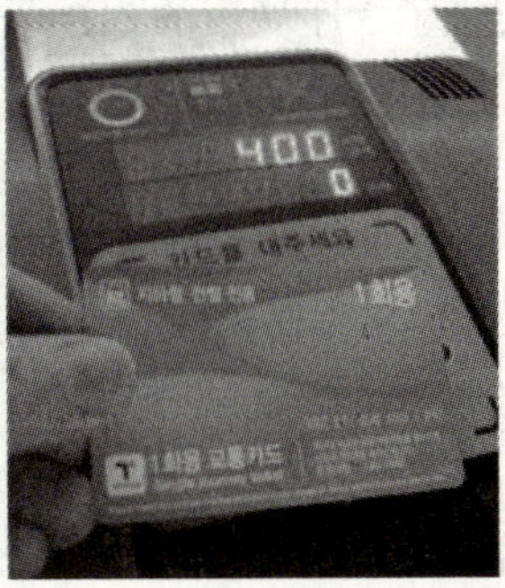

首尔的交通政策将出口海外。在 2013 年 1 月 8 日，首尔市政府（市交通总部）和韩国 Samrtcard 公司开发商签署了一项协议（550mil 韩元），为泰国的交通政策提供有关的咨询服务和为曼谷公共交通建立综合交通卡系统。

首尔市政府和韩国智能卡公司协议内容包括为曼谷建立一个综合指挥中心和运营系统以及为公共交通（公共汽车，地铁等）提供咨询服务，并提供交通卡分销策略。虽然首尔的交通卡系统以前一直出口海外，这将是第一次首尔市政府的交通卡政策和知识与另一个城市的海外共享。

2．State-involved 城市道路项目

本项目包括大城市拥堵的道路升级项目，地铁项目、国道支路建设项目、城市环路建设项目。这些项目的定义和实施方案如下：

拥挤道路升级计划涵盖了基于道路法案并根据城市道路拥堵缓解计划进行改进道路选择。目前，项目正在进行第二阶段 (2011-2015)。国家提供全部设计费用，相关地

方政府负责土地费用。施工成本是由州和地方政府共同资助。

地铁道路是指通过两个或两个以上行政区域，如特殊的城市，特大城市和省份。目标是基于特大城市运输管理的特殊法案，根据特大城市运输基本规划和特大城市运输实施方案来进行选择的。这些项目是由州和地方政府共同资助。

国道支路是用来替代通过特殊自治省份或城市的国道而建造的。国家提供了设计和施工成本，而地方政府负责土地成本。

（三）远景规划

1．韩国ITS发展规划

第一阶段是2000年之前，韩国于1993年开始启动ITS建设，1997年提出了全国ITS总体规划（主要针对交通流管理）、1998年承办了首尔世界智能交通大会，1999年成立了韩国ITS协会，构建了全国ITS体系框架（第一版），同年，韩国颁布了《全国交通运输系统效率法案》（1999年），该法案规定交通基础设施和交通管理系统的建设要点，要求国内主要城市均需开展中长期交通运输规划，并与城市规划协调一致，该法案为推动韩国实施ITS提供了法律依据。2000年，韩国提出了面向21世纪的全国ITS总体规划，用于指导适应新时期技术发展要求的ITS建设。

第二阶段是2001—2010年，韩国建立了关于节点与道路系统的ITS应用标准，2002年实施了3座城市的ITS示范工程，2009年将《全国交通运输系统效率法案》修订为《全国综合交通运输系统效率法案》，2010年重新构建了全国ITS体系框架（第二版），同年举办了釜山世界智能交通大会。在此阶段，韩国ITS进入快速成长期，完成了ITS信息交互技术标准，部署了交通电子支付系统，开放了基于DSRC的车路信息服务，开通了全国范围内的交通信息采集与发布服务（TAGO），开展了基于无线电波的V2X场地测试。

第三阶段是2011—2015年，目前正处于该阶段，也是韩国ITS的提升期。通过ITS创造面向用户与安全的交通环境，2011年提出了面向2020年的全国ITS总体规划，2012年完成一卡通系统，实现基于V2X的智慧高速公路商业化，构建公共交通的多模式换乘系统，建立ITS资格认证与使用性能评估中心，2013年提出C-ITS发展路线图。

第四阶段是2016—2020年，该阶段是韩国下一代ITS的准备期，主要任务之一是通过先进的ITS（如V2X服务）保障平昌冬奥会的交通安全与畅通高效，该系统将在永东2号线、京釜2号线投入使用，该阶段的其它任务还包括开展C-ITS示范工程建设并逐步推广到全国、在交通系统中增加娱乐体验功能（如旅游、休闲等）、增强高速公路服务区的交通信息服务、推行先进的交通事件预测与管理系统等。

2．国家运输网络规划（第二次修订2010—2019）

- 对国家运输系统的效率进行必要的调整和提高，继续以KTX为中心的快速列车系统和有效道路功能，并强化航空，海上运输和后勤的竞争力。
- 通过联运式建立连接后勤站的交通运输系统，以加强其链接性。

- 通过建立一个基于陆地，海上和航空运输系统的结合的国际的运输网络来将韩国在21世纪变为一个全球性的运输/后勤力量
- 通过促进以绿色成长为导向的交通运输系统的建设，建立一个低碳绿色的运输系统同时开发并促进以未来为导向的交通运输技术。
- 通过加强交通安全，灾难援助和信息安全监察系统来提供一个世界级的交通服务，同时提高交通服务方面的社会公平。

3．未来智能移动的运输服务

它指基于现有的交通系统和智能设备先进功能结合的未来交通系统，它可以发展成一个全新领域并建立智能交通服务。智能设备是构成智能移动的一个重要元素，它扮演着信息终端的角色，可以通过车辆和旅客的结合来收集和接收交通信息。

由大众智能技术所创建的新信息使用环境可表达为："你想要的所有信息随时随地都可通过使用智能设备获得。"这句话可以被解释为智能移动可以建立在任何环境下，使得它可以通过个人的智能设备在任何地方任何地点访问所需的信息。

4．交通预测系统建设规划

- 韩国高速公路企业

韩国高速公路公司通过使用基于过去的交通信息模型，面向全国所有高速公路提供交通预测。这个预测是基于历史交通数据生成的信息的；它不反映道路施工、恶劣天气条件和大规模的仪式等意外事件。公司提供每周 / 每月以及每小时流量预测。

- 首尔市政府

首尔市政府交通信息中心 TOPIS[3]，提供实时的交通信息和局部交通预测。其预测服务提供关于事件，天气和道路施工等信息。它还没有达到可以预测每个事件对交通流的影响的水平。各个事件在预期的时间和地点的信息通过互联网以文本数据的形式提供。因此，在这些信息的基础上，用户自己应该决定是否出出行并选择出行路径。

5．首尔交通 2030 年远景规划[4]

首尔市政府公布了首尔交通 2030 年远景规划，综合交通运输部门长期的愿景，包括公共交通，道路，人行道，城市铁路网络。

首尔市政府过去的交通政策集中在汽车，所有权和增长。新的远景强调人，共享和环境，以期找到解决当前的问题。新远景计划，以反映社会和文化的变化，包括人口老龄化，在生活质量提高的兴趣，技术发展，气候变化，能源枯竭等。体现以人为本的目标，首尔市政府将重点放在了优先行人和自行车邻里环境的形成；这将很长的路要走在大幅减少交通事故的数量。

首先，行人路径将扩大到目前水平的两倍（1013 万㎡）。世宗路将被改造成一个步行空间，形成了"行人优先"的交通环境的一部分。首尔市政府将采取 Velib 的首尔的版本（在巴黎一个大型的公共自行车共享系统）。自行车道路网，主要是建立沿汉江和流入河里流，将扩大到社区，并扩张到全部公共交通网络。

考虑到约 70%涉及行人的事故中，发生在附近的道路其宽度小于 13m 的事实，首尔市政府将在各社区设置的车辆限速 30 公里每小时。

首尔市政府也将采取以下措施：

- 所有市内公交车与低地台巴士更换为老年人和轮椅（目前，共有2,022巴士（27%）有低平台）。
- 扩大城市铁路网具有地铁站，从任何地方只有十几分钟的步行路程。
- 一种快速，便捷的公共交通服务，包括在路中间公交专用车道；提供服务不同类型的，以满足特定需求。
- 建立安全街道的概念，让行人，自行车和汽车都是安全的，建立汽车库系统。
- 降低私家车运输要求税率的份额从18.4%到10%；所有的公共交通将被那些不排放污染物的交通工具取代（目前百分比：0.2%）；拥堵的路段比例从19%下调至10%。
- 对所有车辆采纳拥堵收费系统。
- 使用道路作为能源生产和净化污染物的空间。鼓励使用环保车辆。
- 以人主导的公共交通环境，市民应邀参加交通政策的制定。

首尔市政府将推动首尔交通2030年远景实现以下效果：减少使用30%的车辆，，减少公共交通为主30%的交通时间，并扩大使用30%绿色模式的交通。首尔市政府预计到2030年绿色模式的交通（即散步，骑自行车和使用公共交通工具）从目前的70%增至80%，人均温室气体排放量从目前的1.2吨/年下降至0.8万吨/年。

二、系统应用

（一）C-ITS (Cooperative Intelligent Transportation Systems)

当前交通信息共享有一些固有的局限性，只能片面提供交通信息，信息从一个地方传递到交通信息中心或交通信息中心的其中一个地方，交通信息采集的车辆之间与道路没有任何信息交换。例如在快速公路行驶时由于司机自身的局限性，无法迅速有效应对突发交通事故等紧急情况。

C-ITS提供交通信息的双向传输，使交通信息的在车辆与车辆之间以及车辆和道路之间的进行交换，信息在相邻车辆和道路上通过相互沟通不断的交换和共享。可以积极的应对交通条件迅速发生的变化，使车辆及时防范和避免道路交通事故。

2013年韩国重点是发展充分的和成熟的相关开发技术。政府主导C-ITS相关（合作智能运输系统）的各种研究和开发项目，开发出一个新的可执行的“私营部门可参与提供服务的开放平台”以进行C-ITS测试运行，集中在以各种努力创造新的服务能够反映了当前的交通状况，同时并使用先进的技术进行相关车辆和道路的研究与开发。

政府的目的是大大减少交通事故的发生，降低道路交通事故的发生率和降低死亡率，使道路更安全、更聪明。为了实现这一点，政府计划到2020年提供服务，为所有道路车辆和乘客提供服务，提高高速公路和国道的车辆道路安全。

（二）电动汽车共享系统

2013年5月9日，韩国首尔市电动汽车共享系统正式投入使用。“电动汽共享系统”是一种智能化无人服务系统，用户可通过网络或手机进行预约并利用。首尔市电动汽车共享系统服务由韩国LGCNS、韩国铁道公社、HANKA、KT锦湖租车公司等四家企业共同提供。该服务出台的目的在于节能减排、减少汽车流量、改善空气污染、促进环保型汽车技术发展等。电动汽车共享系统正式启动后，每辆电动汽车可以替代4到10辆普通汽车。目前，首尔市在57个租车点共备有184辆电动汽车。

该系统的用户需先在电动汽车共享系统相关网站及四家服务提供商的网站上注册后领取会员卡。需要用车时通过网络或手机进行预约，并在预约的租车点租车。用户注册条件为：年满21周岁，有个人信用卡且取得驾驶执照满一年的公民。一旦注册成为会员，每次租车时不用签任何合同类文本，就可以在指定租车点通过智能化无人服务系统完成一切手续。还车时，用户将车开到租车点，停车后重新将汽车与充电器相连，系统将通过用户登记的信用卡信息自动扣除租车费用。

租车费用方面，包括保险费在内，使用该共享系统下的电动汽车每30分钟费用平均为3000韩元（约合17元人民币）。由于不用支付额外的燃料费，使用共享电动汽车比开私家车更为划算。但用户需要注意的是，充满电时可持续行驶的里程仅为90公里，且除首尔外的地方城市充电设施处于不足状态。

首尔市气候环境本部表示，为弥补可持续行驶里程较短的缺点，首尔市在公共停车场等地点设置了28台高速充电器。首尔市还计划在2013年下半年确保推出更为多样的车型，以进一步推广和普及电动汽车共享系统。

（三）物联网交通系统

根据韩国交通体系效率法，韩国首尔相关部门将建立ITS智能交通普及规划，改变以往的车为主、人为辅的机械交通，结合多种智能技术，实现人为主、车为辅的人性化交通。该计划预计实行到2022年，把智能交通技术普及到实际生活中，让广大民众更好的体验智能交通。

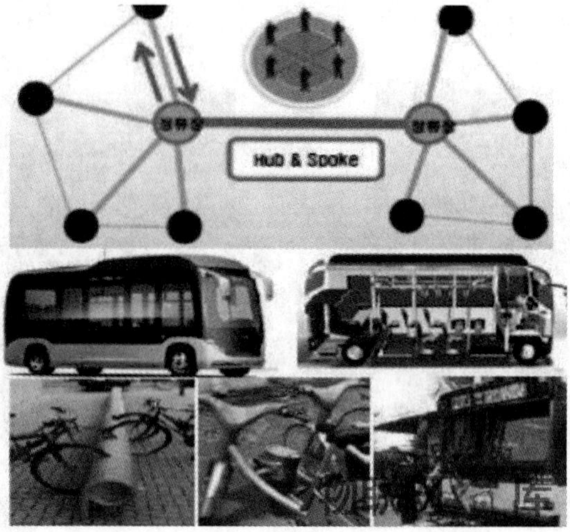

结合国家交通部的相关智能政策，统和改善现有的交通系统，利用 WAVE 无线通信技术、4G 传递路况信息，数据通信实时化。并结合 RFID 技术、使通信设备更加精致化、该系统可为车主提供实时精准的交通信息，保障安全驾驶，使整个交通更为流畅。例如，该系统通过卫星技术，感知某地降雨情况，通过无线通信把信息传递到交通系统。这样系统就可以提醒司机根据路况减速行驶，避免追尾事故，保证安全。

首尔呈现智能交通规划还考虑弱势群体的特殊交通因素，统一路况信息，制定出弱势群体专用交通体系 ，改善出租车服务，路况指引等项目设施。此外，鉴于交通带给我环境的污染，首尔相关部门通过 ITS 改善单一交通手段，把机动车，地铁，自行车等多种工具与新能源想结合，实现绿色智能交通体系。

韩国相关部门已经将该项规划实体成型化，实现智能交通布遍首尔。韩国首尔的智能交通规划集结简单的物联网智能技术，解决了交通遗留下来的大问题。

（四）公交无线供电系统

白色画线区域为无线充电区，车辆经过时便可无线充电

世界上首套无线充电公交系统在韩国庆尚北道龟尾市投入使用。研究人员将这一系统称为在线电动汽车 (On-line Electric Vehicles，简称 OLEV)，一旦测试的结果良好，那么韩国将开始普及这一种全新的交通供电系统。这一新概念公交车在外形上并无特别之处,但车身内部大有乾坤。公交车利用了由韩国科学技术院率先研发的“形磁共振”技术，在车底部安装有感应和接收设备，与地面相距约 20 厘米。当公交车经过铺有电缆的道路区域时，路面下铺装的电缆产生的电磁场会与公交车设备中的线圈相互作用产生 20 千赫、100 千瓦电能，电力转化率最高可达 85%，可为公交车提供充足的行驶动力。

普通电动公交车存在充电慢、跑不远、车身重、充电站建设费用高等诸多毛病。而无线充电公交车系统的出现，克服了这些缺点，公交车在行驶过程中可以随时进行充电，既不需要笨重的电缆，也无需定时前往充电站停靠长时间充电。另外，它所使用的电池重量仅为普通电动公交车电池的 1/3，大大减少了车身重量和行驶能耗。在整条行驶线路中，被改造为无线充电道路的长度为 144 米。该市计划到 2015 年再增加 10 辆无线充电公交车，并在今后逐渐普及，将其打造为该市绿色交通系统的一大亮点。

三、收益

- C-ITS成功应用后将会提高韩国高速公路和国道的车辆道路安全。
- 公共电动汽车系统能够减少汽车流量、改善空气污染并进一步促进了环保型汽车技术发展等。
- 交通物联网能够实现以人为本、感知车路的人性化交通，并把机动车，地铁，自行车等多种工具与新能源想结合，实现绿色智能交通体系。
- 大力发展新型公共交通系统，通过实现交通的智能化和现代化打造绿色交通系统，达到节能减排的目标。
- 开发智能技术并制定整体的技术方案，投入到实际交通应用中，以解决民众切身的实际问题。一方面，推动了智能交通系统(ITS)的不断向前发展，另一方面，这也改变了新技术“昙花一现”的命运，促进了行业发展。

参考文献

[1] http://english.molit.go.kr/USR/sectoral/m_35347/dtl.jsp. 韩国国土交通部 [OL].
[2] http://english.molit.go.kr/USR/sectoral/m_32051/dtl.jsp. 韩国国土交通部 [OL].
[3] http://topis.seoul.go.kr. Seoul Transport Operation and Information Service [OL]
[4] http://english.seoul.go.kr/policy-information/traffic/. 韩国国土交通部[OL].

（撰稿：李正熙）

国际车路协同技术发展动态

一、概述

车路协同系统是基于传感器网络、无线通信技术等先进技术，通过车载设备、路侧设备、行人手持设备和通信中心之间的信息交互和共享，实现人 - 车 - 路之间的协同和配合，使得车辆和道路的信息更有效率的得到利用，努力缓解交通拥堵、改善道路交通安全。

车路协同技术是当今智能交通领域发展的趋势和热点，是满足现代道路交通发展需要、提升道路交通智能化水平和通行能力的有效解决方案。目前，世界各国正在积极进行车路协同技术的研究与实验，并将其作为改善道路交通安全和效率的重要手段，其中北美、日本处在较为领先的地位。

二、国际车路协同技术发展情况

（一）美国

美国的车路协同技术发展起步较早，初期以 Vehicle Infrastructure Integration（VII）项目为主来推动车路协同技术的发展，后来演进为 IntelliDrive 项目，项目重点在于车辆主动安全方面，同时兼顾多种运输方式和出行模式的不同需求，为驾驶员提供动态、连续的服务，并保证车与车、车与路侧、车与管理中心等主体之间互联互通的便利性。

车路协同研究是当前美国智能交通系统研究的核心内容。在车路协同系统中，车辆具备信息感知功能，可通过射频识别（Radio Frequency Identification, RFID）、车载信息服务（Telematics）、无线定位技术（Wireless Location Technology，WLT）等一系列移动式交通信息采集技术实时感知车辆自身以及车辆与周围环境的信息，并通过专用短程无线通信技术（Dedicated Short Range Communication，DSRC）使车辆与车辆、车辆与基础设施之间进行信息交互。美国的车路协同系统目前主要有以下几个方面的应用：基于车车通信的安全技术、基于车路通信的安全技术、实时数据捕获和管理、多模式出行动态路径规划、道路天气信息管理、实时环境信息综合技术等。

图1　美国车路协同技术构想

为了更好地开展车路协同技术的研究，在全美建立了 6 个大型的试验场，如图 2 所示，包括加州、田纳西州、密歇根州、纽约州、弗吉尼亚州和佛罗里达州的试验场。以密歇根州试验场为例，密歇根的车路协同试验场始建于 2007 年，东北部到密歇根州的弗林特，底特律在试验场的中部，南部临近俄亥俄州的托莱多市，东南部到克利夫兰。起初用作判定 DSRC 通信的可行性和技术极限参数的试验开发场地，后来逐步成为各类车路协同应用和技术的开发和测试场地。过去几年试验场占地面积有一定的扩大，在技术和结构上也得到了升级，以满足车路协同的开发和测试需要。下图是密歇根东南部试验场的地理边界图。

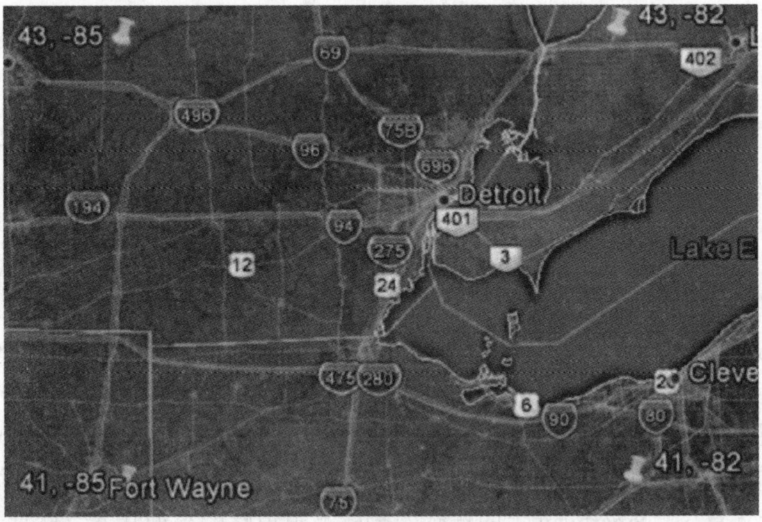

图2　密歇根试验场示意图

（二）加拿大

在加拿大，为了更好地开展车路协同系统的研究，阿尔伯塔大学和英属哥伦比亚大学联合建立了“阿尔伯塔交通设施和车载环境协同 - 可重构和最优化无线接入车辆实验平台”项目（ACTIVE-AURORA，Alberta Cooperative Transportation Infrastructure and Vehicular Environment-AUtomotive testbed for Reconfigurable and Optimized Radio Access）。该项目将为多模式的交通建立一个无线通信实验平台，以促进商业、创新、教育培训的发展。该项目团队组建于 2012 年 5 月，至今已完成了筹备工作，将于 2014 年 10 月正式启动项目。该项目的目标包括：确定对现有技术方案性能起限制作用的因素；开发新的模型、仿真方法和实验技术，根据实际道路环境来评估可选的技术方案；确定并展示易于被采纳、商业化和转化为产品成果的最佳的技术方案；帮助并支持政府制定有关车路协同的政策标准和技术协议。

ACTIVE 项目将分为 3 个阶段部署试验设备，最终将覆盖阿尔伯塔埃德蒙顿市区的大部分主要干道。ACTIVE 项目通过阿尔伯塔交通数据中心，可以获取到交通流量、公交路线、道路保养状况、交通事故等数据，也通过部署的线圈、摄像机等传感器设备获取实时交通数据。ACTIVE 项目为用户提供个性化的数据，可以通过智能手机推送实时速度、旅行时间、拥堵情况以及碰撞预警等信息。ACTIVE 项目将控制主要干道的交通信号，获取交通信号控制器的实时状态并诊断交通信号设备的运行状况。ACTIVE 项目将开发公交信号优先技术方案，对公交信号优先进行建模和评估，比较多种通行策略的性能表现。

阿尔伯塔大学和英属哥伦比亚大学还将各自建立一个校园实验测试平台和学习中心，该中心将帮助学校师生和社会各界相关人士开发、测试、评估无线通信技术和新的车路协同系统及其软件应用。

（三）日本

2011 年 12 月，22 名来自政府部门和工业界的代表共同成立了智能交通系统发展促进委员会，该委员会至 2013 年 3 月已举行过 4 次会议，旨在促进交通安全支持系统方面的合作和信息共享，促进车路和车车协同系统的发展。2013 年 5 月 24 日，日本安倍首相的第二内阁宣布了一项新的智能交通系统战略，该战略宣布要通过促进公共数据使用的开放性、大数据技术的应用，建设在面对自然灾害时最安全、最有弹性的社会，建设最环保、安全、经济的道路交通环境，从而建设一个理想的社会环境。

日本的车路协同系统研究主要通过 Smartway 项目来开展。在项目中，一条 Smartway 被定义为下一代的智能道路，它利用智能交通系统技术将人、车、路通过信息联系起来。其中一个较为成熟的应用是利用车路协同的技术减少坡路导致的交通拥堵。日本的一项研究发现，快速路上接近 60% 的交通拥堵是由坡路导致的。在 Smartway 项目中，利用 I2V（Infrastructure to Vehicle）协同控制的方法来解决这一问题。如下图所示，首先，Smartway 上的传感器要检测出道路的交通状态，然后通过通信设备将最优的车速和车距发送给车辆，装备有自适应巡航系统（Adaptive Cruise Control）的车辆将根据接收到的信息自动地控制车速和车距。该项技术可以有效的缓解交通拥堵，提高通行效率与行车安全。

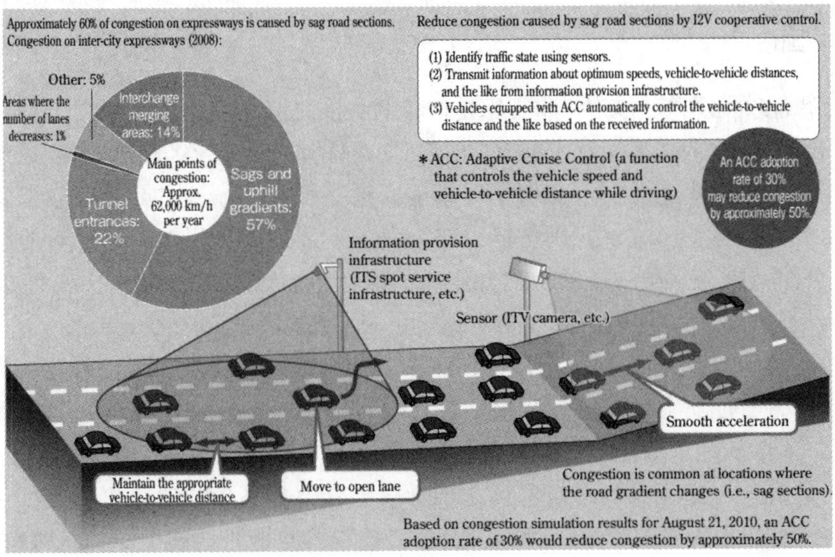

图3　ACCS系统示意图

（四）欧洲

1991年，欧盟建立了ERTICO（European Road Transport Telematics Implementation Coordination Organization），以一个中立平台的身份把行业内的企业、政府、组织等联系起来，开展各项合作，共同促进欧洲智能交通行业的不断发展。ERTICO的愿景是打造一个智慧型的交通系统，确保零事故、零延误，减少环境影响，为每个人的出行提供智能的导航。为了达到这一目标，ERTICO将所有智能交通系统的研究划分为四类：CooperativeMobility、EcoMobility、SafeMobility、InfoMobility，其中智能车路协同系统的研究主要集中在CooperativeMobility领域。

欧洲在车路协同方面开展的研究目前聚焦在以下几点：

（1）车车和车路通信，旨在建立车车和车路之间信息交互的通道；

（2）协同监测，提供实时的道路交通数据，比如道路状况、事故信息、交通检修等；

（3）协同安全应用，主要用来播报本地危险信息，也在交叉路口或错占车道时提供安全信息；

（4）协同交通管理，目标是交通流管理，提升交通效率。

为了达成上述目标，欧洲委员会推动了大量的项目，其中COMeSafety及其拓展COMeSafety2是一个车路协同方面的代表性项目。2006年，欧洲委员会提出Communications for eSafety（COMeSafety）项目，其目标是在欧洲建立一个统一的通信架构，2009年项目结束时，在欧洲就已经有了专门为道路安全应用的通信频段。为了建立更为全面的通信系统标准，促进车路协同系统的发展，欧洲启动了

COMeSafety2，作为COMeSafety项目的扩展，COMeSafety2将学习全世界范围内车路协同系统的先进成果，升级欧洲的车路协同通信架构，建立一套跟欧盟与美国兼容的系统安全应用体系。

（五）国内

国内智能交通系统领域的研究开展相较其他发达国家和地区较晚，20世纪80年代初才我国才开始重视运用高科技来发展交通运输系统，随着信息技术、通信技术和计算机控制技术的快速发展，加快了对智能交通关键技术研究的步伐。以国家ITS体系框架为指导，逐步形成了我国智能公路系统的发展思路：以道路基础设施智能化为核心，以公路智能与车载智能的协调合作为基础，重视人的因素应用研究，促进人、车、路三位一体协调发展，这里面已经初步体现了车路协同系统的概念。

“十五”和“十一五”期间，国内在汽车安全辅助驾驶、车载导航设备、驾驶员状态识别、车辆运行安全状态监控预警、交通信息采集、车辆自组织网络等方面进行了大量研究，基本掌握了智能汽车共性技术、车辆运行状态辨识、高精度导航及地图匹配、高可靠信息采集与交互等核心技术。这一阶段已有部分高校和研究机构进行了智能化车路协同控制技术的相关研究，例如，国家科技攻关专题“智能公路技术跟踪”，国家863课题“智能道路系统信息结构及环境感知与重构技术研究”、“基于车路协调的道路智能标识与感知技术”等，但这些研究处于初步探索阶段，相关核心技术仅取得阶段性成果，还需对智能车路集成进行系统的研究。

因此，863计划现代交通技术领域围绕提高我国道路交通安全保障水平的重大需求，设立了“智能车路协同关键技术研究”主题项目，由清华大学、北京交通大学、同济大学、北京航天航空大学、东南大学、武汉大学、武汉理工、国家ITS中心、汽研中心、长安汽车等10家单位参与，清华大学姚丹亚教授担任首席专家。该项目共分为五个课题：

（1）车路协同系统设计、信息交互和集成验证研究

（2）车路交互式行车安全系统关键技术

（3）车车交互式协同控制系统关键技术

（4）车路协同系统交通协调控制关键技术

（5）车路协同系统仿真、测试与验证关键技术

总体目标是以基于车路协同的主动安全控制、基于车车协同的主动安全控制和基于车路/车车协同的信号协调控制三个应用为导向，重点研究车路交互式行车安全系统关键技术、车车交互式协同控制系统关键技术和车路协同系统交通协调控制关键技术，同时在支持车路协同的系统仿真平台上实现关键技术的测试、评估与验证，并在此基础上形成适合中国国情的智能车路协同技术体系框架，制定满足车路协同系统需要的多模式车车/车路自组织网络数据交互标准和通信协议，最终指导我国车路协同关键技术与系统的发展，抢占车路协同前沿技术战略制高点，培育智能交通产业发展的增长点。

2014 年 2 月 20 日，“智能车路协同关键技术研究”主题项目验收会在河北清华发展研究院举行，并通过科技部验收。在河北清华发展研究院及其附近试验场地进行的实验演示展现了智能车路协同系统实施后的交通出行新图景：10 辆安装了车路协同系统的“智能车”，在“智能道路”上成功完成了车车协同换道、车车 / 车路协同避撞、车辆主动安全辅助、行人避撞、盲区预警、障碍物预警、紧急车辆信号优先、车队控制与和速度引导、车队协同路口通行等 15 个典型应用场景。项目研究设计了以信息为核心、提供不同层次功能的五层平台和一个支撑体系组成的车路协同系统总体方案和体系框架，对比目前国家 ITS 体系，设计完成了车路协同系统用户服务定义、逻辑结构设计、物理结构设计和标准与协议规划。还开发完成了基于多模式无线通信的数据交互平台，解决了多种通信模式之间的兼容问题，该数据交互平台隔离了应用软件和通信硬件，目前能支持 802.11p、Wifi、3G，待满足中国标准的设备推出后，只需要在平台上增加新通信装置的驱动即可运行。

作为我国智能车路协同系统的首个预研项目，“智能车路协同关键技术研究”项目对我国智能车路协同系统作出详细的规划与设计，确定发展模式，清晰地指明我国车路协同的发展方向。项目中的关键技术对我国开发具有自主知识产权的智能车路协同信息采集、处理、应用和集成系统具有重要意义，对我国车路协同技术框架起到支撑作用。项目的成功实施引领了我国道路交通系统的技术的发展，促进了智能交通系统技术的进步。

三、结论

综合来看，美国以车路协同系统的实际部署为主要目标，欧洲以标准制定为主导，日本以应用为导向。尽管各国对车路协同称谓不一，内容也不尽相同，但都是以道路和车辆为基础，以传感技术、信息处理与通信技术为核心，以出行安全和行车效率为目的，并将道路交通基础设施的智能化及其与车载终端一体化系统的协调合作作为研发方向和突破重点，车路、车车协同系统已经成为现阶段各国发展智能交通的重点。

虽然 ITS 系统在我国的实施起步较晚，但是在智能交通系统的迅速发展下，我国瞄准车路协同技术发展前沿，顺应其发展趋势，突破其瓶颈技术，开发适应我国城市的特定交通需求的车路协同技术，目前已经取得非常可喜的成果，在基础理论研究和实际应用部署中都在逐渐向国际前沿靠拢，很多方面甚至已经处于世界领先的地位。相信随着车路协同系统的发展，我国一定会在车路协同系统的研究和应用中取得更大的进步，为中国的智能交通系统建设贡献力量。

（撰稿：姚丹亚、石梦凯、李博文、裴欣）

国际智能汽车发展动态

一、技术概述

智能车辆是能够感知自车与外部环境信息，自动或半自动地规划行驶路径并安全抵达目的地的车辆。智能车辆的相关研究是智能交通领域中最重要的研究内容之一。

美国高速公路安全管理局（NHTSA）将车辆智能化定义为以下五个层次：①无智能化。由驾驶员完全控制车辆的原始底层结构—制动器、转向器及油门踏板等；②具有特别功能的智能化。这个层次的智能车具有一个或多个特别的自动控制功能。比如具有电子稳定性控制或者预制动系统的车辆，它能够自动辅助制动，帮助驾驶员对车辆进行控制或者缩短制动距离；③具有多项功能的智能化。这个层次的智能车具有将至少两个原始的控制功能融合在一起来实现的系统，能够完全不需要驾驶员对这些功能进行控制。比如具有融合了车道居中功能的自适应巡航控制系统的车辆就具有这个层次的智能；④具有限制条件的无人驾驶。在这个层次的智能车能够在某个特定的驾驶交通环境下让驾驶员完全不用控制车辆，由于在某些交通状况下需要驾驶员控制车辆，车辆需要自动的检测环境的变化以便返回到需要驾驶员驾驶的模式。⑤全工况无人驾驶。这个层次的智能车能够完全自动的控制车辆，全程监控交通环境，进而实现所有的驾驶目标。驾驶员只需提供目的地或者输入导航信息，不需要在任何时候对车辆进行操控。

汽车行业咨询机构 IHS 发布预测报告称，“通过电脑系统实现无人驾驶的智能汽车”，其发展速度正在赶超纯电动汽车，2025 年左右将走进寻常百姓家，2035 年销量将达到 1180 万辆，占同期全球汽车市场总销量的 9%。实际上早在 2012 年 8 月，谷歌高调宣布其研发的无人驾驶汽车已经在电脑的控制下安全行驶了 30 万英里，安全行驶程度甚至超过了人类驾驶平均水平。美国加利福尼亚、佛罗里达、内华达、密歇根也相继允许无人驾驶汽车上路。

中国知网的检索结果显示，去年智能车辆相关的学术关注与传播仍在高速增长。与 2012 年相比较，2013 年“Intelligent Vehicle”相关的论文增长率约为 13%，引用增长率约为 29%。对于国内智能车辆相关领域的研究，国家相关部门也提供了大力支持。国家自然科学基金委员会于 2008 年设立了“视听觉信息的认知计算”重大研究计划。目标之一是研发具有自然环境感知能力和智能行为决策能力的无人驾驶车辆验证平台，并重点支持对“无人驾驶车辆关键技术及平台”与“无人驾驶车辆智能测试”方面的项目。此外，“中国智能车未来挑战赛”自 2009 年起每年举行一届，吸引了国内外众多高校与企业参赛。第五届挑战赛于 2013 年 11 月 2 ～ 4 日在江苏常熟市举办，内容包含 18

公里的城郊道路与 5 公里的市区道路，共有 17 辆国内赛车和 1 辆国外赛车参加。

二、关键技术及研究进展

智能车辆的关键技术包括：车辆感知技术、车辆控制与决策技术、车辆安全保障技术等，其大致内容如下。

（一）车辆感知技术

智能车辆对环境信息的感知主要来自以下几个方面：

1. *视觉*

基于视觉的环境检测是智能车辆的关键技术，主要的检测对象包括车道线、车辆和行人等。如戴姆勒 2013 年推出的智能驾驶（INTELLIGENT DRIVE）试验车 S500 使用双目视觉及单目视觉实现了车道线、车辆及行人检测等功能。

目前，基于单目视觉的车辆检测算法一般由简单特征与复杂特征检测串联而成，即首先通过一些车辆的共同特征来大致锁定图像中的车辆位置，再由稳定性高但计算量大的分类器验证其是否为车辆。其中，常见的简单特征包括车辆底部阴影特征、车辆水平与垂直边缘特征、部分车辆对称性特征、车辆颜色与纹理特征等。分类器特征包括 PCA 特征、小波特征、HOG 特征、Haar-like 特征等。非理想环境下，有一些常用的车辆检测方法。例如，夜间常以车辆灯光作为车辆最明显的特征；而逆向行驶车辆由于相对运动较大，常以光流法检测。

常见的行人检测方法分为基于轮廓匹配的方法和基于表观特征的方法两类，其中后者是近年来研究的重点和热点方向。常用行人检测的特征包括 HOG、SIFT、EOH、Shape Context 等，相应的分类器为 SVM、AdaBoost 及神经网络。

2. *雷达*

目前智能车辆上使用的雷达主要包括激光雷达、毫米波雷达和超声波雷达。

激光雷达包括单线与多线雷达。单线激光雷达的价格相对较低，可扫描雷达前方扇形区域中障碍物，目前已广泛应用于水平结构化道路上的障碍物检测与车辆同步定位与地图重建（Simultaneous Localization and Mapping，SLAM）。但由于单线激光雷达仅能扫描某一扇形平面，在非结构化区域中具有一定的局限性。多线激光雷达通过内置多组单线雷达并配合镜面反射，可实现对车辆周边区域的覆盖，适用于非结构化道路环境信息的感知。常见的多线激光雷达线数有 4、8、16、32 至 64 线。激光线数越多，对环境重建的结果越细致，处理后的有效测量距离也越远，但雷达的体积也越庞大。应用中一般将 32 线、64 线激光雷达布置在车辆顶部。在多线激光雷达的供货商中，目前 Velodyne 公司占主导地位。谷歌无人车及国内无人车挑战赛的多支队伍均使用该激光雷达。

车载毫米波雷达可在得到测量距离的基础上，由多普勒效应直接读出目标的速度信息，其距离测量精度一般不如激光雷达。与激光雷达不同，毫米波雷达的输出大多经过内部集成的处理单元处理，可以直接读取目标障碍物信息。常见的毫米波雷达体积较小，便于在车身外部布置。梅赛德斯 - 奔驰 S500 试验车使用了多达 8 个毫米波雷达。

超声波雷达成本较低，探测距离较短，目前主要应用于辅助或自动泊车系统。2013 年，博世公司推出的无人驾驶试验车上使用超声波传感器检测车辆附近的障碍物。

3．定位

卫星定位与惯性测量单元组成的组合导航系统被广泛应用于自车位姿的获取。目前，国际上有四套主流的卫星定位系统，分别是美国的 GPS、俄罗斯的 GLONASS、欧盟的 Galileo 和我国的北斗系统。一般来说，卫星直接定位的频率在 10Hz 以下，定位精度会受到多径效应与遮挡（如隧道、高层建筑等）的影响。而惯性测量单元的更新频率高，短距离测量精度高，不易受到环境的影响，与卫星定位的互补性好。由二者共同组成的组合导航系统在智能车辆的研究中得到了非常广泛的应用。

SLAM 定位的准确性很大程度上依赖于对环境实时建模的精度，需要相对成熟的视觉与雷达技术作为支撑，在停车场自主泊车系统等方面有着良好的应用前景。

4．通信

基于通信的车辆感知技术在近年来不断升温，已成为汽车、交通、控制、通信、互联网等领域的研究热点问题，但其技术总体上仍处于起步阶段。利用分布式节点间通信，组成道路信息云，可实现车辆、基础设施、监管部门间的实时信息共享与任务指派，达到云端信息资源乃至计算能力的高度自由分配。由此可实现传统以个体节点感知为中心的有人驾驶车辆或经典智能车辆难以实现的功能。目前的研究难点主要包括通信方式、共享策略、信息处理、数据融合与安全问题等。2013 年 8 月，车联网产业技术创新联盟在北京成立，旨在搭建车联网体系架构，推进统一行业技术规范。

（二）车辆决策与控制技术

1．路径规划技术

无人驾驶智能车辆需在各类约束条件下，规划出合理的通行路径。这些约束条件包括道路约束、障碍物约束、车辆运动学约束等。常见的路径规划算法主要包括基于随机采样的方法和基于搜索的方法。国内外一般将路径规划分为全局规划与局部规划，后者用于在满足前者的基础上实时动态计算车辆的可通行路径。

2．车辆底层控制机构

目前，智能车辆执行机构的改造已逐渐由研究机构通过踏板拉线、自动驾驶仪等设备改装，演变为汽车主机厂主导的在原有执行机构上做出一定的调整与改进，并开放相应的协议供研究机构直接使用。这种方式减少了研究机构在机械改造上的工作量，降低了智能车辆的研发成本，也增加了执行机构的可靠性。依赖于可靠的车辆底层控制机构，加载了各类先进驾驶辅助系统（Advanced Driver Assistance Systems, ADAS）的车辆正在逐渐推向市场。

3．智能车辆安全保障技术

由于车辆失控下的交通行为具有极大的危险性，智能车辆中故障诊断与容错机制必不可少。目前国际上在智能车辆的安全保障技术方面尚无统一的技术标准，国内的相关研究不多。但随着智能车辆技术的成熟与商业化应用的需求，智能车安全保障方面的研究在近年来受到了越来越多的重视，车辆的故障诊断与容错机制也得到了实现。例如捷太格特（JTEKT）引入了状态监控与紧急制动等一系列复杂系统，来保障线控转向系统的可靠性及其失效时的安全性；谷歌（Google）无人车增添了一套备用系统，当检测到系统故障时可自动切换，以保障无人车安全。

三、发展趋势

截至目前，许多主要的汽车生产商都对未来的智能车发展与市场应用给出了预测和期望，包括通用、福特、戴姆勒、大众、奥迪、日产、丰田、宝马和沃尔沃等。沃尔沃期望能在2014年底使车辆在高密度交通状况下实现低速的（最高速度为50km/h）自动驾驶；奥迪计划在2015年推出能够在低速下（如交通拥堵情况）自动转向、加减速的汽车；到2015年，日产期望能出售具有自动转向、制动、车道引导、加速、换挡和自动泊车（在驾驶员走出车辆后的自动泊车）的汽车；丰田计划于2015年左右推出接近自动驾驶的高速道路驾驶辅助系统，包括车道保持和自适应巡航系统；到2016年，Mobileye期望推出高速路段的自动驾驶汽车技术；特斯拉期望于2017年推出能够高度自动驾驶的汽车；谷歌预计能在2017年至2020年间，将全自动驾驶汽车推向市场；到2020年，沃尔沃期望能够推出避免事故的汽车；通用、戴姆勒、奥迪、日产、宝马和雷诺都期望在2020年前推出可自动驾驶或部分时间内自动驾驶的汽车；福特希望能在2025年把他们的自动驾驶汽车推向市场。

（一）技术方面，智能车正向无人化、网络化、低成本方向发展

1．一定条件下的无人驾驶功能已经实现，性能逐步提高，全工况无人驾驶汽车是最终发展目标。

如上所述，目前无论是汽车企业如奔驰，还是IT行业如Google都推出了无人驾驶汽车，在一定程度上实现了无人驾驶功能，并制定了商业化应用的计划。可以说，目前已经实现了NHTSA定义的第四层次的无人驾驶汽车，将在向五个层次的全工况无人驾驶目标迈进。

2．对交通环境的实时准确感知是实现全工况无人驾驶汽车的基础，基于车联网的智能车辆技术得到重视，人-车-路协同时代将会到来。

车-路、车-车通信技术使得车辆能够获得远距离、实时丰富的交通环境信息，再与车载传感信息相融合，为全工况无人驾驶汽车提供了可行的技术手段。为此，各大汽车公司在开发自主式无人驾驶汽车的同时，开始积极探索基于车联网的自动驾驶汽车，比如本田（Honda）公司于2014年9月25日在北京园博园举办的“FUNTEC SAFETY 创造‘零事故’社会”主题活动中，就展示了“协调型自动驾驶汽车”，实现了基于通信技术的自动驾驶功能。而国内也开展了基于车路、车车通信的车辆智能化

技术研究，在国家863项目“智能车路协同关键技术研究（2011—2013）”“车联网技术研究（2012—2014）”等的支持下，已取得了一系列技术成果。如清华大学等多家单位于2014年10月8～11日在青岛举办的国际电气与电子工程师协会（IEEE）智能交通系统国际会议上（ITSC’2014）展示的智能车路协同系统，实现了实际道路基于车路/车车交互的车辆安全辅助控制等功能。

在智能车信息化和网络化进程中，为提高车辆智能化、安全性、经济性、和便利性，面对庞大的交通网络，由各类异构节点组成的实时的道路信息云将会得到更多的重视，云中的资源利用、信息指派与安全策略将是一个研究热点。

3．为提高无人车技术的实用化，其技术发展路线不断调整，无人车所用传感器开始从高成本军品级转向低成本民品级。

当无人车研究尚处于起步阶段时，为了减少不必要的精力消耗，各机构对无人车的研究大多基于高价格、高精度军品级传感器。随着智能车辆实现了无人驾驶功能时，研究人员已开始为提高性能、降低成本而努力。就国内智能车辆发展而言，国家自然基金委的重大研究计划“视听觉信息的认知计算”以及主办的“中国智能车未来挑战赛”，最初的研究主要以高等院校为主，所开发的一些无人驾驶汽车使用的360度扫描雷达价格高达几十万元。随着汽车企业和高等院校合作的加强，智能汽车实际应用目标的驱使，低成本传感器开始在无人驾驶汽车上使用，汽车企业也开始主导车辆电控执行机构的改造。预计短期内将会是军用级与民用级传感器并重的局面，将来的无人车成本不会是人们顾虑的问题。

（二）应用方面，驾驶辅助系统逐步推广使用，无人驾驶技术能够走向商业化应用

智能车辆以全自动驾驶为最终目标，但距离其真正实现，无论在技术上还是立法上都还有较多工作待完善。而先进辅助驾驶系统作为全手动驾驶到全自动驾驶的中间过渡产品，在现阶段得到了广泛的研究和应用。高等院校在基础理论和关键技术研究方面取得了显著成果，如2013年清华大学“基于行驶环境感知与控制协同的汽车智能安全新技术及应用”获得了国家技术发明二等奖”。零部件企业如以色列的Mobileye，中国的智华驭新等，整车企业如国外的日产、本田、戴姆勒，国内的厦门金龙、郑州宇通、重庆长安等公司，在新产品开发和应用方面在积极推进。随着智能车技术的快速发展，相关关键技术将会不断得以突破，届时人们对无人驾驶技术商业化应用的疑虑也会减弱或消除。

（三）标准方面，标准和规范的制定正在推进，部分软硬件接口标准将趋于统一

过去各个研究机构对于智能车辆的研究多为独立开展，如今随着相关联盟的成立以及国内外高校、企业间越来越多的合作，对软硬件接口的对接与共享的需求也越来越高。目前，国外相关机构正在制定统一的接口标准，国内各类智能车比赛项目也逐渐对接口提出一定的要求。国内多个联盟，如车联网产业技术创新联盟（CAIOV），车载信息服务产业应用联盟（TIAA），中国智能交通产业联盟（CIIA）等都在积极地

推动相关标准的制定工作。相关标准的制定势必对智能车技术的发展会起到积极的推动作用。

（四）行业方面，行业间联系越来越紧密，汽车、IT、通信等行业会迈向深度合作

Google 公司无疑使人们对智能汽车有了更多的了解，包括国内的 Baidu 公司也宣布将开展智能汽车的研究。多家著名汽车企业也都推出了各自的无人驾驶汽车，一些通信公司对车联网及智能汽车给予了高度的关注。人们不仅要问，谁将主导未来智能汽车的发展？其实，汽车的智能化涉及电子、通信、信息、控制等多个领域，对于不同技术，不同行业都有各自优势。IT 及通信行业在汽车的电子化、网络化和信息化等方面优势明显，而汽车的安全性、经济性、舒适性等性能的保障方面，汽车企业依然会发挥关键作用。所以，各行业的深度合作，才能使汽车的智能化水平越来越高，才会不断满足人们对智能汽车的各种需求。

四、结束语

过去的一年，国内外智能汽车技术都得到了快速发展。国外针对智能汽车的第三层次取得了显著成果，知名汽车企业纷纷推出无人驾驶汽车样车，并宣布了研发计划和应用目标。国内针对智能汽车的第二层次——驾驶辅助系统的研究也有新的突破，产品应用逐步实现。在国家自然基金委的支持下，每年一度的“中国智能车未来挑战赛“继续进行，挑战的难度逐渐增加，推动了智能车技术的不断发展。中国汽车企业开始重视智能车技术的发展，与高等院校的合作也在加强。展望未来，智能汽车技术的发展速度会越来越快，无人驾驶汽车定会走向人们的生活。

（撰稿：王建强、许庆、李克强）

第三章

智能交通发展综述

2013年中国道路交通安全总体情况

一、我国道路交通及安全发展现状

（一）道路及运输发展情况

2013 年，我国公路通车里程为 435.6 万公里，高速公路里程达到了 10.4 万公里，已超美国（9.2 万公里）成为世界第一，与 2012 年相比，分别增长了 2.8% 和 8.3%。公路客货运输量为 374.7 亿人次和 355 亿吨，客货运周转量分别为 2 万亿人公里和 6.7 万亿吨公里，比 2012 年分别增长了 5.3%、11.3%、6.7% 和 12.7%。全国高速公路日平均交通流量为 2.1 万辆，国道为 1.5 万辆，比 2012 年分别增长 5.6% 和 2.1%。

（二）车辆和驾驶人发展情况

2013 年，我国机动车保有量 2.5 亿辆，汽车 1.37 亿辆，位居全球第二，比 2010 年增加了 20.77% 和 50.55%。全国已有 8 个城市汽车保有量超过 200 万辆，31 个城市超过 100 万辆。机动车驾驶人达 2.79 亿，与 2010 年相比，增长了 31%。

（三）道路交通事故情况

2013 年，全国共发生涉及人员伤亡的道路交通事故 19.8 万起，造成 5.9 万人死亡、21.4 万人受伤，比 2012 年分别下降 2.8%、2.4% 和 4.7%，较大以上事故 834 起，下降 18.3%，其中，一次死亡 5 人以上事故 209 起，下降 15%，重大道路交通事故 16 起，下降 36%，没有发生特别重大事故，道路交通事故万车死亡率为 2.34，同比下降 0.16。2013 年，道路交通事故预防实现了“三个首次”：

一是实现了重大事故起数首次降至 20 起以下，创历史最低。全年发生 16 起重大交通事故，是 1990 年有重特大事故统计以来起数最少的一年。

二是实现了全年未发生重大事故的月份首次达到 6 个，创历史最多。全年六个月均未发生重大交通事故，其中，第二季度、第四季度分别取得了连续 88 天和 98 天未发生重大事故的好成绩，也是 1990 年以来从未有过。

三是实现了我国实行“黄金周”14 年来首次全部节假日均未发生重大事故，创历史“零”记录。2013 年元旦、春节、清明节、“五一”、端午节、中秋节、国庆节期间，均未发生重特大事故。

二、我国道路交通安全特征与事故防控主要工作

（一）我国道路交通安全特征

2013 年，我国道路交通安全呈现积极进步的发展态势，主要有以下三点：

（1）重点区域大事故防控取得明显进展。2013 年，全国有 21 个省（区、市）未发生重大交通事故，16 起重大事故涉及 10 个省份，较 2012 年减少 8 个，为历年最少，特别是六大片区中，首次有华北、东北两个片区同时无重大事故。一些路交通运行环境条件差、近年来接连发生重大事故的地区，如山西、湖南、西藏等，都实现了重大事故“零”记录。一些过去大事故多发高发的省区，如黑龙江、江西、山东、广东、广西、宁夏等地都不同程度减少，有的降幅还很大。反映出各地大抓交通安全、预防大事故工作取得了明显效果。

（2）重点车辆安全监管成效明显。2013 年，客运车辆事故同比下降 12.9%，导致重大事故 8 起，同比减少 5 起。而客车实际增长 1619 万辆。全年未发生校车、危险品运输车重大事故，而危险品运输车全年增长 5.4 万辆，上升 29.4%，为近年来增幅最大。农村面包车超员导致的重大事故得到有效遏制，全年发生 2 起，同比减少 3 起，而面包车共增长 128 万辆。货运车辆导致的较大以上事故同比下降 16.7%，而货运量同比上升 10.4%。反映出全国公安交通管理部门对重点车辆的监管水平有新提升。

（3）重点交通违法肇事大幅减少。2013 年，全国因“三超一疲劳”严重交通违法行为导致的交通事故同比下降 55.8%，其中，超速违法肇事同比下降 61.9%。反映出各地交通民警严格管理、严格执法取得新成绩。四是重点公路管控效果明显。2013 年，国省道发生重大交通事故 8 起，同比减少 11 起，下降 57.9%。其中，高速公路发生 4 起，同比减少 4 起，下降 50%。全国 10 条重点高速公路有 7 条货车事故明显下降。反映出相关地区的管理能力有所加强。

（二）我国在道路交通事故预防方面开展的主要工作

2013 年，全国道路交通安全工作部际联席会议各成员单位以“防事故、保安全、保畅通”为工作核心，以遏制重特大道路交通事故为工作目标，针对以下六个方面开展了事故防控等相关工作：

（1）深入开展安全生产大检查活动。教育部在全国范围内部署开展了中小学幼儿园安全大检查。公安部部署开展了道路交通安全大检查，并针对冬季道路运输繁忙、往年第四季度重特大事故高发的特点，将大检查延长至年底，并积极会同相关部门，全面排查隐患漏洞，铁腕整治突出问题，查处货车非法改装车辆 15 万余辆和不符合安全标准车辆 60 万余辆、不合格的驾驶人 34 万余人次，清退不合格接送学生车辆驾驶人 8201 人，查扣“黑校车”6784 辆，发现存在安全隐患客货运企业或场站 3.7 万余家，清理出企业驾驶人违法未及时处理 54 万余起；发现道路安全隐患 8.1 万余处，逐一督促落实整改。交通运输部对重点地区多次开展交通运输安全专项检查，查扣并移送处

理非法运输剧毒品车辆 249 辆。农业部在全国范围内集中开展了农机安全生产大检查工作。

（2）大力治理车辆安全隐患。公安部联合有关部门在全国部署开展了为期 3 个月多的机动车安全隐患大检查，对机动车生产、销售、改装、检验、登记、维修、报废等各个环节进行全面排查清理，依法查处存在违规问题的企业 197 家，吊销营业执照 30 家。工业和信息化部对机动车产品《公告》内的客车、专用校车、罐式危险品运输车、半挂车等产品进行了清理，撤销了 828 家企业 8616 个产品。工商总局以汽车灯具、刹车片、制动软管、车内装饰等汽车配件为重点，集中解决不符合安全标准等突出问题。质检总局将机动车儿童乘员用约束系统纳入强制性产品认证目录，并对重中型货车、大中型客车、校车、危险货物运输车等获证企业进行重点排查，实施汽车召回活动 133 次，召回缺陷汽车产品 531.1 万辆，并联合公安部加强对机动车安全技术检验机构的监督检查，共检查安检机构 3148 家，督促落实整改 1448 家。

（3）持续开展道路交通安全专项整治。公安部以客车、货车、危险品运输车、校车、农村面包车为重点，集中开展“大排查、大教育、大整治”货车野蛮驾驶专项行动，路面防超速的“降速”行动，夏季防疲劳的“警钟”行动等，加强对重点区域、时期、路段及薄弱环节的针对性管控，全年共查处各类交通违法 5.28 亿人次，其中查处超速行驶 1.1 亿起，违反规定停车 4905 万起，不按规定车道行驶 1859 万起，酒后驾驶 53 万起，涉牌涉证 1435 万起，因“三超一疲劳”等严重交通违法行为导致的交通事故同比下降 55.8%。质检总局组织开展汽车配件专项执法打假行动，立案查处 639 起，捣毁窝点 39 个。商务部会同公安部、工商总局等五部门组织各地开展报废汽车专项整治，共查处违法违规网点（市场）112 家，捣毁非法回收拆解和倒卖“黑窝点”380 个，查处报废汽车违法上路行驶 2.3 万起。总参、总后联合行动，在全军和武警部队深入开展了为期一年的军车管理专项整顿，全军和武警部队军车交通违法数量较去年同期大幅下降。

（4）大力加强农村道路交通安全。发展改革委继续加快农村公路建设投入，提高集中连片特困地区农村公路中央预算内投资补助标准。公安部将农村和山区道路作为重点，持续加大治理力度，并积极推动加强农村交通安全组织体系建设，发动乡镇政府、基层组织加强农村交通违法查纠、劝导，强化源头宣传教育，严防农村微型面包车超员、人货混装以及酒后驾驶等突出违法行为。农业部深入开展农机安全监理“为民服务创先争优”示范窗口和示范岗位标兵创建活动，共推出 111 个示范窗口和 202 名示范岗位标兵。

（5）深入开展交通安全宣传教育。公安部、中央文明办、教育部、司法部、交通运输部、安全监管局总局联合部署开展第二个为期三年的“文明交通行动计划”，并以“摒弃交通陋习，安全文明出行”为主题，开展了第二个“全国交通安全日”活动，期间共开展主题活动 4800 余场，文明交通主题宣讲活动 3.8 万余（场）次，相关网络、微博信息达 280 余万条。中宣部将实施“文明交通行动计划”情况作为 2013 年城市公共文明指数测评重点和文明单位考核内容，广泛开展“礼让斑马线”、“文明交通进学校”、

“文明交通进农村”和文明交通志愿服务活动。司法部、全国普法办组织开展“深化‘法律六进’，推进依法治国”法制宣传教育主题活动，推动法律法规进社会、乡村、机关、学校和运输企业。教育部组织编写了《中小学校岗位安全工作指导手册》和交通安全教育卡片，开展了为期 9 个月的“普及安全知识，确保生命安全”为主题的安全知识公益竞赛活动，联合公安部等 12 个部委共同举办了以“普及安全指示，确保生命安全”为主题的第十八个全国中小学生安全教育日活动。公安部与 22 家中央媒体和一大批新兴媒体建立了紧密的沟通协调机制，大力开展公益宣传，播发交通安全提示，曝光交通违法、事故和非法改装等典型案例，集中向社会公布危险路段、重大交通事故责任追究情况。

（6）加强督导检查和责任追究。安监总局严格执行重特大事故现场督导规定，会同公安部等有关部门先后对 16 起重大道路交通事故进行了现场督导，召开 31 次事故调查工作汇报会和协调会，完成了对 16 起重大事故省级人民政府调查报告的审核工作，对 237 人提出了责任追究建议，总共挂牌督办安全隐患突出、违法问题和事故多发的地区 2631 个，约谈整改 2767 次，追究事故责任人 2131 人，其中追究刑事责任 1335 人。教育部对山西、江西、湖北、广东等发生中小学生交通安全事故的省份进行约谈，并将存在的问题及时通报各地教育行政部门和中小学校。公安部针对重大交通事故暴露出的安全隐患突出、违法问题和事故多发的地区，及时下发督办通知，并指导安徽、江西、河南、四川等地公安机关严格开展重大事故责任倒查，严肃追究有关责任人的法律责任。保监会将车险理赔服务作为现场检查重点内容，对存在恶意拖赔惜赔、无理拒赔的保险机构，依法加大查处力度。

三、我国道路交通安全形势与对策

（一）我国道路交通安全仍存在的问题与隐患

2013 年，尽管我国在道路交通安全工作方面取得了较大成绩，但当前仍然处于事故预防的艰难期，重大安全隐患、管理漏洞和薄弱环节依然普遍存在，与汽车社会发展相适应的体制机制和制度体系尚未建立，高危路段存量大、安全隐患多的状况短期内不会根本好转，交通参与者安全意识、规则意识、文明意识不适应汽车文明的现状短期内不会明显改变。总体来说，在以下五个方面还处于较大薄弱环节：

（1）道路安全基础薄弱，翻坠撞事故增加。全年 16 起重大事故中，10 起为翻坠车事故，占重大事故总数的 62.5%，所占比例同比上升 2.5 个百分点，全部是弯多坡长、高落差等线形

不良路段。在 2013 年道路交通安全大检查排查出的 8.1 万处道路安全隐患中，7.4 万处 6.5 万公里为临水临崖、急弯陡坡、事故多发的高危路段，主要分布在农村地区。

（2）安全监管缺位，重大安全隐患导致的重大事故多发。一是违规生产、非法改装车辆，无资质生产经营问题突出，得不到及时整治。全年 16 起重大事故中，4 起事

故存在车辆非法改装问题。二是非法销售伪劣刹车片、轮胎等关键汽车零部件，在一些地区泛滥，得不到及时取缔。福建厦蓉高速公路“3.22”重大事故中，肇事货车更换使用的刹车片、轮毂均属三无产品，配件维修企业也属无证非法经营。三是一些运输企业主体责任不落实，管理松懈混乱，得不到及时纠正。企业对所属车辆和驾驶人疏于安全教育，对挂靠车辆只收费、不管理，对“两客一危”车辆动态监控制度不落实。全年16起重大道路交通事故中，8起由大中型客运车辆肇事导致，其中7起客车都安装了GPS动态监控装置，但动态监控制度不落实，形同虚设，有5辆客车的动态监控装置不能正常工作。四是旅游包车非法营运、市场混乱得不到及时整顿，包车凭证发放管理不严，违规异地运营。

（3）驾驶人文明安全意识不强，严重交通违法仍是导致事故的主要原因。全年16起重大事故中，超速导致6起，货车超载导致4起，逆行导致2起。其中，有7起事故涉及客车超员违法。从查处的交通违法情况看，2013年，全国有1.3亿起交通违法被记分，同比上升42.4%。其中一次记12分的严重危及交通安全的交通违法行为182万起，同比上升3倍。

（4）恶劣天气导致的事故增多。近年来，恶劣天气导致的事故呈现上升趋势，特别是团雾、冰雪路面导致的多车相撞事故多发。2013年6月4日，京港澳高速河南驻马店因团雾致多车相撞，造成14人死亡。据各地排查，全国高速公路团雾多发路段达1557处，其中年均发生20次以上团雾的路段达340处。受经济和科技发展水平所限，准确预报团雾难度大，难以及时预警，预防工作亟待加强。

（5）农村地区交通安全问题日益突出。尤其是农村面包车增速快、数量大，以年均100万辆的速度递增，2013年底已达737万辆，已成为农村地区群众出行的主要代步工具。但农村地区道路条件差、安全意识差、车辆安全性能差，管理力量薄弱，交通安全组织体系不健全。农村公路通车里程385万公里，仅有警力1.9万名，人均管理196公里。近5年农村公路通车里程189万公里，增长128%，而警力仅增加2644人，增长14%。2013年发生的16起重大交通事故中，7起发生在农村公路。

（二）我国道路交通安全工作的方向与实施对策

针对2013年道路交通安全工作存在的问题，需要进一步加大综合治理、源头治理、系统治理的力度，着力制定和采取根本性、基础性、顶层性的措施，进一步完善和提高预防重特大道路交通事故的能力和水平，努力保持道路交通安全形势的持续稳定向好。

（1）进一步贯彻落实国务院《意见》，着力推动各级党委政府研究和解决机制性障碍和深层次问题。

加大道路交通安全工作在地方各级人民政府的重视程度，要求将其与经济建设和社会发展同部署、同落实、同考核，推动实行道路交通安全地方行政首长负责制，将道路交通安全工作纳入政府工作重要议事日程，定期分析研判安全形势，研究部署重点工作。研究建立中央、地方、企业和社会共同承担的道路交通安全长效管理机制，建立健全交通安全行动考评机制，不断拓展道路交通安全资金保障来源，推动完善相关财政、税收、信贷支持政策，强化政府投资对道路交通安全投入的引导和带动作用，将交警、运政、路政、农机监理各项经费按规定纳入政府预算。

（2）加大实施公路安全生命防护工程的力度，着力加强公路安全设施建设。

依靠道路巡逻、人力管控很难及时查纠机动车驾驶人人为过错可能导致的事故发生，而安全设施可有效弥补道路管理的缺陷，最大限度地避免或减少人、车、路和环境原因可能导致的交通事故危害。需要进一步加强对高危路段事故原因的深层次分析，在高危路段采取合理有效的物理措施、工程技术措施，以消除交通安全隐患整治为根本，加强对一些重大交通安全隐患路段的整治力度，完善安全防护设施，实施工程改造，实现物防、技防、人防相结合，有效改善道路交通运行条件。

（3）以营运客车、货车、校车、危险化学品运输车和农村面包车等“五类重点车”为重中之重，切实加强重点监管水平。

进一步加强重点车辆安全性能、日常管理、运行动态的监管，严格重点车辆驾驶人的日常教育管理，强化重点车辆所在运输企业的经营安全管理。2013 年 16 起重大事故均为“五类重点车”肇事导致。可以说，从防范大事故的直接效果看，重点车辆的监管水平代表预防重大事故的水平，必须作为重中之重，坚持系统治理、科学治理、依法治理，切实做到对重点车辆的安全性能、日常管理、运行动态管理，对重点车辆驾驶人的日常教育管理，对重点车辆所在运输企业的经营安全管理，实行全过程、全方位的严格监管。

（4）加强农村道路交通安全工作，着力防范农村重大特大事故。

随着新型农业经营体系的建设发展，农村道路交通发展速度将进一步加快，农村地区“三差一缺失”的矛盾问题将进一步加大，对道路交通安全形势的影响将越来越不利，必须紧紧依靠地方各级党委、政府的有力领导，发动农村基层组织，建立完善农村交通安全组织体系和责任体系，加强综合治理，切实建立起农村交通安全的管理体制、乡村交通安全日常工作机制、交通安全管理的基本力量，加大交通安全宣传劝导，有效减少农村地区无牌无证、酒后驾驶、超员超载等突出违法问题。

（5）继续大力开展交通安全宣传教育，提高宣传教育的针对性和有效性。

创建安全、畅通的道路交通环境，根本在于广大交通参与者法治理念、安全规则意识、文明素养的养成、普及与提升。必须从幼儿、小学和中学抓起，建立健全交通安全教育体制，做好交通安全教育内容、教育方法的研究工作，依靠媒体和舆论，发动社会力量，广泛开展交通安全法规知识和常识的社会面普遍宣传教育，强化对专职驾驶人员的点对点警示宣传教育，强化对重要节点、恶劣天气、长大隧道等运行风险条件下的服务提示引导及安全驾驶技能的培训，突出对重大事故和重大安全隐患的曝光揭露追踪，切实使宣传教育成为道路交通安全的利剑法宝，提升文明素质，倒逼问题整改，推动责任落实。

（撰稿：赵新勇、胡江碧、戴帅）

2013年中国公路网运行情况

2013 年，我国干线公路基础设施建设取得新进展，公路网运行管理与服务水平得到有效提升，全路网运行状态总体平稳有序，公路应急保障与突发事件应急处置能力大幅增强，以高速公路联网不停车收费和中国高速公路交通广播覆盖区域不断扩大为代表的高速公路联网运行与服务工作取得重大突破。具体体现在以下几方面。

（一）公路基础设施继续保持良好发展势头

2013 年全国公路通车里程大幅增加，全年新增公路通车里程 11.82 万公里，其中新增高速公路 0.82 万公里，新增农村公路 10.64 万公里。全国公路通车总里程达到 435.62 万公里，其中高速公路达到 10.44 万公里，位居世界第一；二级及以上公路总里程达 52.44 万公路，占总里程的比例为 12.04%；公路密度达到 45.38 公里 / 百平方公里。浙江嘉绍大桥、安徽马鞍山长江大桥、江西九江长江二桥等一批重点工程顺利建成，港珠澳大桥关键控制性工程取得突破。重点国省干线建设、改造步伐加快，西藏墨脱公路建成通车，新疆公路代建援建工作进展顺利。

（二）全国干线公路网运行总体平稳有序

根据数据统计，全国干线公路网综合运行指数为 58，公路网总体运行情况保持平稳状态，路网交通运行压力及突发事件影响程度进一步加重。其中，干线公路网的技术状况继续保持较好水平，主要指标之一——路面综合使用性能指数 PQI 为 86.69，优良路率为 80.61；干线公路网交通流量持续快速增长，高速公路年平均日交通量达 20998pcu/ 日，同比上升 5.6%；各地累计严重阻断事件共计 16942 起，同比增长 39.7%，阻断里程及持续时间增幅较快；因恶劣天气、地质灾害等自然灾害造成的局部公路基础设施损失情况依然较为严重，公路灾毁损失超过 350 亿元。

（三）公路养护管理工作取得新成绩

继续开展养护管理示范公路创建活动，全面完成 G108 和 G205 国道示范工程创建及工程验收，全面总结示范工程经验。全力加强路网结构改造工程，全年改造危桥 3730 座 /28.6 万延米，改造交通安全隐患路段 6.2 万公里，改造灾害易发路段 3825 公里。完成路网结构改造工程“十二五”规划中期评估工作，对安保工程十年实施情况进行了总结，配合国务院应急办完成了道路生命防护工程调研工作。继续开展国家干线公路网路况监测工作，对 2012 年度国家干线路网监测中发现的 5 条路线、146 个路段和 11 座存在安全隐患的长大桥梁提出整改措施并分级挂牌督办，组织完成 2.2 万公里国道路况监测和40座长大桥梁抽检工作。

（四）路网运行管理工作取得新进展

伴随各级公路部门高度重视路网运行管理工作，部、省两级路网运行管理体制机制建设进一步得到加强，省级路网运行管理机构组建取得新进展。截至2013年底，全国共有北京、内蒙古、上海、江苏、安徽、重庆、西藏、陕西、新疆等9省（区、市）成立省级路网中心。部、省两级路网管理部门重点强化区域路网协调联动机制建设，初步实现区域高速公路网应急联动。其中，冀、晋、蒙、陕四省区建立路网信息共享机制和运煤协调联动通道，湖北与周边四省建立中南五省路网联动机制。各级公路管理部门和高速公路经营单位继续加强路网运行监测体系建设，加快推进部、省两级路网平台联网建设，高速公路视频监测设施总规模达近2.5万套，平均布设密度为8-10公里/套。此外，各地公路部门继续深化和气象部门合作，加快高速公路交通气象观测站网建设，不断提升高速公路服务区服务管理工作。

（五）公众出行信息服务能力大幅提升

各级公路部门高度重视路网运行信息采集与出行信息服务系统建设，加快实施出行信息发布平台建设，促进公路交通信息共享和应用。以“中国公路出行信息服务网”和地方出行服务网站为平台，全面拓展与中央媒体、地方媒体及交通行业媒体的合作，不断拓宽微博、微信、APP等新媒体信息发布渠道和服务手段。由交通运输部、中央人民广播电台等单位联合开展的中国高速广播京津冀湘渝示范工程建设，实现了年底前在京津冀地区、湖南中心城市及周边地区的试播，全年累计发布路况信息万余条，起到了良好的社会公益效果。截至2013年底，全国31个省（区、市）交通运输部门、公路管理机构和高速公路经营单位设置各类可变信息板（含限速）10000余块，共计开通省级公路交通网页（栏目）83个，开通客服电话号码51个，其中12个省份开通手机版本出行服务网站（网页）和移动客户端14个；共有23个省份开通公路出行信息服务微博，10个省份开通公路出行信息服务微信。

（六）路网应急管理与保障能力显著提高

全年公路重大突发事件数量明显减少，路网拥堵严重程度略有下降，但局部地区因冰冻雨雪、雾霾、台风等恶劣天气造成的公路基础设施受损和交通阻断依然严重。各级交通运输部门高度重视提升路网应急保障能力，强化公路应急抢通保通工作！重点推进区域性应急装备物资储备中心建设，圆满完成四川芦山地震、甘肃岷县漳县地震等突发事件的应急处置。制订《交通移动应急通信指挥平台管理办法》，推进应急通信指挥车联网运行；协调武警交通部队参与公路交通突发事件处置，推进重要公路桥隧武警管护工作，并成功联合举办2013年度陕西秦岭终南山隧道交通应急演练；会同公安部、中国气象局联合印发《关于加强恶劣天气公路交通应急管理工作的通知》，明确了公安、公路部门共同决定采取封闭高速公路等管控措施。共同指挥、协调恶劣天气公路交通应急管理工作。一年来，在各级公路部门的共同努力下，全国干线公路网没有发生长时间、大规模拥堵和严重公路损毁事件。

（七）ETC联网收费及免费通行服务保障水平不断提高

全面推广ETC联网不停车收费系统服务范围，在京津冀区域高速公路联网不停车收费的基础上，实现了山东、山西并入京津冀ETC联网区域，为下一步全国ETC联网奠定坚实基础。截至2013年底，共有23个省（区、市）成立了高速公路联网收费（结算）中心，共有26个省（区、市）按照国家和部颁标准建设开通了ETC系统，开通ETC车道6522条，ETC用户（OBU）达588万户，日均通行量164万辆次，自营ETC客户服务网点630个，与各大银行、加油站等合作网点近7000个。

2013年，在地方各级党委、政府的有力协调和统筹部署下，全国各级公路部门按照“免费不免责、放行不放假”的总要求，认真总结以往工作经验，提前部署、细化预案、落实责任、强化服务，采取一系列有效措施，确保了重大节假日免费通行期间全国干线公路网的安全畅通与平稳有序运行，基本实现了重大节假日小客车免费通行工作的制度化、常态化、规范化管理。

（撰稿：李爱民）

2013年公路交通信息化和智能化发展

2013年是全面贯彻落实党的十八大精神的第一年，是新时期深入贯彻实施交通运输“十二五”规划承前启后的关键一年。一年来，各级交通运输主管部门和公路管理部门，在中央和部党组的统一部署和指挥领导下，认真贯彻落实中央稳增长、调结构、促改革等各项决策部署，坚持主题主线，加快推进综合交通、智慧交通、绿色交通、平安交通发展，实现了交通运输行业发展稳中有进、稳中向好的良好局面，为全面建成小康社会提供了交通运输服务保障。

一、全国干线公路网运行监测与管理情况

2013年，各级交通运输主管部门、公路管理机构高度重视路网运行管理工作，部、省两级路网运行管理体制机制建设进一步得到加强。交通运输部公路局、路网中心在路网运行监测、出行信息服务、突发事件处置以及联网收费管理等方面全面开展业务体系建设、信息系统联网、数据资源汇总等方面工作，并指导行业加快形成部省联动、部门协作、协调联控的路网运行管理新格局。此外，一年来省级路网运行管理机构组建取得新进展。截至2013年底，全国共有北京、内蒙古、上海、江苏、安徽、重庆、西藏、陕西、新疆等9省（区、市）成立省级路网中心。

部、省两级路网运行管理平台的建设与联网是路网中心机构开展路网运行管理业务与工作的重要支撑手段与方式，路网运行管理平台的整体架构、业务流程、数据处理、资源调度、指挥管理等系统功能与模块体现了路网运行管理业务开展的实际情况。截至2013年，北京、上海、江苏等省（市）完成了省级路网平台的一期建设。天津、黑龙江、福建、江西、山东、河南、湖北、湖南、重庆、云南、贵州、陕西、青海等13个省市完成了省级路网平台建设方案的工可批复。大部分地方的高速公路联网监控与收费管理系统基本建成，为下一步实现部省两级路网平台的联网运行奠定了坚实的基础。

江苏高速公路路网指挥调度平台：利用现代化的感知设备，整合路网信息资源，打造路网运行指挥调度云平台，实现路网运行全面监测、主动应急、科学发布、综合显示、智能决策的功能。系统截图如下：

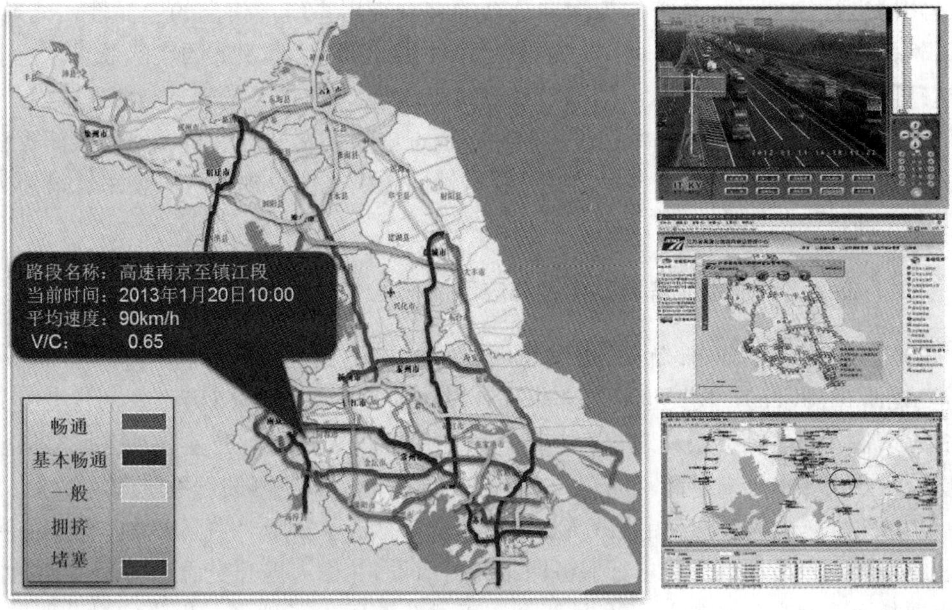

图1　江苏省高速公路路网指挥调度平台

二、全国干线公路网出行信息服务情况

近年来，各级交通运输主管部门高度重视出行信息服务工作，全国干线公路网出行信息服务系统建设呈现全方位发展态势，特别是各级公路管理部门、高速公路经营单位主导的公益性公路出行信息服务取得了长足进步。一是不断完善出行服务网站功能，创新丰富网站服务内容，积极打造全国性路网出行信息服务平台；二是积极利用微博、微信等新媒体方式，提供专业化以及点对点的信息服务；三是深度挖掘与拓展情报板、广播电视、客服电话以及短息平台等传统信息服务手段的新功能。四是启动中国高速公路交通广播示范区域建设，打造专业化的出行信息服务模式。

此外，部分互联网公司、电子地图公司利用信息资源优势依托“大数据”技术，向公众提供社会化、市场化的公路出行信息服务，例如：百度、高德等公司研发的手机 APP、车载导航等产品可以提供实时路况信息服务，获得了消费者的普遍认可。

（一）全国干线公路网出行信息服务系统总体情况

截至 2013 年底，全国 31 个省（区、市）交通运输部门、公路管理机构和高速公路经营单位设置各类可变情报板（含限速）10000 余块，共计开通省级公路交通（网页、栏目）83 个，其中 12 个省份共计开通手机版本出行服务网站（网页）和移动客户端 14 个；共计开通客服电话号码 51 个；共有 23 个省份开通公路出行信息服务微博，10 个省份开通公路出行信息服务微信。全国共有 60 余家广播、电视媒体与各级公路部门开展公路出行信息服务合作，由交通运输部、中央人民广播电台联合打造的“中国高速公路交通广播”在京津冀湘渝地区开播，全年播报路况信息万余条。

路网出行信息服务系统作为面向公众的综合应用系统，信息的全面性、准确性、及时性，以及服务手段的针对性、有效性始终影响出行信息服务的实际效果。由于路网运行监测与服务存在面广、线长、点多的客观因素，所涉及的管理与服务部门众多，尽管路网出行信息服务已开始从传统的情报板、电话、网站过度到微博、微信等新媒体的发布方式，其核心的信息可靠性、及时性问题仍是信息提供者与使用者最为关心且需要不断提高的。

（二）公路出行信息服务网站建设和应用情况

2006 年，原交通部就开始建设的“中国公路出行信息服务网”（www.chinahighway.gov.cn），网站运行 8 年来累计发布各类路况信息 10 万余条，各类服务信息 3 万余条。随着社会公众对出行信息个性化服务需求越来越旺盛，对出行信息服务的质量、方式要求越来越高，原有的中国公路出行信息服务网站已不能满足要求。

2013 年，交通运输部利用相关最新技术，全新打造了新版“中国公路信息服务网”，使之成为“国内最权威公路出行服务网站和窗口”，并作为提升交通运输行业服务水平的重要抓手。目前，该网站拥有最新全国干线公路网电子地图，提供实时公路路况、气象等服务信息，同时可以根据实时路况规划合理的出行路线，并可满足日均 20 万用户、60 万以上点击访问。网站情况详见图 2 所示。

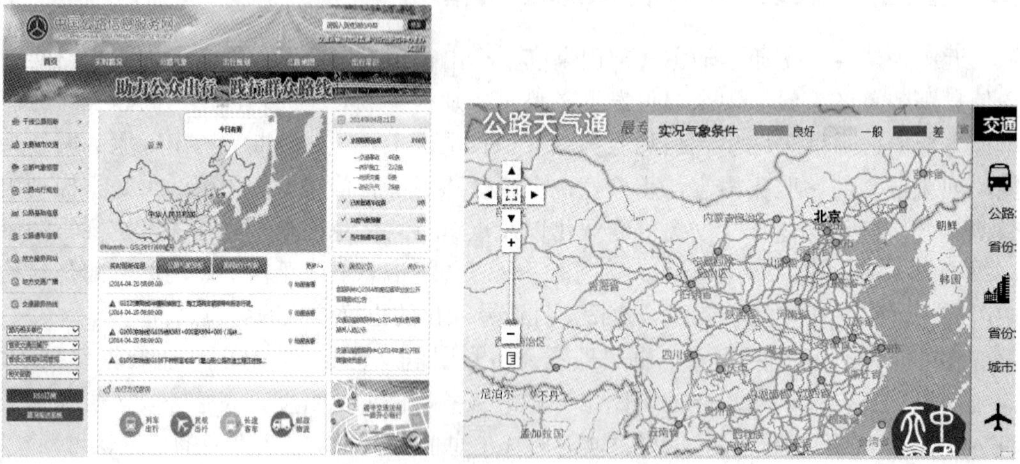

图2　中国公路出行信息服务网（截图）

截至 2013 年底，全国 31 个省（区、市）交通运输主管部门均已开通了公路出行服务网站（网页）。其中，北京、上海、重庆等直辖市按照城市路网运行特点开通了综合交通出行信息服务平台，由于引入大量“浮动车”数据，出行信息服务的内容更丰富、质量更高；山东、江苏、浙江等省高速公路部门依托较为完善的路网运行监测系统提供实时的突发事件与交通拥堵信息；湖北新版上线的“湖北省交通公众出行服务网”可以在线观看路网监控视频、收听交通广播，扩展了网站服务的新模式。具体如图 3 所示。

图3　浙江、山东公路出行信息服务网（截图）

此外，广东省交通集团有限公司（高速公路监控中心）为公众推出“高速通”手机 APP 移动信息服务，以广播、同步、推送等多种方式，通过智能手机，以路面车道的动态模型展示直观实时的动态路况、交通事件、服务设施（加油、维修、餐饮）等出行服务信息。为公众出行提广东省境内高速路线查询，路况直播，车辆救援、定制路线等一系列高效、专业、方便的服务应用获得广泛好评。具体如图 4 所示。

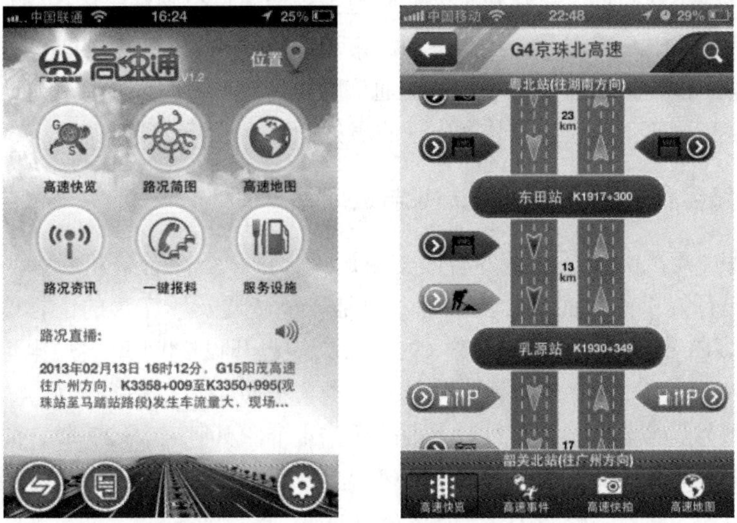

图4　广东“高速通”手机APP出行信息服务网（截图）

（三）中国高速公路交通广播建设与运行情况

中国高速公路交通广播（FM 99.6）是交通运输部与中央人民广播电台联合打造的公路专用服务广播系统，采用了先进的小功率同步调频的定向传播、带状覆盖技术，按照“平时服务、突发应急”的原则进行建设，是国家应急广播体系的重要组成部分，除了传统广播传媒外，还具有紧急广播和数据推送功能，可以实现基于位置的智能差异化交通信息服务，全面提升现有公路网络的信息服务水平和效率。2012 年 6 月 26

日，中国高速公路交通广播（京津塘段正式开播。截至2012年底，高速广播试播覆盖142.69公里的带状区域，平面覆盖约2853平方公里，日均动态覆盖30万人次。

2013年，为了进一步扩大高速公路交通广播的覆盖范围，为公众提供更高效、更优品质的公路出行信息服务，交通运输部启动了中国高速公路交通广播示范工程建设，印发了《关于开展中国高速公路交通广播示范工程建设的通知》（交公路发〔2013〕449号），提出了建设京津冀湘渝五省市高速公路广播示范工程的基础上，开展中国高速公路交通广播全国推广工作的要求。同时，通知要求同步建设中央人民广播电台、交通运输部路网中心和各省（区、市）高速公路交通广播应急服务信息发布系统，建立国家级交通应急播控平台，以及具有直播功能、各地分控和插播功能的信息服务体系，逐步形成完善的出行服务信息广播采编播体系，制作适合公众出行的节目内容，逐步提升高速公路交通广播节目品牌影响力，为全面推广中国高速公路交通广播奠定基础。截至2013年底，广播信号已覆盖了北京、天津、河北和湖南近2000公里的部分区域。

中国高速公路交通广播开通以来，日常状态下主要为高速公路出行人群提供路况、气象、新闻、旅游等专题资讯，出现突发事件时，根据应急需要和相关宣传要求，及时播发权威信息，部署应急措施，起到预警疏导、联络沟通和信息通报作用。开播一年多来，相关部门在节目内容策划、服务百姓出行、路况连线播报等方面进行了有益尝试，社会反响良好。高速公路交通广播京津冀湘渝示范工程为建设全国统一的中国高速公路应急服务广播，并按照“政府引导、社会参与、市场运作、群众受益”的基本思路，实现日常广播与应急广播相结合，并逐步提供交通信息推送服务，全面形成交通运输行业的广播媒体、公路交通的宣传载体和公众出行的服务平台奠定了重要基础。

（四）公路客服 / 救援电话系统建设与运行情况

公路客服 / 救援电话系统是各省级交通运输部门、公路管理机构和高速公路经营单位为公众出行提供的“面对面”服务，也是较早开通及较完善的出行信息服务系统之一。截至2013年底，全国31个省（区、市）均已开设24小时客服电话，共计开通客服电话号码51个。其中，按照特服号码分类，五位或六位特服号码43个，普通号码8个；按照号码资源分类，12122特服号码14个，其他号码27个；按号码设置部门分类，设置在省级交通运输主管部门（信息中心）的7个，设置在普通公路或高速公路管理部门的30个，设置在高速公路企业的14个。

“陕西交通12122”：是陕西省高速公路收费管理中心开通的品牌化客服电话。该客服电话整合了“陕西交通12122网站、“陕西交通12122微博和微信”等多种信息服务和发布方式，通过微信整点发布一分钟的全省路网运行动态信息，并通过陕西省广播电台、陕西省交通广播等12家广播媒体开播“12122之声”，有效拓展了信息服务发布渠道，并有效缓解客服电话的压力。2013年“陕西交通12122”累计受理社会来电31万人次，电台播报9506次，发布各类路况信息及免费通行政策宣传短信43.3万条。

根据原信息产业部《关于公益服务号码管理有关问题的通知》（信部电函〔2005〕339号）规定，12122是全国统一的高速公路救援电话号码。截至2013年底，已有14

个省级交通运输部门、高速公路管理部门（企业）、路警联合办公机构共设置了 24 小时 12122 高速公路客服 / 救援电话；有 8 个省级公安交通管理部门设置了 12122 高速公路客服 / 救援电话。具体详见表 6-7 所示。

此外，根据交通运输部《关于印发交通运输服务监督电话“12328”实施方案的通知》，将在地级以上城市依托各地现有服务监督电话系统建设呼叫中心，以 12328 为号码建设交通运输行业统一的社会公益性服务监督电话。截至 2013 年年底，北京、上海、南京、南昌等 45 个城市开通全国统一的 12328 交通运输服务监督电话，全国其它地级以上城市也将于 2014 年陆续开通 12328。

（五）新媒体出行信息服务系统的应用

通过微博、微信等新媒体平台开展公路出行信息服务已经成为各级交通运输部门、公路管理机构以及高速公路经营单位的重要交流平台。截至 2013 年底，全国共有 23 个省（区、市）开通了提供出行信息服务的微博、微博数量接近 50 个，累计粉丝数量达到 100 万。其中，提供路况信息发布微博数量超过 20 个，辽宁、江西、重庆等省（市）以微博群的形式，整合全省公路出行服务信息实现了信息共享和统一发布，北京、天津、河北、上海、江苏、陕西等省（市）出行信息服务微博还被评为优秀政务微博。此外，北京、吉林、江西、山东、湖南、四川、云南、陕西、甘肃等 9 个省（市）同时开通了微博和微信，并通过微信的点对点服务，探索实现 ETC 账单、通行费查询、里程桩查询等服务。

三、全国联网电子不停车收费系统情况

全国收费公路管理与联网收费服务工作始终是公路行业管理的重要内容，是提升行业服务水平、树立行业新形象的重要环节。2013 年，交通运输部全面推广电子不停车收费系统（以下简称 ETC）服务范围，全力加强 ETC 联网工作，实现山东、山西并入京津冀 ETC 联网区域，筹备设立全国收费公路联网结算管理中心，编制全国 ETC 联网实施方案，为下一步全国 ETC 联网奠定坚实基础；继续贯彻落实“绿色通道”政策工作，确保整车合法装载鲜活农产品车辆免费通行，切实落实好这一便民、利民、惠民措施。

（一）全国 ETC 系统建设与运营情况

全国收费公路电子不停车收费系统经过十余年的发展，特别是在京津冀和泛长三角 ETC 联网示范工程的带动下，现已有 26 个省（区、市）按照国家和部颁标准建设开通了 ETC 系统。截至 2013 年 12 月，全国收费公路共建设开通 ETC 车道 6522 条，ETC 用户（OBU）数达 588 万，日均通行量 164 万辆次；自营客户服务网点数量达 630 个，与各大银行、加油站等合作网点近 7000 个。

ETC 系统作为统一的、标准化的收费系统，需要采用集中式的运营管理模式。目前，

我国ETC运营管理模式主要有政府事业单位管理或委托企业运营管理两种模式。一是政府事业单位运营管理模式，由省级交通运输主管部门或公路管理部门成立专门机构对省域高速公路ETC系统实行统一运营管理，浙江、陕西、辽宁、山东、河北、甘肃、宁夏等省采用这一模式。二是委托企业运营管理模式，由省级交通运输主管部门组织领导，授权某一高速公路经营管理单位或者成立不以营利为目的的企业，对省域高速公路ETC系统实行统一运营管理，北京、江苏、广东、安徽、重庆、河南、福建等省（市）采用这一模式。

伴随着我国ETC应用与产业的快速发展，形成并带动了国内一大批相关产业的迅速发展。截止2013年，已有20余家企业依据国家、行业相关标准规范开发、生产ETC关键设备，其中36个OBU型号、18个RSU型号、21个智能卡型号的产品通过检测。这些企业目前已生产RSU约4600多套，OBU约400多万台，年度总产值超过20亿元。另约10个厂商研发和生产了智能卡产品，包括PSAM卡、CPU用户卡和OBE-SAM，年产能可达3亿片以上。此外，还有众多集成企业依据国家和部颁标准规范，开展ETC车道系统、清算与发行系统的集成开发工作，为全国ETC联网的推广提供了有力支持。

（二）区域ETC联网建设与运行情况

京津冀（晋鲁）和泛长三角区域ETC联网示范工程，是国内率先实现联网的两大片区。两大片区的ETC系统经过多年的联网建设与运行管理，探索出了ETC联网的成功经验，为实现全国范围内更大规模的ETC联网奠定了坚实基础。京津冀区域高速公路联网电子不停车收费系统于2010年9月28日实现互联互通，在现有联网收费管理体系基础上，"两市一省"组建了"京津冀区域联网电子不停车收费管理委员会"，下设"京津冀区域联网收费管理中心"，负责行使跨省市ETC交易的管理与服务职能。

2013年12月31日，在交通运输部的统一部署下，山西、山东两省ETC系统完成改造、工程建设和联合测试，京津冀鲁晋五省市电子不停车收费系统正式联网运行。目前，五省市累计建成1587条ETC专用车道、10667条人工刷卡车道，电子收费用户总量超过190万。京津冀鲁晋区域ETC建设和运行情况如表1所示。

表1　京津冀鲁晋区域ETC建设和运行情况（截至2013年底）

省（市）	ETC车道数	OBU用户数（万）	日均通行量（万辆次）
北京	412	111	40
天津	169	9.2	3
河北	317	17.8	3
山东	469	44	11.3
山西	220	8.8	2.6

泛长三角区域高速公路联网电子不停车收费示范工程历经5年，ETC联网区域涵盖了上海、江苏、浙江、安徽、福建、江西"五省一市"。其中，上海和江苏于2008

年 12 月 31 日在沪苏高速公路的省界收费站进行了 ETC 联合试运行开通，实现沪苏互联。2009 年 11 月 28 日，安徽加入联网运行，实现了沪苏皖三地互联。2010 年 7 月 28 日，江西加入联网运行。2011 年 12 月，福建加入长三角联网区域。2012 年 8 月 2 日，浙江省 ETC 系统正式与长三角 ETC 联网，至此全面实现了泛长三角地区“五省一市”ETC 的互联互通。泛长三角区域高速公路联网电子不停车收费示范工程采用对等管理架构，维持现有的高速公路联网收费管理体系不变，采用省市间两两结算的方式，不设置区域联网管理中心。泛长三角区域 ETC 建设和运行情况如表 2 所示。

表2　泛长三角区域ETC建设和运行情况（截至2013年底）

省（市）	ETC车道数	OBU用户数（万）	日均通行量（万辆次）
上海	271	32.5	16
江苏	731	79	30
浙江	741	37	3.5
安徽	266	10	4
江西	318	8.1	3.8
福建	366	23.5	9.5

（三）全国 ETC 联网工作开展情况

近年来，伴随着我国高速公路飞速发展，高速公路已成为公众出行的主要选择方式。作为使用 ETC 系统的用户来讲，已不满足于省域内出行需求，需要突破传统的省域或区域的界限，实现 ETC 用户跨省市全国通行与服务，提高全国高速公路 ETC 联网服务质量和整体水平。而对于已形成的京津冀晋鲁和泛长三角两个区域，由于缺乏全国统一的联网运营规则，仍存在不同程度的联网运营管理上的困扰。因此，全国 ETC 联网必须突破现有省域、区域联网格局，形成高效运行、相互衔接、协调发展的全国 ETC 联网新格局。

2013 年，为加快高速公路 ETC 的推广和普及，交通运输部根据国务院关于促进物流业健康发展政策措施的意见和“十二五”节能减排综合性工作方案中的有关要求，开始加快推进全国高速公路 ETC 联网工程。截至 2013 年底，交通运输部已完成《全国 ETC 联网实施方案》（征求意见稿）及《公路电子收费联网运营与服务规范》（征求意见稿）的编制，为在 2014 年建设完成全国统一的 ETC 联网结算中心和客户服务体系奠定了坚实基础。预计到 2015 年底，我国已开通 ETC 系统的地区将全部实现 ETC 联网运行，将实现 ETC“一卡”畅行天下高速路。

（四）军车 ETC 系统的建设情况

军用车辆免费通行高速公路的政策，时常成为不法分子利用假冒军牌、套牌逃费的手段，在社会造成不良影响。为此，总后勤部军事交通运输部为维护军用车辆免费通行高速公路正常运行秩序，有效防范假冒军车，切实增强部队军交运输保障能力，响应国家节能减排的号召，决定在全部军用车辆安装ETC电子标签，利用现代化手段提高军用车辆通行高速公路的效率。2013年5月1日全军正式启用新式军车号牌（“2012式”，第七代军用车牌），并首先在北京开展军车使用ETC试运行工作。2013年8月1日，北京、河北、天津、山东、山西、上海、浙江、江苏、安徽、江西、福建等11个省份完成ETC系统升级，进入军车使用ETC的试运行阶段。截至2013年底，军车使用ETC试运行情况良好。

四、全国重点营运车辆联网联控系统简介

近年来，我国各省市相继建设了基于卫星定位技术的营运车辆监管平台，但由于平台建设缺乏统一标准，平台间互不联通，信息无法共享，无法满足现代物流业车辆全面信息共享的需要和管理部门对运输车辆的安全监管要求。为此，交通运输部以上海世博会道路运输安全保障工作为契机，组织开展了全国重点营运车辆联网联控系统的建设工作，并委托中国交通通信信息中心开展了该系统的开发和运维工作。

系统充分整合各省（市、自治区）、运输企业车辆动态信息监控资源，建设统一的全国重点营运车辆动态信息公共交换平台，实现了全国范围内重点营运车辆跨区域、跨部门的信息交换和共享。截至2013年上半年，系统已接入31个省级平台、1000余家车辆监控平台和227多万辆运营车辆。

系统自2010年4月14日正式开通运行，在上海世博会、广州亚运会和深圳大运会的安保工作中发挥了重要作用，为各级道路运输管理部门加强对车辆的动态管理奠定了基础，提供了手段。

系统的建成应用也推进了道路运输车辆卫星定位动态监管系统系列标准的制定。《JT/T 794—2011 道路运输车辆卫星定位系统车载终端技术要求》、《JT/T 796—2011 道路运输车辆卫星定位系统平台技术要求》、《JT/T 809—2011 道路运输车辆卫星定位系统平台数据交换》和《JT/T 808—2011 道路运输车辆卫星定位系统终端通信协议及数据格式》四项道路运输车辆卫星定位系统系列标准分别于2011年5月28日和8月1日正式实施。

为确保标准的贯彻执行，交通运输部、公安部、国家安监总局、工信部联合下发《关于进一步加强道路运输车辆动态监管工作的通知》，明确要求必须为“两客一危”车辆安装符合《道路运输车辆卫星定位系统车载终端技术要求》的车载终端，并接入符合《道路运输车辆卫星定位系统平台技术要求》的监控平台，进入全国重点营运车辆联网联控系统。联网联控系统现已成为国家级车辆安全监管系统。

（撰稿：李斌、李宏海）

2013年公安交通管理信息化和智能化发展

一、智能化科技应用发展概况

随着我国社会经济的快速发展和城镇化建设步伐的加快，汽车保有量持续增加，因公众出行需求的变化，机动车交通流量呈现爆炸式增长，城市交通拥堵和空气污染已经成为大城市面临的突出问题。公安机关作为我国城市交通管理的执法管理部门，在交通智能化建设和应用方面发挥了积极作用。至2013年底，全国共有586个城市建成公安交通指挥中心（其中325个城市建设了基于地理信息系统的智能化指挥调度平台），467个城市实现了交通信号联网控制，路口渠化率达96.9%。城市交通管控技术的广泛应用有效缓解了城市交通拥堵，改善了道路交通安全状况。在高速公路上，全国公安交通管理部门已建成道路(路口)交通视频监控设备7810套、交通流量检测设备2560套、交通事件检测设备570套、交通违法取证设备约1.53万套(含区间测速设备)、交通诱导显示设备1352套；在重要国省道上，已建设交通视频监控设备约1.65万套、交通违法取证设备1.86万套。目前，公路交通监控设备基本覆盖全国高速公路和国省干线公路关键点段，提高了公安机关对交叉口闯红灯、严重超速、占道行驶等交通违法行为查处能力和快速反应能力，道路交通事故明显下降。

二、2013年信息化智能化重点工程建设和应用情况

多年以来,我国智能交通系统在公安交通管理中的应用主要侧重于城市交通管控和公路安全防控两个方面，较少关注面向社会公众和互联网的信息服务。2013年，智能交通应用的重心开始向信息融合、分析研判和信息发布等交通信息服务方面转变。如国家科技部设立了“十二五”国家科技支撑计划项目《中等城市交通智能联网联控技术集成及示范》，旨在通过各种智能交通系统联网和信息融合为中等城市交通出行提供高效的信息服务。公安部启动了互联网交通安全综合服务平台项目建设，进一步推进道路交通管理社会化服务，强化便民服务措施、提升便民利民服务水平。公安部筹划并正在建设的全国主干公路和重点城市交通监测研判平台，集成共享了各地现有的道路交通监控信息基础资源，进一步提高道路交通态势监测和研判分析以及公众交通安全服务水平。公安部筹划的汽车电子标识项目，将极大提升道路交通信息准确采集和车辆身份实时感知的能力，为社会治安管理、车辆管控、交通执法、停车管理以及公交信号优先、交通诱导服务、收费管理等，提供跨行业应用的共享电子载体。

（一）国家科技支撑计划项目《中等城市交通智能联网联控关键技术研究及示范》

2013年4月，科技部发布了《国家高技术研究发展计划（863计划）、国家科技支撑计划交通领域2014年备选项目征集指南》，在第六个研究方向“城市智能交通联网联控技术”给出了项目《中等城市道路交通智能联网联控技术集成及示范》指南。通过项目征集、推荐、建议、可行性研究等程序，最后确定由公安部牵头组织实施，实施时间为三年。

项目主要目标是围绕我国中等城市道路交通管理发展的应用需求，针对中等城市交通运行特征和面临的交通联网联控技术难点，研究适合于中等城市的路网交通组织优化、动静态交通协调管控等关键技术，突破城市交通状态感知、信号控制、交通诱导等智能联网联控技术应用的瓶颈，集成构建城市交通智能联网联控平台，在具有代表性的若干中等城市组织实施示范工程，形成相关技术规范和应用指南，规范引导我国中等城市智能交通系统建设发展模式，提升城市交通管控和服务的智能化水平，提高道路畅通水平和群众出行满意度。项目共设置五项课题，分别是：课题一：动静态一体化城市交通智能联网联控技术集成及示范；课题二：基于数据驱动的城市交通智能联网联控关键技术与示范；课题三：公交主导型城市交通智能联网联控关键技术与示范；课题四：城市核心功能区交通智能联网联控关键技术与示范；课题五：基于信息融合的城市交通智能管控与服务技术应用示范。项目选择在江苏泰州、山东烟台、福建厦门、天津滨海新区、合肥新区城市功能区、浙江海宁、瑞安等地组织实施项目成果规模化示范应用。

（二）互联网交通安全综合服务平台建设

互联网交通安全综合服务平台是公安部交通管理局落实公安部14项便民利民措施，贯彻2013年1月郭声琨部长在全国公安厅局长会议上关于“坚持以信息化服务社会公众，让数据多跑腿、让群众少跑腿”的讲话精神以及公安部《关于进一步加强客货运驾驶人安全管理工作的意见》（公通字[2012]5号）等文件要求，并列入了“十二五”道路交通管理科技信息化发展规划和2013年交通管理重点工作的项目。项目建设主要目的是进一步推进道路交通管理社会化服务，强化便民服务措施、提升便民利民服务水平，创新社会管理工作，提高道路交通管理工作成效。项目工作任务是在互联网建立部/省或部/市两级互联网服务平台，通过网页、短信、手机APP、自助服务机等多方位服务方式，实现交通安全信息告知、信息查询及共享、业务处理、监督举报、业务咨询、工作动态及政务信息公开等服务功能，打造全国一体化互联网交通安全综合服务平台。

平台结构如图1所示，由公安网服务系统和互联网服务系统组成。公安网服务系统软件包括公安交通管理综合应用平台升级模块软件和数据交换软件，具有交通安全服务信息生成、互联网用户注册管理、数据传输管理、数据导出、数据导入、数据交换监控等功能。互联网服务系统包括互联网服务软件和数据交换软件，具有交通管理信息查询、交通安全信息告知、交通安全信息通报、抄告、交通安全信息公告及公布、交通安全警示和教育、业务办理导航、内容发布管理、应用管理、安全管理、用户注册管理、短信联动功能、运行监控信息采集上传、数据导出、数据导入、数据交换监控等功能。

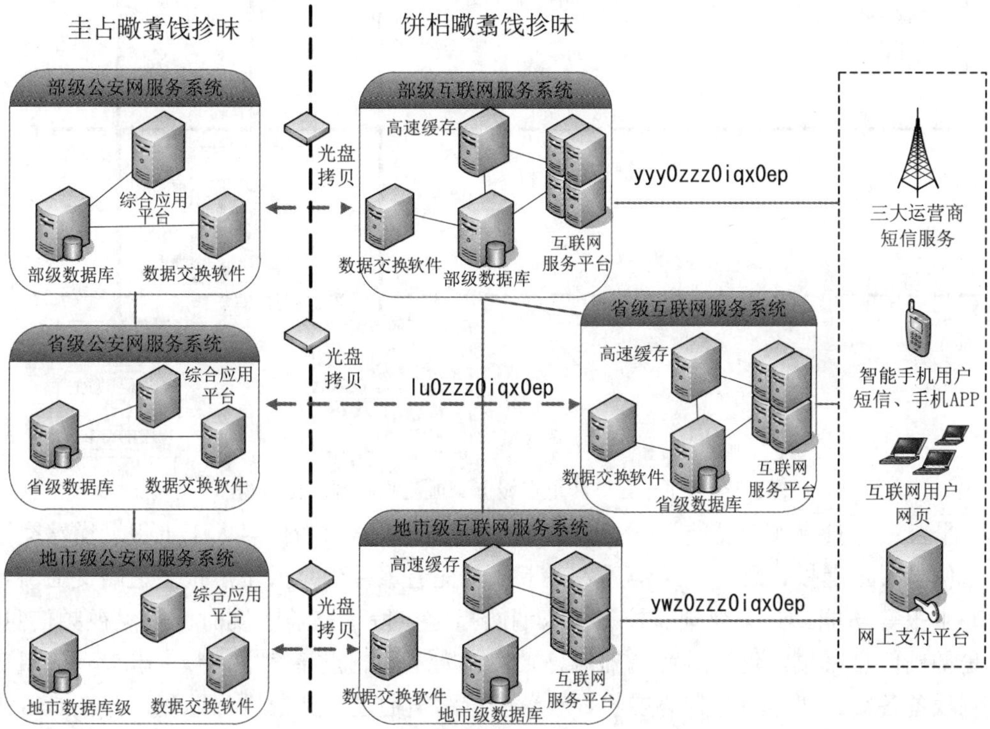

图1　互联网交通安全综合服务平台结构图

平台建设于2013年12月底完成互联网服务平台应用软件设计、开发、内部测试；计划2014年3月在福建、广东、陕西省开展互联网服务平台试点运行和升级完善工作，2014年3月完成部级互联网服务平台及关联系统的部署，试运行，2014年9月起，分2批完成全国推广应用。

（三）全国主干公路和重点城市交通监测研判平台建设

公安部正在建设的全国主干公路和重点城市交通监测研判平台主要用于集成共享各地道路交通监控信息资源，掌握各地道路交通动态状况，科学分析研判全国道路交通安全态势，协调指挥跨区域道路交通，进一步提高公众交通安全服务水平对，科学引导出行。平台数据库和应用管理软件将部署在公安部，运行在公安网上，平台软件采用B/S架构，总体架构如图2所示。

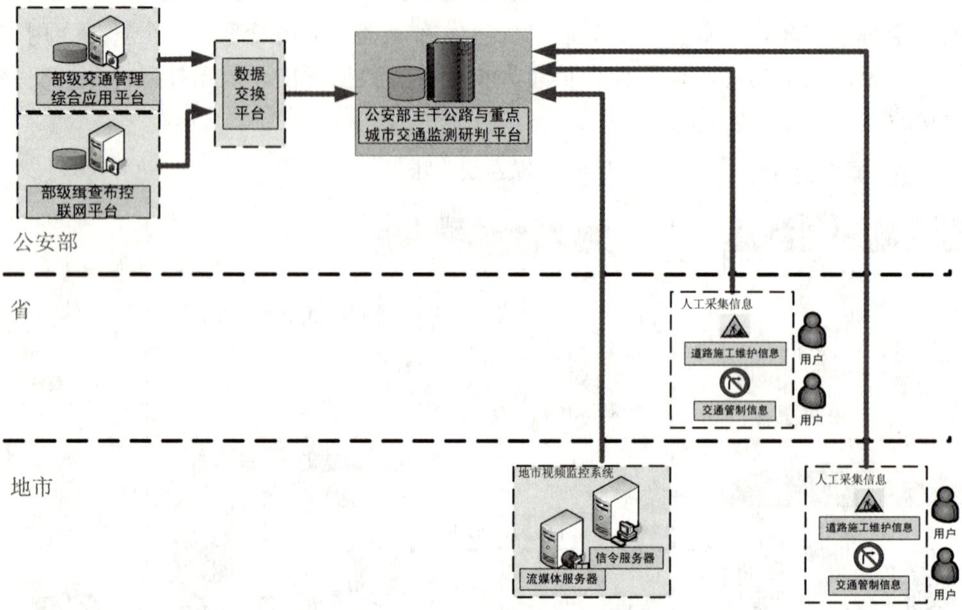

图2　全国主干公路和重点城市交通监测研判平台结构图

平台主要具有如下功能：一是数据上报。包括道路阻断信息人工上报、道路交通流量信息人工上报、恶劣气象信息人工上报、交通事件信息人工上报、道路交通流量自动上报等功能。二是视频监控。接入调阅指定点段道路监控实时、历史视频信息。三是基础信息采集。包括道路基础信息采集、人工监测点备案、视频、卡口、流量等监测设备备案。四是通行态势展示。对当前道路交通通行状况进行监测，并在GIS地图上图形化展示，包括区域和路网内的天气、流量、事故、违法、拥堵、突发事件、交通管制、道路施工等态势监测和展示功能。五是研判分析。包括路网、路线、路段三个研判级别的交通流、气象、事故、违法、交通拥堵、交通管制等交通综合数据的统计分析、各类监测指标的分析研判、交通安全态势的分析预测等功能。六是信息互通。包括突发事件查询处理、省际协作信息查询、省级上报请求协作处理、应急处置指令下发、协作指挥信息统计等功能。七是信息发布。提供面向社会公众的具有参考作用的路径规划、实时路况、占路施工、主干公路气象、预报预警、交通诱导等的出行信息发布，包括新闻通稿编制、报送材料编制、舆情信息监测、网络信息监测、出行信息提示等功能。八是现场连线。提供指挥监控中心与路面单兵实时视频对话和远程指挥调度，包括实时视频通话、远程指挥信息传送等功能。九是缉查布控。接入全国机动车缉查布控系统，对特定嫌疑车辆进行督查跟踪和车辆行驶轨迹分析研判，包括全国过车信息精确查询、全国过车信息模糊查询等功能。

（四）相关标准制订情况

为了规范各地公安机关交通信息化和智能化发展，公安部交通管理局加快了相关行业标准制定，委托公安部交通管理科学研究所完成了行业标准《公安交通集成指挥平台通信协议》系列标准和《公安交通集成指挥平台结构和功能》的编制工作，并于2013年底正式颁布实施(部分标准于2014年上半年正式颁布)。

表1　2013年完成的公安交通管理智能化标准列表

序号	标准名称	内容
1	GA/T 1049.1—2013公安交通集成指挥平台通信协议 第1部分：总则	规定了公安交通集成指挥平台与公安交通指挥系统内各基础应用系统数据通信的信息层通用技术要求、通信数据包结构、通信规程、通用操作与数据对象。适用于公安交通集成指挥平台和公安交通指挥系统内各基础应用系统的软件设计和开发。
2	GA/T 1049.2—2013公安交通集成指挥平台通信协议 第2部分：交通信号控制系统	规定了公安交通集成指挥平台与交通信号控制系统的信息层之间的通信协议。适用于公安交通集成指挥平台、交通信号控制系统软件的设计和开发。
3	GA/T 1049.3—2013公安交通集成指挥平台通信协议 第3部分：交通视频监视系统	规定了公安交通集成指挥平台与交通视频监视系统信息层之间的通信协议。适用于公安交通集成指挥平台、交通视频监视系统的设计和开发。
4	GA/T 1049.4—2013公安交通集成指挥平台通信协议 第4部分：交通流信息采集系统	规定了公安交通集成指挥平台与交通流信息采集系统信息层之间的通信协议。适用于公安交通集成指挥平台、交通流信息采集系统软件的设计和开发。
5	GA/T 1049.5—2013公安交通集成指挥平台通信协议 第5部分：交通违法监测记录系统	规定了公安交通集成指挥平台与交通违法监测记录系统信息层之间的通信协议。适用于公安交通集成指挥平台、交通违法监测记录系统软件的设计和开发。
6	GA/T 1049.6—2013公安交通集成指挥平台通信协议 第6部分：交通信息发布系统	规定了公安交通集成指挥平台与交通信息发布系统信息层之间的通信协议。适用于公安交通集成指挥平台、交通信息发布系统软件的设计和开发。
7	GA/T 1049.7—2014公安交通集成指挥平台通信协议 第7部分：警用车辆与单警定位系统	规定了公安集成指挥平台与警用车辆与单警定位系统的信息层之间的通信协议。适用于公安集成指挥平台、警用车辆与单警定位系统软件的设计和开发。
8	GA/T 1049.8—2014 公安交通集成指挥平台通信协议 第8部分：交通设施管理系统	规定了公安交通集成指挥平台与交通设施管理系统信息层之间的通信协议。适用于公安交通集成指挥平台、交通设施管理系统的设计和开发。
9	GA/T 1049.9—2014 公安交通集成指挥平台通信协议 第9部分：交通事件采集系统	规定了公安交通集成指挥平台与交通事件采集系统（交通事件检测系统、122接处警系统等）进行数据交换的通信协议要求。适用于公安交通集成指挥平台、交通事件采集系统软件的设计和开发。
10	GA/T 1049.10—2014 公安交通集成指挥平台通信协议 第10部分：机动车缉查布控系统。	规定了公安交通集成指挥平台与机动车缉查布控系统信息层之间的通信协议。适用于公安交通集成指挥平台、机动车缉查布控系统软件的设计和开发。
11	GA/T 1146—2014 公安交通集成指挥平台结构和功能	规定了公安交通指挥系统中公安交通集成指挥平台的结构、功能和验证要求。适用于公安交通集成指挥平台的设计、开发和验证。

2014年计划完成国家标准《道路交通信号灯设置与安装规范(GB25280—2010)》、《道路交通信号控制机(GB14886—2006)》和行业标准《闯红灯自动记录系统通用技术条件(GA/T496—2009)》的修订工作，完成国家标准《道路交通信号控制系统术语》(替代GA/T509—2004)和行业标准《城市道路交通信号控制方式适用规范》的起草工作。

三、2014年公安交通管理信息化和智能化发展展望

2014 年，公安交通管理信息化和智能化发展将重点围绕保安全、保畅通和服务群众等方面，突出信息整合、研判分析和信息服务。在城市交通管理层面，通过公安交通指挥联网基础平台建设，实现交通管理动静态信息汇聚融合、综合分析与深层挖掘，形成智能化综合指挥调度体系，满足日常交通管控、突发事件快速处置、决策支持、信息发布等管理需求，提升交通管控的综合调度与指挥水平；在公路交通管理层面，通过全国主干公路交通安全防控体系规划，着力构建严密的公路交通安全防控体系，切实保障全国主干公路有序、安全、畅通；在交通管理服务层面，通过交通安全大数据分析研判平台研究建设，完善道路交通管理信息的统计分析体系和技术方法，挖掘交通管理数据规律，为交通事故预防、勤务管理等提供决策支持；前沿技术研究层面，利用物联网技术手段，开展汽车身份识别和电子化管理等关键技术研究。

（一）公安交通指挥联网基础平台建设

公安交通指挥联网基础平台是集道路交通监测、决策、控制和服务为一体的指挥平台，是城市智能交通管理系统的核心，通过对交通各子系统的高度集成，汇总融合、分析处理各类交通数据，并依据最终获取的有效信息进行决策和交通指挥调度，同时对各种交通突发事件进行判断、确认和处理，以提高城市交通的管理水平，加强对道路交通宏观调控和指挥调度的能力，并对突发事件形成快速高效的应对机制。平台基本核心功能包括交通状况监测、视频监控、警力资源定位、交通基础数据管理、GIS 与道路信息管理、系统管理、数据交换、数据存储、数据传输等功能。

公安交通指挥联网基础平台建成后，将形成三级平台、四级应用的联网体系。第一级是部级平台，部署在公安部，汇集全国主干公路和重点城市重要交通事件、交通拥堵状态、交通基础统计信息等数据，并进行研判，为全国公安交通指挥服务。第二级是省级平台，部署在省（直辖市、自治区），汇集全省（自治区）主干公路和主要城市重要交通事件、交通拥堵状况、交通基础统计数据等信息。第三级是市级平台，部署在地级市（直辖市所属区、自治州、盟）或县（县级市），汇集重要交通事件、交通运行状况、警力资源、交通基础数据等信息，实现交通状况监测、警力资源定位、交通基础数据管理等功能。应用模式上分为市级和县级应用，分别应用于地级市（直辖市所属区、自治州、盟）和行政县（县级市）。平台的体系架构见图 3。

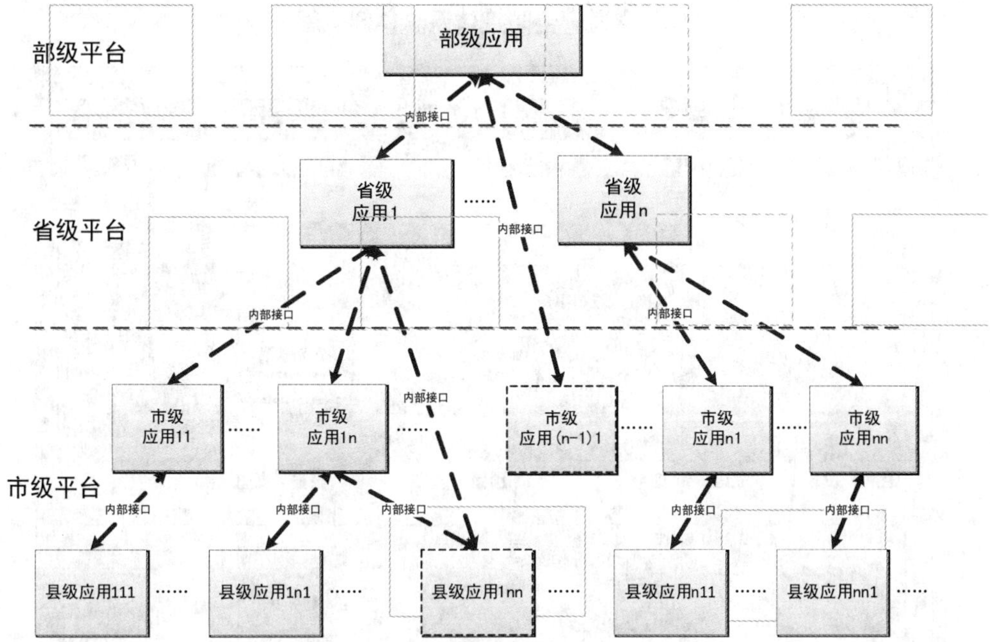

图3　公安交通指挥联网基础平台体系结构

（二）全国主干公路交通安全防控体系规划

为进一步加强和创新全国主干公路交通安全管理工作，提高管控的针对性、实效性，提升公安交通管理的现代化水平，公安部交通管理局制定了全国主干公路交通安全防控体系规划，总体目标是经过三年努力，到2016年，国家高速公路主干网、国省干线公路基本建成比较完备的交通安全防控体系。一是高速公路、国省干线公路交通监控设备实现全覆盖，平均高速公路40公里、国道60公里、省道80公里至少建设一处视频监控，国家高速公路主干网平均20～30公里建设一处视频监控。二是初步建成以省、市公安交通管理指挥中心（指挥室）为依托，以公路交通监控系统（即机动车缉查布控系统）为基础，集交通运行监测、安全风险研判、重点车辆查询、应急指挥调度、勤务监督考核等功能为一体的部、省、市三级公安交通集成指挥平台，基本实现可视化指挥调度。三是交通安全执法服务站布局更加合理，高速公路、国省干线公路省际、市际交通安全执法服务站全部建设到位、力量到位、勤务到位、检查到位，构建起科学、严密、有效的定点查控网。四是勤务管理的科学性、针对性进一步增强，公路管控的能力、水平进一步提升，勤务考核更加科学，违法行为及时发现查纠，通行秩序明显改善，交通事故大幅下降。

公路交通安全防控体系建设内容包括公路交通监控系统、公安交通指挥集成平台和交通安全执法服务站建设，其总体架构如图4所示。

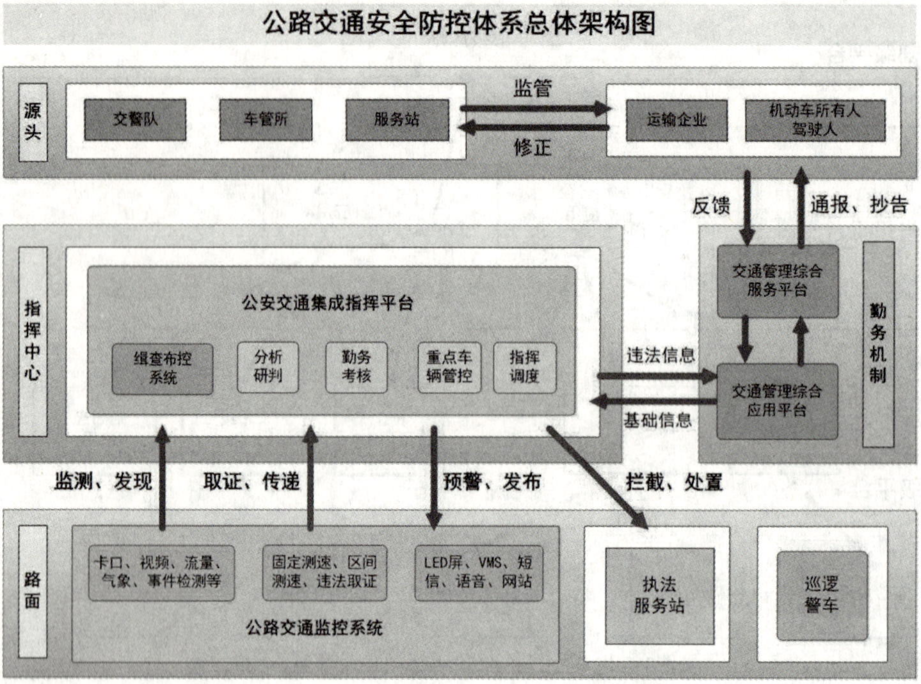

图4　公安交通安全防控体系总体架构图

按照规划要求，北京、上海、山西、辽宁、江苏、浙江、湖北、广东等省（市），以及京哈、京沪、京港澳、京昆、京藏、连霍和312、315、318国道等重点路段，要率先完成建设任务。

（三）交通安全大数据分析研判平台项目研究

交通安全大数据分析研判平台项目研究主要针对公安交管部门缺少交通数据分析研判方法和模型、未充分发挥信息应用价值、无法掌握交通管理相关形势和特征等问题，开展交通管理信息挖掘研判分析关键技术研究，以与交通安全紧密相关的车辆登记、驾驶证管理、违法处理、事故处理、重点车辆通行、气象信息等动静态交通安全信息为基础，研究海量数据多元异构数据融合及处理技术、信息多维分析技术、深度挖掘和基于时间序列的态势预测、多维度可视化集成等技术，分析交通管理信息的主要结构特征和时空分布规律，建立安全状况趋势预测模型、事故发生相关因素影响度模型，并在此基础上建立交通管理信息综合分析平台，实现对交通管理信息的综合分析研判及安全趋势预测，向交通管理部门及相关部门提供研判分析信息，为交通安全措施及政策的制定提供数据支撑。

项目研究的主要内容包括：一是基于多维分析的交通管理信息研判技术研究。针对总队、支队、大队等交通管理的不同层级和不同角度，确定机动车登记、驾驶证管理、违法处理、事故处理等交通管理信息多维分析的需求体系，实现多主题分析研判和数据异动智能预警分析模型，分析机动车增长特征、驾驶人考试特征、交通违法规律、事故发生趋势等交通管理热点，建成交通管理信息多维分析子系统。二是交通管理信息深层次挖掘分析技术研究。通过整合回归分析和基于时间序列的预测等技术研究对影响道路交通安全趋势的相关因素分析包括人口、道路等级及里程数、各类型车辆、驾驶人数、生产总值等进行分析，建立交通安全趋势分析和预测模型，以及各相关因素的事故发生影响度模型，建成深层次挖掘分析子系统，集成为交通管理信息综合分析平台，深入分析并展现交通管理安全信息之间存在的规律、特征，并提供相关交通安全分析预警。

项目研究成果将用于全国各地公安交通管理部门、交通运输部门以及相关政府部门及行业机构，能为行业标准和规范制定、宏观安全防范战略实施、重大道路交通安全决策等提供依据和技术支持。同时也可通过公安交通管理大数据的安全应用，为政府部门、保险行业、交通运输等部门提供公安交通管理信息服务和研判分析服务，促进政府部门科学决策，促进相关行业健康发展。

（四）基于RFID技术的汽车电子标识研究

为了解决困扰我国多年的机动车假牌套牌识别难、道路交通流量采集不准确等问题，公安部与工信部于2013年7月签署了公安物联网应用及示范战略合作协议，共同推动车辆身份识别、重点车辆监管、社会治安管理等物联网技术的应用发展并开展相关标准制定工作。通过前期调研分析、技术交流、专家论证、技术测试、标准申报等，2013年9月国家标准化管理委员会正式向公安部交通管理科学研究所下达了6项汽车电子标识国家标准的编制任务，要求在2014年底完成国家标准编制工作。6项汽车电子标识国家标准主要涉及电子标签和读写设备的通用技术、安全条件、安装规范，如图5所示。

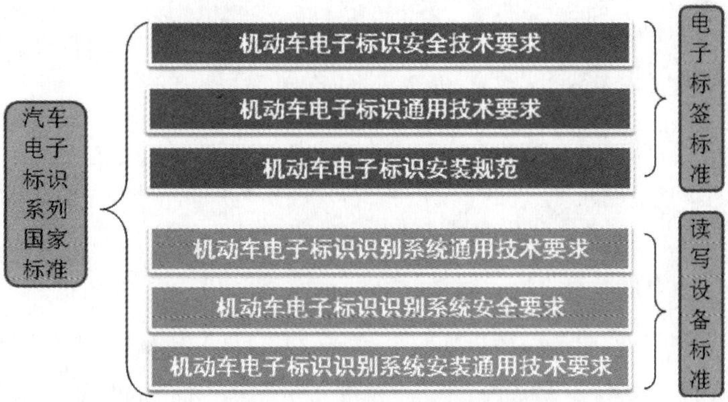

图5 汽车电子标识系列国家标准

为配合汽车电子标识相关标准制定，公安部设立了重点研究计划项目《汽车电子标识应用安全关键技术研究》，重点围绕我国城市交通管理、公众出行服务、涉车安全监管等应用需求，突破RFID在涉车领域应用关键技术，研制面向行业和全国普及应用的专用汽车电子标识和读写设备，研发重点车辆动态运行监管、机动车缉查布控等配套应用系统，在无锡、北京、深圳等公安物联网试点城市组织示范应用后，拟全国推广应用。

汽车电子标识具有广阔的应用前景，可在城市智能交通、车辆运行监管、公安执法、交通规划、城市拥堵 / 路桥收费、环保查验、车辆保险、小区（单位）门禁管理、停车场管理等诸多行业开展应用。

可以预见，基于汽车电子标识和其他新一代智能化技术应用，未来感知交通网将逐步形成，人、车、路三要素之间的相互作用关系以全新的方式呈现，我国道路交通管理智能化水平将达到前所未有的高度，对现有的交通信息采集、基于号牌图像识别技术的交通执法装备以及停车管理和小区门禁等行业应用产生深刻的变化，并终将实现实时、准确、安全、畅通、环保的交通管理和便捷、高效的公众服务的总体目标。

参考文献

[1] 科技部. 关于发布国家863计划、科技支撑计划2014年备选项目征集指南的通知,2013.4

[2] 公安部. 国家科技支撑计划项目《中等城市道路交通智能联网联控技术集成及示范》建议书，2013.8

[3] 公安部交通管理局.互联网交通安全综合服务平台建设指导意见,2013.6

[4] 公安部交通管理局. 主干公路和重点城市交通监测研判平台技术方案,2013,2

[5] 公安部交通管理局. 全国主干公路交通安全防控体系建设三年规划（公交管〔2014〕142）

（撰稿：孙正良、刘东波、张雷元）

2013年中国铁路信息化和智能化发展

一、总体进展

2013年，铁路信息化在建机制、强基础、保重点、促发展等方面取得了新进展，实现了新突破。在宁杭、杭甬、盘营、向莆、津秦、西宝、厦深、渝利、湘桂、柳南、武咸高速铁路开通中建设了各线客票系统、旅客服务系统、调度集中系统和动车组管理信息系统等工程，对于高铁开通运营发挥了重要作用。建立了总公司、铁路局两级信息化管理体制，明确了信息化管理主体，落实了信息化管理责任。推进了信息化顶层设计，组织相关部门考察了相关企业或行业信息化建设情况，分析了铁路信息化建设存在的差距，从顶层设计入手，研究了下一步信息化工作的建设目标、总体架构、阶段重点任务和保障体系，基本形成了铁路信息化发展思路。在铁路信息资源整合和信息共享、铁路调度信息化、铁路客运信息化、铁路货运信息化、行车安全监控、动车组检修信息化、铁路建设信息化、企业经营管理信息化方面积极采用新的信息技术和思路，实现较大发展。

二、各业务系统及技术研发进展

在信息资源整合和共享方面：加强铁路信息网络资源统一规划与管理，研究制定铁路计算机网和数据通信网"两网融合"总体方案，开展两网融合工作，提高网络利用效率和运行品质，实现网络互联互通和网络资源共享共用。加快推进铁路运输信息资源整合工作，组织编写了铁路运输信息集成平台总体方案V1.0、铁路运输信息集成平台V1.0（铁路局级）暂行技术规范，完成运输信息集成平台及集中式现车系统建设工作，初步建立总公司级运输信息集成平台，完成了列车、现在车/车流推算、装卸车/货流推算、机车/机车乘务员四大业务模块26项功能开发工作和实施。

在铁路调度信息化方面：以实现对运输信息及时全面准确掌握、支撑调度人员进行列车运行和车流等预测和推算、辅助进行运输调整和调度决策、实现作业过程的安全卡控和行车作业过程监督为重点，不断完善运输调度管理系统功能，提高调度信息化水平。

在客运信息化方面：进一步优化客票系统和12306网站系统架构，创新性的运用了Android和IOS平台的HTML5及CSS3(层叠样式表)、内存数据库、虚拟化、数据切片、业务动态导航等技术，完善系统功能，提高系统性能，客票系统和12306网站处理能力有了大幅提升，实现了全国铁路客票在所有路局各车站窗口、代售点、电话、互联网的通订、通售、通取。开通自动售票机、自动取票机售取学生票功能，并将设备安装到校园，方便了广大学生购票。扩大中铁银通卡（铁路储值卡票）使用范围，在京津城际线成功试点的基础上，在沪宁、沪杭、海南东环、广珠城际线路上进一步扩大试点范围，方便广大城际旅客的出行。新设计互联网购票流程、优化页面功能和布局，同时设计了快捷购票，改善了旅客互联网购票体验。完成了铁路手机售票软件的研发并上线；开通了铁路客服微信平台，为旅客提供快捷信息查询服务。实现铁路互联网和手机购票支持第三方(支付宝)电子支付购票。积极延伸铁路票务自助设备服务范围，研制了站外新型银行卡自动售票机，该型自动售票机采用前开门（大堂式）方式，集成有5元服务费发票打印机，支持客票专线、有线互联网、3G无线互联网三种网络连接方式，可广泛应用于城市内的酒店、商店、学校、汽车站、机场、银行等分布式代售网点的24小时自助售取票，2013年已在西安局、北京局等得到推广应用，效果良好。随着大批高铁的开通，不断推进路局集中旅客服务系统的建设，集中管控各车站引导、广播等旅服设施，不断扩展系统功能，实现了车站客运移动作业的信息化和安全综合监控。设计开发了全路旅客运输管理信息系统，建立了铁路旅客运输管理业务的信息共享平台，构建了在途旅客列车运行状态实时监控平台，提供了基于铁路沿线移动通信基站获得的列车运行位置等信息。在列车上搭建了基于安卓操作系统的列车长智能办公和面向旅客提供服务的车载多媒体信息平台，实现了上水、规章文电、客伤信息管理和列车长办公管理等，并在部分客运段和列车试点，规范旅客运输管理工作流程，提高旅客运输管理工作的效率和信息化水平。

在铁路货运信息化方面：按照“敞开受理、简化操作”的思路，优化完善了电商需求受理功能，实现12306客服语音系统升级，改进货运电话受理方式，同时增设投诉管理、停限装管理等模块，开展电子商务系统货运全流程试点工作，实现铁路货运作业过程透明可控；按照门到门运输一口价要求，对货票系统功能进行了完善，实现全路制票点的信息联网和即时上传。不断优化完善货运资源管理信息系统，开展支持铁路营改增的信息系统改造工作。

在行车安全监控方面：对于车辆安全监控系统，不断扩大车辆运行安全监控系统的建设，截止2013年底，全路安装“5T”安全监控设备7000余台套。研究客车踏面损伤在线监测技术，研发客货车通用的运行品质轨边动态监测系统并试点；完成了动车组运行故障动态图像检测系统（TEDS）及联网监控系统方案、软件开发和全路实施工作，系统规范了各型动车组运行故障动态图像检测系统（TEDS）设备接口、通信协议、业务流程及应用模式，研发了全路统一的TEDS联网综合监控应用软件，建设铁路总公司、铁路局、动车段监控中心三级联网系统，实现了在线动车组运行动态故障图像的集中监控与跟踪报警，对于保障动车组的安全运行具有重要作用；开展了全路动、客车运行监控系统技术方案的研究。在货运安全监控方面，不断优化完善货运计量安全检测监控系统V2.0，制订了总公司“铁路货运安全检测监控与管理系统总体技术规范”，并进行货检站安全监控与管理系统的研发和试点。在机车安全监测方面，编写了铁路机车远程监测与诊断系统（CMD系统）和机车车载安全防护系统（6A系统，包括机车空气制动安全监测子系统、机车防火监控子系统、机车高压绝缘检测子系统、机车列车供电监测子系统、机车走行部故障监测子系统、机车自动视频监控及记录子系统）技术规范，正在系统研发和试点。在供电安全监测方面，编写了高速铁路供电安全检测监测系统（6C 系统，包括接触网安全巡检装置、车载接触网运行状态检测装置、接触网悬挂悬挂状态检测装置等）技术规范，正在装置研发和试点。在安全监督方面，开展总公司级系统深化应用和铁路安全风险管理研究，完成特派办系统研发与实施。在防灾安全监控方面：编写发布了高速铁路自然灾害及异物侵限监测系统总体技术方案，结合高速铁路的建设，同步建设了各线高速铁路自然灾害及异物侵限监测系统；编写发布了高速铁路自然灾害及异物侵限监测系统风速风向、雨量监测设备、雪深监测设备技术条件。

在铁路车辆信息化方面：完成向莆铁路南昌西等 4 个动车所信息系统工程实施。在全路开展动车运用所管理信息系统 V2.0 统一升级工作，进行部局级系统的持续改进，优化完善高级修管理系统。完成运检计划一体化自动编制、轮轴管理模块、物料量份制配送功能模块研发及上线。编写完成了“动车组检修设备信息化接口标准”，通过了国家铁路局的评审。

在铁路建设信息化方面：开展了“以铁路工程设计、建设、运营全生命周期管理为目标，以标准化管理为抓手，以 BIM 技术为核心，建立统一开放的工程信息化平台和应用”的总体规划和方案设计，提出了工程量分解结构模型和分类编码体系，搭建了基于云计算、大数据处理以及 3DGIS 技术的铁路工程建设信息化平台，实现了对项目、机构、人员、工程结构等资源的集中掌握和统一调度。启动铁路工地试验室及混凝土拌合站信息化建设，基于平台开发了铁路拌和站及试验室管理系统，支撑建设、监理及施工方等不同关联方的要求，提高了施工单位混凝土质量自控能力，强化了监控手段，对保证试验过程控制和混凝土质量起到了有力的促进作用。组织国内外 24 家有 BIM 研究应用基础的勘察设计、施工和运维单位，成功组建“中国铁路 BIM 联盟”，填补了行业空白。

在企业财务信息化方面：研发了分线成本核算系统，并在上海等 4 个铁路局进行了试点，实现了核算结果准确可用、核算规则清晰统一、核算过程高效自动、核算数据集中共享。新增会计核算系统的决算辅助审核功能，提升了全路决算报表的编制质量，保证了各账套中报表数据的一致；新研发货运清算系统的门到门运输清算模块，支撑货运全流程受理。构建开发了新的国有资本监管系统台账报表功能，满足了铁路各级国有资本监管部门和企业经营管理者对国有资本变动情况进行事中、事后的有效监管。

同时，完成了集装箱管理信息系统升级总体方案和行包系统在 541 个行包办理站的推广建设工作。

制定下发了《铁路信息安全风险管理实施意见》和《中国铁路总公司网络信息保护管理试行办法》等规章。

在铁路信息系统信息安全测试方面：采用基于正则表达式的安全配置核查技术对防火墙、网闸、网络管控器、安全通信平台等安全设备的安全策略和配置情况进行检查，有针对性地从等级保护、安全风险评估、信息安全验收等不同角度围绕信息安全联调联试的内容、场景、范围、方法和测试脚本开展研究，提出了客服系统信息安全联调联试方案，在向浦、湘桂、西宝、渝利、厦深、广西沿海等多条新建高铁的信息安全测试，验证信息安全系统及设备的功能，使客服系统安全设备的利用率得到改进和提高。

三、下一步发展重点

（一）铁路客运服务系统的完善提升

随着高速铁路的建设及不断开通运营，旅客对车站、列车客运服务及 Wi-Fi 接入互联网越来越迫切，下一步将开展客运站 Wi-Fi 服务平台和接入互联网的研发和试点，开展既有客车、动车组 Wi-Fi 服务平台和接入互联网的研发和试点。主要研究车载单节 Wi-Fi 的设置和天线安装问题、整列车组网问题（面对既有客车解 / 组编情况和动车组）、系统及设备试验、移动基站的补强问题；研发面向车站、列车的服务平台，提供旅客个性化高品质服务；探讨移动电子商务的商业化运作和经营的新模式。

（二）高铁安全监控系统的深化研究

高速铁路的安全运营一直是铁路技术保障的重点，利用货车安全监控 5T 系统的技术积累和经验，研发针对既有客车和动车组运行安全监控系统是下一步研究的重点，主要包括动车组红外轴温探测系统、动车组运行品质轨边动态检测系统、动车组和客车车辆滚动轴承故障轨边声学诊断系统、动车组和客车运行安全检测设备联网监控系统等，实现动车组和客车故障早期预警。建设高铁自然灾害及异物侵线铁路局中心系统，制定接口技术规范，实现系统服务器资源和跨线、跨局检测信息共享；深入研究高速铁路大风预警技术和地震监测预警系统，确保高速铁路自然灾害的预防和快速处置。针对当前反恐的新形势，研究试验针对高铁沿线、车站基于视频分析、脉冲电子围栏、振动光缆、红外对射综合防范技术和系统，提高铁路防控能力。

（三）积极开展铁路信息共享技术的研究

信息孤岛目前是铁路信息化发展的瓶颈，为了推进信息共享，大力开展基于云计算、SOA 的信息共享技术研究，深化完善运输信息集成平台，严格数据质量，扩大信息共享应用范围。研发铁路公用基础编码及主数据管理平台，以全路站名、线名等字典编码及主数据入库管理为试点，规范基础数据编码规则，建立编码标准体系，建立数据管理机制，推动公共基础编码和主数据规范化、标准化管理和发布。搭建铁路国际数据交换平台，完善相关应用功能，建立中哈间国际联运数据交换专线网络，实现我国与周边国家的国际联运电子数据交换。完成数据通信网与铁路计算机网互联在总公司、铁路局层面的两网互联和网络性能测试，扩充铁路计算机网带宽，提高铁路信息系统传输效率。

（四）基于云计算、大数据的铁路数据中心规划和建设

为了大力推进铁路信息化建设，以铁路信息化、智能化、业务需求为导向，以云计算、大数据、绿色节能等信息新技术为支撑，总公司规划建设安全、高效、绿色、国际先进、国内一流的铁路云计算数据中心。铁路云计算数据中心采用“总公司级——区域级”两级架构。总公司级数据中心初步考虑采用“两地三中心”模式，“两地三中心”指在同一城市建立两个数据中心，在异地建立一个数据灾备中心。总公司级第一数据中心与第二数据中心通过高速光纤进行连接，以形成总公司级“双活”数据中心，在逻辑上形成统一铁路总公司级云平台。区域级数据中心由现有铁路局数据中心组成，数量可根据管理需要进行无缝重组。铁路云计算数据中心主要提供基础运行环境管理、云计算数据中心资源分配、云计算数据中心资源监控、大数据分析服务、云安全等多个方面功能。

（五）铁路动客车物联网应用研究

为了实现动车组、既有客车的全寿命周期管理和运行安全检测，满足实时跟踪管理，提高调车作业效率，在铁路货车车号识别系统的基础上，制订基于 RFID 技术的动车组、既有客车的标签和识读装置的技术标准，研发相关设备和软件，实现动车组、既有客车车号的自动识别。

（六）北斗卫星导航系统在铁路的应用研究

编制北斗卫星导航系统在铁路应用发展规划和实施策略，制订基于北斗卫星的铁路时间同步系统技术规范和技术方案，研发基于北斗卫星的授时系统并试用。开展北斗卫星导航系统在高速列车定位跟踪和线路滑坡监测预警研究和试验。

（撰稿：史天运）

2013年中国民航信息化和智能化发展

一、空中智能交通技术

2013 年，在世界经济复苏艰难，国内经济下行压力加大的情况下，民航主要运输指标继续保持平稳较快增长。截至 2013 年底，全行业完成运输总周转量 671.72 亿吨公里，同比增长 10.1%；在册适航航空器数量达到 3664 架（其中运输飞机 2145 架，通用航空飞机 1519 架）；境内颁证运输机场 193 个。全行业深入贯彻党的十八大、十八届二中三中全会会议精神，认真落实《国务院关于促进民航业发展的若干意见》，坚持稳中有进，加强安全生产，各项工作取得较好成绩，民航业在经济社会发展中战略作用更加显现。

空中交通管理(空管)系统是保证飞行安全,维护空中交通秩序,实施空域资源管理,提高航空运行效率的核心系统。采用现代卫星、信息、网络、自动化和智能技术构建的空中智能交通系统是新一代空管系统的发展趋势。通过构建星基系统、现行陆基系统和飞行器等为基础的天空地一体化网络，实现空中交通信息的采集、传输、处理与分发，在飞机、地面用户（空管、机场和航空公司等用户部门）之间形成统一的空中交通态势；采用智能化协同交通管控技术，可以使空中交通流安全、高效流动，保证飞行安全、减少航班延误，提高航空公司的运营效益。

空中交通具有高空、高速等特点,因此,其信息采集、传输与处理也有其自身的特点。与传统地面交通相比,地面交通以交通工具为主,由驾驶员自行控制。空中交通系统中,飞行员是完全受地面管制员的指挥，是一种受控的交通运行。因此，空中与地面的智能交通系统的比较见表 1。

表1　空中智能交通系统与传统地面智能交通系统对比

	空中智能交通系统	传统智能交通系统
信息采集	导航、监视、气象、飞行计划、情报、航班动态等信息的采集，主要设备包括一次和二次雷达、ADS-B、陆基导航设备、空基导航设备和星基导航设备	交通流信息、交通控制状态信息及实时交通环境信息的采集，主要设备包括环形线圈检测器、雷达检测器、超声波检测器、红外检测器等
信息传输	数据链通信、航空移动卫星通信（AMSS）和航空电信网（ATN）	第二代和第三代移动通信：GSM、CDMA2000、WCDMA、TD-SCDMA、Internet
智能信息处理与管理	空中交通服务（ATS）、空中交通流量管理（ATFM）和空域管理（ASM）	地面交通管制自动化系统、地面交通流量诱导系统、地面交通路网规划

（一）信息采集

空管信息是指与空管安全生产和管理有关的各种信息。主要包括导航信息、监视信息、管制信息、航班信息、飞行计划和动态、气象信息、航行情报和业务管理信息等。

1．航空导航

地面的车辆导航设备仅仅完成路径引导的作用，功能十分有限，主要还是依靠驾驶员的目视驾驶。而航空导航是空管的核心系统，其设施可分为三种：陆基导航设施、空基导航设施以及星基导航设施。基于星基的导航系统将极少依赖地面设施，它不仅会提高飞行的安全性，还将极大地节省投资，缓解我国西部地区机场建设需求迫切及耗资巨大的难题。

与一般卫星导航应用相比，民用航空对卫星导航系统有及其严格的要求，特别是在完好性、连续性和可用性方面。为了满足民用航空应用的需求，必须针对民航的特殊要求研究可用的导航系统、增强系统及其应用系统。

2．航空监视

地面交通监视基本以交通流监视为主。而空中交通的监视必须具体到单架飞机，因为空中交通中的防相撞职责在地面管制员。雷达是经典的空中交通监视手段。传统的雷达系统自身具有很多局限性：雷达波束的直线传播形成了大量雷达盲区、无法覆盖海洋和荒漠等地区、雷达旋转周期限制了数据更新率的提高、无法获得飞机的计划航路、速度等态势数据，限制了跟踪精度的提高和短期冲突告警的能力。

未来的航空监视系统将形成 ADS-B（Automatic Dependent Surveillance Broadcast，广播式自动相关监视）、MDS（Multistatic Dependent Surveillance， 多点监视系统）、TCAS(Traffic Collision Avoidance System， 空中防撞系统)、ADS-C（Automatic Dependent Surveillance Contract，自动相关监视一合同式）及雷达等多种监视手段共存的广域多级相关监视系统，通过实现不同协议体系下监视信息的采集和时空统一，实现多元监视信息的融合。在网络化环境下利用分级提取、按需分发与优先级判决实现从机场、终端区、航路、空域到机间的分级监视，分级地向目标系统提供决策支持，使得全国范围、飞行全周期的监视信息更加丰富，目标相关态势更加精确，大大提高全国范围飞行流量动态调配能力和飞机航路优化、综合避险能力。

（二）信息传输

地面交通的车路信息传输特点是短距，以 3G、4G 技术为主。而空中交通的信息传输是远距，以卫星通信、甚高频通信为主，目前主要采用话音和窄带数据链系统。航空导航和监视系统所形成的各种数据都是通过航空通信系统来传输的，航空通信传输的业务还包括飞机飞行动态、空中交通管制指示、气象情报以及航空运输业务等信息。

早期的航空通信业务以语音通信为主，可同时通信的航空器数目少，性能差。按照新一代空中交通管理系统对未来运行概念的规划，未来航空通信系统要求带宽更宽、延时更小、可靠性更高。随着数字宽带通信技术的不断发展和成熟，紧密结合航空通信的自身特性，使得研制满足未来空管需求的航空通信系统成为可能。

（三）智能信息处理与交通管控

地面交通的信息处理以获取交通流、交通分布为主，并采用智能诱导手段进行交通流在路网中的分配。而空中交通在宏观上与地面交通的管控概念类似。在微观上，则要实现单架飞机的指挥，因此，空中交通的各种飞机预防飞行冲突和排序是智能管控的核心。

信息处理与管理包括空中交通管制和空中交通流量管理两个方面。其中，管制的主要任务是保证飞机飞行安全，避免飞机相撞；流量管理的主要任务是避免空中拥塞、保证空中交通畅通的空中交通流量管理。

未来的交通流量管理是基于空中交通管理运行概念，利用复杂系统理论、量子计算和生物计算、机器学习理论和算法、生物信息和神经信息处理等等智能处理技术，完善和开发出更多更有效的分析、预测等辅助智能决策工具，改进和提高交通流的安全性，促进航空器运营者、流量管理人员和空管人员之间的紧密合作和协调，逐步向新航行系统过渡，最终达到空域的合理高效利用，实现安全、高效的自由飞行。未来空中交通管制系统目标的是实现基于航空器的四维轨迹的空域和航空器轨迹管理。

二、我国空中智能交通技术与典型系统

空中智能交通系统采用现代卫星、信息、网络和自动化技术，将星基系统与现行陆基系统高度集成，集信息采集、传输、处理与管理于一体的信息化系统，为民航飞机的全球运营提供服务。

系统由信息采集（航空导航和监视）、传输（航空通信）、智能处理与管理（空中交通管理）组成，其中航空通信、导航和监视系统是基础设施，空中交通管理是管理体制、配套设施及其引用软件的组合，如图 1 所示。

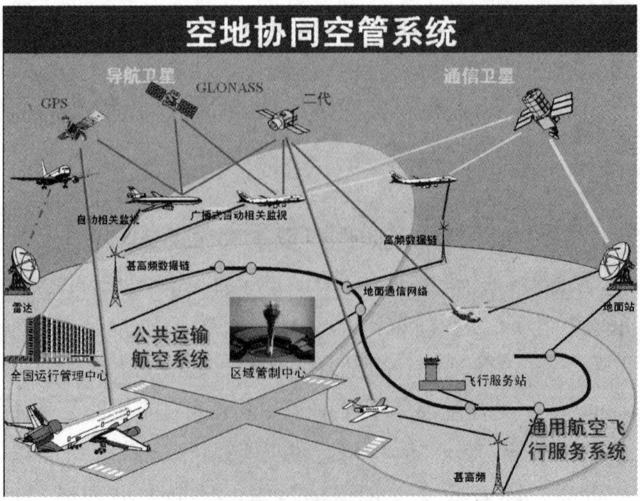

图1　现代空中交通管理系统组成框图

“十二五”期间，在国家科技支撑计划“中国民航协同空管技术综合应用示范”项目支持下，中国民航将针对我国飞行繁忙地区航班高效运行和低空空域通用航空飞行服务保障的2类重大应用需求，从航空导航监视技术、航班运行与通航服务、空管综合验证平台3个方面，突破多星座GNSS导航与着陆引导、机场综合交通态势监视、航班协同运行控制、通航综合飞行服务、协同空管系统的验证及飞行校验等多项关键技术。

随着项目的顺利实施，已完成民航一体化协同空管技术的研发和系统设备研制，形成一批具有自主知识产权的空地协同式的国产化空管装备和技术标准。计划2014年在民航管制空域和低空空域试点分别开展面向公共航空运输系统和面向通用航空的协同空管系统的综合示范与测试验证，以此进一步推动民航空管的发展。

（一）信息采集

1．航空导航

航空导航系统是指航行中确定飞机的位置并引导飞机按预订航线飞行的安全设施。航空导航可分为陆基导航、空基导航和星基导航，如图2所示。

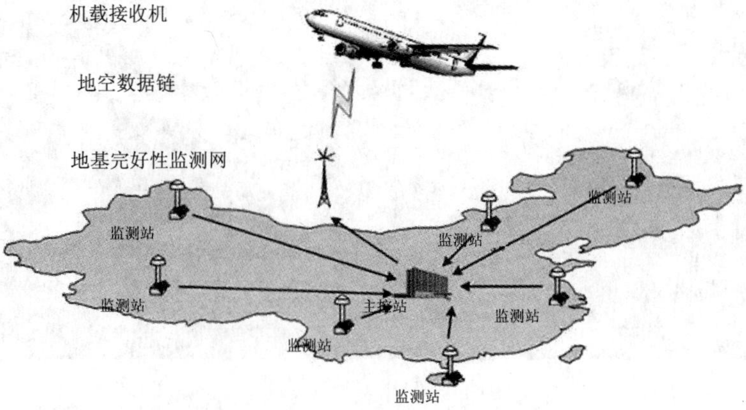

图2　航空GNSS完好性监测系统组成

中国民航将建设并完善陆基导航系统，整合资源，形成完善的、经济的、满足不同需求的导航系统网络。到2025年，实现由陆基导航系统向星基导航系统过渡的基于所需导航性能的运行。

我国已开发了航空GNSS（Global Navigation Satellite System，全球卫星导航系统）完好性监测系统，通过设置在全国的若干个监测站，实时监测全部GPS（Global Positioning System，全球定位系统）卫星和我国自主的北斗导航卫星的健康状况，各监测站将监测信息送到主控站，经过综合处理形成GPS卫星完好性信息，再通过地空通信网络送到机载GPS接收机。系统完好性信息通过民航内网进行发布，目前已应用于成都—九寨和成都—拉萨航路。

2．航空监视

监视系统即对空中交通活动信息的准确掌握，是空中交通系统安全保障的重要手段之一。现代空中交通系统中的监视系统主要包括 A/C 模式或 S 模式的二次监视雷达、自动相关监视、ADS-B，如图 3 所示。

中国民航计划在未来的四个五年内，在进一步完善雷达建设的同时，通过积极试验，建设 ADS-B 和 MDS，逐步推广 ADS-B 和 MDS 应用，尽早实现基于无线电测距技术的传统主动式监视系统和基于机载通信导航设施的协同式监视系统共同提供综合监视服务的目标。

目前我国自主研制的广播式自动监视（ADS-B）系统系列产品，已经在成都、九寨区域进行应用试验和测试评估，搭建了符合新一代空管系统建设发展需要的 ADS-B 应用验证体系。

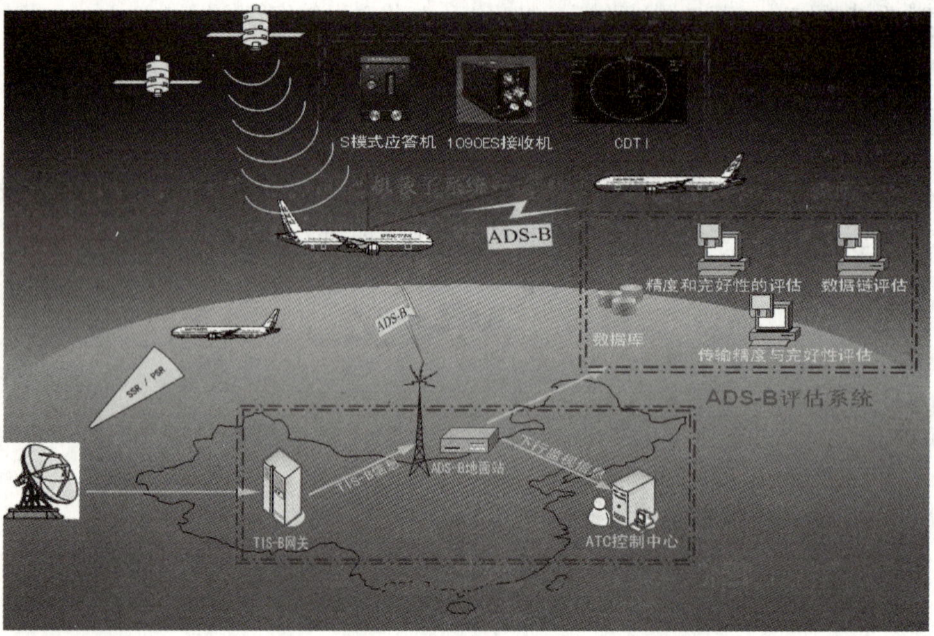

图3　ADS-B系统框图

（二）信息传输

在空管系统中，航空导航和监视系统所形成的各种数据都是通过通信系统来传输的。通信系统主要涉及数据链通信、航空移动卫星通信（AMSS）和航空电信网（ATN）。

在我国现代空中交通管理系统中，通信系统的发展目标为整合地面通信网络和地空数据通信网络，建成地空一体化、数字化、综合化和智能化新一代民航专用通信网络。

中国民航的 ACARS（Aircraft Communication Addressing and Reporting System，飞机通信寻址与报告系统）包括 170 多个不同地点的地面站，这些地面站都互联到民航数据通信公司（ADCC）的数据链网控中心，如图 4 所示。目前我国民航正在积极地验证应用 VDLM2（甚高频数据链模式 2）数据链技术，以期将来替换 ACARS 数据链系统；在机场周边积极部署航空机场移动通信系统（AeroMACS），以支持更多样化的航空数据链服务

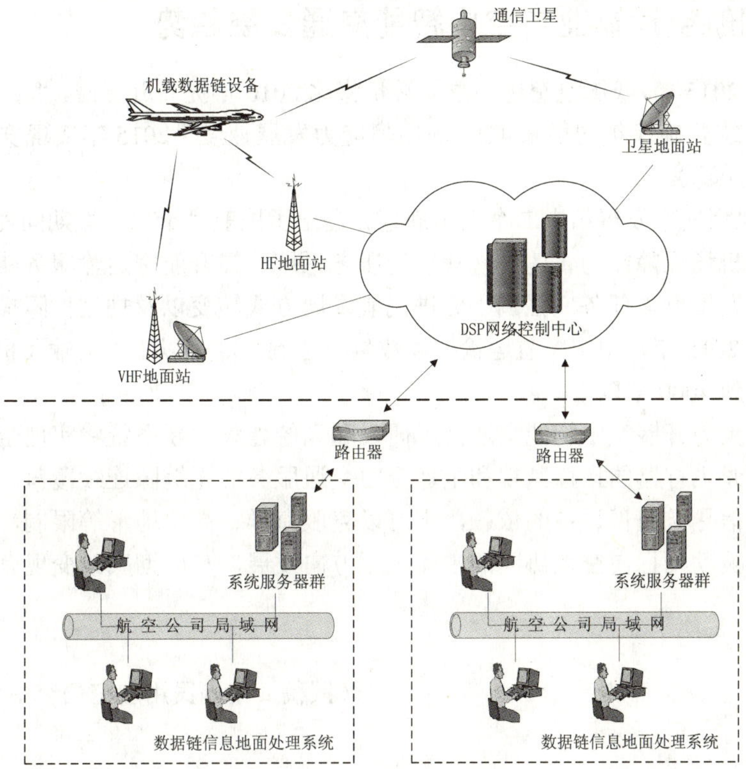

图4 ACARS系统组成框图

（三）智能信息处理与交通管控

空中交通管理是以通信、导航和监视系统为基础的新航行系统的高级应用，也是新航行系统的实施目标。空中交通管理主要包括ASM（air space management，空域管理）、ATS（air traffic management，空中交通服务）和ATFM（air traffic flow management，流量管理）。

新航行系统技术促进了新的空管运行模式的产生，空地协同的空管系统正得到迅速的发展。空地协同的空管系统将面向“自由飞行”，支持四维航迹运行、复杂空域内高密度飞行，同时朝着绿色环保化的方向发展。中国民航也在推行协同空管系统的运行。协同管制包括以下两个方面的内容。

1．空中交通流量管理

在网络化的空中交通管理系统中，针对独立空域单元实施的流量管理必然会对整个网络中的其他元素产生影响。因此，只有大范围、多用户的协同流量管理才能最终实现整个空域系统平稳运行，保证各个空域用户需求的均衡。

2．管制自动化系统

管制自动化系统以解决飞机飞行冲突、保证飞机之间安全间隔为主要任务，实现空管运行中的航迹间隔管理与控制。管制自动化系统的目标是实现基于四维航迹 4DT 的航空器轨迹与间隔管理。

三、我国航空运输业与空中智能交通发展趋势

预计到2015年，我国航空运输总周转量将比2010年提高近一倍。“十二五”期间，全国空管系统要确保年均增长13%的保障能力发展速度；2015年实现安全保障起降飞行1143万架次。

《中国民用航空发展第十二个五年规划》提出了民航“十二五”期间提高持续安全水平、增强机场保障能力、建设现代空管服务系统、提升航空运输服务能力、加快通用航空事业发展五大任务，强调了促进民航发展方式转变以及规划保障措施的具体要求。预计到2015年，中国民航运输机场数量将达到230个以上，运输飞机包括通用航空飞机将达到4000架以上。

我国将大力开展空中智能交通技术研发和系统建设。新系统将实现全球范围、全天时、全天候飞行器的指挥监视和全球空中交通服务的无缝隙连续覆盖。新系统将突破对地面通信导航监视设备的依赖，它可以克服海洋、高山地形等限制，使飞行从受地面管制的被动飞行向空地协同的主动飞行方向发展，从而彻底改变现有的空中交通管理方式。

（撰稿：中国民用航空局空中交通管理局）

2013年中国水运行业信息化智能化发展

水上智能交通系统是一个全新的技术理念，并非单纯的技术复合体，其实质就是利用先进的信息技术、通信技术和网络技术，将所有的水运相关系统整合在一起，促进与其他运输模式系统有机衔接，将人-船舶-航道-环境有机统一，实现监管、服务、控制、决策等一体化功能，使水运相关实体之间能够实现快速、协同、科学地决策与行动，促进水运安全、高效、经济、节能和环保，从而达到“零事故、零延迟”的理想目标。其中，水运行业信息化作为水上智能交通系统的一个重要组成部分，在促进行业转型、引领行业发展中发挥了重要作用。

一、水运信息化的顶层设计

水运信息化顶层设计基于系统论思想，围绕水运行业总体要求和发展战略部署，以突出业务应用和战略目标为核心整体谋划，通过对制约水运信息化可持续发展的全局性、关键性问题进行顶层判断，“自上而下”进行统一的顶层架构设计，并绘制一张精确可控的技术路线图，以全面、系统地指导水运信息化建设，最终达到远期设想与近期目标相结合、总体目标与具体步骤相统一的效果，促进水运信息化可持续健康发展。

顶层设计是一项复杂的系统工程，其实质就是对水运信息化发展战略目标的延续和细化，涉及战略、业务、技术、实施、保障等相互依托、互为补充、共成体系的5个层面（如图1所示）。

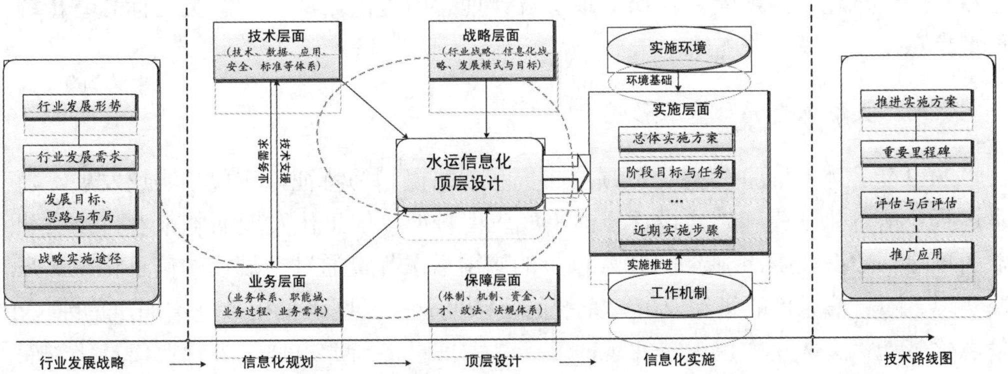

图1　水运信息化顶层设计的内涵与实质

1. *战略层*

从行业发展全局和战略高度，分析和制定水运信息化发展的目标和方向，提出一定时间内相对稳定、具有引导性的发展战略及蓝图，明确水运信息化的发展目标、发展方向、发展模式和体系构成，并描述相互关系及建设部署等内容。

2．业务层

针对总体战略目标开展业务架构分析，系统梳理水运业务流程，确定相对稳定的业务框架模型，并结合水运信息化建设、管理、运营和应用等各方面内容，分析水运信息化发展的瓶颈和风险，综合诊断发展中存在的问题，明确水运信息化的总体需求框架，为科学、合理地进行顶层设计奠定基础。

3．技术层

结合水运行业特点及发展需求，以业务框架和业务需求为驱动，进行技术层面的顶层架构设计，包括统一的技术架构、数据体系架构、业务应用体系架构、安全体系架构及信息标准体系架构等内容。整个技术架构应灵活、稳健、可靠，符合未来发展趋势。

4．实施层

在战略层面的引导下，从系统、全局的角度，综合分析现有的机制、体制、投资、人员等环境条件，勾勒水运信息化战略目标实现的技术路线图，分解与细化战略目标任务，提出近期实施方案和指导意见，明确未来3-5年的建设目标、任务、里程碑及相应工作机制，并以跨行业、跨部门项目为契机推进实施。

5．保障层

主要从技术、管理、组织、运作等环境方面进行全面规划设计，包括政策法规、规章制度、运作机制（协调机制和推进机制）、投融资模式、人员保障、文化宣传等要素。

二、2013年水运行业信息化发展概况

2013年，国家出台了一系列的指导意见和激励政策，经过一段时期的稳步建设和发展，水运行业信息化成效显著，但“信息孤岛”、“数据瓶颈”、“系统林立”等问题，使得行业信息化发展缓慢。然而，顶层设计理念的提出，从某种意义上标志着传统粗放型信息化发展模式的终结。

（一）“大信息格局”基本形成

2013年，水运行业信息化以顶层布局和战略谋划为特征，实现了快速发展。随着水运行业信息化规模基础建设逐步向集成应用转型，信息化发展面临来着自投资和效益的挑战。数据表明，现阶段90%以上的应用需求都可通过小规模的信息化模式来解决实现。随着信息化的纵深发展，系统的复杂度、关联度将呈指数型增加，单纯“小”信息化带动“大应用”已无法实现。基于“大信息格局”规划未来行业信息化发展的战略布局，是航运界面临的主要问题。

2013年，交通运输行业信息化“四大重点工程”的稳步推进，从顶层视角编制了总体实施方案和工程建设指南，突出工程间的整体性、关联性和集约性，为后续实施工作奠定了基础；全国水运行业综合信息平台建设方案顺利出炉，首次基于行业层面，以全面提升行政管理效率和行业服务能力为目标，统筹推进行业信息化顶层互联、跨

部门应用及业务协同；海事信息化在“海事信息化顶层设计”框架下，有序推进“一系统、两平台”（即中国船舶动态监控系统和海事协同管理平台、海事综合服务平台）建设，改变了传统单项应用自成体系的信息化建设模式；长江、珠江、京杭运河等区域为建设航运综合信息服务系统积极开展准备工作；11 月，国家级行业物流服务平台建设纲要出台，为跨行业、跨区域、跨部门的物流公共信息平台的融合和共建作指导。

2013 年，港航企业强化了顶层思维和战略布局，高质、高效地推进信息化转型工作。青岛港实施了“信息化升级”战略，加速“港口信息化”向“信息化港口”转变；天津港以“世界一流港口、世界一流企业”为战略目标，推进港口信息化产业发展；连云港制定了“绿色低碳智慧港口发展战略”，促进了港口转型升级；中远集团以打造世界航运领先企业为目标，完成了集团信息化战略布局，将可持续发展与信息化有机结合，促进战略转型发展；中海集团重点推进集团信息化业务的全覆盖、系统的高集成以及应用的深融合。

（二）“数据瓶颈”效应破局

2013 年，水运行业开展了各种基础研究、探索实践和交流。在大数据时代，战略意义上的数据控制权，将带来发展的先机和主动权。随着水运行业竞争加剧，核心数据资源控制权的竞争日益激烈。一方面，航运界在加强数据积累和沉淀的同时，人为地增加了核心数据获取的难度；另一方面，数据质量差、共享难、开放度低等“三大问题”，成为困扰行业信息化纵深发展的最大障碍。数据的自我封闭和人为割裂，增大了“数据瓶颈”的掣肘效应并导致“数据怪圈”现象的产生：有数据的不挖掘、不应用；需要挖掘、应用的则没有相应的数据。

为解决上述问题，2013 年水运行业颁布了相关的政策法规、方案设计及建设指南，并开展工程项目实施。在部级数据中心的框架下，全国水运行业数据中心建设方案于 4 月发布，推动了行业数据资源的聚集、整合和深度应用；8 月，在交通运输信息化主任工作会议上，确立了新形势下行业数据共享应用和信息化转型推进的思路；9 月，加强信息化、智能化建设的指导意见出台，强化了信息资源互通共享和综合利用。

同年，海事云数据中心建设初步完成，实现了全国海事系统基础数据的汇集和筛选，为下一步大规模的数据挖掘应用奠定了基础；上海航运交易所定期发布的《港航市场动态》、交通运输部水运科学研究院定期发布的《水运决策参考》等，为行业提供了权威、准确、系统的资讯服务；港航企业以数据资源为核心，积极建设信息枢纽平台，在数据积累和应用服务方面发挥了很好的作用。例如：福州港通过港口物流信息平台，整合相关港口物流企业的生产动态信息，为目标用户提供完善的“一站式”综合物流信息服务，未来将重点推动口岸相关部门的信息互动；上海港在推进集团数据中心建设的基础上，积极推进上海国际航运中心综合信息平台建设，推动了信息服务升级、口岸协同发展；大连港依托大连口岸公共信息平台，很好地满足了口岸监管机构、港航物流企业及货主等在物流操作、物流跟踪、通关监管、增值信息服务等业务方面的需求；尤其是由上海国际航运研究中心启动的“中国航运数据库”建设取得突破性进展，整合了我国港航领域统计数据和相关信息资源，数据量突破 80 万条，与克拉克森和德鲁里的航运数据体系相比，尽管尚不成熟，但为未来大数据的挖掘、应用奠定了基础。

（三）行业转型进一步深化

2013 年的全球经济尚未恢复，水运行业三大市场（集装箱、干散货、油轮运输市场）发展困难，转型升级成为业界的主要发展途径。

2013 年，中国远洋、中海集运、中海发展、中远航运等公司均告亏损。相反，航运巨头马士基超预期地实现了全年盈利，仅前 3 个季度就累计盈利 11.97 亿美元（第一季度盈利 2.04 亿美元、第二季度盈利 4.39 亿美元）。马士基的“逆势”盈利的关键在于其对市场形势的准确预判和成功的商业运作，以及以信息化手段为支撑、以信息服务为核心，面向客户和市场需求提供多层次、多方位的精细化服务。

2013 年 10 月，中国港口协会主办的“2013 年中国港航发展论坛”讨论了“转型与合作”的主题；11 月，国际海运（中国）年会在宁波召开，业界权威人士参会并讨论了“经济变革中的航运”；12 月，由中国航务周刊举办的“中国航运业创新大会”探讨了创新服务模式促进航运业转型升级的问题。

对于水运行业而言，由面向供应链管理向物流需求链服务转型，提供精细化服务和增值信息服务产品，即时响应客户个性化服务需求是行业转型升级的关键。

（四）“智慧水运”初步启动

IBM 公司于 2008 年提出“智慧地球（Smarter planet）”理念，两年后正式提出“智慧城市”的发展计划。在此背景下，“智慧水运”的理念得到初步发展，相关的基础研究和示范试点陆续开展。2013 年，“智慧水运”理念的实践逐步深入到行业监管、经营生产和运输服务等方面。惠州将 2013 年定格为“智慧港口启动年”，促进港口提质增效；在浙江宁波举办的“2013 中国国际智慧航运高层论坛”上，就以“智慧航运”打造中国航运“升级版”达成一致共识。2013 年，各种“智慧水运”建设工程有序推进，并取得了阶段性成果，如浙江“船联网”应用示范工程、广州“智慧港城”一期工程、长江“智慧巡航”工程、天津“智慧海事”二期工程、舟山“智慧港政”等。一年来，航运界的积极探索和努力，丰富和完善了“智慧水运”的内涵，使之与行业发展相结合，从而有力地促进和加快了水运现代化进程。

三、未来水运行业信息化的发展趋势

近年来，全球经济将进入秩序重建与格局调整的关键期，全球航运市场正逐渐恢复。随着“十三五”的来临，全面推进行业转型升级将成为未来的主要发展方向。同时，水运行业信息化的各项工作也将加快发展，主要表现在以下几个方面：

1. 行业信息化转型

行业转型升级，必然带来生产经营、管理服务、产业结构、意识形态等方面的变革。

行业将加大信息化统筹协调力度，促进行业信息化内涵式发展，相应的政策、法规、管理、投资、标准等方面也将配套完善，以信息化为重磅引擎全面推动行业管理、生产和服务转型升级。

2．“大信息格局”推进

行业“四大重点工程”和全国水运行业综合信息平台等都将正式启动建设；海事信息化“一系统、两平台”建设将凸显格局效应；港航企业结合战略目标，加大信息化融合与应用升级的力度；交通运输军地信息资源共享有待突破。

3．水运大数据生态体系构建

大数据的战略地位与潜在价值得到业界更深层次的认识与强化，交通运输部将推进行业信息资源的整合与综合应用。区域性的信息枢纽平台建设将提速，大数据集的建设和信息服务系列产品的打造将得到充分发展。未来，大数据的应用将逐步变成常态，水运大数据产业生态体系将加速构建。

4．新媒介服务

推进服务创新，发展平台经济，将成为未来的发展重点。以微信平台、移动互联、网络平台等新媒介为载体提供精细化、个性化服务，有着巨大的市场前景。

5．智慧水运

2014 年全国交通运输工作会议上正式提出了“智慧交通”的要义、核心和关键，也阐述了未来“智慧水运”建设的方向与思路，预计“智慧水运”的实践将突破各种障碍，再次得到发展。

6．行业信息化文明建设

随着行业信息化的纵深发展，营造更好的信息化“软”环境，成为当前业界的关键问题。行业信息系统符合性检测方案实施后，将加大行业信息化的宏观引导与规范化工作。

（撰稿：严新平、张笛、吴超仲）

2013年中国地面公交智能化发展

一、地面公交智能化发展现状

（一）总体情况

近年来，各地加快了城市公交基础设施建设和车辆装备改造更新的步伐，公交车辆保有量、运营线路长度、客运量、运营里程不断增长的同时，智能化装备与系统水平也在不断提高。截至2013年底，全国拥有公共汽电车50.96万辆、合57.30万标台，其中已安装车载卫星定位终端的公共汽电车运营车辆为37.10万辆，占全部运营车辆的72.80%；公交运营线路41738条，总长度74.89万公里，其中BRT线路长度2753公里；全年公共汽电车客运量782.13亿人次，其中BRT客运量为10.96亿人次；公共汽电车运营里程348.96亿公里。（注：数据来源于《2013年交通运输行业发展统计公报》）。

（二）行业政策

2013年，交通运输部继续加大“公交都市”示范工程创建工作的推进力度，研究出台了《交通运输部关于贯彻落实 < 国务院关于城市优先发展公共交通的指导意见 > 的实施意见》（交运发〔2013〕368号）。实施意见围绕交通运输部门职责，以城市人民政府为优先发展公共交通的责任主体，为推进公共交通优先发展对各级交通运输部门提出了实施意见，明确了推进城市公交优先发展的总体要求、主要任务、保障措施等内容，完善了公交优先发展的综合支持政策，加强了对各地公共交通发展的指导，并明确提出了通过加快信息技术应用、完善移动支付体系建设来提升公共交通智能化水平，也为推进“公交都市”创建工作顺利实施、落实公交优先发展战略创造了条件。

为进一步推进公交都市创建工作，交通运输部印发了《关于推进公交都市创建工作有关事项的通知》（交运发〔2013〕428号），明确提出在城市综合客运枢纽、城市智能公交系统、城市快速公交运行监测系统、清洁能源公交车辆推广应用等四个方面对公交都市创建城市给予政策支持。

（三）标准规范

2013年4月，《城市公共交通调度车载信息终端与调度中心间数据通信协议》（标准号：GB/T 28787—2012）正式实施，该标准规定了城市公共交通车载信息终端与调度中心间进行数据通信的体系结构以及应遵守的通信协议，适用于通过无线传输通道，进行车站信息终端与调度中心间数据通信。

二、工程示范与典型项目

（一）城市公共交通智能化应用示范工程

1．工程建设进展

“城市公共交通智能化应用示范工程”是《公路水路交通运输信息化“十二五”发展规划》（交规划发〔2011〕192号）确定的三个重点领域示范试点工程之一，是落实公共交通公交优先发展战略，推进公交都市创建的重要内容。本工程旨在整合现有相关资源的基础上，通过信息化、智能化手段，提高城市公共交通企业的运营调度与管理效率，增强行业管理、决策与应急能力，提升乘客出行信息服务水平，并为加快推进城市综合交通、智慧交通、绿色交通、平安交通建设，提供有力支撑。

2012年9月，交通运输部在首批10个试点城市启动了“城市公共交通智能化应用示范工程”。2013年，各试点城市的项目前期立项工作陆续完成，并获部立项批复，部分进展较快的城市如郑州市、西安市等已完成工程初步设计，开始筹备工程建设招标工作。为进一步落实城市公共交通优先发展战略，提升城市公共交通行业管理与服务水平，加快推进公交都市创建，在总结第一批试点城市工程经验的基础上，交通运输部办公厅于2013年12月印发了《关于申报第二批城市公共交通智能化应用示范工程建设项目的通知》（厅运字〔2013〕335号），在第一批10个城市试点工程的基础上，面向石家庄、保定、太原、呼和浩特、沈阳、长春、苏州、杭州、宁波、合肥、福州、南昌、青岛、新乡、武汉、郴州、广州、柳州、海口、贵阳、昆明、兰州、西宁、银川、乌鲁木齐、天津、上海等27个“公交都市”示范工程创建城市启动了第二批城市公共交通智能化应用示范工程。

为更好指导各城市开展城市公共交通智能化应用示范工程建设，明确工程建设内容和建设要求，保证工程在不同层级间、不同城市客运方式间以及与相关信息系统的整体性、协调性和集约性，按照《公路水路交通运输信息化“十二五”发展规划推进方案》（厅规划字〔2012〕12号）的相关要求，交通运输部于2013年11月启动了《城市公共交通智能化应用示范工程建设指南》的编制工作。

2．工程标准规范进展

2013年2月，为更好地规范城市公共交通智能化应用示范工程建设，交通运输部提出了“城市公共交通智能化应用示范工程”的标准制（修）订工作任务，并组建了标准工作组。在总结首批试点城市工程需求和经验的基础上，标准工作组系统梳理了国家、交通运输行业现行相关标准，提炼了一批涵盖智能终端、数据采集、通信协议、系统应用等领域的信息化标准规范，11月完成了《城市公共交通智能化应用示范工程标准制（修）订工作方案（报批稿）》，工程标准建设主要任务见表1-1。

表1-1　城市公共交通智能化应用示范工程标准建设任务清单

序号	类别	标准规范名称
1	终端设备	城市公共汽电车车载智能服务终端
2		城市公共汽电车电子站牌及数据通信协议
3	网络与通信	城市公共交通管理与服务信息系统数据元
4		城市公共汽电车设备数据总线通信接口规范
5		城市公共汽电车车载设备数据采集通信协议
6	信息资源	城市公共交通管理与服务信息系统数据元
7		城市轨道交通客流数据采集与传输规范
8	信息管理与服务	城市公共交通出行信息服务技术要求
9		城市公共交通智能调度系统技术要求
10		城市公共交通行业监管系统技术要求
11		城市公共交通智能化应用示范工程总体技术要求

（二）公共交通 IC 卡互联互通

1. 工程建设进展

《国务院关于城市优先发展公共交通的指导意见》（国发〔2012〕64 号）明确要求在“十二五”期间，全面推广普及城市公共交通“一卡通”，加快在城市不同交通方式中的应用；加快完善标准体系，逐步实现跨市域公共交通“一卡通”的互联互通。《交通运输部关于贯彻落实＜国务院关于城市优先发展公共交通的指导意见＞的实施意见》明确要求“完善移动支付体系建设。推广普及城市公共交通“一卡通”，完善技术标准，加快建设城市公共交通“一卡通”互联互通平台，推进城市公共交通“一卡通”跨市域、跨省域互联互通工作。到 2020 年，基本实现跨市域、跨省域的公共交通“一卡通”互联互通。”

近几年，公共交通 IC 卡互联互通工作取得进展。长三角、珠三角等地区均在公共交通 IC 卡互联互通进行积极的探索和实践。广东岭南通卡于 2013 年 3 月底已经实现广州、佛山等省内 19 个地市和香港、澳门的公交卡互联互通，并扩展到便利店、超市、咪表及停车场等公共服务领域，已成为目前国内规模最大的跨区域互联互通公交一卡通系统；长三角上海、宁波、绍兴、湖州、台州、常熟等城市“全国城市一卡通互联互通”工程在陆续开展；河南商都通卡已实现郑州与开封、许昌、驻马店等周边城市开展互联互通。

2. 标准规范进展

2012 年底，《公共交通 IC 卡技术要求》、《公共交通 IC 卡读写终端技术要求》通过交通运输部科技司正式立项。2013 年 3 月，这两项标准完成了公开征求意见。两项标准规定了用于城市公共交通非现金支付的 IC 卡（包含 CPU 用户卡和 PSAM 卡）的技术要求、基本交易流程和测试方法、车载 IC 卡读写终端的通用性要求、硬件技术要求、基本功能要求、终端交易流程和试验方法等。

9月，交通运输部印发了《交通运输部办公厅<城市公共交通IC卡业务及技术应用规范>征求意见单》（厅运征〔2013〕3号），针对向全行业公开征求意见。该系列标准包括总则、IC卡技术要求、IC卡读写终端技术要求、业务规则规范、信息技术接口规范、通信报文接口规范、安全规范、检测规范等8个部分，在满足城市公共交通IC卡在公共汽电车、轨道交通、出租等公共交通领域的支付需求基础上，设计了对其它小额支付领域的支持能力。

11月22日，交通运输部科技司委托全国城市客运标准化技术委员会召开了《城市公共交通IC卡业务及技术应用规范》专家咨询会，讨论确定了城市公共交通IC卡标准的兼容性路线、标准项目设置等，并提出了对《城市公共交通IC卡业务及技术应用规范》进行验证的建议，确定《城市公共交通IC卡业务及技术应用规范》由5个规范组成：

——《城市公共交通IC卡卡片技术规范》；

——《城市公共交通IC卡读写终端技术规范》；

——《城市公共交通IC卡信息接口技术规范》；

——《城市公共交通IC卡非接触接口通信技术规范》；

——《城市公共交通IC卡安全技术规范》。

（三）城市公共交通智能化应用典型项目

1．郑州公交信息化与智能化

2013年，郑州公交在智能调度、企业综合信息管理等方面取得了明显成效。郑州公交利用智能调度系统实现了对公交车辆进出场、串车、车辆大间隔等运行动态的全方位监管，明显改善了公交运营秩序。智能调度系统可根据实时采集的客流数据，按间隔优先、计划优先、自适应等多种调度模式自动生成公交车辆排班计划，提高了公交车辆运营效率和利用率，缩短了乘客的平均等待时间，在系统投入使用当年，运营投诉率下降了50%以上；郑州公交借助智能调度系统建设，持续深化信息化建设和应用，已在企业内部全面应用了企业综合信息管理系统，该系统与智能调度系统协同配合，实现了对企业人员、车辆、调度计划、内部办公等各项信息的快速收集、存储和处理，企业运营生产效率和管理水平得到明显提升，实现了企业在生产服务方式上的变革。

2．广东省IC卡互联互通

“岭南通”卡是由广东省委督办、广东省交通运输厅部署，并由广东岭南通股份有限公司联合各地市运营主体发行的交通储值卡。岭南通卡已于2013年3月底实现了与广州、佛山等省内19个地市和香港、澳门等地区公交卡的互联互通，累计发卡量达到3500万张，成为当前国内发行量最大、应用地区最广的公交IC卡。

“岭南通”卡已经通过工程实施制定了全省统一的技术规范，形成了包括体系结构、卡片规范、卡片物理特性、终端应用规范、终端物理特性和安全规范等8个系列标准。“岭南通”与各地区建立了畅通的沟通渠道和协调机制，并给予技术平台保障，采用了“类银联”的业务合作模式实现与各地区公交IC卡的互联互通。目前，该卡已全面应用于广东省公交、地铁、出租车、城际轨道交通、道路客运及轮渡等公共交通领域，并扩展到便利店、超市、咪表及停车场等公共服务领域，为公众提供了便利的小额电子支付服务。

三、地面公交智能化发展趋势

1．*行业需求的深入和细化将继续推动行业信息化建设内容的升级*

目前，行业业务需求正由信息化向着智能化发展，业务需求不断深化和细化，正在从传统的运行监测、统计分析向行业动态预测与主动风险防控发展，并不断促进业务系统和数据资源的深化和集中。

业务系统建设内容正沿着事务处理、统计分析和智能预测的轨迹逐步深入，以回答行业管理决策者在实践中提出的“发生了什么”、“为什么会发生”、“将发生什么”的问题。目前，行业正在利用国家“公交都市”和“城市公共交通智能化应用示范工程”的建设契机，推动城市级、省级和国家级行业公共交通监管信息平台的建设；同时，行业数据资源的分布正由行业生产企业向行业管理层面集中，以满足不断深化的业务需求和业务系统建设的要求，具体表现为各城市、省和国家层面正在开展相应层级的城市公共交通数据库的建设完善。

2．*移动互联网技术的发展深刻影响着行业管理的方式，并促进行业服务方式的变革*

随着移动互联网的普及和发展，政务微博、手机APP等新技术在推动行业信息化发展的潮流中扮演着越来越重要的角色，突出体现在对行业管理和行业信息服务两方面的影响。

在行业管理方面，政务微博等移动互联网技术可有效加强行业管理部门与公众的沟通，正成为了解民意、汇聚民智的重要平台，也已成为行业管理部门信息发布行业政策、安全应急等信息的重要渠道，有效提升了信息的实效性和影响力。可以推断，政务微博等移动互联网技术将在推动行业转型，完善政策制度、建设服务型政府方面继续发挥重要作用。

在行业信息服务方面，具有移动性、个性化、社会性等特征的手机APP应用，相比传统的网站、热线电话、公交电子站牌等信息服务方式，在提升信息服务交互体验、提高信息服务品质、降低信息发布和交互成本等方面优势明显，将继续深刻影响和改变着公共交通出行信息服务方式。

3．*云计算、大数据等新技术将革新行业信息化建设和应用方式，降低应用门槛*

云计算和大数据技术所具有的虚拟化、高可靠性、通用性、高可扩展性、按需使用等特点和优势将在以下几个方面促进行业的变革。

推动业务系统及数据资源与承载它们的技术环境分离。行业管理部门和行业企业可重点关注业务应用的深化和数据资源的挖掘开发，行业信息化的应用普及将不再受其自身人力资源、资金预算等因素的制约。云计算和大数据技术将为无力负担公交智能调度系统建设运维成本的中小公交企业提供基于云平台的智能调度服务，推动公交智能调度系统的应用普及，提升全行业的运营管理水平。

促进行业信息化建设和服务模式转变。借助云计算和大数据技术，行业信息化建设和维护将有望实现市场化和专业化。在为行业提供优质信息化技术服务的同时，云计算和大数据技术将显著降低行业信息化建设和运维成本，为解决“建设有投入、运维无资金”的信息化困境提供一种可行的方案。

优化行业信息化建设过程，缩短信息化建设和应用时间。云计算、大数据技术的应用可简化传统建设模式下需求分析、设计、施工、运行维护等过程，大幅缩短建设周期和建设费用，并能够迅速响应行业应用主体的新增业务需求。

推动信息资源服务体系的建设和完善。云计算和大数据技术将推动数据和业务系统集中化、专业化部署，促进基础信息的共享利用和各类业务系统的互联互通，并将在优化业务流程和工作模式，提升行业管理部履行职责的能力方面起到巨大的推动作用。

（撰稿：刘好德）

2013年中国城市轨道交通智能化发展

一、发展规模与行业政策

随着当今中国城市面临的道路拥堵、流动性差、环境污染和安全等一系列问题，轨道交通环保性及便捷性的认可度逐渐提高，中国城市轨道交通建设已进入黄金发展期。未来十年，中国轨道交通市场将建7395公里地铁线，总价值达3万8千亿元，截至2020年，中国将有33个城市配有177条地铁线。

2013年5月，国务院出台《关于取消和下放一批行政审批项目等事项的决定》国发〔2013〕19号。其中涉及城市轨道交通方面的事项有：企业投资城市快速轨道交通项目按照国家批准的规划，核准下放省级投资主管部门；取消企业投资城市轨道交通车辆、信号系统和牵引传动控制系统制造项目核准。自下放以来到2013年12月，已有重庆、深圳、兰州、杭州、苏州等城市轨道交通项目获得地方政府的核准。核准项目共计10个，里程280多公里，投资总规模1900多亿元。

2103年度，城市轨道交通建设和铁路投资继续保持高增长，建设规模持续扩大。特别是国务院连续出台了多个政策性文件，为城市轨交和铁路建设创造了更加有利的政策环境。2013年度全国各城市轨道交通系统在“稳中求进”的条件下，有效结合稳增长和投资进度，保持了必要的轨道交通线路建设规模与投资规模。年内建设总里程达到2530公里，完成估算投资2860亿元，比去年增长9%，创历年新高。年内完成投资超过200亿元的城市有4个，超过100亿元的城市有6个。

2013年末，我国累计有19个城市建成投运城轨线路87条，运营里程2539公里。2013年实际新增2个运营城市、16条运营线路、395公里运营里程。在2539公里运营里程中，地铁2074公里，占总里程的81.7%; 轻轨192公里，占总里程的7.6%; 单轨75公里，占总里程的3.0%; 现代有轨电车100公里，占总里程的3.9%; 磁浮交通30公里，占总里程的1.2%; 市域快轨67公里，占总里程的2.6%。截至2013年底，正在筹划建设轨道交通的城市还有南通、济南、洛阳、呼和浩特、襄阳市、淮南、九江等城市，未来将有更多中等规模城市加入轨道交通建设行列。2013年全国已开通城市轨道交通线路运营里程见表1。

表1　2013年全国已开通城市轨道线路运营里程统计表

2014年1月2日

序号	城市	总里程（公里）	运营线路（条）	制式及运营里程（公里）						2013年新增里程（公里）	2012年末运营里程（公里）	备注：
				地铁	轻轨	单轨	现代有轨电车	磁浮交通	市域快轨			
1	北京	465	17	465.0	/	/	/	/	/	23.0	442	
2	上海	577	16	538.4	/	/	9.0	29.9	/	99.3	477.9	
3	天津	139	5	78.6	52.3	/	7.9	/	/	1.7	137	
4	重庆	170	4	94.6	/	75.3	/	/	/	38.8	131.1	
5	广州	246	9	246.4	/	/	/	/	/	24.5	221.8	
6	深圳	178	5	178.3	/	/	/	/	/	0.0	178.3	
7	武汉	73	3	44.2	28.5	/	/	/	/	16.5	56.2	
8	南京	82	3	81.6	/	/	/	/	/	0.0	81.6	
9	沈阳	115	6	55.1	/	/	60.0	/	/	65.3	49.8	
10	长春	48	2	/	48.3	/	/	/	/	0.0	48.3	
11	大连	87	4	/	63.2	/	23.4	/	/	0.0	86.6	
12	成都	115	3	48.2	/	/	/	/	67.0	8.7	39.5	市域快轨成灌线67公里属于调增
13	西安	46	2	45.9	/	/	/	/	/	25.3	20.6	
14	哈尔滨	17	1	17.5	/	/	/	/	/	17.5	0	首条线路投入运营
15	苏州	51	2	51.3	/	/	/	/	/	26.1	25.2	
16	郑州	26	1	26.2	/	/	/	/	/	26.2	0	首条线路投入运营
17	昆明	40	2	40.1	/	/	/	/	/	22.1	18	
18	杭州	48	1	48.0	/	/	/	/	/	0.0	48	
19	佛山	15	1	14.8	/	/	/	/	/	0.0	14.8	
合计		2539	87	2074	192	75	100	30	67	395	2077	

二、城市轨道交通智能运输系统的发展现状

（一）调度指挥和运营管理

轨道交通指挥中心承担轨道交通线网指挥、协调，自动售检票系统的清分、清算、运营管理以及线路的指挥控制。指挥中心由线网指挥中心（TCC）、多条线路控制中心（OCC）、自动售检票清算中心（ACC）及配套的办公管理等功能设施组成。

OCC（Operating control center），单条线路运行控制中心，是一线一中心的管理模式。地铁控制中心是对全线列车运行、电力供应、车站设备运行、防灾报警、环境监控、票务管理及乘客服务等地铁运营全程进行调度、指挥和监控的“中枢”。近年来OCC的建设往往是几条线路的控制中心在一起建设，多线一中心的方式为建立整个城市的轨道交通指挥中心奠定了良好基础，在现有技术条件下，初步实现了信息共享，实现了多线的协调统一指挥。

TCC（Traffic control center），即轨道交通指挥中心，全市一中心的管理模式。TCC系统是一个集运营监视、数据共享和应急指挥功能为一体的综合指挥平台，可实现路网视频、行车、供电、客流、灾情等信息的实时监视和管理；同时系统建设了辅助决策数据库，综合了线路的各专业图纸、视频、应急资源的相关信息；建设了基于预案管理的应急指挥平台，可以通过多种通信手段完成应急指挥；建设了运营辅助分析系统，辅助路网运营协调。目前我国特大城市的轨道交通指挥中心建设都在向TCC模式发展。

在国家科技计划项目“城市轨道交通运输组织、控制及保障一体化关键技术与系统研制”的支持下，面向成网条件下的城轨运输组织及运营安全保障相关技术及系统研制取得巨大进展，研制出具有自主知识产权的城轨路网客流需求分析、路网能力计算、路网运行图编制、路网运营安全风险评估、路网应急指挥平台等一批体系化技术系统及装备，并在北京、广州等城市轨道交通系统中建立实施了应用示范工程。这些成果的取得标志着适合我国国情的路网指挥调度水平达到了一个新的高度，能有效地应对路网复杂安全因素的挑战和整体网络效率的发挥。

（二）通信信号

1. 车地宽带无线通信

传统的地铁无线通信传输网络主要由 TETRA+WiFi 网络进行组网来承载车地无线业务。TETRA 网络主要负责语音调度，但由于其是窄带集群，最多只能提供 28Kbps 左右的数据传输能力，不能承载大流量的数据业务，无法提供诸如高清视频回传、视频调度等业务，无法满足现代地铁业务的新需求。而 WiFi 网络主要负责视频监控、CBTC 等数据业务的传输，但因为兼容性高，容易受到手机热点等干扰源的影响，并且在快速行驶的列车上，WiFi 网络的丢包率在超过 80km/h 后大幅上升。这些弊端对以安全为第一要务的轨道交通行业来说，所带来的潜在风险过高，是目前行业亟待解决的问题之一。

目前，全新的广域宽带无线接入技术，如“TDLTE”4G、WiMax 等无线通信技术有了实足的发展并逐步应用到轨道交通行业中。解决了过去地铁监控传输的难题，不但实现了乘客信息系统与车载视频监控一网承载，还实现了运行列车与地面控制中心的实时数据传输，加强控制中心对车厢内部人员、列车运行状态的实时掌控，增强安全运营和应急处理能力。

LTE 技术具备高速上下行数据传输、低时延和高移动性。LTE 系统采用 TDD 模式，在有限的频率资源下还可提供大带宽的上行业务通道，满足了车载高清视频监控数据通过无线实时回传的需求。同时，系统具备完善的 QoS(Quality of Service) 机制，可对业务优先级进行精细化管理 (在网络不拥塞状况下最大化降低系统时延、丢包率，提升服务质量；在网络拥塞状况下优先保障重要业务所需带宽)，一套网络即可同时实现 PIS 与视频监控业务的有效承载。不仅有效降低了网络建设投资，也为地铁今后继续叠加新的无线业务提供了基础。

LTE 技术与 Tetra 可结合提供解决方案，进一步满足地铁运营商的 PIS（旅客信息系统）、车载视频监控、CBTC（基于无线通信的列车自动控制系统）承载和宽带集群等丰富的地铁应用需求，为车地之间语音、数据、视频等多种业务提供双向、连续、高可靠的无线传输通道，增强轨道交通的综合运营能力。

2. 全自动无人驾驶

目前世界上地铁车辆“无人驾驶”的最高级别是 FAO 模式（Fully Automatic Operation)，指的是完全没有司机和乘务人员参与，车辆在控制中心的统一控制下实现全自动运营，自动实现列车休眠、唤醒、准备、自检、自动运行、停车和开关车门，以及在故障情况下实现自动恢复等功能，包括洗车也能在无人操作的情况下完成。近年来该项技术在中国城市轨道交通行业得到了发展。

中国北车集团长客公司为香港地铁有限公司南港岛线研制了全自动无人驾驶地铁列车，其采用了阿尔斯通公司的 Urbalis（CBTC）系统全自动列车控制系统，开放式司机室，增加了障碍物检测系统以及脱轨检测系统，特别是一些关键系统，如制动、信号系统以及列车控制电路等采用冗余设计，并且车辆在出发前具有完备的自检测和自诊断功能，最大程度的确保车辆的安全运营，如果遇上突发事故，“安全保障系统”会自动启动令列车慢驶或停驶，车站的控制室也可遥控列车，安全可靠。虽然列车是全自动的，但设有驾驶系统，有需要时，车上的职员会驾驶列车。全自动系统可更灵活调配列车，如乘客需求突然增加，可即时调动列车加入服务，省却人手调动的时间。在国家科技部的支持下具有自主知识产权的全自动无人驾驶技术（FAO）系统，已由北京交通大学牵头研制完毕，并将在北京新建轨道交通线路中进行示范应用。

无人驾驶技术取得突破，标志着我国自动化控制的水平上了一个很高的层次，车辆集成的故障诊断水平迈上新的台阶，也代表了机械、电子、电气及控制技术在轨道交通车辆应用中的最高水平。列车整个运行过程的全自动控制，将使车辆按照接近优化的运行曲线进行运营，达到节能环保的目的，同时，由于不设驾驶员，节省人力成本，全自动化运营也避免了人为操作失误导致的运营故障。

截止到 2013 年底，我国采用无人驾驶的线路有香港国际机场旅客捷运系统、迪士尼线、南港岛线、北京机场线、上海 10 号线、广州珠江新城旅客自动输送系统（APM 线）、郑州地铁 1 号线等。

3. *互联互通*

随着我国区域城镇经济的快速发展，区域内的地铁、轻轨、城际轨道交通愈来愈向一体化、网络化和互联互通发展。城市轨道交通的一体化和网络化要求网络中各个线路之间通信信号标准制式的协调统一、系统的互联互通、资源的整合共享、换乘枢纽的同步建设、管理体系的协同高效等，从而达到确保运营网络安全，提高网络效率，集约利用资源，体现以人为本的目的。互联互通的核心是网络内信号制式统一，为不同线路、不同信号供货商提供的列车运行控制系统之间车辆的联通联运奠定基础；同时实现与既有线列控系统之间兼容，即实现延伸线不同信号供货商提供的车载设备、轨旁设备与既有线信号系统设备的兼容，并构成一个完整、统一的列车运行控制系统。

（三）安全监测与运维

城轨系统的安全运行涉及到全方位的安全监测与设备运行维护，目前该领域在物联网、大数据等新兴技术的推动下逐步向主动安全保障与运维的方向发展。

随着我国城市轨道交通运营里程、客流强度不断增加，城轨列车运行面临前所未有的安全压力，迫切需要采用先进的安全保障技术。城轨列车在途安全监测与预警系统突破了列车安全检测传感网、列车关键设备在途故障诊断、列车在途安全监测数据大容量车地传输、列车在途隐患挖掘与评估预警、列车在途监测与预警集成等关键技术，研制开发了车载监控、车地数据传输和地面预警保障等 3 大技术系统，实现了列车安全预警、应急处置和运维决策支持的一体化。 其中基于传感网的列车关键设备在途故障诊断系统主要由列车关键系故障诊断系统、乘客异动识别系统、评估预警系统等构成，实现了列车走行、动力、均衡、制动、辅助等 5 个关键系统的在途故障诊断、乘客异动在途识别，以及故障和异动的安全评估和预警。车地安全数据传输系统由车地无线传输系统和地面大容量数据传输系统构成，实现了列车运行状态、轨旁检测、车站屏蔽门等信息的同步传输和接入。地面预警保障系统由监测预警、轨旁检测、故障维修等子系统构成，实现了车地检测信息融合、列车故障处置和故障维修等列车运行安全保障工作的一体化。

该系统目前已在广州地铁的 15 列 A 型运营车辆上进行了规模化部署，并通过两条典型运营线路进行了成功示范运行。代表着我国城轨列车安全保障由被动响应型向主动预防型、运营维护由轮修和故障维修向状态维修的技术转型，标志着我国在此领域的研究应用水平达到了国际先进水平。

城市轨道交通中的视频监控系统是城轨运营公共安全的重要保障系统，呈现高清数字化和智能分析的趋势。目前视频监控技术走过了三个发展周期：从模拟联网，发展到基于 DVR 的数字联网，以及今日的全数字联网。数字化的优势体现在整体的系统高干扰性、联网便利性、接口的开放性，高清的优势则体现在更多的细节和信息为可视化管理提供了极大的可能性和想象空间，智能分析能为视频数据的深层应用打开了无限的空间。而且视频监控与轨道交通综合管理系统愈来愈深度融合。视频监控系统向 SCADA、环控、屏蔽门、消防、安防等提供基础的视频资源，还可为运营管理系统提供客流分析、设备异常等智能分析信息，并纳入到平安城市、智慧城市的监控体系中。

（四）客运服务

客运服务系统的一体化和全自动化是目前客服系统发展的主要趋势，随着城市轨道交通系统与城市公共交通以及市郊铁路系统等交通方式的密切衔接，从出行信息、票务服务等方面都需要建立一体化的客运服务系统，其重点在于建设一体化的出行信息服务、换乘衔接设备和信息服务、一卡通式的票务服务等。随着客运服务设施的种类和数量愈来愈多，全自动化和无人化已成为客运服务设备发展的主要趋势。

客运服务很重要的一方面是实现服务信息的全覆盖，目前在无线通信技术发展的推动下，WiFi 地铁即覆盖了无线上网系统的地铁成为发展的热点。 地铁系统可向地铁用户发送 WiFi 信号，通过该上网系统提供地铁运营信息和上网公共服务。目前国内已有少数几个城市的轨道交通线路在试行免费无线上网服务。

三、发展趋势

（一）数字轨道交通

数字轨道交通是指在轨道交通规划、建设与运营管理中，充分地利用数字化信息处理技术和网络通信技术，对轨道交通信息元按照统一的规范关联地理信息，形成三维数字信息，并对此进行管理、分析和辅助决策的电子信息系统，有助于将轨道交通系统内部与外部城市的各种数字信息及地铁的各种信息资源加以整合利用，形成统一标准和规范。数字轨道交通的建设对轨道交通信息化的跨越式发展、提高运输效率和科学化管理、提高面对紧急事件的处理能力等具有深远的社会意义和经济效益。

（二）业务系统的云平台化

在轨道交通领域，随着业务应用系统的发展，数据量越来越大，业务处理逻辑也越发复杂，给现有的业务系统和网络带来巨大的挑战。目前随着 ICT 技术的深度融合，云计算在处理大数据量和复杂业务系统的优势能力越发突出。

云信息平台是一个提供信息交换、数据存储、分析计算、资源共享的服务平台。通过建设城市轨道交通云平台，将给城市轨道交通带来诸多好处。业务系统集中化建设，可以支撑轨道交通全网一体化统一运营；通过存储与服务器的虚拟化，共享硬件资源，减少额外的存储与计算能力，可以降低 IT 投资；整合后的云信息平台，实现业务间信息共享，提高各业务系统的无缝协作、快速联动效率；为地铁运营商提供强有力的分析工具，实现实时的事件采集、强有力的数据挖掘，提高运营智能化水平。

（三）主动安全保障与运维

轨道交通运营安全是轨道交通的核心竞争力，也面临着愈来愈大的压力和挑战，传统的安全保障和运维技术已难以满足其发展要求。主动安全保障与运维是指利用先进的技术与方法对轨道交通系统隐患与风险以及设备运行状态进行实时监测分析，主动预防事故和设备不良状态的发生，其主要目的是促使我国城轨交通安全保障由被动响应型向主动预防型、运营维护由轮修和故障维修向状态维修的技术转型。目前物联网、大数据等相关技术领域的快速发展促进了该领域的显著进步，随着我国轨道交通安全检测新技术的的大规模投入使用，监测数据不断增长，如何充分利用这些监测对轨道交通系统建立主动安全保障系统，进而有效地支持轨道交通在运营和维护方面的管理已经成为轨道交通管理领域的研究重点。

（四）绿色轨道交通与互联互通

城市轨道交通在节能、效率、安全、有害气体排放、噪声总量等方面比其他交通形式有着明显优点，但由于它是庞大、复杂、诸多工种交叉的城市区域中的系统工程，轨道交通工程在施工期和运营期对城市生态环境都会产生不同程度的影响，比如噪声污染、振动污染、电磁干扰等；由于其大运量的特点，按照目前我国城市轨道交通的发展速度，城市轨道交通的能耗将达到相当的规模，是耗能大户仍有节能潜力。在这种情况下，绿色轨道交通（Green Transportation）应运而生，它是指对人类生存环境不造成污染或者较小污染以及降低能耗的轨道交通方式，其本质是建立维持城市可持续发展的交通体系，以满足人们的交通需求，以最少的社会成本实现最大量的交通效率，与城市环境相协调。目前在新能源及储能式车辆、车辆轻量化、节能驾驶与操纵、综合能量管理、主被动降噪、多类型城市轨道交通系统等方面发展较快。

我国区域城镇经济的快速发展，将促进区域内的地铁、轻轨、城际轨道交通愈来愈向一体化、网络化和互联互通发展。因此区域内轨道交通规划的一体化、运营线路的网络化以及运营设备的互联互通成为未来研究及发展的重点。

（撰稿：秦勇、寇琳琳、贾利民）

2013中国新能源汽车技术发展

一、2013年中国新能源汽车行业基本情况

新能源汽车是指采用非常规的车用燃料（汽油、柴油之外的动力）作为动力来源（或使用常规的车用燃料，但采用新型车载动力装置），综合车辆的动力控制和驱动方面的先进技术，形成的技术原理先进、具有新技术、新结构的汽车。按动力源的不同，主要有三种类型：混合动力汽车（Hybrid Electric Vehicle，HEV）、纯电动汽车（Electric Vehicle，EV）和燃料电池电动汽车（Fuel Cell Electric Vehicle，FCEV）。按照电池种类的不同，又可以分为镍氢电池动力汽车、锂电池动力汽车和燃料电池动力汽车。

“十二五”期间，是中国新能源汽车完善技术创新链、产品型谱，培育产业链并探索新能源汽车制造价值体系，形成中国特色商业模式和规模应用环境的重要时期。2013 年中国的新能源汽车产销量分别为 17533 辆和 17642 辆，同比增幅分别是 39.7% 和 37.9%。其中，纯电动汽车的产销量分别为 14243 辆和 14604 辆，混合动力汽车的产销量分别为 3290 辆和 3038 辆。

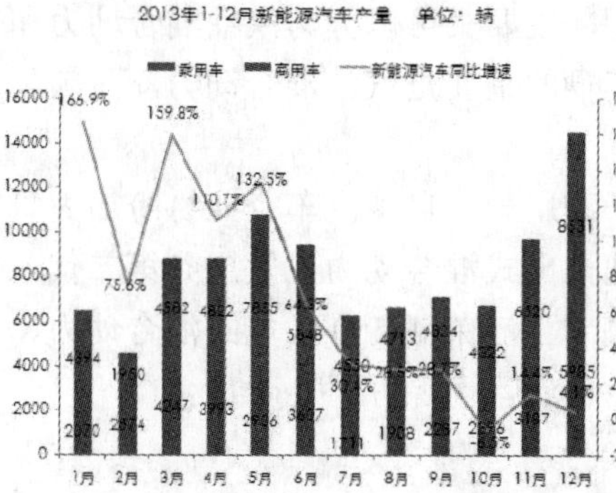

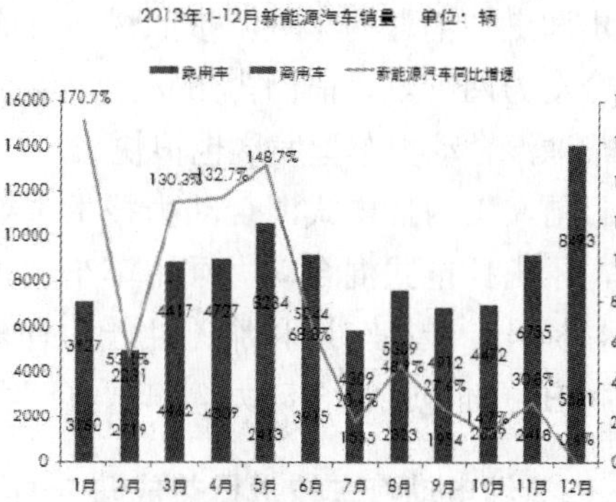

2013年中国的新能源汽车产销量统计

二、2013年中国新能源汽车行业取得的主要成绩

2013 年，国家财政部、科技部、工信部和发改委进一步加强了新能源汽车推广应用工作。从实施情况看，各项工作进展顺利，新能源汽车推广数量快速增加，其市场规模仍在不断拓展，政策效果已逐步显现。

按照四部委《关于继续开展新能源汽车推广应用工作的通知》（财建〔2013〕551 号）规定，纯电动乘用车、插电式混合动力（含增程式）乘用车、纯电动专用车、燃料电池汽车 2014 和 2015 年度的补助标准将在 2013 年标准基础上下降 10% 和 20%。

受国家积极政策的推进影响，2013 年度，我国新能源汽车，尤其是自主品牌的新能源汽车取得不俗的产销业绩。江淮汽车 2013 年纯电动轿车销量 1000 台，占全国总销量 7%。其终端市场价格约为 15 万，续航里程 155 公里，达到国家补贴 5.4 万元的标准，加上地方补贴终端实际价格大约在 5-10 万元，在牌照紧张的大城市具有较大吸引力。比亚迪目前新能源汽车主要有三个车型：纯电动轿车 E6、纯电动大巴 K9、插电式混合动力轿车秦，考虑到中央和地方补贴在内，这三个车型分别享受补贴 11 万、100 万和 7 万。宇通客车 2013 年混合动力客车及插电式混合动力客车合计销量为 3800 辆左右，市场排名第一。北汽新能源汽车公司中标大兴、通州、顺义、昌平 4 个区县 600 辆出租车，全年示范运行规模超过 1600 辆，居国内首位。北汽福田也形成“公交 LNG 一体化运营”的先进模式，LNG 产品交车达到 3012 辆。

同时，在国家多年研发支持下，“十二五”期间，我国汽车行业初步掌握了新能源汽车整车动力系统平台以及关键零部件的核心技术，基本建立了“三纵三横”（三纵：混合动力汽车、纯电动汽车、燃料电池汽车；三横：电池、电机、电控）和“三大平台”（三大平台：标准测试、能源供给、集成示范）。构成的矩阵式的技术创新体系，形成了较为全面的基础研究、产品开发、试验检测和评价的能力。新能源汽车整车技术水平明显提升，关键核心技术取得了重大突破，主要体现在以下几个方面。

（一）混合动力汽车技术取得较大进展

混合动力汽车是指那些采用传统燃料的，同时配以电动机 / 发动机来改善低速动力输出和燃油消耗的车型。按照燃料种类的不同，主要又可以分为汽油混合动力和柴油混合动力两种。目前国内市场上，混合动力车辆的主要是汽油混合动力，而国际市场上柴油混合动力车型发展也很快。

目前，国内插电式混合动力技术主要应用于乘用车，自主汽车企业纷纷加大研发力度，推出插电式混合动力乘用车车型。比亚迪插电式混合动力已发展到第二代，技术明显提升，最高车速和加速性能均有较大提高；上汽荣威 550 插电式混合动力、一汽奔腾 B50 插电式混合动力等车型也已经开始了示范运行活动。

（二）纯电动汽车技术日益成熟

电动汽车主要采用电力驱动的汽车，大部分车辆直接采用电机驱动，有一部分车辆把电动机装在发动机舱内，也有一部分直接以车轮作为四台电动机的转子，其难点在于电力储存技术。

目前我国已基本掌握了整车控制、动力系统匹配与集成设计等关键技术，部分企业开始进入产业化阶段。纯电动轿车方面，主要整车企业均将电动汽车纳入企业产品规划，研发投入不断加大，比亚迪、江淮、东风、长安、奇瑞、吉利等主要汽车企业均研制开发出纯电动汽车轿车，部分车型技术水平已有显著提高。如江淮同悦 EV 已经发展到第三代，车辆续驶里程提高了 30%，而能耗下降超过 5%。

（三）燃料电池汽车技术取得重要进展

燃料电池汽车是指以氢气、甲醇等为燃料，通过化学反应产生电流，依靠电机驱动的汽车。其电池的能量是通过氢气和氧气的化学作用，而不是经过燃烧，直接变成电能或的。燃料电池的化学反应过程不会产生有害产物，并且燃料电池的能量转换效率比内燃机要高 2 ～ 3 倍，因此从能源的利用和环境保护方面考量，燃料电池汽车是一种较为理想的新能源车辆。

在国家“十五”“863”计划电动汽车重大专项和“十一五”节能与新能源汽车重大项目支持下，我国燃料电池汽车技术研发取得重要进展，初步掌握了整车、动力系统与关键零部件的核心技术；建立了具有自主知识产权的燃料电池汽车动力系统技术平台；形成了燃料电池发动机、动力电池、DC/DC 变换器、驱动电机、储氢与供氢系统等关键零部件配套研发体系，具有百量级燃料电池汽车动力系统平台与整车生产能力。

（四）关键零部件产业化技术明显提高，部分关键技术取得突破

我国已经逐渐掌握了关键零部件核心技术，自主开发出系列化产品，关键零部件产业化也在全面跟进。

在动力电池方面，初步具备了产品研发能力和基础生产装备设计制造能力，动力电池性能指标逐步接近国际先进水平，锂离子电池正负极材料、电解液三大关键材料实现了国产化。自主研制出来的容量为 6Ah-100Ah 的镍氢和锂离子动力电池系列产品，能量密度和功率密度接近国际水平，同时突破了安全技术瓶颈，并首次规模应用于城市公交大客车。

在驱动电机系统方面，产品主要技术指标达到国际水平，性价比在国际上具有一定优势，形成了若干家年产能达到万套级以上的驱动电机企业。自主开发的 200kW 以下永磁无刷电机、交流异步电机和开关磁阻电机，电机重量比功率超过 1300w/kg，电机系统最高效率达到 93%；自主开发的燃料电池发动机技术先进，效率超过 50%，成为世界上少数几个掌握车用百千瓦级燃料电池发动机研发、制造以及测试技术的国家之一。

在电控系统方面，初步形成了混合动力系统、纯电驱动系统的小批量生产能力，掌握了部分核心技术，部分企业形成年产 5 万套以上的生产能力。力神、比亚迪、比克、万向等企业投入数十亿资金加快产业化建设，上海电驱动、大郡、湘潭电机、南车时代等电机企业加强与上下游企业合作，积极完善产业链建设。

总体上看，2013 年我国新能源汽车产业发展基础进一步夯实，发展环境进一步优化，具备了更好的技术、市场和资源条件，新能源汽车产业迈入崭新的发展阶段。

三、2013年中国新能源汽车行业存在的问题

（一）混合动力汽车产品与国外相比尚存在较大差距

受传统汽车关键技术影响，国内插电式混合动力汽车产品与国外相比尚存在较大

差距。由于国内插电式混合动力汽车的发展受到发动机与自动变速器等汽车共性技术落后的限制，同时又受到机电耦合驱动系统等插电式混合动力专用技术掌握较少的影响，插电式混合动力系统的集成设计水平相对落后。尽管国内企业推出了数款插电式混合动力车型，但多数产品尚处于样车阶段，未经过多轮验证研究，未达到系统优化和批量生产要求。关键原材料和电力电子元器件仍然依赖进口。整车和零部件工程化不足，产品处于产业化初期，成本较高。整车的节油率和可靠性仍需提高。而国外在混合动力专用发动机技术、机电耦合系统的控制技术等方面相对成熟，进一步发展插电式混合动力汽车难度较小。如丰田普锐斯重度混合动力汽车自1997年上市，经过多年的市场考验，技术已相当成熟，经过改进的插电式混合动力普锐斯已经在美国市场显示了较强的竞争力。

（二）电动汽车技术水平与国外接近

我国纯电动汽车技术水平与国外接近，但部分核心技术仍缺乏。我国自主开发的纯电动汽车在整车动力系统匹配与集成设计、整车控制方面已掌握核心技术，与国际先进水平接近。我国自主开发的电驱动系统性能测试接近国际先进水平，能满足示范批量样车需要，但高性能纯电动汽车产品在可靠性和工程化能力上仍落后于国外先进产品。部分电机、电池所需部件、材料需进口，同时，控制器基础硬件、芯片、绝缘栅双极型晶体管（IGBT）和信号处理放大部件等核心关键零部件也依赖进口。

（三）燃料电池汽车技术与国外差距不大

燃料电池汽车技术与国外差距不大，尚未进入产业化阶段。我国燃料电池汽车动力系统技术平台研发与国外几乎同步开展，总体技术接近国际先进水平，具有小批量示范考核的产能条件和进入国际市场的竞争力。燃料电池城市客车系统优化，制动能量回馈等混合动力功能得到加强，氢燃料消耗量由9.3千克/百公里降低到8.5千克/百公里，燃料经济性处于国际领先地位。我国燃料电池整车具有明显的成本优势（在车辆性能和配置基本相当的情况下，成本只有国际公司的30%），但在核心技术上，如燃料电池电堆技术特别是整套系统的技术水平与国外仍存在差距（落后于本田、丰田、巴拉德、通用），核心技术近年进展较为缓慢。另外，示范运行的规模较小，储氢和氢能源基础设施不足等问题尚未解决，产品的可靠性和成本离实用化还有相当大的差距。

（四）未来中国新能源汽车的发展趋势

展望未来2014—2015年，可以看到新能源汽车产业将会快速发展，主要体现在以下几个方面：

1. 多重政策促进新能源汽车加速发展。①国家四部委联合宣布将新能源汽车补贴政策到期延续，2014年新能源汽车推广应用补贴标准调整为：2014年在2013年标准基础上下降5%，2015年在2013年标准基础上下降10%，从2014年1月1日起开始执行。这就是说，今明两年的新能源汽车补贴标准下降幅度低于最初预期，政策加大了补贴力度，有利于新能源汽车的推广。②四部委公布第二批新能源汽车推广应用城市名单，其中，北京市对个人购纯电动车最高拟补 10.8 万。③新能源汽车列入十二省政府今年重点工作，今年地方两会已召开完毕，21 个省份表示今年将重点发展新能源产业，12 个省份将大力发展新能源汽车。

2．特斯拉等国际电动车进入国内带来的示范效应，特斯拉正式启动在华销售。其成熟技术的应用给中国自主品牌以及中国车企在发展新能源路径上提供了很好的借鉴。

3．知名车企纷纷推出电动车，推进行业发展。除 tesla 外，在 2014—2015 年两年将有 10 款以上电动汽车上市，这些汽车均是由宝马、大众、奥迪、奔驰等全球知名品牌推出，例如宝马 i3 预计将在 3 月份上市，奔驰与比亚迪合作的“腾势”预计将在 4 月份上市，另外还有宝马 i8、凯迪拉克 ELR、奥迪 R8、大众高尔夫电动版等。

（撰稿：龚进峰、高博麟）

2013年中国汽车电子技术与智能汽车发展

一、2013年中国汽车电子与智能汽车行业基本情况

随着人们对汽车安全、节能、舒适、环保等要求的不断提高，汽车电子技术在整车上的应用已经越来越广泛。对于各汽车厂商而言，汽车电子化是夺取未来汽车市场的重要的有效手段。

2013 年全球汽车产量 8738 万辆，中国生产 2211.7 万辆，同比分别增长 2.7% 和 14.8%，中国产量在全球占比达 25.3%。受益于汽车普及后舒适、安全需求提升，汽车电子在整车成本中占比持续提升，现在已达 25% 左右，未来将继续提高，预计到 2020 年提升至 50%。另一方面，当前新能源汽车中汽车电子成本占比已经达到 47%，随新能源汽车产量逐渐增加，汽车电子单车产值仍将持续提升。

回顾 2013 年，我国汽车电子产品技术发展的基本情况为：汽车发动机电控及节能技术快速发展，发动机的轻量化和小型化发展快速，且性能提升。底盘电子控制技术一体化进程加快，集成纵横向联合的稳定性控制系统 ESC 在中端家用轿车上大量普及，博世、大陆、万都等国外零部件公司的 ESC 已经在多种车型上成为全系标准配置；自动紧急制动系统、自适应巡航系统、泊车辅助系统、轮胎压力监测系统等诸多主动安全新技术大量涌现，汽车主动安全关注度逐渐提高，但民族品牌汽车电子控制核心技术发展态势依旧严峻；车载信息娱乐产品技术飞速发展，从音视频系统、导航系统到更加人性化、图形化的 APP 应用手机多媒体移动终端，车载信息娱乐产品越来越丰富，技术平台也逐渐趋于高端化。

二、2013年中国汽车电子与智能汽车行业的主要现状

相较于世界汽车电子的发展进程，我国汽车电子产品的研发起步较晚，市场占有率不大，而且集中在汽车影音娱乐等产品上，核心的汽车底盘电子控制产品仍然被国外品牌掌握和垄断，自主汽车电子产品的质量和性能水平参差不齐，可靠性、稳定性和产品一致性有待提高，与国际先进水平之间仍存在较大的差距。

然而，回顾 2013 年度，我国在部分汽车电子与智能汽车行业领域上仍取得了较为明显发展和进步。

（一）发动机电子控制技术

2013 年度我国发动机的自主开发能力有了较为明显的提高和验证，节能环保和小型化的技术趋势非常明显。在本年度的国产 10 佳发动机评比中，自主汽车品牌发动机

占据了 6 个席位，长安 1.8T、一汽 2.0T、北汽 2.3T、长城 2.0T 等公司的多款自主发动机都榜上有名，除江淮公司的 1.5L 乙醇燃料发动机外，其他均为采用涡轮增压技术的汽油发动机，充分说明发动机未来小型化、轻量化、环保、节能的技术发展趋势。

商用车发动机用的空气及温度传感器，国内部分自主品牌的零部件供应商通过引进消化和技术攻关，已经有了长足进步，如杭州麦乐克等多家国内电子科技有限公司的柴油机高温气体传感器和温度传感器等。

对于直喷发动机控制系统，国内与国外相比，硬件与软件都存在较大差距。硬件系统主要包括直喷用喷油嘴、电子油门、爆震传感器、宽带氧传感器，软件方面包括基于稀燃与分层燃烧理论的喷油与点火控制。

（二）自动变速器控制技术

随着国民生活水平的日益提高，对汽车的要求已不仅仅局限于代步工具，消费者越来越注重驾车的舒适性和安全性，同时城市交通拥堵的形势愈加严峻，使得装备有自动变速器的汽车销量比例越来越高。

自动变速器根据结构形式及换挡原理的不同，可以分为 AT（液力自动变速器）、AMT（机械自动变速器）、CVT（无级变速器）和 DCT(双离合自动变速器) 等。目前上述所有形式的自动变速器在国内都有公司在进行自主开发，例如山东盛瑞传动股份有限公司推出的横置 8AT 产品，并已成功配套江铃陆风的相关车型，同时一些自主品牌的主机厂如浙江吉利汽车通过商业运作和技术引进生产的 6AT 产品，已成功搭载于全球鹰、英伦系列的相关车型上。

尽管国内各自主品牌均已经或正在开发 DCT 的相关技术或产品，但至 2013 年，仍未有自主的 DCT 产品投入大量生产，说明在 DCT 的核心控制技术以及机械的加工制造工艺上还存在着一定的技术水平差距；AMT 方面，由于 AMT 本身构造的独特性，国内自主开发的 AMT 变速器在离合器结合和换挡控制方面仍然存在着较大技术困难，因此在市场上的 AMT 产品也是凤毛麟角。国内自主品牌在市场占有率上与国外品牌差距的主要原因来自于长期难以克服的技术瓶颈，包括机械零部件的加工制造工艺和自动变速器控制技术两大方面。其中机械加工制造工艺方面可以通过引进整箱产品或者先进制造装备来缩小差距，而在汽车电子方面，国内的变速器电控化的水平低，变速器电子控制单元（TCU）的硬件和软件基本依靠外国独资或合资公司提供的解决方案获得，只能将 TCU 定义为一个半透明的“灰盒子”，国内主机厂或者变速器厂仅能修改其中的很小一部分标定数据，硬件和软件部分开放的内容很少。

因此，缩小变速器电控化的差距需要在汽车电子方面重点突破，即在：TCU、传感器、电磁阀以及执行器等零部件上加大研发投入。

（三）汽车智能安全控制技术

近年来，随着国内汽车保有量的持续增加，道路交通安全问题已经逐渐凸显出来。汽车智能安全控制技术，在一定程度上推动了汽车安全技术的变革，缓解了驾驶的驾驶疲劳，降低了交通事故的发生率。

虽然我国已经是世界上首位的汽车生产和消费国，但是关键汽车零部件产品主要还是依赖合资和进口。特别是涉及到车辆安全和动力的汽车电子产品 90% 以上需要通过合资企业供应或直接进口，关键技术仍然掌握在国外公司手中。目前，在国内销售的高端合资和进口车型如大众、奥迪、宝马、福特、皇冠、讴歌、英菲尼迪等，均装有汽车先进驾驶辅助系统，但是这些智能安全控制系统产品主要来自博世、电装、天合、德尔福等国际上著名的汽车零部件供应商。而国内自主品牌如吉利帝豪、广汽传祺、比亚迪速锐等车型目前配有的 360 度车载环视系统、遥控泊车系统等，功能上还较为单一，并且实用效果仍有待提高。

1．前向碰撞预警 / 自动紧急制动系统

前向避碰预警（Forward Collision Warning，FCW）/ 自动紧急制动（Autonomous Emergency Brake，AEB）系统，主要由前向传感器检测模块、数据分析模块和执行机构 3 大部分构成。其中前向传感器检测模块的核心包括毫米波雷达、激光雷达或摄像头等环境感知传感器，它可以提供本车前方障碍物、车辆、行人等的距离和速度信息，然后利用数据分析模块将测出的距离与报警距离、安全距离进行比较，小于报警距离时则仅提供报警提示，而小于安全距离，且驾驶员仍然未能或来不及踩下制动踏板的情况下，AEB 系统会自动启动并完成紧急制动，使汽车快速停止，从而确保行车安全。

2013 年欧盟出台新的汽车安全法规，要求自 2014 年起，所有在欧盟成员国市场销售的新车都要配备 FCW/AEB 系统，没有配备该系统的汽车将不能获得 Euro-NCAP（欧洲新车安全评鉴协会）五星级的安全认证。这些举措对 FCW/AEB 系统的发展和普及起到了重大的推动促进作用，全球各大汽车企业都通过逐渐增加 FCW/AEB 系统的配置比例，来增强汽车产品的竞争力。

在此影响下，国内也有部分主机厂和零部件供应商开始关注并着手研发自主的 FCW/AEB 系统及其关键核心零部件。民用毫米波雷达技术和摄像头图像识别技术等，已经取得了较为明显的进步，如山东省科学院自动化研究所引进的以色列的 77GHz 毫米波雷达技术，苏州智华汽车电子有限公司推出的 FCW 系统，已经实现量产并向部分国内整车企业提供前装配套等等。但目前国内已有的部分主动安全系统都还停留在预警技术阶段，尚无成熟的前向制动控制技术。

2．自适应巡航控制系统

自适应巡航控制系统（Adaptive Cruise Control，ACC）是一种智能化的自动控制系统，它是在早已存在的巡航控制技术的基础上发展而来的。在车辆行驶过程中，安装在车辆前部的测距传感器（雷达）持续扫描车辆前方道路，同时轮速传感器采集车速信号。当本车与前车之间的距离过小时，ACC 控制单元通过与制动防抱死系统、发动机控制系统协调动作，使车轮适当制动，并降低发动机的输出功率，从而控制本车辆与前方车辆始终保持安全的行驶距离。

目前，德国博世、大陆、美国天合、德尔福等国外著名零部件企业均有各自的产品，并且通用、大众、丰田等公司已经将其应用到了部分高端车型上。国内一些高校也已经对 ACC 技术进行了跟进研究，北京理工大学车辆学院、清华大学汽车技术研究所等科研机构正从事 ACC 技术或相关技术的研制工作，并且取得了阶段性进展。但尚无自主产品上市推广。

3. 变道辅助 / 盲点检测系统

变道辅助（Lane Change Assist，LCA），也叫叫盲点检测信息系统（Blind Spot Information System，BLIS）。系统中，位于车辆后方或侧方的雷达或摄像头传感器会对本车侧后方的一个扇形盲区范围进行监控，如果有速度大于 10 公里 / 小时，且与车辆本身速度差在 20-70 公里 / 小时之间的移动物体（车辆或者行人）进入该盲区，系统即认为存在车辆变道行驶的危险，A 柱上的警示灯就会亮起，以提醒驾驶员注意侧后方的车辆或行人，防止出现事故。国内市场部分高端合资和进口品牌高端轿车已经装备了该系统，同时外资零部件供应商也已经推出了较为成熟的 BLIS 产品。由于不涉及底盘制动系统、转向系统的控制技术，因此，该技术的研发和推广核心主要集中在环境感知传感器技术上，国内部分自主整车企业和零部件企业已经对该系统进行了前期研发，如合肥晟泰克汽车电子有限公司开发了基于 25GHz 毫米波雷达的盲点监测系统，并正在为部分整车企业进行配套供应服务。

除此之外，汽车智能安全控制系统还包括车道偏离报警（Lane Departure Warning，LDW）/ 车道保持系统（Lane Keeping System）、自动前照灯控制系统（Adaptive Front Lighting System，AFS）、胎压监测系统（Tyre Pressure Monitor System，TPMS）等等。

（四）车联网通信技术

车联网是以车内网、车际网和移动互联网为基础，按照约定的通信协议和数据交互标准，在车 -X（X：车、路、行人及互联网等）之间，进行无线通信和信息交换，从而实现智能化监督管理、智能动态信息服务和车辆智能化控制的一体化、综合的“云服务平台”。车联网的发展将在很大程度上缓解城市的交通拥堵问题，车辆行驶安全的问题。

经过了几年的发展研究，车联网的发展日趋成熟。根据最新发行的物联网汽车市场预测报告书显示，2013 年全球车联网市场规模达到了 200 亿美元。以博通、飞思卡尔、罗姆、意法半导体、德州仪器、爱特梅尔、美信、恩智浦等为首的全球半导体芯片原厂，无论是在未来战略部署与宣传，抑或当前顶层设计中的内核或 IP 核架构上的设计，都紧紧围绕车联网技术展开。

1. 车辆远程信息通信模块

车辆远程信息通信模块，即 Telematics 模块（以下简称 T 模块）是车联网的基础，美国、日本和欧洲的车联网应用较为成熟，通用、丰田、日产等国际汽车厂商纷纷推出运用智能导航和远程助手等车联网技术的车型产品并推向国内市场。通用、EDS 公司与休斯电气利用各自专业领域的技术和经验，共同开发出 OnStar 系统占据世界市场占第一位 。但其目前装车都是基于 GPRS 的通信方式，不排除他们推出更先进的技术与设备。其它国外汽车零部件厂商已经推出基于 3G/4G 网络的 T 模块，如大陆、Bosch 等。

国内 Telematics 尚处于发展初期，一些用于工程车辆、出租车类商用集团用户的定位、调度系统，其系统容量小且属于后装系统，也不具备 Telematics 典型功能。2013 年，少数自主乘用车已经开始支持辅助导航、信息娱乐通信功能，进一步整合远程安防、远程诊断功能的系统已经投入示范运行，如在上汽新能源车辆上已经示范运行的 Telematics 系统。Telematics 模块从技术角度面临的问题，主要是如何将无线通信终端整合进整车电子构架，以及如何升级现有汽车电子功能支持远程服务，前者需要在当前车载语音通信基础上考虑整车数据通信要求，后者则对功能设计而言可能是新的挑战和机遇。

2．车载导航技术

在车联网产品中，目前应用最多的是车载导航技术。车载导航系统的核心是由全球卫星定位系统与电子地图相结合构成的。目前使用最为广泛与成熟的汽车导航系统是美国研制的 GPS 导航系统。据悉，目前中国自主研制的北斗定位系统也已经覆盖我国及亚太地区，北斗导航系统已经开始在局部领域推广应用。

2012 年 12 月 27 日，北斗系统空间信号接口控制文件正式公布，北斗导航业务正式对亚太地区提供无源定位、导航、授时服务。北斗卫星导航系统推出后，在政府的大力推广下，部分国内汽车电子企业纷纷进军北斗，这其中包括科骏达、路畅、创维、佳艺田、科维、索雳、车行健等企业，双模块导航在行业迅速推广，北斗及 GPS 并存的发展局面已经逐渐形成。

但是随着我国北斗卫星导航系统的建立和完善，北斗导航取代 GPS 将成为趋势。由中国汽车工业协会主办的“2013 中国汽车信息服务产业转型升级大会”在京举行。业内人士结合北斗卫星导航给汽车行业带来的发展机遇进行了深入探讨，确立了以北斗导航引领的汽车信息服务将成为未来十年我国汽车产业快速发展的战略支撑点，并最终形成了《中国汽车信息服务产业转型发展宣言》。

（五）无人驾驶汽车技术

无人驾驶汽车主要依靠车内计算机处理器为主的智能驾驶系统来实现无人驾驶，它集自动控制技术、传感器技术、计算机技术等众多技术为一体，是计算机科学、模式识别和智能控制高度发展的产物。无人驾驶技术利用车载环境传感器如雷达、摄像头和超声波传感器等来感知车辆周围环境，并根据感知所获得的道路、车辆位置和障碍物信息，控制车辆的转向和行驶速度，从而使车辆能够安全、可靠地在道路上行驶。

目前国外的无人驾驶技术以谷歌公司为代表，逐步进入大范围的路试阶段，截止到 2013 年初，谷歌宣布其研发改装的自动驾驶汽车已成功累积行驶超过 30 万英里（约合 48.3 万公里）。期间，所有驾驶控制均由电脑自动完成，整个行驶记录中无任何意外事故发生，但同时，谷歌公司并未透露其中有多少公里是在试验场中进行的。

国内的无人驾驶技术起步于 20 世纪 80 年代，主要有一些科研院所和高校承担研发任务。从无人驾驶技术的研发至今，已经取得了一些进展。早在 2011 年，由国防科技大学自主研制的无人驾驶汽车，完成了从长沙到武汉 286 公里的高速全程无人驾驶实验。2012 年，由军事交通学院研制的无人驾驶智能汽车也完成了京津高速公路（北京台湖收费站到天津东丽收费站）测试项目。

三、2013年中国汽车电子与智能汽车行业发展变化的新特点

从宏观上看，2013 年我国汽车电子的发展仍将主要集中在动力总成、主被动安全、车身控制、汽车网络、通信系统和传感器控制器芯片方面，并呈现出功能多样化、技术一体化、系统集成化和通信网络化的特点。具体而言，包括：

- 汽车发动机的节能、环保和小型化特点日益明显，小排量增压发动机比例增加；
- 先进驾驶辅助技术更为突出，AEB/FEW、TPMS、ACC等技术开始广泛应用；
- 车联网技术的应用已经在自主品牌的汽车上广泛展开；
- 整车电子电器架构系统设计等开始成为整车企业关注的热点；
- 汽车电子更加注重人性化设计，如无钥匙进入、延时照明、自动关窗、辅助夜视等。

四、未来电子与智能汽车技术发展趋势

汽车电子技术对推动汽车技术的进步起着重要作用，发动机控制、变速器控制、助力转向、悬挂控制、制动控制、底盘一体化控制等无一例外地依靠汽车电子技术来实现。

未来，节能、环保、安全、舒适、娱乐是汽车电子技术的发展趋势，以汽车为中心的信息通信技术、车载传感器技术、环境识别技术和智能驾驶控制技术将成为汽车电子发展的下一波研究热点。

1. 车载传感器技术

传感器技术是汽车电子化、智能化发展的关键技术之一。随着汽车智能化的发展，汽车电子装置的增加，使得智能汽车对传感器应用的依赖程度越来越大。由于汽车电子装置的多样化，车用传感器的种类和数量也在不断增加。因此，未来的车用传感器将会朝着高精度、高可靠性、集成化、微型化和低成本的方向发展。

2. 主动安全控制技术

未来汽车电子控制的重要发展方向之一是汽车主动安全领域，并随着更加先进的智能型传感器、快速响应的执行器、高性能电控单元、先进的控制策略、计算机网络技术、雷达技术、第三代移动通信技术在汽车上的广泛应用，汽车主动安全控制技术正在朝着更加智能化、自动化和信息化的底盘一体化控制方向发展。

3. 智能汽车的数据处理技术

智能汽车的行驶离不开大量数据信息的采集与传送，而支撑其正常运转的核心技术就是面向智能汽车的数据处理技术。智能汽车数据具有数据量大、数据总类多和数

据冗余等特点，针对这些特点智能汽车的数据处理技术应该包括：数据融合、数据压缩、数据标准化技术、数据挖掘和数据仓库等技术。

4．面向车联网的网络技术

由于Telematics系统运营涉及到整车制造商、通信服务运营商、信息服务运营商等多方面利益，其方案架构、商业模式、产业形态尚处于借鉴国外的摸索阶段。因此在初步解决上述商业探索后，借助国内汽车电子积累和丰富的通信、信息资源，具有自主特色的Telematics系统将迅速形成规模，有力拉动整车、通信、信息服务行业的发展。同时，值得注意的是，车联网所涉及的产业链很长，汽车厂商、运营商、IT厂商、软件厂商、内容提供商等都想掌控更多的话语权并获得更多的利益。因此，如何平衡各方利益，将是保证车联网技术未来发展和市场推广的重要一环。

（撰稿：龚进峰、高博麟）

2013年公共交通电子支付

2013 年，公共交通电子支付领域比往年更加的热闹，这一年，交通运输部草拟了“公共交通一卡通技术标准”，拟推公共交通一卡通全国互联互通；同时，住房和城乡建设部 IC 卡应用服务中心在推动全国一卡通互联互通方面也取得可喜成绩，在区域互联互通方面，广东省公交一卡通（岭南通）则基本实现了在粤港澳地区的互联互通，是全国规模最大的区域公交一卡通系统。而在技术方面，“移动支付”、“NFC”等炙手可热，“手机钱包”业务遍地开花；金融 IC 卡作为传统公交一卡通强有力的竞争对手，逐渐以“闪付”形式渗透至公共交通支付领域。

一、交通运输部推进全国一卡通互联互通

2013 年 1 月初，《国务院关于城市优先发展公共交通的指导意见》正式下发，要求在“十二五”期间，全面推广普及城市公共交通“一卡通”，加快在城市不同交通方式中的应用；加快完善标准体系，逐步实现跨市域公共交通“一卡通”的互联互通。此前，《公共交通 IC 卡技术要求》和《公共交通 IC 卡读写终端技术要求》两项技术标准已经面向社会公开征求意见。

8 月 23 日，交通运输部又就《城市公共交通 IC 卡业务及技术应用规范》征求意见。该规范的制订在于满足城市公共交通 IC 卡在公共汽电车、轨道交通、出租等公共交通领域的支付需求，并具备向其它小额支付领域的扩展能力，形成统一的指导性规范，保障联网通用。

该规范包括以下 8 个部分：《总则》、《公共交通 IC 卡技术要求》、《公共交通 IC 卡读写终端技术要求》、《业务规则规范》、《信息技术接口规范》、《通信报文接口规范》、《安全规范》以及《检测规范》。该规范中卡片有两个钱包结构，电子钱包结构和电子现金结构，两个结构共用一个余额；同时，该规范是兼容性方案，与现行规范不冲突。

交通运输部拟按照以下思路逐步推进该项工作：

一是广泛深入听取行业意见，抓紧制定出台行业发展的指导意见，为推广普及城市公交一卡通并实现互联互通发展指明方向；

二是充分考虑城市公共交通一卡通互联互通工作的复杂性，做好包括政策、技术和运行机制等多个方面的顶层设计；

三是进一步完善技术规范，加快在示范省份的技术验证，提炼形成行业标准，最终形成国家标准；

四是城市公共交通一卡通业务涉及交通运输业务领域广泛，对密钥系统的使用管理模式应充分研究，为服务行业发展提供保证；

五是抓紧建设完善国家级一卡通清分结算平台，做到高效、适用，坚持开放态度，积极引导行业力量参与建设工作；

六是加强对影响制约城市公共交通一卡通发展的主要矛盾和问题的研究，完善保障政策，促进行业健康发展。

交通运输部同时还提出，推进城市公共交通一卡通互联互通要切实处理好各方面的关系，统筹兼顾，平稳过渡，充分保护好一卡通行业的市场主体利益；要应用更先进的技术，兼顾长远发展，不断提高使用的便利性，让老百姓满意。

二、公共交通一卡通互联互通情况

（一）住建部 IC 卡应用服务中心推进全国一卡通互联互通

2013 年 9 月底，“全国 35 个城市实现互联”的消息在各大媒体传开并引起广泛关注。消息称：2013 年 10 月底，天津、沈阳、福州等 18 个城市将加入全国城市一卡通互联互通平台，联网城市市民可持本地公交 IC 卡在其他联网城市刷卡乘坐公共交通及进行其他消费，并享受当地刷卡的优惠政策，加上之前加入的 17 城市，全国将共有 35 个城市一卡通实现互联互通。全国城市一卡通互联互通平台由住建部 IC 卡应用服务中心主导推进。

住建部标准 IC 卡互联互通模式：

1．技术标准

住建部 IC 卡中心分别于 2003 年、2006 年、2008 年颁布并推广了近 10 项国家行业标准，涵盖 IC 卡终端机具、卡片操作系统、安全体系、后台系统等诸多方面。但其在不同发展阶段所制订的标准不向下兼容。因此，不同时期建设 IC 卡的城市所参照的标准不一，较早建设的城市 IC 卡系统不能平稳升级。

2．推广模式

在全国互联互通的推广过程中，住建部 IC 卡中心没有按照分级管理思路，对城市等级进行划分，而是无论是直辖市、省会城市还是地级市都通通作为独立的运营主体纳入互通城市行列，互相没有管辖和隶属关系。如互联互通的城市中既包括上海、天津这样的直辖市，南昌、兰州、福州等省会城市，也有永州、锦州等地级城市。

3．运营模式

卡片发行：城市发行住建部标准互联互通 IC 卡时，需首先在卡厂灌入住建部提供用于互联互通的认证码，城市拿到带有认证码的 IC 卡再进行发卡；在灌入认证码阶段，住建部 IC 卡中心收取每张卡 0.3 元的发卡费。

跨区消费收费：住建部 IC 卡中心对互联城市所产生的异地卡本地消费收取 3‰的跨区服务费。

4．应用情况

住建部 IC 卡中心互联互通的 35 个城市主要集中在二三线城市，主要是依托上海，辐射到江浙一带。未能覆盖到北京、广州、深圳等城市一卡通发展较为成熟的区域。

（二）粤港澳实现区域公交一卡通互联互通

截至2013年底，广东省公交一卡通—岭南通已基本实现对香港、澳门及省内21个地市的覆盖（深圳、东莞已开通试运行线路）。岭南通技术标准卡发卡量超过3500万张，消费终端近8万台，累计消费交易量超过173.4亿笔，消费金额超过296.4亿元，跨区域消费笔数6.1亿笔，跨区域消费金额13.5亿元，日最高刷卡量超过1200万人次，跨区域日最高刷卡量超过90万人次。

广东省公交一卡通的推广采用全国首创的“类银联”业务模式，这种模式有以下几个特点：

1．坚持“六统一”原则

岭南通公司采用政府推动、企业实施、市场化运作的方式，按照“统一规划、统一管理、统一品牌、统一标准、统一密钥、统一结算”原则贯彻落实全省公交一卡通互联互通工作。

2．双品牌管理

岭南通卡使用“岭南通•地方通（或地市名称）”的双品牌、双版面策略发行，既保证省一卡通品牌整体风格的一致性，同时也体现地方品牌特色和自主权。如：岭南通•羊城通，岭南通•肇庆通、岭南通•五邑通等。

3．“共享增量”的合作理念

岭南通公司秉承“保持存量、提升存量，发展增量、共享增量”的合作理念，区域公交一卡通不影响地市公司自主经营、拓展与管理的本地业务，依旧享有本地售卡及相关利益，区域公交一卡通带来的跨区域交易收益，由省一卡通公司和地市公司共享。

4．“错位发展”的职责分工

岭南通公司主要负责制定岭南通技术标准，构建岭南通后台系统，代管岭南通系统密钥，统一清算岭南通交易数据，岭南通跨区域交易资金结算，配合政府管理部门积极推动岭南通卡的拓展应用并形成规范运作；地市公司则自主经营、管理本地业务。

三、新技术的应用及特点

（一）移动支付

移动支付通常也称为手机支付，就是允许用户使用其移动终端（通常是手机）对所消费的商品或服务进行账务支付的一种服务方式。

说到移动支付，不能不提到NFC技术。

1．技术概况

NFC(Near Field Communication)，又称近距离无线通信，是一种短距离的高频无线通信技术，允许电子设备之间进行非接触式点对点数据传输，在十厘米（3.9英吋）内交换数据。

NFC的技术特征：

（1）NFC 是一种提供轻松、安全、迅速的通信的无线连接技术，其传输范围比 RFID 小，NFC 采取了独特的信号衰减技术，相对于 RFID 来说 NFC 具有距离近、带宽高、能耗低等特点；

（2）NFC 与现有非接触智能卡技术兼容，目前已经成为得到越来越多主要厂商支持的正式标准；

（3）NFC 是一种近距离连接协议，提供各种设备间轻松、安全、迅速而自动的通信。与无线世界中的其他连接方式相比，NFC 是一种近距离的私密通信方式。NFC 在门禁、公交、手机支付等领域内发挥着巨大的作用。

NFC 设备可以用作非接触式智能卡、智能卡的读写器终端以及设备对设备的数据传输链路，其应用主要可分为以下四个基本类型：用于付款和购票、用于电子票证、用于智能媒体以及用于交换、传输数据。

NFC 的工作模式：

（1）卡模式（Card emulation）：可以替代现在大量的 IC 卡（包括信用卡）场合商场刷卡、公交卡、门禁管制，车票，门票等等，卡片通过非接触读卡器的 RF 域来供电，即便是寄主设备（如手机）没电也可以工作；

（2）点对点模式（P2P mode）：用于数据交换，传输距离较短，传输创建速度较快，传输速度快，功耗低；

（3）读卡器模式 (Reader/writer mode)：作为非接触读卡器使用，比如从海报或者展览信息电子标签上读取相关信息。

2．公共交通电子支付应用案例

7 月 19 日，北京市政交通一卡通有限公司与中国移动北京公司在京共同签署《战略合作框架协议》，并联合发布“移动 NFC 手机一卡通”应用，这是 NFC 技术首次应用于国内交通行业。

8 月 27 日，广东岭南通股份有限公司与广东移动、浦发银行广州分行在“中国移动 NFC 手机支付产品发布会”上签署了战略合作意向书，三方将积极推进 NFC 手机支付应用，促使 NFC 手机和岭南通钱包合二为一，为习惯手机“掌中宝”的用户提供“随手乘公交、交易随心付”的服务。

境外，新加坡 EZ-Link 已实现用 NFC 手机充值交通一卡通，绑定银行卡或者信用卡然后用 NFC 手机对交通卡进行充值，金融账户的金额直接转入到交通卡账户当中。如此，每一个 NFC 手机都是一个充值终端，城市通卡的发展也会借此提升到一个新的阶段。国内与 EZ-Link 相同功能的，还有都都宝充值，近日也与深圳通合作，提供充值方式的同时，未来还有直接的 NFC 全终端支付方式。NFC 充值，算是 2013 年非常有落地价值的 NFC 创新方案。

3．发展趋势

NFC 的发展经历过几个重要阶段：

阶段一、国际厂商导入阶段，NFC 应用很狭窄；从以飞利浦半导体 (现恩智浦半导体)、诺基亚和索尼为代表的国际厂商推出 NFC 的标准后，以其为主推出的芯片产品带动NFC在一些小区域或小范围的运用。这一阶段并无大集团的强力推动，属于NFC的放养期。

阶段二、运营商主导阶段，银行被撇开，NFC应用很受限；这一阶段以运营商为主，推出NFC-SWP SIM卡，并将其作为电子钱包进行一些小额支付，包括与公交系统合作，进行刷手机SIM卡进行支付。但是因为这种方式撇开了银行，银行觉得自己的奶酪被人动了。所以NFC推广得并不顺利。就是这种的应用受到银行等老大的制约，应用面非常狭窄，并且给用户的体验感并不好。所以影响也相当有限。

阶段三、移动支付机构为推手的阶段，银行被就范，应用趋广泛。银联与央行面对日益增加的移动支付、电子支付的压力，所以不得不主动出击，主动出来引导和规范市场，提出了PBOC3.0技术标准。并且，工信部已经将13.56MHz标准确定为NFC移动支付的国家标准，标准的统一将较好地规范NFC移动支付产业的发展。

NFC逐渐成为智能手机的标配，业界称2013年未NFC支付元年。NFC在中国的支付环境已经渐渐成熟，目前几乎所有大型商场、超市、影院等都已支持NFC支付，而大部分商家都已支持NFC支付。同时终端的入门门槛也在降低，可以预计，随着越来越多手机厂商，支付商家的加入，NFC产业必将迎来大发展。

（二）闪付

1. 技术概况

“闪付”是中国银联的产业品牌之一，标示银联非接触式支付产品及应用，用于PBOC2.0非接触式IC卡等支付应用，具备小额快速支付的特征。

用户选购商品或服务，确认相应金额，用具备“闪付”功能的金融IC卡或银联移动支付产品，在支持银联“闪付”的非接触式支付终端上，轻松一挥便可快速完成支付。一般来说，单笔金额不超过1000元，无需输入密码和签名。

支持闪付功能的产品，除了各大银行的IC银行卡，还包括部分已经和银联达成合作协议的移动用户端，例如智能手机。

2. 公共交通电子支付应用案例

公交金融IC卡应用项目覆盖超过全国17个省（市）的45个地区，金融IC卡的应用已经成功进入公共交通服务领域，而且成效显著。

2013年，安徽安庆市于8月实现了出租车和公交车“闪付”功能；11月，青海省首个金融IC卡刷卡乘坐公交车项目在海北州门源回族自治县成功上线、实施；在江苏省，苏州市11月举行了“苏州公交新一代POS机金融IC卡项目启动仪式”，新一代公交POS机既能继续服务“市民卡”的刷卡，又能实现金融IC卡在新机具上的刷卡交易，同时手机、异地交通卡也能得到应用，突破了无法实现城市间互联互通的障碍；宿迁市公交金融IC卡系统于11月18日正式上线运行。此外，河北唐山，湖北钟祥、孝昌、古城、赤壁，山西晋中，浙江宁海，安徽安庆、黄山、金寨、淮南、六安，湖南石门、浏阳，四川成都，重庆开县，贵州贵阳、安顺、遵义、都匀、六盘水，新疆巴楚，江西上饶等地均在今年在公交领域实现了金融IC卡应用。

在广东，城市交通领域的“闪付”应用范围扩大。在居民出行较多的公交行业，中山、清远、韶关市区绝大多数公交线路和梅州多条线路都接受“闪付”。珠海正在建设智能停车缴费服务平台，车主已可在全市主要路段的300台咪表设备“闪付”缴纳停车费，未来将扩展到3000台咪表设备。同时，该市还将“闪付”应用于公共自行车租赁服务，目前一期工程的主城区195个服务点已基本建成，5000辆公共自行车逐步投入使用。

12月，海南已有350台出租车安装刷卡机，试点金融IC卡闪付。出租车POS机利用金融IC卡电子现金闪付消费功能，通过脱机消费快速扣款，款项直接进入司机绑定的银行账户，并且有短信通知到账，让司机放心收款，让客户放心消费。这是海南省金融IC卡行业应用首例。

便捷支付还进一步升级，挥下手机即可闪付。8月，浦发银行福州分行携手移动推出了手机支付银行卡，其将银行卡信息直接写入手机SIM卡内，这样手机就具有了银行卡的相关功能。手机支付“闪付”功能与金融IC卡的一样，客户到超市结账，只要轻挥手机就可完成“闪付”。

3. *发展趋势*

手机支付是未来“闪付”发展的主要方向。

它的核心理念是将近距离非接触式金融IC卡和手机终端相结合，通过手机模拟卡片实现近场支付功能，并利用手机通信功能实现远程支付，能够为用户提供方便、快捷、安全的支付体验。目前，多家银行已和运营商开始这方面的探索与合作。

（撰稿：谢振东）

第二篇

政策及标准篇

第一章

国家、行业政策

国务院办公厅关于印发促进民航业发展重点工作分工方案的通知

国办函〔2013〕4号

各省、自治区、直辖市人民政府，国务院有关部门：

《促进民航业发展重点工作分工方案》（以下简称《分工方案》）已经国务院同意，现印发给你们，请认真落实。

有关部门要认真贯彻落实《国务院关于促进民航业发展的若干意见》（国发〔2012〕24号）精神，按照《分工方案》将涉及本部门的工作进一步分解和细化，抓紧制定具体落实措施。同一项工作涉及多个部门的，牵头部门要加强协调，部门间要主动密切协作。发展改革委、民航局要认真做好统筹协调、督促检查工作。

各省、自治区、直辖市人民政府要积极发挥主体作用，加强与有关部门的沟通衔接，加快推进各项工作。工作落实中的重大问题及时向国务院报告。

国务院办公厅

2013年1月14日

促进民航业发展重点工作分工方案

一、加强机场规划和建设

1. 抓紧完善机场布局，加大建设力度。整合机场资源，加强珠三角、长三角和京津冀等都市密集地区机场功能互补。新建支线机场，应统筹考虑国防建设和发展通用航空的需要，同时结合实际加快提升既有机场容量。（发展改革委、民航局、国土资源部、住房城乡建设部、环境保护部、质检总局、空管委办公室。列第一位者为牵头部门或单位，其他有关部门按职责分工负责，下同）

2. 按照建设综合交通运输体系的原则，确保机场与其他交通运输方式的有效衔接。大型机场应规划建设一体化综合交通枢纽。注重机场配套设施规划与建设，配套完善旅客服务、航空货运集散、油料供应等基础设施。（发展改革委、民航局、交通运输部、铁道部、住房城乡建设部、国土资源部、邮政局）

3. 着力把北京、上海、广州机场建成功能完善、辐射全球的大型国际航空枢纽，培育昆明、乌鲁木齐等门户机场，增强沈阳、杭州、郑州、武汉、长沙、成都、重庆、西安等大型机场的区域性枢纽功能。（民航局、公安部、海关总署、质检总局、发展改革委、空管委办公室）

二、科学规划安排国内航线网络

4. 构建以国际枢纽机场和国内干线机场为骨干，支线和通勤机场为补充的国内航空网络。重点构建年旅客吞吐量1000万人次以上机场间的空中快线网络。加强干线、支线衔接和支线间的连接，提高中小机场的通达性和利用率。（民航局）

5. 以老少边穷地区和地面交通不便地区为重点，采用满足安全要求的经济适用航空器，实施“基本航空服务计划”。（民航局、发展改革委、财政部）

6. 优化内地与港澳之间的航线网络，增加海峡两岸航线航班和通航点。（民航局、港澳办、台办）

7. 完善货运航线网络，推广应用物联网技术，按照现代物流要求加快航空货运发展，积极开展多式联运。（民航局、工业和信息化部、交通运输部、铁道部、财政部、邮政局）

三、大力发展通用航空

8. 巩固农、林航空等传统业务，积极发展应急救援、医疗救助、海洋维权、私人飞行、公务飞行等新兴通用航空服务，加快把通用航空培育成新的经济增长点。（民航局、农业部、林业局、卫生部、交通运输部、科技部、财政部、海洋局）

9. 推动通用航空企业创立发展，通过树立示范性企业鼓励探索经营模式，创新经营机制，提高管理水平。（民航局、发展改革委）

10. 坚持推进通用航空综合改革试点，加强通用航空基础设施建设，完善通用航空法规标准体系，改进通用航空监管，创造有利于通用航空发展的良好环境。（民航局、发展改革委、法制办、空管委办公室）

四、努力增强国际航空竞争力

11. 适应国家对外开放和国际航空运输发展的新趋势，按照合作共赢的原则，统筹研究国际航空运输开放政策。（民航局）

12. 鼓励国内有实力的客、货运航空企业打牢发展基础，提升管理水平，开拓国际市场，增强国际竞争能力，成为能够提供全球化服务的国际航空公司。（民航局、国资委、公安部、海关总署、财政部、质检总局）

13. 完善国际航线设置，重点开辟和发展中远程国际航线，加密欧美地区航线航班，增设连接南美、非洲的国际航线。巩固与周边国家的航空运输联系，推进与东盟国家航空一体化进程。加强国际航空交流与合作，积极参与国际民航标准的制定。（民航局）

五、持续提升运输服务质量

14. 要按照科学调度、保障有力的要求，努力提高航班正常率。建立面向公众的航班延误预报和通报制度，完善大面积航班延误预警和应急机制，规范航班延误后的服务工作。（民航局、公安部）

15. 推广信息化技术，优化运行流程，提升设备能力，保证行李运输品质。（民航局、

工业和信息化部）

16. 完善服务质量标准体系和实施方法，简化乘机手续，创新服务产品，打造特色品牌，提高消费者满意度。（民航局、海关总署、质检总局、公安部）

六、着力提高航空安全水平

17. 牢固树立持续安全理念，完善安全法规、制度体系，建立健全安全生产长效机制。坚持和完善安全生产责任制度，严格落实生产运营单位安全主体责任。推行安全隐患挂牌督办制度和安全问责制度，实行更加严格的安全考核和责任追究。（民航局、安全监管总局）

18. 加强专业技术人员资质管理，严把飞行、空管、维修、签派、安检等关键岗位人员资质关。（民航局、人力资源社会保障部）

19. 加大安全投入，加强安全生产信息化建设，积极推广应用安全运行管理新技术、新设备。（民航局、财政部、安全监管总局、工业和信息化部）

20. 加强应急救援体系建设，完善重大突发事件应急预案。（民航局、安全监管总局、公安部）

七、加快建设现代空管系统

21. 调整完善航路网络布局，建设国内大容量空中通道，推进繁忙航路的平行航路划设，优化繁忙地区航路航线结构和机场终端区空域结构，增加繁忙机场进离场航线，在海洋地区增辟飞越国际航路。优化整合空管区划，合理规划建设高空管制区。（空管委办公室、发展改革委、民航局）

22. 完善民航空管管理体制与运行机制。（民航局、中央编办）

23. 大力推广新一代空管系统，加强空管通信、导航、监视能力及气象、情报服务能力建设，提升设备运行管理水平。（民航局、工业和信息化部、科技部、气象局）

八、切实打造绿色低碳航空

24. 实行航路航线截弯取直，提高临时航线使用效率，优化地面运行组织，减少无效飞行和等待时间。（民航局、空管委办公室、发展改革委）

25. 鼓励航空公司引进节能环保机型，淘汰高耗能老旧飞机。推动飞机节油改造，推进生物燃油研究和应用。（民航局、发展改革委、财政部、商务部、能源局）

26. 制定应对全球气候变化对航空影响的对策措施。（民航局、发展改革委、财政部、外交部、环境保护部）

27. 制定实施绿色机场建设标准，推动节能环保材料和新能源的应用，实施合同能源管理。（发展改革委、民航局、工业和信息化部、环境保护部、财政部）

28. 建立大型机场噪音监测系统，加强航空垃圾无害化处理设施建设。（环境保护部、民航局）

九、积极支持国产民机制造

29. 鼓励民航业与航空工业形成科研联动机制，加强适航审定和航空器运行评审能力建设，健全适航审定组织体系。积极拓展中美、中欧等双边适航范围，提高适航审定国际合作水平。（民航局、工业和信息化部、外交部）

30. 积极为大飞机战略服务，鼓励国内支线飞机、通用飞机的研发和应用。（工业和信息化部、发展改革委、财政部、科技部、商务部、民航局）

31. 引导飞机、发动机和机载设备等国产化，形成与我国民航业发展相适应的国产民航产品制造体系，建立健全售后服务和运行支持技术体系。（工业和信息化部）

十、大力推动航空经济发展

32. 通过民航业科学发展促进产业结构调整升级，带动区域经济发展。鼓励各地区结合自身条件和特点，研究发展航空客货运输、通用航空、航空制造与维修、航空金融、航空旅游、航空物流和依托航空运输的高附加值产品制造业，打造航空经济产业链。（各省、自治区、直辖市人民政府，民航局、发展改革委、工业和信息化部、交通运输部、商务部、人民银行、银监会、旅游局）

33. 选择部分地区开展航空经济示范区试点，加快形成珠三角、长三角、京津冀临空产业集聚区。（发展改革委、商务部、民航局）

十一、加强立法和规划

34. 健全空域管理相关法律法规，推动修订《中华人民共和国民用航空法》。加强航空安全、空中交通、适航审定、通用航空等方面的立法工作，建立比较完备的民航法规和标准体系。（民航局、法制办、空管委办公室）

35. 编制全国空域规划和通用航空产业规划。（民航局、发展改革委、空管委办公室）

36. 完善《全国民用机场布局规划》。（发展改革委、民航局）

37. 各地区编制本地民航发展规划，要做好与当地经济社会发展、土地利用、城乡建设等规划的衔接。（民航局、发展改革委、国土资源部、住房城乡建设部、环境保护部）

十二、加大空域管理改革力度

38. 以充分开发和有效利用空域资源为宗旨，加快改革步伐，营造适应航空运输、通用航空和军事航空和谐发展的空域管理环境，统筹军民航空域需求，加快推进空域管理方式的转变。加强军民航协调，完善空域动态灵活使用机制。科学划分空域类别，实施分类管理。（空管委办公室、发展改革委、民航局）

39. 做好推进低空空域管理改革的配套工作，在低空空域管理领域建立起科学的基础理论、法规标准、运行管理和服务保障体系，逐步形成一整套既有中国特色又符合低空空域管理改革发展特点的组织模式、制度安排和运行方式。（空管委办公室、发展改革委、科技部、民航局）

十三、完善管理体制机制

40. 适应民航业发展要求，理顺民航业管理体制机制，强化民航系统各地区管理机构建设。（民航局、中央编办）

41. 加强民航业主管部门对民航企业的行业管理力度，完善国有大型航空运输企业考核体系，引导企业更加注重航空运输的社会效益。（民航局、国资委）

42. 完善航空安保体制机制，加强行业主管部门与地方政府的沟通协调，确保空防安全。（民航局、公安部）

43. 全面贯彻《民用机场管理条例》，深化机场管理体制改革，进一步明确地方政府在机场发展中的主体责任和相关职能。发挥市场对资源配置的基础性作用，逐步推进民航运输价格改革，健全价格形成机制。完善民航机场和空管收费政策。（发展改革委、民航局）

44. 加快航油、航材、航信等服务保障领域的市场开放，鼓励和引导外资、民营资本投资民航业。（民航局、商务部、发展改革委）

十四、强化科教和人才支撑

45. 将民航科技创新纳入国家科技计划体系，建立相应的国家级民航重点实验室。加强空管核心技术、适航审定、航行新技术的研发和推广，推动北斗卫星系统在民航领域的应用。（科技部、工业和信息化部、民航局、空管委办公室）

46. 加快航空运输系统核心信息平台的升级换代，保障基础信息网络和重要信息系统安全，增强民航装备国产化的实验验证能力。（工业和信息化部、科技部）

47. 实施重大人才工程，加大飞行、机务、空管等紧缺专业人才培养力度。强化民航院校行业特色，鼓励有条件的非民航直属院校和教育机构培养民航专业人才。（民航局、教育部）

48. 对民航行政机构专业技术人员薪酬待遇等实行倾斜政策，稳定民航专业人才队伍。（人力资源社会保障部、财政部、民航局）

十五、完善财税扶持政策

49. 加大对民航建设和发展的投入，中央财政继续重点支持中西部支线机场建设与运营。（发展改革委、财政部、民航局）

50. 加强民航发展基金的征收和使用，优化基金支出结构。（财政部、民航局、发展改革委）

51. 完善应急救援和重大专项任务的行政征用制度。（民航局）

52. 实行燃油附加与航油价格的联动机制。（发展改革委）

53. 保障机场及其综合枢纽建设发展用地。（各省、自治区、直辖市人民政府，国土资源部、住房城乡建设部、环境保护部）

54. 按规定实行相应的税收减免政策，支持符合条件的临空经济区按程序申请设立综合保税区等海关特殊监管区域，按规定实行相应的税收政策。继续在规定范围内给予部分飞机、发动机、航空器材等进口税收优惠。（财政部、税务总局、海关总署、工业和信息化部、质检总局、民航局）

十六、改善金融服务

55. 研究设立主体多元化的民航股权投资（基金）企业。（民航局、证监会、工商总局、商务部、发展改革委）

56. 完善民航企业融资担保等信用增强体系，鼓励各类融资性担保机构为民航基础设施建设项目提供担保。稳步推进国内航空公司飞机第三者战争责任险商业化进程。（银监会、民航局、保监会、人民银行、商务部、财政部）

加快推进绿色循环低碳交通运输发展指导意见

交政法发〔2013〕323号

交通运输是国民经济和社会发展的基础性、先导性和服务性行业，也是国家节能减排和应对气候变化的重点领域之一。为全面落实党的十八大提出全面建成小康社会的宏伟目标和“五位一体”的总体布局，加快推进绿色循环低碳交通运输发展，特提出以下指导意见：

一、总体要求

1．指导思想

深入贯彻落实党的十八大精神，按照建设“五位一体”总体布局的要求，以科学发展观为指导，以节约资源、提高能效、控制排放、保护环境为目标，以加快推进绿色循环低碳交通基础设施建设、节能环保运输装备应用、集约高效运输组织体系建设、科技创新与信息化建设、行业监管能力提升为主要任务，以试点示范和专项行动为主要推进方式，将生态文明建设融入交通运输发展的各方面和全过程，加快建成资源节约型、环境友好型交通运输行业，实现交通运输绿色发展、循环发展、低碳发展。

2．基本原则

——政府主导，合力推动。积极争取各级政府支持，主动加强与相关政府部门的协调，发挥政策叠加优势，突出政府主导作用。同时，充分发挥市场调节作用、企业主体作用和行业协会作用，引导社会公众广泛参与，形成政府、企业和公众共同参与的协同推进机制。

——优化结构，创新管理。在继续加强绿色循环低碳技术研发和推广应用的基础上，更加注重优化交通基础设施结构、运输装备结构、运输组织结构和能源消费结构，更加注重提升行业监管能力和企业组织管理水平，充分挖掘结构性和管理性绿色循环低碳发展潜力。

——法规约束，强化责任。积极推进绿色循环低碳交通运输法律法规和标准体系建设，着力改善法制环境，建立健全目标责任制和考核评价制度，加强监督检查，加大奖惩力度，增强绿色循环低碳发展的目标责任与制度约束。

——试点示范，典型引路。建立部省共同推进绿色循环低碳交通运输发展新机制，推进区域性和主题性试点，深化绿色循环低碳交通运输专项行动，树立行业典型，以点带面，推动全行业绿色循环低碳发展。

3．发展目标

到2020年，在保障实现国务院确定的单位GDP碳排放目标的前提下，全行业绿色循环低碳发展意识明显增强，节能减排体制机制更加完善，科技创新驱动能力明显提高，监管水平明显提升，行业能源和资源利用效率明显提高，控制温室气体排放取得明显成效，适应气候变化能力明显增强，生态保护得到全面落实，环境污染得到有效控制，基本建成绿色循环低碳交通运输体系。

——基本完善交通运输行业绿色循环低碳发展的法规政策和标准。

——基本建成行业能源消耗监测考核体系。

——基本达到战略规划中确定的各种运输方式能源单耗和碳排放强度指标。

——基本实现各种运输方式的生态环境保护和污染治理的主要指标。

二、主要任务

（一）强化交通基础设施建设的绿色循环低碳要求

4．实现交通基础设施畅通成网、无缝衔接

继续按照综合交通运输体系发展战略规划要求，补齐发展短板，发挥比较优势，实现相互衔接、畅通成网，推进各种运输方式协调发展，凸显整体优势和集约效能。加强综合交通枢纽及其集疏运配套设施建设，实现客运“零距离换乘”和货运“无缝衔接”。推动以公共交通为导向的城市发展模式，加快城市轨道交通、公交专用道、快速公交系统（BRT）等大容量公共交通基础设施建设，加强自行车专用道和行人步道等城市慢行系统建设，增强绿色出行吸引力。

5．加强能源节约利用

树立全寿命周期成本理念，将节约能源资源要求贯彻到交通基础设施规划、设计、施工、运营、养护和管理全过程。在项目立项、初步设计、施工及验收各阶段，认真贯彻国家关于固定资产投资项目的节能要求。在交通基础设施建设和养护中，大力推广应用节能型建筑养护装备、材料及施工工艺工法。积极扩大绿色照明技术、用能设备能效提升技术及新能源、可再生能源在交通基础设施运营中的应用。

6．加强土地和岸线资源集约利用

严格建设项目用地审查，合理确定建设规模。优化设计，因地制宜采取有效措施，减少耕地占用，避让基本农田保护区。加强综合交通枢纽用地的综合立体开发。按照“统筹规划、合理布局、集约高效”的要求，节约集约利用交通通道线位资源，提高港口岸线资源利用效率。

7．加强资源循环利用

遵循“减量化、再利用、资源化”原则，积极探索资源回收和废弃物综合利用的有效途径。大力推广应用节水节材建设和运营工艺，实现资源的减量化。大力开展废旧材料的再生和综合利用，提高资源再利用水平。加强钢材、水泥、木材、砂石料等主要建材的循环利用，积极推进粉煤灰、煤矸石、建筑垃圾、生产生活污水等在交通基础设施建设运营中的无害化处理和综合利用。

8．加强生态环境保护

严格执行交通建设规划和建设项目环境影响评价、环境保护“三同时”和建设项目水土保持方案编制制度。提倡生态环保设计，严格落实环境保护、水土保持措施，加强植被保护和恢复、表土收集和利用、取弃土场和便道等临时用地生态恢复。推进绿化美化工程建设。加强施工期间环境保护工作，确保施工期间污染物排放达标。加强交通基础设施建设、养护和运营过程中的污染物处理和噪声防治。

（二）加快节能环保交通运输装备应用

9．优化交通运输装备结构

提高交通运输装备、机械设备能效和碳排放标准，严格实施运输装备、机械设备能源消耗量准入制度。积极推广应用高能效、低排放的交通运输装备、机械设备，加快淘汰高能耗、高排放的老旧交通运输装备、机械设备，提高交通运输装备生产效率和整体能效水平。推动建立交通运输装备能效标识制度，鼓励购置能效等级高的交通运输装备。

10．加快推广节能与清洁能源装备

推进以天然气等清洁能源为燃料的运输装备和机械设备的应用，加强加气、供电等配套设施建设。积极探索生物质能在交通运输装备中的应用。推广应用混合动力交通运输装备，推进合同能源管理在用能装备和系统中的应用，采用租赁代购模式推进电池动力的交通运输装备应用。推进模拟驾驶和施工、装卸机械设备模拟操作装置应用，积极推广应用绿色维修设备及工艺。

11．加强交通运输装备排放控制

严格落实交通运输装备废气净化、噪声消减、污水处理、垃圾回收等装置的安装要求，有效控制排放和污染。严格执行交通运输装备排放标准和检测维护制度，加快淘汰超标排放交通运输装备。鼓励选用高品质燃料。加强交通运输污染防治和应急处置装备的统筹配置与管理使用。

（三）加快集约高效交通运输组织体系建设

12．优化运输结构

按照“宜水则水、宜陆则陆、宜空则空”的原则，提高铁路、水路在综合运输中的承运比重，降低运输能耗强度。积极促进铁路、公路、水路、民航和城市交通等不同交通方式之间的高效组织和顺畅衔接，加快形成便捷、安全、经济、高效的综合运输体系。大力推进多式联运，积极发展集装箱运输。优先发展公共交通，大幅提高公共交通出行分担比例。

13．优化客运组织

推进客运企业之间运输组织平台建设，引导客运企业实施规模化、集约化经营，加强运输线路、班次、舱位等资源共享，推进接驳运输、滚动发班等先进客运组织方式。推广联程售票、网络订票、电话预订等方便快捷的售票方式及信息服务，提高客运实载率。

14．加快发展绿色货运和现代物流

充分发挥各种运输方式的比较优势，大力发展滚装运输、驮背运输等多式联运。加快发展专业化运输和第三方物流，积极引导货物运输向网络化、规模化、集约化和高效化发展，优化货运组织，提高货运实载率。加强城市物流配送体系建设，建立零担货物调配、大宗货物集散等中心，提高城市物流配送效率。依托综合交通运输体系，完善邮政和快递服务网络，提高资源整合利用效率。

15．优化城市交通组织

优化城市公共交通线路和站点设置，科学组织调度，逐步提高站点覆盖率、车辆准点率和乘客换乘效率，改善公共交通通达性和便捷性，提升公交服务质量和满意度，增强公交吸引力。

16．引导公众绿色出行

积极倡导公众采用公共交通、自行车和步行等绿色出行方式。合理布局公共自行车配置站点，方便公众使用，减少公众机动化出行。加强静态交通管理，推动实施差别化停车收费。综合运用法律、经济、行政等交通需求管理措施，加大城市交通拥堵治理力度。

（四）加快交通运输科技创新与信息化发展

17．加强绿色循环低碳交通运输科研基础能力建设

加强交通运输绿色循环低碳实验室、技术研发中心、技术服务中心等技术创新和服务体系建设。强化绿色循环低碳交通人才队伍建设，打造一支数量充足、结构合理、素质优良的绿色循环低碳交通运输专业人才队伍。

18．加强绿色循环低碳交通运输技术研发

加快推进基于物联网的智能交通关键技术研发及应用、交通运输污染事故应急反应与污染控制的关键技术研究及示范等重大科技专项攻关，实现重大技术突破。大力推进交通运输能源资源节约、生态环境保护、新能源利用等领域关键技术、先进适用技术与产品研发。

19．加强绿色循环低碳交通运输技术和产品推广

加紧研究制定绿色循环低碳交通运输技术政策。及时发布绿色循环低碳交通运输技术、产品、工艺科技成果推广目录，积极推进科技成果市场化、产业化。大力推进绿色循环低碳交通运输技术、产品、工艺的标准、计量检测、认证体系建设。

20．推进交通运输信息化和智能化建设

推动建立各种运输方式之间的信息采集、交换和共享机制，探索建立综合运输公共信息平台。积极推进客货运输票务、单证等的联程联网系统建设，推进条码、射频、全球定位系统、行包和邮件自动分拣系统等先进技术的研发及应用。逐步建立智能交通运输网络的联网联控和自动化检测系统，提高运行效率。

（五）加快绿色循环低碳交通运输管理能力建设

21．*完善绿色循环低碳交通运输战略规划*

研究完善绿色循环低碳交通运输发展战略。研究出台行业和企业节能减排和应对气候变化规划编制指南，建立分层级、分类别、分方式的规划体系。建立健全规划审批、报备、评估和修订制度。

22．*完善绿色循环低碳交通运输法规标准*

积极研究制定《交通运输节约能源条例》等法规及配套规定。在交通基础设施设计、施工、监理等技术规范中贯彻绿色循环低碳的要求，研究制定交通运输规划环境影响评价规范。建立健全交通运输行业重点用能装备和机械设备燃料消耗和排放限值标准及市场准入与退出机制。

23．*完善绿色循环低碳交通运输统计监测考核体系*

完善交通运输能耗统计监测报表制度，稳步推进能耗在线监测机制及数据库平台建设，加强交通环境统计平台和监测网络建设。研究开展交通运输重点用能单位的能源管理体系建设和能源审计工作，逐步建立交通运输行业能源管理师职业制度。研究建立交通运输绿色循环低碳发展指标体系、考核办法和激励约束机制。

24．*推进绿色循环低碳交通运输市场机制运用*

积极推广合同能源管理，加强培养节能环保第三方服务机构，加快培育节能环保技术服务市场。鼓励交通运输企业参与自愿减排、自愿循环。研究建立交通运输装备和产品能效及碳排放认证制度。积极推进交通运输企业参与实施清洁发展机制（CDM）项目。

25．*积极探索参与碳排放交易机制*

引导交通运输企业参与国内碳排放交易，研究编制交通运输碳排放清单和核算细则。抓紧研究应对国际碳排放交易的对策，提出交通运输排放统计、估测、报告与核查的方法学和体系。加快研究交通基础设施生态建设的碳汇能力和潜力，探索将其纳入碳排放交易的方法和模式。

三、保障措施

26．*加强组织领导*

积极推动各级政府层面设立绿色循环低碳交通运输发展领导小组，各部门、各单位应当明确相应的绿色循环低碳管理机构和专职人员。认真贯彻落实《公共机构节能条例》，做好公共机构节能。交通运输重点用能企业应有相关的责任部门和人员，负责本企业能源利用的日常管理工作。

27．*加大政策激励*

推动完善加快绿色循环低碳交通运输发展的财税、金融、土地、贸易、保险、投资、价格、科技创新等激励政策，加强政策引领。积极推动争取地方财政设立交通运输节能减排专项资金，逐步扩大专项资金规模。研究实施在工程预算或概算中，加大对生态保护、生态恢复、污染防治与节能减排的投入。加大科技资金对能源资源节约、生态保护、污染防治等领域的支持力度。

28．开展试点示范

开展部省协同推进绿色循环低碳交通运输发展行动。深入推进重点用能企业绿色循环低碳交通运输专项行动。扎实开展绿色循环低碳交通运输科技专项行动，积极打造一批绿色循环低碳交通科技示范工程。积极开展区域性和主题性试点、生态建设和修复试点、环境监测网络试点等工作，推动全行业加快绿色循环低碳发展步伐。

29．强化考核评价

研究制定并严格落实绿色循环低碳交通运输发展考核评价办法，对工作成效突出的地区和单位给予表彰和奖励，对工作推进缓慢的地区和单位及时进行督导。研究出台将监督检查、考核评价结果与补助资金、评优评先挂钩的办法。

30．培育绿色文化

加大宣传教育与培训力度，将绿色循环低碳发展纳入重大主题宣传内容，结合“节能宣传周”、“低碳日”等活动，开展形式多样的绿色循环低碳交通运输宣传，提升绿色循环低碳交通运输理念，培育绿色循环低碳交通运输文化，使绿色循环低碳发展成为全行业和社会公众的自觉行动。

31．深化交流合作

积极参与应对气候变化国际谈判，维护国家整体利益和行业发展利益。结合国际谈判进展和欧盟等各国的相关政策，研究提出我国参与国际交通运输温室气体谈判和国际多边合作的对策建议。加强与国际组织、国外政府机构、企业、研究咨询机构等的交流合作，广泛利用国际资源，积极吸收借鉴国际先进经验。搭建行业绿色循环低碳发展交流平台，促进先进技术推广和经验交流。

交通运输部

2013 年 5 月 22 日

交通运输部关于贯彻落实《国务院关于城市优先发展公共交通的指导意见》的实施意见

交运发〔2013〕368号

为深入贯彻落实《国务院关于城市优先发展公共交通的指导意见》（国发〔2012〕64号，以下简称《指导意见》），进一步推进城市公共交通优先发展，充分发挥公共交通对改善城市交通状况、促进经济社会协调和可持续发展的作用，现提出以下若干实施意见：

一、总体要求

（一）深刻领会《指导意见》的核心内涵

城市公共交通是为社会公众提供基本出行服务的社会公益性事业和重大民生工程。《指导意见》针对我国城市公共交通发展面临的新形势、新任务，从发展理念、发展原则、发展目标、发展政策和发展机制等方面提出了系统的指导意见，实现了多方面的政策和机制创新，是推动实施城市公共交通优先发展战略的重要纲领。各地要认真学习、深刻领会《指导意见》的精神实质，增强贯彻落实的积极性和主动性。要以科学发展观为指导，以城市人民政府为主体，突出城市公共交通的公益属性，将城市公共交通发展放在城市交通发展的首要位置，进一步实施城市公共交通优先发展战略；要坚持方便群众、综合衔接、绿色发展、因地制宜的原则，在设施用地、投资安排、路权分配、财税扶持等方面对城市公共交通给予优先保障，形成城市公共交通科学发展、优先发展新局面，努力使公共交通成为公众出行首选。

（二）城市公共交通发展的总体目标

到2020年，基本确立城市公共交通在城市交通中的主体地位，安全可靠、经济适用、便捷高效的公共交通服务系统基本形成，较好满足公众基本出行需求。具体体现在：

——公共交通引领城市发展能力显著提升。城市总体规划、控制性详细规划、综合交通规划与城市公共交通规划的衔接更加顺畅，规划落实更加到位。城市公共交通引领城市发展和缓解城市交通拥堵的作用显著增强，以公共交通走廊作为发展主轴、以主要客运枢纽作为发展节点的城市交通发展格局初步形成。

——公共交通服务质量显著提升。公共交通服务覆盖范围不断扩大，线网结构不断优化，公交换乘更加方便；万人公共交通车辆拥有量大幅提升，车辆装备技术水平显著提高，乘车环境更加舒适；车辆运行速度和准点率明显提高；枢纽场站建设滞后和乘车拥挤状况明显缓解；科技支撑作用显著增强，智能公共交通系统初步建成，运营调度、公众出行信息服务和安全应急管理更加高效；公共交通吸引力明显增强，公共交通出行分担率明显提升，城乡公共交通一体化水平全面提高。到 2015 年，市区人口 300 万以上的城市，基本实现中心城区公共交通站点 500 米全覆盖，万人公共交通车辆拥有量达到 15 标台以上，城市公共汽（电）车进场率达到 60% 以上；市区人口 100 万至 300 万的城市，基本实现中心城区公共交通站点 500 米全覆盖，万人公共交通车辆拥有量达到 12 标台以上，城市公共交通车辆进场率达到 50% 以上。到 2020 年，市区人口 100 万以上的城市，实现中心城区公共交通站点 500 米全覆盖，万人公共交通车辆拥有量达到 16 标台以上，城市公共汽（电）车进场率达到 70% 以上，公共交通占机动化出行比例达到 60% 左右。市区人口 100 万以下的城市，参照上述指标和地方实际，确定城市公共交通发展目标。

——公共交通可持续发展能力显著提升。公共交通法规政策和标准规范体系基本建立，优先发展理念深入人心，优先保障政策全面落实，可持续发展机制比较完善，城市交通综合管理稳步推进，社会监督更加到位。公共交通现代企业制度基本建立，行业队伍更加稳定。

二、主要任务

（三）提升规划调控能力

——加强规划编制。推进城市综合交通规划和城市公共交通规划编制工作，经城市人民政府批准后纳入城市控制性详细规划。结合城市经济社会发展要求和居民出行需要，合理规划建设以公共汽（电）车为主体的地面公共交通系统，包括快速公交系统、现代有轨电车等大容量公共交通系统，优化线网结构、场站布局、换乘枢纽和重要交通节点设置，落实各种公共交通方式的功能分工，加强与步行、自行车等出行方式的协调，完善保障措施。

——强化规划调控。倡导公共交通支撑和引导城市发展的规划模式，加强与有关部门协调，在编制和调整城市总体规划、土地利用总体规划、城市控制性详细规划时，应充分考虑城市公共交通发展和公众出行需要，统筹城市空间布局、功能分区、土地利用和交通需求，科学谋划公共交通发展与城市功能布局，提升公共交通引领城市发展能力。

——推进规划落实。在城市人民政府领导下，建立城市交通运输、发展改革、公安、财政、国土、规划等部门共同参与的公共交通协调机制，明确职责分工，认真组织实施城市公共交通规划。应制定城市公共交通规划年度实施计划，确保规划执行到位。

（四）提升公交基础设施服务能力

——完善公交基础设施服务网络。推动将城市公共交通枢纽场站（含换乘枢纽、调度中心、停车场、保养场、首末站、停靠站、候车亭等）以及配套服务设施（含步行道、自行车道、公共停车场等）建设，纳入城市旧城改造和新城建设规划，同步实施。积极协调落实公交枢纽场站建设用地，加快公交枢纽场站建设，方便运营调度和公众乘车，提高公共汽（电）车进场率。

——完善公交基础设施投资政策。坚持以各级地方政府为主的原则，加大对公交基础设施的投资力度。对纳入城市公共交通规划范围内的基础设施，城市交通运输主管部门应列入投资建设计划。积极拓宽融资渠道，吸引社会资金参与城市公共交通基础设施建设和运营。

——加强公交基础设施运营管理。健全管理制度，加大监管力度，维护运营秩序，保障运营安全。加强对公共交通枢纽场站及其配套设施的日常养护管理，保持公共交通枢纽场站使用权的稳定，保障正常运营。加强对公交基础设施运营管理人员的职业培训，提升管理效能和服务能力。

（五）提升公共交通服务品质

——扩大公共交通服务范围。根据居民出行需求特点，适时调整和优化城市公共交通线网结构，提高线网密度和站点覆盖率，方便乘客出行。积极推动城市公共交通线路向城市周边延伸；有条件的地区对城市周边农村客运班线实施公交化改造，努力扩大城市公共交通服务广度，增加服务深度。适应公众多样化的出行需求，积极提供通勤班车、社区接驳班车等多品种、多层次的特色公共交通服务。统筹规划城乡客运服务网络和设施建设，促进城乡客运资源共享，不断提高城乡公共交通一体化水平。稳步推进毗邻城市之间距离适中、客流量大的道路客运班线公交化改造，加强与城市公共交通的接驳换乘。完善促进城乡公共交通一体化发展的政策法规体系，明确准入退出、税费支持、补贴补偿、服务监管等方面的管理制度和保障措施；完善城乡公共交通一体化相关的标准规范体系，加快车型选择、安全监管、票制票价等方面标准规范的制修订进程。

——提高换乘便利性。加强城市公共交通与其他交通方式的衔接，推进与城市综合客运枢纽相配套的城市公共交通场站和换乘设施建设，提高换乘效率。推进驻车换乘系统建设，在综合客运枢纽、轨道交通和快速公交系统主要换乘站周边，配套建设小汽车、自行车停车设施，方便换乘，并实行优惠的停车收费价格，鼓励公众选择城市公共交通出行。加强公共交通不同线路间的衔接，完善公交站台换乘条件和换乘票价优惠政策，提高换乘比例。

——提高出行快捷性。结合城市特点，推动城市轨道交通和快速公交系统合理发展，加强轨道交通、快速公交系统与公共汽（电）车的衔接，完善换乘设施，构筑大容量快速城市公共交通系统。市区人口 100 万以上的城市以及暂不具备建设城市轨道交通条件的城市，应积极推进快速公交系统建设，并逐步形成快速公交网络。力争到 2020 年，全国快速公交系统线网运营总里程达到 5000 公里。积极推进城市公共交通优先车道和优先信号系统建设，逐步形成城市公共交通优先通行网络。力争到 2020 年，全国城市公共交通优先车道总里程达到15000公里。

——提高乘坐舒适性。完善城市公共交通车辆技术标准和规范，提高车辆安全防护技术水平和乘坐舒适性。加快发展安全性能高、乘坐舒适的城市公共交通车辆，推广应用大容量、低地板公交车辆和空调车。完善公交车辆技术准入和维修检测制度，保障城市公交车辆技术状况良好。加快车辆更新改造和升级步伐，加快淘汰安全性能差、排放标准低的老旧车辆。积极推进混合动力、纯电动、天然气等新能源和清洁燃料车辆在公共交通行业的示范和应用，完善支持政策和配套设施，提高低能耗、低排放、清洁燃料等车辆应用比例。积极推广应用无障碍化城市公共交通车辆，完善无障碍设施，方便残疾人乘用。

（六）提升公共交通安全保障能力

——落实企业安全生产主体责任。城市公共交通企业应加强安全生产管理，健全安全生产管理机构，配备专职安全生产管理人员，完善安全生产责任制，落实车辆、人员、场站、安全应急等方面的安全生产管理制度和标准规范，加大安全经费投入，并定期开展安全检查和隐患排查整治，全面落实企业安全生产主体责任。

——加强应急管理。制定完善应对自然灾害、运营事故、恐怖袭击和公共卫生等突发事件的城市公共交通应急预案，并定期演练。城市公共交通应急预案应涵盖基础设施监控、车辆运行监测、突发事件预警、应急处置程序和措施等。积极推进城市公共交通车辆安装卫星定位和视频监控设施设备，提供实时报警、录像和图像传输等功能，加强对车辆、站台、换乘通道等重点区域的客流监测、运行状态评估、安全预警及信息服务。

——加强安全监管。在城市人民政府领导下，建立有关部门“各司其职、各负其责、齐抓共管”的安全监管机制。完善城市公共交通枢纽场站、车辆等方面的安全标准和安全管理制度。落实监管责任，加大安全投入，定期组织安全检查和隐患排查。高度重视轨道交通运营安全管理。完善轨道交通工程验收和试运营审核制度，不符合试运营基本条件的轨道交通线路，一律不得投入试运营；完善轨道交通第三方安全评估制度，定期组织第三方专业机构开展轨道交通线路运营安全评估，提出改进意见和处置方案，并联合有关部门督促城市轨道交通运营企业整改落实。

——增强公众安全意识。开展社会公众公共交通安全应急知识宣传教育活动，制定乘客安全乘车行为规范和公共交通突发事件应急知识手册，组织开展公共交通安全应急知识竞赛、公共交通突发事件应急演练等活动，提高社会公众公共交通安全意识和安全防范能力。

（七）提升公共交通智能化水平

——加快信息技术应用。按照智能化、综合化、人性化的要求，推进信息技术在城市公共交通运营管理、服务监管和行业管理等方面的应用，提高城市公共交通智能化水平。统一顶层设计，完善信息采集和分析手段，加快建设完善公众出行信息服务系统、车辆运营调度管理系统、安全监控系统和应急处置系统。促进城市公共交通与其他交通方式，以及与城市道路交通管理系统的信息共享和资源整合，努力向公众提供全方位、跨市域的综合交通“一站式”信息服务。到2015年，市区人口300万以上的城市基本建成公众出行信息服务系统、车辆运营调度管理系统、安全监控系统和应急处置系统；到2020年，市区人口100万以上的城市全面建成公众出行信息服务系统、车辆运营调度管理系统、安全监控系统和应急处置系统。

——完善移动支付体系建设。推广普及城市公共交通“一卡通”，完善技术标准，加快建设城市公共交通“一卡通”互联互通平台，推进城市公共交通“一卡通”跨市域、跨省域互联互通工作。到2020年，基本实现跨市域、跨省域的公共交通“一卡通”互联互通。

（八）提升公交企业发展活力

——落实财税支持政策。推动城市公共交通发展资金纳入城市公共财政体系，并逐步提高城市公共交通投入资金占地方公共财政收入的比例。城市公共交通发展资金重点用于增加大容量公共交通系统、综合客运枢纽、公共交通场站建设以及车辆设备购置和更新的投入。落实《国家税务总局 交通运输部关于城市公交企业购置公共汽电车辆免征车辆购置税有关问题的通知》（国税发〔2012〕61号）要求，免征城市公共交通企业新购置公共汽（电）车的车辆购置税；落实《城乡道路客运成品油价格补助专项资金管理暂行办法》（财建〔2009〕1008号）要求，及时足额发放城市公共交通行业成品油价格补助资金；落实《财政部 国家税务总局关于对城市公交站场道路客运站场免征城镇土地使用税的通知》（财税〔2013〕20号）要求，免征城市公共交通站场城镇土地使用税。落实《中华人民共和国车船税法》规定，推动出台减征或免征城市公共交通车辆车船税的实施政策。已开通运营城市轨道交通的城市，积极推动出台城市轨道交通运营企业电价优惠政策。

——落实公共交通用地综合开发政策。推进城市公共交通设施用地综合开发，对新建城市公共交通设施用地的地上、地下空间，按照市场化原则实施土地综合开发；对现有城市公共交通设施用地，在保障城市公共交通需求的前提下，支持原土地使用者通过依法申请调整土地利用规划，提高容积率，进行立体开发。城市公共交通用地综合开发的收益应专项用于城市公共交通基础设施建设和弥补城市公共交通企业运营亏损。

——规范公交企业管理。城市公共交通企业应完善现代企业管理制度，规范法人治理结构。推进城市公共交通行业改革，建立激励和约束机制，鼓励规模经营、适度竞争，积极推进以服务质量招投标方式配置公共交通资源。城市公共交通企业应建立职工工资收入的正常增长机制，职工收入应充分体现岗位劳动强度和技术要求，与当地经济社会发展水平和社会职工平均工资水平相适应；严格按照国家规定，为职工缴纳各项社会保险，并保障职工正常的休息休假。完善公共交通驾驶员培养渠道，鼓励职业教育院校开设公共交通驾驶员培训专业，提高公共交通驾驶员专业化水平。

（九）推进公交都市创建活动

——完善工作机制。公交都市创建城市应在城市人民政府领导下，建立由相关部门共同参与的组织协调机制，科学编制公交都市创建工作实施方案，细化建设目标、建设重点、保障措施、投资预算、融资方案、进度安排、有关部门职责分工等内容，并完善在规划、建设、用地、路权、资金等方面的配套支持政策。

——建立创建工作平台。加强对公交都市创建过程的监督管理，建立创建活动情况年度报告制度，定期开展专项监督检查。及时总结创建工作经验，推动出台城市公共交通优先发展的长效支持政策和保障措施。建立公交都市创建城市经验交流机制，在部互联网平台设置“公交都市”创建专栏，促进各创建城市围绕公交都市创建工作经验和创建工作中的热点问题进行深入交流和研讨，共同提高公交都市创建工作成效。

——加大支持力度。通过项目和资金引导，支持创建城市加快建设城市综合客运枢纽、城市智能公交系统、快速公交运行监测系统和加快推广应用清洁能源公交车辆。研究制定创建城市考核评价指标体系，经验收达到规定条件的，部授予“公交都市示范城市”称号。省级交通运输主管部门应参照部公交都市创建工作模式，组织辖区内各城市开展优先发展城市公共交通的相关活动，并对创建活动给予支持。

（十）推进城市交通综合管理

——合理引导交通需求。根据城市交通供求状况，综合运用法律、经济、行政等手段，有效调控、合理引导个体机动化交通需求。在特大城市可尝试实施不同区域、不同类型停车场差异化收费和建设驻车换乘系统等需求管理措施。大力发展汽车租赁，加快建立汽车租赁管理法规体系，加强市场监管，积极引导汽车租赁企业规模化、网络化、品牌化发展。鼓励规模大、管理好、信誉高的汽车租赁企业依法设立分支机构，建立全国或区域性汽车租赁网络。大力推广出租汽车电话约车服务，加快建设出租汽车服务管理信息系统，制定出台电话约车支持政策和配套管理措施，方便公众乘车，减少出租汽车空驶。

——落实交通影响评价制度。建立城市建设项目交通影响评价制度，对规划建设航空港、铁路客运站、水路客运码头、公路客运站、居住区、商务区等大型建设项目，组织开展交通影响评价，实施交通影响分析、预测和评估，提出预防或减轻交通影响的设计方案、管理措施和公共交通设施配建要求。按照交通影响评价结果，督促建设单位严格落实公共交通配套设施建设标准，并确保配套设施与城市建设项目主体工程同步设计、同步建设、同步验收。

（十一）完善票制票价和补贴补偿制度

——完善公共交通定价和调价机制。综合考虑社会承受能力、企业运营成本、交通供求状况和城市经济社会发展水平等因素，完善价格形成机制，科学制定城市公共交通票价。根据服务质量、乘车距离以及各种公共交通换乘方式等因素，建立多层次、差别化的票制票价体系，推行优质优价。建立城市公共交通票价与企业运营成本和政府补贴的联动机制，根据城市经济发展状况、社会物价水平和劳动工资水平等因素，及时调整城市公共交通票价，逐步改变城市公共交通票价严重背离企业运营成本的状况。

——完善公共财政补贴补偿制度。建立城市公共交通企业成本评估制度、城市公共交通补贴补偿制度，合理界定公共财政补贴补偿范围。对城市公共交通企业执行政府指令的低票价，承担老年人、残疾人、学生等优惠乘车，以及持月票和“一卡通”优惠乘车等方面形成的政策性亏损，建议城市公共财政给予足额补偿；对城市公共交通企业车辆购置更新、技术改造，以及安全监控系统建设、安全设备购置、租赁场站、推进节能减排、经营冷僻线路等增加的成本，争取由城市公共财政予以适当补贴。

三、保障措施

（十二）加强组织领导

在城市人民政府领导下，建立有关部门共同参与的组织协调机制，将城市公共交通优先发展贯穿到城市规划、建设和社会公共管理的全过程，纳入到保障和改善民生、为民办实事的工作计划。紧密结合当地实际，加快制定贯彻落实《指导意见》、推动城市公共交通优先发展的具体实施意见和行动计划，并组织开展贯彻落实《指导意见》的宣传和监督检查工作。

（十三）健全法规标准

积极推动《城市公共交通条例》的立法工作，抓紧制定配套规章，加快完善城市公共交通管理的地方性法规、规章、管理办法或实施细则等，为城市公共交通规划、建设、运营、管理、安全、应急和政策支持提供法制保障。加快完善车辆装备、安全应急、运营服务、智能化、快速公交、考核评价、城乡公共交通一体化等方面的标准规范体系，为促进城市公共交通规范化发展提供基础支撑。

（十四）加强绩效评价和服务质量考核

研究制定城市公共交通绩效评价办法和评价指标体系，并定期发布重点城市的公共交通绩效评价结果。制定并落实城市公共交通运营服务标准和考核办法，细化城市公共交通服务质量考核指标体系，定期对城市公共交通企业运营服务质量实施监督考核。将考核结果作为衡量城市公共交通企业运营绩效、发放政府补贴、市场准入与退出的重要依据，促进城市公共交通运营资源向集约化程度高、服务质量好、社会效益显著的企业集中。

（十五）加强社会监督

健全城市公共交通重大决策程序，畅通公众诉求渠道，建立公众意见征集和反馈机制，提高公众参与广度和深度，实现公众参与的制度化、常态化。积极推行城市公共交通线网规划编制、线路开通和调整的公示制度和票价听证制度，研究建立城市公共交通企业运营成本和服务质量信息公开制度，接受社会监督。加强城市公共交通行业相关的协会、学会等中介组织的建设和管理，发挥中介组织桥梁纽带作用。转变政府职能，强化中介组织行业自律、协调和服务等职能，将科技推广、人才培训、标准制修订、行业精神文明建设、政策研究等事务性工作委托中介组织开展。

（十六）加强公共交通文化建设

积极开展多种形式的群众性公共交通出行文化活动。每年9月下旬，组织开展“公交出行宣传周”活动，广泛动员城市公共交通企业和社会公众积极参与，共同营造“低碳交通、绿色出行”的城市公共交通文化。组织开展城市公交企业和职工优质服务竞赛活动，提高职工服务意识和服务技能，培育爱岗敬业、乐于奉献的城市公交企业文化。认真总结城市公共交通发展历程，深入挖掘和整理行业标志性人物、事件和历史性物品，建设公共交通宣传基地。加强城市公共交通行业精神文明建设，培养和宣传行业文明企业和先进个人。

2013年06月18日

交通运输部办公厅关于加强交通运输标准化工作的意见

各省、自治区、直辖市、新疆生产建设兵团交通运输厅（局、委），天津市市政公路管理局，天津市、上海市交通运输和港口管理局，部属各单位，部内各单位，部管各社团，有关交通运输企业：

为深入贯彻党的十八大精神，落实国务院《质量发展纲要（2011-2020年）》的总体要求，加强交通运输标准化工作，全面提升标准化发展水平，促进交通运输转型升级，提出以下意见。

一、指导思想

深入贯彻落实党的十八大精神，牢牢把握科学发展这个主题和加快转变发展方式这条主线，以完善标准体系、提升标准质量、强化实施效果为抓手，改革创新、突出重点、完善政策、提升能力，努力开创交通运输标准化工作新局面，保障工程建设、提高产品质量、提升服务水平，促进交通运输安全发展、高效发展、协调发展、创新发展。

二、总体目标

到2020年，基本形成覆盖交通运输各领域的标准体系，交通运输标准管理机制更加完善，标准化发展能力显著提高，标准质量和实施效果明显提升，标准化对交通运输发展的技术支撑和基础保障作用进一步显现，适应交通运输转型发展的需要。

——基本形成完善的交通运输标准体系，综合运输、现代物流、工程建设、城市客运、交通安全、节能减排、信息化等重点领域标准配套齐全。

——标准先进性、适用性和有效性显著增强，标准与科技创新的结合更加紧密，参与国际标准化活动能力和标准的国际影响力明显提升。

——基本形成机构健全、职责明确、协调顺畅的标准化管理机制。国家标准、行业标准、地方标准及企业标准之间的协调性进一步增强。

——基本建立标准与计量、认证认可、检验检测、产品质量抽查有机协调、相互促进的工作机制，标准实施监督力度进一步加大，实施效果明显提高。

——培养造就一支精通专业技术、熟悉标准化规则的人才队伍，标准化专业技术机构综合实力显著增强。

三、完善管理机制

（一）强化政府对标准化的主导作用

各级交通运输主管部门要在政策法规制定、标准体系建设、标准信息公开等方面做好统筹指导工作。发挥政府对关键共性、基础类、公益类标准的主导作用，强化对标准制修订的质量管理和标准实施的监督管理。

（二）发挥企业在标准化中的主体作用

对能够通过市场配置资源的领域，充分发挥企业在标准需求、投入、制定和应用中的主体作用，支持企业加强标准化工作，鼓励企业制定联盟标准。鼓励行业协会、学会发挥在标准化工作中的桥梁纽带作用。

（三）加强对标准化工作的组织领导

各级交通运输主管部门要切实提高对标准化工作的认识，将标准化作为科学发展、转型发展的一项重要抓手，抓紧制定相关制度政策，为交通运输标准化工作创造良好环境。

（四）完善标准化工作协调机制

着眼综合运输体系发展，研究建立相互协调配合的标准化工作机制。建立行业标准化管理部门与业务管理部门、行业协会、企业等利益相关方的协调沟通机制。加强对交通运输地方标准工作的协调与指导，建立地方标准的信息报送制度。

（五）完善标准立项和审查机制

完善以需求为导向的立项机制，加强标准立项协调工作，提高立项的科学性和公正性。完善标准审查和发布机制，增强制修订过程的公开透明性。

（六）促进标准化与科技创新紧密结合

制定推动标准化与科技创新紧密结合的政策措施，加强科技项目和标准项目立项的协调，充分发挥标准对科技项目立项的引导作用，鼓励科研机构和科技人员参与标准化工作，促进科技成果快速转化应用，提高标准的技术水平。

四、着力推进重点工作

（一）统筹规划交通运输标准体系

研究制定交通运输标准化发展规划和交通运输标准体系，完善工程建设、道路运输、城市客运和智能交通等各标准化技术委员会的标准体系，根据需要制定重点领域标准体系。强化国家标准、行业标准、地方标准之间的协调性，从源头上避免有关标准之间重复、交叉和矛盾问题。

（二）建立综合运输标准体系

组织开展综合运输标准体系研究工作，重点加强综合客货运枢纽、运输装备、多式联运、信息交换等方面的标准制修订，促进不同运输方式之间的有效衔接与协同发展，提高综合运输一体化服务水平。

（三）建立绿色交通标准体系

组织开展绿色交通标准体系研究工作，重点加强节能减排、资源节约、环境保护、循环利用等方面的标准制修订，提高交通运输绿色发展的水平。

（四）完善交通运输服务标准体系

从满足人民群众安全便捷出行需求出发，完善交通运输服务标准体系，重点加强服务设施、服务规范、服务质量、出行信息等客运服务标准的制修订；从提高物流服务效率和水平出发，重点加强物流设施设备、物流公共信息和社会化物流服务标准制修订。

（五）加快重点领域标准制修订

围绕发展现代交通运输业的战略任务和重大需求，突出优先主题和重点领域，注重改善民生、社会关注、行业急需的标准制修订，加快现代物流、工程建设、交通安全、城市客运、信息化等重点领域标准制修订。

（六）加强标准实施的监督管理

充分发挥标准化技术委员会、行业协会的组织作用，创新标准宣贯方式。完善标准实施反馈机制，强化标准与计量、认证认可、检验检测、产品质量抽查等工作的协调联动。建立标准一致性、符合性审查机制与标准评价制度，加强评价结果的运用，将评价结果及时反馈到标准立项、起草、复审等环节中，形成标准化工作的良性循环。

（七）积极参与国际标准化活动

加强国际标准跟踪研究，积极引进、消化和吸收国际先进标准。鼓励和支持相关机构参与国际标准化活动。积极推动我国交通运输标准走向国际，全面提高标准的国际化水平，提升企业在“走出去”战略实施中的核心竞争力，增强我国在交通运输优势领域国际标准制修订中的话语权和影响力。

（八）强化标准化工作的信息化建设

建立标准化信息共享及服务机制，搭建标准化信息公共服务及工作平台，整合现有资源，为各级交通运输主管部门、标准化技术委员会、企业以及利益相关方提供信息互通及资源共享的渠道，提升标准化工作的信息化水平。

（九）促进标准化工作的能力建设

推动标准化从业人员培训的制度化、系统化、常态化，加强专家队伍建设。优化标准化技术委员会布局，规范标准化技术委员会的运行管理。研究建立激励机制，调动全行业参与标准化工作的积极性。

（十）积极筹措标准化工作经费

积极争取政府财政性投入，建立持续稳定的标准化经费保障机制。采取多种方式吸引社会资金，引导和鼓励企业和社会积极投入，建立多元化投入渠道。强化标准化技术委员会秘书处承担单位的投入保障。

交通运输部办公厅

2013 年 9 月 13 日

国务院办公厅关于印发国家卫星导航产业中长期发展规划的通知

国办发〔2013〕97号

各省、自治区、直辖市人民政府，国务院各部委、各直属机构：

《国家卫星导航产业中长期发展规划》已经国务院同意，现印发给你们，请结合实际认真贯彻执行。

国务院办公厅

2013年9月26日

（此件公开发布）

国家卫星导航产业中长期发展规划

卫星导航产业是由卫星定位导航授时系统和用户终端系统制造产业、卫星定位系统运营维护和导航信息服务等方面组成的新兴高技术产业。大力发展卫星导航产业，对推动产业结构调整、提高社会生产效率、改善人民生活质量、提升国家核心竞争力具有重要的现实意义和长远的战略意义。为促进我国卫星导航产业快速健康发展，推动北斗卫星导航系统规模化应用，根据《中华人民共和国国民经济和社会发展第十二个五年规划纲要》和《“十二五”国家战略性新兴产业发展规划》，结合实施第二代卫星导航系统重大专项，制定本规划。

一、现状和形势

（一）国际上卫星导航产业发展迅猛，对经济社会发展产生深刻影响。目前，国际卫星导航产业已形成较为完备的产业体系，导航服务性能不断提升，应用范围不断扩大，市场规模快速增长。卫星导航技术应用已成为发达国家经济社会发展必不可少的重要手段，对资源利用、环境保护、公共服务等方面的科学发展产生了深刻影响。

（二）全球竞相建设卫星导航系统，产业融合发展加速演进。在我国建设北斗卫星导航系统的同时，美国进一步强化完善全球定位系统（GPS），俄罗斯、欧盟、日本和印度等自主研发的卫星导航系统也竞相发展。同时，全球卫星导航产业呈现出从单一GPS应用向多系统兼容应用转变，从以导航应用为主向导航与移动通信、互联网等融合应用转变，从终端应用为主向产品与服务并重转变三大发展趋势。竞争与合作并存的国际格局以及产业融合发展的趋势，必将促进卫星导航技术在更广泛领域深度应用，推动卫星导航及相关产业全面发展。

（三）我国北斗卫星导航系统建设取得突破性进展，卫星导航产业发展取得长足进步。我国卫星导航应用理论研究和技术研发发展迅速，导航芯片、天线等关键技术取得重大突破并实现了产品化。北斗卫星导航系统已具备区域服务能力，在交通运输、海洋渔业等诸多领域发挥了重要作用，目前正在稳步推进全球系统建设。随着卫星导航与交通运输、智能终端和移动互联网的融合发展，应用技术水平显著提高，产品制造和服务能力快速提升，我国已成为车载导航终端产品的主要出口国。

（四）我国卫星导航产业具有广阔的市场空间，但面临系统建设滞后于产业发展需求、核心技术受制于人和产业发展环境亟待优化等多重压力。随着现代信息社会快速发展，社会公众对创新性和综合性的时空信息服务需求日益强烈，未来基于短报文通信等特色优势的北斗卫星导航系统，在国民经济关键领域、行业、公共服务及大众市场的应用将得到极大拓展，融合移动通信、互联网技术的位置服务应用，将有力推动卫星导航应用产业结构升级，释放出更加广阔的市场空间。但是，在全球卫星导航多系统并存竞争和产业快速发展的背景下，我国卫星导航产业仍面临突出问题：一是我国卫星导航系统建设滞后于产业发展需求，应用主要依赖国外系统；二是缺乏统筹规划，地面应用基础设施整体能力不足与重复建设并存；三是自主创新能力不足，不掌握核心技术，集成应用能力薄弱，相关产品和解决方案与国际先进水平差距较大，北斗卫星导航系统应用市场空间被严重挤压；四是相关政策、法规、标准尚不健全，产业集中度低，缺少龙头企业，产业发展环境亟待优化。因此，需要加快我国全球卫星导航系统建设，推动民用应用系统向北斗卫星导航系统的转移，促进我国卫星导航产业健康可持续发展。

二、指导思想、基本原则和发展目标

（一）指导思想

深入贯彻落实科学发展观，紧紧抓住和用好卫星导航产业发展的战略机遇，以未来经济社会工业化、信息化、城镇化、农业现代化发展的重大需求为导向，以企业为主体，以掌握核心关键技术、培育服务新业态、扩大市场应用、提升国际竞争力为核心，构建产业体系，夯实产业基础，完善政策环境，创新发展模式，推动我国卫星导航产业快速发展，为经济社会可持续发展提供支撑。

（二）基本原则

1. 统筹规划，协调发展。强化产业发展规划，理清产业发展优先次序和关键环节，明确发展方向和重点。加强部门间的协调配合，推动军民融合发展，优化区域布局，做好与国家相关科技重大专项和规划的衔接，引导形成良好的卫星导航产业协调发展格局，避免盲目发展和重复建设。

2. 市场主导，政策推动。以市场需求为导向，充分发挥市场配置资源的基础性作用，调动企业主体积极性。完善应用服务政策，着力营造良好的市场环境。加强政策引导，履行国际义务，维护国家安全，促进北斗卫星导航系统在国防安全、经济建设、社会发展等关键领域的应用。

3. 夯实基础，强化创新。加强重大基础设施建设、计量标准体系建设、知识产权保护利用和人才培养，夯实产业发展基础。加强技术与应用、商业模式与产业组织创新，推动形成融合发展的新模式。

4. 开放兼容，合作共进。实施更加积极主动的开放战略，推行长期稳定、开放兼容的国际服务政策，不断提升北斗卫星导航系统全球应用服务能力，培育国际合作与竞争优势，积极利用国内国际两种资源、两个市场，实现国际化与产业化的协同发展。

（三）发展目标。

到 2020 年，我国卫星导航产业创新发展格局基本形成，产业应用规模和国际化水平大幅提升，产业规模超过 4000 亿元，北斗卫星导航系统及其兼容产品在国民经济重要行业和关键领域得到广泛应用，在大众消费市场逐步推广普及，对国内卫星导航应用市场的贡献率达到 60%，重要应用领域达到 80% 以上，在全球市场具有较强的国际竞争力。

——产业体系优化升级。国家卫星导航产业基础设施建设进一步完善，形成竞争力较强的导航与位置、时间服务产业链，形成一批卫星导航产业聚集区，培育一批行业骨干企业和创新型中小企业，建设一批覆盖面广、支撑力强的公共服务平台，初步形成门类齐全、布局合理、结构优化的产业体系。

——创新能力明显增强。研究与开发经费投入逐步提升，在统筹考虑科研布局的基础上，充分整合利用现有科技资源，推动卫星导航应用技术重点实验室、工程（技术）研究中心、企业技术中心等创新平台建设，增强持续创新能力。突破芯片、嵌入式软件等领域的一批关键核心技术，形成一批具有知识产权的专利和技术标准，支撑行业技术进步和应用模式创新。

——应用规模和水平明显提升。卫星导航技术在经济和社会各领域广泛应用，基本满足经济社会发展需求。在能源（电力）、金融、通信等重要领域，全面应用北斗等卫星导航系统；在重点行业和个人消费市场以及社会公共服务领域，实现北斗等卫星导航系统规模化应用。

——基本具备开放兼容的全球服务能力。北斗卫星导航系统服务性能进一步提升，实现与其他卫星导航系统的兼容与互操作，北斗应用的国际竞争力显著提升，应用范围更加广泛。

三、重点发展方向和主要任务

以市场需求为牵引，围绕产业发展的重点领域和薄弱环节，夯实产业发展基础，着力关键技术研发和市场培育，提升产业发展整体水平和国际竞争力。

（一）完善导航基础设施

围绕国家战略需要和重点领域应用需求，以提升卫星导航服务性能为目标，加快建设统一、协调、完整、开放的卫星导航基础设施体系。重点建设多模连续运行参考站网等重大地面基础设施，促进数据共享，提高资源使用效率，创新服务模式，夯实产业发展基础，提升产业持续发展能力。

专栏1　导航定位基础设施建设	
时间节点	2020年
发展目标	基本实现北斗卫星导航系统全球覆盖，具备为全球用户提供导航定位服务能力；加强地面基础设施建设，为中国及周边大部分地区提供面向行业和大众应用的实时分米级和事后厘米级定位服务，以及为重点区域和特定场所实现室内外无缝定位服务覆盖提供基础支撑。
主要任务	北斗卫星导航系统建设：建成由30余颗卫星及地面运行控制系统组成的全球卫星导航系统，具备全球服务能力；同时，建成卫星导航信号监测和评估系统、导航信号干扰检测与削弱系统，保障系统安全可靠运行。 多模连续运行参考站网建设：统筹建设国家统一的多模连续运行参考站网，为各类用户导航增强服务提供支撑，同时通过数据共享，为信号监测与评估、科学研究等提供基础数据。 位置数据综合服务系统建设：基于多模连续运行参考站网，形成门类齐全、互联互通的位置服务基础平台，为地区、行业和大众共享应用提供支撑服务。 组合导航系统建设：融合多种技术，解决重点区域和特定场所导航定位授时服务覆盖等问题，提升城市、峡谷和室内外无缝导航服务能力。 ●重大工程：基础工程——增强卫星导航性能。
重大政策	●制定保护卫星导航服务应用免受有害干扰的相关规定，建立打击非法生产、销售、使用卫星导航干扰器，非法干扰卫星导航服务和破坏服务基础设施等行为的机制。 ●建立多模连续运行参考站网和位置数据综合服务系统信息共享机制。

（二）突破核心关键技术

进一步提升卫星导航芯片、北斗卫星导航系统与其他卫星导航系统兼容应用等技术水平，突破卫星导航与移动通信、互联网、遥感等领域的融合应用技术，推动核心基础产品升级，促进高性价比的导航、授时、精密测量、测姿定向等通用产品规模化生产。支持骨干企业和科研院所创新能力建设，加强工程实验平台和成果转化平台能力建设，形成产学研用相结合的技术创新体系。

专栏2　核心技术创新与通用产品产业化	
时间节点	2020年
发展目标	形成一批具有知识产权和核心竞争力的技术创新成果，卫星导航核心部器件设计与制造技术达到国际先进水平；形成一批高性价比、具有知识产权和国际竞争力的通用产品。
主要任务	核心技术：突破核心芯片、软件和高端产品的发展瓶颈，着力提升芯片设计水平和制造工艺，提高芯片集成度，降低能耗；重点支持卫星导航应用技术创新，突破高精度定位技术、室内外无缝定位技术、卫星导航脆弱性监测评估与减缓技术、智能服务技术以及基于多模组合导航的关键技术。 核心部器件：大力创新发展导航、通信等多模融合芯片和天线，以及导航传感一体化核心部器件等产品。 通用产品：研发导航、授时、精密测量、测姿定向等行业应用产品，以及集成定位和导航功能的智能手机、平板电脑、车载导航等终端电子产品；全面提高产品性价比和成熟度，实现产品标准化并与国际接轨，推动产业化发展，进入国际市场。 创新能力建设：支持若干面向基础研究的重点实验室，支持一批面向行业、领域、区域的工程（技术）研究中心，形成若干个技术创新、应用创新基地。 ●重大工程：创新工程——提升核心技术能力。
重大政策	●推动北斗卫星导航系统及其兼容产品纳入鼓励推广和出口的相关政策。 ●制定鼓励企业开展卫星导航系统核心关键技术研发的政策。

（三）推行应用时频保障

将北斗时间溯源到国家时间频率计量基准，为国家安全和国民经济重要领域提供时频保障，出台国家标准和相关政策措施，加强资金支持力度，结合涉及国家安全重点领域基础设施的升级换代，着力推进北斗卫星导航系统及其兼容导航授时技术与产品在能源（电力）、通信、金融、公安等重要领域的深入应用，并在其他国民经济安全领域逐步推进，为国民经济稳定安全运行提供重要保障。

专栏3　重要产品应用	
时间节点	2020年
发展目标	在涉及国家安全和国民经济发展的重要行业及领域实现北斗授时装备应用。
主要任务	推行重要领域应用：在能源（电力）、通信、金融、公安等行业及领域推行北斗卫星导航系统及其兼容导航授时技术与产品的应用，在其他领域鼓励北斗卫星导航系统及其兼容产品的应用。 ●重大工程：安全工程——推进重要领域应用。
重大政策	●制定既满足国家安全需要，又符合行业特点和发展阶段的应用标准和政策。

（四）促进行业创新应用

适应重点行业及领域的应用需求，充分发挥北斗卫星导航系统短报文通信等特色优势，结合新一代信息技术发展，创新应用服务模式，加强卫星导航与国民经济社会发展重要行业的深度融合，大力推进卫星导航产品和服务在公共安全、交通运输、防灾减灾、农林水利、气象、国土资源、环境保护、公安警务、测绘勘探、应急救援等重要行业及领域的规模化应用，推进卫星导航与物联网、移动互联、三网融合等广泛融合与联动，积极鼓励开拓新的应用领域。推动形成行业综合应用解决方案，提升行业运行效率，促进相关产业转型升级。

专栏4　重点行业及领域应用	
时间节点	2020年
发展目标	在公共安全、交通运输、防灾减灾、农林水利、气象、国土资源、环境保护、公安警务、测绘勘探、应急救援等重要行业及领域，实现卫星导航产品和服务规模化应用。
主要任务	行业综合应用解决方案：依托国家卫星导航基础设施，创新应用服务模式，建设针对行业及领域应用需求的综合应用服务平台，形成行业综合应用的系统性解决方案。 行业规模化应用：结合行业发展规划，解决行业应用关键共性技术，开发系列专用装备，促进导航与行业深度融合发展，促进相关产业转型升级。
重大政策	●由相关主管部门制定符合行业特点的应用引导政策，持续深化行业应用。

（五）扩大大众应用规模

适应车辆、个人应用领域的卫星导航大众市场需求，以位置服务为主线，创新商业和服务模式，构建位置信息综合服务体系。重点推动卫星导航功能成为车载导航和智能手机终端的标准配置，促进其在社会服务、旅游出行、弱势群体关爱、智慧城市等方面的多元化应用，推动大众应用规模化发展。

专栏5　大众应用	
时间节点	2020年
发展目标	形成丰富的位置服务产品和成熟的商业及服务模式，打造一批有规模、有影响的企业，形成规模应用效益。
主要任务	车辆信息服务：推动车辆位置服务体系发展完善，促进车辆监控、导航以及综合信息服务的规模化应用。 个人位置服务：推动个人位置服务体系发展完善，促进在社会服务、旅游出行、弱势群体关爱、智慧城市等领域的规模化应用。 ●重大工程：大众工程——推动产业规模发展。
重大政策	●制定用户位置上报管理和隐私保护政策。

（六）推进海外市场开拓

加强国际合作战略研究，积极参与卫星导航领域多种形式的国际合作，联合开展国际标准研究制定，加快北斗卫星导航系统及其应用产业国际化进程；加大智力和技术合作力度，提高北斗卫星导航系统服务能力和产业应用水平；积极实施“走出去”战略，加大北斗卫星导航系统境外应用推广力度，鼓励有条件的企业在境外建立研发中心和营销服务网络，大力开拓国际市场，同时鼓励国外企业开发利用北斗卫星导航系统；构建完善产业国际化发展支撑体系，提升全球化发展服务保障能力。

专栏6　国际化发展	
时间节点	2020年
发展目标	建设若干海外应用示范工程，在周边区域树立和推广北斗卫星导航系统品牌，形成完备的营销和运营服务网络，构建国际化支撑保障体系。
主要任务	海外示范工程建设：适应国际用户广泛关注的应急救援、综合减灾、船舶/车辆监控与指挥调度等应用需求，建设若干海外应用示范工程，推动产业国际化发展。 全球市场营销和服务网络建设：加强海外市场布局，建立海外开拓和推广中心，构建国际营销网络，建立全球运营服务体系。 国际化发展服务体系建设：面向政府和企业，提供国际卫星导航应用的政策、市场、法律、金融等领域的研究和咨询服务，全面提升对全球及区域市场开拓支持和综合服务能力，开展智力和技术合作相关工作，为产业国际化发展提供支撑。 ●重大工程：国际化工程——开拓全球应用市场。
重大政策	●落实和完善鼓励企业“走出去”的财税金融服务政策。

四、重大工程

围绕产业发展的总体目标和主要任务，组织实施一批重大工程，以加快培育和发展卫星导航产业，带动产业基础能力提升、重点领域技术创新、规模化应用推广和国际化发展。

（一）基础工程——增强卫星导航性能。

统筹制定国家多模连续运行参考站网建设规划，统一标准，整合国内连续运行参考站网资源，通过优选、改造、升级和补充，形成统一管理的参考站网，增强导航性能，提升系统精度；综合集成地图与地理信息、遥感数据信息、交通信息、气象信息、环境信息等基础信息，建立全国性的位置数据综合服务系统；加快建设辅助定位系统，推进室内外无缝定位技术在重点区域和特定场所的应用。通过该工程实施，形成完整的卫星导航综合应用基础支撑体系，具有实时分米级和事后厘米级应用服务能力，有效增强卫星导航系统性能和服务能力，为扩大应用规模奠定良好基础。通过五年左右的时间，实现资源基本整合，初步构建应用基础支撑体系。

（二）创新工程——提升核心技术能力

针对导航产业“有机无芯”的瓶颈制约，着力加强北斗芯片和终端产品的研发和应用，加快提升产品成熟度和核心竞争力；适应应用需求，重点突破融合芯片、组合导航、应用集成、室内外无缝定位等一批基础前沿和共性关键技术，开发一批高性能低成本的导航器件与产品，大力提升创新能力；整合现有科技资源，推动卫星导航应用技术重点实验室、工程（技术）研究中心、企业技术中心等建设和发展，构建我国卫星导航产业技术创新体系。

（三）安全工程——推进重要领域应用

推进标准法规建设，提升卫星导航应用技术水平和产品质量。在能源（电力）、通信、金融、公安等系统，分阶段推行北斗卫星导航系统及其兼容产品的应用；加强政策引导，推动在公共安全、交通运输、防灾减灾、农林水利、气象、国土资源、环境保护、公安警务、测绘勘探、应急救援等领域的规模化应用，促进相关产业转型升级。

（四）大众工程——推动产业规模发展

面向大众市场需求，融合交通、气象、地理等动态时空信息，结合新一代信息技术发展，以汽车制造业和移动通信业快速发展为契机，以公众出行信息服务需求为引导，重点推动北斗兼容卫星导航功能成为车载导航、智能手机的标准配置，促进在社会服务、旅游出行、弱势群体关爱、智慧城市等方面的多元化应用。创新商业和服务模式，推动北斗卫星导航系统产品的产业化，形成终端产品规模应用效益。

（五）国际化工程——开拓全球应用市场

适应国际用户广泛关注的应急救援、综合减灾、船舶 / 车辆监控与指挥调度等应用需求，加大北斗卫星导航系统应用推广力度，建设若干海外应用示范工程，开拓国际市场。积极推进北斗卫星导航系统进入国际民航组织和国际海事组织，促进其在民用航空和远洋船舶等方面的应用。构建覆盖亚太地区的卫星导航增强系统和统一时空基准系统，建设卫星导航产业国际化发展的基础工程和综合服务工程，开展国际卫星导航应用的政策、市场、法律、金融等领域的研究和咨询服务，提升国际化综合服务能力。

五、保障措施

为全面实施本规划，切实落实各项重点任务，营造良好的产业发展环境，要加强组织协调，采取强有力的保障措施。

（一）加强统筹协调，形成发展合力

加快建立完善国家卫星导航产业发展协调机制，加强军民之间、部门之间的沟通协调，统筹中央、地方和其他社会资源，统筹规划卫星导航基础设施的建设和应用，研究制定产业化促进政策，引导产业布局优化。建立完善的市场监督管理机制，加强市场信息监测与预警，并根据发展形势，实施动态调整。充分发挥行业协会等专业机构的行业引导、协调、服务作用，强化行业和企业自律制度，构建卫星导航产业发展的良性竞争环境。

（二）发布国家政策，推广应用服务

定期发布北斗卫星导航系统白皮书，介绍其发展的宗旨、原则、政策及相关协议标准，提供的免费开放、安全可靠的民用服务等，以及系统建设进展和运行服务情况，引导社会应用北斗卫星导航系统，促进北斗卫星导航产业发展。充分发挥市场主体的积极性，大力开展市场培育与应用示范，鼓励应用服务和商业模式创新，加大实施有关重大工程的力度，推动北斗卫星导航系统的规模化应用。

（三）完善政策法规，优化发展环境

制定在涉及国家安全和国民经济重要领域中推行使用北斗卫星导航系统的政策，推动北斗卫星导航系统及其兼容产品在能源（电力）、通信、金融等领域的应用。研究制定有关市场准入、位置安全等管理制度，建立健全卫星导航产品质量检测认证体系及质量监管机制，整合现有资源，推动卫星导航产品质量检测中心建设，规范卫星导航应用服务和运营，提高骨干企业和创新型企业的参与积极性。加大知识产权保护力度，支持有条件的企业申请国外专利。完善鼓励卫星导航产业技术创新、引导投资和消费的金融政策。

（四）加强标准建设，提升发展水平

加快建立并完善支撑卫星导航产业健康发展的标准体系，鼓励产学研用各方联合研制技术标准。推动卫星导航军民标准通用化和资源共享，促进卫星导航与物联网、移动通信等的融合发展。鼓励骨干企业和研发机构参与国际相关标准的制定，促进北斗与其他卫星导航系统的兼容发展。加大标准宣传力度，完善标准信息服务、认证、检测体系，做好标准实施的监督工作，推动合格评定与产品认证服务的发展及国际合作，促进北斗卫星导航系统全球化应用。

（五）加大公共投入，鼓励产业创新

在现有政策和财政资金渠道中加大支持力度，组织实施重大工程，引导多元化资金投入，促进卫星导航产业加快发展。加大对关键基础设施建设、关键技术研发和典型示范应用的支持力度，提升核心技术、核心产品的创新发展能力；加强专业化人才队伍建设，提高知识产权的创造、利用和保护能力；扶持优势企业做强做大，鼓励通过建立产业联盟、实施兼并重组等方式，提高产业集中度和竞争力。

第二章

标准化

2013年国际智能交通标准化发展综述

2013 年，国际标准化组织智能运输系统技术委员会（ISO/TC204）正在开展工作的工作组如表 1。

表1 2013年国际标准化组织ISO/TC204开展活动的工作组

序号	英文名称	中文名称	召集人
WG 01	Architecture	体系结构	英国
WG 03	TICS Database Technology	终端接口控制系统数据库技术	日本
WG 05	Fee and Toll Collection	收费系统	瑞典
WG 07	General Fleet Management and Commercial-Freight	车队管理及商用车辆/货运	加拿大
WG 08	Public Transport-Emergency	公共交通与紧急事件	美国
WG 09	Integrated Transport Information, Management and Control	综合运输信息、管理及控制	澳大利亚
WG 10	Traveller information systems	出行者信息系统	英国
WG 14	Vehicle-Roadway Warning and Control Systems	交通工具报警及控制系统	日本
WG 16	Wide Area Communications - Protocols and Interfaces	宽带通信协议和界面	美国
WG 17	Nomadic &Portable Devices for ITS Services	为智能运输系统提供服务的便携式移动装置	韩国
WG 18	Co-Operative Systems	协作系统	德国

各工作组开展标准项目进展情况如图 1 所示。

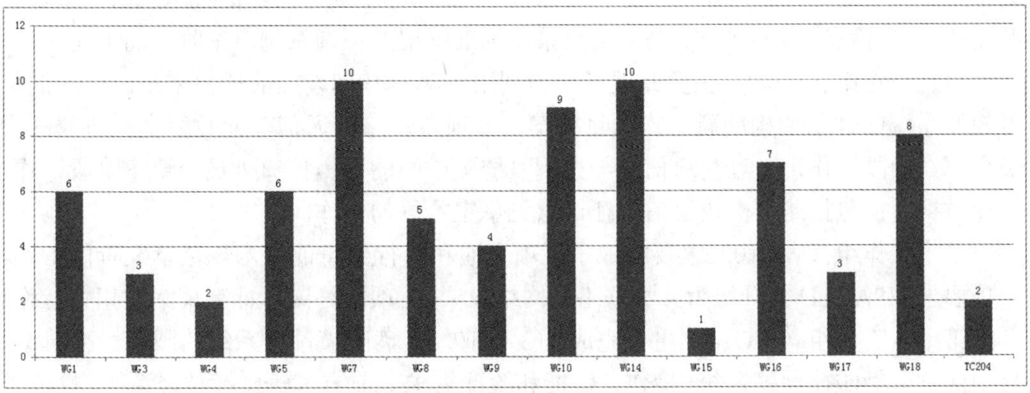

图1 ISO/TC204各工作组进展标准项目数

第一工作组（WG1）主要完成了三项合作式智能交通的技术报告草案，分别是：合作式智能交通 第 1 部分：术语和定义；合作式智能交通 第 2 部分：标准文档指南；合作式智能交通 第 3 部分：发行程序的标准文件。完成一项智能运输系统的术语，定义和指导方针有关的技术报告草案。完成一项征集工作组专家的网络投票和一项智能参考模型架构 第1部分：智能运输系统服务领域，服务组和服务的网络投票。

第三工作组（WG3）完成了定位参考地理数据库的三项国际标准草案的工作，分别是：定位参考地理数据库 第1部分：一般要求和概念模型；定位参考地理数据库 第2部分：预编码位置参考（预编码配置文件）；定位参考地理数据库 第3部分：动态位置参考（动态配置）。

第四工作组（WG4）主要提出了一项自动车辆与设备识别方面新工作项目，自动车辆和设备注册（AVI/ AEI）支持AVI/ AEI和电子注册识别可互操作的应用程序配置文件使用专用短程通信。完成了一项自动车辆和设备识别 电子注册识别（ERI）的车辆第3部分：车辆数据的国际标准草案阶段工作。

第五工作组主要（WG5）完成了一项电子收费 安全框架新工作项目提案的工作。完成两项电子收费系统有关的技术规范草案工作，分别是：电子收费 基于IC卡的车载账户接口定义；收费性能 第2部分：审核框架。一项电子收费 DSRC-OBE和外部的车载设备之间的接口定义的委员会草案的网络投票及一项网络特别投票。

第七工作组（WG7）重点开展了八项监管的商业货运车辆信息通信应用（TARV）的协作框架方面的征询意见草案工作，分别是第6部分：监管的应用；第8部分：车辆通道的管理；第11部分：驾驶员工作记录；第12部分：车辆‘质量’监控；第14部分：车辆通道控制；第15部分：车辆位置监控；第16部分：车辆速度监控；第17部分：托运货物和位置监控。完成一项征集研究小组专家的网络投票及一项ISO项目委员会“合作商务关系管理”的联络要求的网络投票。

第八工作组（WG8）主要进行了两项新工作项目提案工作，分别是：公共交通紧急疏散和灾害应对和恢复 第1部分：框架；公共交通 收费媒体和读者在公共交通的一致性测试准则。完成公共交通用户信息 第1部分：公共信息系统标准框架的委员会草案工作。完成可互操作的票务管理系统 第2部分：商务实践的技术规范草案及公共交通 用户信息 第1部分：公共信息系统标准框架的征询意见草案阶段的工作。

第九工作组（WG9）主要开展了一项利用车辆对基础设施的通信采集的信息的信号控制系统的体系架构的新工作项目提案，一项涉及路侧通信单元数据交换协议的委员会草案阶段工作，一项交通信息与控制系统中心间的数据接口委员会草案阶段工作，一项数据交换包括路侧模块通信的征询意见草案阶段的工作。

第十工作组（WG10）主要完成了五项交通和出行信息的技术规范草案阶段工作，一项要求TISA从D类升级为A级联络的网络投票，三项最终国际标准草案的相关工作。

第十四工作组（WG14）主要完成了3项前方车辆碰撞预警系统的国际标准草案，分别前方车辆碰撞预警系统 操作、性能和验证需求；前方车辆碰撞预警系统 性能要求和测试规程；前方车辆碰撞预警系统 性能要求和测试程序。完成一项使用仿真模型评估交通管理系统：仿真交通信号控制系统输入参数和报告模板的技术报告草案。完成两项征询意见草案，分别是车道辅助保持系统（LKAS）性能要求与测试程序的征询意见草案；合作交叉口信号信息及反预警系统 性能要求与测试规程的征询意见草案。

一项关于曲线速度预警系统（CSWS)- 性能要求与测试程序的委员会草案。完成两项辅助停车系统的新工作项目提案和一项行人碰撞缓解系统 操作，性能和验证要求的预备工作项目。

第十五工作组（WG15）主要完成了专用短程通信 应用层的最终国际标准草案相关工作。

第十六工作组（WG16）主要进行了以下工作：四项新工作项目提案，分别是地面移动通信访问（CALM）演变通用地面无线接入网络（E-UTRAN）、地面移动通信访问 WAVE、ITS 通信网络的救灾和应急通信优先权、浮动车系统服务框架；进行了一项地面移动通信访问 一致性要求的预备工作项目；一项地面移动通信访问 体系结构的征询意见草案；一项决议通过函授 为 IOS/ NP-TS19079 和 ISO/ NP-TS19080 联合 NP-CD 投票要求的网络投票。

第十七工作组（WG17）主要开展了两项新工作项目提案，分别是：通过便携终端的安全系统引导协议 第 2 部分：道路引导协议（RGP）要求和规范；支持 ITS 服务的便携终端应用 第 1 部分：通用信息与用例。完成了车辆接口配置及 ITS 服务支持 第 2 部分：用于车辆 ITS 站网关（V-ITS-SG）接口的统一网关 (UGP) 要求及规范的委员会草案工作。

第十八工作组（WG18）主要完成了四项委员会草案工作，分别是合作系统 ITS 在国际环境中应用的分类与管理；合作系统 通信配置文件中智能运输系统应用的要求及目标；合作系统 最先进的地方动态地图概念；合作系统 基于合作系统体系结构背景下合作智能交通的角色和职责。工作组还完成三项新工作项目提案，分别是：合作系统 情境速度；合作式智能交通 使用 V2I 和 I2V 通信的相关信号控制交叉口的应用；合作式智能交通 车载信息（IVI）的数据结构词典。另外，工作组还完成了一项关于合作系统 本地动态地图一个全球性的概念定义的预备工作的网络投票。

TC204 还组织了 TC204 重组征求意见和一项关于修订相关标准的两项网路投票。

2013年中国智能交通标准化发展综述

一、中国参与国际标准化情况

（一）参与国际标准投票详情

2013 年，ITS 标委会参与国际标准化组织标准草案投票共 76 项，其中新工作项目提案 (NP) 14 项，委员会草案 (CD) 6 项，国际标准草案 (DIS) 17 项，国际标准最终草案 (FDIS) 7 项，技术规范草案 (DTS) 7 项，技术报告草案 (DTR) 6 项，系统委员会内部投票（CIB）19 项。（见图 1）。

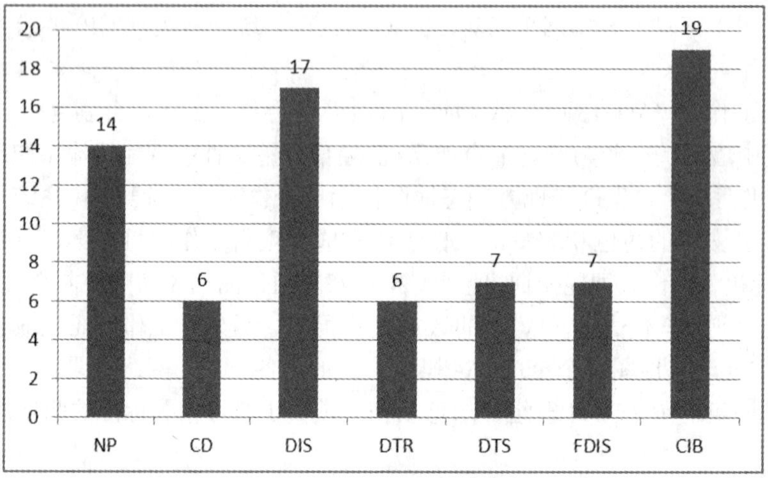

图1　投票文件分类统计

（二）参与国际标准制定情况

中国提出的第一个智能运输系统领域的国新工作项目提案 ISO/NP13111-1《智能交通系统（ITS）支持 ITS 服务的便携终端应用 第 1 部分：通用信息与用例》（The use of personal ITS station to support ITS service provision for travellers-Part 1: General information and use cases defination）已经正式获得国际组织 ISO/TC204 的立项批复。该提案旨在定义个人智能交通设备（终端）的各种应用接口，这些应用是基于个人智能交通设备与其他智能交通设备之间的数据交换的各种应用。该提案从 2011 年着手准备，于 2013 年 4 月 19 日由国家标准化管理委员会向国际标准化组织智能运输委员会 ISO/TC204 提出 PWI 预备项草案，并于 2013 年 5 月 14 日至 2013 年 8 月 23 日在 ISO 网站上进行投票，投票结果为同意该草案成为国际标准新立项草案。

（三）参加国际标准化组织相关会议

1．2013 年 ISO/TC204 春季会议

2013 年 4 月 15 日至 20 日，国际标准化组织智能运输系统技术委员会（ISO/TC204）春季会议在美国西雅图召开。国家智能交通系统工程技术研究中心，日立（中国）研究开发有限公司等代表参加了会议。中国代表在整个会议期间，参加了第 8 工作组、第 17 工作组、ISO/TC204 工作组召集人及代表团团长会议，以及 ISO/TC204 全体会议。与会期间，中国代表团还与欧美日各国专家围绕相关技术、标准合作议题进行了技术交流。

4 月 18 日至 19 日，各国代表团团长会议及全体大会上的主要会议内容是：ISO/TC204 组织机构改革和逐步改善相关标准程序，深入 ISO 和 ITU 在 ITS 通信标准领域的合作，建立 TC204 与 TC22 车载网关联合工作组等主要事项。

大会决议 2013 年 ISO/TC204 秋季会议于 10 月 7 日至 11 日在日本神户举办。

2．2013 年 ISO/TC204 秋季会议

2013 年 10 月 6 日至 10 日，国际标准化组织智能运输系统技术委员会（ISO/TC204）秋季会议在日本神户召开。中国代表在整个会议期间，参加了第 8 工作组、第 14 工作组、第 17 工作组、ISO/TC204 工作组召集人及代表团团长会议，以及 ISO/TC204 全体会议。与会期间，中国代表团还与欧美日各国专家围绕相关技术、标准合作议题进行了技术交流。

10 月 9 日至 10 日，各国代表团团长会议及全体大会上的主要会议内容是：成立 ISO/TC204 组织机构改善委员会，改善和提高 TC204 相关标准工作效率，继续深入 ISO 和 ITU 在 ITS 通信标准领域的合作，探讨 TC204 与 TC22 在主动安全、合作式 ITS 领域合作等主要事项。

二、我国智能运输系统标准制修订工作

（一）正式公布出版的 ITS 国家标准及行业标准

2013 年新发布智能运输系统标准 3 项。

序号	国家标准号	标准名称	发布日期	实施日期
1.	GB/T 29744-2013	道路交通信息服务 道路编码规则	2013-09-18	2014-03-01
2.	GB/T 29745-2013	公共停车场（库）信息联网通用技术要求	2013-09-18	2014-03-01
3.	GB/T 29746-2013	实时交通信息服务数据结构	2013-09-18	2014-03-01

（二）2013 年完成国家及行业标准的审查报批情况

序号	项目计划号	标准名称
1.	GB 20075381-T-469	快速公交(BRT)智能系统 第1部分：总体技术要求
2.	GB 20100503-T-469	快速公交(BRT)智能系统 第2部分：调度中心系统技术要求

续表

序号	项目计划号	标准名称
3.	GB 20100498-T-469	快速公交(BRT)智能系统 第3部分：车载信息终端及车载外围设备技术要求
4.	GB 20100500-T-469	快速公交(BRT)智能系统 第4部分：场站站台控制系统及外围设备技术要求
5.	GB 20100501-T-469	快速公交(BRT)智能系统 第5部分：调度中心与车载信息终端通信数据接口规范
6.	GB 20100502-T-469	快速公交(BRT)智能系统 第6部分：调度中心与场站站台控制系统通信数据接口规范
7.	GB 20100499-T-469	快速公交(BRT)智能系统 第7部分：公交优先设备与交通信号控制机通信数据接口规范
8.	GB 20090371-T-469	路面管理系统技术要求
9.	GB 20100506-T-469	汽车前撞报警系统 性能要求和测试规程
10.	GB 20130073-T-469	车路协同 专用短程通信 第1部分：总体技术要求
11.	GB 20130074-T-469	车路协同 专用短程通信 第2部分：媒体接入控制层和物理层
12.	JT 2012-81	物流信息交换基础标准 第1部分：数据元 第2部分：道路运输电子单证 第3部分：物流场站电子单证

第三章

重要讲话和报告

第二篇

中国智能交通发展现状及趋势

——第二届中国（北京）国际服务贸易交易会上的讲话

中国智能交通协会理事长　吴忠泽　博士

2013年5月30日　北京

尊敬的各位来宾、女士们、先生们：

大家好！非常高兴相聚在首都北京，参加一年一度的中国（北京）国际服务贸易交易会。感谢大会主办方给我机会，与各位朋友交流中国ITS的发展。我今天主要向各位重点介绍一下中国智能交通的发展现状，并对未来的发展趋势进行简要的分析。

近年来，中国在保持经济水平稳步增长的同时，对经济增长质量、节能降耗、环境保护也提出了更高的要求。中国的城市化进程面临着交通拥堵、交通安全、环境污染、资源制约等问题的巨大挑战。构建更加便捷、高效、节能、畅通、安全的智能化交通体系，是中国ITS发展的根本任务。

经过“十五”、“十一五”时期建设，中国公路、水运、高速铁路、民航等交通基础设施建设成效显著。截止到2012年，全国公路总里程达420余万公里，其中，高速公路达9.62万公里；航空运输方面，2012年全行业完成运输总周转量611亿吨公里；到2012年底，全国铁路营业里程达到9.8万公里，居世界第二位；高铁运营里程达9356公里，居世界第一位。

在交通基础设施建设规模发展的同时，交通管理和服务的信息化与智能化水平也显著提高。中国从上个世纪90年代末开始推动智能交通系统建设发展，十几年来，智能交通在许多城市和交通运输各个行业得到了广泛的应用，取得了显著的成就，开始步入快速发展的轨道。主要表现在以下五个方面：

（一）历经十多年发展，我国智能交通系统建设发展的基础基本形成

“智能交通管理系统”是《国家中长期科技发展规划纲要（2006—2020）》中交通运输业的优先主题之一。我国在2000年成立了“全国智能运输系统协调指导小组及办公室”，发布了《中国智能运输系统体系框架》。“十五”期间，我国率先在北京、上海、广州等大城市开展智能交通系统的关键技术攻关、关键产品的开发和示范应用，促进了以智能化交通管理为主的智能交通体系建设。“十一五”期间，全国的许多城市进行了智能交通系统的规划和建设，公路、公交、城市等领域相继实施了大批的智能交通系统建设项目，国家科技支撑计划也立项支持了一些重大智能交通技术的应用示范工程。智能交通领域的研究与实践发展，引导了交通运输、电子信息等领域的相关单位和企业参与智能交通系统行业，培育形成了我国智能交通系统发展研究和产业化推进的基本队伍。

（二）科技引领智能交通发展，在关键技术领域取得多项自主创新成果，我国智能交通系统技术支撑体系已初步建立

科技引领是我国发展智能交通的重要特点。从“十一五”开始，863 计划将现代交通技术列为单独领域开展研究，并与支撑计划相配合，通过开展智能交通管理的前沿技术探索和关键技术攻关，获取了一批自主知识产权的新方法、新技术和战略产品，解决了部分制约我国综合交通运输系统发展的技术瓶颈和战略性难题，为我国综合交通运输系统效率提升提供了有效的技术支撑，也为我国综合交通运输的长期可持续发展形成了必要的技术储备。

进入“十二五”，为了突破交通管控及安全的瓶颈技术，保证交通运营高效、安全，科技部在 863 计划中围绕智能交通管理系统发展要求，对大城市区域交通协同联动控制、车路状态感知与交互、智能车路协同、综合交通枢纽智能管控等关键技术进行了立项布局。近两年多来，研发成效显著，一是开发出了出行路径辨识、速度时空云图分析技术，研制出区域交通拥堵预测和研判系统，并在北京、杭州等地实际应用；研制出了网络化诱导设施布设自动生成与评估系统和交通需求调控、智能诱导与信号动态控制三者协同联动集成平台的原型系统。二是研究空—地协同交通状态感知与应急指挥技术，形成了空地协同地面移动应急指挥平台；研究船—标—岸协同下的水上交通状态感知与交互技术，开发出了船载智能感知技术装置，形成了内河水上交通状态感知与交互验证平台；研制出了城市干线公交站间分段绿波信号控制系统。三是建立了我国车路协同技术框架体系；车辆动态组网、状态实时获取、环境智能感知、车路信息交互等一批前沿技术取得了突破；初步搭建了车路协同系统测试验证环境和仿真平台；突破了汽车安全辅助驾驶等关键技术，并完成了核心产品和系统集成。目前，我国智能交通系统技术正在向人车路一体化、协同化、网络化发展。

智能交通科技项目的实施，对我国 ITS 领域的研究和产业化发展起到了良好的引领作用，推动了我国智能交通系统的建设和发展。

（三）智能交通应用发展成效显著，集成应用跻身世界先进水平，我国的智能交通系统建设已发展成为世界智能交通发展格局的重要构成

在对智能交通关键技术进行系统开发和研究的同时，我国结合重大应用需求对智能交通的关键技术进行了大范围的集成应用，效果显著。

结合 2008 北京奥运会、2010 上海世博会、2010 广州亚运会等重大活动的举办需求，科技部实施了“国家综合智能交通技术集成应用示范”科技支撑计划重大项目，围绕“国家高速公路联网不停车收费和服务系统”、“北京奥运智能交通集成系统”、“上海世博智能交通技术综合集成系统”、“广州亚运智能交通综合信息平台系统”、“远洋船舶及战略物资运输在线监控系统”等五个方面开展了系统的研究，取得了显著的成果。

目前，北京、上海、广州、深圳等城市已建成了具有国际先进水平的智能化交通管理系统，有效缓解了这些城市日趋严重的交通拥堵，同时有力保障了奥运、世博会、亚运会等一系列大型活动的交通服务；特别是高速公路联网电子服务系统（ETC）的成功开发推广，是我国目前唯一在全国范围内应用的、具有自主知识产权统一标准的、而且形成产业的智能交通系统。到目前为止，已在26个省（市）开通ETC，建成ETC专用车道3700余条，用户超过600万。

针对严峻的道路交通安全形势，科技部、公安部和交通部联合开展了国家道路交通安全行动计划，科技部组织了“重特大道路交通事故综合预防、处置集成技术开发与示范应用”科技支撑计划项目，通过技术集成应用和示范工程建设，对我国道路交通安全保障和服务水平的提高将起到积极的促进作用。

（四）综合交通运输领域的智能化管理和服务得到重视和发展，智能交通改善和提升了公众出行服务水平

中国智能交通系统的建设发展，紧密结合中国交通运输的特点和发展需求，在道路交通智能化发展的同时，也比较重视综合交通运输领域智能化系统的建设和发展。

过去的几年中，铁路智能运输系统（RITS）技术和应用得到长足的发展。目前已建成了世界规模最大、覆盖了包括9000余公里高速铁路在内的全国铁路网计算机联网售票和旅客服务系统（TRS）、铁路运输管理信息系统（TIMS）、铁路综合监控及应急指挥系统（RITS）等超大型系统，大大提升了铁路客运服务的综合智能化水平。

在民航领域，新一代空中交通管理系统取得重大进展，突破了基于性能的航空导航、基于数据链与精确定位的航空综合监视、空管运行协同控制、民航空管信息服务平台等一批关键技术，构建了机场跑道感知系统和飞行区移动目标监控平台，发展了大型机场安全智能监测与主动防御技术，奠定了我国新一代空管系统研发生产基础，推动了空管装备自主产业的发展。

在公共交通领域，我国许多城市已建设了先进的公交运营和服务智能化系统。首次实现了广州地区范围内铁路、水路、公路、航空和城市交通等多种交通方式信息资源和服务功能的整合。广东打造粤港澳智能交通一卡通平台，实现了粤港澳交通一卡通跨区域互联互通，目前已拓展至广东省17个地市和香港、澳门和新加坡地区。特别是，广州市的快速公交系统（BRT）以创新的理念和良好的服务效果，受到国内外的一致肯定。

（五）智能交通标准化体系不断完善，智能交通产业发展初具规模

标准化是智能交通发展的重要内容，我国较早就成立了全国智能交通系统标准化组织，发布了近百项智能交通系统的技术标准，初步布局完成了国家智能交通系统标准体系，为智能交通的规范化发展提供了保障。

经过多年的发展，我国的智能交通产业也初具规模，形成了一批智能交通行业的骨干企业，产业发展受到资本市场的关注，公路、铁路、城市交通、民航等行业性市场稳步发展，智能交通产业格局也逐步完善。

当然，我国智能交通发展也还存在着一些亟待解决的问题，主要表现在：智能交通发展理念有待转变和提升；对公众出行和货物运输服务以及交通安全等民生需求关注需要进一步加强；自主创新能力相对薄弱，适合国情的关键技术和应用模式有待进一步突破；市场化推进机制缺乏，智能交通产业链、价值链尚未真正形成。

下面我简要谈谈中国智能交通的未来发展趋势。

首先，我国经济社会发展正处于城市化进程加快、机动化程度迅速提高的阶段，交通运输效率、交通服务水平、交通安全、交通环境、交通拥堵等诸多问题集中出现，成为制约我国社会经济发展的重要问题。智能交通系统对于缓解和解决上述问题具有直接的作用和意义。大力发展智能交通管理系统，探讨实现更安全、更顺畅的交通环境的技术，将是我国交通运输领域重要的战略任务。我们将加快技术转移，加大应用力度，积极推动智能交通产业规模和水平提升；进一步完善智能交通系统建设相关技术规范，重视基于物联网技术的智能交通标准以及重点应用领域的相关标准的制定；积极营造智能交通产业化的市场环境，建立技术、应用和资本三者共同引领的智能交通产业发展模式，鼓励和支持优势企业参与ITS有关领域的建设和运营。

其次，“十二五”将是中国ITS的提升阶段。随着世界智能交通系统将进入创造新一代移动社会的崭新阶段，我们要把握好我国加快城镇化发展、智慧城市建设等机遇，不断提升交通感知智能化水平，推动政府关于交通信息资源的有序开放，并形成公益服务与市场化增值服务相结合的交通信息资源开发利用机制，提高交通信息资源的综合利用能力；大力发展公交智能化管理和服务技术，持续改善和提高公众出行的智能化服务水平，满足公众出行多样化、个性化、动态化的交通服务需求；以综合交通枢纽的智能化管理和服务为突破口，提升交通系统整体运行效能；关注智能车辆技术的研发，发展智能车路协同技术，提高交通主动安全水平。

第三，智能交通技术应用将推动和发展低碳、绿色交通，促进城市交通的可持续发展。与改善环境相关的ITS项目将得到重视和发展，在发展新能源汽车的同时，通过城市交通运行管理、智能化监测、智能化信号控制等智能交通技术减少交通污染是重要的方向。

女士们、先生们，智能交通是通信、计算机和控制技术在交通运输领域集成应用的产物，新技术的发展极大地推动着智能交通系统技术的发展。同时，智能交通开拓的个性化的移动服务也将为大数据、云计算、新一代宽带移动通信、泛在网络、智能终端等技术率先提供应用环境，并为其提供广阔的市场空间，创造新型商业机会。未来中国智能交通系统发展，将在自主创新的同时，积极借鉴国际智能交通领域的成功经验，开展广泛的国际合作交流。相信通过不懈努力，智能交通将会更快速地发展，为公众提供更加便捷、高效、绿色、安全的出行环境，创造更加美好的生活！

最后，预祝本次大会取得圆满成功！

谢谢大家！

中国智能交通的发展蓝图

——在第四届中国国际物联网大会暨展览会上的演讲

中国智能交通协会理事长　吴忠泽　博士

2013年6月4日　上海

尊敬的各位来宾、女士们、先生们：

大家好！很高兴参加在上海举办的第四届中国国际物联网大会暨展览会。本届大会的主题是“民生物联网，智慧新生活”。物联网技术、智能交通技术等从不同的方面让我们的生活更加智慧、更加便捷。

今天，我与各位朋友重点交流讨论两个方面的内容：一是中国智能交通发展现状；二是中国智能交通的未来发展。

智能交通（ITS）简单地说，是将先进的信息、通信、传感、控制以及计算机等技术有效地集成应用于整个交通运输管理体系，而建立起的一种在大范围、全方位发挥作用的、实时、准确、高效的综合运输和管理系统。智能交通是当今国际交通运输领域发展的前沿之一，在许多国家和地区发挥了明显的作用，引起了交通运输领域各方面革命性变化，并带动了智能交通产业的形成。

一、中国智能交通发展现状

中国从20世纪90年代末开始推动智能交通系统建设发展，十几年来，智能交通在许多城市和交通运输各个行业得到了广泛的应用，取得了显著的成就，开始步入快速发展的轨道。主要表现在以下四个方面：

一是我国智能交通系统建设发展的基础基本形成。“智能交通管理系统”是《国家中长期科技发展规划纲要（2006—2020）》中现代交通技术领域的六个优先主题之一。“十五”期间，我国率先在北京、上海、广州等大城市开展智能交通系统的关键技术攻关、关键产品的开发和示范应用，促进了以智能化交通管理为主的智能交通体系建设。“十一五”期间，全国的许多城市进行了智能交通系统的规划和建设，公路、公交、城市等领域相继实施了大批的智能交通系统建设项目。智能交通领域的研究与实践发展，引导了交通运输、电子信息等领域的相关单位和企业参与智能交通系统行业，培育形成了我国智能交通系统发展研究和产业化推进的基本队伍，

二是科技引领智能交通发展，在关键技术领域取得多项自主创新成果，我国智能交通系统技术支撑体系初步建立。

科技引领是我国发展智能交通的重要特点。通过开展智能交通管理的前沿技术探索和关键技术攻关，获取了一批自主知识产权的新方法、新技术和战略产品，解决了

部分制约我国综合交通运输系统发展的技术瓶颈和战略性难题，为我国综合交通运输系统效率提升提供了有效的技术支撑，也为我国综合交通运输的长期可持续发展形成了必要的技术储备。

三是智能交通应用发展成效显著，特别是集成应用跻身世界先进水平，我国的智能交通系统建设已发展成为世界智能交通发展格局的重要构成。

目前，北京、上海、广州、深圳等城市已建成了具有国际先进水平的智能化交通管理系统，有效缓解了这些城市日趋严重的交通拥堵，同时有力保障了奥运、世博会、亚运会等一系列大型活动的交通服务；特别是高速公路联网电子服务系统（ETC）的成功开发推广，是我国目前唯一在全国范围内应用的、具有自主知识产权统一标准的、而且形成产业的智能交通系统。到目前为止，已在26个省（市）开通ETC，建成ETC专用车道3700余条，用户超过600万。

四是综合交通运输领域的智能化管理和服务得到重视和发展，智能交通改善和提升了公众出行服务水平。

过去的几年中，铁路智能运输系统（RITS）技术和应用得到长足的发展。目前已建成了世界规模最大、覆盖了包括9000余公里高速铁路在内的全国铁路网计算机联网售票和旅客服务系统（TRS）、铁路运输管理信息系统（TIMS）、铁路综合监控及应急指挥系统（RITS）等超大型系统，大大提升了铁路客运服务的综合智能化水平。

在公共交通领域，我国许多城市已建设了先进的公交运营和服务智能化系统。首次实现了广州地区范围内铁路、水路、公路、航空和城市交通等多种交通方式信息资源和服务功能的整合。特别是，广州市的快速公交系统（BRT）以创新的理念和良好的服务效果，受到国内外的一致肯定。

当然，我国智能交通发展也还存在着一些亟待解决的问题，主要表现在：智能交通发展理念有待转变和提升；对公众出行和货物运输服务以及交通安全等民生需求关注需要进一步加强；自主创新能力相对薄弱，适合国情的关键技术和应用模式有待进一步突破；市场化推进机制缺乏，智能交通产业链、价值链尚未真正形成。

二、中国智能交通的未来发展

当前，我国经济社会发展正处于城市化进程加快、机动化程度迅速提高的阶段，交通运输效率、交通服务水平、交通安全、交通环境、交通拥堵等诸多问题集中出现，成为制约我国社会经济发展的重要问题。智能交通系统对于缓解和解决上述问题具有直接的作用和意义。随着世界智能交通系统将进入创造新一代移动社会的崭新阶段，我们要把握我国加快城镇化发展、智慧城市建设等机遇，在中国智能交通的未来发展中，重点做好以下几个方面的工作：

1．不断提升交通感知智能化水平，构建网络化的交通状态感知体系，提高交通信息资源的综合利用水平

“十二五”时期，为了加快物联网技术在交通领域的实际应用，一是要突破车路状态感知与交互等关键技术，包括车辆动态组网、状态实时获取、环境智能感知、车路

信息交互等一批前沿技术，提升交通运行监测能力和水平；二是在提高交通基础设施承载能力的同时，加快交通基础设施的智能化升级；三是建设覆盖主要道路、公交场站、高速路口、轨道交通站点、综合运输枢纽的数据监控传感网络，形成全路网智能监控体系；四是推动公交、轨道交通、民航、铁路、交管、气象、消防、应急等部门实现信息共享，支撑一体化的交通智能调度管理、安全应急指挥和规划决策。

2．重视面向公众的综合交通信息服务，改善和提高公众出行的智能化服务水平

为满足公众出行多样化、个性化、动态化交通服务需求以及交通应急救援、跨行业综合交通服务需求，一是要建立交通信息资源采集、更新、共享、发布制度，明确各相关方在数据质量标准以及信息交换方面的责任和义务；二是建立公益服务与市场化增值服务相结合的交通信息资源开发利用机制，将交通运输各利益相关方通过价值链连接起来，交通信息按照市场引导、价值驱动的方式在各利益相关方之间流动，并逐步形成新的装备和营利点；三是要应用大数据、云计算、新一代宽带移动通信、泛在网络、智能终端等新技术，大力推进个性化的移动服务发展，创造新型商业模式，鼓励交通管理、载运工具制造、信息产业等多方组成联盟，一起推进基础设施与载运工具协同的商业化运用以及新一代的交通信息服务系统的建立。

3．大力发展公交智能化管理和服务技术，提升公共交通服务水平与服务能力

一是要积极推广公交智能化、公交信号优先和快速公交（BRT）等技术，建设智能化公共交通管理与运营系统，提高公交运行效率和服务水平；二是合理规划布局轨道交通线路，节省出行时间，平衡线路运能，缓解城市中心区的交通负荷；三是建设发展综合客运枢纽的智能化管理和服务体系，使轨道交通与地面公交等交通方式无缝衔接、良好配合；四是全面提高公共交通系统运输效率，以有效缓解城市交通拥堵问题。

4．以综合交通枢纽的智能化管理和服务为突破口，提高综合交通系统运行智能化水平，提升交通系统整体运行效能

综合交通枢纽是未来城市交通的重要构成。十二五时期，要研究开发符合中国国情的大城市区域交通控制和装备，构建完备或准完备网络化全景交通信息环境，实现区域调控、网络化诱导、时空动态优化的协同联动控制，建设智能化综合交通管控枢纽，以及城市道路、公路、铁路、民航等交通系统的协调运行体系。实现多个交通部门的相互配合，为交通运行高效有序、公众出行便捷安全提供保障。

5．跟踪国际智能交通发展动态，推进车辆智能化技术水平的提高，建立人车路协同、高效、安全的智能交通系统

智能性车辆是实现安全、节能的直接载体，因此各国都给予了高度重视。车辆智能化技术的发展在主动安全方面具有明显成效，而且智能化车辆技术与新能源汽车的结合，将对未来的交通工具以及智能交通技术发展产生重大的影响，也为我国汽车产业的发展提供了良好的机遇。十二五时期，一是要突破汽车安全辅助驾驶等一批关键技术，并形成核心产品和系统集成。二是重点加强车路协同系统、专用短程通信（DSRC）等核心技术研究，建立智能车路协同技术体系框架，形成基于车路协同的道路交通主动安全保障技术基础。三是普及车辆智能终端，推动汽车远程智能化综合信息服务。

四是开展“车联网”试点工作。五是进一步推广不停车收费系统（ETC）等技术，加强城市物流车辆的智能管理。

6. 以智能交通技术应用推动和发展低碳、绿色交通，促进城市交通的可持续发展

积极开发与改善环境相关的生态交通控制系统等 ITS 项目，在发展新能源汽车的同时，通过城市交通运行管理、智能化监测、智能化信号控制等减少交通污染，以实现交通高效运行与节能减排的双赢，是下一阶段重要的工作方向。环境友好型的智能交通系统将与未来的出行电动化有机结合，成为城市交通可持续发展的重要保障。

7. 推进智能交通系统标准化，完善智能交通系统建设相关技术规范，引导智能交通系统健康有序发展

标准化是智能交通发展的重要内容。我国较早就成立了全国智能交通系统标准化组织，发布了近百项智能交通系统的技术标准，初步布局完成了国家智能交通系统标准体系，为智能交通的规范化发展提供了保障。十二五时期，一是要结合应用需求，完善中国智能交通体系框架和标准体系结构。二是要重视智能交通系统建设技术规范、基于物联网技术的智能交通标准、智能交通新技术应用的标准以及重点应用领域的相关标准建设。

8. 建立以企业为主体、市场为导向、产学研相结合的技术创新体系，提升智能交通产业化水平

经过多年的发展，我国智能交通产业已初具规模，形成了一批智能交通行业的骨干企业。但在经营规模、优势产品、核心竞争力等方面参差不齐，关键技术领域和具有自主知识产权的国产智能交通产品比例较低，总体上，我国智能交通产业的规模不大，水平还不够高。产业的发展基本上还处于项目带动型和市场跟随型，缺乏支撑发展、引领未来的重大技术产品。为推动智能交通产业化水平的提升，一是建议政府有关部门改善政策法规环境，制定将公益性智能交通应用系统和必要的支撑措施纳入交通基本建设范畴的政策，建立并完善政企合作、市场开放、产业分工、服务许可等产业发展政策；二是要营造良好的智能交通产业化的市场环境，建立技术、应用和资本共同引领的智能交通产业发展模式，拓展投融资渠道，加快技术转移，加大应用力度；三是鼓励和引导企业，特别是民营和社会资本，参与智能交通有关领域的项目研发、建设和运营，发挥产学研相结合的智能交通科技创新联盟平台的作用，推动协同创新，促进智能交通产业规模上水平、上台阶。

女士们、先生们，中国智能交通系统未来发展，将在坚持自主创新的同时，积极借鉴国际智能交通领域的成功经验，开展广泛的国际合作交流。相信通过不懈努力，智能交通将会得到更快地发展，为公众提供更加便捷、高效、绿色、安全的出行环境，创造更加美好的生活！

最后，预祝本次大会取得圆满成功！谢谢大家！

在第八届中国智能交通年会暨中国智能交通科技成果展上的致辞

中国智能交通协会理事长　吴忠泽　博士

2013年9月26日　北京

各位来宾、女士们、先生们：

早上好！

今天，2013’中国智能交通年会暨中国智能交通科技成果展在这里隆重开幕。我们相聚合肥，共同迎来了智能交通行业这一年度盛会的召开。在此，我谨代表中国智能交通协会对各位来宾表示热烈的欢迎并致以诚挚的问候！

当前，我国社会发展正处于城市化进程加快、机动化程度迅速提高的阶段，交通运输效率、交通服务水平、交通安全、交通环境、交通拥堵等诸多问题集中出现，成为制约我国社会经济发展的重要问题。把科技进步和创新作为重要支撑，把建设资源节约型、环境友好型社会作为重要着力点，大力发展智能交通管理和服务系统将是我国交通领域重要的战略任务。

本次大会以“智能交通——创造智慧未来”为主题，以促进智能交通领域技术进步和协同发展为目标，为中国交通领域健康可持续发展搭建交流互动平台，发挥科技的支撑和引领作用。

全国政协副主席、国家科学技术部部长万钢同志对本次会议的召开给予了高度的关注，并对会议做出了具体指示和要求；社会各界、众多的同行专家和单位、有关新闻媒体等，对本次会议的召开提供了大力支持。在此，表示衷心的感谢。

下面我讲三个问题，供大家参考。

一、国际智能交通的新动向

目前，世界各国在对高效、节能、安全交通持续关注的同时，对于车路合作系统、交通信息服务以及新技术对智能交通的推动作用给予了更多的关注。主要表现在：

第一，信息技术依然是促进 ITS 发展的强力支撑。目前，ITS 领域的热点大都与新一代信息技术密切相关，例如关注度最高的合作 ITS（Cooperative ITS）、互连车辆系统（Connected Vehicles）和基础设施的智能化，这三个方面都是宽带移动通信、移动互联网、专用短程通信（DSRC）和传感器与汽车和基础设施结合的产物，而这三者内部和三者之间又依托新一代通信建立完善和实时的数据交换。物联网、云计算、大数据、移动互联等新技术的发展，不仅从技术路线上为 ITS 带来新的技术路径，更从理念、模式等方面给 ITS 发展带来重要的启示。

第二，车路和车车协同系统既是智能交通的前沿，也是现代通信技术与智能交通技术结合最紧密的领域。车路和车车协同系统（即 Cooperative System）是欧洲、美国和日本正在集中力量开发的系统，其目标是在通信系统支撑下实现自主行驶状态监视和危险状态预警、实现自主避碰和在交叉路口与路口信号系统的协调、对公交车辆和专用车辆（如救护车、警车等）提供信号优先服务、还可以通过车辆与路侧系统的信息交互实现路段和路网交通状况的评估。这方面具有代表性的项目是美国政府组织开发的 VII（车路集成系统）以及在 2010 年初推出的 VII 后续项目 IntelliDrive，还有欧洲的 CVIS（车辆基础设施合作系统）和 COOPER（智能道路安全合作系统）等开发项目，以及日本的 SmartWay（智能道路）等。例如，通用汽车已经实际安装使用全车速自适应巡航系统、碰撞、车道偏离、泊车预警系统和车道变更辅助系统等前瞻性的主动安全系统。在以上项目开发和试验的基础上，主要发达国家在去年又提出了合作 ITS 的概念，并在第 19 届 ITS 世界大会上进行了集中展示。合作系统的内容包括下一代信息技术和网络框架下的不同交通方式的合作、不同社会实体在交通方面的合作，不同交通参与者间的合作、车路协同、车车协同、车－基础设施－车协同，这是一个大概念，是世界 ITS 领域的一个新热点。

第三，新一代交通信息服务系统开始显现，依托智能终端的交通服务越来越多。新一代交通信息服务系统是近几年国际智能交通界研究开发的一个热点，其主要内容是基于下一代互联网、宽带移动通信网、沿基础设施的智能数据交互结点以及智能终端构成的集成系统，对应用功能再聚焦和再开发，重点是强调在运载工具高速运动、出行者搭乘公交或步行等情况下都能得到可靠和可信的信息服务；同时实现对运载工具运行状况、区域交通状况以及交通运行环境的识别，并通过主动推送和双向交互的方式提供信息服务，充分满足公众基于时间、费用、舒适、低碳等不同价值取向的出行选择。依托智能终端，特别是智能手机的交通信息服务，正在兴起。基于 iPhone、安卓等平台的智能手机等终端设备，可以提供智能导航、位置服务、公交服务、各个交通枢纽的换乘服务等，使得交通出行更加的便捷。目前，越来越多的人和车辆开始使用这些服务。

第四，值得关注的是交通信息服务方式和商业模式也在不断创新。随着信息技术的发展、特别是新一代移动通信和 GPS 的普及，很多公司尝试自己采集相关信息为公众提供服务，欧洲和美国是最活跃的地区。以 TSP（Telematics Service Provider）为代表的汽车远程信息服务受到众多汽车厂家的关注，现在许多汽车制造商都开始采集自己品牌汽车 GPS 数据，经过与数字地图的匹配后得到交通拥堵的信息，然后再发回给用户。很多欧美的汽车制造商在中国也有这些服务，如大众、宝马、通用等。很多移动通信公司也开始进行类似的服务，当然手机的数据处理和信息提取要更复杂一些。这样在欧美就形成了一类不需要与政府、交通运营管理单位和运输公司合作、而自主提供交通信息服务的 ITS 群体，这样的服务方式和业态开始吸引越来越多的企业加入。

第五，支持多种运输协调运行和控制技术的重要性越来越高。随着对城市综合交通效率提高和城乡交通无缝衔接的要求越来越高，国际智能交通领域开始关注城市道路、公路、水路、枢纽等系统的协调运行。特别是在大城市和城市群，开始尝试将已有的城市道路交通管理系统、地铁运行系统、客货运管理系统等进行集成，并将城市道路、公路、公交、枢纽等系统中不同尺度的运行状态作为整个城市或地区交通协调运行系统的输入参数，经过计算得到宏观控制方案和重要战略控制点的控制参数，实现整个交通运输系统的最优运行，达到宏观意义上的城市及城市间客货运输的高效运行；另外，根据节能减排的需求，发达国家开始尝试将能耗和排放指标作为交通信号控制系统参数之一，以实现交通高效运行与节能减排的双赢。

二、我国智能交通的发展现状

经过“十五”、“十一五”及“十二五”前半阶段等时期建设，中国公路、水运、高速铁路、民航等交通基础设施建设成效显著。截止到 2012 年，全国公路总里程达 420 余万公里，其中，高速公路达 9.62 万公里；航空运输方面，2012 年全行业完成运输总周转量 611 亿吨公里；到 2012 年底，全国铁路营业里程达到 9.8 万公里，居世界第二位；高铁运营里程达 9356 公里，居世界第一位。同时，交通基础设施建设管理信息化水平显著提高，保障了奥运、世博会等一系列大型活动的举办；面向出行者提供综合性交通信息服务，搭建了民众与政府间的信息沟通渠道，交通社会化服务水平稳步提升，为实现智慧交通打下良好的基础。

在交通基础设施建设规模发展的同时，交通运行管理和服务的信息化与智能化水平也显著提高。十几年来，智能交通在许多城市和交通运输各个行业得到了广泛的应用，取得了显著的成就，开始步入快速发展的轨道。

进入“十二五”以来，在 973、863、支撑计划等国家科技计划项目布局中，智能交通科技的重点领域也进一步得到了支持。

其中，973 计划中对“大城市综合交通系统基础理论”研究进行了立项支持。863 计划对多项智能交通前沿核心技术进行了立项支持，包括：车路协同技术、区域交通协同控制关键技术、综合枢纽智能化运营与服务效能提升技术、交通状态感知与交互关键技术、车联网关键技术、环境友好型智能交通控制关键技术、多模式城市公共交通协同控制与服务关键技术等项目。国家科技支撑计划组织实施了“大城市交通主动防控技术集成与示范”、“中等城市智能交通联网联控技术集成与示范”等项目。最近，通过“十二五”计划中期执行情况检查结果表明，上述在研项目总体进展顺利。智能交通科技项目的实施，对我国 ITS 领域的研究和产业化发展起到了良好的引领作用，推动了我国智能交通系统的建设和发展。

经过多年的发展，我国的智能交通产业也初具规模，形成了一批智能交通行业的骨干企业，产业发展受到资本市场的关注，公路、铁路、城市交通、民航等行业性市场稳步发展，智能交通产业格局也逐步完善。

当然，我们也清醒地认识到，当前我国智能交通发展整体技术水平和应用规模与发达国家相比还有一定的差距，智能交通科技具有广阔的发展空间；智能交通系统科技应用发展还受到体制等因素的制约，智能交通系统建设任重道远；智能交通产业从总体上看，无论是规模还是核心竞争力都有待于进一步提升。

三、我国智能交通的未来发展

从国内外智能交通的发展和应用看，智能交通就是信息技术与传统产业结合而创造出的新领域，智能交通既为提升交通服务水平、实现现代交通运输服务，又为国家战略性新兴产业提供广阔的产业和应用环境。

“十二五”时期，立足国情、运用新技术手段，结合智慧城市建设，构建具有中国特色的新一代智能交通系统，将是我国智能交通发展的重要方向。重点开展以下工作：

（一）不断提升交通感知智能化水平，构建网络化的交通状态感知体系，提高交通信息资源的综合利用水平。“十二五”时期，为了加快物联网技术在交通领域的实际应用，一是要突破车路状态感知与交互等关键技术，包括车辆动态组网、状态实时获取、环境智能感知、车路信息交互等一批前沿技术，提升交通运行监测能力和水平；二是在提高交通基础设施承载能力的同时，加快交通基础设施智能化管理升级；三是建设覆盖主要道路、公交场站、高速路口、轨道交通站点、综合运输枢纽的数据传感网络，形成全路网智能监控体系；四是推动地面公交、轨道交通、民航、铁路、交管、气象、消防等部门实现信息共享，支撑城市交通智能化协调管理、安全应急指挥和规划决策。

（二）重视面向公众的综合交通信息服务，改善和提高公众出行的智能化服务水平。为满足公众出行多样化、个性化、动态化交通服务需求以及交通应急救援、跨行业综合交通服务需求，一是要建立交通数据采集、更新、共享、和信息发布制度，明确各相关方在数据质量标准以及信息交换方面的责任和义务；二是建立公益服务与市场化增值服务相结合的交通信息资源开发利用机制，将交通运输各利益相关方通过价值链连接起来，交通信息按照市场引导、价值驱动的方式在各利益相关方之间流动，并逐步形成新的装备和营利点；三是要应用大数据、云计算、新一代宽带移动通信、泛在网络、智能终端等新技术，大力推进个性化的移动服务发展，创造新型商业模式，鼓励交通管理、载运工具制造、信息产业等多方组成联盟，一起推进新一代的交通信息服务系统的建立，让民众“随时随地”享受到交通信息智能服务带来的便利。

（三）建设跨区域、多模式的综合交通电子支付系统。一是要建立全国联网电子收费结算体系网络信任平台，建设国家高速公路联网电子收费清分结算和客户服务体系，实现全国范围跨区域电子不停车收费服务；二是要加快交通一卡通跨区域、跨行业的互联互通，实现出行中的便捷支付；三是要加快电子不停车收费技术在城市拥堵、停车场等的推广应用，推动公路与城市车辆收费一体化，实现交通需求管理的科学化；未来的目标是：形成跨区域、多模式的综合交通电子支付体系，为公众出行提供智能化的服务。

（四）落实建设“两型”社会发展战略，加快构建绿色交通运输体系。建设资源节约型、环境友好型社会是我国一项长期的战略任务，交通是能源资源消费和温室气体排放的重点领域之一，根据国家对节能减排的总要求，推进资源节约和环境保护，促进经济发展模式向高能效、低能耗、低排放模式转型，对交通运输绿色发展提出了更加迫切的要求。积极采用混合动力汽车、替代燃料车等节能环保型营运车辆以及新能源动力船等节能环保型营运船舶。推广高速公路不停车收费（ETC）系统，推广内河船舶免停靠报港信息服务系统，完善公众出行信息服务系统，促进客货运输市场的电子化、网络化，实现信息共享，提高运输效率，降低能源消耗，实现技术性节能减排。加快形成资源节约、环境友好的交通发展方式，构建绿色交通技术体系，实现交通发展与资源环境的和谐统一。

（五）促进智能交通科技成果推广应用，进一步强化标准化建设。紧密结合行业发展实际需求，通过开展示范工程及专项行动计划等各种方式，加强智能交通领域的成果推广应用。重点在资金投入、人才保障、激励措施、信息共享、知识产权保护等方面完善促进科技成果推广的制度保障与动力机制，探索新型科技成果推广模式，促进成果推广应用。建设智能交通科技信息资源共享平台，整合科技信息资源，强化科技信息资源服务能力，提升科技成果推广信息服务水平。推进技术标准制修订，积极参与智能交通国际标准化工作，促进标准化质量与应用水平的提高。

（六）着力构建以企业为主体、市场为导向、产学研相结合的智能交通技术创新体系。加强智能交通科技产业创新联盟平台的建设，强化企业技术创新主体地位，加强产学研之间的联系与互动，注重协同创新，提高企业技术集成能力。加大研发投入，特别是对中试环节的支持，促进从研究开发到产业化的有机衔接，加快科研成果转化和技术转移。充分利用国际科技资源，扩大智能交通科技开放合作。加大对知识产权的保护力度。

女士们、先生们，智能交通是通信、计算机和控制技术在交通运输领域集成应用的产物，信息技术和智能化技术的发展极大地推动着智能交通系统技术的发展。同时，智能交通的开发和应用也将为新一代宽带移动通信、云计算、泛在网络、智能终端等技术率先提供应用环境，并为其提供广阔的市场空间。中国智能交通系统发展，将在自主创新的同时，积极借鉴国际智能交通领域的成功经验，开展广泛的国际合作交流。相信通过不懈努力，智能交通将会更快速地发展，为公众提供更加便捷、高效、绿色、安全的出行环境，创造更加美好的生活！

最后，预祝本次大会取得圆满成功！

谢谢大家！

大数据：智能交通发展的机遇与挑战

——在2013中国智能交通与大数据技术峰会上的讲话

中国智能交通协会理事长　吴忠泽　博士

2013年12月6日　北京

尊敬的各位专家、各位来宾：

大家好！

非常高兴能够参加2013中国智能交通与大数据技术峰会，在这里与大家就智能交通与大数据技术的发展进行交流与讨论。本次峰会将为与会代表们提供深入交流互动、技术实践分享的平台，旨在将大数据技术与智能交通系统的应用深度结合，推动智能交通系统的建设发展迈向新阶段，具有重要的意义。在此，我谨代表中国智能交通协会，对本次会议的召开表示热烈的祝贺，并预祝本次会议取得圆满成功。

近年来，电子信息领域的技术发展极其迅速，对智能交通系统的发展带来了重大的变革。物联网、云计算、大数据、移动互连等技术在交通领域的应用和发展，不仅给智能交通系统注入新的技术内涵，也对智能交通系统的模式、理念产生了巨大的影响。目前，国际智能交通领域的车路协同系统、公众出行便捷服务、车联网等热点技术领域，都在广泛研究和应用云计算、大数据、移动互联等新技术。我们注意到，今年十月份在日本举办的第二十届世界智能交通大会上，交通大数据的研究非常活跃并已经形成了许多具有良好应用前景的创新成果。随着研究和应用的深入，大数据技术在交通运行管理优化、面向车辆和出行者的智能化服务以及交通应急和安全保障等方面都必将形成巨大的市场。

今天，我想借此机会阐述一下自己的几点想法。

一、大数据时代智能交通发展的需求与机遇

（一）智能交通系统发展的数据分析需求

一方面，交通数据采集的范围、广度和深度急剧增加，随着智能交通系统建设规模的不断扩大，正在形成以微波、线圈、GPS、车牌等交通流检测数据，交通监控视频数据，以及系统数据和服务数据等为主体的海量交通数据，以北京市为例，其6万余辆出租车一天就会产生数亿条GPS数据，车牌识别、交通监控视频等数据量更大，交通相关的数据量级已从TB级别跃升到PB级别，传统的交通数据分析方法已很难有效支撑这么庞大的数据体的开发与利用。

另一方面，对动静态海量交通数据的挖掘分析成为智能化交通信息处理分析的核心内容，交通数据的深层价值有待进一步的挖掘和开发。根据调查，现在韩国3G手机上的服务中，有50%以上的服务与交通有关，包括实时道路交通信息、地铁和公交信息、火车和飞机班次动态信息、换乘信息、与汽车服务有关的信息等等，以智能终端（如智能手机、iPad等）为服务窗口的、云计算和大数据分析技术为支撑的智能交通信息服务正在逐步成为主流，与我们的生活息息相关。

（二）大数据分析为智能交通发展带来的新机遇

一是大数据技术的海量数据存储和高效计算能力，将实现交通管理系统跨区域、跨部门的集成和组合，将会更加有效地配置交通资源，从而大大提高交通运行效率、安全水平和服务能力。二是交通大数据分析将为交通管理、决策、规划和运营、服务以及主动安全防范带来更加有效的支持。三是基于交通大数据的分析为公共安全和社会管理提供新的理念、模式和手段。

二、大数据背景下智能交通发展面临的问题与挑战

交通大数据时代的来临是智能交通发展的必然趋势，当然，在这个进程中我们也将面临前所未有的问题和挑战。所面临的问题主要有：首先，交通数据分散在不同部门（在我国，与交通相关的部门有10多个），而部门之间又缺乏开放互通，造成了交通数据资源的条块化分割和信息碎片化等现象；其次，由于交通检测方式多样，信息模式复杂，造成数据种类繁多，且缺乏统一的标准；还有就是，目前我们尚缺乏有效的市场化推进机制，基于大数据的交通信息服务产业链、价值链尚未真正形成。

解决这些问题，需要做好几项挑战性工作：一是如何从政策和技术上突破交通数据资源的互通、共享的壁垒，消除信息分散、内容单一等问题；二是如何确保交通数据资源的安全性，在数据开放的同时，加强数据的安全监管，尊重和保护相关政府部门、交通企业以及个人的机密和隐私不受侵犯；三是如何实现交通数据资源的综合利用效率，将交通路况检测、GPS、交通监控视频等零散信息进行有效地联系、汇聚和发掘，使其能够真正支撑交通系统的运营管理，提高交通运行效率和安全水平。

三、大数据时代智能交通的发展趋势

大数据时代背景下，立足国情、运用新技术手段，结合智慧城市建设，构建具有中国特色的新一代智能交通系统，将是我国智能交通发展的重要方向。我们将重点开展以下几个方面的工作：

（一）持续提升交通感知智能化水平，完善网络化的交通状态感知体系

感知是一切数据来源的前提。“十二五”时期，我们要突破车路状态感知与交互等关键技术，包括车辆动态组网、状态实时获取、环境智能感知、车路信息交互等一批

前沿技术，提升交通运行监测能力和水平；要建设覆盖主要道路、公交场站、高速路口、轨道交通站点、综合运输枢纽的数据传感网络，形成全路网智能监控体系；推动地面公交、轨道交通、民航、铁路、交管、气象、消防等部门实现信息共享，为交通大数据分析提供海量数据基础。

（二）加强交通数据标准化建设，进一步整合数据资源

推进智能交通系统的数据标准化建设，特别是要建立和完善智能交通系统的接口规范和数据标准体系，为跨部门、跨区域的智能交通信息系统的互联互通奠定基础；同时，还要加强数据安全防范措施，提升数据监管和保护能力，维护数据的安全使用；综合交通相关的不同部门、不同区域、不同类型的“数据仓库”，整合交通数据资源，建立综合性立体的交通信息体系，形成智能交通数据资源共享平台，提升交通数据资源的整体性服务能力。

（三）创新交通大数据分析应用，实现基于大数据技术的交通系统高效运营和管理

基于交通数据资源互联共享、标准统一的原则，构建完备或准完备网络化交通信息环境，实现跨区域、跨模式的大范围出行调控、网络化诱导的协同联动控制；以互通的交通信息平台为基础，形成城际公路、铁路、民航等交通系统的协调运行体系，强化交通运营管理的整体性功能，通过多个交通部门的相互配合，实现步调一致的协同管理，为交通运行高效有序、居民出行安全便捷提供更有力的保障。

（四）建立基于大数据分析的新一代智能交通信息服务系统，改善和提高公众出行的智能化服务水平

为满足公众出行多样化、个性化、动态化交通服务需求以及交通应急救援、跨行业综合交通服务需求，要应用大数据、云计算、新一代宽带移动通信、智能终端等新技术，大力推进个性化的移动服务发展，并创造新型商业模式，鼓励交通管理、载运工具制造、信息产业等多方组成联盟，一起推进新一代的交通信息服务系统的建立，让民众“随时随地”享受到交通信息智能服务带来的便利。

特别是，要建设跨区域、多模式的综合交通电子支付系统。基于大数据技术建立全国联网电子收费结算体系网络信任平台，建设国家高速公路联网电子收费清分结算和客户服务体系，实现全国范围跨区域电子不停车收费服务；加快交通一卡通跨区域、跨行业的互联互通，实现出行中的便捷支付；推动公路与城市车辆收费一体化，实现交通需求管理的科学化；并最终形成跨区域、多模式的综合交通电子支付体系，为公众出行提供更加智能的服务。

（五）构建并完善智能交通技术创新体系，加强交通信息服务产业化进程

加强智能交通科技产业创新联盟平台的建设，强化企业技术创新主体地位，加强产学研之间的联系与互动，注重协同创新，提高企业技术集成能力。加大研发投入，

促进从研究开发到产业化的有机衔接，加快科研成果转化和技术转移。充分利用国际科技资源，扩大智能交通科技开放合作，并加大对知识产权的保护力度。

建立交通数据采集、更新、共享、和信息发布制度，明确各相关方在数据质量标准以及信息交换方面的责任和义务；建立公益服务与市场化增值服务相结合的交通信息资源开发利用机制，将交通运输各利益相关方通过价值链连接起来，交通信息按照市场引导、价值驱动的方式在各利益相关方之间流动，并逐步形成新的市场和营利点，加快交通信息服务的产业化进程。

各位专家、各位来宾，“数据为王”的大数据时代已经到来，智能交通作为通信、计算机和控制技术在交通运输领域集成应用的产物，同时，也在为云计算、大数据、智能终端等新技术提供率先应用的环境，并为其提供广阔的市场空间。相信在我们共同的努力下，重视交通大数据的开发利用，抓住机遇，迎接挑战，推进智能交通更加快速地发展，为公众提供更加便捷、高效、绿色、安全的出行环境，创造更加美好的生活！

谢谢大家！

公安部黄明副部长在2013年中国道路交通安全论坛上的讲话

（2013年8月29日　中国　北京）

女士们、先生们、朋友们：

下午好！首先我代表公安部向出席论坛的交通运输部冯正霖副部长、安监总局孙华山副局长、经济日报社徐如俊社长、全球道路交通安全合作伙伴主席皮特·文特先生，以及相关政府部门、行业代表、国内外高等院校、科研机构的专家学者们表示热烈地欢迎！

中国是一个发展中的国家，道路交通的发展起步比较晚，基础比较差，1986 年，国家决定城乡统一道路交通管理的时候，全国汽车保有量才 362 万辆，汽车驾驶人 517 万人，公路通车里程 96.3 万公里。随着经济社会持续发展，中国迎来了道路交通的大发展，快速进入了汽车的时代。到 2012 年底，中国机动车保有量已达到 2.4 亿辆，其中汽车 1.2 亿辆，汽车驾驶人突破了 2 亿，今年 1 ～ 7 月，中国的汽车和驾驶人数量又分别达到了 953 万辆和 904 万人，仅今年 1 ～ 7 月，汽车的增长量和驾驶人的增长数就是 1986 年底全国保有量的 2.6 倍和 1.7 倍。

回顾过去 30 年发展的历程，中国道路交通管理经历了困难多、压力大的艰难时期。在中央政府统一领导下，各地各部门密切协作，广大交通参与者共同努力，中国道路交通安全工作取得了很大的进步，道路交通安全形势实现了由事故高发上升到近年来持续平稳下降的转变，大事故得到了有效的遏制，每年发生重大以上道路交通事故由 1996 年全国最高的年份是当年的 80 起下降到去年的 25 起。我们自信地说，我们现在已经积累了一些宝贵的经验，今后我们还将矢志不渝，继续努力，与世界先进国家相比，目前我们中国道路交通安全工作还存在着不小的差距，面临着许多新的课题，中国道路交通安全的基础比较薄弱，机动车的类型呈多元化，东中西部地形环境区别大，交通状况十分复杂。

近年来，城市拥堵的问题比较突出，农村山区安全风险加大，全社会的交通安全理念、交通文明的意识与汽车社会发展的要求还不相适应，不文明的驾驶行为和交通陋习还比较普遍，道路交通事故的伤亡人数总量还很大，安全形势仍很严峻，道路交通安全管理能力和水平有待进一步提升。积极适应汽车社会发展的步伐，实现道路交通科学发展、安全发展，保持安全形势的持续稳定，满足人民群众不断增长的安全、便捷、舒适的交通需求，已成为我们主要的任务和面临的巨大的挑战。

展望未来，我们对做好道路交通安全工作充满信心。近年来，中国政府采取了一系列强化的措施，如完善法律法规，颁布实施道路交通安全法，制定宏观发展政策，出台了国务院关于加强道路交通安全工作的意见和道路交通安全十二五规划，强化全民文明交通意识，确定每年 12 月 2 日为全国交通安全日，深化交通安全主题的宣传教育等，这些都为做好道路交通安全工作创造了条件、奠定了基础。

当前，全国上下正在为实现两个一百年的奋斗目标和实现中华民族伟大复兴的中国梦而努力奋斗，平安中国，是中国梦的重要组成部分，道路交通安全直接关系着每一个人，每一个家庭的平安幸福，我们将发挥体制的优势，不断完善，政府统一领导，部门各司其职，齐抓共管，标本兼治，综合治理的道路交通安全工作格局，紧扣安全主题，将道路交通安全的理念努力传播到每一个驾驶人。同时我们要学习借鉴国外先进的经验，提升机动车的安全信任，通过交通安全科学应用创新，大力发展公共交通，倡导绿色出行。

我们坚信，随着国力的增长，基础设施的完善，公众文明素质的提高，中国道路交通安全工作具有积极向上、不断提升的广阔空间。中国道路交通安全的平安梦一定会实现。国内外的实践表明，道路交通安全是一项系统工程，需要综合发挥法治、科技、道德、社会和媒体的力量，落实政府、部门、企业、公众的责任。

今天大家相聚在这里，围绕“道路交通安全——共同的责任”这一主题开展研讨交流，分享先进的理念、科研的成果和成熟的经验，必将有利于我们不断健全道路交通安全工作的体制机制、完善相关法律制度，提升管理能力和服务水平，增强社会共同责任意识。让我们为建设更加安全、畅通、文明、有序的道路交通环境一起努力。

最后，预祝中国道路交通安全论坛取得圆满成功，谢谢大家！

交通运输部杨传堂部长在改进提升道路运输服务工作电视电话会议上的讲话

2013年11月21日

同志们：

这次会议的主要任务是，以党的十八大精神和习近平总书记一系列重要讲话精神为指导，认真贯彻三中全会精神，落实中央领导同志关于提炼提升服务质量服务水平抓手的要求，进一步理清思路、聚焦重点，改革创新、务实奋进，不断提升道路运输服务水平。

刚刚闭幕的党的十八届三中全会是一个里程碑式的重要会议，对全面深化改革作出了总部署、总动员，对于继续抓住和用好我国发展的重要战略机遇期，夺取全面建成小康社会新胜利、推动中国特色社会主义伟大事业胜利前进、实现中华民族伟大复兴的中国梦，具有重大的现实意义和深远的历史意义，也为交通运输行业全面深化改革、推动科学发展指明了方向。今年4月，马凯副总理到我部调研时指出，要着力提升交通运输服务水平，切实保障人民群众出行方便、安全、舒适、顺心、公平，让群众得到实惠。9月10日，马凯副总理在我部呈报的《关于提炼提升服务质量服务水平抓手有关工作情况的报告》上作出重要批示："《指导意见》思路清晰、抓手明确，形成过程的做法亦好。抓工作就是要像这样抓深、抓细、抓实。望能继续推动，务见实效"。李克强总理、张高丽副总理圈阅了这个报告。中央领导同志的重要指示，既是对交通运输提升服务质量服务水平的肯定，更是对改进提升服务工作提出了新的更高的要求。我们一定要认真学习、深刻领会，结合实际认真贯彻落实。

刚才，5个单位介绍了改进提升道路运输服务方面的经验做法，宣读了第二批公交都市创建城市名单、全国出租汽车行业和谐劳动关系创建活动的表彰决定。在此，我代表部党组向获得殊荣的单位和个人、向入选公交都市创建的城市，表示热烈祝贺！

下面，我讲三个方面的意见。

一、深刻认识新时期改进提升交通运输服务的重大意义

改进提升服务，是部党组在新形势下作出的一项重大战略部署，是对未来一段时期交通运输发展工作的系统谋划，也是深入推进群众路线教育实践活动的具体措施。我们一定要站在全局和战略的高度，深刻认识改进提升交通运输服务的重大意义。

第一，改进提升交通运输服务，是适应经济社会发展新形势的客观要求。党的十八大提出了"两个百年"的奋斗目标，描绘了全面建成小康社会的宏伟蓝图，十八届三中全会审议通过的《中共中央关于全面深化改革若干重大问题的决定》，要求进一步解放思想、解放和发展社会生产力、解放和增强社会活力，坚决破除各方面体制机

制弊端，努力开拓中国特色社会主义事业更加广阔的前景。交通运输作为国民经济的基础性、先导性、服务性行业，在全面建成小康社会、全面深化改革中承担着重要使命。改革开放以来，我国交通运输业快速发展，基础设施网络初步形成，装备水平逐步提高，保障能力明显增强，为经济社会发展提供了重要的基础支撑。同时，我们也要清醒地看到，交通运输发展还存在着有效供给不足、质量效率不高以及发展不平衡、不协调、不可持续等问题。当前和今后一段时期，中国特色新型工业化、信息化、城镇化、农业现代化的加速推进，带来了旺盛的运输服务需求；经济体制改革的全面深化，经济结构的调整、消费结构的升级，对交通运输的服务方式、服务效率、服务品质均提出了新的更高要求。我们要准确把握新形势新任务，顺势而为，创新理念，将工作重点聚焦到改进提升服务上来，加快构建安全可靠、便捷畅通、经济高效、绿色低碳的交通运输服务体系，为经济社会发展提供强大支撑和坚强保障。

第二，改进提升交通运输服务，是满足人民群众新期待的具体行动。党的十八大指出，要多谋民生之利，多解民生之忧，解决好人民最关心最直接最现实的利益问题。交通运输是重要的民生领域，目前我国人均国内生产总值已超过6000美元，在这个发展阶段，人民群众对交通运输服务的需求也发生了结构性变化。从需求层次看，在满足了“走得了、运得出”的基本需求后，更加关注安全畅通、便捷舒适、经济高效等高端需求；从需求取向看，既关注个体、局部和单一的运输需求，对服务的均等化、公益性、可持续等综合需求也不断增长。当前，我国交通运输服务质量与人民群众需求仍有较大差距，基础设施服务功能不完善，不同运输方式之间换乘衔接不畅，城乡客运基本公共服务水平不高，智能化与个性化服务能力不强等问题还比较突出。我们要准确把握人民群众的新期待、新需求，聚焦服务重点，创新服务方式，着力解决人民群众反映强烈、要求迫切的突出问题，不断满足人民群众更加多样、更高水平的交通运输服务需求。

第三，改进提升交通运输服务，是遵循交通运输发展内在规律的重要举措。服务是交通运输行业的本质属性，也是交通基础设施建设的最终目的。世界各国的经验表明，交通运输发展要经历一个由总量规模扩张到服务质量提升、由外延粗放向内涵集约发展的阶段，经历一个由单一方式自我发展向多种方式协调发展的过程。改革开放以来，我国交通基础设施的跨越式发展，为提高运输服务能力奠定了坚实基础。经过两轮大部门体制改革，我国综合运输管理体制逐步理顺，实现了对各种运输方式的统筹管理，为交通运输加快提升整体服务水平注入了新动力。我们一定要主动遵循交通运输发展规律，充分考虑经济社会发展和人民群众实际需求，将改进提升服务贯穿到规划、建设、养护、运输、管理等各个环节，更加注重服务效率、质量效益、运营效能，不断提升交通运输服务的均等化、规范化、便捷化、安全化、信息化水平。

第四，改进提升道路运输服务，是全面提升交通运输服务水平的重中之重。相对于其他运输方式，道路运输服务具有四个方面的特性：一是更贴近百姓日常生活。道路运输在满足“衣、食、住、行、用”等民生大事中担负着重要使命，既要承担“行”的任务，也要为“衣、食、住、用”提供运输保障，是交通运输行业中离老百姓最近的民生领域。二是更融合其他运输方式。道路运输具有通达度高、覆盖面广以及机动灵活、组织多样、产品齐全等比较优势，是各种运输方式相互衔接融合的纽带，在提高综合运输体系整体效能上发挥着至关重要的作用。2012年，全国道路运输完成的客运周转量和货物周转量，分别占综合运输体系的55%和35%。三是更关乎物流运行效率。道路运输既是衔接物流各环节的重要依托，也是延伸物流服务链条的关键环节。2012年，道路运输总费用占全社会物流成本的30%左右。道路运输的组织效率，直接影响着物流业的总体水平，关系着国民经济的运行质量。四是更有利于劳动者就业。道路运输是准入门槛低、涉及领域多、劳动人员密集的服务性行业，是交通运输吸纳就业的“主阵地”，也是老百姓创业择业的“容纳器”。目前，全国道路运输从业人员超过3000万人，占各种运输方式从业人员总数的64%，占服务业就业总人数的10%。改革开放以来，道路运输业发展虽取得了长足进步，但受多方面因素制约，增长方式粗放、科技创新滞后等问题仍较为突出，道路运输的服务能力、服务范围、服务深度还不适应经济社会发展和人民群众需求。改进提升道路运输服务，是交通运输行业改进提升服务的关键环节和重点领域，是一项惠民生、促发展、稳就业的战略任务。

二、准确把握新时期改进提升道路运输服务工作的方向和重点

改进提升道路运输服务工作，任务重，头绪多。我们要牢牢把握工作大局，谋划长远，加快形成便民利民惠民长效机制，千方百计找准抓手，重点突破，尽快取得人民群众看得见、摸得着的成效。

第一，始终坚持把以人为本作为改进提升道路运输服务的出发点和落脚点。以人为本是我们党全心全意为人民服务根本宗旨的集中体现，是群众路线的核心。我们要牢固树立以人为本、服务为先的理念，把人民群众利益放在第一位，把人民群众的呼声作为第一信号，把人民群众满意作为第一标准，急群众之所急，想群众之所想，努力解决人民群众关心的突出问题，以道路运输服务工作的实际成果普惠于民、取信于民。着力扩大运输服务的覆盖范围，增加运输服务的可选择性，坚持不懈推进基本公共服务均等化，努力解决集中连片特困地区居民和弱势群体的出行问题，最大限度地服务人民群众方便、快捷、体面出行，也是最大的“公约数”。要牢牢把握安全发展这一永恒主题，树立管行业必须管安全、抓服务必须抓安全的理念，把更多的精力和投入放到安全工作上来，注重源头管控和事故预防，多做安全管理的“保健医生”，少做安全管理的“消防队员”，着力构建道路运输安全和应急保障体系。

第二，始终坚持把深化改革作为改进提升道路运输服务的根本动力。道路运输的发展成就得益于改革，提升服务仍需依靠改革。要牢牢抓住经济体制改革这一主轴和基础，加快理顺道路运输管理体制机制，努力破除部门、区域、城乡之间的分割和壁垒，构建公平开放、竞争有序、充满活力的道路运输市场环境。深化行政审批制度改革，加快政府职能转变，推动道路运输管理工作由“设门槛”向“搭平台”转变，推动道路运输管理部门由“管理者”向“服务者”转变。强化服务监督职责，在减少事前审

批的同时，加强事中事后监管，规范市场主体服务行为。坚持依法行政，加快完善道路运输法律法规体系，推动道路运输服务的法制化、制度化。

第三，始终坚持把结构调整作为改进提升道路运输服务的主攻方向。加快结构调整，推进转型升级，是实现道路运输科学发展的内在要求，是提升服务水平的必由之路。要站在构建综合运输体系的战略高度，把握好道路运输服务的定位、方向和重点，发挥道路运输的比较优势，从服务理念、规章制度、技术标准、管理政策等多个方面入手，加快运力结构、组织结构和经营结构调整。加快完善道路运输服务配套设施，强化不同运输方式间基础设施的衔接。大力发展先进的运输组织模式，积极推广应用清洁能源运输装备及工艺，提高运输车辆的轻量化、标准化水平，促进道路运输绿色低碳发展。加快培育龙头骨干运输企业，引导市场主体有序竞争，延伸服务链条，整合服务功能，推动道路运输服务方式从粗放、传统向集约、精细转变，切实提高运输服务的效率和水平。

第四，始终坚持把科技创新作为改进提升道路运输服务的重要支撑。科技创新能力既是一个国家综合国力的重要体现，也是一个行业现代化水平的重要标志。要坚定不移地把科技创新摆在更加突出的战略位置，依托科技创新来支撑、带动和提升道路运输服务。以智能化、信息化建设为重点，以满足公众安全便捷出行为导向，强化智能交通技术在道路运输领域的推广应用，建立健全公众信息服务平台，推动各种运输方式信息系统的互联互通，深化道路运政信息系统联网工作，逐步实现全国范围的信息互查、诚信共管。开展城市公交、物流技术、运输装备等重点领域的科研攻关，为改进道路运输服务提供技术支撑。同时，要加大道路运输从业人员职业道德、职业素养、服务意识和服务技能等方面的培训力度，为提升道路运输服务提供人力资源保障。

今后两年，改进提升道路运输服务工作，重点要在“六个加快、六个提升”上狠下功夫，力争取得突破性进展。

一是加快实施优先发展战略，提升城市公交服务水平。要深化落实《国务院关于城市优先发展公共交通的指导意见》各项要求，全面实施公交优先发展战略，加快公交立法进程，完善标准规范体系和综合支持政策。深入推进公交都市创建工作，充分发挥城市人民政府主体作用，强化城市相关规划的引领，完善部、省、市协同推进的资金投入机制，落实公交路权优先及设施用地政策，加强基础设施建设，加快车辆更新，实施城市轨道交通运营安保工程，全面提升公交服务能力和服务品质，让人民群众愿意乘公交、更多乘公交。

二是加快完善运营网络结构，提升城乡客运服务水平。要加大农村客运扶持力度，推动建立农村客运公共财政保障制度，加快农村客运站等基础设施建设，持续推进集中连片特困地区农村客运发展。深化城乡客运管理体制机制改革，统筹城乡客运一体化发展规划，促进城乡客运资源共享，鼓励有条件的地区实施农村客运公交化改造，加快构建一体化的城乡客运服务网络。编制实施长途客运接驳运输发展规划，健全接驳运输管理制度，落实车辆通行政策，构建接驳、节点运输服务网络，提升长途客运安全发展能力和服务水平。

三是加快推进行业转型升级，提升货运物流服务水平。要深入推进甩挂运输试点工作，落实甩挂运输发展配套扶持政策，鼓励甩挂运输联盟发展，支持公水、公铁多式联运甩挂运输，研究推动双挂汽车列车技术应用，着力提升干线运输服务效率。加强城市配送车辆标准化、标识化管理，规范配送企业经营行为，推动配送车辆便利通行，提升物流“最后一公里”运行效率。开展农村物流试点示范，研究出台交通运输促进农村物流发展的政策措施。支持中小物流企业通过联盟发展，整合资源、拓展网络、延伸服务。

四是加快智能交通技术应用，提升公共信息服务水平。要建立公交一卡通跨区域互联互通平台，逐步实现多种公共交通方式间、不同城市间公众出行一卡通用。整合各地道路客运售票资源，推进跨区域联网售票系统建设，逐步推行电子客票，让旅客购票方式更多样、购票更便利。大力推广出租车电召服务，开通使用全国统一的电召服务号码，推进出租汽车服务管理信息系统建设，努力缓解“打车难”问题。完善汽车租赁服务网络，推动异地租车、还车信息服务平台建设，满足公众个性化出行需求。

五是加快建立质量管控体系，提升汽车维修服务水平。要完善汽车维修管理制度和服务标准，开展汽车维修服务规范达标工程。建立汽车维修配件追溯体系，实现维修配件来源可查、过程留痕、去向可知，提高维修配件产品质量。完善汽车维修职业资格制度，提高从业人员技术水平。加快发展连锁、快修等先进的汽车维修业态，推进维修行业连锁化、品牌化建设，提升汽车维修服务质量，让人民群众修车更放心。

六是加快创新管理方式，提升市场监管服务水平。要开通使用全国统一的公益性交通运输服务监督电话，组织开展试点示范，逐步建成以地方为主、联网运行的交通运输服务监督电话系统，畅通服务监督、业务投诉、信息咨询、意见受理渠道。完善重点营运车辆联网联控系统，健全源头防控、过程监控与安全应急相结合的安全管理体系。深入推进道路货运价格与成本监测试点工作，适时发布全国性的货运平均合理成本和价格指数，指导经营者实行运价与油价联动，推进道路运输业健康稳定发展。

三、努力确保改进提升道路运输服务工作取得实效

各级交通运输主管部门要在党委政府的统一领导下，主动作为，科学谋划，扎实推进，狠抓落实，抓出成效。这里，再提几点要求。

一是加强领导，统筹安排。各级交通运输主管部门要把改进提升道路运输服务，作为转变政府职能、发展现代交通运输业的重要战略提上议事日程，增强责任感和使命感，加强组织领导，周密安排部署。部已制定了落实《指导意见》的任务分解表，部内各司局要按照任务分工要求，加强沟通协调，形成合力，加快推进。各地要结合本地实际，加快制定实施方案，并督促运输企业细化具体目标和措施，保证各项工作落到实处。交通运输其他领域也要按照《指导意见》确定的任务目标，层层抓好贯彻落实，确保各项工作尽快取得实效。

二是加大投入，落实配套。部内各有关司局要根据《指导意见》确定的工作任务，在道路运输法规制定、标准建设、科研投入、资金引导等方面给予倾斜。各地要积极

争取当地政府支持，围绕目标任务，完善工作机制，细化保障措施，将政府支持的重点集中到保基本、补短板、兜底限上来，把资金用在“刀刃”上，落实公交都市创建、现代物流发展、客运联网售票以及公交一卡通、服务监督电话等方面的政策和资金配套。要坚持问计于民、问需于民，加强调查研究，完善政策措施，为落实各项任务提供基础支撑。

三是聚焦重点，强化考核。《指导意见》明确了连续抓 5 年的工作任务和总体目标。各地要结合自身实际，分年度、分阶段确定重点任务和具体目标，建立动态跟踪和定期评估制度，确保每年能够解决几个看得准、有条件、可突破的关键问题。要研究建立企业激励机制，推行服务质量达标和质量信誉考核，将考核结果与客运线路招投标和财政补贴发放等工作挂钩，充分发挥运输企业在提升服务工作中的主体作用。

四是加强宣传，激发活力。要大力宣传道路运输行业提升服务水平的好经验好做法，选树爱岗敬业、优质服务的先进典型。组织开展形式多样、生动活泼的文明优质服务创建活动和职业技能竞赛活动，发挥文明服务窗口的示范作用，提高从业人员的服务意识和服务技能。积极开展多种形式的群众性文化活动，鼓励社会公众广泛参与，为改进提升道路运输服务创造良好的舆论氛围和社会环境。

同志们，改进提升道路运输服务工作，责任重大，意义深远，使命光荣。我们要坚决贯彻落实党的十八届三中全会精神和中央领导同志重要指示，凝心聚力，主动作为，攻坚克难，把改进提升道路运输服务各项工作落到实处，为加快发展现代交通运输业、全面建成小康社会做出新的更大贡献！

培养安全文明驾驶员夯实道路交通安全发展基础

——交通运输部冯正霖副部长在全国机动车驾驶培训工作会议上的讲话

2013年3月1日

同志们：

这次会议的主要任务是：深入贯彻落实党的十八大精神，全面总结近年来机动车驾驶员培训工作，深刻认识我国经济社会发展对驾驶员素质提出的新要求，以培养安全驾驶、文明行车的高素质驾驶员为核心目标，全面提升驾驶员培训质量和服务水平，为道路交通安全发展奠定坚实基础。下面，我讲三点意见。

一、机动车驾驶员培训工作取得明显成效

近年来，各级交通运输主管部门和道路运输管理机构认真履行驾驶员培训职责，不断强化服务管理，深入实施素质教育工程，加强培训市场监管，不断提升培训质量；各地驾驶员培训管理机构积极加大培训投入，抓住关键环节，提升服务意识，创新工作模式，机动车驾驶员培训工作快速发展。

（一）服务社会能力显著增强

各级交通运输部门针对经济社会快速发展和人民群众生活水平提升带来的培训需求的快速增长，积极创造政策条件，营造公平发展环境，推动驾驶员培训工作的社会化、多样化和规范化，不断提升驾驶员培训服务社会需求的能力水平。截至2012年底，全国共有驾驶员培训机构10347所，教练车37.7万辆，教练员43.9万人，分别比2006年增长42.2%、75.3%和106.6%。“十一五”期间，全国机动车驾驶员培训量年均增长15.3%，2012年全国培训机动车驾驶员接近2000万人，基本满足了人民群众学习驾驶的需求。

（二）政策法规体系日趋完善

《道路运输条例》出台后，部先后制定了《机动车驾驶员培训管理规定》和《道路运输从业人员管理规定》两个配套规章，印发了《机动车驾驶培训机构资格条件》、《机动车教练场技术要求》等一系列标准规范，联合公安部发布了《机动车驾驶培训教学与考试大纲》，并对贯彻实施提出了明确要求。各地结合实际，制订出台了一系列地方性法规、标准规范和实施办法。江苏、四川、宁夏等省（区）以政府令的形式出台了《机动车驾驶员培训管理规定》，进一步完善了机动车驾驶培训规章制度。

（三）素质教育工程初显成效

部组织实施了驾驶员“素质教育工程”，大力提倡“安全第一、珍爱生命”的理念，普及安全知识，提高驾驶员素质。根据《机动车驾驶培训教学与考试大纲》新要求，部重新组织编写了《安全驾驶从这里开始》培训教材，教材的实用性和可读性受到了社会各界的广泛好评。各地深入贯彻执行素质教育大纲，推广实施计时培训模式，改革培训方法，开展规范化教学，提高培训质量和效果。江苏、上海等地开展了智能化、数字化教学培训、网上理论教学试点，依靠科技手段优化教学组织，强化教学全过程监管。驾驶员素质教育工程的有效实施，为近年来我国道路交通事故死亡人数逐年下降、道路运输安全生产形势逐步好转奠定了重要基础。

（四）培训服务质量不断提升

各地充分发挥市场机制作用，积极引导驾驶员培训机构加大投入，创新服务模式，改善教学环境和设施条件，提升和改进服务质量。江西、安徽、吉林、广东、福建、新疆等省（区）认真组织开展“星级驾校”评比等活动，涌现出了一批文明诚信、优质服务的驾驶员培训机构，山西开展了“3A 级驾校”现场观摩活动。云南省推进“一站式”培训机构建设，在中心城市建立多个“科目一”集中教学、考试点，方便群众学车。上海荣安驾校、江苏“阳光 e 驾”等培训机构创新服务理念，探索形成了“先学后付、计时收费”培训模式，在保证教学质量的同时，使学员能够方便学车、快乐学车。

（五）教练员队伍整体素质明显提高

各地严把驾驶培训教练员从业资格关，注重教练员职业道德培养，强化教练员继续教育，广泛开展教练员技能比赛和评优活动，定期公布教练员的教学质量排行情况，着力提升教练员职业素质。江苏成立了机动车驾驶培训教练员考核中心，统一组织开展全省机动车驾驶培训教练员培训及考核管理。云南将教练员培养纳入职业教育体系，与职业院校联合开办教练员大专班，教练员队伍整体素质有了明显提高。

（六）培训市场秩序日益规范

各地制定实施了行业发展规划，严格审核许可条件。建立健全质量信誉考评体系，对驾驶培训机构的培训合格率、学员重大交通事故违章情况、教练员教学质量等定期进行考核。一些地区制定了统一的驾驶培训合同文本，督促驾驶培训机构分别和教练员、学员签订劳动合同、培训合同，规范驾驶培训机构的经营行为。开展了驾校市场专项整治，查处了违法经营的培训机构和违规教练员，清理了挂靠经营和无牌无证的教练车辆，建立了淘汰退出机制，净化了市场秩序，维护了公平竞争环境。

在驾驶员培训管理工作中，交通运输部门和公安部门积极加强合作，共同推进培训管理工作科学健康发展。我部和公安部联合印发了《关于进一步加强客货运驾驶人安全管理的意见》、《机动车驾驶培训教学与考试大纲》等一系列文件，共同开展了“文明交通进驾校”等活动。江西、四川、陕西、上海、山西等地交通运输部门与公安部门建立了培训与考试工作协调机制，在信息联网共享、联动执法监督、培训能力评估等方面密切合作，加强沟通，实现了资源共享，最大限度形成了工作合力。

驾驶员培训工作成绩的取得，是各有关部门特别是公安交警部门大力支持、共同努力的结果，是各级交通运输主管部门和道路运输管理机构强化管理、主动服务的结果，更是全国机动车驾驶培训行业广大干部职工辛勤工作、敬业奉献的结果，在此，我代表交通运输部，向大家表示衷心的感谢！

二、培养安全文明驾驶员是驾培工作的核心目标

当前和今后一个时期，是我国全面建成小康社会的关键时期。随着经济社会的飞速发展，交通运输安全生产面临的形势更为复杂。为确保经济社会稳定和人民群众安居乐业，交通运输工作必须坚持“以人为本、安全发展”的理念，把安全生产放在更加重要的位置，不断加强行业安全监管。近年来，我国的汽车产销量和保有量快速增长，2012年底民用汽车保有量增长到1.21亿辆，我国千人汽车拥有量已超过89辆，其中私家车保有量达9309万辆，快速进入了汽车社会，人民群众出行需求迅猛增长的同时，驾驶文明不适应现代汽车社会需求的问题正在凸显，引起了社会各界的广泛关注。特别是随着经济条件的改善和人民群众生活水平的提高，机动车驾驶已从单纯的职业技能，更多地体现出生活技能的内涵，日益成为广大人民群众的一项基本生活需求，驾驶培训的对象和需求也呈现出多层次和个性化的特点。“小康社会必须安全发展”、“汽车社会呼唤行车文明”，这些都对驾驶员素质和驾驶员培训管理工作提出了更高的标准和要求。

与经济社会发展和人民群众需求提升对驾驶员培训工作提出的新要求相比，当前我国驾驶员培训管理工作还存在一些问题和不足，主要表现为“四重四轻”：一是在培训内容上重驾驶技能、轻文明素质。驾驶培训与考试内容仅注重驾驶技能的培养和考核，突出技术性，“重操作技能、轻细节把关，重交规学习、轻文明教育”的现象较为普遍，特别是对文明素质和营运驾驶员职业操守培养关注不够，缺乏针对性的科学手段；二是在行业发展上重能力增长、轻市场监管。行业发展缺乏统一科学的规划引导，针对快速增长的培训需求，部分地区驾驶培训机构存在非理性扩张和无序发展现象，市场主体良莠不齐、诚信不足，具有引领示范效应的骨干品牌企业数量较少；三是在培训手段上重传统手段、轻现代手段。“一车多人”、“师傅带徒弟”等传统教学培训方式较为普遍，电子模拟路考、网络教学、远程培训、计算机计时培训管理系统等新兴科技手段利用不足，行业信息化水平和管理效能有待进一步提高；四是对培训人员重管理约束、轻跟踪服务。对学员学习建立了严格的考勤制度，没有针对不同群体、不同层次学员设计科学合理的学习计划，导致节假日学员饱满、约车困难而工作日相对较少。部分驾驶员培训机构服务意识不足，培训方案对所有学员“一刀切”，个性化培训方案

提供不足。部分培训机构经营行为不规范，存在违法违规行为等。上述问题，各地各部门要引起高度重视，切实采取有力措施予以推动解决。

驾驶员的安全文明素质是道路交通安全的第一道防线，直接关系到全社会道路交通安全水平和文明程度。做好机动车驾驶员培训与考试工作，培养安全文明的高素质驾驶员，是夯实道路交通安全基础的重要保障，是提升人民群众生活品质的重要方面，是加强道路交通节能减排的重要环节，也是推动道路运输转型升级发展的重要条件。安全文明的高素质驾驶员至少应具备六个方面的基本要求：一是要有牢固的安全意识。机动车是移动的危险，驾驶机动车是具有高风险的社会行为，驾驶员的安全意识是安全行驶的首要因素。驾驶员的安全意识培养必须贯穿驾驶员培训的始终，要强化安全驾驶知识内容所占分量和考核力度，确保驾驶员熟练掌握恶劣气象和复杂道路条件下的安全驾驶知识，能够根据不同的道路状况安全驾驶；二是要有良好的文明素养。强化文明、礼让驾驶意识，培养优先通行权与安全礼让的道德意识，形成尊重行人、敬畏生命、遵循公共道德的驾驶习惯，是提高道路通行效率的必然要求。要强化文明驾驶知识培训和文明驾驶意识养成，使驾驶员通过人行横道、学校区域、公共汽车站等人群聚集区，遇到卫生急救、消防救灾等特种车辆时主动礼让，在全社会积极营造文明有序的行车环境；三是要有严格的守法观念。对法律法规的敬畏之心是维护社会公共秩序的基本要求。要严格遵守交通法律法规，强化驾驶员的规则意识，养成遵守交通规则的良好习惯。要熟练掌握道路交通安全法律、法规、交通信号等相关知识，具备有效辨认、遵守各类道路交通信号和标志标线的基本能力；四是要有熟练的驾驶技能。要熟练掌握一般道路、夜间道路和特殊气象条件下的驾驶要求，使安全驾驶标准变成良好的驾驶习惯，习惯的驾驶操作符合安全标准，形成无意识合理操纵车辆的能力。掌握熟练的驾驶技能，不仅可以有效规避和降低事故风险，同时也可以提高节能减排效果。根据部组织的“宇通杯”机动车驾驶员节能技能竞赛活动成绩，熟练驾驶员的油耗平均值与竞赛用车的标准油耗相比，节油率超过 30%，有的甚至达到 40%；五是要有规范的驾驶行为。交通伤亡事故的背后，是交通违章。交通违章的背后，是不规范的驾驶行为。2011 年天津滨保高速“10.7”特别重大道路交通事故、2012 年青银高速“10.7”重大道路交通事故，都是由于小轿车与大客车发生剐擦后引发的事故，其中有大客车驾驶员应急处置不当的原因，但小轿车违规强行超车、不规范驾驶也是导致事故发生的重要因素。一系列血的教训告诉我们，汽车文明体现在每一个驾驶员的日常行车中，文明行车、规范驾驶，应当内化为每个驾驶员的自觉行为准则；六是要有基本的应急常识。要对车辆结构、主要安全装置、操纵机构、车辆性能有基本的了解，掌握紧急情况下的应急处置、伤员自救、急救及常见危险品的识别等基本知识，掌握紧急情况和高速公路驾驶的紧急避险知识，有效应对各类突发事件，最大限度地减少发生道路交通事故时的二次伤害。

根据去年国庆长假 7 座及以下小汽车免费通行政策后评估情况，部分驾驶员距离安全文明的高素质驾驶员还有不小差距，驾驶行为亟需规范。国庆长假 8 天，尽管道路交通事故较前年同期下降了 24%，特别是涉及人员伤亡事故下降了 46%，但剐蹭、追尾等轻微事故比平时增加了2-5倍，违规超车、频繁变道、超速行驶、随意占用紧急停车带等违法违规现象较为普遍。不文明行车行为导致事故多发，加剧了道路拥堵程度，根据部路网中心对各地上报的道路阻断信息分析，这类事故导致拥堵的占58.8%。据统计，从2010年到2012年，三年以下驾龄驾驶员发生的事故占总事故的33%，主要是不良驾驶行为造成的。驾驶员是道路交通安全的最关键因素，驾驶培训阶段是驾驶员安全操作技能、安全意识和文明行车意识养成的最关键时期。要紧紧抓住安全驾驶、文明行车环节，把培养安全文明的高素质驾驶员，作为今后驾驶员培训工作的核心目标，全面抓好落实。

三、机动车驾驶员培训工作的主要任务

今后一个时期，机动车驾驶员培训工作的总体思路是：以科学发展观为指导，坚持以素质教育工程为主要载体，突出培养驾驶员安全文明意识，培养驾驶员安全驾驶技能，全面改进机动车驾驶员培训工作，提升驾驶员培训工作水平。主要任务是：

（一）强化实施素质教育工程

去年年底，我部和公安部联合印发了《机动车驾驶培训教学与考试大纲》，对驾驶员培训和考试方式进行了重大改革，进一步强化了对学员安全、文明行车意识和实际驾驶能力的培养，各地要采取有效措施，切实贯彻落实好新《大纲》。一要尽快调整培训教学计划、教学场地及设施设备，严格按照新《大纲》要求，使用规范培训教材组织教学。二要加强素质教育和案例教育，突出安全驾驶、文明行车意识的培养，并贯穿到培训学习的全过程。三要落实实际道路驾驶训练内容和学时要求，让学员拿到驾驶证后真正能开车、会开车。四要大力推进规范化教学，建立一整套融知识、技能、意识、安全为一体的驾驶规范化教学体系。五要深入推进“文明交通行动计划”，继续开展好“文明交通进驾校”活动，使驾驶培训机构成为传播安全驾驶、文明行车理念的主阵地。

（二）强化客货车辆驾驶员培训

营运性驾驶员安全责任重大，操作技能要求更高，是驾驶员培训“重点中的重点”。一要加强对大中型客货车辆驾驶员的职业道德教育，强化操作技能训练和模拟道路驾驶，突出案例教育，切实提高客货车辆驾驶员的综合业务素质。二要引导建立集中的大中型客货车辆驾驶员培训基地，提高培训场地和设施设备利用效率，保障客货车驾驶员培训质量。三要会同有关部门积极推进将大客车驾驶员培养纳入国家职业教育体系，依托具备条件的职业院校，培养高素质大客车驾驶员，鼓励客运企业通过委托培训等形式，参与大客车驾驶员职业教育，尽快解决目前大客车驾驶员量缺质低的突出问题。在此基础上，要逐步将大货车驾驶员的培养纳入职业教育体系。

（三）强化培训规模宏观调控

各地要在充分调研的基础上，按照合理布局、有序发展的原则，科学制定符合本地实际的行业发展规划，最大限度地满足人民群众的学车需求。要在发展规划的指导下，严格市场准入管理，鼓励采用公开招标投标方式，择优确定市场准入主体，科学进行教学车辆投放，优化驾驶培训机构的市场结构和区域布局。要加强新增驾校规划设计的前期指导，从源头上严格把关，督促驾驶培训机构不断完善软硬件设施，提高培训服务能力。要建立市场投资预警机制，及时向社会发布市场风险预警公告，防止盲目投资导致培训市场发展失控过热。

（四）强化培训市场政府监管

各地要进一步加强对机动车驾驶培训市场的监管，加强执法监督力度。一要组织开展专项行动，重点整治非法经营、挂靠经营、乱设报名点、虚假承诺等违法违规行为。二要定期开展驾驶培训机构培训能力评估，根据培训质量和服务水平确定其培训能力，并按照培训能力核定其招生数量。三要加强驾驶培训机构的安全管理，及时对教练场的安全管理、教练员的安全执教行为、教练车的安全管理、学员安全教育的实施情况、安全管理制度的落实情况进行检查。四要加强驾培考试路段的实际道路路况安全考核，督促驾驶培训机构完善相关措施，确保学员安全上路学车。五要注重发挥行业协会作用，支持协会的工作，通过协会组织开展的评优、竞赛、交流等活动，增强行业的凝聚力，促进行业规范经营。

（五）强化提升培训服务水平

各地要进一步完善服务质量信誉考核机制，将驾驶培训机构增加教练车、扩大培训规模与质量信誉考核结果相挂钩，引导驾驶培训机构向规模化、集约化、品牌化方向发展。要继续开展创建文明诚信优质服务驾校、星级驾校等评优活动，培育和树立一批经营规范、服务优良、管理科学的品牌驾校，引领行业健康发展。要强化全行业服务意识，牢固树立“安全文明驾驶从这里起步”的理念，营造良好学风，吸引更多的社会公众接受正规驾驶培训。建立驾驶培训公共服务平台，及时宣传相关政策，提供各类信息咨询，方便群众网上择校、报名、预约学车。鼓励驾驶培训机构提供多元化服务，积极推广“先学后付、计时收费”培训模式，让学员从徒弟真正成为受尊重的消费者。要围绕学员关注的热点问题，在方便学车、合理收费等方面，采取有效措施，切实保障学员的合法权益。要积极配合物价部门，合理核定培训收费价格，有效防止培训机构乱定价、乱涨价。

（六）强化教练员队伍建设

各地要严格教练员的从业资格管理，继续推进机动车驾驶教练员培养纳入职业教育体系，提高教练员职业地位和从业准入门槛。要完善教练员继续教育制度及考评机制，积极开展形式多样的教学竞赛、技能比武和教学交流等活动，广泛开展星级教练员评比等活动，提升教练员的综合素质和业务水平。要加强对教学过程的监管，规范教练员教学行为，特别是要让学员参与监督，建立以学员满意度为主要指标的评判机制，形成“学员选教练，学员评教练”的良性机制。要加强对教练员持证上岗情况的监管，建立教练员黑名单制度，对教练员计时培训造假、“吃、拿、卡、要”、乱收费和其他违规违纪行为及时处理，建立完善教练员退出机制。下一步，部将利用三年时间专门组织实施“教练员素质提升工程”，对所有教练员进行培训、考试，全面提升教练员的整体素质。在抓好教练员队伍建设的基础上，继续加强驾驶培训机构经理人、考试考核员等从业人员队伍建设，逐步推进驾驶培训机构经理人资格制度和考试考核员选拔制度的实施。

（七）强化科技创新和节能减排

各地要按照技术规范要求，全面推广应用计算机计时计程培训管理系统，建立行业监管平台，督促驾驶培训机构安装、使用企业应用平台，实现驾驶培训和管理的信息化，强化对培训过程的动态监控，确保培训内容和学时得到有效落实。积极推广“互联网远程教学”、“情景模拟教学”等教学方式，引导驾驶培训机构采用科技手段，实现教学内容统一，教学资源共享，教学时间和空间灵活，教学过程生动有趣。要大力倡导绿色培训，引导驾驶培训机构注重培养学员节能驾驶技术，树立节能驾驶理念，养成节能驾驶习惯。要对教练员进行节能驾驶知识及操作规范的培训，规范节能驾驶教学。要推广应用节能教学设备，引导驾驶培训机构在保证教学质量的前提下，广泛利用网上培训、多媒体教学等环保教学方式，使用驾驶模拟器、天然气汽车等节能环保教练车型开展教学，推进驾驶员培训向节能减排方向迈进。

最后，再强调一下部门合作。驾驶员培训工作的顺利开展，离不开交通运输部门和公安部门的密切合作。凡是两个部门合作好的地区，驾驶培训市场规范有序、稳定和谐，驾驶培训质量和服务水平也相对较高。各地交通运输部门要按照《国务院关于加强道路交通安全工作的意见》的要求，以两部门联合下发的文件和建立的合作机制为平台，进一步加强与公安部门的协调配合，加强培训与考试工作的衔接，坚决杜绝未经培训就直接考试、违规发放结业证等行为。要共同对驾驶培训机构的培训质量、考试合格率等情况进行综合评估并适时向社会公布。要建立信息交换机制，加快计时管理系统与考试办证系统的对接与联网，实现数据共享，提高管理效率和水平。

同志们，机动车驾驶培训工作事关道路交通安全，事关社会和谐稳定，事关人民群众切身利益。满足人民群众的学习培训需求，培养安全驾驶、文明行车的高素质驾驶员，坚决杜绝“马路杀手”，是我们应尽的工作职责。让我们以高度的责任感，共同努力，扎实工作，努力促进道路交通的安全发展，让人民群众出行的更畅通、更放心，为全面建成小康社会做出应有的贡献！

第三篇

技术篇

第一章

学术动态

2013’中国智能交通年会暨智能交通创新成果展

2013 年 9 月 26 ～ 27 日，“2013’中国智能交通年会暨智能交通创新成果展”在安徽合肥成功举办。本届年会的主题是“智能交通 - 创造智慧未来”，会议由中国智能交通协会主办，安徽智能交通建设联席会议办公室、安徽智能交通协会承办。

科技部党组成员、副部长张来武，安徽省人民政府副秘书长汪莹纯出席会议并发表讲话，中国智能交通协会理事长吴忠泽博士为大会作主题报告，安徽省、合肥市有关领导以及交通运输部、公安部、民航总局、总后勤部军交部、中国公交协会、中国安防协会以及地方智能交通协会的代表以及来自国内外智能交通领域的学者、专家、企业家近 500 人出席了会议。科技部高新技术及产业化司陈家昌副司长、科技部高技术发展中心副主任袁建湘、中国智能交通协会常务副秘书长武平、副秘书长金茂菁等领导出席了会议。在为期两天的会议中，国内外智能交通领域的知名专家学者围绕智能交通技术和产业发展进行了 70 多个专题报告。

本届会议分为全体大会和城市智能交通创新发展、道路交通安全技术、智能汽车与智能交通技术、轨道交通智能化技术、智能交通青年科技论坛、智能交通产业发展等六个分论坛，交通、汽车、信息、电子、通信等行业的专家就智能交通技术发展进行了演讲和讨论。

会议期间，举行了“2013 年度中国智能交通协会科学技术奖”颁奖，“基于复杂道路交通环境感知的车辆智能驾驶技术”等 4 个项目荣获中国智能交通协会科学技术奖一等奖，“基于特征提取的城市综合交通运行监测和数据服务体系研究与应用”等 8 个项目获得二等奖，“深圳市交通信息资源采集、整合与服务应用与关键技术研究”等 12 个项目获得三等奖。

在全体大会上，成立了中国智能交通协会专家委员会水路交通专业技术委员会，武汉理工大学副校长严新平教授任主任委员，该专业技术委员会旨在加快水路交通领域的信息化、智能化进程。

《中国智能交通行业发展年鉴（2012）》也在会议期间正式发布。该年鉴由中国智能交通协会组织编写，联合了国家智能交通产业技术创新战略联盟、国内智能交通技术领域知名专家、地方政府和协会组织、骨干企业等共同完成编辑工作，比较全面地反映了 2012 年我国智能交通行业的总体发展状况。

会议期间还颁发了第八届中国智能交通年会优秀论文奖，对 2013 年度中国智能交通协会的优秀会员单位、突出贡献专家进行了表彰，同期还举办了智能交通创新成果展、优秀论文交流展示以及技术考察等一系列丰富的活动。

（撰稿：中国智能交通协会）

第二十届智能交通世界大会

第二十届智能交通世界大会已于10月14-18日在日本东京成功举办。中国智能交通协会秘书长关积珍率领来自中国交通管理部门、研究机构、大专院校、交通企业的90余位代表参加了本届世界大会。

第二十届智能交通世界大会中国代表团 2013.10.15日本.东京

一、大会概况

本届世界大会共有61个国家的16，900位代表参加。本届大会共征集论文1000余篇，会议场数超过310个，大会注册代表3700人，总共有229位展商展示智能交通最新成果。超过60个国家的1万余位代表参观了展览。展品范围包括自动驾驶，先进的汽车驾驶辅助系统，主动巡航控制，自动紧急刹车，行人碰撞避免系统，低速区域防碰撞支持系统等。

（一）大会理念

大会主题是“面向下一代的智能交通系统”（Open ITS to the Next）。智能交通已经开始为未来社会和下一代出行服务。面向下一代的智能交通系统，交通安全和交通管理是智能交通的基本出发点。智能交通主要将在三个崭新的领域进行应用：能源管理，使用大数据导航提供个性化的出行服务，和弹性的交通系统。前两个方面源于电动汽车的出现和持续发展的通信和信息技术，弹性的智能交通系统在2011年日本大地震爆发后显得尤为重要。同时在新兴经济体，特别是亚洲地区大城市出行难也是个亟待解决的问题。

“开放”是挖掘智能交通潜力的关键。开放的平台是下一代智能交通的基本出发点，开放的无缝连接，开放的机会和开放的合作是下一代智能交通系统涉及的三大主要领域。

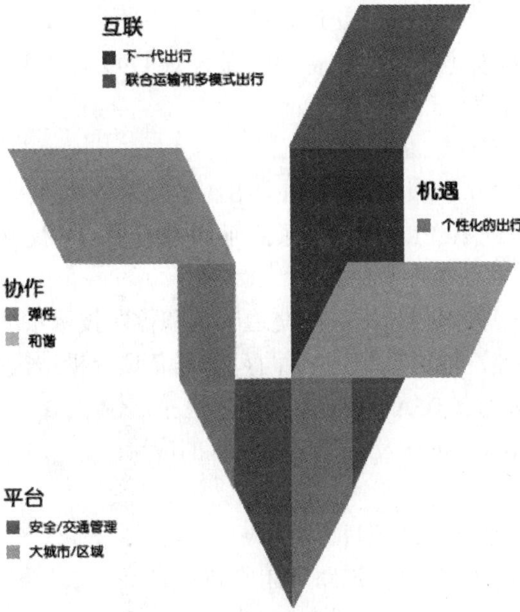

（二）大会主题

- 交通安全和交通管理
- 下一代出行和交通的可持续发展
- 大城市/地区高效的交通系统
- 联合运输和多模式运输
- 个性化的出行服务
- 紧急情况下弹性的交通系统
- 制度问题和国际合作

二、大会特色

（一）开幕式

10 月 14 日下午四点第二十届智能交通世界大会开幕式在东京国际会议中心成功举办，日本组委会主席 Hiroyuki Watanabe, 日本国家公共安全局主席 Keiji Furuya 代表主办地东京致辞，亚太智能交通协会秘书长 Hajime Amano, 美国智能交通协会董事会主席 David St. Amant, 欧洲智能交通协会 CEO, Hermann Meyer 分别代表主办方三大协会致辞。本届开幕式的特色除了日本特色的击鼓表演外，在开幕式传统环节“荣誉堂”中新加入两个奖项“行业奖”和“地区政府奖”颁发给过去一年在智能交通领域技术研发和行业推进做出突出贡献企业和政府部门。

获奖单位及个人名单如下：

地区获奖个人

Risto Kulmala, 芬兰交通局，智能交通首席顾问

Harry Voccola, 美国综合电子地图信息供应商 NAVTEQ 前高级副总裁

Chi-Kuo Mao, 中国台湾行政院副院长

行业奖获奖单位

罗马尼亚 Civitronic 公司：发明的 eCall IVS（车载紧急呼救系统）, 在欧盟 8 个国家测试了 8 个 PSAP,80% 的 HeERO（推动紧急呼叫系统应用的泛欧项目）合作伙伴使用 eCall 系统挽救生命

美国 Econolite 公司：美国领先的智能交通管理和控制技术系统供应商，该系统以视频采集为基础，将实施路况通过数据形式保存，依据各项分析结构智能控制交通运行。

澳大利亚交通认证公司（TCA）：TCA 公司通过推广国家 Telematics 框架，来推动实际应用，此框架支持 Telematics 及智能交通技术的应用。

政府奖获奖单位

法国里昂——运输和公共交通项目

美国俄勒冈州运输部——俄勒冈道路使用收费项目

韩国首尔市交通信息中心——交通管理解决方案

日本组委会主席 Hiroyuki Watanabe

日本国家公共安全局主席 Keiji Furuya

日本特色的击鼓表演

东京市市长 Naoki Inose

亚太智能交通协会秘书长 Hajime Amano

美国智能交通协会董事会主David St.Amant

欧洲智能交通协会CEO, Hermann Meyer

行业奖获奖代表合影

（二）大会导航应用软件（congress navigator）

为了使参会代表全面了解、参与各项会议，以及展览、展示等活动，大会组委会面向手机用户推出两项应用软件，内部导航的会议日程软件（my schedule）和外部导航的 NAVITIME 软件。这两款软件可以在 iPhone,iPad 以及安卓系统中免费使用。My schedule 软件可以通过时间、地点、类型搜索相关会议信息。可以通过会场平面图便利的寻找会议地点。除了会议信息，通过该软件，参会代表可以获得展览、展示体验、技术考察等所有和大会相关的信息。只要把感兴趣的活动加入书签列表，便可生成个性化的参会日程，同时可以通过该软件收到组委会的时时通知和提醒（16 日上午，因日本台风闭馆半天等信息）。My schedule 软件主要涉及展馆内和大会相关的活动信息。NAVITIME 软件主要是针对展馆外的出行、旅游提供服务信息。包含从机场到宾馆、从展馆到宾馆等的路线信息。如果你想购物，NAVITIME 会自动搜索提供最近的商场和 ATM 机信息。GPS 语音导航可以在你迷路时进行定位，并告诉你如何到达目的地。同时软件还包含东京市内及周围 31 处景点的相关信息，让你在参会的同时，尽情领略东京城市风光。

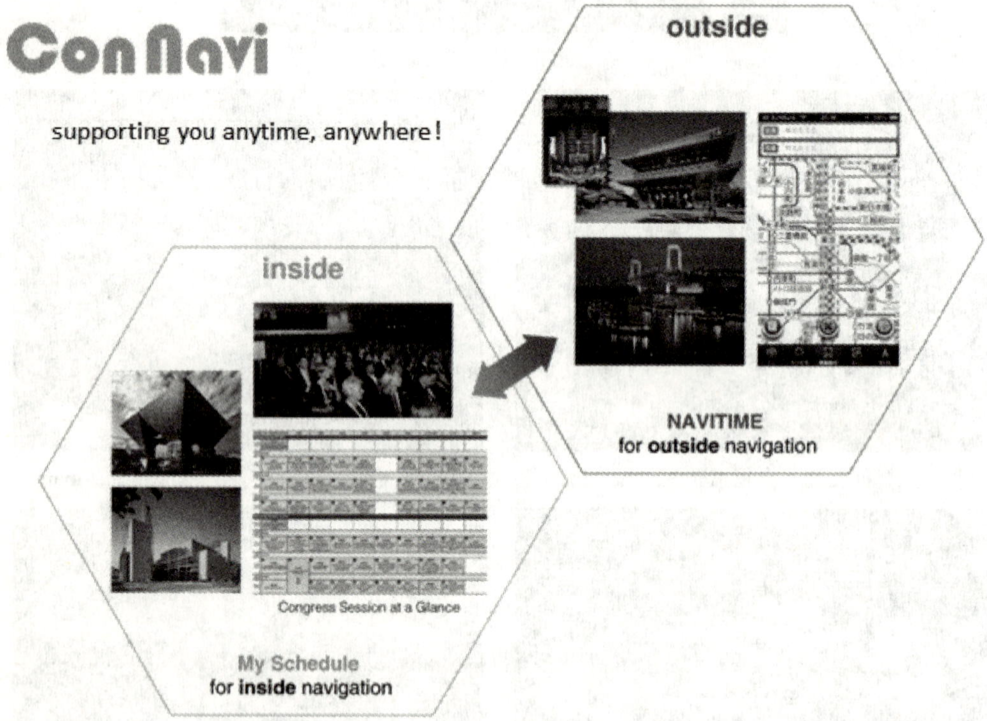

三、各区ITS发展一览

本届世界大会的闭幕式上，大会负责人根据大会期间各区代表发言，及展览展示总结了各区 ITS 发展的情况以及需要改进的领域。

亚洲：

- 自动驾驶技术初具雏形
- 协作是更好的利用大数据的关键
- 大城市/地区交通问题亟待解决
- 亚、欧、美三大地区以及亚太地区内部需要更紧密的合作

美洲：

- 大数据将改变未来的交通发展
- 智能交通在应急响应中的重要作用
- 互联车辆技术的应用
- 国际合作和国际标准的关注

欧洲地区：

- 推广应用的重要作用
- 支持高品质的生活，但考虑的并不长远
- 复杂的智能交通网络提高交通的效率和安全性
- 综合考虑货物运输和人类出行
- 综合交通服务开始涌现
- 很多C-ITS技术的尝试，但是较少关注软课题研究
- 自动驾驶车辆的研究
- 公开数据和大数据初试
- 智能城市的理念开始推广
- 整体对于社会媒体和交通的社会因素关注较少

四、双边交流

（一）参观韩国展台

10 月 16 日下午，协会关秘书长一行人参观了韩国智能交通协会展台，听取韩国高速公路公社对于韩国智能高速公路（Smart Highway）项目的整体介绍，SMART Highway 是韩国国土海洋部企划的国家级交通建设项目，总投资超过 960 亿 KRW（约 5.22 亿元），历时 7 年，融合了交通、IT、通信、最尖端的汽车技术等多个领域的技术，75 家机构企业参与其中，建成后将成为集智能、环保、安全的世界第一流的道路交通项目。

韩国在上世纪 90 年代引入了智能交通的概念，智能交通从一个城市逐渐扩展到全国，进入了 2000 年已经在大田，泉州，济州等地开展智能交通示范项目，同时各地均应用了 Hi-pass 高速公路智能支付系统，及公交车智能信息系统，实现了公共交通的智能化。

中方代表听取韩方介绍后就高速公路车车和车路间的通信模式和韩方进行了深入交流。

（二）参观丰田展台

10月16日下午关秘书长一行人参观丰田展台，本届大会丰田除了展示传统的汽车主被动安全技术外，重点介绍“和谐移动网络”(Ha:mo ——Harmonious Mobility Network)，这个网络涵盖私人汽车和公共交通，是组合了汽车、电动助力自行车和公共交通工具的交通支援系统，2012年10月开始营运。Ha:mo包括两部分，“和谐移动网络”导航系统和“和谐移动网络”交通工具。和谐移动网络”导航系统已经开始运行，该系统容许公交、地铁、共享车以及私人用户制定其出行路线，以便有效与快捷地实现交通运输。“和谐移动网络”交通工具采用日本丰田公司的COMS小型电动车，该车型用于短距离租赁，以作代步工具。中方代表体验了Ha:mo代步工具三轮汽车的最新技术。

（三）拜访电装公司

10月17日上午，协会一行代表拜访了电装公司，听取了电装公司代表对于开展的智能交通项目进行的介绍，协会关秘书长也把协会开展的各项活动以及国际合作推进情况向日方进行简要介绍，双方均表示交通拥堵和环境污染是世界各国大城市都面临的难题，希望能在该领域进行深入合作，运用智能交通解决方案，来共同应对交通难题。

本届大会，协会组织近百人赴日本参会并圆满完成为代表团注册参会和行程安排工作，通过拜访展台，参与会议，双边交流等形式学习国外智能交通最近技术动态，并展示我们智能交通技术发展和应用情况。通过积极参与主办方各项活动，协会与国外智能交通企业、机构加强了联系，并为团员建立国内外智能交通领域沟通的渠道，为进一步加强国际交流和合作打下良好的基础。

（撰稿：中国智能交通协会）

第13届COTA国际交通科技年会（CICTP2013）

第十三届COTA国际交通科技年会（13th COTA International Conference of Transportation Professionals, 简称CICTP 2013）2013年8月13日-16日在中国深圳顺利召开。本届大会由清华大学、深圳大学、海外华人交通协会(COTA)、清华--戴姆勒可持续交通研究中心和深圳市中盟科技有限公司联合主办，也得到了Transportation Research Board (TRB)、Elsevier、Institute of Transportation Engineers (ITE)、北京易华录信息技术股份有限公司等单位的大力支持。本次会议是近年来国内大学主办的最大规模的交通学术会议之一，吸引了来自中国大陆及香港地区、美国、加拿大、德国、澳大利亚、尼泊尔、孟加拉等多个国家和地区的专家学者、以及来自国内外研究机构及知名企业总计超过1000人次参加，其中国际知名专家学者代表团70余人，国内知名交通学院院长代表团50余人。

本次会议围绕“智能化、一体化的可持续综合交通系统”的主题，交流国际先进技术、探讨交通发展方向和热议话题。大会共收录论文321篇，设立14个学术论文专题分会场、5个COTA特邀国际专家分会场、4个特邀国内专家分会场、4个特色研究主题研讨会、2个专题研讨会，以及第三届政府交通论坛、第四届COTA世界银行主题论坛、第五届中国高校交通院长论坛、第一届企业交通论坛等进行学术及管理经验交流。

本次大会由清华大学副教务长张毅教授、COTA主席辛辛那提大学魏恒教授、美国工程院院长 C.D. Mote 教授、中国智能交通协会理事长吴忠泽博士担任大会主席；清华大学深圳研究生院院长康飞宇教授、清华大学张佐教授、美国国家自然基金土木领域主席弗吉尼亚理工学院 Konstantions Triantis 教授任大会副主席；清华大学深圳研究生院缪立新教授、中国深圳中盟科技有限公司吴海东先生任大会秘书长；清华大学土木工程系陆化普教授、美国佛罗里达大学殷亚峰副教授任国际学术委员会主席；清华大学深圳研究生院李志恒副教授、美国马里兰大学张磊副教授、清华大学土木工程系李萌副教授、深圳大学乐阳副教授任大会执行主席。

8 月 14 日上午，开幕式在深圳大学科技楼 1 号报告厅隆重召开，开幕式由清华大学深圳研究生院缪立新教授主持。清华大学副校长袁驷教授、COTA 主席辛辛那提大学魏恒教授分别致辞。中国智能交通协会理事长吴忠泽先生以“科技引领 ITS 发展”为主题进行演讲；交通运输部中国交通报社书记蔡玉贺先生以“抓住战略机遇期加快现代综合运输体系发展”为主题，对我国未来几年的运输体制改革进行了阐述与展望；世界银行中蒙局交通领域负责人 Binyam Reja 博士、美国交通研究委员会技术分委员会主席波特兰州立大学 Robert Bertini 教授、深圳大学校长李清泉教授也分别做了特邀报告。接下来的大会主题论坛上，来自清华大学的石京教授和香港科技大学的杨海教授等做了精彩的学术报告。当晚的欢迎晚宴由清华大学李萌副教授主持，并由清华大学土木水利学院书记石永久教授致辞。

本次会议的内容涉及可持续交通系统规划和发展、交通运输经济与政策、交通土地使用、交通规划和系统建模、交通运营、交通出行行为和需求分析、交通安全、公共交通（巴士、轨道交通）、汽车技术、车载网络和车辆基础设施集成等多个交通运输研究的热点领域一大批涉及基础研究与应用技术方面的最新研究成果在会议上得到了充分交流。本次大会学术气氛浓厚，与会代表积极踊跃提问发言，会议成功举办，促进了国内外学者研究成果和技术经验的交流。

（撰稿：李志恒）

第十三届海峡两岸智能运输系统学术研讨会

由武汉理工大学、淡江大学、四川省科学技术协会等单位主办，国家智能交通系统工程技术研究中心、哈尔滨工业大学、同济大学、逢甲大学和台湾大学等单位协办的第十三届海峡两岸智能运输系统学术研讨会于2013年8月15日～16日在四川成都胜利召开，本届研讨会的主题为“智能交通与智慧城市”，议题包括智能运输系统理论技术及应用、车辆辅助驾驶与自动驾驶系统、交通规划理论建模与仿真、车联网与船联网、交通系统安全理论及技术等。

武汉理工大学副校长严新平教授、淡江大学运输管理系主任陶治中教授、四川省科学技术协会国际部崔俊伟部长、西南交通大学副校长张文桂教授等出席开幕式并致辞，开幕式由武汉理工大学智能交通系统研究中心吴超仲教授主持。来自武汉理工大学、同济大学、吉林大学、清华大学、哈尔滨工业大学、华南理工大学、北京工业大学、北京交通大学、武汉市交通规划设计研究院、西北工业大学、东北林业大学、淡江大学、逢甲大学、台湾大学等海峡两岸智能运输系统领域主要科研院所的专家、学者参加了研讨会，并作了精彩报告。

研讨会上，吉林大学杨兆升教授作了题为“智慧城市与智能交通”的大会报告，介绍了智能交通系统（ITS）研发的背景及意义，同时还重点介绍了近年来吉林大学ITS研发中心所研究的一些典型成果，最后还对智能交通系统的可持续发展战略以及未来的发展方向进行了详细介绍。武汉理工大学朱敦尧教授以“汽车远程通信控制技术”为题，深入阐述了车联网这样一个复杂网络系统，并且详细的介绍了实现车联网所需用到的云计算技术、车辆辅助驾驶与无人驾驶技术，最后以其研究团队开发的Telematics系统为例，具体地分析了该系统的软硬件设计及实现，该系统对提高行车安全性具有重大的意义。来自台湾大学的张学孔教授与淡江大学的范俊海教授针对台湾地区目前的一些热门技术和研究课题进行了一个深入阐述，为海峡两岸的智能交通发展也提供了很多宝贵的建议。

在随后的分组交流中，参会代表们围绕近年来智能运输系统研究领域的最新动向和发展趋势，详细汇报了他们的研究成果，并展开了激烈的讨论，会场气氛非常热烈。期间，有学者研究了车辆时空轨迹重构问题，采用改进三次Hermite插值准确地重构出车辆的轨迹，对分析车辆异常状态、交通事故重现等具有重要的意义。同时，有学者还针对夜间行车中因驾驶人所处环境照度高于障碍物环境照度，导致驾驶人视认距离减小的定量变化规律，进行了实际道路试验并得出相关的结论。在交通管理方面，有学者从管理角度出发，归纳总结了城市道路交通事故管理系统的功能需求，提出了基于GIS-T的城市道路交通事故时空分析系统的总体设计方案，并对基于地图的事故时空分析模型和基于GIS的事故黑点分析技术等进行了研究。还有学者提出了基于图像技术和人行横道线特征的交叉口过街行人交通参数获取方法。利用横道线特征建立了行人识别感兴趣区和人行横道线的曲线方程，以识别行人和确定行人在交叉口的位置、速度，为道路交叉口辅助控制提供了新思路。近年来，随着汽车技术的快速发展，人-车-路三者之间的矛盾越发激化，这也导致了一系列交通安全问题的产生，本届研讨会中有学者针对当下热门的交通问题“路怒症”产生的影响因素出发，系统的分析了驾驶过程中愤怒情绪产生的原因。

通过海峡两岸智能运输系统学术研讨会，交通运输系统领域的交通安全、通行效率等问题都得到了深入的讨论，取得了较多成果。自2001年由武汉理工大学和淡江大学发起以来，该研讨会已成为海峡两岸智能运输系统领域交流和对话的重要平台。本届研讨会共录用并出版了车路协同、交通信息管理、安全辅助驾驶等方面的学术论文40多篇，海峡两岸交通运输领域的近50位专家学者参会交流。研讨会通过高层次的学术交流与专家互访，增进了相互了解，建立了彼此友谊，共同推动了海峡两岸在智能运输系统方面的建设与发展。

（撰稿：褚端峰、吴超仲）

第四届“交通运输研究（上海）论坛”

由交通运输研究（上海）论坛组委会主办、武汉理工大学及《交通信息与安全》杂志社承办的第四届“交通运输研究（上海）论坛”年会（The 4th Annual Conference of Transportation Research Forum (TRF-Shanghai)）于2013年11月2日在上海兴荣温德姆酒店隆重召开。

与会代表合影

开幕式后严新平教授和上海大学戴世强教授分别主持了大会全体报告，由同济大学杨晓光教授、长安大学付锐教授、上海交通大学彭仲仁教授、武汉理工大学钟鸣教授和东南大学李文权等教授分别做了“演变中的交通运输工程学科及其发展”、“驾驶人动态视觉特性研究及其应用”、“交通与大气污染研究的最新动向”、“信息技术下交通规划新方法与展望”和“城市灵活式公共交通问题”五场精彩的学术报告。

第四届“交通运输研究（上海）论坛”年会共设置“交通行为与安全”、“交通规划与政策”和“交通信息与控制”三个分会场，来自清华大学、同济大学、东南大学、武汉理工大学、华南理工大学、上海交通大学、上海海事大学、上海财经大学、上海工程技术大学等高校的24名学者就最近研究动态做了分会场邀请报告，就交通运输领域国际前沿问题开展了充分交流。此次大会共吸引全国范围内的150多名学者参会。

付锐教授和吴志周教授主持了“交通行为与安全”分会场。同济大学杨超教授、北京工业大学的赵晓华副教授、北京航空航天大学鲁光泉副教授、武汉理工大学吴超仲教授、同济大学王雪松副教授、山东理工大学王晓原教授、华南理工大学游峰副教授、东南大学俞灏博士生等分别做了“基于大数据的个体活动模型”、“基于驾驶模拟实验的交通安全设施效用评价”、“基于风险动态平衡的跟驰驾驶行为分析与建模”、“汽车驾驶愤怒情绪研究进展”、“交通规划宏观安全分析与评估技术”、“基于人车环境动态数据协同推演的汽车驾驶倾向性特征提取及辨识”、“基于车路协同的交叉路口行人安全保障机理研究”、“基于空间分析的事故黑点鉴别方法评价”等八场精彩的学术报告。

韩印教授和钟鸣教授主持了“交通规划与政策”分会场。上海对外经贸大学赵红军教授、美国爱荷华州立大学周江评助理教授、上海财经大学冯苏苇副教授、上海财经大学财经研究所助理研究员邓涛涛、同济大学建筑副教授卓健、上海理工大学韩印教授、山东大学俞洁副教授、上海工程技术大学刘志钢教授分别做了“如何有效地治理北京的交通拥堵——一个考虑环境代价的拥堵收费经济学分析与评估”、“在小汽车泛滥城市里的可持续交通”、“上海私车额度拍卖政策：绩效、问题与挑战”、“道路拥挤收费在小城市的成功运用—以英国杜伦 (Durham) 为例”、“上海公交改革的路径和挑战”、“城际客运与城市客运整合与应用”、“灵活型定制公交接驳系统服务区域优化选择模型研究”、“《城市轨道交通安全运营评价标准》制订方法研究”等八场精彩的学术报告。

刘攀教授与陈圣迪博士主持了“交通信息及控制”分会场。上海海事大学周溪召教授、清华大学王建强副研究员、武汉理工大学张存保副研究员、同济大学交通工程专业博士生陈国俊、武汉理工大学吕能超副研究员、华南理工大学俞礼军副教授、武汉科技大学张良力讲师等分别做了“基于成对组合 Logit 的多用户多模式随机用户均衡模型”、“基于车路协同的汽车综合信息融合方法”、“山区高速公路振动减速路面设计及应用”、“公共汽车车头时距传播特征分析”、“基于车路协同的车速自适应控制方法”、“路网中交通信息对驾车出行者路径选择决策的影响”、“机动车驾驶动作意图隐马尔科夫模型参数优化”等七场精彩的学术报告。

分会场报告结束后，大会组委会精心组织了互动交流主题，就“中国交通研究如何走向世界”、“新技术（物联网、大数据等）对交通研究及人才培养会带来哪些变化”和“轨道交通及综合交通体系”等热门话题开展了充分交流，五位邀请专家与全体参会者开展了激烈的讨论，其中不少意见达成共识，也存在激烈的思想碰撞。此外，组委会还针对“驾驶行为与交通安全”和“新信息技术下的交通规划、管理与控制”两个关键主题开展了一对一教授访谈。其中严新平副校长从武汉理工大学近期的世界排名谈到中国的交通研究如何走向世界，引起了与会者的广泛共鸣，上海工程技术大学的刘志刚教授与上海大学的戴世强教授就前几年的上海地铁 10 号线追尾事故进行了激烈地辩论，导致会场掌声不断。

交通运输研究（上海）论坛（TRF）由同济大学、上海交通大学、上海大学、上海理工大学、上海海事大学、武汉理工大学、华南理工大学、上海市交通工程学会等交通运输领域的教授共同倡议成立，每年举办一届论坛年会，旨在为交通运输领域工作的学者、建设者和管理者提供一个纯学术交流平台，其建设目标是每年有一万多位学者与会的美国交通研究盛会 TRB。大会目前遵循不收注册费、不设接站、不安排住宿等原则，旨在创造一个更开放、更平等、更轻松的学术交流平台，以供交通运输领域学者进行自由的交流。

此前三年，论坛在上海市举办了三届。第一届论坛由上海交通大学、同济大学、上海交通工程学会共同主办，于2010年6月11日在上海科学会堂隆重开幕；第二届论坛由上海市交通工程学会、交通运输研究（上海）论坛委员会主办，由同济大学承办，于2011年10月22-23日在同济大学嘉定校区召开；第三届论坛由交通运输研究（上海）论坛委员会和上海市交通工程协会主办，于2012年11月3日在同济大学四平校区隆重举行。此次会议由武汉理工大学和《交通信息与安全》杂志社承办，也是论坛第一次由非上海地区的单位异地承办会议。会议的精心组织受到大会共同主席陆键教授的认可，也得到了全体与会者的一直赞誉，体现了承办方组织举办全国性学术会议的丰富经验和能力。

经各单位申请和论坛学术委员会遴选，上海工程技术大学获得第五届“交通运输研究（上海）论坛”年会的承办权，大会将于2014年11月1日在上海举行。

（撰稿：吕能超、吴超仲）

第92届美国交通运输研究委员会年会

一、TRB概况

美国交通运输研究委员会 (Transportation Research Board, 简称 TRB) 成立于 1920 年，是一个非赢利性行业学会组织，其与美国国家研究参事会 (National Research Council)、美国国家科学院和工程院 (National Academy of Sciences and Engineering) 以及医学科学院 (Institute of Medicine) 等国家层次研究机构有着密切的联系。TRB 的主要任务是倡导交通运输研究与信息的交流，从而为交通运输研究、学术会议和成果推广、技术人员培训等活动提供一个中立性交流平台，以专家委员会 (Experts Committees) 的形式研究交通运输关键问题和制定交通运输重大政策，并及时出版和广泛发行交通运输学科的科研成果。TRB 与美国联邦、州和地方的交通运输规划、设计和管理部门保持着良好的合作关系。同时也一直得到美国交通部各种运输模式管理部门 (特别是联邦公路局、联邦民航局、联邦铁路局、联邦公共交通管理局、国家公路交通安全管理局、联邦货运安全管理局、研究创新技术管理局等) 的资助。

TRB 的各种学术活动吸引了各种运输模式的从业者 (包括研究、设计、施工、运营和管理人员) 的积极参与，这些活动由 TRB 技术委员会和专家小组 (Technical Committees and Panels) 进行组织并在全国各地举办。5,000 多名交通运输学科的专业人员，包括在校学生和行业顶尖专家，以志愿方式组成了 200 多个常设技术委员会 (Standing Technical Committees)。这些技术委员会均具有自上而下、扎根基层的构成特征，与交通运输界各个学科领域、行业组织和专业机构等建立了广泛和直接的联系。

TRB 在全球范围内的广泛影响力主要来自于每年 1 月中下旬在美国华盛顿特区召开的 TRB 年会。作为世界交通届的盛会，TRB 年会每年吸引来自 70 多个国家和地区的超过 10,000 名交通专业人士参加。TRB 年会每年在全世界范围内征稿，论文的主题涉及交通研究领域的各个方面。有时为帮助论文作者更好的确定主题，委员会也会对某些研究领域提出征稿需求，论文全文提交的截止日期是 8 月 1 日。TRB 对所发表的论文都有极高的标准，并有一套十分完善的论文审核流程和一流的评审专家库，其论文接收难度远超其他同类国际性会议。经过同行评审并获准在 TRB 年会上交流宣读的研究成果和学术论文，将择优收入 TRB 学报系列——“交通运输研究汇编”(Transportation Research Record，简称 TRR) 加以出版发行。

TRB 目前共出版包括 TRR 在内的 14 种具有国际期刊号 (ISSN) 的专业学报 / 期刊系列，其中“公路国家合作研究计划”(National Cooperative Highway Research Programs, NCHRP) 系列、“公共交通合作研究计划”(Transit Cooperative Research

Programs, TCRP) 系列、“商业货运和巴士安全综合计划”(Commercial Truck and Bus Safety Synthesis Program, CTBSSP) 系列、“会议论文集”(Conference Proceedings)、“专题报告”(Special Reports)、“交通运输研究月报”(TR News) 和“交通运输研究通信”(TR Circular) 等，均为交通运输行业研究论文和参考文献的重要期刊源。此外，TRB 通过其网站每隔两周发表一期 TRB 电子简报 (TRB e-Newsletter)，这些期刊上的论文均代表了世界交通领域前沿的研究成果，是交通届科学研究的风向标。

二、TRB 2013及其新气象

2013 年 1 月 13 日，第 92 届美国交通运输研究委员会 (TRB) 年会在美国华盛顿特区举行，会议在华盛顿 Marriott、Shoreham、Hilton 酒店设置了 3 个分会场，吸引了 70 多个国家和地区的 11700 多名交通及相关领域的决策者、管理者、研究人员、从业人员和政府以及学术机构的代表参加。

TRB 2013 年会共设立学术专场 750 余个，内容涵盖公路、铁路、航空、公交、轨道、行人等 37 个研究领域。年会历时 5 天，活动安排如图 1 所示。本次年会中，主办方为方便与会者规划及查询专题讨论会及场次时间安排，首次推出了便于可靠下载并离线使用的手机 APP 软件应用，如图 2 所示。

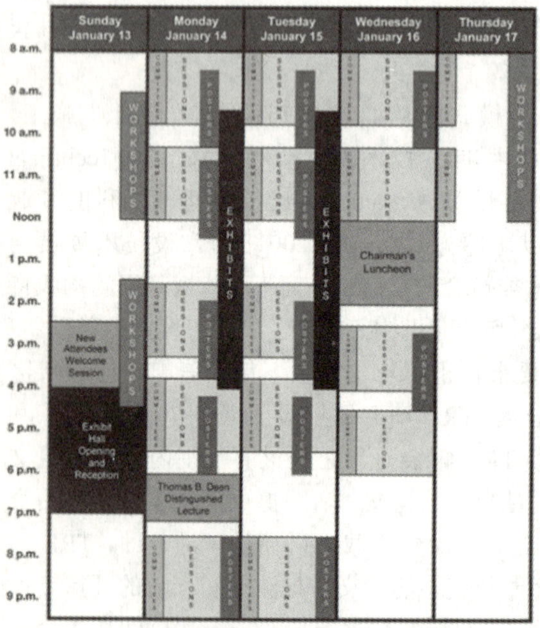

图1 TRB 2013日程安排

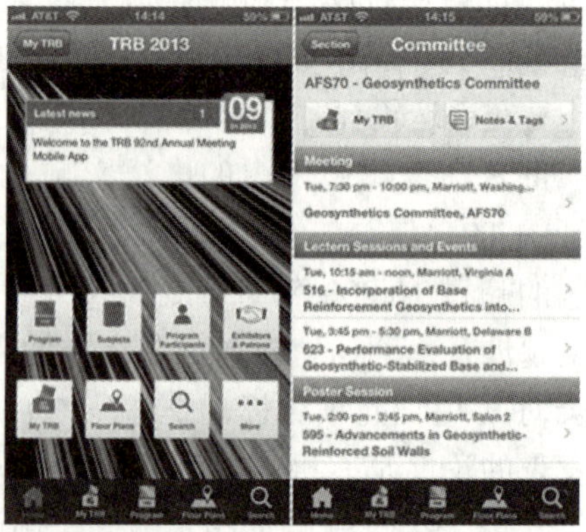

图2 手机应用“TRB 2013”用户界面示意

年会首日的主要活动是参会者注册，少数工作组会议以及新参会者欢迎会。大多数学术报告专场集中在 1 月 14 日至 1 月 17 日。年会共收到学术论文 4000 余篇，进行会议场次约 1288 场，在 37 个研究领域分布如表 1 所示。

表1 相关研究领域及会议场次

研究领域		场次	研究领域		场次
Administration and Management	管理	66	Marine Transportation	海运	32
Aviation	航空	56	Materials	材料	72
Bridges and Other Structures	桥梁及结构	98	Motor Carriers	汽车货运	18
Construction	施工	61	Operations and Traffic Management	交通运营管理	194
Data and Information Technology	数据及信息技术	152	Passenger Transportation	客运交通	61
Design	交通设计	185	Pavement	路面	120
Economics	交通经济	34	Pedestrians and Bicyclists	行人与自行车	43
Education and Training	教育及培训	26	Pipelines	管道交通	2
Energy	能源	39	Planning and Forecasting	规划与预测	173
Environment	环境	117	Policy	政策	82
Finance	财务	40	Public Transportation	公共交通	112
Freight Transportation	物流	73	Rail	铁路	61
Geotechnology	岩土工程	66	Research	研发	26
History	历史	5	Safety and Human Factors	安全与人因	195
Hydraulics and Hydrology	水利学	4	Security and Emergencies	安全与应急管理	27
International Activities	国际活动	34	Society	社会	37
Law	法律	20	Terminals and Facilities	场站设施	12
Maintenance and Preservation	交通养护	90	Transportation, General	交通概论	14
Vehicles and Equipment	车辆设备	10			

2013年会的主题是“让交通研究更智能、更好、更快(Deploying Transportation Research: Doing things smarter, better, faster)”。围绕该主题召开了40余场专题研讨会，强调发展智能、环保、可再生、节能低碳等绿色交通系统。其他较为热门的议题包括：安全与人类特性、交通运营管理、交通设计、规划与预测、数据与信息技术、路面铺装、环境以及公共交通。此外，本次年会的厂商展览设在主会场华盛顿Marriott酒店大厅，分为A区，B区，C区3个展区，参展商约185家（包括部分政府研究机构），展示了专业书籍、交通仿真软件、交通工程材料、研发技术、交通政策规划以及相关软硬件等，如图3。

图3　Mandli的LiDAR三维资料采集系统展示

三、国内学者参会

近年来，我国越来越多的交通界专家学者开始参与到TRB年会中，并以TRB会议为桥梁，加强与国外行业内专家学者的联系，同时也获得了更多合作交流的机会。TRB年会作为高水平的国际会议，使参会者及时了解国际交通界研究动态与前沿科技，为促进国内外知名学者之间的交流沟通提供了良好的平台，为拓展科研思维、增进学术交流提供了方便的渠道，对交通领域今后的科研思路以及科研领域的拓展也将提供很大的帮助。本届年会，包括东南大学、北京交通大学、同济大学等国内众多高校积极参与TRB年会，与国际上知名高校、组织、学者进行了深入而富有成效的交流，提升了我国交通领域在国际上的知名度。

图4　交通部公路科学研究院王笑京研究员参与相关议题讨论

图5　北京工业大学学生翻阅大会手册

（撰稿：刘攀、闫学东）

第八届中国交通高层论坛

第八届中国交通高层论坛于2013年10月26日在北京交通大学国际会议中心举行。本次论坛以“中国综合交通的新形势与新任务”为主题，涉及综合交通运输体制与机制建设、综合交通系统协同创新机制与政策、交通规划理论与方法、智能交通技术进展及应用、交通运输节能方法与实施策略等专题。论坛邀请了政府、高校、研究机构和产业各界专家，从加强交通运输系统理论的探索，构建和完善交通体系，推进交通运输领域管理体制改革，完善交通运输系统化管理体系，协调交通运输系统布局，加大交通节点的建设，协调国家能源战略与交通发展战略的关系，进一步强调环境保护的重要性，构建生态交通，并制定相关制度加以保障等角度展开讨论。

中国工程院院士施仲衡，国务院参事、中国综合交通研究中心主任石定寰，中国交通运输系统工程学会理事长王庆云，国家发展和改革委员会基础产业司司长黄民，交通运输部科技司司长赵冲久，德国环境政策、基础设施和基本政策司副司长 Birgitta Worringen，北京交通大学校长宁滨等领导与嘉宾，与来自铁道部经济规划研究院、中国民航局安技中心发展战略所、北京交通大学、天津大学、兰州交通大学、西南交通大学、美国能源基金会宇恒可持续发展交通研究中心、铁道部经济规划研究院、四通智能交通系统集成公司、中国智能交通协会、清华大学、长安大学、华中科技大学、中南大学、中交水运规划设计研究院、金地停车集团以及北京航空航天大学、北京市节能减排中心等科研院所的专家学者和论文作者等近300余人出席此次论坛。

施仲衡院士做了开幕演讲，并指出交通运输发展站在了加快综合运输体系建设的新起点，本届论坛主题紧扣综合交通意义重大。随后，黄民作了题为“城市群综合交

通运输网络规划的若干思考”的报告；赵冲久作了题为“以创新推动综合运输体系发展”的报告，李兴华作了题为“综合运输体系建设再思考”的报告；赵海宽作了题为“优化铁路运力布局，提高运输能力和服务质量”的报告；Birgitta Worringen 作了“德国出行：智能、高效与一体化”的报告。

下午进行了分组专题研讨和闭幕式。来自不同地区的 12 名特邀发言嘉宾，围绕“大部制形势下的综合交通体系建设”、“新时期综合交通系统协同创新机制与政策”、“城镇化发展中的交通规划与服务管理模式”等专题与与会学者进行了分组讨论和交流。专题讨论演讲精彩，听众提问热烈，体现了浓厚的学术交流气氛。

专题研讨结束后举行了第八届中国交通高层论坛闭幕式。闭幕式由张国伍主持，沙洪江作了“中国民航业面临的新形势与新任务”的报告，吴澎作了题为“完善以沿海港口为枢纽的综合交通运输体系”的报告，厉国权作了“各国鉄路運輸业经营体系变革之实践”的报告。接下来，毛保华、张秋生、关伟三位分组会主持人向大会介绍了分组会上发言专家的基本观点。最后，王庆云根据专家发言简要总结了当前我国交通运输面临的新形势的 4 个重要特点，即发展环境的变化、公众感受（需求）的变化、发展理念的变化以及管理体制架构的变化，并号召青年学子针对这些新形势，勇于思考，勇挑重担。会议在欢快、热烈的气氛中胜利闭幕。

本次论坛得到了中国系统工程学会、国务院参事室、中国国家发展与改革委员会基础产业司、中国交通运输部交通规划研究院、德国交通建设与城市发展部、中国国家发展与改革委员会综合运输研究所、北京交通发展研究中心、香港交通运输研究会、詹天佑科学技术发展基金会、中国交通运输协会的支持。

（撰稿：毛保华）

2013年交通7+1论坛

“交通 7+1 论坛”由中国系统工程学会交通运输系统工程专业委员会主办，2013 年度举行了 4 次会议，分别由中兴智能交通（无锡）有限公司、北京首都国际机场股份有限公司、北京交通大学中国综合交通研究中心、金地停车集团等单位承办。

“交通 7+1 论坛”第三十次会议于 2013 年 3 月 30 日下午在北京翠宫饭店召开。参加会议的除了论坛核心理事王庆云、段里仁、于景元、张国伍、李学伟，还有周干峙院士，以及刘海峰、郭继孚、王长君、邓寿鹏、张元方、陆化普、郭小碚、毛保华、方然、周伟、林仲洪、葛昱、胡华清、胡基士、任瑞铭、沙洪江、王飞跃、汤淑明、邹难、刘军、荣朝和、赵坚、聂磊、贾元华、关积珍、沈培钧等专家学者、政府部门决策者、企业界管理者共 60 余人。会议的主题为“智能交通物联网与综合交通信息服务”，专家们指出智能交通物联网就是将技术实用、理念先进的物联网技术应用于智能交通领域，融合各种先进的智能交通技术以及人工智能等技术，运用于交通管理、信息服务和车辆控制等领域，以达到人、车、路和环境之间的和谐统一，从而形成高效、准时、舒适、低碳的城市综合运输系统。在综合交通信息服务方面，应强调服务内容的深刻性和个性化，以及服务模式的人性化、智能化，强调使综合交通物联网信息最大限度地与其他各类相关信息系统实现互联互通，进而催生新的应用和服务。

“交通 7+1 论坛”第三十一次会议于 2013 年 6 月 29 日下午在北京翠宫饭店召开。参加会议的除了论坛核心理事王庆云、石定寰、段里仁、于景元、张国伍、孙守光，还有周干峙院士、傅志寰院士，以及张光辉、邓寿鹏、纪寿文、郭继孚、贾进、张元方、吴晓、郭小碚、李兴华、周伟、方然、毛保华、刁永海、邹难、聂磊、赵坚、巩丽媛、胡杰、王江燕、贾元华、关积珍、沈培钧等专家学者、政府部门决策者、企业界管理者共 60 余人。会议的主题为“机场与区域经济发展”，专家们探讨了枢纽机场在提供安全、快捷的航空客货运服务基础上，对带动空港产业、旅游、会议、商务以及物流等服务业发展的作用；分析了电子、汽车、医疗等高端产业在机场周边集聚发展的情景；研究了枢纽机场对于完善城市交通格局、促进产业结构升级、转变经济增长方式的重要贡献；提出了加强机场与区域经济协调发展的相关政策和举措。

“交通 7+1 论坛”第三十二次会议于 2013 年 9 月 28 日下午在北京翠宫饭店召开。参加会议的除了论坛核心理事王庆云、黄民、石定寰、段里仁、于景元、张国伍、孙守光、李学伟，还有傅志寰院士，以及毛保华、孙壮志、刘迁、秦国栋、姚明德、荣朝和、沙洪江、胡华清、张宁、陆化普、聂磊、赵坚、王江燕、周晓勤、蒋玉琨、黄悦、贾元华、吕永波、彭宏勤、刘剑锋、沈培钧等专家学者、政府部门决策者、企业界管理者共 60 余人。会议以“我国城市轨道交通建设与运营管理”为主题，在回顾我国自上世纪60年代末以来地铁建设与运营历程的基础上，通过国际国内部分大城市实践数据的对比，分析讨论了我国城市轨道交通系统在规划、建设与运营管理领域的经验、不足与发展需求，为未来我国城市轨道交通的可持续发展献计献策，促进我国城市综合交通系统的科学发展。

“交通7+1论坛”第三十三次会议于2013年12月28日下午在北京世纪金源大酒店召开。参加会议的除了论坛核心理事王庆云、石定寰、段里仁、于景元、张国伍、宁滨，还有张元方、刘举、郭继孚、施勇、王婕、范军、郭小碚、史凯、张大为、陈禹、方然、吴建平、荣朝和、赵坚、陆化普、王江燕、刘贺明、关积珍、赵杰、明艳华等专家学者、政府部门决策者、企业界管理者共90余人。会议的主题为“停车系统在城市交通中的地位与作用”，针对目前城市普遍存在的静态设施与建设相对薄弱的问题进行了探讨，以期达到对停车系统包括停车设施、停车政策、停车技术以及运营管理的全面认识，加强对停车系统的认识、研究与开发，缓解城市交通拥堵问题。

（撰稿：毛保华）

2013年北京交通信息服务国际研讨会

2013年11月14日至15日，由北京市交通委员会主办，北京市智能交通协会、北京市交通信息中心承办的2013年北京交通信息服务国际研讨会在北京国际会议中心举行。此次研讨会，搭建了交通信息服务在政府推动、标准制定、技术研究、市场应用、商业推广等方面的成果展示及交流平台。

一、研讨会整体介绍

在大力发展公共交通、倡导绿色出行的政策指导下，北京市正在着力推进公交、地铁、自行车、步行等绿色交通的一体化交通出行信息服务体系的发展。2013年北京交通信息服务国际研讨会以“交通信息服务快乐绿色出行”为主题，来自国内外“产、学、研、用”各个领域的近2000人次参加了研讨会，汇集了世界著名的交通机构、组织、学者、企业，就世界交通信息服务技术发展、行业发展以及智能交通技术的发展应用进行广泛而深入的探讨，是一场助力城市智慧出行的“技术与应用的盛宴”。

本届研讨会共有包括北京电视台、人民日报、北京日报等多家知名媒体到场，及时发布会议信息，大大提升了本届研讨会的社会影响力。

研讨会会期为两天：

14日上午，来自美国波特兰大学、新加坡资讯通信研究院、德国fraunhofer研究机构、日本智能交通协会、中国科学院、中国交通运输部公路科学研究院的多名专家，围绕物联网服务平台等信息科技前沿技术发表主题演讲。此外，来自中国电信、百度公司、INRIX公司、高德软件、日产汽车等企业的负责人也分享了交通信息服务应用于实践的宝贵经验。

14日下午，举行一场圆桌讨论，来自北京、江苏、广州、深圳等地的交通管理部门、投融资机构以及百度等多家企业，共同探讨“交通信息服务产业模式与未来发展趋势”。

15日上午，举行两个分论坛，主题分别为“公共交通服务与大数据”和“移动互联与信息服务”，内容包括车载信息服务系统、公众交通信息服务的智能终端、路侧停车电子化收费的应用等等，与市民开车、停车、获取公共交通实时信息等密切相关。

15日下午，参观考察北京市交通运行监测调度中心和四惠枢纽。

二、以研讨会为契机，发布其他亮点工作

（一）正式向市民发布“北京实时公交”智能手机终端软件

北京市交通信息中心联合公交集团和祥龙公交等行业企业信息中心，开发了基于IOS、Android的智能手机终端软件——“北京实时公交”。11月14日发布当天，已可以实现78条公交线路、5120个站点和2400余辆公交车的公交实时到站查询，正式面向社会提供示范服务。在示范服务期间，相关部门成立保障工作组，确保示范线路的稳定运行。同时北京市交通信息中心将继续与公交运营企业紧密合作，不断完善系统，增加示范线路的范围，2013年底覆盖线路100条、2014年底将覆盖线路150条。

该软件可以实现公交到站实时查询、公交提示、公交换乘、收藏站点、意见反馈等功能，软件设计参考了国外相关软件的功能，简洁、实用，突出特点，为公交出行的市民们提供出行参考。

从2011年开始，北京市交通信息中心联合公交集团和祥龙公交等行业企业信息中心，以科技部863项目、北京市科委、中关村和交通委科研项目为依托，进行数据接入、公交到站距离和时间预测关键技术、评测体系、以及示范系统建设工作。截至2013年11月14日，已经完成了数据接入与梳理、到站时间和距离预测关键技术研究，开发了数据处理系统和基于智能手机的服务软件，开展了四次路测，78条线路基本具备了面向社会开展示范服务的条件。

1. 五个核心环节实现关键技术突破

在五个核心环节实现关键技术突破，主要包括数据处理、线路匹配、行为识别、路链速度技术、到站时间预测五个关键技术。相关技术成果形成表论文8篇、申请专利和软件著作权6个。

2. 建立了量化评测体系来筛选线路

建立了一套评测体系，用于科学、量化评估处理模型，并指导持续优化完善工作，为示范服务线路选取提供依据。评测体系主要包括覆盖性测试和准确性测试两方面，以GPS静态覆盖率、GPS平均发送间隔、GPS动态覆盖率、预测准确度、预测准确率五个指标对公交到站预测进行评价，从而能够获得更全面、更准确的评估结果。根据客观量化的评测结果可以指导模型优化，筛选示范线路。研讨会召开时已通过该评测体系，已筛选出78条线路作为示范线路。

3. 服务范围和内容还将进一步完善

扩大示范范围。考虑郊区旅客出行的实际需求，积极开展郊区实时公交示范服务推广工作，将郊区公交线路纳入示范服务的范围，提高远郊区县公交服务便捷化水平。2013年年底陆续完成延庆、怀柔地区实时公交示范服务发布。

完善服务系统。优化公交到站预测处理模型性能，引入大数据存储和处理挖掘技术，提高数据处理效率和准确度；通过示范服务手机用户反馈，完善手机终端软件功能和用户体验，并定期向公众发布更新版本。

提高精准化水平。与公交运营企业紧密合作，挑选智能调度应用较好的示范线路，接入运营调度数据，实现实时公交处理发布系统与调度系统联动，进一步提高实时公交服务精准化水平。

（二）“绿翼”项目试验结果揭晓

道路拥堵、尾气排放、能源紧张、气候危机 ...... 这些问题，随着中国的急速城市化和机动化的发展日益凸显，为了缓解交通拥堵，减少能源消耗和 CO2 的排放，2011 年 1 月由国家发改委和日本新能源产业技术综合开发机构共同发起，由北京市交通委员会和日产汽车公司联合实施了《中日智能交通节能减排示范项目》暨“绿翼——新交通信息系统项目”。

“绿翼”项目选定望京为试点区域，发放 12000 台具有 DRGS(基于实时交通信息的动态路径引导系统) 功能的便携式导航终端设备，分析交通信息的应用对交通流的影响及单车出行效率的提高。

“绿翼”项目还选定全市范围内 600 位日产定制车型用户，发放具有 EMS（ECO 驾驶管理辅助及驾驶习惯建议系统）功能的便携式导航仪，验证交通信息与驾驶行为提示功能的应用对单车的出行效率及油耗经济性的改善效果。

截至 2013 年 11 月 14 日，“绿翼”通过一万两千名志愿者近一年的实际使用，验证了交通信息服务在节能减排和缓解拥堵方面发挥的实际作用。实验显示，安装了 EMS 便携式导航仪的车辆，每一旅程（约 16km）的油耗改善率为 1.3%。安装了 DRGS 导航仪的车辆，二氧化碳排放量减少 11.1%，燃油消耗量降低 18.9%。

根据实验结果进行的数据模拟表明，若北京市能有 10% 的行驶车辆搭载该动态路径引导系统，则北京市整体的平均行车速度可提高约 10%，燃料消耗量及二氧化碳排放量也可削减约 10%。

“绿翼”还建立了一套能够将验证和实施整合在一起的“节能　CO2”综合管理系统，能够定期通过政府网站、主流媒体发布社会整体节能减排效果、以及个人油耗的节约效果。

按照计划，在实验期结束后，把现有“绿翼”DRGS&EMS 服务，通过商业合作方式向各大日系车厂进行推广，通过汽车前装导航搭载 DRGS&EMS 服务，提高“绿翼”终端数量。除通过 B2B 方式与日系车厂展开合作外，还计划开展基于智能手机的“绿翼”客户端推广，通过向更广大的智能手机用户提供 DRGS&EMS 服务，扩大“绿翼”用户数量。

“绿翼”项目的实施，在我市形成了一套新的规范和标准，培养了一批绿色出行智能交通系统研发、运维的专业队伍，有效推动了一个绿色出行智能交通产业链的形成。标志着我市利用交通信息服务技术促进交通节能减排、缓解交通拥堵工作进入实质操作阶段。

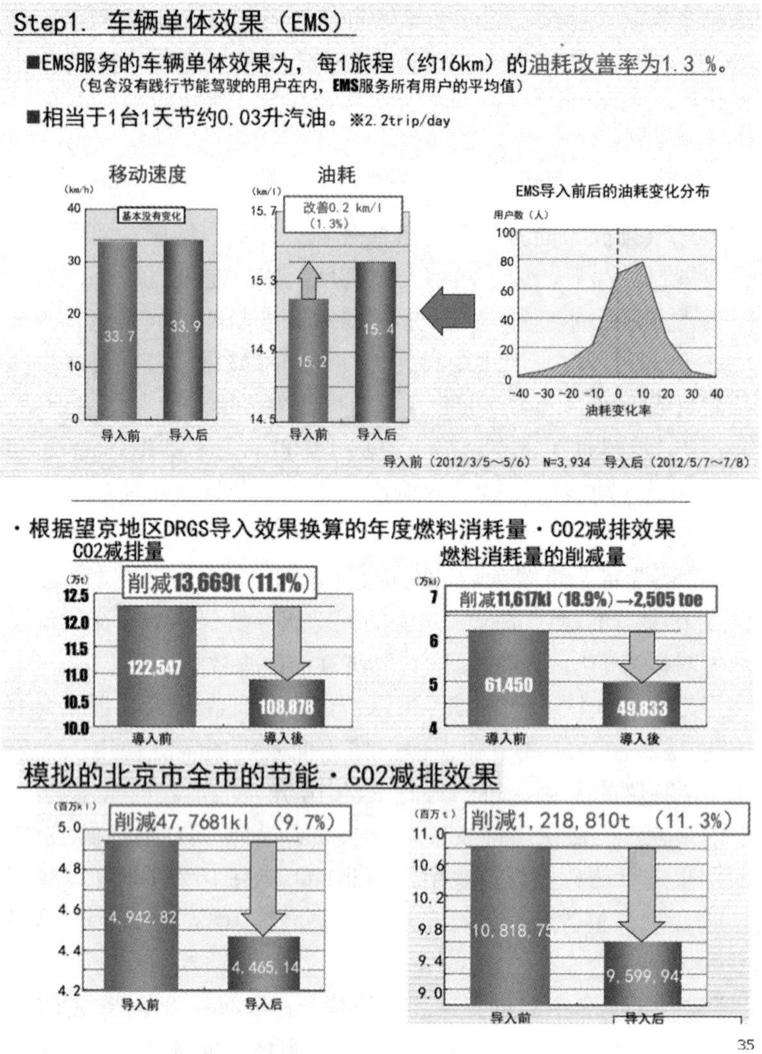

（三）北京发展物联网技术助力智慧交通

近年来，北京大力发展交通物联网技术，打造智慧交通，提高城市交通的运行效率。其中，极端天气城市道路交通保畅项目是北京市物联网示范工程重点应用，利用物联网感、传、知、用技术，实现重点道路和公路桥梁的综合监测、风险分析、预测评估以及保畅指挥。项目的建设，提高了雨、雪、雾、霾等极端天气条件下道路保畅能力，提高日常道路交通安全运营水平和运行效率。

极端天气城市道路交通保畅项目能够实现物联综合监测，通过接入各专业部门物联感知数据，综合展示数据的实时状态；实现险情主动报警，充分利用物联网技术，做到险情主动发现，自动感知；实现拥堵情况可预估，排险时间可预报；还可以对行业基础、监管、运营数据以及应急类数据进行整合。

智慧交通是指以北京市交通信息中心为核心，连接城市公交、城市出租车、高速公路、轨道交通、长途客运、航空运输、铁路运输等的综合性协同运作，让人、车、路、环境和交通系统融为一体，为出行者和交通监管部门提供实时交通信息，使路网更通畅、使城市交通（公交、出租、轨道等）更便利；使运营车辆更安全、减少交通事故发生，并提供事故处置效率；提供交通运行、路况、事件、出行信息，为公众提供多样化的出行服务。有效缓解交通拥堵，快速响应突发状况，为城市大动脉的良性运转提供科学的决策。

智慧交通的主要领域包括：路网运行监测与服务，提高路网运行的监管水平，为路网规划建设和行业管理提供辅助决策，面向公众提供全面、关联性的出行服务信息（路况、养护施工、交通管制、气象等）。

其中，运营车辆动态监管平台，为国内班线客运、旅游包车、危化品运输、公交车、公务用车、校车等用车单位、行业监管单位提供安全监控及运营管理的技术服务平台，满足用车单位降低用车成本、提高用车效率、提高行车安全等管理需求。

交通信息发布系统，整合各类运营、统计分析数据，依托现在网站、广播、信息屏、短信等信息服务载体，同时接入微博、微信等新型服务信息载体，提供预警信息、事件处置情况，面向公众提供交通管制、占道施工、绕行建议、人员疏散等出行提示信息发布服务。

（四）北京路侧停车电子化收费运行一年半

1．系统运行平稳 累计刷卡 10 万笔

自 2012 年 5 月份开始，北京市先后在朝阳区、东城和西城区的 74 条街道近 5000 个停车泊位开展停车电子收费试运行工作，共计投入使用收费终端 POS/PDA215 台。据北京市停车管理中心有限公司介绍，截至 2013 年 10 月 31 日，累计记录停车次数 391200 次，刷卡 103970 笔。

试运行期间，北京市路侧停车管理信息系统运行稳定，实现了六大实用功能即：电子收费、清分结算、监控管理、督察管理、咨询投诉、系统管理，基本达到了建设目标。

2．2012 年起，部分路侧停车场投入试运行

停车是城市交通体系的重要组成部分，涉及市民切身利益。加强停车场建设和监管，改善交通状况，越来越受到政府的重视与公众的关心。2011 年，北京市路侧停车电子化收费工程项目启动，实施路侧停车智能管理。其目的首先是通过建设全市停车管理服务信息系统，实现全市停车统一账户的电子化收费，完成停车企业应得及政府应收停车占道费的清分结算；其次是以便民利民为目标，以强化管理为导向，实现城市路侧停车精细化管理；此外，通过数据归集分析，为政府主管部门提供静态交通管理的决策支持。

2012 年，北京市停车管理中心有限公司（首都信息发展股份有限公司下属全资子公司）运用物联网技术，开发完成了“北京市路侧停车信息管理系统”，并按照北京市交通委员会运输局的统一部署，在本市部分路侧停车场投入试点运行应用。

3．三大平台支撑电子收费系统

路侧停车管理信息系统的主体架构可以概括为“感知、传输、支撑、应用”四个层次，主要包括：路侧停车位安装车辆探测器；高清视频监控；电子化收缴停车费；城市政务物联专网或移动互联网传输数据。

路侧停车管理信息系统的应用功能由停车管理服务平台、电子收费与结算平台以及路侧停车场物联网管理系统三部分共同支撑。管理服务平台实现路侧停车信息的监控、采集和统计分析；电子收费与结算平台实现停车费用的电子化收缴以及收费信息的采集和汇总，电子收费信息与停车信息的数据比对及与市区两级政府和停车管理公司的清分和结算；停车场物联网管理系统由部署为三位一体的视频监控、车位检测，以及电子收费终端（POS/PDA）组成。其中，视频监控通过高清视频监控设备实现对车位、路面实时状况及车辆信息的采集；车位检测通过埋设于车位下方的地磁传感器实现车位状态信息的采集；电子收费通过手持终端（POS/PDA）实现对停车车辆识别、电子收费、凭据打印以及收费信息采集，并对所辖管理区域泊位进行备案管理。

视频监控和车位检测信息经由网络（政务物联数据专网或其它无线网络），上传至管理服务平台；电子收费信息上传至电子收费与结算平台。

停车人使用刷卡消费或现金缴纳停车费。

4．现场收费流程

车辆到达时，收费员引导车辆停到空闲泊位，使用手持POS/PDA识别车辆号牌，并打印出停车条（包括泊位号、停放起始时间、车辆号牌等）。此时，POS/PDA自动设定泊位状态为“泊位占用”；车主取车时根据POS/PDA机上显示金额收费，打印缴费单，泊位状态变为“泊位空闲”。

若停车车辆为特种车、残疾车或包月车，则收费员在进行车辆到达处理时，根据车牌对当次停车做相应记录，并将车辆照片等取证信息上传后台，车辆离开时不收费。

在收费员每日上岗通过POS/PDA登录系统时，系统将在上岗停车点上登记有效的包月车辆清单和欠缴停车费车辆清单下载到终端。

（撰稿：北京市交通信息中心）

世界城市交通发展战略研讨会

2013年8月20日至21日，由世界银行和北京交通发展研究中心共同主办的世界城市交通发展战略研讨会在北京召开。本次研讨会的目的是为了总结城市与交通发展过程中的经验、教训和趋势，为北京交通发展提供经验借鉴。研讨会聚集了40余位来自首尔、旧金山、香港、新加坡、东京、纽约、北京等大城市的交通管理者和专家学者，就世界城市交通发展历程与战略选择、公共交通引导土地发展、区域停车规划与管理、城市物流规划与发展、城市机动化发展和缓堵政策发表了专题演讲，开展了热烈的交流研讨。研讨会认为，北京在未来可以实施大胆的、有战略眼光的政策，推动建设可持续的美好城市，形成专家意见如下。

（一）明确政府与交通系统使用者的义务与权利

在经济和人口增长的背景下，北京的交通需求还将继续增加，机动化还将进一步提高。小汽车占用的空间资源远高于其他交通方式，在土地资源极其有限的条件下，政府的主要职责是为公众和商业提供可持续的交通运输系统，而并不是一定要去满足不断增长的小汽车拥有量及其使用。开车是一项特权，因此汽车使用者应该支付所有的开车成本，包括环境和拥堵成本。政府应通过鼓励使用公交、控制私人汽车来优化公交与汽车的道路空间使用。

（二）通过“推”（即控制汽车）和“拉”（即提升公交）两种策略缓解交通拥堵

世界大城市交通发展经验表明，缓解交通拥堵要需求管理和公交优先两手抓，缩小私人小汽车与公共交通间的差别。“推”:控制私家车拥有及使用,降低小汽车吸引力;“拉”：提升公交服务质量和分散高峰时段的交通需求，使公共交通成为更具吸引力的出行工具。

（三）推动拥堵付费：谁制造拥堵和污染，谁付费

北京应更积极地实施交通需求管理，包括拥堵收费，即让汽车使用者支付由于开车而造成的的包括环境和社会成本在内的所有成本。拥堵收费项目在各地的推广过程中，政治领袖坚定的领导力非常重要，因为在政策实施初始一般都会被质疑。政府应通过各种渠道与公众进行沟通、解释拥堵收费的初衷和可以达到的良好效果；同时，也要建立透明的、合理的资金管理体系，确保通过拥堵收费得来的资金主要用在提高公交服务能力和服务质量上。停车收费和拥堵收费不能互相替代，两者之间要进行协调。

（四）用停车供给和管理解决拥堵问题

停车设施是市场化的公共服务商品，而不是社会公益性事业，停车位的供给和定价应该由市场决定。停车位短缺并不一定是问题，限制停车供给是很好的交通需求管理手段。停车管理和定价需要相应的政策调整和强有力的执法做支撑。

（五）理顺公交优先中政府、服务与效率的关系

公交系统目前还存在政府补贴不透明、过度拥挤、公共汽车速度低、运营低效率等问题，公交服务水平亟待提高。研讨会建议采取以下策略提高公交吸引力：(1) 改变公交优先即补贴优先的观念，提高补贴的透明度和效率；(2) 发展公交多样化、多层次经营，适应不同出行者对公交服务的不同要求，例如在高峰时段引入高质量服务巴士。(3) 建立多层次、差异化的公交票价体系，适当提高公交尤其是高峰时段的价格。(4) 建立公交品牌，构建以用户体验为中心的公共交通运输，使公交成为生活品质的一部分。

（六）消除障碍、落实以公交为导向的开发模式（TOD）

以公共交通为导向的开发（TOD）模式符合城市及交通发展的方向，受到了世界许多城市的广泛认同和推动，但是在中国却遇到一些困难，主要问题存在于规划和法规领域。

在规划方面，要切实协调城市规划、交通规划和经济开发区或活动聚集中心规划三者之间的关系，建立持续的、有效力的协调沟通平台，确保在基于共同利益的条件下能达成共同目标。在法规方面，要修改不符合以公交为导向的开发（TOD）模式的有关法律和规范。

（七）合理有效吸引和管理民间资本

世界大城市经验表明，吸引和管理民间资本是解决交通基础设施建设、运营、维护过程中资金短缺问题的关键之一。从全生命周期的角度考虑，公私合作（PPP）往往比传统项目交付方式更节约成本。政府应通过制定土地开发方面的监管和法律框架以及符合市场规律的票价体系等手段吸引民营部门投资。

（八）重视、整合城市物流系统

物流是国家和城市竞争力中关键的一环，应给予高度的重视。货运、物流行业管理要在政府行政手段与市场间找到平衡，推动政府部门、私人企业合作共赢。合作式运输（共同配送、共同使用地下通道等）在日本已经开始实践，带来了很好的效果，是解决现代物流困境的一个方案。

（九）建立多层次科学化的公众沟通体系

公众接受是成功实施交通改革创新战略的关键。在很多情况下，公众接受会推动政治层面的决定甚至改变有关决定，推动大规模的进步。通过建立沟通协商平台与多层次科学化的公众沟通体系、开展示范项目和试点等手段，以了解学习并执行科学化的公众沟通方法，确保公众和政府的利益能更多的协调统一。

（十）发展“完全街道”

“完全街道”是指城市街道在规划、设计、管理和维护的时候要充分考虑包括老人和残障人士在内的所有出行者、容纳包括步行、自行车、公交和小汽车在内的所有出行方式，建立安全、舒适、绿色、公平、方便的出行环境。

研讨会建议北京制定和采纳“完全街道”政策，规定清晰的适用街道和范围，未来在街道的改建、新建和管理方式的调整中，必须遵循“完全街道”政策。

（十一）树立城市交通引导城市发展的理念，建立政府部门间规划与决策协调平台

城市中有不同的机构处理不同的交通相关事务，各级政府之间及政府内部各部门之间的协调机制通常较为薄弱，没有一个协调整合机制。分散的机构设置，没有一个交通运输规划与决策协调平台，成为城市综合规划发展的障碍。

建议借鉴国际、国内综合交通管理先进城市的经验和做法，建立政府部门间协调机制，理顺管理体制，逐步将分散在各行业、各部门交通管理的各环节、各要素全面整合到一个交通运输决策、规划与管理的平台中，使城市内各部门能相互沟通合作，达成共有愿景，并共享交通建设、规划、管理及信息资源。鼓励统一规划，建立一套公平有效的都市圈决策机制，评估都市圈可选择的方案，维持一个都市圈长期运输计划，建立一个都市圈交通工程改善计划。

（撰稿：温慧敏）

首届中国城市智能交通管理暨科技创新论坛

2013 年 7 月 25 ～ 27 日，由国家道路交通管理工程技术研究中心及武汉理工大学智能交通系统研究中心的支持举办、南京市智能交通产业协会和智能交通管理杂志社联合主办的首届中国城市智能交通管理暨科技创新论坛在南京威斯汀大酒店隆重开幕。

作为首次将目光锁定城市智能交通管理及科技应用创新方面的论坛，组委会将大会主题确定为“提升科技应用水平，助力交通安全管理”。大会邀请了一直在智能交通领域不断探索、并颇有见解的各位专家出席本次大会。国家道路交通管理工程技术研究中心副主任苑雷先生、南京市智能交通产业协会理事长刘传喜先生、东南大学教授、博士生导师陆健先生、深圳市综合交通运营指挥中心总工程师关志超先生、广州市公安局指挥中心副主任徐亚国先生、厦门市交警支队副支队长林祥兴、南京市交管局科研所所长顾怀中、云南省交警总队科技处处长陈辉等近三十位嘉宾在论坛中从不同程度描述了城市智能交通的现状与发展，并与在座人士共同分享城市智能交通的成功案例。来自云南、广东、山东、江苏、浙江等地交管一线的交警及上电科、易华录、海信、博康、海康、银江、中兴通信等数家智能交通企业负责人在论坛中相互探讨学习，为城市智能交通支招，共同进步。

这是城市智能交通领域最为高端的论坛，也将成为中国城市智能交通管理领域最重要的交流与合作平台之一。本届论坛围绕道路监控技术应用与创新、交通信号控制

与管理、电子标签与交通管理、智慧城市与城市交通管理科技创新四个主题专场，共有20多场精彩报告，对城市智能交通管理方面的热点和焦点问题展开话题讨论，以剖析科技在我国交通管理中的应用，并提出解决之道。论坛充分体现了以提升公安交管队伍科技应用水平，凝聚全社会关注交通安全，遵守交通安全法规的意识的宗旨。

大会期间，蓝盾光电子、博康智能、浙大中控、顺通电子、三旺通信、亚奥科技、傲天智能、杰瑞电子等数家企业将携优秀产品华丽亮相中国城市智能交通产品展示展，展示城市智能交通领域产品及各项科技成果。此外，备受瞩目的2013年首届中国城市智能交通十佳评选活动盛大揭晓，数十家企业获得中国城市智能交通行业领域美誉殊荣。值得一提的是，为丰富会议内容，组委会还安排城市交通管理科技应用交流会，并组织参会人员到南京市环保电子标签数据中心进行参观考察，为行业人士搭建一个相互学习交流与合作的桥梁。

本届大会的成功召开为促进城市智能交通管理领域专家和企业的交流、企业间的横向联系与合作搭建了良好的平台，为更全面地展示我国城市智能交通管理领域的最新成果，也为中国智能交通行业技术进步及可持续发展起到积极的推动作用。

（撰稿：王勇兵、董海龙、徐亚国）

第四届中国智能运输大会（ITS CC）

2013 年 5 月 26 至 28 日，由交通运输部科技司指导，交通运输部公路科学研究院、深圳市交通运输委员会、中国卫星导航定位协会共同主办的第四届中国智能运输大会（The 4th ITS Conference, 简称“ITS CC”）在深圳会展中心举行。

在本届大会全体大会上，交通运输部科技司司长赵冲久、中国智能交通协会理事长吴忠泽、中国卫星导航定位协会常务副会长兼秘书长苗前军、中国道路交通安全协会副理事长罗俊仪等领导到会并做了致辞。赵冲久司长在致辞中强调：智能化、信息化在交通运输行业发展中的地位，已经由过去的“支撑”上升到“引领”;他同时提出，到 2020 年,交通运输行业将在货物运输组织、公众出行服务、综合交通电子支付等领域，基本建成精细化、规范化、科学化、人性化的智能交通系统。交通运输部公路科学研究院总工程师、国家智能交通系统工程技术研究中心主任王笑京发表了题为“合作系统在智能交通中的发展趋势与应用”的主旨报告，为与会代表介绍了世界智能交通领域的最新发展趋势。深圳市交通运输委员会主任黄敏、国家信息化专家咨询委员会委员高新民、中华智慧型运输系统协会（台湾）理事长孙以浚、深圳大学校长李清泉等发言嘉宾分别就格子专业和当地智能交通发展角度做了精彩报告；法国交通部高级官员及工作组负责人 Jean Francois Janin、日本 ITS 协会常务理事大月诚、意大利 TTS 协会秘书长 Olga Landolfi 就 ITS 与绿色交通、未来发展等做了介绍；英特尔智能系统事业部总经理陈伟、华为技术有限公司交通事业部总经理陈斌则分别代表外资、国内企业发表了对智能交通发展的思考与战略；会议由交通运输部公路科学研究院院长周伟主持。

图1　全体大会现场

图2　赵冲久司长致辞

图3　王笑京主任做主题报告

本届大会在全体大会议程之后，设立多个专题分会，内容涉及车路协同与车联网、综合交通电子支付、路网运行与服务、城市智能交通、道路交通安全管理与智能技术、智能交通决策支持及信息系统在网络交通管理中的应用等多个领域和层次。大会同期还举办了“两岸四地智能交通论坛”，论坛邀请大陆、台湾、香港、澳门两岸四地的智能交通相关协会、研究机构的负责人致辞，并设置两岸智能交通发展、智能交通系统标准化等相关主题开展了精彩的演讲与讨论。“两岸四地应紧密团结，充分发挥各自优势，不仅在技术经验上进行交流，还要在智能交通国际标准的制定上，发挥团队优势，联合起来，争取话语权。”国家智能交通系统工程技术研究中心主任王笑京发起的倡议，得到在场各位专家的一致认同。他们认为，两岸四地智能交通领域的这种交流，应该形成常态机制，每年都要有。来自台湾的中华智能型运输系统协会理事长孙以浚主动请缨，表示台湾将争取承办 2014 年的论坛。

图5　两岸四地智能交通论坛主要与会代表合影

本届中国智能运输大会邀请了来自交通运输部、工业和信息化部、地方交通运输主管部门、地方公安交通主管部门、国内外企业和高校、相关国际组织等的负责人和专家，围绕智能交通发展的问题、趋势、应用和产业化等多个角度进行了深入探讨。据统计，来自国内外的 100 多位嘉宾做了精彩发言，参会总人数达 35000 多人次，会议论文集收录论文 30 篇，参会人数为历届中国智能运输大会之最。

自 2010 年起，在交通运输部科技司指导下，交通运输部公路科学研究院每年主办中国智能运输大会（ITS CC），今年的第四届会议由我院联合深圳交通运输委员会在深圳举行。ITS CC秉承学术性、综合性、国际性的办会宗旨，在交通行业中引起越来越大的积极反响和关注，ITS CC品牌也随着大会逐年召开不断提升。

第五届中国智能运输大会将于2014年6月10日到12日继续在深圳会展中心举办。

（撰稿：国家智能交通系统工程技术研究中心）

“绿色城市与未来交通”国际高层学术研讨会

2013 年 11 月 7 ～ 8 日，“绿色城市与未来交通”国际高层学术研讨会在中国宁波举行。英国皇家学会院士、剑桥大学三一学院院士 Hunt Julian，麻省理工学院 Moshe Ben-Akiva 教授，工程院院士杨裕生、李德毅，中国智能交通协会理事长吴忠泽，英国南安普敦大学教授、系主任 Mike McDonald，清华大学汽车工程系系主任李克强，希腊克里斯大学动态系统与仿真实验室主 Markos Papageorgiou 等国际国内知名的专家学者和相关领域的智慧城市建设代表、企业代表等近百人出席研讨会。

图1 “绿色城市与未来交通”国际高层学术研讨会参会代表合影

本次国际高层学术研讨会由清华大学 - 剑桥大学 - 麻省理工学院低碳能源大学联盟未来交通研究中心、中国科协海外智力为国服务行动计划领导小组办公室和宁波市委人才工作领导小组办公室主办，宁波市科协、宁波大学、科进英华（北京）智能交通技术有限公司协办，宁波市国际科技交流中心承办。研讨会的主题是“绿色城市与未来交通”，关注随着城镇化和科学技术的发展，人类社会所面临的交通和交通导致的相关问题，包括人类社会未来的交通模式、交通工具和交通系统。探索利用物联网技术、智能感知和车联网技术等，以改善和提高交通系统的安全与效率。

本次会议为期一天半，开展了 5 场有关城市、交通的专题研讨会，分别是“绿色城市与未来交通”研讨会、“未来交通面面观”研讨会、“宁波在未来交通发展中存在的问题和应对措施”圆桌会议、“绿色交通的产业化与应用”企业研讨会。研讨会上，各位专家从不同层面和视角向与会者介绍了主题发言：中国工程院院士杨裕生《从动力电池探讨城市汽车电动化途径》，英国皇家学会院士、剑桥大学三一学院院士 Hunt Julian《兴起中大都市的气象变化和空气污染》，中国智能交通理事会会长吴忠泽《科技引领和推动智能交通创新发展》，麻省理工学院智能交通中心主任 Moshe Ben-Akiva

《SMART- 未来城市交通的交叉学科研究小组》；未来交通面面观主题研讨中分别介绍了，清华大学汽车工程系系主任李克强《驶向未来的汽车》，英国南安普敦大学教授 Mike McDonald《我们能否实现可持续发展的运输》，希腊克里斯大学动态系统与仿真实验室主任 Markos Papageorgiou《高速公路交通管制：过去，现在和未来》，中国工程院院士李德毅《轮式机器人：汽车的颠覆性创造》，清华大学 - 剑桥大学 - 麻省理工学院低碳能源大学联盟未来交通研究中心主任吴建平《城市街区尺度的交通污染特性》，南开大学国家创新“千人计划”，国家特聘专家毛洪钧《城市道路交通（机动车）的节能减排技术与空气质量改善》。

本次研讨会得到了国内外研究机构和相关部委的高度重视，与会专家的真知灼见和科研成果代表了全球高端水准，他们精彩绝伦的演讲和独到的见解引起了全球对城市与交通问题的重视和关注，对于解决目前大多数国家所遇到交通拥挤、交通环境、交通能源等问题，推进绿色城市与交通的发展具有深远的历史意义，对于我国贯彻科学的发展观、构建和谐社会也将起到巨大的促进作用，同时，也促进了国际学科交叉合作研究，有助于形成新的学科发展方向和研究领域。

本次研讨会是未来交通研究中心第一次主办，以后将定期滚动召开。未来交通研究中心也将根据国家发展的需要，结合三校学科交叉的技术力量以及合作城市及合作企业的需求，利用与国际一流大学开展学科交叉合作研究的优势，系统开展交通拥堵，交通环境和交通能源方面的研究，满足国家重点发展领域的需求。

（撰稿：吴建平）

第二届交通信息与安全国际学术会议（ICTIS2013）

交通信息与安全国际学术会议（The International Conference on Transportation Information and Safety, ICTIS）是由中国、美国、加拿大三个国家交通运输领域的国家级协会 --- 中国交通运输协会（China Communications and Transportation Association, CCTA）、美国土木工程师协会（American Society of Civil Engineers, ASCE）和加拿大土木工程师协会（Canadian Society for Civil Engineering, CSCE）联合主办，武汉理工大学（Wuhan University of Technology, WUT）承办的高水平学术盛会和国际交流平台。

第二届交通信息与安全国际学术会议（The 2nd International Conference on Transportation Information and Safety, ICTIS 2013）于 2013 年 6 月 28 日—7 月 1 日在武汉成功召开。本次会议以“物联网环境下的交通信息与安全”为主题，集中研讨交通运输领域（道路、铁路、水运、航空，以及城市交通等）中交通信息和交通安全的新理论、新技术、新方法、新装备，展示交通运输、信息技术、安全科学等领域相互交叉融合的创新性研究成果和应用经验。

本届大会为深入探讨交通系统安全性研究的基础理论方法，以及实用技术、系统、装备的研发，在“欧盟玛丽居里研究计划”和“汽车电子发展联合会”的支持下，与国际著名的研究机构联合，特设“安全风险评估与决策科学”和“汽车电子与交通安全”两个 SPECIAL WORKSHOP：

1. Special session: Flexible Risk Assessment and Decision Science (EU funded Marie Curie Research Network)

2. Special session: Car electronics and transportation safety

本次大会共收到来自国内外学术摘要 494 篇，有效全文投稿近 400 篇；共安排国内外 75 名专家审稿 700 多篇次；最终收录 15 个国家及地区的学术论文 339 篇，录用比例 86.9%；国际学者投稿学术论文近 50 篇。截止 2013 年 11 月底，所有出版在《Proceedings of the 2nd International Conference on Transportation Information and Safety》（ISBN：9780784413036）上的 339 篇论文均被 EI 检索。

本次会议会期三天，共有国内外 297 名交通运输相关领域的专家和学者参会，吸引来自美国卡耐基梅隆大学、威斯康辛大学麦迪逊分校、加拿大滑铁卢大学、新布伦瑞克大学、英国利兹大学、利物浦约翰摩尔大学、葡萄牙里斯本大学、澳大利亚交通研究中心等学术机构的 40 多名国外专家和学者参会；并邀请了国内清华大学、同济大学、东南大学、华南理工大学、上海交通大学、交通运输部公路科学研究所等国内高校和科研机构的交通运输领域知名学者参会。

ICTIS2013 大会开幕式由武汉理工大学严新平教授主持，中国交通运输协会、美国土木工程师协会、加拿大土木工程师协会代表及大会学术委员会主席刘经南院士分别致辞。

ICTIS2013 设四个大会主题报告专场，来自中国、美国、加拿大、英国、葡萄牙、澳大利亚等 10 位国内外知名专家做了精彩的学术报告。

来自葡萄牙里斯本大学的 SOARES, Carlos Guedes 教授和英国利物浦约翰摩尔大学的 WANG, Jin 教授就航运安全及风险评估介绍了欧盟国家的研究工作和最新成果；英国利兹大学的 CARSTEN, Oliver 教授和澳大利亚交通研究中心的 LAY, Max 教授自动驾驶中的人因问题和控制问题，以及对交通行为的新理念和认知进行了深入的分析和探讨；美国内布拉斯加大学林肯分校的 RILETT, Laurence R. 教授和中国“千人计划”专家、武汉理工大学的朱敦尧教授分析了 Its 及信息技术导致的交通信息和数据的变革，以及带给交通运输领域的发展机遇和经验，并具体介绍了数据挖掘技术和方法；加拿大滑铁卢大学的 FU, Liping 教授关注交通与环境问题，重点探讨了对交通 PM2.5 排放的监控、建模和缓解，分析了绿色交通发展的机遇和挑战；美国卡耐基梅隆大学的 RAJKUMAR, Raj 教授研究了交通物理网络系统的模型构建、应用技术，以及发展挑战；中国石家庄铁道大学的杨绍普教授介绍了车路动态交互作用模型及其应用；加拿大埃德蒙顿市交通安全办公室主任 SHIMKO, Gerald 致力于城市交通安全的研究，介绍了埃德蒙顿市解决交通安全问题的具体措施和方法，以及经验和发展思路。

ICTIS2013 在分会场设有车路协同技术及其应用、交通信息处理理论与方法、交通安全与人因、车辆安全远程传输技术、基于行为问题的交通工程革新、基于物联网的交通安全、海事信息化与导航数字化、交通信息采集技术、交通安全分析方法、交通人因与驾驶行为、船舶 / 海洋环境工程与安全等 12 个主题，邀请了 19 位国内外知名学者做了邀请报告。

会后，部分国外专家和学者参观了武汉理工大学智能交通系统研究中心、船舶驾驶仿真中心和轮机系统仿真中心及航海博物馆，进行了深入的学术交流和研讨，明确了研究合作领域和方向，达成了学术交流机制和发展意向。

ICTIS 始终围绕“交通安全”“和交通信息”两个主题，特别关注与信息密切关联的交通运输安全问题研究，如运用信息技术提升交通运输系统安全的途径与措施、特殊条件和环境下信息技术对交通安全保障能力的提升、信息技术在交通应急救助中的应用、交通信息系统的安全评价等。

ICTIS2013 的成功举办，促进了国内外学者研究成果和技术经验的交流，为交通信息和交通安全领域的专家、学者提供了高水平的国际交流平台。对于探讨交通运输领域的学术前沿、学科发展和人才培养，提升我国交通运输理论与技术水平，扩大研究机构、政府和企业间的相互合作，形成服务于社会的科研成果，推动我国的交通科技进步和产业发展具有重要意义。

（撰稿：徐堃、吴超仲）

“智能交通与便捷出行”主题论坛

2013年5月30日，中国智能交通协会主办了2013’京交会“中国国际城市智能化技术与服务大会”的重要组成部分——“智能交通与便捷出行”主题论坛，论坛吸引了来自国内各地方政府部门、国内外产业联盟、产学研组织以及企业逾200家、300余位嘉宾参会。会议邀请了清华大学史其信教授、公安部道路交通安全研究中心赵新勇副主任、全国ITS标委会杨琪秘书长、广东岭南通公司谢振东总经理、交通运输部公路科学研究院齐彤岩研究员、中国智能交通系统（控股）有限公司创新发展研究院朱勇常务副院长、高德软件有限公司董振宁总经理、IBM智慧城市业务拓展部杜宁宇经理、博康集团北京银河金星科技发展有限公司张善海总经理等智能交通行业专业人士对城市智能交通发展趋势和各项关键技术等内容进行了深度研讨，使智能交通在城市便捷出行中的作用进一步得到了重视。

（撰稿：中国智能交通协会）

第二章

技术动态与发展趋势

新一代信息技术及在智能交通领域的应用发展综述

一、概述

新一代信息技术包括近十年发展起来的新型计算机技术、通信技术和电子技术，涉及信息收集、处理、存储、传递、显示等方面。其基本特征是快捷、高效、海量、安全。本节主要从轨迹分析技术、推荐技术以及人工智能技术三个方面介绍新一代信息技术在智能交通领域的应用进展。

轨迹分析和挖掘一直是信息科学与地理科学领域研究的热点。特别是近年来，随着定位技术（如 GPS，无线蜂窝网，RFID 等）的发展和普及，用户可以方便的获取个人位置信息和使用基于位置的服务（Location Based Service,LBS）。交通工具轨迹在一定程度上体现了人们的意图、喜好和行为模式。通过对轨迹数据的分析和挖掘的研究，能够提取个体活动规律，识别共同行为模式。轨迹分析和挖掘在智能交通领域有着广泛的应用前景。对于路面交通，从海量车辆轨迹数据中可以挖掘道路的实时交通信息并提供智能交通服务。对于空中交通，从大量飞行轨迹数据中可以识别主要交通流并用于智能空中管制。

推荐系统是解决信息过载问题的有效手段。随着交通信息化的迅速发展，智能交通领域中也出现了信息过载问题。因此，推荐系统也日益广泛的应用于智能交通的各个领域。例如，基于交通流的路段通行时间推荐能够有效缓解高峰期的交通拥堵问题。列车速度轨迹推荐可以动态调节列车在不同路段的行驶速度，使列车运行更加节能高效。拼车推荐服务通过动态选择路由并快速匹配乘客，能够有效缓解大型城市的交通压力。

目前，人工智能技术已深入到智能交通领域各个方面，特别是在处理智能交通中的不确定性和基于视觉的技术中得到广泛应用。遗传算法、人工神经网络、蚁群算法、贝叶斯网络、支持向量机、决策树、马尔科夫链蒙特卡罗方法等经典算法及其改进算法都大量用于智能交通领域。众多研究人员利用这些人工智能算法解决了车辆间通信、车辆识别跟踪、道路电子收费、行人识别、车辆预警等智能交通领域的重大问题。

二、关键技术及研究进展

（一）轨迹分析在智能交通中的应用

轨迹数据已被广泛用于交通流模型的研究中。车辆轨迹数据主要通过基于 GPS 定位和高空拍摄交通视频的方法被动收集数据。随着近年来车辆探测技术和车辆通信技术的快速发展，车辆轨迹数据的实时获取方法也更加多样化。通过轨迹数据的分析和挖掘，能够为交通系统注入更多的“智能”。

在随机采样条件下，利用群体移动轨迹数据进行热点时空区域的检测和发现，以及频繁移动模式的挖掘。基于滑动时间窗口的移动轨迹密集时间区提取算法和基于密度统计的时空热点区域发现算法，在得到时空热点区域的基础上，将时空热点区域转换为序列数据集，利用序列模式挖掘算法对序列数据进行频繁模式挖掘。

基于用户的历史轨迹数据，能够对用户的日常规律路径进行挖掘与提取。如，上下班路径、接送孩子路径等等。通过对轨迹数据进行异常点检测、停留点检测、路径分割和网格映射等数据准备工作，将用户轨迹日志形式化为一系列的时序格链表。基于时序格链表可分别进行路径聚类、规律路径提取和交通模式识别。基于 178 名用户 4 年的 GPS 轨迹记录，以及 37 名用户的实际数据的实验结果表明，算法能够有效提取用户的规律路径，对路径中的干扰具有一定的鲁棒性。并且，利用规律停止率特征能够提高对轨迹交通模式识别的准确率。

基于微观车辆轨迹数据分析，能够解决车辆跟驰模型校准中出现的误差累积问题。在利用车辆轨迹数据对车辆跟驰模型校准的过程中，需要对模型参数进行优化。然而，优化校准后的模型在反复迭代的过程中极易出现与车辆轨迹数据不一致的仿真结果。这一问题主要由于校准过程中的误差累积问题导致。利用稳态分析方法对车辆轨迹数据进行分析，结合交通流误差惩罚和加权误差统计等手段，能够有效缓解车辆跟驰模型校准过程中的误差累积问题。

通过大量航空器飞行轨迹的分析，能够识别主要空中交通流。有研究者提出一种基于轨迹谱聚类的终端盛行区交通流识别方法。在分析飞行轨迹空间特征的基础上，建立了基于 3D 网格的轨迹间相似性模型。利用谱聚类算法对终端区飞行轨迹样本进行聚类划分，采用基于轨迹聚类核密度估计的盛行交通流和异常轨迹的识别方法，从空管雷达记录的飞行轨迹中识别出盛行交通流。实验结果表明，该方法最终将 1476 条轨迹分为 5 个聚类，识别出 5 个盛行交通流，且识别结果未受到异常轨迹的影响。

针对以往的空中交通复杂度评估方法中长周期预测精度不足的问题，有学者提出了一种基于飞机似然轨迹预测的复杂度评估方法。所提方法利用随机线性混杂系统理论对飞机动态和外部扰动进行建模，并结合飞机飞行意图实现飞机轨迹的准确预测；根据一阶和二阶空中交通复杂度映射的定义，将复杂度预测问题转化为高斯随机变量的二次型求解问题，并采用劳伦级数展开计算出复杂度映射。通过对设计的场景进行仿真，证明了所提方法的有效性。

包含大量信息的数字地图已成为车道级导航系统（lane level navigation systems）等智能交通系统的基础。而目前数字地图的更新主要通过实地测量、卫星图像、航拍图像数字化等方法，存在耗时长、成本高、无法实时更新等缺点，对于生成车道级的数字地图则更加困难。有学者提出一种利用车载 GPS 轨迹数据自动生成车道级数字地图的方法。研究假设车辆轨迹靠近车道中心的概率大于靠近车道边缘的概率。基于这个假设，提出了基于核密度估计的车道中心线生成方法。同时，该方法还能够计算车道边界位置。实验结果表明，新方法可有效应用于不同道路环境下的车道级数字地图的自动生成。

出租车运输系统对于城市交通有着重要意义。研究发现出租车司机有不同的服务行为或策略，包括载客位置、如何发现并运送下一乘客等，其中也可能包含出租车司机的个人偏好。这些服务策略直接影响了出租车运营的利润、燃料耗费以及尾气排放。发现更好服务策略，能够提高出租车服务利润、节能减排。通过出租车历史 GPS 轨迹数据的分析，对搜寻策略、等待策略等几种出租车服务策略进行对比，能够发现最佳服务策略。利用特征矩阵构建出租车服务策略模型，并计算服务策略与收入之间的相关度。以国内某城市的 7600 辆出租车在一年时间内的 GPS 历史数据作为实验数据集，主要从乘客搜索策略、乘客运载策略和服务范围偏好三个方面评价出租车服务策略。实验结果表明，除机场等特殊地区以外，搜寻策略优于等待策略。当从非热点地区向热点地区搜寻时，花费的时间更少。平均运载车速与司机收入的实验结果表明，在高峰时段选择车流量较低的路径能够获得更高的收入。

有学者利用出租车上的 GPS 数据获取车辆行驶轨迹并估算行程时间，挖掘行程时间模式。行程时间的预测通常受到交通状况、天气、突发事件等因素的影响，因此，行程时间具有不稳定性。首先，通过轨迹聚类识别主要路径。轨迹聚类算法将所有轨迹分为主要路径和非主要路径两类，减少了行程时间不稳定性的影响因素，并过滤掉行程时间异常的轨迹。然后，采用时间序列处理轨迹聚类后的行程时间数据，通过加权移动均值方法抽取行程时间模式。在北京出租车 GPS 轨迹真实数据集上的实验结果表明，该方法对于不同的路段都能够识别早高峰、晚高峰、事件高峰和无高峰等行程时间模式。

（二）推荐技术在智能交通中的应用

列车速度轨迹优化可应用于驾驶导航系统或自动列车控制系统中。有学者研究了最佳列车轨迹搜索问题。提出了基于距离的列车轨迹搜索算法。采用了基于图模型的方法，使得更多通用的优化算法能够应用其中。同时，模型考虑了时间表、牵引设备属性、列车速度限制等实际因素，能够实时向列车司机推荐最优列车行驶速度。实验分别采用了动态规划、遗传算法和蚁群优化三种最优化算法用于搜索最优列车速度轨迹。实验表明采用动态规划的模型得到的最佳列车速度轨迹能够在保证列车行驶时间的前提下达到能耗最低。

路径规划推荐是智能交通服务的研究热点之一。一个新的路径规划推荐系统将一天时间分为 96 个时间段，向用户车辆推荐通过某个路口的最佳时间段。利用贝叶斯网构建交通流概率模型，同时考虑季节、温度、湿度、车流量以及平均车速等影响因素。采用了雷达交通控制器一年内收集的数据集作为训练数据。该系统的仿真结果表明，当 5% 的用户接受推荐时，交通拥堵的概率明显降低。并且接受推荐的用户越多，交通状况就得到更好的改善。

最近，研究人员提出了一种智能路由方案在拥挤的城市交通环境下提供高效的拼车服务推荐。该系统的推荐实现了拼车路程距离和交通能耗的最小化。提出基于共享用户的GPS轨迹挖掘算法进行路由挖掘、用户选择和路由融合。该方案能够根据交通状态的动态变化提供次优的共享路由。实验模拟了北京市交通环境，由500名乘客对拼车推荐系统进行了的仿真。实验结果表明其路由挖掘算法十分高效，对于全局路由距离达到1500千米时，挖掘时间不足1秒。并且具有较高的拼车成功率。

研究了共享移动系统中的高效操作问题。提出了基于雇员的车辆重分布智能路径决策方法和一种实时价值客户激励方法。该方法已用于伦敦自行车租借方案中。根据基于模型的预测控制原则，根据当前状态和系统预测状态向旅客提供动态可改变的奖励。目的是鼓励客户将自行车停放在附近未使用的车位中，从而减少由于工作人员重新分布自行车而带来的开销。同时，使用基于模型的启发式方法为车辆重分布定期计算更新路径方向。实验结果表明，该方法能够在客户奖励和雇员开销之间实现折衷，保证高水平服务时的开销最小。

面向出租车司机的推荐系统，通过对历史GPS轨迹挖掘，能够为出租车司机推荐最优巡航位置。出租车司机的工作时间可分为巡航时间和占用时间。在巡航时间，该推荐系统能够为出租车司机推荐最佳巡航位置，使其利润最大化。该系统考虑了当前位置与推荐位置的距离、下一个乘客的等待时间、打车费用等因素。提出基于图模型的乘客打车位置关系模型。利用开关模型估算推荐位置起始点的打车费用。仿真实验的结果表明：尽管历史数据与实时乘客的需求存在差异，但该推荐系统仍能有效推荐更好的巡航位置。

相关的另一项研究通过综合车辆运行过程中不同时段的路况差异和人因作用，运用时间递推原理，构建交通路径动态诱导整体结构模型，比较知识库累积经验路径与实时路况信息，能够为驾驶人的时间最短通行路径选择提供信息支撑；基于有师学习思路，对路径诱导逻辑内核结构进行解析，提出局部绕行和整体绕行量种算法；实验结果表明，该交通路径动态诱导方法可辅助驾驶人及时对路况做出正确判断，减少因经验不足和突发事件造成的时间损失。

（三）人工智能技术在智能交通中的应用

1. 可计算交通模型中的不确定性处理

车辆如何在发生灾难、正常通信中断的情况下发出求救信息是交通安全领域的一个重要问题。新的方案主要结合WI-FI，电视白频段，蜂窝网络以及车辆自身的移动等通信技术来实现紧急求救，考虑了受灾情况中的不确定性因素。受灾区域的用户利用智能终端将文字或语音求助信息发送到具有WI-FI接入点的车载设备上。车载设备将所有用户求助信息通过电视广播白频段发送至最近的紧急疏散地。若紧急疏散地的通信仍中断，则继续发送至其他最近的紧急疏散地。最终，用户求助信息被发送至通信正常区域，并上传至Internet，从而能够及时获得救助。

大范围长期车辆跟踪问题中存在很多不确定性因素，有学者对此进行了研究。根据分布在数百平方千米的固定区域的有限的数据收集点收集的数据，对车辆位置进行长期的预估计。提出观察收获（observation harvesting）的概念。车辆之间的P2P通信允许车辆位置的更新转发。车辆位置信息最终发送给数据收集点，从而提升位置估计的准确度。基于融合环境和车辆历史参数的车辆运动模型，对车辆运动进行长期预测。

最近的研究表明传统的基于视频摄像和路面传感器的交通监控系统是低效的，且代价高昂。提出了协同随机交通监控系统，基于IEEE 802.11网络协议的移动网络来获取车辆的密度和位置信息。通过车载终端设备（如，笔记本电脑、平板电脑、智能手机等具有IEEE 802.11接口的设备）与道路路边系统（road-side units,RSU）的移动网络交互收集车速和方向等车辆运行信息。RSU是安装在路边的一个IEEE802.11无线接入点（Access Point，AP）。利用IEEE802.11网络最大限度的降低了智能移动终端电量的消耗的同时提供较高的数据传输带宽。车载终端设备同时将车辆信息发送给中心单元（central unit）。中心单元处理接收到的信息，检测交通状况是否拥堵并提供可选路线。最终，中心单元将交通状况信息发布给持有终端设备的用户。

现有的基于专用短程通信的车辆追尾预警系统存在误报率和未报率较高的问题。基于雷达和激光雷达的追尾预警技术已趋于成熟。但是，其设备成本较高无法大量广泛的应用。基于GPS定位的技术有较大的定位误差。研究人员提出了基于802.11媒体访问控制和多播的防追尾协议。利用该网络协议结合GPS定位构建车辆自组织网络。为了降低GPS定位的误差，用高斯分布函数对GPS定位的不确定性进行建模。

最近的研究利用全球卫星定位系统对地理路段进行识别，并在此基础上实现了道路电子收费系统。研究了接受器自主完整监控（receiver autonomous integrity monitoring,RAIM）算法在道路电子收费系统中的应用。RAIM是全球卫星导航系统（GNSS）接收器中的一种地理目标识别算法。提出了最小二乘RAIM算法（LSR RAIM）并对其进行改进，进一步提高了路段识别的精确度。

在智能交通的车车协同系统和车路协同系统中，传感器网络采集的交通信息种类多且原始数据量大，此外，因车辆节点具有高移动性，使得车辆传感网比静态传感器网络具有变化更多的拓扑结构。目前的传感器网络数据融合方案虽然在某些方面具有优越性，但用于智能交通系统则过于复杂，融合节点的能耗过大，存在一定的不足之处。有学者在无线传感网络应用于智能交通系统的基础上，研究多源交通信息的数据融合，提出一种动态的融合方案。该方案适应交通出行时空分布特性的需求，根据节点的信誉度评价设计分簇的数据融合算法，减少融合节点的能耗，提高了多源交通信息数据融合的精确度。

目前，由于国内主干铁路网负荷繁重，间隔时间相对较短，列车车速变化频繁，导致能耗持续增长。国内的最新研究结合模糊逻辑控制（fuzzy logic control，FLC）和模型预测控制 (model predictive control,MPC) 提出了一种基于模糊预测控制（fuzzy predictive control，FPC）的实时列车操作优化策略。利用FPC对司机反应和行为等难以量化的信息进行建模，同时避免了分析模型和后续的计算。为降低了模糊规则的影响，利用MPC评估FPC模型生成的初始优化结果的有效性，在有效性较低时能够自动进行调整。在车载驾驶支持系统上实现了该优化方法，并在西宁铁路线上对该方法进行了实际实验，结果表明在给定列车属性、轨道分布和运行时刻表后，支持系统能连续实时的向司机提供列车操控指令。当列车车速上限调整时，支持系统能够进行实时响应。利用该系统使列车运行过程中的能耗降低了4%。

为解决突发事件导致公交系统服务水平下降的问题，一些研究人员基于均衡公交车辆车头时距的调度思想，提出了能够适应于突发事件的快速动态滞站调度算法，建立了突发事件下的单线路公交动态调度模型。通过建立滞站调度的数理基础，分析了单站车头时距的控制问题，分析了快速滞站调度策略，从而得到了全线车辆的最优滞站调度算法，并对其进行数理分析和仿真验证。结果表明：该方法能均衡全线车辆运行时间间隔，降低乘客平均候车时间，有效提高公交系统运行服务水平。

2．基于视觉的技术在智能交通中的应用

最近的研究提出了一种基于视觉的行人探测算法。该算法可准确预测路边行人过马路的行为。主要研究了行人路径预测和动作分类。通过对车载摄像设备获取的三维图像进行处理，能够预测行人的路径，并通过分析行人在路边的姿态判断行人行走或停止的动作。通过构建高斯过程动态模型和概率层次轨迹匹配的方法，提高了预测和分类精确度。可应用于辅助驾驶系统中以提高交通安全性。

基于视觉的交通标志识别系统是近年来的研究热点。有学者通过对灰度图的拐角和边缘方向探测兴趣区域（regions of interest，ROIs）。兴趣区域中包含可能出现的交通标志。并提出了基于转移信任模型的多兴趣区跟踪算法。降低了传感器误差对兴趣区探测率的影响。最后，采用动态多元卡尔曼滤波方法进行空间数据融合，实现轨迹-轨迹、目标-轨迹关联，提供对所有目标和轨迹的全局管理。最终，实现交通标志的跟踪和位置预测。

基于视觉的车辆检测和车型识别的研究中，有学者提出了对称加速鲁棒特征（symmetrical Speeded-Up Robust Features，SSURF）检测算法。首先，为了检测道路车辆，提出对称描述符（symmetrical descriptor）确定道路上每个车辆的兴趣区域。在此过程中并不利用任何运动特征。其优点是不用进行背景消除并且极为高效，能够满足实时应用的需求。在此基础上，解决了车型识别技术中的多样性和模糊性问题。同一车型通常具有不同外观导致了车型识别的多样性。不同车型的外观具有相似性导致了车型识别的模糊性。提出了一种基于网格划分的方法，将车辆图像划分为多个网格，基于这些网格训练得到不同的弱分类器，通过集成得到整体分类器。结合梯度直方图和SURF描述符，采用支持向量机学习算法训练弱分类器。由于基于网格方法具有强大的表达能力，以及车辆检测的高精确度，利用整体分类器进行车型识别能够达到较高精确度。

国内学者提出了基于视觉预瞄距离的车辆横向控制系统模型，利用包含速度等因素在内的预瞄运动学模型确定车辆的横向偏差和方位偏差。并针对横向控制的特点，提出了模糊和滑模相结合的智能车辆横向控制策略，综合考虑车辆当前的横向偏差和方位偏差，将二者融合后的综合偏差作为滑模切换函数的参数来设计滑模面，将滑模切换函数作为控制目标，利用模糊控制规则调整控制变量的大小来确保存在和到达条件成立，保证方向盘转动的稳定性。仿真结果表明该横向控制器能够保证智能车辆准确而且稳定地跟踪参考路径，且对模型参数的变化具有较强的鲁棒性。

为了将汽车换道辅助系统的预警时刻提前，改进辅助系统的工作效能，国内研究人员提出了利用驾驶人不同任务下眼动行为差异性识别换道意图的方法。在实际道路环境中进行试验，记录 16 名驾驶人共计 408 次换道意图阶段和 403 次车道保持阶段的眼动行为数据，对比了 2 个阶段中驾驶人眼动行为数据的差异，构建了包含 7 个参数的换道意图识别指标体系。运用证据理论确定识别框架和证据链，构造基于广义汉明距离的基本信任分配函数，建立了基于多证据融合识别的换道意图识别模型，并分析了识别信度和时序性。结果表明：该模型识别结果的灵敏度、特异度和准确率分别为 89.86%,90.21% 和 90.02%, 具有较好的识别效果。

浮动车辆数据系统（floating car data，FCD）通过交通流中的车载设备收集交通状态信息。其中每个车辆可看作分布式网络中的移动传感器。通过每个车辆的位置、速度、方向等信息被传送至中央控制单元，对所有车辆信息进行集中式处理。传统 FCD 系统主要利用全球定位系统收集数据，存在数据过于单一和精确度不高的缺点。最近的研究实现了扩展浮动车辆数据系统（xFCD）。通过多个车载摄像设备实现了 360 度的立体视觉图像模型，能够获取更详细的本地交通状态。提出了利用 xFCD 计算道路服务水平（level of service,LOS）的方法。实验结果表明在不同光照和天气条件下，xFCD 系统都能很好的检测到交通拥堵状况。

三、发展趋势

近年来，新一代信息技术的迅速发展使其在智能交通领域的应用研究迎来了新的挑战和机遇。智能交通规划将促使智能交通技术从单个交通要素的智能化向交通要素一体化的方向发展。在一体化发展过程中，新一代信息技术的应用将融入交通信息采集、交通信息处理、交通管理和控制、车辆安全与智能汽车等智能交通系统的关键技术中，进一步提高交通信息处理和服务水平。

轨迹分析作为一个新兴的研究方向，有众多的问题有待进一步探讨。其中最为核心的一个问题是如何针对特定的商业需求，从用户的历史轨迹中提取深层次的关联行为，这也是支持和推动这一方向深入发展的动力。另一方面，在手段上，大数据已经成为对用户行为轨迹分析的主流方向。在大数据的背景下，高效快速的数据分析处理算法的研究已成为轨迹分析及其应用研究的核心内容之一。

随着智能交通大数据时代的来临，对推荐服务的实时性提出更高要求。实时获取交通信息，提供实时更新的分布式推荐服务，以及在此基础上增加更多个性化的扩展服务，都是推荐系统在智能交通领域的未来研究热点和发展方向。

在智能交通领域广泛应用的人工智能技术，在未来将更多的应用于数据驱动的智能交通系统中。随着传感器技术的发展，系统能够收集获取大量、异构、多维的数据，同时数据中也包含了不确定性因素产生的噪音。在数据清理、数据降维、稀疏处理、异构处理等数据处理过程中，人工智能技术将更加广泛的用于处理数据中的不确定性。此外，人工智能技术在交通图像处理、交通模式识别以及交通领域的策略优化，实现高效节能减排等方面都将得到更加广泛深入的研究和应用。

（撰稿：孟详武）

现代通信系统在智能交通领域的应用综述

一、技术概述

随着我国城市化脚步的加快，以及汽车普及程度的提高，道路资源紧缺与汽车数量猛增之间的矛盾日益凸现。交通堵塞更成为了一些地方一道尴尬的风景，甚至交通事故频发。据有关部门统计，在过去三年中交通事故亡人数每年约 6 万多。其中，2009 年，共有 67,759 导致亡的道路交通事故；2010 年交通事故造成的亡人数为 65,225 人；2011 交通事故造成的亡人数是 62,387 人。2013 年，全国道路交通事故亡人数比去年同期下降 13.3%。在一方面中国的年均增长在汽车保有量，从另一方面交通规则和管理的成熟和日益严格。严峻的现实向我们提出了改善交通状况的重要课题。众所周知，改善交通状况首先要解决的便是道路通行能力的问题，多修路也许是个不错的办法，但是一个城市乃至国家可提供建设道路的空间是有限的，筹措建设资金也是很困难。而且交通系统是一个庞大且复杂的大系统，仅车辆或者道路某一方面出发就想解决整个系统的问题显然是不现实的，如何利用高新技术解决好车辆与道路间的矛盾正是交通系统所要面临的问题，而智能交通系统 (ITS) 便应运而生了。

智能交通系统提供的服务包括：行使引导服务、高效快速的应急服务、安全行车服务、道路设施监控服务、道路资源合理分派服务、快速准确的支付服务等多项服务内容。结合如此的服务智能交通系统又可划分为控制中心系统、收费系统、电话系统、车流量监测交通诱导及信息提供系统、闭路电视系统、电力监控系统、火灾报警系统、照明系统、防雷接地系统以及在一些特殊应用中涉及的通风系统、桥体智能监测系统等。如此众多的系统涉及语音、视频、数据等多项业务传输，选择一个统一的传输平台可以很好的解决如何降低施工难度，提高系统的可靠性以及节约投资等问题。而工业以太网可以说是最佳的选择。

二、关键技术及研究进展

（一）关键技术

1. 工业以太网技术

工业以太网设备包括光纤收发器、工业以太网交换机、工业路由器、工业串口服务器、工业 WIFI、工业 3G/4G 路由器等。

工业以太网相对其它通信协议的优势：

- 工业百兆/千兆/万兆网络更好的满足三网合一的需求。
- 工业以太网因满足工业控制的需求而生，所以实时性更好设备响应时间小于50ms，在智能交通领域PLC应用也很多，某些系统如火灾报警等系统对实时性要求也较高。
- 支持以太网协议的设备越来越多。
- 与公共IP网络可无缝连接，通用性好。
- 在交通领域已有很多应用实例。

工业以太网交换机设备的优势：

- 由于为工业领域打造，设备具有满足恶劣环境的优势。
- 可采用多种安装方式，如卡轨、壁板安装。提供高防护等级（IP40）产品可直接安装于室外的控制柜，部分产品可提供IP67等更高的防护等级。
- 宽工作温度范围（-40满足设备安装在现场一年四季、早晚的温度变化。
- 安装于桥梁上，满足湿度大、腐蚀性强的恶劣条件。
- 抗干扰能力强。
- 设备平均无故障时间长，节省投资及后期维护费用。
- 工业以太网协议。
- 可提供长距离传输设备，最长传输距离可达70公里。
- 支持VLAN，可根据系统划分，提高传输效率保证数据安全。支持三层交换技术，保证需要通信的VLAN间可交换数据。
- 支持IGMP协议，可以高效快捷的传输视频源信号至多个监测位置，节省网络资源。

网络拓扑的优势：

- 支持星形组网
- 支持STP/RSTP/MSTP等标准生成树协议。
- 采用多种环网协议，网络可快速自愈，保证通信不中断。

2．工业以太网的产品特点

优良的环境适应能力

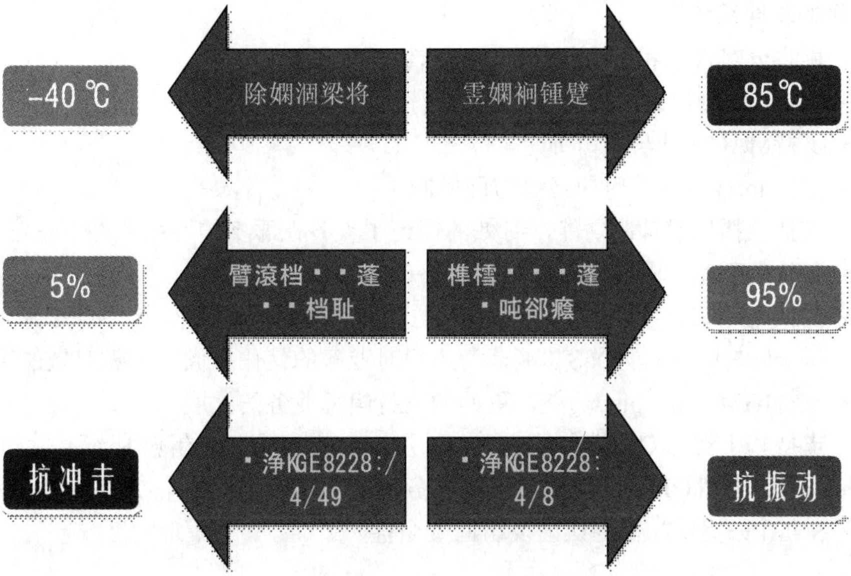

图1　工业以太网环境特性

如图 1 所示，工业以太网产品需要适应恶劣的环境，能够支持低温正常启动、高温正常工作，能够工作在极端干燥和极端潮湿的环境中，能够具备优良的抗冲击和抗振动性能。

结构密闭

针对空气的尘埃、凝露、盐雾等因素的影响，工业交换机机箱为全密闭机箱设计，达到 IP40 防护等级。紧固型工业交换机可以实现 IP67 高等级防护。

电压突降

针对供电电压容易出现电压突降的问题，工业交换机内含电能维持电路，电源跌落保持可以达到：DC 电源供电时电源 100% 中断能够维持 10ms；AC 电源供电时电源 100% 中断能够维持 20ms；满足或大于 IEC61850-3 的规定要求。

优异的 EMC 性能

工业现场的电磁环境比较复杂，要求工业通信设备满足工业四级特性（部分产品可以是工业三级）。

灵活可靠的网络拓扑

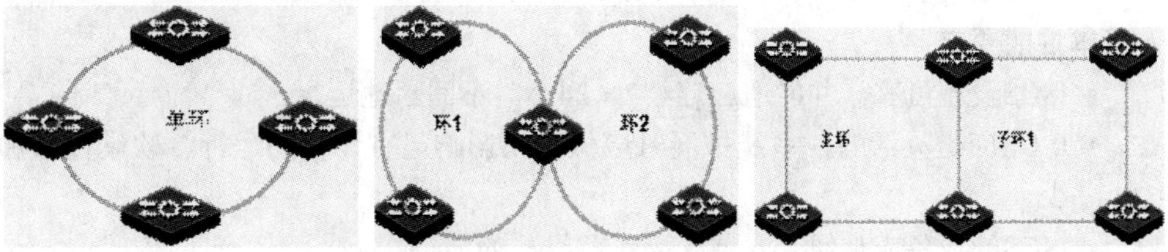

图2　单环、相切环、相交环

除支持 STP/RSTP/MSTP 生成树外，工业以太网交换机还需要支持环网协议，以支持各种拓扑需求，如单环、相切环、相交环等。同时环网的收敛时间要小于 50ms。

可靠的软件系统

- 用户分级管理和口令保护，避免未经授权的访问
- 支持Radius认证，提供集中的密码管理
- 支持MAC地址与端口绑定
- 支持dot1x基于端口的网络访问控制
- 支持广播风暴抑制功能，有效的保证了设备在恶劣的网络条件下正常工作
- 独特的环路检测功能可以保证网络的长期稳定运行
- 提供同一VLAN的端口隔离功能，进一步完善用户数据安全保护机制
- 基于802.1p标准的QoS功能，为用户对业务的优化提供了可靠有效的手段
- 支持IGMP Snooping功能，更好的支持组播业务的开展
- 支持基于802.1Q及端口的VLAN划分，实现物理端口的隔离
- 支持选择性QINQ，提供灵活的业务模式
- SNMPv3提供加密的认证及访问安全性

（二）研究与应用进程

1. 工业以太网在轨道交通综合监控系统中的应用

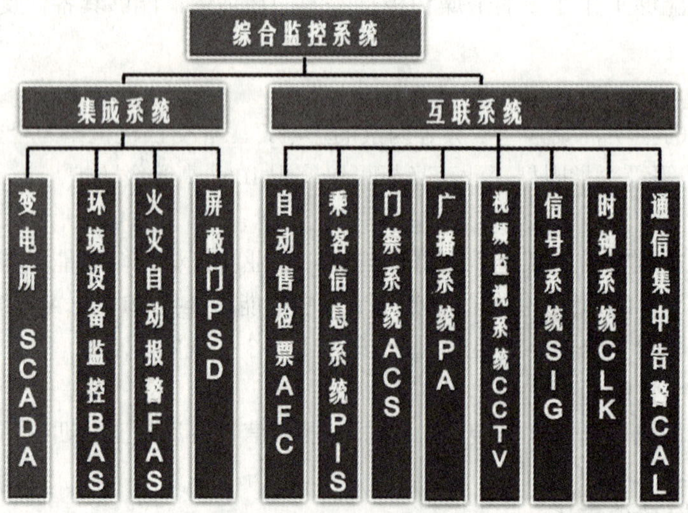

图3 综合监控系统子系统

基本性能要求

- ISCS设备可靠，并能适应连续7×24小时不间断地运行。
- ISCS应是灵活的，系统扩展时应做到不影响已有设备的运行、软硬件增加较少。
- ISCS的设备应是便于安装、操作和维护的。
- ISCS应适应地下铁道环境，选用体积小、重量轻、防尘、防锈、防震、防潮的设备和材料。
- ISCS应适应地下电气铁道的特点，采用抗电磁干扰性强的设备和电缆。

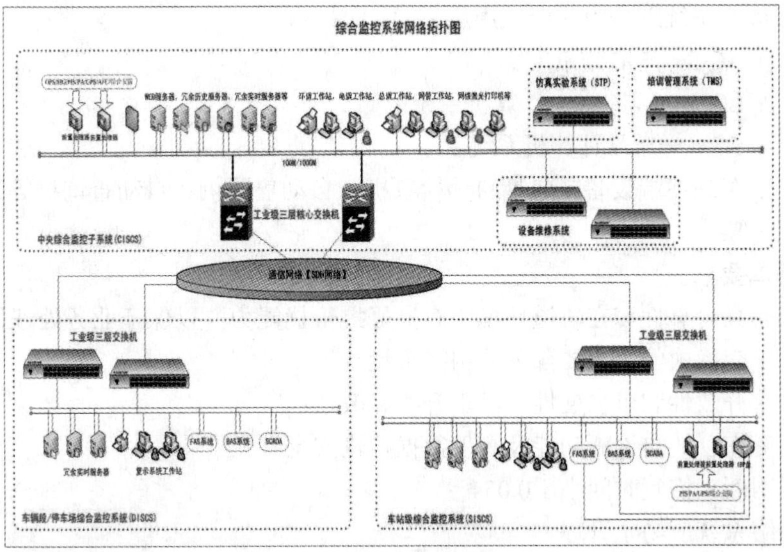

图4　综合监控系统网络拓扑

工业交换机需求

- ISCS核心三层工业交换机，要求可网管可成环，支持三层路由功能，支持VRRP路由冗余协议；
- SISCS三层工业交换机,要求可网管可成环，支持三层路由功能
- BAS系统二层工业交换机,要求可网管可成环，支持工业级冗余环网，50ms自愈

2．工业以太网在轨道交通自动售检票系统的应用

自动售检票系统（AFC）是一种由计算机集中控制的自动售票、自动检票以及自动收费和统计的自动化网络系统，可实现轨道交通售票、检票、计费、收费、统计、清分、管理等全过程的自动化。

图5　自动售检票系统

自动售检票系统划分为 5 个应用层：

第一层：ACC——清分系统；

第二层：LC——线路中央计算机系统；

第三层：SC——车站计算机系统；

第四层：车站终端设备（包括自动检票机、自动售票机、自动查询机等）；

第五层：票卡。

网络基本要求

- 具有高可靠性和在轨道环境中有良好抗干扰能力，以保证业务处理稳定运行
- 基于交换式的，重要部分采用冗余设计
- 具有开放性和可扩展性，易于升级和改造；
- 具有完善的自诊断功能及高度数据传输安全性
- 环网断点恢复时间小于0.05s
- 网络系统应易于管理

3．工业以太网在城市智能交通系统中的应用

电子警察系统

（1）为有效抑制由于人为违章引起的交通事故，避免违章处罚争议，实现车辆信息的全面掌控，通过高清视频图像动态分析技术，实现对路口交通违法行为的动态监控；

（2）抓拍三张全景、一张车牌特写照片，一段高清视频，记录机动车闯红灯过程；

信号控制系统

（1）实现交通流量的变化信号指示灯的自动控制；

（2）对机动车的超速违法行为进行监控。记录监测断面所有进出机动车的牌照号码、数字图片以及通过时间、地点、行驶速度等相关信息；

（3）提供监测断面的机动车流量等相关交通参数；

（4）在车流量大的繁忙路口实现公交优先控制；

（5）信号控制综合检测实现对路口机柜安全状态的检测；

卡口监控系统

（1）道路交通卡口系统是安装在公路任意断面上，包括城市的出入口、收费站、省际和市际卡口等处；

（2）卡口系统对过往车辆进行自动实时拍摄与记录，并由计算机进行车牌识别以及对车辆进行行驶速度和各类违章的检测、数据采集与报警，必将进一步加大对交通违章、涉案车辆和公路干线交通状况的监控力度，为侦破肇事逃逸案件和治安、刑事案件以及交通违章处理提供有力的线索和证据；

（3）每车存储两张照片（包括一张车牌和一张全景图像）；

智能交通系统面临的问题

（1）现场环境恶劣，如雷击、高低温、风沙；

（2）现场供电情况复杂，电压波动大；

（3）接入设备故障率高、维护困难；

（4）客户运维管理繁琐，缺乏有效管理手段；

工业交换机需求

（1）可网管可成环；

（2）支持工业级冗余环网，50ms 自愈；

（3）AC220V 供电、卡轨式安装；

（4）承载业务：抓拍、视频监控、电子警察、交通信号；

（5）高低温防护、过流过压保护、防雷击浪涌，保证了室外环境下可靠运行；

（6）工业四级电磁兼容性能，适应现场强电磁干扰环境；

（7）产品具有高实时性，支持故障自诊断功能；

（8）图形化网管界面、自动拓扑发现、实时告警、在线设备状态查询，提高网络远程维护能力。

4．工业以太网交换机在高速公路隧道监控系统的应用

隧道监控系统为隧道内的行车安全及指示提供保障，隧道内的车辆检测器、CO/VI 检测器、亮度检测器等设备就近接入本地控制器（PLC），本地控制器（PLC）与二层工业以太网交换机连接。采用百兆光纤环网传输至隧道口变电站处，经隧道管理站的通信网络上联至监控分中心。

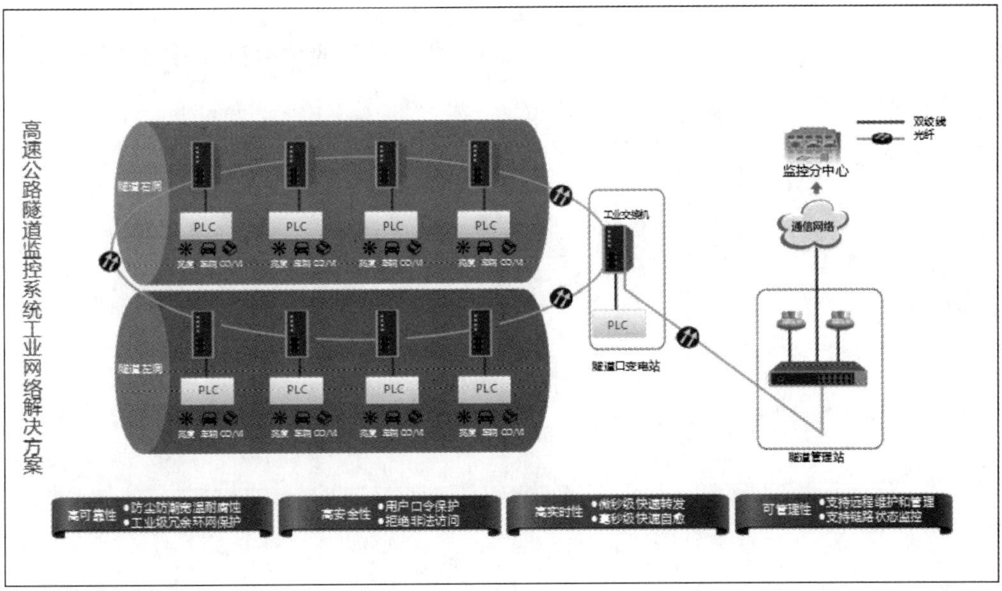

图6　隧道监控系统

工业交换机需求

（1）高可靠性：防尘、防潮、宽温、耐腐蚀；工业级冗余保护；

（2）工业四级电磁兼容性能，适应现场强电磁干扰；

（3）产品具有高实时性，支持故障自诊断功能；

（4）图形化网管界面、自动拓扑发现、实时告警、在线设备状态查询，提高网络远程维护能力；

三、发展趋势

工业以太网交换机其设计生产初衷就是为工业通信领域提供安全可靠以太网通信网络。工业以太网通过特有环网通信协议以及各种网络安全协议保障网络构架和网络数据安全性；同时工业以太网交换机在产品设计上，充分考虑了工业环境下各种复杂环境（高低温、湿度大、腐蚀性、干扰大、震动）可能对设备正常工作带来的影响，保证工业以太网交换机设备本身可靠性。工业以太网交换机由于其优良的网络功能和优异的产品性能，在各种工业场景都能很好的满足工业通信的要求，相对于其他通信设备而言，将是工业现场主流的通信设备。

除了要求网络设备的可靠性之外，随着 ITS 的大规模建设，网络的高带宽和网络安全也逐步提到日程上来。随着各种高清摄像头的大量使用，对交换机的需求也逐步的由百兆到千兆甚至万兆上迁移，由此可见全千兆或者万兆交换机将是未来智能交通系统的可能选择的通信设备；随着国家对网络安全的重视程度越来越强，越来越需要安全可靠的网络系统，对通信设备的要求将会体现在各个方面，比如要求主要器件尤其是芯片的国产化，操作系统或者协议栈的国产化。这些新的发展变化，都对通信设备厂商提供新的要求。

（撰稿：瑞斯康达科技发展股份有限公司）

大数据技术及其在智能交通领域的应用发展

一、技术概述

“大数据”(Big Data) 是继云计算、物联网之后 IT 产业又一次颠覆性的技术变革。尽管目前对大数据还没有统一的和更为权威的定义，但对其实质的认识基本趋于统一。“大数据”是需要新的处理模式才能具有更强的决策力、洞察发现力和流程优化能力的海量、高增长率和多样化的信息资产。大数据与传统数据相比，大数据具有以下四个典型特征，即多样性（variety）、数据量大（volume）、实时性强（velocity）以及真实性（Veracity），另外大数据还有业界普遍认可的价值（value）。2013 年智能交通行业都在关注“大数据”，力图通过加大其在智能交通领域的应用，进一步释放数据所蕴含的潜在价值。无论是 10 月在日本举办的第 20 届世界智能交通大会上，还是 9 月在我国安徽由中国智能交通协会主办的“第八届中国智能交通年会暨智能交通创新成果展”的《城市智能交通创新发展论坛》上，还是 12 月在北京的 2013 中国大数据技术大会（BigDataTechnologyConference2013，BDTC2013）中的“2013 中国智能交通与大数据技术高峰论坛”上，交通大数据的研究非常活跃并已经形成了许多具有良好应用前景的创新成果。

智能交通在改善城市交通的交通拥堵、交通污染、交通事故发生等城市交通问题的关键所在，就是要及时、准确获取交通数据并构建交通数据处理模型是建设智能交通的前提，而这一难题可以通过大数据技术得到解决。

在 ITS 不断发展的今天，ITS 沉淀了大量交通数据。例如北京市 6 万余辆出租车一天就会产生数亿条 GPS 数据，车牌识别、交通监控视频等数据量更大，交通相关的数据量级已从 TB 级别跃升到 PB 级别；上海市交通信息中心每日汇聚的实时动态交通信息数据共 237 项，动态交通数据更新时间 2 分钟以内。其中，仅原始数据每 2 分钟周期仅处理手机信令和 GPS 记录数就有约 1000 万条、全天约 72 亿条达 100G 以上；另外，还有每天实时接入的各种结果数据量 30G 以上；广州市就城市道路运行系统平均每年采集的总数据量 4427 TB，平均每天为 12.12 TB, 平均每天采集数据条目 6 亿 7 千余条。如以一个城市单看其浮动车的 GPS 数据，以其城市 20000pcu/ 辆的数量计算，实时传输的车辆轨迹记录平均单位长度为 50-200B，车辆汇报频率范围为 15 ～ 60s/ 次，按照均值估计每天产生数据量为 4.75 GB，年数据量为 1.75 TB。据统计，目前我国特大城市与交通相关的数据量已从 TB 级跃升到 PB 级。

智能交通领域应用的大数据是多样性的，有来自 ITS 相关系统的，也来自非 ITS 系统的数据，例如来自移动互联网的数据等等。ITS 是否真正“智能”源自大数据，如何挖掘海量数据的潜在价值并为城市交通系统正常运行和高效运行提供可靠数据支持，成为ITS在大数据时代建设的关键。因此，借助于大数据技术解决交通问题，是ITS的内在需求和新技术发展趋势下的必然途径。

大数据分析为智能交通发展带来新的机遇。一是提高交通运行效率：大数据技术能促进提高交通运营效率、道路网的通行能力、设施效率和调控交通需求分析，而大数据的大体积特性有助于解决这种困境；二是提高交通安全水平：主动安全和应急救援系统的广泛应用有效改善了交通安全状况，而大数据技术的实时性和可预测性则有助于提高交通安全系统的数据处理能力；三是提供环境监测方式：大数据技术在减轻道路交通堵塞、降低汽车运输对环境的影响等方面有重要的作用，通过建立区域交通排放的监测及预测模型，共享交通运行与环境数据，建立交通运行与环境数据共享试验系统，大数据技术可有效分析交通对环境的影响。

二、关键技术及研究进展

（一）关键技术

1．交通大数据应用系统架构技术

围绕交通大数据的应用需求，以跨行业结构化和非结构化数据的接入汇聚、存储管理、处理分析与应用服务提供为目标，基于先进的大数据处理云架构和虚拟化技术，研究交通大数据应用系统的整体构建方案。重点攻克海量数据处理架构技术和大数据环境下的虚拟主机性能优化技术。

2．跨行业的数据接入及挖掘分析技术

交通大数据需要跨行业领域（环境、气象、土地、人口等其他行业）数据快速挖掘技术，以海量交通数据为基础，整合环境、气象、土地、人口等其他行业领域信息，以交通大数据应用需求为导向，研究大数据环境下的交通数据的智能化处理模型与算法，实现跨行业领域数据快速挖掘，分析各类交通现象与环境、气象、土地、人口等的相互影响关系；以及将来车联网实现“人与车”、“人与路”、“人与人”之间的沟通以及“车与车”、“车与路”之间的交互中将产生的更大量数据，需要数据的规范接入和快速分析技术。

目前，利用已有移动网络通信中的少量信息，定位手机用户，进而获取实时交通数据和动态交通出行数据，成为了传统固定车辆检测器技术的有力补充。但移动通信网络信令（CELL ID信息）数据还有其他信息数据例如车辆OD信息数据等没有推算和挖掘出来，这就需要结合交通系统的需求以及手机信令数据相关研究，通过新的算法，推算出ITS新的应用交通数据。

3．多源异构网络数据融合及集成化管理技术

大数据时代除了ITS技术的各子系统之间需要原始数据交换外，还需要与ITS的系统外的系统交换数据，特别是与移动互联相关系统间交换数据。移动互联有多样的网络接入方式，同时对于同一种接入方式还可能存在不同的运营商，因此移动互联网

络是高度异构的。异构网络融合技术包括接入控制、垂直切换、异构资源分配和网络选择等资源管理算法，以及安全路由协议、接入认证技术、入侵检测技术、加密解密技术和节点间协作通信等异构网络安全保障技术。在移动互联网络中，由于交通出行者（特别是车联网用户）的位置通常是不断变化的，需要的有地理上分布的各种数据源，而时态空间数据库技术是解决问题的关键。

针对交通大数据的多来源异构（结构化、半结构化）的特点，围绕交通大数据应用服务需求，研究检测、关联、相关、估计和综合等多层次、多方面的数据处理方法，形成异构数据的自适应变更的多平台的管理模式，是达到交通大数据高效整合、快速响应的集成化管理目标。同时针对交通大数据多源多维的数据信息特点，需要研究交通信息的形式化表示方法和语义规范表示方法，制订交通信息语义表示规范，形成交通信息语义基本概念集、公理集、规则集和推理机制，为交通信息展示及交通状态感知提供统一交通信息语言描述基础，挖掘出更多应用、更全面、更系统地了解交通现状数据，为科学制订交通战略和规划，缓解交通矛盾及交通改善决策等以及 ITS 提供有用的数据支撑。

4、基于云计算环境下的大数据平台技术

目前，我国的 ITS 主要还是以业务为导向建设应用系统，还有跨行业、跨区域的 ITS，其数据和计算资源都比较分散和独立，缺少大数据处理与应用技术体系，导致各类信息融合和业务联动难以实现。大数据的诸多突出特性使得传统的数据分析、数据挖掘、数据处理的方式方法都不再适用。云计算的出现，为大数据提供了产生、保管、访问的场所和渠道，以集中式资源化管理、资源按需使用、专业化 IT 服务及海量数据存储能力为主要特点，提供高效能、低成本、低功耗的按需服务；对于 ITS 以多应用、多行业、复杂系统组成的综合体，多个应用系统之间存在信息共享、交互的需求。以跨行业结构化和非结构化数据的接入汇聚、存储管理、处理分析与应用服务提供为目标，基于先进的大数据处理云架构和虚拟化技术，研究交通大数据应用系统的整体构建方案。重点攻克基于 Hadoop 的海量数据处理架构技术和大数据环境下的虚拟主机性能优化技术。

（二）研究与应用进程

上海市针对每日汇聚的实时动态交通信息数据共 237 项，动态交通数据更新时间 2 分钟以内。其中，仅原始数据每 2 分钟周期仅处理手机信令和 GPS 记录数就有约 1000 万条、全天约 72 亿条达 100G 以上；另外，还有每天实时接入的各种结果数据量 30G 以上。开展了交通大数据系统构建关键技术研究，建设了交通大数据平台应用示范系统。现在，上海全市 2800 多个交叉口的规划设计模型和当前一些交通状态的模型，以及数据采集的模型，三个模型一体化，做到一个平台上。通过这样的模式环境的建立，不仅对整个城市交通运行状态，对城市交通道路供给的演变关系提供支撑，同时对整个城市交通突发、应急管理手段提供巨大的可视化的环境；并利用平台对整个城市交通管理区域协同管控，以及建立这种节点关联数据环境和模型评价能力。

上海利用大数据平台，对城市交通问题进行了研究，并取得了初步的成效。例如对仙湖高架道路通过交通指数和汽车保有等的关联性研究，发现中环以内每增加一万辆的上海牌照的车，在中环以内它的交通指数就增长了0.36，同样在外环以内增加0.1；同样可以从交通指数的增加，来推算城市小车保有量的限额。

广州市在不断推动信息化大交通的科学发展，以交通大数据为引领，建设与国家中心城市相适应的现代化大交通。在交通运输行业方面，全市客运监管系统实时接收全市2万多辆出租车、近万辆公交车及8万多辆客运班车的实时运行状态及运行轨迹，每辆车每10秒上传一次监控数据，仅文本数据的日增量已接近100G。“羊城通”交通IC卡日交易量达840万笔。在公安交通管理方面，全市布设的电子警察及治安监控卡口达2000多处，对每辆车进行抓拍，记录过车高清图片。此外，还有交通视频、旅业与航班、交通环境检测等海量数据，共同组成广州市的城市交通大数据环境。

广州的大数据环境已经为交通管理决策提供了科学的依据。例如，在“限牌”的政策中，广州从2013年4月开始，利用交通大数据，对是否要对外地车实施“限行”政策进行了深入研究。结果表明：外地车在广州市的运行使用特点可分为“本地化使用”及“过境”两大类型。数据挖掘显示：“本地化使用”的外地车数量较小，但被检测频率较高，针对不同时段，其在市中心区的被检测频率为过境车辆的30-70倍，严重影响交通运行；“过境”车辆的使用频率则较低，市中心区高峰期被检测频率平均仅为0.4次/月/辆，对市中心区交通运行的影响程度有限。因此，就外地车“限行”问题，不能“一刀切”，需要充分照顾周边地市出行需要，适当保障广佛同城“候鸟”群体通勤需求，并严格控制外地车本地化使用。

三、发展趋势

我国多年的ITS建设，已经具备了利用大数据管理系统科学分析交通管理体系成为改善交通运行系统的基础和条件。大数据时代ITS在运行中大量的数据产生，产生大量优质的数据和劣质数据融合在一起，需要通过清洗保证数据的可信性和质量；通过智能的挖掘和分析，产生真正的数据价值。

大数据时代的ITS应将大数据有效地运用于ITS的调控优化、决策支持、信息服务等各个环节中，完善网络化的交通状态感知体系，使系统在大范围内、全方位发挥作用的，成为实时、准确、高效、闭环的城市交通运行系统；建立和完善智能交通系统的接口规范和数据标准体系，为跨部门、跨区域的智能交通信息系统的互联互通奠定基础；在基于交通数据资源互联共享、标准统一的原则，构建完备或准完备网络化交通信息环境，实现跨区域、跨模式的大范围出行调控、网络化诱导的协同联动控制；交通大数据的开发应用，不仅会推进智能交通更加快速地发展，也将为公众提供更加便捷、高效、绿色、安全的出行环境，创造更加美好的生活。

（撰稿：徐亚国、余志、吴旭、关志超、虞鸿）

云计算技术及其在智能交通领域的应用与发展

一、技术概述

（一）云计算的定义

云计算这个概念的直接起源是Amazon EC2产品和Google分布式计算项目。这两个项目直接使用了“Cloud Computing”这个表述，之所以这样表述，是因为这两个项目与网络的关系十分密切，而“云”的形象又常常用来表示互联网。因此，云计算的原始含义即将计算能力放在互联网上。可以说，云计算既是一种新的计算方法，又是一种新的商业模式。

（1）从计算方法角度，云计算通过虚拟化、分布式处理和宽带网络等技术，按照“即插即用”的方式，将计算、存储、网络等IT基础设施，以及其上的开发平台、软件等服务，抽象成高效、弹性、可运营、可管理的公共信息处理资源。这些资源以按需分配的服务形式向用户提供动态可扩展信息处理能力和应用服务。

（2）从商业模式角度，在云计算下，使用者通过公众通信网络，以按需分配的服务形式，获得动态可扩展信息处理能力和应用服务，用户按实际使用数量进行付费；同时，云计算是运营商、集成商、服务商新的信息服务产品和ICT交付模式，资源出租转化为能力出租，企业信息化建设由自建自营到开放共赢。

（3）云计算在智能交通系统中将主要由移动通信、宽带网、RFID、传感器、虚拟计算等新一代信息技术作支撑，更符合人的应用需求，可信任程度提高并变得“无处不在”。

（二）云计算的特征

云计算的典型特征包括：资源共享、按需分配、弹性调度、服务可扩展等，如图1所示：

（1）资源共享：云计算可以类似于水电等基础设施行业，提供公共计算能力，能够充分利用闲置的资源，通过共享方式进行服务；

（2）按需的自服务：云计算可以依据云应用的资源情况，主动调整、调度资源分配，支持根据应用要求快速配置资源，并能适应要求弹性分配资源；

（3）快速弹性调度：云计算通过虚拟化技术实现资源的快速迁移，减少故障的风险；

（4）服务可扩展：“云”的规模可以动态伸缩，满足应用和用户规模增长的需要；

（5）普遍网络访问：云计算接入的地域不受限制，可以在任意位置、使用各种终端获取应用服务；

（6）系统安全：云计算可以保障数据传输的安全，并选择适合的加密手段保证系统的安全；

（7）地理分布：云计算提供的资源地理是分布式的，通过虚拟技术统一融合。

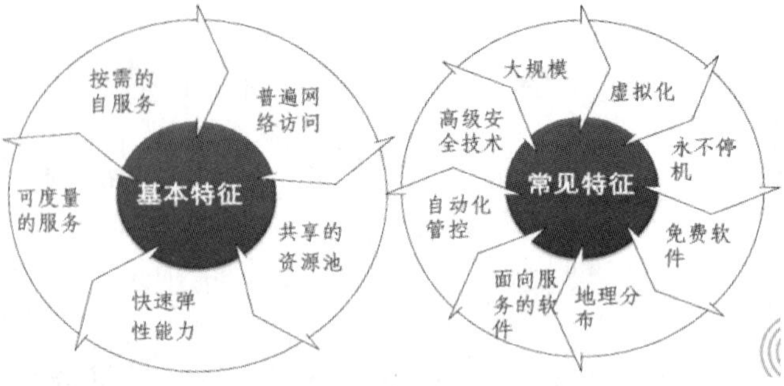

图1　云计算特征

二、关键技术及研究进展

（一）在智能交通领域引入云计算的必要性

智能交通（ITS）是一项庞大复杂的系统工程，涵盖了信息采集、网络构建、系统集成、应用开发等多方面内容，涉及城市交通运行管理的多个领域，其应用特点包括：

（1）数据量大：交通服务要提供全面的路况，需组成多维、立体的交通综合监测网络，实现对城市道路交通状况、交通流信息、交通违法行为等的全面监测，特别是在交通高峰期需要采集、处理及分析大量的实时监测的数据。

（2）应用负载波动大：随着城市机动车水平不断提高，城市道路交通状况日趋复杂化，交通流特性呈现随时间变化大，区域关联性强的特点，需要根据实时的交通流数据及时全面采集、处理、分析等。

（3）信息实时处理要求性高：市民对公众出行服务的主要需求之一就是对交通信息发布的时效性要求高，需将准确的信息及时提供给不同需求的主体。

（4）数据共享需求：交通行业信息资源的全面整合与共享，是智能交通系统高效运行的基本前提，智能交通相关子系统的信息处理、决策分析和信息服务是建立在全面、准确、及时的信息资源基础之上。

（5）高可用性、高稳定性要求：需面向政府、社会和公众提供交通服务，为出行者提供安全、畅通、高品质的行程服务，对智能交通手段的充分利用，以保障交通运输的高安全、高时效和高准确性，势必要求ITS应用系统需具有高可用性和高稳定性。

（6）云计算物联网是国家战略性新兴产业之一，是国家信息化建设在更高层面、向更广领域的纵深发展。加快云计算物联网在智能交通中的应用对于提高交通运输服务水平具有重要意义。针对我国交通运输行业发展需求，以利用云计算物联网技术提升交通运输行业信息化水平为主体，以云计算物联网技术的特点和当前交通运输信息化发展中存在的主要问题为切入点，围绕云计算物联网在智能交通应用中的“重点研究方向”、“关键技术需求、发展定位”、“顶层架构设计” 和 “标准体系” 以及 “政策保障” 等开展研究，提出交通运输行业云计算物联网发展的对策和推进思路。

针对 ITS 应用的以上特点，可以说在 ITS 领域有必要引入云计算技术。基于云计算技术的 ITS 应用系统，不仅具有数据处理效率高、资源利用率高、计算能力强等诸多优势，而且可以为城市交通决策提供全面准确的信息支持，使交通基础设施发挥最大的效能，交通拥堵和车辆堵塞状况得到有效缓解，大大改善道路交通的运行。

（二）智能交通云建设探讨

1．智能交通云逻辑架构

智能交通云基于云计算平台构建，其逻辑架构如图 2 所示，其设计充分考虑了 ITS 应用的高性能、可用性、稳定性、实时性等特点，从终端用户的体验效果和统一资源和安全管理出发，通过层次化的设计理念，实现了系统资源的动态调配、身份的统一管理、负载的自动迁移以及无缝的用户体验效果。

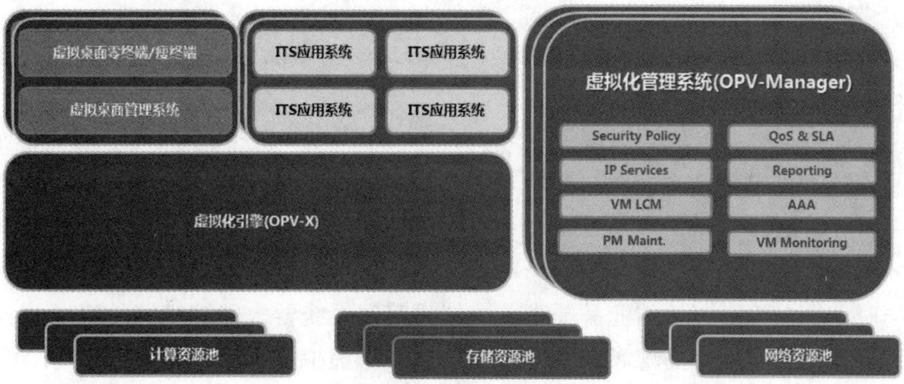

图2　智能交通云逻辑架构

最下层是硬件层，即云计算资源池，主要包括计算资源池、存储资源池和网络资源池。

在硬件的基础上，运行着虚拟化引擎和虚拟化管理系统。虚拟化引擎负责完成同虚拟化相关的硬件模拟工作，虚拟化管理系统则负责完成虚拟机的管理、用户管理、安全管理以及监视和维护等工作。

在虚拟化引擎之上，也就是在虚拟化环境中运行着虚拟桌面系统和 ITS 应用系统。虚拟桌面系统同虚拟化引擎和管理系统紧密配合，为远程用户提供同桌面 PC 相同的体验效果，而比桌面 PC 更经济的部署和高可靠性；ITS 应用系统以虚拟机的形式运行在虚拟化环境中，可以享受到虚拟化带来的资源统一分配和调度，以及高度的可靠性和扩展性。

2．智能交通云组成结构

（1）云计算资源池

计算资源池运行着虚拟机、虚拟化引擎和管理软件，是整个 ITS 云计算平台的执行核心。

存储资源池主要负责保存虚拟机的映像文件（Image），快照（Snapshot）以及一些用户使用和配置信息，并提供备份和复制来保证数据的可靠性。

网络资源池主要负责完成物理机之间和虚拟机之间的数据报文的转发和控制，在此基础上，还要配合虚拟化运行环境完成同外部网络的通信，以及包括DDoS攻击防护、IPS、地址转换在内的附加功能。

（2）虚拟化引擎

虚拟化引擎以裸金属（Bare Metal）的方式直接运行在底层的云计算资源池之上，在硬件和操作系统之间提供强大的虚拟化层，负责完成如下的功能：

将物理的硬件资源（服务器网卡、存储、CPU、内存等）虚拟成多个逻辑的虚拟资源，以允许多个虚拟机共享；

为各个虚拟机分配硬件资源，并为虚拟机提供接近本机的性能及企业级可扩展性；

对上层不同操作系统和应用程序屏蔽掉底层硬件的差异化，每个虚拟机都是包括处理器、内存、网络、存储、BIOS的完整系统，操作系统和应用程序无需任何修改；

提供虚拟机之间的隔离和保护；

提供物理服务器上运行的多个虚拟机之间经过网卡的内部通信，包括报文转发，访问控制策略等；

（3）虚拟化管理系统

虚拟化管理系统整个ITS云计算平台的核心，主要负责进行虚拟机的管理、资源的统一分配和管理、用户身份管理和安全、网络服务、运行环境的监视，以及对物理设备的远程操作等。

同时，针对不断变化的业务需求，虚拟化管理系统要求能够智能的根据业务量进行负载的按需分配，在高峰时期能够自动产生多个虚拟机以应对更大的压力；而在低谷时期能够自动关闭一些虚拟机以降低资源的消耗，提高系统的运行效率。

并且，虚拟化系统应该提供灵活的业务迁移功能。对于事先预知的业务迁移，需要能够无缝的将虚拟机从一台物理机上转移到另外一台物理机上；而对于实现无法预测的由于单节点故障造成的业务不连续性问题，虚拟化系统能够快速的实现负载分担或者热备。

（三）智能交通云特点

1. 规模效应

传统的智能交通系统，由于通信系统和发布系统采用的一般都是专用系统，成本较高，整个系统相对封闭系统，影响了智能交通系统的普及。采用云计算模式以后，对于一些中小城市而言，只需要租用相应的服务即可。这样大大降低了智能交通系统的门槛，有利于智能交通系统的普及。随着更多用户的加入，进一步摊薄系统的建设成本，成本的降低带来更多的用户。通过这种良性循环，加快智能交通系统的普及，从而实现规模效应。

2. 开放效应

传统的智能交通系统一般都是采用专用的设备，构筑在专用的系统上，信息的发布多采用单向传播，缺乏互动性。采用云计算以后，系统可以通过互联网提供服务。智能交通的各种服务不仅仅向交通管理部门提供服务，也可以向社会公众提供服务，从而使智能交通系统从一个相对封闭的系统变成开放的系统。

云计算智能交通支持数据实时获取、人车路船岸信息交互、交通的数据分析处理等关键技术；集成应用方面支持公共交通服务和城市交通协调管理、交通运行监管与应急处置、出行便利化和信息服务、货物运输的组织和优化，加强产业联盟。

3. 创新效应

传统的智能交通系统的建设，首先确定应用方向，然后确定收集信息的种类，所以传统的智能交通系统的信息种类受限于系统的应用目的，信息来源封闭，种类单一。采用云计算以后，其低成本和规模效应促进了系统的普及范围，这大大地扩展了信息来源。各种信息构建在统一的平台之上，充分共享、融合、加工以后，可创新出更丰富的智能交通的具体应用。

三、发展趋势

智能交通云作为行业云，其发展轨迹是在技术上从易到难、业务上从边缘逐渐到核心的一个发展过程。智能交通云的发展趋势以数据中心的云存储化为切入点，再逐渐向外扩展应用服务，并最终实现 IaaS、PaaS 及 SaaS 等云服务的全部署。

从根本上讲，智能交通云是为交通管理单位、交通运营企业和广大市民提供云服务的，所以，未来的智能交通云应该具有混合云的特点。对保密性安全要求高，处理速度快，弹性发展力度强的内部应用（交通管理单位），可以用私有云的模式实现。而对外的信息发布（市民出行、物流企业、交通信息服务企业等）、出行指导等外部应用可以用公共云的模式实现。

建成能够基本适应现代交通运输业发展需求的智能交通体系、关键技术体系、标准体系以及产业，实现跨区域、大规模的智能交通集成应用和协同运行，让智能交通成为提高运行效率和安全水平的主要手段。细化战略目标主要包括技术、集成应用、产业化和标准化四个重点。其中，产业化是业界关注的焦点，而营造产业发展环境和推动重点领域突破是发展关键。云计算智能交通将推动相关政策保障体系建设，开放政府资源平台，合作运营，提供双向互动和良好的运营体验服务；将推动产业化发展基地、产业联盟相关建设。

同时，还应该看到，智能交通云建设不仅是技术问题，同时也涉及到行政管理问题，建设智能交通云的挑战很大，需要技术上、思想上的双重准备。但无疑，智能交通云的建设顺应了技术发展趋势，并将给 ITS 行业带来商务模式的创新。

（撰稿：汉柏科技有限公司）

车联网技术发展

一、技术概述

车联网是物联网在交通领域的具体应用，广义上，车联网将车内网（如 CAN 总线）、车间网、车路网、互联网结合在一起，通过互联互通实现对所有车辆动态和静态信息的有效获取，并根据不同的功能需求对所有车辆的运行进行有效的监管，并向在网车辆提供全过程综合信息服务。

车联网的初级应用在交通安全领域包括道路事故预警系统、事故处理系统、车辆防盗系统、紧急救援系统、疲劳驾驶提醒系统等；在交通管理领域包括智能交通诱导系统、交通信号灯智能控制系统、智慧停车管理系统等；在公共交通服务领域包括公交车运行状态预报系统、公交车运行监控调度系统等；在增值业务领域主要为 Internet 接入，提供视频、游戏、聊天等服务。

车联网的高级应用目前主要为车路协同系统。车路协同系统是指采用先进的通信技术、传感器技术等，对车况和交通信息进行实时获取，通过车与车，车与路信息的互通和共享，能够实现车辆和其它交通基础设施的信息互通，达到车与路、与控制中心和交通基础设施的信息交互与协同配合，以实现充分利用和优化系统资源、提高道路安全、缓解交通拥堵的目标。

车联网的初级应用近年来已逐渐见诸市场，目前以车载信息服务（Telematics）为主要代表，一些品牌车联网已提供的服务包括：导航、紧急救援、车辆追踪、信息服务、通信服务、远程控制、车辆诊断和道路援助等。

二、关键技术及研究进展

车联网系统技术包含：RFID、传感、无线传输、数据交互、云计算、移动计算、异构网络融合、大数据处理、信息安全、标准化、数据融合等，关键技术主要有：

（一）车辆传感器技术

汽车是交通系统的主要参与者，也是影响道路交通安全、效率的关键因素。车联网环境下，汽车需要实时感知车辆的位置及行驶状态信息，甚至包括驾驶员的行为和体感信息等。无论是车内、车外，还是道路的传感器网络，都起到了车内状况和环境感知的作用。传感技术的不断提升将直接对车联网服务水平提供助力。近年来车辆传感器采集信息的准确性和有效性研究、通过传感设备进行驾驶员行为研究等都是关注的热点。许多车联网及互联网企业纷纷研制可以实时读取车辆行驶数据的 OBD 设备，并开始投入市场，通过移动互联网，借助云平台，进行数据的实时采集与分析，为驾驶员提供各类行车服务。

（二）异构网络融合技术

车联网依托于互联网进行构建，无论是车载自组织网络、路侧设备网络或是行人手持设备网络均需要具备异构网络一体化技术的接入设备来保障对网络的兼容性。此外还需要高效的路由算法以保障数据传输的可靠性。不同类型数据终端的整合，不同交通系统参与者的数据融合给车联网提出了巨大挑战。车载网络拓扑变化较快，通信环境复杂，需要强健的数据交互网络作为支撑。在已通过验收的 863 计划主题项目“智能车路协同关键技术研究”中，基于统一的数据交互平台，建设了涵盖车载终端、路侧设备等交通出行辅助工具的无线自组织网络，并实现了交通安全与管理等多项应用。

（三）无线数据交互技术

车联网技术实现中，由于车辆的移动性，数据交互只能采用无线通信方式，而车联网对数据交互的实时性和可靠性提出了很高的要求，针对无线通信的覆盖范围和数据包的传输表现具有苛刻的指标，目前尚没有满足其要求的商业化产品，网络拓扑变化快、节点移动速度快是其主要难点。清华大学依托 863 计划主题项目开发了基于多模式无线通信的数据交互平台，解决了多种通信模式之间的兼容问题，实现了对不同类型车联网应用需求的有效响应。该数据交互平台隔离了应用软件和通信硬件，目前能支持 802.11p、Wifi、3G，在满足中国标准的设备推出后，只需要在平台上增加新通信装置的驱动，无须对应用做任何修改即可运行。

（四）大数据处理技术

大数据环境是车联网的数据特征之一。车联网系统中，采集到和需要处理的信息都是海量的，数据来源于不同的交通参与者和各种类型的传感器，如何充分利用这些数据，剔除无效冗余数据，提高信息的准确度和可用性对于车联网是一个非常重要的环节。车联网数据具有容错性、互补性、经济性、实时性、可靠性等特点，对于不同任务需求采取不同的数据处理算法，也是目前的研究热点。大数据处理技术的应用范围非常广，但在交通领域尚未形成理论框架。随着车联网技术与设备的普及，交通系统的大数据特征将更加凸显，对海量数据的存储、分析与维护将成为热点。

（五）全过程信息服务技术

车联网旨在为在网车辆提供全过程全方位的信息服务，信息服务的内容、形式以及相关信息的获取、处理与服务技术是车联网实现用户服务的核心。车联网信息服务的内容除了传统的交通服务信息及车辆维护信息等静态信息之外，与行车安全性与经济性密切相关的实时驾驶行为及能耗信息，已引发车联网行业越来越多的关注，对此类信息的获取与应用一方面可以为驾驶员提供驾驶参考，提升驾车安全性，减少燃油成本，另一方面可以通过安全与绿色出行诱导服务，减少道路交通事故，促进节能减排。在此过程中，还将催生与交通安全、用车经济性、节能环保相关的新的服务与应用，产生巨大的经济与社会价值。随着移动互联技术的进步，车联网信息的获取形式也丰富多样，进入了基于“众包”理念的群智感知阶段，即以移动互联网与车联网中大量移动设备（手机、车载设备等）作为基本感知单元，实现信息感知任务的分发与数据的收集利用，最终经过处理分析向移动设备发布，提供各类服务。车联网已逐渐成为车辆使用相关信息采集、处理及服务的中心平台，未来必将会有更加丰富的数据来源，如何挖掘数据的潜在价值，提供覆盖车辆使用全过程的信息服务仍是车联网发展的重点。

（六）信息安全保障技术

构建安全、可靠的车联网应用系统是近年兴起的研究热点及难点技术。借助信息安全技术来抵御网络攻击、保证数据的真实性与完整性、保护个人的隐私这三项性能指标将决定着车联网的应用和普及程度。车联网的开放性、匿名性带来了一些不可避免的安全问题，如网络攻击。如何分层密钥管理和身份认证技术是现阶段车联网解决信息安全的重要突破口。

三、发展趋势

（一）产业标准和法律规范逐步完善

标准既包括车与人、车与路、车与网的通信标准，也包括车联网相关产品的应用标准。目前车联网依旧面临着重新设计网络协议栈的问题。现有行业标准，如：传感器接口、网络传输方式、网络标准和传输协议、通信频道及通信模式等不统一，将会导致系统不兼容和资源浪费。交通部下属的全国智能运输系统标准化委员会正在制定满足道路交通需求的车联网通信标准。标准化和相关法律规范的不断完善将有助于商品化的独立性、兼容性、互操作性、安全性、可重复性及质量保证。

（二）车联网大数据分析成为关注热点

过去关于车联网关注点多在网络和车内的装置及其功能。近年来随着驾驶行为定价保险（Usage Based Insurance，UBI）的服务模式的提出，车联网的数据分析也成为一大发展趋势。例如基于实时车辆行驶信息、驾驶员驾驶行为，从而对驾驶的经济性、安全性和环保性进行评价分析；基于车辆行驶信息、驾驶员驾驶行为进行聚类分析，并与风险管理技术融合，实现与保险行业的结合等等。

（三）车联网价值不断凸显，市场竞争日趋激烈

车联网为车辆维修、金融、保险、运输、安保等汽车服务传统领域的发展带来了新的挑战与机遇，通过车联网应用实现商业模式优化可以获得新的价值；同时由于车联网技术的兴起，使得个体车辆的行车安全性与能耗等信息可以实时获取，这将形成新的服务热点，催生安全环保相关的新的服务与应用。在车联网的生态环境中，政府机构、网络企业、汽车制造企业、汽车电子企业、电信设备商、电信运营商、汽车服务商及周边行业均有可作为的空间。车联网的发展不仅将不断优化传统产业结构，提高服务水平，还将不断推动形成新的市场，产生新的商业模式与服务，创造更大的经济与社会价值。虽然车联网行业一直被看好，投资额度逐年增多，但目前仍未有大规模用户的企业脱颖而出。车联网领域仍处蓝海，未来市场竞争还将更加激烈。

（撰稿：姚丹亚、王云鹏、李克强、何举刚、陈洪昕、裴欣）

轨道交通节能减排新技术动态

一、技术概述

城市交通分为城市道路公共交通、城市轨道交通、城市水上公共交通、城市其他公共交通四大部分，其中城市轨道交通属于最重要的分支。现阶段，促进我国轨道交通的发展主要有两个重要因素：一是全国经济正处于快速发展时期，城市发展向城市群（带、圈）扩张，需要建设轨道交通连接中心城区与卫星城镇；二是我国的城市交通拥堵程度整体处于上升趋势，尤其是大城市的拥堵率不断加大。中东部地区大城市交通长期受到拥堵的困扰，二线城市的拥堵也在持续加剧，这就需要加速建设大运量的地铁和轻轨，解决人们的出行问题。

地铁通风的节能环保与空调系统控制技术的研究是城市轨道交通急需改善的。随着城市地铁的快速发展，在节能运用的效能分析上，思考环控系统能耗与地铁系统能耗的关系，并且从减低成本使用，节约能源等多方面出发，从整体的需求分析，围绕地铁通风系统的节能需要，可以从站台内的温度、湿度等多方面进行深入分析，能收到更好的效果。

地铁通风运用的节能环保技术具有一定的节能环保问题。随着人们环保意识的不断增强和科技水平的不断提高，人们针对以往使用的节能环保技术中存在的问题采取了相应的解决措施，对其进行了不断的完善，进而发明出一种新型的消声器 --“片式栅栏分割导流消声器”，其不仅是一种消声器，而且还是导流装置，在不增加建设成本的前提下，将以往的耗能高的低消声性能设备转变为现在的高消声性能节能设备，结构比较简单，方便进行安装和维修，主要安装在风道的拐弯位置。

二、关键技术及研究进展

（一）关键技术

1. 片式栅栏分割导流消声器的构成

片式栅栏分割导流消声器主要包括三个组成部分，分别是片式分导流吸声体、固定螺栓以及联接片。其中，在片式分导流吸声体的一个端口安装一些分导片，分导片主要运用薄板或者微穿孔板材料制成，在片式吸声体的两端安装微穿孔板或者穿孔板，在片式吸声体的中间放置吸声材料。另外，片式分导流吸声体主要放置在风道的拐弯位置，并使片式吸声体的表面平行于风道拐弯的顶端面、垂直于声波的传递方向。含有分导片的分导流吸声体，主要放置在拐弯处的斜线，按照间隙运用平行错开的方式进行排列，逐渐形成斜形的分割导流消声栅栏。此外，在对大型的土建风道进行建设时，主要运用自联组合的结构形式，片式分导流吸声体主要由联接片与螺栓组成，并将其放置于风道拐弯位置的平面侧壁上。

2．片式栅栏分割导流消声器的原理

片式栅栏分割导流消声器的原理，首先对气流运动和声波传播的特性进行分析，找到其中存在的差异性；然后实现片式消声器和导流装置的互相结合，在对片式吸声体进行改造后，使其具备很强的整体性、良好的导流性能和消声性能。如果将其作为消声器设备，要保证其吸声表面垂直于声波传播方向，并使声波具备吸声、多层隔声以及消声的作用，有效的达到相关的地铁环境噪声标准规范要

求，使消声数值超过45db；如果将其作为导流装置，其能够起到分流、稳流以及导流的作用。和一般的导流片装置相比，其具有节约电能资源、消除拐弯涡流的优势，能够很好的代替直线消声器。

3．智能化控制分析

通过采用智能化的系统运用，从数据控制、温度控制、节能减排等多方面进行系统控制，细化地铁通风空调系统的节能运用，从而更好的实现整体的提升，运用智能化体系的数控技术，将变频技术与节能技术融合起来，在车站公共区空调通风控制系统中分别通过温湿度传感器、CO_2浓度探测器和自动售票机得到站台、站厅的温湿度值、站台的CO_2浓度值以及室外干球温度和瞬时客流密度值，相应的以此作为控制系统的输入值，将测得的各个值从模拟信号转变为数字信号送入计算机。计算机内的实时控制程序，一方面将这些数据写入数据库，通过打印图表或者显示设备输出；另一方面控制变频器的输出，变频器根据变化的电压（电流）输入来改变对风机的输出，从而控制风机的转速，改变地铁通风空调系统的风量。整个控制过程包括站台和站厅温、湿度的测量；CO_2浓度的检测，自动售票机获得瞬间客流量，控制算法的选择，数据的处理，以及控制的输出。

4．风机变频节能分析

地铁专用轴流风机是一种可变频调速的设备。以前的风机调节主要是靠阀门来调节风机的风量，通过改变系统的阻力来达到调节风量的目的，但是这种调节方式从节能的角度来讲是非常浪费的，因为它无形中增加了一部分功。对于小型的风机还是经常采用这种方式，但是，对于大功率的风机可以采用改变风机的性能曲线来调节风机的风量。

通过采用现代化的通风空调系统，其是运用基于神经网络的技术应用，实现对风机的实时变频控制，更好的实现节能运行和变频控制的效果，在改变风机的转速，进口导流器调节，改变叶片的宽度，动叶可调等多方面深入研究，达到理想效果。从而更好的实现节约大量能耗、降低地铁通风空调系统的运行费用，收到更好的效益。

（二）应用进程

作为地铁运营系统的一个重要组成部分，通风空调系统消耗的能源费用约占轨道交通总能耗的40%-60%。因此，通风空调系统的节能消耗对于轨道交通降低运营成本和提升轨道交通的绿色形象都有积极影响。

广深港客运专线福田枢纽站中央空调节能控制系统的使用实现了整个空调设备的无缝连接且综合节电率达20%以上；广州地铁在地铁车辆空调机组和3号线车站的风机及空调器等设备中采用变频技术，节能效果显著；上海地铁也采用了通风系统节能环保新技术，取得了显著的节电效果。

（三）发展趋势

随着城市轨道交通运营里程的不断攀升，其能耗问题也越来越受到专家学者们的重视，我们应积极推进轨道交通结构性和技术性节能减排，加快建立城市轨道交通能耗评价指标体系，推动低碳技术创新和应用推广。深化节能设计改进及创新，实现技术节能；加强节能管理，落实管理节能措施；充分发挥轨道交通运量大、速度高、准时、安全、节能、环保的优势，从而实现城市轨道交通可持续发展。

1．建立能耗评价指标体系，推动低碳技术创新和应用推广

城市轨道交通的低碳发展需要低碳技术措施的广泛应用和推广，这就需要对各种措施进行效果评价以及综合运用研究，从而制定出符合中国国情的城轨节能减排导则，指导和规范城市轨道的规划、设计、建设、运营，同时对既有线路的改造具有指导意义。建立一套功能完善、科学合理、操作简便的能耗指标体系则是进行效果评价的基础。

建立适应中国国情的城市轨道交通能耗指标体系，对各种节能减排措施进行评价分析，指导工程规划、设计和施工，指导已运营和建成项目的节能减排改造，并有针对性地实施城市轨道交通的节能措施，实现有效的节能减排，能够得到国家和地方政府的大力支持。

2．深化节能设计改进及创新，实现技术节能

技术节能是实现企业自身低碳发展的基础方式，通过实验、试点和推广节能技术举措，可以有效降低设备能耗和废弃物排放，实现节能减排的战略目标。城市轨道交通能耗系统主要包括车辆、供电、信号、通信、环控、防灾报警、自动售检票、给排水与消防、设备监控系统、安防系统、安全门、电扶梯系统等耗电设备。通过节能设计，促进标准化建设、优化机电设备选型，可促进节能措施在上述系统中的应用，使现代城市轨道交通在节能技术方面实现重大创新。在牵引系统节能方面，采用交流变频变压 (VVVF) 传动装置使得列车调速时由附加电阻消耗掉的电能减少，并且采用列车节能运行图，降低牵引电机负荷，减少车辆制动能耗，降低列车牵引系统能耗；采用列车冷热一体化变频空调技术、列车照明应用节能型光源等，降低列车空调和照明辅助系统能耗；在动力系统节能方面，空调通风系统采用智能控制技术，采用车站空调水系统变流量智能控制技术，推广应用再生能源或低品位能源的空调系统等；其他

动力系统方面，车站自动扶梯采用变频、相控节能技术，车辆基地采用太阳能热水技术等；在照明系统节能方面，推广应用节能环保型荧光灯、LED 灯等高效节能光源和灯具，并采用光控、时控、模式控等智能照明控制技术。

3．加强节能管理，落实管理节能措施

管理节能是指通过建立完善的监、测、管、控体系，来改善企业内部管理效率，并有效地推进各种管理节能举措，实现节能减排的目标。

（撰稿：赵静、邵毅明）

交通环境监测网络技术

一、技术概述

交通环境监测是国家环境监测工作的重要组成部分，是实现交通环保长期有效管理的重要基础，是交通环境监管的重要技术手段和实现科学决策的重要依据。

交通环境监测网络技术是按照国家实施《空气质量新标准第二阶段监测实施方案》和国家环境空气监测网数据传输与网络化质控平台的建设要求，实现城市站数据点对点传输和建设远程在线质控平台，对空气质量监测数据进行无缝隙监督，对国家网空气自动监测点位直传数据进行自动化处理、生成报告和公网网络信息快速发布，有效减少人为因素对监测数据造成干扰的一种环境监测技术。具体来讲，交通环境监测网络技术包括各监测点交通环境数据的自动监测技术，交通运输环境监测数据中心，省级交通运输环境监测中心站，空气质量数据传输、信息发布和网络化质控平台等多个方面的类容。通过该技术可以实现交通环境监测数据的真实性和实时性。

2013 年通过各监测点的相互配合，在中国环境监测总站官方网站上进一步完善了“全国城市空气质量实时发布系统”网络版、手机 App 版和 iPad 版，供公众及时了解空气质量信息。下一步将在环境保护部官方网站对外发布空气质量信息，各地也将采用网络、电视、手机、微博等方式向公众发布空气质量信息。

二、关键技术及研究进展

交通环境监测网络技术是一系列复杂技术的集成，涉及内容较多。就 2013 年的情况来讲，主要在交通环境空气质量自动监测和交通环境数据中心建设两个方面取得了一定的进展。

（一）交通环境空气质量自动监测系统

交通环境空气质量自动监测系统是实现交通环境监测网络技术的基础保障，只有各监测子站能够实现自动监测和监测数据的真实可靠，才能保证交通环境监测网络技术的可靠性和实时性。具体来讲，交通环境空气质量自动监测系统主要包括监测子站、中心计算机室、质量保证实验室和系统支持实验室等 4 部分，如图 1 所示。

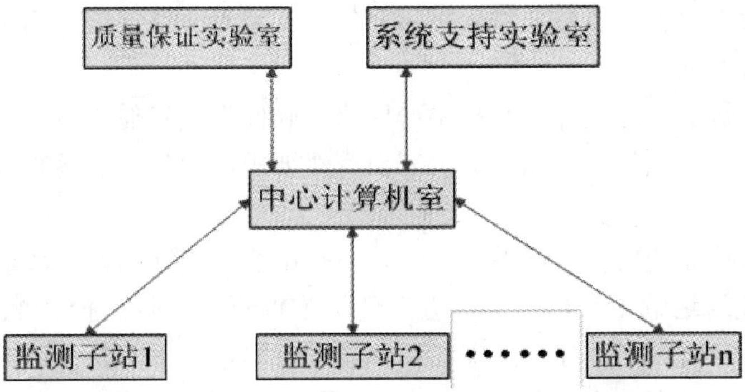

图1　环境空气质量自动监测系统基本构成框图

各监测子站对环境空气质量和气象状况进行连续自动监测，并将采集的数据经过处理，按照中心计算机的指令定时或随时向中心计算机传输监测数据和设备工作状态信息。然后中心计算机室对收集到的各子站监测数据和设备工作状态信息进行判别、检查、存储、统计处理和分析，同时对监测子站的监测仪器进行远程诊断和校准。质量保证实验室和系统支持实验室主要对系统监测设备和监测系统进行标定、校准、审核、检修、更换和日常保养。同时制定和落实系统有关监测质量控制的措施。

2013 年按照《空气质量新标准第二阶段监测实施方案》的规定和具体实施情况，国家和地方共计投入约 4.4 亿元加大了对各监测点的建设工作。在包括国家环保重点城市、模范城市在内的共 116 个城市 449 个监测点位，其中 87 个地级城市监测点位 388 个（包括：50 个地市级国家环保重点城市和环保模范城市，共 238 个点位。已于 2012 年开始建设的 37 个地级城市，共 150 个点位），29 个县级国家环保模范城市监测点位 61 个开展空气质量新标准的监测实施工作。

（二）交通环境数据中心

通过交通环境数据中心对各监测站点监测数据的处理、分析、存储等，保障各监测站点监测数据的实时性和可靠性，对实现交通环境监测网络化至关重要。

2013 年交通运输部规划研究院对交通运输环境数据中心一期工程初步设计进行了招标公告。交通运输环境数据中心一期工程主要建设内容如下：

（1）建设部省两级交通运输环境数据报送与管理系统，实现全国各级交通运输行政主管部门环境监测和环境统计数据的审核、逐级汇总和上报。试点接入 10 个省份的在线交通运输环境监测站（点）数据。

（2）建设部省级交通运输环境数据交换和共享服务系统，实现部省交通运输环境监测和环境统计数据的双向交换共享，开展数据交换、分发、发布和数据定制等多种服务，满足各类环境数据的交换需求。

（3）建设部级交通运输环境数据资源平台，结合部规划院已建的交通基础设施及运输数据、公路水路交通情况数据、遥感数据等基础，初步形成较为完整的交通运输环境数据体系。

（4）建设交通运输环境数据综合应用系统，实现对公路水路交通运输环境数据的统一整理、分析和预测。

（5）建设部级交通运输环境数据中心网络、软硬件及存储平台，并为省级环境数据中心网络接入设置接口。根据数据的安全等级要求，建设交通运输环境数据中心安全和备份系统。

作为国家环境监测网络建设的试点工程——山西省交通运输环境监测网络建设工程，该工程是交通运输部首批“十二五”环保重点建设项目总投资1130万元，其中申请到补助资金450万元，建设工期3年，建设内容包括：一是升级改造山西省交通环境监测中心，对现有的水质分析实验室、大气分析实验室、噪声和振动监测实验室进行升级完善，新建生态和水土保持实验室、生物分析实验室，配置液相色谱仪等大型环境监测仪器设备21台（套）；二是建立交通环境数据中心系统、交通环境地理信息系统、环境质量在线监控系统等多个数据和信息系统构成的山西省交通环境监测信息处理平台；三是建立大同交通环境监测分站和运城交通环境监测分站；四是建设4套环境空气在线监测系统和8套噪声在线监测系统，其中在太长高速武乡服务区、太旧高速阳泉服务区、忻阜高速石咀收费站、侯禹高速龙门收费站设置4套环境空气在线监测系统和4套噪声在线监测系统，在太原高速东环（K22+500）、太原高速西环（K738+600）、大同高速西北环（K12+710）和大同高速西北环（K24+630）设置4套噪声在线监测系统。目前，环境空气和噪声在线监测系统正在安装和调试中，其余工程已基本建设完成。山西省交通环境运输监测网络的建成将成为全国首个省级交通运输环境监测网络。

三、发展趋势

交通环境监测是国家环境监测的重要组成部分，随着社会不断发展，汽车保有量不断增加，交通环境监测将日益重要。交通环境监测网络技术是实现国家交通环境监测智能化的重要基础。随着航空、雷达、传感和网络通信等方面新技术的不断发展和GPS、GIS等技术在环境监测方面的应用，进一步拓展卫星影像和数据的综合应用领域，积极研究发展卫星遥感技术在环境监测领域的应用，实现环境监测“天地一体化”建设是未来环境监测技术的重要发展方向。

其次，监测信息更加透明和全面。为贯彻落实《国务院办公厅关于印发2012年政府信息公开重点工作安排的通知》（国办发〔2012〕26号）和全国政府信息公开工作电视电话会议精神，未来环境监测部门将会更加注重涉及民生、社会关注度高的环境保护信息公开，特别是推进重点城市空气环境质量、重点流域水环境质量、重点污染源监督性监测结果等信息的公开。

最后，环境监测预警系统建设仍是交通环境监测的必然趋势。按照环境保护部制定的《先进的环境监测预警体系建设纲要(2010-2020年)》规定的相关内容，力争在“十二五”末，环境质量监测业务领域和监测指标实现“两个全覆盖”。到2020年，在国家环境宏观战略规划基本架构的基础上，全面改善我国环境监测网络、技术装备、人才队伍等方面薄弱的状况，重点区域流域具备前瞻性和战略性监测预警评价能力，支撑环境监测发展的基础得到有效巩固，环境质量监管能力显著提升，全面实现环境监测管理和技术体系的定位、转型和发展。建成满足环境管理需求、具有全局性和基础性公共服务能力的现代环境监测预警体系。

（撰稿：赵江雄、邵毅明）

无线宽带技术

一、技术概述

在当今信息化技术快速发展的社会中，无线通信正在潜移默化地改变人们日常生活中的方方面面，随处可见的信息获取与交互共享已经成为人们生活中必不可少的一部分。无线宽带技术，不同于传统的有线通信技术，采用无线信道而不是有线媒质传输信息；相较于无线通信技术，它又是其发展中的一个更高级的阶段，拥有更快的传输速率。随着人们对无线通信服务需求的提升，庞大的用户量和数据量推动了无线宽带技术的进一步发展，这促使无线通信技术朝着带宽更高、传输速率更快的方向不断迈进。

无线通信技术首先于1895年研制成功，经过近三十年的电子及以及计算机行业的技术积累，在第二次科技革命之后，无线通信技术得到了革命性的发展，而广为人知的民用第二代蜂窝移动通信将移动电话推广到了千家万户，为无线通信技术的发展起到了推波助澜的作用。近十年来，无线通信技术的主流研究方向已经逐步向高速无线接入、无线局域网以及个域网方向倾斜，超大带宽传输已成为新一代无线通信技术的主要特征，在未来的无线通信标准制定中，极有可能继续增加传输带宽，由低频段的几兆增加到高频段的数百兆带宽。目前，在面向中长距离的第四代移动通信标准(4G)中，其下行峰值传输速率可达Gbps级别；在面向中短距离的新一代WiFi技术802.11ac将为无线局域网提供至少1Gbps带宽；在面向短距离的无线通信技术中，超宽带技术(Ultra Widebind, UWB)也将成为一种主流技术，它能够提供高达数Gbps的数据传输速率。

无线宽带技术与窄带技术相比较，除了在传输速率上的具有明显优势外，宽带技术还有如下优势：首先，在大规模传感器、移动终端、以及车辆网络中，大传输带宽可利用扩频增益，有效降低信号的辐射功率，从而降低系统的功耗；其次，大传输带宽下，无线通信系统的信号分辨率明显提高，因而在数据传输的同时，信号在测距和定位方面的表现更加优异。当然，传输带宽过高也有着一些特殊的系统缺陷，如传输过程中易引起频率选择性多径衰落效应，硬件设计中元器件易发生非线性失真，或频繁的节点移动常引发的动态时变性等。因此，目前无线宽带技术将从信道估计建模，信号检测，波束赋形算法等多个方面展开科学研究，以弥补上述问题对通信质量的影响。另外，在现实生活中广泛存在着不同的无线通信技术，它们在不同的应用中表现各有优劣，综合评价难分伯仲。因此，常见的现象是多种通信手段长期共存协作，为用户提供服务。同时，这种现象也引出了相应的研究热点：高效的异构网络间的垂直水平切换方法，以及网络服务质量（QoS，Quality of Services）的保障方法。

二、关键技术及研究进展

无线通信技术在近几十年来迅速发展，出现了以 802.16(WiMAX) 和无线蜂窝技术为代表的无线城域网，以 IEEE 802.11 系列为代表的无线局域网，和 802.15 为代表的无线个域网等。

第三代移动通信技术 3G 的标准于 2001 年 4 月由国际电联 (ITU) 确定，这包含欧洲的 WCDMA、美国的 CDMA2000 和中国的 TD-SCDMA。它的设计目标是，为静止用户提供 2Mbps 的传输速率，对于高速移动用户提供 384kbps 的传输速率。在 3G 标准确定的同时，以 Intel 为首的一些设备、芯片厂商，通过 IEEE 制定了以 WiFi 为基础的 WiMAX 系列标准，该标准以正交频分复用 (OFDM) 技术为基础，延续了 802.11a 的优势，提供可达 75Mbps 的峰值速率，并且可以进一步与多入多出技术 (MIMO) 结合，进一步提高传输速率。随着用户需求的进一步增加，以 3GPP(3rd Generation Partnership Project) 和 3GPP2(3rd Generation Partnership Project 2) 为代表的国际权威标准组织，开始了对 3G 长期演进的标准研究 (LTE, Long Term Evolution)。与 Wimax 相似，该技术通过引入主流的物理层传输技术与理论，如 OFDM 和 MIMO 等，具备更高的传输速率与频谱利用率。在 4G 标准发展如火如荼的同时，韩国电信巨头三星电子宣布，其研发成功了全球首个第五代移动通信系统 (5G)，下行链路峰值速率可达 3.6Gbps。三星电子还表示未来的 5G 技术传输速率可达 10Gbps，其商用网络或将在 2020 年正式运行。

无线局域网是无线城域网技术的一个重要补充，它提供传数据距离维持在 1km 以内，高速无线接入服务，它能够有效地解决“最后几公里”问题。第一个无线局域网国际标准由 IEEE 于 1997 年提出，它的传输速率仅为 2Mbps。随后 1999 年颁布的 802.11a 标准的峰值速率变为了 54Mbps；2009 年颁布的 802.11n 标准，则成为无线局域网发展中的一个里程碑，该标准通过 MIMO-OFDM 将峰值速率提高到 600Mbps，这也标志着无线局域网进入了一个短距离高速率传输的时代。近年来，有关无线局域网的最近标准还有采用 5GHz 频段的 802.11ac 标准和采用 60GHz 毫米波段的 802.11ad 标准，其中前者采用多天线 MIMO 技术，传输速率可达 1Gbps 以上，后者采用高效调制编码方案与多天线波束赋形技术 (Beamforming)，将实现传输速率 5Gbps 的目标。此外，IEEE 802.11 组织近年来，针对车载电子无线通信的需求，制定了对于 802.11 标准的扩充协议 802.11p 标准，它采用 5.9GHz 频段，主要应用于智能交通中的高速车辆之间及车辆与路侧基础设施之间的数据交换。

无线个域网是为了实现活动半径在 10 米内的、面向特定群体、无线无缝的连接而提出的新兴无线通信技术，它能够有效地解决“最后几米”的问题，进而将无线联网推进的更加彻底。在过去的几年里，无线个域网技术得到了飞速的发展，蓝牙、超宽带 (UWB, Ultra Widebind)、Zigbee、非接触式射频技术 (RFID, Radio Frequency

Identification)、近距离无线通信技术 (NFC, Near Field Communication) 等技术相继提出，并得到了很好的应用，它们功耗、成本、传输速率、传输距离以及组网能力等方面各有特点。按照传输速率的不同要求，可将无线个域网划分为低速和高速两种，前者面向大规模无线传感器网络，要求网络中各个节点的传输速率较低，重点强调设备需要低复杂度和低功耗，以蓝牙和 Zigbee 技术为代表，后者要求提供高速短距离互联，以 UWB 技术为代表。IEEE 于 1997 年成立了对应的标准组织，负责其物理层和 MAC 层标准的制定工作，并与 1999 年正式更名为 IEEE 802.15，该组织将以提高个域网中人们的个性化娱乐、视听享受为目标，不断发展完善这一标准体系。

三、发展趋势

从通信的基础技术领域看，下一代的无线宽带技术的主要发展方向，仍然将从如何提高数据传输速率，提高接收端信号接收的信干噪比，同时降低系统的运行功耗，以及硬件复杂度等方面展开。因此，以提高空间传输速率和系统容量，提升接收信噪比，抑制相邻链路干扰，充分保障无线通信服务质量的多天线波束赋形技术，以降低信号处理算法与设备复杂度和功耗的非相干信号检测技术、信号联合估计与检测技术，以通过实时检测无线环境，提升频谱利用率的动态频谱技术将仍为无线宽带技术在未来非常重要的发展方向。

从应用角度看，近年来移动车联网、智慧交通、智慧城市等大型综合交通系统的快速发展，产生了海量的用户需求和数据流量，这是现有无线宽带通信技术承载能力的巨大冲击。首先，面对车辆之间，车辆与路侧技术设施之间的短距离应用需求，无线通信网络需提供高可靠，低动态响应时间的数据链路。目前，国际主流标准采用基于 IEEE 802.11p 的物理层标准和上层 1609.X 系列标准 (这一系列标准又称为专用短程通信技术 DSRC, Dedicated Short Range Communications)，以保障无线通信技术在应用于高速移动的车辆安全应用时的稳定可靠。我国目前在这一领域的相关标准还未成形，但极有可能跳过国际主流趋势，免除布设专用专用短程通信的路侧基础设施，直接依靠 4G 和未来的 5G 蜂窝网络，建设适用于车联网的终端直连技术标准 (D2D, Device-to-Device)。其次，交通大数据概念的提出，对 3G、4G 蜂窝通信的容量和带宽提出了重大挑战，满足视频数据流的大范围传输需求将是一个艰巨的任务。目前，从我国广东省部分城市的 4G 网络试点情况看，其提供的带宽还远远不够，难以满足车联网以及物联网的数以万亿记的终端设备接入服务的需求，下一代蜂窝通信技术的发展还需要全球通信行业共同努力，任重道远。再次，对于移动终端，由于其自身的移动特性，往往会出现以下两种情况：第一，移动终端在同一种网络下频繁的接入不同的基站（水平切换）；第二，移动终端频繁的接入不同的网络制式，频繁的切换（垂直切换）。那么，如何保障切换过程中的各项通信网络技术指标，以及保障切换过程更加的平滑的相关切换算法，在本世纪初期成为了一个研究热点，并长期持续。最后，在未来的车联网发展中，制定不同于传统无线通信网络的认证与安全机制，以及通过无线信号与卫星定位系统协同工作，解决弱卫星信号覆盖区域的定能能力不足问题，以实现移动终端、车辆精准定位，也必将成为一个炙手可热的研究领域。

（撰稿：田大新、王云鹏）

动态导航技术

一、技术概述

动态路径诱导系统（DRGS）通过向出行者发布实时交通数据，提供优化路径引导，帮助驾驶者规划出行时间，规避局部拥堵，减少行程旅行时间，同时还可以降低出行者对未知交通状态的焦虑，合理分配整个交通网络上的交通流，减少公众的总交通出行耗时。

按照不同的划分方法，动态路径诱导系统可以划分为车载路径导航系统和路侧路径导航系统，也可以划分为自治型路径诱导系统和中心型路径诱导系统。无论哪种划分方案，人们关注的焦点集中于以最优路径规划算法为技术基础的诱导方案，但是从系统运行角度来看，一个完整的动态路径诱导系统应包括以下这些组成部分：动态交通信息的采集和处理系统、动态交通信息的发布系统、电子地图及其道路编码、提供动态导航或诱导功能的终端设备。而影响动态路径诱导系统实施的因素则包括动态交通信息的实时性和全面性、动态交通信息发布的通信方式和能力、电子地图对于不断变化道路的兼容性，以及导航 / 诱导终端的用户使用性。

动态导航并不是在导航系统中引入的新概念，实际上，在 1988 年本田公司在推出世界上第一套车载导航仪系统的同时，一些相关企业就已经在讨论如何为这些车载导航终端提供动态交通信息，并实现动态路径规划的功能。而在此之前，基于可变情报板（VMS）的路侧诱导系统和面向车载收音机的 RDS-TMC 调频数据广播系统已经在交通发达国际得到了应用。

传统的交通信息中道路拥堵状态的采集方式主要通过诸如 SCOOT、SCATS 这样的系统，随着 GPS 定位系统和车载导航系统的普及，随之而来的技术挑战来源于动态信息的质量。首先，无论是欧洲还是日本在通信层面都选用了基于调频负载波的方案，其中欧洲是在其原有的 RDS-TMC 方案基础上进一步完善和标准化，并最终形成了 ISO 14819 标准体系。由于 RDS 只有 1kb/s 的通信带宽，因此整个 RDS-TMC 系统将通信编码、道路编码和交通业务编码紧密结合，即使如此，其低下的带宽能力让系统在实际运行过程中只能以收发突发交通事件为主，在车载导航终端一侧，终端在接收到事件后提供绕过拥堵点（“Detour”）的路径规划服务。近年来，以 RDS-TMC 为基础的体系发展成为基于数字广播 DAB 的 TPEG 编码体系。而日本在规划其著名的 VICS 系统时，在通信机制上采用了光信标、电信标和 FM 数据广播三种，其中以 FM 数据广播为主，由于采用 DARC 通信编码，其带宽为 16kb/s，因此 VICS 系统以发布大范围的道路交通状态为主，使得车载导航终端能够进行真正意义上的动态路径规划能力。

由于道路结构在不断的变化，车载终端的导航软件与导航地图的媒介是CD，而交通信息需要依附于道路，需要创立动态信息适应静态道路编码体系的体系。TMC系统采用alert-c技术体系，以索引点关联地图和动态信息，并在随后的TPEG体系里引入动态道路编码技术。而VICS系统采用对主要道路进行固定编码，定期逐步更新的方式解决上述问题。我国制定和颁布的国家标准GB/T 20612、GB/T 27605中兼容了TMC和VICS系统的主要技术和编码体系。

二、技术重点

若干年前困扰我国动态交通信息服务的一个重要原因是路侧设备投入不足导致缺少基础数据源。2006年北京交通委率先在北京通过互联网方式向公众发布城市级细粒度的动态交通信息，该服务系统采用北京航空航天大学研发的基于浮动车技术的动态交通服务体系，以出租车的GPS作为数据源计算路况信息，由此，基于浮动车技术的采集处理方案奠定了我国动态交通信息服务发展的基础，随后国内主流动态交通信息服务厂商也都采用了该项技术，所提供的动态交通信息被国内有影响的车厂、互联网运营商所应用。近年来随着在道路方面投入的增加与政府资源的开放，像上海、广州、昆明等城市都采用了路侧检测器与GPS类数据融合的技术方案来提高全路网的动态交通信息覆盖率和精度。国内的服务厂商同样基于浮动车技术提供城际高速上的路况信息。目前国内主要动态交通信息服务商随着服务范围扩大到全国，接入的数据迅速增加，已开始采用基于大数据的处理架构，交通信息也达到了1分钟的更新频率。同时由于浮动车技术在识别交通事件方面的不足，因此服务商在获取官方信息的基础上，开始通过爬取微博、微信提取事故事件。

移动通信的发展，为动态交通信息的普及应用提供了新的机遇。部分车厂开始在前装终端上采用3G通信的方式，这种通信机制的引入带来两个变化：通信带宽的大幅增长和交互式通信能力。其中TPEG over IP面向最新的动态交通信息服务需求，具有灵活性和兼容性，可支持动态位置参考编码，可添加更多出行信息内容，如停车场、天气、加油站等，国内的动态交通信息服务商与欧系车厂合作，完善了TPEG over IP的技术体系，解决了我国数字广播不够普及带来的TPEG标准应用阻滞的问题。而交互式通信能力让动态交通信息服务商在了解车辆行驶目的和当前位置的同时，能够更有效的提供交通信息服务和路径规划服务，形成了B2B2C的服务模式，其中两个B分别为动态交通信息服务商和车厂的Telematics服务机构，C为用户车辆，这种模式为引入中心导航模式提供了基础平台。

移动互联网对动态导航应用的影响十分显著，手机正在逐渐取代车载导航仪成为路径规划的主要导航设备。近两年，手机导航软件商被互联网巨头收购或入股后，导航软件成为互联网LBS服务的入口，其中动态路径规划是软件必备的功能。虽然没有为动态路径规划技术带来革新性的改变，但是从用户使用体验方面在持续改进，如同时给出并显示多种路径规划方案供用户选择，根据用户的偏好进行路径规划以及考虑分时段交规的路径规划等。

2013年，北京交通部门与相关研究机构在863项目、地方科委等科研项目的支持下，基于公交车GPS实时数据和路况信息，在解决公交车到站时间和距离预测关键技术的基础上，开发了数据处理和服务系统，以及相应的智能手机软件，确定了GPS静态覆盖率、GPS平均发送间隔、GPS动态覆盖率、预测准确度、预测准确率5个测试指标的评测体系，通过多次测试，准确预报率在85%以上。目前已面向社会开展示范服务。实时公交软件，不仅对乘客有用，对公交运营者也十分有用，通过该软件，公交运营方可及时发现各线路行车间隔大小，以便及时调度。

2013年某汽车厂商公布了“北京市新交通信息系统技术验证项目”（也称为“绿翼”项目）的实验成果。项目联合国内的动态交通信息服务商，使用12000辆自驾车进行大规模论证实验，证实了“动态路径引导系统（DRGS）”能够有效地缓解交通压力，减少拥堵时间。根据该实验结果进行的数据模拟表明，若北京市能有10%的行驶车辆搭载动态路径引导系统，则整体的平均行车速度可以提高约10%，燃料消耗量及二氧化碳排放量也可削减约10%。同时，随着对于能耗敏感的新能源汽车的逐渐普及，结合实时路况的EMS系统是动态导航技术发展的重要新应用。

三、发展趋势

互联网服务商在提供基于智能手机导航软件和服务的同时，也在采集用户行驶过程中的位置信息，这对于整个动态路径规划系统来说，可以带来以下的好处：更多更全的位置数据被采集，让基于浮动车的信息处理系统可以发挥更大的作用；掌握更多的用户路径规划和实际行驶路线，可以实现基于数据挖掘的最优路径规划方案；当中心系统为接近全集的用户提供路径规划时，可以实现真正的全局最优路径规划。

动态导航技术发展到今天，业界基于动态导航的服务不断推陈出新，其中环保驾驶辅助系统（EMS）是各厂家研发的重点。该系统结合道路的坡度与摩擦系数、距离十字路口以及目的地的里程数、实时交通路况等数据，根据车主驾驶习惯生成环保驾驶报告及建议，达到节油减排的效果，其中实时交通路况是最重要的影响因子。因此，如何实时、定量、细粒度地测算城市道路上行驶车辆所产生的燃油消耗水平，成为亟待解决的问题。国内外一些研究机构已经提出和实现相关高精度、细粒度、可实施性强的城市道路交通能耗实时量化测算方法，通过对大量实测车辆行驶能耗数据应用数据挖掘方法发现道路能耗规律，完成中观可观测参数（车辆技术特征、道路类型特征、交通流特征）与车辆实际行驶能耗之间的关系模型，从而实现高精度的交通能耗预测。在此基础上可以实时动态生成城市路网的能耗地图，为车辆节能导航提供可靠的道路能耗权值计算方法和依据。同时还可为政府实施面向节能减排的交通管理策略提供监测手段支持。

在国家 863 项目的支持下，亚米级的高精度定位技术正被引入到新的导航系统中，目前近期可见的应用模式是车道级应用，但是对当前整个电子地图体系提出了巨大的挑战。

（撰稿：诸彤宇）

移动互联与智能交通

一、技术概述

移动互联技术的主要应用和实现是移动互联网 (Mobile Internet)。移动互联网是一种通过智能移动终端，采用移动无线通信方式获取业务和服务的新兴业务，包含终端、软件和应用三个层面。终端层包括智能手机、平板电脑、电子书、MID（Mobile Internet Device）等；软件层包括操作系统、中间件、数据库和安全软件等。应用层包括休闲娱乐类、工具媒体类、商务财经类等不同应用与服务。随着技术和产业的发展，LTE(Long Term Evolution，4G 通信技术标准之一) 和 NFC（Near Field Communication，近场通信，移动支付的支撑技术）等网络传输层技术也被纳入移动互联网的范畴之内。

近年来，在 IOS、Android 等移动操作系统的促进下，智能终端得到迅速普及，移动应用 APP、LBS（Location-based Services，本地生活服务）、移动支付等技术逐渐为人们所接受并融入人们的日常生活。市场刚性需求催生商业模式的创新，移动互联技术已渗透到智能交通领域。尤其是 2013 年，互联网巨头在打车软件上的竞争达到顶峰。据初步统计，2013 年 12 月打车类智能 App 应用的月度覆盖人数达 1012.40 万人，月度总使用次数达 5129.86 万次，其中“嘀嘀打车”以 52.8% 的覆盖人数比例居市场领先位置，第二名“快的”覆盖人数比例为 45.1%。此外，提供公共交通信息服务、交通违规举报服务的“智慧交通”，提供手绘和分享交通路线的“最佳路线（Best Route）”，提供公交、地铁的查询服务的“彩虹公交”等应用也在 APP Store 中获得广泛欢迎。当下阶段，基于移动互联技术的智能交通应用服务，正处于蓬勃发展阶段，由以前的用户出行辅助工具逐渐演变为用户出行决策的重要依据。无论是打车、导航、路线规划、停车诱导还是其它诸如交通信息综合服务、智能公交等都已经在为大量用户服务。

移动互联技术之于智能交通，对用户而言是便捷的服务；对企业和交通管理者而言，是重要的数据来源和管理平台。利用移动网络通信信令（CELL ID 信息）数据进行道路交通状态数据采集和处理的技术，作为智能交通系统的实时交通信息采集的一种数据源，成为了传统固定交通监测器技术的有力补充。同时，移动网络通信数据也是交通管理者研究公众出行规律的有效手段，它能够突破传统交通工具的限制，获取完整出行数据。

二、关键技术及研究进展

移动互联将互联网技术、平台、商业模式和应用与移动通信技术有机结合，是当今信息化社会发展的趋势和热点。目前，移动互联技术正处在快速发展阶段。

（一）移动互联关键技术

1．移动通信

移动通信技术是移动互联的核心，它使得移动终端设备能随时随地通过无线方式接入网络，实现移动应用程序与后端服务器的无线传输。当前得到普及应用的移动通信技术主要包括无线局域网 WLAN、蜂窝移动通信（3G/4G）。

WLAN 遵循 IEEE 802.11a/b/g/n/p 协议，使用不必授权的 ISM 频段中的 2.4GHz 或 5GHz 射频波段进行无线连接，形成相当便利的无线数据传输系统。通常情况下 WLAN 信号接收半径在百米以内，传输速度较快，频段使用无需任何电信运营执照，在短距离、家庭式组网应用中得到广泛普及。但是，WLAN 对移动性较强的终端通信效果不好，通信质量和数据安全性也有待提高。

蜂窝移动通信是依靠由基站子系统和移动交换子系统等设备组成蜂窝移动通信网来提供语音、数据、视频图像等无线数据传输。目前大部分的移动终端均可支持第二代（2G）或第三代（3G）蜂窝移动通信。在一些发达国家和中国部分大城市，通信带宽 100Mbps~150Mbps 的 4G 已经投入运营。通信带宽可以达到 4G 技术 1000 倍的第五代移动通信（5G）也已经得到学术界、产业界的广泛关注和预研，在不久的将来，移动通信带宽的提升速度将会更加迅速。

此外，移动通信技术还有基于 IEEE 802.16a/e 协议的 WIMAX 技术，目前正处于技术标准的制定和相应产品的研究阶段，还未大规模推向市场，但其在无线城域网领域具有极大的应用潜力；基于 IEEE 802.15.3a 协议的 UWB 技术目前的应用主要在军用领域，以及短距离例如家庭数字娱乐等领域。

2．大数据环境下的多源异构信息获取与融合

移动互联网的普及给智能交通提供了新的获取交通信息的手段，通过采集移动终端和社交媒体数据，可以从中抽取出实时交通状态信息和个人动态出行信息。通过移动通信基站的终端接入量、手机信令数据和移动应用的位置获取功能，可以计算对应区域内的用户密度和群体的位置移动，结合社交媒体进而估计区域的交通需求、实时交通状态、路段旅行时间、群体出行规律等。如清华大学智能交通团队通过对城市手机 sim 卡定位数据的分析，获取用户的区域定位信息，进而分析得到动态 OD 矩阵、客流集散地人流特征、城市出行动态扩散规律等信息。

另一方面，基于智能移动终端的 GPS 位置信息感知和社交媒体信息获取，能够获取用户当前的位置、速度、方向、行为状态等细粒度实时信息。交通管理者和信息服务商可以通过分析这些细粒度信息辅助用于交通控制、出行诱导、个性化推荐等服务。但是带有用户特定标识的信息涉及到个人隐私等法律和伦理问题，未来的应用还需进一步研究。

在交通大数据时代，除了传统的感应线圈数据、微波数据、磁性检测数据、视频检测数据、电子标签数据、GPS 定位数据、浮动车采集数据、公交地铁刷卡信息等动态传感器数据和地理信息数据、公交线路数据、POI 数据等静态数据外，还有 RFID

检测数据，各类移动终端的位置数据、社会媒体数据等新型海量数据。这些多样化数据需要通过不同的方式获取、传输，而且具有维度不同、格式多样、大量非结构化等特点，需要建立一个能够整合集成多种平台的数据处理系统，按照一定的标准规范对这些多源异构交通数据进行多层次的处理，最终生成综合性和个性化的交通信息。在此过程中，设计高效的交通流数据表达和存储方案、实现基于GIS的路况信息更新、高效提取路况信息、实现交通数据的可视化，是大数据背景下多源异构交通信息融合的关键。

（二）基于移动互联的智能交通关键应用技术

1．移动支付技术

移动支付，也称之为手机支付，是指交易双方为了某种货物或者服务，使用移动终端设备为载体，通过移动通信网络实现的商业交易。移动支付所使用的移动终端可以是手机、PDA、移动PC等。

移动支付技术实现方案主要有五种：双界面JAVA card，SIM Pass，RFID-SIM，NFC和智能SD卡。其中NFC优势明显，正在逐步成为移动支付的主流技术。

NFC技术是由非接触式射频识别（RFID）及互联互通技术整合演变而来，在单一芯片上结合感应式读卡器、感应式卡片和点对点的功能，能在短距离内与兼容设备进行识别和数据交换。NFC技术在13.56MHz的频率下工作，使用这种手机支付方案的用户必须持有特制的手机。目前这项技术在日韩被广泛应用。手机用户凭着配置了支付功能的手机就可以行遍全国：他们的手机可以用作机场登机验证、大厦的门禁钥匙、交通一卡通、信用卡、支付卡等等。

由于移动支付的发展潜力巨大，移动支付产业链上群雄并起，电信运营商、互联网企业、支付厂商、银行等纷纷进军手机支付领域，推动产业发展壮大。移动互联网时代是以应用为王，在手机APP应用日益丰富的情况下，移动支付的功能在不断推陈出新。例如，第三方支付、银行等争相推出手机支付客户端、二维码支付、无线支付、语音支付、指纹支付等应用，此外购物、理财、生活服务等交易类应用也在不断出现，大大丰富了移动支付的市场应用环境。

2．基于移动互联的出行服务

移动互联技术为用户出行服务提供了一个新的实现途径和平台，有助于建立面向公众出行的交通信息服务系统，发布交通信息和诱导信息，从而提高道路的通行能力和服务水平。在交通正常运行时，交通信息服务能够提高交通网络的运行效率，帮助用户更加快捷地出行；发生事故或拥堵时，又可以疏导交通流量，缓解交通拥堵。借助移动互联技术和诱导算法，交通管理部门、服务供应商、运营方不仅可以为用户提供更加全面、实时的交通信息，如路况信息、交通监控照片、交通事故、交通事件、交通管制、道路施工、交通气象条件、停车资源等信息，还可以提供更加多样化、个性化的出行服务，如智能路径导航服务、实时路况信息服务、票务服务、出行周边服务、打车租车服务、停车诱导服务等。

目前，清华大学正在研究并开发基于移动互联终端的多模式个性化出行诱导平台，与已有的诱导服务不同，该平台的智能诱导算法以实时交通运行状态作为数据基础，支持多种交通工具的换乘，并且能够根据用户偏好，定制个性化的诱导策略。

三、发展趋势

移动通信技术的不断进步，带来了更高的数据交换速率、更大的网络容量和更优的接入服务，这势必会促进移动互联终端的普及以及移动互联应用服务的丰富。随着无线支付和移动支付技术的不断成熟和智能算法的发展，移动网络将更多地渗透到支付领域和出行辅助决策领域，跨领域的应用会不断出现，移动网络将更加全面地服务于我们的生活。

（一）作为重要基础组成助力智慧城市建设

智慧城市作为实现城市可持续发展的有效途径，已成为未来城市发展的必然趋势。国内展开智慧城市规划的城市和地区已经超过 300 个。通过融合电信网、互联网和移动通信网，实现信息的实时传递和泛在互联是智慧城市建设的基础，移动互联网在实现信息泛在互联的目标中扮演着重要角色。当前基于移动互联网的各类应用正在蓬勃发展，尤其在有关居民生活的公交出行、汽车租赁、拼车打车、医疗救护、社区生活服务、在线旅游等方面，已涌现出一大批智慧应用。

过去一年中，北京、广州、武汉、苏州、杭州、兰州、常州、无锡等地已经推出了多款在 Android 和 IOS 系统上开发的、基于本地或多地服务的智能公交手机客户端。2013 年“亚洲移动通信博览会”上，上海电信展示了多款基于天翼 3G 移动互联网的智慧城市应用，如多功能车联网服务（包括“行翼通”、“智能后视镜”和“管油宝”、“智能 120”等），NFC 手机钱包，“卡宝”，税务 e 通，物流 e 通等智慧服务。北京市朝阳区团结湖街道开发的“掌上团结湖”手机应用，借助移动互联网，向社会全方位展示“智慧团结湖”风采，提供便捷公共资讯和服务，搭建民众参与社会管理的智慧网格管理平台，是智慧社区的初步尝试。

（二）提供个性化的用户出行决策支持

随着移动互联技术的快速发展，配合移动支付的接入、商业模式的创新，使得终端服务非常便捷和人性化，提高了人们的出行效率。诸如打车软件、停车诱导软件、导航软件等终端产品，逐渐从用户出行的辅助工具发展为用户出行决策的重要支撑。更合理的路径优化、诱导算法，更及时的实时路况信息，更个性化的用户推荐服务等正处于快速发展中。市场和学术界也在积极研究旨在提高车辆及停车位利用率的拼车、停车位复用等服务。跨平台的应用整合，将可能为用户提供贯穿整个出行链的综合信息服务。

（三）交通信息采集与服务走向社会化

扁平化、社会化是自媒体时代带来的重大社会变革，辅之以移动互联、大数据的理念与技术，使得交通信息采集与服务社会化也成为重要的技术和社会趋势。2013 年 6 月，谷歌宣布收购仅有 100 名员工的以色列在线地图公司 Waze，收购金额超 10 亿美金。Waze 是一个依靠大众用户和众包数据来完善交通地图和实时交通信息的免费移动应用，其用户已遍及全球约 190 个国家。Waze 利用移动设备的 GPS 信息来获取有关路面交通流量的信息，从而向汽车驾驶员提供更好的行车路线。Waze 还拥有一个由 7 万多名会员组成的社区，这些会员帮助 Waze 编辑地图和添加一些细节信息，如特定加油站的汽油价格，或是驾驶员在何处应留心超速监视区和避免发生交通事故等。Waze 还可以绑定 Facebook 或 Twitter 等社交账号，从而利用社会媒体中与交通相关数据为用户提供更多更及时的交通信息。国内目前最受欢迎的社交软件—微信也通过公众平台、开放接口等方式为机构和用户提供双向便利服务，诸如“上下班路况”等公众订阅号已经在为用户提供实时路况等信息服务。国内如清华自动化系智能交通团队、中科院地理所、高德以及国外部分高校也在开展从社会媒体中挖掘交通信息的研究。

（四）跨界整合不断催生新业态

世界范围内移动互联网发展如火如荼，各种新模式层出不穷，在互联网对实体经济渗透不断加速的背景下，各个传统行业都迎来新一轮的升级和改造，移动互联网正和云计算、物联网、大数据一起不断催生新业态，给产业提升带来革命性变革。上一次互联网浪潮中以地理信息服务为基础，结合日常出行、旅游、餐饮、家政等本地生活服务，出现了一批以在线旅游、互联网分享经济、本地生活服务等为代表的新行业，移动互联网为这些行业的发展提供了新的机会。

移动互联网给在线旅游带来了巨大的发展空间，旅游天然就是一个在移动的过程，在移动互联网能够为旅行爱好者提供在途吃住行游购娱综合服务和更好的用户体验。据统计，早在 2011 年 9 月，苹果的 App Store 上旅游相关移动应用数量已超 23000 款。2012 年 91 无线发布报告显示，4 月以后旅游类 APP 周下载量已突破 160 万，预示着在线旅游市场巨大的发展潜力。目前有代表性网站的有 Tripadvisor，去哪儿，途牛等。

在移动互联网的推动下，互联网分享经济也开启了快速发展的模式，比较成熟的公司主要集中在旅游房屋租赁和打车、拼车行业，国外有代表性的是 Airbnb，HouseTrip、Lyft 和 Uber，国内有代表性的是爱拼车、微拼车、哈哈拼车、彩虹拼车、AA 拼车、顺风车、快的、嘀嘀等拼车打车软件，以及小猪短租、蚂蚁短租等。据报道，Uber 刚刚获得一笔 12 亿美元的融资，整体估值高达 182 亿美元，同时 Uber 过去六个月营收至少翻一倍、Uber 用户的旅程数是六个月前的 5-6 倍。虽然还存在法律、监管等方面的问题，但分享经济的模式不断被市场看好，未来几年会有更多的领域被发现和开发。

（撰稿：张佐、崔健、李兴山、许曼、付睿等）

中国北斗卫星导航系统及其应用

一、简介

中国北斗卫星导航系统（BeiDou Navigation Satellite System，简称“BDS”，曾用名 COMPASS）是我国自行研制的全球卫星定位与通信系统。是继美国全球卫星定位系统（Global Positioning System-"GPS"）和俄罗斯全球卫星导航系统（"GLONASS"）之后第三个成熟的卫星导航系统。BDS 由空间段、地面段和用户段三部分组成，空间段包括 5 颗静止轨道卫星和 30 颗非静止轨道卫星，地面段包括主控站、注入站和监测站等若干个地面站，用户段包括北斗用户终端以及与其他卫星导航系统兼容的终端。BDS 可在全球范围内全天候、全天时提供高精度、高可靠定位、导航、授时（PNT）服务，并具短报文通信能力，目前已初步具备区域导航、定位和授时能力，定位精度优于 20m，结合地面差分站后，定位精度可达到厘米级和毫米级，授时精度优于 100ns。

早在上世纪 70 年代，我国就开始研究利用卫星进行地面定位服务，受当时国力等方面原因，这项名为“灯塔”的研究计划未能继续实施。1983 年，陈芳允和一位美国科学家同时提出利用地球同步卫星进行导航定位的设想，1986 年后，国防科工委全面开展“北斗”计划的研发应用工作。经过 1989 年“北斗”可行性成功测试，1993 年“北斗”项目启动，2000 年首颗试验卫星顺利发射，到目前为止，已成功建成覆盖亚太地区的中国北斗卫星导航系统。BDS 的研发和建设分三步实现：

第一步从 2000 年到 2003 年，成功发射了三颗北斗导航试验卫星，建成北斗导航试验系统，又称北斗一号，成为世界上继美国、俄罗斯之后第三个拥有自主卫星导航系统的国家。北斗一号已成功应用于我国的测绘、电信、水利、渔业、交通运输、森林防火、减灾救灾和国家安全等诸多领域，产生了显著的经济效益和社会效益。

第二步到 2012 年前，北斗卫星导航系统，即北斗二号将首先提供覆盖亚太地区的定位、导航、授时和短报文通信服务能力。

第三步到 2020 年左右，建成由 5 颗静止轨道卫星和 30 颗非静止轨道卫星组成的覆盖全球的北斗卫星导航系统。截止到 2014 年 3 月，BDS 已成功发射 16 颗卫星。

二、基本原理

卫星定位是通过测量卫星与接收机之间的距离来实现的。通过测量接收机与卫星之间的距离 r，能够确定以卫星为球心，以 r 为半径的球体。当有三颗卫星时，得到的三个卫星为球心，卫星 - 接收机间距离为半径的球体应交于两点，排除大气层外的点，即可确定唯一的地面交点，这个交点就是接收机的位置，如图 1 所示。

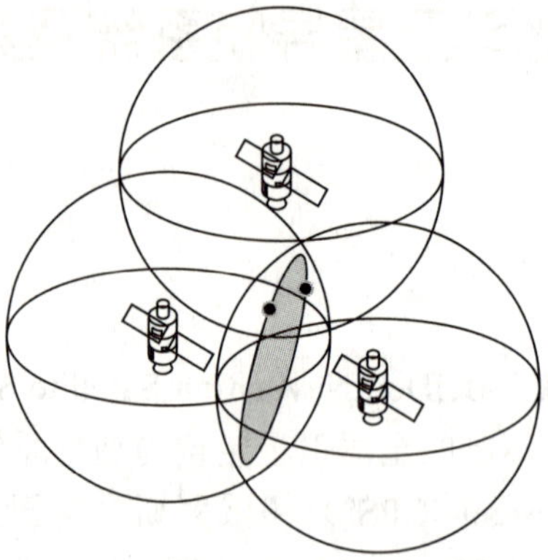

图1　点定位原理

通过上述原理，可以得到以下定位方程组：

$$\begin{cases} r_1 = \sqrt{(x_1 - x_u)^2 + (y_1 - y_u)^2 + (z_1 - z_u)^2} \\ r_2 = \sqrt{(x_2 - x_u)^2 + (y_2 - y_u)^2 + (z_2 - z_u)^2} \\ r_3 = \sqrt{(x_3 - x_u)^2 + (y_3 - y_u)^2 + (z_3 - z_u)^2} \end{cases}$$

其中 $r_i\ (i = 1,2,3)$ 分别表示接收机与三颗卫星间的距离，(x_i, y_i, z_i) 分别表示三颗卫星的坐标，(x_u, y_u, z_u) 表示接收机坐标。如果已知 r_i 和 (x_i, y_i, z_i)，就可以得到 (x_u, y_u, z_u)。

接收机与卫星间的距离 r 是通过测量信号从卫星发出到被接收机接收所经历的时间乘以光速得到的，即：

$$r_i = c(t_r - t_{t,i})$$

其中 c 为光速，tr 为信号接收时间，tt 为信号发射时间。接收机可以通过测量码相位来确定信号的发射时间。但由于接收机时钟与卫星时钟不同步，导致测量的接收时间与真实值存在一个固定偏差 δtu，因此：

$$\rho_i = c(t_r + \delta t_u - t_{t,i}) = r_i + c\delta t_u$$

其中 ρ 为距离测量值，ρ 与真实值之间存在一个固定偏差，因此称 ρ 为“伪距”。由于偏差的存在，定位方程中多出一个未知量，因此至少需要四颗卫星才能够解算出接收机位置：

$$\begin{cases} \rho_1 = \sqrt{(x_1 - x_u)^2 + (y_1 - y_u)^2 + (z_1 - z_u)^2} + c\delta t_u \\ \rho_2 = \sqrt{(x_2 - x_u)^2 + (y_2 - y_u)^2 + (z_2 - z_u)^2} + c\delta t_u \\ \rho_3 = \sqrt{(x_3 - x_u)^2 + (y_3 - y_u)^2 + (z_3 - z_u)^2} + c\delta t_u \\ \rho_4 = \sqrt{(x_4 - x_u)^2 + (y_4 - y_u)^2 + (z_4 - z_u)^2} + c\delta t_u \end{cases}$$

其中的卫星位置是通过卫星信号的发射时间与该卫星的星历计算得到的。每颗卫星的星历信息在各自的导航电文中播发，它记录着卫星的轨道参数。将卫星信号的发射时间带入由星历参数确定的卫星运动方程中，就可以得到信号离开卫星时刻的卫星位置。

三、发展趋势

BDS 的发展趋势是与其他全球导航系统实现兼容与互操作，并与多种新型导航系统实现多源融合定位。

随着美国 GPS、俄罗斯 GLONASS、中国 BDS、欧洲 Galileo 的快速发展，全球导航卫星系统（GNSS、Global Navigation Satellite System）已经从单一的 GPS 时代转变为多系统并存的新时代，GNSS 也成为了目前世界上发展最快的信息技术之一。GNSS 可以为用户提供全天候的三维定位、导航与授时（PNT，Positioning, Navigation and Timing）服务，它能够覆盖全球绝大部分地区，同时具有高实时性和高精度等优点。

进入 21 世纪，各国加紧建设自己的卫星导航系统。美国为了保持并巩固 GPS 在卫星导航系统中的地位，正在加速 GPS 现代化的进程。比 GPS 发展还早的俄罗斯 GLONASS 定位系统，也已经计划在下一代卫星中播发新体制的导航信号。Galileo 系统从 2005 年底第一颗实验卫星升空，到目前已有 4 颗在轨卫星，欧空局在 2014 年 2 月称 Galileo 系统已经完成了在轨验证任务，实现了该系统首次对地面用户的定位，并计划在 2014 年将 6 颗卫星分三次搭乘联盟号火箭发射升空，加入现有的伽利略卫星星座，以在年底开始提供初始服务。我国的北斗系统（BDS）是近几年发展最快的卫星导航系统，它在 2012 年底实现了亚太地区的区域定位，并计划在 2020 年实现全球覆盖，截止到 2014 年 3 月，BDS 已经成功发射 16 颗卫星。

另一方面，随着移动互联网技术的发展，位置服务（Location Based Severs，LBS）得到了广泛关注。据统计，在人们所使用的信息中有 75% 以上与“位置”有关，人们对室内外无缝定位的需求也在不断增加。而卫星导航系统有着信号弱、易受干扰等缺点，在城市峡谷、楼宇内部等遮挡、干扰较为严重的区域很难正常工作，定位精度会严重下降甚至无法定位。因此近几年出现了大量新的定位方法或定位系统，例如基站定位系统、WiFi 定位系统、伪卫星定位系统、导航通信合一定位系统（TC-OFDM）等，利用它们较强的信号可以实现城市室内外环境的无缝覆盖，同时也可以利用多个定位系统进行组合定位，以实现更高的定位精度、覆盖范围以及定位鲁棒性。

四、广域室内外无缝定位导航（TC-OFDM）

由北京邮电大学与北京首科信通公司联合研制的 TC-OFDM（Time & Code Division-Orthogonal Frequency Division Multiplexing）是一种导航与通信一体化的信号体制，用于结合 BDS、实现室内外无缝衔接的高精度定位功能，可大大提升 BDS 市场竞争能力。

TC-OFDM 定位系统是采用伪距测量方法、基于移动通信网实现的广域室内外无缝衔接的高精度定位，不需要单独的服务频率，在没有北斗地面差分系统的情况下，可使民用水平定位精度达到 3 米、垂直定位精度达到 1 米，可广泛应用于应急救援、公共安全、精细管理、民生服务等领域，具有广泛的应用前景，对提升我国相关产业的核心竞争力具有重要意义。

基于 TC-OFDM，2012 ～ 2013 年由国家发展改革委员会支持在天津进行了消防应急救援应用示范，取得良好的定位效果。在北京基于 CMMB 试验网进行了技术应用试验，证明 TC-OFDM 对原有 CMMB 业务没有任何影响，定位功能达到理论设计要求。

随着基于 TC-OFDM 广域室内外无缝定位网的建设，以及融合 BDS 的终端定位芯片与 TD-LTE 和 5G 的结合推广，在提升 BDS 市场竞争力的同时，预计该技术将在交通运输、公共服务、公共安全、应急救援、精细城管等方面得到广泛应用，

五、BDS应用

截至 2012 年底，中国有约 4 万艘渔船安装了 BDS 终端，有约 10 万辆车安装了 DBS 导航设备。随着 BDS 不断成熟与价格的下降，国民经济各个领域已开始广泛应用 BDS 终端设备。已经广泛开展的应用有个人位置服务、气象应用、道路交通管理、铁路智能应用、海运与水运、航空运输、特殊物品运输监管、应急救援、精密授时、农牧业等。

制约北斗导航民用的最大瓶颈是芯片价格。相对于 GPS 系统，BDS 终端设备的芯片成本较高，若能广泛生产和使用则可降低价格。2012 年 12 月 27 日，国家正式宣布 BDS 试运行启动，标志着我国自主卫星导航产业发展进入崭新的发展阶段。其中，卫星导航专用 ASIC 硬件结合国产应用处理器的方案，成为北斗卫星导航芯片一项重大突破。该处理器由我国本土 IC 设计公司研发，具有完全自主知识产权并已实现规模应用，一举打破了电子终端产品行业普遍采用国外处理器局面。

根据中国卫星导航定位协会最新预测数据，到 2015 年，我国卫星导航与位置服务产业产值将超过 2250 亿元，至 2020 年则将超过 4000 亿元。

（撰稿：张遂征）

载运工具智能化技术发展

一、概述

载运工具是交通运输系统中最重要的技术设备之一，交通运输业的正常生产活动都依赖于对载运工具的使用。随着交通事故、交通堵塞、环境污染等问题越发突出，载运工具的智能化技术已经成为解决上述交通问题的最重要方法。

目前，载运工具智能化技术主要包括高级辅助驾驶技术和无人驾驶技术。高级辅助驾驶技术的主要目的是提高行车安全性，通过安装在车辆及道路上的各种传感器获取自车、道路以及周围车辆的状态信息，为驾驶员提供警示信号，并在一定条件下能对车辆实施主动控制。高级辅助驾驶技术的主要研究方向包括车道偏离预警、车辆周围障碍物检测、驾驶员状态检测、车辆运动控制等。

无人驾驶技术，也称自主驾驶技术，它主要利用车载传感器（如摄像头、激光雷达、毫米波雷达、北斗 /GPS、加速度传感器、陀螺仪等）感知周围道路环境，并根据获取的道路、车辆和障碍物信息，自主控制车辆的油门、刹车、档位和转向等，从而实现自主驾驶，安全高效地到达目的地并达到完全消除交通事故的目标。

载运工具智能化技术作为解决交通问题的有力手段，近年来受到交通管理、载运工具生产等部门的高度重视。值得注意的是，载运工具智能化技术将使交通运输在形式、观念和效果上都发生了根本的变化，将会进一步促进交通运输朝着安全、高效和环保的方向发展。

二、关键技术及研究进展

（一）高级辅助驾驶技术

1. 车道偏离预警

车道偏离预警是利用计算机视觉、激光雷达等，使车辆始终在车道线以内运行，防止车辆因为驶离当前车道而导致交通事故的发生，提高行车安全性。在高速公路上，由于驾驶员操作失误或注意力分散而引起的车辆偏离车道行驶是造成重大伤亡事故的一个重要因素。

目前，利用计算机视觉进行车道偏离预警是最热点的研究方向，并已具备较高的技术成熟度。该系统通过摄像机拍摄车辆外部环境，分析摄像机传送的图像信息，利用大规模图像分析并行处理体系来解释图像，将分析结果告知驾驶员，实现车辆辅助驾驶。美国 Iteris 公司的车道偏离预警系统 AutoVue 就是由摄像机、计算机系统及软件所组成的灵巧型集成单元。该系统通过计算机视觉适时地检测道路标线，并与车辆的速度信息进行融合，当车辆偏离车道线时，系统会发出警报以引起驾驶员的注意。

2．车辆周围障碍物检测

车辆周围障碍物包括主要车辆、行人以及道路设施等，通过计算机视觉、红外线、雷达或激光雷达等传感器可使车辆感知到周围这些障碍物的存在，并实时跟踪，在危险时刻警告驾驶员采取紧急避障措施。

特别地，当汽车从一个车道转换到另一个车道时，往往会由于各种原因发生交通事故。为此，日本各汽车公司较早就开始研制车辆换道避碰系统，并已在部分车型上进行了应用。例如，日产公司通过在汽车的左右车门后视镜下方安装摄像机，以检测后车辆，并在左右后挡泥板下部安装雷达传感器，以检测临近车道上正在接近的车辆，一旦驾驶员发出转向信号，但系统认为可能发生碰撞时，会自动发出警告。马自达公司利用超声波传感器检测从自车后方对角线方向是否有正在接近的车辆。如果驾驶员发出转向信号准备换道行驶，但有车从此方向接近时，系统将发出警告。

3．驾驶员状态监测

在驾驶员状态检测的研究中，监视驾驶员头部姿态已经成为重点方向，它能帮助探测并分析驾驶员的疲劳等级，特别是结合驾驶员眼睛的凝视方向。澳大利亚的科研机构提出了一种推断驾驶员疲劳程度的方法，该方法主要基于道路场景的单调性与驾驶员疲劳强度的关系。该项研究依据心理学特征，定义单调性为驾驶员疲劳的一个外部因素，利用驾驶员头部姿态、眼睛凝视跟踪以及道路单一性分析组成一个性能良好的驾驶员疲劳检测系统。

法国的科研机构研制出了一种能够监测驾驶员注意力下降的系统，它首先用多种传感器提供关于方向盘的活动情况、脚踏板上的压力情况、车速，并在汽车驾驶员座椅前方安装一个红外线探测仪，用来检测驾驶员眼皮的眨动。如果驾驶员感到疲劳打瞌睡，眼皮的眨动就会变慢，这时候红外线监测器便会发出尖锐的警告声，将驾驶员从瞌睡中惊醒。目前，该系统已经由法国雷诺将这项研究成果应用到汽车上。

4．汽车协作式安全系统

当前，利用车辆与车辆，以及车辆与道路基础设施之间的通信，实现协作式的车辆辅助驾驶是提高交通安全和效率的主要手段。

驾驶员通常看不到车辆两侧或后方的视野，尤其在倒车时。例如，在停车过程中，驾驶员很难确定车辆到路边的距离。为了解决这个问题，日本在停车场建立一个多摄像机系统，它能较容易地判断车辆位置，并及时将该信息通知给驾驶员。

交叉口碰撞也在交通事故中占有较大比重，通过路侧的交通基础设施对驾驶员进行辅助驾驶也是最新的研究热点。一种可能的解决方法就是给驾驶员及时提供即将发生碰撞的事故危险态势信息。例如，通过建立一个路基的雷达监测区，实时观测车辆的转向运动轨迹。一旦路侧系统根据雷达信息检测到车辆转向存在危险的话，系统就会通知驾驶员停止转向。该系统通过车辆与路侧基础设施的协作，可灵活有效地解决交叉口碰撞问题，有望在将来进行推广应用。

（二）无人驾驶技术

近年来，随着车辆智能化水平的逐步提高，以及市场对车辆安全性的要求越来越高，无人驾驶技术快速成长起来，越来越多的企业与科研机构也参与到该领域之中。从目前来看，无人驾驶技术的完全实现只是时间问题。

国外著名汽车企业奥迪、宝马等，以及IT行业巨头谷歌都竞相着手研发无人驾驶技术，研发进程十分迅速，部分研发车型已接近量产。在美国和欧洲，允许正在开发的自动驾驶汽车上路行驶正成为一种普遍现象。美国内华达州、加利福尼亚州、佛罗里达州与密歇根州等为谷歌、奥迪等正在开发的无人驾驶车发放了公路试验牌照，谷歌无人驾驶汽车已经行驶了超过80万公里，实现了零事故。在欧洲方面，德国向宝马公司发放了许可证，西班牙也允许无人驾驶汽车上路行驶。在中国，无人驾驶汽车仍处在试验研发的初级阶段，政府对于无人驾驶汽车还未出台相关的政策。

对于无人驾驶技术而言，目前面临最棘手、也是最热点的技术问题，是如何提高车辆的视觉处理能力，如何将人类的视觉处理能力复制于计算机系统。人脑几乎有1/5用于图像处理，相比于人类的视觉处理单元，目前所研发的计算机视觉系统还较为低端和原始。无人驾驶汽车不仅需要留意周边的其他车辆，还必须能够检测到周围的路人、车道、停止线、交通标识、交通灯等一系列因素。同时，还需要预测诸如当前行驶车道是否会在几百米之外终止、前方道路上是否有停泊车辆等问题的能力。此外，当路面有积雪时，无人驾驶汽车经常会面临无法看清道路标志及其他交通信息的难题，而无人驾驶汽车的计算机系统必须利用这些信息才能行驶。

三、发展趋势

载运工具智能化技术的发展必将朝着更加可靠、稳定的方向发展，为车辆辅助驾驶、自动驾驶以及车路全自动运行提供技术支撑。为了加速载运工具智能化技术的应用，需要不断提高其稳定性，以及对环境的适应能力。具体地，车路协同与无人驾驶，将是未来载运工具智能化技术发展的两大趋势。

（一）车路协同是载运工具智能化技术研究的趋势

未来，将会进一步实施车辆与道路基础设施的智能化、信息化，利用多模式信息交互下的车路协同系统，一方面加快交叉口车速引导、紧急车辆优先通行、车辆与信号灯冲突消解等应用系统的部署，另一方面逐步推进车辆主动安全控制系统的实际应用，如车路协同下的交叉口车辆安全通行、车辆识别及车 - 车冲突危险避免、行人识别及人 - 车冲突危险避免等。

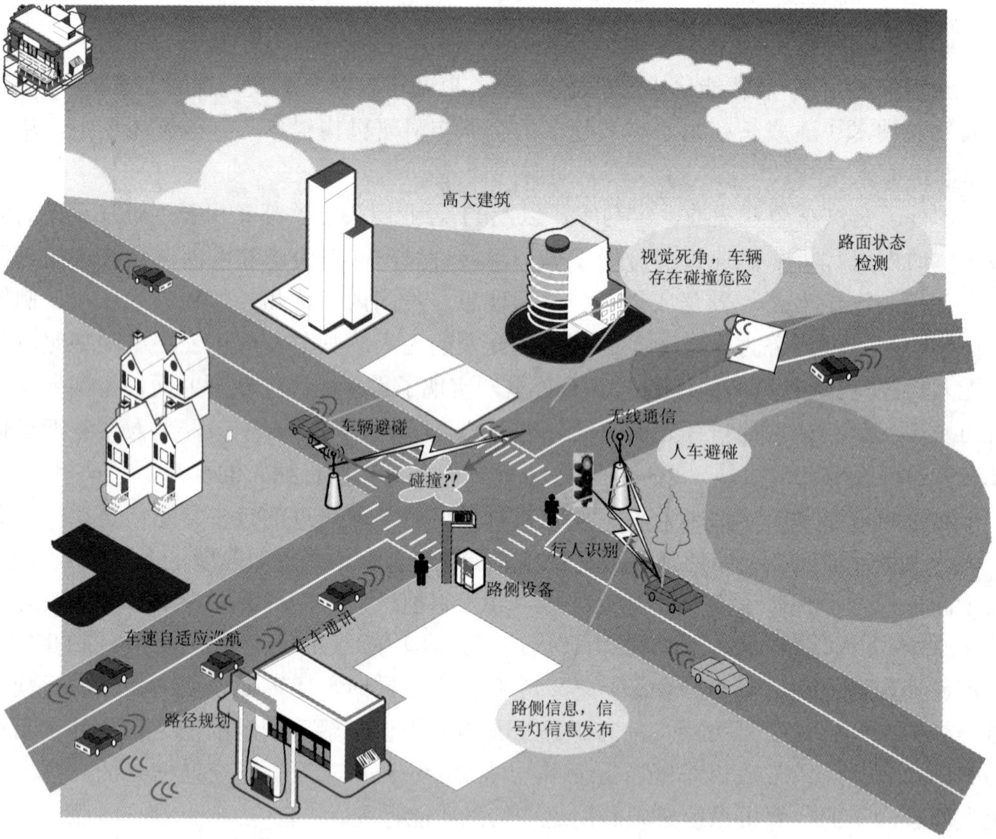

（二）无人驾驶将成为载运工具智能化的重要发展方向

从当前的技术水平来看，无人驾驶技术研发过程中形成的成果，已逐步转化为对现有汽车的部分改进。例如，自适应巡航控制、车道偏离预警等辅助驾驶系统都相继在汽车上得以成功应用。这些辅助驾驶系统的推广应用，一方面有利于无人驾驶技术相关零部件成为汽车标准配置，大幅降低成本，另一方面随着这些技术的逐渐应用，无人驾驶将在潜移默化中成为现实。

未来，随着计算机视觉、激光雷达、高精度定位导航等新技术、新装备的进一步应用，无人驾驶技术将获得突破性进展。特别地，城市较大范围内和复杂交通流条件下的自主驾驶将成为今后的研究方向，并重点解决城区综合环境下，多车道密集车流下的路面状态、车道线、标志牌的识别；动态交通场景中，前后车之间的跟驰、换道、超车；复杂路口内（如上下匝道、多出入口环岛、多层立交桥），车辆的自主定位和决策等诸多问题。

功能及子系统
ADAS & Self- Driving
前车碰撞预警 FCW
交通信号灯识别 TLR
交通标志识别 TSR
盲点检测 BSD
车道偏离预警 LDW
高精度导航系统 High Accuracy Navi
行人探测系统 PDS
200 m
50
30m

（撰稿：褚端峰、吴超仲）

北斗卫星导航系统公安应用技术研究

一、技术概述

公安部门实施“金盾工程”以来，全国警用地理信息基础平台（PGIS）已在北京、上海、广州、深圳等200余个省市公安机关建成并联网运行，特别是面向警车、警员定位的指挥调度系统，在治安、交通管理、刑事侦查、消防、应急指挥等工作中发挥了作用。但是，公安机关目前采用的主要是GPS导航技术，公安机关工作涉及国家安全，必然存在安全隐患。

北斗卫星导航系统是我国自主发展、独立运行的重要战略空间基础设施，具有首次定位快、无通信盲区、保密性强等特点，是公安信息化不可或缺的信息基础设施，公安机关卫星导航应用必须由GPS向北斗转移，已将其列入《全国公安机关”十二五”科技强警工作规划》等重要政策指导文件。

北斗卫星导航技术能够实现警用终端与北斗导航定位模块相结合、精确定位在安保一体化指挥体系中的应用、短报文通信在突发事件应急处置体系中的应用、海量位置资源联网共享和分析挖掘、基于北斗的公安信息通信网全网授时应用。完成北斗警用位置服务系统、北斗公安应急短信服务系统、公安信息通信网北斗授时系统以及北斗各业务警种应用系统的开发和应用，并形成系列北斗公安应用标准规范和检测平台。

二、关键技术及研究进展

（一）关键技术

北斗卫星导航公安应用体系中主要运用了定位导航、精确授时、短报文通信等关键技术。体系架构可以分为基础设施层、网络层、信息资源层、信息汇聚层、信息服务层和信息应用层，如图1所示。

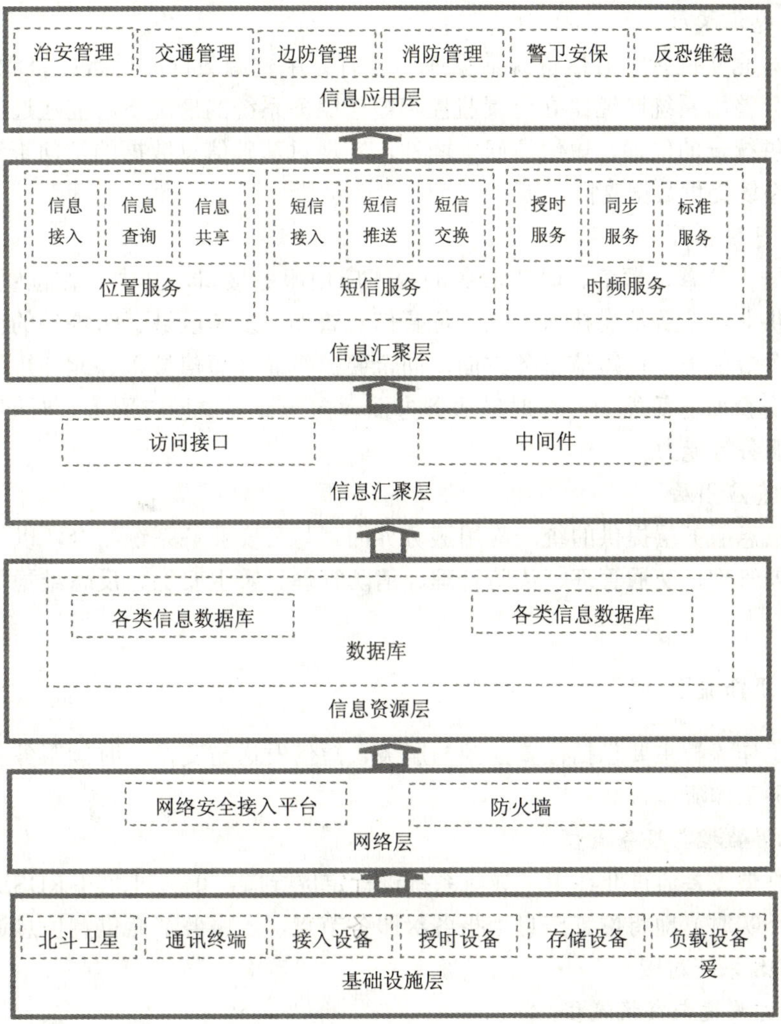

图1　北斗卫星导航公安应用体系架构

1．基础设施层

主要由部署的北斗定位、通信终端、北斗位置短信接入设备、授时设备，以及存储、负载均衡设备等组成。全国节点部署的北斗警用综合支撑服务平台担负着北斗有源设备接入、移动网络接入、全网时频基准管理等核心功能，需配置大规模的存储系统、应用服务集群和宽带链路。省市节点部署的综合服务平台依托已有的业务系统，根据服务用户数量和业务需求，按需配置北斗终端和及相关设备。

2．网络层

为了确保公安信息网的安全，利用安全接入平台实现公安内外网的隔离。外部信息通信网的数据必须经过安全接入平台才能进入各级公安信息网。

3．信息资源层

主要由分布在综合服务平台上的位置信息、短报文信息和运营管理信息数据库构成。上述资源数据库与现有各类警用资源数据库一起，为全警提供基础信息数据。

4．信息汇聚层

实现对北斗位置、短信资源数据库与现有警用资源数据库的数据资源统一访问，特别是部分警用系统已经建立位置监控和短信服务系统的情况下，需通过信息汇聚层向全警提供统一的位置、短信访问中间件，实现对基础信息数据的访问查询，为现有公安应用系统提供数据支撑。

5．信息服务层

该层提供位置、短信、时频服务的统一应用服务接口，其中，在位置服务方面，向全警提供北斗位置信息接入、北斗位置信息查询、及跨区域、跨警种的位置信息联网共享服务等能力；在短信服务方面，向全警提供北斗短信接入、北斗短信推送、跨网的短信交换服务等能力；在时频服务方面，向全警提供授时服务、时间同步服务、标准频率服务等能力。

6．信息应用层

通过信息服务层提供的统一应用服务界面，与公安业务系统结合，以便开展指挥调度、治安管理、交通管理、边防管理、消防管理、警卫安保、反恐维稳等各种业务应用。

（二）工作流程

系统工作流程主要包括位置监控与服务、短信发送与交换、时频服务与监控三个核心的业务工作流程。

1．位置监控与服务流程

各型终端设备通过北斗卫星导航系统进行定位导航，可通过北斗 RDSS/ 移动网络实时（或准实时）地将位置信息上报各级服务节点，各服务节点位置信息通过中间件与现有 PGIS 系统对接。

2．短信发送与交换流程

短信发送与交换主要是各型终端之间以及终端与指挥中心之间的信息交互，可以采用 RDSS 短报文或移动网络短信息交互。

3．时频服务与监管流程

部署在部、省、市三级服务节点的授时服务器通过 NTP 向本地授时设备提供统一时间服务，各节点授时服务器定时向时频监管服务系统报送设备状态、参数信息。时频监管服务以北斗时间为基准，在公安网内提供时频同步服务监管。

（三）研究进展

依托现有公安信息化基础，应用北斗卫星导航定位技术，完成北斗公安典型应用，需要研究警用北斗卫星导航技术平台体系和相关标准，构建综合支撑服务平台，定制系列北斗警用终端作为条件保障，技术保障如图 2 所示。

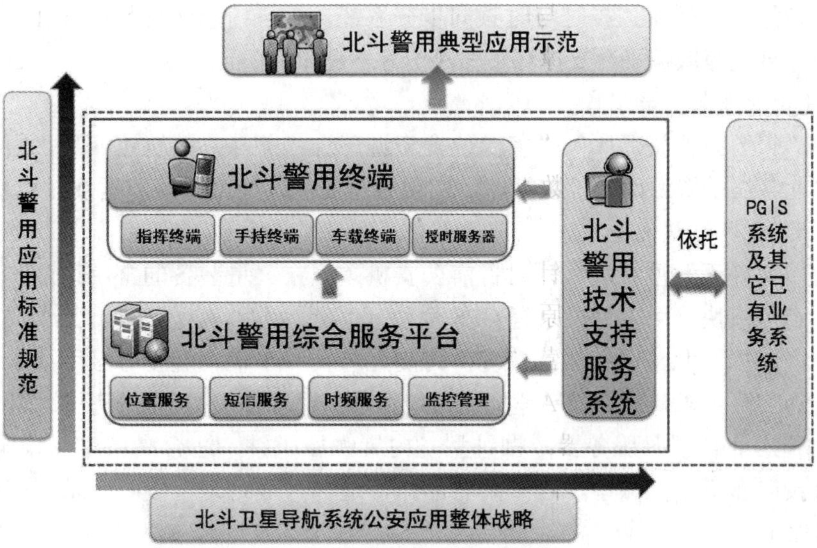

图2　北斗警用技术保障图

以下是目前北斗导航系统公安应用的研究方向：

1．北斗卫星导航系统公安应用综合框架体系

主要包括：①总体技术框架。制定自上而下的北斗公安应用技术框架体系和标准规范体系，科学合理地解决警用卫星导航应用所涉及的总体技术架构问题和应用标准规范问题。②合支撑服务平台技术体系。合理划分综合支撑服务平台在导航定位终端、定位消息传输、定位消息服务、警用导航地理信息空间数据库、基础应用支撑平台、专业应用服务体系、安全保障体系、运行管理与维护体系的科学组成，以及相互之间的数据流转、技术衔接等相关技术问题，建立面向不同业务部门的、多级的警用卫星导航服务体系。③终端软硬件体系。依据不同的定位终端类型，确定终端的软件配置和功能配置，及其应用环境，研究被动定位监控应用和自主导航应用下的终端软件体系，研究嵌入式导航软件平台，研究面向移动警务需要的警务信息查询、信息采集软件应用系统模块等。

2．北斗公安应用标准体系架构及完善检测平台

制定与北斗公安应用相关的系列标准，包括：基础类标准，终端类标准，应用服务、协议及接口类标准，平台类标准，检测类标准共五大类。探索北斗警用卫星定位导航授时设备的检测方法，开展对北斗警用定位导航授时终端的定位精度、定位时间、灵敏度、动态性、功耗等指标的检测。

3．北斗警用综合支撑服务平台

通过数据接口与全国部、省、市三级 PGIS 平台实现无缝对接，开展北斗定位信息的分析应用，实现位置与短信信息的共享，满足跨区域、跨警种、不同层级公安机关指挥调度需要。同时，该服务还能够与教育、交通、卫生等部门实现位置信息资源共享，进行校车、运营车辆及救护车辆的共同监管及联动应用，实现跨部门协同管理和联合指挥。由北斗警用信息接入与交换分系统、北斗警用位置服务分系统、北斗警

用应急短信服务分系统、授时与时频同步分系统、综合信息库与数据管理分系统以及北斗警用综合支撑服务平台支撑环境六个分系统组成。

4．建设北斗警务数据库

构建“报警定位资源库”、“多源位置资源库”、“北斗终端轨迹库”、“短信报文资源库”、“北斗终端资源库”等数据库，实现数据互联互通，保证数据及时更新同步。

5．警用北斗终端选型

①警用北斗无源型终端。针对目前公安机关正在大量装备的警用终端产品，加装北斗导航定位模块，用以替换原有 GPS 模块。②警用北斗有源终端。结合成熟的北斗有源终端产品以及北斗系统运营情况，为满足警员、车辆、舰艇等应用要求，同时满足各警种的实际需求，对手持 A 型、指挥型、舰载型等三种类型的有源北斗终端进行选型。③警用北斗授时服务器。铷钟型，内置铷原子钟，适合高精度高稳定性要求，用于部级授时服务；晶振型，内置高稳晶振，适合一般稳定性授时要求，用于省级及以下授时服务。

加快北斗卫星导航技术在公安领域的应用步伐，可切实提高公安队伍维护社会稳定和服务经济社会的能力，为在公安领域全面应用北斗奠定坚实基础，其社会效益非常显著。同时，有利于推动北斗警用卫星导航、授时、通信业务规模化、规范化发展，促进自主知识产权的警用卫星导航接收芯片、关键元器件、北斗警用设备等产品的标准化和产业化，具有显著的社会经济效益。

三、发展趋势

利用北斗导航位置定位技术在公安机关警力指挥调度中的应用，消除警用位置信息严重依赖 GPS 的安全隐患，在突发事件处置、要人警卫、安保、客货运车辆交通违法等领域有所突破。利用北斗短报文特色服务，弥补警用无线通信系统和公共通信网覆盖范围有限的不足，在突发事件处置、扁平化指挥、单警装备等方面有所突破，提高公安机关应急通信保障能力。利用北斗授时服务，统一公安信息通信网时间基准，解决警务信息时间孤岛问题，在车辆犯罪案件的证据链追溯、交通违法和交通肇事逃逸案件的侦破方面有所突破，提高公安执法工作严肃性。

在公安领域的应用趋势如下：

（1）指挥调度。警情发生后，利用卫星导航定位技术，构建扁平化指挥体系，快速准确地实施指挥调度，第一时间形成对现行违法犯罪的有效堵控，第一时间处置突发性公共事件，第一时间服务需要救助的群众，形成一体化的指挥平台，实现上下级联动指挥架构。

（2）应急处突。在执行反恐维稳的行动中，经常需要进入荒无人烟的无人区，在这些地方常规通信手段无法保证，指挥调度工作很难开展。为一线干警装备北斗指挥机和北斗手持终端，便于有效地进行精确打击和协同作战，可以大大增强在反恐维稳任务中的调度指挥效能。

（3）边防管理。公安边防部队基层单位大部分分布在沿边沿海边境一带，海警舰艇海上执法工作中通常航行距离比较远，网络覆盖不全，甚至缺乏基本通信手段，车辆、船艇、单兵需要定位和导航，便于统一指挥和执勤单元轨迹监控。同时，遇到可疑人员、车辆、船只等，需要访问边防信息系统数据库，核对相关信息，采用北斗终端实现信息采集存储或实时上传至边防信息系统数据库，实现上级机关对出海的舰艇下达指挥命令。

（4）消防工作。与消防指挥 GIS 应用系统相结合，实现消防重点设施、消防队 / 站、消防重点单位的可视化查询，随时查阅当前火场信息、火场周围建筑物信息、终端单位信息、化学危险品信息、企业消防队信息等。利用北斗定位服务，在消防地图台上标记显示执勤战斗车辆、实时位置、行进方向、行进速度等，消防指挥人员可以动态掌握情况，灵活调度。通过北斗短报文服务，在公网瘫痪或无覆盖情况下，实现短消息的发送和接收。通过北斗授时，作为灭火救援、防火监督、部队管理等软件系统以及图像、语音通信系统的标准时钟源。

（5）交通管理。公安交通管理部门亟需从技术上对道路、车辆、驾驶人实现时间、空间的全程化监管。利用北斗卫星导航技术，建设基于 PGIS 的交通管理应用系统，整合交通指挥调度、交通勤务管理、交通设施管理、交通综合态势监控、交通事故黑点排查、交通信息的资源共享等功能，实现高度集成的交通管理北斗应用系统。

开展北斗卫星导航系统公安应用，构建安全可控的北斗卫星导航公安应用服务体系，充分利用北斗卫星导航系统的定位导航、精确授时、短报文通信功能，加快推进北斗卫星导航技术在公安领域的应用，有利于提高公安队伍维护社会稳定和服务经济社会的能力。

（撰稿：赵玉娟、王大珊、赵新勇）

道路交通安全宣传教育技术

一、技术概述

道路交通安全宣传教育是以提升交通参与者的交通法治意识、安全意识、文明意识为目标，综合运用宣传和教育的各种方式方法，普及交通安全法律法规和交通安全知识，培养安全出行能力，弘扬交通安全文化，倡导交通文明风尚，从而创造有序、安全、畅通的道路交通环境，维护道路交通秩序，预防和减少道路交通事故。道路交通安全宣传教育工作是道路交通安全管理中一项长期治本的先导工作，是一项社会化的民生工程。

在当今时代背景下，小轿车快速普及，我国快速步入机动化社会，交通安全涉入人们日常生活的方方面面，全社会对于交通安全问题日趋关注。同时，现代传媒技术日新月异，传统的交通安全宣传教育方式、手段已经落伍，管理部门、广大交通参与者对于更加灵活多样、更为贴近实际、更具宣传实效的宣传教育新装置、新载体的需求日趋迫切。这种需求直接推动了交通安全宣传教育新技术的快速发展，并进而使交通安全宣传教育技术装备开发成为一个新兴产业。

二、关键技术及研发进展

（一）关键技术

1. 安全驾驶模拟训练教育系统

作为传统驾驶模拟器的应用延伸，安全驾驶模拟训练教育系统集成道路场景动静态建模技术、交通流仿真技术、交通事件脚本逻辑控制技术以及车辆操控部件信息采集技术、多自由度车辆运动仿真技术、多自由度运动平台实时控制技术等，提高了驾驶操作仿真和运动体感仿真的逼真度。安全驾驶模拟训练教育系统具备模拟城市道路、高速公路等典型复杂交通环境场景，模拟雨、雾、冰、雪等典型恶劣天气条件，模拟酒后驾驶、超速行驶等典型交通违法行为，模拟车轮爆胎、制动失效等典型危险状态，模拟车辆制动距离等典型交通安全知识等功能，主要用于训练提升驾驶人安全驾驶风险防范能力、应变处置能力和安全行车意识。

安全驾驶模拟训练教育系统的主要特点与作用：一是体验、教育的内容丰富，训练课程自主选择，适于针对私家车驾驶人、交通违法记满分驾驶人、客货运职业驾驶人等群体开展模拟驾驶训练和体验。二是采用先进的虚拟现实技术开发，基于实景建模，智能化交通流动态仿真，画面真实感和沉浸感强，视景效果逼真。三是大量采用实车操控部件，驾驶感受与实车相似；采用三联屏高清液晶显示部件，有效视野宽；配置了 2 自由度、3 自由度或 6 自由度运动底座，提供车辆运行动感，模拟驾驶感受真实。

2．交通事故案例立体警示教育系统

系统集成应用交通事故分析技术、影片策划技术、立体制作技术、人物动作 / 表情制作技术、碰撞特效制作技术等，设计制作警示教育影片，实现典型事故案例发生过程的真实立体再现和事故教训警示教育点的视觉与心灵冲击。交通事故案例立体警示教育系统将典型的重特大道路交通事故真实案例，通过 3D 影视制作技术再现发生过程，使体验者犹如亲身经历一起事故，在身临其境和强烈的视觉冲击中体验事故发生全过程，借助 3D 演示环境的震撼和冲击，形成强烈的警示教育效果。

交通事故案例立体警示教育系统主要特点与作用：一是利用真实事故案例、视觉冲击、心灵感悟的教育方式，达到铭记安全驾驶的目的。二是基于 CG 技术和 3D 影视技术构建专业级影片，高沉浸感、身临其境体验事故发生过程，直观感受事故的危害，增强安全驾驶意识。三是多视角感受事发时车辆的不可控、乘员的惊恐、人的脆弱和事故的惨痛教训，换位思考，提升教育效果。

3．青少年交通安全游戏体验装置

装置以寓教于乐为出发点，基于 OGRE 三维图形引擎，实现三维模型、材质文件等外部资源在资源管理器中的统一管理，场景管理器记录模型的相对位置，增强游戏场景管理和渲染速度，丰富游戏特效，提高游戏沉浸感的效果。针对青少年交通安全教育重点和受教特点，将安全常识、日常交通陋习融入游戏，以游戏形式让青少年在游戏中认知交通安全常识，了解基本交通规则。游戏逼真模拟郊区公路、城市道路等典型交通环境场景，以及雨、雪等天气条件，让青少年通过游戏，切身感受各种典型交通违法行为所带来的危害，并在游戏中正向引导青少年预防和处理交通安全风险点，培养交通安全意识。

青少年交通安全游戏体验装置主要特点与作用：一是适合青少年，采用了目前较为流行的汽车游戏机和摩托车游戏机，青少年喜闻乐见，易学易用。二是教育内容丰富，设置了考领驾照和限时竞技两个模块，以小游戏和模拟驾驶的方式开展教育。三是正向引导教育，将交通安全知识和法律法规融入到游戏过程中，引导青少年学习掌握相关知识，从小树立正确的交通安全意识。

4．儿童交通安全情景教育装置

运用儿童教育心理学知识并结合感知、认知及实践教学理念，设计开发可移动、易组合、知识丰富的儿童交通安全情景教育装备，实现了寓教于乐的实践学习模式，有效提高儿童学习兴趣和效果。儿童交通安全情景教育装置主要针对儿童学习能力及兴趣特点，通过微缩仿真道路场景、交通安全游戏等形式，让儿童以亲身实践的方式，认知交通标志、标线、信号灯等，学习如何过街、通行、乘车，以及如何防范出行中不安全行为等知识。

儿童交通安全情景教育装置主要特点与作用：一是整套装置易组装、可移动，规避现有固定式教育基地投资大、教育知识点固化、组织活动难度大、使用效率低等弊端。

二是标志、标线、信号灯等根据相关技术标准同比例微缩而成，仿真性强。三是仿真道路、信号灯、标志等可组合形成多种交通情景，教育知识点丰富。四是教学内容与儿童接受能力、出行环境相适应。

5．驾驶安全度评测系统

系统应用计算机图形学、虚拟现实、仿真控制等技术，实现道路场景、交通流建模仿真和三维渲染，通过事件运行编辑控制技术，定制不同交通事件情景。通过驾驶人模拟驾驶操作，记录其在特定交通环境中的驾驶操作数据，评判其注意力分配、风险预判、安全驾驶意识、动作正确性等水平，并赋予一定分值，同时以雷达图形式显示。根据驾驶安全度评测结果，调用专家库系统给出相应的干预措施建议。

驾驶安全度评测系统主要特点与作用：一是提出了驾驶安全度的概念，对驾驶人的安全驾驶意识、风险预判及应对能力等进行评判，进而揭示驾驶人安全驾驶的薄弱环节，有针对性地给出意见和建议。二是基于模拟驾驶环境进行评判，较之于传统的驾驶心理、生理评测更加科学、准确、实用，为职业驾驶人的交通安全教育提供了新载体。

6．安全驾驶自我评测系统

基于心理学、交通行为学、交通管理学等专业学科，从驾驶人个体角度出发，设计开发了面向私家车驾驶人、职业驾驶人等群体的机动车安全出行评测系统和驾驶性格测试干预系统。机动车安全出行评测系统通过对驾驶人基本情况、出行前生理心理状态、道路熟悉程度、驾驶技能自评等方面的评测，依据计算模型得出综合评测结果，并提出安全提示与建议。驾驶性格测试干预系统通过对驾驶人进行专业化的性格测试，评价其驾驶急躁、驾驶冒险、驾驶分心等不良驾驶性格倾向性，并依据测试结果提出针对性的调整建议。

安全驾驶自我评测系统主要特点与作用：一是基于交通心理学与行为学理论，设计驾驶性格专业测试量表体系，设计原则客观实际，能有效帮助驾驶人自我调适和干预。二是基于不同驾驶群体出行习惯与管理制度，开发适合智能手机和智能终端的APP程序，简单实用，适合于广大驾驶人出行前的自我评测，有针对性的给出安全出行建议。

（二）应用现状介绍

2011年以来，通过“十一五”国家科技支撑计划“全民交通行为安全性提升综合技术及示范”课题，成功研发了面向儿童、青少年、驾驶人等重点交通参与者群体的新型交通安全体验教育装置，创立了交通安全宣传教育主题基地模式，经过在广东、浙江2省10余地市的成功试点示范后，已经在全国各地进行推广应用，受到社会各界群众的欢迎和好评。相较于传统的交通安全宣教工作，这种以“体验互动”为核心理念的宣教模式实现了四个方面创新。

一是创新了交通安全宣传教育的理念、方法及手段。围绕重点交通参与者群体，从分析受教特征、受教内容与适应性入手，设计融入趣味新颖、参与互动、体验感悟的教育方法，开发形成了系列化、针对性的科普教育装置。

二是创新了驾驶安全意识教育与提高的方法与手段。从社会公众的交通安全知识普及，到初学者驾驶性格的评测和自我纠正，再到低驾龄群体驾驶安全风险训练体验，再到职业驾驶人基于 3D 影视环境的警示教育等，实现了安全出行风险识别、防范和驾驶应变处置意识与能力的训练提升。

三是综合应用多领域高新技术实现集成创新。创新融合教育心理学技术、现代信息传媒技术、虚拟现实互动仿真技术、3D 影视制作技术、动画游戏开发技术、自动化控制技术、信息采集技术、互联网络技术等，系统化集成应用于交通安全宣传教育方法与手段的研发，并实现了一系列技术集成上的突破。

四是夯实了交通参与者群体特征研究基础。系统研究典型驾驶行为特征信息采集分析方法、驾驶风险分析判断及预防方法、儿童交通出行风险评估方法等，为有效提升不同交通参与者群体安全意识奠定了理论与方法基础，为制定管理政策、制修订技术标准等提供了有力支撑。

三、发展趋势

交通安全宣传教育工作是一项持续性的系统工程，交通安全宣传教育技术装备和设备需要不断地开发、创新，推动广大交通参与者特别是驾驶人的交通安全意识和行为的提升和改善。

（一）持续性发展

一方面，考虑到当前我国经济发展水平、交通安全形势以及人民群众出行习惯等处于变化变革期，必须注重与之相适应的宣教方式、宣教内容和宣教对象特征的技术创新研发。另一方面，宣教工作本身必须持之以恒，要有战略性思维，注重长期性的效果，因此要制定合理的宣教工作规划，包括宣教规划的流程、方法、机制、效果评估等。

（二）系统性发展

交通安全宣传教育工作涉及社会学、心理学、交通工程学、传播学等多门学科，宣教技术装备和设备的研发必须结合多学科开展，宣教主体落实宣教工作也要从多角度思考。

（三）提供新载体

针对交通安全形势、特征的变化，应不断研发新型交通安全宣教设备，如安全文明使用车灯训练体验装置，增强驾驶人安全文明使用车灯的自觉意识；儿童安全座椅体验装置，体验碰撞中安全座椅的保护作用，推广使用安全座椅；大车盲区和转弯内轮差体验装置，从驾驶人、行人不同角度体验视野盲区、内轮差的危害等。

（撰稿：王长君、高岩、王峻极、尤志栋）

道路交通安全管理新技术

一、概述

我国人口众多、城市化与机动化快速发展的形势，决定了人、车、路、环境、管理等影响道路交通安全的因素比任何国家都要复杂。从实践来看，科技进步和应用是解决道路交通安全问题的重要手段。通过科技创新建立和完善我国道路交通安全保障技术、措施和标准体系，提升道路交通可持续发展能力，已成为全面提高我国道路交通安全保障水平的必然选择。

国务院安委办印发的《道路交通安全“十二五”规划》确立了“十二五”道路交通安全工作的指导思想、规划目标、7 项重点任务、5 个重大工程和 3 项保障措施。道路交通安全管理技术涉及工程、教育、执法等几个方面，当前我国开展相关研究的重点包括：交通安全信息集成、分析及平台；山区公路网安全保障技术体系；国家高速公路安全和服务技术；营运车辆与客运安全保障技术及大范围集成；全民交通行为安全性提升综合技术；区域公路网交通安全态势监测、评估及应急指挥；道路交通安全执法技术等。

二、关键技术及研究进展

（一）关键技术

1．道路交通安全管理与事故预防技术

道路交通安全管理与事故预防技术主要有：交通事故分析及交通违法行为和事故再现技术、限制车辆识别技术、城市道路交通组织与管控技术、交通管制与诱导技术、道路交通安全管理规划与安全评价技术、非常态交通组织与安全保障技术、高等级公路安全管理与应急处置技术、严重交通违法行为监测与干预技术、营运等重点车辆主/被动安全技术及安全、交通安全宣传与科普教育新技术等。

2．道路交通安全保障技术

道路交通安全保障技术主要有：道路交通管理执法新技术与装备、道路交通事故处理及预防支撑技术体系、交通管理执法与警员防护新技术及装备、交通安全管理信息集成与服务技术、城市交通指挥控制与出行服务技术、公路交通事件监控系统与信息发布技术、突发事件检测与快速处置及紧急援救技术与装备、道路辅助设施安全性提升、ITS 及 ICT 在道路交通管理中的应用等。

3．汽车安全技术

包括汽车主动安全性和被动安全性，当前的热点主要是汽车结构耐撞性、汽车碰撞相容性、智能驾驶辅助系统、电子操控稳定性系统、利用传感器提高驾驶员安全意识的系统、基于车辆行人的主动防撞系统、基于真实交通事故的车辆安全技术有效性分析等。

4．驾驶人、乘员及道路使用者安全技术

从交通安全管理来说，主要有交通行为安全性提升技术。

（二）研究进展

全民交通行为安全性提升方面，在不同交通方式行为特征研究和提升交通行为安全性综合对策研究的基础上，针对道路交通安全宣传教育和驾驶人训练考试，构建开发了交通安全宣传教育系统装备、主题宣传教品教具、宣教体系及评估、不安全驾驶行为评估与干预、驾驶训练考试方法、驾驶训练考试系统装备等方面。

区域公路网交通安全态势监测、评估及应急指挥技术方面，通过高清视频交通事件快速识别技术、交通监控数据实时融合技术、交通安全态势评估方法、路网交通信息实时诱导方法、交通应急指挥资源联动技术、基于轨迹碰撞的嫌疑车辆分析方法等关键技术研究和软硬件集成应用，提出了公路交通全天候监管与应急协作机制，包括：重要点段交通监控及事件实时报警系统、区域公路网交通信息综合集成系统、区域公路网机动车缉查布控系统、区域公路网交通安全态势评估系统、域公路网交通安全态势预警系统、区域公路网实时交通诱导信息生成与发布系统、区域公路网交通信息社会化服务系统、区域公路网交通信息可视化管理和辅助决策系统、区域公路网交通安全应急指挥联动平台，通过集成应用重要节点和安全敏感路段各类交通安全监控设备，建立交通安全实时监控系统，形成路网交通安全态势信息综合集成平台，建设了示范路网交通安全态势评估、预警系统，开发了跨区域跨路网交通安全信息实时发布与诱导系统和路网社会化综合服务系统。实现了安全可视化指挥和监控资源跨部门跨地域跨路网的集成化、智能化共享应用，并提高路网交通安全态势监测、评估及应急指挥成套技术水平。

道路交通安全执法技术方面，研究了交通事故快速处置及现场防护、交通事故调查与鉴定、交通安全执法取证与处理、车速管控集成等关键技术；研制了交通事故现场快速勘查、交通事故现场防护、交通事故调查分析鉴定、交通安全执法现场取证、车速管控集成等方面的系列化新技术装备；开发了多功能交通事故快速勘察系统、重特大交通事故多因素特征信息集成数据库、重特大交通事故调查与鉴定技术分析平台、交通安全执法信息数据库、交通安全移动执法平台等，实现了规模化示范应用，形成行业标准和规范体系。

以信息通信技术 ICT 为传输基础的智能道路交通系统当前已成为解决道路交通安全的重要手段。通过将 ICT 与先进的电子传感技术、控制技术及计算机技术应用于道路交通管理与控制，建立高效管理平台，不仅能及时准确地掌握道路信息，提高交通管理部门的宏观调控能力，最大限度地发挥对交通监控、管理和紧急事件的处理功能；还可利用ICT传播速度快、范围广的特点，加强对交通安全的宣传工作。

在事故多发路段行车安全隐患检测与预警技术方面，通过特制的地磁感应棒捕捉运动的导磁体（车辆）对大地磁场的微小扰动信号，经过放大和处理后利用高亮ＬＥＤ灯输出警示信号。该系统通过对司机视觉盲区的冲突车辆的检测与警示，降低车辆冲突的可能性，还能判断车辆超速信息等功能，具有可靠性高、稳定性好、节能环保、低成本、免维护等优点，在降低事故多发路段事故率，雨雾等恶劣天气下警示效果更加显著。

在基于物联网技术的交通状态监测安全预测技术上，主要采用物联网技术实时监测道路的交通情况，依据搜集的交通信息设计安全预警指标，提出了建立灰色理论道路交通安全预测模型，并在模型的基础上引入二维马尔科夫链时空模型，建立一种新的二维马尔科夫理论的灰色扩展交通安全预测模型。

为满足道路交通事故可视化分析的需求，在警用地理信息平台、空间数据分析与处理、交通安全态势预警、事故多发路段判别等技术的基础上，提出了基于Ｐ－ＧＩＳ的道路交通事故分析系统的构建方案，并加以设计与实现。系统集事故信息的录入、管理、展示、查询、统计分析于一体，为道路交通事故分析提供了重要的辅助决策支持工具。

利用新一代具传感功能的RFID标签对环境的智能感知原理，可探索人、车、道路、环境与交通安全风险智能感知之间的关系，为道路交通安全风险预警提供更全面的指标，预防交通事故发生，降低交通事故率。将其与图像识别技术互为补充，在交通管理工作中将两种技术进行融合，可充分发挥两者的优势。

在驾驶员训练培训上，提出了基于虚拟现实技术的典型动态交通场景，可以有效提高驾驶人的应急操作技能和安全意识水平。

基于视频处理技术的交通冲突技术检测与判定，将交通冲突技术的研究带向了一个更广阔的平台，但是由于视频处理技术的不成熟，还存在一些亟需解决的问题。

针对夜间照度不够条件下的交通视频图像存在的问题，提出采用开关滤波器检测出图像中平滑非噪声像素、边缘像素点及噪声像素点，边缘像素点保留原灰度值，噪声像素点用中值滤波降噪估计，平滑的非噪声像素点采用对数直方图均衡化处理，以提高夜间照度不够条件下交通视频图像的视觉质量，加强道路交通安全的管理。

三、发展趋势

（1）交通安全研究相关的基础研究及数据的积累是一长期的过程，提高驾驶员的环境适应能力和对危险驾驶行为实施干预，提高车辆主动技术水平和运输安全实现完整的信息化监管，提高高等级公路设施信息化程度和主动安全技术水平以及突破路网交通流危险状态识别等关键技术，提高宏观路网安全管理与控制水平，形成集成化交通执法、应急管理与救援技术及装备等是有待进一步攻关研究的问题。

（2）当前对交通参与人的行为、心理研究，道路环境的适应性研究，对车辆安全性能、车辆驾驶员的驾驶疲劳、对交通环境的适应性、对道路交通事故进行有效干预以及有利于执法规范的相关标准等基础性研究均比较滞后，随着人因工程技术的进一步发展和提升，在深入研究驾驶人因作用原理的基础上，通过引入生理、心理学方法，能够进一步深入探索交通参与者交通安全提升手段和方法，是当前和未来的研究重点和趋势。

（3）移动互联网、云计算、物联网、大数据等信息技术和产品创新，在交通运输领域，面向车联网的云计算服务、数据存储服务等成为重要发展方向，通过构建完善的网络平台和后台系统，为车辆调度、道路信息分析发布、定位导航、远程救援等提供更全面、更深入的技术和应用保障。建立人、车、路等要素相关数据采集、交换、处理、聚合和发布的完整体系，通过数据交换，实现驾驶员信息提示、驾驶员警告以及车辆或基础设施控制，进而提高环境感知能力，减少或消除交通事故。

（4）ITS 对道路交通事故预防、危险探测及事故预警、事故伤害减轻以及事故后应急救援等道路交通安全领域有巨大潜在优势，科学合理地设定应用 ITS 改善道路交通安全的目标，为中国道路交通安全目标服务，并根据发展目标，尽快制定国家层面的专项发展战略，提出有针对性的应用 ITS 改善道路交通安全行动计划，大幅度提高集成应用程度，以充分发挥系统整体效果。

（5）ICT 技术与交通业、汽车工业融合发展，在改善道路安全等方面将大有作为，它能让驾驶人、行人平安，让交通更加顺畅、管理更有效率，让环境更加环保，真正达到人、车、路与环境的统一。

（6）道路交通、信息通信、交警安全等政府职能部门加强沟通配合，共同打破现阶段各产业链条的封闭现状，改变市场碎片化状况，致力于对道路安全用户系统界面及其通信系统标准的统一制定和规范。通过构建以信息通信为基础的智能交通安全管理系统，搭建开放、协同、共享的公共平台，实现协调各主体关系，提供数据采集存储分析及相关信息服务的功能，而其他各参与主体可以通过平台进行交通安全信息数据共享，实现道路交通安全。

（撰稿：王志洪、邵毅明）

基于LTE的高速铁路车地无线宽带技术

一、技术概述

我国公众移动通信经历了模拟蜂窝、2G数字移动、3G三个阶段后，应用综合化、制式融合化日趋明显。诸如TD产业联盟的技术创新联盟在融合技术标准的发展、整合产业资源、营造产业发展大环境、促进信息通信技术发展等方面贡献了很大的力量，使TD-SCDMA成为国内的3G主流技术，并推动了TD-LTE的全球规模化发展，使其产业链不断完善与成熟；与此同时，全国高速铁路网规模的日益扩大，高铁车厢内旅客的宽带通信需求，也为第四代移动通信的TD-LTE发展创造了良好的环境。在这样的背景下，工信部顺应技术发展的趋势，为解决高速铁路旅客语音及数据通信的迫切需求，于2011年进行了国家科技重大专项“基于TD-LTE的高速铁路宽带通信的关键技术研究与应用验证”的招标，组织国内20余家企业、高校和研究单位进行了相关的研究开发工作。其中，生产企业主要包括华为、中兴、普天；应用企业主要包括中国通号、上海通号；研究院所主要包括铁道部科学研究院、中国移动研究院、中科院微系统所及软件所；高等院校主要包括北京交通大学、西南交通大学、北京邮电大学和上海交通大学。

目前在国内高速铁路上应用的铁路无线通信系统主要是GSM-R系统。GSM-R是专门为铁路设计的移动通信系统，在GSM蜂窝系统平台上增加了多种铁路业务和适合高速环境下使用的要素，以满足铁路通信的需求。但GSM-R系统是窄带系统，且频率带宽仅有4MHz，在高速移动环境下的通信性能和频谱利用率都比较低，不能满足宽带数据业务的需求；另一方面，随着公网GSM市场的逐步萎缩，预计到2028年前后，GSM-R设备商也将终止GSM-R产品和技术支持。因此，我国铁路系统从2008年就开始对铁路移动通信技术演进的研究，适用于高速、宽带传输的移动通信系统成为研究的重点，TD-LTE以其频率选择的灵活性受到铁路方面的关注。针对公众通信的“基于TD-LTE的高速铁路宽带通信的关键技术研究与应用验证”，也将为铁路GSM-R系统向LTE-R的演进提供了有益的参考。

2013年，随着宁杭、杭甬、津秦、厦深、西宝等一批新建高速铁路投入运营，我国高速铁路总营业里程超过1.1万公里，在建高铁规模达1.2万公里，成为世界上高速铁路投产运营里程最长、在建规模最大的国家。2013年，4G牌照的正式发放，标志着我国移动通信已经进入4G时代，正向宽带化、移动化、IP化的方向发展。而国家科技重大专项“基于TD-LTE的高速铁路宽带通信的关键技术研究与应用验证”，在有针对性地提出了克服列车车体损耗大，同时全方位考虑2G、3G语音及大容量数据通信的系统方案的基础上，设备层面克服了高速多普勒频偏，解决了快速切换和快速功控等问题，并通过多次实际场景测试，完善了设备研发，验证了系统功能，取得了阶段性的研究成果。

二、系统组成及功能

“基于 TD-LTE 的高速铁路宽带通信的关键技术研究与应用验证”自 2011 年开始，旨在研发与目前已有的高速铁路宽带通信系统相比具有支持更高移动速度、支持更高数据传输速率、更高的系统兼容性、工作稳定的高铁宽带通信系统，并展开应用验证。该课题基于下一代移动通信标准 TD-LTE，开展面向高速铁路应用的宽带通信系统的系统架构设计与关键技术研发，突破高速移动环境下的多普勒估计与补偿、信道建模、快速切换、谱效率提升以及网络规划等关键技术，研制高铁车载通信设备、基站设备以及核心网设备的样机、开发网络管理与运营支撑系统，并结合高铁的建设与行业应用单位联合开展应用示范，为下一代宽带移动通信网络在高速铁路上的大规模商业化应用奠定基础。

（一）系统组成概述

基于 TD-LTE 的高速铁路宽带无线通信系统具有多种技术体制均可接入的特点，即在高铁车厢内支持多种无线通信技术制式，例如 2G/3G、WiFi 和视频业务等。车厢到路边的外部系统采用 TD-LTE 技术的通信系统，系统在车厢内采用集中接入的工作方式，即用户终端通过车内的网络覆盖接入到列车内的通信网络，当需要与地面网络通信时，车载控制单元将数据收集并负责将各种业务用户的数据发送给 TD-LTE 车载台，经过 TD-LTE 系统的地面子系统和核心网设备传输后到达接入控制器，接入控制器根据业务类型将数据分发至相应的业务网络。此工作方式可有效的利用车地无线宽带资源、避免车体损耗。

系统共分为核心网、地面子系统、车载子系统三个部分，系统总体框架图如图 1 所示。

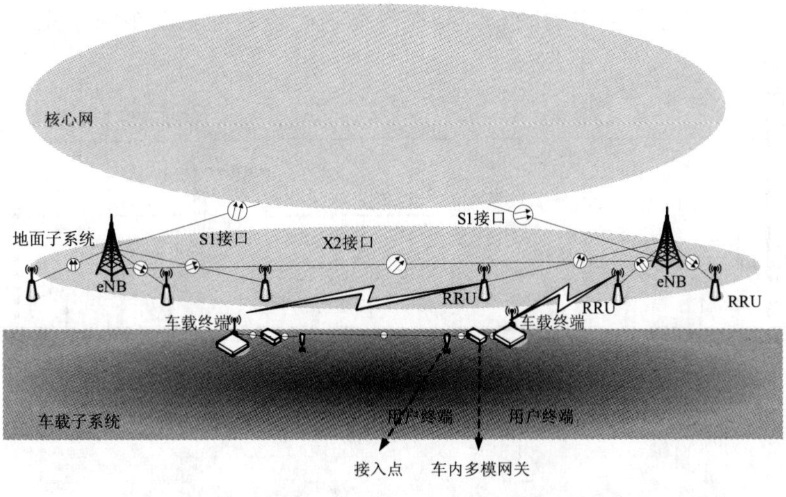

图1 基于TD-LTE的高速铁路宽带无线通信系统结构图

（二）核心网

核心网设备主要完成会话管理、移动性管理、非接入层安全、承载管理、业务质量控制、用户数据流策略控制、与外部网络互联互通等。核心网由接入控制器、移动管理设备 MME、服务网关 S-GW、分组数据网网关 P-GW 等组成。核心网各实体之间接口均基于 IP 传输，具备 IPv4/IPv6 双栈功能。接入控制器的主要功能是实现不同网络之间的协议转换与路由选择，包括两大功能：一是接收来自 2G、3G、Internet、视频服务器等业务网络的语音和数据信息，识别其业务类型，并按照网络业务的 QoS 需求映射到 TD-LTE 无线接入网络的无线承载上；二是接收来自 TD-LTE 无线接入网的信息，并从 TD-LTE 格式的信息中分离出不同系统的业务数据，转发至相应的业务网络中。

（三）地面子系统

地面子系统即 TD-LTE 无线网设备，采用多个 BBU 和 RRU，按照平均 3 公里站距布网，实现沿线的 TD-LTE 系统无线覆盖。

（四）车载子系统

1. 车载子系统功能

根据高速铁路场景下的宽带业务需求，并结合行业应用的实际需要，车载子系统满足以下功能：

- 在300km/h时速下，为旅客提供正常的2G、3G各种制式通信：包括移动、联通、电信三个运营商的最普遍的主流制式。
- 实现车厢内的WiFi热点覆盖，提供移动互联网服务。
- 实现车厢内视频图像的传送以及车厢内视频下载。

2. 车载子系统组成

车载子系统以 8 节编组的动车为结构原型进行设备配置。车载子系统架构如图 2 所示。

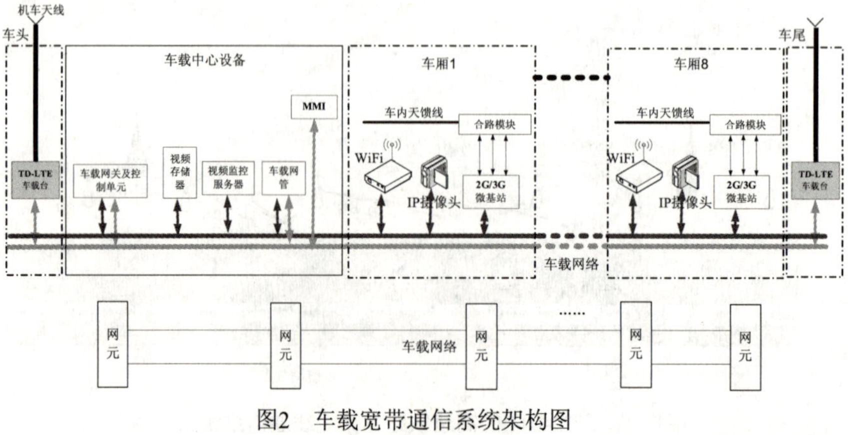

图2　车载宽带通信系统架构图

（1）TD-LTE 车载台

TD-LTE 车载台包括基带处理模块、主控单元、射频模块、GPS 模块、电源、天线、馈线、机柜等结构件及车载台操作终端。车载台直接与地面 TD-LTE 基站通信，负责搭建车地间的高带宽数据传输通道。作为列车上各类业务终端通信的出口，车载台的性能是整个车载宽带通信系统的关键，研制过程中通过对频偏纠正与补偿、信道估计和均衡等先进技术的研究，提高在高速移动环境下的数据传输速率，满足车厢内各类业务的需求。

车载台天线支持 MIMO 技术，结合调制方式、射频器件的性能，在天线单元、阵列以信号失真为优化目标设计天线，达到改善系统性能，减轻信号处理难度、降低系统复杂度的目的。

（2）车载中心设备

含车载网关及控制单元、车载网管、视频监控服务器、视频存储器、MMI 等，充分考虑防震设计。其中，车载网关及控制单元连接车载子系统各个设备及车载台，当车载台处于主备模式，根据信号质量，自动选择主用电台。同时可实现车厢内各业务流的流量控制，QOS 保证等。

车载网管能实现车内各节车厢内 IP 摄像机、WIFI、车载微基站、车载网络等设备的管理，实现对这些设备的性能状态及设备配置的实时监控。同时车载网管预留北向接口，接受网管与运营支撑子系统的管理。

视频监控服务器实现对各车厢内部署的 IP 摄像机进行图像的处理和统一管理。同时根据图像质量和保持时间的要求，将图像保存在视频存储器中。车载视频服务器同时与地面视频监控中心相连，通过车载台及 TD-LTE 网络实时将图像传送至地面监控终端，地面监控终端根据需要调用车载视频服务器中 1~2 路视频图像，实现对列车车厢内的实时监控。

（3）车厢 1-8 的设备部署

八节车厢内部署 2G/3G 微基站、IP 摄像头和 WIFI 设备，车载网络由工业级网络交换机、多功能连接器等设备组成。每节车厢设置一个网元节点，车厢之间通过光纤或者网线连接相通。充分考虑网络的可靠性，网元节点之间的光纤及网线采用路由保护方式进行连接，当某一处节点故障断开时，车载网络仍可以正常工作。

车载 2G/3G 微基站单元实现对车厢内旅客持有的 2G/3G 终端的无线覆盖，负责在旅客手持终端与 TD-LTE 车载台之间搭建无线传输通道，完成 2G/3G 话音通信业务的承载回传。车载 2G/3G 微基站单元能同时完成中国移动、中国联通、中国电信等 2G/3G 制式，通过 TD-LTE 系统核心网接入既有电信运营商的 2G/3G 核心网。车载 2G/3G 微基站在每个车厢均需要对三个不同运营商 2G 和 3G 不同制式的手持终端的接入。

2G/3G 微基站合路模块完成车厢内不同运营商 2G/3G 不同制式手持终端的无线信号的耦合，车厢内设置一套室内覆盖系统或天线即可接受不同手持终端的信号。

WiFi 设备能实现对车厢内具有 WLAN 功能终端的无线覆盖，为旅客提供便捷的移动互联网接入服务。通过 TD-LTE 车载台及 TD-LTE 地面网络接入 Internet。

车厢内的摄像机采用专用车载网络 IP 摄像机，集摄像头、编码器、网络模块于一体，图像直接 IP 化通过车载网管传输至车载视频服务器端进行处理。车厢监控在考虑监控视频效果的同时，还重点考虑了摄像机设备的抗震、防尘、抗干扰等特殊的环境要求。

3．应用案例

在上述系统方案中，TD-LTE 系统作为一个“传输通道”，可以实现高速下的移动上网、视频传送（车对地、地对车）和 2G/3G 语音业务。由中国通号牵头的科研团队作为三个课题组之一，先后进行了 2011 年广深港高速、2012 年哈大高速测试，获取了大量的现场测试数据，为 TD-LTE 系统传输信道建模（高速移动环境下的开阔地、城区、高架桥、山地四种信道模型）、完成高速移动环境下系统谱效率提升技术研究、高移动性的资源管理、切换信令等技术的优化、克服多普勒频移关键技术优化和实验室高速仿真奠定了基础。之后的 2013 年又在杭甬客专进行了 350KM 时速下长达 37 公里线路试验段的系统性测试，以及截止本年鉴编制时已完成的实验室静态测试、杭长客专江西境内 62 公里示范段建设和测试，证明在超过 350km/h、达到 386km/h 时速下，TD-LTE 示范段可以实现 2G/3G 语音业务、上下行视频传送业务、WIFI 上网业务，并能够实现这三大类业务的同时传送。系统支持多语音和数据用户同时接入，小区平均频谱利用率达到 2.17bit/s/Hz 以上，控制平面时延 85ms，用户平面时延小于 50ms，切换时延小于 64ms。

4．发展趋势

从铁路移动通信系统发展的角度，3G 的规范中并没有考虑铁路特色应用，达不到铁路的安全可靠要求，考虑到未来铁路通信的总体需求，国际铁路联盟（UIC）已经明确表示当前的 3G 技术不适用于铁路，在 2010 年 12 月召开的第七届世界高速铁路大会上，UIC 明确指出，高速铁路移动通信长期演进将采用铁路带宽移动通信系统（LTE-R）技术发展战略。因此，GSM-R 不会过渡到 3G，而是直接过渡到“准 4G”的 LTE-R。

下一代铁路移动通信必须满足如下要求：

- 更高的移动性。在链状组网方式下，支持300km/h及以上高速移动
- 更高的RAMS要求。以便承载列控等安全相关的业务
- 较高的频率利用率。保证列车控制、调度指挥业务所要求的极低的接入时间、极低的阻塞率和较低的传输时延。

LTE 系统技术先进、产业成熟，技术特点符合下一代铁路无线通信系统的需求。而 TD-LTE 支持上下行非对称业务，适应铁路无线通信业务特点；对现有 TD-LTE 技术进行改进，即可支持 300km/h 及以上高速移动要求；同时非对称频谱，频率指配难度较低；此外，TD-LTE 是我国主导的标准，国内产业链完整，具有技术优势，也可以顺应高铁走出去的战略。因此，我国 LTE-R 系统适宜以 TD-LTE 为基础，同时研究与 FDD 兼容。

从公众移动通信的角度，高铁 LTE 网络的规划和部署处于刚起步的阶段，如何更好地克服高频谱偏移和频繁切换等因素带来的不良影响，提高数据传输率和可靠性依

然是 LTE-R 的重要研究方向。结合高速传播特性的高速铁路移动通信系统建模、高速铁路异构移动通信网络服务质量分析与保障技术、高速铁路宽带无线通信干扰分析与抑制技术成为国内外许多大学和研究机构的研究热点。

中国移动已经开展了在江浙沪、京津、珠三角、山东等地的部分高铁沿线 4G 覆盖，铁路也在进行专用网络向 LTE-R 演进的技术和策略研究。根据国家的规划，未来高速铁路通信系统会是一种公众网络和铁路专用网络互补的一体化通信网络。未来能否找到一种新的高速铁路宽带移动通信系统建设和运维体制，同时满足公网用户和铁路用户的需求，并对各类公共和铁路专用业务进行 QoS 分级，更好地服务于公网和专网用户，也将成为关注的焦点。

（撰稿：邸士萍）

第三章

关键技术发展及应用

交通状态感知与交互技术

交通信息的感知与交互是应对交通问题的基础与关键。随着我国城市化进程的持续推进，交通拥堵、事故频发、环境污染等问题开始由大中城市向普通城镇蔓延，同时，交通问题也受到了更多来自出行者个人的关注。广域多维多态环境下实时交通大数据的获取与处理，成为了新形势下交通信息感知与交互处理的主要内容与关键技术。

随着智能移动终端技术的兴起，出行者与交通工具移动状态的实时记录与感知成为可能，结合已有的智能交通视频、流量等海量数据，交通行业整体上进入了大数据时代，为综合交通信息的感知与交互带来了新的机遇与挑战，将为交通管理部门、相关行业及个人出行提供更全面、更智能、更个性化的咨询与服务。

一、技术概述

交通状态的感知与交互处理是贯穿智能交通系统发展与建设的核心基础，无论任何发展阶段的交通系统，信息的获取与处理都是其基础内容，在整个交通系统中发挥着举足轻重的作用。传统的信息采集与处理具有一定的时空与技术局限。为了适应社会和经济发展的新要求，先进的综合交通系统将拓展传统的交通信息范畴，基于“空地、水运、公路和城市道路”等不同复杂交通环境，采用高覆盖、长寿命、高精度、网络化的综合交通状态智能感知新技术、新装备，开发交通状态智能感知与交互处理关键技术和系统，构建“通信顺畅、现场及时、信息完备、指挥到位”的综合交通管理平台，进一步提高交通基础信息获取的技术水平和效率，为交通管理、决策和出行服务提供更加精准丰富的基础数据，为交通信息化和智能化发展奠定重要的技术基础。

随着物联网、车联网、移动互联、云计算等技术的兴起，交通系统的信息采集方式呈现多样化发展趋势，信息采集的内容爆炸式激增，同时相应的信息处理技术也在不断更新，已获得和可获得的交通数据呈现种类繁多、数据量大、时效性高、多源异构、信息量巨大等大数据的特点。对交通大数据进行采集、交互、处理与分析并形成决策，将为综合交通控制与实时交通诱导等应用提供数据基础与技术支持。目前我国重点针对空地、水运、干线公路、城市路网等不同交通环境条件，基于公交、浮动车、私家车等不同载运工具，研究各类交通环境下，多模式综合交通状态感知、信息交互融合和系统集成应用等技术，形成了交通状态感知与交互系统及关键技术体系，并实现了相关应用。

二、系统组成及功能

交通状态感知与交互系统一般由三个模块构成：交通状态感知方法、信息交互处理技术、系统集成测试与应用（如图1所示），三个模块从不同层面为交通状态的感知与交互提供支撑。该系统根据不同交通环境条件（空地、水运、干线公路、城市路网等）、不同载运工具（公交、浮动车、私家车等）的特点，以理论方法研究为基础，关键技术攻关为核心，集成应用测试为验证，共同实现综合交通状态信息感知与交互系统功能。

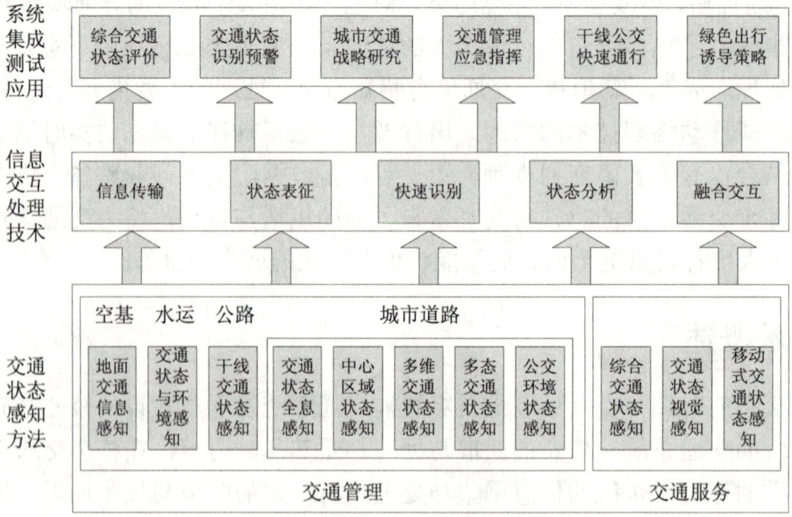

图1　交通状态感知与交互系统组成及功能

基于交通状态感知与交互系统的多层综合架构，各组成模块的功能作用如下：

（一）综合交通状态感知

综合交通状态感知模块包括了针对空地、水运、干线公路、城市路网等不同交通环境，针对公共交通、路侧系统和车载系统等不同载体的宽覆盖、长寿命、高精度、网络化的综合交通状态智能感知新技术、新装备等，同时提供面向交通控制与管理的综合交通状态感知系统化方法。

针对空地环境，以我国低空空域开放为契机，将空地协同交通状态感知作为突破点，建立空地一体化感知、协同联动的应急移动交通指挥平台，实现空地协同式应急指挥及地面交通信息感知功能。针对水运环境，研究水上交通状态描述模型和多传感器融合感知方法，开发水上交通状态感知装备，可实现船-标-岸与船-船信息交互与集成。针对干线公路环境，重点攻克满足干线路网特点的关键监测点传感器布局优选技术、多粒度干线公路网交通状态综合评估与预警技术，在部、省两级路网中心实现交通状态综合评估预警系统实地验证，以满足面向国家干线公路网“可视、可测、可控”的核心需求。针对城市路网环境，结合智慧城市与智能交通建设，瞄准国家中心城市交通管理与出行中对智能化交通信息处理技术的迫切需求，着力研究中心城市交通状态感知与信息分析技术体系，针对不同出行者的出行需求，实现满足环保要求的交通出行诱导应用，并构筑城市交通系统的战略研究平台。

物联网、车联网、移动通信、下一代互联网等新技术的发展，有效拓展了交通基础信息的获取途经和手段，也为个性化出行服务提供了数据与技术支持。交通状态感知模块可实现基于出行者视角的多模式交通状态感知、基于视觉感知的交通状态识别和基于移动式设备的交通状态感知，通过深入挖掘提取综合交通出行行为特性，为兼顾效率和环保的多模式绿色出行诱导策略提供支撑，并通过分析交通分布特性与社会经济指标关联性，为城市的智慧发展与管理提供理论依据与技术支持。

（二）交通状态信息交互处理

该模块基于不同交通模式下多维多态交通信息的获取，全面系统地实现综合交通状态信息一体化管理和交互处理。关键技术包括交通信息交互传输、交通状态表征、交通状态快速识别、交通状态分析和交通信息融合分析等技术。同时，该模块重点结合车路协同、车联网、智慧城市等相关研究项目发展和应用的需要，提供特别适用于交通系统信息交互的通信传输技术，以支持多模式交通系统间、不同交通设备间和不同交通出行者间的多维、海量、异构交通信息的交互和应用分析。

随着交通系统各类大数据的涌现，交通大数据的采集与构建开始成为交通信息感知与交互处理的重点和难点。信息交互处理模块针对不同的大数据来源，分析其产生机理和数据特点，进行有针对性地采集、压缩、传输和存储方法研究，使得不同来源、不同时刻、不同地点采集的数据能够建立时空一体化的对应关系，形成体系化的元数据资源，为构建交通信息大数据库奠定基础和创造条件；同时，考虑到多源数据各自的局限性，每种数据都只能提供一部分的信息来源，并且数据在采集、传输过程中可能会存在缺失，因此，还需针对不同数据源的互补性，以及各自的分布特征和演进规律，对缺失数据进行重构，从而构建出相对完整的大数据集合。进一步，信息交互处理模块将提供基于云计算的数据处理平台，采用内容检索、聚类分析和深度学习等理论和方法，进行交通大数据的特征提取与分析，为交通管理与服务提供支撑。

（三）系统集成测试应用

交通信息的应用以出行服务与交通管理并重为原则，从研究到应用不同层次依次建立了典型系统和环境，以实现相关测试验证。在交通管理应用方面，建立相关集成应用测试验证系统或环境，可实现综合交通状态的评价分析、基于交通状态识别的预警、交通安全综合评价平台、城市交通状态的战略研究平台、交通管理的应急指挥、干线公交的快速通行保障和绿色出行的诱导策略等应用的测试验证功能；在交通服务应用方面，拓展传统交通状态范畴，可实现基于出行者视角的多维交通状态感知与诱导、基于个人出行信息的出行模式识别与评价以及基于机器视觉感知的交通状态识别功能，为个性化出行提供安全、高效、环保的出行策略与服务。特别地，在物联网、车路协同、移动互联、云计算等技术的环境支持下，还可满足综合交通系统信息感知集成与多式协同出行诱导的实证研究工作要求。

三、应用案例

（一）基于广义舒适度函数的综合交通出行状态感知与融合方法研究

基于出行者的广义舒适度函数是基于出行者对出行方式的选择，综合考虑路段旅行时间、异常交通事件、出行舒适度、出行环境、能耗与排放等因素，对出行者出行过程广义舒适程度进行描述，可为出行者的出行决策提供支持。

广义舒适度是从出行者的视角出发，综合考虑交通出行全过程中出行者的舒适感，是出行者的一种综合性感受，既包括直接影响出行者对交通工具及其环境的心理和生理感受的因素，如便捷性和舒适性，更包括了间接影响出行者感受的交通系统及其环境的多方因素，如可靠性、安全性、体效性和经济性等。经分析研究发现，广义舒适度函数应该涵盖交通出行过程中的八个主要因素，如图 2 所示。采用广义舒适度函数来分析和研究城市交通出行者在出行过程中对交通状态的感知，可包含五种典型的出行模式或出行场景，即步行、骑行、自驾、公交和地铁。在建模时可综合考虑各场景中的出行行为，并重点研究广义舒适度函数各项因素在实际应用中的体现和内容，从而建立一个有统一描述形式的、满足多场景出行需求的出行者广义舒适度函数模型。

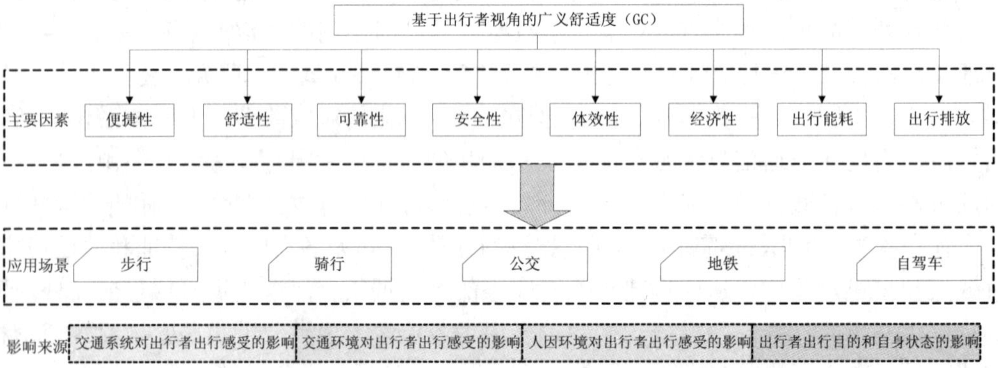

图2　基于出行者视角的广义舒适度模型架构

以地铁出行为例，广义舒适度优化模型如图 3 所示，函数中的相关参数定义如表 1 所列。基于此模型，系统可以对不同出行者，根据其出行需求的不同，规划更合理、高效、环保的出行路线；同时优化交通分配，平衡交通负载，提高整体交通运输效率，并降低能耗、减少排放、保护环境，达到绿色出行的目标。

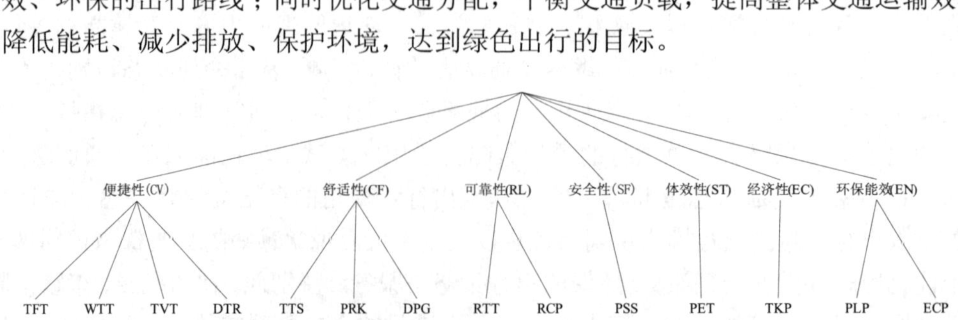

图3　基于Nested-Logit的地铁广义舒适度优化模型

表1　基于Nested-Logit的地铁广义舒适度优化模型参数

参　数	说　明
优化模型参数集	定义地铁广义舒适度优化模型的12个模型参数集合，反应出行者在地铁中的出行特性
TFT（换乘时间）	乘客换乘时间总和，包含出行链中1）从进站到候车区域和2）换乘区域的时间总和
WTT（等待时间）	乘客等待地铁到达的时间总和
TVT（旅行时间）	乘客在地铁车厢内的时间总和
DTR（绕行程度）	出行实际旅行距离与最短距离（直线距离）的比值
TTS（换乘次数）	乘客换乘次数
PRK（车站周边停车）	车站周边停车场信息
DPG（乘客密度）	车厢内、换乘区域内的人员密度
RTT（时间可靠性）	出行时间的可靠性、即准点到达的概率
RCP（容量可靠性）	容量可靠性
PSS（个人安全）	地铁系统内可能影响个人安全的因素评估
PET（体能消耗）	地铁出行体能消耗情况
TKP（出行成本）	地铁出行费用总和

（二）基于智能终端的交通大数据感知技术

路网交通信息感知技术是智能交通系统的重要组成部分，如何准确、可靠、高效、节约成本的获取交通信息数据至关重要。移动互联网的飞速发展，为交通信息感知技术带来了新的发展机遇和条件。首先，较高质量的移动通信网络为实现车车通信、车路通信和车与控制中心通信提供良好的实现条件；再者，具备多种传感器的智能终端（手机）为感知交通信息提供了可能；最后，数量庞大的移动互联网用户群可以成为构建新一代交通信息系统的用户基础，即可以利用目前现有的移动互联网水平，构建一个交通信息感知系统。

基于目前移动互联网发展的现状，设计提出了一种基于智能终端的交通信息感知技术，该技术可以实时感知路网中的多源交通信息数据，例如车辆的 GPS 点列轨迹、速度数组、方向信息数组和加速度数组，利用这些信息可以详尽的把握路网中每一辆车的行驶状态。路网中载有智能终端的车辆即是一台城市道路交通调查仪，其行驶数据调查结果由路径信息和路段信息组成，具体信息结构如图 4 所示。

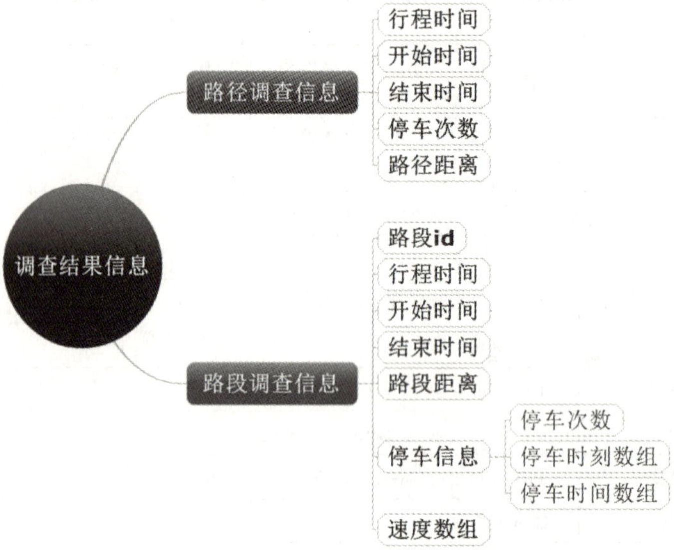

图4　调查结果信息结构

利用智能终端编程接口，可设计交通信息调查智能终端软件。效果如图 5 所示。

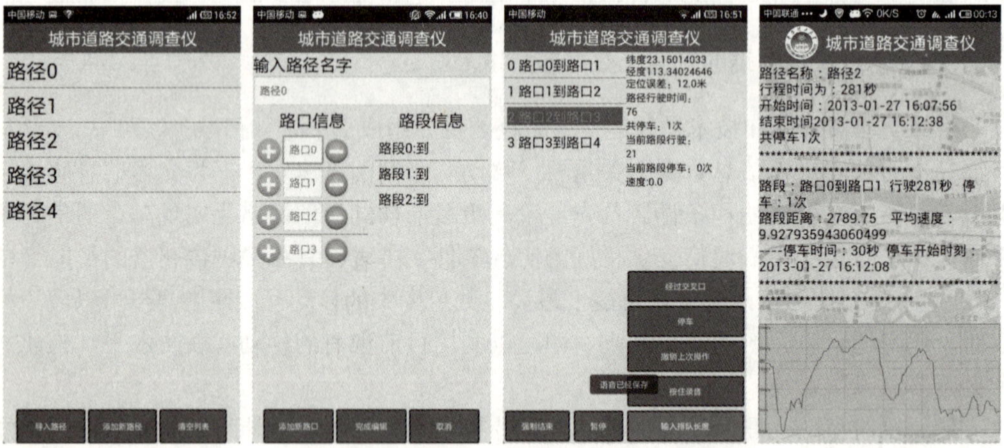

图5　交通信息调查智能终端软件

（三）基于移动互联网的交通诱导技术——高速通 APP

高速通是高速公路交通信息服务的移动应用系统，以广播、同步、推送、公众报料等多种方式，通过智能终端，采用路面车道动态模型，直观展示实时路况、交通事件、服务设施信息（加油、维修、餐饮）等信息，为公众出行提供高速路线查询、路况直播、车辆救援、定制路线等一系列高效、专业、方便的服务应用。

利用高速通可以获得丰富的实时交通状态信息，利用这些信息分析不同出行者出行需求与交通状态的关系，预测现有交通需求情况下的交通状态演化；进而，系统可以对不同出行者，根据其请求的出行需求，规划更合理、高效、环保的出行路线。

高速通系统架构图如图 6 所示。

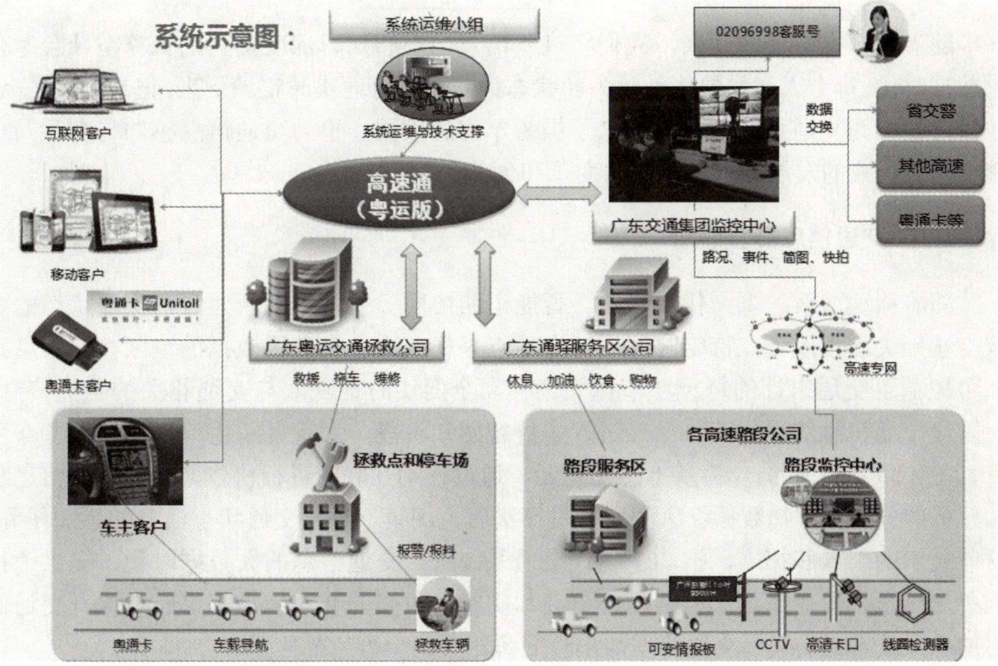

图6　高速通系统架构图

系统初期配置三台服务器，一台前置服务器，一台应用服务器，一台数据库服务器。系统通过一台千兆以太网交换机，接入广东省交通集团高速公里监控中心路网监控与指挥调度系统，该系统作为一个核心支撑系统完成高速通系统后台基础数据与动态数据的感知分析处理等功能。

高速通系统主要模块功能包括：我的路线、高速地图、路况直播、一键报料、路径路费、客服热线、个人中心等，其应用界面如图 7 所示。

图7　高速通应用界面

四、发展趋势

随着大数据时代的到来，我们将进入信息全面感知、深度交互的计算型社会。在大数据时代，每个人和物的移动行为和状态被前所未有地实时记录下来，记录频度之高、粒度之细，为交通系统的计算带来了极为丰富的数据，也为交通信息感知与交互乃至整个交通行业的发展带来颠覆式的变革和创新。

（一）交通信息群智感知

随着移动通信、下一代互联网、智能车路协同等技术的日新月异，交通状态的获取与感知突破了过去在特定时间或特定地点采样获取各类交通数据的局限性，信息感知可覆盖至交通出行的每一环节每一个体，全面实时地获取与交通相关的各类信息。现阶段交通信息的采集获取已经进入了群智感知阶段，大量普通用户以移动设备（手机、蓝牙和 PDA 等）作为基本感知单元，通过移动互联网进行协作，实现交通信息感知任务的分发与感知数据收集利用，最终实现大规模、复杂交通状态信息的感知任务。这些技术的引入和拓展，推动了现代交通系统进入交通信息的大数据时代，提供了种类更加丰富、覆盖率更广、准确度更高和实时性更强的交通信息，可有效提升交通信息的感知技术，实现与交通管理与出行服务相关的全方位的应用。

（二）交通信息深度交互

随着交通信息进入大数据时代，对丰富、海量、具有异构性的繁杂交通信息进行实时有效的智能化处理与分析挖掘技术的需求与要求越来越高。来源多样广泛的交通大数据中蕴藏着丰富的理论与应用价值，对交通大数据提取与挖掘技术，以及相关理论与方法的深入研究与应用非常急迫。交通信息不仅来源于交通系统，也来自于各类社会系统的协同感知，如何提取交通大数据的特征，进行多维数据融合，挖掘数据的潜在价值，进一步应用于交通管理与服务，甚至应用于社会系统，也将成为交通信息感知与交互技术的研究与发展趋势。

（三）交通信息云端处理

交通大数据的深度挖掘与交通服务的实时个性化需求对交通信息的处理能力提出了极高要求，云计算技术的发展为交通大数据的处理、分析与决策应用提供了有效的解决方案。云计算模型可以将交通系统数据计算处理的任务分布在大量计算机构成的资源池上，利用大规模廉价的社会计算资源，根据需要，获取计算力、存储空间及信息服务，从而实现数据的协同处理与服务。同时，随着交通服务对于实时性、准确性与个性化的需求，交通信息的服务与应用也开始转向借助云平台，进行云服务。云计算相关技术必将成为未来交通信息感知与交互技术中的重要关键技术，引发越来越多的关注，并将广泛应用于交通大数据的处理与信息服务实践中。

（四）交通服务众包众智

进入计算型社会，每个个体的社会数据将汇集为大众数据，经过提炼分析，又服务于社会的每个个体，大众正在通过这样一种“众包”“众智”的方式，逐渐成为信息感知与交互的最重要来源，同时继续作为信息服务的对象享用这一技术进步的成果，并且通过这一方式，与政府一起规划、管理、“共治”社会。未来交通信息的应用也必将更加重视交通参与者的出行体验，提供人性化与个性化的服务；同时潜移默化地转变人们的出行方式，改变人们的生活理念，最终营造形成安全、高效和环保的宜居环境与智慧型社会。

（撰稿：张毅、裴欣、郑一辰）

交通违法监测与治安卡口监控

一、技术概述

（一）背景

随着经济社会的不断发展，我国机动车保有量日益增加，交通压力与日俱增，交通违法现象越来越普遍，交通违法成为阻碍我国道路交通安全、有序、畅通的关键因素。当前我国道路交通执法环境面临着巨大压力，主要体现在监管覆盖面广、路面警力不足、执法技术要求高等方面。近年来，交通违法监测技术在这一背景下应运而生，发展迅速，各种新技术新突破不断涌现。与此同时，社会治安与交通管理息息相关，利用先进的科技手段提高交通管理水平，抑制交通事故，侦破涉车案件，震慑犯罪分子，是当前公安交通管理部门亟待解决的问题，治安卡口监控技术在这一需求下产生。

（二）内涵

交通违法监测技术是采用传感器、计算机、视频监控、网络通信等技术来实现道路交通违法行为的感知及处理。针对交通违法行为的普遍性和违法证据易失性等特点，交通违法监测技术发展和应用，不仅可以弥补警力不足和光靠人力难以取证的一些违法行为，而且可以大大提升道路交通管理工作的水平及效率，从而确保道路安全、有序、畅通。

治安卡口监控技术是指依托道路特定点段，如收费站、交通或治安检查站等卡点，综合集成先进的车辆传感、图像处理、模式识别等技术实现对过往机动车图像拍摄、特征记录与处理。

（三）目的

交通违法监测与治安卡口监控技术是智能交通管理系统的核心内容，是集交通现场监控、交通行为识别、车辆特征管理于一体的综合系统，它将传感器、计算机、图像监控等技术应用到卡口监控、治安管理、交通违法监测与处理等业务中，通过计算机网络和远程通信网络与原有系统功能有机结合在一起，实现交通信息的共享应用。

（四）范围

按照《中华人民共和国道路交通安全法》及《中华人民共和国道路交通安全法实施条例》规定，涉及机动车通行的交通违法行为 171 种、涉及非机动车通行的交通违法行为55种、涉及行人和乘车人通行的交通违法行为30种、涉及高速公路通行的交通违法行为为28种、其他规定的交通违法行为为49种。所有这些交通违法行为都可以通过交通违法监测技术来实施取证并执法，采用诸如图像取证、测速取证、声音取证、超重记录、卫星定位、汽车行驶记录、酒精检测、证件核查等高科技手段。

（五）分类

按照采集的信息类型来分，交通违法监测记录系统可分为图像型交通违法监测记录系统和数据型交通违法监测记录系统两大类，其中图像型系统是指以采集图像为基础的设备，常见的系统有闯红灯自动记录系统、车载式交通违法取证系统、闯禁区监测记录系统、车辆超速监测记录系统、公路车辆智能监测记录系统、车辆稽查管理系统等；数据型系统是指以采集数据为基础的系统，常见的系统有酒精检测仪、车辆卫星定位系统、汽车行驶记录仪、车辆超速警示系统、车辆超重记录系统等。从理论上说，图像型系统带有“监测”功能，不仅有数据结果，而且还有图像证据，往往是警察不在现场即可实现其取证功能，属于非现场执法的范畴。而数据型系统仅有检测功能，只提供数据结果，往往需要警察人力的协助才能完成执法取证工作。

按照安装方式来分，可以分为固定监测记录系统、流动监测记录系统，其中固定监测记录系统指安装在固定地点、具有对机动车实施监测并记录违法行为的系统，常见的系统有闯红灯自动记录系统、闯禁区监测记录系统、车辆超速监测记录系统、公路车辆智能监测记录系统、车辆超速警示系统、车辆超重记录系统等；流动监测记录系统是指能在运动过程中检测并记录违法行为的系统，常见的系统有酒精检测仪、车辆卫星定位系统、汽车行驶记录仪、车载式交通违法取证系统等。

二、系统组成及功能

（一）系统组成

1．交通违法监测记录系统分类及组成

交通违法监测记录系统是智能交通系统的前端系统，负责交通违法行为的采集与监控，系统主要由前端抓拍子系统、网络传输子系统和中心（后端）管理三部分组成。

前端抓拍子系统：前端系统采用车辆检测器对路口通行车辆进行检测，使用高清摄像机采集图片，并抓拍闯红灯的违法车辆，将抓拍的图片和相关信息（时间、地点、车辆信息、车牌图片等）进行本地存储，实时或定时送回指挥中心的后端服务器。

网络通信子系统：网络传出系统由传输网络和传输软件组成，负责连接前端抓拍系统和后端中心管理系统。这部分负责将前端抓拍系统采集的违法数据实时或定时传输回中心，同时接收中心的控制信号，完成自动较时、系统自检、参数配置、鼓掌检测等控制操作。

中心管理子系统：后端系统在收到前端系统采集的基本信息之后，根据不同的需求，

对这些信息进行相应的处理，例如：对前端抓拍系统送来的违法车辆图片进行相应的录入、查询、处罚等处理操作。系统支持 B/S 结构，可允许客户端同时查询、登录和处理违法纪录。

2．治安卡口监控系统

治安卡口监控系统主要包含车辆检测单元、快速摄像单元、辅助照明单元、控制主机单元、信息传输和路口机及网络架构等部分。

车辆检测单元：目前市场上车辆检测单元主要有视频检测器、线圈检测器、超声波检测器、红外线检测器、雷达波检测器。工作方式各不相同，其中视频检测器适合在车流量较低的场合使用，线圈检测器具有成本低、可靠性高、检测精度高的特点而被普遍采用。

快速摄像单元：快速摄像单元由高清晰度的低照度摄像头、可变焦镜头及时外防护罩等设备组成，为系统提供高品质的车辆图像，应用于车型、外观、颜色及车牌照的识别。

辅助照明单元：为了增加图像清晰度和识别度，采用辅助照明装置来提高系统的识别率。在选择辅助照明时，需要考虑灯具的聚光性、电光源的显色指数和色温等，显色指数值越高其色彩还原性就越好，而且色温要与摄像头对应，灯具的光效越高对系统越有利，可降低灯具电功率。

控制主机部分：计算机根据车牌照特写图像进行拍照全自动识别，识别结果实时与车辆报警信息库相连，一旦符合报警条件计算机会自动向监控中心发送包含车辆图像的主要特征信息。

信息传输和路口机：在路口机和中心服务器中分别安装传输程序和中心管理程序，并安装后台监视软件对路口机设备进行远程监视。迅速获得各联网监控点的报警信息，实时接收各卡点的上传数据，统一将车辆数据写入中心数据库中，完成布控信息的录入，接受包括本地公安部门、外地公安部门、交警和其它警种的车辆 WEB 查询，实现车辆图像及相关数据的统计、分析、打印、备份工作、用户管理和控制、违法车辆查询、罚单制作、登报、信息服务等工作。

（二）系统功能

1．交通违法监测记录系统功能（以闯红灯自动记录系统为例）

（1）连续抓拍

对闯红灯车辆抓拍二张或三张照片，拍摄时间分别为停车线前、离开停车线时、延时指定时间后。照片上能看清车型、车身颜色、停车线、车牌和红灯信号灯信息。当车辆连续通过时，可连续抓拍。

（2）自动记录违法信息

违法图片产生的违法信息文件能记录下违法车辆闯红灯的日期、时间、地点、车辆行驶方向、车道信息等，并可将信息直接叠加在图片上，还可有效记录压中线行驶的车辆。

（3）夜间自动光照补偿

抓拍系统具有自动光照补偿功能，可以适应没有夜间光照较暗的路口。系统使用闪光灯，当感光控制器检测到外界光线不足时，自动启动照明灯控制电路，如有车辆闯红灯，则立刻启动闪光灯，抓拍完成后自动关闭，保证夜间拍摄的图片清晰。

（4）违法记录本地下载

当系统没有与指挥中心联网或者联网不通时，可以使用移动存储设备在路口抓拍主机上直接下载，从而获取违法数据。

（5）联网传输和控制

系统可采用定时或实时的方法自动上传违法记录信息，同时在日志文件中记录下上传时间和上传数量。中心服务器通过联网传输程序可定时或实时下发校时信息、系统参数信息给前段抓拍主机，并及时更新主机的数据，可以设置前端抓拍主机名称、图片上传模式等参数。

（6）数据库管理功能

指挥中心处理设备中的核心：照片管理服务器使用公安部通用的 ORACLE 数据库存储违法记录。数据库可以与车辆管理数据库对接，自动查询车主、联系方式等信息，同时锁定该记录。违法处理软件人机界面友好，操作简单，具有系统管理、日常业务处理、信息查询、报表统计和送达明信片打印等功能。

（7）故障报警

在与指挥中心联网的情况下，前段抓拍系统系统故障后，中心软件自动报警，并记录报警时间、报警内容及报警处理人员。用户可及时处理故障，减少系统停拍带来的损失。

（8）B/S 系统结构

系统支持 B/S 结构，授权客户可在公安网上查询和处理违法记录。通过数据库记录锁定技术，多客户端可同时进行违法数据的登录、查询、处理等业务。

2．*治安卡口监控系统功能*

（1）信息采集

准确采集所有通行车辆的全部特征信息，并在图像中标明车辆通行数据，如时间、地点、车速、方向、车道等，在正常车速 (5km/h ～ 120km/h) 范围内的监控区域内规范行驶的车辆图像捕获准确率达 99% 以上。在环境无雾包括雨雪天情况下，对监控区域内的规范行驶的车辆要求准确记录车辆前部特征图像、后部特征图像、含车牌的特征图像，所记录的图像文件分辨率不低于 768×288 像素点，保存时间应不少于一个月。记录包括压中线行驶的、含车牌的车辆特征图像、前部全景图像、尾部全景图像、车牌识别图像。

（2）违法取证功能

当车速在 40km/h ≤ V 车＜ 100km/h 的速度范围内，测速误差在 0 ～－6km/h 之内；当车速在 V 车 ≥ 100km/h 范围时，测速误差在 0 ～－6%。同时，对逆行、压线等交通违法行为也能取证。车辆交通违法信息集中上传到公安交警大队（中队）筛选、确认、复核后，再将交通违法数据与公安交警支队的业务处理数据库相连，通过交通违法业务系统进行处理，避免产生执法纠纷。

（3）车辆识别功能

所识别的车牌种类应包括民用、警用、军用、武警车牌。所识别的字符应包括："0~9、A~Z、京、津、晋、冀、蒙、辽、吉、黑、沪、苏、浙、皖、闽、赣、鲁、豫、鄂、湘、粤、桂、琼、川、贵、云、藏、陕、甘、青、宁、新、渝、军、海、空、集、北、沈、南、兰、广、成、济、警、学、领、试、挂、港、澳、WJ"等。当车牌式样发生变更时，要求在不更改识别软件的前提下通过改变识别字库以及字符训练达到软件升级。在车辆按道规范行驶且不含"五小车辆"、号牌无缺损下，白天车牌识别准确率应不小于90%，夜间车牌识别准确率应不小于80%。

（4）车辆布控报警功能

布控种类包括不按期检测和年审的车辆、违法超期不接受处罚的车辆、违法记分超过12分的车辆、属于被盗抢嫌疑的车辆、涉及刑事和治安案件的车辆、其他车辆等。当符合上述布控的车辆通过监控点时，能自动实现在本地或远程报警，同时将报警信息按照预定方案传到指定地点。报警内容包括车辆行驶的速度超过设定值、车辆行驶的速度低于设定值、不按道行驶的车辆（包括逆行、压线）、故意遮挡和污损车牌的车辆、不按规定安装机动车号牌的嫌疑车辆、伪造和变造车牌的嫌疑车辆。当符合上述报警内容的车辆通过时，能自动实现在本地或远程报警，同时将报警信息按照预定方案传到指定地点。

三、应用案例

（一）高清电子警察应用

1．应用描述

采用200万CCD高清晰网络摄像机作为图像采集主体，单台摄像机覆盖单向2车道；采用LED冷光灯作为夜间补光灯，可有效降低对人眼的刺激；采用DSP嵌入式控制主机，有独立的操作系统，设备稳定。系统结构简单，便于安装维护。

2．应用特点

DSP嵌入式设备，无须工控机；支持200万像素摄像机，每台摄像机可完整覆盖2车道；视频检测红绿灯状态，无须接红绿灯控制信号；视频检测停车线机车辆，无须埋设线圈；能精确跟踪车辆轨迹，判断车辆行驶方向；具有车尾卡口功能。

3．案例图示

图1　现场实例图

图2　闯红灯处罚图

图3　压线处罚图

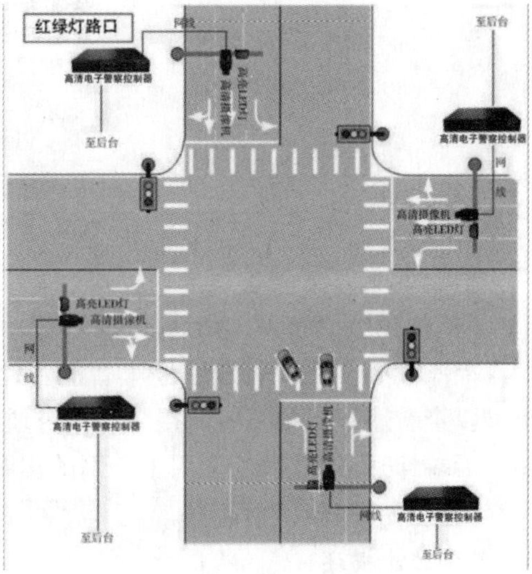

图3　安装示意图

（二）违法停车智能管控系统管理平台

1. 技术优势及特点

违法停车智能管控系统管理平台采用成熟、主流技术构建，充分兼顾交警业务需求和技术的发展，充分考虑与交警其他信息系统的链接，建设可扩展的开放平台。平台服务系统支持分布式部署方式，系统各服务模块可部署在通用服务器硬件设备上，并具备较强的扩容性，能随着前端抓拍接入点的增加对平台进行硬件和模块的扩容不影响现有业务；

2. 系统结构与组成

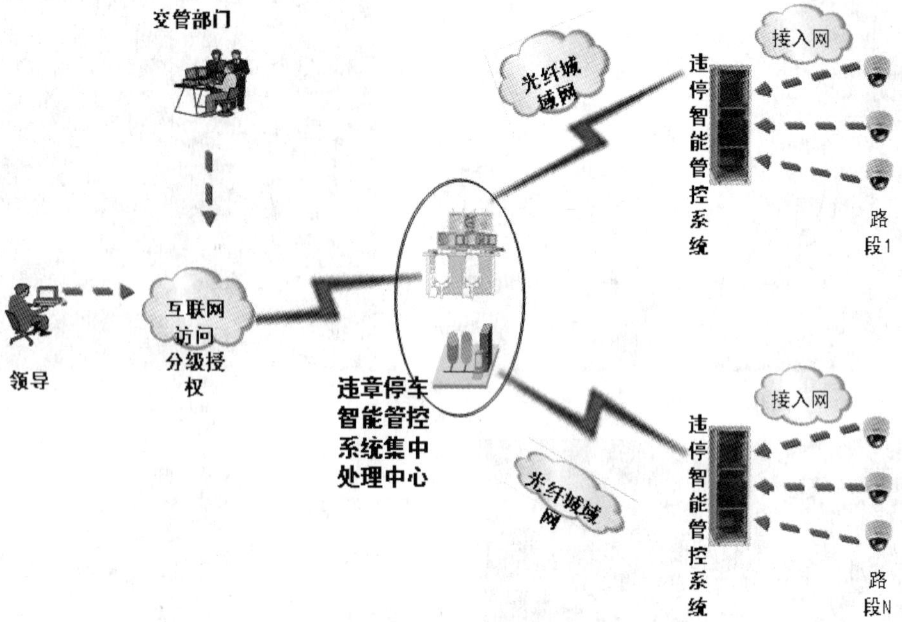

图4 系统结构示意图

系统组成：

前端采用数字高清球形摄像机；

控制中心子系统，违法停车智能管控系统主机，通过访问违法停车抓拍主机，用户可以查看违停抓拍点实时视频，同时通过访问对监控的路段进行违停检测区域设定；

后端管理子系统，主要用于全网的集中管理存储中心，集中管理全网的违停抓拍点，并存储全网的违停抓拍证据。

3．功能描述

违法车辆图片合成；车辆牌照自动识别功能；前端备份存储功能；高清录像功能；多区域自动巡航抓拍功能；数据断点续传功能；图像防篡改功能。

4．性能描述

表1 性能指标表

项　目	指　标
抓拍有效率	≥95%（白天*），≥90%（夜间*）注：带*的指标均为有效光照条件下
延时抓拍时长范围	5秒到5小时
单车违法响应时间	小于4秒
车牌检测角度	≤70度
支持多个预置位	可以支持多个预置位的抓拍
抓拍模式	自动调焦、转向抓拍，能实现逐步清晰化、放大的精准抓拍模式； 可以支持手动和系统自动抓拍；
支持复杂环境抓拍	能适应复杂环境下的车辆抓拍（可以避免行走的人、其他车辆等遮挡，导致系统误抓

续表

项　目	指　标
支持大角度车牌识别，有效车牌识别正确率	*车牌角度小于30度时，≥99%
	*车牌角度在30度-70度时，≥95%
检测区域范围	通过多预置位设置，有效检测距离≥200米（视球机性能而定）
重复抓拍	对于前段分析模块出现的重复抓拍现象，系统可以100%过滤
摄像头要求	支持所有高速球、匀速球、一体化枪式摄像机加云台，同时支持模拟球机和数字高清球机

（三）高清卡口案例

1．概述

该系统所抓拍的图像中可以用肉眼清楚的分辨：车辆的颜色、特征、车牌号码、车牌颜色、司乘人员的面部特征。能协助公安部门掌握进出辖区车辆、驾驶员信息、根据监测数据及时、准确和有效地作出交通组织，实现对肇事逃逸、嫌疑车辆、交通违法等黑名单车辆的查控与处置，对打击隐蔽型违法行为具有重要意义。

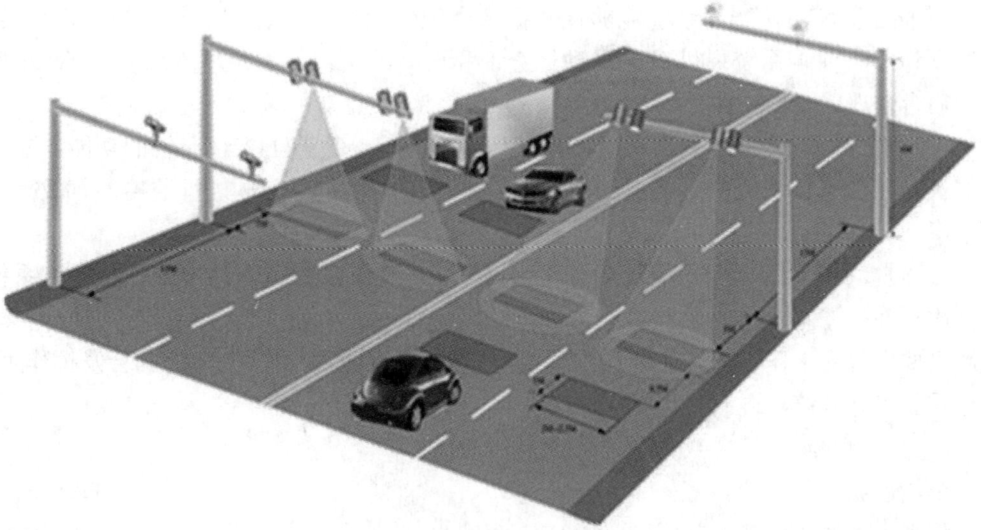

图5　系统安装示意图

2．基本功能

车辆捕获功能：系统采用地感线圈作为车辆检测方式，对通过检测线圈的每个车辆进行图像抓拍，照片为 1600×1200 分辨率。

车辆测速功能：系统在进行抓拍的同时测定车辆的行驶速度。当机动车速度小于 200km/h 时，道路实测误差不超过 – 6km/h ～ 0km/h；

车辆逆行检测功能：系统能够判断有逆行车辆和抓拍车辆图像，或向中心报警。

车辆牌照识别功能：实时记录通行车辆图像的同时，对车牌号码进行自动识别，车牌号码识别率高。

车型和颜色识别功能：系统能够分辨出大型和小型车辆。能够识别出黄牌、黑牌、白牌、蓝牌等常规汽车号牌颜色。

补光效果：采用智能频闪灯，回电时间短，避免干扰驾驶员视线。

联网布控功能:联网布控是治安卡口监控系统的重要功能。布控类型有:超速报警、布控稽查车辆报警,对于超速、肇事逃逸、未年检、报废、有违规记录的车辆进行报警。

信息上传和下载功能：系统检测的车辆信息数据首先保存在本地的数据库中，然后再根据网络情况依次上传数据。系统能够自动和手动校时。所有路口时间以后端服务器时间为准。

数据存储功能：系统可以存储至少500万辆车。超过硬盘容量的自动循环覆盖。

车流量统计功能：系统可以根据需要统计交通参数，如按照车道、时段等统计车流量、车型、平均车速和车头间距等，并存储在单独的数据库中，作为交通状态检测和交通统计分析的数据基础。

嫌疑及违法车辆拦截功能：系统可专门配置卡口拦截站，用于对嫌疑和违法车辆进行拦截和处罚。对嫌疑车辆进行现场拦截和处理，此功能可有效打击异地交通违法车辆，实现现场处罚。

车辆信息查询功能：系统能够在数据库中记录通过时间、牌照号、车型、车类、车辆图像等。前端系统提供对数据进行查询和访问的接口。本系统提供基于WEB界面的后台管理、查询软件。

视频录像功能：系统能够通过硬盘录像机实时记录公路上来往车辆的功能，配合摄像机对超速车辆的抓拍更加详细准确的对来往车辆和超速车辆进行监控，有效减少漏拍率。

故障自动检测及自愈功能：系统采用嵌入XP操作系统和固态电子盘技术，系统软件固化在电子盘中，不怕路口频繁停电。系统含内部和外部看门狗设备，能够自动检测主要设备的工作状态。如果遇到系统因意外而死机的情况，则看门狗会发挥作用，自动重新引导系统，进入工作状态。

3．性能指标

车辆捕获率：>99%；

识别正确率：>97%（白天），>90%（夜间）

触发方式：地感线圈

全天候连续工作：适应白天、黑夜、雨雪天气环境。

图像格式：JPEG

图像分辨率：1600×1200

抓拍允许车辆行驶速度：0～200km/h

工作环境温度：－30℃～+75℃（处理单元）相对湿度0～95%

系统测速误差：<5%

车辆图像记录：准确拍摄通过路口车辆的特征图像和全景图像，并在图像中标明车辆通过的时间、地点、车速、行使方向、号牌号码、号牌颜色、车身颜色等车辆信息。

平均无故障时间：MTBF ≥ 30000 小时

四、发展趋势

交通违法监测与治安卡口监控技术是科技强警的重要体现，随着技术的不断突破和成熟，可以为道路交通管理执法带来新的变革。一方面，技术的发展会促进相关法律的完善和改进；另一方面，技术的发展趋势也离不开法律的规范和调整。因此，交通违法监测与治安卡口监控技术的发展必须充分考虑交通警察执法环境和执法实际需求，在法律允许范围内，通过技术的发展来提升执法效率和执法规范化是未来交通安全执法与治安卡口监控技术的发展趋势。与此同时，技术的发展趋势也取决于其本身的性能。表现出以下几个趋势：

（一）功能多样化

交通违法监测与治安卡口监控技术从最初的测速、抓拍闯红灯功能，发展到模式识别、轨迹分析，功能越来越多样化。当前交通违法监测与治安卡口监控技术功能日渐完善，如机动车不让行人违法监测记录系统、高清卡口人脸识别系统、违法停车智能抓拍系统等新技术突破为不断丰富了技术对交警执法的促进作用。

（二）统一规范化

为规范各类交通违法监测设备和治安卡口监控系统，形成统一的行驶机动车特征信息的存贮、发布、共享、利用模式和机制，实现被盗抢、事故逃逸等涉案车辆信息的迅速发布、布控、缉查、报警，同时为跨区域、跨部门、跨路网远程共享机动车信息和大范围分流车辆提供技术支持，亟需建立机动车交通监控信息综合应用数据库。

（三）综合集成化

在路面车辆检测技术方面，从技术应用和发展角度看，路面车辆检测技术将融合多种检测手段于一身，不仅可以提高车辆检测准确率，而且可以避免不实检测行为发生。随着电子车牌、多目标雷达、卫星定位等技术的不断发展成熟，未来的机动车及驾驶人管理与交通违法监测、治安卡口监控的功能的实现，将融合多源检测技术并实现通行车辆信息的综合管理及共享应用。

（四）检测精细化

在模糊图像处理和车牌识别技术方面，随着图像降噪、散焦、拖影、低分辨率图像增强算法等技术，或采用高分辨率设备，从而解决恶劣环境下的机动车号牌图像自动识别难题。并开展车型识别技术的研究与应用，针对车辆前部全景图像提取车辆所属品牌、类型，从而为车辆有序化、科学化管理提供依据。

（五）设备深度应用化

经过国家近些年的基础建设，从前端的视频采集设备的数量和密度上来看，已经具备相当的规模了。但是相对应用非常单一，特别是现在数量众多的摄像头，采集到巨量图像数据，没有很好的应用，那么当前如何深度挖掘利用这些巨量视频将是后续方向之一。

（撰稿：王军利、姜良维、晏松）

新一代城市道路智能交通管控平台

一、概述

随着国内经济快速发展与人民生活水平日益提高，城市机动车数量日益增加速度远大于基础设施建设速度，以及智慧城市与智能交通建设的不断深入，城市道路交通指挥中心中的智能化交通控制设备及智能交通应用系统也不断增加，发挥好各交通应用系统综合应用功效，成为是智能交通技术在道路交通管理中实现集成智慧应用的重要课题。

我国的城市道路交通管理的智能交通应用系统是始于上个世纪80年代交通控制系统的研发开始的，从南京建立“南京城市交通实时自适应控制系统”之后，北京、上海、广州、武汉、杭州、沈阳等大城市引进了SCOOT系统或SCATS系统。各大城市在引进或建立交通信号控制系统和交通监控系统，不断增加了各种业务应用系统，但一直以来，各子系统间都处于各自为政的状态。到上世纪90年代以来，国家有关部门组织了中国ITS发展战略研究，并在2002年开始确定了13个ITS试点城市，率先开展ITS的研究和应用。随着智能交通技术的发展和交通管理业务的需要，智能交通管理系统的建设从分散孤立转变到整个平台的搭建，通过集成指挥平台的建设，在一个综合软件平台上实现过去需要登录十几个子系统完成的功能，实现各交通应用系统间的深度联动，可直观、方便地监测、指挥和控制交通应用系统，使各系统间形成联动，提升交通管理效率。

近年来，城市道路交通管理的业务需求和ITS的应用发展，许多城市进行了城市道路智能交通管控平台的建设，从原先考虑各交通应用系统统一集成到一个交通管控平台操作，发展到从面向指挥中心业务转变指挥调度、勤务管理、交通状况监控等功能，实现指挥中心对警情、警力、勤务等管理职能，有些还在多级的交通指挥中心之间关联关系，实现多交通中心数据互联、互通。而各个大城市在建立的交通指挥中心及其智能交通应用系统的基础上，逐步发展建立了包括交通诱导、指挥调度、态势监控、交通执法、稽查布控、分析研判、运维监管等业务功能，实现了城市交通管理的智能化、数字化和可视化，提高道路交通管控能力及应急事件的快速处置和协调联动能力，同时为交通的宏观分析、管理和交通决策等系统提供数据基础的新一代的城市道路智能交通管控平台。

二、平台的系统组成及功能

（一）平台的系统组成

新一代城市道路智能交通管控平台是基于先进的物联网、云计算、GIS、通信、多级多元协同综合指挥调度等技术，并伴随着城市道路交通管理业务而发展起来的。平台它依赖于各个智能交通管理应用系统之间的紧密联系及业务协调工作来完成对城市交通管理的高效、科学的集成控制，其应用系统与各类公安交通业务子系统（如车管、驾管、违法、事故等）等集成的智能交通管控平台的应用系统关系见图 1。

平台是将各个应用系统和业务系统（例如集成指挥调度系统（CS)、移动警务应用系统（PDA)、交通管理信息查询中心、警车及警员定位系统（GPS)、交通地理信息系统（GIS)、交通监控系统、交通信号控制系统 SCATS、电子警察系统（VES)、交通流采集系统（VDS)、交通信息发布系统、辅助决策系统（DSS 等)，在统一的图形界面的软件环境下，实现多源数据感知、实时协同管控、科学决策的精细化交通管理和控制，达到人车路动态有机的协调，使道路交通更加安全、高效、环保。其主要系统有：

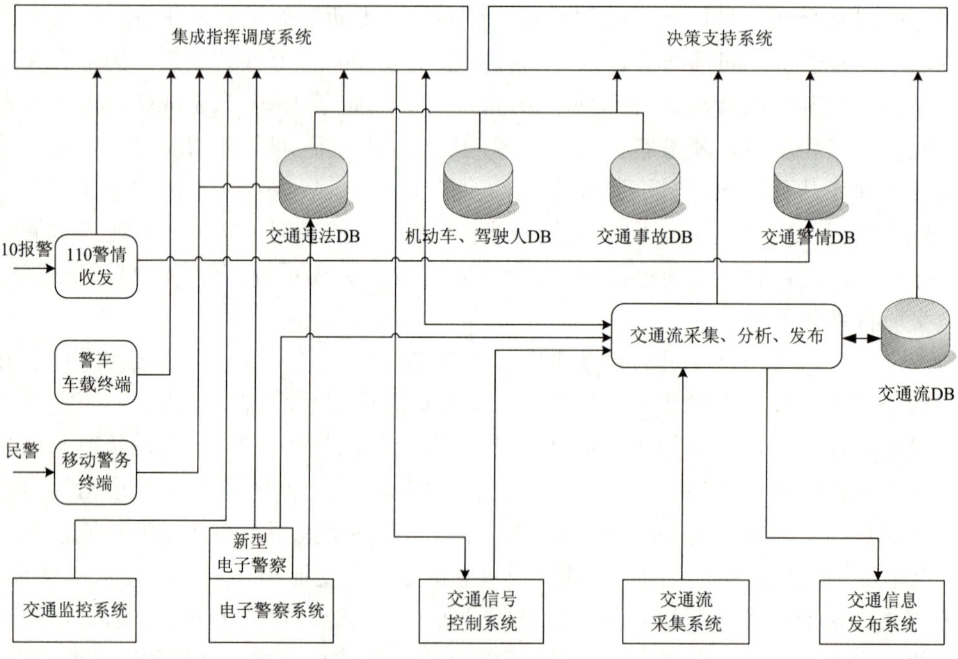

图1　智能交通管控平台的应用系统关系图

1. PGIS 地理信息系统

智能交通管控平台中地理信息系统是以公安部要求的地理信息系统（PGIS）为基础，通过建立规范的技术系统接口，将所有的交通信息及各个系统设备都可以在地理信息系统上得到体现，在平台中起着关键的作用。(PGIS）大大提高了信息化、智能化程度，提高了数据的集成度，对空间数据的管理更加方便、数据结构更为合理，并增加了对交通动态数据的存储、处理和显示，而且有更多专业的管理与分析模块，程序模块封装好，数据传输安全。使交通数据既可以满足交通管理与分析的需求，又在数据存储和显示上远远优于非基于GIS的智能交通系统，在大中城市交通缓堵智能化管理技术中应用中具有明显的优势。

2．基于控制和诱导一体化的交通控制综合系统

在智能交通管控平台的各个子系统中，交通流检测、交通控制、交通诱导的关系十分紧密，但是当前国内还没有很成功的交通控制和诱导一体化集成应用的案例。交通信号控制系统一般独立运行，不管交通流量检测还是控制模型算法都是相对独立的，比如上海、广州、杭州等城市应用的SCATS，北京等城市应用的SCOOT。由于各系统在设计、系统结构和数据库方面相对独立，无法共享数据资源，造成信息孤岛，目前还无法形成共同控制和诱导目标，在实际应用中导致交通流的控制和诱导脱节，不能达到交通流的均衡和优化。为了实现控制、诱导和现场交通指挥人员的协作，还需要通过交通指挥综合系统、移动警务系统或者集群对讲系统实现与交通指挥人员的信息沟通和协作，达到控制、诱导和交通指挥人员的协同，从而提高了交通指挥和管控能力。

为了提高交通动态控制的预案和运行水平，平台需要进行事前评估、事中监视和事后改善，就需要配合交通仿真，可通过系统接口形式建立与微观交通仿真系统的运行协作模式，将短时交通流数据自动转入交通仿真系统，辅助制定交通控制和诱导预案，并通过交通流检测系统观测实际运行状态和效果数据，反过来可以验证和改进预案，实现良性循环，使系统既有利于实现战略性的交通信号控制，同时通过诱导协同实现的控制目标。

3．电子警察运行管理平台

电子警察系统作为一种采用现代高科技的非现场执法手段，通过近十年来的推广应用工作已成为交通管理工作中必不可少的装备。由于电子警察在城市交通中的广泛应用及重要作用，所以作为交通综合管理平台，对于电子警察的集成则是必须具备的功能。在联动视频监控、卡口、GIS地图及调度通信等子系统后，这样在一个统一的平台下电子警察所具备的功能则更加丰富。

电子警察发展到今天，必然朝着精细化管理和关注成效方向发展，这也是交通管理精细化的必然要求。体现在两方面：一是关注电子警察布点合理性及其执法效果，二是关注电子警察运行水平指标，比如正常率、日均拍摄量、月零拍摄点位等。因此，要支撑电子警察精细化管理，必然要建立电子警察运行管理平台，负责设备管理、状态监视、数据传输监控、远程设置、执法数趋势分析、与交通警情和交通事故关联分析等。另外，随着城市管理发展和技术的发展，对于涉及号牌的限行或许可规则等规则在平台中都需要考虑。

4．交通指挥综合系统

平台中的交通指挥综合系统主要由集成指挥调度系统（CS）来完成，CS是以地理信息系统（GIS）为核心的集成视频监控、辅助决策/预案、电子警察、卡口、交通诱

导/信息发布、信息系统及通信系统的综合性调度指挥系统。集成指挥调度系统CS主要负责处置交通警情、协同应对突发交通事件。通常，在处置交通警情过程中，通过调阅交通监控视频，在第一时间掌握现场情况，并通过CS中的电子地图搜索附近警力。

在接警后第一时间或者出警、处置过程中，都可以根据需要录入有关的机动车、驾驶人号码，CS能够自动查询机动车和驾驶人基本信息、交通违法记录和记分，还能够自动比对黑名单以便判断是否发生交通事故逃逸、是否发生多宗交通违法而未处理等等。在处置重大交通警情、交通拥堵或应对突发事件时，CS还能通过交通信号控制系统第一时间干预周边路口交通信号，通过交通信息发布系统，包括交通信息板、广播、互联网等，发布交通诱导信息，防止交通拥堵恶化、升级。通过报警发现交通警情是被动的，在日常交通管理中需要主动掌握交通规律和趋势，交通流采集分析就是主动性的、预防性的措施，它不仅能为集成指挥调度系统提供整体的、实时的交通状态信息，还能为长远的交通规划提供十分有用的信息。

5. 公众信息服务平台

在国内城市智能交通发展的新阶段，面向公众的交通信息服务必然是发展重点。为公众提供实时准确、方便快捷的交通信息服务是这个阶段的新特点之一。在基础发展阶段，服务手段和方式主要是交通信息板、交通信息广播，比如北京的环路、上海的高架路、广州的城区道路，其交通信息板都具备一定的规模，发布效果也比较好。在提升阶段，信息服务应该朝多元化方向发展，要紧密研究利用人们熟悉、喜爱的信息沟通方式，包括手机、网站、微博、汽车导航等多种技术手段。在基础发展阶段，我国许多城市都已建立起较为完善的交通信息采集网络和交通信息数据库，这些数据库就是要通过发展信息服务来体现其价值，反过来也促进交通信息采集系统的完善和发展。例如依靠平台向手机用户以专用APP形式提供实时、动态交通信息，包括交通拥堵、道路施工、交通事故等信息，还以开放平台形式向汽车导航提供实时交通数据接口，在汽车导航上附加实时交通信息后，便于驾驶人选择更加合适的路线，可以避开交通拥堵路段或者道路施工路段，实际上起到交通分流的效果。

6. 平台的运维管理系统

智能交通管控平台的应用系统不断增加和发展，要保证交通应用系统少出故障和及时维修，按照以往对交通系统运行维护基本上采用纸质流程、电话报障的方式，难以满足智能交通应用系统运行维护的保障的要求，何况在运行维护社会化不断深化的背景下，诸如事件跟踪困难、统计困难、评价困难等诸多难题不断涌现，使之建立一套与运维要求相适应的交通系统运维管理平台的必要性更加紧迫，通过运维管理平台对城市道路智能交通管控平台的应用系统例如外场系统的交通信号（机、灯）、交通监控、电子警察等智能交通设施运行管理，及时准确地维修，保证交通设施运行的正常率，以求实现平台所配置管理、事件管理、统计分析等功能，提高运维管理和服务水平，保证智能交通管控平台发挥应有的作用是十分有意义的。

（二）主要功能

新一代城市道路智能交通管控平台的主要功能：

（1）以公安部要求的地理信息系统（PGIS）为基础，通过建立规范的技术系统接口，集成指挥中心各个系统的功能；通过网络技术，实现了系统交通预案管理、勤务管理、突发事件处理、重大活动管理等指挥调度和辅助决策的功能。

（2）全面集成多种交通信号控制、视频监控、电子警察、卡口监控、交通诱导、交通流检测等多种交通应用系统的集成和控制，形成综合性业务应用。

（3）建立了交通指挥中心的各级交通数据中心，实现了多种业务专题图以及态势分析，为指挥决策提供数据支持，为交通决策和交通信息发布提供数据支持。

（4）平台的各个交通应用系统具有协同工作机制，为突发事件处理、重大活动管理等快速有效地交通指挥调度和交通管控工作提供有效的技术手段支持。

（5）支持多渠道的交通信息发布方式，为交通指挥管理向服务转变提供了技术上的支持。

（6）建立运维管理系统，实现对设备、设施、交通事件等的统一管理。

三、系统的应用

智能交通管控平台在我国ITS应用领域中要求最强烈，受益也最为显著。我国已有500多个城市建成了交通指挥中心，近250个城市建设了基于GIS的智能交通管控平台，实现了初步数字化交通警务，城市交通管控平台的应用，提高了交通警情感知和管控决策水平，增强了快速处警和处置突发交通事件能力。

（一）智能交通管控平台在运动交通中的应用

5年前，北京市在现代化交通指挥中心和系统发展基础上，逐步建立了城市道路智能交通管控平台。其平台的框架可以概括为一个中心、三个平台和八大智能交通应用系统。包括机动车驾驶员信息管理系统、交通指挥调度计算机系统、交通监控系统、交通诱导系统、警车全球卫星定位系统GPS、122接警报警服务系统等一系列的交通组织、管理、指挥、控制等36个实时在线的科技系统，具有指挥调度、交通监测、交通控制和交通信息服务四大功能，实现对城市交通与奥运赛事交通的科学管理。

上海、广州、深圳的智能交通管控平台着力于交通指挥智能化、管理决策科学化、交通执法自动化、公众服务多元化，在世博会、亚运会、大运会在一定程度上提高了交通管理指挥水平，在世博会、亚运会、大运会的交通中起到缓解城市道路交通拥挤、强化交通参与者的交通规范意识、规范道路交通秩序、提高了道路通行能力的作用。

（二）智能交通管控平台中在应用中不断完善系统

智能交通管控平台发展到今天，从十五期间以网络、视频和MIS系统开发为主，在十一五期间以系统集成、数据综合分析应用为主，而在十二五期间，应该以智能分析和决策为主。建立辅助决策系统的关键是建立面向交通管理的数据仓库。数据仓库是在管理和决策中面向主题的、集成的、与时间相关的、不可修改的数据集合。它在现有的业务和信息系统基础上，比如机动车登记系统、驾驶人管理系统、交通事故管理系统、交通违法管理系统、警务管理系统等，结合交通管理决策分析数据模型，建立面向主题的、集成的数据仓库。只有建立了数据仓库，才能通过各种报表工具、预测工具、分析工具、数据挖掘工具对数据进行多维分析，为高层提供决策支持。图 2 表示了广州市智能交通管控平台中基于数据仓库的辅助决策系统结构。它基于数据仓库的决策支持系统由四部分组成：数据源、ETL、数据管理和数据利用。数据源是指包括机动车、驾驶人、交通违法、交通事故、交通警情等在内的信息系统数据库。

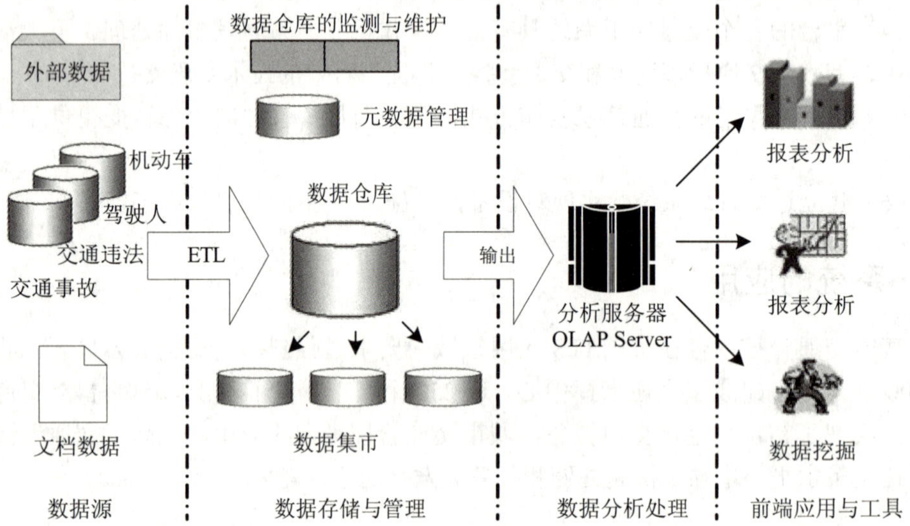

图2　基于数据仓库的智能化决策支持系统体系结构

智能交通管控平台发展到今天，许多城市都需要建立一套平台的交通系统运维管理平台，近年来，广州市智能交通管控平台的应用系统运维方面作了一些尝试（如图 3 所示），建立了交通系统运维管理平台（如图 3 所示），平台共涉及 IT 系统、交通监控、交通诱导及交通控制等 4 个运维服务模块，实体配置 4 个服务台。各个服务台可根据不同的分工、流程要求独立配置流转环节、角色等事项。对城市道路智能交通管控平台的应用系统例如交通信号（机、灯）、交通监控、电子警察等智能交通设施运行管理，及时准确地维修，保证平台的交通设施运行的正常率，才能保证发挥应有的作用。平台建立一年中电子警察正常率由 60% 提高至 93%，拍摄违法行为的合格率也由 35% 提高至 60%，电子警察执法比例由 10% 提高至 60%，规范了交通秩序、降低了交通事故发生可能性；交通执法总数 772.38 万宗 / 年，其中电子警察拍摄 472.75 万宗（占 61.21%）；计算机信息系统运行维护管理处理报障 3280 宗 / 年，故障解决率达到 95% 以上，服务评价达到 95 分以上，交通监控的正常率、图像质量和录像正常率 3 项关键指标均超过 96%，交通流检测数据的准确性达到 95% 以上，交通信息板正常率达到 96% 以上。

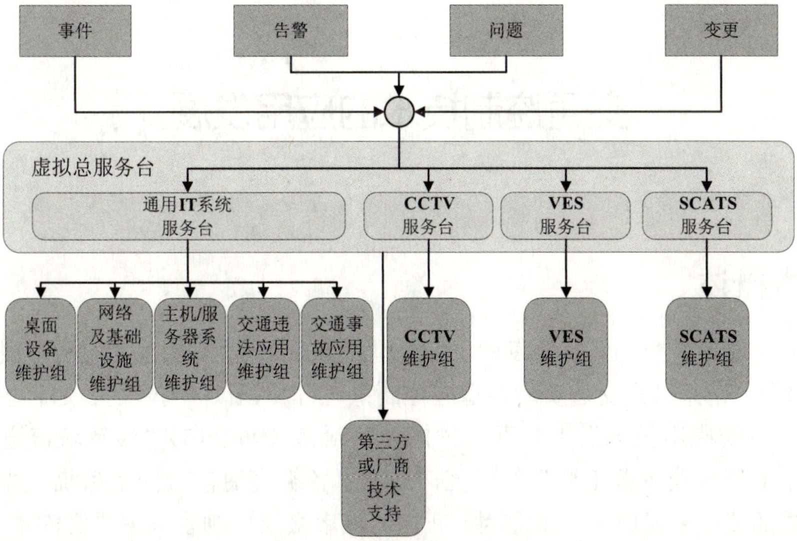

图3　虚拟总服务台的分级服务台模式

四、发展趋势

城市道路智能交通管控平台是以提升城市道路的交通管理水平、提高动态交通管控效应为目的，综合利用多种交通应用系统的资源，使公安交通指挥中心具备快速准确的交通信息采集、处理、决策、指挥调度能力。

随着公安系统基础平台升级改造，新一代的城市道路智能交通管控平台是基于先进的物联网、云计算、GIS、通信等技术，在与公安部推广的PGIS警用地理信息系统、六合一系统以及统一版缉查布控系统兼容基础上，以视频监控、事件检测、交通流检测、交通违法监测、交通信号控制、车辆定位、移动执法、交通诱导等系统为支撑，集数据交换、指挥调度、信息服务、辅助决策、预案管理、勤务管理等功能于一体，实现对城市交通管控的“安全、高效、环保”的目标。

（撰稿：徐亚国、傅贵、甄爱武）

交通控制技术的应用发展

一、技术概述

我国的交通信号控制系统研发始于上个世纪80年代，有国家“七五”科技攻关项目（75-2443）“南京城市交通实时自适应控制系统”,“八五”科技攻关项目（93-D）“城市交通控制系统应用技术”、“九五”科技攻关项目（96-A15）“缓解城市道路交通堵塞关键技术的研究及示范工程”等研究，开发了各类交通信号控制系统，并在一些城市得到了局部使用；但由于诸多原因，我国的城市交通控制系统主要仍依靠国外引进，其中北京、上海、广州、武汉、杭州、沈阳等大城市皆是应用SCOOT系统或SCATS系统。为此，“十一五”期间国家还对“新一代交通信号控制系统”的研究予以资助，取得了初步的成果。无论国内还是国外的交通信号控制系统，在关键的交通信息检测及控制策略方面存在共性：一是信息检测方面，一般通过设在路网上的固定线圈检测器和数据传输系统获得所需的断面流量、点速度、时间占有率等信息，实现交通信息的实时采集与反馈;二是控制策略方面,依靠采集的交通信息实现自适应交通信号控制,达到所控区域内的交通运行效率最大化的目标。

现阶段受交通信息检测和处理技术的制约，交通信号控制系统只能获得交叉口交通流量、速度、车辆占有率等固定点信息，以节点或控制子区的交通延误最小为优化目标，一定程度上保证了交叉口或控制子区的交通效率。从现代交通管理理念来看，这种交通控制技术已经不能适应大城市宏观交通管理的要求，其主要问题是它的被动性，主要表现为：只能对既定的交通需求进行资源配置，而不能限制和平衡交通需求。目前，我国各大城市交通拥堵严重，传统的交通动态控制技术已经不能满足当今宏观交通结构优化和微观效率提升并重的管理要求。同时，大型活动、特殊天气、交通管制等特殊事件也会对现有的城市交通控制技术带来巨大的挑战。因此，综合利用网络化交通信息交互技术,协同各种城市交通控制手段,并在宏观上能够实现出行行为调整,微观上能够提高交叉口运行效率的交通控制系统。

城市交通控制技术是使城市交通控制系统更好的适应时变交通流，需要经常不断的动态调整交通控制策略和控制参数方案，而我国中小城市建立交通控制系统普遍存在没有必要的技术的支持，以使建立的交通控制系统，不能充分发挥系统应有的控制效果。有必要建立交通信号控制远程托管中心系统。

针对上述问题，国内科研单位开展了有针对性的研究与开发，有面向我国城市的交通特征和问题及应用特点，研发了动态分层式交通控制系统、区域交通动态协同优化控制系统，并在部分城市应用；有一些引进国外交通信号控制系统的城市对部分所控路口进行了 IP 化改造，使交通信号控制系统更易于管理和扩容，例如上海、重庆、苏州、广州；有对于一些城市或区域缺乏交通控制技术管理人才，研发了在各城市现有路口交通信号机的基础上，利用远程网络实现本地系统与远程中心之间的协同运作的交通信号控制远程托管中心系统，并在大连金州区、北京亦庄开发区应用。

二、系统组成及功能

（一）动态分层式交通控制系统组成及功能

1．系统组成

动态分层式交通控制系统可由交通指挥控制中心系统、区域交叉口信号控制系统以及交通信息通信系统三部分组成，其基本物理框架与硬件组成如下图 1 所示。

交通指挥控制中心系统的相关硬件设备主要包括协调控制服务器、数据库服务器、交换机与通信服务器。通过以交换机作为核心节点，采用以太网技术建立控制中心局域网完成区域分区决策、子区协调控制等功能；可借助现有传输网络，利用通信服务器实现交通信号协调控制方案的发送与路网实时交通信息的接收。区域交叉口信号控制系统的相关硬件设备主要涉及交通信号控制器、视频检测器、线圈检测器、交通信号灯以及数据终端设备等。交通信号控制器负责交通信号控制方案的实施，交通检测器完成交通数据信息的采集，交通信号灯负责交通信号的显示，数据终端设备则实现交通信号控制方案的接收与实时交通数据信息的发送。

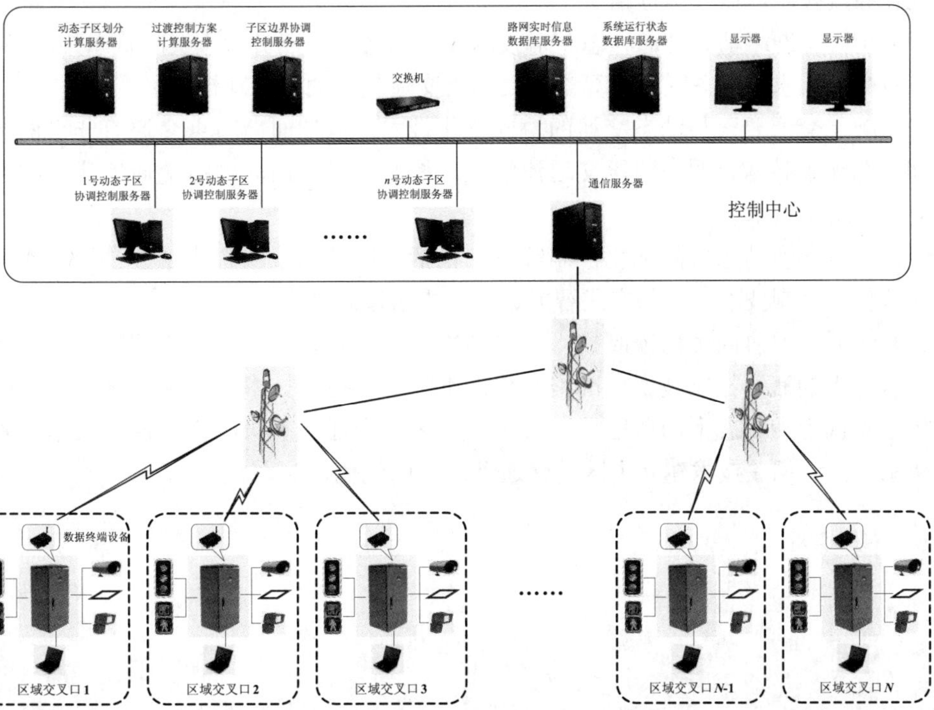

图1　动态分层式交通控制系统物理框架

2. 功能及特色

（1）科学的控制策略——采用“外控内疏、干道群协调”的控制策略，通过控制子区划分和边界主动控制，以干道为基本单元，由线及面地实现区域的协调控制。

（2）多样的协调方式——根据交通流特点可选择双向绿波协调、单向绿波协调、红绿波协调等方式进行协调控制。

（3）强大的适应能力——适应复杂的城市道路结构、不同的交通流状况和各类型信号控制设施。

（4）安全的方案过渡——改变控制方案时，提供安全、多样化的方案过渡机制。

（5）便捷的特色服务——设有公交优先和特勤线路绿波的区域协调控制模型，在实现公交优先和特勤管控的同时，保障绿波控制的有效性。

（6）灵活的系统结构——软件既可以用于辅助现有控制系统的配时优化设计，又可以直接作为城市的先进信号控制系统。

（7）丰富的拓展应用——可扩展应用于智能交通系统的其它领域，如城市交通诱导系统、智能交通管理指挥系统和综合交通信息交换平台等。

（二）区域交通动态协同优化控制系统

1. 区域交通动态协同优化控制技术

针对传统控制技术及控制系统所存在的上述局限，在吸纳传统交通控制系统的优点的基础上，引入合理平衡交通需求的刚性出行行为管理模式，开发了区域交通动态协同优化控制技术，该技术包括了

（1）全时空网络动态交通状态映射技术，包括网络节点交通流实时状态描述模型、网络节点交通需求空间关联度测算方法及网络交通状态动态判别技术；

（2）静态交通要素与动态交通的协同优化技术，包括面向节点交通流非平衡转向的空间资源配置技术、面向路段交通流的扰动控制技术及面向网络交通流非对称运行的变向交通组织技术；

（3）区域交通动态协同优化控制策略，包括区域控制子区智能划分技术、连续流与间断流转换控制技术、控制方式智能选择与平滑过渡技术；

（4）区域交通协同优化控制技术，包括集群过饱和状态下的平衡控制技术、孤立过饱和状态下的瓶颈控制技术、准饱和状态下的增容控制技术、中饱和状态下的协调控制技术及低饱和状态下的通行控制技术。其区域交通动态协同优化控制技术体系如图 2 所示，由此相关技术建立了区域交通动态协同优化控制系统。

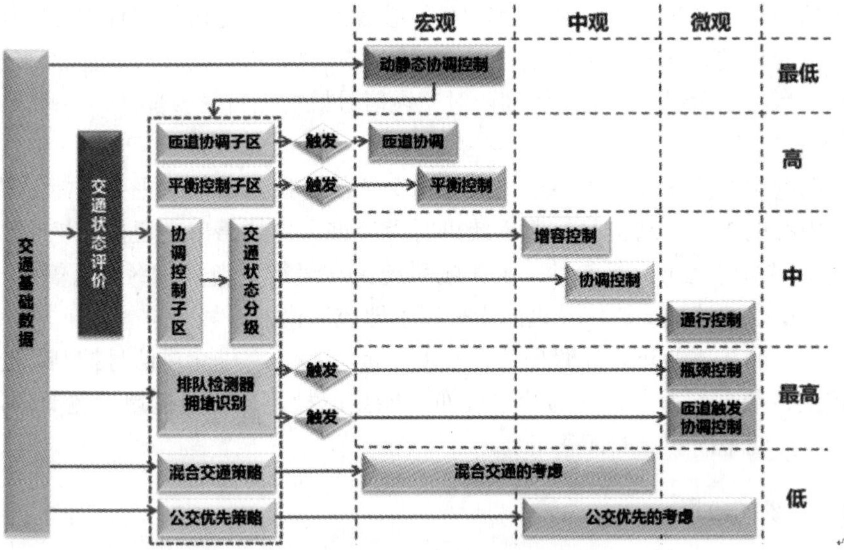

图2　区域交通动态协同优化控制技术体系

2．系统的其他新增功能

（1）适用于混合交通流模式，具备控制子区的智能划分，并能够实现连续流与间断流的转换控制；

(2)在低峰和平峰交通状态下以交叉口或控制子区为优化单元,强调交通运行效率;

（3）在高峰交通状态下，既考虑交叉口或控制子区的交通效率，又考虑对交通需求的限制与调整，即以 OD 需求为依据，通过需求控制策略调整和训练出行者路径选择行为，达到平衡交通需求的目的；

（4）能够自动识别交通瓶颈并对其进行有效控制；

（5）能够接入多种类型交通信号控制系统，实现多种信号控制策略的协同优化。

（三）远程托管中心系统

1．系统组成

交通信号控制远程托管中心系统在各城市现有路口交通信号机的基础上，利用远程网络实现本地系统与远程中心之间的协同运作。系统结构可以分为现场设备部分、远程通信部分、托管中心三大部分。

远程托管中心由交通数据网关和中心控制系统两部分组成。中心控制系统配置多种交通信号控制系统、大容量数据库和标准化城市电子地图，利用互联网与受控城市现场设备之间的通信联接，并以专用虚拟网络方式在交通控制系统与受托城市交通信号控制系统和交通信号机，操作终端之间进行数据交互，实现实时控制。

远程通信网络由互联网实现托管中心交通数据网关与受托城市本地交通数据网关之间的联接，实现受托城市交通控制设备与托管中心信号控制系统的实时解耦控制。

现场设备由受托城市的交通信号控制系统、路口交通信号机、本地通信网络、本地交通数据网关和本地操作终端组成，本地通信网络保障本地交通数据网关与路口交通信号机的交互。本地操作终端在远程网络通信正常时通过访问远程中心系统实现对路口交通信号机的优化控制；当远程网络通信故障时采用只读方式监控路口交通信号机的运行状态，从而保障本地交管部门对交通信号机的无盲区管理。

2．系统功能

远程托管中心系统涵盖了多个主流城市交通信号控制系统的主要功能，通过远程网络托管中心的多个交通信号控制系统可对受控城市内的路口交通信号机实现无差别实时控制，网络时延不大于5秒，不影响系统正常运行。当远程网络通信故障大于5秒时，受控城市的路口交通信号机同步采用本地控制模式。

托管中心服务层是远程托管中心系统的功能核心，完成交通信号控制、交通数据处理和挖掘、数据库服务、交通信息发布、能见度检测、交通拥堵检测等应用功能，不同城市可实现不同功能的任意组合。

（四）系统的应用

1．动态分层式交通控制系统的应用

（1）主干道的双向协调控制

2013年2月，对广州市天河区繁华商业圈的天河北路10个信号交叉口进行了交通信号协调优化控制，有效地疏导了近饱和状态下的交通拥堵，缓解了过饱和交通所带来交通压力，使原来的近饱和状态演化为未饱和状态；对比上述4条主干道的协调控制前后效果，四条主干道交叉口的平均停车次数分别减少了51.5%，平均延误时间分别减少了36.5%，在提高干道交叉口通行能力，改善道路行驶状况，减少交通污染等方面也取得了良好的社会经济效益。

（2）区域连贯流协调控制

针对广州市天河区珠江新城区域内的三横五纵，通过实施连贯流协调控制，使得各干道行程时间、延误时间与停车次数均有较大幅度的改善，其中行程时间均缩短在20%以上，延误时间均缩短在21%以上，停车次数均减少在67%以上。对于未饱和、饱和、潮汐流等不同交通状态的广州大道北以西的西片区内，实现对未饱和状态下的干道双向绿波协调控制、饱和状态下的干道最小延误协调控制以及面向潮汐流交通的干道红/绿波协调控制，从而达到了确保连贯通行、缓解交通拥堵、保障交通安全、实现有序通行的控制效果。

2．区域交通动态协同优化控制技术的应用

青岛市海信立交桥是集下穿、高架、平面五支环交于一体的复杂交通枢纽，是青岛市南北、东西向交通流的重要汇集点与分流点，在高峰时段内交通拥堵异常严峻，平面环形交叉口内经常出现“锁死”现象，宁夏路、延安路频繁发生排队上溯现象，进而造成区域或网络拥堵。通过对节点周围区域的交通组织与优化设计，运用区域交通动态协同优化控制技术，从动静态协同、交通流组织以及交通信号控制等角度提出改善交通运行态势的方案。

交通策略上分别对早晚高峰、平峰及低峰时段提出相应控制策略。针对本源性交

通拥堵区域（即交通需求大于交通供给的区域），通过合理限制区域边界节点的输入流量、增加边界节点的输出流量，实现减缓区域交通拥堵的目的；在区域交通状态接近饱和状态即区域内部处于准饱和状态时，为了充分提升城市路网时空资源利用效率，避免协调控制区域内部个别路段出现瓶颈甚至是排队上溯现象，使得单位时间内驶离区域的车辆数之和最大；同时，考虑到区域交通的流量守恒性，在外部交通需求一定的前提下，上述控制目标等效于优化时段内区域所有输入路段和内部路段的平均承载车辆数之和最小。当路段发生瓶颈状态时，应通过优化上下游节点的信号控制参数，在保障其它进出口交通流运行效率的前提下，合理增加路段下游的输出流量或减小路段上游的输入流量，以防止排队上溯及“多米诺”现象的发生。在区域处于中饱和状态时应把子区内的各个交叉口连接起来，加以协调控制，从而保证车流在子区内运行畅通，提升区域整体运行效率。在低饱和状态下，根据交叉口关键相位的检测器检测车辆到达情况，实时优化各相位的绿灯时间，在保证理想的交叉口相位差不发生变化，进而实现主路绿波控制，次路车流绿灯时间有效利用的目的。

通过对海信立交桥节点区域内的所有节点进行了渠化改善，并完成了相位相序设计及信号方案设计。实施后，路段平均速度提高 6.24%、综合效能指标提升 6.70%、排队长度减少、社会满意度提高等取得了良好的社会经济效益。

3. 交通信号控制远程托管中心系统的应用

交通信号控制远程托管中心系统在北方工业大学建立远程信号控制中心，应用示范工程选在大连金州区五一路选取 13 个路口安装前端交通信号控制设备，其选取 SCOOT 系统作为远程交通信号控制系统；以及在北京亦庄开发区的交通信号控制设备的远程交通控制。

通过对应用远程托管系统后的交通控制效果进行评价，使路口交通通行能力在高峰及平峰期均有不同程度的提高，且平均路段旅行时间和平均停车次数均缩短了 20% 以上。

三、应用案例

自 2000 年以来，同很多国内的智能交通公司一样，海信在交通信号控制关键技术研究上投入了大量的人力物力，并在 2009 年分别确定了特殊场景控制技术和拥堵控制技术作为新的信号控制技术发展方向，并在拥堵的形成机理、拥堵控制算法等方面开展了长期的研究，开发了以维持区域交通秩序与缓解拥堵为目标的路段瓶颈控制功能和区域需求控制功能，并在各大城市的实施应用中取得了良好成效。

其中瓶颈控制在贵阳、济南、烟台、青岛等多地得到成功应用，有效防止了路口的排队溢出，保障路口通行秩序。需求控制在贵阳、青岛等地应用，早高峰，核心区域内部车流运行通畅，缓解内部拥堵程度；晚高峰，核心区域内的交通流高效率驶出，提高区域内部通行效率。

快速路匝道控制技术已在北京、济南等地应用，有效减少了入口匝道车辆对快速路的干扰，解决了出口匝道处的车流交织问题。下桥口的交织冲突解决方案在济南玉函立交桥得以应用，有效缓解了合流冲突，提高了主路和辅路的通行效率。可变车道控制技术也已在济南经十路、贵阳宝山南路、青岛市山东路与延吉路路口得到应用，能够适应不同时段交通流向的周期性变化，缓解了交通拥堵，提高了通行能力。

四、发展趋势

针对交通控制系统的运行现状与实际需求，可以推断我国城市交通控制技术及系统的未来特征与发展趋势如下：

1. 结构动态化

为了提高交通信号控制系统的响应速度与控制效果，实现真正意义上的自适应区域协调控制功能，需要能对控制区域内的交叉口群进行优化重组，实时调整控制系统的层次结构。

2. 模式多样化

为了满足城市交通不同状态下的协调控制需要，交通信号控制系统应能及时针对所处状态，选取并切换相应控制模式，实现未饱和状态下的交叉口群绿波协调、过饱和状态下的交叉口群拥堵疏导、以及近饱和状态下的交叉口群拥堵防控。

3. 策略主动化

面对过饱和交通状态下可能引发的交通拥堵问题，交通信号控制系统应及时采取主动防控与快速疏导的控制策略，对过饱和交叉口群进行“外控内疏”，从而实现城市交通拥堵的主动预防与快速化解。

4. 诱导控一体化

通过整合与集成交通信号控制、视频监控、交通路况、事件管理、可变信息服务，以及交通诱导等子系统相关的交通信息资源，实现交通控制信号优化、交通协同管制与信息诱导等功能一体化，从而完善未饱和、近饱和和过饱和等不同状态下的交通控制策略；进行交通诱导信息发布，并可提供基于交通事件驱动的智能响应、紧急情况下的动态“绿波”路径和交通诱导协同，以满足交通临时管制、公交优先、救护、消防、特勤和安保车队的管理需求。

5. 控制效果仿真及评价

城市大范围交通控制的交通仿真与评价系统将会集成于基于 GIS 的交通控制与管理系统中，可应用于交通信号配时方案评价、交通临时管制与交通事件影响评价，以及交通控制策略评价等。并在交通大数据环境下，搭建城市交通模拟运行环境，对全路网及局部区域的交通运行状态进行评价，提供信号配时、线控协调、区域协调的事前评估与事后评价，实现对动态交通进行协同优化控制。

（撰稿：王殿海、徐亚国、徐建闽、阎冰）

出租车运营管理

一、技术概述

城市交通服务能力与质量直接反映着一个城市的经济水平和发展状况，作为城市交通体系中不可或缺的出租汽车，不仅是城市公共交通的有效补充，更在重大国内外活动中发挥着交通保障作用。

随着出租汽车行业的快速发展，出租行业面临着新形势和新挑战。外来旅游宾客快速增加，非常时期和特定区域运力不足问题更加突出；出租汽车传统扫马路式的运营方式造成空驶率居高不下，加剧了道路拥堵和城市污染；移动互联网等新技术对传统的出租行业管理方式提出了新的挑战；行业管理部门在开展应急调度、运力调整、运价调整、服务质量监管、打击非法营运车辆（黑车、克隆车）工作时，技术手段支撑不足。因此，提升出租汽车运营服务和行业管理水平，实现城市出租汽车运营数据采集分析和安全监管刻不容缓。

二、系统组成及功能

出租车运营管理系统主要包含以下几个层面：

（一）车载终端设备

车载终端包括智能服务终端、计价器、服务监督屏、公共信息屏、智能顶灯、调度导航屏、电子证件，负责实现出租汽车运营数据、评价数据、车辆状态等信息采集，并按照标准接口协议通过智能服务终端连接成有机整体，通过无线通信方式实时发送和接收数据。

智能电召站包括呼叫按钮、液晶显示屏、内部无线通信模块等，实现站点乘客电召需求的自动发送和司机抢答信息的接收和显示功能。

（二）物理场所层

主要包含数据资源中心、监控指挥大厅以及电召服务中心三个物理场所，为城市出租车运营管理系统提供基础的软硬件运行和工作场所环境。

（三）基础支撑层

网络支撑平台：网络平台层是整个系统的通信处理中心，是承载数据传输、交换的基础条件。依托无线网络实现车辆定位和运营相关信息的传输。网络层实现数据交换、报文解析、链路维持等，从车载管理终端接收的数据发送给数据资源中心进行业务处理；接收来自于数据资源中心的各种控制命令，按通信协议要求形成通信报文发送给车载管理终端。网络层为数据资源层、业务应用层等在网络传输方面提供支撑服务。

（四）数据资源层

数据资源层包括基础数据库、业务数据库和主题数据库，其中基础数据库包括出租汽车车辆数据库、企业数据库、人员数据库、运价数据库；业务数据库包括运行状态监控信息数据库、日常调度管理信息数据库、应急指挥管理信息数据库、电召调度管理信息数据库、服务质量信誉档案信息数据库、稽查管理信息数据库、营运收入信息数据库；主题数据库包括营运收入主题分析数据库、服务质量主题数据库等面向不同业务主题的数据资源库。数据资源层为各类应用系统的应用开发提供了数据支撑。

（五）综合应用层

综合应用层是整个平台业务功能及应用的实现，在基础支撑层及数据资源层的基础之上，通过对出租汽车行业管理与服务的需求进行深入分析，整合、设计开发业务应用系统。开发的应用系统包括行业监管和调度子系统、应急指挥子系统、电召服务管理子系统、动态稽查子系统、服务质量监督考评子系统、企业在线业务管理子系统、统计分析和辅助决策子系统、运营数据共享与交换子系统。

（六）用户层与展现层

面向出租汽车驾驶员、社会公众、出租汽车企业、行业管理部门提供信息服务。信息发布方式包括电召服务中心、互联网、大屏幕、视频会议、出租汽车智能顶灯、手机等。

（七）接口层

通过统一的信息共享接口，为更高级层面的数据资源整合提供了数据基础和通信机制。

（八）三大保障体系

包括信息安全保障体系、数据标准规范体系、建设与运营保障体系。

图1　出租车运营管理系统架构

三、应用案例

（一）统一出租汽车特服号（96106）电召平台

建设统一出租汽车特服号（96106）电召平台，并于6月1日开通上线。试运行以来整体运行稳定，电召订单成功率稳步提升。按照“政府引导，企业运作”的模式，一方面监督指导各调度中心，统一思想，加大技术层面保障力度，加强出租企业参与度，落实企业主体责任，强化调度中心和出租企业业务联系，保障四小时承诺订单成功率。另一方面按照联合电召服务模式，推进手机电召平台的建设工作。

系统的建设工作主要集中在下面几个方面：

一是选择96106做为统一特服号，新建统一虚拟调度中心，实现语音转接、订单转派管理、订单日常监测等功能。

语音话务转接通过程控交换设备实现。统一调度平台通过专线同五家调度中心各自的调度系统对接，实现订单数据交换；订单转派管理主要由软件实现。系统将统一管理所有生成的订单以及转接的订单，转派规则又包括订单积分转派、订单高峰期转派两种转派方式。如果调度中心在规定的时间内没有出租车司机应答订单，订单将根据相应规则自动被转派到其他调度中心；另外系统还可以通过订单统计和订单查询对历史订单完成情况及所有相关信息进行了解，对统一平台的订单完成率进行多角度的日常监测。

通过统一电召，推进了“电召打车”业态的发展，彻底改变了电召号码众多，可调度车辆有限的问题，集结广泛的社会力量，使统一特服号覆盖了北京市全部的6.7万辆出租汽车，大大提高了电召业务的整体调度能力。

二是通过加强对调度中心和出租汽车企业的监管与引导，确保四小时预约承诺订单成功率。

以确保四小时预约承诺订单成功率为重点。根据《电召服务管理试行办法》的要求，对四小时预约订单保障范围（早七时至晚十九时城六区、晚十九时至次日七时四环内）内的订单进行重点保障。通过调整四小时承诺订单流转规则，建立了指派订单机制。调度中心30分钟调派不成功，系统将轮询指派到15家大型出租企业及所在调度中心共同完成。另一方面做到公开透明、信息对称，建立企业四小时承诺订单查询系统，企业可以实时看到电召平台指派的订单明细及完成情况，同时可以看到其他企业指派订单的完成情况；建立指派订单全流程处理系统，实现电召平台 - 调度中心 - 出租企业的全流程控制，保障四小时承诺订单不遗漏、责任清、全完成。有效缓解了市民在高峰时段“打车难”、无法保证预约订车成功率的情况。

三是推进手机叫车软件加入联合电召平台，方便乘客和驾驶员参与电召服务模式，提升统一电召平台效率和即时叫车成功率，推广智能手机等互联网移动终端在电召服务模式中的应用。

2013年7月1日起，《北京市出租汽车手机电召服务管理实施细则》正式发布。管理实施细则包含总则、准入规则、运行管理、监管规则四个章节，明确了手机电召服务商纳入全市统一电召平台、在出租行业开展手机电召服务的准入和退出条件。按照管理实施细则的要求，6款手机打车软件先后加入96106北京出租汽车联合电召服务平台统一电召平台。公众可以通过北京出租汽车联合电召服务网站（www.96106bjtaxi.cn）和各大手机应用电子市场下载使用手机叫车软件。

（二）扬招站

在北京城六区西单、王府井等重点地区和医院、宾馆饭店、居民小区等乘客需求较多的地段，建设了601处扬招站，施划了1980个专用停车位。组织全行业驾驶员进行培训，并印发《扬招站位置手册》，同时安排组织对20处示范扬招站进行宣传推广，以点带面，促进扬招站的广泛使用。

为方便市民查询出租汽车扬招站信息，在市交通委门户网站开通了基于电子地图的“出租车扬招站查询”服务，发布了601个扬招站的具体位置、站点编码、所在区域、车位数量、停车位类型等信息。此外，针对出租车扬招站相对密集的五个热点区域（金融街、天坛、平安大街、中关村南大街、东直门内大街），开通快速定位功能，方便乘客、驾驶员快速查找定位。

（三）北京市出租汽车监管信息平台

搭建北京市出租汽车监管信息平台。以出租汽车企业落实主体责任为切入点，在整合网上审批系统人车户基本信息、违章处理、GPS、一卡通、单双班等数据的基础上，接入市质监局器具检定数据、统一电召平台电召数据、交通执法总队投诉及严重违法违章信息库数据，初步构建行业管理部门、行业协会、出租企业多方参与，实现信息共享和精细化管理的业务平台，形成监管合力，并对行业运行状态进行综合分析。建立了涵盖基础管理、运营服务、社会责任、行业奖励等方面38项指标的考核体系，按照月度统计、季度子考核和年度考核等级评定的方式对企业主体责任落实情况进行定期考核。视考核结果，对企业给予警告约谈、行业通报、罚款、核减双班、暂停办理车辆更新、停业整顿、直至核减车辆指标等阶梯性处罚。

此外，建设了面向调度中心、出租汽车企业和驾驶员的公共信息服务平台，将出车、电召、违章等数据和信息以及企业主体责任统计考核情况向企业公示，作为监管考核的信息支撑系统，帮助企业有针对性地提升管理服务水平。

四、发展趋势

（一）实时采集出租车运营数据

获取滞后的出租车运营数据已不能满足行业管理部门和公众的强烈需求，决策支持、信息服务、乘客服务体验等方面都需要及时的运营数据作为支撑。因此，基于智能车载服务终端，通过移动互联方式采集实时准确的出租车运营数据数据是大势所趋。

（二）运营数据处理技术智能化

随着交通信息进入大数据时代，对丰富、海量、异构性的交通信息进行实时快速有效的智能化处理与分析挖掘技术的需求越来越多。基于多种移动互联方式，采用大数据平台等智能化数据处理技术，为车辆和驾驶员运营状态的分析提供了有力支撑。

（三）建立驾驶员服务信誉考核体系

完善驾驶员信息系统，建立驾驶员服务信誉考核指标体系，针对每个企业每个人进行精细化管理。建立完善“黑名单”监管制度，实现驾驶员信息共享，加强对在岗驾驶员的教育培训和监管考核，提升出租汽车从业人员整体素质和服务水平。

（撰稿：北京市交通信息中心）

电子支付技术

一、技术概述

电子支付就是通过安全的信息传输手段，采用数字化方式进行的货币支付或资金流转的一种方式。电子支付作为一种新兴的支付服务，是新时代信息技术飞速发展的产物，它的出现改变了无数人的生活和消费方式，也代表了社会时代的进步。

随着信息技术的不断发展和国家金融电子化进程的加速，交通运输作为人类社会经济活动的基础环节，对电子支付的需求也逐渐显现，如高速公路联网收费、公交地铁售票、长途客运售票、出租车运营计价、货运物流等各应用领域，均涉及到各类用户的收缴费问题，通过安全、便捷、高效的电子支付方式解决目前交通运输行业中现金支付存在的种种问题，无疑将大大提高行业服务和管理水平，对改变公众生活出行方式和提高生活质量、推动国民经济和社会信息化进程均具有重要意义。

由于交通运输领域的流动性、广域性等特点，各类涉及电子支付的应用系统普遍需要满足快速通行、脱机认证、安全支付等需求，因此一般采用便携性较好的智能卡作为支付工具，而卡片技术标准多以《中国金融集成电路（IC）卡规范》（PBOC2.0，中国人民银行颁布的第二代金融 IC 卡应用规范）为基础，并在具体应用方面进一步细化，从而既能够有效解决脱机交易安全，又能通过电子钱包的复合消费交易流程解决交通运输行业中常见的分时分段计费等问题。

二、系统组成及功能

交通运输领域中的电子支付应用系统一般主要包括电子支付 IC 卡发行系统、客户服务系统、消费终端应用系统和清分结算系统等。

（一）发行系统

发行系统主要完成电子支付 IC 卡的发行工作，根据发行环节不同，可分为初始化发行、一次发行和二次发行三个阶段。其中初始化发行阶段主要是将卡片出厂密钥替换为发行方主控密钥，获得对卡片的初始控制权限；一次发行阶段主要建立应用文件结构并装载应用密钥，实现对不同应用文件的访问权限控制；二次发行阶段主要是进行个性化信息写入，如用户个人信息、卡片类型等。

若该应用中采用与银行卡联名的电子支付卡时，系统还应包括与银行业务系统的数据处理及通信接口功能。

（二）客户服务系统

客户服务系统主要为各类用户提供卡片生命周期内的各项服务功能。客户服务系统的表现形式则是多种多样，一般包括服务网点、Web 网站、呼叫中心以及各类自助终端等。由于各类服务形式不同，所提供的服务内容也会有所不同，总体来讲主要包括换卡、退卡、充值、查询和投诉等。另外，还可通过客户服务系统为消费终端应用系统提供各类运行参数和用户状态信息（如黑名单）等。

（三）消费终端应用系统

消费终端应用系统是实现电子支付的基本工作单元，一般由应用主程序、读写器、PSAM 卡和数据传输、机械控制等部分构成。应用主程序根据系统下发的各种运营参数和操作处理流程，通过读写器自动读取用户电子支付卡信息，并与终端内的 PSAM 卡按照规定的安全认证机制完成扣费操作，最后通过控制终端信息显示、声音提示、闸机或自动栏杆等设备放行人员或载运工具。

（四）清分结算系统

清分结算系统是整个电子支付系统的后台核心，它衔接发行系统和消费终端控制系统。主要功能包括电子支付交易数据存储、转发、对账、资金清分以及系统参数管理等。客服、充值、消费和票卡发行等各类业务应用数据进行检查、集中备份，提供数据文件接入及分发功能，提供黑名单管理功能，对有效数据按区域进行分账、出具报表，提供准确和及时的支付结算服务。对于交通运输领域的电子支付结算服务主要分为三类：充值资金对账与结算、消费对账与结算、跨区交易资金对账和结算。

三、应用案例

（一）电子不停车收费系统

电子不停车收费（E1ectronic Toll Collection，ETC）技术是世界范围内普遍采用的道路自动收费技术，日本、欧洲、美国、新加坡和中国等国家和地区应用最为广泛。ETC 技术应用范围不仅包括高速公路，还包括城市道路、城市停车场等相关领域。

我国的 ETC 技术标准是基于 5.8GHz 微波频段的专用短程通信技术和 IC 卡技术的组合式电子收费技术。在高速公路应用场景，用户在车辆上安装 ETC 电子标签，结合一张与用户电子账户对应的 IC 卡（ETC 电子支付卡），便可不停车通行 ETC 专用通道，系统自动完成通行费支付。在没有设置 ETC 专用通道的收费站，用户可使用 ETC 电子支付卡在人工车道刷卡支付通行费。

我国 ETC 技术标准文件和相关技术文件主要包括如下几项：

(1)《电子收费 专用短程通信》(GB/T 20851)，2007 年出版；

（2）《收费公路联网电子不停车收费技术要求》（交通运输部行业技术要求），2011年出版；

（3）《电子收费 OBE-SAM 数据格式和技术要求》（GB/T 28420）、《电子收费 基于专用短程通信的电子收费交易》（GB/T 28421）、《电子收费 关键信息编码》（GB/T 28422）和《电子收费 路侧单元与车道控制器接口》（GB/T 28423），2012 年出版。

目前，基于国家 ETC 技术标准的关键设备和系统主要由国内企业制造并提供，包括电子标签、天线、IC 卡、消费终端系统等。电子标签射频芯片等核心部件也实现了国产化。早期电子标签射频电路普遍采用分立元件，设备一致性和可靠性等级不高。到 2012 年，随着集成接收、发射和唤醒功能的一体化专用射频芯片的研发和生产，电子标签产品的一致性、可靠性和可制造性等方面的技术水平都得到了显著提高。

截止到 2013 年底，全国已有 24 个省、市、自治区建设开通了高速公路 ETC 系统，共建 ETC 专用车道 6500 余条，发展用户近 1000 万（其中 ETC 用户近 600 万）。京津冀区域（京津冀鲁晋）和长三角区域（沪苏皖赣浙闽）分别实现了区域内的 ETC 联网，跨省市交易量分别达到了 2670 万辆次和 4164 万辆次，较 2012 年分别增长 60% 和 89%。

除高速公路 ETC 应用以外，一些地区已经试点开通了 ETC 在停车场的应用，包括广州、北京等地。武汉市路桥收费系统也采用了 ETC 技术，但由于该系统的特殊需求，相关的技术与国家 ETC 技术标准不兼容。广东省 ETC 应用早于国家标准的颁布，相关系统还需进行改造才能与国家 ETC 技术标准兼容，目前已准备开展相关工程改造。

从全国民用汽车保有量基数和高速公路的里程规模来看，ETC 系统普及和用户增长还有巨大的潜力。根据国家统计局公布的 2013 年民用汽车保有量数据 (不包括三轮汽车和低速货车)，现有的 ETC 安装量从全国范围来看，刚刚超过 7%。

（二）城市公交一卡通系统

电子支付在交通运输领域的应用，最早可追溯至上个世纪 90 年代，公交 IC 卡就已作为城市公共交通领域的便捷支付工具，大大方便了市民的日常出行，扩充了运载工具的服务效能，并提高了行业管理效率和服务水平，是营造优质公共交通服务体系、提升公共交通竞争力和吸引力的重要举措，对缓解交通拥堵，建设和谐型、资源节约型、环境友好型社会，均具有重要意义。

截至 2013 年底，全国约有 400 余个城市在城市公共交通领域建立了不同规模的 IC 卡应用系统，发卡量超过 2 亿张，其中 90% 的城市实现了一卡多用，主要应用领域包括公交、地铁 、轻轨、出租、轮渡等公共交通领域，有的扩展至路桥隧、自行车租赁、停车场、加油、商超、便利店、餐饮、影院、饼屋、数字社区、园林、供水、供热、燃气缴费等。

随着区域经济融合和一体化综合交通运输进程的加快，城市公交一卡通的区域互联互通乃至全国互联互通已成为突破行政界限、推进城际交通与城市交通的对接融合、增强区域快速通行能力的重要载体，也是信息技术发展到一定高度的自然表现。但由于缺乏统一规划等历史原因，各个城市交通一卡通的技术标准、服务规范不统一，造成社会公众“周身是卡、互不通用”，不但增加了使用成本，还给使用者带来诸多麻烦与不便，同时与智能卡“一卡多用”的技术特点背道而驰，形成了“多卡并存、多卡不通”的无序局面。

为解决“多卡并存、多卡不通”的问题，广东省、江苏省先后申请了交通运输部的公交一卡通互联互通试点省份。截止 2013 年底，广东省岭南通已实现除深圳、东莞外 19 个地市和香港、澳门地区的互联互通，发卡量超过 3300 万张，消费终端近 7 万台，充值点超过 5000 个，合作运营商家已超过 1200 家，累计消费交易量超过 139.6 亿笔，消费金额超过 232.3 亿元，跨区域消费笔数 3.6 亿笔，跨区域消费额 8.1 亿元，日刷卡量近 1000 万人次，跨区域日刷卡量超过 50 万人次，已成为国内业务规模最大的区域交通一卡通系统。江苏省也已开展全省城市公共交通一卡通互联互通应用研究，并预计将于 2015 年实现全省互联互通。

四、发展趋势

无论是高速公路 ETC，还是城市公交一卡通，随着系统的建设和开通以及用户量的不断增加，跨省市的交通出行需求也将会愈加突显，ETC 目前只在京津冀、长三角两个片区内实现了互联互通，而城市公交一卡通也只是在很有限的城市内实现了互联互通，而其他省市的用户还无法实现跨省的电子支付，因此实现更大范围的区域联网乃至全国联网将是这些电子支付系统发展的必然趋势。

2013 年，交通运输部公路局已初步拟定高速公路 ETC 全国联网进程，计划于 2015 年底前基本实现全国联网；道路运输司也于 2013 年开始了基于电子现金的城市公共交通一卡通标准研究与制定，拟采用电子现金技术实现全国公交一卡通，其可行性还有待通过研究和试点进行验证。

随着 ETC 应用的普及与推广，ETC 车道对设备抗干扰能力、通行速度等方面也将会提出更高的技术要求。目前，多个 ETC 天线厂商已经研制了具备电子标签定位功能的数字化相控阵或多波束天线，从原理上解决了邻道干扰、跟车干扰等问题。具体的应用效果还有待通过实际工程使用来检验。

针对货车的计重 ETC 收费技术也正在进行研究开发和试验工作。电子标签与导航仪等车载设备的结合也开始在一些地方试用。此外，针对城市道路收费及未来高速公路自由流收费的发展需求，北京市在国家标准 ETC 技术基础上开展了支持自由流收费的 ETC 技术和系统研发工作，取得了阶段性成果。

可以预见，随着信息技术和电子支付技术的不断进步，交通一卡通（或综合交通电子支付）将会作为交通运输行业统一的电子支付工具扩展到越来越多的行业应用中。

（撰稿：国家智能交通系统工程技术研究中心）

交通信息服务

一、技术概述

随着社会经济的快速增长，人民生活水平的不断提高，道路交通需求日益旺盛。面对城市机动化步伐加快和混合交通相互融合的矛盾，人们对于便捷的交通信息服务需求迫切。

交通信息服务，即综合运用多种高新技术，通过无线、有线通信手段以文字、语音、图形、视频等多媒体形式实时动态地提供与出行相关的各类交通信息，使出行者从出发前、出行过程中直至到达目的地的整个过程中随时能够获取有关道路交通情况、所需时间、最佳换乘方式、所需费用以及目的地各种相关信息等，从而指导出行者选择合适的交通方式（公交车、私家车等）、出行线路和出发时间，以最高的效率和最佳方式完成出行过程。交通信息一般可以分为两类：一是静态交通信息，二是动态交通信息。

（一）静态交通信息

静态交通信息是指在一段时间内保持相对稳定，主要包括与交通管理相关的城市基础地理信息（城市路网分布、公交站点等），道路交通网络基础信息（道路长度，道路等级、立交连接方式等），车辆保有量信息（包括分区域时间、不同车种车辆保有量），交通政策法规信息，停车场信息，收费标准以及施工与道路养护信息等。

（二）动态交通信息

动态交通信息是指分布在城市道路网中的实时交通状态信息，主要包括交通流状态特征信息、运营车辆实时信息、交通紧急事故信息、交通动态管制信息等。

交通信息服务旨在为出行者全方位的反映实时路况信息，最大化地方便出行者的出行。交通信息服务应具备以下特点：提供的信息及时、准确、可靠；能提供整个区域相关的交通信息；容易与 ITS 其他系统相结合；容易被交通出行者接受、使用；最终用户能够承受所提供服务的费用。

二、系统组成及功能

交通信息服务系统由三个模块构成（如图 1 所示）：数据源、交通信息处理与发布系统以及面向用户的应用部分。三个模块从不同层面贯穿交通信息服务系统，数据源是交通信息服务的来源和基础，经过交通信息处理与发布系统对交通数据源进行加工处理，最终通过互联网、广播等途径以应用的方式为出行者提供服务。系统以数据源为基础，数据处理关键技术为核心，面向出行者服务为目的，共同实现交通信息服务系统的功能。

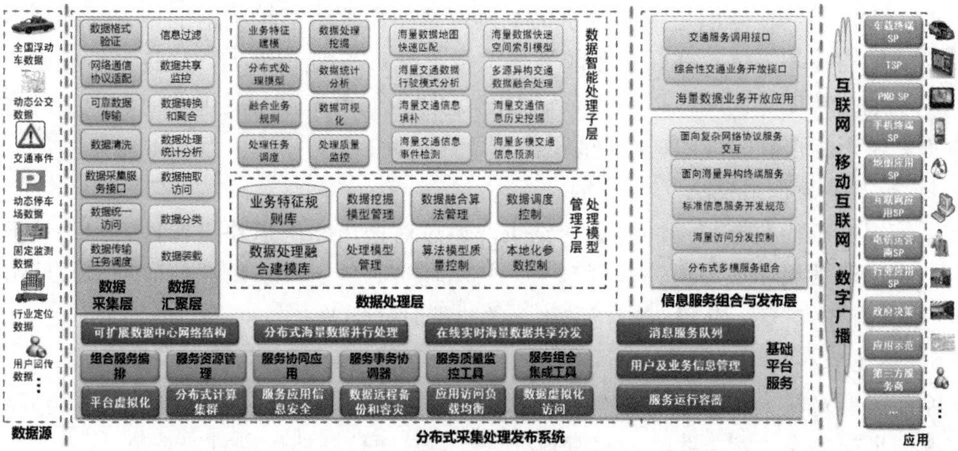

图1　交通信息服务系统架构

（一）交通数据采集汇聚

为满足出行者对全面实时公共交通信息的需求，需在已有的各类城市公共交通运行监控系统的基础上，对涉及的庞大复杂的传感设备、传输网络、采集存储系统等进行全面梳理，明确采集内容，制定传感设备技术参数符合性要求，制定信息封装与传输规范等，支持保障对公共交通系统内车辆、场站、客流、线路通行环境等全方位要素运行状态数据与信息的汇集。

交通信息中心将所搜集到的出行信息的理解后，根据统一的信息编码方案，对交通与出行信息进行量化处理，然后将数字化的信息传送到数据接收终端。终端按照同样的编码方案对接收到的数字化交通与出行信息进行编译，提取实时交通信息，主要采集的信息有：基于空间的位置信息（点、线、面信息）、事件类型信息（如拥堵、事故等）、车速信息等动态信息。

（二）动态交通信息的处理

交通信息处理子系统主要包含以下几项功能模块（如图 2 所示）：

1．交通数据预处理模块

从数据中心获取浮动车的车辆号、时间、经纬度、方向、车辆载客状态等多个必要的初始数据；并提供信息处理周期和信息更新周期的调整手段，以便信息发布系统能够进行灵活的信息发布。

2．三层路网数据结构生成模块

用城市矢量地理道路数据描述城市的主干路、次干路、辅路、快速路、主要路口、立交桥等道路信息；描述涵盖城市的主要交通道路网；并通过读取上述地理空间数据，高效地生成三层路网数据结构，为下一步地图匹配、路径推测的快速和准确处理提供路网数据结构和路网拓扑结构。

3．地图匹配模块

为了确定车辆在地图道路网络中的准确位路，需要将车辆当前的位置与数字地图进行精确的比较和定位。在此，系统需要综合考虑GPS定位误差、坐标系转换误差和道路电子地图精度等误差，以便当车辆GPS定位点偏离车辆行驶道路时，能及时将定位点重新纠正到正确的地图道路网络上。

4．行车路径推测模块

系统根据车辆数据与地图匹配的结果，通过对城市路网道路进行搜索和路径推测计算，将车辆数据和城市道路关联起来，从车辆实时的定位点信息获取车辆在城市道路上行驶的状态信息，获得车辆在道路上的旅行时间情况。

5．路况填补

系统需要对缺失信息进行填补，通过对历史数据的聚类分析、曲线拟合得到路链的路况信息趋势模式库，并结合实时数据，针对缺失数据特性进行组合填补。

6．红绿灯问题

交通灯延误处理的目标是针对交通灯对车辆行驶造成的延误，通过对车辆路径匹配后的单车数据进行高效地分析处理，以产生实时的道路交通信息，如道路交通拥堵情况、行车旅行时间以及车辆在路口的等待时间等，最终能够通过发布系统以Internet、无线局域网或公众移动网等多种方式向公众提供实时的交通信息服务。

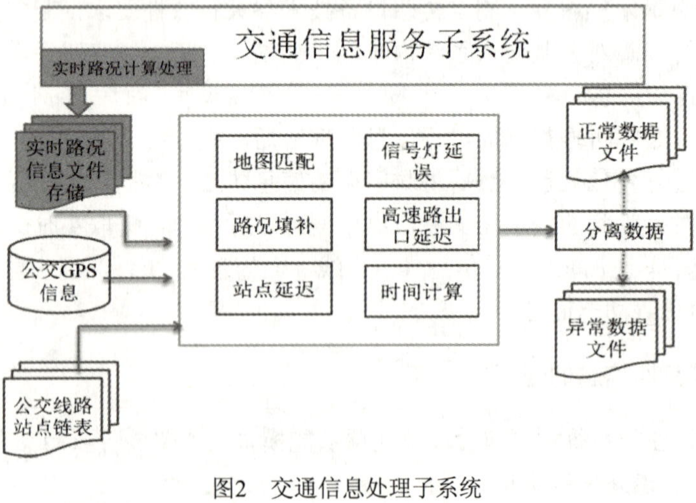

图2　交通信息处理子系统

（三）交通信息发布服务

交通信息发布服务支撑框架实现各类交通出行服务的独立封装，支持海量访问的负载、效率和可靠性，同时应具备良好的可扩展性。

1．分布式业务处理和服务封装

分布式业务处理和服务封装由各个独立的功能模块封装成的中间件组件构成，支持各功能模块的分布式处理，各组件面向统一发布接口提供标准功能调用，具体构成可分为标准数据组件群、标准应用组件群和业务管理组件群。标准数据组件群主要是负责标准数据的发布，功能包括标准交通信息数据的城市全数据的发布和基于用户请求的个性数据发布，如基于用户位路或指定道路和路线周边的路况数据。标准应用组件群为交通出行查询相关的功能组件，包括地图搜索、公交查询、驾车查询、路况查询、驾车规划、路况播报、POI 检索和停车场查询等。业务管理组件群负责为统一发布接口的鉴权认证和平台业务运营管理提供支撑，具体包括用户鉴权、用户管理、业务管理和用户行为分析等。 统一发布接口通过对用户请求进行鉴权认证，明确用户的业务范围，通过中间件层的管理器调用相应功能组件，基于定义的标准接口提供数据发布和应用功能调用。其中标准数据接口针对标准交通信息数据的发布，提供城市全部和基于用户请求的数据，输出的数据按照交通信息数据的标准定义进行组织。应用接口包括与交通出行相关的功能查询，输入的数据按照自定义的标准结构化数据进行组织。另外用户回传数据的接口也包含在相应的数据获取和应用功能调用中，在进行调用同时实现用户数据的上传。

2．服务容器

服务容器是平台的服务调度机制。支持交通信息服务的生产、测试、组合、部署和运营。通过服务容器满足大量服务提供商根据业务特征和服务用户，利用平台二次开发接口定制开发新服务，或组合多个现有服务实现业务重用和快速部署。通过生产容器，支持服务提供商利用开放平台的数据和中间件，定制形成个性化业务；通过测试容器满足新业务的功能测试和性能测试；通过部署容器满足新业务的热部署和管理；通过组合容器实现业务的组合执行管理；通过运营容器实现服务提供商的服务正式运维，满足其新业务的互联网模式下的运营。

3．海量访问分发控制

针对不同数据类型的格式要求，以及数据访问模式，定义不同数据访问控制权限和访问粒度。在分布式环境下，实现不同访问控制的同步和事务管理。定义不同数据、不同应用、不同模式的访问优先级，实现数据服务商对数据应用的可控可管理。定义不同数据应用模块的权限控制和同步机制，方便数据服务商针对不同应用配路不同的访问控制模板。

4．分布式多模服务组合

提供基于情景驱动的服务模式组合应用，满足服务提供商根据实际业务流程需求，进行可视化交通业务的服务组合和执行。

5．面向海量异构终端服务

针对不同的车载终端、智能手机终端、无线接收终端，提供自适应服务接口，满足不同类型终端的互联网统一化和标准化接入。

6．面向手机终端的接入服务平台

面向手机终端的接入服务平台提供开放平台将向第三方提供应用程序开发接口，为此将设立客户端开发库。客户端开发库提供的客户端应用程序包括服务器模式和终端模式。服务器模式是指Web服务程序通过调用开发包的API接口，实现与平台的透明交互。该种模式下，客户端开发库支持服务器多种环境的应用，如互联网模式下的Web API调用。终端模式是指移动终端的应用程序，包括车载导航终端、PND、手持终端等，调用本地开发库的相应接口，实现相应功能调用。根据不同主流终端系统环境，提供相应的开发库版本。客户端开发库面向应用程序的接口和功能调用定义保持统一，同时支持终端开发库的动态升级更新。

三、应用案例

（一）新一代公众出行服务系统及其终端应用示范项目

中国下一代互联网示范工程CNGI“新一代公众出行服务系统及其终端应用示范项目”（架构如图3所示）于2009年3月申请立项并获得批准，于2010年12月完成项目建设。该项目基于CNGI整体建设基础，结合北京交通信息化建设的需要，建设包括新一代智能导航终端设备及软件研制、扩充基于CNGI的北京Internet ITS网络、构建新一代动态交通出行服务示范系统，同时经过实践，研究并提出多模式交通出行信息内容编码及交换格式的相关标准建议。该项目研发的示范系统可为10000个以上双栈移动终端提供动态交通出行服务，为公众和企业提供便利的出行环境。

应用示范将通过互联网、移动互联网等通信方式，为公众提供公共交通出行导航及位路服务，并通过第三方平台接入为其它厂商提供服务支持。系统支持的终端覆盖主流移动终端平台，服务内容包括：

（1）交通信息查询：通过多级地图显示方式，为用户提供区域路况显示，向用户反馈该地区一定范围内的交通路况信息；

（2）公共交通出行路径规划：用户输入起始路段关键字和终止路段关键字，根据用户选择的路径规划方式，向用户提供路径规划的候选方案。同时可根据历史数据分析，为用户提供选定时间段的出行规划给出耗时建议；

（3）交通事件发布；

（4）事件公布：对目前发生的交通管制等事件信息及时在网站的相应区域公布；

（5）特点生活信息：包括商场打折信息、娱乐生活信息、餐饮服务信息等热门信息，为公众提供生活便利；

（6）实时路况文字播报：在网站上开辟一定的区域，对实时路况信息进行不间断循环播报。

图3　新一代公众出行服务系统体系架构

（二）东直门综合运输枢纽信息服务平台试点工程

“东直门综合运输枢纽信息服务平台试点工程”是交通运输部批准立项的“十一五”重大交通信息化示范工程项目之一。该工程项目于2008年9月立项，经历了系统设计、招投标建设、试运行及标准化推进四个阶段，于2012年7月验收。

东直门综合运输枢纽信息服务平台试点工程主要由“一个中心”即枢纽运行协调指挥中心、“两大基础平台”即信息资源平台和网络支撑平台和“五大应用系统”即枢纽日常监测与联动支持系统、枢纽换乘诱导与乘客信息服务系统、安全疏散诱导与应急管理系统、枢纽辐射重点区域交通信息共享服务系统和枢纽周边交通诱导系统组成。

试点工程的建设完成还实现了全方位多方式的交通信息服务，通过对火车车次信息、公交调度信息、枢纽运行信息等实时动态信息的整合，实现了不同数据的共享交换，完成了城市出行信息与城际出行信息的对接，111块标志标识的布设完成了室外、路径交叉口和公交站台的三级标识导向系统建设，加之LED、LCD、触摸屏等多种信息发布方式（如图 4、图 5 所示），使枢纽内乘客能够及时准确地获得全方位的交通信息服务。

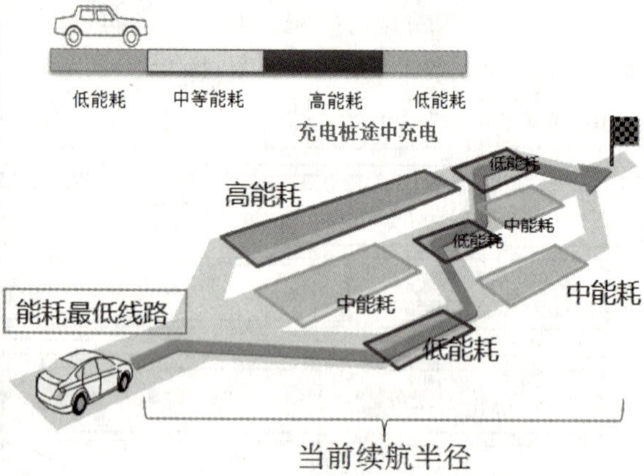

（撰稿：国家智能交通系统工程技术研究中心）

交通信息服务技术在公众出行的应用发展

一、技术概述

交通信息服务技术是先进的交通信息系统 (Advanced Transportation Information System，ATIS) 技术，是支撑智能交通系统（ITS) 的技术群中的核心技术，它是随着信息技术与交通系统结合而创造出的新领域，交通信息服务技术推动了新一代信息技术的发展，提升交通服务水平，而新一代信息技术在交通领域的应用不但使交通服务更加丰富和人性化，使交通运输系统效率更高，还将在信息技术与交通科学技术的交叉点上产生创新。

交通信息服务技术除了涵盖大量实时性交通的信息采集、信息整合、信息传输、信息汇总、信息融合、信息的深度发掘和利用、信息存储和发布等技术外，还增加了大量的“人、车、路、管”的信息交互与共享，加强了人、道路、车辆驾驶和系统管理的一体化运作，解决交通参与各方之间进行全面沟通的技术，其涵盖的信息内容分为三类：一是交通资源使用情况（例如道路、码头、车站、机场、航线等）；二是交通工具的运营情况（例如运营线路、时间、可用性、不同交通工具的连接等）；三是交通参与主体的信息（例如行人、驾驶员、乘客等，信息需求为目的地、时间要求，路径偏好等）。三类信息在交通参与各方之间的沟通，就能够实现交通供给最大化。

通常，交通信息服务平台应能保证不同服务主体、不同的服务方式（手机 APP、手机网站、互联网站、电视台、广播、车载终端、多媒体查询终端等）之间信息内容的一致性。同时面向不同的信息服务方式，按照特定的标准进行信息组织，通过不同的接口技术（数据接口、应用接口、人机接口）提供业务支持，既可以为交通管理部门指挥调度提供决策依据，又可为各类交通参与者提供准确、实时交通信息服务。其服务对象可以是群体或个体的服务。群体的交通信息服务可以通过网站、呼叫中心、可变情报板、广播电台等发布动态信息，如路况、事故等信息；个体的交通信息服务通常是为交通出行者定制的出行者所处位置或将经过地点或到达位置，以及相关的实时交通信息。交通信息服务可以是通过先进的交通信息系统将交通信息主动发送给交通出行者或交通管理者，也可以是交通出行者或交通管理者主动要求提供相关的交通信息服务。

我国交通信息服务的历史可追溯至上个世纪 80 年代，国家“七五”科技攻关项目的南京城市交通实时自适应控制系统应用交通情报板和交通诱导广播电台，开始了由政府部门发布的交通信息。在 2005 年，由交通部组织实施的 " 公众出行交通信息服务系统 " 已成为三大信息化建设示范工程之一。交通部推出的公众出行交通信息服务系统是依托公路信息资源整合系统和客运站场管理信息系统的信息资源，通过互联网、呼叫中心、手机、PDA 等移动终端、交通广播、路侧广播、图文电视、车载终端、可变情报板、警示标志、车载滚动显示屏、分布在公共场所内的大屏幕、触摸屏等显示装置，为出行者提供较为完善的出行信息服务。2006 年各省市交通主管等部门和单位相继建立了面向公众公路出行的交通信息服务系统。

近年来，我国许多城市在智能交通系统的建设和应用中采集了海量的交通信息，而通信技术快速发展为交通信息服务的应用提供了快速通道。导航、移动位置服务、移动网络通信、大数据及云计算等智能交通信息服务应用技术的大规模推广，更是为交通信息服务特别是面向公众出行交通信息服务提供了广大的应用空间。

二、系统组成及功能

（一）系统组成

通常的公众出行交通信息服务平台主要包括 5 部分：多源数据采集子系统，融合处理子系统，发布子系统，基于 GIS 的动态路网图以及运维监控子系统，其中：交通数据的接入和采集、交通数据的融合与加工处理、交通信息的多方式发布模块为其主要部分，而数据接入和采集模块是通过不同的方式将多样化的交通数据传输到信息服务系统的数据处理平台，对多源异构的交通数据按照一定的标准规范进行信息融合和挖掘、智能推理、计算实验等处理，最终生成综合性和个性化的交通信息。公众出行交通信息服务系统的总体架构见图 1 所示。

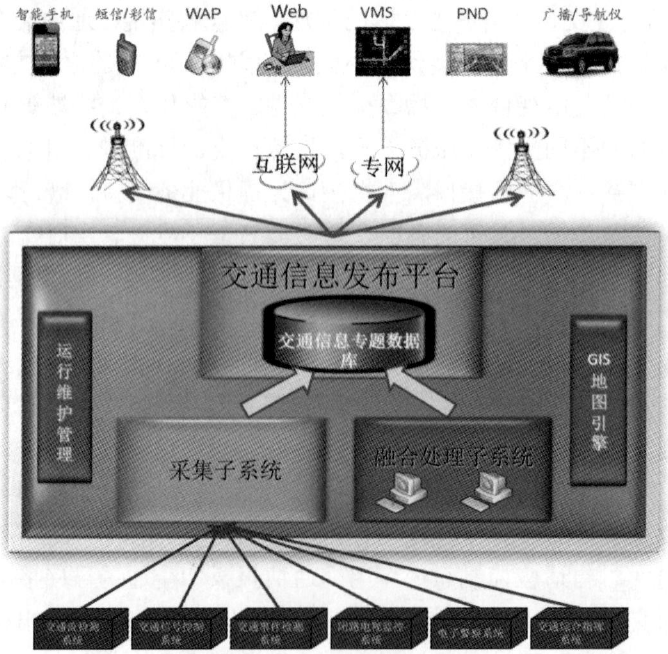

图1　公众出行交通信息服务平台的总体架构

（二）系统的功能

1．多源数据采集及处理技术

公众交通信息采集是交通信息服务平台的基础，在交通大数据时代，除了传统的感应线圈数据、微波数据、磁性检测数据、视频检测数据、电子标签数据、GPS 定位数据、浮动车采集数据、公交地铁刷卡信息等动态传感器数据和地理信息数据、公交线路数据、POI 数据等静态数据外，还有 RFID 检测数据，各类移动终端的位置数据、社会媒体数据等新型海量数据。通过建立一个能够整合集成多种平台数据的交通信息服务平台来实现数据的采集与整合。

通过平台对多源异构数据的接入以及人工采集和其他渠道获取的交通数据基础上，建立融合各种实时多源交通信息的进行处理的高效率数据处理模型，包含实时路况预测、行程时间预测模型和混合交通信息模型，对交通数据进行规范化、标准化整合后，将交通数据转换可视化、易于理解和发布的交通数据，并保证数据间关系的正确性、可读性并避免大量的数据冗余，发掘隐藏在原始交通信息背后的有用信息并用于交通分析与预测。并与 GIS 数据匹配，以使车辆行驶的轨迹和位置情况，实时交通路况以最直观有效的形式进行展现。

2．多模式的交通信息展示技术

公众交通信息服务系统为驾车出行者提供交通路况、突发事件、施工、沿途、气象、环境等信息；为公共交通方式的出行者提供票务、营运、站务、转乘、沿途等信息;据此出行者可提前安排出行计划，变更出行路线，使出行更安全、更便捷、更可靠。同时与铁路、民航、旅游、气象等相关的各类信息进行整合，也可与广播、电视等传统媒体节目结合。

为了将以上交通出行信息内容发布出去，提供出行者更全面、更多方式的服务，平台需要利用 GIT、Web-GIS、三维建摸等图形展示技术，采用视频、图表、简化图、重点区域三维仿真等形式，整合了文字、声音、图片和视频多媒体混合传输展现技术，可以根据终端的配置自动实现交通信息的文字、声音、图片或视频播放，实现多维多态的交通信息展示。

三、应用案例

（一）驾车出行的交通信息服务

1．高速公路驾车出行的交通信息服务

2013 年广东向公众出行正式推出了高速公路交通信息服务的“高速通”APP 应用，以广播、同步、推送、公众报料等多种方式，通过智能手机（支持安卓和 ios 两个操作系统版本），以路面车道的动态模型展示直观实时的动态路况，交通事件，服务设施信息，随时随地为公众出行提供高速路线查询，路况直播，车辆救援、定制我的路线等一系列高效，方便的服务应用，交通信息除了在电子地图上展现以外，根据高速公路的特点开发了列表方式、简图、变形图等展现形式见图 2。

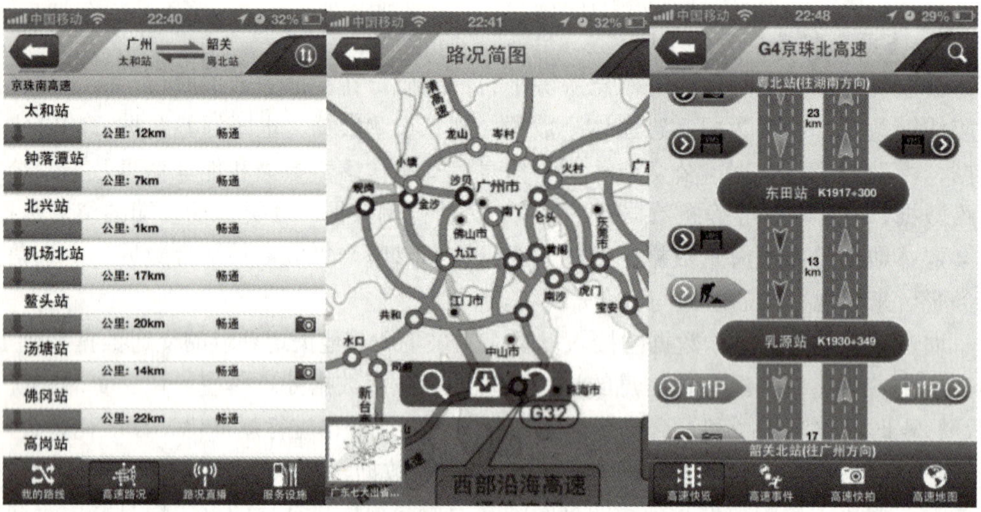

图2 “高速通”APP列表方式、简图、变形图等展现形式图

2．城市道路驾车出行的交通信息服务

奥运会以后百度、世纪高通、高德、谷歌等在互联网 GIS 基础上，推出了基于移动智能终端的实时路况导航软件，它突破了以往手机导航产品的局限性，从单纯的以到达目的地为主的路线导航升级到更为智能的路况导航。目前，移动路况 APP 已覆盖包括北京、上海、广州、杭州、成都、武汉、重庆等 17 座城市。

奥运会以后，北京、南京、上海、广州、深圳等城市也陆续推出交通信息服务系统，支持包括智能手机、网站、短彩信、WAP、可变情报板等多种发布渠道，以及支持包括图形、文字、声音、视频等多种的交通信息发布方式。其发布的交通信息包括路况地图、交通监控照片、路况信息、交通事故、交通事件、交通管制、道路施工、交通气象等信息。此外，有些还网上车管的业务办理功能，查询车辆和驾照状态，包括交通违法记录、记分、年审到期提醒、缴纳交通罚款等。2013 年南京、广州、深圳等城市推出了手机 APP 路况信息服务也纷纷推出。图 3 为其中智能手机应用 APP 发布的出行信息内容图。

图3 智能手机APP发布的出行信息内容图

（二）公共交通出行方式的交通信息服务

1. 公交APP的交通信息服务

之前，北京、上海、广州、深圳等城市为满足运动会交通的需求，建立了城市交通信息服务系统为公众出行提供实时交通信息，从而保障活动的平稳、有序、安全运行。2012年底百度、世纪高通、高德、谷歌等还推出了公交APP和路况APP，公交APP可提供“换乘方案、站点查询、路线查询”三大功能，并支持离线路线查询。2012年下半年和2013年我国许多城市也正式推出公交手机APP，例如“北京实时公交”、广州“沃·行讯通”、深圳的“交通在手”，杭州“交通·杭州”、兰州“爱城市·智慧公交”等。“公交出行”APP除提供站点查询、线路查询和换乘查询外，还应有电子站牌查询，通过它可查看公交实时到站信息等等。

图3　智行软件主要界面

2. 出租车打车软件的交通信息服务

2013年互联网巨头在打车软件上的竞争达到顶峰。据初步统计，2013年12月打车类智能APP应用的月度覆盖人数达1012.40万人，月度总使用次数达5129.86万次，其中“嘀嘀打车”以52.8%的覆盖人数比例居市场领先位置，第二名“快的”覆盖人数比例为45.1%。有些打车软件目前更新了新的版本，可以实现“异地约车”和“设定地址叫车”服务。据“嘀嘀打车”公布的数据，“嘀嘀打车”现已覆盖北京、上海、广州、南京等15个城市，覆盖全国近10万司机，350万乘客，平均日订单在7万单左右，最多的一天曾超过10万单。

经过一段时间的竞争增长，打车软件市场的格局开始趋于稳定，在抢占市场的同时，各家打车软件厂商也开始琢磨提供更加差异化和人性化的服务。例如提供公共交通信息服务、交通违规举报服务的“智慧交通”，提供手绘和分享交通路线的“最佳路线（Best Route）”，提供公交、地铁的查询服务的“彩虹公交”等应用也在APP Store中获得广泛欢迎。

四、发展趋势

随着新一代信息通信技术特别是移动互联网技术的发展，公众出行的交通信息服务应用进入快速发展期，主要有五方面原因：一是需求越来越迫切，城市道路建设投入越来越大，高速公路和城际道路建设越来越多，特别是公安部和交通部在“十二·五”规划中间，对信息化服务平台，加大信息化服务方面都提出了实质性的建议和要求，更何况，快速的交通工具拉近城市间距离，没有交通信息服务，难以找到新的道路；二是国家政策的支持，各地政府的快速推进和加大投入，加大交通信息在公众出行服务的投资，免费发布交通信息在移动智能终端的应用。三是互联网公司例如百度、高歌、四维图新、谷歌等的介入，在其的地图服务中，交通路况信息也都成为必备内容，目前安卓市场中路况信息的 APP 应用将近 100 多个，苹果 APP store 上的路况 APP 更是呈急速上升趋势，并且用户量激增。除了手机应用外，交通微博也成为新的交通信息传播方式，任何人都可以发布身边的交通信息；四是技术条件的成熟，特别是移动互联网技术成熟和移动智能终端技术的发展；五是动态交通信息进入快速发展期。日常城市道路日益拥挤，这样公众出行对交通信息的关注越来越强烈，用户对发布的信息要求形式更加多维化，实时性增强、个性化的内容更加广泛，公众出行交通信息服务系统的发展还将是一个逐步深入和不断完善的长期过程。

（撰稿：徐亚国、李斌、黄建玲、关志超）

智能化停车

一、技术概述

近年来随着我市国民经济的迅猛发展，汽车消费呈现高速增长的态势。高速增长的汽车消费随之带来的“停车难”问题也越来越令人头疼。如何解决好停车问题，尤其是中大城市的停车问题，对维护城市交通系统的正常运作以及促进城市经济发展都有着重要的现实意义。

随着相关技术的发展，特别是随着物联网技术、电子支付技术及移动互联网的发展，使得信息采集与利用更加容易，交易流程也更加简易与方便。也使得将各停车场的信息统一采集上来，形成统一运营管理成为可能，为解决停车难问题提供了一个契机。

目前在智能停车领域发展比较迅速的关键技术主要包括物联网技术、电子支付技术、室内导航技术及移动互联网技术。这些技术在国内一些大型停车场已经有比较成功的应用，随着时间的推移及需求的扩展，这些技术必将得到更广泛的应用。为解决城市停车难问题，利用上述技术搭建城市级停车运营平台必将是城市停车管理发展趋势。

二、关键技术及研究进展

（一）物联网技术

物联网指的是将无处不在的末端设备和设施包括具备“内在智能”的传感器、移动终端、工业系统、数控系统、视频监控系统等和“外在使能”的如贴上 RFID 的各种资产、携带无线终端的个人与车辆等等“智能化物件或动物”，通过各种无线和 / 或有线的长距离和 / 或短距离通信网络实现互联互通、应用大集成、以及基于云计算的 SaaS 营运等模式，在内网、专网、和 / 或互联网环境下，采用适当的信息安全保障机制，提供安全可控乃至个性化的实时在线监测、定位追溯、报警联动、调度指挥、预案管理、远程控制、安全防范、远程维保、在线升级、统计报表、决策支持、领导桌面等管理和服务功能，实现对“万物”的“高效、节能、安全、环保”的“管、控、营”一体化。

智能停车场使用物联网技术主要用于停车场内部信息采集，采集的数据包括停车场进出场车流数据、车辆收费数据及车位空满数据等。

目前采集停车场进出场车流数据的手段主要包括 RFID 读卡方式及车牌识别方式；

RFID 读卡方式：在停车场入口道闸取卡（或管理系统发放长租卡，也可以是 ETC 卡，市政一卡通卡等），设备使用 RFID 读卡器读取卡片信息，在停车场出口刷卡，读卡设备读取 RFID 卡片信息，并计算停车费，收费并将数据上传到服务器。

车牌识别方式：在停车场的出入口安装摄像头及车牌识别仪，在车辆进出停车场时使用车牌识别技术读取进出车辆车牌信息，将车牌识别信息上传到服务器。

因为汽车牌照号码是车辆的唯一“身份”标识，牌照自动识别技术可以在汽车不作任何改动的情况下实现汽车“身份”的自动登记及验证，而且近年随着摄像头技术的发展，车牌识别的识别准确率有很大的提高，因此车牌识别技术在停车管理领域的应用取得了较快发展，新建停车场采用车牌识别技术的比率大大提高。

车辆收费数据需要通过停车场收费系统获取，通过有线网络或无线3G/4G网络传输到系统平台。

车位空满信息的采集有多种采集方式，目前主要有通过在车位安装摄像头的进行视频识别、在车位安装的超声探测装置进行采集、在车位安装的红外装置进行采集等方式实现；还可以借助停车场出入口的车牌识别系统，计算出入车流量，结合车场内部相关数据计算获取。

（二）电子支付

电子支付是指单位、个人直接或授权他人通过电子终端发出支付指令，实现货币支付与资金转移的行为。电子支付的类型按照电子支付指令发起方式分为网上支付、电话支付、移动支付、销售点终端交易、自动柜员机交易和其他电子支付。简单来说电子支付是指电子交易的当事人，包括消费者、厂商和金融机构，使用安全电子支付手段，通过网络进行的货币支付或资金流转。电子支付是电子商务系统的重要组成部分。

通过电子支付的方式，可以使停车场收费更加便捷透明，节省车辆进出停车场时间，增加停车场通行效率，减少车辆拥堵，并可以减少跑冒滴漏，降低管理成本。

目前停车场常用的电子支付手段包括ETC、一卡通、银联卡、手机NFC以及支付宝、微信等。

1. ETC技术

ETC不停车收费系统是目前比较普遍的路桥收费方式，通过安装在车辆挡风玻璃上的车载电子标签与在收费站ETC车道上的微波天线之间的微波专用短程通信，利用计算机联网技术与运营商进行后台结算处理，从而达到车辆通过路桥收费站不需停车而能交纳路桥费的目的，由于其自身技术发展比较成熟及巨大的用户积累，通过适当的适应性改造，ETC技术在停车收费管理领域取得了很大进展，获得了较好的社会效益和经济效益。

一卡通技术：市政交通一卡通市政交通一卡通公司发行的一种智能卡，卡内有高科技芯片，该芯片具有电子钱包及其他功能，可储存多次付款纪录，亦可反复充值使用。目前多个城市推出市政公交一卡通，一卡通的的消费范围也由公交延伸到停车场、加油站、公园景点、电影院、医院挂号、超市等，持卡人数巨大。同时，不同城市公交一卡通互通互联的工作也在进行，天津、济南、郑州、长沙、福州、西安、南昌、乌鲁木齐、昆明、三亚等20余个城市将加入公交“一卡通”互联平台，市民持卡可在全国30多个城市内乘坐公交车，部分城市内还可享受乘坐轮渡、租赁自行车的服务。一卡通作为发行量最大的一种支付手段，在停车场收费也取得了较快的进展，目前北京的P＋R停车场基本都能使用公交一卡通进行缴费。

2．银联卡

目前银联卡推出非接触式信用卡，与普通磁条信用卡相比，采用电脑芯片的IC信用卡由于经过加密，很难复制，因此安全性更高。而且，非接触式信用卡可以实现”非接触式”刷卡，就像刷公交IC卡一样，瞬间完成支付交易，更为简单便捷，目前在部分城市的停车场，也开始进行使用非接触式信用卡支付停车费的探索。

3．支付宝、微信

支付宝是全球领先的第三方支付平台，致力于为用户提供“简单、安全、快速”的支付解决方案。旗下有“支付宝”与“支付宝钱包”两个独立品牌。微信支付是由腾讯公司知名移动社交通信软件微信及第三方支付平台财付通联合推出的移动支付创新产品，旨在为广大微信用户及商户提供更优质的支付服务，微信的支付和安全系统由腾讯财付通提供支持。财付通是持有互联网支付牌照并具备完备的安全体系的第三方支付平台。目前这两种支付方式在移动互联网发展非常迅速，而且都提供非常好的开发接口，是解决停车场电子收费的一种非常好的手段。

4．NFC支付

NFC支付是指消费者在购买商品或服务时，即时采用NFC技术（Near Field Communication）通过手机等手持设备完成支付，是新兴的一种移动支付方式。支付的处理在现场进行，并且在线下进行，不需要使用移动网络，而是使用NFC射频通道实现与POS收款机或自动售货机等设备的本地通信。NFC近距离无线通信是近场支付的主流技术，它是一种短距离的高频无线通信技术，允许电子设备之间进行非接触式点对点数据传输交换数据。根据知名信息技术咨询公司Gartner的一项调查显示，2013年度NFC支付方式进行的结算金额比例约为2%，预计至2017年占比可以达到5%。日前，中国银联发布消息，截至2014年一季度末，全国“闪付”NFC终端近300万台可支持金融IC卡和NFC手机支付受理。

（三）室内导航

室内导航，指的是在机场、火车站、图书馆、政府办公楼以及大型购物商城、停车场中，通过室内定位手段确定用户（移动终端）位置，结合路径计算方法为用户制定行走路线方案。目前，室内定位技术中主要包括WiFi定位技术、LiFi定位技术和BLE定位技术。

1．WiFi定位技术

利用WiFi无线网络，配合WiFi标签和相关的移动终端设备（如智能手机，PDA，车载终端等），结合多点定位算法，来确定相关人员和物品位置的一种新技术。

2．LIFI定位

LIFI（Light Fidelity），即可见光通信，基于LED照明设施的定位服务，只需在现有LED照明灯具的基础上增加通信模块，架设成本低廉而方便，可根据不同场景采用不同精度的定位算法，提供泛在的室内定位导航服务。现有 WIFI 相比，未来的可见光通信安全又经济。WIFI 依赖看不见的无线电波传输，设备功率越来越大，局部电磁辐射势必增强；无线信号穿墙而过，网络信息不安全。这些安全隐患，在可见光通信中“一扫而光”。而且，光谱比无线电频谱大 10000 倍，意味着更大的带宽和更高的速度，网络设置又几乎不需要任何新的基础设施。当然，LIFI 技术本身也有其局限性，例如若灯光被阻挡，网络信号将被切断等等。该技术有着广泛的应用，如大型商场和博物馆的自动化导游、大型停车场的车位自动导航系统、医院的病患追踪系统、矿井的自动定位导航系统、建筑物中的应急导向系统等等，具有非常好的应用前景。

3．BLE 定位

低功耗蓝牙（Bluetooth Low Energy 简称 BLE），BLE 技术是在蓝牙的基础上延伸出来的，有很大的优势，主要表现在：首先是低功耗，以 BLE 4.0 为例，一节钮扣电池在静态工作状态可以支持一年；其次是低成本，TI 公司的 CC2540 蓝牙 SOC 方案芯片出售价仅 1 美元，可以让人们低廉使用蓝牙技术；再次是开放性，2.4GHz 的频段全球开放，没有政府监管。目前主要有两种蓝牙室内定位方案，苹果室内定位和高通室内定位，分别作为苹果手机和安卓手机的解决方案，都已商用。

（四）移动互联网

随着 3 G 和 4 G 时代的到来，移动通信和互联网成为当今世界发展最快、市场潜力最大、前景最诱人的两大业务。它们的增长速度都是任何预测家未曾预料到的。迄今，全球移动用户已超过 15 亿，互联网用户也已逾 7 亿。中国移动通信用户总数超过 3.6 亿，互联网用户总数则超过 1 亿。这一历史上从来没有过的高速增长现象反映了随着时代与技术的进步，人类对移动性和信息的需求急剧上升。越来越多的人希望在移动的过程中高速地接入互联网，获取急需的信息，完成想做的事情。所以，出现的移动与互联网相结合的趋势是历史的必然。移动互联网正逐渐渗透到人们生活、工作的各个领域，短信、移动音乐、手机游戏、视频应用、手机支付、位置服务等丰富多彩的移动互联网应用迅猛发展，正在深刻改变信息时代的社会生活，移动互联网经过几年的曲折前行，终于迎来了新的发展高潮。

目前车载导航系统及手机导航系统已经广泛应用，导航产品一般都提供地图查询，路线规划及自动导航功能，导航系统除了可以用来为你指路导航之外，还可以发展出许多其它的用途，比如说帮你寻找附近的加油站，自动提款机，酒店，或者其它一些商店，有的还可以告诉你如何避免危险地区或是交通堵塞。

在智能停车领域，随着停车场信息采集及室内导航技术发展，车位诱导、车位预定、反向寻车、提前缴费、车位互换等服务模式将会逐渐成熟，随着时间推移，这些技术将会得到迅速发展，并有可能改变整个停车行业的运营模式。

三、发展趋势

随着技术发展和社会进步，智能停车管理将呈现如下几个方面的发展趋势：

1．停车场内智能化服务逐渐普及

停车场不再仅仅是一个停车收费的场所，目前在建的停车场越来越大，动辄几千个车位以上，这样大的停车场如果没有引导和寻车系统而靠人员疏导的话，对管理人员和驾车人都是一个灾难。为了解决这个难题，在这种大型停车场，有必要建立快速通行、车位引导、反向寻车、提前结算、电子缴费等系统，提高停车场的智能化程度。

2．无人化服务逐渐普及

由于我国的劳动力成本快速上升，过去靠人海战术管理停车场的方法越来越无法适应行业发展的需要。为了实现减员增效，将采用更多的信息化手段替代传统人工服务，停车场的自动化管理程度将越来越高，管理人员逐渐减少，在很多停车管理环节上实现无人化服务。

3．电子支付逐渐普及

由于电子支付具有交易快速方便，事后容易统计跟踪等特点，可以大大减少运营企业的现金管理工作，同时可以有效减少管理工作中的跑冒滴漏等现象，电子支付将成为停车场收费的一种趋势。

4．城市级停车管理服务平台应运而生

随着停车场逐步实现联网数据共享，将有效改变停车行业信息孤岛现象，使城市停车信息更加透明化和实用化，借助大数据处理和移动互联网迅速发展，利用手机（或车载设备）实现行业监管、分析规划、车场诱导、车位预定、错时租赁等服务必将得到政府主管部门和广大驾车人的共同认可，城市级停车管理与服务平台建设势在必行。

（撰稿：刘举、樊月峰、刘君杰、李昶、孙宝平、张皓琨）

汽车主动安全技术

一、技术概述

汽车主动安全技术是智能交通系统的重要研究内容之一。从交通系统的角度出发，汽车主动安全不仅关注自车的安全，还通过对其他交通参与者和交通要素（如邻车、路侧设备、道路环境等）的感知，甚至与之进行信息交互，辨识行车危险，从而获得更为安全、高效的通行环境。在智能交通系统中，汽车主动安全既涵盖传统的车辆动力学控制技术，如防抱死制动系统（ABS, Anti-skid Brake System）、牵引力控制系统（TCS, Traction Control System）、主动横摆力矩控制系统（AYC, Active Yaw Control）及电子稳定控制系统（ESC, Electronic Stability Control）等。同时，也包括车辆通过感知行车状态与道路环境，实现汽车的高级辅助驾驶，包括驾驶员视觉增强、车辆偏离预警、前向碰撞预警、自适应巡航控制等。

随着汽车对环境感知和理解能力的进一步提高，汽车主动安全技术同模式识别技术、路径规划技术、网络通信技术等快速融合，出现了智能车辆（Intelligent Vehicle），也称自主车辆（Autonomous Vehicle）。智能车辆是一个集环境感知、规划决策、多等级辅助驾驶等功能于一体的综合系统，它集中运用了计算机、现代传感、信息融合、通信、人工智能及自动控制等技术，是典型的高新技术综合体。目前，对智能车辆的研究主要致力于提高车辆的安全性、舒适性，并提供优良的人机交互界面。近年来，智能车辆已经成为智能交通领域的研究热点，并成为拉动汽车产业发展的新动力。

二、汽车主动安全的关键技术

（一）汽车状态感知技术

汽车状态感知技术是实现汽车主动安全系统的核心技术和前提。汽车状态感知技术可用来实时监控行车状态，通过与经验数据库进行对比，及时发现车辆潜在的故障、事故并对驾驶员发出警告，在一定程度上可避免由于汽车故障带来的交通事故。同时，汽车厂商也可利用该技术对汽车各个部件的参数进行长期监控，通过对大量真实的汽车状态参数进行挖掘分析，可实现对车辆性能的评估，以指导车辆设计的改进工作。对于整个交通系统而言，汽车状态感知系统可综合实际的交通状况对车辆进行调度和诱导，从而提高交通利用率。

（二）道路环境感知技术

道路环境感知技术主要利用计算机视觉、雷达、激光雷达和定位导航等，实现对周边道路环境的动态获取，为行车状态辨识提供有效的检测手段。计算机视觉通过分析视频图像，获得驾驶员感兴趣的信息，目前主要用于车道线识别、车辆识别和行人识别。目前，基于计算机视觉的行人识别已成为研究热点，基于机器学习的行人检测方法逐渐成为该领域最常用的方法之一。

毫米波雷达通过天线发送电磁波，分析反射回来的信号，测定目标车辆的距离和速度。它能够利用简单的信号处理，提供较为准确的目标距离和速度，因而毫米波雷达被认为是解决汽车障碍物探测问题的较好方案之一。激光雷达是一种高分辨率的激光探测器，能够检测汽车与障碍物之间的距离。同时，激光雷达能够准确、快速地测量目标物体的轮廓，实现车辆、行人检测，多用于巡航和自动泊车系统。目前，世界各大汽车厂商与零部件供应商都在积极开发基于激光雷达的汽车主动安全控制系统。

（三）智能控制技术

汽车智能控制的任务是根据当前车辆状态信息，以及期望的动力学状态生成控制命令，使车辆准确、快速地跟踪期望值，它主要包括车辆方向、速度及其他运动参数的控制等。一般地，智能控制主要包括车辆的横向控制和纵向控制两类。其中，横向控制是通过对车辆的转向机构进行调节，控制车辆保持行驶方向，并保证车辆的行驶安全性、平稳性与乘坐舒适性等。纵向控制是对车辆的驱动系统进行控制，使车辆根据不同路段做出速度的适时调整，从而保持合适的车距等。为保证车辆控制系统的实时性、稳定性等，国内外学者已开展了大量的研发，提出并设计了许多智能控制方法，包括传统的 PID 控制、模糊控制、反馈线性化控制、滑模控制、最优控制等。

（四）路径规划技术

路径规划技术是发展现代智能车辆的关键技术之一。路径规划主要根据智能决策给出的驾驶任务和实时变化环境，为车辆提供可行驶区域和驾驶引导的过程，分为全局路径规划和局部路径规划。全局路径规划是在已知地图数据库的情况下，利用全局信息把优化和反馈机制很好的结合起来，确定可行区域和最优路径。由于全局路径规划所生成的路径只是粗略路径，并没有考虑路径的方向、宽度、曲率、道路交叉以及路障细节信息，加之车辆在行驶过程中受局部环境和自身状态的不确定性影响，所以车辆行驶过程中可能会遇到各种不可预测的情况，因此必须以局部环境信息为基础，做出局部路径规划。局部路径规划是在全局路径规划生成的可行驶区域路线指导下，根据车辆各个子目标的要求，以及传感器感知到的局部环境信息，对各种道路条件及意外事件做出迅速、准确的判断，并制定出车辆最优的可控行驶路径。

目前，为了解决路径规划问题，人们已经探索出大量的解决方法，比如用于全局路径规划的栅格法、可视图法、拓扑法、自由空间法等静态路径规划算法，以及用于局部路径规划的人工势场法、虚拟力场法、模糊逻辑与遗传算法等动态路径规划算法。

（五）车路协同式主动安全技术

车路协同主动安全技术是当前智能交通系统研究的热点，主要研究基于车 - 车 / 车 - 路信息交互的目标识别、危险辨识和主动安全控制等，可用于实现车路协同式安全预警、辅助驾驶和主动避撞等功能。目前，车路协同主动安全技术主要包括交通信息采集、车 - 车 / 车 - 路信息交互等。

车路协同式主动安全技术是实现交通系统资源优化、提高汽车主动安全水平的重要手段。目前，发达国家在车路协同式主动安全控制方面已经进行了大量的探索性研究，在车 - 车交互下的交叉口盲区冲突消解、车 - 路交互下的路段车辆跟随等方面取得了一系列研究成果。

三、应用案例

（一）汽车纵向控制系统

当行驶路径前方出现紧急状况时，为了规避事故风险，驾驶员经常采取紧急制动，该动作易导致车轮抱死，出现跑偏或侧滑现象。ABS 系统通过传感器检测各车轮转速，计算车轮滑移率，控制轮胎制动压力，通过“抱死—松开—抱死—松开”的循环工况，使车辆始终处于临界抱死的滚动状态，从而保证制动时的安全性。

另外，当汽车在光滑路面制动、起步或急加速时，车轮会出现滑移现象，从而导致车辆失控。牵引力控制系统（TCS）依靠传感器探测到这类滑移现象，即车辆的从动轮转速低于驱动轮转速，通过主动调节发动机的点火时间、减小节气门开度或降挡等，使车轮不再滑移。TCS 和 ABS 可共用轮速传感器，不断监视各车轮转速。当车辆在低速行驶时出现车轮滑移，TCS 会通知 ABS 动作来改变车轮的滑移态势；当车辆在高速行驶时出现车轮滑移，TCS 会直接向行车电脑发指令，命令发动机降速或变速器降挡。可见，TCS 配合 ABS 使用，可进一步增强汽车的制动安全性能。

当汽车在湿滑路面上行驶时，轮胎与地面之间的附着力容易到达极限，从而出现方向失控现象。汽车容易在湿滑路面上失控，一个重要的原因是轮胎侧偏角的增大，会使汽车转向角对回正力矩的影响迅速减小，即轮胎与地面之间的附着力开始慢慢接近饱和。电子稳定控制系统 ESC 正是通过独立调节汽车左右两侧轮胎的制动压力，使地面给左右轮胎的制动力不等，从而产生一个与侧滑趋势相反的横摆力矩，纠正这种侧滑趋势。研究显示，电子稳定控制系统能够显著提高汽车的制动安全性能，是目前最有效、最成功的汽车主动安全技术之一。

（二）自适应巡航控制系统

自适应巡航控制系统（ACC）是在传统的定速巡航基础上发展起来的，可有效保证跟车行驶的安全性。一般而言，自适应巡航控制系统工作在车速25km/h以上，即当车速大于25km/h，且ACC控制单元通过反馈式油门踏板感知驾驶员施加的力小于预定阈值时，系统即进入巡航状态。系统采用雷达传感器探测自车前方行驶目标，当在其有效探测范围内无目标车辆时，按驾驶员预设车速行驶；当探测前方存在目标车辆，且相对距离小于安全距离时，ACC控制单元协调ABS、发动机控制系统等，降低车速，保证自车与前方车辆始终处于安全距离之内。

（三）车道偏离预警与换道辅助系统

长时间的驾驶工作后，驾驶员可能会出现注意力分散或疲劳，造成驾驶员车道保持能力下降，出现非换道意图导向的越过车道线行驶状况。当车速较快时，由于冲突车辆驾驶员没有及时获悉偏离行驶车辆的操作意图，可能会导致追尾或侧碰事故的发生。车道偏离预警系统采用摄像机监测车辆在车道中的横向位置，同时接收转向灯信号，当系统识别车辆已经越过车道线行驶且驾驶员未开启转向灯时，向驾驶员发出预警信号。

车道变换行为经常伴随交通冲突的发生，因而换道辅助系统的开发成为当前的一个热点。以奥迪Q7的换道辅助系统为例，该系统以安装在后保险杠的雷达传感器实时对后方目标进行监控，通过转向灯信号状态对驾驶员换道意图进行识别，在判定驾驶员有换道意图的前提下，50m范围内如有冲突目标存在，则对驾驶员进行紧急预警。

（四）汽车主动避撞系统

汽车主动避撞系统通过将环境信息（如目标、车速、距离等）传递给驾驶员，监控车辆当前运行状况，辨识危险行车状态，为驾驶员提供安全信息服务，必要时采取措施控制汽车，使汽车主动避开危险。根据主动避撞功能的发展历程、系统层次和复杂程度，可将主动避撞系统分为3类：一是车辆主动避撞报警系统（CWS, Collision Warning System）；二是车辆自适应巡航控制系统（ACC）；三是复合型车辆智能控制系统，该系统集成了ACC和走停巡航（Stop and Go）系统。

在车辆主动避撞报警系统中，根据作用原理的不同，又可分为驾驶员状态监测预警、车道偏离报警、前撞报警和后撞报警。驾驶员状态监测预警主要通过车载视频设备监控驾驶员的驾驶行为和脸部表情，结合车辆行驶状态，辨识危险驾驶行为，通过声、光、振动等多种方式给驾驶员提供预警信息；车道偏离报警系统通过报警的方式辅助驾驶员避免或减少车道偏离事故的发生，它主要采用基于计算机视觉或GPS/INS的车道识别技术；前撞和后撞报警技术主要是通过毫米波雷达、激光雷达或计算机视觉等技术检测同车道上的前车和后车的距离，结合自车的车速、驾驶员行为特性等识别碰撞危险。

（五）主动照明系统

据统计，60%的交通事故发生在夜间，而夜间事故中约30%是由于驾驶员视线不良导致的。可见，照明系统的质量对夜间行车及白天突然进入暗环境的行车安全具有重要影响。普通车辆的灯光总是与车身方向一致，夜间在弯道行驶时，容易造成内侧可视范围缩小，导致盲区增大，加大事故发生的风险性。同时，由于车灯照明范围有限，夜晚行车时行驶路线前方较远处的信息可能无法及时为驾驶员所获悉，待行人或障碍物被确认时，可能已来不及做出制动操作而酿成事故。

主动照明系统通过在车头灯后方或底座处安装转向机构，动态采集方向盘转角和车速信息，控制车灯随车辆过弯状态而实时调整其转动方向，因而能较好地解决了夜间弯道行驶时内侧盲区增大的难题。

四、发展趋势

（一）人机接口技术

驾驶员是车辆的操纵者，也是交通行为的主体。因此，车辆主动安全性的改善与提升，首先要考虑驾驶员的适应性。随着各种科技含量较高的新设备面世，车辆安全性能不断进步，人们倾向于集成越来越多的汽车主动安全设备。但是，较少从系统角度考虑设备的驾驶员适应性。因此，在汽车主动安全系统集成前，有必要从人因工程的角度，对设备的驾驶员适应性进行研究，对其是否影响驾驶员正常操作、是否易导致驾驶员注意力分散等进行分析。因此，人机接口技术的应用研究在未来将是汽车主动安全技术的一个重要方向。

（二）驾驶员状态监测技术

驾驶员状态监测一致以来都是汽车主动安全技术的热点，包括驾驶员疲劳状态识别、注意力分散行为识别等。目前，疲劳驾驶识别主要基于CCD摄像机对驾驶员的眼睛开闭状态及面部表情进行监测。此外，也可结合心电波、脑电波等对驾驶员的疲劳状态进行识别，但该方法大多基于驾驶模拟器试验获取相关数据，主要用于对其他的疲劳驾驶识别系统进行标定和验证。值得注意的是，在真实道路环境下对驾驶员疲劳状态进行检测，存在较大风险性。因此，如何获取驾驶员疲劳状态下的真实试验数据，并对疲劳驾驶状态监测系统进行验证，是开发相关预警系统时需要重点考虑的难题。

（三）智能车辆技术

在车辆主动控制技术迅速发展的情况下，汽车逐步会发展为一个集环境感知、规划决策、多等级辅助驾驶等功能于一体的综合系统，即“智能车辆”，它集中运用了计算机、传感器、信息融合、网络通信、人工智能及自动控制等技术，属于一个典型的高新技术综合体。目前，智能车辆的研究离实际应用还存在各种各样的难题，如法律问题、伦理问题，以及技术本身的问题等。因此，在研究有效提高智能车辆技术水平的同时，从法律、伦理等社会方面对智能车辆出台相应的配套政策，是智能车辆走向大众化应用的关键。

（撰稿：褚端峰、吴超仲）

交通仿真分析

一、交通仿真概述

交通仿真作为系统仿真科学在交通领域的应用分支，是随着系统仿真的发展而发展起来的。它是以相似原理、信息技术、系统工程和交通工程领域的基本理论和专业技术为基础，以计算机为主要工具，利用系统仿真模型模拟道路交通系统的运行状态，采用数字方式或图形方式来描述动态交通系统，以便更好地把握和控制系统的一门实用技术。从应用领域划分，交通仿真主要可分为道路交通仿真、海上交通仿真和空中交通仿真。本文充分考虑到当前交通问题的主要矛盾以及交通仿真的应用比例，以道路交通仿真为主体进行分析。

随着机动车保有量的不断攀升、现代科学技术的发展以及土地资源的限制，世界各国已经逐渐从主要依靠扩大路网规模来解决日益增长的交通需求转移到用高新技术来改造现有道路交通系统及其管理体系，从而达到大幅度提高交通运输网的通行能力和服务质量。自 90 年代提出“智能交通系统”概念以来，ITS 以其强有力的技术手段和旺盛的生命力在综合运输体系的各个领域都取得了令人瞩目的成就。交通建模研究及仿真评价系统正是为适应新形势下城市交通管理和控制的要求而提出来的。

道路交通仿真是智能交通运输系统的一个重要组成部分，也是计算机技术在交通工程领域的一个重要应用，它可以动态、逼真地仿真交通流和交通事故等各种交通现象，复现交通流的时空变化，深入地分析车辆、驾驶人和行人、道路以及交通的特征，有效地进行交通规划、交通组织与管理、交通能源节约与物资运输流量合理化等方面的研究。同时，交通仿真系统通过虚拟现实技术手段，能够非常直观地表现出路网上车辆的运行情况，对某个位置交通是否拥堵、道路是否畅通、有无出现交通事故以及出现上述情况时采用什么样的解决方案来疏导交通等在计算机上经济有效且没有风险地仿真出来。

仿真就是真实世界的数学或逻辑的表示，在计算机上用软件执行的实验模式。交通仿真模型目前主要分为以下三种类型，分别为微观仿真、中观仿真和宏观仿真，如图 1 所示。

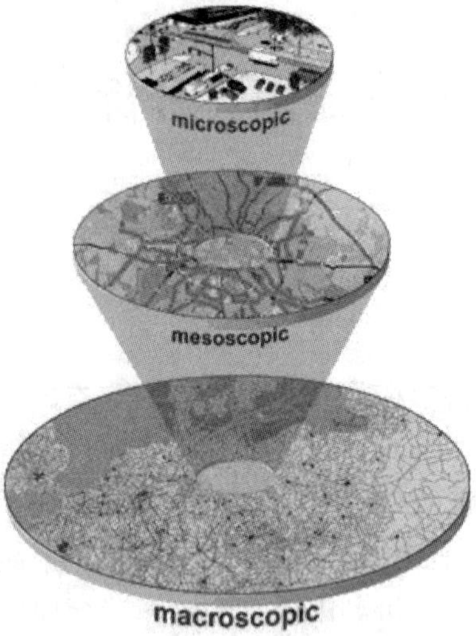

图1　交通仿真三种类型

（一）微观仿真模型

微观仿真模型对个体车辆区别有高度详细的描述。微观仿真模型描述系统实体(如：车辆,司机）的空间－时间行为的同时,也详尽描述了它们（个体间）的相互作用。如，对车流中的每辆车，变道就是对司机一连串决定的详尽描述。除了对司机行为的详细描述外，也包括了在当前环境下相应的车辆控制行为的详细建模。而且，还包括了车辆指定部位（子单元）的功能描述。

（二）中观仿真模型（中等级描述）

没有区别和追踪个体车辆，但用概率来表征个体的行为。由此，交通由小的交通实体组成．对它们的活动和相互作用进行低等级描述。如，变道对个体车辆来说可能是瞬间行为，基于相对车道密度，速度微分，产生变道决策。一些中观模型源自气体动力学理论，这种气体动力学模型描述了速度分布的动力学。

（三）宏观模型（低等级描述）

高集合级描述交通流,不区别其组成部分。用流率,密度和速度来整体描述交通流。通常不会明确的表述个体车辆的运作，如跟车、变道。宏观模型可以使交通流在道路上适当被分配，采用近似值。

二、动态仿真平台

传统的交通仿真主要依赖历史交通数据或虚拟交通数据，是无法全面反映仿真当时现实世界的交通情况一种离线仿真技术。它只适用于对交通现象进行概括性的、定性的分析，无法对当前正在进行中的交通现场进行仿真分析，无法完全真实的仿真实际运行的交通控制系统。而在具有高效的运算速度及可靠的交通数据采集和预处理技术后，在线仿真技术将成为可能，以适应智能交通背景下由于信息技术的快速发展而产生的对实时仿真分析的需要。在线仿真的运行机制是在计算机内的仿真系统与实际的交通管理系统同步运行过程中，不断接受最新采集的交通检测信息，从而动态调整计算机内部的仿真系统使其尽可能准确地反映当时的真实道路交通情况。它能够将仿真系统与真实的交通现场设备连接起来，通过对真实交通现场车辆信息、信号控制系统数据等交通数据的在线收集与仿真，真实地再现交通现场，并通过实时仿真分析，实现对交通系统进行在线控制和进行更为准确地短时或长时预测。

城市动态交通仿真平台是一个综合性的可视化城市交通疏导、管理、控制和评价系统，具有强大的交通数据融合功能，能够很好地整合现有的智能交通系统，共享数据资源，提高城市智能交通系统的综合服务能力和科学评价水平。与以外场设备管理和实时交通状态展示为主要功能的交通综合管理平台不同，城市动态交通仿真平台是以业界成熟的交通仿真技术为核心，平台的交通管理、优化和评估功能均建立在交通仿真模拟的基础之上。在此基础上，平台通过挖掘城市静态和动态交通数据，融合实时交通数据与交通仿真以及宏观交通仿真和微观交通仿真技术，对城市交通管理、路网规划、方案设计、信号控制、交通诱导和设备监测等提供决策支持，连接调度指挥系统，使交通运营管理更加科学化、系统化。

城市动态交通仿真平台功能主要有三大方面的融合：①交通多源数据融合；②实时数据和交通仿真工具的融合；③智能交通各应用系统的融合，从而让所有的交通信息、交通管理系统和应用基于一张城市 GIS 地图呈现，并利用实时在线交通信息实现更高效，更便捷的交通系统评估及方案优化。动态交通仿真平台系统总体架构如图 2 所示。

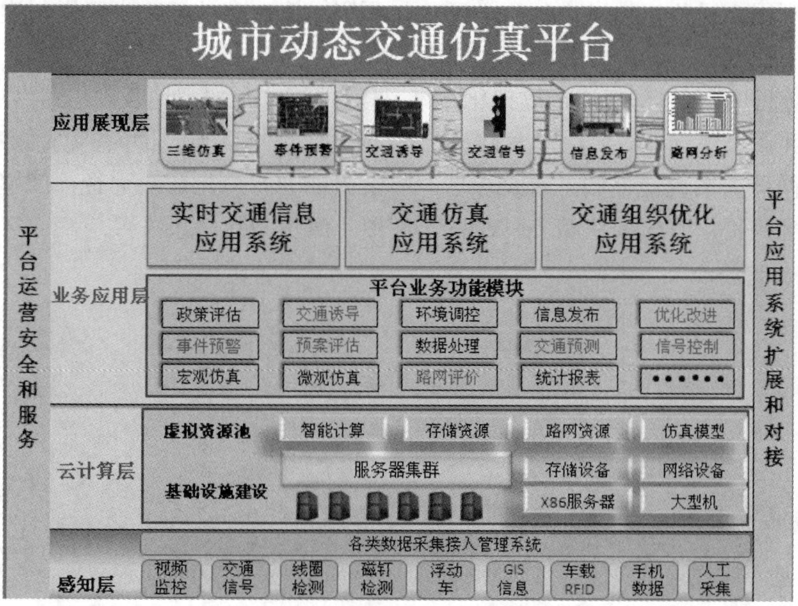

图2　系统总体架构

三、应用案例

（一）新昌市城区交通组织优化

城市道路交通运行管理面临双重压力。一方面，随着城市化的发展与社会经济发展，交通需求与机动车拥有量将持续增长，给路网带来的交通压力将越来越大，交通拥挤道路将不断扩大，并将导致交通燃油消耗增加、车辆尾气污染加重等问题。另一方面，随着建设现代化国际化先进城市的深入，社会各界对交通有序、高率、安全、环保运行的要求越来越高。这对交通管理提出了新的挑战与更高的要求，需要在新条件、新形势下研究提出相应的对策、措施与办法。

近年来，新昌城市建设取得了较大的发展，由原来的老城区逐步向七星新中心和南岩工业区推进，道路交通设施不断更新完善，城区道路长度和面积逐步增加，较大程度上改善了道路交通条件。然而，由于老城区建筑建设年限较久，用地集中紧凑，内部道路等级低，路网结构不尽合理，道路网络尚未完全形成，而且停车泊位不足，老城区的道路交通设施难以满足当前迅猛增长的交通需求。老城区内现状交通秩序混乱，停车设施布局结构不合理，路内停车承担了公共停车场和配建停车的功能，“行路难、停车难”问题比较突出。在高峰时段，老城区部分区域出现明显的拥堵情况，交通流分布不均衡，部分主干道承载了过量交通流负荷，制约了新昌的城市发展。

为此，在 2013 年，新昌市采取了一系列行之有效的措施，并为改善城区道路交通的混乱状况，提高新昌县交通管理的科学化水平，为今后新昌城区交通管理创造可持续发展的条件，实施了新昌县城区交通微循环方案设计。该项目基于交通微循环理论，通过对城市现有路网进行交通组织、诱导、控制等方法，实现城市路网交通流的合理分布，并利用交通仿真技术进行科学评估与预测，旨在有效卸载主干道与次干道的过量负荷，保证城市主线交通的畅通，为城区的未来交通发展提供有效保障。

在此项目中，交通仿真通过虚拟化技术手段，能够非常直观地表现出路网运营状态，分析对比并系统评价不同解决方案，克服了交通系统现场试验代价大、实验困难的缺点，为交通微循环方案设计提供了量化评估、科学验证的智慧化解决途径，能够为研究人员及相关部门提供有效的决策支持。图 3 和图 4 所示为新昌市主要道路方案实施前后旅行时间分布情况。

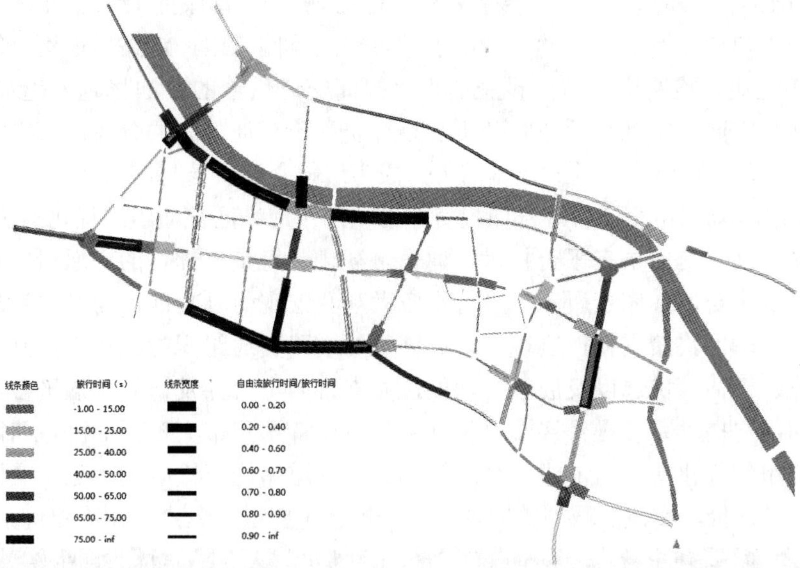

图3　现状路网旅行时间分布

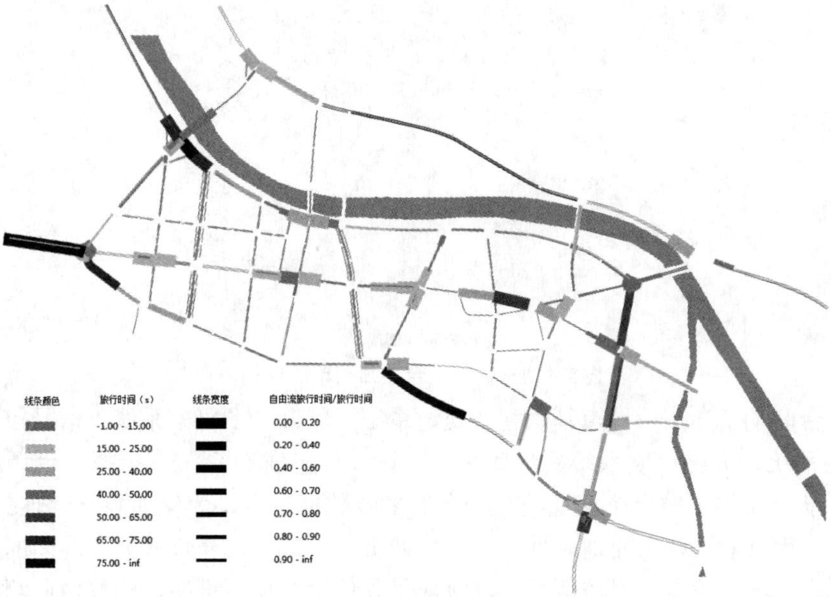

图4　优化路网旅行时间分布

（二）郑州市动态交通仿真平台

城市动态交通仿真平台能够有效利用城市交通大数据，整合和共享现有的智能交通系统数据资源，提高城市智能交通系统的综合服务能力和科学评价水平，从而为提升交通组织的科学化、动态化和精细化水平提供技术支持，为相关部门的决策提供科学依据。

截止2013年，郑州市机动车保有量达243万辆，一直保持15%的年增长率，每月平均新车入户达2万余量。然而，由于城市空间范围有限，道路用地不可能无限制地增长，通过加大路网交通基础设施建设来提高交通供给的方法将越来越难以实施。因此，在郑州市区的宏观交通仿真分析和目标交叉口交通问题的分析研究中，最大限度挖掘和利用现有道路交通基础设施潜力，成为缓解交通供给与需求矛盾的重要措施。

在2013年，郑州市交通管理部门投资建设了郑州市城区交通组织优化与仿真系统，充分利用城市动态交通仿真平台技术，建设可视化、可量化评估的交通组织管理、评价与优化仿真平台，如图5所示。平台集成微观和宏观仿真功能，为交通管理人员提供科学高效的辅助决策支持，实现了区域路网的道路交通组织方案仿真，具有交通组织方案设计、评估、优选以及展示等功能，并支持多用户并发访问。该平台为交通管理各级部门用户提供系统操作终端及仿真工具，支持郑州市大范围的区域路网和重点路口的交通组织优化仿真，能进行交通管制方案、道路施工影响和大范围交通路网通行能力的科学评价，实现区域型的宏观路网分析和重要道路节点的微观评价。

图5 动态仿真平台在郑州市的应用

该平台联动了郑州市城市基础智能交通系统，包含电子警察系统、信号控制系统、视频检测系统、大屏控制系统、卡口系统、诱导信息发布系统、指挥平台调度系统、车架管系统，实现了融合个交通信息平台的多源数据融合，为交通科学管理提供了数据的支持。而针对郑州市交通硬件（视频摄像头、卡口、信号灯等）长时间的损失率，该平台动态匹配了设备实时监测系统，解决了硬件设备损坏报警，维修后监测的工作，为交通管理提供了基本保障。

此外，城市动态交通仿真平台针对郑州市道路施工占道、大型活动、交通事故等交通事件，实现了实时事件预警，并且针对事件造成的交通影响进行扩散分析，以及对事件的解决方案进行评估，为事件的解决提供科学的评价，如图6所示。

图6　动态仿真平台事件预警

城市动态交通仿真平台对于郑州市路网整体运营效率进行仿真优化，对区域路口交叉口的信号配时进行方案优化评价，缓解了城市拥堵，整体的提升了整个路网的运载能力。

四、发展趋势

交通系统仿真技术经历了从单点交叉口到网络交通仿真，从传统的面向常规交通管理、交通规划与设计等领域的应用到面向智能交通系统应用的发展过程。为满足随着信息技术的快速发展以及日益严重的交通问题而产生的对实时交通仿真分析的需求，利用物联网及先进的传感设备所产生的交通大数据，构建兼具可靠性、实时性、综合性的交通仿真系统将成为未来交通系统仿真技术的发展趋势。未来交通系统仿真技术将不再单纯地依赖历史数据或虚拟数据，而是利用物联网和云计算技术，结合大量的真实数据，形成实时在线仿真运算，并通过与交通设施的信息对接与交换，实现更为智能化的交通管理与控制。

未来交通仿真技术将通过物联网、云计算、GIS、Ipv6等技术充分采集、传输、融合处理现实交通系统中的多元异构交通大数据，从而基于交通大数据①构建具有自我学习和模型优化功能的交通仿真基础行为模型；②采集道路路网结构信息；③获取实时交通出行数据，结合成熟的交通仿真计算机语言，建立在线交通系统仿真平台，适应不断发生变化的交通环境，完成精确地评价和预测功能，并通过精美的3D界面、虚拟现实技术与真实世界的高度交互与互动，实现方便、真实的人机交互。

与此同时，未来的交通系统仿真技术将有望应用于交通系统的各个环节，包括交通规划、交通安全、交通管理、交通控制以及个性化的交通服务，交通仿真成果也将进入标准化、产品化，从面向决策者、管理者逐步转向交通系统使用者。交通系统仿真技术不仅可以为城市交通管理者呈现实时可靠的数据分析结果及可实施方案，也将为不同使用者提供具有针对性的交通服务，以三维虚拟现实技术为用户提供更加真实直观的应用体验。此外，交通仿真系统与其他系统的有效融合，如与信号控制系统的协调控制、环境污染物监测系统的联动等诸多应用都　将发挥更大的作用，并创造巨大的经济效益与社会效益。

（撰稿：吴建平）

第四章

主要科技进展

国家智慧城市试点名单汇总

2013 年 1 月 29 日，住建部公布了首批 90 个国家智慧城市试点名单，其中地市 37 个，区（县）50 个，镇 3 个；8 月 5 日，住建部又公布了 2013 年度国家智慧城市试点名单，试点城市多达 103 个；10 月 8 日，科技部和国家标准委下发通知，将在南京等 20 座城市开展智慧城市试点示范工作。

第一批国家智慧城市试点名单（90个）

北京市

北京东城区、北京市朝阳区、北京未来科技城、北京市丽泽商务区

天津市

天津津南新区、天津市生态城

河北省

石家庄市、秦皇岛市、廊坊市、邯郸市、迁安市、北戴河新区

山西省

太原市、长治市、朔州市平鲁区

内蒙古自治区

乌海市

辽宁省

沈阳市浑南新区、大连生态科技新城

吉林省

辽源市、磐石市

黑龙江省

肇东市、肇源县、桦南县

上海市

上海市浦东新区

江苏省

无锡市、常州市、镇江市、泰州市、南京河西新城、苏州工业园区、盐城市城南新区、昆山市花桥经济技术开发区、昆山市张浦镇

浙江省

温州市、金华市、诸暨市、杭州市上城区、宁波市镇海区

安徽省

芜湖市、铜陵市、蚌埠市、淮南市

福建省

南平市、平潭市、福州市苍山区

江西省

萍乡市、南昌市红谷滩新区

山东省

东营市、威海市、德州市、新泰市、寿光市、昌邑市、肥城市、济南西区

河南省

郑州市、鹤壁市、漯河市、济源市、新郑市、洛阳新区

湖北省

武汉市、武汉市江岸区

湖南省

株洲市、韶山市、株洲市云龙示范区、浏阳市柏加镇、长沙市梅溪湖国际服务区

广东省

珠海市、广州市番禺区、广州市萝岗区、深圳市坪山新区、佛山市顺德区、佛山市乐从镇

海南省

万宁市

重庆市

重庆市南岸区、重庆市两江新区

四川省

雅安市、成都市温江区、郫县

贵州省

铜仁市、六盘水市、贵阳市乌当区

云南省

昆明市五华区

西藏自治区

拉萨市

陕西省

咸阳市、杨凌示范区

宁夏回族自治区

吴忠市

新疆维吾尔自治区

库尔勒市、奎屯市

第二批国家智慧城市试点名单

（一）市、区（83 个）

北京市

北京经济技术开发区

天津市

武清区、河西区

重庆市

永川区、江北区

河北省

唐山市曹妃甸区

山西省

阳泉市、大同市城区、晋城市

内蒙古自治区

呼伦贝尔市、鄂尔多斯市、包头市石拐区

黑龙江省

齐齐哈尔市、牡丹江市、安达市

吉林省

四平市、榆树市、长春高新技术产业开发区

辽宁省

营口市、庄河市、大连市普湾新区

山东省

烟台市、曲阜市、济宁市任城区、青岛市崂山区、青岛高新技术产业开发区、青岛中德生态园

江苏省

南通市、丹阳市、苏州吴中太湖新城、宿迁市洋河新城、昆山市

安徽省

阜阳市、黄山市、淮北市、合肥高新技术产业开发区、宁国港口生态工业园区

浙江省

杭州市拱墅区、杭州市萧山区、宁波市（含海曙区、梅山保税港区、鄞州区咸祥镇）

福建省

莆田市、泉州台商投资区

江西省

新余市、樟树市、共青城市

河南省

许昌市、舞钢市、灵宝市

湖北省

黄冈市、咸宁市、宜昌市、襄阳市

湖南省

岳阳市岳阳楼区

广东省

肇庆市端州区、东莞市东城区、中山翠亨新区

广西壮族自治区

南宁市、柳州市（含鱼峰区）、桂林市、贵港市

云南省

红河哈尼族彝族自治州蒙自市、红河哈尼族彝族自治州弥勒市

贵州省

贵阳市、遵义市（含仁怀市、湄潭县）、毕节市、凯里市

甘肃省

兰州市、金昌市、白银市、陇南市、敦煌市

四川省

绵阳市、遂宁市、崇州市

西藏自治区

林芝地区

陕西省

宝鸡市、渭南市、延安市

宁夏回族自治区

银川市、石嘴山市（含大武口区）

新疆维吾尔自治区

乌鲁木齐市、克拉玛依市、伊宁市

（二）县、镇（20个）

北京市

房山区长阳镇

河北省

唐山市滦南县、保定市博野县

山西省

朔州市怀仁县

吉林省

白山市抚松县、吉林市船营区搜登站镇

山东省

潍坊市昌乐县、平度市明村镇

江苏省

徐州市丰县、连云港市东海县

安徽省

六安市霍山县

浙江省

宁波市宁海县、临安市昌化镇

江西省

上饶市婺源县

湖南省

长沙市长沙县、郴州市永兴县、郴州市嘉禾县、常德市桃源县漳江镇

贵州省

六盘水市盘县

宁夏回族自治区

银川市永宁县

（三）2012 年试点扩大范围（9 个）

常州市试点新增新北区

武汉市试点新增蔡甸区，2012 年试点含江岸区

沈阳市：新增沈河区、铁西区、沈北新区，2012 年已批复浑南新区

南京市：新增高淳区、麒麟科技创新园（生态科技城），2012 年已批复河西新城区（建邺区）

长沙大河西先导区：新增洋湖生态新城和滨江商务新城，2012 年试点含梅溪湖区

佛山市：新增南海区，2012 年已批复顺德区、顺德区乐从镇

智慧城市试点示范工作城市：

江苏省：南京、无锡、扬州。

山西省：太原、阳泉。

辽宁省：大连。

黑龙江省：哈尔滨、大庆。

安徽省：合肥。

山东省：青岛、济南。

湖北省：武汉、襄阳。

广东省：深圳、惠州。

四川省：成都。

陕西省：西安、延安、杨凌示范区

新疆维吾尔自治区：克拉玛依。

国家高技术研究发展计划（863）现代交通技术领域智能交通项目2013年度主要研究进展

一、大城市区域交通协同联动控制关键技术

项目围绕网络化动态交通信息获取与交互、面向出行行为的区域交通智能分析与控制、区域交通网络化智能诱导控制、区域交通动态协同优化控制、区域交通协同联动控制集成与测试等技术开展研究，研制出普及型网络化动态交通信息采集、多功能集成交通信息综合监测、区域交通信息网络化智能汇聚等三类5种网络化动态交通信息获取与交互系统装置和设备；开发出网络化多维交通信息可靠交互、实时路网运行监测、居民出行行为分析、交通流短时预测、智能分析与决策支持、网络化智能诱导控制、动态协同优化控制等系统及软件，建立了区域交通协同联动控制集成平台，并在北京、青岛、杭州等城市进行了应用验证，为提升大城市交通运行效能、缓解拥堵提供了技术支撑。

二、智能车路协同关键技术研究

项目围绕智能车载系统、智能路侧系统、车车/车路信息交互与协同控制、车路协同系统集成和仿真等关键技术开展研究，研制出支持典型应用的智能路侧系统装备，开发了多模式车路协同数据交互平台和智能车辆平台；构建了我国智能车路协同技术体系框架，并在实际道路上搭建了我国首个车路协同系统应用集成测试环境，完成了包含10辆测试车参加的，可实现交叉口避撞、安全跟驰、换道预警等15种典型应用的集成测试验证，对提升我国汽车智能化水平和改善交通安全具有积极的促进作用。项目提出的“智能车路协同系统体系框架”对我国智能交通系统技术发展具有重要的参考价值。

三、交通状态感知与交互处理关键技术

项目重点攻克不同交通环境和载体下的交通状态实时获取和处理关键技术，形成交通状态感知、交互处理的新技术和产品研发能力。

项目开发了基于低空飞行器的地面移动交通应急指挥平台原型样机；研制了低功耗多模船载智能终端样机；提出了广义舒适度函数的基于出行者视角的交通状态建模方法；开发了多类型交通环境路况参数感知原型样机；开发了智能感知高清成像原型样机；提出了城市干线公交站间分段绿波信号控制策略；开发了中心城市交通状态感

知与分析集成平台，形成一批具有自主知识产权的产品样机和技术系统，为交通系统的智能化管理和服务提供了技术支撑。

四、交通枢纽智能管控关键技术

项目围绕交通枢纽协同运行瓶颈问题，开展了状态识别、多式联运、智能管控等关键技术研究，完成了 5 项核心技术研发、3 个系统建设、1 个平台搭建和 1 个平台的方案设计。

完成研发的 5 项核心技术包括：枢纽大范围空间中交通行为感知技术、枢纽分类和多式 / 多向客流信息需求内容与强度分析技术、枢纽内交通组织与动态优化技术、枢纽客流状态实时检测技术和车地无线通信技术。

完成的 3 个系统包括：枢纽内行人检测器原型系统、综合交通枢纽状态感知实验系统和城轨换乘站枢纽状态感知仿真系统。

完成综合交通枢纽运行状态分析软件平台的搭建。

完成铁水联运信息共享平台的方案设计。

本项目的研究提升了多运输方式间的协同效率，增强了交通枢纽的综合服务能力，为提高综合交通系统运输效率和安全运行水平提供了技术支撑。

第五章

重点科技成果

2013年度国家科学技术奖

科学技术进步奖

二等奖

项 目 名 称：城市交通智能路网的关键技术及应用
主要完成单位：同济大学，上海电科智能系统股份有限公司，华平信息技术股份有限公司，上海中兴软件有限责任公司，上海铁大电信设备有限公司，上海扶明泽实业股份有限公司，上海电力学院
主 要 完 成 人：蒋昌俊，丁志军，方 钰，张亚英，陈红洁，
熊模昌，朱伏生，张栋良，陈闳中，闫春钢

项 目 名 称：中国南车轨道交通装备三大技术平台建设技术创新工程
主要完成单位：中国南车集团公司

项 目 名 称：桥建合一及功能可视化立体疏解客流铁路车站设计建造技术
主要完成单位：中铁第四勘察设计院集团有限公司，中国建筑股份有限公司，铁道部经济规划研究院，中国建筑科学研究院，中建三局建设工程股份有限公司，武汉铁路局，中建商品混凝土有限公司
主 要 完 成 人：郑 健，盛 晖，张 琨，刘云强，韩志伟，王 辉，
胡小勇，高纯，陶勇

技术发明奖

二等奖

项 目 名 称：基于形式环境感知与控制协同的汽车智能安全新技术及应用
主要完成单位：清华大学
主 要 完 成 人：李克强、王建强、罗禹贡、李升波、郑四发、杨殿阁

2013年度地方科学技术奖

省份	项目名称	主要完成人	完成单位	推荐单位
山西省	智能交通非线性动力学特性及其控制研究	李兴莉、杨建伟、杜艳平、李　捷、李志鹏	太原科技大学 北京建筑工程学院	山西省教育厅
辽宁省	基于物联网的智能公共交通系统工程若干关键技术研究与应用		大连启明海通信息技术有限公司,大连理工大学,大连大学,大连海事大学	
安徽省	机动车驾驶技能考试系统中关键技术的研发与应用	赵　峰、王敬刚、魏　涛、方有明、叶国顺、刘二政、吴治斌、斯　勇	安徽三联交通应用技术股份有限公司	合肥市科技局
	安徽省公路交通安全关键技术研究	彭道月、沈国华、吴玲涛、徐　欣、姜　明、胡晓泉	安徽省公路管理局、交通运输部公路科学研究所、安徽省交通规划设计研究院有限公司	安徽省交通厅
广东省	新型RFID传感网技术及其在铁路交通中的应用	谢胜利、余　荣、李　波、樊晓平、王小可、刘震宇、吴宗泽、吕　俊、李卫军、杨俊杰	广东工业大学　华南理工大学　中南大学　深圳市丰泰瑞达实业有限公司	广东省教育厅
	车载智能多媒体信息娱乐系统	苏　军、周国明、王　昕、刘　轶、傅　聪、黄石磊、蔡文正	深圳市众鸿科技股份有限公司　深圳市北科瑞声科技有限公司　深港产学研基地	深圳市众鸿科技股份有限公司　深圳市北科瑞声科技有限公司　深港产学研基地
	车联网实时交互智能终端与信息协同系统	张宗涛、胡锦敏、刘　轶、朱玉光、何名奕、周绍辉、王　昕	深圳市路畅科技股份有限公司　深圳市北科瑞声科技有限公司	深圳市科技创新委员会
云南省	高速高等级公路交通安全管控系统研发及应用	陈　辉，李淦山，陈宇红，李晓宇，王伟义，江　源，王友刚	云南省道路交通管理科学技术研究所，安徽蓝盾光电子股份有限公司，安徽超远信息技术有限公司，昆明理工大学	云南省公安厅
陕西省	电子不停车收费关键技术的研究	张晓松、张　波、刘毅明、张海峰、金　涛、韦永平、田　珂、蔡小彬、张姣姣、陈　波、李　楠	西安公路研究院、陕西省高速公路收费管理中心	省交通厅

续表

省份	项目名称	主要完成人	完成单位	推荐单位
北京市	基于车联网的智能车载终端系统研发	宋大鹏、张　旭、李　娟	北京亚太轩豪科技发展有限公司	
	城市轨道交通综合自动化系统研发及产业化	李天辉、吴铀铀、贺剑锋	北京和利时系统工程有限公司	
	多车道自由流电子收费系统路侧与车载单元关键技术研究	田林岩、王春生、赵昱阳	北京万集科技股份有限公司	
天津市	公共交通行业车联网关键技术研究与实现	顾军华、董永峰、郭志涛、靳　展、徐树青、张立斌、周　亮、梁志刚	河北工业大学 天津市通卡公用网络系统有限公司	

2013年度中国智能交通协会科学技术奖

一等奖

项 目 名 称：基于复杂道路交通环境感知的车辆智能驾驶技术
主要完成单位：军事交通学院
主 要 完 成 人：徐友春、彭永胜、袁　一、刘洪泉、朱　愿、章永进、万　剑、李明喜、李　华、赵建辉、冯明月、贾　鹏、王　肖、马育林、李栓成

项 目 名 称：基于手机无线传感网络的动态广域客流检测关键技术及应用
主要完成单位：上海市城乡建设和交通发展研究院（原上海市交通信息中心）、上海美慧软件有限公司
主 要 完 成 人：何　承、冉　斌、裘炜毅、顾承华、陈明威、戴　祺、吴　俊、刘　杰、翟　希、陆俊贤、刘胜平、林益平、张　祎、刘　振、苏莉斌

项 目 名 称：高速公路交通气象服务成套支持技术研究与应用
主要完成单位：交通运输部公路科学研究所、北京市气象服务中心、北京中交国通智能交通系统技术有限公司
主 要 完 成 人：杨　琪、刘文峰、李　迅、汪　林、张纪升、丁德平、张　利、尹志聪、赵　丽、刘清彬、甘　璐、陈旭梅、彭礼平、龚　民、廉宇峰

项 目 名 称：基于整车网络的安全感知增强及危险预警系统研发与应用
主要完成单位：中国汽车技术研究中心、武汉理工大学
主 要 完 成 人：龚进峰、王　旭、陈瑞青、吴超仲、戎　辉、张　微、胡红兵、黄勇斌、吕能超、王子龙、汪春华、唐风敏、刘全周、李艳文、黄　伟、何　佳

二等奖

项 目 名 称：基于特征提取的城市综合交通运行监测和数据服务体系研究与应用

主要完成单位：北京市交通运行监测调度中心、北京工业大学、北京交通大学、北京市交通信息中心、交通运输部公路科学研究院、安徽博微广成信息科技有限公司

主 要 完 成 人：张　可、黄建玲、李　静、贾利民、翁剑成、王晶晶、徐　硕、董宏辉、刘　浩、赵晓华、陈智宏、耿松麟、李　乾、李　晨、赵净洁

项 目 名 称：南京交通主枢纽南站综合管理与信息服务系统

主要完成单位：南京市交通运输局、南京市公路运输管理处、北京交科公路勘察设计研究院有限公司、南京市道路客运联网售票管理服务中心、南京洛普股份有限公司

主 要 完 成 人：乔海滨、林育麟、刘晓芸、孙玉光、薛　伟、蒋微波、于文震、何　洧、黄　霞、汪　婷

项 目 名 称：广州亚运智能交通综合信息平台系统

主要完成单位：广州交通信息化建设投资营运有限公司

主 要 完 成 人：刘　兵、曾　维、张　孜、王海峰、俞忠东、于洁涵、林　思、戴宇聪、张传春、翁　健、舒采焘、李　洁

项 目 名 称：基于子区动态划分与协调交互技术的交通信号控制系统

主要完成单位：华南理工大学、广州运星科技有限公司

主 要 完 成 人：徐建闽、卢　凯、林培群、许伦辉、首艳芳、沈文超、王世明、张敏捷、刘树青、李轶舜、郑淑鉴、李　林、刘轼介、徐建勋、傅　惠

项 目 名 称：城市公交信号优先控制关键技术及应用

主要完成单位：北京四通智能交通系统集成有限公司、清华大学深圳研究生院、北京志远鸿通科技有限公司

主 要 完 成 人：蒋光胜、李志恒、张　滨、宫彦军、尹胜超、侯晓宇、陈淑红、熊　娟、刘　静、郑　雪、王燕燕、刘煜宵、李　力、杨海香、胡思宇

项 目 名 称 ：道路交通源解析技术研究及在汽车尾气污染治理中的应用
主要完成单位：中山大学、佛山市环境保护局、广东方纬科技有限公司
主 要 完 成 人：刘永红、余永锵、余　志、蔡　铭、徐伟嘉、黄建彰、王洁文、何兆成、罗东华、黎旭明、陈泽毅、赵力宣、张　辉、黄　敏、赖迪智

项 目 名 称 ：中国铁路AFC系统与设备
主要完成单位：中国铁道科学研究院电子计算技术研究所
主 要 完 成 人：史天运、史　宏、康增建、朱建生、姜　利、王晓冬、邓胜江、刘子宽、戴建强、沈海燕、李士达、王　成、李　超、王腾霄、王冰

项 目 名 称 ：高速列车故障诊断与智能维护技术研究
主要完成单位：株洲南车时代电气股份有限公司
主 要 完 成 人：路向阳、贺德强、单　晟、唐国平、姚晓阳、刘黎明、杜　庆

三等奖

项 目 名 称 ：深圳市交通信息资源采集、整合与服务应用与关键技术研究
主要完成单位：交通运输部公路科学研究所、深圳市易行网交通科技有限公司、中路高科交通科技集团有限公司、北京中交国通智能交通系统技术有限公司
主 要 完 成 人：黄　敏、李　斌、张　良、熊文贵、彭礼平、张　昕、吴　涛、祁　伟、胡　斌、廉宇峰、李俊卫、刘见平、闪惠斌、李小燕、杨爱艳

项 目 名 称 ：无线地磁车辆检测技术研究与应用
主要完成单位：北京交通发展研究中心
主 要 完 成 人：郭继孚、张　彭、李兆宏、邓小勇、袁宏伟、温慧敏、李　先、王根城、姚　青、姚　毅、扈中伟、王　琛、张晓松

项 目 名 称 ：面向交通安全的图像分析与数据处理技术及应用
主要完成单位：北京航空航天大学，清华大学
主 要 完 成 人：鲁光泉、李一兵、田大新、袁　泉、余贵珍、刘文超、刘淼淼、张　喆、孔龙飞、王　岩、胡梦夏

项 目 名 称：高速公路与城市快速路监控系统动态交通信息共享与协同控制技术
主要完成单位：北京交通大学
主 要 完 成 人：贾元华、舒志强、刘　静、蒋明青、陈　峰、牛忠海、李　健、敖谷昌、张亮亮、宋慧娟

项 目 名 称：中小城市公安道路交通安全监管与示范
主要完成单位：包头市公安局交通管理支队、北方工业大学、北京易华录信息技术股份有限公司
主 要 完 成 人：安　锐、李正熙、顾洪亮、张永忠、李颖宏、李艳东、朱伟忠、林拥军、刘　欣、栗红强、张　成、李贵民、荣生伟、肖　燕、黄欲晓

项 目 名 称：城市动态交通仿真平台关键技术及产业化应用
主要完成单位：清华大学、科进英华（北京）智能交通技术有限公司
主 要 完 成 人：吴建平、胡敬飞、窦立勇、罗义学、陈常青、苏红帆、杜怡曼、张　珏、郭　睿、富彬华、郑少将、许文启、胡青波、陈　琪、孔　源

项 目 名 称：广东省公安厅治安卡口缉查布控系统项目
主要完成单位：公安部交通管理科学研究所、无锡华通智能交通技术开发有限公司
主 要 完 成 人：方艾芬、张　森、刘太国、翁育峰、杨卓敏、缪新顿、卢　诚、莫子兴、彭璇

项 目 名 称：基于资源共享的高速公路集成监控与应急处置平台
主要完成单位：山东易构软件技术有限公司
主 要 完 成 人：汪庆明、李学岭、何镇镇、黄国林、崔龙波、张德亮、吴茂呈、赵　辉、吴春玲、陈婷婷、韩世晓、王　斌

项 目 名 称：铁路客运站旅客服务信息系统
主要完成单位：中国铁道科学研究院电子计算技术研究所
主 要 完 成 人：史天运、史　宏、康增建、沈海燕、王　冰、姜　利、吕晓军、杨　帆、吴兴华、程清波、刘硕研、徐春婕、王　静、冯文学、傅　迪

项 目 名 称：轨道交通客流预测方法与应用
主要完成单位：北京交通大学、北京交通发展研究中心
主 要 完 成 人：毛保华、郭继孚、刘剑锋、丁　勇、陈绍宽、孙福亮、

柏　赟、王　静、刘海东、冯雪松、线　凯、刘智丽、
陈　锋、孙海瑞、刘　爽

项 目 名 称：FZL200型基于交叉感应环线的MATC系统
主要完成单位：北京全路通信信号研究设计院有限公司
主要完成人：邓红元、孙吉良、卓开阔、赵东亮、刘　键、朱炳强、
宋沛东、刘　毅

项 目 名 称：铁路货车装载状态高清视频监控系统
主要完成单位：辽宁奇辉电子系统工程有限公司
主要完成人：李正倩、徐起力、张　蒙

2013年度中国公路学会科学技术奖

一等奖

项 目 名 称：基于全空间GIS的互通式立交智能设计理论与技术

主要完成单位： 中国公路工程咨询集团有限公司、长安大学、浙江大学、交通运输部公路科学研究所

主要完成人： 刘子剑、王国锋、杨少伟、杜震洪、周荣贵、李建成、潘兵宏、张　丰、牛玉欣、宋鹏飞、胡　盛、谢卓然、富中海、刘仁义、侯志通

项 目 名 称：音频车辆检测与联网收费路径识别系统研究

主要完成单位： 中国公路工程咨询集团有限公司、中咨泰克交通工程集团有限公司、北京大学

主要完成人： 彭　锐、宋国杰、傅宇浩、张志平、谢昆青、李红芳、吴玺宏、崔海龙、曲天书、冯　雯、黄轼琼、郭　沛、宋鹏飞、张　鹏、白　璐

项 目 名 称：面向多模式交通协同运行的综合监测和主动服务成套技术

主要完成单位： 北京市交通委员会、北京市交通运行监测调度中心、北京市交通信息中心、北京工业大学、北京交通大学

主要完成人： 刘小明、黄建玲、张　可、杜　勇、荣　建、葛　昱、贾利民、陈智宏、李　静、刘　浩、汪祖云、徐　硕、翁剑成、王晶晶、王家川

项 目 名 称：大型公共设施行人交通机理及客流组织关键技术

主要完成单位： 交通运输部公路科学研究所、北京工业大学、北京市交通运行监测调度中心、华南理工大学、北京师范大学、电子科技大学、水木路拓科技（北京）有限公司

主要完成人： 刘　浩、陈艳艳、张　可、张海林、蔚晓丹、张广厚、胡小兵、俞祝良、李　静、汪　林、冷甦鹏、杨赛霓、张晓亮、王　扬、牛树云

二等奖

项 目 名 称：公路隧道建设中数字化技术应用研究
主要完成单位：交通运输部公路科学研究所、招商局重庆交通科研设计院有限公司、重庆交通大学
主 要 完 成 人：王晓晶、林　志、梁　波、张劲泉、盛明兰、李万恒、王文广、尹新刚、林　潘、李星平

项 目 名 称：道路大型营运客车安全性能检测与预警集成技术及装置
主要完成单位：交通运输部公路科学研究所、清华大学、金龙联合汽车工业（苏州）有限公司、北京航空航天大学、安徽省合肥汽车客运有限公司
主 要 完 成 人：周　炜、李文亮、王　维、王建强、余贵珍、蔡凤田、蔚晓丹、李旭光、董　轩、李　臣

项 目 名 称：高速公路行车环境风险主动预警技术及应用
主要完成单位：交通运输部公路科学研究所、华北高速公路股份有限公司、北京市气象局、河南高速公路发展有限责任公司
主 要 完 成 人：李　斌、袁　宇、王笑京、刘文峰、丁德平、宋向辉、张纪升、陈玉梅、段洪琳、薛　文

项 目 名 称：云南省公路行业建设、管理、养护云服务平台建设与应用示范
主要完成单位：云南省公路局、云南省交通科学研究所
主 要 完 成 人：吕云锋、张长生、申海平、陈勤彦、杨　渝、王　晶、钱　江、张向东、钱　旭、李云峰

项 目 名 称：道路客运车票电子化交易系统研究
主要完成单位：交通运输部公路科学研究所、南京特捷交通技术系统有限公司
主 要 完 成 人：顾敬岩、张超声、吴印龙、杨英俊、陆　浩、蔡　翠、孙玉光、吴金中、李为为、唐小淳

三等奖

项 目 名 称：基于物联网的大型桥梁建设项目管理以及质量与安全风险防控技术研究
主要完成单位：杭州交通投资建设管理有限公司、交通运输部公路科学研究所
主 要 完 成 人：余渊、王晓晶、万颖君、翟洪刚、许胜君

项 目 名 称 ：高速公路深厚软基加固与智能信息化监测关键技术
主要完成单位：江西公路开发总公司、南昌工程学院
主 要 完 成 人：周院芳、万保安、张　鸿、熊茂东、黎剑华

项 目 名 称 ：高速公路联网系统技术标准研究（入网检测、维护检评及专用设备）
主要完成单位：河南省高速公路联网监控收费通信服务有限公司、交通运输部公路科学研究所、陕西公路交通科技开发咨询公司
主 要 完 成 人：张　洋、刘　江、吕培建、袁　飞、雷　雨

项 目 名 称 ：绿色通道检测系统研究
主要完成单位：吉林大学、吉林省高速公路管理局
主 要 完 成 人：张　浩、张清田、张　哲、王俊辉、田　野

项 目 名 称 ：浙江省交通运输信息化项目绩效评价体系研究
主要完成单位：浙江省交通运输厅信息中心、上海市软件评测中心
主 要 完 成 人：陈尚新、夏志华、江红葵、韩海航、王　艳

项 目 名 称 ：大型运梁车过隧道自动驾驶与控制技术研究
主要完成单位：中交第二航务工程局有限公司、中交第二航务工程局工程装备分公司
主 要 完 成 人：李　明、李　进、戴志兵、鞠义成、周宗水

第四篇

产业篇

第一章

智能交通系统建设应用

全国机动车缉查布控系统建设及应用

一、建设背景

为贯彻落实《“十二五”道路交通管理科技信息化发展规划》，进一步推进公路交通管理科技建设，提升动态化、信息化条件下公路交通安全管控水平，公安部交通管理局组织研发了全国机动车缉查布控系统（见图1），于2013年4月印发《全国机动车缉查布控系统联网推广应用工作方案》，于2013年年底组织完成全国的推广应用工作。通过整合共享各地车辆智能监测记录系统（以下简称卡口系统）信息资源，建立横向联网、纵向贯通的全国机动车缉查布控系统，实现大范围车辆缉查布控和预警拦截、车辆轨迹和交通流量分析研判、重点车辆管控、交通违法行为甄别查处、侦破涉车案件等应用。

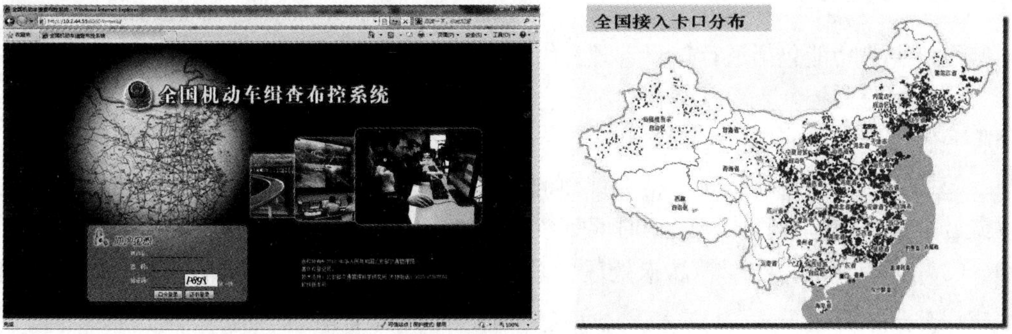

图1　全国机动车缉查布控系统

截至2013年年底，全国31个省（区、市），280多个地市支队完成缉查布控系统部署应用（其中北京、天津、上海、福建、广东、海南、重庆、西藏、甘肃、青海、宁夏等地采用省级集中模式）。全国已接入卡口16000多个，部级机动车缉查布控数据库已汇总存储全国机动车通行信息120多亿。随着缉查布控系统联网单位和接入卡口点位的不断增加，系统在侦破事故逃逸案件、拦截处理违法车辆、查处套牌假牌车辆以及服务大公安方面逐步发挥重要作用。

二、系统架构及功能

（一）系统架构

根据公安部“金盾工程”总体建设以及公安机关图像信息联网应用要求，全国机动车缉查布控系统以公安交通管理综合应用平台为依托，以各地卡口系统为基础，通过统一建设规范、统一架构设计、统一数据标准、统一核心软件实现全国卡口系统联网。机动车缉查布控系统分布采用部、省、地市三级分布，分地市交警支队集中管理和省交警总队集中管理两种数据分布模式。机动车缉查布控系统核心数据库安装在公安内网，部、省、市三级数据库分布如图 2 所示：

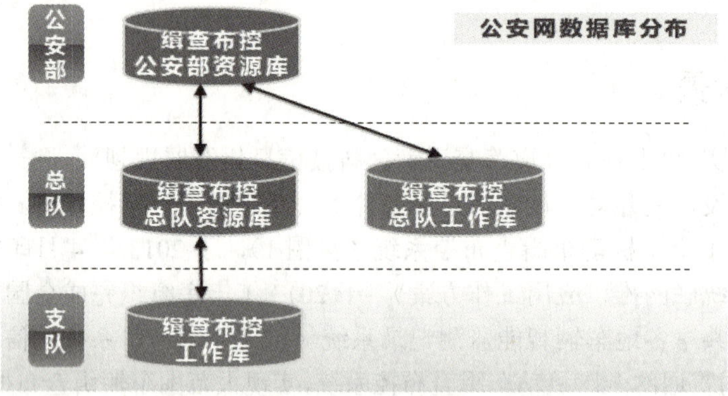

图2　机动车缉查布控系统数据库分布图

（二）系统功能

系统主要功能包括通行信息管理和缉查布控业务等。具体如下：

（1）实时监控。查看某个卡口某一方向的实时过车情况，包括过车图片、号牌种类、号牌号码、过车时间等信息。

（2）轨迹查询。机动车轨迹精确查询、机动车轨迹模糊查询、机动车轨迹全国查询等。根据号牌种类、号牌号码、过车时间等条件查询车辆在全国范围内的通行轨迹。

（3）布控管理。实现违法未处理、逾期未检验和逾期未报废等车辆进行人工或自动布控。

（4）预警管理。实时预警信息签收、处置反馈信息录入、布控车辆信息撤销等功能。

（5）流量分析。分析道路上各卡口的过车总量、平均车速等信息，包括大车、小车和本省、外省车辆的过车量和速度信息等。

三、系统应用情况

（一）基本应用情况

2014 年 1 ～ 6 月，全国机动车缉查布控系统共采集过车信息近 100 亿条，各地利用缉查布控系统进行假牌套牌车辆、事故逃逸车辆、被盗抢车辆、涉牌违法车辆、刑事治安车辆等轨迹分析 16 万次；各地通过综合平台布控逾期未检验、逾期未报废、违法未处理等 1300 多万辆，系统发出预警 1.1 亿次，拦截嫌疑车辆数 2 万余辆。山西、山东、陕西等通过对套牌、逾期未报废等车辆进行布控，查获了多辆套牌假牌车辆。“10 · 28”天安门暴力恐怖犯罪案件发生后，通过缉查布控系统迅速锁定了涉案车辆和同案车辆在陕西、内蒙古等地的通行轨迹，向公安部提供了第一手的图像资料线索，对侦破案件发挥了重要作用。

（二）大数据应用情况

随着系统规模的不断扩大，目前已采用大数据 - 云计算技术研发了机动车缉查布控扩充版系统，挖掘应用系统汇聚的海量卡口图片及通行信息，与公安交通管理综合应用平台等实现信息共享和关联应用，基于各类动静态信息进行分析研判，提升交通管理工作的针对性和有效性。

1．通行信息大数据分析研判

应用大数据、云计算等先进技术，构建机动车缉查布控大数据平台，解决传统关系型数据库难以支撑海量机动车通行信息的接收、存贮、处理及分析等问题，实现实时流式计算、分布式数据存储、高性能并发读写以及分布式计算及分析挖掘等功能。已实现研判功能：过车轨迹查询分析、数据碰撞分析（重点车辆、报废车辆与过车数据的分析碰撞，发现未按规定时间、路线、已报废仍在路面行驶车辆信息）、重点车辆分析（挖掘统计一定地域范围内客运、危险品运输等重点车辆通行数量，研判发现通行规律。对在路段行驶时间异常的车辆、首次在本路段行驶、逾期报废、未年检仍在道路行驶的重点车辆、2 － 5 点仍在道路行驶的客运车辆等进行预警提示）、嫌疑套牌车辆分析（案例见图 3）、道路通行信息服务（道路拥堵、车流量、平均速度等通行状况）等。目前百亿级过车记录下，轨迹精确查询实现毫秒级响应，轨迹模糊查询实现秒级响应。

图3　嫌疑套牌车分析

2．非结构化卡口图片分析应用

应用车辆图像特征识别技术，对卡口车辆通行图片进行二次识别，采集车牌号码、车辆类型、品牌型号、车身颜色等信息，通过后台比对车辆登记信息，实时发现违法嫌疑车辆，实时预警通知路面民警拦查。目前可实时判别的嫌疑车辆包括：假牌套牌（案例见图 4）、逾期未办理报废注销手续、逾期未参加安全技术检验、有交通违法行为未处理等车辆以及公路客运车辆 2-5 点上路行驶、客运、剧毒品运输车辆不按路线行驶、黄标车、大货车进市区、外地货车上高架等交通违法行为车辆。目前套牌假牌车辆预警推送准确率 50% 以上；黄标车、大货车进市区、外地货车上高架等违法行为预警准确率 90% 以上。

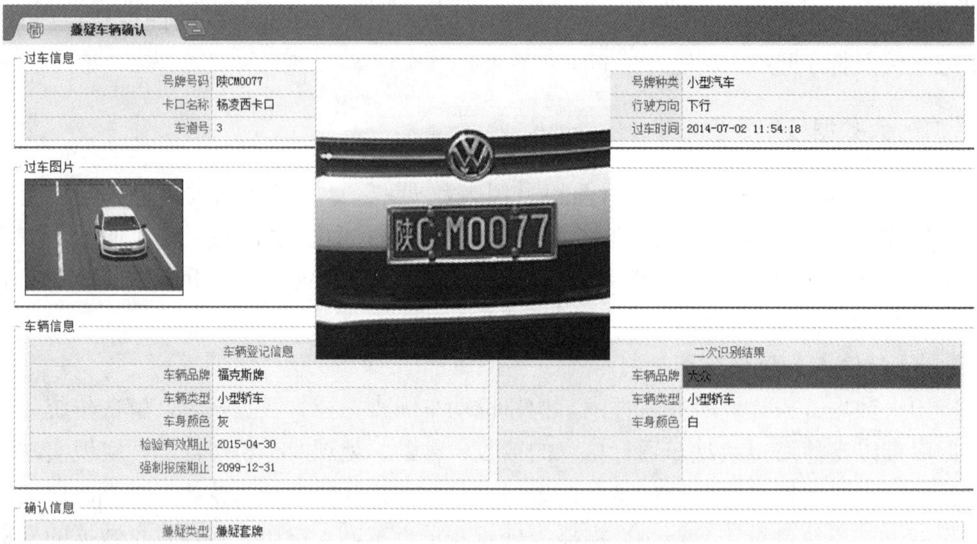

图4　实时甄别预警假套牌车

四、下步展望

为进一步加强和创新全国主干公路交通安全管理工作，提高管控的针对性、实效性，提升公安交通管理的现代化水平，2014 年 5 月，公安部交通管理局印发了《全国主干公路交通安全防控体系建设三年规划》，以勤务机制改革为突破口，以提升公路交通管控能力和执法水平为重点，在现有全国机动车缉查布控系统基础上，改造整合、集成接入各地视频、卡口、交通违法取证、流量气象等路面前端交通安全监测设备，建立一个集交通运行监测、安全风险研判、重点车辆查询、应急指挥调度、勤务监督考核等功能为一体的全国互联互通的部、省、地市三级公安交通集成指挥平台，构建统一的公路交通应急指挥体系，实现对道路通行车辆实时监控、全程监控，对重点违法自动抓拍、有效拦截，对交通事故及时发现定位、及时出警到位，对恶劣天气即时提示、快速应对，对重点和嫌疑车辆快速筛查、及时发现布控，使公路交通管理勤务更科学、指挥更高效、反应更迅速、纠违更及时、服务更到位、监督更有力。

2014 年上半年，公安部交通管理科学研究所编制了公安交通指挥集成平台建设指导意见，第三季度将研发公安交通集成指挥平台核心软件，第四季度将进行试点应用，2015 年将全国推广应用。同时，全国各地将继续深入推进卡口建设及联网工作，各省将以省市际、高速公路出入口等为重点，加大卡口设备建设密度，加快联网步伐，三年内形成覆盖全国、全省和各地市的布控包围圈。

（撰稿：方艾芬、蔡岗）

北斗导航系统在交通行业中的应用

一、全球卫星导航系统发展现状

全球卫星导航定位系统(GNSS，Global Navigation Satellite System)是一种以卫星为基础的无线电导航系统。系统可发送高精度、全天候、连续实时的导航、定位和授时信息，是一种可供海、陆、空领域的军民用户共享的信息资源。目前全球主要有四大卫星定位系统，分别是美国的GPS（Global Positioning System，全球定位系统）、俄罗斯的GLONASS(Global Navigation Satellite System, 全球卫星导航系统)、欧盟的GALILEO（GalileoSatellite Navigation System，伽利略卫星导航系统）和中国的BDS（Bei Dou Navigation Satellite System, 北斗卫星导航系统）。

（一）GPS

GPS是美国第二代全球卫星导航系统，在军民两大领域的实际应用中处于全球垄断地位，应用领域遍及国民经济各个部门，包括军事、航空、农业、林业及民用车载导航等，在2012年以前中国交通行业的定位导航服务也几乎被GPS所垄断。

（二）GLONASS

前苏联为抗衡美国GPS系统，从80年代初开始建设与GPS相类似的GLONASS卫星定位系统，用于为不限数量的陆海空和航天用户提供快速导航和定位服务。由于GLONASS系统的终端产品链发展很缓慢，GLONASS系统在全球卫星导航的电子产业市场份额极低，中国交通行业也几乎没有市场。

（三）GALILEO

1999年，欧洲提出了建立“伽利略”导航卫星系统的计划。2002年3月26日，欧盟15国交通部长会议一致决定，正式启动“伽利略”导航卫星计划。目前，GALILEO系统已进入系统验证和微调阶段，具备初始运营能力。因为系统尚未建设完毕，所以目前在中国交通行业也几乎没有市场。

（四）BDS

为突破美国GPS在卫星导航领域的垄断地位，满足国家安全以及国民经济等战略层面需求，我国自行研制了BDS。2011年12月27日BDS提供试运行服务，2012年又完成了4箭6星发射，扩大了系统覆盖范围，增强了星座稳健性，提高了系统服务精度。

BDS与资深的GPS相比，其性能在民用领域毫不逊色，在卫星导航增强系统功能上甚至还优于GPS系统。例如，对覆盖亚太地区的服务信号的监测评估数据表明，已建成运行的BDS区域系统服务性能满足10米的指标要求，部分地区性能略优于10米。如在北京、郑州、西安、乌鲁木齐等地区，定位精度可达7米左右；在东盟国家等低纬度地区，定位精度可达到5米左右。

二、BDS的发展与市场前景

（一）BDS的发展

2012年12月27日，我国宣布BDS对亚太地区正式提供区域无源定位、导航、授时服务，定位精度为平面10米、高程10米，测速精度每秒0.2米，授时精度为单向50纳秒，中国成为第三个拥有自主卫星导航系统的国家。

2013年12月27日，中国卫星导航系统管理办公室公布了《北斗卫星导航系统空间信号接口控制文件(2.0版)》。其公布，意味着国内外卫星导航企业能够开发BDS双频高精度接收机，BDS进入多频应用时代，标志着BDS成为首个拥有两个民用频点并已经形成服务能力的系统。

根据系统建设计划，BDS将于2014年发射新一代的北斗导航卫星，开始BDS“第三步”组网建设工作。目前，BDS关键技术攻关已基本完成，即将进入工程化阶段，后续将发射30多颗导航卫星。2020年左右BDS实现全球覆盖后，系统性能也将达到同期国际先进水平。

（二）BDS的市场前景

BDS的建成促进了我国自主卫星导航事业的发展，摆脱了对国外卫星导航系统的依赖，打破了美国GPS的垄断，并带动了一大批高技术产业，形成了新的经济增长点。

我国拥有十分庞大的导航与位置服务市场需求，导航与位置服务产业正处在爆发性增长的孕育期。2010年导航与位置服务产值突破500亿元，预计至2015年有望达到2300亿元。以导航与位置服务产业为核心推动力，还将带动交通运输、救灾减灾、资源调查、精细农业等领域的发展，产业带动系数约为10倍，成为我国新的经济增长点。

（三）BDS在交通行业的应用情况

交通运输是国民经济、社会发展和人民生产生活的命脉，先进的卫星导航技术应用是实现交通运输信息化和现代化的重要手段，对建立畅通、高效、安全、绿色的现代交通运输体系具有十分重要的意义。

交通运输行业具有点多、线长、面广、移动的特点，目前90%的卫星导航民用用户集中在交通运输系统。随着国民经济的不断发展，人们对运输载体的监控、跟踪以及智能化管理的要求越来越高，显示出巨大的需求市场。BDS在交通行业的应用刚刚开始，具有极其广阔的发展空间，对于提升交通行业的智能化水平具有重要的意义。

随着BDS的研制建设，交通运输行业在2013年最具有标志性的BDS应用主要集中在道路交通运输和海洋交通运输，而其又分别以“重点运输过程监控管理服务示范系统工程”和“基于北斗的中国海上搜救信息系统示范工程”两个示范工程最具代表性。

三、示范工程

（一）重点运输过程监控管理服务示范系统工程

1．示范工程简介

重点运输过程监控管理服务示范系统工程，是“中国第二代卫星导航系统科技重大专项”启动的第一个BDS民用示范工程，2011年10月在BDS即将试运行期间，正式启动。

该工程由交通运输部与总装备部联合组织实施，既是北斗应用的试验田，也是军民融合的试验田，是“示范中的示范”。工程以现有全国重点营运车辆联网联控系统为基础，紧密结合BDS建设进程和道路运输行业实际需要，通过集中开发相关应用系统和组织安装兼容BDS的车载终端，促进BDS在交通运输行业的广泛应用。

工程在江苏、安徽、河北、陕西、山东、湖南、宁夏、贵州、天津共9个示范省市建设7个应用系统和11套支撑平台，安装8万台BDS/GPS兼容车载终端，重点满足“两客一危”车辆的动态安全监管需求。

2．重点运输示范工程车载终端

该工程在2012年8月完成了BDS / GPS兼容车载终端的招标工作，此次招标的车载终端，在技术和功能方面具有多个创新的特点。以货运车辆为例，具有的主要创新点有：

（1）车辆故障远程诊断

具有至少两路内置CAN总线接口，能响应监控中心下发的指令将请求的CAN信息dm1故障码按照指定的频率上传至监控中心。监控中心解释后下发故障指示信息，终端在屏幕上予以显示。

（2）北斗信息采集

因本项目属于北斗卫星应用示范项目，所以终端具有北斗卫星信息采集功能，能够向监控中心上报北斗定位结果及北斗卫星信号覆盖状态信息，例如至少包含精度、维度、速度、高度、DOP、信噪比、有效卫星数，能够响应监控中心下发的添加北斗信息采集区域、删除北斗信息采集区域两种相关指令。

（3）自动关闭通信

因车辆可能出入加油站、油库等危险区域，所以终端支持在特定区域内自动关闭通信的功能。满足以下技术要求：

——能够响应监控中心下发的添加危险区域、删除危险区域、清空危险区域三类相关指令；

——能够存储至少127个监控中心下发的危险区域，当车辆输入某矩形区域时自动关闭通信功能，反之驶出区域时自动启动通信功能，并补传之前未上传的所有数据。

（4）遇险自动报警

当车辆遇到强力碰撞侧翻等险情时，终端可自动报警，监控平台上将自动显示遇险报警。

（5）终端远程升级

终端支持远程升级功能，而且程序下载和升级过程中遇到掉电等中断情况时应支持自动恢复。

（6）双模定位模块升级

终端支持对双模定位模块的在线升级和本地升级功能。

（7）支持IC卡道路运输证件

终端支持符合JT/T825-2012系列标准的非接触式IC卡道路运输证件。

3．重点运输示范工程的完成情况

截至到2013年7月15日，重点运输示范工程已取得突破性进展，超额完成了安装北斗终端的目标任务，道路运输行业BDS / GPS兼容车载终端安装到位92171台，道路运输行业应用卫星定位技术的能力和水平得到了进一步提升，并带动了100多家终端企业进入北斗领域，有力推动了北斗产业化发展。

重点运输示范工程在道路运输领域所发挥的成效已经初步显现，可以预见BDS今后在海上搜救、内河航运、群众出行服务，乃至各种运输方式衔接上都将发挥重要作用。示范工程积极探索了交通运输对BDS的应用模式和发展方向，为其他示范工程积累了经验。

（二）基于北斗的中国海上搜救信息系统示范工程

“基于北斗的中国海上搜救信息系统示范工程”是BDS在交通运输行业的第二个民用示范项目，将重点解决中小型船舶和落水个体搜寻效率低、险情预控能力不强、海上航行安全信息服务能力较弱等问题。工程实施对提高海上搜救效率，保障海上人命财产安全，提升交通运输行业管理与服务能力，推动扩展BDS服务范围，加快BDS产业化进程，促进北斗健康可持续发展，具有重大的现实意义。

2013年11月4日，《基于北斗的中国海上搜救信息系统示范工程可行性研究报告》通过专家审查，2014年启动进行建设。

四、BDS在交通行业应用的发展趋势

（一）国家政策支持，市场巨大

近年来，国家相继出台了一系列政策，要求加强对道路运输车辆的监管。

2012年7月，发布的《国务院关于加强道路安全工作工作的意见》（国发〔2012〕

30 号）在“加强运输车辆动态监管”中明确指出“重型载货汽车和半挂牵引车应在出厂前安装卫星定位装置，并接入道路货运车辆公共监管与服务平台”。

2013 年 12 月 16 日，《道路运输车辆动态监督管理办法》经交通运输部第 13 次部务会议通过，2014 年 1 月 28 日交通运输部、公安部、国家安全生产监督管理总局令 2014 年第 5 号公布。《办法》规定，旅游客车、包车客车、三类以上班线客车、危险货物运输车辆、重型载货汽车和半挂牵引车在出厂前应当安装符合标准的卫星定位装置。这意味着，大中小型企业和个体的运营车辆都将纳入全国动态监控中。

虽然《办法》未明确卫星定位装置必须是北斗终端，但出于全国重点营运车辆联网联控系统、全国道路货运车辆公共监管与服务平台建设的国家战略性和安全性考虑，北斗仍然是首要选择，所以这将是北斗进一步拓展车载领域应用的一次良机，市场份额非常巨大。

（二）车道级高精度定位服务智能交通

目前的 GPS、BDS 等定位精度通常情况下仅为 10 米左右，无法实现精确的位置服务和车道级的安全监控和管理。因此，基于低成本国产北斗导航模块和天线的车道级导航，对于北斗地基增强系统交通行业规模应用推广具有重要意义。

北斗地基增强系统是中国卫星导航系统管理办公室，联合交通运输部、国土资源部、国家测绘地理信息局等有关部门共同实施的重大项目，将于 2014 年启动。系统由基准站网络、数据处理系统、运营服务平台、数据播发系统和用户终端五部分组成，基准站接收卫星导航信号后，通过数据处理系统解算形成导航卫星精密轨道和钟差等差分增强信息，经卫星、广播、移动通信等手段实时播发给应用终端，应用终端利用差分增强信息修正误差，实现米、分米、厘米级以及后处理毫米级服务。

系统计划分两个阶段实施，2015 年底前将建成框架网和部分区域加密网基准站网络，并投入运行，提供米级精度的定位服务；2018 年底前将建成全国范围区域加密网基准站网络，提供米级、分米级、厘米级和后处理毫米级的高精度位置服务。系统实现后，基于北斗车道级的导航定位可以为危险驾驶行为监测与告警，连续并线、长期占用超车道和应急车道等危险驾驶行为的准确监控和判罚提供重要手段；可以实现北斗地基增强信息与高精度道路图的融合应用，探索北斗地基增强系统在道路交通领域应用的新模式与新体验。

（三）基于位置信息的大数据驱动交通智能化

一份来自于 MarketsandMarkets 的研究报告显示，到 2018 年，全球大数据市场的年均复合增长率将达到 26%，从 148.7 亿增至 463.4 亿美元。可以说，我们已经进入大数据时代。我国交通运输领域信息化建设的重点正在转向如何进行智能交通、现代物流、电子数据交换、交通信息与导航机电子地图等的信息化，因此，大数据也是发展智能交通中重要的一环。

通过大数据的驱动，可通过融合大量交通工具定位信息，对相关区域路网的交通状况进行评估，结合应急运输保障和货物信息，能够为政府监管和突发事件应急联动提供信息共享与辅助决策服务，为运输企业安全监控和生产调度提供服务，为驾驶员合理选择出行线路提供服务，对政府服务能力的提升具有比较明显的促进作用。

五、总结

在交通运输行业应用BDS，有利于保障道路运输安全、加强应急处置能力、规范道路运输经营行为、提升行业服务水平、提高道路运输管理技术水平和信息化水平，同时对于在关系国计民生的行业领域降低对国外卫星导航系统的依赖程度、促进自主卫星导航系统系统广泛应用具有重要意义。

2013年是BDS大规模民用的元年，重点运输过程监控管理服务示范系统是其中的重中之重，工程带动了一批模块、终端等设备生产制造企业进入北斗市场领域，通过实际应用促进了北斗终端相关软硬件设备不断进行改进，提升性能指标。大规模的行业应用带动了整个北斗产业规模化发展，推动北斗设备价格进一步降低，增强北斗设备市场竞争力。

虽然成绩是显著的，但是我国整个运输行业智能化发展尚处于较低水平，尚存在诸多问题，对行业发展造成了不利影响，这些问题的解决都离不开基于位置信息的智能交通的发展。同时，也应该认识到，BDS在交通行业的应用还有很大的发展空间，智能交通离不开位置服务，也离不开我国自主研发的BDS。

（撰稿：崔学荣）

上海城市道路交通拥堵指数系统

随着城市交通信息化建设的深入与数据的持续积累，数据资源已逐步成为重要的“信息宝库”与“价值矿山”，通过数据来发现并分析交通问题，以便制定更加客观、科学的决策方案与出行计划已日益受到各方重视。相比早年单纯的交通状态实时监控，城市道路运行分析与评价已经成为数据挖掘与信息服务的一项重要目标性工作。如何充分利用多年积累的数据资源对城市道路交通进行历史规律分析、实时状态监控和未来趋势预测，及时发现存在的异常情况，实现“从数据到知识”的转变，就变得更有实用价值和战略意义。

一、基本背景

上海市道路交通信息化经过前期建设，已经实现全面覆盖上海市快速路、地面道路与高速公路网络的交通参数实时采集，并且实现了基于“红、黄、绿”三色表达的城市道路交通状态发布，为政府管理部门掌握实时路况，方便社会公众理解拥堵程度、制定出行路线发挥了重要作用，受到社会各界的广为接受与普遍认可。但经过长期的使用与数据积累逐步发现，基于交通状态开展数据分析还存在以下一些不足：

（1）三色状态对交通运行情况的评价还处于初级阶段，属于非量化定性评价指标；

（2）三色状态是对道路交通运行状态的描述跨度较大，各等级内具有较大的状态弹性空间；

（3）不便于历史数据的积累与分析，不便于对未来发展趋势的预测；

（4）偏重对微观道路对象进行评价，不便于对区域交通、全网交通的整体量化评价。

在借鉴国内外相关城市经验的基础上，上海市继续深入开展了面向交通状态“数字级”标准化的研究工作，即道路交通状态量化评估指标体系研究。通过研究，提出了基于路段行程车速为核心参数的交通状态指数模型，在兼容路段级交通状态数字化监控的基础上，重点突破了面向城市宏观路网、中观区域路网交通状态数字化、标准化表达的难题，为交通信息服务，政府决策支持等方面提供了新的技术工具与分析基础。

当前，指数概念已经渗透到人们日常生活的方方面面。无论是人们生活水平的恩格尔系数（Engel’s Coefficient）、反映证券市场起伏的股票指数，还是服务日常生活的空气质量指数（AQI）、天气指数、洗晒指数等等。所谓指数，实际上是一种相对数，是一种反映差别和程度的相对数，一种把复杂的现象简单化的相对数。指数是反映总体在数量上变动的方向和程度，并且显示目标对象在较长时间内发展变化的趋势和规律。

指数在交通领域的应用也具有较长的时间，如美国的畅通性研究报告（Mobility

Report）、交通拥堵评价系统（Congestion Management System, CMS）等，分别采用TTI（Travel Time Index）和TCI（Traffic Congestion Index）来比较各城市主要道路的出行效率和拥堵情况。

基于交通指数开展交通运行评价具有如下优势：

（1）指数作为一种无量纲评价指标工具，具有较强的时空扩展性；

（2）指数具有同时关注绝对感受与相对感受的能力；

（3）指数能够兼顾道路对象间的个性差异，体现评价公平；

（4）指数同时具备精细定量化评价与模糊定性化评价的双重优势；

（5）指数对描述对象具有很直观的趋势表达能力，不同对象间具有更好的横向可比性和纵向可比性；

（6）指数概念清晰，形式简洁，便于实现和维护。

二、上海道路交通指数的概念与模型

上海城市道路交通拥堵指数系统重点关注上海市道路交通状态在不同时空范围的量化评价，而行程车速作为一种能够直观反应当前状态特征的交通流参数而同时被决策者、管理者和出行者接受。因此，经过对国内外交通指数模型的对比，选择路段行程车速作为交通状态指数的核心参数，定义上海市交通状态指数数学模型。

交通状态指数（Traffic State Index, TSI）定义：在统计间隔T内，城市道路网络或区域的总体拥堵程度的相对数，单位：无。拥堵指数区间0-100，数值越大表示状态越差（拥堵感觉越强烈），数值越小表示状态越好（拥堵感觉越轻微）。计算原理如式（1）所示：

$$TSI_i = 1 - v_i / v_f \tag{1}$$

式（1）中涉及了当前车速（vi）、参考车速（vf）两个概念。

当前车速是指城市快速路发布段或地面道路基本路段的实时行程车速，分别由感应线圈、GPS等检测系统采集获取。参考车速是一种类自由流车速，是指当车辆在路上不受干扰时所应该达到的最大车速值，对不同等级道路的统一评价通过参考车速（vf）来实现。

指数计算采用的参考车速按照多个等级进行筛选和标定，首先，按照《上海城市道路分级体系研究》中对城市道路各等级车速的设计值，粗分车速阈值范围，见表1。

表1　城市道路各等级车速设计值

道路等级	快速路	主干道		次干道		支路	
	Ⅰ	Ⅱ	Ⅲ	Ⅳ	Ⅴ	Ⅵ	Ⅶ
限速（km/h）	60~80	60	50	50	30~40	30	20

式（1）的TSI模型是指数计算的通用模型，不局限特定路网、特定检测器，适用于城市快速路、地面道路等多级路网。完整的TSI计算模型包含两部分，基本算法（Basic Algorithm, BA）与合并算法（Merge Algorithm, MA），基本算法如式（3）完成

实时 TSI 计算，合并算法是通过线性加权由低层次、微观交通状态指数生成高层次、宏观交通状态指数的过程，即指数到指数阶段。基本算法与合并算法共同组成交通状态指数模型集，按照多时间对象与多空间对象实例化城市道路各级路网、各时间周期的交通状态指数，如图 1 所示。

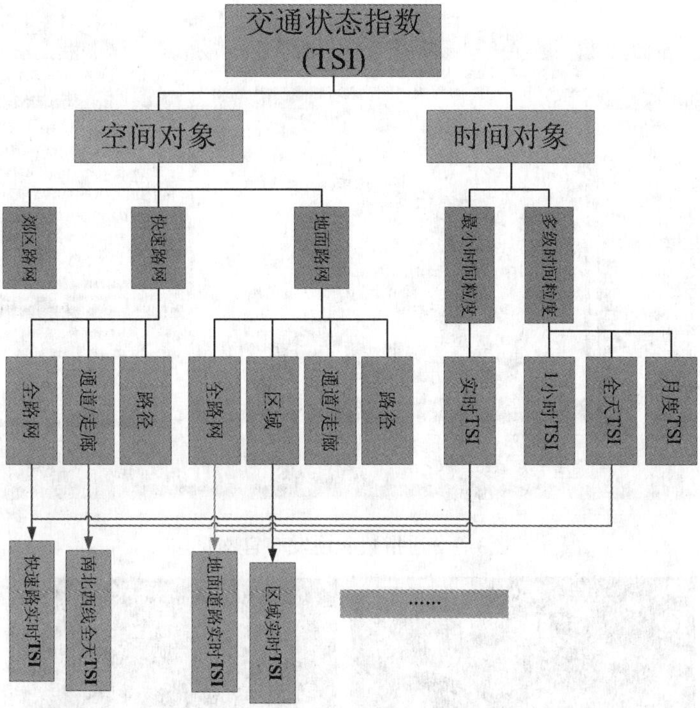

图1　交通状态指数模型体系（局部）

基于 TSI 指数模型对上海市多级路网进行指数计算，融合感应线圈、GPS 等多源检测器提供的路段行程车速信息，确保车速在路网上的全覆盖与可校验，指数计算流程如图 2 所示。

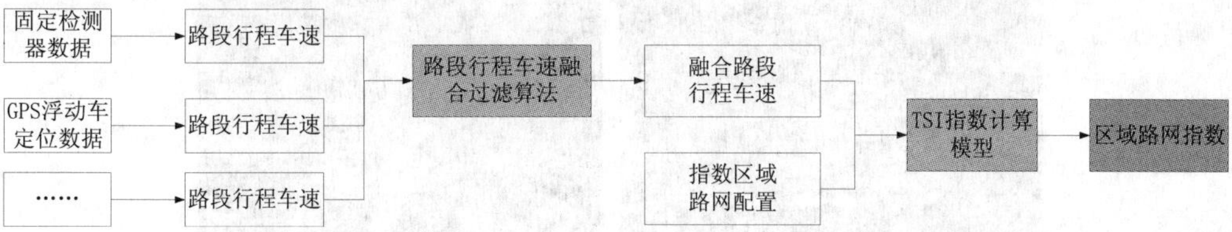

图2　城市道路交通状态指数实现流程

三、系统应用情况

（一）交通状态指数发布

参照图 1 的模型体系组合，面向上海市快速路、地面道路网进行了交通走廊与热点区域的划分，实现了全路网、热点区域的 TSI 实例化实现。交通状态指数已进入到实际应用阶段，通过上海交通出行网官网与手机 APP 客户端（IOS 版，Android 版）公开发布，如图 3 与图 4 所示。

图3　交通指数应用发布官网页

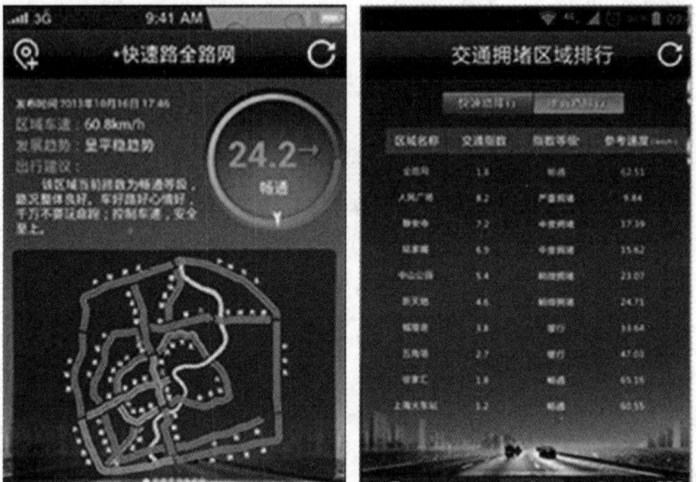

图4　交通指数APP（IOS, Android版）

（二）宏观路网交通分析

TSI 数据持续积累，其对宏观路网的规律与趋势分析能力日益显现。例如，如图 5 所示，通过指数统计数据发现，从 2012 年初至 2013 年初的一年时间中，上海市高架道路网早高峰指数年移动均线呈上升态势，年增长率 8% 左右，说明即便在限牌政策的强力调控下，快速路早高峰交通拥堵还是在逐步加剧的。

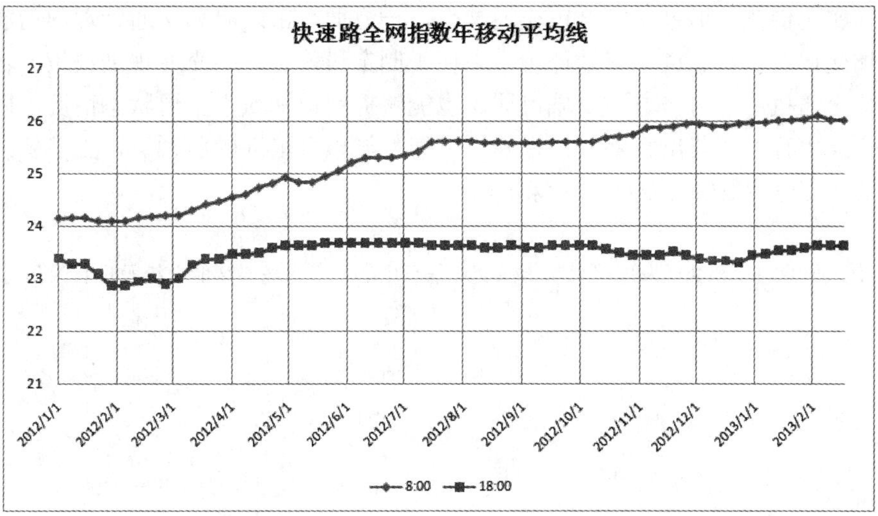

图5 高峰时段快速路全网指数年移动均线

（三）日常交通状态异常监控

在日常交通状态异常监控中，交通状态指数的数字特征在发现路况异常方面具有较强的应用价值。通过指数历史年线构建的规律基准线，对量化识别当前交通状态的异常性、异常程度等内容具有显著的作用。如2012年4月19日中环快速路的异常事故，造成了区域指数突破了80点，超出历史常态1倍以上，路况严重拥堵，如图6所示。

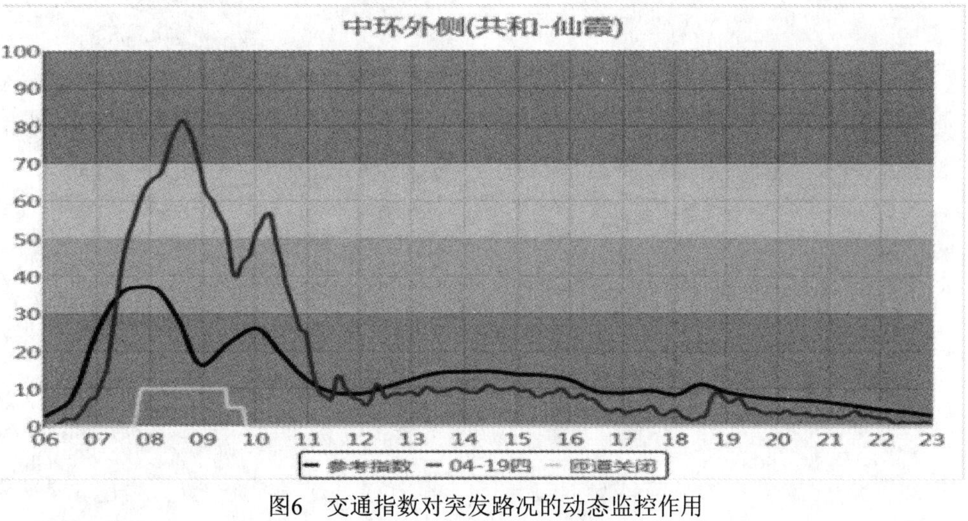

图6 交通指数对突发路况的动态监控作用

四、展望

城市交通指数是一种通过量化数值评价城市交通整体或区域的分析工具，对分析城市整体的交通运行状态、优劣情况以及发展趋势具有重要的理论价值与应用价值。目前，国内外大都市都发布了各具特色的实时交通指数，上海市道路交通状态指数也已经展示了其实用价值。通过研究城市交通指数，一方面，市政府和交通管理部门能够对城市整体交通运行状态进行有效评价，以便于制定科学合理的交通规划决策，辅助交通管理与交通执法；另一方面，城市居民也能够提前得知城市交通状态情况，以方便制定最优的出行时间与出行路线。在建设“智慧城市”浪潮的引领下，更多智慧应用需求将推动交通指数研究发展到更深阶段。

（撰稿：上海市城乡建设和交通发展研究院上海交通信息中心、上海电科智能系统股份有限公司）

高速公路联网监控

一、国内外高速公路监控发展现状分析

（一）国外高速公路监控发展现状

国外对高速公路监控系统的研究国外起步较早，发展到现在已经比较完善，美国、德国、日本、澳大利亚等在监控系统的研究方面走在了世界的前列。

美国联邦公路局推进全国性的智能运输系统计划，以保障安全、提高效率、协调合作、节约能源。智能运输系统将智能化地收集交通数据，分析这些数据，并将处理后的信息反馈给系统的操作者或驾驶员。借助于这样的交通信息，系统的操作者或车辆驾驶员能迅速做出反应，使交通状况得到进一步改善。

加拿大高速公路智能交通研究起步较早，应用较多。综合管理，多部门协作，效益显著。通过智能交通管理减少事故数量使道路使用者更安全；减少出行时间；拖车及紧急服务更及时；提高高峰小时交通流量和平均车速；减少油耗和环境污染。

日本高速公路交通管理系统的出发点是以正确把握交通状况为先决条件，将这些参数和状况，经计算机处理后人工做出综合判断，选择最佳控制方案，通过道路情报板无线电台广播等手段，对高速公路的交通情况进行调节和控制。

澳大利亚是世界上较早从事智能交通控制技术研究的国家之一，高速公路都设有较完善的交通监控设施，重视对车辆及交通状况的监视。几乎所有的高速公路交叉口都设有情报板。情报板多采用小型情报板，分两行显示，能够提供较多的交通信息。

（二）国内高速公路监控发展现状

我国高速公路发展起步较晚但发展较快，到2010年，全国高速公路总里程达到7.4万公里。在“十一五”期间，交通信息化建设是整个交通行业的工作重点，而监控系统的信息化建设正是高速公路信息化建设的一部分，主要包括完善信息采集、整合数据资源、实现公众出行信息服务系统、办公自动化系统、地理信息系统、综合应急指挥调度平台、呼叫中心、网络安全等等。由于“贷款修路、收费还贷”等政策原因，投资方最关心的是收费问题，早期的监控系统是为了收费系统服务，成了“收费是核心、通信是基础、监控成了门面”。对于监控系统尤其是监控软件重视程度不够，监控软件多、零散、五花八门，单一个监控所软件能多达10来个，集成差、联动差、协同差，监控与视频孤立。

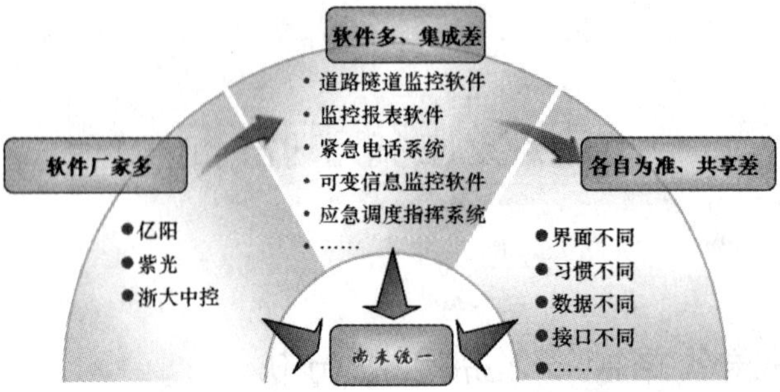

随着高速公路建设规模的不断扩大、车流量的海量增长、路面通行状况日趋复杂，机电系统中的监控系统已成为主管部门借以提高道路通行率、提升道路安全管理和运营服务水平的重要手段，其地位更加独立，占机电系统的投资比重也从过去的15%左右增加到30%。

从我国的实际情况来看，高速公路监控系统正在回归本来的功能，包括信息采集、交通诱导、调度、应急指挥等功能。其功能定位也得到进一步的明晰：

（1）可以支撑高速公路实现路网调度；

（2）实现高速公路运行状况全面监控；

（3）提高应急处置能力，及时诱导和调度道路交通，保障高速公路路网的运行畅通；

（4）协同和联动，协同运营管理各部门、交警共同处理故障及事故，提高事件处理的能力和效率；

（5）在统一的监控平台上，实现数据资源共享和网络资源充分利用；

（6）全面提升公众服务水平和能力。

二、高速公路监控发展趋势

近年来，由于国家政策推动，高速公路建设不断发展，有数据预测2015年国家高速公路网全部建成，通车里程达到8.3万公里，地方高速公路网5年建设约3万公里。监控系统作为高速公路机电系统的一部分，面对如此庞大的发展规划，自然也要跟上时代脚步，网络化、高清化、智能化作为行业的发展趋势已势不可挡。

（一）监控联网打造网络化的信息科技高速公路网

虽然目前高速公路视频监控系统应用为主的依然是模拟视频监控系统，而此系统主要是基于早期高速公路分段投资、分段建设等原因，才以单路段独立建设的监控系统。从高速公路机电工程的系统组成来看，监控系统、通信系统、收费系统的独立构成，不论是从设备投入和运营成本，还是使用管理上看，都不能完全满足未来国家高速公路网的发展规划。伴随着交通量、运输规模的持续扩大，交通运输安全风险也随之增长，以往“三独”——独立系统、独立使用管理、独立信息模式下的模拟视频监控系统显然由于其资源无法实现共享、无法集中监控管理等现状与未来现代化、信息科技化的智能高速公路网的发展目标背道而驰。根据时下的应用状况，高速公路监控系统不能实现联网监控的弊端也已有所显现，如目前系统传输距离短、扩展能力不足等。虽然目前网络监控系统还不足以取代模拟系统，但网络监控系统的优势已逐步彰显。

目前，高速公路联网监控系统一般可由省监控中心、地区监控中心、路段监控中心等级联网构成。联网后，开放的平台可对视频子系统、车辆检测子系统、路面状态及气象检测子系统、信息发布子系统、环境检测子系统、报警系统等系统进行集成。同时，开放的平台架构具有模块化、标准化、可扩展等特性。除此之外，高速公路联网监控系统不仅能实现路网的视频监控功能，同时可进行信息管理与发布，构建应急指挥系统等其他应用功能。联网后的高速公路监控系统，可以全面宏观的监控路网交通及运行状况，如遇交通拥堵、重大交通事故等状况，监控中心可第一时间积极采取措施，联动其他系统并发布相关信息给各部门进行路网运行的调整，保证路网畅通。

（二）高清化全面提升监控品质

如果说监控联网网络化是单就高速公路监控系统的升级，那么高清化无疑是实实在在的画质革新。当前，在大多数高速公路视频监控系统中，图像清晰度只有 CIF、D1 等画质效果，一旦接入后端存储显示设备，可呈现的清晰度恐怕还有提升的空间。而高清设备则不然，仅就前端采集的效果来看，高清摄像机对路网的过往车辆车牌号码及局部特征均可进行更细致的拍摄。对于视频监控而言，图像清晰度是最关键也是最基本的需求。视频监控图像越清晰，画面细节越完整，智能分析功能的准确度也越高。众所周知，识别分析的前提是识别画面能满足识别条件的最小像素。当目标像素越大，识别越清晰，分析准确度也更高。简而言之，智能分析功能的使用都是在图像识别清晰的前提下进行处理过滤。高清前端产品相对于标清而言，在相同焦长及视场距离条件下，其单位面积的有效像素点更多，也就是能为视频分析处理运算提供更清晰的目标信息，从而提高数据准确性。无论是针对智能前置的分析模式还是后端平台分析处理，高清画质都是提高智能分析准确性的重要因素。由此可见，高清画质不仅是单一的视觉效果上的满足，同时，也能为智能分析提供更有用的分析环境。

对于高清监控的真正认可，多是指整体高清的概念，即由高清前端设备、高清存储、高清管理平台、高清解码、高清显示等各环节组成的系列高清。整体高清系统是对现场画面的真实还原，任何一个环节的缺失，均不足以呈现完全意义上的高清。如显示环节，高清显示设备对比标清显示设备，其能更优质的处理前端采集的画面。高清显示设备所具有的动态超解像技术，通过对每个图像帧的数据进行解析、处理，将低解析度图像处理成高清影像后进行显示。此外，针对高速公路行业高速运动的物体解像，高清显示设备可通过运动补偿技术实现，运动补偿技术是以先前的局部图像来预测、补偿当前的局部图像，从而消除图像出现的锯齿、拖尾现象，使画面更为流畅清晰。因此，整体高清才能做到高清画面从一而终的采集还原。

可以看到的是，市场上现有的高清设备已琳琅满目，高清整体解决方案也较为多元。针对现有的高速公路安防系统，可选择以下几种模式进行系统搭建或改造：一、整体 HD-SDI 或整体网络高清解决方案；二、HD-SDI 及网络高清产品的混合应用与系统组成；

三、模拟、HD-SDI、网络高清产品的综合解决方案。HD-SDI 系统能较好完成高清图像的采集、无延时传输及无失真高清显示等环节，而网络高清系统则可以更便捷的进行平台的搭建和系统的管理与分配。当项目建设中监控点间的距离小于 100 米，整套系统则可采取整体 HD-SDI 系统，通过同轴电缆或光端机直接接入高清矩阵，并输出显示。此种模式适用于中小型高速公路监控系统项目的高清改造，其在保留原有模拟系统的布线状态下，更新设备即可，满足用户的习惯性需求。若采用 HD-SDI 与网络高清监控系统结合应用的模式，则可在 HD-SDI 产品完成采集传输、显示后将前端的 SDI 非压缩高清视频信号压缩编码之后，打包成 IP 数据传输共享及并进行存储。其在网络系统的架构下，可进行庞大灵活的系统管理、便捷的远程访问以及大平台的组建，同时通过采用 HD-SDI 的高清视频监控画面，将整套系统的监控效果推向极致。

（三）统一监控平台及智能分析打造高速公路智能监控系统

伴随着高速公路监控系统网络化、高清化趋势发展，系统所带来的海量信息过滤及存储需求等都亟需解决，如何从海量数据中挖掘出有用信息，提高监控效率，恐怕还得依靠智能视频分析功能来完成。

目前，针对高速公路视频监控所能进行的智能分析包括车牌识别、交通事件检测和分析、以及视频交通状态检测等。车牌识别在高速公路收费系统中已成熟应用，其可对过往的车辆进行自动登记、验证、监控、报警等。交通事件智能视频分析主要包含：物体移动监测、物体滞留监测、突然出现监测、移动路径监测、物体徘徊监测。交通事件智能分析在采集的图像区域内，能对不同车道和交通状况进行车辆超速、低速、逆行、物体遗散等的实时分析，当发生交通车辆事故时系统能够快速联动报警和录像，为交通安全提供保障。交通状态检测则是通过前端采集的实时数据自动识别路段的交通状态，当检测到道路交通发生拥挤或堵塞时，系统自动报警，并进行拥堵数据的统计，且通过平台对各级监控中心发布交通信息。

当然，未来高速公路视频监控的智能分析远不止这些，其会随着交通信息的复杂化更为深入。另外，值得关注的一点是，未来智能视频监控是以数字化、网络化视频监控为基础，高速公路的监控联网、统一监控平台将直接影响智能分析功能的应用规模和应用层次。

三、高速公路联网监控技术

（一）设计思路及原则

高速公路联网监控应在遵循交通运输部 2012 年第 3 号公告《公路网运行监测与服务暂行技术要求》和《高速公路监控技术要求》的标准要求的技术上，做到“设备编码、设备接口、数据格式、交换方式、软件平台”五个统一的规范要求。集成交通检测系统、视频监控系统、通风照明系统、环境监测系统、消防火灾系统和公众信息服务等系统，实现了对道路、隧道、电力、消防的实时监控，满足监控所、站、分中心、监控中心、省中心及国家路网中心间分级管理、联网监控的要求。将高速公路监控软件系统建设成为集“道路监控、隧道监控、视频监控、应急指挥、路警协同、决策分析”为一体的统一高速公路监控综合应用平台

方案设计遵循以下原则：

（1）统一性

涵盖道路监控、隧道监控、视频监控、应急指挥、路警协同、决策分析等功能的统一高速公路监控综合应用平台。

（2）可靠性

选用高可靠性设备和设计方案，系统中关键设备具备兼容性和扩展能力，软件系统具有良好的容错能力和可靠性。

（3）先进性

在保证可靠性的基础上选用最新的技术，确保系统的先进性。系统结合道路交通智能管理系统的特点，采用当今国内、国际上最先进而成熟的技术方案，借鉴我公司在其它省份的高速公路建设经验，结合现有情况，提出先进可行的设计方案，保证本方案的技术先进性。

（4）开放统一性

系统整体设计，充分考虑与其它系统的数据接口，技术方案和设备具有良好的互联、互操作能力及升级能力，遵循统一与开放相结合的原则。

（5）兼容性和可扩展性

系统设计应基于当前系统基础上，进行系统的设计、建设，同时要保证系统的可扩展性，确保系统易于扩展；系统能提供多路与其他应用系统的数据接口。系统设计充分考虑兼容性，以适应硬件、软件系统不断升级换代的发展趋势和需要。

（6）安全性

所有设备必须有相应的防护措施，符合公安交通管理业务的有关规定和安全性要求。系统应保证数据在传输和存储过程中的安全性和保密性，采用认证和加密措施，以避免系统遭受人为攻击或破坏。

（7）针对性强

系统面向监控管理系统、面向管理，针对监控管理系统自身特点，以建设道路监控和提高道路交通管理、服务水平为目的，有针对性地设计系统体系结构，采用先进的硬件和软件技术实现手段，实现交通管理指挥现代化、管理数字化、信息网络化的要求。

（8）标准化和规范化

系统按国际标准、国家标准、行业标准和道路交通管理有关规范和标准进行设计，遵守国际国内的各种通用技术标准和协议。

项目实施以量化标准的项目管理为指导，质量控制以国际认可的质量体系标准为保证。

（9）处理能力强

系统具有较高的处理速度和较强的处理能力，以保证系统的服务时间，满足快速处理和统计查询等需求。当出现通信故障及部分设备故障时，系统在保障数据完整性的前提下不影响业务的处理。

（10）灵活的参数设置

系统可通过多种参数设置，实现不同的运行方式，以最大程度适应用户的使用方式变更。

（二）应用体系架构

为了实现各省及全国高速公路监控大联网，建设统一的高速公路监控综合应用平台，高速公路监控综合应用平台采用目前流行的 Flex+B/S 浏览器模式，以丰富的界面展现给用户。设备控制与处理采用高效的 C++ 来实现，以后台服务的模式运行，完成设备与系统的交互及数据的汇总与挖掘。对于实时性要求较高的信息采用“推”技术实现了各客户终端的消息的实时同步显示。平台系统架构如下图所示：

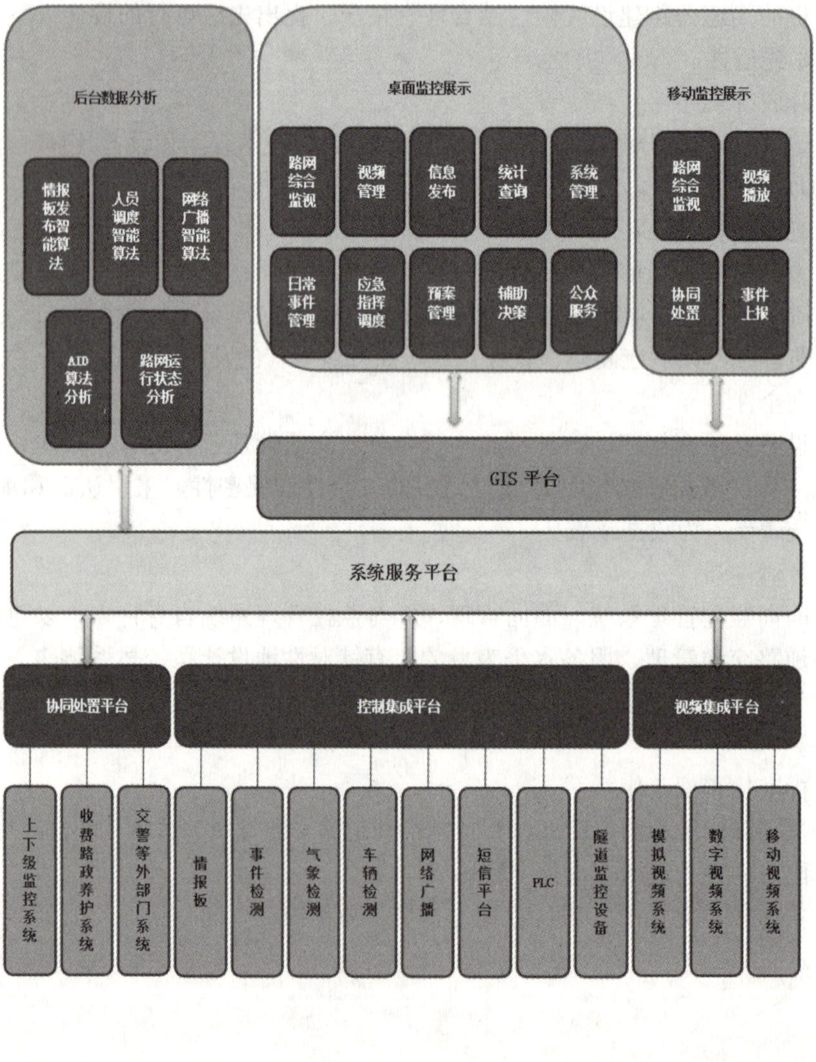

前端展示软件采用 Flex 结合 Java 语言实现，主要实现：调用 GIS 地图服务完成电子地图展示；实现各种设备实时信息展示；提供设备控制、参数配置等操作的人机交互界面。Web 业务逻辑层与用户页面层通过 WebService 技术实现了分离，降低了耦合度，便于后期维护与拓展。其前台软件的消息处理是通过 Web 后台服务与 C++ 后台服务进行交互实现。Java 程序采用的框架采用了 Spring 及 Ibatis。

Jsp 页面实现对采集到的信息、统计信息及通过数据挖掘得到的信息的查询、导出及打印功能。展现方式分为：图表、线形图、柱状图、饼状图等；采用的报表服务为 Bird 报表。

1. 采用 Flex 技术，跨平台、易操作、实时性强

本平台采用 Flex 技术实现状态监测及控制页面。Flex 及 AIR 是 Adobe 公司推出的跨平台新一代 Flex 富客户端平台。Flex 富客户端的界面和操作性能和传统的 C/S 相媲美，提供更丰富、更友善、易用性更强的界面给用户，同时互动性更好，加之 Flex 对电子地图、音频和视频（包括 H.264 技术）的优良支持，给用户提供更好的操作体验。

构架方面：Flex 用 XML 描述 GUI 外观，GUI 和逻辑分离，真正意义的 MVC，使得应用开发结构更为清晰。前端界面使用 XML 描述，界面控制由 ActionScript 来负责，后端应用逻辑封装在后端中间件中，与 Flex 前端界面分离。

可扩展性方面：Flex 做为前端的客户组件，非常容易与各类后端技术相结合，例如 AMF、PHP、Java、.Net、ColdFusion 等，这样后端应用服务可以规划为类似的“中间件”组件，将业务逻辑封装其中，中间应用服务组件的选择预留给用户极大的选择空间，方便而灵活。

消息通信方面：和传统 B/S 架构相比，Flex 能够更方便的实现全双工的消息通信，对于本平台来说，后台服务需要实时将交通事故、违法事件、设备故障及软件故障等信息及时 push 到前台 client 端，Flex 提供了方便的解决方案，突破了传统的 HTTP 消息基于 Get/Post 被动请求的模式，使得消息推送更具实时性。

2. 运用 Web Service 技术，平台通用、易扩展

Web Service 技术允许互联网上不同设备之间的信息交换、指令运行和远程通信，克服了以往 DCOM、CORBA、RMI 等手段的局限。Web Service 的实现手段是松耦合 RPC 机制的 SOAP，解决了远程通信的困难。Web Services 之间采用 XML 进行数据交换，使未来的软件和网站服务都可成为 Web Services 的一部分，实现互联网范围内的共享，提高了软件的复用性，易扩展。本平台选用 Web Service 服务完成 Flex 前台页面与后台的通信，使得数据服务更具通用性及可扩展性；实现了展示层与业务逻辑处理层完全分离，使软件结构清晰明了。

3. 基于 SOA 架构，可重用、更稳定

高速公路监控综合应用平台基于 SOA 的基本原则是通过业务驱动服务、服务驱动技术，分离监控平台的设备控制层、应用服务层、业务处理层（业务处理层又划分为逻辑处理层和用户展示层，两层之间通过 WebService 进行业务处理交互）分离，将应用服务层的一系列功能抽象为服务，这些服务是可重用的。通过这些服务实现了业务

与设备间的数据交互（包括设备控制、信息采集、预案执行及联动等），服务与服务之间低耦合。

4. 支持 GIS 平台，展示灵活、更直观

高速公路监控综合应用平台支持 GIS 地理信息平台及图片通过灵活配置方式叠加外场设备，并实时显示路况、外设状态、事件及报警等信息。监控平台既支持菜单操作方式，又支持基于电子地图技术丰富的图形操作方式。

5. 统一视频监控，集成度高、联动性强

高速公路监控综合应用平台与传统的监控软件相比，它是一个高度集成的监控软件平台，该平台除信息采集、设备控制、交通预案、统计分析外，通过视频中间件高度集成了各厂家的视频监控，传统监控与视频监控的信息形成了共享。整合了的视频监控录像，与 GIS 进行了有效链接，建立可视化的基于 GIS 基础上的视频监控录像集中展现平台，便于统一监管和调度指挥。视频控制采取组件方式嵌入监控平台中，使 GIS 平台与视频高度集成。当事件的报警时，集成后的平台不仅保留了传统监控的文本信息的报警显示，而且实现了视频图像的联动报警。

（撰稿：朱勇）

基于云平台的开放式公共出行信息服务建设

一、概述

（一）政策背景

在《交通运输部关于改进提升交通运输服务的若干指导意见》（交运发〔2013〕514 号）中提出，要“建立多渠道、多方式的交通运输出行信息服务体系，着力解决出行信息不畅等问题。建立健全出行信息服务标准体系，初步建成综合交通出行信息服务平台，向社会及时发布出行信息。”《交通运输部办公厅关于推进交通运输信息化智能化发展的指导意见》（厅科技字 [2013]257 号）中指出，利用社会力量提供信息服务，“支持企业牵头建设、运营交通运输信息采集和信息服务平台。支持各类主体依法平等使用信息资源，开展高品质、差异化、多层次的交通运输信息增值服务。”

《交通运输部关于印发 2014 年工作要点的通知》（交办发〔2014〕1 号），将“研究各种运输方式信息资源互联互通方案，建立共享交换机制，推动部省数据信息资源互联共享，积极促进政企间出行服务信息共享应用”列为部今年工作重点内容。在上述政策背景和需求下，交通运输部开展“基于云平台的开放式公共出行信息服务研究与示范”项目，是当前我国交通信息服务发展到这一阶段的必然要求。

（二）出行信息服务现状

截至 2013 年 12 月，全国共有 30 个省（自治区、直辖市）交通运输厅（局、委）建立出行信息服务系统，或依托政府网站建立公众出行服务栏目，提供公路基础信息、长途客运信息、水路出行信息、城市公共交通信息、铁路和民航信息、旅游气象等服务。交通运输部也建立了中国公路信息网和水路出行服务专栏，依托部网站面向社会提供出行信息服务。

但服务质量总体不高，主要表现在出行信息内容不完善，数据更新不及时，全国公路基础信息、公路气象信息、公路养护施工信息、突发事件信息基本实现了共享，客运场站、长途客运和公交运行线路、水路客运班线等客运基础信息相对匮乏，道路交流流量、营运车辆运行动态等交通动态信息非常缺乏，许多单位信息更新不及时，网上服务的是几年前的信息；系统功能和性能有待完善，各地方建设的出行信息服务系统仅提供本地区自驾、公交等出行信息服务，无法满足公众跨区域出行的需要，出行信息服务网站以提供出行信息发布和查询功能为主，部分网站信息查询功能不可用，系统实用性较差，且很难满足交通应急突发事件发生后用户大并发访问量的要求；出行信息服务方式相对单一，以 Web 网站为主要的服务方式，无法满足用户高效、便捷获取出行信息的需求。行业政府交通信息服务未达到预期效果。

（三）出行信息服务行业需求

我国在出行信息服务行业方面，面临着“如何从局部数据变成大数据，并支持各类主体依法平等使用信息资源；如何从数据变为服务，并形成更优质、广泛的综合交通信息服务网络；如何实现综合交通信息服务产业的健康生态环境”等需求和问题。

针对行业内出行信息服务面对的问题，基于云平台的开放式公共出行信息服务建设将通过交通综合数据云平台的建设配套技术支撑、机制支撑解决交通数据整合到出行信息服务出现的一系列问题。本次建设的原则是通过多方力量，发挥各自优势解决各自擅长的问题，多方共同努力打造综合交通出行信息服务。

二、系统组成及功能

为了实现全国综合交通出行信息服务，本次出行信息服务将立足于交换、开放、服务的原则。本次出行信息服务整体框架分为六个专题，分别从云平台建设、开发环境搭建、服务设计与开发、运营保障机制等方面形成综合交通出行信息服务解决方案。系统整体架构：

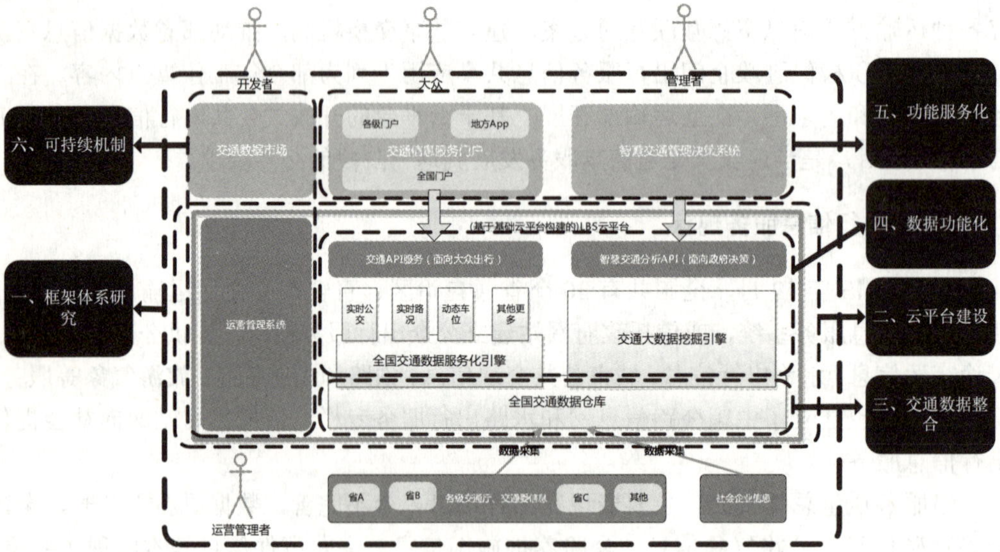

（一）框架体系

充分考虑平台参与各方，行业管理部门、行业企事业单位、互联网企业的日常业务特征，效益需求特征，平台贡献特征，以促成交换为目的，设定交换内容、交换方式，提升各方交换动力，形成数据的整合、功能的共享。通过交换内容的流转，形成效益循环的形成。基于上述原则按层次设计框架，具体分为服务框架、数据流框架、云平台物理框架、制度框架、标准规范框架等内容。从应用服务层面、数据交换层面、硬件环境层面及管理制度层面对整体的方案设计进行整体规划，在保障方案全面性的情况下，各个层面都深入融合交换、开放、服务的整体设计理念。

（二）云平台建设

LBS 平台作为业务云平台，必须解决运行资源的分配问题。控制引擎为开发者和管理员提供服务权限管理、访问控制管理、服务配额管理、服务偏好管理等功能。面对海量请求的需求，控制引擎需要从底层架构进行升级，以解决示范工程中，各省使用 LBS 云平台所引发的资源动态分配需求问题。

（1）云地图数据私有化。用户可以自定义图层数据，在开发应用的时候自定义选择使用的云地图图层，依据应用需要展现的功能，选择最符合应用需要的图层搭配。开发者还可自行管理自己提供数据的图层，可以在基础图层更新数据之前为自己开发的应用上线自己提供的数据图层。

（2）云功能私有化。用户在使用 API 的时候可以选择 API 接入的数据范围，并根据数据接入情况提供更多的开发工具。

（3）云地址匹配。研究智能地将位置信息与经纬度坐标进行匹配。将非结构化位置信息统一为坐标形式，提高数据在地图上的适用性。

（三）交通数据整合

项目需要多种采集技术来支撑云服务平台的建设，包括行业管理数据采集、来自社会的众包模式的采集以及其他新型技术的采集，进而实现综合信息的交换和共享。

根据各省市应用服务的布设情况、数据开放情况、网络架构要求等实际情况，本项目依托基础云平台设施和 LBS 云平台，与各省市应用服务间建立信息采集通道。各地方交通主管部门可直接将数据中心与云平台对接，也可以在使用云平台上提供的 API 功能的同时自动共享与云平台。

为了取得能满足信息服务的要求，需要对采集得到后的交通出行资源数据进行评估，确定交通数据能否应用于产品。此项目中将使用非正常交通数据的分类和特性分析、交通数据质量宏观评估、交通数据质量微观评估三种数据评估方法按照数据监测的周期安排，对云平台数据进行监管。

综合交通出行信息存储共享主要的技术体现在两个方面：数据库存储技术和数据传输与交换技术。数据库存储主要负责海量数据的管理和存储；数据交换和传输主要是指用先进的交换和传输技术，保证海量数据的安全、快速更新和传输。

（四）数据功能化

数据功能化的核心是模型与算法，以开发者为用户，以服务 API 方式输出。主要围绕交通信息服务行业中热点、难点需求进行算法、模型的分析，在已有交通信息服务技术的基础上，开展“实时公交平台”、“融合多源数据的全国高速公路路况分析”、“跨城市、跨交通工具无缝出行规划”、“居民人群出行行为分析”等研究工作。

（五）功能服务化

在现有的出行服务系统功能基础上，充分挖掘数据资源，分析用户需求，考虑地理信息展示，交通信息展示，导航功能，周边信息查询，其他功能（打车预约，火车航空订票，酒店预订，团购等）等方面，结合用户需求与现有数据资源，根据政府门户网站，信息服务手机客户端等不同服务方式的特点与需求，设计连续式出行信息服务系统功能架构，同时开放数据市场与 API 接口，方便相关软件二次开发与应用。

（六）可持续机制

出行信息服务系统的建设与运营是一个由基础设施部署、数据收集、数据融合与加工处理、信息发布与服务等环节组成的供应链，政府和企业在供应链不同环节的分工与协作导致了不同的运营模式。我国北京市采用政府投资、政府建设运营的模式；上海世博会出行信息服务系统采用了政府出资，面向有条件和技术的企业进行招标的方式建设运营。不同的运营模式有不同的特点，也都面临着政府投入压力过大、可持续运营困难、出行信息服务创收潜力不足等问题，而且国内大多数专业交通信息服务提供商并未真正进入实质上的盈利阶段。

互联网时代，随着出行信息服务系统由传统的以政府投资为主到开放式的多方参与合作转变，运营模式随之变化，保障信息服务的可持续发展也更加重要。互联网企业需要不断提升服务质量来获得利润，急需将数据引流到市场，然后通过市场提升交通信息服务的服务质量，进而将利润反哺回进行数据采集、整合的交通行业运营部门。此外除了资金的反哺，功能反哺也是可持续机制中重要的一环。这些数据提供部门在提供数据的同时将会得到行业管理的 API 支持，进而提升业务能力，提升管理水平，在行业运营中提升自身效益。

三、应用案例

2014 年启动了交通运输部科技项目“基于云平台的开放式公共出行信息服务研究与示范”，并同步在江苏省、山东省、辽吉黑片区、川渝鄂片区等开展科技示范工程。

四、发展趋势

在数据整合层面，交通数据将从单一交通出行方式的整合向多领域综合交通数据整合发展、向交通数据与其他相关管理部门数据整合发展、向行业数据与百姓行为数据整合发展。在服务建设方面，云平台交通信息服务建设将进行模块化拆分，由相关责任部门分别负责数据的采集维护，服务类 API、决策类 API 设计，以及 API 功能组合形成出行信息服务。在开发环境方面，针对每个模块云平台提供友好的开发环境，开发者可以使用高集成化的现有功能，也可以深入的对某个功能进行修改。开发过程当中，开发者只需要考虑服务的功能设计，服务的整体性能由云平台统一解决。在行业反哺方面，云平台在解决出行信息服务建设的同时，提出新的行业决策支持服务模式，科研院所对于地方交通主管部门的决策支持服务不再依托于建设，通过云平台，科研院所将对各地进行持续性的决策支持服务输出，真正实现各地的交通科学化管理。为保证信息服务建设、运维新模式的稳定运行，将形成完善的产品交换机制。区域数据、信息服务 API、决策支持 API 等产品在云平台交换流通，促进效益循环的形成，促进大家对于服务中数据的维护、功能的开发，促使交通信息全面整合与整体信息服务建设良性发展。

（撰稿：肖晖、刘冬梅、李斌）

中国高速公路交通广播示范工程建设

中国高速公路交通广播是交通运输部和中央人民广播电台共同主办的广播节目，是全国应急广播体系建设的重要组成部分，日常状态下主要为高速公路出行人群提供路况、气象、新闻、旅游等专题资讯，出现突发事件时，根据应急需要和相关宣传要求，及时播发权威信息，部署应急措施，起到预警疏导、联络沟通和信息通报作用。2012年6月，中国高速公路交通广播在京沪高速北京至天津段试点开播，一年来，相关部门在节目内容策划、服务百姓出行、路况连线播报、合作方式模式等方面进行了有益尝试，社会反响良好。为了进一步探索和实践，给人民群众提供更高效率、更高水平、更优品质的公路出行信息服务，部决定组织开展中国高速公路交通广播示范工程建设。

一、建设思路

采用大功率广电发射台基站与公路沿线小功率广播基站相结合的方式建设。为保障“中国高速公路交通广播”在示范区域有效覆盖，同时考虑利用中央人民广播电台现有栏目资源，加大公路交通信息播出的密度。

二、实施目标

通过实施示范工程，力求实现以下目标：

（1）建设京、津、冀、湘、渝示范区域高速公路及其相邻干线公路的高速公路交通广播信号覆盖系统，力争示范工程平原区高速公路沿线广播信号的覆盖率达到90%以上，山区高速公路广播信号的覆盖率达到85%以上。

（2）建设中央人民广播电台、交通运输部路网监测与应急处置中心（以下简称“部路网中心”）和北京、天津、河北、湖南、重庆高速公路交通广播的编播中心，建立国家级广播编播中心具有直播功能、省级编播中心具有分播功能或插播功能的信息服务管理体系。

（3）完善公路交通信息的采编播体系，丰富适合公众出行的节目内容，逐步提升广播节目品牌影响力。

（4）建立公路交通专用广播的相关标准规范体系，为全面推广中国高速公路交通广播奠定基础。

三、总体架构

总体框架主要包括部级、省级、公路沿线广播信号的覆盖以及终端四个层次，涵盖了部—省—路段三级中国高速公路交通广播基站设备及信息管理体系，总体架构图如图 1 所示。

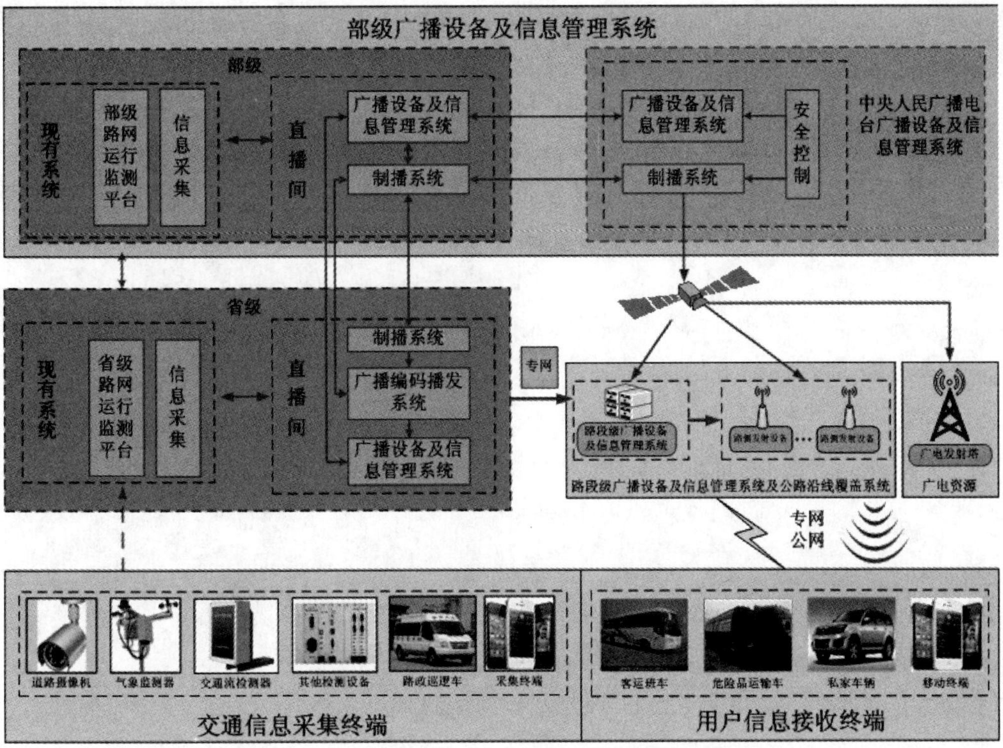

图1　中国高速公路交通广播系统建设整体框架图

部级层面建设包括部路网中心直播间以及中央人民广播电台的高速公路交通广播基站设备及信息管理系统。中央人民广播电台负责节目编辑、安全审查、节目播出与控制、全网监控等；交通运输部路网中心负责路况信息的采集与处理、信息发布以及安全监管等。

省级层面，主要负责全省公路交通路况信息的采集与处理、广播信息的省级分播管理（包括节目编辑、安全审查、节目播出与控制、路网监控）等。

公路沿线广播信号的覆盖基站包括公路沿线广播基站和大功率广电发射台基站。

四、主要任务

（一）制定总体方案，确定示范工程组织形式以及技术路线、具体实施规模、计划安排等。

（二）完成示范区域频率覆盖工作，制定中国高速公路交通广播在其他推广地区的频率方案。

（三）充分利用高速公路沿线服务区和收费站的杆架、房建、电力和通信设施，建设沿高速公路覆盖的公路交通广播基站。

（四）充分利用交通行业通信专网、运营商的通信公网以及广电部门的国家应急广播网络，建设中央人民广播电台、部路网中心和示范区域信息发布端口之间的通信链路。

（五）建设高速公路交通广播基站设备及信息管理系统、部级直播间以及省级直播间，建立交通运输部具有直播功能、省级中心具有分播功能和插播功能的信息发布管理体系。

（六）建立国家级和省级公路交通广播直播间，完成国家级、省级交通广播日常和应急节目的制作和播出。

（七）结合部、省两级路网中心信息采集方式，建立广播信息采集制度，完善可支持广播发布内容的公路交通信息采集手段。

（撰稿：国家智能交通系统工程技术中心）

城市公共交通智能化应用示范工程建设

交通运输部《公路水路交通运输信息化“十二五”发展规划》（交规划发〔2011〕192号）及《公路水路交通运输信息化“十二五”发展规划推进方案》（厅规划字〔2012〕12号）关于加快建设城市公共交通智能化应用示范工程进行了总体部署。为进一步落实城市公共交通优先发展战略，提升城市公共交通行业管理与服务水平，加快推进公交都市创建，交通运输部于2011年12月，发布《关于开展国家公交都市建设示范工程有关事项的通知》（交运发[2011]635号）决定在公交都市创建城市中选择部分城市启动首批城市公共交通智能化应用示范工程。2013年12月30日，发布《交通运输部办公厅关于申报第二批城市公共交通智能化应用示范工程建设项目的通知》，启动第二批城市公共交通智能化应用示范工程。截止2014年4月，交通运输部共批准36个城市开展公共交通智能化应用示范工程建设。目前，部分城市已经初步设计，个别城市开始建设，大部分城市都在建设方案阶段，未来三年将是示范工程建设集中期。

一、建设思路

采用“政府主导、互动协同、共建共享”的建设模式，遵循“强化数据建设，突出应用效能，提升服务质量，建立长效机制”的建设思路，确保工程满足近期需求，兼顾未来发展。

（一）强化数据建设。以城市公共汽电车车辆、场站、客流等运行状态的动态监测为核心，强化行业管理部门与运营企业间的数据交换与共享，基本建成包含公共交通企业和行业管理部门两个层级的城市公共交通数据资源体系，并确保各类数据的真实性、准确性与及时性。

（二）突出应用效能。工程建设应着眼于为城市公交行业管理部门实时监测行业运行状态、增强服务质量与安全监管能力、提升综合决策水平等，为城市公共交通企业提高运行效率，优化企业管理等发挥应用实效。

（三）提升服务质量。工程建设应致力于为乘客提供及时准确、便于获取的出行与换乘服务信息，并改进与实时路况信息相结合的动态信息服务，让出行者切实感受到信息服务的便利。

（四）建立长效机制。在工程建设过程中，必须同步建立信息采集、交换和质量保障机制以及运行维护保障机制，以确保城市公共交通信息化建设良性发展。

二、实施目标

根据《规划》要求，确定本工程的建设目标如下：

（一）提升城市公共交通运行监测水平

——完善城市公共交通行业基础信息采集能力。在工程确定的示范区域内，城市公共汽电车系统的基础信息（企业信息、从业人员信息、车辆信息、线路信息、专用道信息、站点信息、场站信息等）采集入库比率达到100%。

——完善城市公共交通动态监测体系建设。其中城市公共汽电车车载智能服务终端（车载定位调度服务一体机、视频监测设备）、公共交通一卡通（以下简称IC卡）刷卡机、客流统计器应在工程确定的示范区域内实现全覆盖安装，示范区域应优先选择主要公交干线、客运走廊等重点线路，有条件的城市应实现市域范围内全覆盖。车载智能服务终端的平均上线率应不低于95%。城市公共汽电车系统的运行信息（包括运营计划信息、运营服务信息、车辆运行信息和安全事故信息等）采集入库比率应达到100%。

——快速公交系统站台视频监控设备安装率应达到100%，并实现快速公交系统站台监控范围的全覆盖。重点枢纽站及公共汽电车首末站视频监控设备安装率应达到100%，并实现场站服务范围监控的全覆盖。

——出租汽车、轨道交通等其他城市客运方式已实现智能化监控调度管理的，应实现公共汽电车系统与其他城市客运方式间的数据共享。未实现的，应预留数据接口。

（二）提升城市公共交通企业智能化调度水平

——已安装车载智能终端的公共汽电车车辆应100%实现智能调度、车辆动态监控、调度计划的自动生成以及动态排班等功能。

——建设有快速公交系统的，应全面实现快速公交系统与普通公共汽电车系统的协同调度。

（三）提升出行信息服务水平

——能够通过网站、移动终端、电子信息服务屏等多种渠道，为乘客提供出行信息服务。

——应为乘客提供线路、首末班发车时间、换乘、票制票价等基础出行信息。

——已实现智能化调度的城市公共汽电车线路，应向乘客提供车辆位置、车辆到站预报等动态信息服务，具体信息服务形式可根据各地建设条件确定。

——已实现多种客运方式信息共享的，应为乘客提供综合出行信息服务。

（四）提升行业监管水平

——实现行业管理部门对城市公共交通行业基础信息以及运行状态信息的准确掌握，增强行业管理部门监管能力，促进运营管理规范化。

——实现对城市公共交通数据资源的综合利用，增强行业管理部门对服务质量考核、发展水平评价、线网优化调整等方面决策的科学性。

（五）提升安全保障水平

——加强城市公共汽电车车辆及场站等重点设施的运行状态监测与安全防控。

——增强城市公共汽电车运行状态异常监测与预警能力，提升城市公共交通系统应急反应能力和安全保障水平。

——有条件的城市应加强与其他城市客运方式指挥调度与应急处置系统的协调联动。

工程建设过程中，可结合当地实际情况和需求，在满足本指南所提出的建设目标基础上，适当外延工程建设内容，提出合理可行的建设目标，并明确工程建设的效能性指标。

三、总体架构

根据工程业务范围，工程包括城市公共交通企业运营调度管理、乘客出行信息服务、行业运营监管与决策三大业务。

本工程涉及三方面内外部业务协同关系：一是城市公共汽电车系统与其他城市客运方式（如轨道交通、出租汽车等）间的运行协调与联动；二是城市公共汽电车系统与城市对外交通方式（如民航、铁路、长途客运等）间的运行协调与联动；三是城市公共交通系统与其他相关部门（如公安、消防等）间的监管协同与应急联动。

本工程还涉及城市交通运输主管部门与相关城市公共交通企业间的业务协同，并考虑与部、省级交通运输主管部门之间的业务对接。

各地应根据当地城市公共交通行业发展状况、管理体制以及企业经营管理模式，合理确定工程业务架构，明晰城市交通运输主管部门及相关业务部门、各城市公共交通企业的业务功能及分工协作关系，构建合理的业务运行管理机制。工程业务架构如图 1 所示。

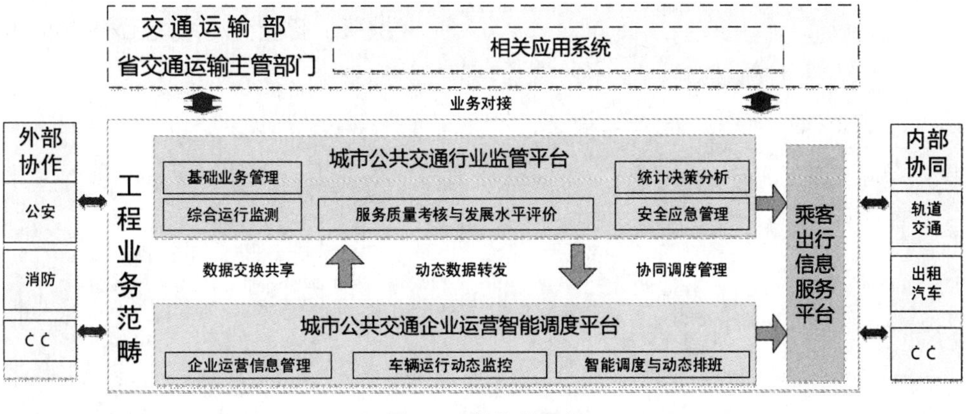

图1　工程业务架构

四、主要任务

（一）终端系统：本工程建设涉及的终端主要有两大类：公共汽电车车载终端、场站终端。

（二）应用平台：本工程建设内容包括城市公共交通企业运营智能调度、乘客出行信息服务、城市公共交通行业监管三大应用平台。

（三）城市公共交通数据资源中心：应包括公共交通基础数据；公共交通运行数据和综合统计分析等主题数据。

（四）通信系统：工程建设应根据城市公共交通信息采集、传输及应用的需求，完善现有通信信息网络系统。

（五）软硬件平台：主要包括主机与存储系统和应用支撑平台两部分。

（六）安全系统：工程应根据国家信息安全等级保护相关要求，针对各应用系统构建相应的安全保护等级。

（七）配套场所：本工程配套场所是指监控指挥中心、机房等配套支撑环境。

（八）工程标准：交通运输部组织制定如下 11 项工程标准

（1）《城市公共汽电车车载智能服务终端》

（2）《城市公共汽电车电子站牌及数据通信协议》

（3）《城市公共汽电车设备数据总线通信接口规范》

（4）《城市公共汽电车车载设备数据采集通信协议》

（5）《城市轨道交通客流数据采集与传输规范》

（6）《城市公共交通管理与服务信息系统数据交换规范》

（7）《城市公共交通管理与服务信息系统数据元》

（8）《城市公共交通智能调度系统技术要求》

（9）《城市公共交通出行信息服务技术要求》

（10）《城市公共交通行业监管系统技术要求》

（11）《城市公共交通智能化应用示范工程总体技术要求》

（撰稿：智能交通系统工程技术中心）

基于ETC技术的公共停车场服务系统建设应用

一、工程背景

随着私家车走进千家万户带来便捷出行的同时，道路拥堵也成为许多市民每天都需要面临的窘境。当前北京的机动车保有量已经超过 500 万辆，去年净增机动车 17.3 万辆，北京市政府采取了摇号和限行的政策，在一定程度上减轻了交通压力，但是拥堵问题依旧严重。

路面动态交通压力的增大直接映射到静态交通上，中心城区的停车难问题一直困扰着车主。指引车主在哪里停车、如何提高停车效率、如何提高车位使用率，是城市管理者和停车场运营方共同面对的问题，同时停车场管理中出现的跑冒滴漏和偷税漏税现象也影响着停车行业的健康发展。

停车场出入口大量车辆排队拥堵的问题是中心城区和重点地段停车场常出现的问题。潮汐式人员离散和进入再加上现金收费的效率低下造成停车场出入口的排队现象，以首都机场 T3 航站楼停车场为例。每日都会产生车辆排队现象，最高排队数接近于 300 辆。

ETC 技术的发展为解决因道路收费引起的拥挤、延误、能源过多的消耗与环境污染等问题提供了解答，在欧美等国得到了成功的运用。该项技术发展的逐渐成熟为我国不停车收费的实施提供了必要的硬件准备。

本着服务于车主的目标，以创新手段进行停车场改造。借鉴高速公路 ETC（不停车收费）的方式，缓解停车场出入口停车收费慢问题。同时采用 ETC 的统一收费的技术手段，配合安全的嵌入式收费系统可以实现信息远程实时发送，和统一收费的概念，有效的杜绝了偷税漏税和跑冒滴漏的问题。ETC 在停车场中集成使用实现停车高度自动化、快捷等特点，有利于减少停车场管理成本，有利于整合全市停车资源，有利于减少车辆寻找车位的无效交通，提高车位利用率。

北京辰阳易通信息技术服务有限公司作为中国第一家集停车场投资、停车场建设、停车场管理三者于一体的专业公司，自主研发了嵌入式停车收费平台，有效解决了集团化停车企业透明收费问题。辰阳易通自主研发了嵌入式停车收费系统，已在多个停车场安装使用，实现了无现金收费，是一套使用方便，部署快捷的安全、透明的停车收费系统。为 ETC 在停车场应用提供了坚实的基础。

基于 ETC 技术的公共停车场服务系统作为北京市交通行业科技项目，由企业利用自有资金与申请国拨资金补助的方式共同兴建。该项目由北京速通科技有限公司作为牵头单位，联合北京辰阳易通信息技术服务有限公司、北京云星宇交通工程有限公司、北京市首都公路发展集团有限公司、北京金地汇通停车服务有限公司、交通运输部公路科学研究所共同完成，该项目利用ETC技术结合停车场相关技术的研发，在北京6个不同业态的典型停车场进行试点研究、开发和示范，带动停车行业和ETC行业的发展，有效地规范停车收费管理上的漏洞、提高停车场通行效率、增加ETC卡的受众群、提高停车服务系统数据采集的准确性。

二、系统构成

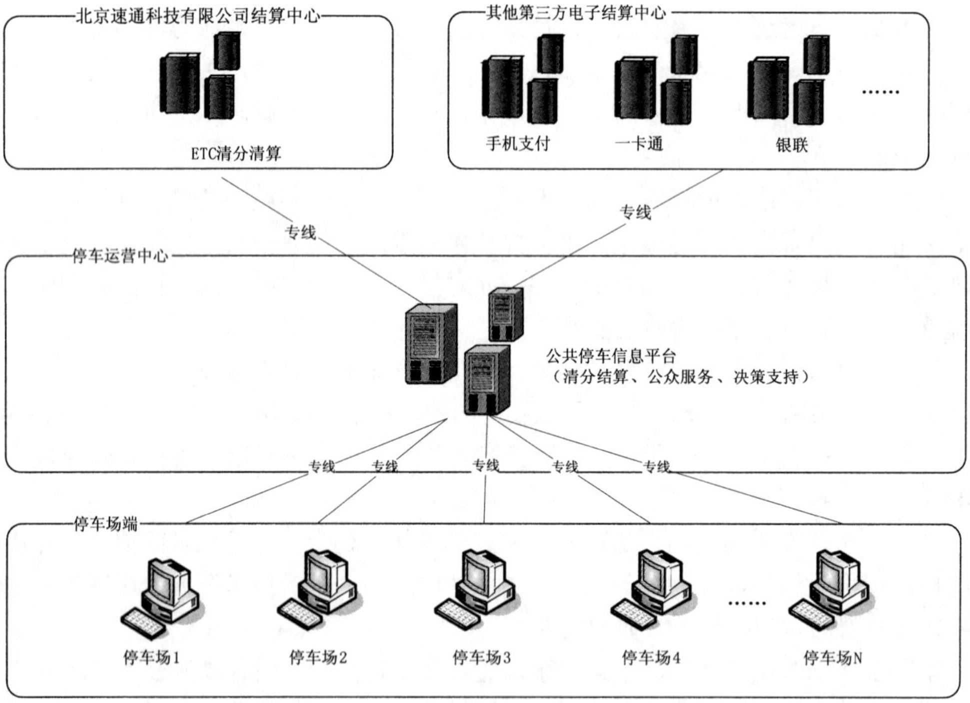

图1　系统总架构图

本项目系统主要包括停车运营中心、速通ETC清分清算中心、其他第三方电子结算中心和停车场收费管理设备层四部分组成。

（1）速通公司清分服务中心主要包括北京清算中心、发卡方系统、区域清分中心、其他省级清分中心等部分组成。

（2）停车运营服务中心主要包括停车场收费管理分中心、停车收费总中心、运营总中心、区域级停车运营分中心、其他省、市级停车分中心等部分组成，其中区域级停车运营分中心、其他省、市级停车分中心只在运营总中心系统建设中考虑扩展冗余。停车应用服务中心（与ETC结算），是停车收费服务总中心的分属子中心，主要是按照辰阳易通技术团队与移动运营商及银行共同研究的技术成果，在停车应用服务中心增加支撑与ETC结算系统功能的能力。

（3）其他第三方电子结算中心作为本系统的扩展，主要支持手机支付、一卡通及银联卡的电子支付功能。

（4）停车场收费管理设备层主要分为停车场 ETC 专用车道收费管理设备和停车场混合车道收费管理设备两部分。其分别的结构如图 2 所示。

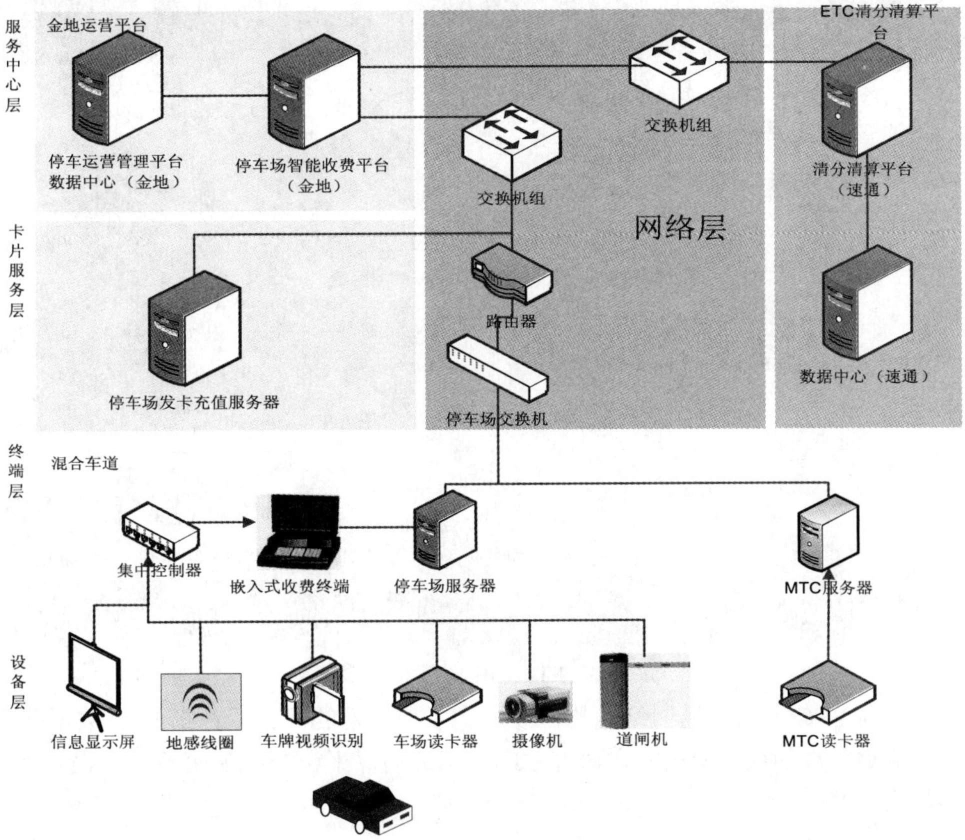

图2　混合车道的网络结构

网络拓扑结构图中，加入了 MTC 读卡器和 MTC 服务器组成了混合车道的网络结构，涉及到多项技术的研究，包括 ETC 收费设备与嵌入式停车场收费设备的技术研究；ETC 数据管理与停车场数据管理的数据交换技术研究；ETC 清分清算平台与停车业务平台业务及账单的连接技术研究；ETC 的标签、用户卡与停车场用户卡的管理模式研究；ETC 用户卡与停车场用户卡业务流程的技术研究。

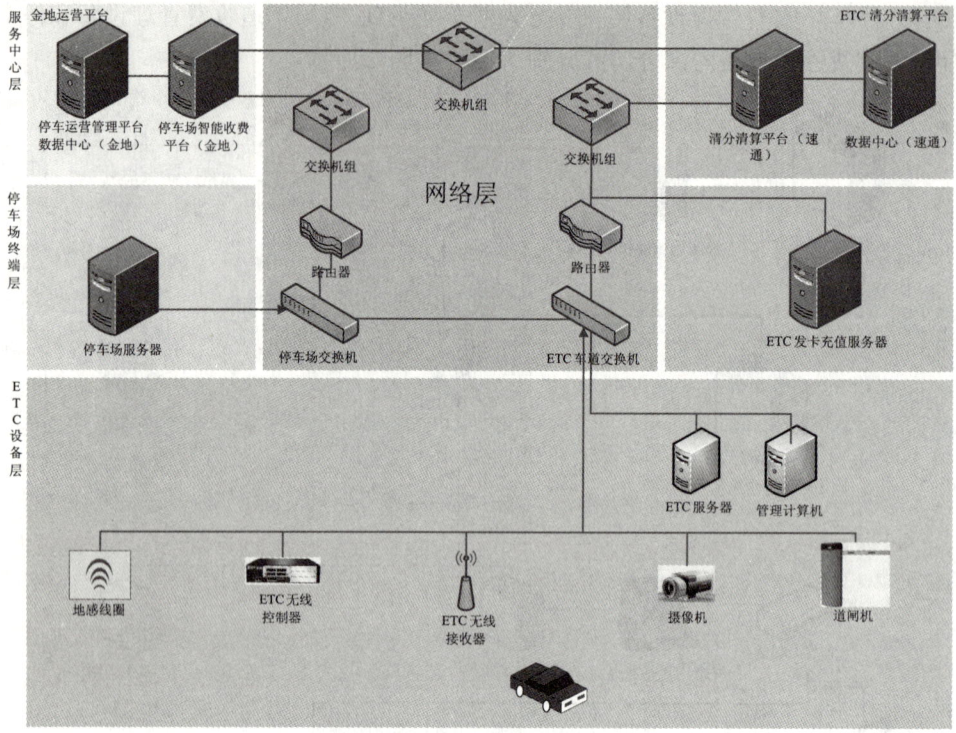

图3　ETC专用车道网络结构

图 3 为 ETC 专用车道网络结构，涉及到多项技术的研究，包括 ETC 数据管理与停车场数据管理的数据交换技术研究；ETC 情分清算平台与停车业务平台业务及账单连接技术研究。

三、系统功能说明

基于 ETC 技术的公共停车场服务系统包括停车场收费系统、停车运营中心、ETC 清分清算中心和其他第三方清分结算中心四部分组成。

（一）停车场收费系统

这是辰阳易通公司自主研发的一套嵌入式收费系统，就 ETC 通行方式而言，即支持 ETC 专用车道收费，也支持 ETC 混合车道收费；对于混合式车道收费，通行依据即可以是车牌识别也可以是传统的卡系统通行。

系统支持通用收费系统常用功能，包括通行收费、费率设定、收费显示、声光报警、长租车管理、黑名单管理、交接班管理、统计分析、图像对比、系统设置等功能。

系统支持收费数据自动上传、长租名单下载、ETC 黑名单下载，费率下发、声光文件及文字屏显示文件下载等功能。

系统预留系统自助缴费、手机提前缴费、车位预定、内部诱导及返向寻车等功能。

（二）停车运营中心

停车运营中心是基于 ETC 技术的公共停车场服务系统的核心部分，系统由运营管理中心、运营决策中心、运营监管中心、系统运维中心、清分清算中心及查询统计中心组成。

运营管理中心：用于停车场项目部对于停车场项目的管理，包括停车场基本信息管理、收费系统管理、流量信息管理、值班人员管理、长租车管理、停车场设备管理等内容。

运营决策中心:用于集团运营管理决策，包括人力资源管理、项目管理、市场管理、统计分析决策等功能。

运营监管中心：主要用于停车场物业方或产权方停车透明收费监管作用，包括停车场基本信息查看、停车场流量报表、停车场收费报表、在场车辆监控等功能。

系统运维中心:用于集团对停车场的运维,包括系统配置、设备管理、设备状态监控、系统运行状态监控等功能。

清分清算中心：用于与业主方及电子支付运营商的结算功能。

其中 ETC 清分结算流程为：

- 停车场运营中心从停车场采集ETC收费数据，包含OBU卡号，交易时间，交易金额，TAC校验码等内容。
- 停车运营中心根据系统设置将相关交易数据打包，通过专线发送给速通清分清算系统。
- 速通清分清算中心经过简单数据格式验证，返回给反馈包，告知数据校验是否正确。如不正确，停车运营中心查找问题，重发。
- 速通清分清算中心经过系统处理，返回记账包，包含正常交易数据及异常数据情况，双方对于异常数据线下确认，对于正常数据做清分操作。
- 速通根据规则设定产生清分包发送给停车运营中心，清分数据包含正常数据及当期解决的异常处理数据，运营中心对清分包进行确认，生成应收数据及应付手续费数据。
- 完成实收和实付
- 对于无法处理的异常数据，做坏账处理。

系统管理中心：包括用户管理、角色管理、权限管理、日志管理等内容。

（三）ETC 清分清算中心

用户持速通卡在停车场站发生的电子收费交易，最终汇集到停车场结算服务中心。

由速通公司所发行或联名发行的速通卡，在停车场所发生的电子收费交易将由停车场结算服务中心转发到发行方系统进行交易认证、用户方记账等操作，并定期形成确定格式的财务报表，为定期将相对应的用户账户的资金，兑现支付给停车场收费管理单位，提供财务处理依据。

外省市发行的国标 CPU 卡，如果政府政策允许的话，也可以在北京市内的各实施了 ETC 应用的停车场站使用。对于这些卡所发生交易，将由停车场结算服务中心通过区域清分中心、其他省市区域清分中心再到发卡方的模式，完成兑现的业务流程。这时，速通公司停车场结算服务中心负责依法、按期将得到认证的外省市国标 CPU 卡产生的电子收费交易应付款项，合并支付给提供了对应服务的停车收费管理单位，无须停车收费管理单位逐家追讨。

其他第三方清分结算中心

主要支持手机支付、一卡通及银联卡的电子支付功能。

四、项目建设特点

停车场收费系统采用嵌入式收费系统：系统集成视频采集、通信、存储以及数据库、图像比对、收费管理等功能，操作简单稳定可靠，安装方便维修快捷，有效的减少了网络攻击及人工误操作情况的发生，大大减少维护成本。

车牌识别技术与 ETC 技术互补：本项目停车场数据计费标准即可以采用 ETC 读卡数据也可以采用车牌识别数据，系统可以灵活的进行配置。这样在系统其中一项数据采集手段出现问题时（如由于天气原因造成车牌识别不准确，因为 ETC 天线收到碰撞等原因造成 ETC 读卡不成功等情况），系统计费标准可以快速切换到另外一种数据采集方式，收费系统的健壮性大大增强。

清分清算与企业运营平台结合：停车运营平台不仅仅满足 ETC 缴费数据的清分清算功能，同时包含大量停车运营企业的企业运营功能，包括项目管理、运维服务、客户管理、人力资源管理、财务管理、统计分析、运营决策等功能，能够更好的为运营企业服务。

系统可扩展性设计：在停车厂端，系统设计可以扩展支持市政一卡通收费、银行卡收费、手机收费等多元收费方式，停车运营数据上传到平台后，可以综合停车场数据，开发基于智能终端的停车诱导、车位预定、车位互换、反向寻车等应用，同时可以为相关部门管理决策、应急处理等业务提供数据支持。

五、项目建设的意义

作为交通运输部联网不停车电子收费技术（ETC）的重要示范项目，北京市高速公路 ETC 技术近几年实现了快速发展。目前，北京市高速公路共建成 ETC 收费车道 398 条，收费站已实现 ETC 车道 100% 覆盖。ETC 用户快速增长，高峰时段 ETC 使用率已超过 30%。北京市 ETC 技术应用在用户规模、技术积累和创新等方面均居于全国领先地位。研究并推进 ETC 技术应用于停车场管理和收费具有重要意义。

（一）明显改善停车场通行效率，缓解周边拥堵

停车场采用人工收费方式情况下，车辆进出停车场缴费和取卡的时间接近于一分

钟。采用 ETC 技术后，放行一辆车的时间将极大的缩短。停车场统一收费系统与 ETC 技术融合为入口收费缓慢导致的无效行驶和周边道路拥堵提供了良好的解决方案。减少了尾气的排放，为“绿色北京”贡献了一份力量。市区停车场通常受环境条件所限，出入口车道数量非常有限，扩建出入口代价高昂。应用 ETC 技术无需进行扩建出入口，建设周期短，成本相对较低，对于出入口通行效率的改善效果却非常显著的。

（二）将显著提升全市封闭式停车场智能管理和服务水平

停车场管理和收费结合 ETC 技术后，出入口控制和收费管理将全面实现电子化、自动化和信息化。进出用户车辆可实现自动电子交费，运营人工成本将显著降低。由于最大限度的减少了人工干预环节，停车场收费中的“跑冒滴漏”现象将得到根本的治理。规范了停车行业的秩序，促进了北京现代服务业的转型和健康发展。

（三）为停车场信息服务奠定了基础

以 ETC 技术为基础，结合其他停车场管理技术，为用户提供车位诱导、周边路况诱导等信息服务，实现全市停车场管理和服务水平的全面提升。

（四）扩大 ETC 应用市场

在 ETC 应用形成规模的条件下，以 ETC 技术为基础的智能交通产业链将释放巨大发展潜力。

ETC 收费的用户服务运营，ETC 车载设备、ETC 路侧设备等核心设备生产，智能停车管理系统、智能收费管理系统工程，基于 ETC 车载装置的衍生服务等方面，将具有巨大发展潜力。

（五）带动产业链发展，技术向全国推广

以北京市 ETC 停车收费运营和停车场智能系统市场为例。每年的 ETC 停车费资金流将达 255 亿，智能停车设备和系统市场容量达 63 亿。

通过 ETC 技术与试点中的嵌入式收费系统结合，实现了停车场进出和收费的便捷化和透明化。并且该项目采用的 ETC 技术和嵌入式技术已经十分成熟，因此在技术向下延伸的研发和示范完成后，将会以该项目带动北京产业集群，并将成果推广向全国大中型城市。

（撰稿：刘举、樊月峰、刘君杰、李昶、孙保平、张皓琨）

道路交通应急信息发布新技术

一、道路交通应急信息发布手段的现状

受恶劣气候、自然或人为事故、高峰出行等因素的影响，拥堵应急处置早已成为道路交通的运营和秩序管理部门的重要工作内容之一。为了向广大的道路交通参与者及时地发布应急调度指挥信息，交通提示牌、LED 显示屏、公众短信、应急大喇叭、交通广播等多种设施和技术手段已经被大量地运用，它们各有其特点。

（1）像交通提示牌、LED 显示屏之类通过视觉信息传递的应急调度指挥手段，具有一目了然、简单直观、可单向发布等特点，但其作用距离易受到浓雾、暴雨等恶劣气候条件以及地形、树木、大型车辆等环境条件的影响。

（2）以公众短信方式向道路交通参与者发送应急调度指挥信息，具有实时发布、受众较广等特点，但需要发布单位与三大运营商之间进行协调，更需要支付可观的短信费用。

（3）通过应急大喇叭发布的道路交通应急信息，可通过人耳直接收听，但其覆盖距离和收听效果受车多声杂、恶劣气候等因素的影响而难以尽如人意，在应急大喇叭近处的强声干扰问题也不容忽视。

（4）通过调频广播发布道路交通应急信息，具有覆盖范围大的优势，目前的高速公路调频广播还正在积极地实现跨省市的大区域同频同播，这有利于实现大区域范围内的综合应急调度指挥；但是，受栏目安排、运行协作机制等因素限制，很难针对某个具体现场发布实时的应急调度指挥信息，而且不同省、市现有的交通广播频率也各不相同。

显然，处于某个拥堵现场处的道路交通参与者更关注的是其所处现场处的交通应急信息。交通提示牌提供的信息是简单且固定不定的，LED 显示屏提供的信息虽然可变但非常简单，它们不可能为交通参与者提供更加详细的应急状态下的指导。道路交通参与者调到交通广播频道上，如果在大多数情况下听到的节目内容与其所处现场的状况无关（甚至与交通无关），那么交通参与者就不愿意收听交通广播了。此外，在远离城市的道路上，LED 显示屏的数量稀少，调频广播的覆盖不好或没有覆盖，甚至连公众移动通信网络也没有覆盖，在这种情况下的应急信息发布就只能依靠运营管理和交通管理部门的人力方式进行了。显然，道路交通应急信息发布手段的这种现状并不能较好地满足道路交通应急处置工作的需要。

二、基于调频广播通播的道路交通应急信息发布新技术

调频广播通播就是在整个调频广播频段内的每个频道上均同时播送，它是通过采用 FM/Chirp 调制方式将一路话音信息调制在一路带宽覆盖整个调频广播频段（87.5-108MHz）的宽带载波上，从而实现对所有调频广播频道（无论是否有台）的同时覆盖。

调频广播通播信号的频谱如图 1 所示。由图 1（a）可知，调频广播通播信号的带宽覆盖了调频广播的整个频段；由图 1（b）可知，调频广播通播信号每隔 200KHz 就有一根离散的谱线。对于调频广播接收者而言，只要打开调频收音机，无论调谐在哪个频道上，均有一根离散谱线落入其接收带宽之内；调频广播接收者不用调台或随意调台，均可以正常收听到调制在 FM/Chirp 载波上的话音信息。

在道路交通应急信息发布的应用中，调制在 FM/Chirp 载波上的话音可以是交通管制信息、疏导分流方案、实时路况、救援进展动态、危险路段提示等之类的应急调度指挥信息。采用基于调频广播通播的道路交通应急信息发布，首先满足的是拥堵现场处的应急调度指挥需要，只要道路交通参与者打开调频收音机，不要求记忆具体的交通广播频率，有应急调度指挥信息发布时同时强行插入调频广播的所有频道，没有应急调度指挥信息发布时仍然可以自由选择收听频道，因此发布者不用担心交通参与者收不到，交通参与者也不用担心因收听其它频道而收不到应急调度指挥信息。

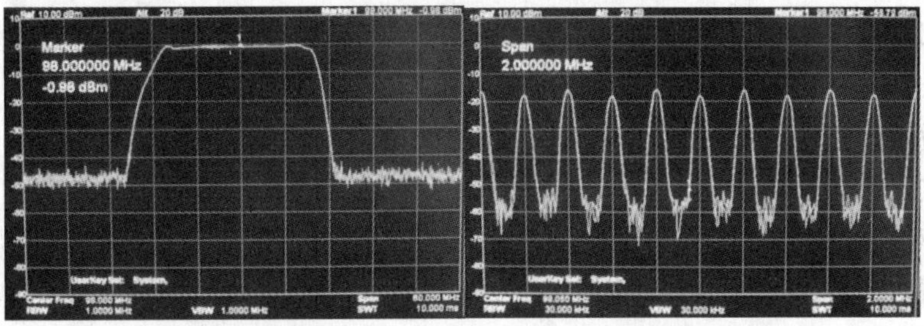

（a）频谱包络　　　　（b）谱线细节

图1　调频广播通播信号的频谱

调频广播通播设备由多种音源、音频切换、FM/Chirp 调制器、宽带高功率放大器（HPA）、宽带发射天线等组成，如图 2 所示。为了便于使用，要求能支持如手柄喊话、现场临时录音、U 盘 MP3 播放、外部输入音频等多种音源。为了降低对录音者的普通话水平要求，最好还能支持通过电脑联机实现将文字转语音播放功能。

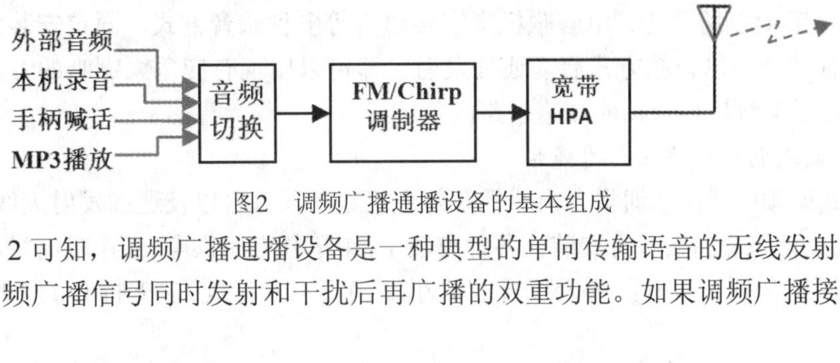

图2　调频广播通播设备的基本组成

由图 2 可知，调频广播通播设备是一种典型的单向传输语音的无线发射装置，具有多路调频广播信号同时发射和干扰后再广播的双重功能。如果调频广播接收者调谐

在没有本地台的空闲频道上，那么调频广播通播设备就相当于是一种能同时发射多路调频广播信号的发射机；如果调频广播接收者调谐在本地台频道上，那么调频广播通播设备就相当于一种在压制本地台广播信号的基础上再进行广播的特殊干扰设备（普通的干扰设备是压制后让接收者听不到实际内容）。

采用调频广播通播设备来进行道路交通应急信息发布，主要用于在具体的应急现场或拥堵路段处发布实时的应急调度指挥信息，可以为道路交通的管理者和参与者之间架起了一条单向指挥通道，具有很强的实用性。

（1）快速、简单、可靠：所有频道均是同时收到，只要开机就能收到，不要调台，不要记频率，随便调在任意频道上均能收到。

（2）适应性强：覆盖距离不受浓雾、大雨、沙尘等恶劣气候条件的影响，并能有效地减轻树木、建筑物、地形等环境因素的影响。

（3）覆盖距离远（与 LED 显示屏相比）：车载式设备可覆盖 2 ～ 3 公里的路段，单台固定式设备可覆盖 3 ～ 5 公里的路段，多台固定式设备可级联覆盖 5 ～ 10 公里甚至更长的路段。

（4）收听效果好：直接将疏导指挥信息同时送到现场附近的每一辆车中，可以发布内容详细的疏导指挥方案，而且不受路面上车辆噪声、风雨声等因素的影响，也不会在现场附近造成强声扰民。

（5）部署灵活：采用车载式设备，可以快速覆盖任意的现场；采用可搬移式设备，可以全天候工作；采用固定式设备，覆盖常规堵点或危险路段。

（6）适用性强：直接利用现有的调频收音机（车辆上均有，许多手机中也有），不需另配接收终端。

（7）针对性强：应急专用（我国《无线电管理条例》第三章第十九条对此有明确规定），不需要申请专门的频率资源。

三、基于调频广播通播的道路交通应急信息发布设备

（一）设备类型

基于调频广播通播的道路交通应急信息发布设备有车载式、可搬移式、无线延伸站式和隧道式 4 种类型。所有型号的设备均可以随时通过手柄进行通播喊话，有 U 盘 MP3 录音、手柄现场录音、电脑联机文字转语音等多种录音方式，固定安装的型号还可以通过音频接口以音频方式启动通播发射（即可以用现有应急大喇叭的音频输入信号来启动基于调频广播通播的高速公路应急广播）。

1. 车载式调频广播应急通播台

车载式调频广播应急通播台由通播发射主机、车顶云台以及通播发射天线等组成，如图 3 所示。该型号的设备可安装在各种车辆上，由车载电源供电（工作时需发动汽车），可线控或遥控车顶云台升降（天线升起时车辆仍可正常行驶），支持 U 盘 MP3 录音、

手柄现场录音、电脑联机文字转语音 3 种录音方式，通播播放录音时可随时通过手柄插入喊话。该型号设备适于巡逻车、现场指挥车中装备，在各种突发事故现场处及高速移动状态下使用。

（a）通播发射主机　　（b）车顶云台及通播发射天线

图3　车载式调频广播应急通播台

2．可搬移式调频广播应急通播台

可搬移式调频广播应急通播台由防撞架、防雨箱、通播发射单元、双路合成电源、天线升降杆以及通播发射天线等组成，如图 4 所示。

（a）通播发射主机　　（b）升降杆及通播发射天线

图4　可搬移式调频广播应急通播台

该型号的设备可全天候条件下工作，支持直流 12V 和交流 220V 双种电源供电，既可由运输该设备的车辆供电（各种车型均可，工作时需发动汽车），也可由电瓶供电，还可由现场处的交流 220V 供电，支持 U 盘 MP3 录音、手柄现场录音、电脑联机文字转语音 3 种录音方式，通播播放录音时可随时通过手柄插入喊话。该型号设备适于在分流点、交通卡口、应急救援指挥部等处使用。

3．无线延伸站式调频广播应急通播覆盖系统

无线延伸站式调频广播应急通播覆盖系统由通播发射主机、通播发射从机、通播发射天线、微波中继室外单元（ODU）以及微波中继天线等组成，如图 5 所示。该型号的设备可全天候条件下工作，支持 U 盘 MP3 录音、手柄现场录音、电脑联机文字

转语音 3 种录音方式，通播播放录音时可随时通过手柄插入喊话，还可以支持音频方式启动通播发射。该型号设备以一点对多点或级联的方式带多个通播发射从机，用于覆盖 5 ～ 10 公里甚至更长的路段。该型号设备适于在大型收费站、常规拥堵路段、危险路段等处使用。

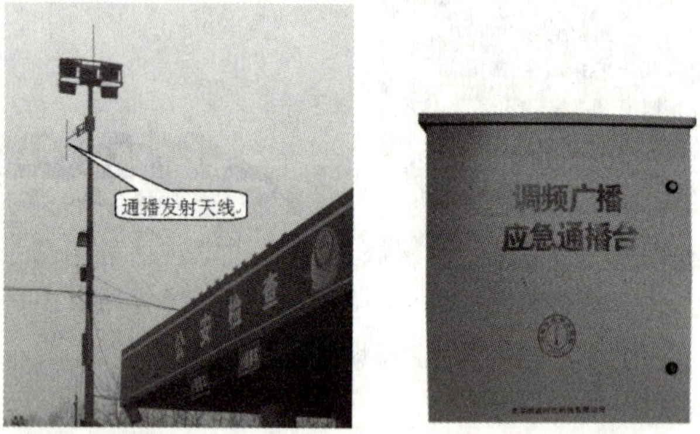

（a）通播发射主机　　　　（b）通播发射天线

图5　无线延伸站式调频广播应急通播台（单点安装）

4．隧道式调频广播应急通播覆盖系统

隧道式调频广播应急通播覆盖系统由通播发射主机、隧道放大器、通播发射天线以及联接线缆等组成。该型号的设备可全天候条件下工作，支持 U 盘 MP3 录音、手柄现场录音、电脑联机文字转语音 3 种录音方式，通播播放录音时可随时通过手柄插入喊话，还可以支持音频方式启动通播发射。一台通播发射主机以级联的方式带多个隧道放大器，每个隧道放大器可覆盖 800 ～ 1000 米长的隧道路段。该型号设备适于实现对长隧道及其出入口处的应急广播覆盖。

（二）工作模式

基于调频广播通播的道路交通应急信息发布设备有快速通播、远距通播两种工作模式。

1．快速通播模式

在该模式下，进行连续、重复的全频段通播，用于针对快速移动车辆的应急信息发布，适于在进站检查、压速带道、突发事故现场等情况下使用，也可用于长隧道、危险路段等处的路边广播；

2．远距通播模式

在该模式下，在全频段和重点频道上进行轮流广播，用于针对缓慢移动车辆的应急信息发布，适于在收费站、分流路口、突发重大事故现场等处出现长时间拥堵时使用。

其中，远距通播模式是为了弥补快速通播模式对有本地台频道覆盖距离较近的不足而设计的。在全频段上通播时，主要用于覆盖那些空闲和弱信号频道，以便于那些不知道本地广播频率的交通参与者的接收；但是，由于分配在有本地台频道上的通播信号功率较小，而本地台频道的信号本来就强，因此全频段通播时对本地台频道的覆盖距离较近（从几十米到500米左右）。在重点频道（一般选1-3个本地收听率较高的频道，如交通、文艺、音乐、汽车等）上广播时，由于将所有的发射功率均集中在该频道上，因此其覆盖距离会有明显的提高（一般至少可达1.5公里，多数地区能达到3公里左右）。通过这样的设计，实现的是覆盖频道数量和覆盖距离之间的折衷，以便能好地满足应用需求。

（三）技术参数

车载式和可搬移式调频广播应急通播台的技术参数如下：

（1）工作频段：87.5～108MHz。

（2）总载波信道带宽：20.5MHz。

（3）等效的子载波信道数量：103个。

（4）等效的子载波信道带宽：200KHz。

（5）每个等效的子载波信道上的发射功率：不大于1W。

（6）总发射功率：不大于100W。

（7）带外抑制：优于-60dBc。

（8）调制方式：FM/Chirp。

（9）传输的基带带信号：模拟话音。

（10）发射天线增益：不大于2dBi（等效全向）。

（11）天线架设高度：不高于4米（置于车顶或临时立杆）。

（12）典型覆盖距离（直径）：

本地有台频道：1.5公里以上（远距通播模式，视实际环境和频道）。

本地空闲频道：3～5公里（快速通播模式，视实际环境）。

无线延伸站式调频广播应急通播覆盖系统的通播发射技术参数与车载式和可搬移式的相近，但由于可采用高增益的发射天线且可以将天线架设在高处，因此覆盖距离将明显加大。隧道式调频广播应急通播覆盖系统的通播发射技术参数与车载式和可搬移式的相近，但受限于隧道内的电磁波传播条件，每个隧道放大器只能覆盖800～1000米长的隧道路段，长隧道需要采用多个隧道放大器以级联的方式进行覆盖。

四、基于调频广播通播的道路交通应急信息发布设备的应用

（一）应用示例

自2013年2月至2014年8月，基于调频广播通播的道路交通应急信息发布设备得到了成功应用。特别是在2013年4月20日四川雅安和2014年8月3日云南昭通鲁甸两次地震的道路交通应急救援指挥、交通疏导工作中发挥了重要作用，并已在河北京港澳高速涿州北站、山西青银高速薛公岭、四川成雅高速雅安段、广东珠海市交警支队、江苏无锡市交警支队等单位推广使用，如图6所示。

（a）四川4·20芦山地震救援　（b）云南8·03鲁甸地震救援　（c）山西青银高速薛公岭

（d）河北京港澳高速涿州北站　（e）四川成雅高速雅安段　（f）广东珠海市交警支队

图6　基于调频广播通播的道路交通应急信息发布设备的应用

（二）与现有交通广播的应用特性比较

基于调频广播通播的道路交通应急信息发布设备所具有的通播覆盖特性，给发射方（交交警、路政或高速运营公司）和接收方（交通参与人）均带来很大的便利。对于接收者而言，只要开机就能收到，不用记频率，不要求调谐到一个专门的频道上收听，可以任意选择自己喜欢收听的频道，即使是调谐在没有台的空闲频道上也能收听到（其实是收听效果反而更好），降低了对接收者的操作要求，尤其便于许多大货车上安装的机械调谐式调频收音机的接收；总之，发射方不用担心接收方找不到接收频率，接收方也不用担心因收听正常广播而收不到应急疏导指挥信息。相比之下，现有的交通广播则存在各地频率不同、不可能实时地服务某一个具体现场、跨区域行政协调困难等不足之处。

（三）与LED显示屏的应用特性比较

在实际应用中，可以将详细的疏导指挥方案（如分流路线、行车注意事项、现场进展情况等）录音后进行循环通播，交通参与人在距离收费站、分流路口、事故现场等处2～3公里的位置上就能收听到，而且收听距离和效果不受雨、雪、雾、沙尘等气候条件的影响；既便于交通参与人提前做出相应的准备，有效地减轻因停车问路而引发的二次拥堵，减轻现场指挥民警的工作负担，又能稳定交通参与人的情绪（至少让人感觉事情有人在管），还能很好地满足交通参与人迫切需要知情的心理需要，更容易赢得公众和媒体的认可与好评。相比之下，LED显示屏具有直观、醒目的优点，同时也存在作用距离较近、容易受雨雪雾等恶劣气候条件及地形地物条件的影响、不便于传输较复杂内容等不足之处。

（四）应用特性总结

通过上述比较可知，基于调频广播通播的道路交通应急信息发布设备不可能像现有的交通广播那样地实现广域的覆盖，主要服务于某一个具体的应急现场，通过车辆上的调频收音机将应急信息传递到应急现场处的每辆车内，不要求交通参与者记忆具体的广播频率，能做到现场实时、循环发布；同时，基于调频广播通播的道路交通应急信息发布设备不可能像LED屏那样提供一目了然的应急信息（需要接收者打开调频收音机），但可以有效地克服地形、地物的影响，传输距离更远，能提供更多的有针对性的应急指导性内容。总体而言，基于调频广播通播的道路交通应急信息发布设备能有效地弥补现有的交通广播、LED显示屏等应急信息发布手段的不足。

五、应用中的若干问题

（一）开机率

采用基于调频广播通播的道路交通应急信息发布设备，可以提高交通拥堵时调度指挥的效力和效率，明显减少司机停车问路的次数来提高通行速度，减轻现场秩序维护工作的压力和强度，并能以更加人性化、实时化的疏导指挥服务来提升服务形象；但是，其应用效能与车辆打开调频收音机的比例有很大关系。

在实际应用中发现，在自然状态下不同地区的车辆打开调频收音机的比例差别较大。在河北京港澳高速涿州北站中统计时，出京方向的自然开机率约为25%，进京方向的自然开机率约为15%；在山西青银高速薛公岭服务区中统计时，自然开机率不到5%；在四川成雅高速雅安段统计时，拥堵状态下往成都方向车辆的自然开机率近40%。

为了提高开机率，既可以利用目前已建成使用的LED显示屏，也可以在重点路段竖立专门的LED显示屏或提示牌，还可以通过网站、电视等大众媒体进行宣传，更要利用拥堵、事故时的频繁应用在广大交通参与者之间迅速形成良好的口碑，培养形成“上高速就开调频收音机”的意识和习惯。

（二）频率使用的合法性

在应用过程中，有的领导和民警提出了频率使用的合法性问题，担心使用调频广播应急通播台会违反国家的有关法律规定。提出这样的问题，说明大家的无线电法律意识很强，其实作为交警使用并不存在法律许可问题。根据《中华人民共和国无线电管理条例》的第三章第十九条的规定：“遇有危及人民生命财产安全的紧急情况，可以临时动用未经批准设置使用的无线电设备，但是应当及时向无线电管理机构报告”。调频广播应急通播台是专为应急应用而设，也确实是在严重拥堵、重大事故、恶劣气候等紧急情况下为了减少高速公路上的事故和伤亡而使用，完全满足“危及人民生命财产安全的紧急情况”这一前提，因此只需按规定向当地无线电管理机构报告即可。

（三）对现有调频广播的干扰

即使是在应急情况下，调频广播应急通播台也不是一直在发射，只是在有必要的时候才临时同时强插到各个有台的频道以及所有无台的空闲频道上，不发射时大家仍然是正常收听。事实上，在拥堵现场处，对于绝大多数接收者而言，调频广播应急通播台发送的调度指挥信息往往比正常收听的内容更重要，更能满足其现实的需要。

为了减轻对高速公路周边地区的干扰，可以采用分段多点覆盖（单站覆盖直径不大于 1 公里）、定向天线覆盖等技术手段，将调频广播应急通播信号主要覆盖高速公路的路面上，距离高速公路 500 米以上的区域仍然可以正常地收听现有的调频广播（如图 7 所示）。在当前大众娱乐生活主要是看电视和上网的现实情况之下，在高速公路经过的广大乡村地区，调频广播应急通播对高速公路周边人民群众生活所造成的干扰几乎可以忽略不计；即使不可避免地会产生干扰，由于仅在紧急事件时才用，因此也很容易得到周边人民群众的理解。

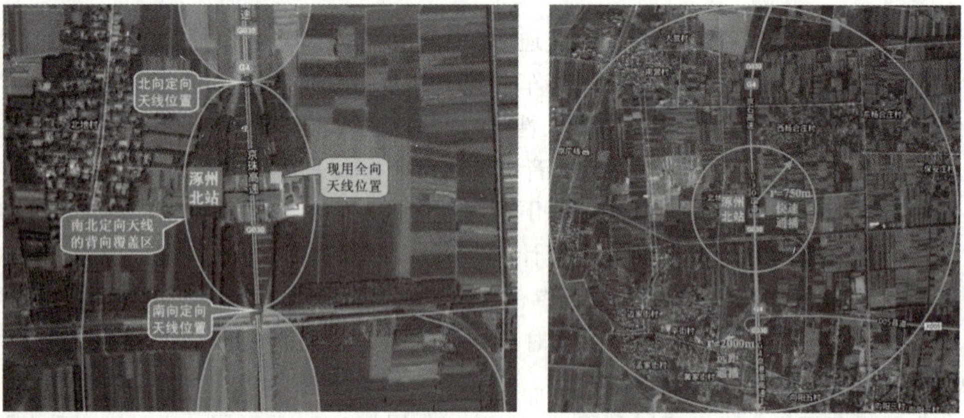

（a）采用全向天线的覆盖效果　　（b）采用定向天线的覆盖效果

图7　采用天线的覆盖效果

（四）无线电辐射安全

显然，要进行调频广播应急通播就需要有无线电发射，有无线电发射就会涉及到无线电辐射安全问题。对于固定安装在路灯杆上的调频广播应急通播发射天线而言（发射功率 100 ～ 150W），由于距离地面至少有 10 米以上，对于短时通过的车辆和在其附近执勤的交警而言，无线电辐射安全问题可以不用考虑。

至于安装在巡逻警车上的车载式设备，其发射功率在 50 ～ 100W 之间（车载对讲机的发射功率在 10 ～ 25W 之间，手机的最大发射功率可达 2W），发射天线竖起后与车顶有 1 米左右的距离，金属质车顶本身在向下的方向上对发射信号有明显遮挡，受天线安装空间的限制而被迫采用的是水平极化方式，又是工作于 87 ～ 108MHz 频段（频率不到公安 350 兆对讲机所发射电磁波的 1/3，只有手机所发射电磁波波长的 1/9 ～ 1/20），再加上这类设备仅在应急时使用，因此车载式调频广播应急通播台对操作人员身体的影响程度肯定低于人们日常生活中频繁使用且贴近脑袋使用的手机，基本不用担心其辐射安全问题。

五、结束语

及时、有效的应急调度指挥信息发布对于保证道路交通应急事件处置工作的顺利进行具有重要作用。基于调频广播通播的道路交通应急信息发布设备的出现，为道路交通应急信息发布提供了一种新的技术手段，它将与现有的交通广播、LED 显示屏等多种技术手段一起，为提高我国道路交通的应急处置水平提供强有力的支持。

（撰稿：王军利、周运伟）

路网监测与应急处置

一、路网运行监测

2013 年，我国各级公路管理部门和高速公路经营管理单位继续加强路网运行监测体系建设，加快推进部省两级路网平台联网建设，高速公路视频监测设施总规模达到 2.5 万套，平均布设密度为 8-10 公里 / 套。此外，各地公路部门继续深化和气象部门合作，加快高速公路交通气象观测站网建设。

（一）全国干线公路网运行监测系统总体情况

截至 2013 年底，全国干线公路网运行监测系统主要包括突发事件信息人工报送系统[1] 和路网运行信息自动化采集系统[2]。其中，基于 WEB 填报的突发事件信息人工报送系统基本 100% 覆盖全国高速公路、普通国省干线公路的各路段管养单位，以及部、省两级路网管理部门，成为各级公路部门掌握路网实时运行情况和突发事件进展处置情况的重要手段，同时也是出行信息服务系统的重要数据源。其中，交通运输部“路况信息报送系统”已形成覆盖全国 50 万干线公路网的实时阻断信息报送业务。

根据各地上报的不完全数据统计，我国高速公路交通流量监测设施[3] 总规模达近 1 万套，平均布设密度为 25 ～ 30 公里 / 套；视频监测设施（路段和桥梁）[4] 总规模达近 2.5 万套，平均布设密度为 8 ～ 10 公里 / 套；气象监测设施[5] 总规模达近 1500 套，平均布设密度为 80 ～ 100 公里 / 套。普通国省干线公路交通流量监测设施总规模约 4000 套，平均布设密度为 200 公里 / 套，视频监测设施（路段和桥梁）总规模约 2500 套，平均布设密度为 340 公里 / 套，气象监测设施总规模不足 100 套。此外，高速公路收费广场、特大桥梁、长大隧道内基本覆盖交通流量和视频图像监测设施。

总体看，近两年我国干线公路网运行监测设施在建设规模与质量上有明显进步，高速公路运行信息自动化采集系统建设要明显优于普通国省干线公路，高速公路“可视化”监测问题基本得到解决，河南、山东、上海、江苏、广东等省（市）高速公路基本实现全程视频监控。

[1] 突发事件信息人工报送系统，指通过人工监测获取的突发事件信息并通过信息化系统填报的报送系统。

[2] 路网运行信息自动化采集系统，指利用部署在公路上的现代化的自动感知设备，自动获取交通流量、视频图像、气象环境等信息的信息化系统。

[3] 交通流量监测设施，主要包括各类车辆检测器和自动化交通量调查设备，设置地点包括路段、桥梁和隧道内。

[4] 视频监测设施（路段和桥梁），指设置在公路主线、匝道及桥梁等处的视频监视设施，不包括设置在隧道、收费广场内的独立视频监测设施。

[5] 气象监测设施，指设置在公路主线、匝道等处的单要素、多要素自动化气象观测站。

此外，为补充路网运行监测设施不足的问题，近年来各级公路管理部门充分利用现代信息技术，引入“车联网”（GPS 浮动车）、“移动互联网”及“手机信令”等数据平台，作为路网运行监测系统的补充手段，取得了良好效果。其中，北京、广州、杭州等大中城市将出租车作为“浮动车”采集 GPS 监测数据，实时获取路网交通运行参数；上海、江苏、重庆等省（市）与电信运营商合作共同搭建路网“手机信令”采集平台，实时获取运行在高速公路上的手机定位数据，分析研判路网交通流量分布情况；而湖北省的高速公路部门将手机芯片（2G）植入通行卡（MTC 卡）中，既实现了精确计算通行费的目标，又兼顾了路网交通流量数据获取的功能。

（二）路网交通流量监测设施建设与应用情况

我国路网交通流量监测设施主要有两类，一类是高速公路运营部门在建设或运营期安装的“车辆检测器”；另一类是交通运输部指导下统一安装的“交通量调查设备”。两类设备在采集技术上基本都是利用线圈、微波、视频为数据获取手段，但在采集的具体参数指标上有所差别。其中，“车辆检测器”在高速公路上安装较多，约占 90% 以上，而“交通量调查设备”在普通国省干线公路上安装较多，也占到 90% 以上。

从各省域路网交通流量监测设施建设情况看，湖北、浙江、北京等省（市）高速公路交通流量监测设施布设密度已经在 10 公里 / 套以内，分别达到 7.55 公里 / 套、7.67 公里 / 套和 8.39 公里 / 套。普通国省干线公路交通流量监测设施布设密度除北京外，基本在 30 公里 / 套以上。

（三）路网视频图像监测设施建设与应用情况

路网视频图像监测设施，特别是高速公路视频图像监测设施是传统的高速公路机电系统的重要组成部分，并成为各级公路部门掌握路网实时运行情况和突发事件进展处置情况的重要手段之一。从目前掌握的路网视频图像监测设施的应用情况看，监测设备的总体完好率普遍在 95% 以上，且采集的图像数据质量不断提高，高清（720P 以上）级的视频监测设备也开始进入高速公路机电市场，高速公路视频图像监测设施面临着新一轮的升级换代。

从现有统计数据看，无论是设施规模（全国高速公路近 3 万套）还是布设密度（全国高速公平均 8-10 公里 / 套）均是各类路网运行监测设施指标中最高的。“可视化”需求作为高速公路运行监测需求中最直接、最见效的部分，使其已基本覆盖高速公路大型互通、服务区、长大桥隧、超限超载检测站、收费站广场等重要监控点。部分省市的高速公路甚至已实现全程视频监控（即 2-4 公里 / 套）。

其中，山东、浙江、江苏等省市高速公路视频图像监测设施布设密度已经在 4 公里 / 套以内，分别为 2.95 公里 / 套、3.12 公里 / 套和 3.80 公里 / 套。而普通国省干线公路视频监测设施布设密度除北京、上海较好外，其他地方布设密度基本在 100 公里 / 套以上。

（四）路网气象环境监测设施建设与应用情况

随着近年来冰冻雨雪、严重雾霾等恶劣天气引发的公路交通阻断事件不断增多，各级公路管理部门开始重视公路沿线气象环境监测，并取得了一定成果。总体上看，全国路网气象监测设施总规模尚不足2000套，除极少数地区高速公路气象环境监测设施布设密度在20公里/套以内外，其他地区布设密度十分稀疏，是各类路网运行监测设施中最为薄弱的环节。为此，交通运输部陆续印发了《关于进一步加强公路交通气象服务工作的通知》和《公路交通气象观测站网建设技术要求》，全面加强路网气象环境监测设施建设。

从各省域路网气象环境监测设施建设情况看，北京、天津、上海、江苏、浙江、安徽、重庆等省（市）高速公路已经初步建成一定规模的气象环境监测设施。其中，江苏省高速公路部门在公路气象监测设施建设，以及利用气象环境监测数据提升路网运行效率方面有较成功的经验。此外，湖北、江西、甘肃、新疆、云南等省也陆续与本地区气象部门合作建设“高速公路气象观测网”。

（五）桥梁隧道安全健康监测系统建设与应用

针对特大桥梁、长大隧道运行安全的监测始终是公路重要基础设施运行监测的重点。据不完全统计，全国已建成各类跨海、跨江（河）的特大型桥梁及超长隧道安全健康监测系统近200套。近年来建成通车浙江杭州湾跨海大桥、山东胶州湾跨海大桥，江苏泰州长江大桥、湖南吉茶高速公路矮寨大桥以及河北宣大高速公路海儿洼大桥等都配套建设了先进的桥梁安全健康监测系统，利用传感器、GPS设备对桥体结构安全进行感知监控，并同步建设气象环境、交通流量、视频图像等监测设施，初步形成全方位、立体化监测功能。

二、路网应急处置与保障

加强全国干线公路网应急保障体系建设，是强化重大公路突发事件监测预警工作，提升公路应急保障与处置协调能力的重要内容。2013年，各级交通运输部门高度重视公路应急保障体系建设，全年公路重大突发事件数量明显减少，路网拥堵严重程度略有下降，但局部地区因冰冻雨雪、雾霾、台风等恶劣天气造成的公路基础设施受损和交通阻断依然严重。

为此，2013年交通运输部重点推进区域性应急装备物资储备中心建设，继续与武警交通部队开展年度路警联合交通应急演练，并在陕西秦岭终南山隧道成功举办；编制《交通移动应急通信指挥平台管理办法》，推进应急通信指挥车建设；会同公安部、中国气象局联合印发《关于加强恶劣天气公路交通应急管理工作的通知》，明确了公安、交通部门共同决定采取封闭高速公路等管控措施；圆满完成四川芦山地震、甘肃岷县漳县地震等突发事件的应急处置工作。

（一）区域性公路交通应急物资储备中心建设

根据《公路交通突发事件应急预案》，公路交通突发事件的应急响应级别分为Ⅰ级、Ⅱ级、Ⅲ级、Ⅳ级，而各级各类突发事件的应急响应的事权划分以及对公路交通应急装备物资的需求也有所不同。为此，我国公路交通应急装备物资储备体系由部、省、市三级公路交通应急装备物资储备中心（点）构成。2012 年，交通运输部下发《国家区域性公路交通应急装备物资储备中心布局方案》（交公路发〔2012〕163 号），明确提出“十二五”期间将在河北、吉林、黑龙江、浙江、山东、河南、湖南、广东、四川、贵州、云南、陕西、甘肃等 13 个省份建立国家区域性公路交通应急装备物资储备中心，由于西藏、青海、新疆三个省区辖区面积大、自然灾害严重、经济相对落后等特殊性，故将西藏、青海、新疆三个省区纳入国家区域性公路交通应急装备物资储备中心体系，在装备和物资的配置上予以适当支持。每个区域应急物资储备中辐射范围为 500-800 公里，储备装备物资一般情况下可在 12 小时内到达突发事件现场并参与抢通救援工作，主要储备应对Ⅰ级、Ⅱ级重大公路突发事件中所需的应急能力强、平时不常用、社会征用困难以及地方储备不足的多功能大型专业装备或其他所必须的设备。

截至 2013 年底，河南、黑龙江、新疆等地区域性公路交通应急装备物资储备中心已完成立项，其中，黑龙江已基本完成土建设施建设，具有一定示范效应。此外，广东、云南、甘肃等地的区域性储备中心已完成工程可行性研究。

（二）秦岭终南山隧道公路交通联合应急演练

自 2011 年起，交通运输部与武警交通部队联合与地方公路部门共同举行年度公路交通联合应急演练。2013 年 11 月，为进一步突出隧道运营安全管理是公路管理的重中之重，年度公路交通联合应急演练在包茂高速（G65）陕西秦岭终南山公路隧道举行。演练以模拟隧道内发生交通事故、车辆起火、交通中断等为场景，启动Ⅲ级应急响应，按照报警接警、出警及交通管制、灭火及人员逃生救治、隧道状况评估与维护、恢复交通秩序等等七个阶段模拟演习。此次演练共涉及 G65 包茂高速西镇、安川段及 G3011 西安绕城高速，参演人员 300 余人，各类应急装备、器械等近 150 套，武警交通部队五支队参与本次演练。参演队伍全程模拟演练了隧道内发生车辆连续追尾并引发两车起火燃烧的事故。“事故”发生后，各相关部门紧急驰援，隧道内消防轻骑摩托在最短时间赶到现场，抢救“重伤员”，对起火车辆进行初期灭火；隧道外交警、消防、武警、医护、救援、路政、清障人员迅速赶到，各司其职展开救援与处置工作；隧道外相关路段公安交警、路政、安检、武警交通部队人员迅速进行交通管制、车辆分流、路况信息发布等相关工作。

秦岭终南山公路交通联合应急演练经过精心组织，取得了预期的效果，演习全过程各支应急救援队伍反应迅速、行动高效、处置有力，首次设置的专家评估组，对演练全过程进行定量评估，为各地专项应急演练及应急管理工作提供了指导和示范。总的来看，此次演练的特点为：一是流程清晰，示范性强。陕西秦岭终南山公路隧道作为世界级的特长公路隧道，是沟通我国南北交通的咽喉要道。通过演练全面展示了特长公路隧道突发事件应急处置流程和应对措施，通过信息发布、交通诱导，及时引导调节交通，充分发挥路网综合调节能力，凸显了路网协调管理的重要性，具有很强的示范性和指导性。二是手段先进，方法科学。演练以信息化、智能化的路网监测与应急处置平台为支撑，实现了对隧道运营管理的可视、可测和可控。隧道视频监控系统、火灾感温系统、电话报警系统能够在第一时间同时发现异常并锁定位置。隧道照明系统依据报警信号自动全部开启，信息诱导系统按既定预案启动逃生方向指引。隧道呼吸系统的通风系统，依据环境监测系统检测的风向、能见度、一氧化碳含量等各项指标，自动启停和分级运行。三是联勤联动，反应迅速。演练中监控、路政、养护、交警、武警、消防、医护等多支参演队伍相互配合、各负其责，充分展现了过硬的专业技术和严明的组织纪律。

截至2013年底，全国公路隧道已超过1.1万道、960余万延米，其中大于3公里的特长隧道562道、250万延米，双洞均超过10公里的特长隧道有6道。隧道作为公路的咽喉路段，一旦发生事故和火灾，救援、维修以及选择可替代公路都极为困难，其后果远较一般路段的同类事故严重。演练结束后，交通运输部对进一步强化长大隧道安全运营管理工作进行了重点部署。一是要建立健全规范化、制度化、程序化的制度保障体系。二是要强化以信息化、智能化为引领的隧道科学管理手段。三是要建设高起点、高标准、严要求的隧道管理队伍建。四是要建立高效的多部门应急联勤联动机制。五是要加强设施维护确保隧道及管理系统的正常稳定运行。

（三）交通移动应急指挥平台（车）建设情况

交通移动应急通信指挥平台（车）建设是交通运输部“十二五”期间强化重大突发事件应急保障工作的重要内容，是部、省两级公路网管理平台的重要组成部分，由联网指挥系统、通信网络系统和应急通信车系统构成，具备联网运行、通信传输、指挥调度、综合保障等功能，可为各类交通突发事件的应急处置工作提供通信保障。截至2013年底，全国31个省（市、区）及新疆建设兵团共计完成44部交通移动应急通信指挥平台（车）的购置与联调工作。2013年8月23日，交通运输部组织召开交通移动应急通信指挥平台（一期）交工验收会，标志着交通移动应急通信指挥平台（车）建设任务基本完成，并进入运行管理的阶段。

为加强交通移动应急通信指挥平台（车）的运行管理，提高公路交通突发事件应急通信保障能力，交通运输部组织编制了《交通移动应急通信指挥平台管理办法》（征求意见稿），该办法规范了平台管理遵循部省共管、联网运行、平急结合、协调联动、持续发展的原则，并从组织管理、联网运行、应急指挥、运维保障以及培训演练等多个环节对其管理与使用提出详细要求，并统一其代号为“天鹰”系列。交通移动应急通信指挥平台（车）自2013年陆续交付使用后，已在西藏“1.18雪灾”、四川雅安芦山“4.20地震”、甘肃岷县“7.22地震”以及东北严重水毁灾害等公路突发事件的应急处置中发挥了积极的作用。

应用案例一：西藏“1.18 雪灾”救援案例。2013 年 1 月 18 日至 19 日，西藏阿里和日喀则地区出现大雪降温天气，局部地区积雪深度达 32 厘米。恶劣天气造成当地通信中断，国道 219 线局部路段和部分县乡道通行受阻，并影响国道 318 线和省道 207 线沿线交通。接到事件报告后，西藏自治区公路局利用应急通信指挥车赴阿里开展公路抢险保通工作。到达现场后，工作人员通过移动应急通信平台及时传回现场应急抢险画面，并作为现场指挥中心与后方保持通信畅通，为提高救灾效率发挥了重要作用。

应用案例二：四川芦山“4.20 地震”抢险指挥。2013 年 4 月 20 日上午 8 时 2 分，雅安芦山突发 7.0 级强烈地震，导致当地通信不畅，国道 318 线、省道 210 线局部路段通行受阻。地震发生后，四川省交通运输厅立即调配应急通信指挥车迅速赶赴灾区，通过 VSAT 宽带卫星和海事卫星通信网，实时传回灾区道路画面和抢险救灾信息，并作为现场临时指挥部与后方指挥中心进行信息交互，为抗震救灾工作的顺利开展提供了重要支持。

（撰稿：李爱民）

城市交通系统运维管理平台建设与应用

一、概述

智能交通系统（ITS）是将先进的信息技术、数据通信传输技术、电子传感技术、控制技术及计算机技术等有效地集成并运用于交通系统，从而提高交通系统效率的综合性应用系统。在上个世纪 80 年代，我国各城市开始 ITS 系统的应用尝试，进入新世纪后，许多城市建立了智能交通管理管控平台及其交通指挥调度系统、交通信号控制系统、交通视频监控系统、GPS 系统、交通诱导系统、交通信息采集系统、电子警察系统以及各类公安业务子系统（如车管、驾管、违法、事故等）等应用系统，并集成在统一的软件环境下，实现对交通信息采集、分析处理、控制执行、科学决策精细化管理。

智能交通管控平台的应用系统不断发展，要保证交通应用系统少出故障和及时维修，按照以往对交通系统运行维护基本上采用纸质流程、电话报障的方式，难以满足智能交通应用系统运行维护的保障的要求，何况在运行维护社会化不断深化的背景下，诸如事件跟踪困难、统计困难、评价困难等诸多难题不断涌现，迫切需要建立一套与运维要求相适应的交通系统运维管理平台，以求实现配置管理、事件管理、统计分析等功能，大幅度提高运维管理和服务水平。

早在 2002 年，广州市就已经初步建立了一套基于国际 IT 服务管理领域最佳实践—ITIL（IT 基础架构库）理念的智能交通管理系统的信息管理平台，很好地解决了当时交通信息系统、计算机系统等方面的运行维护管理问题。以后为解决交通信号系统维护过程中所遇到的问题，经过 2 年时间的立项、采购、开发，于 2011 年建成初具规模的同样以 ITIL 为理论基础的交通系统运维管理平台。

二、系统的模式、架构和功能结构

（一）系统模式

交通系统运维管理平台以流程为导向、以客户为中心，通过整合服务与组织的业务，为服务及过程提供科学合理的管理，合理利用资源、提高办事效率、保证服务质量、提高组织的服务提供和服务支持的能力和水平。智能交通管理系统运维平台如图 1 所示，平台共涉及 IT 系统、交通监控、交通诱导及交通控制等 4 个运维服务模块，实体配置 4 个服务台。各个服务台可根据不同的分工、流程要求独立配置流转环节、角色等事项。

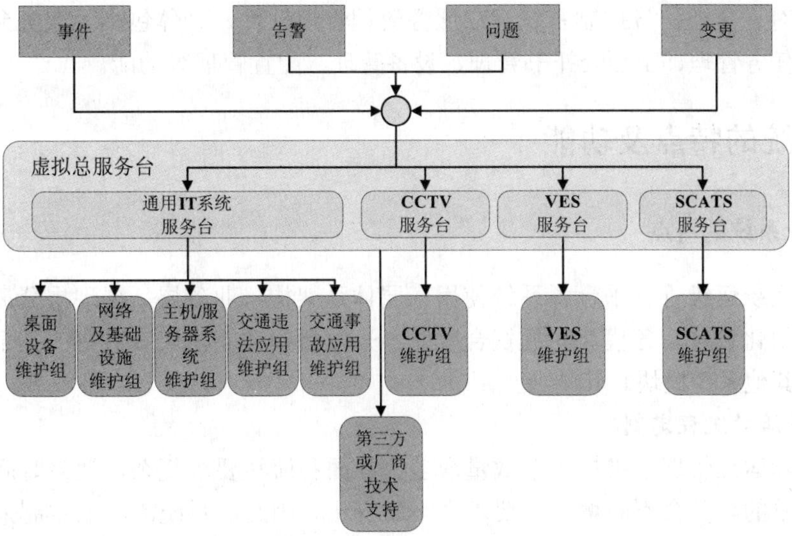

图1　虚拟总服务台的分级服务台模式

（二）系统的功能结构

交通系统运维管理平台提供对以下对象的 IT 服务支持：桌面计算机设备、网络及基础设施、主机 / 服务器系统、电子警察前端设备、交通闭路电视监控设备、交通信号控制系统。包括 IT 基础设施专版、CCTV（交通闭路电视监控系统）专版、VES（电子警察前端系统）专版、SCATS（交通信号控制系统）专版在内的四个专项运维子系统（见图 2）。

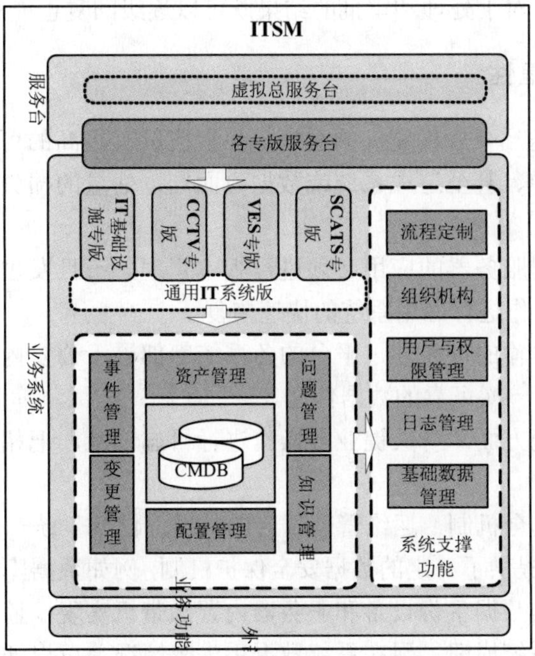

图2　运维平台的系统功能架构示意图

例如对于交通信号控制系统建立服务流程管理软件，具体包括了服务台模块、事件管理、任务管理、工程委托书管理、设备管理、配置管理等功能。

三、系统的特点及功能

（一）系统的特点

交通系统运维管理平台各系统使用三层体系架构，业务层、展现层分离。系统设计采用模块化设计，各模块间的耦合度低，开发新的功能模块或者更改某个功能模块将不影响其他系统模块。其的特点：

1．灵活的流程定制

在实际运维管理中维护工单数量众多、界面和流转要求复杂，随着时间和业务的变化，工单的种类会不断增加、要求会不断变化。因此，系统流程的定制采用无编码的开发方式，工单和流程的定义无需编写程序代码，是通过 GUI 界面托拽方式实现的。

2．开放流程与固定流程结合

所谓开放流程与固定流程结合（混合流程），即由建单人 / 管理员定义流转的部分过程和部分过程环节负责人，在其过程中可以由其中一个环节自由流转到其他未定义的环节，由该环节自由流转的环节全部完成后，回到该环节，然后继续按照预先定义好的流程一直流转下去。

3、灵活的派单和提审流程

在工单的处理过程中，需要实现一单多派、一单多审。对于派发出去的工单，可以并行处理、审批。对于处理和审批的结果既可以逐级回复也能实现跳级回复。

（二）系统的可靠性

运维管理平台是一个规模庞大的系统，平台应具有极高的可靠性，否则会给实际工作带来极大的不便、甚至造成系统或数据方面难以估量的损失。其可靠性主要有以下几个方面：

（1）各系统应用服务器的应用必须进行版本管理，一旦发生相关突发故障，可以通过执行应用恢复操作进行应用系统的快速恢复；

（2）保障数据传输的可靠性，平台的各系统都部署于公安内网，保证数据传送时进行一次并且仅进行一次可靠的数据传送。

（3）各应用系统方面，对关键业务操作进行日志记录，把相关操作信息记录在后台数据库中。

（4）内部数据安全机制：运维管理平台的数据存储基于统一的 Oracle 关系型数据库实现，Oracle 自身提供了一定的数据安全保护机制，例如数据库回滚段，归档日志等。可借助用户方现有的数据备份设备和服务器内置磁带机实现了监控管理系统数据的离线备份。一旦出现系统崩溃、现在系统数据丢失等情况，可以通过读取备份磁带快速地进行系统和数据恢复。

（5）安全访问控制：运维管理平台提供了完备的用户管理和授权机制、监控管理系统用户行为审计日志记录功能、保证所有对操作系统和数据库的访问和操作都是得到授权和保证监控管理系统的物理安全。

（三）系统的易用性

交通系统运维管理平台的各系统提供简介美观、有好易用的用户界面，用户无需进行过多的培训就能快速上手（见图3）。

图3　运维平台的界面

（四）系统的业务专一性

交通系统运维管理平台在开发中具有明确的业务需求，相应功能设定、交互界面等均体现用户的基本需求，为方便用户管理提供数据分类、统计等多方面的服务，具有很好的业务专一性。它可实现对不同系统范畴、不同区域、不同时间段、不同类型等进行故障统计，对处理时效等进行跟踪分析；它可以提供每周、每月等时间轴的运维事件数据统计分析，供用户分析系统运行状态，合理部署相关工作（如图4所示）。

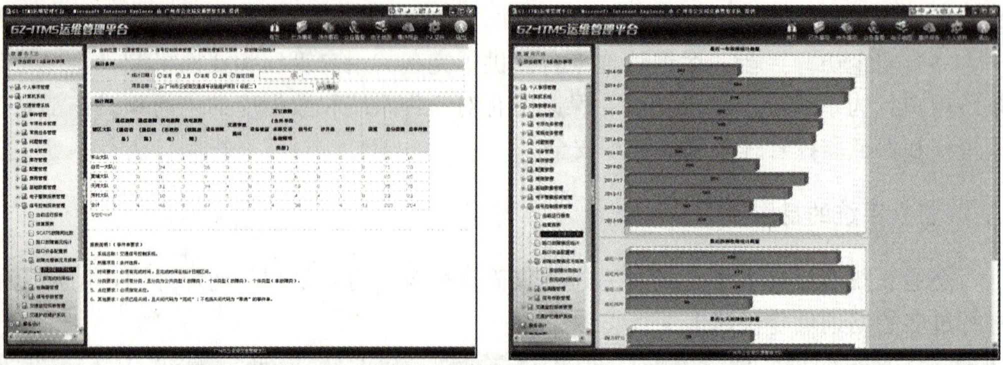

图4　运维平台的月报表和模块统计分析模块

四、应用情况和效益

交通系统运维管理平台实施以来，对五大外场系统的交通信号（机、灯）、交通监控、电子警察等智能交通设施上增设编号，在系统上标注故障设备的位置，便于及时准确地维修；在市中心城区共有外场维护班组 8 组，巡查班组 4 组，基本实现了 5 分钟故障响应，1 小时到场，2 小时解决的快速反应机制；并通过每月的系统运行报告全面反映智能交通管控平台的应用系统的五大外场系统运行状况，提高了智能交通设施运行的正常率。例如交通信号控制系统的维护管理工作。广州市共有信号灯控路口 1200 多个，从 2012 年开始，由高校、交通工程研究中心等具有交通研究分析能力的单位负责交通信号配时的精细化管理和优化工作。具体做法：

（一）交通信号优化配时和协调工作

（1）建立交通灯路口基础信息文档、路口相位信息文档等数据资料库，对各类基础信息及信号控制参数信息进行归类管理。建立更新机制，遇有路口配置调整、参数调整的，同时更新资料库。至今，已经对中心城区 1200 多个路口建立数据档案，足不出户可掌握信号的基本情况。

（2）周期性巡查路口运行情况，每 3 个月巡检所有路口一遍。根据交通流特点在早晚高峰值班专人收集、分析各渠道所反映的交通灯配时，根据处理流程逐一分类、调研、解决。

（3）优化单点信号配时及强化路口间交通信号协调。针对交通流的规律动态跟踪配时的适应性，尤其是早晚高峰的交通信号路口运行情况。平均每月优化调整路口配时达 120 多个；已建立长距离协调道路达 36 条。

（二）交通信号维修工作

广州市交通信号控制系统基本上是引进国外的SCATS系统，虽然SCATS对于停电、通信故障、信号机故障可以自动告警，但对于个别交通灯故障不亮的问题，则通过配套巡查机制来解决。首先对每个交通控制路口安装编号牌，为每个交通信号灯提供系统“身份证”，编号牌上印有统一值班电话（83112424）及路口编号。编号与运维系统的编码对应；值班电话则由专人24小时负责。交通系统运维管理平台按照以下方法来达到发现故障和报障。

（1）专业交通灯巡查：当路面民警或协管员、维护公司发现交通灯故障，及时通过“GZ-ITMS运维管理平台”或通过“出行易”手机软件直接上报故障问题。

（2）交通台报料员巡查：为了进一步提高发现故障的“及早性”，实施的上半年协调了羊城交通台，培训出租车司机作为交通灯巡查监督员，一方面发现故障及时报告，另一方面可以统计辖区交警大队的“报障率”用于考核大队巡查、报告交通灯故障的全面性和及时性，调动大队积极性和参与度。

（3）24小时值班电话：自运维平台应用开始，建立了“广州市交通灯运行管理中心”，并建立了交通灯24小时值班制度，全天候接受辖区交警和群众的报障。

交通系统运维管理平台实施以来，电子警察正常率由60%提高至93%，拍摄违法行为的合格率也由35%提高至60%，电子警察执法比例由10%提高至60%，规范了交通秩序、降低了交通事故发生可能性；在实施第一年，交通执法总数772.38万宗，其中电子警察拍摄472.75万宗（占61.21%）；计算机信息系统运行维护管理处理报障3280宗，故障解决率达到95%以上，服务评价各维护组达到95分以上，交通监控的正常率、图像质量和录像正常率3项关键指标关键指标均超过96%，交通流检测数据的准确性达到95%以上，交通信息板正常率达到96%以上。

总之，交通系统运维管理平台运行以来，无论从交通系统运维规范化、精细化等方面都取得了明显成效。

1．工作流程规范化

平台上设置了各种不同条件下的不同流程，对不同工种分类管理、跟踪，明确各个环节的角色、人员、处理时效等，使琐碎的运维工作变得井井有条。

以往对于突发故障抢修等零散事件所导致的费用统计均通过手工统计，每月的相关报表资料厚厚一大叠。如今，只需通过运维平台的结算模块即可轻松解决。大大节省人力物力。

2．管理精细化

由于外场系统的设备故障种类繁多、分散，在没有运用运维平台管理之前，时不时会出现故障漏报、超时等现象，影响系统安全。如今，对不同种类的故障设定解决时间要求，超时的做出告警提示，并与绩效评分挂钩。

五、建设发展规划与展望

系统运维平台为城市智能交通系统的维护、管理提供了很好的一个保障，随着信息化应用的进一步深入，其功能也有进一步加强的可能。

（一）扩展巡检分析功能

路面巡检工作采用专业化设备，所记录的信息加载时间、地点编码、目标编号等各类信息，通过有线或无线接口接入运维平台，平台可对巡检工作进行分析，核对巡检工作是否全面，是否有遗漏等，避免手工签到方式条件下出现“出工不出力”的问题。

（二）加强配置管理功能

继续加强对管理对象的标签化管理，每个点位的配置变更实时入库调整，确保数据鲜活、真实。实现配置信息多样化，对点位对象的图像、影响、文档等各类资料可以分类存放，也要能够集中提取。

总之，通过现有运维平台的实践应用经验，通过有针对性地升级、改造及理念强化，必定能使未来的运维系统更加专业、更加有人性化，为智能交通系统的正常运行提供技术保障，使智能交通系统发挥应有的效能。

（撰稿：傅贵、陈天德、徐亚国）

“交通在手”手机服务应用

一、系统概述

“交通在手”手机服务应用利用ITS、云计算和移动互联网等技术，通过不断扩大交通信息采集面及扩展交通信息采集方式，对深圳市“海、陆、空、铁”海量交通数据进行采集、分析、挖掘、处理、融合、存储，整合深圳市各动静态交通信息资源，构建全方位、多模式的综合交通出行信息服务体系，以“交通无处不在，服务在您身旁”为理念，为市民出行提供全面、实时、全方位、交互的出行服务信息。

二、系统组成及功能

系统包括后台管理子系统和客户端应用子系统(包括安卓和IOS两个版本)两部分。

后台管理子系统采用国际流行LAMP（Linux – Apache – MySQL - PHP）网站架构，主要功能包括系统运行监控（运行监测、故障报警）、系统管理、统计分析（用户数据统计、模块使用统计、接口数据统计）以及外部接口管理，主要实现面向云环境的服务监测功能。

客户端子系统集成了城市道路、高速公路、海、陆、空、铁、口岸全方位的交通信息，以多样的展示方式（包括地图、图片、文字列表、高速梯形图、语音等）为市民提供城市路况、高速路况、公交出行、地铁出行、出租电召、机场指引、机场大巴、长途客运、航空出行、随拍路况、铁路出行、轮船出行、深港交通、交通设施、深圳通、交通资讯、快递100、驾驶培训等20项交通信息服务功能。

“城市路况”以地图和路况图片方式提供深圳市实时的路况，并可以查看地图上任一点的的实景图片；“高速路况”提供广东省内主要高速公路的交通事件、路况图片、出入口以及服务区等信息；“公交出行”提供全市公交车的站点线路以及换乘信息，并可查询公交车实时到站信息；“地铁出行”提供线路、地铁站以及换成信息，并可提供地铁站与周边公交车的接驳信息；“出租电召”接入市统一电召平台，为市民提供手机召车服务；长途出行可以查询长途客运票务信息、民航票务信息、铁路票务信息、航班动态信息，并可实现长途客运的手机购票；“深圳通”可以查询深圳通余额、深圳通服务网点；“快递服务”查询快件投递实时信息。

三、应用情况

“交通在手”手机软件应用（以下简称“软件应用”）可在苹果 APP Store、安卓各大应用市场免费下载安装使用，并同时为部分企业应用和“全景大交通”移动电视节目提供接口与综合交通信息。

自 2012 年 3 月正式上线以来，通过持续不断地对系统进行升级改造，软件应用总下载量突破 60 万人次，日均使用访问量超过 10 万人次，日均新增下载量超过 900 人次；

市民通过使用“交通在手”手机应用软件，可方便快捷地查询各类交通信息，获取实时的交通信息，合理地安排出行时间及选择高效的出行方式，提高出行质量，节约出行时间。

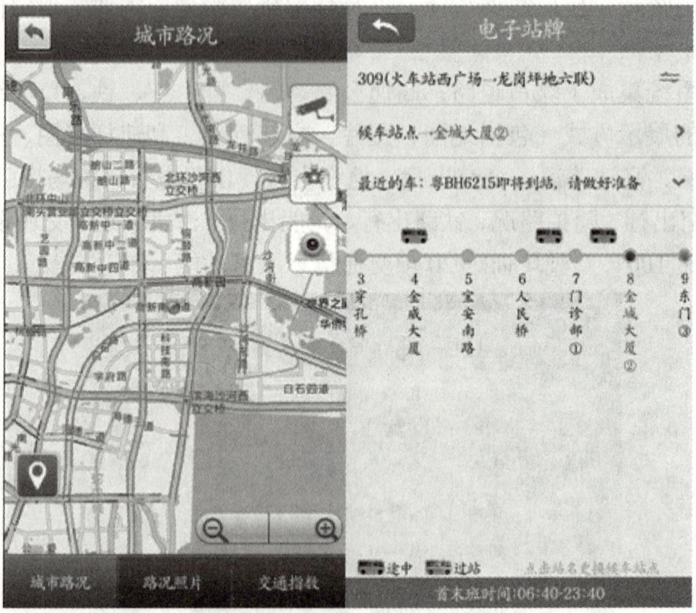

四、发展趋势

随着智能手机和移动互联网的迅猛发展，手机服务逐步改变人们的生活方式，已经成为连接人与人、人与服务、人与生活、获取资讯的主要渠道。

下一步，软件应用将以积累的运行经验和数据分析为基础，以公众在出行过程中对交通信息的需求为主线，以提供“出行链”全过程的交通信息服务为目标，对“交通在手”进行整合和优化，持续为市民提供更加准确的、多样的、实时的交通信息。

（撰稿：关志超）

智能高速列车系统

中国高速铁路的建设和发展，为我国经济的发展提供了安全可靠、高速度、大运量的运力保障，是缓解铁路运力紧张、提升运输服务品牌质量的重要举措。截止2013年底，我国高速铁路总营业里程达到11152公里，在建高铁规模达1.2万公里，成为世界上高速铁路投产运营里程最长、在建规模最大的国家。

随着运行速度的提高及持续运行时间的增长，对高速列车运行安全性和可靠性提出了更高的要求。在高速化和规模化的发展势态下，如何在复杂多变的运行环境下保证大规模高速列车持久安全运行，关系到人民生命财产的安全，影响着高速铁路行业的发展。为此，《智能高速列车系统关键技术研究及样车研制》项目于2011年4月在科技部立项，在原铁道部的组织下开展了智能高速列车系统的研究工作。

一、系统功能

智能高速列车系统，是指以路网大系统环境下的高速列车为核心，以全息化列车状态感知和动态数字化运行环境为基础，以信息智能处理与交互为支撑，具有自检测、自诊断、自决策能力的高速列车系统。智能高速列车系统在大规模运营条件下，能够实现高速列车的安全可靠运行和全生命周期的能力保持与优化，全面提升服务品质。

（一）提高高速列车运行安全

智能列车通过建立车载智能化系统，对重要部件的工作状态进行监测。通过车载数据中心的故障诊断专家系统，实现车载在途预警；同时对高速列车的运行环境进行监控，对工务工程、牵引供电及列车控制系统进行故障诊断和故障预警，保证高速列车运行安全。

（二）提高高速列车运营效率

通过建立智能高速列车系统，可实时掌握高速列车及其运行环境的状态，监控信息和故障信息通过车—地、地—地传输网络传输到地面监控平台，给出故障信息和预警信息，可压缩停运检修时间，提高高速列车可用性。

（三）提高高速列车服务质量

旅客乘坐高速列车旅行，是处在相对陌生与封闭的环境。智能化列车系统将为旅客提供服务资讯、无线宽带、电子票务等现代信息服务，满足旅客在旅途中与列车、与外界、与铁路客运服务平台之间的信息交互需求。

二、系统框架

智能高速列车系统以高速列车为核心，对影响高速列车运行安全性和可靠性的重要参数及运行环境数据进行监测，并通过车载传输网络、车—地传输网络、地—地传输网络传输到地面数据中心，经地面数据处理中心处理后，根据需要传送到智能列车系统应用平台的各个部分，实现高速列车虚拟现实环境下的实时再现、面向不同用户的数据表达、故障诊断和服役可靠性评估等功能。

智能高速列车系统主要由高速列车、运行环境（工务工程系统、牵引供电系统、列车运行控制系统）、数据传输与处理系统、智能高速列车系统应用平台和旅客服务系统组成，如图 1 所示。

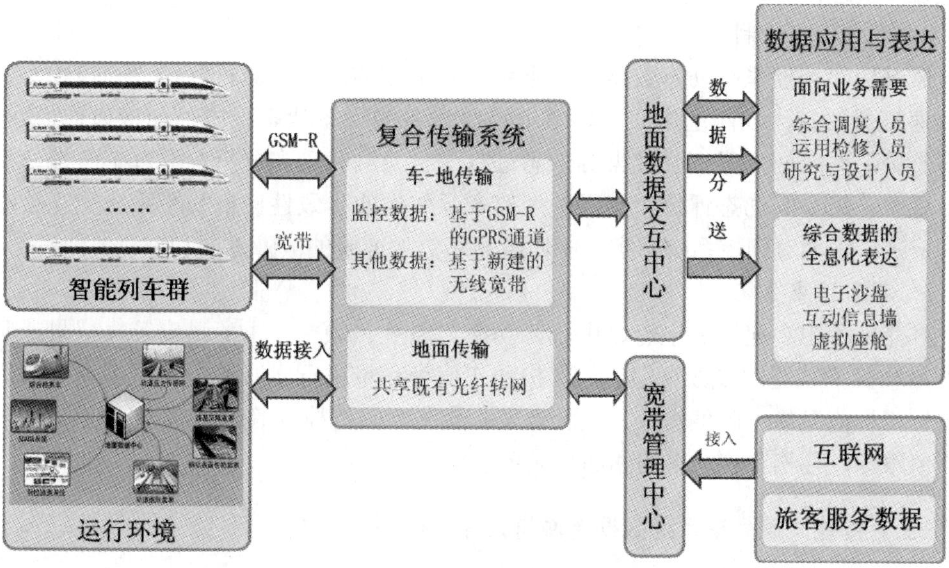

图1　智能高速列车系统

（一）智能高速列车

对影响高速列车运行安全和在列车运营过程中需要经常维护维修的零部件加装电子标签。用来存储列车和主要零部件的履历信息（制造信息、维修记录、故障记录等），当信息发生变化时，采用人工读取方式将数据传输到数据中心，实现高速列车重要零部件的全寿命周期管理。。

通过安装加速度、温度、应变、压力、位移等传感器对高速列车关键部件进行状态检测，实现故障诊断、健康评估和故障预警等功能。

通过安装适应大数据量传输的工业以太网，将传感器采集的关键部件状态信息、列车网络控制系统的数据传输到（传输速率可达 1000M/S）车载数据中心进行数据处理，并通过显示器实时显示各传感器的实时数据和智能列车运行状态，给出预警和报警信息。

通过 GPRS 通道将智能列车运行状态数据、预报警和报警信息、列车重要状态参数实时传输到地面数据中心，使地面维护人员可及时了解智能列车的状态，减少智能列车停运时间，并可对出现故障的部件提前准备备件，缩短运用维护时间，提高智能列车的可用性。

（二）运行环境

1．工务工程系统

通过钢轨应力状态监测无线传感网，获取钢轨动静态应力，建立高铁钢轨失效的应力判据，实现对钢轨失效的安全预警。

通过构建工务工程设备动态数据接入及安全状态评价系统，实现监测数据融合和轨道设备状态评价。

2．列车运行控制系统

通过构建列控系统动态数据评价系统，对车载 ATP、计算机联锁、列控中心、临时限速服务器、无线闭塞中心、轨道电路等设备的设备状态、内外部接口通信状态、故障告警、系统间重要交互数据等信息进行综合监测和动态分析，通过车—地信息的实时融合、聚类和动态评价，实现了列控多源数据的一致性评价和跨系统交互数据的实时记录，实现对列控系统的实时闭环监测和更加准确的故障诊断和定位。

3．牵引供电系统

对变电所主要电源的电流、电压、功率、电度、频率、主变温度等模拟量或脉冲电度量和保护装置的参数设定值、保护动作值等参量进行实时采集，对采集到的模拟量进行工程值变换、限值检查、死区处理、变化率限值检查等。具有限值检查，最大/最小值跟踪、存档、移动平均和趋势显示功能。

（三）智能高速列车系统数据传输与处理平台

1．车—地数据传输与通信平台

构建了车—地数据传输与通信平台。在地面无线基站布置中，采用全 IP 无线基站部署的方式。全 IP 无线基站与 GSM-R 基站共铁塔，间距一般在 3-7 公里之内，在遮挡严重区域适当提高覆盖密度；全 IP 无线基站采用定向天线 + 光纤转接器（至高铁数据光纤专网）配置；

高速移动环境下，车—地数据传输速率大于 8Mbit/s；基站间切换时延小于 150ms；在 8Mbit/s 车地传输速率下，QCIF 分级视频可靠传输可以抵御 5% ～ 10% 误码率。

2．数据集成与处理平台

构建了智能列车数据集成与处理平台。可支持 10TB 级的数据存储、处理和挖掘；10 毫秒级的海量数据实时处理能力；支持高可靠、高稳定、高安全数据处理，系统全局不受任意单点失败影响，达到 99.9%的高可用性。

3．车载无线通信终端

车载无线通信终端安装在车内，采用鳍状天线，配置物联网和传感网上联接口，汇聚采集列车运行状态信息;配置无线局域网和有线局域网，汇聚列车局域网数据（部分提供给客服系统使用），并提供基于优先级的数据转发策略。

（四）智能高速列车系统应用平台

1．智能列车安全评估系统和运行环境评估系统

研制了智能列车安全评估系统和面向决策支持的运行环境评估系统，包括现实环境状态下的智能列车动力学仿真系统，高速列车运行安全性、可靠性和服役性能系列评估模型库，专家知识库与安全决策模型等内容。智能列车安全评估系统以轮轨关系为核心，结合弓网关系、流固耦合关系及刚柔耦合关系的高速列车耦合大系统仿真平台，基于铁路系统静态数据、大系统耦合仿真数据和实时动态监测数据构建运行状态安全评判模型，实现了高速列车运行安全性评估模型库，关键部件失效性评估模型库，可靠性和服役性能评估模型库，支持对高速列车运行安全评判和服役安全性预测。

研制了面向决策支持的运行环境评估系统，研究了轨道应力变化趋势预测评估模型库，实现了对线路故障预测，向智能列车系统提供预警信息；研究了牵引供电系统服役状态评估模型库，实现了对牵引供电系统的故障预警。

2．高速列车智能运维支持系统

研发了高速列车智能运维支持系统，在车载智能化系统、地面检测设备等支持下，对列车及其一些重要设备进行状态监测；建立高速列车智能化维修专用库，实现基于状态的故障分析和维修决策；研发便捷式手持终端，为随车机械师在途运行中故障应急维修处理、地面检修人员执行检修任务提供高效支持；建立以运维 BOM 为基础、涵盖实时运行数据、服役状态数据、故障及其维修处理、更换记录等信息的高速列车履历，可以根据列车当天运行状态、走行里程、故障发生情况、维修履历决策生成个性化的列车本次入库维修内容，从而实现高速列车的“按需维修”，使得高速列车以计划预防性维修逐步向以可靠性为中心的维修制度过度，提高了列车检修效率，提升了运维管理水平。

3．智能高速列车系统综合监控平台

将智能高速列车走行系统、动力系统、承载系统等方面的动态监测数据，以及与其相关的运行环境的动态监测数据，按照各监测对象的空间位置和监测值的时间戳进行空间配准和时间同步等处理，并将处理后的数据以一种可视的方式进行显示监控。根据高速列车及其运行环境的实时数据，显示高速列车及其运行环境的实时数据，并给出预警和报警信息。智能高速列车系统综合监控平台如图 2 所示。

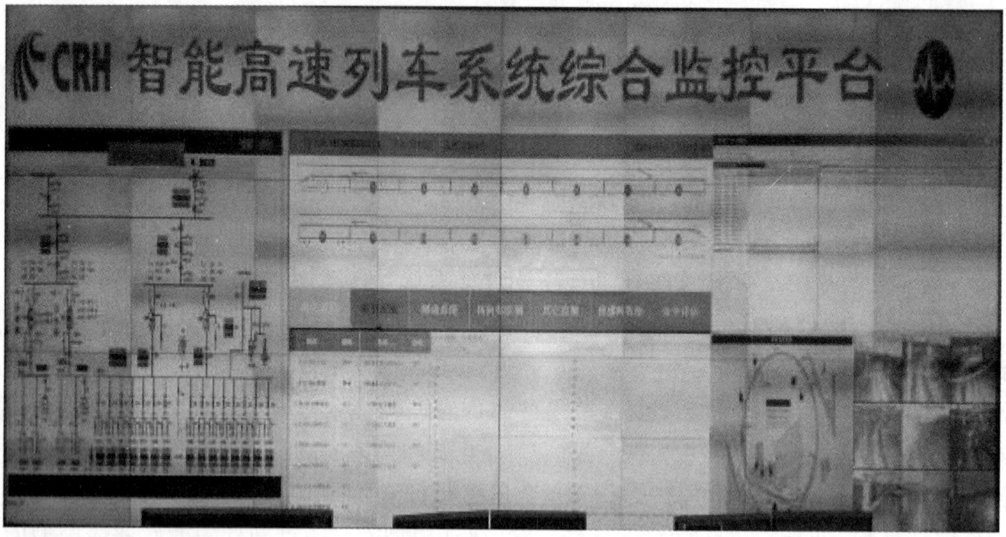

图2　智能高速列车系统综合监控平台

4．智能高速列车可视化跟踪系统

研制了智能高速列车可视化跟踪系统，包括智能列车系统数据的全息化实时融合叠加、时空同步接入的工程实现技术，智能列车数据表达关键技术，针对不同管理层次的综合应用管理系统等内容。其中智能列车系统数据的全息化实时融合叠加、时空同步接入的工程实现技术包括；智能列车数据表达关键技术包括大规模场景的真实感绘制、大规模场景的绘制加速计算、高分辨率显示等技术内容；针对不同管理层次的综合应用管理系统可以根据各级用户的实际需求和管理权限，动态的显示高速列车的运行状态、性能参数、运行环境等信息。

5．机械师便捷式手持终端

研发了基于便捷式手持终端的移动APP，可为随车机械师的应急维修处理提供支持。

（五）智能化旅客服务平台

1．旅客服务系统

旅客服务系统可为旅客和乘务人员提供行程规划、旅客信息管理、车上验票、乘务操作、旅服信息同步、设备设施状态管理等重要功能；整个旅服平台采用车地分布式架构，通过地面系统、车载系统和车地传输系统的集成完成整个数据从地面采集、管理、传输、车载接收、显示发布的跨网络、平台及系统级的发布。

2．车载服务器和车载旅客交互查询终端

车载客服服务器是承担车载客服数据管理、处理、存储以及与车载数据中心接口业务的核心设备。车载旅客查询终端采用交互方式，为旅客提供信息查询、行程规划、评价投诉等多种服务。

3．乘务智能手持终端

智能乘务手持终端是为售检票及乘务员等工作人员配备的手持移动设备，集语音通信、业务监控、信息查询、乘务管理功能于一体，采用高集成度、低功耗的嵌入式设计，设备体积小巧、便于携带。

三、试验研究

智能列车研制完成后，2013 年 10 月在北京铁科院环形试验线建立了智能高速列车运行环境，开展了智能列车、运行环境及智能高速列车系统综合监控平台的试验工作。利用所研制的 CRH380AL、CRH380BL、CRH380CL 智能高速列车样车，对智能高速列车系统的数据采集、车 - 地、地 - 地数据传输系统、智能高速列车系统综合监控平台进行了试验验证。试验结果表明，智能高速列车系统实现了对智能高速列车及其运行环境的状态检测、故障诊断及故障预警功能，提高了智能列车的安全性、可用性和旅客服务质量。

四、应用前景

当前，高速列车运营安全问题备受世人关注。运营管理部门和各高速列车生产厂家正在开展高速列车故障预测与健康管理研究工作，其实质就是开展高速列车关键部件的状态检测、故障诊断、健康评估和故障预测，在此基础上给出维修决策。智能高速列车系统的研究无异为实现高速列车及其运行环境的故障预测与健康管理做出了有益的尝试，智能高速列车系统的研究成果将在高速列车故障预测与健康管理系统系统中得到广泛的应用和推广。

（撰稿：常振臣）

智能汽车的研究现状及发展趋势

一、引言

近来来，传感器技术、信息与网络技术以及计算平台技术等诸方面取得了非常显著的进步。而这些进展大大推动了智能汽车技术的发展。尤其是近两年来，智能汽车技术吸引了大量高校、研究机构以及车企的踊跃加入，形成了智能汽车研发的繁荣局面。

智能汽车研究有着双重意义。首先，智能汽车具有重要的工程与应用意义。这也是智能汽车的重要需求很推动力之一。工程与应用意义主要表现在三个方面：一是提高安全性。数据表明超过 90% 的交通事故都是由人为因素导致的。如果要降低甚至消除交通事故，就需要研究如何降低或消除人的行为因素，而智能汽车就是最终的实现形式。相对人类驾驶员而言，计算机“驾驶员”不会出现注意力不集中、紧张等状况；二是提高交通效率。智能汽车可以遵守交通规则和统一调度，可以实时获取全局和局部的交通信息，从而选择优化交通路线等。智能汽车还可以编队行驶，从而提到道路通行效率；三是节能环保。通过训练、学习或者植入专家系统，计算机可以实现高效率的驾驶方式。其次，研究智能汽车还有着科学意义。智能汽车属于仿人驾驶，因而通过对智能汽车的研究，可以进一步探索人类认知等科学问题，尤其是人类的视觉、听觉认知等研究。

智能汽车是一门逐步积累和发展的技术。从自主性上可以分为有人驾驶、遥控驾驶、主动安全系统、半自助驾驶（例如自适应跟踪巡航等）、全智能汽车等；从环境适应性可以分为：特殊工况智能汽车、封闭公路智能汽车、正常交通高速公路智能汽车以及非结构化道路智能汽车等。

2013-2014 年，陆续有多个公司推出的智能汽车及其衍生的主动安全系统。本文从传感器、环境感知、规划以及控制等几个方面对智能汽车的研究现状进行综述，并对智能汽车的发展趋势进行了讨论。

二、智能汽车技术研发动态

2013 年，国际知名汽车企业可以说是开展了一场智能汽车的研发竞赛，沃尔沃、福特、特斯拉、日产等企业研发的智能汽车都相继亮相，并声称在 2015 年左右的时间内就要量产，并且与新能源汽车发展相结合，如福特推出的是混合动力汽车、新兴汽车企业特斯拉则推出了全电动无人车。

图1　近年来推出的智能汽车系统 。左：Google无人车；中：大众无人车；右：Volvo公路列车

梅赛德斯奔驰用一辆 S500 智能驾驶试验车向全世界展示未来自动驾驶技术实现的可能性。这辆 S500 智能驾驶试验车型顺利完成了由曼海姆驶向普福尔茨海姆的长达 100 公里的智能汽车试验之旅，成功实现城市内及跨城之间的智能汽车。

大众汽车也着手相关技术的开发，在欧盟 HAVEit 研究项目下开发出 TAP（Temporary Auto Pilot）短时自动驾驶技术。该技术属于半自动驾驶技术范畴，在驾驶辅助系统（Driving Assistance System）和未来全权限自动驾驶技术之间架起了过渡的桥梁。配备 TAP 技术的车辆处于司机监控之下，能够以 80 英里 / 时（130 千米 / 时）的速度在公路上半自动行驶。

谷歌智能汽车已在公路上进行了 100 多万公里的测试，从未发生交通事故。今年 4 月，谷歌智能汽车项目负责人克里斯 · 厄姆森对外透露，谷歌从去年起已将交通状况更为复杂的城市道路作为测试重点。与高速公路相比，城市路况的不可预测性要大得多，对智能汽车的性能无疑提出了更高要求。据悉，谷歌的智能汽车已在谷歌总部所在的加州山景城附近行驶了 1 万公里左右。今年 5 月，谷歌公司宣布，它的智能汽车项目正在向完全排除人为干预的全自动方向发展，预计几年内便能实现全自动智能汽车的公路测试。谷歌在其官方网站上介绍说，全自动智能汽车没有方向盘、油门及刹车踏板和换挡装置，完全通过软件和传感器进行自动驾驶，时速限定在 25 英里(约 40 公里)。

无人汽车被英国媒体称为“机器人汽车”。今年 7 月 30 日，英国政府宣布，从明年 1 月开始，将允许这种“机器人汽车”出现在英国的公路上。英国《每日邮报》报道说，英国米拉公司推出的民用“机器人汽车”由雷达、激光传感器、摄像头和卫星导航制导，明年年初将正式亮相，而在过去的 3 年中，这种智能汽车已经通过一系列测试。据称，英国政府将出台两项新政策，为智能汽车上路铺设“快车道”。一是政府将实施一项试点城市竞标计划，有3座城市将被选为试点，从明年年初起，进行为期18至36个月的“机器人汽车”上路测试，获选的这 3 座城市将分享政府提供的总额为 1000 万英镑的专项基金补贴。二是交通管理部门将出台新的交规和措施，有针对性地对目前使用的交规做适当调整，其目的是为“机器人汽车”顺利行驶铺平道路。

日本将智能汽车定义为自动驾驶。日本政府将自动驾驶技术开发列入经济“成长战略”，提出在 2020 年实现自动驾驶系统的试用。日本自动驾驶技术由此进入应用化开发加速期。2013 年 9 月至 11 月，日本三大汽车公司日产、本田和丰田相继开展智能汽车的上路试验。

瑞典第二大城市哥德堡城市规划局与瑞典沃尔沃汽车公司在去年年底签署了关于智能汽车的试验项目。该项目的总体计划是在 2017 年准许 100 辆智能汽车在哥德堡指定长度 30 公里的街道上试行。同时在瑞典 Hallered 的沃尔沃试验场完成了一次重要国际演示活动。4 辆汽车在引导卡车的带领 下以高达 90km 的时速自动行驶，有些时候车辆的间距不超过 4m。SARTRE 专注研发可在传统公路上实施的技术，旨在实现编组车队在存有其它车辆的综合 路况中行驶，这在同类项目中独一无二。

而且未来智能汽车也与目前能够实用的辅助驾驶技术相结合进行研发，比如沃尔沃和福特的全自动泊车技术，特斯拉 Tesla 汽车提出在有人监督的智能汽车，根据目前的技术能力，可在三年内先实现 90% 左右的智能汽车。

近年来国内的无人技术主要是集中在高校和科研院所。国防科技大学、清华大学、北京理工大学、军事交通学院等高校近年来在智能汽车技术领域取得了长足了进步。2013 年，自然科学金委员会发起了验证视听觉计划的重大集成验证项目，该项目的预期成果是完成北京到珠海约 2000 公里的正常高速公路的智能汽车测试。

三、技术发展综述

近年来在传感器配置、环境感知算法、路径规划系统以及控制等技术层面上取得了一些进步。下面分别从上述四个方面进行讨论。

（一）传感器

近年来，传感器的种类和能力逐渐增多，因为可供智能汽车技术选择的传感器余地逐渐扩大。就目前的公开的数据表明，不同的智能汽车设计在传感器配置方面差异较大。

用于智能汽车的传感器主要分为传统视觉传感器以及距离传感器。包括彩色摄像机、红外摄像机、低照度摄像机等；距离传感器主要包括毫米波雷达、激光雷达、超声波雷达等。视觉传感器与人类视觉相仿，可用于环境感知和目标检测。距离传感器主要用于地形建模和目标检测。以 77G 毫米波雷达为例，该雷达可以精确定位视线盲区和周围其他车辆，视角可达到 150 度，能够检测 100 米左右距离范围内的险情况。

谷歌的智能汽车配备了 Velodyne LIDAR Inc. 的一个 LIDAR 传感器，该传感器集成了 64 个每分钟旋转 900 周的激光头，在汽车周围形成 360 度的视角。此外前面还有三个雷达传感器以及一个高分辨率摄像头，用以反映汽车周围的情况。系统生成汽车周围物体和区域的全面图像，加以分析并预测其未来动向，每秒处理 20 次。

大众选择量产型车辆作为验证 TAP 系统的平台，并为之集成了量产型雷达传感器、摄像机系统、超声波传感器、补充性激光扫描仪和电子地平线侦测设备（Electronic Horizon）等。

日产推出的自动驾驶实验车，以纯电动汽车“聆风”为基础，配备了 3 个摄像头、6 个激光雷达、3 个毫米波雷达和 12 个超音波传感器。利用这些传感器和三 维地图，可以将车辆自身与周围环境的距离测量精确到 10 厘米以下。日产计划在 2020 年之前在多款车型上配备自动驾驶技术。

与 Google 等公司的思路不同，奔驰以及 Volvo 等公司避免使用昂贵的多线激光雷达。比如奔驰的智能汽车汽车使用的传感器均是已经广泛使用在其 S 级量产车上的视觉、距离传感器。Volvo 也充分考虑传感器的低成本和小型化。如图 2 的右图显示的是 Volvo 传感器布置，其中摄像头和激光扫描仪内置在挡风玻璃上，雷达系统隐藏在汽车前端 Volvo 标志旁边。奔驰与 Volvo 公司的传感器选择的思路更有低成本和可靠性优势，因而更利于产业化推广。

图2 智能汽车的传感器布局。左：Google无人车的传感器；右： Volvo无人车传感器布局

（二）环境感知

随着智能汽车的自主程度越来越高以及所需适应的环境越来越复杂，该技术对环境感知能力也越来越高。以 Google 智能汽车为例可窥一斑。Google 无人车早起主要在高速公路上完成自主驾驶任务。而高速公路上的环境较为简单，比如活动目标的种类很少、突发性或者不可预测性事件很少，因而其环境感知系统可以设计的比较简单。感知系统具有基本的车道、障碍检测功能即可。谷歌智能汽车起初在高速公路上进行测试，随后逐渐转移到了城市街道。与高速公路上行车条件可预测性相比，城市街道的路况要复杂的多，比如骑自行车者给出的要穿越交通的信号、铁路交叉口的警示信号、停靠车辆的一部分突出并阻挡部分行驶道、多个行人和骑自行车者进入某个十字路口、用橙色交通锥标示的施工区域等等。对于智能汽车来说，这更具挑战性，也更具实用性。为应对繁忙的市区街道情况，谷歌的智能汽车车辆软件中更新了更多的对象，诸如行人及骑自行车者，这样汽车就可以智能地对他们做出理解和反应。此外，车内装载的传感器也可以对路标做出正确的回应，比如看到“停止”的标志牌，汽车就会马上停下。Google 的感知系统目前可以实时地检测和跟踪上百个不同物体——如行人、公共汽车、由协管员手握的停车标志，或者是骑自行车者给出的要通过马路的手势信号等，如图 3 所示。

图3　Google智能汽车的环境感知与目标识别系统工作情况

随着研究者对环境感知难度的不断理解，对环境感知划分出了不同的难度层次，如表 1 所示。当仅仅实现局部自主驾驶或者危险提醒时，系统一般仅仅需要检测出当前车道以及前方较近距离内的交通状况即可。而要实现较大程度的自主驾驶，就要对当前车道环境进行语义上的理解以及对道路拓扑进行分析等。

表1　不同难度的驾驶任务所需的不同环境理解技术[1]

应用	描述	环境理解需求
车道偏离告警	发生车道偏离时告警	识别本车道，及前方50米
自适应巡航	车道内跟踪前车	识别本车道，及前方50米
车道保持	偏离后返回车道	更加可靠识别本车道
车道居中保持	始终居于车道中央	本车道及中线识别，80米
换道辅助	根据指令换道	多车道，前后150米
自主换道	根据路况切换道路	多车道，车道语义，道路拓扑
结构化道路自助驾驶	市区和高速自主驾驶	更加复杂的道路拓扑
全自助驾驶	非结构化道路自助驾驶	非结构化道路场景理解

（三）运动规划系统

运动规划系统是智能汽车整个体系结构中的重要组成部分。该系统的优劣将直接影响自主车的性能。近年来 ,CMU 大学的智能汽车研究小组提出了考虑运动障碍和静止障碍的运动规划系统，该系统同时考虑了运动学和动力学约束。该规划可以保证自主车平稳地运行。

除了考虑动力学、运动学、平滑性以及避障等因素，多智能体交互的影响目前考虑的并不是太多。比如，在进入匝道、汇入车流、换到等情况下，人类驾驶员会根据其他车辆的行为作出正确合理的决策，他可以通过改变车速来告知其他驾驶员他的意图等。这种意图的相互理解非常重要，否则将会导致错误的规划结果。CMU 提出了一种基于预测和代价函数的规划方法，该方法可以考虑其他智能体（比如当前场景中的车辆）的各种潜在的反应。

图 4 是 CMU 提出的一种新的基于行为的规划框架。在该框架中，既包含了传统的顺序规划框架（从任务规划到参考轨迹规划，再到行为规划），又具有并行的行为规

划部分（在控制器规划部分，包含三个并行了的反应式规划模块）。

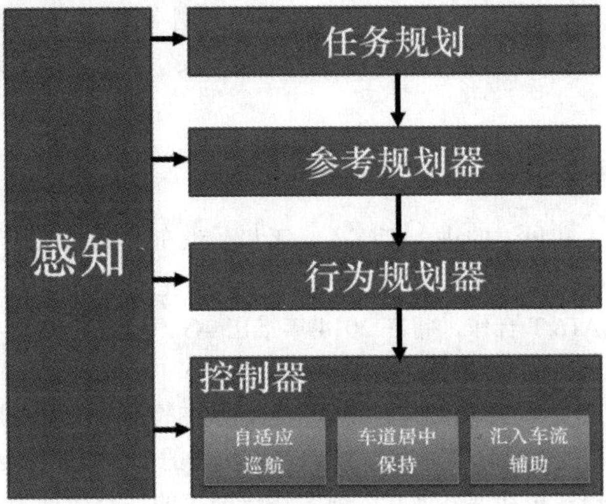

图4：CMU提出规划框架[2]

（四）控制系统

智能汽车系统是一个典型的高度非线性、强耦合的动力学系统，其高精度控制问题一直是工业自动化领域研究的热点．同时，智能汽车系统很难进行精确建模．近年来，帕尔马大学的研究者将重复学习控制应用到了智能汽车的控制中，取得了较好的控制效果 [3]。重复学习控制是 20 世纪 80 年代提出的一种源于内模原理，能够精确跟踪周期性参考输入和抑制周期性扰动的控制方案．该方案的实现不需要精确已知系统动力学模型。在其他领域，重复学习控制已经得到了一些应用。研究者认为人类驾驶员可以通过多次驾驶来逐步改进自己的驾驶水平，因而具有相似原理的重复学习控制理论可以用来做智能汽车控制。

西班牙穆尔西亚大学学者提出了一种用于智能汽车车辆控制的多层智能控制方法 [4]。该控制体系结构包括两个主要部分：任务监控以及运动控制。给定一个任务描述，任务监督模块生成一个参数化的运动规划，该规划是一系列的基于传感器的一般操作；这些一般操作均是从操作指令库中选择出的。运动控制模块就是以反应式的方式用来执行当前选出的参数化规划的操控指令。

四、几个技术特点

近年来的智能汽车研发呈现出了一下几个技术特点。比如低成本、与互联网技术深度融合、主动安全优先发展等。

（一）低成本

除了上述提到的沃尔沃和奔驰公司采用已经商用的技术来研发低成本智能汽车车辆外，Mobileye 公司近期也提出了低成本智能汽车技术的解决方案。智能驾驶技术生厂商 Mobileye 宣布，采用该公司设备的自动驾驶汽车将在 2016 年上路。谷歌智能汽车搭载了一系列雷达、摄像头、传感器和激光测 距仪，成本至少 30 万美元。而 Mobileye 所采用的是售价仅为几百美元的主流摄像头，大幅降低自动驾驶技术的投入成本。

（二）与互联网深度融合

随着互联网技术和思维的进一步深入，手机、汽车甚至其他的科技产品的界限被完全打通。目前，苹果公司 iOS 已经考虑了用于汽车主动安全的应用。2013 年，通用宣布与美国运营商 AT&T 合作，将在 2014 年推出 4G 汽车。在最近一届亚洲移动通信博览会 (Mobile Asia Expo) 上，福特宣布了导入 MyFord Touch、发布九款基于 AppLink 平台智能电话应用、携手百度和中国联通整合更多在福特车内可使用的声控应用程序等一揽子车载智能系统发展计划。目前以谷歌为代表的 IT 企业和传统的整车制造商分别代表的两种设计模式正在展开博弈。前者凭借强大的后台数据、网络技术、智能软件的支持，很好地实现车与云端的互联，而整车制造商更多地考虑到车辆的实用性和安全性。

（三）主动安全优先发展

主动安全技术驾驶技术联系紧密，或者说主动安全技术是智能汽车技术的基础。在智能汽车还没有投入实际应用时，很多公司已经开始研发、集成主动安全技术和产品。比如 Mobieye 公司、奔驰公司以及 Volvo 公司均研发了车道偏离告警、碰撞告警等相关产品。

（四）研发支持组织

现在国际上有很多公司和政府机构建立了相应的组织，以推动智能汽车研发的进展。此处举两个例子。HAVEit，即智能运输用高自动化车辆（Highly Automated Vehicles for Intelligent Transport）的缩写。2008 年 2 月正式启动，由欧盟提供资金。该项目针对高自动化车辆概念技术研究，旨在降低司机工作负荷，减少交通事故并提升交通安全。总计有 17 个项目参与者，包括汽车制造商、供应商和科研机构等。项目总投资为 2800 万欧元，其中 1700 万来自于欧盟拨款，其余 1100 万由 17 个成员自筹（这部分里 700 万为汽车行业成员提供）。这些成员来自于德国、瑞典、法国、奥地利、瑞士、希腊和匈牙利等国，包括：大陆集团，沃尔沃技术、大众汽车、富通 EFKON AG、施克 Sick AG、瀚德 Haldex Brake Products AB、Knowllence、Explinovo GmbH、德国宇航中心 DLR German Aerospace Center、洛桑理工学院 EPFL（Ecole Polytechnique Fédérale de Lausanne）、雅典大学、安贝格 - 魏登应用技术大学（University of Applied Sciences Amberg-Weiden）通信与计算机系统学院、布达佩斯科技与经济研究大学、斯图加特大学（Universität Stuttgart）、伍兹堡交通科技研究所 / 有限公司航空系统学院

（Institut für Luftfahrtsysteme, Wuerzburg Institute of Traffic Sciences GmbH）、法国国立计算机及自动化研究院 INRIA、法国交通科学与技术研究院 IFSTTAR。

另外一个典型的组织是 SARTRE 项目，该项目有 7 个欧洲合作伙伴参与，不久前刚刚在瑞典 Hallered 的沃尔沃试验场完成了一次重要国际演示活动。4 辆汽车在引导卡车的带领 下以高达 90km 的时速自动行驶，车辆的间距不超过 7m。SARTRE 专注研发可在传统公路上实施的技术，旨在实现编组车队在存有其它车辆的综合路况中行驶。

五、未来发展趋势

未来的智能汽车技术将在以下几个方面着重突破。首先，智能汽车的体系结构与标准协议需要统一。目前由于该研究是由不同国家、企业、组织发起的，因此存在着体系结构各异、标准协议不统一，甚至连传感器选择和配置还有较大的差异；其次是发展车车通信和车路通信。这项技术与智能汽车密切相关，并且某种程度上决定了智能汽车车辆应该如何改制环境的问题；再次是操作系统的研究，一个开放、统一的操作系统对智能汽车系统研发有着强有力的推进作用；最后，如何利用大数据及大数据技术来提高智能汽车的智能也是一个重要的研究方向。

（撰稿：戴斌）

新一轮《上海市交通发展白皮书》战略与交通信息化政策解读

一、《上海市交通发展白皮书》战略解读

（一）发展背景

1．城市化

上海是全国城市化较高的地区。未来十年是上海基本建成国际经济、金融、贸易、航运中心和社会主义现代化国际大都市的关键时期，也是上海推进新型城镇化建设和推进城乡一体化发展的关键时期。区域一体化和城乡一体化将进一步促进经济社会的快速发展，提升上海的城市化水平，对交通发展也提出了更高的要求。

应对城市交通需求持续增长的发展要求。根据预测，未来十年上海的常住人口规模将达到2650～2800万，比2012年增加300-450万，郊区将成为未来人口主要增长点。随着产业结构的优化调整，特别是服务经济快速发展将带来人员出行目的更加多元化，出行行为更加复杂化，预计交通出行需求进一步增加到6900万人次/日，较2012年增加40%，交通运输压力持续加大。

发挥交通对城市空间拓展的引导作用。当前，新一轮的城市总体规划修编尚待开展，城市空间形态的布局存在较大的不确定性，中心城周边蔓延发展的态势仍在延续，与“多层多核”的城市空间战略存在差距，若延续既有发展态势，将造成中心城交通需求的进一步集聚，中心城对外放射性交通走廊的交通负荷进一步增加，在交通走廊设施供给有限的情况下，中心城的交通可达性将进一步下降，影响上海区域核心城市功能的发挥。上海应加快构筑“多中心、多层次”的大都市区空间布局，引导人口和产业的合理分布。

发挥上海对长三角城市群的服务功能。上海位于“两横三纵”城市化战略格局中沿海通道纵轴和沿长江通道横轴两条国家城镇发展走廊的交汇处，国家战略要求上海继续发挥在全国的带动和示范作用。上海应加快建设国际航运中心和便捷的城际交通体系，服务全国及长三角世界级城市群发展。

2．机动化

城市空间的不断拓展将进一步增加居民的出行距离，并使得越来越多的出行需求依赖于机动化交通方式。而随着居民生活水平的提高，电动自行车的普及发展，私人小客车快速增长，将使以公共交通为导向的交通模式仍将面临较大挑战。步行和自行车出行比重的快速下降也与绿色低碳的发展要求背向而行。

道路交通和停车矛盾进一步突出。既有的小客车额度拍卖政策较好的控制了小客车的增长速度，但由于没有退出机制，随着道路设施供给的逐步放缓，小客车的总量规模累积引发的各类交通矛盾日益凸显。城市快速路拥堵路段和拥堵时段均在增加，早高峰车速低于 20 公里 / 小时的拥堵路段里程占路网总长 9.1%，高峰时段持续延长。地面道路交通拥堵加剧，高峰时段地面主干道平均行程车速低于 18 公里 / 小时，中心城 66% 主要交叉口处于拥挤状态。中心城建筑密度高，且存在大量的老旧小区，停车配建历史问题突出，无法满足日益增长的车辆停放需求，新城、新市镇综合交通体系尚未健全，交通拥堵、停车矛盾已经显现。

电动自行车无序发展，引发大量交通安全隐患。2012 年全市电动车实际拥有量约 500 万辆。由于电动自行车超速超重现象严重，骑行随意性强，严重干扰道路交通秩序和安全。上海市近五年来共发生 4152 起涉及电动自行车的交通事故，其中电动自行车与机动车的事故为 3141 起，占总数的 75.7%。从未来发展看，由混合交通引发的交通安全事故仍将长期存在。

公共交通出行比例提升艰难。近十年来，公共交通客流增长主要依靠轨道交通网络快速发展。公共交通出行比重提升速度明显滞后于小客车和电动自行车的发展。目前，轨道交通部分区段高峰时段严重拥堵与郊区段运营效率偏低的矛盾并存，地面公交客流强度低且增长乏力，中心城公共交通出行分担率增长缓慢，新城内部公交体系缺乏等问题日益凸显。亟需发展和完善多元化、多层次的公共交通网络体系，来提高公共交通的整体吸引力、分担率。

表1　2005年和2011年城市交通能源消费基本情况

年份	人口规模 万人	出行量 万人次/日	平均出行距离 km	交通能耗 万吨标煤/年	碳排放 万吨 CO_2/年	人公里能耗 吨标煤/人公里	人公里碳排放 吨 CO_2/人公里
2005	1778	4295	6.2	361.7	795.74	0.04	0.08
2011	2347	5308	6.5	597	1313.4	0.05	0.10

3．生态化

生态发展已经成为未来交通发展的理念和导向。生态发展主要包括节能低碳和减少污染物排放两个关键要素。能否实现低碳发展、改善空气质量与交通需求规模、交通发展模式、车辆技术和运输组织管理水平、能源结构等要素紧密相关，上海交通在快速机动化发展阶段的大背景下，实现生态发展的难度很大。

低碳交通发展面临较大挑战。从世界经验来看，工业、建筑、交通运输是能源消耗和二氧化碳等温室气体排放的主要因素。实现交通发展与能源消耗和温室气体的排放脱钩（总量控制），或将能源单耗和碳排放强度指标控制在一定水平，并满足日益增长的交通需求发展（单耗强度控制），是实现低碳城市和可持续发展的重要途径和客观要求。2011 年上海城市客运交通能源消费量约 600 万吨标准煤 / 年，产生碳排放 1320 万吨 CO2/ 年。相比十五期末，城市客运交通能耗及碳排放总量呈现持续快速增长态势，单位客运周转量的能耗和碳排放也呈现增长态势，因此可判断上海低碳交通的发展仍处于初级阶段，离总量减排的绝对低碳模式还有相当大的差距。未来十年交通需求仍将持续增加、机动化出行比重还可能进一步提高，能源结构也不可能出现颠覆性的变化，无论是碳排放总量还是人均碳排放强度的控制都将面临较大的挑战。

交通污染物排放的控制也面临较大挑战。2012 年上海市机动车保有量达 262 万辆，其中汽车总量 194 辆。机动车排放分别占到上海全市 Nox、VOCs 和 PM2.5 等污染物排放总量的 21%、10% 和 9%。城区机动车排放分别占上述污染物排放总量的 81%、25% 和 59%，对城区大气污染影响占主导地位。近年来，上海加大了对机动车尾气排放的治理力度，Nox、PM2.5 的排放浓度已经呈现下降态势，但距离新国标标准仍有一定距离，未来随着机动车总量和周转量的持续增长，污染物的排放控制的任务依然十分艰巨。

（二）发展目标

1. 发展愿景

上海交通发展的总体目标是构筑国际大都市一体化交通，加快建成国际海空枢纽城市，着力打造绿色交通都市，努力满足经济社会快速发展需要和人民群众日益增长的交通需求，为“四个中心”和现代化国际大都市建设提供有力支撑。

坚持一体化发展理念。坚持以人为本、生态环保的可持续发展理念，注重因地制宜的制定交通设施供应与管理政策，并将信息化和法治化作为交通发展的基本保障。形成交通设施功能完善、交通方式整合高效、内外交通衔接紧密、交通参与各方协同联动、交通与资源环境协调发展的格局。

更加关注交通与外部影响因素的关联性。02 版白皮书更加强调通过交通基础设施的建设、管理组织框架的构建，满足城市交通的发展需要，可以定位为一体化交通体系的构筑阶段。经过 10 年发展，上海一体化交通体系框架基本建成，展望未来，国家战略更加强调发挥上海对国家城镇体系及长三角城市群发展的辐射带动作用，交通发展也更加关注交通设施功能的完善、出行品质的提升和可持续发展。因此，新一轮交通发展可定位为一体化交通体系发展和提升阶段。

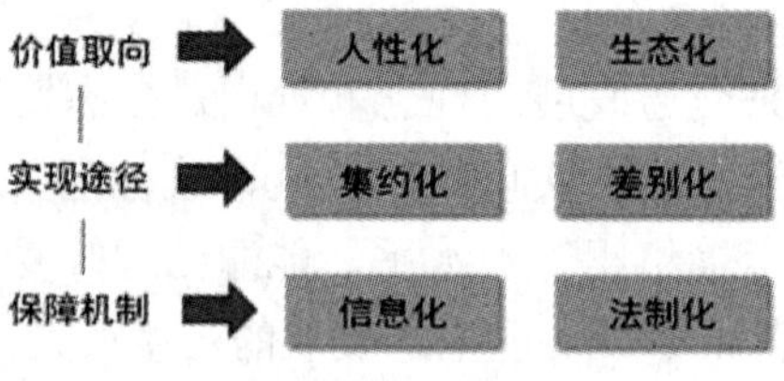

图1　一体化交通的内涵

2. 控制指标

新一轮交通白皮书的控制性指标体系，一方面延续上版白皮书的思路，另一方面基于新的发展形势和借鉴国内外其他城市经验，对指标体系进行深化和拓展。未来十年上海交通将努力实现安全、畅达、高效、绿色、文明等五类具体发展指标。

表2　重要文件有关上海未来城市发展愿景的描述

重要文件	具体描述
上海市国民经济和社会发展"十二五"规划（2011）	根据国家对上海的战略定位和要求，到2020年上海要基本建成与我国经济实力和国际地位相适应、具有全球资源配置能力的国际经济、金融、贸易、航运中心，基本建成经济繁荣、社会和谐、环境优美的社会主义现代化国际大都市，为建设具有较强国际竞争力的长三角世界级城市群做出贡献。
上海第十次党代会（2012）	未来五年是上海推进"四个率先"、建设"四个中心"的关键五年，也是创新驱动、转型发展的攻坚阶段。面对复杂多变的国内外大环境大背景，面对上海转型发展遇到的新情况新问题，我们一定要切实增强责任感和使命感，紧紧抓住国际金融危机背景下人民币国际化进程加快、世界产业结构调整加速、新一轮科技革命正在孕育突破的机遇，紧紧抓住我国科学发展主题下转方式、调结构、扩内需的机遇，紧紧抓住长三角世界级城市群加快形成、上海改革开放先行先试、国家重大项目落户和后世博的机遇，积极应对各种风险和挑战，乘势而上，奋勇率先，以百折不挠的决心和勇气，坚定不移地推动科学发展，在新的更高起点上实现新的跨越。

安全。实现道路安全万车死亡率由2012年的3.5人/万车下降到2.63人/万车，降幅25%。

畅达。设定了45-60-90的公共交通出行目标，即中心城内平均出行时间在45分钟以内，新城平均60分钟可达中心城；长三角主要城市与上海中心城之间平均出行时间在90分钟以内。

高效。力争全市公共交通客运量达到3000万乘次，较2012年增长75%；中心城公共交通出行比重（不含步行）达到60%，其中轨道交通客运量占公共交通客运量的60%；新城公共交通出行比重（不含步行）力争达到30%。拥挤路段的公交优先道高峰时段运行车速高于相邻车道社会车辆的运行车速。

表3　部分量化目标对比

量化指标	上海2012年	上海2022年	东京	伦敦
万车死亡率（人/万车）	3.5	2.63	0.5（东京区部-2010）	小于1
中心城内上下班平均出行时间（分钟）	58	45	不超过60	大伦敦居民通勤平均时耗38
郊区新城与中心城交通联系（分钟）	80	60	至中央三区通勤平均时间68	大伦敦居民至中央伦敦工作时耗55
中心城公共交通出行比重（不含步行）	47%	60%	61%（东京区部）（2004）	61%（内伦敦）
市域公共交通出行比重（不含步行）	30%	40%	46%（东京交通圈）	40%（大伦敦）
全市绿色交通（公共交通、步行和自行车）出行比重	80%	80%	77%（东京交通圈）	56%（大伦敦）

绿色。全市公共交通、步行、自行车等绿色交通方式的出行比重不低于80%；新能源和清洁能源公交车辆比例达50%以上。

文明。交通决策更加公开透明，交通执法行为更加严格规范，交通参与者安全意识、法治意识、环保意识显著增强，全社会交通文明程度明显提升。

（三）发展战略

1．战略情景分析

战略情景分析是通过识别影响研究主体或主题发展的外部因素，模拟外部因素可能发生的多种交叉情景分析和预测各种可能前景。重点就城乡空间结构、交通发展模式及低碳交通发展等要素开展战略情景分析，为新一轮交通发展战略设定技术路线。

（1）城市空间结构与交通发展模式战略情景设计

城市空间结构与交通发展模式密切相关，若延续既有的空间拓展和交通发展模式，未来居民平均出行距离将达 10km，增加 54%。中心城机动化出行比重进一步增加，其中小客车出行比重达到 25%，路网高峰时段饱和度达 0.65，快速路拥堵路段比重达 20%。出行空间分布进一步向中心城集聚，进出中心城的出行量达 800 万人次 / 日 , 通道交通负荷增长 75%。交通特征分析数据表明，若延续既有发展态势，中心城的交通服务水平将恶化，难以满足交通发展对需求增长和服务水平提高的要求。

（2）低碳交通发展战略情景分析

根据国际通用的温室气体议定书 (GHG Protocol), 其中的移动源排放量计算首选方法是按照出行距离、燃料消耗及排放因子来计算的，一定社会发展水平下的城市交通碳排放大致受四方面因素影响，包括城市空间结构和土地使用、综合交通政策、车辆技术和运输组织管理水平、能源消费结构。

城市空间布局形态直接决定了交通出行距离，并对交通出行方式结构有较强的锁定作用，特别是对机动化交通出行的比重具有较大的影响。综合交通政策则在设施供给和交通出行方式选择上对交通方式结构起到调节引导作用。车辆技术和运输组织管理水平可以提高能源利用效率，从而减少耗能和碳排放。燃油、电力、天然气等不同的能源消费品种对应不同的碳排放水平，不同的能源消费结构可能产生不同的碳排放规模。下面以 2011 年城市交通碳排放为对象，就不同影响要素变动下的碳排放与实际排放情况进行比对测算，以判断 4 类影响因素的碳减排效益。情景 1 假设空间布局实现多中心结构，机动化出行水平得到控制。情景 2 假设在机动化水平不变的情况下，公交比重进一步提升。情景 3 假设交通工具能耗管理效率进一步提升。情景 4 假设能源结构中电力和天然气比重提升至 30%。

空间政策有效控制了平均出行距离的延长，从而在源头上抑制了机动化交通的出行需求，即使在出行总量相同的前提下，由于机动化出行方式比重控制在较低水平，使得最终的能耗较实际能耗减少 13%，即紧凑型组团化发展的空间政策对碳减排的效果是最明显的。交通方式结构中由于公共交通方式结构的提升，也使碳排放总量显著下降。能耗管理效率对能耗规模有一定影响，但考虑到能耗效率的提升难度较大，在总体能耗规模控制上未有明显变化。相对燃油，电力和天然气的碳排放强度较低，因此对碳减排有一定作用。但以柴油、汽油为主体的燃料结构未发生改变，因此能源政策短期内对减排的效果不是非常明显。

表4 惯性发展情景主要交通特征比对

	2012年	2022年（延续性）
交通出行总量（万人次）	5432	6900
小客车规模（万辆）	232	450
平均出行距离（km）	6.5	10
出行空间分布[1]（%）	49:9:42	43:12:45
进出中心城出行量（万人次/日）	460	800
出行方式结构[2]（%）	34.9：22.3：42.8	38.9：25.3：35.8
道路交通周转量（万 PCU公里/日）	6900	9500
高峰饱和度	0.59	0.65
高峰车速（公里 / 小时）	23.4	18.6
快速路拥堵比例（%）	9	20

（1）中心城内部：进出中心城：郊区内部

（2）公共交通：个体机动交通：慢行交通

表5 不同情景对能耗和碳减排的影响汇总

	削减能耗量（万吨标准煤）	碳减排（万吨 CO_2）
情景 1：空间政策	-81.62（-13%）	-179.57（-13%）
情景 2：交通方式政策	-50.7（-8%）	-111.5（-8%）
情景 3：能效管理政策	-4.90（-1%）	-10.78（-1%）
情景 4：能源政策	未知	-20（-2%）

表6 2011年各类客运方式单位人公里能源消费量 （单位：吨标准煤/万人公里）

地面公交	轨道交通	出租车	小客车	大客车	摩托车	电动自行车
0.26	0.25	1.21	0.9	0.6	0.3	0.06

2. 战略框架设置

无论从城乡交通统筹发展的要求看，还是从交通可持续发展的要求看，城市空间与交通的互动、以及公共交通导向的交通模式依然是未来交通发展的方向，可作为整个交通政策的顶层构架。即要构建与国际大都市功能相匹配、与特大型城市空间布局相协调、与社会经济发展相适应的交通发展格局，促进人口、产业合理布局，发挥交通对城市发展的引导作用。同时要倡导公共交通导向（TOD）的发展模式，进一步完善多层次的公共交通体系，提升公共交通系统的运行效率，提高整体服务水平和吸引力。

根据战略情景分析，形成 2 个层次 5 大核心战略。即以“交通与城市空间统筹协调”和“公共交通优先”为核心，其中通过交通与城市空间统筹协调从源头调控需求，通过公共交通优先调整结构，两者协同实现交通与城市的统筹发展。再者实施“小客车双控管理”、“精细交通管理”、“绿色交通发展”战略，完善综合保障机制，体现差别化的理念，实现建设更高标准的国际大都市一体化交通发展的目标。

3．具体战略

对比02版白皮书，《白皮书》的政策体系是继承和拓展的关系。

新增交通与城乡空间统筹发展战略。02版白皮书在城市总体规划编制出台后编制，在交通发展的行动上，已经充分考虑交通与城乡空间发展的关系，因此未明确提出交通与城市用地的协调发展。而《白皮书》的编制处于城市发展已经突破既有总体规划，但新一轮总体规划尚未编制的特殊时期，城市蔓延发展的态势使得交通发展和环境均面临较大挑战，因此有必要将其上升至顶层，其中的核心思想也延续了02版白皮书关于区域差别管理政策的内涵，当然新的交通政策区划需要根据市域城镇体系发展要求进行动态调整。

公共交通优先发展是城市交通发展将长期坚持的政策。02版白皮书的公共交通优先发展政策重点推进了轨道交通的快速成网，《白皮书》仍将继续坚持，但在重点上将转向公共交通体系的完善，通过不断强化轨道交通骨干作用，加快提升公共汽（电）车服务水平，并加强与各类交通方式的衔接，进一步提高公共交通吸引力。

加强小汽车需求管理是对道路车辆平衡政策优化调整。02版白皮书强调道路设施建设与车辆拥有管理的同步推进，但在目前路网容量扩容空间不大，而小客车快速进入家庭的大背景下，路车矛盾的优化必须强调小汽车拥有和使用的同步管理，以保障一定的道路交通服务水平，必须对机动车发展量进更为严格的行政策调控。

绿色低碳发展和精细化管理则是对既有政策体系的创新。《白皮书》面临的环境可持续发展问题和综合管理问题，较02版白皮书编制时的情形严峻得多，因此也将其上升到战略架构中。

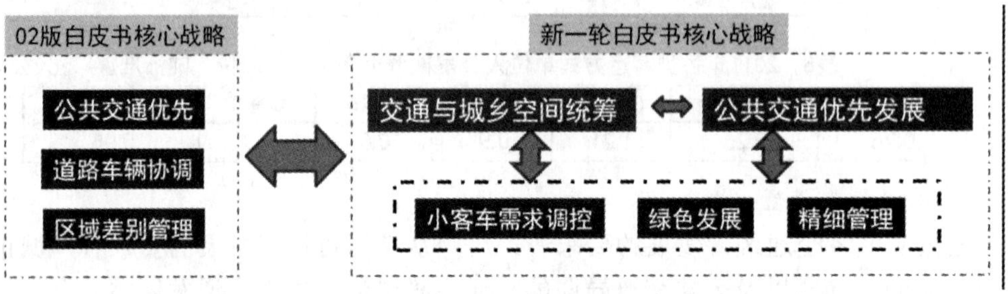

图2　新老白皮书核心战略的差异

二、《上海市交通发展白皮书》交通信息化政策解读

《白皮书》提出了精细管理的政策导向，即充分应用最新信息技术手段，创新交通管理模式，提升交通组织管理水平，提高交通资源利用效率。

信息化是实现交通管理现代化的重要标志，交通信息技术与交通运输管理的有机结合，可以全面提升交通信息化应用服务水平。交通信息化发展要面向智慧城市建设，建成集道路交通、公共交通、对外交通为一体的智能交通系统，实现交通管理精细化、交通辅助决策智能化、交通信息服务人性化，促进城市交通安全运行和客货运输效率的全面提升。国外交通信息化发展基本涵盖了交通的所有领域，在交通管理和公众服

务等方面都有很好的借鉴意义。

交通管理由面向群体的被动交通管理，向面向个体的主动管理转变，由重视路车协调管理向更加重视公共交通出行信息化服转变。如韩国首尔建立公交管理系统(BMS)。这一系统将交通运营与信息服务融为一体，可提供交通信息数据，这些数据可以上载到市区各个交通网点。这一系统还将智能交通系统技术和GPS技术结合起来，确定公交车所在位置，控制班次表，还可以通过互联网、手机以及PDA向乘客提供公交信息。

公众出行综合信息服务向面出行全过程的服务、主动推送的服务、交通综合信息服务方向发展，已经成为生活资讯信息的重要组成部分。例如在旧金山海湾地区的www.511.org网站，能够提供公共交通出行规划、实时公交状态、道路状态、行程时间查询、铁路信息、轮渡信息等服务。美国民众可以通过网站或者语音电话获取事件信息、道路状态和道路封闭信息、拥堵水平信息（轻微、中等、严重)、行程时间、平均车速和距离和天气信息等服务。

（一）现状及问题

上海交通信息化建设取得了一定成效，但与满足现代化国际大都市综合交通体系信息服务保障需求来看，还存在较大差距，主要面临的问题包括：一是交通信息平台的服务功能需要加强。目前,交通信息平台的功能以数据采集,数据处理功能为主,交通信息服务功能较薄弱。二是交通信息服务内容和形式亟待拓展。现在交通信息服务的内容以道路交通为主，公共交通信息服务比较缺乏，缺乏和其他生活资讯相结合。交通信息服务以网站为主,信息服务方式单一。三是交通信息决策支持功能有待完善。交通信息决策功能以统计处理，现状运行评估为主。基于交通模型分析的复杂的交通决策相对薄弱，交通信息化项目的评估系统尚未建立。

（二）主要政策导向

推进交通行业信息化建设。进一步提高公共交通信息化水平,重点推进公共汽(电)车动态客流采集和智能化集群调度，完善轨道交通安全监控和应急保障系统，提升省际道路客运联网售票系统、客运枢纽协同管理和出行服务系统功能，实现多种客运方式之间的信息交换与共享。

深化道路交通信息化建设。利用道路新建、改扩建工程,同步实施信息化设施建设。重点推进新城、新市镇道路交通信息采集与处理，实现与本市交通综合信息平台互联互通。加快停车行业信息化建设。重点建设停车泊位信息实时采集、停车诱导信息动态发布的信息平台，推进停车收费电子化、停车监管智能化。

加快航运和物流信息化建设。重点建设集口岸监管、物流运输、航运信息等为一体的航运综合服务平台;推进货运交易信息系统建设,提升道路货运交易管理中心功能。

加强交通辅助决策支持。深化交通模型体系建设。在交通数据挖掘分析的基础上，综合应用社会经济、城市规划、人口岗位、环境气象等信息，建设完善综合交通模型体系，为重大交通政策制定、交通规划编制、重大工程建设、大型活动交通组织等提供有效的技术支撑。

加强交通运行预测预警。在进一步整合汇聚交通信息资源的基础上，通过对交通数据的深化处理，研判交通运行的特征、规律，研究建立、发布交通运行指数；加强对客货运输的动态监测，把握交通运行的发展态势，实现城市交通运行的预测预警。

大力发展公众出行信息服务。继续完善网站、广播电视、服务热线、可变信息标志、自助查询等信息发布方式，为公众提供轨道交通运行、公交车辆到站、公共交通换乘、道路交通路况等交通信息服务。近期重点开发智能移动终端发布方式，实现基于个体位置的主动推送式交通信息服务，包括在紧急情况下，实现指定范围内的主动推送式的交通信息服务，以及个性出行路径交通状态、多方式交通换乘、公交车辆位置、公交舒适度等信息服务，使交通信息服务更主动、更便捷。

（撰稿：上海市城乡建设和交通发展研究院）

北京市智能交通系统建设发展

北京市一直将交通信息化、智能化作为促进首都交通可持续发展的重要手段。至2013年底，在交通决策支持、交通行业运营管理、智能化公共交通、公众出行动态信息服务等系统建设方面取得一定成绩，为进一步巩固行业安全稳定态势、提升交通企业创新水平、增强行业监管和服务能力等方面发挥了重要作用。

一、决策支持平台相关系统

2013年，在交通决策支持方面建设的交通平台和系统主要有：交通运行智能化分析平台及升级改造，交通运输行业综合统计平台、交通领域节能减排统计与监测等系统。

（一）交通运行智能化分析平台

交通运行智能化分析平台是集动态运行数据采集、运行评价和规律挖掘、发展趋势预测为一体，以服务政府科学决策、服务市民智能化出行为目的综合信息化系统。其建设目标是：综合交通行业各类信息资源，包括道路交通基础数据、公共交通数据、交通调查数据和各类辅助决策数据，通过专题分析（包括道路运行、公交运行、长途客运等）和综合分析，实现对北京市交通系统运行的实时监测、运行状况的全面诊断、发展趋势的预测分析。

至2013年，平台建设内容包括一套集成展示和发布系统，浮动车交通信息实时采集、道路交通流实时监测和运行分析、建设用地土地开发信息采集、路网速度监测和分析、交通拥堵评价和分析、公共交通（含轨道交通）运行分析及交通运行周报管理等七个专业应用子系统，一部国家标准和一部北京市地方标准等。

（二）交通运输行业综合统计平台

交通运输行业综合统计与管理平台的建设目标是，实现运输局内各行业、各部门及其他相关委办局间的数据共享和交换，实现数据展示与统计分析等功能，为政府决策提供数据支持，为行业管理提供数据信息服务。

至2013年，该平台涉及公共电汽车、轨道交通、郊区客运、出租汽车、汽车租赁、旅游客运、水路运输、省际客运、货物运输、机动车维修、停车设施管理等11个行业，实现64%的行业覆盖；统计报告分有日报、周报、月报、季报、半年报、年快报、年报，总共涉及91张报表、1819个指标、8885项数据，该平台实现将以上数据进行统计汇总并分析；该平台还具有城市运行监测、其他周期性报表监测、春节黄金周表报报送的功能，具有数据报送、报送行为监测、数据分析发布和信息交流的功能。

（三）交通领域节能减排统计与监测平台

交通领域节能减排统计与监测平台的建设目标是，实现对样本车辆能耗数据的动态监测及形成重点用能单位的能耗统计月报制度。

至2013年，该平台已完成一期建设，建设内容包括统计与监测两部分。其中，统计方面，在交通节能减排重点企业数据监测及能耗预测模型推算的基础上，实现交通行业能耗总量月度统计及推算；监测部分部分实现对轨道交通、地面公交、出租车和旅游客运等四个行业样本车辆能耗数据的动态监测。

二、交通行业运营管理相关系统

2013年，在智能交通控制与管理方面建设的交通平台和系统主要有：公交能耗监测和统计平台、轨道交通管理服务类系统、高速公路收费及管理类系统。系统具体建设情况如下：

（一）公交能耗监测和统计平台

2013年，北京公交集团公司启动该平台的项目可研。计划在北京市10000辆发动机具备OBD功能的公交车上进行车载CAN总线油耗采集设备的安装或者改造，结合交通委《北京公交集团能耗监测和统计平台建设（一期）》项目中完成的3232部车载油耗采集设备改造，最终实现北京公交集团所属的9家运营分公司（不含八方达）车载油耗数据采集的全覆盖；完成公交平台功能设计和系统建设，包括能耗监测和指标计算、趋势变化分析、车辆能耗评价分析、驾驶员行为评价分析、在线驾驶行为辅助等功能实现；整合现有公交集团信息系统，包括车辆运营调度数据的融合、IC卡加油加气管理系统的完善和数据接入。

（二）轨道交通信息中心系统

该系统的主要业务是建立在自动售检票清算管理中心系统（ACC）和应急指挥系统（TCC）两大信息化平台的基础上，并随着路网发展的需要，已完成AFC多线共用线路中心（MLC）系统建设、标准化AFC系统软件建设。2013年，轨指中心启动了轨道交通信息中心系统的升级改造工作。通过建设轨道交通信息中心系统，实现轨道交通票务数据、客流数据、行车数据、路网基础数据等的汇集、分析；通过建设AFC检测中心系统，实现对线路AFC系统/设备的入围检测、单体设备检测、联网检测等。

（三）轨道交通设备运行管理系统

2013年，轨指中心启动该系统的研究工作。系统将逐步整合现有地铁在线运行的各子系统设备管理平台，建立地铁系统设备运行管理系统，记录故障发生时的各种参数，及时掌握故障情况，方便技术人员对系统设备故障进行原因分析，为系统设备故障数据及系统设备运行指标统计提供数据支持。

（四）轨道交通调度指挥系统

2013 年，进行新建轨道交通调度仿真模拟系统的前期研究工作。基于智能化仿真平台，建立乘客出行仿真、列车运行仿真、设备运行仿真、通信信号仿真、机械力学仿真等模型，实现围绕列车运转、客流状态、环境条件相对动态的运营指挥管理，实现地铁运营各系统、各部门的联动、联控，并提供辅助决策功能。

（五）高速公路养护系统

2013 年，北京市完成了高速公路养护系统的升级改造工作。系统分布在华北高速、首发公司、京城通达公司、京通快速公司、机场高速公司，初步建成道路通行状况下的实时监控，断面流量监测等。为了提高养护管理水平，创新信息化养护管理模式，完善养护任务信息化采集与分配，实现养护作业迅捷响应，需要对该系统进行升级完善，内容包括建设及完善智能化交通系统、智能化养护系统和智能化联网收费及结算三大系统。

（六）高速公路电子收费系统改扩建

2013 年，该系统为升级改造项目。为了继续推进高速公路 ETC 系统建设，需要在现有 412 条 ETC 车道的基础上，继续扩建 ETC 车道，实现覆盖全市所有的高速收费出入口，实现用户达到 200 万。

（七）高速公路联网收费系统

2013 年，该系统为升级改造项目。建设京津冀高速公路电子收费联网项目，使两市一省高速公路电子收费用户实现了“一卡通行”应用及统一结算；为了继续推进高速公路联网收费，需要在京津冀高速联网收费的基础上，进一步推进与山东、山西等周边省市的高速联网收费，为全国联网收费奠定基础。

三、智能化公共交通系统

2013 年，在智能化公共交通方面建设的系统主要有：智能调度管理系统、乘客信息服务系统、公交专用道移动车载电子监控系统。系统具体建设情况如下：

（一）公交车辆智能化运营调度系统工程

2013 年，北京公交集团公司完成项目可行性研究、初步设计及概算、设计和工程单位招标及合同签订工作。系统主要建设内容包括新增 7796 套双模车载卫星定位设备；新增 20243 台车载控制器；实现公交集团公交车辆卫星定位设备安装全覆盖；实现公交集团公交车辆卫星定位和 IC 卡结算数据实时无线传输；同步完善智能调度和业务数据处理应用系统、公交智能运营调度系统支撑平台。

（二）动物园、宋家庄枢纽站集中调度信息化系统

2013 年，北京公交集团公司改造了动物园枢纽站集中调度信息化系统，建设了宋家庄枢纽站集中调度信息化系统。动物园、宋家庄枢纽站信息化系统以四惠枢纽站信息化系统中的运营调度管理、信息服务、数据共享、基础支撑四大功能模块为骨架，通过采用全千兆调度专用网络、可拍照酒精检测仪、红外光学触摸屏、智能钥匙箱等新技术、新产品形成的更加完善、适用的枢纽站信息化系统。动物园、宋家庄枢纽站信息化系统分别于 12 月 1 日和 12 月 28 日随枢纽站调度指挥分中心成立正式投入使用，系统启用后与集中调度模式配合运行效果良好，单一调度台的调度能力提升约 40%，调度人员节约了 37%，枢纽站全日发车总车次提升了 7.8%，明显提高了枢纽站运营管理效率，是集团公司采用集中式枢纽站调度管理模式的又一成功推进。

（三）定制公交电子商务平台

2013 年完成平台研发工作，该平台利用互联网及电子商务技术，实现了定制公交商务班车从出行需求调查到班车线路发布、销售、用户预订、支付等一系列工作的线上操作。在公交定制服务与乘客出行需求之间建立了桥梁，更加方便地为市民提供多样化的公交出行服务。2013 年 9 月 1 日，正式上线运行，系统上线后收到了广大市民、新闻媒体、政府相关部门的广泛好评。截至 2013 年底，已开通定制公交线路 45 条，每天运送乘客 1700 人次。

（四）北京公交手机网站

2013 年，在现有北京公交网的基础上，完成了基于移动智能终端的北京公交网手机版开发，满足了乘客使用移动智能终端访问北京公交网及查询公交换乘方案的需要，丰富乘客信息服务的渠道，提高乘客信息服务水平。手机网站于 2013 年 12 月上线运行，包括公交查询、线路动态、公司新闻、票务信息、商务服务等功能模块，涵盖了北京公交网的主要内容。乘客只需在手机或其他移动智能终端的浏览器地址栏输入 www.bjbus.com 或 www.bjbus.com/wap，即可浏览北京公交网手机版的内容，了解公交动态信息，查询公交换乘方案。

（五）北京公交车辆无线上网系统

2013 年，完成 5658 辆公交车车载无线上网设备安装，涉及线路 255 条，加上 2012 年已安装的 305 辆，截止 2013 年底共在 5963 辆公交车上安装了车载无线上网设备。通过车载无线上网设备实现了车内 Wi-Fi 网络覆盖，使用带有 Wi-Fi 功能的移动终端可便捷访问互联网和公交车上的本地网络。访问互联网执行中国移动资费标准，访问本地网络免收流量费。本地网络提供公交查询、公交新闻等信息，方便乘客在途进行乘车信息查询，丰富乘客旅途时间。

（六）公交专用道移动车载电子监控系统

为确保公交优先战略实施，2013 年北京市公安交通管理局继续开展“全市公交专用道监控管理系统”项目的建设工作，进一步加大公交专用道违法监测设备建设力度，实现对占用公交专用道违法行为的有效监测。

项目 2013 年 1 月 1 日正式开始建设。先后完成了公交专用道固定式电子监控设备安装、调试和相关配套市政的建设工作，35 条公交线路上移动车载电子监控设备安装、调试工作，以及中心硬件设备的搭建，中心软件的开发、调试等工作。于 2013 年 10 月竣工，共计安装前端抓拍摄像头 1000 套，涉及公交车 1000 部。截至 2013 年底，系统自动抓拍违法照片共计 1.5 万张，准确率可达 80%。市交管局已依据抓拍记录进行了处罚，使得部分重点路段专用道占用情况得以缓解。

该系统具有重要意义，进一步提升道路交通管控力度和公共交通服务能力，切实将“公交优先”政策落到实处；对违法占用公交车道的社会车辆起到震慑作用；为交通事故、案件侦破等提供了图像、视频等依据。

四、公众出行动态信息服务系统

2013 年，在公众出行动态信息服务方面建设的平台和系统主要有：公交到站预测系统、公共自行车服务系统、地面公交乘客信息服务系统、停车诱导系统，以及基于“众包”模式的交通信息互动平台。系统具体建设情况如下：

（一）公交到站预测系统

2013 年，北京市交通信息中心发布了 " 北京市实时公交 " 手机终端，乘客通过这款软件就能提前了解所要乘坐的公交何时到站。该系统收入了 78 条公交线路，包括 1、116、300、801、901、939、运通 105 等。其中有 20 多条远郊区线路。通过实际路测，软件对公交到站时间预测的准确率可达 85%。

另外，本年度实施公共交通行人导航信息服务处理系统的研究与建设。突破公共交通行人导航关键技术，搭建出行信息服务发布平台，实现涵盖地面公交、轨道交通、公共自行车、出租车、停车、步行整个出行链的公共交通行人导航信息服务示范应用。

（二）公共自行车服务系统

2013 年，本系统为升级改造项目，已分阶段完成了东城区、朝阳区 1 万辆公共自行车设备的安装。

根据北京的发展规划，为了形成覆盖交通枢纽、主要城镇街区、商业网点的公共自行车服务网络，需要进一步推广公共自行车服务系统的应用，实现全市建成 1000 个左右公共自行车服务站点，形成 5 万辆以上规模。需要完善企业运营调度系统，建设市、区两级监管及服务评价系统，建设基于动态服务的公共自行车智能终端应用系统。

（三）地面公交乘客信息服务系统

2013 年，完成了电子站牌的升级改造。目前，已经在南中轴、朝阳路、安立路共 3 条快速公交（BRT）线路共计安装了 125 座电子站牌，实现以公交车辆到站预报、公交出行等信息。为了进一步提高地面公交乘客信息服务水平，下一步计划是实现在长安街、二、三环路和其他重点路段安装 420 个站牌。

（四）停车诱导系统

2013 年，完成了停车诱导系统的升级改造。已建成北京西站周边停车诱导系统，通过对各开放停车场空车位信息进行采集、传输和处理、发布，实现空车位信息通过停车诱导屏、网站、手机 APP、交通台等发布实时车位信息，引导驾驶员的停车行为；同时，系统通过与外部系统的接口，将空车位数据上传至城市交通指挥中心（TOCC），协助进行交通监控、应急指挥等服务，实现交通调度的智能化和管理现代化。

（五）基于“众包”模式的交通信息互动平台

微信等自媒体的发展使采用互联网“众包模式”进行交通信息的采集、分享，及出行调查等成为可能。

2013 年，北京交通发展研究中心首次尝试通过“众包”模式的互动平台，建立“政府部门－出行者”之间的信息互通渠道，以吸引更多市民参与到交通建设及管理之中，同时获取面向交通分析、规划的交通数据（公众意见）。另外，能够直接建立“出行者－出行者”的信息生产及传播渠道，避免了交通信息传输的单向性和隔离性。

（撰稿：温慧敏）

湖北省智能交通发展现状

自《武汉智慧城市总体规划与设计》2012年正式发布以来，国内体系最完善、理念最先进、内容最翔实的智慧城市建设蓝图呈现在人们面前。智慧城市内涵非常广泛，包括城市社会管理智能化、城市经济信息化、居民生活便捷化等多方面的内容。

武汉以打造智慧城市为契机，在建设国家中心城市的征途上阔步前行。而通信技术在智慧城市建设中扮演重要角色.武汉联通一直致力于推动武汉“智慧城市”的发展，并取得丰硕成果。比如武汉市“平安城市”项目、智慧物流领域，联通的无线视频监控在安全保障方面大显神威，电子报税、远程抄表等项目极大节省了人力，在企业管理方面，销售管家、无线QA等应用提高了企业管理效率。

武汉联通充分发挥21兆极速3G技术及网络优势，目前已经在政务、警务、电力、报税及交通信息化、物联网、移动办公、数字城管、电子商务、视频监控等方面得到了具体的应用，并逐步向各个领域广泛推广。

一、武汉市交通信息化建设

为了加快城市智能交通建设，改善城市拥堵状况，2010年武汉市启动了交通信息系统的建设工作。至2012年，已完成了以车流系统为核心的一期工程的建设，并在服务政府决策、服务规划研究、服务行业管理、服务社会公众方面发挥了积极的作用。为完善系统，2013年系统建设的核心是客流信息的跟踪和分析，其中重要的一部分即通过开发公交信息系统，通过联动分析公交相关数据(实时公交GPS数据、公交IC卡数据、公交线路站点GIS)，融合公交运营信息和车内视频信息，掌握武汉不同线路公交客流特征，为科学合理规划提供数据支持。同时结合已完成的信息系统车流部分，整合道路信息和公交客流信息，进一步掌握全市交通运行的实时状况。

2013年8月，经过前期武汉市交通发展战略研究院与公交集团的调研和沟通，提出了公交信息系统合作共建的方案，主要内容包括：

（1）结合武汉一卡通数据和公交GPS实时数据，分析IC卡的数据质量，建立公交、轨交线网模型，研究基于IC卡数据的公交客流算法，分析并验证基于IC卡数据的公交客流，开发、测试并部署系统，形成研究与运用相结合的公交信息系统综合平台，提升武汉市智慧交通、智慧城市的形象。

（2）运用公交信息系统，全方位分析城市交通运行状况，为宏观层面的交通规划夯实数据基础，为公交线网优化提供量化支撑，效率分析具体线路负荷情况，优化运力配置，提高公交运营管理及时发现日常公交运营中可能存在的问题规模设置，增站、减站、并站、拆站提供依据，为公交站点的为未来公交合理票价的制定、票价的调整提供数据支持，分析特殊乘客的出行状况，了解不同群体出行需求。

（3）公共交通是城市交通发展的主流方向。通过公交信息系统能够准确掌握公交的运行分布、出行特征和需求数量，为公交优先的战略实施提供有力的实践依据，为相关法规措施的制定提供权威的技术支持，更好地为规划研究、政府决策、行业管理和公众服务等方面提供明确的科学向导。

此外，近期从省发改委获悉，武汉城市圈交通一体化示范项目获批，其中包含武汉智能交通示范子项目和孝感安陆城市交通基础设施子项目，项目总投资为168107万元，其中拟利用世行贷款12000万美元，建设期为5年（2015年-2020年）。武汉智能交通示范子项目建设内容包括交通信息中心、综合智能交通信息服务平台、外场数据采集设备和技术服务4个部分，孝感安陆城市交通基础设施子项目包括3条一体化交通走廊和3条路网完善工程，公交系统配套设施工程和慢行交通系统。

结合武汉交通实际情况，扩展系统规模，完善提升系统总体功能。依托交通信息系统为实际问题提供解决方案，将进一步对城市交通运行、城市发展做出贡献。

二、武汉市智能公交建设

智能公交成为交通信息化发展的重要方向，通过公交信息化建设，将提升公交便捷性、智能化。4月28日，交通部发布通知，决定加快推进第二批城市公共交通智能化应用示范工程建设工作，确定支持武汉等26个城市开展城市公共交通智能化应用示范工程建设。通知还指出，报送城市公共交通智能化应用示范工程建设项目资金申请报告，规范城市公共交通智能化应用示范工程建设工作。

多年以来武汉市公交集团车辆运营和安全管理沿用传统模式，存在调度运营难，公交事故、突发事件无法取证，车辆司机驾驶安全状况、异常情况无法监督，车内犯罪事件等无法有效记录等问题。针对交通行业面临的此种情况，武汉联通组织专人配合武汉市公交集团进行多方调研，经过对3G网络的覆盖和数据传输能力的优化，与公交公司、智能公交系统集成方紧密合作，完成了数据传输平台建设和车载终端设备测试，依托物联网技术，充分发挥WCDMA网络优势，全面推进武汉“智能公交”项目。至2012年6月底，武汉“智能公交”系统全面上线运营。

“电子站牌”、“智能公交客户端”、“公交WIFI”等信息发布平台的建设，使乘客可以随时了解公交车的到站信息，随时随地查询各公交车辆的实时位置、上下行方向等信息，方便用户适时安排自己的乘车计划。同时在乘车时，可以通过自己的手机无线上网便捷访问互联网，充分享受城市信息化带来的智慧化城市生活。

截至目前，武汉市7400余台公交车已完成GPS终端设备安装及公交智能调度后台系统的升级改造，并在16条主干道上的300余座具有电子站牌功能的一体 化候车亭，向乘客适时发布各线路车辆的到站信息。在武汉公交全面完成车辆GPS调度系统建设和具有到站信息发布功能的一体化候车亭建设的基础上，智能公交手机查询系统 应运而生。乘客只需使用手机下载安装该软件，就可实时查询公交车辆动态、线路、站点及换乘信息。目前，智能公交 软件支持安卓系统和苹果两大操作系统，将会陆续推出支持 windowsphone 等其它操作系统版本。用户可以通过电子市场搜索关键字智能公交 进行下载。

三、武汉市运营车辆智能化管理平台建设

按照武汉市“车联网”规划，2013 年进一步完善和扩大 ETC 应用范围，启动武广商圈基于 ETC 的智能停车场建设工程，研究部署建设交通信息枢纽平台、公众出行交通信息服务平台；2013 年起武汉市在市中心城区设置交通诱导屏，搭建停车诱导系统；2014-2015 年，全市运营车辆得到智能化管理，实现车联网全覆盖。目前，武汉市交通委已建设完成武汉交通出行信息服务平台（一期）工程，将接入 1.4 万辆出租车的实时 GPS 数据，可发布武汉市城市交通实时路况信息。并且，武汉市 7400 余台公交车已完成 GPS 终端设备安装及公交智能调度后台系统的升级改造，并在 16 条主干道上的 300 余座具有电子站牌功能的一体化候车亭，向乘客适时发布各线路车辆的到站信息。在武汉公交全面完成车辆 GPS 调度系统建设和具有到站信息发布功能的一体化候车亭建设的基础上，“智能公交手机查询系统”应运而生，乘客只需使用手机下载安装该软件，就可实时查询公交车辆动态、线路、站点及换乘信息。随着公交和出租 GPS 终端安装到位，可实现对公交、出租车辆运营信息全方位采集，为出租车电招系统、公交 GPS 调度管理系统、智能公交电子站牌系统、公众出行系统及城市交通决策扶持系统等正常运行提供保障和技术支持。同时市交管局建立的智能交通信息综合平台项目，可充分利用现有交通卡口、电子警察、电视监控、ETC 路侧设备等信息资源，建立车辆号牌识别、车辆运行轨迹监测功能模块，为交通肇事逃逸和治安逃逸的查处提供技术手段。

四、武汉市车联网发展情况

“车联网”概念自 2009 年被提出之后，得到了国家相关交通管理和科技部门的高度重视，同时强调了“车联网”不仅感知和互联，更重要是实现对车辆的智能控制，解决车辆的安全和道路的畅通。并在“十二五”物联网规划和科技发展计划中，纷纷制定了有关的研究开发项目。近几年，武汉市在车联网和相关科研领域和产业化方面进行了较大投入和充分准备，具备良好的车联网产业基础。

1. 汽车产业发展情况

武汉市是我国汽车产业的重要制造基地，在十二五期间年整车产能将到达 150 万辆，武汉现拥有东风、神龙、东风本田、东风日产等汽车生产企业及总部，以及近 200 家汽车零部件配套企业，整个汽车产业产值超过 1000 亿元。汽车制造业的快速发展也为武汉车联网产业提供了新的机遇。

2. 国家火炬计划武汉汽车电子产业基地

国家火炬计划武汉汽车电子产业基地成立于 2004 年 11 月，有 36 家企业参与，市

政府专门组成武汉汽车产业领导小组，李宪生市长担任组长，还组建了武汉发展汽车电子产业专家指导组，聘请国家汽车计算平台工程总体专家组组长周发强教授为名誉组长，东风集团研究院陈光前副院长为组长，指导产业发展工作。

3．国家地球空间信息武汉产业化基地

地球空间信息技术也称“3S（GPS,GIS,RS）技术，武汉素有”测绘之都“美誉，是国内唯一在 GPS、GIS、RS 及其集成方面同时具有科研、教学、人才和产业化综合优势的地区。2006 年 12 月，“武汉市地球空间信息产业化基地”被列为科技创新行动工程之一；2008 年 12 月，科技部批复升格为“国家地球空间信息武汉产业化基地”。2009 年 3 月，由相关单位发起，成立了“武汉·中国光谷地球空间信息产业技术创新联盟”，简称“3S”联盟，有 30 家理事单位，50 家成员单位参加，拥有武汉地球空间信息国家实验室（筹）、测绘遥感信息工程国家重点实验室、国家卫星定位系统工程研究技术中心、国家 卫星导航应用工程研究中心以及 9 个省部级重点实验室，3 个部级工程研究中心，3 个国家科学观测研究站等资源。目前，联盟成员从事的应用领域有：航空遥感数据获取、加工、服务外包；智能导航技术与产业；地理信息软件及应用；移动资产管理与位置服务；国家测绘局信息服务平台；3S 集成产品与应用；测绘仪器与相关设备生产。

4．武汉 RFID 产业创新联盟

武汉 RFID 产业创新联盟成立于 2009 年 9 月，发起单位有武汉科技情报中心、709 所、凌久新技术、天喻信息、华工图像、烽火通信、华科大、天罡医药、飞天智能、尚吉电子、泰通卫星、市标准化研究院等 11 家产学研单位，涵盖 RFID 产业链各个领域，包括 RFID 标签芯片和天线的设计、制作和封装；读写器、中间件、系统集成等环节；在华科大，电科系邹雪城教授参与了《中国 RFID 技术发展白皮书》的部分章节撰写，熊有伦院士牵头承担的国家重点 RFID 电子标签的封装设备研制项目，今年 6 月，获湖北省 2011 年度技术发明一等奖。控制系建立了“武汉市 RFID 生产力促进中心，该校的“国家防伪工程技术研究中心”从激光防伪拓展到 RFID 防伪，扩大了应用领域。

5．武汉物联网产业技术创新联盟

武汉物联网产业技术创新联盟由武汉邮科院、华科大等 47 个单位于 2010 年 4 月发起成立，其宗旨是加强本地区物联网产业链上下游深层次技术合作，突破物联网关键技术，扩大物联网推广应用，快速拉动东湖国家自主创新示范区战略性新兴产业发展和产业结构升级。联盟理事长为邮科院余少华总工，秘书长为华科大刘德明教授。2011 年 7 月，工信部发表国家物联网“十二·五”发展规划，该联盟组织专家评审出 16 个示范工程项目予以重点推荐，争取专项基金支持。

6．武汉智能交通系统的稳步发展

武汉智能交通系统的关注起步很早。在企业方面，以 GPS 为基础的武汉泰通卫星技术公司就开发了车载卫星定位跟踪管理系统，成功地首次运用在武汉市运钞车管理上，后来自行开发 RFID 芯片，制作无源电子标签，应用于多项停车场管理系统，乃至区域不停车管理系统 ETC 上；武汉天喻信息科技公司则在发展智能卡的基础上开发了车载单元，道路运输证等产品，并涉足不停车收费系统。在实际应用方面，市公安交通管理局于2003年起，利用世界银行西班牙政府贷款建立汉口地区道路口的交通信号灯控制系统，电子警察和视频监控点以及道路交通指挥控制中心示范工程，而后，发展到江南片（包括汉阳）。在公共交通方面，自从1999年起，公交IC卡收费系统及运营调度系统投入使用，2008年10月开始，武汉市试行不停车收费，全市车辆安装ETC，出租车安装GPS，实施监控调度等。

五、智能航道建设

近年来，随着长江数字航道建设的启动，长江航道信息化建设经历了一个较为快速的发展历程，在电子航道图建设、航道测量、信息基础设施建设、应用系统、数据资源、人才队伍、规划标准、管理机制等方面取得了一系列的成绩，已经初步具备由数字化向智能化转变的条件。长江智能航道是长江航道现代化的表现形式之一，是航道数字化的高级发展阶段。为解决制约长江“智能航道”发展的全局性、系统性问题，进一步提高长江航道管理的能效，实现长江航道的管理和服务水平的大幅度提升，推动长江航道由传统服务型向主动服务型转变，使养护方式由劳动密集型向技术管理型转变，管理手段由单纯行政管理向依法综合管理转变，进行长江“智能航道”的研究和规划，具有十分重要的意义。

“智能航道”（Intelligent Waterway）是指在数字航道基础上，利用智能传感器、物联网、自动控制、人工智能等技术，自动获取航道系统要素信息，通过融合处理与深度挖掘，实现航道规划建设科学化、养护管理现代化，为水路运输高效、安全、节能提供实时、精确、便捷的航道服务。智能航道代表了长江航道管理服务的未来发展方向，在长江黄金水道上率先实现长江航道的管理和服务水平的大幅度提升，必将积极推动内河航运业的持续快速健康发展。

智能航道建设始于长江电子航道图系统的研发，以此为基础，长江航道管理和服务将从传统模式转入数字化和信息化模式。2011年，长江电子航道图正式研发成功并投入使用，标志着航道图实现了从纸质信息向电子信息、由静态信息向动态信息的重要跨越，为长江智能航道建设迈出了坚实的第一步。2012年，长江电子航道图（2.0版）全线试运行，取得了较为理想的效果，为航运监管部门、船舶管理单位和船舶用户提供了优质的服务，保障船舶安全航行，提供管理和营运效率，促进长江黄金水道建设和长江航运发展，为智能航道早日实现打下了坚实基础。更为先进的长江电子航道图（3.0版）也即将研发完成。“十二五”期末，长江航道将初步实现智能化，包括建设船舶感知系统、航道感知系统、船-标-岸一体化信息网络、数据处理系统、通用技术平台（航道船舶云数据库、多功能电子航道图系统平台等）、七大服务系统（长江航道规划与建设服务系统、智能管理养护系统、智能机务系统、安全管理系统、长江航道信息服务系统、智能助航系统、智能应急服务系统）、长江航道智能管理平台、长江航道综合服务平台、规范与标准保障体系。随着长江航道信息化建设的不断深入，长江智能航道总体发展目标是发挥科技信息化的引领作用，以感知航道与船舶为主线，建立全面感知、广泛互联、深度融合、智能应用、机制完善的智能航道技术体系，构建“智能航道”，推动长江航道四个转型与四个跨越的实现。

为加快推进长江智能航道系统建设工作提供强劲动力，开展了以长江航道局为承担单位的交通部水运信息化建设示范工程项目《长江兰家沱至大埠街河段智能航道示范工程》，理论联系实际，进一步推动了智能航道理论研究成果的转化。工程实施后，长江兰家沱至大埠街示范河段航道通过能力大幅提升，航道信息服务全面升级，航道维护管理效率显著提高，船舶安全监管效率显著提高，安全环境效益也得到有效保障。

长江智能航道建成后，长江航道的服务能力更全方位、深层次、智能化、高效。智能航道借助高空、水面、水下传感设备，实现水位、气象、助航设施、桥梁净空等信息的动态采集，为航道维护管理、船舶航行提供实时全方位的航道信息。通过广泛互联，使得各种航道信息交互作用并充分挖掘和深度融合，主要表现是航道信息感知更全面、透彻，航道信息交互更为畅通、友好、充分。提供综合了智能规划、管理养护、智能机务、安全管理、智能监控等诸多应用的智能管理平台，提升了智能化水平。利用智能传感器、物联网、自动控制、人工智能等技术，自动获取航道系统要素信息，提供信息服务、智能助航、应急服务等，服务更加便捷。

六、湖北省其他城市智能交通建设

1．湖北十堰市智能交通管控平台

2014 年 4 月 1 日起，十堰交管部门启用智能交通综合管控平台系统，抓拍信号灯控路口闯红灯、不按导向车道行驶、进入导向车道后随意变更车道（俗称加塞）等交通违法行为，并依法予以处罚。该平台的电子警察和高空电子眼通过不同方式记录道路上的车辆通行情况。电子警察分布在十堰柳林岗、六堰岗、张医岗、邮电街、宜昌路等多个路口。车辆进入导向车道后，如有随意变更车道、不按导向车道行驶、闯红灯等行为，将会被抓拍并受到处罚。并且，十堰市开始启用智能交通诱导系统。这一系统首先利用交通集成管控平台自动计算出各条道路的通行状况，然后把这些信息实时发布在联网的交通诱导屏上。诱导屏上不仅有文字提醒，还通过红、黄、绿三种颜色区分显示前方道路处于堵塞、缓慢或畅通状态，为车辆出行提供实时、动态、图像化的引导。驾驶员可以凭借诱导屏信息了解前方路段及周边道路通行状况，及时调整路线，避开车流拥挤的道路。十堰的交通诱导屏系统一期工程主要设置在东归的四条主要道路上，分别为十堰二桥、重庆路口、浙江路口和天津路口四个重点交通流节点。

2．湖北省京港澳高速公路智能平台

2013 年，围绕“智能高速”平台建设，湖北京港澳高速先后建起了“孝昌微博”，及时发布“出行提示”、“时时路况”、“在线答疑”等，第一时间知晓高速公路雨雾恶劣天气封道、交通事故管制、分流等特殊情况。司乘人员经过收费站时，扫描费亭上的二维码，即可轻松进行线路查询、线路指引提示、周边景区介绍、省内 ETC 简介、

服务救援电话、出行路况、高速新闻等信息，选择适宜路径。在提供最新路况信息广播的同时，工作人员还提供24小时在线咨询服务，并可进行微博互动。

3．湖北仙桃市智能交通平台防控公车私用

2013年湖北仙桃市政府引进智能交通平台，以科技手段加强政府机关公务车辆规范管理，杜绝公车私用，保障公务车辆行驶安全。该平台即车辆、跟踪、监控等功能于一体。其中，仙桃国税系统在用的22台公务车辆均已被纳入监控管理，通过GPS定位，对公务车辆进行实时监控，随时掌握每台车的存放地点和运行轨迹。

4．湖北襄阳市智能交通系统

2013年，襄阳市的公交车已完成GPS终端设备安装，并在各条主干道上安装电子站牌，向乘客适时发布各线路车辆的到站信息。市民能够通过公交电子站牌查询所在公交站名称、公交车到站时间、到下站时间、公交线路等信息，方便了市民的出行。并且，进行了襄阳市长虹路的智能化改造，该路段将全部安装智能信号灯打造智能交通。智能信号灯管理系统可根据路口实时车流量的大小、车辆流向变化，随时调节红绿灯的间隔时间。

5．湖北物联网计划智能交通示范工程

2014年出台的《湖北省物联网发展专项行动计划（2014—2017）》提出，力争到2015年，全省物联网产业实现产值500亿元，2017年超过1000亿元。《专项行动计划》主要提出了智能交通和智能安防两个方面的内容。智能交通主要包括：一是实行公交营运生产调度智能化，利用信息、优化和智能技术，加强公交运营的资源分配与车辆调度，改造传统管运模式，提升服务水平，提高运行效率，降低运行成本；二是推进RTIC（实时交通信息系统）技术在汽车导航中的应用研究和联合开发，推广应用智能导航系统；三是推广道路视频监控和ETC系统，在省内高速公路和示范城市开展车型识别、交通流量检测、障碍物识别、交通事故检测、交通违章监测等。四是研究推广车车通信系统和车辆与基础设施通信系统技术，实现车辆间行驶信息的无线交互，停车场、餐厅等基础设施信息与导航系统的互联等。智能安防主要指，开展平安城市应用示范，建设城市视频监控系统，包括视频监控管理平台、传输网络、前端监控点、监控中心、车牌识别、可视化指挥、无线传输、安全平台、运维管理及深度应用等子系统，涵盖城市道路、大型公共设施等区域。

（撰稿：吕能超、吴超仲）

四川省智能交通系统建设应用发展

一、基本情况

2013年是四川省交通智能化、信息化快速发展的一年。目前在已基本建成省级交通数据中心、搭建了省级数据交换平台、四川交通综合地理信息平台以及公众出行信息服务等应用系统的基础上，加快推进了智能交通后续建设工作，同时各地市也根据自身经济社会发展条件以及交通发展情况，纷纷加大投入，开展了智能交通系统的建设或启动工作。

在2013年成都市强力推进中心城区缓堵工程，二环路高架、BRT快速公交及智能交通管控系统建成运行，地铁2号线西延线开通运营，4号线等5条地铁建设加快推进。新增公交车2000辆，在全国率先开通运行免费社区巴士60条，实行早高峰错时公交免费刷卡政策，BRT快速公交和地铁日均载客达90万人次。

二、主要城市智能交通系统建设及应用情况

（一）资阳市智能交通系统建设正式启动

为加大科技强警力度，提高资阳的城市交通管理水平，2013年10月，资阳市交警支队正式启动了总投资2000余万元的城市智能交通管理系统建设项目。全市智能交通系统共建设32个信号机控制，19个闯红灯抓拍，16个路段监控，30个路口监控，16个信息采集，7个信息发布，2个区间测速，4个固定点位测速及智能交通系统指挥中心。

（二）达州城区智能交通系统项目建设实施方案出台

2013年底，达州城区智能交通系统项目建设实施方案正式出台。依据《方案》，达州城区智能交通系统目一期工程主要涵盖市公安局指挥中心系统集成、电子警察系统、车辆智能监测系统、闯单行违法抓拍系统、交通信息发布系统和高点高清视频监控系统六个方面。

达州市公安局指挥中心系统集成将主要发挥信息交换、指挥调度、辅助决策及勤务管理等全面交通管控功能；电子警察系统方面，主城区拟建53个点位（其中10个预留点位），建成后，将全面覆盖城区现有主要交通信号灯路口及交通违章现象常发地区，实现对闯红灯、货车违规入城等交通违法行为自动抓拍，并提供流量采集、视频

监控功能；车辆智能监测系统方面，拟建12个主要路段（其中5个预留路段），实现对通行车辆特征记录及追踪、嫌疑车辆缉查布控、超速抓拍等相关功能；闯单行违法抓拍系统方面，拟建11个点位，对逆行车辆进行自动抓拍；交通信息发布系统方面，拟建10套大屏幕双基色诱导显示屏，实时向公众发布交通管理及交通诱导信息；高点高清视频监控系统方面，拟在城区主要交通干道布建13个点位，全方位实时监控相关路段的整体通行情况。

（三）四川省高速公路不停车收费系统

2013年，四川省高速公路收费站加快推广ETC不停车收费系统，成都周边站点和除三州外的各市州所在地收费站点均有覆盖。

随着ETC系统的完善，四川将逐步扩大试运行范围。首先将实现对持有记账卡、抢险救灾卡、灾后重建卡的客车不停车通过并完成通行费支付。之后，将面向社会车辆推广。预计到2015年，省内高速公路的ETC平均覆盖率将达到60%。

（四）泸州正建设智能交通管理系统

2013年，泸州市开始建设了其智能交通管理系统，该系统主要包括集成指挥平台、交通信号控制系统、交通视频监控系统、车辆智能监测记录系统、流量采集系统、交通诱导系统、移动警务系统以及警车警员定位系统。

目前在江阳区、龙马潭区的主干道上建了50个高清球机，高清球机的作用主要是一个综合监控，就是监控路口、路段的交通的综合状况。

而目前已投入使用的视频监控系统和流量采集系统，使交管部门可以直观了解整体交通状态，从而更加有效的调配警力，同时结合道路交通流量数据及时发布交通诱导信息。

目前泸州市中心城区主要路口设置的电子警察均带有卡口测速功能，能对闯红灯、超速、不按导向车道行驶等违法行为进行自动抓拍。

管控中心最终要达到优化道路交通、查缉交通违法、遏制交通事故，从而服务于城市交通、服务于广大人民群众的目的。

现在可以通过短信、互联网、诱导屏及电台等一系列的渠道，实现路况信息及时的发布。

（五）成都市两快两射两环智能交通管控系统建设工程

成都市两快两射两环智能交通管控系统建设工程项目预算金额3.8亿元，为智能交通领域的示范性工程，在2013年5月25日开始试运行，对智慧城市的建设有积极的借鉴意义。

该工程的建设内容为在“两快两射两环”工程涉及的道路上建设交通事件检测系统、交通综合检测系统、交通视频监控系统、交通诱导系统、匝道控制系统、车道指示系统、雷达测速和区间测速系统、信号控制系统，以及为实现上述外场系统功能配套建设相应的通信系统、供配电系统和后台系统，并实现与已建智能交通信息系统的融合。

（六）绵阳城市智能交通系统建设

为缓解中心城区道路交通拥堵，结合绵阳城市道路建设的现状和规划发展，规划了绵阳市城市道路智能交通管理系统。2012 年 7 月绵阳城市道路智能交通管理系统规划暨一期建设技术方案通过专家评审。

绵阳市智能交通系统的整体构想是：搭建智能交通综合管理平台，建立交通信息采集网络和交通信息服务网络，实现交通运行监控、交通管理分析和交通信息发布三大功能。我市智能交通系统总体建设“一个平台”、“两张网络”、“三类服务”。“一个平台”为智能交通综合管理平台;“两张网络”为交通信息采集网、交通信息服务网;“三类服务”为运行监控、管理分析、信息发布。

城市道路智能交通管理系统将分三期建设。一期建设时间为 2012 年到 2015 年，主要建设交通信号智能控制系统、智能交通信息采集系统、智能交通信息发布系统、移动警务通系统、公安交管指挥调度系统和智能交通综合管理平台六大子系统。该系统选取“科技城”建成区内已完成修建、改造和路口渠化的道路，主要围绕绵阳城市四条“主动脉”（临园干道 + 绵兴路、长虹大道 + 绵州大道、剑南路和九洲大道）及相邻区域进行建设。第二期在一期的基础上，结合绵阳城市道路交通建设情况，再逐步扩大到一环路新建路段、二环路、绕城高速等。第三期将覆盖整个城市建成区，初步实现绵阳城市道路交通管理智能化。

三、建设发展规划与展望

四川省交通运输行业管理现代化水平较低。信息化智能化水平低，尚无统一高效的路网运行管理信息化体系，难以满足交通运输现代化发展需要，管理服务滞后的矛盾日益凸显。今后智能交通的发展主要是加快建设以以物联网技术应用为引领的智能交通各子系统，以传感和相关信息技术为支撑的交通运输监管和应急保障系统。深化路网监测监控、交通数据采集、高速公路联网电子不停车收费、航道和港口管理、出租车运行监管和信息服务等重点业务领域信息化应用。

（撰稿：公维勇、邵毅明）

山东省智能交通系统建设应用

截至 2013 年底，山东省公路通车总里程达 25.28 万公里。其中高速公路 4994 公里，二级以上公路里程 3.95 万公里，全省行政村通油率达到 99.88%。全省机动车保有量 2300 万辆，驾驶人 2100 万人。山东是经济大省、人口大省，机动车与驾驶人数量均列全国第二位，公路密度大，交通运输业发达。由于交通安全设施、交通参与者文明守法素质及交通安全执法环境不能满足交通运输事业的发展，城市交通拥堵，道路交通违法行为大量存在，交通事故总量大。为了缓解交通拥堵，预防交通事故，保障交通安全、畅通，近年来，山东省政府有关部门高度重视交通智能化建设，采用先进、实用的高科技手段，加大资金、人才投入，效果明显。

一、交通管理指挥中心建设

全省各市、县均建成了交通管理指挥中心，应用现代物联技术，将视频监控、智能卡口、电子警察、流量检测、交通信号控制、交通诱导等信息联网汇集指挥中心。实时采集交通路况信息，通过交通诱导屏、交警服务网站、短信平台、微博、广播电台、电视直播等渠道实时发布，使出行者通过在家看电脑看电视、上路看交通诱导屏、行车听广播、看手机，及时选择最佳出行路线，减少了城区拥堵，规范了市区道路交通秩序，提高了城区道路的通行能力。

（一）交通信号控制系统

从时间上将相互冲突的交通流予以分离，使其在不同时间通过，以保证行车安全，同时交通信号对于组织、指挥和控制交通流的流向、流量、流速、维护交通秩序等均有重要的作用，迫使车流有序的通过路口，提高了路口效率和通过能力，也减轻了噪声，降低了汽车废气的污染。

（二）电视监视系统

在路口安装摄像机，经过通信线路将视频信号传送到交通指挥控制中心，监视相关道路路口的交通情况。主要包括交通监视和疏导、纠正交通违章、完成交通警卫、应付突发事件、异常事件检测等。

（三）电子警察系统

在红灯相位期间，记录车辆通行信息。可实现路口闯红灯车辆交通违法数据信息及图片自动记录、存储和上传。中心管理平台可实现对闯红灯抓拍前端数据的处理、在公安内网上的Web查询功能以及整个系统的集成。

（四）智能卡口系统

对过往车辆图像及信息自动记录和存储、号牌自动识别，可进行车辆动态布控和撤控，对涉嫌违法未处理、被盗抢、肇事逃逸以及其它各种涉及违法嫌疑的车辆进行自动比对和实时报警。

（五）交通诱导系统

利用固定和动态交通标志或者通过无线通信电台及时向车辆实时发出道路状况信息，以便及时疏导交通，避免和降低交通拥堵，提高道路的利用率，降低交通事故。交通电台还可利用有线、无线基地台加强指挥中心与一线干警的联系，协调警力配置。

二、高速公路智能交通建设

面对当今世界全球化、信息化发展趋势，传统的交通技术和手段已不适应经济社会发展的要求，智能交通是交通事业发展的必然选择。山东高速运营部门加强智能交通领域科技研发和管理创新，致力于交通基础设施的现代化、信息化改造，加强高速公路的全程监控、ETC和自动发卡、可变信息标志、高速公路公众出行服务热线等智能化项目建设，在智能交通信息化科技研究领域取得了长足进展。

（一）不停车收费和自动发卡系统

ETC、自动发卡车道是当前高速公路运营自动化、信息化的标志之一，具有提高通行效率，降低运营成本，实现绿色交通和提高服务质量的重要意义。山东高速运营部门持续加强ETC车道和自动发卡车道建设，实现了ETC、自动发卡车道县县通，提高了高速公路运营的智能化、自动化水平，为社会公众出行提供了快捷方便的行车环境。

山东高速运营部门还将ETC技术从高速公路延伸至停车场，运用成熟的车辆远程智能识别技术，实现车辆的安全管理和不停车高效率通行，并通过信联卡实现不停车自动缴费。

（二）高速公路全程监控系统

山东高速集团建设的基于物联网技术建设的全程监控和调度指挥系统是国内首个建成的面向高速公路生产一线的调度系统，覆盖了省内济青、京台等重要高速公路。

——全程监控系统的建设达到759公里，部分路段监控密度达到每公里1对摄像头，共提供了1315路视频图像。

——通过交通事件自动检测系统，实现了自动发现交通事故和报警功能，为及时发现事故、减少或避免事故、快速处理交通事故提供了有力的技术支持。

——电子地理信息系统（GIS）的应用，实现了各类路桥状况信息、应急物资、设备和人员等资源的全面、实时的信息集成和一览无遗，方便了统一指挥和调度。

——车辆定位系统的应用，提供了对移动台、巡查车辆、清障车辆、单兵定位等功能，方便确认位置和控制指挥，提高了应对事故效率。

——基于3G网络的集群通信系统，提供了群呼、组呼、临时通信组等灵活通信方式，实现了全省范围内所辖路政、收费、养护等管理的无障碍交流，并可与GPS系统相结合，提供定位功能。

通过以上功能，做到了道路事故的“第一时间发现、第一时间处置、第一时间畅通”，事故处置效率大大提高，提供了更快捷的道路畅通服务。系统采用的先进技术多、创新内容多、经济社会效益突出，先后荣获中国地理信息产业优秀工程金奖、中国公路学会科学技术三等奖，并被列为交通运输行业节能减排推广项目。

（三）社会公众出行服务系统

山东高速运营部门建设和完善了高速公路服务热线系统，优化了工作流程，强化了文明服务，丰富了微博、微信、网站、广播电视等多形式、多渠道的出行服务体系。启用了短信服务中心系统，可为移动、联通、电信三网内部用户实时发送公司各类路况信息，实现了对社会用户的被动短信服务。在新浪网和腾讯网开通了高速出行服务微博，通过微博向社会公众实时发送路况信息，丰富了信息发布手段，提高了服务水平。为方便行驶人员及时获取道路信息，在高速公路上设立可变信息标志，所有可变信息标志均实现统一控制、分级管理。

（四）交通领域第三方支付牌照

山东高速集团于2013年1月6日正式获得由中国人民银行颁发的第三方支付牌照，获准从事预付卡发行与受理工作，“预付卡发行与受理”业务覆盖至北京、天津、河北、山西、山东五省。作为国内交通行业取得预付卡牌照的第一家，山东高速集团所发行的信联卡是国内唯一一张能用于高速公路缴费的多用途预付卡。

（五）物流行业的“淘宝网”

满易网是山东高速集团联合大唐电信、星通联华等国内一流企业，高起点建设的物流服务电子商务平台。该平台以车货匹配为核心，以第三方支付为主线，以ETC资源为依托，以诚信体系构建为目标，致力于打造一个互联网上的物流园区、物流行业的“淘宝网”、货车专属的“滴滴打车”，逐步规范物流企业和物流从业人员的交易行为，促进物流行业的健康规范发展。

三、大数据云计算应用

在“平安城市”、“智慧城市”建设中，以济南市为代表的山东省部分城市坚持“情报信息主导警务”的发展战略，按照“动态设防、精确指挥、一体运作、整体防控”

的工作要求，将城市打防管控工作与交通管理工作有机结合，构建起全社会覆盖、全天候运行的城市大交通防控平台。平台基于云计算和物联网技术，建设P级以上海量数据的存储、挖掘、应用的系统架构，实现了“采得到、传得顺、存得下、取得出、用得好”；在传统的数据查询模式的基础上，采取了流数据实时分析模式，实现了实时分析、预警功能；采用分布式存储的数据架构，支持基于图像的二次识别分析，随着图像识别技术的发展，可形成新的供系统自动查询的结构化数据，提供新的逻辑化分析手段；建立了各种车辆品牌、型号、颜色的数学模型库，自动与全省车驾管资源信息库、全国机动车被盗抢库进行实时比对，自动发现嫌疑车辆；具备基于云计算的大数据处理技术，可根据各使用单位提出的应用需求，创建基于各种常用功能和技战法的数学模型，从而全面服务于城市规划、城市管理、市政建设、交通运输、应急救援、环保、防汛等社会管理工作，以及公交都市建设、停车诱导、交通诱导等服务民生工程。

该平台含13类模块28项功能，实现全市任一卡口通行数据的实时处理、车辆运行轨迹的实时展现以及历史通行数据的精确查询、比对以及在GIS地图上的行驶轨迹回放，实现了图片、图像的集中存储和深度应用。28项功能主要包括：态势监控、通行车辆查询，视频回放，布控管理，套牌车辆预警，实时预警，事中报警，伴随车辆分析，多点位分析比对，出入案发现场车辆分析，重点车辆排查，异常车辆分析，校车、公交车、出租车、客运车、危化品车、农村面包车管理与轨迹分析，特定目标车辆追踪，特定车辆轨迹分析，交通流量分析，旅行时间分析，外埠车辆分析，行车延误分析，交通违法采集，通行证管理，意外事件检测，区间测速等。依托平台的交通违法采集、区间测速、套牌车辆预警等功能模块，布控重点违法车辆，查缉套牌、假牌、未年检车辆，查获驾驶证被吊销或被暂扣期间继续驾驶车辆人员，消除重大交通事故隐患，破获交通肇事逃逸案件。在主干道、路口实施信号绿波带优化，对交通节点进行交通组织渠化改造。通过对校车、公交车、出租车、客运车、危化品车辆、农村面包车的监控管理，加强重点车辆源头管理，有效预防重特大交通事故的发生；根据平台提供数据，科学制定重大活动、节假日交通管理预案，合理调整街面警力。为城市交通规划、市政建设管理提供交通通行数据，为救助群众等各类服务民生事项提供及时高效服务。通过平台的伴随车辆分析、多点位分析比对、出入案发现场车辆分析、通行车辆查询、视频回放等功能，对流窜作案、团伙作案、智能化作案等系列案件进行深入分析研判，成功锁定嫌疑人作案工具，破获了多起涉车案件。

四、道路运输信息化建设

山东省交通运输部门建立了覆盖省、市、县运输管理机构的全省道路运政综合管理业务系统。初步建立了以运政系统为主体、以站场展示和抽样调查等为外延、以各市个性业务软件为补充的运政综合管理平台，覆盖了客运、货运、出租车、车技、维修、运输服务、搬运装卸、稽查投诉、机构人员等子行业，促进了运政业务管理的标准化、规范化，实现了部、省运政联网，形成了以省、市两级运政中心数据库组成的全省运政数据中心。济南、临沂等10个市建设了运政和省交通监察系统数据共享和协调联动系统，实现对道路运输车辆经营违法行为的联控，通过技术手段使道路运输经营者难以逃脱交通稽查部门和运政部门的行业监管和违章处罚，提高了道路运输的安全性。

（一）省交通物流公共信息平台

按照国家交通物流平台“1+32+NX”建设要求，结合山东省交通运输实际，完善省交通物流公共信息平台功能，以省交通物流信息平台为基础，建设和完善四大物流信息平台，包含甩挂运输公共信息平台、中韩陆海联运服务平台、邮政合作服务平台和农村物流公共信息平台。截至2013年底，有来自于政府、企业和协会等4000余名会员；目前提供推荐软件310款，会员可体验软件17款；并与湖南物流平台、环渤海物流信息网等26个平台实现数据交换；为会员供求信息、物流资讯、政策法规等百万余条。平台网站ALEXA国际排名最高时5万名，国内排名7千名。

中韩陆海联运汽车货物运输行车许可证审批系统在威海、青岛、日照、龙眼和石岛5个口岸投入使用；完成甩挂公共服务平台网站、智能调度、运输组织与订单、联盟数据中心和数据交换平台的建设工作，甩挂企业数据上报系统于2013年9月初正式上线，目前已有5家省内甩挂试点企业试用，1家企业正式启用。平台的运行为有效提升物流现代化水平起到了良好的促进作用。农村物流平台完成42家试点单位的信息共享，逐渐完成94个县级城市的平台建设与信息共享工作。在信息发布与展现服务合作的基础上，逐步实现应用平台的建设和对接，在农村物流实体网络的基础上建立信息网络，落实农村交通物流的信息化工作。

（二）省交通出行服务平台

山东省交通出行服务平台以自驾车出行和乘车（船）出行的公众为主要服务对象，通过网站、手机应用、微博、咨询中心和广播电台等多种媒体方式向公众提供可靠、便捷的出行信息服务。

山东交通出行网站以高速道路基本信息、高速服务设施信息、高速动态路况信息、公路客运信息、港行客运信息为基础，为公众出行提供服务。截止目前网站访问量达到1485万/人次。山东交通出行ios版手机应用，为方便出行者实时查看高速路况信息而生，至今为止下载量为10000余次，省内用户达到7000余人。目前平台新浪微博“山东交通出行”已经累计发布路况信息4万余条，粉丝达到33万余人。省交通出行服务平台的建设，符合“以人为本”的社会理念，为公众出行提供便利、提高道路利用率、减少交通拥挤、保障道路交通有序运行、改善交通环境发挥了积极作用。

（撰稿：胡家兴、辛晋、王川）

浙江省城市交通拥堵治理五年行动计划

城市交通拥堵是世界各国发展普遍遇到的难题，浙江省委书记夏宝龙在2012中国民营企业峰会上做出了五年治堵的承诺。2012年11月24日，在浙江省首条地铁——杭州地铁1号线开通试运营的日子，浙江省治理城市交通拥堵工程同时启动，正式打响五年治堵攻坚战。夏宝龙强调，我们以杭州地铁通车日作为全省治理城市交通拥堵工程的启动日，就是要借此东风回应群众关切，发出动员令，打响治理城市交通拥堵战役。各地各部门要立即行动起来，抓紧制定符合各自实际的城市治堵行动计划，雷厉风行，真抓实干，实施规划、建设、管理“三位一体”综合治理措施，确保打赢治理城市交通拥堵这场硬仗。要全面实施公交优先战略，积极开展公交优先示范城市创建，加快建设地铁、轻轨等现代化的城市公共交通设施，切实提高公共交通分担率。要加快城市停车场建设步伐，充分开发利用地下停车空间，推进停车产业化，增设一批加油、换乘等新设施，推动城市停车硬件设施、软件服务都上一个新水平。要加大城市违章建筑拆除力度，让城市布局优起来、城市交通快起来。要落实严密的责任和严格的考核，下任务、定指标，确保每年办成几件实事，一个阶段集中解决几个难题，力争通过五年努力，使我省城市交通拥堵状况明显改观，努力为全省人民营造良好的出行和生活环境。在2013年的浙江省“两会”上，新一届省政府也将治理城市交通拥堵写入政府工作报告，并将其列入浙江省政府十大为民办实事之首。2013年作为浙江省治理城市交通拥堵的开局之年，各地市纷纷成立了“治堵办”，从规划、建设与管理综合治理的角度打响了城市治堵的攻坚战，全省各地深入推进治堵各项工作。

一、杭州市治理城市交通拥堵管理措施

杭州把2013年定为“排堵保畅和秩序整治攻坚年”，提出了“治堵先治乱、治乱必治违、治违须严管”的治堵思路，大力推进城市交通治堵治乱工程。

（一）“循环交通”优化交通组织

在2012年完成分区、循线和微循环为支持的循环交通理论构筑和试点应用的基础上，把2013年确定为循环交通理论落地实践年，把“循环交通”作为治堵工作的重要策略，不断深化、提升和拓展，改善道路交通格局。一是以潮汐交通促进循线建设。选取具有明显潮汐特征的道路，通过架设新型龙门架，磁吸式道钉、潮汐指示牌等明显的标识，辅之以交警现场管理引导，形成潮汐车道，加强通行管理。已经实施了西溪路、文三西路、体育场路等6条道路的潮汐交通，打造了从古墩路 - 西溪路 - 玉古路 - 求是路 - 曙光路 - 体育场路的城西到市中心全长12.5公里的快速通勤通道。实施以后，

该通勤通道对通过性交通流吸流效果明显，在最大化道路利用率的同时，减少了周边道路的通行压力。运行一段时间以来，上述道路早晚高峰结束时间分别减少了 15 分钟。二是以微循环打通区域路网。将区域性的微循环和循线项目相结合，以主循线周边设置区域微循环的方式，使区域性的局部交通和通达性的快速交通融为一体，互为促进，良性循环，最大限度缓解交通拥堵和停车难问题。2013 年交警共落地实施景芳、长庆、文二西路、文新地区周边等区域微循环项目 10 个，新实施单行线 40 条，有效改善了实施微循环区域周边的交通秩序。

（二）“秩序整治”营建良好环境

保障交通安全、维护交通秩序，营建良好的通行环境是交通管理部门最重要的职责，坚持坚持“治堵先治乱、治乱必治违、治违须严管”的工作思路，以 8 类重点交通违法行为集中整治为契机，推进整治工作不断深入。2013 年交警局本级共查处各类交通违法行为 217.89 万起，同比去年增长 25.89%。其中，查处“8+2”类重点违法行为 184.64 万起，比去年同期增加 54.75 万起，增幅达 42.15%。主要做法：一是开展平安行动攻坚。将“平安行动”作为定期、常态整治的攻坚手段，在此基础上，不定期开展“风暴行动”，每次设定不同的“风暴眼”，对严重危害交通秩序、影响通行效率的违法行为进行重点打击，巩固前期整治成效，累进掀起整治高潮，形成浓厚的整治氛围。二是视频大会战助力。依托杭州交警局视频会战室 11 个抓拍工位和 32 个中队数字勤务室，在加强路面严管的同时，突出“现场与非现场”相结合的管控模式，强化桌面和路面互动，形成严查严处违法的“交叉火力网”。三是对静态违法实行“违停大会战”。进一步强化静态停车管理，在重点道路上实行“一路一拖车”，对影响道路通行的违停车辆坚决予以拖离，增加执法威慑力。进一步加大违法停车整治力度，开展了违法停车整治“大会战”，对主干道违停实施“违停必罚，乱停必拖”，有效减少违法停车对道路通行效率带来的影响。四是建立小分队整治模式。在大兵团压境，营造整治氛围的同时，按照“弥补空挡、无缝管控”的要求，在各大队都建立了整治小分队，突出夜间、支小路等日常难以有效覆盖的时空间，特别是在整治“非法营运、非法上路”的正三轮摩托车、残疾人机动轮椅车以及电动自行车等方面，发挥了积极作用。2013 年杭州交警已查扣“两非”车辆 2.23 万辆，拘留无证驾驶“两非”人员 142 名，“两非”现象基本得以肃清。五是推进“中国式过马路”治理。从交警自身问题抓起，改进、改善交通设施，在 10 条重点道路的 51 个路口，安装使用 LED 行人信号灯，施划红色的行人等候区，采取四角隔离，构建行人过街安全通道，设置行人违法曝光台，安装了具有违法提示功能的智能遮阳棚，对行人、非机动车乱穿马路行为进行严管严治和现场曝光，有效加强了“中国式过马路”治理力度，形成了“宣、改、管、治”四头并进的杭州治理模式。六是设立“路口 300 米严管区”。杭州交警在违法行为突出的主干道路口设置了“路口 300 米严管区”，实行“全方位提示、无死角监控、无漏网管理”，对机动车违法变道等违法行为进行严管严处。

（三）"精细管理"提高管控水平

牢固树立"精细管理"理念，以勤务机制调整作为突破口，坚持"勤务跟着警情走"的主动警务理念，努力提高"见警率、管控率、查处率"，提高道路管控水平。一是积极探索专班化工作模式，指挥体系更为精炼。集中整治期间，交警局成立了工作领导专班，由交警局主要领导在指挥中心基地指挥部垂直指挥；交警局其他领导在各前线指挥部，以专班化运作方式，指导各地抓住主要矛盾，集中优势警力进行整治。同时，以外围支援核心，机关支援基层的方式，增厚路面警力密度，进一步提高整治成效。目前，专班化运作模式不仅运用于集中整治期间，在大型任务交通保卫、节假日交通组织期间都得以成功借鉴和推广。二是推进完善路面勤务机制改革，警力投入更为精确。推行了"一班制"和"多班制"双轨并存、互为补充的勤务管理机制。设置路面管控责任区 75 个，一级执勤岗 56 个，二级执勤岗 86 个。警力投入体现了因时、因地制宜的原则，真正将"好钢用在刀刃上"。三是建立健全等级响应机制，勤务部署更为精准。在研判警情的基础上，视情启动加强型、次超强型、超强型不同等级的响应机制。共启动等级响应 105 次，增强主动性、把握主动权。通过一系列勤务机制改革，突出警情研判、突出指挥调度、突出精准投放，真正使整治工作适其势、当其时、见其效。四是健全道路建设施工机制，组织管理更为精细。加强与建设单位的对接，建立健全"占道红线、占补平衡"工作制度，全力做好地铁 2 号线、德胜西落地、环北下穿、秋石三期等重大工程施工交通组织管理工作；不断加强东站枢纽配套交通组织管理工作，确保了启用以来运行平稳、交通有序。

（四）"科技应用"提供治堵支撑

坚持"科技是交通管理的生命力"的理念，通过提升交通科技建设与应用水平，为治堵、治乱提供支撑。整合了现有科技资源，以信息主导警务，采用"云计算"技术，搭建了"智能交通"、"智慧交管"两大系统平台。一是开发"智慧行"应用网。主动与科研单位合作对接，开发建设了具有杭州特色的"智慧行"应用网，提供信息查询、业务办理、交通宣传等服务内容，并以 APP 客户端的形式，为智能手机用户提供下载。二是建立"掌上车管所"。以多种交通管理信息为基础，将车管业务为核心的系列服务有效整合至智能手机终端，实现车主、驾驶人与公安交警部门的信息双向互动，在身份认证基础上，为老百姓提供法律法规咨询，车驾管业务预约受理等一系列服务。三是强化交通诱导。根据道路交通特点，在部分车流量较大路段安装了交通诱导系统，引导车流合理流动，最大限度减少拥堵，提高道路通行效率，已建成道路诱导信息发布 208 个点位，其中包括道路情报板 92 块，路网情报板 15 块，匝道控制点位 25 个，路口联动点位 76 个。四是创新静态停车管理方法，开发了具有文字提醒功能的 LED 停车管理屏。根据不同时段的管理需要，通过调整显示内容，将交通信息清晰、明了地传达到交通参与者，起到提醒和警示作用，在西湖区紫荆花路上试用起到了良好的效果。五是强化信号灯科学合理设置。以"让老百姓看得懂、行得方便、过得安全”为目标，对老城区1356个交通信号灯进行排查整改，优化配时，在行人安全过街的“下限”和等候的“上限”之间，寻找平衡点。并在市区主、次干道安装使用了466套具有文字提醒功能的LED行人信号灯，在路口、路段新增90个行人过街按钮，配合交通设施，构造明确的行人过街安全通道。

（五）“宣传借力”提升文明素质

交通整治，宣传系于一半。为了提升交通参与者的文明交通素质，将文明的交通意识转化为出行时的自觉行动，交警局开展了高密度、多层次、全覆盖的宣传活动，广泛联动政府部门、动员社会力量参与到行动中来，有力保障了整治行动强势推进。一是借助媒体，高密度开展宣传报道。整治以来，杭州交警多次邀请中央、省、市媒体负责人进行恳谈，向媒体通报整治工作部署安排，解读整治重点及相关措施，并就如何开展好整治行动、治理交通拥堵，以及开展联合宣传进行了专题探讨和互动交流，助推整治工作。期间，中央电视台新闻频道、新华网、凤凰卫视等国内主流媒体和省、市各级本地媒体，均多次对我市严守、严管、严处交通违法整治行动从正面进行了大篇幅专题报道，在全国范围内引起了舆论热议与各界关注。特别是治理“中国式过马路”和“路口300米严管”举措，央视都做了宣传报道，肯定了杭州的做法。二是部门合力，多方位拓展宣传阵地。紧紧依靠市委、市政府，将整治工作纳入文明城市创建的重要内容，加强协调发动。在市委宣传部、市文明办整体牵头下，杭州文广集团、杭州日报、公交集团、地铁集团、移动公司、电信公司、街道社区等单位、部门与交警局一起，联动协作，在巩固现有宣传平台基础上，进一步拓展宣传阵地。同时，广泛利用户外宣传载体，如指路牌、遮阳棚、报刊亭、公交站牌、公交车体、地铁车厢，以及工地围挡、楼宇传媒等等，加大公益广告投放力度。此外，交警局还专程上门与杭州移动协商，通过分时段、分区域发送集中整治短信提醒内容的方式，进一步扩大宣传覆盖面。三是发动社会，多层面构建共建体系。联合各级文明办和市志愿者协会，组建专门的交通志愿者队伍，每天发动交通志愿者、义工、驾考学员等社会力量近700名投入到10条道路，开展教育劝导、严守路口和“门前三包”等工作。依靠社会力量进一步壮大交通管理队伍，补充警力不足困扰，形成整治合力。与横店集团合作开展“治堵我参与”活动，对守法的交通参与者，以奖励横店影视城门票的形式，努力使文明交通深植人心。

二、宁波市城市交通拥堵治理五年行动方案

随着宁波社会经济的持续健康发展，城市人口和机动车保有量显著增加，交通供给与需求矛盾日益突出，城市交通拥堵日趋严重。为有效解决宁波城市交通拥堵问题，进一步改善城市发展环境，贯彻落实党的十八大精神，推进浙江“两富”战略，根据省委、省政府五年内解决浙江省城市交通问题的任务要求，结合宁波实际，制定本行动方案。

（一）总体思路、原则和目标

宁波城市交通主要问题是通勤（上、下班）交通问题，通勤交通中公共交通出行比例相对过低而小汽车出行比例相对过高导致早晚高峰拥堵常态化，因此，宁波城市交通问题重点是解决通勤交通问题，而这种交通需求结构不合理是交通供需矛盾突出的最主要根源。宁波市城市交通问题解决的总体思路是要在继续加大交通基础设施建设力度的同时，大力加强交通系统管理，着力优化、调整交通需求结构，逐步控制个体机动出行需求，促使个体机动出行向公共交通出行转化，逐渐建立以公共交通为主导的城市交通模式。

城市交通问题解决应秉承“以人为本”的基本理念，以解决“人”的出行问题作为基本立足点和最终归宿。同时遵循交通发展四大基本原则，即优先发展公共交通、适度控制小汽车需求、积极倡导慢行出行、优化城市空间布局原则，大力推进“六大行动”，即道路网络完善行动、公共交通提升行动、慢行交通提升行动、停车体系优化行动、交通管理优化行动、需求管理强化行动，至 2017 年底前基本解决宁波城市交通拥堵问题，形成完善的城市交通系统，营造“有序、畅通、安全、舒适、和谐”的交通环境，实现市区公共交通出行比例由现状的 17.7% 提高到 40% 以上，全大市城乡公交一体化率达到 95% 以上；中心城区主要干道平均行程车速由现状的 18.5 公里每小时提高到 25 公里每小时以上，全大市由现状的 21.2 公里每小时提高到 30 公里每小时以上；中心城区每日通勤时间由现状的 60 分钟下降到 40 分钟以下，中心城区与周边各组团间出行时间小于 60 分钟。

（二）实施路径

解决宁波城市交通问题既要强调扩大供给，即重视城市交通基础设施建设，提供好交通资源，也要强调控制需求，即重视城市交通需求结构调整优化，分配好交通资源。从目前来看，应该“扩大供给”和“调控需求”并行并重，一方面通过设施建设提供好资源，另一方面优化调整分配好资源。总体上，城市核心区在资源分配导向上应以公共交通、慢行交通需求为主导，而在城市外围空间则应适当兼顾公共交通和小汽车需求。从长远来看，由于城市土地尤其是城市交通用地刚性制约，城市交通供给有限，应该更加注重城市交通需求控制，特别是要注重城市空间布局优化，从根本上减少小汽车出行需求，优化交通出行结构。

根据总体思想、原则和目标，结合宁波市目前实际情况及国家“公交都市”的建设要求，宁波城市交通拥堵治理工作应分近期、中期、远期三个阶段有步骤、有重点、分层次协调推进。近期，在 2013 年底南北快速路主体工程基本建成、宁波快速路网骨架初步形成前，重基础建设和公交导向；中期，在 2015 年底轨道 1 号、2 号线全面运营、宁波城区公共交通服务体系重构前，重资源整合和结构优化；远期，在 2016 年后，重需求管理和空间引导。

——近期 (2012 年～ 2013 年底)：以基础建设和公交导向为重点，通过基础建设，增加道路供给，完善道路交通系统；通过公交导向，启动公交专用道建设，提升公交服务水平，引导居民公交出行，尤其是要注重解决东西向通勤交通问题；以“加强停车管理”为抓手，遏制小汽车在核心区的出行需求，加快外围区停车设施建设，优化停车结构。

——中期 (2014 年～ 2015 年底)，以资源整合和结构优化为重点，通过资源整合，构建轨道、公交、公共自行车多模式、一体化的公交服务体系；通过结构优化，大幅提高公交出行比例，有效缓解城市交通拥堵。

——远期 (201 6 年～ 2017 年底)，以需求管理和空间引导为重点，通过需求管理，充分发挥政策引导和经济杠杆作用，实现交通供需动态平衡；通过公共交通发展，引导城市空间布局优化，通过城市空间布局优化进一步强化公共交通在城市交通体系中的主导地位，公交出行比例达到创建国家“公交都市”示范城市的基本要求，从根本上避免形成新的城市交通问题。

（三）行动计划

宁波城市交通拥堵问题的解决，必须建管齐下，疏堵并用，动静结合，全面实施六大行动：

一是道路网络完善行动。构筑快速路网，打通断头路，加快过江通道建设，深入推进城市拆违行动，结合片区综合治理，完善支路网，形成以快速路网为骨架，主次干路为支撑，支路网为补充，结构合理、功能完善的城市道路网络体系，为公共交通和慢行交通的发展提供必要的资源保障。

二是公共交通提升行动。形成以轨道交通 1 号线、2 号线为骨架，常规公交为基础，出租车为补充，公共自行车为延伸的多模式、一体化城市公共交通系统。打造路权优先更有保障、线网层次更为丰富、运营服务更为可靠、设施规模更为充足、行业管理更为先进的公交服务体系，全面提升公交服务品质。

三是慢行交通提升行动。按照“连续成网、便捷接驳、相互分离、环境提升”原则，以拓展轨道公交服务范围和连接公共休闲空间为重点，延伸慢行接驳网和慢行休闲网，推广公共自行车租赁服务，构建安全、通达、便捷、舒适、绿色的步行和自行车交通网络，满足市民日常出行与休闲健身需求。

四是停车体系优化行动。扩大停车设施供给，优化停车场供给结构，强化停车设施空间布局。加强停车管理，规范有序停车，提高停车管理的智能化、信息化水平。结合城市拆违行动，加大停车场建设，推进停车产业发展。利用价格杠杆进一步调控停车需求，优化停车选择，达到减少小汽车出行的目的。

五是交通管理优化行动。建设智能化的城市交通运行管理体系以适应现代城市综合交通发展需要。以优化交通运行组织，提高交通设施使用效率为目标，全面推进智能交通系统建设，实现道路交通状况的实时监测、交通信息实时发布等，为居民出行提供便捷交通服务。

六是需求管理强化行动。综合利用经济杠杆和政策措施，通过出行管理、设施供应、总量调控等手段合理引导机动车拥有和使用，缓和机动车过快增长，降低使用强度，促进城市交通方式结构优化，使道路交通状况达到群众满意水平，使交通发展与城市化格局协调融合。

（四）工作任务与职责

1．近期工作任务

（1）构建快速路网体系。加快南、北外环快速路建设，加快启动世纪大道快速路改造，强化东外环快速路功能整治，与机场快速干道初步形成中心城区快速路网骨架。

（2）推进轨道交通建设。加快推进轨道 1 号线和 2 号线一期工程建设，同步开展轨道交通与地面交通换乘无缝衔接，积极启动第二轮轨道交通建设。研究与整合轨道交通与常规公交的换乘接驳体系，制定并启动项目实施方案；研究轨道交通票价方案。

（3）构建公交专用道网络。通过整合现有道路资源，构建公交专用道网络，建成环城西路、中兴南路—钱湖北路等公交专用道。以南北外环快速路主体工程基本建成、轨道建设占用路面恢复、永达路桥启动建设为契机，研究并推动南、北外环快速路、中山路、联丰路—柳汀桥—药行街—百丈路、兴宁路等公交专用道建设；结合智慧交通建设，研究并建立智能化公交优先信号控制系统。

（4）打通道路交通节点。实施城市交通拆违行动，继续实施桑田南路 (永达路—长寿东路)、沧海路 (昌兴街—兴宁路) 等 16 条断头路的建设；开工建设新江桥等重点过江通道，加快推进新典路、四明路、院士路、中兴路等过江通道前期工作；提升惊驾路 (外滩大桥—朝晖路) 等瓶颈路段道路等级。

（5）推动慢行系统建设。推进“三江六岸”核心区绿道慢行系统建设；研究制定过街通道实施方案，启动核心区行人过街通道建设，推进行人过街信号灯和安全岛设置，构建完善的慢行系统。

（6）推进停车体系建设。摸查中心城区停车供给资源，清理整顿停车资源擅自改变用途、占用、出租等现象；结合城市拆违行动，增加公共停车设施供给；修编《中心城区公共停车场专项规划》，优化核心区停车泊位供应，扩大外围区停车泊位供应，在外围轨道、公交枢纽充分设置停车换乘场站，启动建设一个外围货车停车场，实现停车场合理布局和有效利用；研究公共停车场建设鼓励政策，促进停车结构优化；修订《宁波市建设工程停车配建指标》，进一步优化和提高各类建设工程的停车配建标准；研究并加大居住小区停车供应，充分利用公园绿地地下空间建设停车场，积极引进巷道堆垛式、垂直提升式、垂直循环式等智慧立体机械停车设施。

（7）加强停车系统管理。以严格的停车管理遏制交通需求过快增长，逐步取消免费停车供给，进一步提高停车收费基准价，拉大停车费地域差、路内路外差，以价格杠杆调节停车需求，调控中心城区停车需求，逐步减少路内停车泊位；对违法停车进行严格管理，大幅降低道路违停车辆数量。

（8）提高交通系统管理水平。打造“智慧交通”，加强动、静态交通诱导系统等建设；优化区域交通组织，重点推广单向交通；实施交通流量均衡措施，实施禁左、空驶车辆限制等管制措施；强化交通秩序管理，规范道路交通行车秩序；强化文明宣传，培育交通参与者的文明素养。研究扩大“禁货”范围至绕城高速，优化城市货运交通组织；研究立法《宁波市道路交通管理条例》，提供强有力道路交通执法保障。

（9）强化交通需求管理。鼓励发展中小学、幼儿园校车和单位班车服务，扩大错时上下班范围，有条件推进弹性工作制。研究拥堵收费、“单双号限行”、提高停车收费等限制小汽车出行的政策，加强小汽车使用控制；研究“购车自备停车位”、“车牌拍卖”等控制小汽车增长的政策，加强小汽车保有总量的控制。

（10）提高公交服务保障能力。整合现有公交运营企业，实现资源优化配给，研究制定公交场站站点布局、公交线网优化标准。市区新辟公交线路 10 条，优化公交线路 20 条，新建鄞州区公交综合枢纽站和首末站 3 个，新型公交候车亭 100 个。完成中心城区至余慈组团的市域客运班线公交化改革，推动中心城区至南三县 (市) 的客运班线集约化改造；结合轨道 1、2 号线布局，开展城市组团内部与组团之间的中等运量有轨电车的可行性研究，与轨道交通形成有效互补；按照“一次规划、分期实施”的原则，启动公共自行车系统建设，试点建成 600 个网点，投放 15000 辆公共自行车;同时，开展下一轮公共自行车实施方案研究；推出市区公交 1 小时免费换乘措施，提高公交出行的吸引力。实现市区“无线公交站牌”覆盖，继续推广“智能公交站牌”覆盖。

（11）申报创建公交都市。贯彻落实国家关于城市优先发展公共交通的要求，积极创造条件，开展国家“公交都市”建设示范工程第二批试点城市的申报工作，列入市政府年度工作任务。按照“保障更有力、服务更优质、设施更完善、运营更安全、管理更规范”的考核要求，制定实施方案，强化协调保障，完善扶持政策。

2．中期工作任务

（1）继续完善道路网络建设。基本完成世纪大道快速路改造工程，进一步完善快速路网体系。结合区域开发，优化主次干道体系，完善支路网。启动邵家渡桥、西洪桥等过江通道建设。推进航空、港口集疏运体系建设。

（2）完善公交专用道网络。全面推进南、北外环快速路、中山路、联丰路一柳汀街一药行街、兴宁路、鄞县大道、人民路一灵桥路、福明路、福庆路一院士路的公交专用道设置，形成“七横五纵”的公交专用道网络；持续推进公交专用道网络拓展，原则上在城市快速路、主干道新建或改建时，同时在该道路或相邻并行道路上布设公交专用道，并对公交专用道沿线交叉口实施公交优先信号控制。

（3）完善慢行交通系统。延伸绿道系统建设，建成“三江六岸”核心区绿道慢行休闲系统；中心城区公共自行车租赁网点达到 800 个，投放 2 万辆公共自行车，基本建成网点布局合理、服务质量优良的公共自行车交通系统。

（4）继续推进轨道交通建设。建成轨道 1 号线和轨道 2 号线一期工程并投入运营，加快第二轮轨道交通建设。

（5）推进公交枢纽、场站建设。建设集公路、铁路、机场、公交等多种运输方式于一体的综合客运枢纽，实现各种客运方式的有效接驳；推进东部新城、镇海区两个公交综合场站，以及梅堰路、海晏路等十个公交首末站建设。

（6）优化公交运输体系。建立“一城一交、城乡一体”的公交运营管理体制；整合轨道交通和常规公交，实现轨道交通和常规公交间的协调互补；加快建设“快一干一支”三层次常规公交线网，推广高峰巴士、商务快巴、小型支线公交，满足市民多样化的公交需求。依托城市高快速路或公交专用道，开通中心城区与余慈组团，至奉化、宁海、象山南部组团，以及组团间、车站枢纽间、客流集散地间的大站快车，启动城市组团内部与组团之间的中等运量有轨电车建设。

（7）推进智能交通系统建设。充分发挥SCATS系统和电子警察系统功能，结合智慧城市建设，进一步完善动、静态交通信息诱导系统；重点建设交通综合信息平台，构建交通仿真决策系统，全面打造智能管理平台。

（8）强化停车体系建设和管理。根据停车场专项规划，结合建设项目，统筹安排资金，全面实行停车场投资、经营、管理优惠政策，加快公共停车场建设。全面推行差别化的停车管理政策，进一步提高中心区域的停车费，有效控制中心城区过度密集的小汽车集散量和滞留量，建成一个外围货车停车场，以停车场站建设和管理为抓手，实行“以静制动”的需求管理政策。

（9）提升出租车服务品质。适当增加出租车投放力度，从目前千人拥有1.1辆出租车水平逐步达到千人拥有2辆的大城市标准。市区出租车使用清洁能源比例达到70%以上。更新改造市区出租车计价器，实现甬城通卡刷卡功能。初步建成出租汽车服务管理信息系统，提供即时电召、电话预约和服务评价，提高覆盖率和满意度，减少出租车空跑和乘客等待时间。适时引导并推动城市小汽车租赁业发展。

3．远期工作任务

（1）公共交通引导空间发展。合理安排交通与土地利用开发建设时序，制定土地利用与交通协调发展相关政策、标准。加快新一轮城市空间结构布局的优化调整，建立以公共交通为导向的城市发展模式。研究建立开发项目与配套道路、公交场站、人行过街设施等交通基础设施项目同步规划、同步建设、同步验收、同步投入使用制度。

（2）提高机动车使用成本。适时评估路网建设和公交整合效果，结合交通拥堵的时段特征、区域特征，重点针对小汽车使用，强化经济杠杆调节作用，按照“谁使用，谁受益，谁付费”的原则，研究实施道路拥堵收费，所收费用全部用于公共交通发展和道路建设。

（3）适度调控机动车总量。适时评估路网建设和公交整合效果，在不违背公平原则和不挫伤机动化早期居民拥有小汽车积极性的前提下，适度开展机动车总量调控，从源头上控制机动车的过快增长。

（五）保障措施

加强组织领导，形成工作合力。成立由刘奇市长任组长、王仁洲副市长任副组长，公安、城建、交通、规划、城管、发改、国土、智慧办等市级相关单位为成员的城市交通拥堵治理工作领导小组，办公室设在市住建委，统筹安排工作进程，协调解决存在问题，有效保障工作推进。领导小组各成员单位要进一步增强工作责任感和紧迫感，把拥堵治理作为提高群众生活满意度的首要工作来抓，明确责任分工，理清工作思路，大力开展文明交通宣传，按照行动计划要求狠抓项目实施，确保目标任务按时、高标准完成。各县(市)区建立相应的组织领导机构和工作机构，落实联动机制，形成上下合力。

加强要素配置，保障工作实施。结合我市实际，进一步加强资金、土地、人力等要素保障。加大城市交通拥堵治理的财政投入，积极吸引各方资本进入交通基础设施建设领域，实现多方参与，共同治理。加大项目建设的土地保障，优先安排重点交通基础设施建设项目的用地。配足配强技术、管理人才，充分依托科研院所，组织开展公交优先信号和公交专用道设置、城市交通基础数据库构建、公共交通衔接体系、慢行交通与公共交通接驳体系等专项研究，为市委、市政府决策提供专业依据。

加强监督考评，落实工作奖惩。要建立健全城市交通拥堵治理工作的监督和考评机制，充分运用行政监察、政务督查等手段，强化对各项工作的监督、考评，定期通报各地、各部门工作落实和进展情况，并纳入领导干部政绩考核和重点工作任务目标考核内容。对成绩显著的单位和个人要予以表扬；对责任心缺乏、工作开展不力的单位和个人，要参照相关规章制度予以惩处。

（撰稿：金盛）

重庆市智能交通系统建设应用发展

一、基本情况

重庆作为国家科技部确定的首批9个全国智能交通系统应用示范工程试点城市，经过前几年的大力建设，已建成交通指挥中心、交通视频监控系统、交通信号控制系统、交通诱导系统、电子警察、通信系统、视频车辆监测系统等七大子系统的智能交通系统。截止2013年12月，重庆市交警总队目前监控摄像头350处，1处监控主中心，3处监控分中心，电子卡口26处，交通诱导屏58块，电子警察248套，自建光缆约360公里。重庆主城区内的交叉口安装信号灯总数为1005套，比2012年增加了43套。

二、建设完成的主要系统及应用情况

（一）智慧城市区域试点示范

智慧城市就是借助新一代的物联网、云计算、决策分析优化等信息技术，将人、商业、运输、通信、水和能源等城市运行的各个核心系统整合，从而更好地控制城市运营，并优化有限资源使用情况，其中智能交通又是建设智慧城市的基础与重要领域。

2013年1月，重庆南岸区和两江新区列入国家住房和城乡建设部首批智慧城市试点名单。8月，永川区、江北区成为第二批智慧城市试点。其中，南岸区已建成智慧城市展示体验中心，《国家智慧城市创建任务书》通过专家组评审，未来三年，将会启动21个智慧城市项目，着力建成一批示范项目，使物联网技术在智慧交通、智慧社区、智慧安防、智慧旅游等八大领域实现全覆盖。其他区县，如合川、黔江也与重庆联通合作启动“智慧城市”建设。

在物联网、云计算、大数据等新一代信息技术支撑下，在江北嘴CBD建设、重庆市江北区社会安全事件应急联动指挥系统工程建设、重庆市新一轮主城区智能交通控制系统工程建设机遇下，以“三屏合一”为核心，建设江北商圈（含江北嘴CBD）智能交通行车和停车诱导系统以及江北智慧商圈服务系统。

其中，三屏是指手机（平板）屏幕、计算机显示屏幕、户外引导屏，“江北智能交通行车和停车诱导系统”与“江北智慧商圈服务系统”通过三屏实现应用。“江北智能交通行车和停车诱导系统”主要指利用“主城区智能交通控制系统”成果，结合江北商圈室外停车管理系统、停车诱导系统、江北智能交通行车和停车手机导航系统建设，实现畅通商圈。“江北智慧商圈服务系统”主要指利用目前的智能手机技术，实现江北智慧商圈商家服务的主动推送，藉此引导商家为消费者提供定制化服务。

（二）渝中区智能交通控制系统

2012 年底渝中区智能交通控制系统工程建设正式启动，将建成由“一个平台和五个系统”构成的智能交通控制系统，作为打造“畅通渝中”、“10 分钟渝中”的重要组成部分。与渝中区交巡警指挥平台、城市网格化管理等有机结合，实现资源共享，大幅提高交通诱导、交通监管、停车诱导等方面智能化水平，有效缓解渝中区交通拥堵，提升城市服务和管理品质。

“一个平台和五个系统”具体包括：中心智能交通集成管控平台，交通信息发布系统（含信息采集系统）、交通信号控制系统、移动交通路况查询系统、交通行为监测记录系统（含机动车违章停车抓拍系统、交通监控系统）、城市停车诱导系统，整个渝中区智能交通控制系统工程建设分为两期。

第一期建设任务中，主要为信息采集系统外场设备布设包括 149 套微波车辆检测器和 17 套地感线圈车辆检测器、149 套微波车辆检测器、20 套交通引导屏及新华路示范路段五个路口的 8 套电子警察。

二期工程总投资暂定约为 0.95 亿元。具体建设内容如下：

1．中心智能交通集成管控平台功能扩展

基于一期中心智能交通集成管控平台建设情况，添加功能模块、整合接口，完善多源数据交互、融合、应用，扩展已有集成平台功能。以二期工程新建系统为依据，对中心智能交通集成管控平台功能模块进行集成与功能扩充。

2．建设交通行为监测记录系统（含机动车违章停车抓拍系统、交通监控系统及交通事件检测系统）

新建机动车闯红灯、超速等违章行为自动检测系统，实现车辆检测、车辆拍照、车牌识别、后台图像处理等功能。

在重要路段、重点单位出入口布设违章停车抓拍设备，有效治理违停顽疾，提升交通环境。

在交通流量较大的干道、路口及重要场所，事故多发路段、弯道处，重点单位出入口、人员密集区域，以及关键卡口路段，安装高清视频监视及交通事件检测设备，保证对交通情况进行有效的监视。

3．建设城市停车诱导系统

在渝中区建立城市停车诱导系统，分级显示主要路段、商圈周边停车库空闲情况；修复、升级解放碑 CBD 停车诱导系统，与新建停车信息发布系统有效衔接。

4．建设移动交通路况查询系统

开发智能手机信息发布应用软件，加强交通信息，尤其是停车信息发布及相关衍生服务功能。

5．完善交通信息发布系统（含信息采集系统）

基于一期已建设的交通信息采集设备情况，针对二期智能交通系统建设的需要，完善交通信息采集设备布设，为应用系统提供数据支撑。

通过补充交通诱导屏完善交通诱导系统，通过为驾驶员提供路况信息，引导车辆择路避堵，缓解地面和主要节点的交通压力。

6. 交通信号控制系统试点

选择部分主要干道，对现有信号控制系统进行改造，完成绿波协调控制与自适应信号控制试点。

将交通信号控制系统中未联网的信号控制机通过无线、有线网络接入控制中心，实现集中控制。

配合交通信号控制系统试点，提出服务于信号控制的道路、交叉口交通组织和渠化优化方案。保证交叉口渠化方案与信号控制方案相匹配，提高通行能力，充分发挥智能交通系统的作用。

针对项目施工期间的交通组织规划提出建议，通过采取设置单向交通、禁止左转等措施，保证施工期间交通组织的畅通有序。

7. 通信与供配电

通过对已建成的网络通信与供配电系统升级改造与部分新建，采用有线或无线通信方式，实现外场设备与中心机房之间的通信，并保证外场设备与中心机房供配电的稳定性与安全性。

2013 年，重庆市渝中区完成智能交通控制系统一期建设任务并投入运行。渝中区智能交通控制系统工程（一期）总投资约 3000 万元，该系统主要包括交通信息发布系统（含信息采集系统）、交通诱导系统、智能交通集成管控平台，以及集成管控平台与交通信息采集、交通诱导系统的集成（包含软件开发编制）；整合现有交巡警业务系统，以及现有交巡警总队、渝中辖区内支队、大队、交巡警平台、公安分局等指挥中心的联网。

（三）全市实现主城和区县公共交通一卡通用，提高城市交通的便捷

垫江县开通交通智能卡并累计发卡 4000 余张，实现与主城“一卡乘车”，标志着重庆市交通智能卡推广与整合工作取得新进展。自 2011 年底永川区交通智能卡首先实现与主城通用，重庆在江津等多个区县展开了交通智能卡与主城的互联工作，累计发放 10 万余张。

（四）国家智能交通物联网应用示范工程之重庆市主城区道路高空高清视频监控系统

重庆的国家智能交通物联网示范工程是 2011 年 7 月国家工信部、财政部批准的全国首个智能交通物联网示范应用项目 (工信部科 [2011]353 号)。该示范工程针对城市交通管理和服务的应用需求，运用 RFID 技术进行动态交通信息的采集、分析、应用，实现精细化车辆管理和交通信息服务，带动相关产业发展。项目获得《重庆市道路交通安全条例》立法支撑，首次将无源 UHF RFID 技术在一个省级辖区内发行、普及和应用，是目前全球涉车综合应用规模最大的基于 RFID 技术的交通物联网、交通大数据、“交通云”实际应用范例。

目前，已发行“重庆交通信息卡”780多万张(驾驶证电子附证3324716张、行驶证电子附证2463003张、车牌电子附证1993364张)，覆盖全市机动车及驾驶人，实现“人、车、牌”电子化管理；交通动态信息数据采集量将达到日均3000万次以上。项目已在城市建设规划、交通组织控制指挥、城市公共防控、交通规费(税)征收、高排放车管控、城市交通诱导、以及收费站、停车场及单位小区智能门禁便捷通行服务等领域、行业广泛应用。效果良好，客户需求旺盛。通过应用示范工程，提升了城市交通管理信息化水平和城市交通综合管理服务能力，实现政府决策、交通监管和公众服务之间的共赢，并带动智能交通物联网战略性新兴产业发展。示范工程的实施，重庆探索并建立了一套完备的相关标准规范体系，并形成了9项地方标准，取得了9个专利。

2013年国家级智能交通物联网应用示范工程之重庆市主城区道路高空高清视频监控系统已经完成招标工作，正逐步实施主城区道路高空视频监控系统的建设。在城市智能交通领域和道路监控服务领域，实现交通物理单元的全面感知和主动管理。项目实施后，将极大地促进重庆市市智能交通、物联网应用及相关产业的发展，为构建“智慧重庆”提供坚实的技术支撑和应用服务。

三、其他智能交通系统研究、建设应用情况

（一）交通事故信息快速采集系统

2013年6月，中国工程院院士王正国带领的第三军医大学野战外科研究所团队，成功研制出世界首套交通事故信息快速采集系统。

（二）数字图像自动识别处理系统

2013年，一套针对高速公路、广场等违章行为的数字图像自动识别处理系统通过验收，并示范应用于重庆各大高速路段。不用人工监控，遇到违章画面就可自动弹出并保存，供随时查找。重庆市交通物联网工程技术研究中心研发，针对各种场景的特点建立了一套面向高速公路隧道、关键路段、收费广场等的故障车辆、违章停车、行人、抛洒物、火灾等情况的自动检测方法及预警技术。

目前，此项科技成果已应用于重庆高速公路多个典型路段，实现了对监控图像的自动筛选和过滤，将运行安全事件发现覆盖率从原来的10%提高至90%以上，覆盖范围内事件检测率达到80%以上，监控范围偏差检测率达到了85%以上，确保了监控系统运行的可靠性，将对保障全市交通安全运行发挥越来越大的作用。

四、建设发展规划与展望

在过去一年，重庆市智能交通系统快速发展并取得了很好的应用效果，尤其是渝中区智能交通控制系统工程（一期）项目的建成，为重庆市主城区智能交通系统发展奠定了坚实基础，也提供了广泛的信息平台。“十三五”期间，重庆市智能交通系统将

依旧以主城区智能交通控制系统、五大商圈停车诱导系统、交通信息管理系统与支持决策系统、综合交通枢纽客货运输管理系统等为主要建设内容。

但同时将更加注重“智慧城市”的建设与应用。2013年，南岸区建设了以物联网应用为平台的智慧商圈，将商圈内的吃、住、行、游、购、娱方面的详细资讯通过服务平台终端传输给市民和游客，或是将商圈内的商家消费折扣信息自动推送给在商圈内的消费者；同时启动实施了智能交通行车诱导系统建设，并全面实施商圈精细化管理。2013年4月，重庆市南岸区已经拟定了《南岸区车联网产业发展实施方案》，在未来5年内，南岸将积极建设智能车辆调度系统、自动路径导航系统、智能车辆监控系统、智能公交车查询系统、货物实时监测系统等，把车联网技术推广应用到全市交通管理、公共交通、物流运输、公共安全等多个方面，使重庆城市交通向科学迈进，让市民出行更方便、舒适。

（撰稿：公维勇、邵毅明）

宁波市智慧交通建设与应用

一、宁波市智慧交通建设与应用概况

2010 年 10 月，宁波市委市政府做出了《关于加快推进智慧城市建设的决定》，提出将宁波建设成为智慧型的国际港口城市、中国先进的智慧产业基地、具备领先智慧基础设施的城市以及智慧应用标杆城市，在全国率先进入示范性智慧城市行列。2011 年 6 月，市委市政府进一步出台了《宁波市加快创建智慧城市行动纲要（2011-2015）》，明确将智慧交通纳入智慧城市十大重点应用体系。

根据宁波智慧交通建设规划，至 2015 年基本形成“人、车、船、路、港”一体化感知网络，实现多层次、跨部门交通信息资源共享与交换，形成宁波特色的智慧交通应用框架，构建智慧化出行信息服务体系，推出一批适用性强的智慧交通品牌产品，基本形成规模化的智慧交通产业链。根据该建设目标，近期重点实施“163”工程，形成“一套感知系统，一张传输网络、一个云平台、两类服务、三大应用、三项示范”。

目前，宁波智慧交通建设在宁波智慧办、交通委、公安局、城管局、住建委等部门的联合推动下正在稳步推进，高清视觉感知网络已覆盖市三区 80% 以上信控路口，“宁波通”、“无线公交”、出租车电召、停车诱导、“数字公路”、市区长途汽车站联网售票等智慧交通项目均已建成并投入运行。

二、“宁波通”公众出行信息服务平台

2013 年 9 月宁波正式对外发布“宁波通”手机终端应用，该应用平台整合了宁波市交通委、市交警局、市城管局等部门的综合交通信息，提供包括实时公交、出租车电召、公共自行车查询、停车诱导、出行规划、路况播报、汽车购票、火车余票、航空动态、违章查询、移车求助、便民服务等 20 余项出行服务。

“宁波通”实现了“买票不出门，一键搞定；出门不问路，交通诱导；打的不等待，一机可约；停车不找位，实时告知；事故不必慌，快处快赔；堵车不用急，移车求助；出行小秘书，随身随行”的愿景。

目前，宁波通有 Android 版和 iPhone 版。市内出行可提供实时公交、公交换乘、公交线路查询、公交站点查询、实时路况（地图版）、实时路况播报、出租车电召、最佳召车点、公共自行车等信息服务；长途出行可提供汽车购票、水上客运、火车余票、航班动态、公路费用等信息服务；车主专区可提供停车诱导、年检预约、汽车维修店查询、汽车 4S 店、违章查询、罚款缴纳点查询、网上车管所、违章缴费、道路交通违法查询

等信息服务；便民查询可提供快递查询、驾培服务、搬家查询、综合查询等信息服务。

图1 “宁波通”公众出行信息服务

三、高清视频综合信息采集系统

2011年6月以来，宁波市公安交警局联合东软集团大力建设基于视觉跟踪技术和视频符号化分析技术的智能高清视觉电子警察系统：一是克服了以前电子警察功能单一只能抓拍闯红灯交通违法行为缺陷，能有效抓拍违法变线、变更导向车道、逆行等交通违法行为；二是具备智能卡口功能，能对通过路口的车辆进行自动的牌照识别和图像记录，通过数据关联对重点违法车辆、套牌车辆、危化车辆、嫌疑车辆等的进入进行自动报警，建立交通管控的“天罗地网”，极大提高执法的震慑力；三是具备高清视频采集和存储功能，为交通事故、治安、刑事案件提供清晰视频证据。

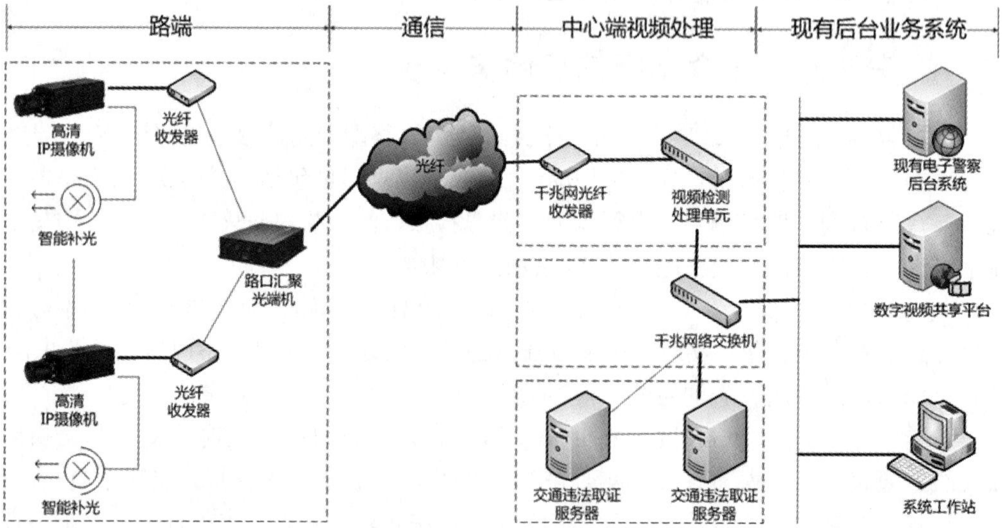

图2 高清视频综合信息采集系统结构

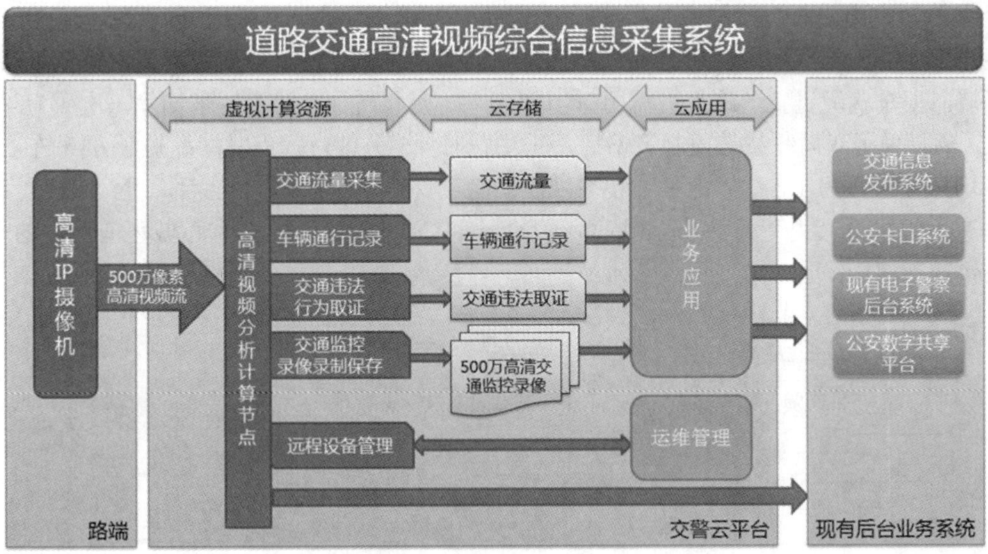

图3　高清视频综合信息采集系统功能

截至 2014 年 7 月底，宁波已经有 950 套高清视频综合信息采集设备投入使用，另有 400 余套正在建设或已列入规划中，预计 2014 年底将完成市三区信控路口全覆盖。通过不断升级改造交通监控系统管控功能与覆盖范围，规范了道路行车秩序，扩大了非现场执法的时间和空间，对潜在交通违法行为人形成了强大震慑，有效提高了交通秩序管控能力。目前，基于该系统形成的高精度综合交通信息采集网络，宁波市正在加快建设中心城区交通拥堵指数系统，2014 年底将面向公众实时发布路网运行指数、片区运行指数、主要道路运行指数和路段交通拥堵状态等实时交通信息。

四、主干路网绿波信号协调控制系统

自 2013 年 2 月份以来，市公安局交通警察局与宁波工程学院联合对宁波中心城区世纪大道、通途路等 15 条主干路实施了双向绿波协调控制。该技术是在现有 SCATS 交通信号联网控制的基础上，基于 MATLAB 图解法的续进式双向绿波设计方法，合理运用单放相位、相位迟开或早闭、行人二次过街、双周期等手段，综合考虑机动车、非机动车、行人的交通需求，对干道协调控制系统的周期、绿信比、相位、相序、相位差及控制子区等进行同步优化，实现了城区主干路网平峰时段的双向绿波信号协调控制。

双向绿波协调实施后，大大提高了城区干道通行能力，减少了车辆的停车率和交通延误，得到了广大市民的认可和领导的一致好评。2013 年 11 月以来，余姚、镇海、奉化、慈溪、宁海等县市区在市公安局交警局科技处的指导下，先后在近 10 条重要干道实施了双向绿波协调控制，应用效果良好。

应用案例：世纪大道作为宁波中心城区南北向重要通道，向南连接宁波东高速口，向北连接 329 国道，世纪大道双向绿波带已于 2013 年 3 月份正式实施，沿途与兴宁路、百丈路、中山路、姚隘路、惊驾路、民安路、通途路 7 条东西向主次干道道路相交。世纪大道在实施双向绿波之前各交叉口采用的是多时段多方案单交叉口定时控制策略，平峰时段车辆通过整条路平均需用时 10.8 分钟，南北向行驶的车辆平均停车次数为 4.2 次 / 辆。采用双向绿波带控制策略后，平均花时 4.5 分钟，行程时间缩短了 65%左右，平均停车次数为 1.2 次 / 辆，停驶率减少 75% 左右。双向绿波实施后，世纪大道行程车速大幅提升（由不足 20km/h 提高到 46km/h 左右），成为宁波中心城区南北向的一条快速通道。

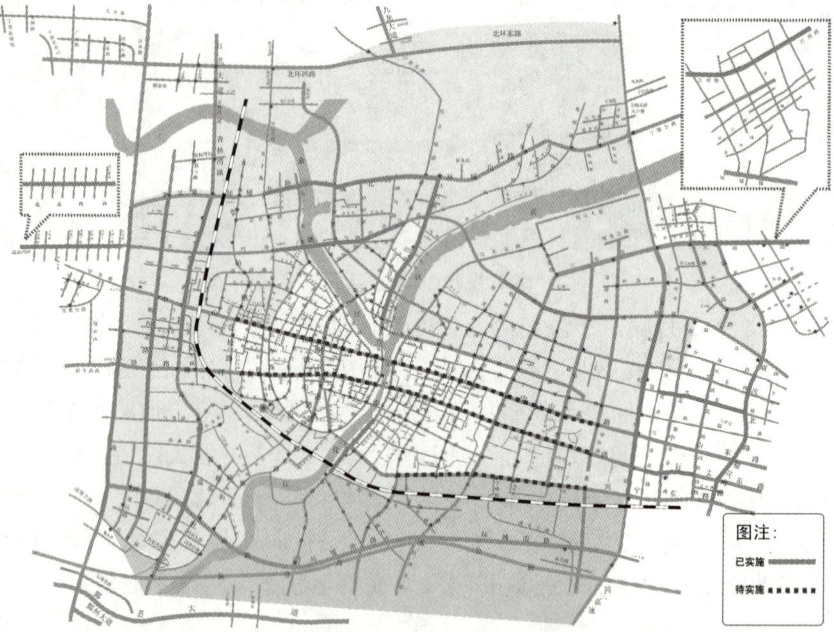

图4　宁波市区主干路网绿波信号协调控制实施示意图

图5　宁波市区世纪大道、福庆路等绿波路段

（撰稿：宁波工程学院交通研究院）

青岛智能交通系统建设与应用

一、概述

青岛市城市道路智能交通管理服务系统工程项目从2013年8月7日开始建设，项目总投资金额为59957万元，为我国城市智能交通历史上最大投资规模的单体项目。青岛市智能交通项目将构建以数据中心为枢纽，以智能管理、综合应用和信息服务“三大平台”为核心的智能交通管理服务系统，提升城市整体交通运行效率和管控能力，有效增强城市交通应急反应能力，实现人、车、路的和谐运转。2013年以青岛市海信立交桥周边为核心优化区域，通过智能交通管理服务系统的建设，综合运用区域交通组织渠化、交通诱导、需求控制、瓶颈控制等技术，实现区域交通运行效率的有效提升。

海信立交桥是集下穿、高架、平面五支环交于一体的复杂交通枢纽，是青岛市南北、东西向交通流的重要汇集点与分流点。此前，海信立交桥在高峰时段内交通拥堵异常严峻，平面环形交叉口内部经常出现“锁死”现象，宁夏路、延安路频繁发生排队上溯现象，进而造成整个周边区域的瘫痪。据2012年6月份的调查数据显示，海信立交桥是整个青岛市最为拥堵的节点。

为缓解海信立交桥的拥堵程度，青岛市公安局交通警察支队依托青岛市城市道路智能交通管理服务系统项目，充分利用浙江大学国家“863”计划课题“区域交通动态协同优化控制技术”的研究成果，通过2012年7月至2013年6月近一年的深入调研、广泛沟通、方案设计与施工实施，最终创新性的设计并实施了一套完整的城市交通拥堵控制的思路与方法。

二、优化控制范围

路网交通流具有很强的相关性，根据调查得到的车流相关性系数，优化控制的范围为延安三路、延吉路、山东路和东海路所围成的带状区域，具体位置如图1所示。该区域是青岛市最核心区域，涉及优化控制的相关道路15条，交叉口40余个。根据青岛市行政区域划分，延安三路以海信立交桥为界分为南北两部分，分属于市南区和市北区；北段以商住用地为主，建有台东三路步行街及众多商铺，其诱增的交通需求具有明显的时段分布；南段以商业金融业用地和公共设施用地为主，其诱增的交通需求在时间上的分布相对比较均衡。

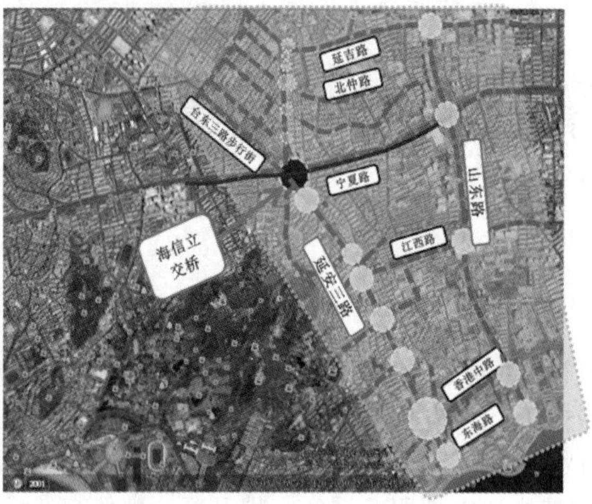

图1　设计范围

三、问题分析

（一）静态交通要素与动态交通的相互干扰

延安三路为全路段禁停路段，但由于其停车供需矛盾突出，路边占道停车现象严重，造成如下两方面后果：一是致使道路可利用空间资源减少，二是静态交通要素对动态交通存在严重干扰。在两方面负面影响的共同作用下使得北段交通流运行比较混乱，整体运行效率相对较低。延安三路沿线支路网络本身不够发达，难以分担延安三路的交通压力；同时，沿线支路及周边区域内部社会公共停车场较多，且非法停车现象严重，导致有限的支路空间资源利用率过低，造成人为的交通瓶颈，致使区域内部微循环运行不畅。山东路无路边违章停车，且是双向 8 车道，动静态的相互干扰较小。

图2　优化控制区域周边路网状况

（二）交通流组织

宏观方面，延安三路与其相邻的南北向干道缺乏完善的连接道路，使得区域交通流分布过于集中，同时未充分考虑行人过街问题，使得行人过街与机动车运行相互干扰。微观方面，单位进出口处交通流组织混乱，进出车辆对主线交通流的正常运行造成严重干扰；此外，部分节点的交通组织不够科学，造成时空资源的局部浪费，例如长春路 & 延安三路交叉口，其东进口的直左同放，与对向直行冲突严重，运行效率较低。山东路设置有行人过街地下通道，行人和机动车干扰较小；沿线单位进出口采用右进右出的管理策略，进出车辆对主线车流影响较小；青岛市非机动车出行比例很低，全市整个路网的机非干扰很少。

（三）节点渠化设计

渠化设计存在如下四方面问题：一是未按照高峰交通需求及进口道道路几何条件优化进口道空间资源；二是未按照各个进出口的流量、流量比例分配空间资源；三是未合理设置交通导流线，未明确不同车流的预定行驶轨迹；四是部分节点渠化设计不满足规范要求，例如延安三路与台东八路交叉口，南进口的左转车流转弯半径过小，车流运行不畅。

四、信号控制方案

在信号控制方面，各节点存在如下几个方面的主要问题：

（1）信号配时方案未根据交通流的实时变化而动态调整，目前延安三路和山东路各交叉口全天仅有一套配时方案；

（2）所有节点均实行单点控制，缺乏对相邻交叉口之间相互影响的考虑，致使部分短连线路段在高峰期间经常发生排队溢出，例如延安三路与江西路及延安三路与华严路交叉口，其交叉口间距较小，且二者未实施协调控制，使得延安三路与华严路北进口经常上溯至江西路；

（3）部分节点的相序相位设计不科学，例如延安三路与华严路交叉口，北进口未设置左转专用车道却设置有左转专用相位，直行和左转相互干扰，运行效率不高。

（4）优化控制方案设计与实施

针对以上问题，从动静态协同、交通流组织、交通诱导以及交通信号优化控制等角度提出改善交通流运行态势的方案与实施方式。

（一）控制策略

以交通需求时空二维波动为基准，结合现状区域交通运行现状分析结果，分别针对早晚高峰、平峰及低峰时段提出相应控制策略。针对本源性交通拥堵区域（即交通需求大于交通供给的区域），通过合理限制区域边界节点的输入流量、增加边界节点的输出流量，实现减缓区域交通拥堵的目的。在区域交通状态接近饱和状态即区域内部处于准饱和状态时，为了充分提升城市路网时空资源利用效率，避免协调控制区域内部个别路段出现瓶颈甚至是排队上溯现象，区域协调控制的首要目标应是使得单位时间内驶离区域的车辆数之和最大；同时，考虑到区域交通的流量守恒性，在外部交通需求一定的前提下，上述控制目标等效于优化时段内区域所有输入路段和内部路段的平均承载车辆数之和最小。当路段发生瓶颈状态时，应通过优化上下游节点的信号控制参数，在保障其它进出口交通流运行效率的前提下，合理增加路段下游的输出流量或减小路段上游的输入流量，以防止排队上溯及“多米诺”现象的发生。在区域处于中饱和状态时应把子区内的各个交叉口连接起来，加以协调控制，从而保证车流在子区内运行畅通，提升区域整体运行效率。在低饱和状态下，信号机根据交叉口关键相位的检测器检测车辆到达情况，利用通行控制原理，实时优化各相位的绿灯时间，但需保证协调相位的启亮时刻不能后移，即保证理想的交叉口相位差不发生变化，进而实现主路绿波控制，次路车流绿灯时间有效利用的目的。

（二）优化方案

本方案对区域内的所有节点进行了交通组织优化与渠化改善，并优化布设了智能交通设施。在此基础上完成了相应交叉口相位相序设计与信号方案设计。图 3 是核心交叉口交通组织与智能交通设施优化布设示意图；图 4 是海信立交桥核心节点的环岛信号控制方式及优化后的信号配时方案。

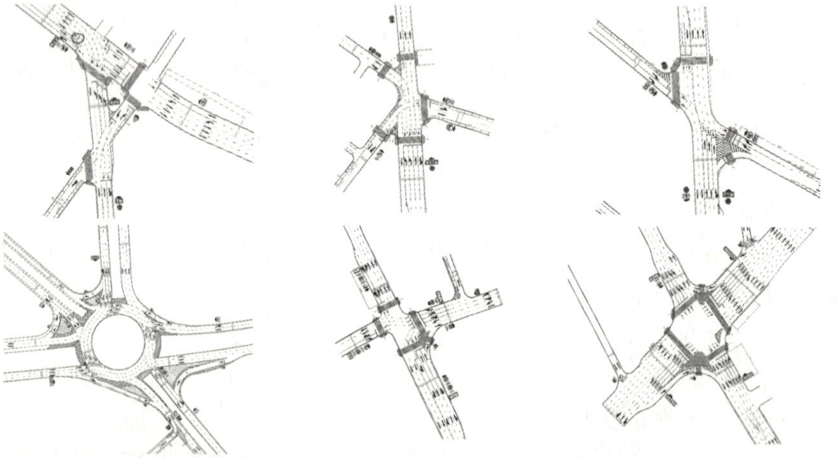

图3　核心交叉口交通组织与智能交通设施优化布设示意图

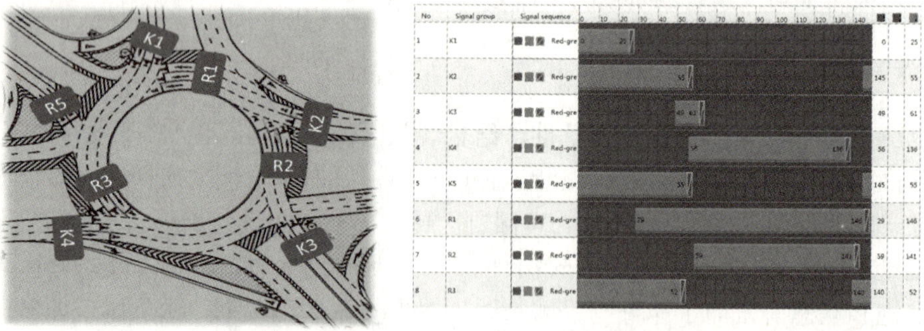

图4　海信立交桥核心节点的环岛信号控制方式

五、实施效果

在区域交通优化控制方案实施之后，通过第三方对实施效果进行了评价。评价指标包括通过车辆数、路段平均速度、综合效能指标、排队长度、社会满意度等。

（一）通过车辆数

通过车辆数是指单位时间内驶离测试区域的车辆数，可通过在区域边界节点进行流量统计得到。通过 15 天数据统计分析结果表明，在方案实施后，早晚高峰平均通过车辆数增加了 1.19%。

（二）平均速度

以延安三路、山东路和宁夏路三条主要道路为核心，方案实施前后的平均速度变化情况如表 1 所示。

表1　主要道路车均速度对比表

线路	方向	平均行程速度（km/h）		变化率/%
		改善前	改善后	
延安三路	南向北	16.33	17.21	5.39
	北向南	11.49	12.58	9.49
山东路	南向北	18.41	18.46	0.27
	北向南	12.21	13.69	12.12
宁夏路	东向西	11.19	12.36	10.46
	西向东	14.31	14.27	-0.28

（三）最大排队长度

减少路段最大排队长度是避免排队上溯的最直接手段，从图 5 可以看出，通过实施瓶颈控制后，排队长度显著减少，最大排队长度平均减少 34%。

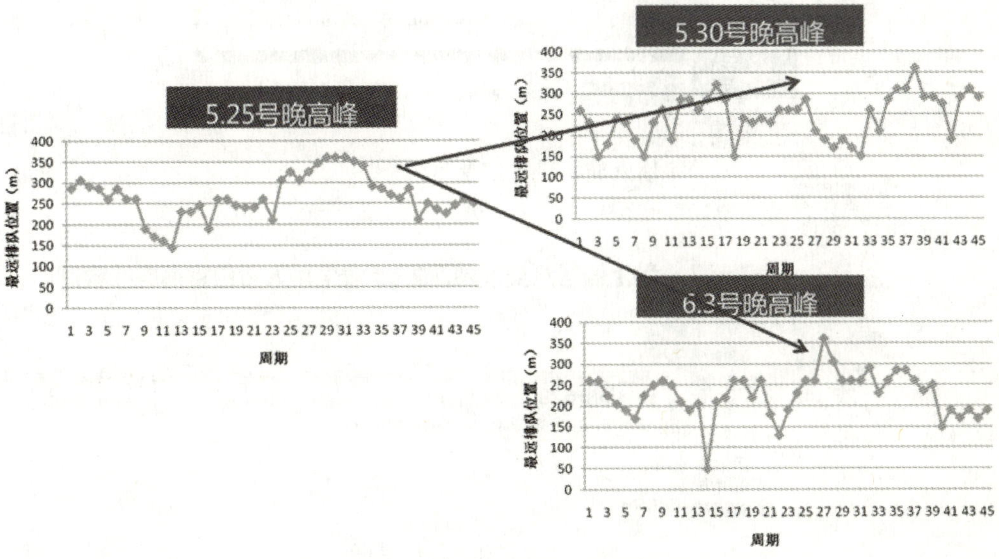

图5　宁夏路（东向西）最大排队长度对比

（四）综合效能

综合效能是指单位时间内，区域内部所有车辆的走行距离之和，是表征路网整体交通状态的最核心指标。通过 15 天数据的对比，该优化区域综合效能提升 6.7%。

（五）社会满意度

分别对本区域内实施区域优化控制后的私家车出行、公交出行和步行出行三种方式进行了满意度调查，整体情况如图 6 所示。

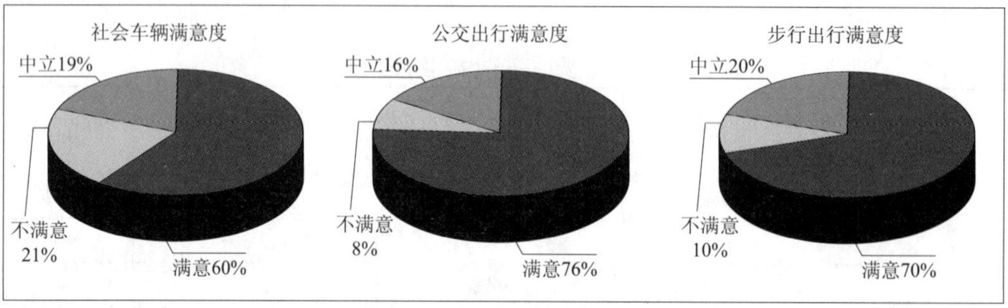

图6　不同交通方式满意度

（六）社会评价

优化方案的实施得到了青岛市民、当地媒体乃至全国媒体的广泛关注，网易新闻、智能交通世界网、半岛网均对方案实施效率予以了正面报道（如图 7）。

图7　相关媒体关注情况

六、结束语

基于青岛市海信立交桥周边区域的路网结构及交通需求特性，针对性的设计了区域交通动态协同优化控制方案，并通过实际效果测试验证了智能交通管控技术的实用性及有效性。本次方案是综合运用交通组织优化、交通诱导、交通管控技术的典型案例，特别是基于拥堵状态下的需求控制与瓶颈控制技术的实施，能够为过饱和控制技术的发展应用以及拥堵状态下信号控制系统的开发与集成提供了宝贵经验。

（撰稿：阎冰、王殿海、李乃强）

厦门市智能交通系统建设与发展

一、厦门概况

通过多年的努力，厦门智能交通建设取得了一定的成效，在城市日常交通运行管理和公众服务，特别是“98 贸易洽谈会”等大型活动的交通运行保障中发挥了重要的作用。但随着厦门交通供需矛盾日益突出，现有的智能化建设成果已经不能满足政府交通决策管理和公众出行日益增长的需求。机动车高速增长、人口高度集中、土地开发强度增加导致交通拥堵问题越来越突出，中心城区交通拥堵已呈常态化。具体表现为：成功大道以西区域路网负荷度已趋于饱和，并逐步向东部扩展；进出岛通道高峰期拥挤严重（22.8 万辆 / 日）；岛内停车泊位缺口达 23 万；截止 2014 年 7 月厦门市小汽车保有量 71.42 万辆，岛内千人拥有小汽车达 191.6 辆，同新加坡、香港等同类型城市相比形势更加严峻。

面对日益严峻的城市交通问题，厦门市交管局积极探索新型模式、注重务实创新，在 2013 年 6 月份聘请交通领域权威专家对《厦门市智能交通系统建设总体规划》进行评审，得到一致好评。同时以规划为指导，落实规划相关措施，选取了交通复杂、问题突出的路段进行试点工程建设，从完善交通信息采集覆盖面、加大信号控制联网联控的力度、实施公交专用道和公交优先信号实现公交优先、加强交通信息服务等方面提升交通管理与服务智能化水平。通过智能交通系统的建设探索“人、车、路、环境”的协调发展，提高路网运行效率，为推动“美丽厦门”建设提供强有力的支撑。

二、厦门智能交通建设现状

（一）公安交通管理

厦门市公安局交通警察支队初步建设了交通信号控制系统、仙岳路智能交通管理系统、卡口系统、交通违法抓拍系统、交通诱导系统、移动警务系统等，并且集成了包括 RFID 卡交通采集信息、线圈交通信息、视频监控信息等在内的多类交通信息。现在已经建设的外场设备主要分布在岛内，已建成 74 个信号联动控制、接入 230 路路况视频监控，建设 42 套机动车违法抓拍系统，建设 81 套 RFID 采集设备、共有 25 块交通诱导屏。目前前端设备主要通过租用运营商光纤进行数据及视频传输。

（二）BRT 建设

BRT 两期工程共建 3 条 T 快线、11 条连结线，总长达到 191.5 公里，建设了 3 个枢纽站，岛内第一码头站 1 座，岛外同安枢纽站、集美厦门北站 2 座，结合智能化调度系统，采集实时客流信息、车辆发车情况、车辆超速行驶情况、车辆偏离线路、车辆停滞不前等运营数据，实现对公交运营车辆的实时监控和调度，初步构建了厦门市快速公交网络，缓解了城市的交通拥堵问题，拓展了厦门市城市开发空间，对城市整体发展起到极大的促进作用。厦门市 BRT 调度采用公交智能化调度系统，主要应用于公交企业运营管理中。系统通过对公交车辆、客流和道路信息的采集、传输和处理，实现了对公交运营车辆的实时监控和调度，达到运营的高效化。

（三）公交管理

截至 2013 年 3 月底，公交集团所属各类营运车辆 6237 台，其中公交营运车辆 3786 台（含 BRT 快线及链接线车辆 338 台）、出租车 1823 台、长途客货运车辆 473 台；集团指挥监控中心于 2009 年 9 月正式启用，指挥和管理集团旗下常规公交、快速公交、长途、出租车 5000 多部车的安全、运营。大屏幕显示分为视频监控区和 GPS 智能调度显示区。通过实时视频系统，可以实时掌握各主要枢纽站的客流情况及停车场安全情况，以利于合理调度、安全管理。指挥监控中心是厦门公交集团智能化建设的重要组成部分，是智能调度系统三级管理体系的主要平台。

（四）物流运输

物流信息平台实现与海关、检验检疫、边检、海事局四家口岸监管部门和主要码头、堆场、货站、理货的联网，以及船代、货代、报关行等中介机构部分大用户的联网，基本实现海运（集装箱）进 / 出口、空运进 / 出口业务主要环节的电子化改造，为海关收集处理通关所需的参考数据，提高了通关效率，为企业提供物流公共信息发布、作业动态查询、企业黄页等信息增值服务。

（五）停车管理

目前，厦门市正在积极建设智慧停车联网服务平台，平台除了为错时停车提供技术保障之外，还以免取卡停车系统为基础，构建智慧停车服务。为开车人士提供从车位查询、预订、入场、寻车、出场的一条龙停车服务，实现停车诱导、车位预约、出入口不停车通行、易通卡快速支付、场内寻车等功能，方便开车人快速找到车位、快速停车，减少寻找车位的时间，提高车位利用率和周转率，破解停车难题。智慧停车服务包括：①车位查找、提前预订；②快速通行、电子支付；③场内智能寻车。

三、厦门建设经验

为了探索适合厦门市的智能交通系统建设思路，厦门市交警支队认真总结国内外先进城市的建设经验、分析各种建设模式和应用成效，从中得到以下几点借鉴：

（一）体制层面

由于各部门之间的业务区隔和管理界限，没有形成能够统揽全局，可以协同联动，具有权威高效的机制体制。更无法实现各部门间的信息共享和互联互通。

（二）实施层面

国内在智能交通系统建设实施过程中，多由各个部门根据各自的业务需要和管理界限，在不同的历史背景下，以不同时期的技术条件逐步建立起来的。这种“分散建设”导致各部门信息来源不同、渠道不一、标准不统一、数据不能集中、信息不能共享，从而导致数据难以深度挖掘、无法融合应用。

（三）技术层面

国内智能交通系统领域就数据采集和处理、信息发布方面，具有不亚于国外的技术优势。

（四）发展阶段

国外智能交通系统建设目前已处于精细化发展阶段，且重点强调为出行者服务；国内主要还是侧重于交通管理领域。

从以上经验和启示中，得出以下三点基本原则：

1．坚持“自上而下”的建设模式，推进厦门市智能交通的总体规划和顶层设计

国内外采用“自下而上”建设模式的多为智能交通系统建设既有基础较好的城市，这样项目投入低、整合快，但是，“自下而上”模式是对既有系统的直接接入，往往会造成系统“监而不控”、协同联动难以实现。

厦门市目前正处于智能交通系统建设的初期，各业务系统有一定的基础，但还未到“成熟不可动摇”的阶段，因此有条件采取“自上而下”的建设，进行厦门市智能交通的总体规划和顶层设计，避免分散建设的发展根深蒂固，造成积重难返。

2．贯彻“逻辑统一、物理分离”的建设原则，打破信息壁垒和管理界线

信息壁垒和管理界线是阻碍智能交通资源共享、系统协同联动的最大障碍，但是管理界线在各个城市、各个发展阶段必然存在，这是城市建设智能交通系统不可回避的问题。贯彻“逻辑统一、物理分离”的建设原则，是打破信息壁垒和管理界线最好的方法，既尊重各独立系统在各个部门的应用，又为系统之间的信息共享、互联互通创造了统一的基础。

3．制定信息共享机制，整合既有交通资源

综合交通运输体系的发展对各业务系统的协同要求、各部门决策会商的需求都日益强烈。因此，作为一个城市复杂的巨系统，如果信息共享机制不健全，会造成数据缺乏系统性，信息权威性不高；信息不能充分共享，综合利用率低；重复采集多，管理效率低下；信息数据规范不统一，难以深度挖掘、融合应用等诸多问题。因此，在

智能交通建设初期，就应当由政府主导推动制定信息共享机制，实现全市交通信息的“三同”，即“信息同源、数据同库、应用同步”。

四、厦门智能交通建设框架

城市智能交通系统总体框架由 1 个中心、3 个平台，16 个系统和 76 个子系统组成。就是全市建立一个“城市交通运营中心”，并通过“三大平台”实现全市交通动静态数据的统一管理、分析和应用。总体框架如图 1 所示：

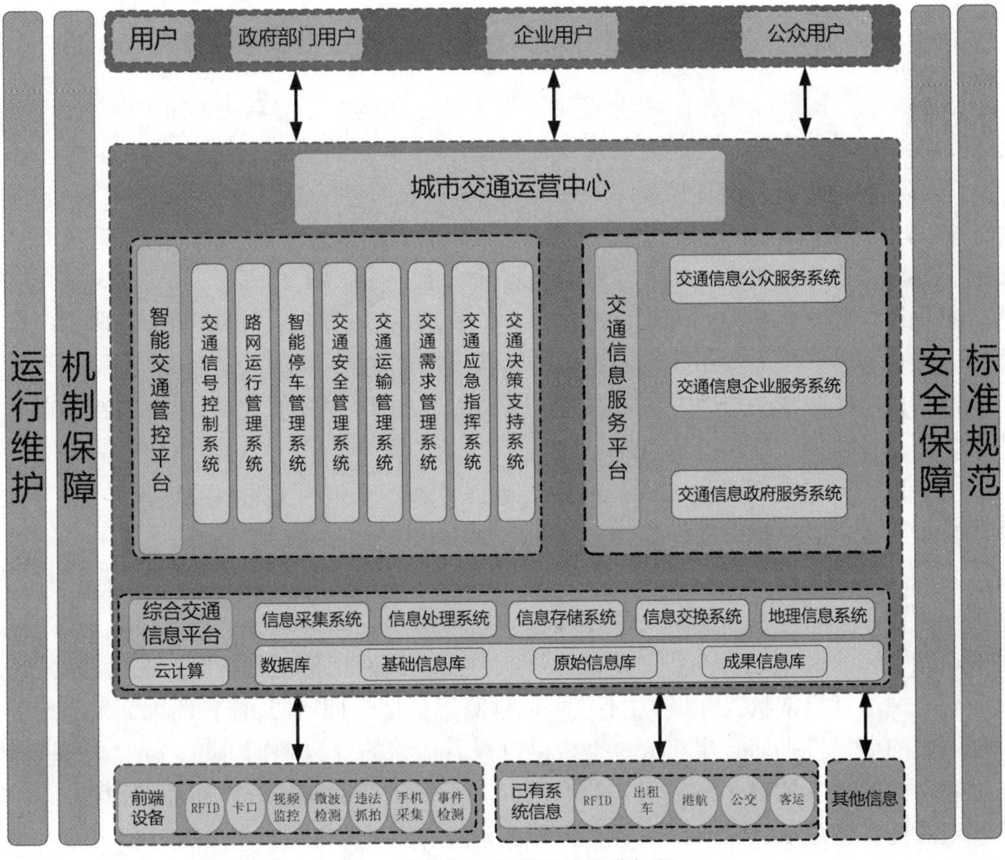

图1　城市智能交通系统总体框架

以数据的采集、分析和应用为主线，建设“综合交通信息平台”，实现对全市不同部门、不同设备采集的基础信息、路网运行状态信息、交通服务信息的接入、分析、处理。为全市决策、规划、建设、管理与服务提供了丰富、鲜活、翔实、可靠的数据支撑。

在具体应用层面，厦门市构建的“智能交通管控平台”，囊括了城市综合交通体系的各层次应用需求，包括：交通信号控制系统、路网运行管理系统、智能停车管理系统、交通安全管理系统、交通运输管理系统、交通需求管理系统、交通应急指挥系统和交通决策支持系统等，实现对全市交通，从量的监测、流的形成、运力调配、运输过程到路面管理实施全程、全方位的监测、管控和评估。

智能交通建设的根本是“服务于政府决策、行业监管、企业运营、居民出行”，因此厦门市智能交通系统建设构建了“交通信息服务平台”，推进交通信息技术与服务的全面融合，通过“政府信息服务系统”推进城市交通的精细化管理和科学决策；通过“交通企业信息服务系统”提高企业的服务品质和经营效益；通过“公众信息服务系统”为市民提供全路网、多方式、一体化的交通信息服务，真正落实“需求引导”的规划理念。

五、初步建设成效

（一）建成厦门市智能交通控制中心，探索信息共享、协同联动模式

2013 年 1 月 1 日，厦门市智能交通控制中心投入运行，实现了感知、预警、干预、处置、发布等功能，一体化综合智能交通系统已初具雏形。

目前，厦门市智能交通控制中心已具有：

多元化的路况信息采集手段。建立了“自动监测结合人工报警”的“手自一体”多元化路况信息采集机制，实现了路网运行状态的全面感知。

多渠道的路况信息发布方式。通过户外信息屏、互联网站、手机短信、广播电台、微博、微信等多种发布渠道实现全方位、多角度的即时播报和广泛宣传。

厦门已基本形成一个“在家看电视、上网站，开车听广播、看大屏，坐车走路刷微博、查微信”立体化的交通路况信息服务体系。

多手段的排堵联动处置方式。通过交通信号远程干预、交通事故远程处置、交通事件全程跟踪，提高排堵保畅能力。

多维度的预测预报决策支持。凭借射频采集精确识别的优势，通过对历史海量数据的深度挖掘和数学模型运算，不仅能够实时监测当前路网运行状况，而且能够方便准确地预测未来路网运行态势；不仅能够实时监测路网正常运行状况，而且能够及时检测到路网运行异常状况并报警；不仅可以预测出周期性拥堵，还能预测因突发 (异常) 事件引发的偶发性拥堵。用户通过平台可以查看道路的“24 小时速度趋势、流量趋势和拥堵次数趋势”实时了解路网态势。同时基于多维度的统计分析和数据挖掘，为道路使用者提供了短期、中期、长期的交通路况预测预报等。

（二）以需求为导向，开创新型交通信息服务模式

在信息化和个性化的移动互联网时代背景下，厦门市 ITCC 基于移动互联网时代最热门的移动社交手机微信，建立了一体化的动态交通信息采集与发布平台，发动群众在行车走路时为“ITCC”上报路况信息，开创了“我为人人、人人为我”的新型交通信息服务模式。市民可以方便地使用微信向平台发送语音、文字、图片或视频信息，上报自己所处路段的路况信息，经中心人员视频确认后向全市发布。市民也可通过微信实时获取路况信息，包括全市路网地图染色、自己关注路段的视频截图或实时路况视频。

目前，该平台下的信息服务涵盖“实时路况”查询、“交通违法”查询、“自助移动车辆”、“自助处理事故”以及“酒后代驾服务”等。不久还将推出“自助导航”、“自助停车”、“实时路况语音播报”、“违法自助缴费”等便民服务，真正实现了“一个平台、多种功能、综合服务”的新型交通信息服务模式。

（三）积极推进技术应用，智能信号控制提高路网通行效率

利用射频识别技术精确识别的特点，系统能够随时掌握某一区域（或路段）内的在途车辆，进而确定该区域（或路段）的交通强度。并以该交通强度为依据，探索运用“基于交通强度的城市路网分层次、多目标信号控制方法”对路网交通信息实行区域集中协调控制，从而达到均衡路网负荷，提升路网整体通行效益的效果。

（四）注重技术创新，在建设过程中追踪新技术应用

射频识别技术以其实时、准确地对高速运动目标的快速识别特性，相较于传统的交通信息采集技术有着无可比拟的优势。厦门在智能交通建设过程中，充分应用这一优势，克服了波形散射、信号抖动、临道干扰、车速不匀条件下采集效果不佳等技术“瓶颈”，实现了250ms/次车辆存在型检测，为RFID的广泛应用打下了基础。实现城市交通的精细化管理、智能化控制、准确化打击和人性化服务。

（撰稿：林祥兴）

乌鲁木齐市BRT智能运营管理系统

一、建设背景

乌鲁木齐市目前处于城市化、机动化加速发展时期，经济快速发展，城市规模逐步扩大，城市交通结构不合理、城市交通拥堵等问题日益显现。

为了改变乌鲁木齐市公交系统服务类型单一、大容量快速公共交通系统发展滞后、公交指挥调度系统落后、缺乏乘客信息服务设施等现状，同时为了完善乌鲁木齐城市交通体系，改善居民出行条件，推动城市空间战略的实现，加快市区一体化建设，提高乌鲁木齐城市交通可持续发展的潜力，在近期轨道交通空白期内，加紧建设以BRT为公共客运主骨架的现代化公共交通体系，提升公交系统在整个交通体系中的出行分担比重，以适应和支撑乌鲁木齐市城市社会经济发展，是非常必要和紧迫的。

2011年乌鲁木齐市开始建设BRT系统，截止目前已经完成BRT1、2、3、5（一期）号线4条线路。相比于常规公交，快速公交具有运量大、运速快、安全舒适等优点，较好的解决了乌鲁木齐市乘客出行问题，尤其是冬季居民的出行，也在一定程度上缓解了城市交通拥堵，起到了节能减排的目的。

智能运营管理系统是快速公交系统的灵魂和关键，它决定着快速公交系统的运营效率和服务水平。乌鲁木齐市快速公交系统在设计过程中规划了完善的智能运营管理系统，包括智能调度系统、自动售检票系统、安全门系统、信号优先系统、出行服务系统及换乘查询系统等，完善的智能运营管理系统保证了乌鲁木齐市快速公交系统高效、便捷和安全的运行。

二、总体思路

为了打造高效率、高标准的快速公交系统，乌鲁木齐市快速公交智能运营管理系统建设依据以下思路进行设计和建设：

（一）加强公交一体化水平，促进城市交通信息一体化

在设计上运用公交信息一体化的理念，加强普通公交、快速公交之间的一体化衔接和管理，提高乌鲁木齐市城市公共交通资源整合。以公交信息一体化，加快和促进城市交通信息一体化建设，利用现代网络信息技术，有效整合交通行业资源融为一体。

（二）加强交通企业运营管理，提高智能化管理水平

通过优化调度方式减少发车班次、对车辆技术信息的有效管理以及对营运历史数

据的统计分析，实现减少人力资源浪费、降低资产维护与管理成本，改善营运车辆技术状态、堵塞人车油的管理漏洞，最终达到提高企业管理、提高智能化管理水平目的。

（三）加强公交调度组织，提高公交运营效率

建立多级调度指挥中心，设置了一级调度指挥中心，使用科学的调度优化算法，结合行车 GPS 数据的自动采集、车载终端双向通信、地理信息技术，获取实时车辆信息，实现优化的可视化调度，形成公交客运的有序、平稳、高效、协调，达到了优化运营组织模式，最终提高公交运营效率。

（四）加强公交信息发布，提高公交服务水平

智能运营管理系统设计充分考虑“以人为本”的设计理念，通过站台查询、手机查询、广播视频、网站查询等多种方式发布公交信息，方便乘客出行和换乘，提高公交服务水平。

三、系统总体构架

乌鲁木齐 BRT 智能运营管理系统从功能上主要由通信系统、视频监控系统、公交信号优先系统、车辆自动定位及调度系统、车载辅助系统、站台信息服务系统、临时枢纽站发车及人员考勤系统、自动售检票系统、综合业务管理系统、电源及防雷接地系统等部分组成。为实现上述功能，BRT 系统智能运营管理系统配置了智能车载设备、临时枢纽站 / 站台智能设备、监控 / 调度中心设备及其他辅助设备等。其功能描述如下图所示：

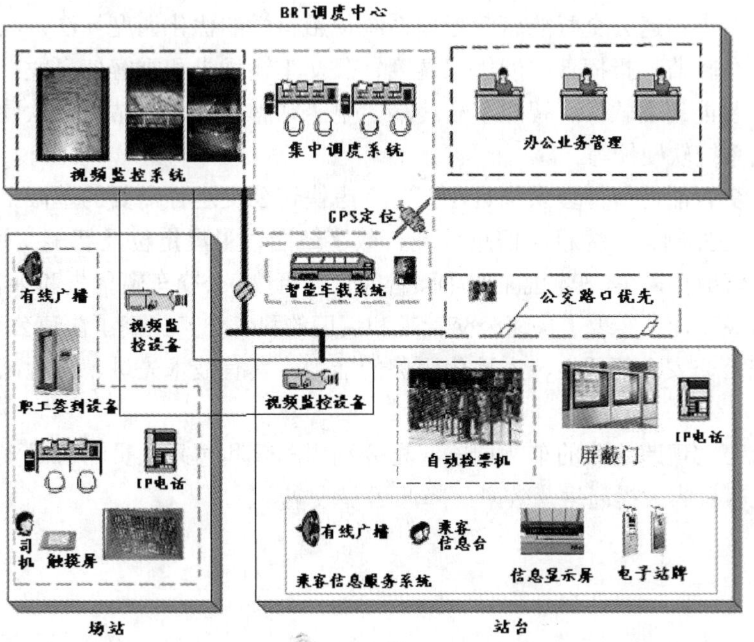

子系统工作流程：

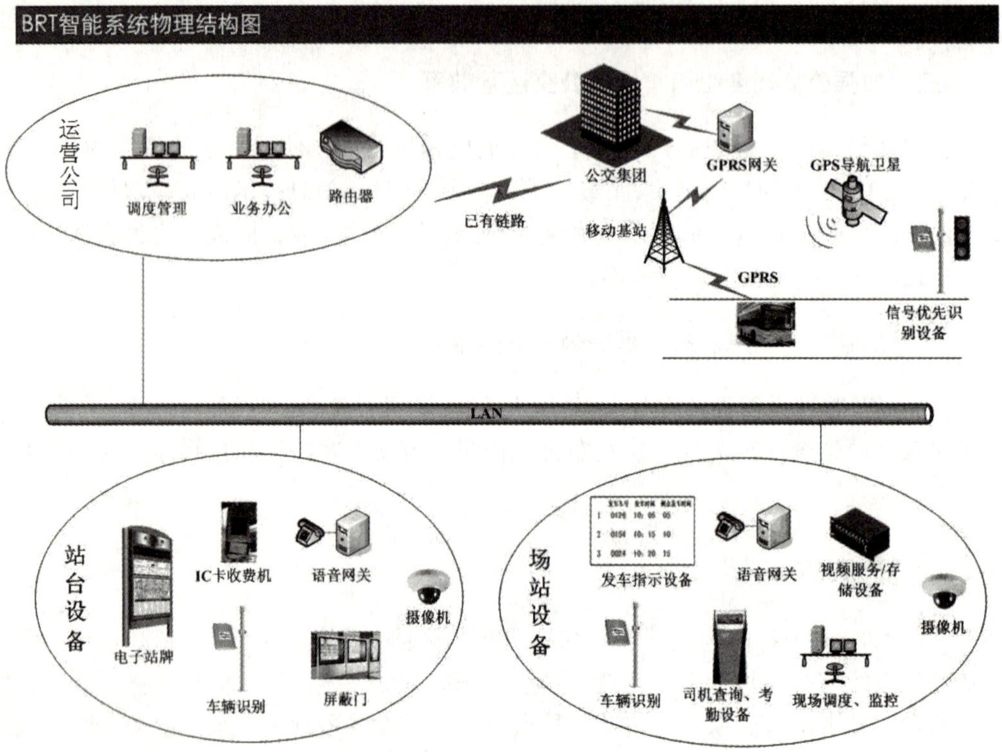

四、技术方案

乌鲁木齐市建立了高效的智能运营管理系统，具体技术方案如下：

乌鲁木齐市快速公交智能运营管理系统使用科学的优化调度算法，具有公交运营数据采集、车辆监控指挥、智能优化调度、公交车辆优先和乘客信息发布的功能。全部产品包括智能调度软件、智能车载终端、电子站牌、智能场站系统软硬件、路口公交信号优先系统软硬件等。

快速公交智能运营管理系统是在充分考虑快速公交运行需要的基础上，综合运用网络、通信、控制、计算机、信息处理、数字地图、卫星定位及智能交通系统技术，完成公交运营数据采集、车辆监控指挥、智能优化调度、公交车辆优先和乘客信息发布。系统通过集成设计，实现了快速公交管理和调度的科学性，提高了快速公交运营效率，增强了快速公交安全舒适性、人性化服务的能力，具有技术先进、运行高效、可靠实用的优点。

该系统可实现跨线路的车辆调度，充分利用车辆和司乘人员的有限资源，减少车辆的峰谷运行，大大提高运营效率，降低运营成本。

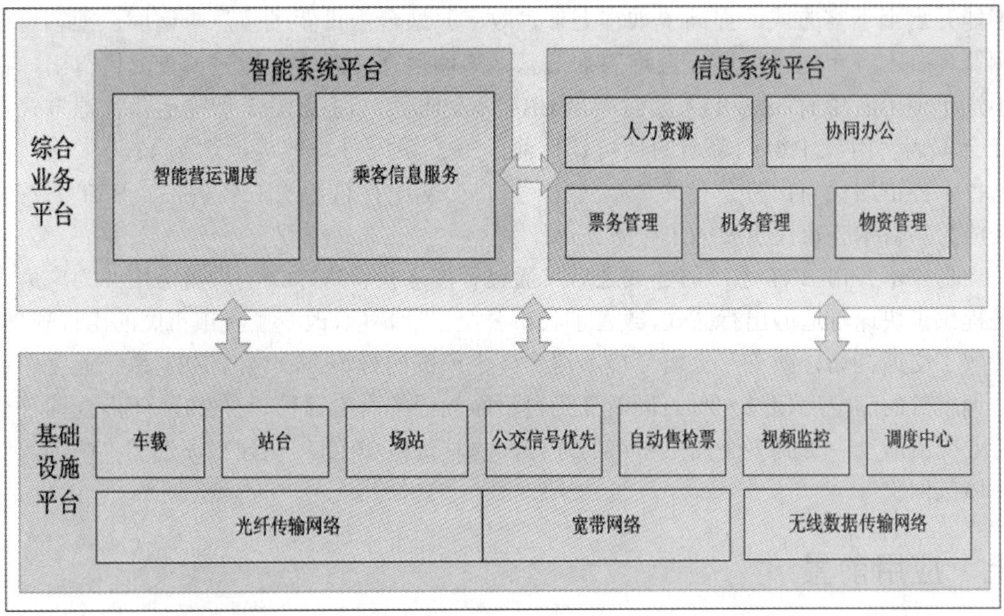

五、项目创新点

（1）结合乌鲁木齐市情况的快速公交智能调度模型。针对乌鲁木齐市快速公交情况和城市特点进行了数学建模，分析各种数据流，统计各种数据流分布规律，制定出静态调度发车时刻表，指导车辆的调度工作，改变乌鲁木齐现有的经验调度为动态调度，并可自动采集和处理运营数据，使被动式车辆管理变为智能化管理，提高 BRT 公交车辆管理效率。

（2）车辆行驶时间的预测。在乘客信息系统中采用神经网络优化算法对于车辆行驶时间的预测，保证了预测时间的有效性和时效性，据此推出能够在公交站点提供包括到站信息在内大量实时信息的电子站牌，为乘客提供更多出行选择。

（3）站台安全门系统、自动售检票系统都是在疆内快速公交智能系统的首次应用。

（4）引入了轨道交通网络化运营管理的理念，设置了乌鲁木齐 BRT 路网调度中心、ACC 票务清分中心，每条线路设置了线路调度中心，可实现车站和中心两级管理，实现了 BRT 网络化运营管理的目标，这些都大大提高了乌鲁木齐快速公交的运营管理和服务水平。

（5）站台内的电子站牌通过调度中心将线路上的公交车辆位置、到站距离等信息快速、准确地显示给正在候车的乘客，方便了乘客的计划安排。

六、实施效果

随着乌鲁木齐快速公交正式开通运营，公交智能运营管理系统逐步发挥作用。快速公交发车时间由原来的经验调度变为动态调度，使被动式车辆管理变为智能化管理，发车频率更为合理，提高了 BRT 公交车运行系统稳定性。通过站外刷卡进站，安全门智能开启上下客方式，提高了乘客上下客效率。站台内设置了信息查询屏，乘客可以浏览乌鲁木齐市电子地图、查询换乘信息、车辆运行信息等；通过调查分析得出，在小汽车使用者中有39%的人愿意乘坐BRT公交出行，说明BRT智能运营管理方式在社会车辆使用者中得到普遍的认可。目前，BRT系统日均客运量达到43万人次，占乌鲁木齐市居民日出行总量的7%左右，占日公交出行总量的15%左右，BRT系统已经成为乌鲁木齐市民重要的出行方式。

乌鲁木齐市BRT系统的建成之后，通过智能运营管理系统的广泛应用，为广大市民提供了快速舒适的出行方式，改善了我市公交出行环境，改变了我市市民的出行理念，缓解了交通拥堵，改善了人居环境，得到广大市民的好评，乘客对BRT系统速度、运营调度等的满意度超过80%。同时受到自治区领导的高度评价。在2011年度全国公交行业交流活动中受到多个兄弟城市的好评，同时获得2012年住建部评选的“中国人居环境范例奖”。

七、应用前景

建设完成的BRT智能运营调度系统实现了BRT车辆的优先通行、高效运行、信息化服务，实现调度中心对车辆的实时监控、智能调度，在提高工作效率的同时大大减小司机和调度人员的劳动强度；可以使乘客无论在车上、车下都能享受及时、全面的信息服务从而优化出行线路、提高出行效率，在客观上提高公交吸引力，减少私家车出行，从整体上缓解城市交通压力、改善交通环境，实现良性循环。未来随着BRT建设逐步成网，BRT智能运营管理系统将会发挥更大的作用。

（撰稿：乌鲁木齐市城市综合交通项目研究中心）

包头市智能交通管理系统建设及应用

近年来，包头市公安局交通管理支队在上级公安机关的正确领导下，紧紧围绕“保畅通、压事故，让人民群众更满意，实现新时期公安交通管理工作跨越式新发展”的总体工作目标，以城市交通秩序管理为第一要务，综合运用“信号配时，争分夺秒；路口渠化，寸土必争；交通组织，以人为本”的管理理念，细化交通组织，渠化堵点乱点，科学均衡交通流量，“人管、物管、技管”三管结合，通过改变勤务模式，提高设施建设水平，将“科技强警”根植于交通管理工作实践，突出“扁平式指挥、精细化管理”模式，打造出实战性强、调度精准、反应快速，指挥便捷的现代化交通智能管理系统，连续两次被公安部、住房和城乡建设部评为西部地区唯一的实施“畅通工程”一等管理水平，实现了规范、科学、高效的公安交通管理水平。

一、基本情况

包头市位于内蒙古自治区中部，与呼和浩特市、鄂尔多斯市共同构成内蒙古最具发展活力的“金三角”优势区域，是内蒙古最大的工业城市。全市常住人口 260 万，建成区面积 182 平方公里，机动车保有量为 53 万辆，驾驶员保有量 67.6 万人，共分布 14 个交管大队，57 个岗勤中队，一线执勤警力 942 名，管辖 1455 公里的城市道路和 6724 公里的公路，包括 457 个灯控路口和 584 个无灯控路口，人均管辖 8.7 公里。

二、智能交通系统的建设情况

包头交管支队全力打造“扁平式指挥、精细化管理”模式，减少交通指挥层次，缩短交通信息流程，在全市范围内建成电视监控点 80 处、高清卡口 100 处、固定闯红灯抓拍 58 处、交通流量检测 30 处、交通诱导屏 4 块，交通信号自动联网控制路口 172 处，大大提高了交通管理指挥效能。在日常工作中，通过直线式的指挥模式，纵向减少层次，横向畅通指挥，形成了指挥调度高效运转的全新局面。在精细化管理中，将交通指挥、特勤调度、警情监控、交通绿波、路况信息发布等项工作出色完成，并及时为各级领导提供全市范围交通信息，全面实施动态交通管理，在不同级别警卫任务和处置各类重特大、突发事件中显现了突出重要作用。（如图 1 所示）

图1　包头市公安局交管支队指挥中心

（一）视频监控系统

在指挥调度大厅18块视频显示屏上，清晰醒目地显示着路面车流动态，实时监控全市市区内的重要路面状态，及时判断和处理日常警务。民警通过观测，快速指挥、调度处理突发事件，快速分析处理路面各种信息，并利用电子地图直观显示，实现对相关警务工作的全面了解和立体掌握。与此同时，还通过现有集成平台系统显示的道路流量变化，及时确定道路拥堵路段，开展与基层单位的警力互动。一方面，采取拥堵岗点手动信号方式，扩大拥堵方向车流绿灯通行时间；另一方面，通过指挥中心优先采取信号灯配时调整措施，全面提高道路堵点通行效率，有效缓解交通流量饱和局限，确保道路交通安全畅通。

（二）指挥调度系统

在指挥调度系统中，支队将就近原则与首接制原则相结合，通过GPS警车、警员定位系统，及时对执勤大队、中队两级路面指挥领导进行全程跟踪，实时掌握领导路况报备位置和定点指挥情况。在处置警情任务中，对警情目标精确下达指令，通过GPS定位系统将指令发布到距离事发地点最近的警员或单位，接警单位或个人在接到指令后迅速、准确赶往警情现场，及时处理警情。由于指挥精准，极大的缩短了出警时间，形成了“接警快、调警快、出警快、处置快”的局面。在日常工作中，时常会有两种情况：发生事故后当事人未等报警，民警已经到达现场；出现交通拥堵后群众还未报警，民警已经到达现场。

（三）警情监控系统

支队充分依托市公安局三台合一警情信息，密切关注道路交通事故情况，实行交通事故动态警情监测。对全市发生的道路交通事故，快速做出反应，一方面利用手台与各交警大队和事故处理民警紧急互动，上传下达，警情通报；另一方面将所有警情反馈信息及时录入集成平台系统。通过系统平台运用，指挥中心及时全面掌握交通事故出警效率，科学制定考评方案，全面考核民警在报警、派警、出警、到达、反馈、撤场、恢复的“七个考核点”环节中的执法效能，全力提升全市的交通事故快速反应能力。

（四）勤务调度系统

随着交通指挥调度重要性的突显，支队不断加大科技投入力度，斥重金打造了全新的现代化交通指挥调度中心。目前，指挥中心共享资源丰富，不仅能够及时发现路面重要路况信息，而且在日常特勤警卫任务中，实现了警卫任务的“绿波”管理。勤务调度系统可以轻松化解这种矛盾：当遇有紧急勤务时，指挥中心在确保安全的前提下，提前调整信号等侯周期形成绿波带，避免了警卫车辆因闯信号造成危险，使警卫任务合理、合法化，在不扰民、不扩大影响面的情况下，警卫过程平和自然、安全顺畅，真正实现了交通指挥扁平化。

三、主要的工作创新

（一）精细化管理模式

充分运用“争分夺秒、寸土必争、以人为本”的交通组织理念，通过探索新型信号控制模式，减少信号延误，成立了信号配时办公室，在全市457处灯控路口中实现297处在非饱和状态下联网自动智能控制，全市所有交通信号灯都根据不同季节、不同时段交通流量设置了相应配时，一年四季有三大类配时模式，一周内有7种配时，主干道路口24小时内信号灯的配时可达20种，做到信号配时上的“争分夺秒”；通过科学渠化新举措，利用压缩车道宽度、非机动车道开辟机动车右转车道、增划机动车和非机动车左转弯待转区，实现规则路口的“三进三出”变为“五进五出”，通行能力增加66%，采取增设分流岛、环岛增设信号灯等非常规方法渠化不规则路口，规范了车辆、行人的通行秩序，做到路口渠化的“寸土必争”。（如图2所示）通过实施分类别、分车种的限行措施，推进“户籍化”管理的长效机制，实现对水泥罐车、土石拉运车的全面管控，做到交通组织上的“以人为本”。目前，在全市范围内建成电视监控点80处、高清卡口100处、固定闯红灯抓拍98处、交通流量检测30处、交通诱导屏4块，交通信号自动联网控制路口172处，公路区间测速50个点位，流动电子警察50套和交通治安检查站2处。

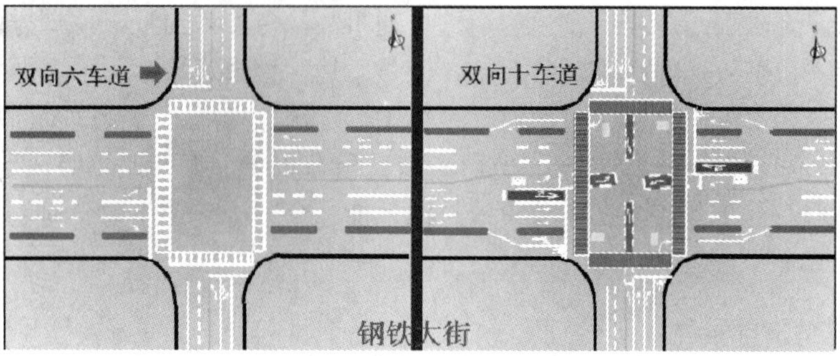

图2　路口精细渠化效果图

（二）左转弯车辆借直行车道通行

在同一信号周期内，将左转弯车道相邻的直行车道设置成可变导向车道，在距路口信号灯一定距离的后方，设置一个可变导向车道信号灯，该信号灯与左转弯车道相邻的直行车道位置相对应，并与路口信号灯配合，利用多种检测技术精确检测左转车流和可变导向车道内的车辆排队长度，根据左转车道内的左转车辆排队长度在本信号周期内的实际需求自动进行直行、左转车道的切换控制，同时保证切换车道过程中对放行方向的车流进行清空控制。

我们的做法是在路口停止线后 70-100 米处施化一条可变导向车道停止线，用于清空导向车道内的直行车辆，完成直行和左转车辆的相互切换。在同一个信号周期内，当直行绿灯快结束时，提前禁止直行车辆驶入可变导向车道，并通过排队检测技术确保可变导向车道中正在放行的直行车辆在直行绿灯信号结束时清空，再通过导向标线引导左转车辆驶入可变导向车道进行左转，同时也利用上述检测控制技术确保进入可变导向车道内的左转车辆在左转放行信号结束时清空，确保不影响下一个周期直行车辆通行。当直行、左转相位均结束后，可变导向车道内直行信号灯变绿，直行机动车驶入可变导向车道，为下一个周期做好准备。（如图 3 所示）

图3　左转弯车辆借直行车道通行渠化图

（三）左转公交车路口快速通行

当公交车站点紧邻路口时，公交车左转需要从最右侧 车道驶入左转车道，会强行干扰直行车辆的正常通行，造成路口秩序混乱，极易引发交通事故。

左转公交车路口快速通行技术将常用的右转车道优化调整为左、右转车辆公用车道，公交车可从右转弯车道按照优化的公交左转信号灯指示左转通行，有效避免了公交车从最右侧车道驶入左转车道，强行阻断直行车流的难题，提高了路口行车速度，保障了车流的顺畅和安全，高峰时段路口通行能力提高了 10%。（如图 4 所示）

未使用该技术时的车辆左转情况

使用该技术后的车辆左转情况

图4　左转公交车路口快速通行示意图

（四）区间测速

新修建的省道、县道等公路由于道路条件良好，基础设施尚未配套建设，来往通行的驾驶员超速驾驶行为显著，易发生道路交通事故。

针对上述问题，支队在国内率先利用号牌识别、计算机控制、车辆检测和图像处理等技术，采用卫星校时与网络同步校时的机制，对公路行驶车辆进行全程测速。同时，将原有的流动测速和固定测速同步使用，形成了严密的管控网络。自 2008 年以来，全在市主要国省道和事故易发多发的县乡道路建设了区间测速点位 50 个，管控 37 段公路，管控里程达到 500 余公里。

区间测速系统的建成弥补了对车辆只能单点测速，不能全程监管的技术不足，对机动车超速行为产生了巨大震慑力，实现了路段全程超速监控，有效遏制了因超速行驶引发的各类重特大交通事故，达到标本兼治的目的。（如图 5 所示）

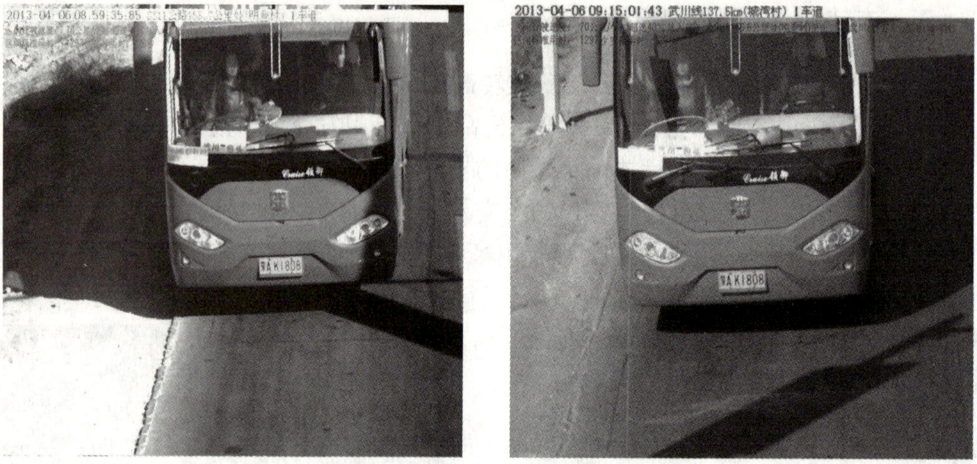

图5　区间测速出入口抓拍图

（五）非机动车动态引导

2013年以来，“中国式过马路”成为社会关注的焦点。为切实解决非机动车、行人“中国式过马路”这一社会热点，支队创新管理模式，运用教育为主的管理理念，研发了非机动车动态引导技术，取得了良好的效果。

我们的主要做法是对信号灯进行合理配时，对路口进行精细分区，在人行横道起点处喷涂了“行人在此等候”、“机动车礼让行人”的字样和图示，施划了非机动车道内的左转、直行、右转通行方向标线、左转待转区标线以及行驶引导线，提示行人、非机动车正确过路口。设计了“文明交通引导示意图”（如图6、7、8所示），以一目了然的图示来培训交通志愿者规范引领非机动车正确通过路口，以记满12分和新报考机动车驾驶证的人员为主体，组建交通引导员和行人管理队伍，使用统一外观标识的自行车引导直行、左转、右转，对有违法行为的非机动车、行人进行交通安全宣传教育，人性化的执法方式得到了社会各界的好评（如图9所示）。

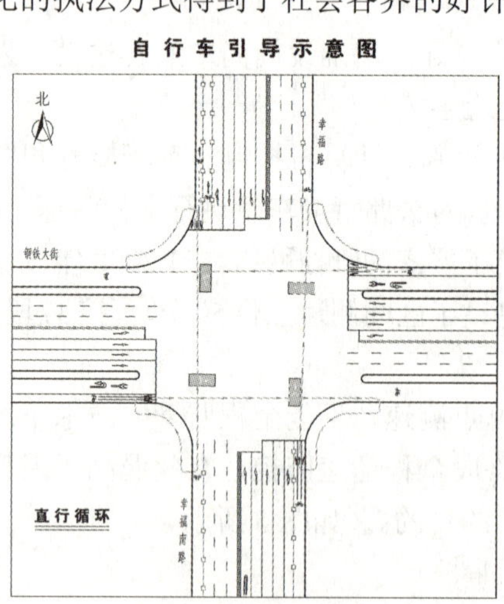

图6　直行引导图

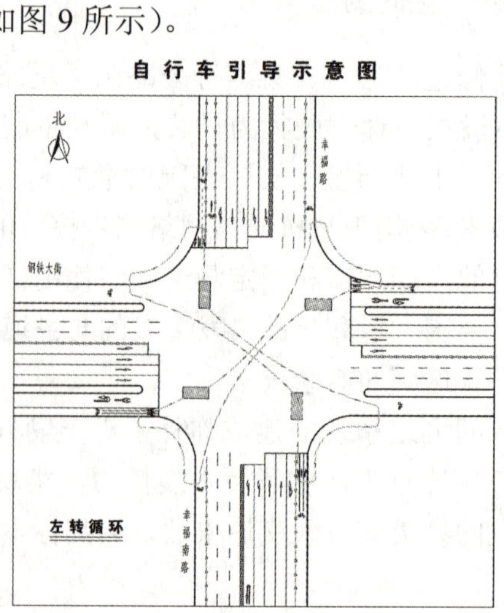

图7　左转引导图

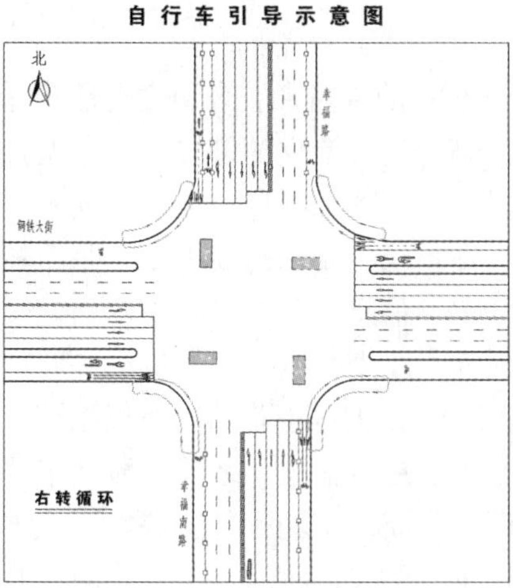

图8　右转引导图

图9　非机动车引导员

（六）不规则路口渠化

不规则路口渠化一直是交通管理工作的难点，易引发交通拥堵和交通事故。根据不规则路口的交通实际提出了渠化方案，采用四个导流岛将不规则路口改造为规则路口的设计思路，机动车通行能力显著提高，非机动车、行人通行秩序明显改善。

九星路口为我市团结大街与富强路交叉的斜交路口，由于道路斜交，造成车道不对称、停止线难布设、车辆行驶困难等交通问题，路口经常出现交通阻塞现象。支队采用不规则路口渠化技术，将原有的中心环岛拆除，设计施化了四个导流岛，导流岛上分为绿色和红色区域，绿色区域代表非机动车等候区域，红色区域代表行人通道，在导流岛上的信号灯采取四面多方位多种信号灯排列布设，从不同角度充分满足了交通参与者的视线需求。（如图 10 所示）

图10　九星路口改造完成图

（七）现代化交通治安检查站建设

交通治安检查站于2012年开始建设，充分利用高科技的手段，有效遏止违法犯罪行为、及时发现犯罪嫌疑人、及时消除安全隐患、提高交通及治安的管控能力，发挥交通民警既管交通、又管治安的作用。目前，已建成北郊（如图11）、东兴2处检查站，黄河大桥检查站正在建设。高科技交通治安检查站系统主要功能如下：一是车辆号牌识别。通过稽查布控平台将我们需要查控的嫌疑车辆信息输入黑名单库，当嫌疑车辆通过每个卡口监控设备时，系统将立即发现并报警，检查站监控室的值机民警从电脑上可收到报警信息及车辆图片，室外的高音喇叭和LED大屏也将同时播报报警信息，报警信息还将同步传输到指挥中心。我们的GIS平台还可在电子地图上显示报警点的位置，如果嫌疑车辆沿途通过多个监控设备，还可判断出车辆行使轨迹。该预警功能的实现，为中心的指挥调度和检查站的拦截检查争取了宝贵时间。二是人脸比对识别。当检查站民警上车对车内人员摄录时，视频可通过无线方式实时传输到检查站，可供实时监控和日后备查，同时，人脸比对系统将录象中的人员与嫌疑人库进行识别比对，发现嫌疑人立即报警，值机民警可通过耳麦通知现场民警，以便重点盘查。三是检查区域车辆记录检测。每一辆进入检查区域的车辆都将被抓拍，并实时将抓拍图片存储到检查站管理系统，车辆号牌识别功能也将同时启动，遇嫌疑车辆可立即报警。以大庙检查站为例，为三个来车方向共设立了三个检查区域。四是危爆物品检测。民警使用检测器对车辆进行检测，如发现毒品、爆炸物、烟花爆竹等违禁物品时立即报警。五是移动终端核查系统。检查站民警可使用移动警务终端根据身份证、驾驶证及行驶证等信息对公安部八大资源库、交管信息系统数据库及其他相关业务系统数据库的实时查询比对，当场发现犯罪嫌疑人、嫌疑车辆、交通违法车辆及驾驶人。六是实时监控及视频存储。进入检查站的车辆及民警进入车内检查的所有视频都将记录并存储，需要时可将历史视频回放。（如图11所示）

图11　北郊交通治安检查站

四、应用情况和综合效益

包头市通过智能交通系统建设，交通环境得到明显改善，交通秩序得到明显改善，交通事故死亡人数明显下降。

（一）交通秩序方面

包头市区的交通主干线高峰期交通压力大，拥堵情况严重，尤其是左转车辆需求大、公交车进站停靠等重要问题，一直是影响路口通行效率的瓶颈。

通过左转弯车辆借直行车道通行的手段，在同一个信号周期内，机动车直行、左转共用可变导向车道，在保障直行车辆通行效率不变的条件下，相当于增加了一条左转弯车道，高峰时段左转车辆通行效率提高 80%-120%，道路资源利用率提高了 20%；通过左转公交车路口快速通行的手段，根本上解决了公交车从最右侧车道驶入左转车道而强行干扰直行车流的难题，同时也提高了公交车路口通行速度，保障了路口的顺畅和安全；通过非机动车引导的手段，有效破解非机动车、行人“中国式过马路”的难点，提高了广大交通参与者的交通安全意识，规范了路口的通行秩序，保障了非机动车和行人的通行安全；通过不规则路口渠化的手段，结合信号优化控制技术，以九星路口为例，路口改造完成后车辆行驶轨迹趋于规范，由于停止线前移，机动车通过路口的时间明显减少，道路通行能力提高 23%。非机动车与行人在导流岛内按照红绿彩色标线标明的区域内分区等候，也使路口交通秩序得到明显改善。导流岛内四面组合式交通信号灯的设计也使得所有交通参与者能够多方向实时掌握自己的时间路权，保障了道路交通安全。

（二）交通安全方面

区间测速系统运行后，一方面实现了重点车辆的降速，有效遏制了重特大交通事故，最大限度的保障了人民群众的生命和财产安全。另一方面，有助于道路交通逃逸案件的侦破，为治安、刑侦等部门的案件破案提供了有力证据。以包固一级公路为例，该公路 2010 年 10 月竣工通车，由于道路交通设施不健全等因素，到 2011 年 1 月的 4 个月中，共发生重特大交通事故 19 起，死亡 23 人，伤 31 人，经济损失 1088 万元，成为全市交通事故发生率最高的道路。2011 年 12 月 31 日，区间测速系统研发使用后，道路交通事故大幅下降，到 2014 年 6 月，仅发生 2 起重大交通事故，死亡 5 人。3 年来，利用区间测速系统获取的图像取证侦破了 16 起交通肇事逃逸案件。

交通治安检查站运行以来，在打击违法犯罪、处置突发事件等设卡检查方面发挥巨大作用，并配合包头市“三台合一”系统，形成立体的交通治安管理模式，严厉打击各类违法犯罪行为，有效改善包头市交通、治安环境。

五、下一步建设规划

2014年，在现有智能交通系统建设的基础上，支队又提出了建设和完善“一个系统、五个平台”，全面实现三级勤务安排、突发事件警情自动报警及自动巡检、指挥调度、特勤任务、事故研判及接处警考核、信号自动控制，事件回放，信息发布，设备自动检测报警、交通监控自动巡检等“十大功能”，充分提高交管队伍指挥调度和应急处置能力。

一是完善交通指挥系统。以党委、政府和上级公安机关的重点工作为主导，按照科学、实用、高效的原则升级完善高科技指挥中心，对指挥调度城市交通发挥前沿阵地和大脑中枢作用，完善和改进指挥调度模式，将全市道路交通流量监测纳入指挥调度系统，对早、午、晚高峰期间的交通信号灯进行科学配时，加强交通设施建设、维护和交通信号灯配时等专业人才培养，提高视频巡控力度，强化重要节假日及恶劣天气红色预警实战演练，健全恶劣天气和突发情况等应急处置预案，充分发挥一警多能的优势，做到及时发现，迅速调度，先期处置，积极疏导，稳控局面。

二是建设动态联网联控平台。将先进的智能化信号控制系统自动计算处理生成信号配时，应用“车联网”技术准确掌握交通流量、流向，实时对联网车辆进行交通诱导，让驾驶人根据信息提示控制行车速度，产生绿波带、绿波段效果，实现车辆行驶途中不停车。

三是建设静态停车管理平台。将静态停车管理问题作为今年的重点工作来推进，按照《包头市城市机动车停车场管理暂行办法》规定，不断完善停车场规划、建设和验收标准，在全市范围内做好停车场建设专题调研工作，全面掌握每个停车场车位数量。对全市停车位的地理信息实现数据联网，利用自动感应设备掌握停车位占用情况并通过LED显示屏和信息查询平台进行停车诱导，方便车主就近合理选择停车场。应用ETC（电子不停车收费系统）和手机查询、支付、预定功能提高收费效率，依靠先进的管理理念，精细化的管理方式，实现停车场标志、场地样式、停车诱导屏和人员服装的“四个统一”，实现动态交通和静态管理齐头进。

四是建设交管队伍执法记录仪和智能手机监控平台。执法规范化建设是队伍建设的根本，通过健全执法监督体系建设，强化执法专项检查和执法质量考评，突出“执法服务、执法培训、执法流转、执法监督、执法台帐”网上实现，完善执法记录仪监管平台搭建，规范“一三五一”和“三横八纵+X”的执法监督模式，实现“交管一线全覆盖、平台监督全管理、软件应用贴实战、量化考核全掌握”的有机统一，达到既监督队伍、又保护执法的效果，推动执法规范化建设再上新台阶，全面打造具有包头交警特色的执法记录仪新举措。同时，不断拓宽监督考核信息化领域和范围，通过搭建智能手机监控平台，实现智能手机量化考核、基础数据查询等工作新举措，在队伍内部实现实时签到、实时考核，分权限实现交通管理基础数据查询。

五是建设道路交通管理信息发布、综合服务平台。深入推进社会管理创和宣传教育新举措，坚持以民为本，突破思维定势，拓宽发展路径，积极适应群众需求变化，借助包头交警门户网站、微博、微信等现代化科技手段，充分利用手机短信平台，实现对交通动态信息、静态信息、交通综合业务信息、驾驶人及车主记分信息发布和点对点交通宣传工作，全面提高机动车驾驶人文明出行意识。

六是建设公路交通安全防控平台。将公路上车辆通行情况、违法情况和道路隐患能够及时监控、发现、取证、传递、处理、反馈、修正，建立一个闭合的、关联的、互动的、相互促进的人防、物防、技防平台。通过路面监控，及时掌握路面情况，发现并记录交通违法行为，利用后台信息处理系统传递违法信息，利用路面巡控警力对违法车辆进行拦截、查纠、提示，并将车辆和驾驶人违法情况信息反馈给车主、车属单位及车管所和相关主管部门，推动各项基础工作和源头治理的落实，进而推动交通管理工作的进步和管理水平的提高，有效打击公路交通违法行为，全面预防重特大道路交通事故。

综上所述，包头交管支队在交通管理工作中，坚持引入科学规划，科学组织，科学管理的现代化交通理念，紧紧跟踪并充分运用当今最先进的智能交通管理模式，逐步建立并完善以交通管控中心为龙头，以 GPS 卫星定位为依托，以信号控制和集成指挥为重点的交通指挥系统，真正实现电视监控，交通诱导，勤务管理，单兵警车定位，信息综合查询等功能于一体的扁平式，点对点式指挥，推进勤务制度和管理模式科学化规范化管理，实现交通管理工作由粗放型、经验型向精细化、规范化转变，全面提升包头市现代交通管理水平。

（撰稿：安锐）

乌海市智能交通建设情况

乌海市位于中国内蒙古自治区的西南部，地处黄河上游，东与鄂尔多斯高原相邻，西接阿拉善草原，南连宁夏平原与石嘴山市隔河相望，北望肥沃的河套灌区。乌海市是内蒙古自治区下辖地级市，面积约为1754平方公里，南北长约80公里，东西宽30公里，人口为五十万，机动车实际保有量20万左右。

乌海是连接中国西北地区和华北地区的重要枢纽，矿产资源非常丰富，有“塞外煤城”的美誉，是中国西北地区重要的煤化工基地之一。交通是支撑乌海经济发展的重要基础。在市政府的统一规划下，乌海市公安局牵头进行了乌海市智能交通项目的建设。拟建设的智能交通管控系统三年建设规划包括：交通信号联网控制系统，电子警察系统，交通流量采集系统，城市交通诱导系统，公路测速系统，GPS地理信息系统系统，视频监控系统、治安卡口系统、智能交通管控平台等。

一、乌海市ITS建设概况

2013年进行了乌海ITS项目的一期建设，由北京四通智能交通系统集成有限公司承建。本期项目可以满足四个区主要道路的管控和诱导需要，并具备集车辆稽查、警务调度、交通组织、出行服务于一体的系统功能，满足交警的核心业务需要，并为其他政府机构和公安其他业务部门提供相应的信息共享服务。

根据乌海市对交通和车辆管理的具体业务需求及其信息化技术发展的状况，乌海市ITS建设的定位为：建设以车辆为核心的综合稽查管理和交通组织管控的云平台。实现满足交警的全面业务、服务与多警种，具有知识分析和管理能力，支持作战、决策和指挥。系统建设需要满足面向交管和治安的实战需求，实现资源共享，实现面向公众服务。建设要满足规范、稳定、易用、安全和可扩展的要求。

基于定位乌海市ITS建设理念如图1所示。将系统建设分为4类：基础建设、车辆稽查、交通管理和资源共享。一期建设主要完成基础性工程建设，初步实现乌海ITS的体系。在建设中，一期突出基础架构建设，在数据云平台和系统可扩展性架构上进行了专项设计和建设，以满足未来系统的发展需求。一期建设完毕后，其平台基本成为乌海市交通/车辆信息服务的中心，为交警、指挥、治安、技侦、刑侦、情报、特警、公交等各警种提供了车辆和交通的基础信息，同时，为提供社会化服务和智慧城市建设提供了基础的信息保障。实现了综合服务、精细管理、面向实战、全局联动的要求

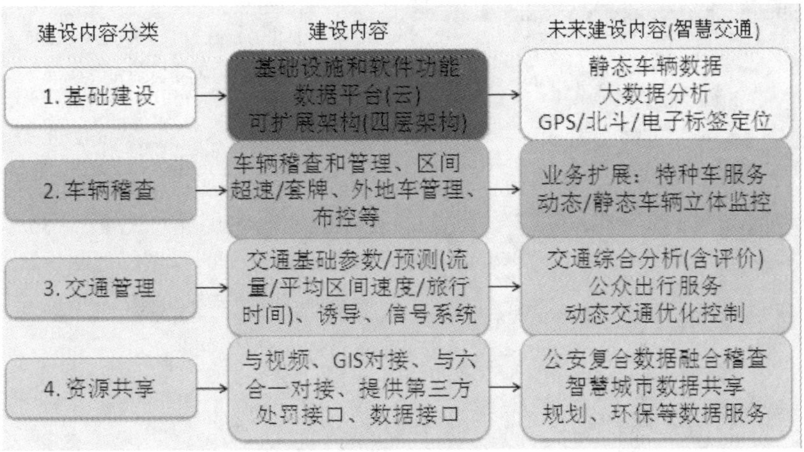

图1　乌海市ITS建设理念

乌海市 ITS 一期建设由一个中心八个系统构成。一个中心及中央系统；八个系统分别为：通信承载网、信号联网控制系统、电子警察系统、城市交通诱导系统、固定点测速系统、指挥中心大屏系统、治安卡口系统、GPS 车辆定位系统等。

二、管控系统建设情况

（一）信号联网控制系统

信号联网控制系统共建 66 路口的信号机，建设情况见表 1。信号机采用西门子 T800 集中协调式交通信号控制机，控制软件使用集中协调式交通信号控制系统，并在中央系统实现集成。

表1　信号联网控制系统建设数

	海勃湾区	滨河区	乌达区	海南区	合计
信号灯联网控制	44	14	4	4	66

（二）交通流量采集系统

交通流量采集系统采用视频监测对通过车辆的状态、速度、车型、流量等交通参数进行检测，并根据道路通行标准、分类标准等静态道路交通参数对道路交通流进行分析，并将分析结果发送给交通信号控制系统，实时调控信号配时和交通诱导系统发布实时路况。共建 72 套，264 个断面，建设情况见表 2。主要设备采用 TI DSP642 嵌入式一体化检测系统和标清低照度 CCD 监控摄像机，提供监控区域内车辆“存在”信号（符合信号控制系统要求）和交通流 6 参数信息。其界面见图 2。

表2　交通流量采集系统数

	海勃湾区	滨河区	乌达区	海南区	合计
交通流量采集系统	42	16	7	7	72

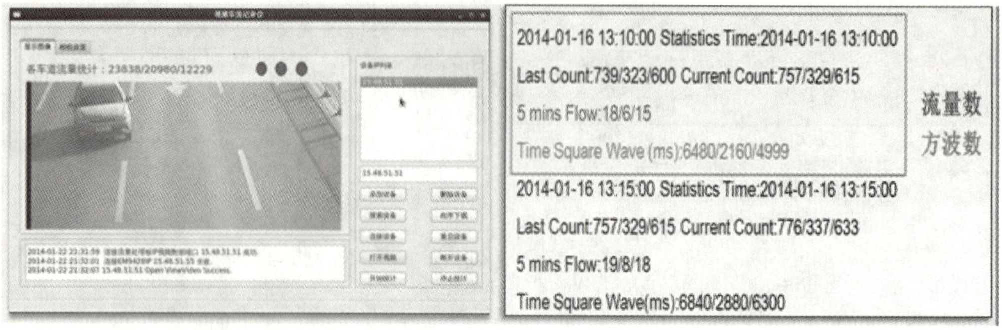

图2　交通流量采集系统界面

（三）城市交通诱导系统

城市交通诱导系统，主要建立以LED电子屏为核心的诱导信息发布系统，并与中央系统的诱导管理子系统协同形成城市交通诱导系统，实现对公众出行的诱导。共建12套，建设情况见表1-3。主要设备采用8.8m2室外PH16双基色LED显示屏。系统有中央系统进行控制。其界面见图3。

表3　城市交通诱导系统数

	海勃湾区	滨河区	乌达区	海南区	合计
LED显示屏（套）	6	2	2	2	12

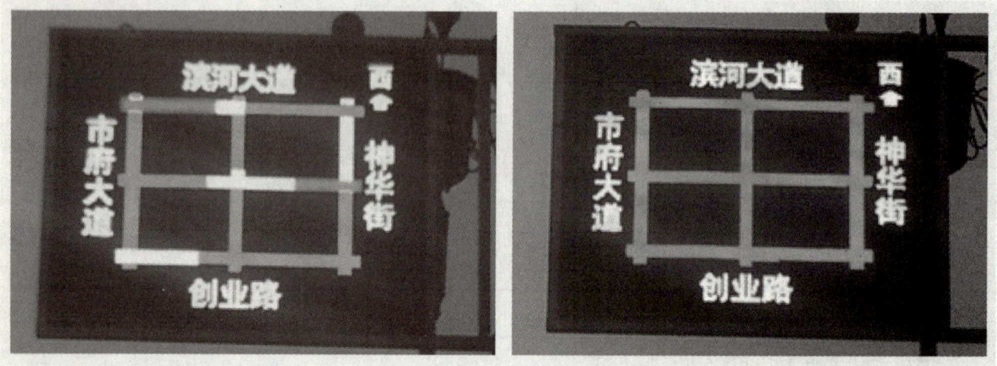

图3　城市交通诱导系统界面

（四）卡口式电子警察系统

卡口式电子警察系统，实现闯红灯的管理和过车信息的采集。同时，实现车辆稽查功能，与机动车卡口一起实现对车辆的管控。共建72各路口264套，建设情况见表4。主要设备采用TI DSP6467T一体化高清500万分辨率监控摄像机，系统提供双码流，其中视频流采用H.264格式，符合国标《GB 28181-2011 安全防范视频监控联网系统信息传输、交换、控制技术要求》。电子警察执法实例见图4，卡口车辆稽查实例见图5。

表4　卡口式电子警察系统建设数

	海勃湾区	滨河区	乌达区	海南区	合计
卡口式电子警察系统	42	16	7	7	72

图4　电子警察执法实例

图5　卡口车辆稽查实例

（五）公路视频采集系统

公路视频采集系统，主要建立公路测速、监控、卡口、稽查系统，为打击犯罪提供适时情报信息，满足公安工作需要。共建10个断面20各方向，建设情况见表5。主要设备采用TI DSP6467T一体化500万高清监控摄像机和安道雷单车道测速雷达。系统抓拍效果图见图6。

表5　公路视频采集系统数

	海勃湾区	海南区	乌达区	合计
公路视频采集系统	6	8	6	20

图6　公路视频采集抓拍实例

（六）GPS 车辆定位系统

主要对警车、警力和社会车辆进行 GPS 定位系统的配置，实现对警车、警力和客运、剧毒危险品运输车辆的监控和调度（将现有的 PGIS 中车辆及警力的 GPS 信息集成到交通管控平台）。

（七）视频监控系统

初步建成了“全球眼”道路视频监控系统，截至目前，“全球眼”已安装 696 台摄像机，基本覆盖全市主要路口、商业街，国道、景观地带等重点区域（将现有的全球眼中视频点位信息集成到交通管控平台）。

（八）治安卡口系统

治安卡口系统目前已建成 28 个监控点，135 个车道。可实现对城区间主要干道、省道及城市道路、高速出入口实时抓拍及布控（将现有的卡口数据集成到交通管控平台）

三、智能交通管控平台建设情况

智能交通管控平台是乌海市 ITS 一期建设的重点，该平台在将上述智能交通子系统以及已建的卡口系统、视频监控系统产生的信息进行汇集管理，并提供丰富的业务功能，为实现对交通的智能管控提供作战信息支持。

平台以《基于云数据管理的智能化机动车及交通管控平台》为基础进行建设。通过集成信号、卡口、视频、电子警察、测速、流量采集、诱导系统，通过车牌照识别、电子标签识别、位置管理 (GPS/ 北斗 /350/ 电子围栏) 等技术实现了对动态车辆 (道路行驶车辆)、静态车辆 (停车、保修 / 加油车辆) 的全天候全程化的管控，借助大数据和实时并行技术实现了实时交通状态分析和预测、车辆时空辨识和跟踪、车辆行为分析等基础业务数据处理，为交巡警、110、治安、刑侦、技侦等公安业务部门，交通委、环保局、应急办等政府管理部门以及公众、运输企业等提供包括交通组织、车辆监管、出行服务、知识应用、关系分析、治安管理、应急指挥等服务。并通过与信号系统、诱导系统、六合一平台、短信平台、交通违法处罚系统等对接，实现智能化处理和一站式服务。

大平台是一个集成的信息平台，系统构建使用 B/S 和 C/S 三层架构结合的方式，C/S 用于后台计算和安全管理。B/S 用于实现信息访问和用户业务。应用服务器端开发环境使用 Linux 或 Unix 操作系统。数据库使用 Hadoop + Lucene 的云架构，系统架构使用集群技术，保障系统扩展。集群可以实现本项目特殊计算要求。系统提供了 14 个业务群组，见表 6。

表6　智能交通管控平台业务功能

序号	子模块	子功能	序号	子模块	子功能	序号	子模块	子功能
1	系统管理	登陆验证	4	红名单管理	红名单申请	9	高级检索分析	车辆综合查询
		审计日志			红名单审批			已知车辆伴随分析
		角色权限管理			情况情况通报	10	违法稽查	违法数据上传
		部门管理			违法统计分析			手工分配数据
		用户管理			红名单过车查询			违法初审
		密码管理	5	黑名单管理	黑名单登记			违法复审
2	基础数据管理	数据字典管理			黑名单过车查询			法制监督
		城区管理	6	预警管理	预警实时监控			违法数据查询
		道路管理			预警查询	11	交通分析	交通流分析
		监测点管理	7	订阅管理	车辆订阅			旅行时间分析
		违法代码设置			实时跟踪	12	视频管理	历史视频查询
		违法地点设置			订阅历史查询			实时视频监控
		路径参数设置	8	车辆查询	实时过车监控	13	设备运维管理	设备管理
		超速参数设置			历史过车查询			设备状态监控
		套牌参数设置			过车图片检索			服务器运维
3	布控管理	个人布控管理			车辆轨迹查询（GIS）	14	数据校正	数据校正管理
		个人秘密布控管理			未识别车辆查询			
		布控审批管理			外地车查询			
		布控综合查询			车辆基础信息查询			
		秘密布控查询			套牌超速查询			

智能交通管控平台具有如下特点：①面向实战，满足实时性要求，从车辆信息获取到业务计算完成和信息发布时间延迟＜4 秒；②使用云技术进行数据架构，满足未来大数据需要。目前百亿级数据查询速度为秒级；③系统架构使用集群技术，保障系统扩展；④业务群丰富，满足各警种业务需求。提供包括交通组织和管理、车辆稽查和管控等在内，交通违法第三方处置等功能。

智能交通管控平台提供交通组织管控和车辆稽查管理的基础业务，实现了车辆数据的共享。同时，平台还提供了在线实时套牌和区间超速嫌疑车辆稽查的功能，对交通违法稽查进行了良好的补充。

图 7 至图 12 给出了一组平台界面。

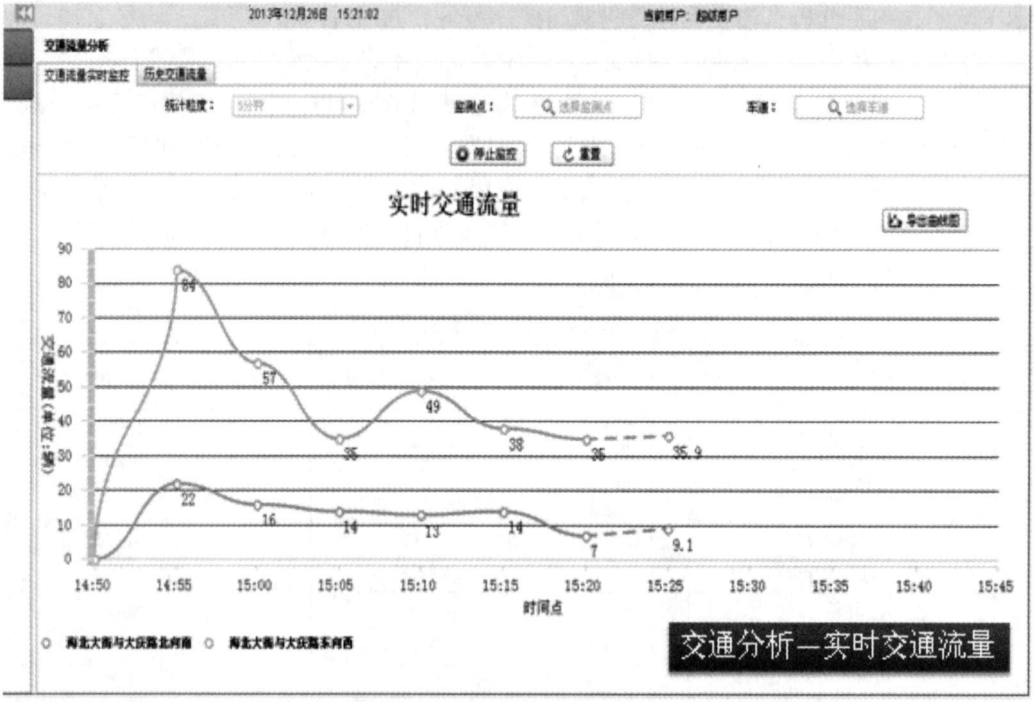

图7　实时交通流量分析和预测界面

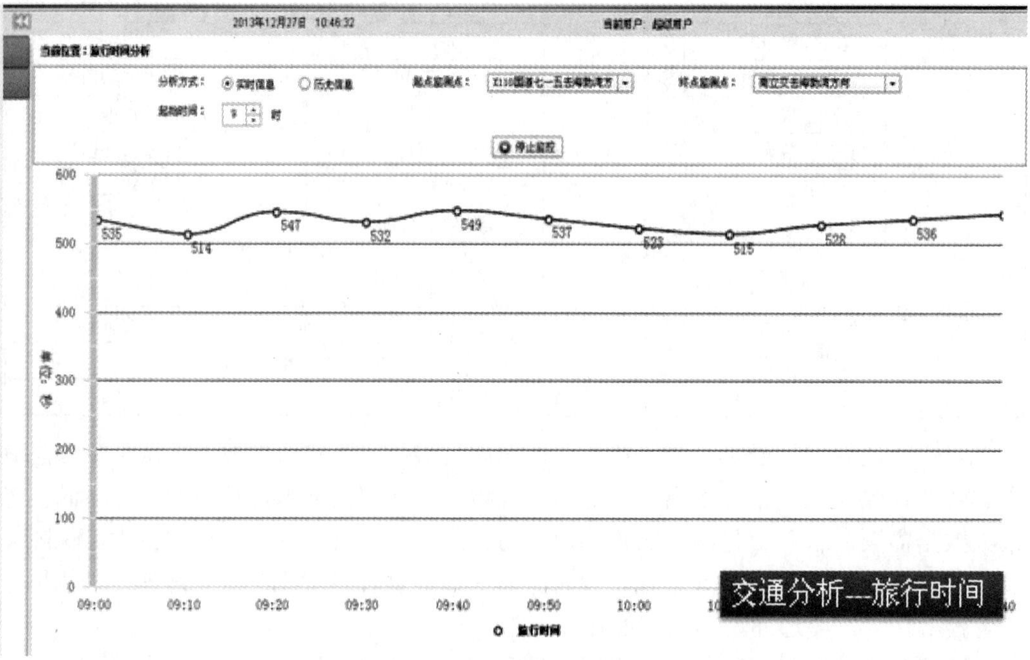

图8　实时旅行时间分析和预测界面

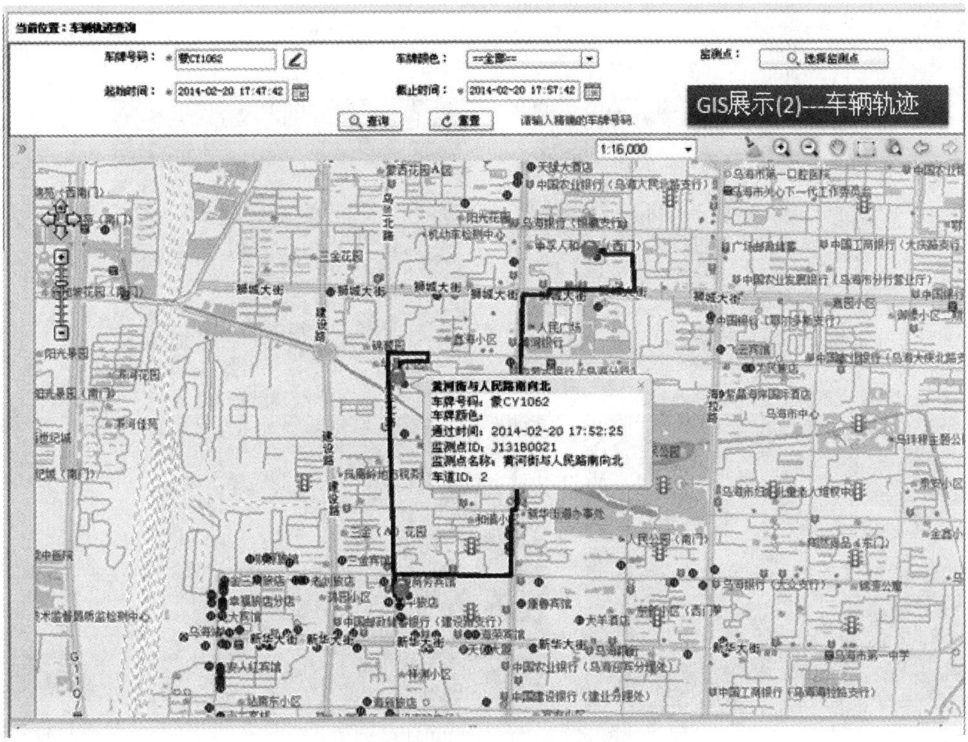

图9　GIS车辆轨迹跟踪界面

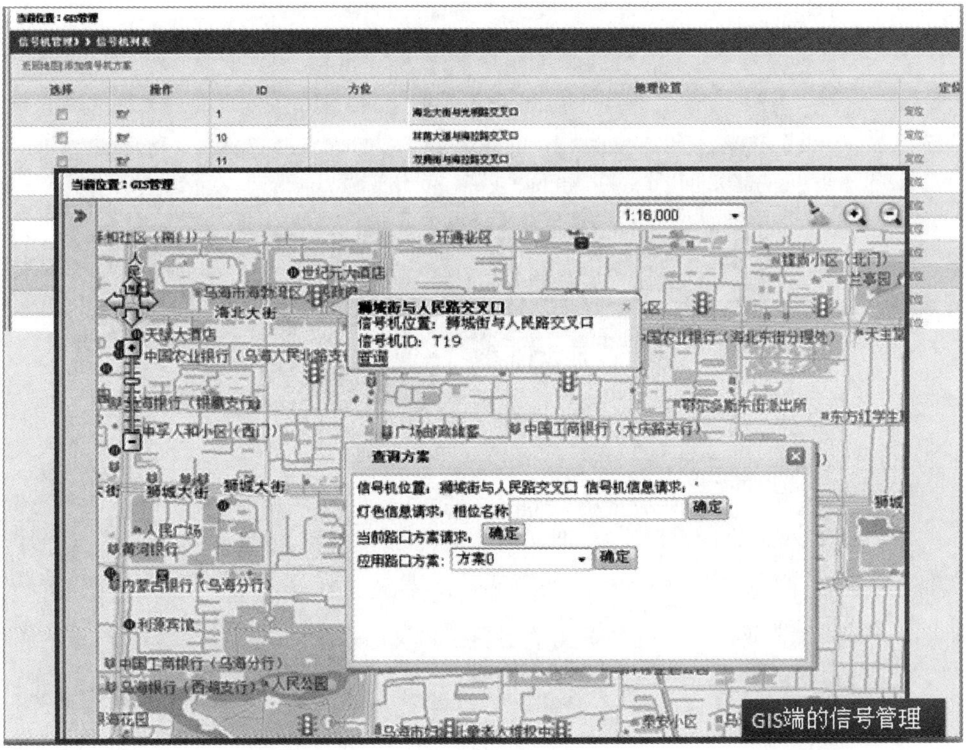

图10　GIS端信号灯管理界面

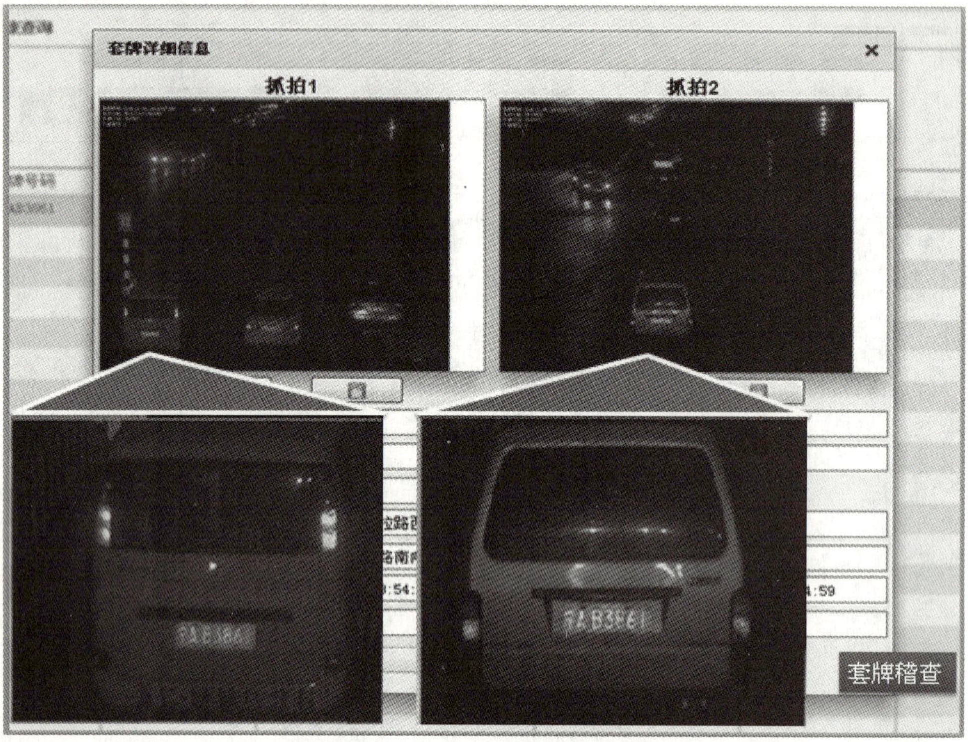

图11　实时在线套牌嫌疑车辆稽查界面

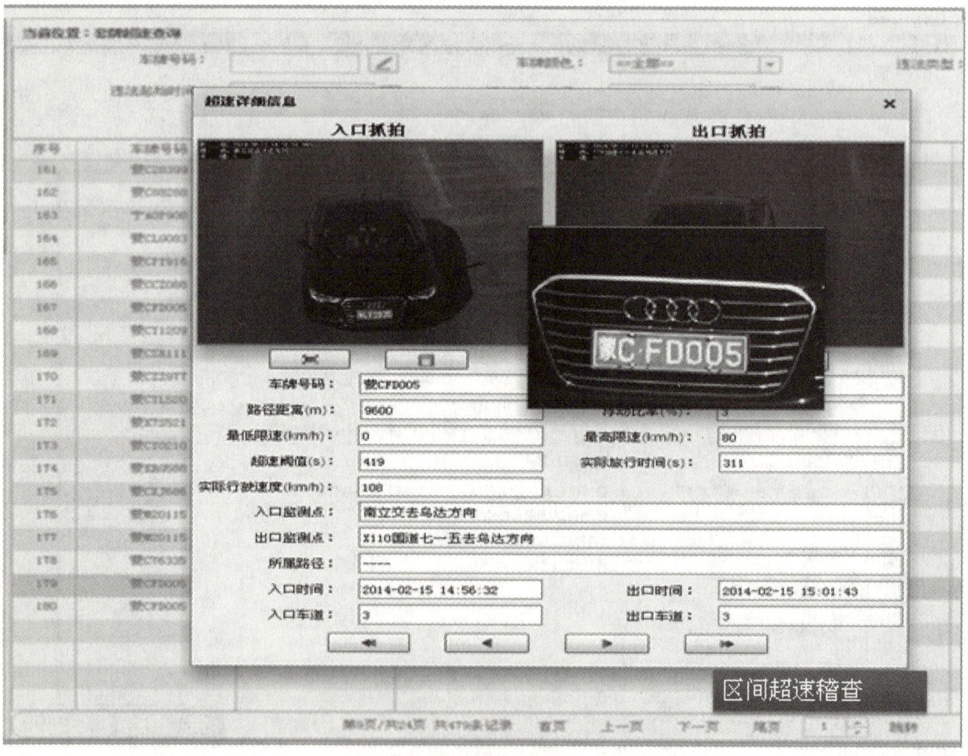

图12　实时在线区间超速车辆稽查界面

四、一期建设成效

乌海市智能交通管控系统 (ITS 一期) 于 2013 年 4 月开始建设，2014 年 1 月 1 日海勃湾区电子警察、信号机联网控制、流量采集、交通诱导、公路测速系统投入试运行，2014 年 3 月 8 日智能交通管控系统通过验收，2014 年 4 月 1 日乌达区、海南区、滨河新区所有设备投入使用。

截止 2014 年 7 月 31 日共抓拍过车数据 19430 万张。为本地和外地公安机关提供破案线索 500 多条。侦破涉车案件 300 余起、交通肇事逃逸等案件 13 起，为群众找回失物 70 余起。抓拍各类机动车违法行为 3.23 万起，有效的遏制机动车因闯信号、随意变道、掉头等违法行为造成的交通事故。2014 年 1 月至 7 月全市共接各类道路交通事故 3199 起，同比减少 2990 起，下降 48.3%。

综上乌海市 ITS 一期建设取得了良好的成效。

临汾市交通信号控制系统

一、背景概述

临汾市位于山西省西南部，是山西省较大的地级市，是山西经济较发达的地区之一。目前市区主要道路已经形成“四纵五横”的基本格局，城区交通量集中在滨河路、鼓楼北大街、平阳北街、向阳西路、鼓楼西大街等主要干道。

图1　临汾市主要干道卫星图

近年来，随着经济建设的飞速发展和人民生活水平的不断提高，临汾市城市机动车保有量飞速增长。2011 年末临汾市民用汽车保有量 31 万辆（包括三轮汽车和低速货车等 2.6 万辆），比上 2010 年末增长 16%；其中私人汽车 25.7 万辆，增长 18.8%。2011 年新注册汽车 5.1 万辆，增长 16.5%。2011 年末轿车保有量 15.4 万辆，比上 2011 年末增长 12.9%，其中私人轿车 13.7 万辆，增长 12.7%。城市机动车保有量的迅速提升致使城区交通压力越来越大，交通拥堵的问题日益突出，尤其以高峰期间最为明显。据调查，鼓楼大街、平阳北街上多个交叉口高峰小时平均停车次数在 4-5 次，拥堵严重时需要 2-3 个周期方能通过。交通拥堵以及由此引发的剐蹭、交通事故、交通秩序混乱等一系列交通问题，业已成为市委市政府和广大市民重点关注的民生问题。

与国内大城市相比，临汾市与国内其他中等城市一样有着相似的交通问题，主要表现在：

（1）道路基础设施建设水平仍有待加强，道路交通系统的承载能力不足；

（2）路网结构密度低，路网系统不尽完善，机动车交通流与非机动车、步行交通流重叠现象较为突出，由于交通无序化而可能引发过多的交通事故；

（3）步行、自行车和常规公共交通仍占据重要地位，与快速增长的机动车一起形成了高度混杂的交通流，造成交叉口冲突点增多以及机动车、非机动车和行人相互干扰，"人车混杂、任意穿行、有灯不遵、有禁不止、乱停乱放、随意逆行"等现象层出不穷。尤其是五一路百汇段，三轮车横七竖八，造成半边机动车道受堵，大大降低了道路的通行能力；

（4）空间上，车辆在城市路网上分布不均衡，易于在几条主干道上形成交通集聚效应；时间上，高峰时间较为集中，持续时间相对较短，道路在时间上的使用落差大；

（5）在交通管理与控制方面，原有交通信号以单点定时控制为主且未能实现联网联控，难以满足日益加重的道路交通需求；

（6）交通信号设施往往是分期投资建设，信号灯、通信、电子警察、视频监控等智能化设施功能不齐全、存在较多技术和管理隐患。

图2　临汾市道路交通运行情况一瞥

在道路交通基础设施建设供不应求的前提下，建设智能化、数字化、规范化的交通控制系统势在必行。从管理和控制的角度促进城市道路交通的安全、有序，在与城市发展环境相契合的基础上，通过积极地采用交通管理控制新技术和新方法来提高中等城市交通运行效率，已经成为缓解临汾交通问题、间接促进临汾市经济发展最为迫切和可行的关键环节之一。

系统建设前，临汾市区红绿灯控制的方式全部采用的是单点控制，能适应路口交通简单、交通流量较小的交通控制，难以随交通流量的改变而调整控制时间。并且，由于原有交通信号机未能实现中心联网控制，现场交通信号维护与管理需要花费大量警力，难以实现统管全局的宏观控制，已经远远不能适应当前飞速发展的机动车流量的需要，急需建设先进的交通信号控制系统。

目前，全国大部分城市已经建设和应用具有远程控制功能的自适应交通信号控制系统，山西省内的太原市和晋中市也从2000年开始建设、应用交通信号自适应控制系统。2012年中，山西省交警总队也要求各地市需尽快建立交通信号自适应控制系统，为此，临汾市开展先进交通信号控制系统的建设和应用是提高整个山西省城市道路交通管理水平、提升市民生活质量的重要举措。

二、系统建设

（一）项目概况

1．建设内容

（1）临汾城区35处交通信号控制点位的交通信号控制器设备的采购、安装、调试及路口的控制方式、控制方案设计和配时调整维护。

（2）在交警支队建成中心交通信号控制系统：集成现有交通信号控制系统功能，并能够对本项目采购的交通信号控制器，进行集中控制管理、协调联动。

2．建设目标

（1）应用先进的交通信号控制技术对路口交通进行控制，能够实现交通信号的本地单点自适应控制、干线绿波控制、区域协调控制。

（2）建立先进的、具有可扩展性的交通信号控制系统，对控制区域内的交通流实行远程实时监控、检测、控制，实现点、线、面的协调控制，有效地改善临汾市区内的交通情况。

3．建设范围和时间

临汾城区35处点信号控制点位，具体点位图如图4所示。建设时间为2012年10月至2013年8月，项目由山西智迅达科技发展有限公司和北方工业大学联合开发和建设完成。

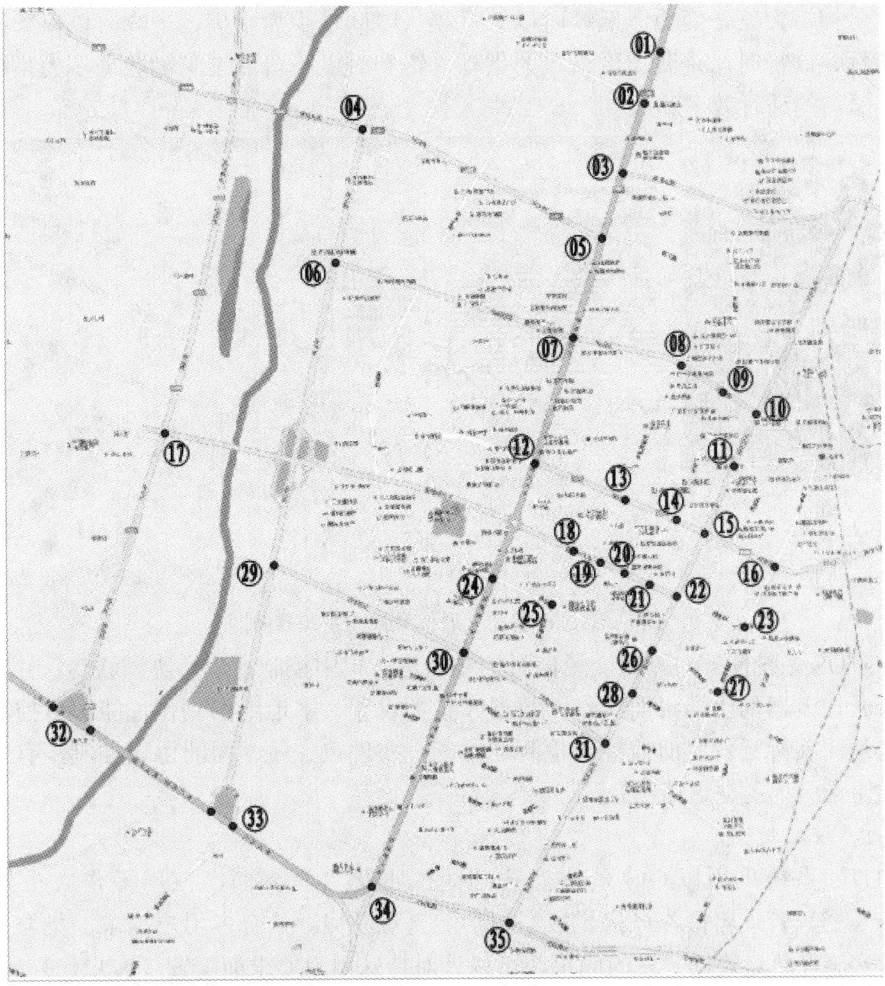

图3　临汾市智能交通信号控制系统建设交叉口点位图

（二）自适应交通信号优化系统 AUTOS

1．系统简述

中心信号控制系统采用北方工业大学自主知识产权的 AUTOS 自适应交通信号优化系统 (Adaptive Urban Traffic Optimization System)，基于 C/S 与 B/S 模式相结合的软件结构，由用户层、服务层、内站通信层、外站通信层和现场设备层五个层面组成，具有信号传输、交通数据统计、分析、交通信号实时监控、设备管理、故障检测、报警等功能，可根据不同应用需求，实现路口的实时监控，并能够实现现场交通信号控制器的统一管理和故障检测、报警、查询。

针对不同区域的交通信号控制需求不同，AUTOS 系统实现了交通控制需求决策专家知识系统，能够根据网络交通流演化情况，自动生成分级交通信号控制指标和协调指令；构建了非饱和、饱和交通流条件下的交通信号自适应控制方法，基于绿灯通行指数 GI(Green Index) 的交叉口信号控制优化技术，运用并行优化思想自动生成最佳的交通信号控制方案，交通流低峰时以绿灯损失时间最少为指标、平峰时以停车次数最少为指标、高峰时以排队长度最短为指标、饱和时以路口通过车辆数最多为指标，保障了交叉口的通行效率。

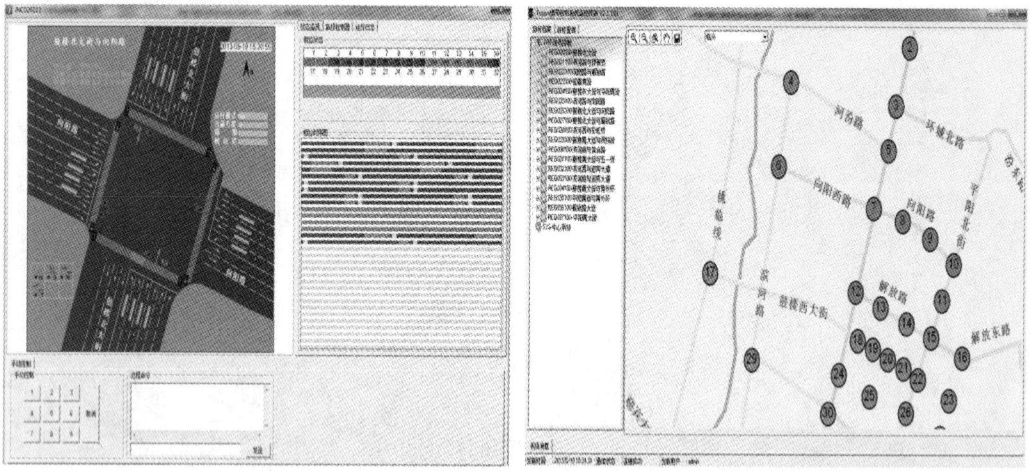

图4　临汾市智能交通信号控制系统界面图

AUTOS 系统能够对路口交通信号控制器进行集中控制管理、协调联动，并实现了交通信号控制器的上端界面制作、数据库参数设置、本地地图制作，能够对控制区域内的交通流实行远程实时监控、检测、控制，实现点、线、面的协调控制，有效地改善了临汾市区内的交通情况。

2．系统功能

AUTO 系统采用以 GIS 系统为基础的图形化人机界面，使用操作人员熟悉的 Windows 资源管理器操作风格，数据与功能直观易懂。结合多用户需求、集合多年项目开发实施经验、连续开发的成果，可以针对特殊用户要求而配置（客户化）。系统平台软件的主要功能如下：

- 基于GIS的全图、路口详细图动态显示功能；
- 实时交通运行监控功能；
- 交通数据采集、分析、处理功能；
- 现场设备中心配置、管理功能；
- 全系统设备及软件运行状况与故障的监测与管理功能；

交通信号控制管理平台软件按功能划分为 6 个大模块，分别为：GIS 总图监控模块；交通信号传输模块、交通信号自适应控制模块、交通信号监控模块、信息采集模块、数据分析、处理模块、故障检测及报警模块。

（1）GIS 总图监控模块

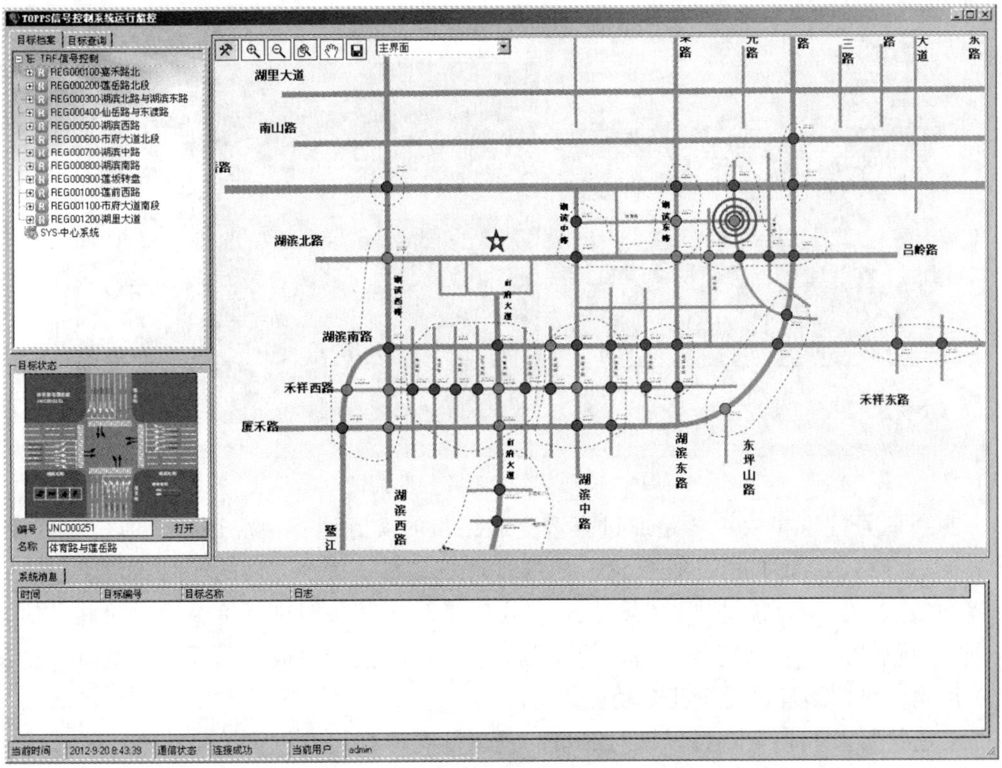

图5　GIS监控总图

系统提供了友好的操作接口，采用计算机操作员熟悉的 Windows 资源管理器操作风格，数据与功能直观易懂。如图 6，整个界面包括 5 部分功能：

- 功能菜单：提供功能标签可以选择进行每个功能模块。
- 地图查询菜单：抽屉式管理模式，将各种功能模块分离规划。
- 地图编辑菜单：提供视野变化，移动，绘制等地图操作工具，进行地图图元的编辑。
- 主界面：图形方式显示系统的覆盖范围和区域内的路口点位，从点位的颜色可以表示路口的各种状态，包括，网络通信情况、设备故障情况、路口运行情况等。
- 小地图区：显示当前的主地图的范围及屏幕的范围。
- 地图风格选项：主界面提供多种地图风格，用户可以根据需要进行多种地图风格的选择。

（2）交通信号控制模块

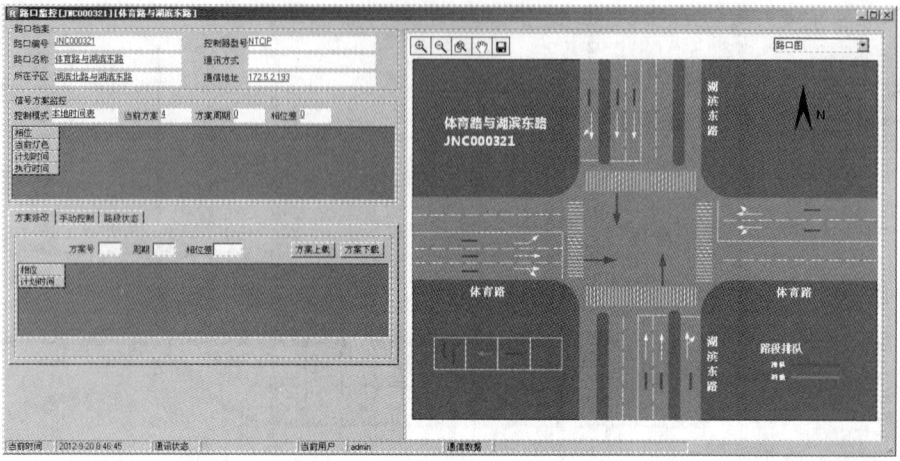

图6　交通信号控制路口监控图

交通信号控制模块主要是通过查看交通路口的实际运行情况进行交通信号监控。此界面包括路口实时的相位运行情况、放行阶段状态及每个方向的实时相位监控，同时界面的上方提供功能选项按钮，操作员可以通过这些按钮进行每个分项功能。功能选项按钮包括的主要功能是，路口的详细信息、手动控制面板、远程命令窗口、建设维护记录、路口地理位置等几个功能。

交通信号控制模块还可以针对路口的具体情况进行线性优化控制策略和区域优化控制策略的设置。交通信号控制模块通过子区的划分来进行信号控制的优化。

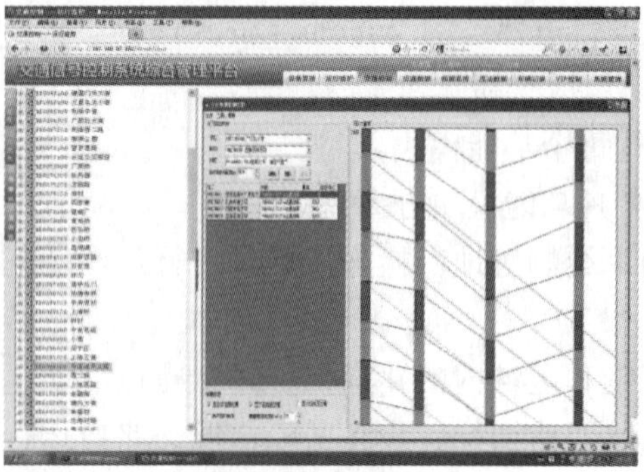

图7　线性优化协调控制界面

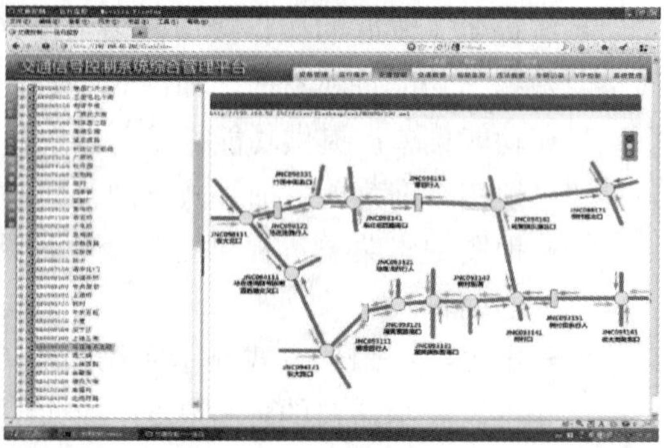

图8　区域优化协调控制界面

（3）信息采集模块

- 控制数据采集功能：集成软件按系统参数设置的周期，通过ICU（信号控制通信服务器）获取下端信号机采集单元采集的交通信息和设备状态信息；
- 交通数据采集功能：系统能够采集来自下端设备的交通量统计数据；下端设备以原始交通数据为基础，按预设周期(2分钟到30分钟可调)进行基础交通数据统计并上传至中心，主要统计指标包括分车道流量、分车道速度、分车道占有率等交通数据。
- 数据预处理功能：对采集的交通流原始数据、交通控制命令原始数据、接收的参数信息等进行预处理。

- 系统设置功能：信息采集模块可以提供针对各类信号控制系统的通信接口，便于调试及维护，并具有很强的稳定性、适用性及可扩展性。

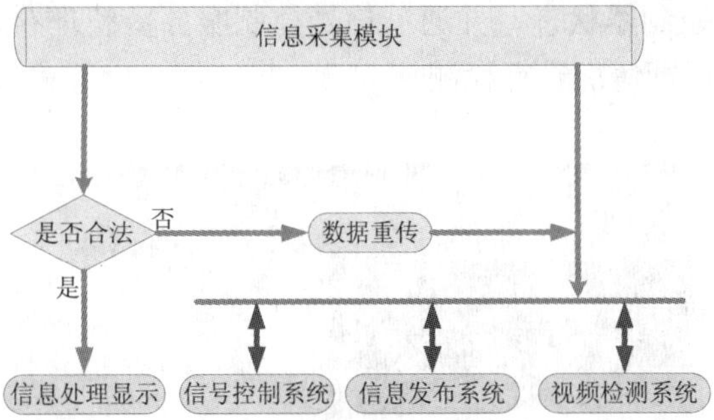

图9　信息采集流程图

（4）数据分析与处理模块

- 数据处理：将采集来的数据及操作员录入的数据，进行分析、统计，做必要的筛选，其中包括对数据的真实性校验和数据替代；
- 模型分析：对交通参数进行处理，提出相应的数据处理模型，并能够依次预告或判断交通拥挤、交通阻塞或事件等交通状况，做出相应的报警；
- 统计报表：可显示和打印各种报表，包括：交通报表、各种事件事故报表、发布命令报表、设备工作状态报表、系统日志报表；
- 数据查询：可任意查询一年内运转的详细数据，包括任意时刻的交通、设备状态、事故输入、命令发布记录并以报表形式打印出来。

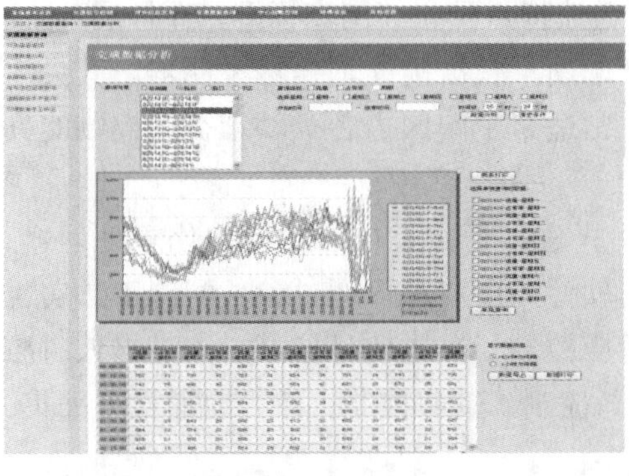

图10　交通数据统计界面图

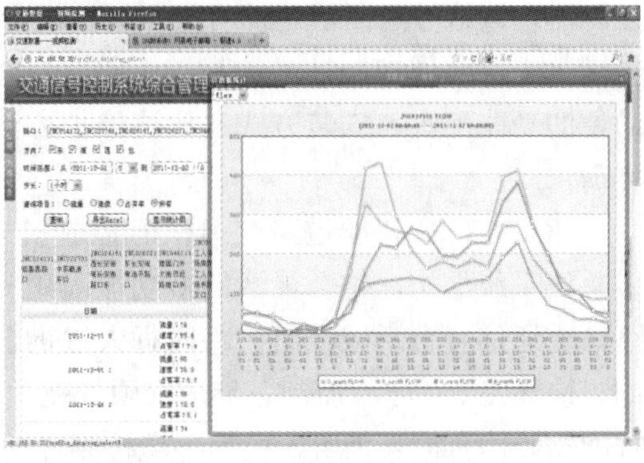

图11　交通数据分析界面图

（5）故障检测及报警模块

系统软件具有故障检测及报警的功能，系统的故障报警主要有三个方面，分别为中心系统设备的监控及报警；网络状态的监控及报警；现场设备信号控制器设备的监控及报警。

- 实现对中心系统中网络设备、服务器、存储阵列以及各系统服务软件模块运行状态的监视。
- 采用自动轮询方式进行网络连通测试，并自动记录网络连接时延，当发现网络中断时，自动形成网络故障报警记录。系统同时通过网络连通测试的方式检测信号机联机状态，并形成相关日志及故障报警信息。

- 信号控制器故障状态通过接入服务器与中心信号控制服务器连接，接入服务器采集信号控制器状态，并通过信号控制服务器整理存入中心数据库，对信号控制器的运行情况进行检测。

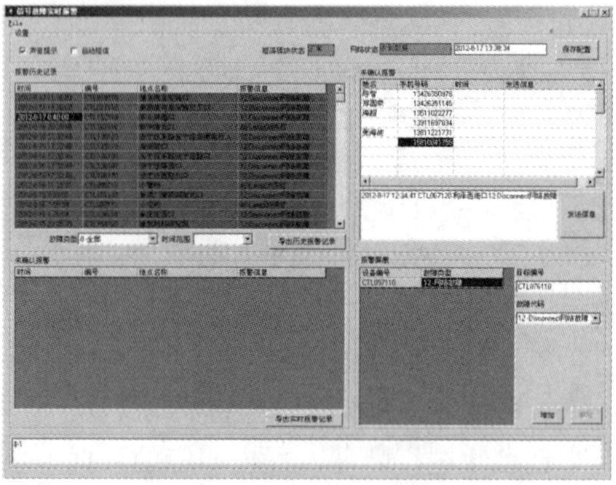

图12 故障报警界面图

（三）交通信号控制器 NCUT-TSC

系统现场设备层采用北方工业大学自主知识产权的NCUT-TSC智能道路交通信号控制器，该信号控制器是针对我国城市混合交通流特点及相关国家标准，在扩展英国、美国等先进交通控制技术的基础上研发与生产的新一代智能交通信号控制器，其灵活简便的功能配置、安装方式和检测维护方法非常适合中国国内各类城市交通控制的具体需求。

NCUT-TSC智能道路交通信号控制机采用先进、稳定、可靠的模块化多处理器、多总线系统结构，结合灵活的多功能固化应用软件，用户可以通过参数配置工具实现路口交通信号自适应控制、路段行人过街自适应控制、车道信号控制、匝道出入口控制、快速路汇/分流控制、隧道交通控制、环岛控制、勤务控制、综合交通数据采集、智能软硬件自检、供电、机箱环境检测等功能。

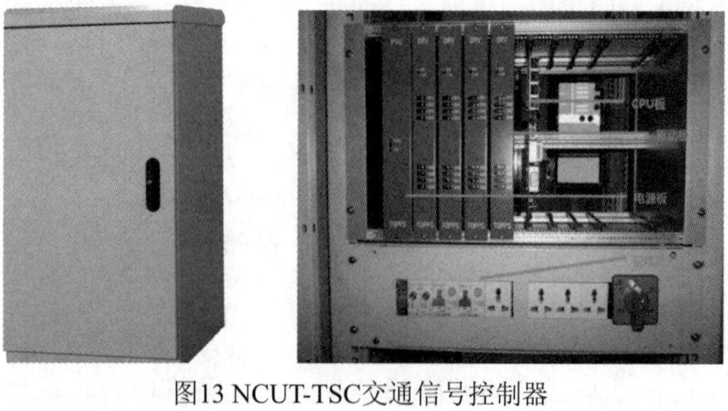

图13 NCUT-TSC交通信号控制器

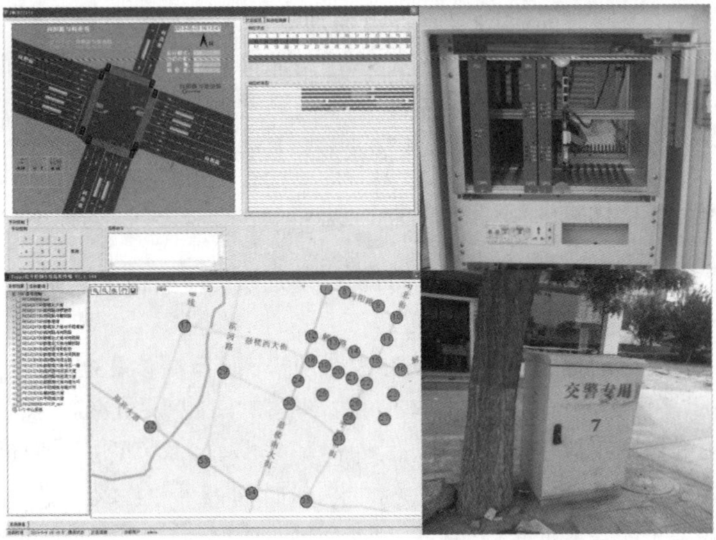

图14 临汾市智能交通信号控制系统AUTOS用户软件和现场控制器设备

三、建设成果

临汾市交通信号控制系统的建设，实现了中心人工控制和自动控制等两种控制方式。通过中心系统的管理和控制，大大缓解了临汾市交通的拥堵情况，起到了很好的优化效果。通过交通调查及浮动车记录数据，我们统计分析了临汾市主要的几条干道和关键路口相关交通数据，得到的结论是系统建设后交通通行效率及通行能力得到了很大的提高，旅行时间和停车延误得到了很大的缩减。

（一）交通效率明显提高

以鼓楼北大街与向阳路路口为例说明路口通行效率的提高情况，路口渠化如下图所示：

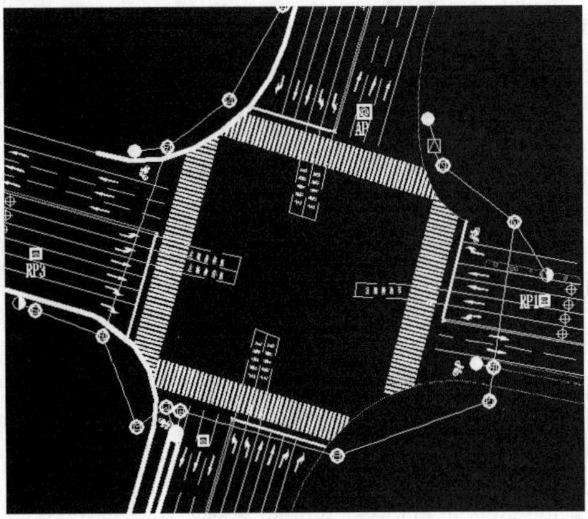

图15 路口渠化图

系统实施后，不同时间段内道路各方向通行的车流量都有增加，工作日：北向南增加约为16.5%，东西向增加约为15.3%，南北向增加约为17.8%，西向东增加约为16.4%；周末：北向南增加约为17.4%，东西向增加约为16.6%，南北向增加约为18.1%，西向东增加约为18.3%，说明系统实施后控制效果显著提高。

（二）交通延误整体减少

以鼓楼北大街为例说明路口旅行时间及停车延误的减少情况，系统实施前后数据对比及分析：

工作日：早高峰的停车次数减低33.3%，停车时间减少13.5%，总旅行时间减少14.1%；午间平峰的停车次数减低42.1%，停车时间减少20.6%，总旅行时间减少35.1%；晚高峰的停车次数减低28.6%，停车时间减少12.6%，总旅行时间减少12.6%。

周末：白天的停车次数减低25.3%，停车时间减少21.3%，总旅行时间减少27.6%；夜间的停车次数减低32.1%，停车时间减少19.5%，总旅行时间减少30.1%。

干线总的通行时间较系统实施前波动现象明显，早晚高峰期间峰值较高，平峰期间峰值较低，表明高峰时间平均行驶速度降低、平峰时间平均速度有所提高，反应该区域交通流量总量增加且有一定潮汐现象；车辆在干线上行驶的停车次数减少，说明信号控制的效果较好；

（三）总体评价

（1）临汾城区交通量较以前有所提高，通过分析城区核心路口的交通流量数据，得出工作日交通流量平均增加16%；周末交通流量平均增加17%；且潮汐现象比以前更为明显。

（2）临汾城区干线通行速度波动较大，在高峰期间通行速度较低但较之前有改善，平峰时间通行速度则有明显提高；通过分析城区核心4条路线的交通旅行时间数据，得出高峰旅行时间平均减少14%；平峰旅行时间平均减少33%；工作日旅行时间平均减少19%；周末旅行时间平均减少28%；

（3）临汾城区的几条主要干线的停车次数、红灯次数、停车延误等均有大幅度减少，通过分析城区核心4条路线的停车次数、红灯次数、停车延误数据，得出工作日停车延误平均减少18%；周末停车延误平均减少25%；数据分析说明信号控制系统效果非常明显。

香港智能交通发展与管理情况概述

香港城市智能交通系统发展紧密结合城市交通乃至城市的发展诉求，围绕“公交优先、服务公众、保障出行”的核心工作理念，注重规划引导、技术支撑和服务先行，建设形成了“交通管理、交通出行和智能公交”三大智能管理系统，并随着城市交通发展而实时优化调整，全面完善智能交通控制平台基础设施、运营管理功能，有力的提升了城市交通发展水平。本文在深入研究香港智能交通系统建设与发展情况基础上，总结剖析了其主要工作措施及特征，结合内地智能交通发展现状与需求，提出了相应的建议。

一、基本情况

（一）城市交通概况

香港特别行政区总面积1100平方公里，人口超720万，道路总长度2086公，近10年间道路增长8.4%，人均道路里程仅为0.29公里；机动车保有量65万，其中私家车占70%，近10年间机动车保有量增长13.6%，千人私家车拥有量61辆，每公里道路车辆约300辆，其人口和车辆密度均居世界城市前列。市民出行主要以公共交通为主，虽然香港的士、巴士和小型巴士三类车仅占车辆总数的6%，但加上铁路（地铁、轻轨）客运，公共交通客运量每天达1200万人次，占出行总量的90%，公交分担率居世界城市第一。

（二）交通管理架构

香港城市交通管理由警务处、运输署、路政署各司其职，相互协作，构成了层级清晰、职能细密、分工明确的交通管理架构，如图1所示。

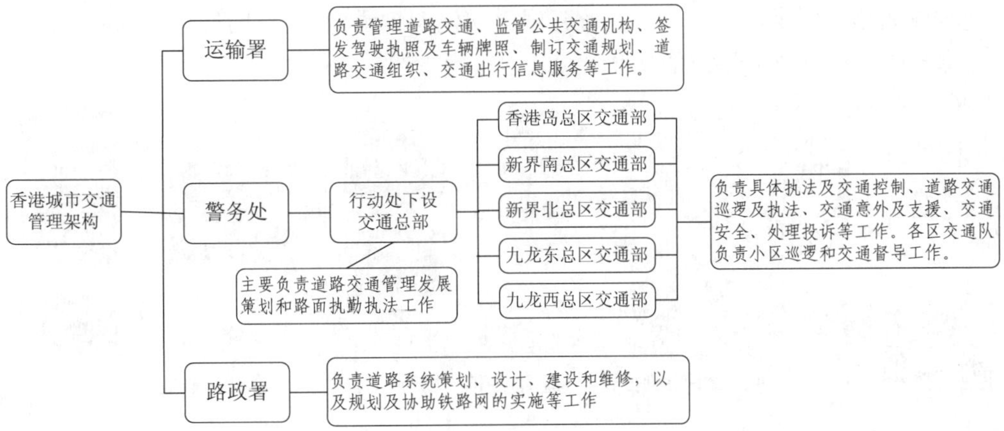

图1　香港城市交通管理架构

（三）智能交通发展概况

1977年香港建立了一个由通信系统与计算机信息系统相结合的指挥控制系统，被称为计算机辅助指挥控制中心；为适应形势，1991年底开始又耗巨资开发推广了更为先进可靠的第二代指挥控制中心；1993年收费隧道开始设置自动收费系统，而用于公共交通工具上的八达通卡在1997年开始应用；2001年6月香港警察署成功获立法会批准拨款9亿4800万港元，建设全新第三代指挥控制通信系统以取代即将退役的第二代老系统。

二、主要做法

（一）充分运用智能交通技术解决道路交通问题

为了尽量增进道路网络的容量和促进道路安全，香港政府鼓励在交通管理上应用新科技，并且透过与私营、学术及专业机构合作，促进发展及提供增值的运输服务。智能交通发展主要体现在三个方面：设施建设、交通管理、资讯服务。

在设施建设方面，香港的主要成果有区域交通控制系统、交通管制及监察系统、互联网上广播闭路电视影像、闯红灯摄影机及侦速摄影机等。

1．区域交通控制系统

区域交通控制系统是对同一地区内的交通灯号作统一控制及操作的电脑系统，使道路交界处的交通灯号有较妥善的协调，帮助驾驶人和行人安全有效地驶过路口和横过马路。至2012年3月，香港约有1821个交通灯号控制路口，其中1719个由区域交通控制系统控制及操作，并装设有447个闭路电视摄影机监察这些路口的交通情况。如图2所示，香港将来区域交通控制系统的覆盖范围将更广。

2．交通管制及监察系统

自上世纪八十年代起，香港大部分行车隧道及青马管制区均设有全面的交通管制及监察设施，包括闭路电视、自动车辆探测器、行车线管制灯号、可变信息标志等，系统构成如图3所示。近年，该系统延展至深港西部通道及青沙管制区，并正在吐露港公路扩阔工程以及屯门公路改善工程之中进行兴建。

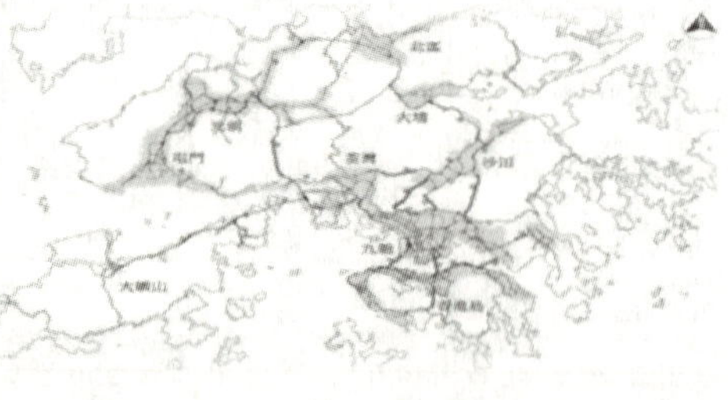

图2　香港目前及将来区域交通控制系统的覆盖范围

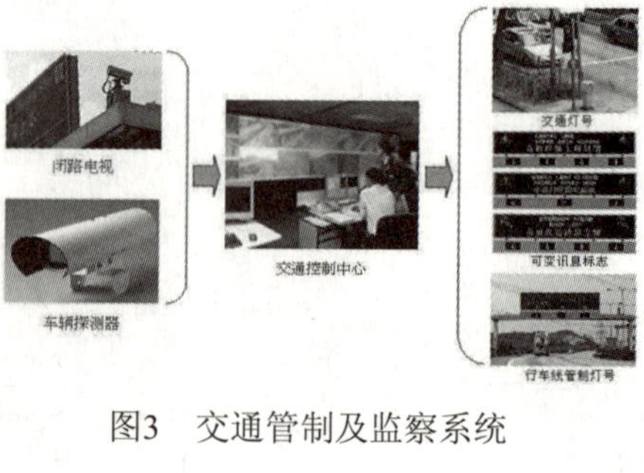

图3　交通管制及监察系统

3．互联网上广播闭路电视影像

香港各个策略性地点安装有闭路电视摄影机，以便运输署监察交通情况，并在发生紧急情况时采取补救措施。如图 4 所示，闭路电视上显示的是香港主要道路的交通情况。由 1999 年开始，当局把闭路电视在 43 个策略性地点拍摄的交通情况影像，透过互联网向市民广播，这项服务受到大部分市民欢迎。在互联网广播的闭路电视影像数目已经分阶段增加至 176 个。

4．闯红灯摄影机及侦速摄影机

闯红灯摄影机及侦速摄影机分别于 1993 年、1999 年开始在香港试用。就闯红灯摄影机（图 5）的成效数据显示，装有摄影机地点的闯红灯个案数目大幅减少约 43%至 55%。至于侦速摄影机，研究表明，车速超出车速限制达每小时 15 公里的个案数目减少 50%，导致有人受伤的交通意外数目减少 40%。

图4　香港主要道路交通情况

图5　闯红灯摄影机

在交通管理方面，香港的主要做法有设立交通控制中心、引入自动收费系统、设置电子停车收费表、推出八达通卡等。

1．交通控制中心

香港交通控制中心（如图 6）自 2004 年初起投入运作，紧密监察交通及公共运输服务的情况。中心内设有紧急事故交通协调中心、新界的区域交通控制系统、青马及青沙管制区的交通监察系统，以及深圳湾公路大桥的交通管制及监察系统。如发生紧急事故，该中心发布实时交通及公共运输服务的消息，并与警方、公共运输及隧道营办商、其他政府部门及有关机构协调处理，以降低事故的影响。

2．自动收费系统

香港于 1993 年首次引入行车隧道自动收费系统（如图 7），其后扩展至在所有收费行车隧道、青屿干线以及马湾管制区。至 2012 年 3 月，自动收费系统的服务供应商已发行超过 25 万张电子标签，约有一半驶经收费行车隧道或收费道路的车辆，使用了自动收费系统。

图6　香港交通控制中心

图7　自动收费系统

3．电子停车收费表

香港约有 18000 个停车位设有智能卡电子停车收费表（如图 8），旧式接受硬币的机械式收费表已于 1998 年停止服务。为进一步改善服务，香港运输署于 2004 年已将电子停车收费表更换为可接受无接触式八达通缴付泊车费的收费表。

4．八达通卡

八达通于 1997 年推出，是由香港各主要公共交通营办商联合开发的无接触式电子智能卡系统。该系统已十分普及，从出行到餐饮等多个领域均接纳八达通付款。目前市面上流通的八达通卡（如图 9）及产品已经超过 2500 万，系统每天平均处理超过 1200 万宗交易。

图8　电子停车收费表

图9　八达通卡

在资讯服务方面，香港通过行车时间显示系统、运输资讯系统、行车速度图与行车速度屏、香港乘车易与香港行车易等提供交通信息服务。

1．行车时间显示系统

行车时间显示系统于 2003 年启用，提供由港岛至九龙各条隧道出口的估计行车时间。此系统协助驾驶人在抵达各主要分流点前，可通过行车时间显示器（如图 10）知悉各条过海路线所需的时间，从而选定合适的路线。

2．运输资讯系统

如图 11 所示，运输资讯系统是一个中央数据库，收集、处理，发布运输资讯。该系统提供四个主要服务：道路交通资讯服务、香港行车易、香港乘车易和智能道路网。其中道路交通资讯服务整合了实时特别交通消息，交通实况及香港、九龙及新界南行车速度图等网上服务。

图10　位于渡船街南行近富荣花园的行车时间显示器

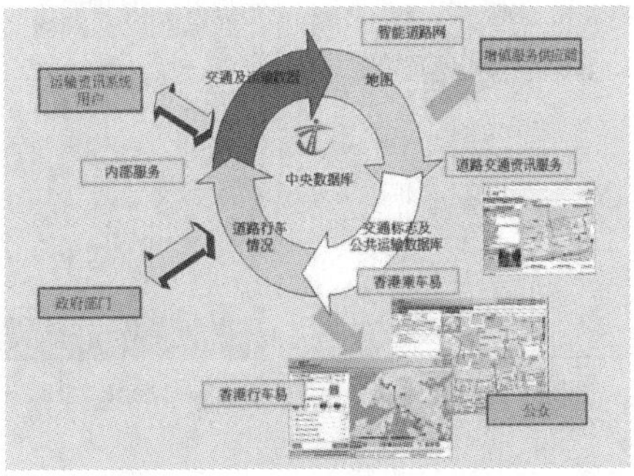

图11　香港运输资讯系统

3. 行车速度图与行车速度屏

香港运输署网页上的行车速度图（如图 12）于 2010 年启用，提供香港、九龙及新界 (南) 主要道路的估算行车速度。除此之外，此图同时提供行车时间显示系统的过海行车时间资讯，及由运输署道路监察镜头提供的快拍影像，每五分钟更新一次。行车速度屏（如图 13）设于新界通往九龙方向的各条主要干道分叉点，为驾驶人提供有关路线的实时交通状况及估算行车时间。

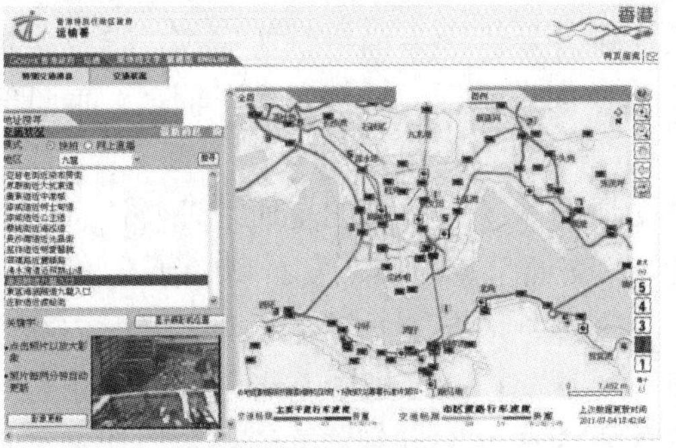

图12 行车速度图

图13 行车速度屏

4. 香港乘车易与香港行车易

香港乘车易与香港行车易是两款应用程序。香港乘车易（如图 14）提供一站式的点到点路线查询服务 , 以便预先计划行程。查询服务涵盖多种公共交通服务包括港铁、轻铁、专营巴士、专线小巴、渡轮、电车、山顶缆车等。香港行车易（如图 15）提供点到点驾驶路线搜寻服务和实时交通资讯，以便预先计划行程。

图14　香港乘车易应用程序界面截图

图15　香港行车易应用程序界面截图

（二）着力发展公共智能交通系统

公共交通是解决交通难题的主要途径，而智能交通的迅速发展有助于提高公共交通的服务品质。一个多样化、一体化的公共智能交通模式是香港 ITS 发展的重要目标之一。

首先，香港政府科学制定交通政策。借助经济手段控制私人汽车的购买；实施严格的停车管理限制私人车辆的使用；运用多种手段，合理控制和引导交通需求。

其次，香港重视公共交通规划。公共交通除了在换乘方面进行了科学规划外，根据车辆实时状态，合理安排发车、收车；还在硬件及管理方面进行了完善，已经实现了车辆运行过程中的统一指挥调度、交叉口信号优先通行、站台发布车辆运行信息等功能，充分体现了公交优先。

最后，香港重视公交资讯的发布与公共交通的服务。香港的交通管理及讯息中心（TMIC）及交通资讯系统（TIS），建立了完善的交通信息采集、发布和出行诱导机制，利用 LED 显示屏、个人信息终端、互联网络、电视台、广播电台等手段，及时向社会公众提供道路交通信息服务，实现路况信息—交通部门—交通参与者之间的联系与互动。并推行使用公交电子智能卡系统，大力发展 GPS 在公共智能交通服务，让乘客随时随地享受优质服务。

（三）具有布局职能化、科技智能化的指挥控制体系

香港警方设有总部指挥控制中心和本岛、新界、九龙、水警区 4 个指挥控制分中心，除此之外，机场和铁路部门由于职责的特殊需要，也有自己的通信指挥系统，每个系统都有控制中心。这些指挥控制中心负责与辖区内的警区和分区的所有无线电控制台发生联系，包括所有配备无线通信设备的警务人员、街头巡警、冲锋队等。指挥与控制系统内设有“999”控制台、交通控制台及冲锋队控制台。指挥中心的墙壁上设有巨型电子地图，当中心内接到报案，发案地点就会在电子地图上用红灯闪动显示，一目了然。

针对不同类型的交通紧急事件，香港政府建立了正常运作模式、固定运作模式、

联合督导模式等三级预案模式，警方与运输署、运输及房管局、路政署等部门共同处置相关事件，向社会发布通行信息。

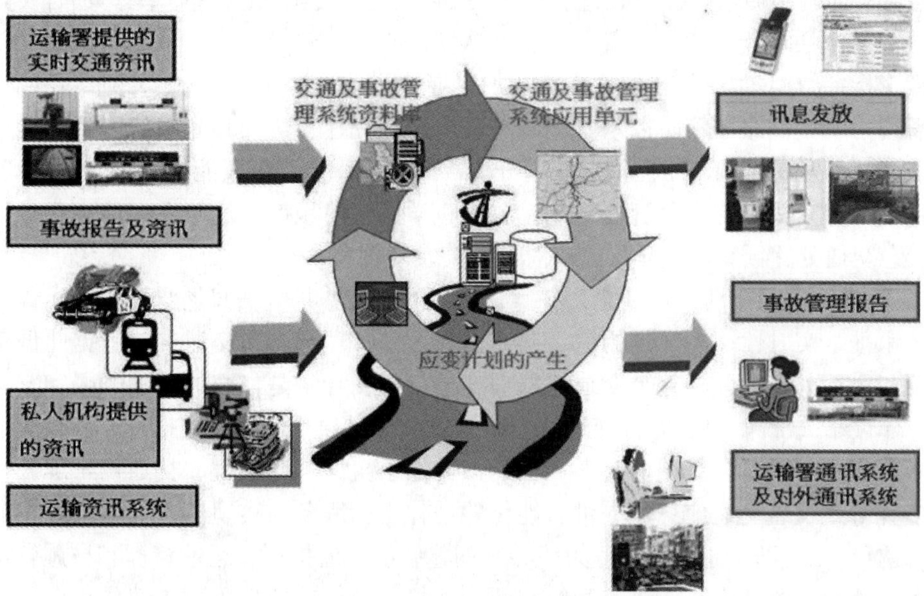

图16　交通及事故管理系统

如图 16 所示，香港运输署正开展交通及事故管理系统计划，以完善智能交通运输系统，提高向市民发布交通运输资讯的效率和成效。交通及事故管理系统具备多项功能，包括自动侦测事故、整合交通运输应变计划、为持份者提供交通资讯、向市民发放交通运输资讯，以及协调现有和日后的交通管制及监察系统，预期于 2015 年完成。

三、启示与建议

在分析香港智能交通特点与经验的基础上，结合我国内地其他城市的发展现状，得出如下启示建议：

（一）树立规划先行理念，发挥政策引导作用，发展城市智能交通，提高大众出行效率。解决城市交通问题必须有一个长远的、富有前瞻性的规划，借鉴香港城市交通发展先进经验，相关部门应从城市的布局、土地利用和政策规划的角度去考虑智能交通系统的发展问题。第一，在道路建设和交通设施的建设上更多地考虑满足交通参与者的需要，为公众的出行提供便利。第二，发展城市智能交通，以提高通行速度为目标，在城市交通设施推广人车分流基础上，推进城市干道和区域交通管理智能化，试点并应用连续自适应控制模式，优化交通信号管制。第三，通过优化交通组织、合理渠化道路、规范行车行为、设置完备的安全设施，保持道路交通有序、安全和畅通。各地公安交管部门应积极向政府建议，加强公共智能交通系统建设，改善服务质量，综合运用经济、智能技术、行政等手段科学、合理调节交通需求。

（二）强化交通管理科技应用，健全分级指挥体系，加强信息采集研判，提高应急指挥能力。加强科技信息化建设是城市交通科学化、规范化、精细化的必由之路，作为指挥控制中心运作的重要基础，香港警队拥有世界一流的智能信息系统，规范性、实用性强，对内地城市指挥中心建设有重要借鉴作用。建议相关部门：1、结合实际完善各级指挥中心功能，加强交警总（支）队交通指挥室建设，形成基础指挥控制单元和梯次形指挥结构。2、依托指挥中心，加强警情信息的收集、分析、研判，精确、科学部署警力，提高路面管防控水平和疏堵能力。研究建立全国和省级统一的交通信息采集、处理和发布机制，注重信息研判分析，提高交管指挥决策能力。3、建立各部门统一协调、分工明确的应急管理机制，制定科学完善的城市交通严重拥堵和恶劣天气下的应急交通处置预案，及时妥善应对各类突发事件。

（三）转变智能交通管理观念，拓宽信息发布渠道，扩大信息诱导覆盖面，提升信息服务水平。实时性、多样化的道路交通信息可使管理部门和交通参与者据此调整管理对策和出行方案，并将整个交通状况向理想状态引导，是使交通更加顺畅和安全的做法。建议相关部门：1、完善交通管理信息服务与诱导系统，研究推行个性化交通信息服务，通过车载诱导终端、交通广播、微博、手机、移动电视、交通诱导屏、互联网等多种形式发布交通信息，提供智能化的个体出行服务，实现高覆盖、高效率的交通信息诱导。2、以交通信息服务为核心，构建智能交通指挥、运输管理和设施管理三大体系，建设道路、水路、轨道和航空四大智能交通运输信息平台。建成车联网、路联网、站联网、场（停车场）联网、司（司机）联网的智能交通体系。3、建立健全交通管理信息公开机制，推动管理理念创新，定期权威发布交通数据分析研判成果，着力建立交通信息发布和预警预报机制。

（撰稿：王松浩、赵玉娟、王大珊）

台湾智能交通发展与管理情况概述

台湾智能交通的发展与智慧台湾、智慧城市、智慧生活这些多元发展密切整合在一起，以构建“台湾智慧交通岛”为目标，通过智慧枢纽带动整个公交的智慧化，完善智能交通服务运行管理模式，提供全方位的智能交通出行服务平台；搭建多元化分布数据平台，发展云服务平台，整合交通数据信息，提供完整、可靠、实时的交通资讯。本文深入分析了台湾地区的智能交通的发展与运营现状，研究了其主要做法与建设特点，并总结经验启示，提出相应的建议。

一、基本情况

（一）道路交通情况

台湾地区面积 3.6 万平方公里，其中 2/3 是山，1/3 是平原。现有人口 2300 万，人口密度平均每平方公里为 638.89 人。台湾机动化水平很高，特别是摩托车拥用量非常大。截至 2014 年 5 月，机动车保有量为 2140 万，其中汽车 743 万辆，摩托车 1397 万辆。

（二）交通管理架构

在台湾，道路交通管理工作由交通部负责。台湾交通部职责涵盖运输、观光、气象、通信 4 个领域的相关交通行政及交通事业管理，负责交通政策、法令规章的制定和业务执行的督导。交通部下设公路总局，负责车辆登记、发牌、检验，汽车运输业管理以及驾驶人培训、考试、管理等工作。为办理车辆登记、检验以及驾驶人培训、考试等业务，公路总局在台北、新竹、台中等市设有 5 个监理所，其下辖 22 个监理站及 4 个监理分站。

（三）智能交通发展概况

台湾在 1991 年成立了台湾地区发展智慧型运输系统研讨会，大力推动智能交通的发展。2001 年，行政院资讯通信发展推动（NICI）小组成立“智慧运输组”，并制订台湾地区智慧型运输系统纲要计划；2002 年，交通部公布“交通政策白皮书”，明确 ITS 发展政策；2003 年，亚太智能交通论坛在台北举行；2004 年，发布台湾智慧型运输系统纲要计划。近年来，台湾 ITS 的实施计划可分成两部分：①科技研发计划；②配合行政院“挑战 2008- 国家发展重点计划”之“全岛运输骨干整建计划”及“数位台湾计划”中之“e 化交通计划”。

提出“台湾智慧交通岛”的愿景，具体目标有四个：①让出行民众感觉交通更安全、资讯更无缝、环境更美好；②让所有交通设施能够动态高效地被整合应用；③使所有客货车能有效地被追踪定位、派遣管理；④让智慧交通产业成为全球导向，成为智慧生活基石。

二、主要做法

（一）积极开发建设智能交通运输系统

台湾公路实行智能化管理，通过信号板、计算机网络全程监控道路秩序，提供道路资讯，开展路径引导。如台北市建成的交通监控中心，集交通信号控制、公路交通路况监控、交通资料收集、即时交通资讯发布、交通事件反应管理5大功能于一体，为提升交通管理能力提供了技术支撑。主要负责对市区道路信号进行控制，通过检测器准确测算道路交通流量大小，及时对信号配时进行科学调配，利用闭路电视监控及时掌握路面交通状况，确保道路畅通有序。还有专门的交通路网模拟平台，可以对车辆运行实施计算机模拟，准确地测算出车辆运行时间、速度等相关交通流量数据。台北市共有信号灯达2500处，其中1650处实行智能控制。市区共设置车辆自动检测器678处，可变标志75处，闭路电视监控125处。

（二）提供全方位的智能交通出行服务

1．完整且行业标准的大众运输平台

台湾政府于2009年6月指导成立车载资通信产业推动办公室（TPO）以加强交通产业链价值整合。构建智能大众运输平台（如图1所示）的主要做法包括：①制定世界首个智慧公交产业标准，使乘客收看景区实时介绍同时掌握车速、换乘信息以及到站时间。②建立多卡通电子票证模块，实现公路公共运输电子票证将可跨区互通，便利民众在交通卡、智慧卡、悠游卡的多卡通用。③建立智慧车站，发展智慧枢纽，将虚拟信息和实体枢纽站整合，在公交车站牌设立实时到站显示系统，利用LED显示器进行车辆动态实时发布。④在高危性、管控类大型车辆上安装公交车数字化行车记录模块，可使交通管理中心统一掌握车辆位置、车辆运作及载运货物的状况。⑤在营业用大客车行驶营运路线站点架设智能型站牌，预估车辆到站信息或实时动态信息。⑥实现路口双模通信与先进号志之车路整合警示系统，提醒经过驾驶员合理调整车速，降低路口事故。智能大众运输平台实现的基本功能如图2所示。

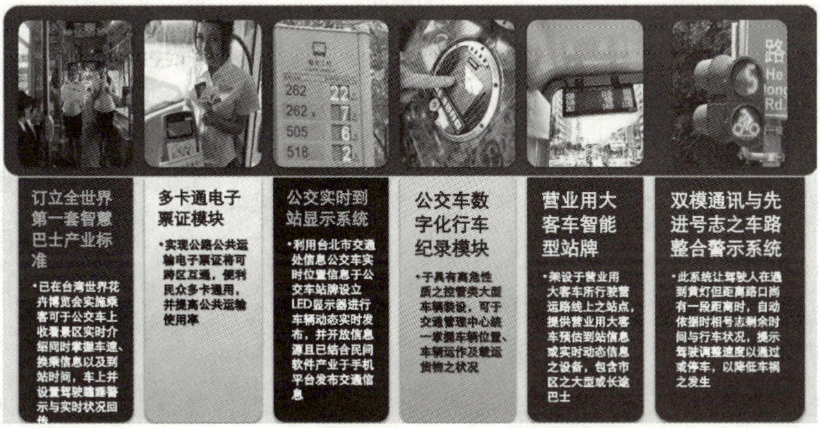

图1　智能大众运输平台基本构成

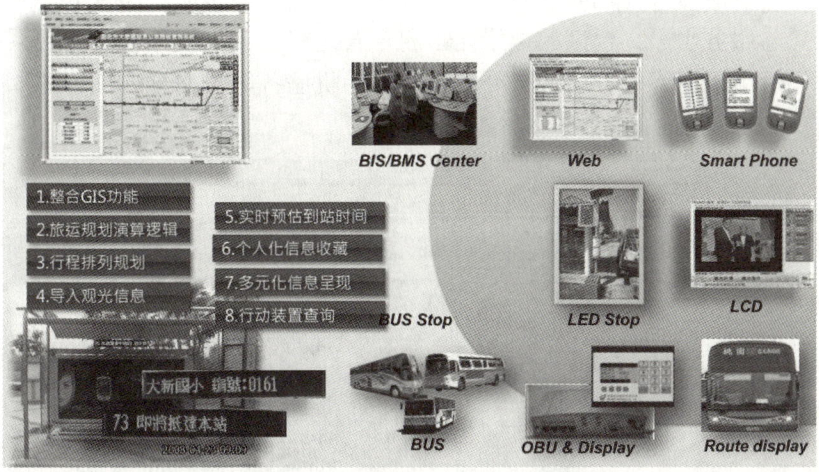

图2　智能大众运输平台实现的基本功能

对个人而言，可于出门前利用手机或电脑查询公车目前位置及公车与捷运转乘资讯，让搭乘的市民完全掌握行程；可通过网站、手机和语言或路面诱导屏，获得停车场的位置及即时剩余泊位资讯，并可使用悠游卡电子付费；也可通过即时交通资讯网，查询道路交通行驶速度、公车到站资讯、停车泊位以及台铁、高铁及航空等各种所需的交通资讯，实现了智慧交通全面覆盖。图 3 显示了三种形式的服务平台。

图3　web服务平台、手机版服务平台、车机版服务平台

2. 自驾车智能服务平台与数字化出租车营运平台

自驾车智能服务平台主要功能：①路线导航；②提供旅途时预估信息；③提示实时路况事件；④查找附近停车场剩余车位；⑤发布最新实时油价信息。图 4 显示的是自驾车导航系统的时间预估功能和实时路线导航功能。

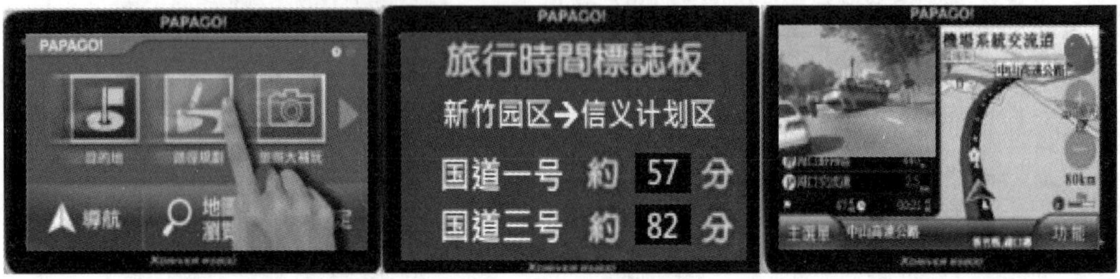

图4　自驾车导航系统

台湾注重智能与人性化的服务，政府除了管理好大型车队的需求外，更加提升整体城市形象与服务水平。台湾的数字化出租车营运平台由车机系统、中心系统、客服系统、交换机组、网络服务、帐务交换服务、手机服务等子平台构成。图 5 展现的是数字化出租车营运平台的服务模式。

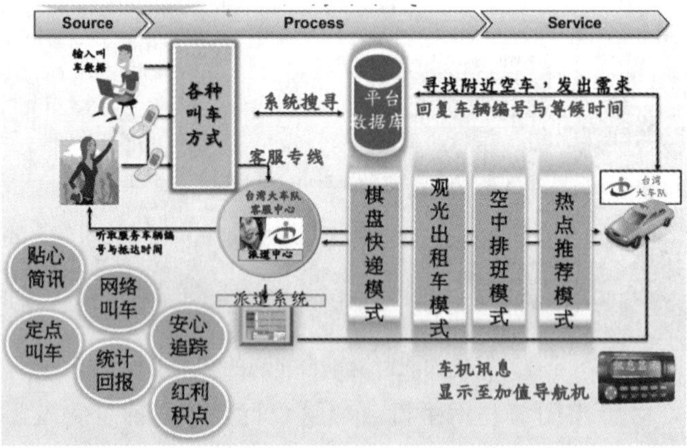

图5　数字化出租车营运平台服务模式

3. 其他智能应用服务

除上述介绍应用服务外，，还有台湾 RDS-TMC 路况广播服务、NFC 手机叫车 - 付款 - 停车服务、便利店智能叫车服务平台、数位广播与导航仪相结合服务、电子收付费系统及用路人资讯提供等。这些均已建置完整服务系统，促进市民交通安全与行动效率，使智慧交通已经覆盖到城市各个方面，深刻影响了交通控制和公众出行。

还出现许多智能出行服务产品，如 iCity 市区实时路况系列、iParking 停车动态信息系列、iBike 自行车信息系列、城市游侠 - 台北好行等等。

（三）建立科学的多元化分布式数据平台

台湾设立了实时路况信息中心，通过汇总高速公路局的城际运输信息、公路总局的城际运输信息、行控中心和探针车回馈中心的都会区运输信息，利用运态路径规划资料整合服务器交换路径规划和资料融合结果，最终向用户提供全面的旅运服务信息。图 6 是多元化分布式数据平台基本构成，图 7 是智能交通云服务基本架构，图 8 是实时路况信息发布截图。

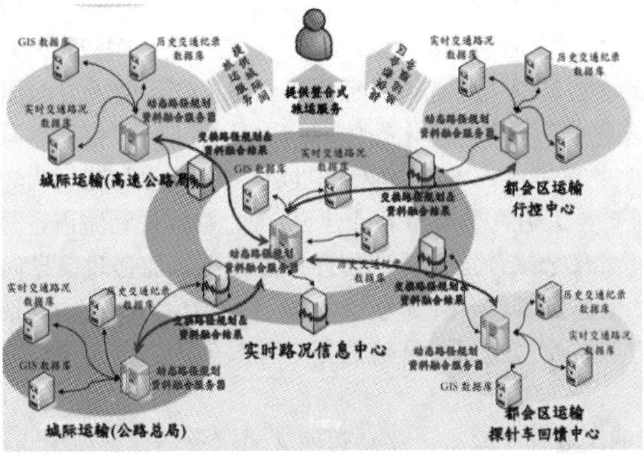

图6　多元化分布式数据平台

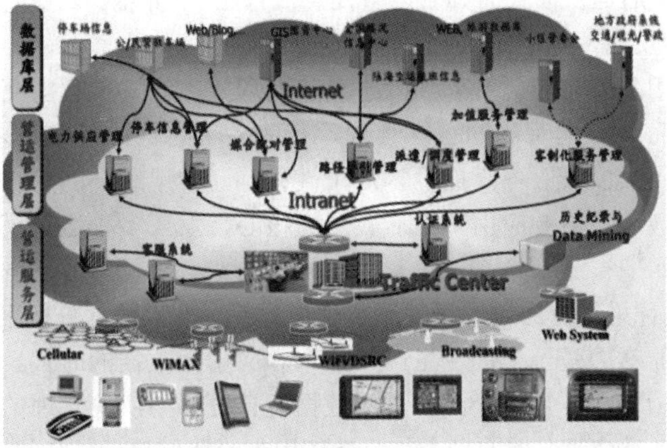

图7　智能交通云服务架构

图8　实时路况信息发布截图

三、启示与建议

在分析台湾智能交通特点与经验的基础上，结合我国内地城市的发展现状，得出如下启示建议：

（一）整体规划智慧交通建设，加强政策导向作用，完善标准体系，服务社会公众。以台北的发展为例，智慧型交通运输已经覆盖到城市交通的方方面面，深刻影响了人们的出行选择，这是一个城市信息化的体现，也是大陆城市智慧交通发展的方向。建议相关部门：1、以物联网产业发展为驱动、以信息基础设施建设为先导、以社会服务与管理应用为突破口，大力发展智慧城市建设。2、整体规划城市智慧交通建设，将其作为智慧城市的重要部分来顶层设计，制订体系标准，加强政策导向作用，整合现有与交通相关部门的信息资源，形成合力。3、推进交通信息中心、交通控制中心和停车管理信息中心的建设，实现交通科技信息为管理服务、为交通参与者服务、为社会公众服务。

（二）把握智能交通发展核心，建立智能交通服务运行管理模式，挖掘应用价值，创造全新价值形态。智能交通出行服务在台湾能够较为成功的关键在于它的运营模式。一个成功的智通交通运营模式需具备以下几点：1、业界环境。2、技术可行。3、政府认可。4、可持续发展。

建议相关部门：①突破传统单纯网络覆盖的局限，在完善智能交通基础设备和技术的基础上，规范各大运营商的运行管理，开辟灵活的运营模式。②基于数据中心，利用云计算平台，发展云服务，提供客户个性订购，实现统一的用户管理和访问控制管理。③以科技应用、商业应用、生活应用为核心，发挥多种运营模式优势，为社会创造广泛价值。

（三）运用多种采集方式，形成多源基础数据库，建立数据分析平台，提高决策支持的质量。我们面对的是一个快速生产、共享和应用大数据的时代。如何准确地从海量数据中提取有用信息，是交管部门利用数据统计分析与决策管理的前提。台湾实时路况信息中心的多类交通数据的融合与分析应用带给我们启示。建议相关部门：1、建立包括气象、能源、经济、环保和交通车驾、事故、违法等数据的多源异构基础数据库。2、从实际问题出发，提出数据分析需求，建立数据统计分析模型。3、将数据统计分析结果应用于实际，服务于政府部门的决策，服务于群众的出行需求。

（撰稿：王松浩、赵玉娟、王大珊）

第二章

协同创新

现代城市交通技术协同创新中心

一、中心发展背景

为具体落实“2011 计划”精神，促进现代城市交通技术发展，满足缓解我国城市交通问题的重大需求，东南大学、清华大学、同济大学、北京航空航天大学、西南交通大学、浙江大学、华南理工大学、宁波大学、公安部交通管理科学研究所、公安部道路交通安全研究中心、交通运输部公路科学研究院、中国城市规划设计研究院、北京四通智能交通系统集成有限公司、青岛海信网络科技股份有限公司、江苏省交通科学研究院股份有限公司、江苏省城市规划设计研究院、南京市公安交通科研所等我国城市交通技术研究开发、人才培养的核心优势单位联合组建成立了“现代城市交通技术协同创新中心”（以下简称“中心”）。

中心以国家重大战略需求为导向，以创新技术开发－工程技术孵化－重大产品研制为主线，坚持优势互补、要素协同、资源共享，科学研究、学科建设、人才培养三位一体发展等原则，设立 5 个由首席科学家牵头的跨高校研究团队，围绕以下研发任务展开协同创新研究：城市交通系统资源配置优化技术（东南大学牵头）、城市交通系统运行管理协同技术（同济大学牵头）、城市交通信息处理与服务协同技术（北京航空航天大学牵头）、城市交通系统智能控制协同技术（清华大学牵头）、城市交通管控应用系统技术（公安部交通管理科学研究所牵头）。中心将利用成员单位各自在 985 工程、211 工程和国家及省部级科研基地建设过程中已形成的优势资源，结合“2011 计划”的实施，共同建设中心所需的技术平台，推动智能交通技术进步和产业化发展，为提升城市交通管理与控制水平做出不懈的努力。

二、中心发展规划编制

2013 年 4 月，经形式审查、专家评审、江苏高校协同创新计划领导小组审定，现代城市交通技术协同创新中心被认定为江苏省首批 29 个高校协同创新中心之一。随后，中心起草了发展规划（2013 年 -1016 年），明确了中心总体思路与发展目标、重点建设任务、中心任务组织与分工、中心机制体制改革与运行模式等，在主要任务与考核指标、资源整合与投入支出和年度实施计划与绩效指标等方面有了更为详实具体的计划。

2013 年 8 月，中心组织召开了中心发展规划与实施方案专家论证会。与会人员主要包括了来自美国威斯康星大学、南京航空航天大学、国家道路交通管理工程技术研究中心、国家智能交通系统工程技术研究中心、中国智能交通协会、北京市交通发展研究中心等国内外单位的论证专家。专家组在肯定中心发展规划科学可行的同时，进一步明确了中心研究方向，提出面向城市交通信息的大数据时代，中心应充分利用和整合各协同体已有的基础条件和优势资源，重点开展“城市综合交通信息的采集与融合的技术与标准化、城市综合交通信息的集成应用系统软件与标准化、面向城市交通缓堵解决方案的平行交通系统集成技术、基于车－路协同的公交主干线快速通行控制技术等四个重点研究任务”。

三、中心研究方向凝练

随着物联网技术的推广应用，城市交通信息的大数据时代已经到来。城市交通系统规划、建设与管理部门根据自身的业务需求，分别建立了各类城市交通规划、设计、管理、服务的信息化平台。然而，这些系统相对独立，未形成统一的数据标准，难以实现系统兼容和信息共享，导致城市交通信息资源的极大浪费，城市交通分析、管理能力难以提升。

为此，中心提出研究城市交通大数据的标准化管理、智能化分析、集成化应用等支撑技术；重点突破基于大数据的城市交通资源优化、车路协同、智能控制等技术瓶颈，打破国外在行业专业软件、交通控制系统等领域在中国市场的垄断，强化具有自主知识产权的技术转化与应用，形成重大战略产品，带动相关产业发展。产生一批原创性的推动交通产业发展的重大成果。

目前，协同体各单位根据中心发展规划要求，稳步开展四个主题的科研协同创新工作：

（一）城市综合交通信息的采集与融合的技术与标准化

研究城市综合交通信息的分布式采集处理构架，基于数据格式和数据映射脚本的数据标准方法，支持主流采集协议和接口方式，实现多源海量数据的安全可靠采集；研究不同类型交通信息的数据融合技术，科学、合理的综合处理多源海量交通数据，实现交通状态智能化监测和故障自动化诊断；制定城市综合交通信息基础标准和应用标准，保证数据兼容性、通用性和可扩展性。

（二）城市综合交通信息的集成应用系统软件与标准化

基于城市综合交通信息大数据，研究现代城市动态 OD 分析、交通资源优化配置、交通运行组织等技术；结合“交运之星—Transtar”软件，研究城市综合交通信息的集成应用系统的功能构架和集成接口，开发城市综合交通信息的集成应用系统软件，预留二次开发接口。制定城市综合交通信息的集成应用系统的标准化接口。

（三）面向城市交通缓堵解决方案的平行交通系统集成技术

以城市综合交通信息大数据平台为基础，以规划、决策、管理城市交通缓堵解决方案为导向，基于人工交通系统、计算实验和平行执行方法（ACP）和地理信息系统

（GIS），研究现代城市平行交通系统集成技术，提出现代城市平行交通系统结构，明确系统功能模块，提出跨系统的互联互通、资源共享、信息安全等解决方案。开发现代城市平行交通系统，服务城市交通系统规划、建设与管理部门进行方案决策。

（四）基于车－路协同的公交主干线快速通行控制技术

研究物联网环境下，公交主干线车－路协同安全通行的基础保障技术，基于车路协同的分段绿波信号控制技术，公交主干线见换乘诱导技术，公交主干线与支线线路间的交通协调控制技术，建立公交主干线快速绿波通行系统，为公交主导型城市交通系统整体效能提升提供技术支撑。

四、中心建设成果汇总

2013 年度，结合中心的研究方向，中心新增省部级以上纵向研究项目 26 项，科研总经费 1575 万元。中心纵向研究项目新增到款金额 1066 余万元，获得社会、企业投入 160 万元

中心已有全职固定人员 30 名，兼聘和双聘人员 40 名，访问与流动人员 30 名。初步形成了以国家名师、“千人计划”国家特聘专家、长江学者、国家杰青为学术带头人，以青年教授（研究员）以及高级工程师为研发骨干的高水准技术研发队伍。

为进一步促进中心日常科研与管理的开展，全面、客观、公正地评价中心人员的工作业绩，调动中心科研人员的工作积极性，提高中心科研创新能力，制定了中心绩效考核制度与薪酬发放认定办法。以此为据，采用评分制考核个人的年度工作量和团队的科研工作成绩。

在人才培养方面，中心已经确定了设立博士生与博士后创新基金的方案。中心将根据各个研究任务的需求，公开向国内外招聘一批优秀博士生和博士后，按中心的全职固定人员进行管理，从事中心的协同创新研究工作。

针对研究生培养，中心 2013 年实施了与国外高校联合硕士研究生培养方式，采用国际培养模式，预计培养出 15 名获得中外双学位的交通运输工程专业硕士研究生。针对本科生培养，中心牵头单位今年选拔了 20 余名交通工程专业优秀本科生，结合中心的研究任务，采用灵活的教学模式和滚动淘汰竞争机制。培养基础宽、厚、专、交并行，富有创新意识和创造能力，具有远大抱负和人生理想，在交通运输工程及其相关领域具有科学研究能力、开发能力和国际竞争力的高素质人才。

（撰稿：陆建）

长江黄金水道绿色和安全技术协同创新中心

按照“高等学校创新能力提升计划”提出的“国家急需、世界一流”的指导思想，由武汉理工大学牵头，18家高校、科研院所、大型企业于2012年7月16日成立了长江黄金水道绿色和安全技术协同创新中心。

中心按照“中心、平台（试验区）、团队”三级结构进行组织，即协同创新中心设智能与绿色航道建养技术、江海直达绿色船舶技术、江海联运综合物流技术、海事信息智能感知与安全技术等四个创新平台和一个创新人才培养试验区，各创新平台共下设17个创新团队，创新人才培养试验区下设研究生教学团队、本科生教学团队和在职培训教学团队。中心共有人员224人，其中专职人员104名，兼职人员120名，专职人员占中心人员总量的46.4 %。中心有科研人员161人，技术人员41名，管理人员7名，博士后15名。在科研人员中，有院士2名，国家千人计划3人，交通运输部科研创新团队1个。

北京城市交通协同创新中心

2012年9月2日上午，“北京城市交通协同创新中心”在北京工业大学揭牌成立。“北京城市交通协同创新中心”由北京工业大学联合北京交通大学、清华大学、北方工业大学、北京建筑工程学院、北京市交通委员会、北京市公安局公安交通管理局、交通运输部公路科学研究院、北京城市排水集团有限责任公司、北京市政路桥建设控股（集团）有限公司共9家单位共同建立，是为落实全国科技创新大会精神和教育部、财政部“高等学校创新能力提升计划”（简称“2011计划”）而建立的面向首都区域发展的协同创新中心。

交通问题是北京城市发展面临的重大问题，也是世界性难题。北京城市交通协同创新中心符合首都重大迫切需求，在全国和世界具有带头和示范作用。特大城市交通问题的解决，需要交通、土木、信息、控制、材料、管理、能源、环境等多学科联合攻关，建立协同创新中心，将有效整合首都高校、科研单位和相关部门的资源优势，密切政产学研用的紧密结合，提高科技成果转化效率，为治理交通拥堵、确保交通顺畅提供技术支撑。，北京城市交通协同创新中心的成立，更加紧密地将高等教育与北京市重大需求结合起来，将首都各大高校的力量聚合起来，将为解决北京市交通拥堵问题发挥重要作用。

“北京城市交通协同创新中心”的成立是一个标志性的成果，它标志着首都的高等教育与首都社会经济的发展有了更紧密的结合，首都高校在创新型国家和创新型城市建设中将更好地发挥智力支持和人才培养的支撑作用。苟仲文副市长说，北京工业大学从建校以来就得到了市政府的大力支持，同时，学校在服务首都经济社会发展方面也做出了重要的贡献，已经为成为首都高素质创新人才培养的重要基地、首都区域经济发展的不可缺少的科学创新与研究发展的重要力量，以及展示首都市属高校发展的改革窗口。此次北京工业大学联合在京的相关高校、科研院所、企业和政府管理部门等单位，成立“北京城市交通协同创新中心”，更加紧密地将高等教育与北京市的重大需求结合了起来，将首都高校的力量凝聚在了一起。这个中心的成立非常有意义，政府将给予大力的支持。苟仲文副市长希望北京市各高校能抓住“2011计划”这难得的机遇，为首都教育的协同发展做出努力，为科技创新做出贡献。

中心以协同创新解决以北京为代表的发展中国家特大城市快速发展期的交通拥堵这一世界性难题为目标，打造“国家急需、世界一流”的交通创新体系，聚集和培养一批拔尖创新人才，深化完善“政产学研用”的协同机制，构建国际化的资源开放实验平台，凝聚成为具有国际影响的特色鲜明的学科群，形成“基础研究 -- 技术创新 -- 成果应用”的一体化创新模式；在特大城市顺畅交通协同规划及运行保障领域取得标志性成果。将中心打造成为交通科技领域国家级研究基地、复合人才培养基地、高水平科研成果创新与孵化基地、国际学术交流与合作基地、国家和北京市交通战略、规划与运行决策的咨询基地，为发展中国家特大城市快速发展期的交通问题的解决提供理论、技术支持与示范。

本协同创新中心采用政产学研用多主体共建模式，依托一个相对独立运转的实体，打造3个科学技术领域研发平台。具体以北京工业大学为牵头单位，以北京市交通委员会、北京航空航天大学、清华大学为核心协同单位，以交通运输部公路科学研究院、北京交通大学、北方工业大学、北京建筑大学、北京公共交通控股(集团)有限公司等单位为参与单位，围绕构建现代城市综合交通体系，解决以北京为代表的发展中国家特大城市快速发展期的交通拥堵等热点难点问题，打造特大城市交通协同规划与发展研究中心，城市交通运行保障与仿真决策支持技术中心、城市交通安全防灾应急工程技术中心。重点攻克现代城市交通系统规划设计、运行服务及设施建管中的重大科学与技术难题，推动创新成果的应用转化，开展全方位协同创新合作。

本协同创新中心采用政产学研用多主体共建模式，依托一个相对独立运转的实体，实行理事会领导下的主任负责制。

科学技术委员会 主任：左铁镛院士

管理委员会 主任：刘小明 教授/司长

中心主任：张爱林教授/副校长

协同创新中心各成员单位在长期的科研探索、人才培养、学科建设等工作中，已形成各自的优势方向，围绕三个中心平台，主要协同分工如下。

特大城市交通协同规划与发展研究中心

重点依托单位：北京工业大学、北京交通委员会、北京航空航天大学、清华大学

城市交通运行保障与仿真决策支持技术中心

重点依托单位：北京交通委员会、北京工业大学、北京航空航天大学、北京交通大学、北方工业大学、北京公共交通控股（集团）有限公司

城市交通安全防灾应急工程技术中心

重点依托单位：北京工业大学、北京建筑大学、交通运输部公路科学研究院、北京交通委员会

（郭广生校长代表学校与协同单位签署协议）

2013 年开展的工作

北京工业大学、北京航空航天大学、清华大学、北京交通大学、北方工业大学、北京建筑大学长期从事城市交通及相关领域的研究工作，学科基础系统、扎实，积累丰厚，在联盟形成前业已建立了良好的双边及多边合作关系，为解决北京城市交通面临的诸多科技问题开展过长期、有效的合作研究。

中心开展建设以来，以服务北京城市交通发展为根本，围绕城市交通中效率、安全和环保的永恒主题，针对北京市交通拥堵、交通能耗与污染、交通安全问题，打造政产学研用多主体共建的协同创新平台，在人才培养和科技创新方面开展大量开拓性创新工作，取得了一批具有理论意义和实际应用价值的代表性成果。

在北京工业大学以及相关单位的精诚合作与共同努力下，中心按照“国家急需、世界一流”的要求，瞄准世界交通科技前沿和智能交通产业发展的战略需要，围绕特大城市交通规划、交通运行保障和交通安全防灾等优势特色领域开展科技创新与产业孵化，形成了“一个中心、三个平台、一个学院、六项协同、八项突破”良好发展态势。

代表性成效

（1）组建与地方政府共建的跨学科城市交通学院，成为学校提升协同创新能力的改革试点

为更好的支撑北京城市交通协同创新中心的运行，更好地发挥各协同单位学科优势，服务北京社会发展和经济建设，北京工业大学于 2013 年与北京市交通委员会共建成立了北京工业大学城市交通学院。并同时与北京市交通委员会共建北京市交通信息中心，北京市交通运行监测调度中心（TOCC），北京市交通发展研究中心，北京市交通行业节能减排中心。

城市交通学院是北京工业大学唯一的一所创新性研究型试点学院，作为教育部交通工程教学指导分委员会主任委员单位，城市交通学院的运行机制参考教育部试点学院模式，充分发挥各协同单位的需求引领和学科共建优势，全面推行新的人才培养模式，为交通领域培养高层次复合型人才。

学院名称突出“城市”与“交通”两个特色，定位以超大城市交通需求为导向，面向学科前沿，融合交叉学科优势与特色，组织人才培养与人事制度创新机制，建设特色鲜明、开放的高水平研究型交通学院。城市交通学院发展目标为面向城市交通的重大需求及学科前沿，将科学研究与实际需求更好结合，将实践操作技能与实际工作紧密结合，培养面向当前国家交通发展实际工作需要的复合型人才，建设交通领域高层次人才培养基地。面向我国超大城市交通特点，通过政、产、学、研、用合作，以实际数据为基础，建立超大城市交通信息感知与决策支持技术平台和交通数据中心。研究探索适应我国特色的交通理论与技术，为特大城市缓解交通拥堵提供技术支持与服务，成为国家和北京市交通政策制定，决策支持的咨询中心，构建综合性交通领域国家研究基地。

（2）组建了全国首个省级综合交通运行监测与协同调度中心，建成了交通运输部行业协同创新平台 -“综合交通协同运行与超级计算应用技术协同创新平台”，为交通

协同运行提供了数据支撑及决策支持

组建了全国首个省级综合交通运行监测与协同调度中心 (TOCC)，下辖交通委政府监管分中心、城六区交通委交通运行监测分中心、行业企业调度中心。实现了北京市交通发展模式从行业独立运行向综合协调运行转变。系统整合接入 6000 多项静动态数据和 4 万多路视频，研发和应用 22 个业务系统，构建了涵盖三大路网、三大市内交通方式、三大城际交通方式，共计 19 个交通领域、多粒度的动态运行监测服务框架体系，提出了集路网、公交、出租车为一体的动态运行特征提取与分析技术，实现了北京市综合交通运输体系的日常运行监测。同时，为部、市、区三级交通部门提供了定制化数据支撑服务。为公众出行提供了全方位立体化的交通信息服务。

建成了交通运输部“综合交通协同运行与超级计算应用技术”协同创新平台，为交通行业企业提供了跨领域交通协调运行数据支撑及协调调度决策支持；开发了高速公路重大节假日的交通预测系统，预测精度达到 93.3%，在重大节假日出行者决策发挥了积极的作用；通过动态采集首都机场进出港航班及客流情况、首都机场各种接续运输方式（出租车、机场巴士、机场快轨、省际客运、社会车等）的客流及运力调度数据，实现了首都机场运力与城市交通接续运输的智能化调度。

（3）完成了《北京交通发展纲要 (2014—2030 年)》编制

总体发展目标为提升综合交通规划在城市总体规划中的地位，促使交通与城市发展的关系由被动适应转变为主动引导。在北京市交通政策制定、发展规划决策、交通系统建设、交通运营管理、公众出行服务等方面取得了社会关注、公众喜爱、企业渴望的阶段性成果。

（4）制定了《北京市交通排堵保畅第十一阶段（2014 年）工作方案》

明确北京市交通管理向精细服务、精准管理方向发展，提出了北京市交通排堵保畅阶段性工作包括建立排堵保畅综合示范区、打通城市“毛细血管”、控制路网拥堵、倡导公交优先绿色出行等内容。

轨道交通安全协同创新中心

2013 年 5 月，北京交通大学轨道交通安全协同创新中心正式获得教育部批复认定，成为首批 14 家 2011 协同创新中心之一。

近年来，中国轨道交通事业取得了辉煌成就，国家把握机遇开始实施中国铁路“走出去”战略，吹响了向世界铁路全面进军的号角。然而，正当我国轨道交通蓬勃发展的时候，却发生了以“7.23”甬温特别重大铁路交通事故和“9.27”上海地铁列车追尾事故为代表的一系列铁路和地铁事故，造成了严重损失和恶劣影响，同时也极大的损害了中国铁路的形象，严重阻碍了“走出去”战略的实施。

在这种背景下，北京交通大学基于前期 CBTC 研发过程中政产学研用协同创新的探索经验，联合西南交通大学、中南大学、中国铁道科学研究院和中国北车股份有限公司、中国铁建股份有限公司等行业内骨干科研院所和企业建立了协同创新体，并确定将“轨道交通安全”作为研究方向，共同研究运营控制系统的自主可控、基础设施安全隐患识别、移动装备安全保障提升等三大任务。

中心以保障“轨道交通安全”为核心使命，力求通过协同创新解决国家重大需求。目前，中心组织开展了对“轨道交通列车运行控制系统研发及安全评估体系建立”、“基于状态安全的轨道交通可靠性与安全保障系统建立”、“轨道交通基础设施服役安全与

维护技术体系建立”、“轨道交通关键设备检测、监测与安全预警系统建立”、“轨道交通工程结构性能提升与行车环境安全研究”等五大重点任务的研究，组建了共300余人的团队；围绕重大科技任务需求和技术发展方向，中心制定并实施了八项管理制度，并建立了绩效考评制度，优胜劣汰，保证中心重大任务顺利实施和完成。

中心运行两年多来，已取得了一系列成绩：2012年，中心成功申报并获得铁道部、国家自然基金委“高速铁路基础研究联合基金”全部10项重点项目，经费3000万元，成功申报“863”计划1项，经费3000万元以上；CBTC核心技术成功转让，并应用于北京地铁4条线路；在新建高铁中应用“高速铁路CRTSII型板式无砟轨道端刺”，取得了数十亿元的经济效益。2013年新增主持课题113项，其中973计划9项，国家自然科学基金重点项目5项，863计划18项，支撑计划12项，国家自然科学基金重点项目24项；获省部级以上科技奖励51项，其中国家级奖励7项。

中心将不断深化机制体制改革，激发创新要素，释放创新活力，通过高等学校与科研院所、大型骨干企业的强强联合、协同创新，努力将中心建设成为支撑我国轨道交通行业产业发展的核心共性技术研发和转移的重要基地，为支撑中国铁路“走出去”战略的实施发挥应有的作用。

第三章

重点企业发展

北京宏德信智源信息技术有限公司

北京宏德信智源信息技术有限公司（北京智源）是一家在北京市中关村科技园区注册的高新技术企业，中国智能交通协会常务理事单位，国家智能交通产业技术创新战略联盟成员，北京市城市交通信息智能感知与服务工程技术研究中心、（交通部）交通运输行业协同创新平台共建单位。

公司面向交通运输行业，致力于交通运输生产和安全保障相关的信息获取与交互、智能计算与控制、信息融合与智能分析、交通管理与调度指挥、决策支持与公众服务等方面的信息技术综合应用与工程建设，开展智能交通（ITS）领域技术咨询、技术服务和系统集成等工作。客户对象为ITS领域的用户群体，覆盖交通运输行业内政府机构、科研单位、高校和企业等。

公司凭借优厚的研发实力，多次承担科技部、原铁道部、交通部等国家级科技研究项目，主要包括：

- 分布式交通系统信息互操作技术（863计划）
- 交通状态获取的新型传感器、传感器网络优化与融合（863计划）
- 网络化动态交通信息获取与交互技术（863计划）
- 大城市区域交通协同联动控制关键技术（863计划）
- 新型直线电机管道运输系统关键技术研究与装备研制（国家科技支撑计划）
- 交通安全信息集成、分析及平台构建技术开发与示范应用（国家科技支撑计划）
- 城市轨道交通运输组织、控制及保障一体化关键技术与系统研制（国家科技支撑计划）
- 浮动车监控管理、警力资源定位与调度指挥系统研发（奥运工程）
- 面向交通状况感知的物联网中间件技术研究及实现（交通运输部信息化科技项目）

公司以技术为基础，以市场为导向，相继研发了满足市场需要的产品与系统，并荣获中国GIS优秀工程金奖、教育部科技成果奖、北京市科学技术奖等奖项。

公司研发的产品主要包括：

- 交通状态传感网络平台
- 收费站流量检测系统
- 开放停车场管理系统
- 封闭停车场管理系统
- 警力资源定位与调度指挥系统

- 区域交通服务水平评价与仿真系统
- 信息与应用资源监控管理系统
- 列车运行状态综合监测与预警系统
- 基于公网的集群调度指挥系统
- 列车综合运营维护保养系统
- 分布式数据交换平台
- 信息系统互操作平台
- 铁路综合视频监控系统互联互通平台
- 基于手机的警务信息快速部署系统（短信平台）
- 城市运行保障和应急抢险车辆卫星定位管理系统

青岛海信网络科技股份有限公司

海信集团是特大型电子信息产业集团公司，成立于1969年。是国家首批创新型企业，国家创新体系企业研发中心试点单位，中宣部、国务院国资委推举的全国十大国企典型，全国唯一一家两获“全国质量奖”的企业，拥有国家级企业技术中心、国家级博士后科研工作站、国家863成果产业化基地、国家火炬计划软件产业基地、数字多媒体技术国家重点实验室。

进入21世纪，海信以强大的研发实力为后盾，以优秀的国际化经营管理团队为支撑，加快了产业扩张的速度，已形成了以数字多媒体技术、现代通信技术和智能信息系统技术为支撑，涵盖多媒体、家电、通信、智能信息系统和现代地产与服务的产业格局。2013年海信实现销售收932亿元，同比增长15.1%；利润66.7亿，同比增长27.9%。在中国电子信息百强企业中名列前茅。

青岛海信网络科技股份有限公司成立于1998年10月，是海信集团发展战略中信息板块的核心力量。公司秉承海信集团“高科技、高质量、高水平服务、创国际名牌”的发展战略，围绕城市交通、交通运输、轨道交通等三大产业方向，立足自主研发，专业从事智能交通领域核心技术研究，研发具有自主知识产权的智能交通系统系列产品。

海信网络科技作为国家规划布局内重点软件企业，是中国智能交通协会常务理事单位、交通标准化理事会常务理事单位。主持参与15项交通领域国家、行业标准的制定（13项国家标准，2项行业标准）。承担了国家科技部、发改委、工信部等26项国家科技攻关与新技术产业化项目。申请了447项专利和软件著作权，其中发明专利133项，是国内智能交通领域申报专利和软件著作权数量最多的企业。

市场分布

公司在华北、东北 、华东、西北、西南、华南、山东等区域建立11个办事处，形成覆盖全国的销售网络，为全国客户提供咨询设计、软硬件开发、工程实施和本地化运维服务等一体化解决方案。

海信智能交通已经成功覆盖全国大部分地区，为诸如北京奥运、广州亚运、上海世博、济南全运会、贵阳民运会等全国重大活动的交通系统提供系统保障。成功实施北京、青岛、苏州、成都、贵阳、长春、济南、太原、南昌等城市道路交通管理工程，北京、厦门、广州、成都、常州、济南、无锡、枣庄等地的快速公交建设工程，上海浦东有轨电车智能系统、北京地铁15号线、沈海、青银、哈绕等地高速公路机电工程和国内第一长、世界第三长的海底隧道 -- 青岛胶州湾隧道工程、青岛市城市道路智能交通管理服务系统等项目。海信智能交通的核心产品在国内城市智能交通管理市场位居前列。

青岛海信网络科技股份有限公司
地　　址：青岛市市南区山东路 16 号阳光泰鼎大厦
电　　话：T0532-55751613
传　　真：0532-83892739
邮　　编：266071
网　　址：www.hisense-transtech.com.cn

上海电科智能系统股份有限公司

上海电科智能系统股份有限公司隶属于上海电器科学研究所（集团）有限公司。前身是创建于1953年的上海电器科学研究所(原为第一机械工业部一类研究所)下属的自动化分所，2004年自动化分所改制为事业部，2008年引入大众公用，整体改制为股份有限公司，注册资本1亿元。自此公司立足上海，面向全国，聚焦“大交通”，重点围绕高速桥隧、道路交通与管控平台、公共交通、产品及服务等四大领域，业务遍及全国20多个省级行政区划。公司致力于打造中国智能交通第一品牌，成为引领行业的解决方案提供商和系统集成商。

公司立足于对技术创新及应用的高度重视，秉承严谨的科研作风，设有多个省部级重点实验室和工程技术研究中心，是国家级高新技术企业和国家规划布局内重点软件企业；承担了国家“863”计划、国家科技支撑计划等多项重点科研任务，科研成果荣获国家科技进步二等奖、上海市科技进步一等奖等多项重大奖项、并荣获上海软件企业20强、中国软件业务收入百强企业等多项称号。公司拥有汇聚来自交通工程、计算机、自动化等学科核心人才，形成了科研及成果产业化应用多支优秀团队，多次荣获上海市劳动模范集体、上海市五一劳动奖状等荣誉称号。

公司拥有建设部、交通部颁发的多项一级资质证书。在2010上海世博会期间，有电科智能主导研发、建设并运营维护服务上海世博智能交通系统，成功帮助政府部门解决了上海世博期间交通管理难题，将上海城市智能交通建设和管理水平提升到了一个新的阶段，成为国内乃至世界城市交通智能化管理的成功案例，得到了上级领导和社会各界一致好评。

安徽科力信息产业有限责任公司

安徽科力信息产业有限责任公司是专业从事智能交通技术创新和产业发展的国家级重点高新技术企业和国家创新型企业。

公司是安徽省智能交通建设联席会议技术依托单位，是安徽省智能交通协会和安徽省智能交通产业技术创新战略联盟副理事长兼秘书长单位。

公司与安徽省公安厅交通管理局共建“安徽省公安交警科研及培训基地”，建立了富有特色的“警产学研”合作体系，拥有全国一流的22平方公里智能交通科研和中试环境。

公司拥有公安部“城市交通管理集成与优化技术公安部重点实验室”、科技部“智能交通国际联合研究中心”、人保部“博士后科研工作站”以及安徽省发改委“安徽省智能交通”多个省级技术创新平台。

公司先后承担了国家部委、省市各类计划项目100多项，多次获得省部级科技进步奖，拥有多项核心技术和产品，用户遍及全国。

地　　址：安徽省合肥市黄山路628号　　电　　话：0551-65338204　　65325207
服务热线：0551-65338200　　传　　真：0551-65338204
网　　址：www.ahkeli.com

北京四通智能交通系统集成有限公司

北京四通智能交通系统集成有限公司（SITS）成立于1999年，隶属于中国智能交通系统(控股)有限公司，是国内最早致力于ITS发展的高新技术企业之一。15年来，凭借着对卓绝品质的不懈追求，铸造了四通在业内的领先地位。

四通作为国家自主创新型试点企业之一、中关村国家自主创新示范区创新型企业，始终以“专业团队、创新技术、完善服务”为核心竞争力，非常注重综合能力的提升与专业素质的积累，在培养业务骨干、打造过硬队伍的同时，取得了近百项各类专业资质。此外，公司积极关注和推动交通领域的学术交流和技术发展，是中国交通运输系统工程学会、北京交通工程学会等学术团体的主要支持单位，协办了《交通运输系统工程与信息》、《道路交通安全》等交通专业刊物。

科技创新——企业发展的源动力。公司曾经主持和参与包括科技部973、863、支撑计划等在内的30多项国家及北京市科技项目，参与编制了国家ITS标准，取得了数十项软件著作权和产品专利等，并荣获中国智能交通协会科学技术一等奖、北京市科学技术二等奖等荣誉。

“专注成就专业”，公司自主研发的科技成果广泛应用于智能交通领域，目前，已实施完成了国内ITS领域最具影响的项目包括：国内首个快速路交通流动态信息检测系统、国内规模最大的交通诱导信息室外显示系统、国内最先实现信息采集、处理及VMS诱导信息自动生成和发布、国内最早推出交通违法信息短信服务业务、国内第一家专业交通信息服务网站等。

公司秉承“专业、持久、创新、完善”的经营理念，为用户提供从设计咨询、专业解决方案、系统集成到技术支持的全方位服务。期间，公司为建国六十周年大庆、2008奥运、天津达沃斯论坛、广州亚运会、西安世园会等重大活动期间的交通保障做出了必不可少的突出贡献，荣获了首都国庆60周年群众游行支持贡献单位、北京市公安局公安交通管理局“奥运保障优质奖”、北京市交通委信息中心“北京奥运交通信息服务保障特别荣誉”等重大奖项。目前，四通已成为北京市道路交通管理部门主要合作单位之一，并与国内外交通运输领域的多家单位建立了紧密的合作关系。

未来，四通将以不断提升智能交通技术创新及应用，推动服务质量和水平作为发展目标，打造为中国城市智能交通领域最具权威和竞争力的系统集成商。

第四章

主要产品及其应用

城市运行保障和应急抢险车辆卫星定位物联网管理系统

（北京宏德信智源信息技术有限公司）

一、系统背景

物联网是继计算机、互联网和移动通信之后，又一次信息产业的革命性发展。物联网一方面可以提高经济效益，大大节约成本；另一方面可以为全球经济的复苏提供技术动力。物联网产业具有产业链长、涉及多个产业群的特点，其应用范围几乎覆盖了各行各业。

基于城市应急指挥技术支撑系统的薄弱环节，将物联网技术的“感、传、知、用”应用于城市应急指挥技术支撑系统，特别是涉及城市运行保障和应急抢险各单位的特种车辆卫星定位管理，对城市突发事件的现场感知能力、快速反应能力和应急管理能力的提高具有重要的意义。

二、系统简介

本系统通过综合利用先进的物联网、北斗卫星定位、无线传输、信息管理、信息交互与共享等先进技术，涵盖系统开发、装备定制、工程实施和集成应用等多种技术手段，最终建设集定位信息接入、信息整合、监控管理为一体的城市运行保障和应急抢险车辆卫星定位管理物联网应用平台：

- 为各类特种车辆配备卫星定位信息采集和传输设备；
- 统一接入现有系统的定位信息，建设车辆定位监控数据库，实现各种应急保障车辆数据的融合与集中；
- 建设以车辆基础信息管理、车辆实时监控、统计分析与辅助决策等子系统为业务基础的应用服务平台：建立统一的用户认证与管理，对各类应急抢险车辆以及单位等信息进行管理，实现应急抢险车辆的实时监控，并能够对管理的各类应急抢险车辆、业务等进行统计分析，提供基于应急抢险车辆位置信息的综合应用。

三、系统组成

系统的体系架构设计由五个结构层次和两大保障体系共同构成，即终端设备层、网络平台层、共享接入层、数据资源层、综合应用层，以及系统安全与保障机制、车辆信息标准及规范，如图所示：

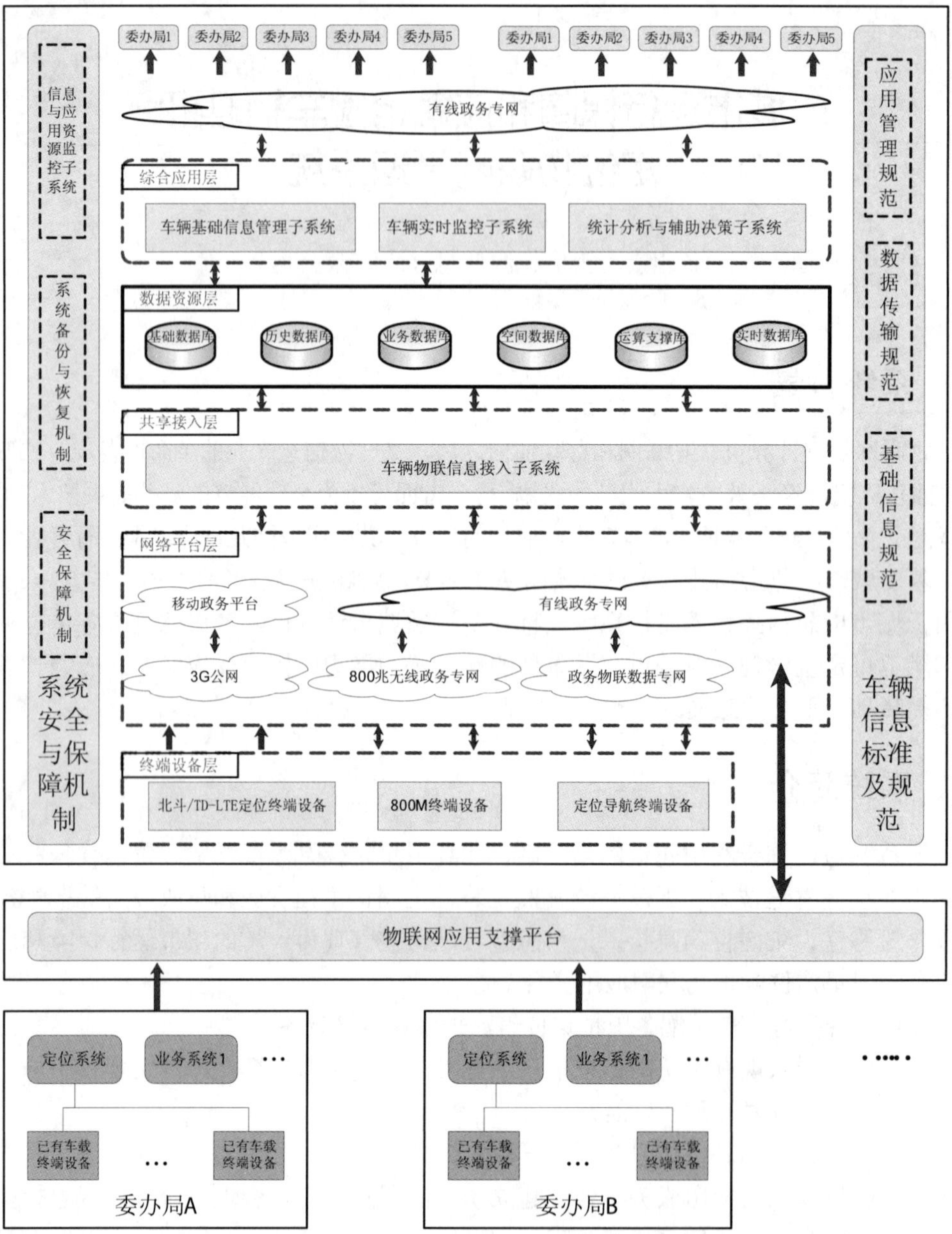

按照城市运行保障和应急抢险车辆应用业务划分的车辆基础信息管理子系统、车辆实时监控子系统、统计分析与辅助决策子系统及用于数据接入的车辆物联信息接入子系统，是系统的主要组成部分。

车辆基础信息管理子系统提供对车辆的基础信息、车辆使用信息、单位基础信息、共享信息、空间数据以及抢险数据等信息的编辑、管理和查询功能。系统采用 B/S 架构，并结合 GIS 地图，实现各基础信息及空间信息的管理及查看。给管理者提供一个信息、直观、快捷的管理平台，从各委办局车辆的基础信息管理到车辆的日常任务，再到突发事件发生时的调车以及应急联动组等多方面，提高管理者的办公效率。

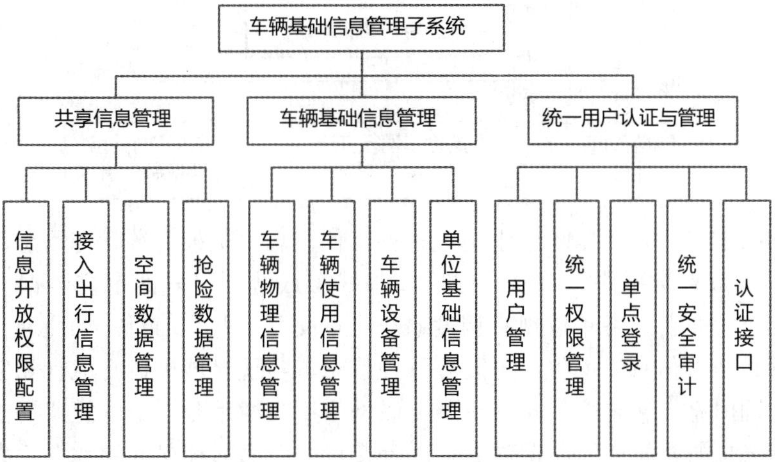

车辆实时监控子系统主要用于城市日常运行保障过程中或应急抢险过程中，对执行任务车辆的实时监控及追踪，并对重点区域进行重点监控及准入监控，根据应用单位的不同，提供满足该单位业务需求的功能，实现特种车辆的全局监控及各行业特种车辆的重点监控，为应急指挥人员或监控中心人员的决策提供有力的技术保障。主要分为车辆定位分类展示、空间区域车辆定位展示、空间区域查询、指定车辆实时追踪、历史轨迹回放、突发事件处置分析、车辆应急抢险预警、重点区域监控及电子地图基本功能等模块。

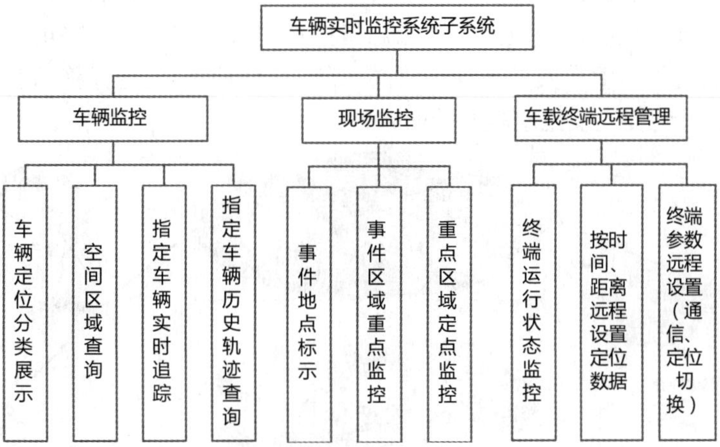

统计分析与辅助决策子系统主要针对城市运行保障车辆及应急车辆在运行保障或应急抢险过程所产生的历史数据的统计分析，并为应急抢险提供决策支持，为应急指挥人员快速做出决策提供参考，具有辅助性资料收集、查询、统计等管理功能。对应急保障车辆的保有情况、接入情况、日常工作状况、调度任务执行情况、突发事件情况等进行统计分析，生成各种统计汇总报表，分类展示，为指挥中心工作人员的决策分析提供帮助。

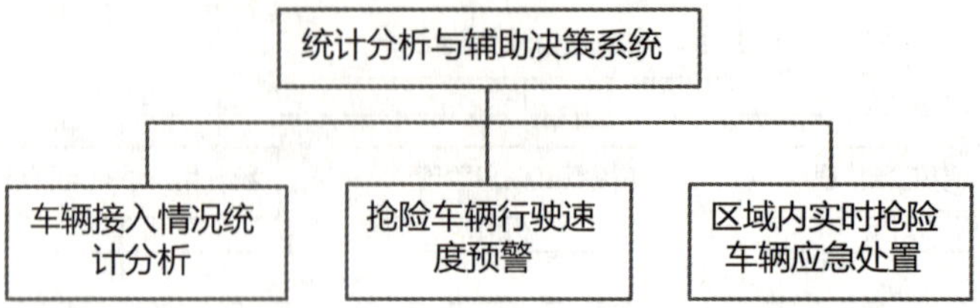

车辆物联信息接入子系统用于实现车辆定位信息、车载终端状态信息以及控制指令的接入，能够对数据进行清洗、融合，最终形成统一格式的定位数据；并能够与物联网应用支撑平台、各单位现有调度系统进行交互，共享信息，如交通、气象、环保、地下管线资源信息、卫生、地震等预警信息，实现对城市日常运行和应急事件保障的支撑，同时把车辆定位信息共享到物联网应用支撑平台；最终能够提供实时定位数据接入、气象数据接入、路况信息接入等接口，考虑后续接入的数据量大、接入数据频率高等特点，采用多通道的方式，实现对多个数据库的分布式写入功能，并采用socket、webservice、xml、webgis 等技术，实现业务数据访问的统一应用接口，为其他业务应用系统提供功能支撑服务。

四、典型案例

该平台在在北京市安全运行和应急管理领域物联网应用项目的示范工程中得以成功应用，通过该项目的建设，接入了北京市十余家委办局近三千辆特种车辆的卫星定位数据，实现特种车辆的统一监控，为应急指挥部门进行统一调度提供有效支撑，通过在不同种类的特种车辆上安装不同的终端，使应急指挥部门进行移动的现场调度指挥成为可能，有效地提高了抢险救援的时效性。

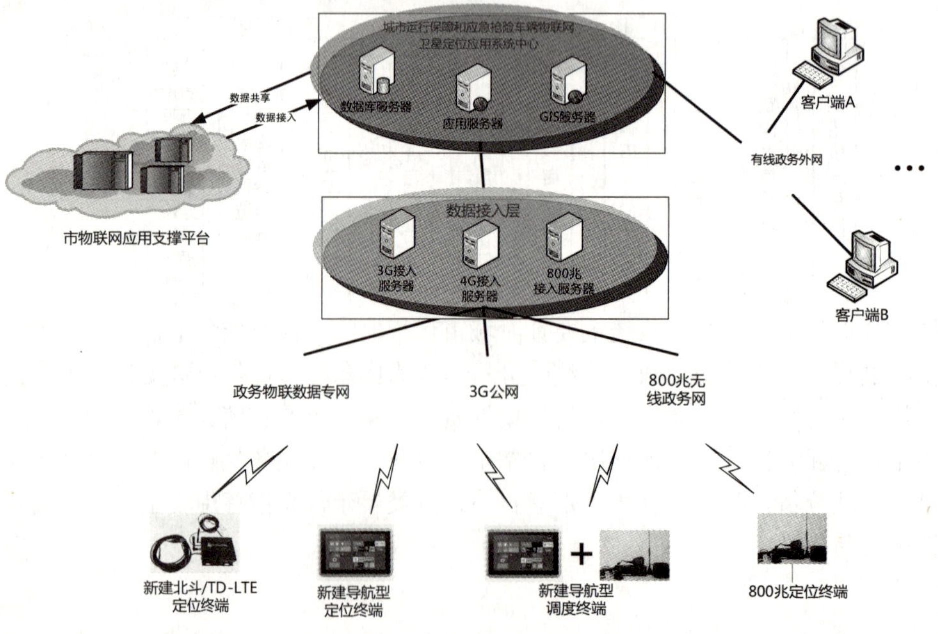

在本项目建设的终端包括三大类：

- 北斗/TD-LTE定位终端主要是用于车辆位置定位的车载设备，是首次将北斗/GPS定位模块融合、采用TD-LTE/3G双模定位的车载硬件设备。
- 800兆定位终端是目前市场上主流厂家的800兆数字集群车载终端设备，主要实现功能：定位信息采集、数据传输、集群通信等，主要用于语音调度指挥。
- 导航型定位终端主要采用终端主机加终端PAD的方式，主机用于内部数据的处理，PAD用于导航、界面操作等，两者之间用wifi的方式通信，主要安装于应急指挥车辆。

基于公网的集群调度指挥系统

（北京宏德信智源信息技术有限公司）

一、系统概述

基于公网的集群通信系统不同于专用集群通信系统，它构建在公共移动通信网络基础上，利用覆盖全国的公共移动通信网（GSM、CDMA、TD 等）的数据通信通道（无线 IP 网）实现集群通信功能。与专用集群通信系统相比，基于公网的集群通信系统具有建设和使用成本低、覆盖广、见效快、功能全等特点，能为用户提供经济、高效、快捷、方便、灵活、全面的调度指挥服务，避免了专用集群通信系统建设的巨大投资，是一种新型的调度指挥业务实现手段。

公共移动通信网正在步入 4G 时代，将为本产品提供更好的通信支撑环境。随着各行业生产与管理水平的提升，除了需要语音集群通信功能外，多媒体集群通信、多媒体集群调度、移动办公等功能集成需求正在不断增长。

本产品是我公司顺应技术发展和市场需求推出的以公共移动通信网络为载体，可以接入普通智能手机或专用终端的一整套集群调度指挥产品，实现了无网络限制、无地域限制、无终端产品限制基础上的语音集群通信、多媒体集群通信、多媒体集群调度、移动办公等功能集成。利用本产品，用户可轻松构建自己的集群调度指挥系统。

二、系统特点

本产品具有如下特点：

1. 跨域联动

克服了专用集群通信网络覆盖区域受限的问题，不受地域、网络限制，实现了全国范围内任意距离的集群通信与业务调度。

2. 方便灵活

用户无需配备专用集群通信终端，在需要的情况下，随身携带的智能手机即能实现语音集群通信、多媒体集群通信、多媒体集群调度、移动办公等功能。

3. 安全可靠

产品采用基于 IP 的数字信息传输技术，可提供多种类型的数据加密手段。通过多重加密处理，可确保数据传输安全可靠。

4. 部署快捷

依托公共移动通信网络，只需要架设集群服务器、配备专用终端或使用智能手机下载集群 APP 软件即可快速完成集群调度指挥系统的部署。

5．经济高效

本产品依托现有的公共移动通信网络（GSM/CDMA/3G/4G），用户无需自建通信网络即可使用产品提供的全部功能，避免了集群网络建设、使用与维护的巨大投资。

6．扩展性强

具有很好的可扩展性，可以针对用户的个性化需求量身定制业务集群功能。

三、系统构成

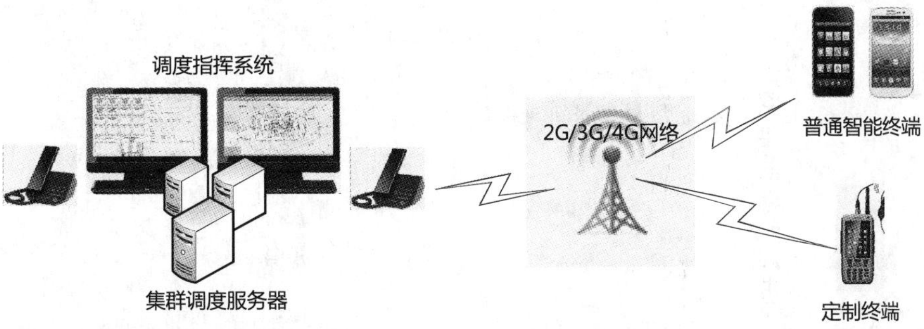

公网集群调度指挥产品由集群服务器、调度指挥系统和移动终端三部分构成。

1．集群服务器

集群服务器用来实现集群呼叫控制、集群用户管理、语音集群通信、多媒体集群通信、多媒体集群调度、录音录像管理等功能。

2．调度指挥系统

调度指挥系统辅助调度员完成指挥调度，可以针对多媒体集群用户进行强插、强拆、监视、摇毙等，并可以对系统用户数据进行管理，对系统状态进行监控。

3．移动终端

移动终端是集群用户实现集群业务的载体。本产品的移动终端包括普通智能手机和专业定制终端两种。

普通智能手机主要是指 Android 系统和 IOS 系统的智能手机。

专业定制终端主要面向专业集群用户定制设计，比普通的智能手机更结实耐用、通话效果更佳、待机时间更长，且外观设计更专业。

四、基础功能

系统的基础功能包括语音集群通信、多媒体集群通信、基本调度指挥功能、多媒体调度、GPS 定位与查看、系统管理等。

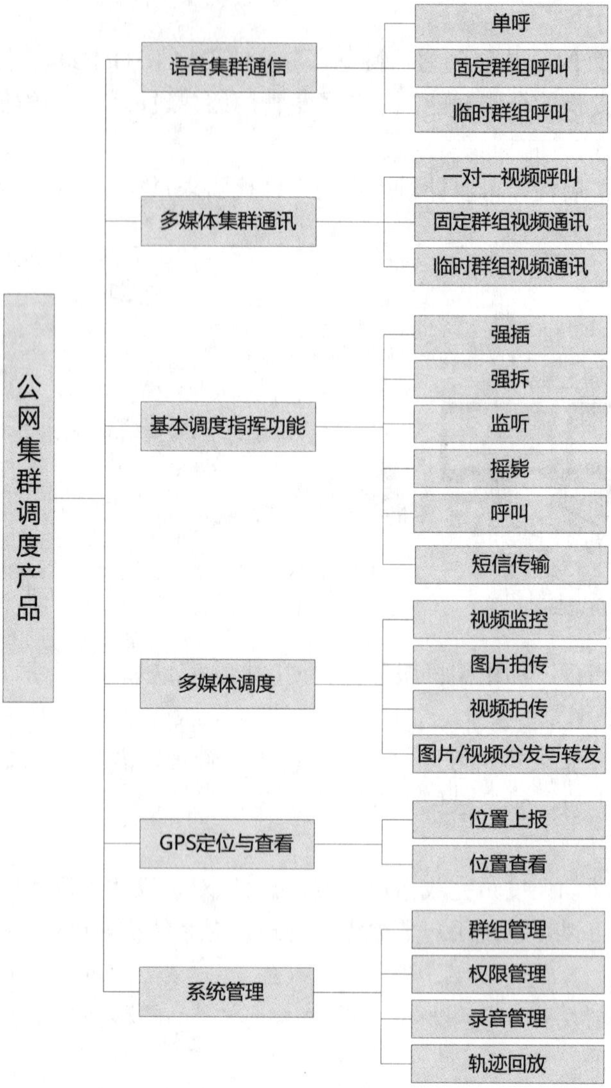

五、专业应用

本产品可针对用户的业务需求提供量身定制专业型解决方案。

（一）城管

随着城市经济的迅速发展，城市规模、人口数量不断扩大，执法管理工作量也迅速增加，从而给城管局执法管理工作带来了难题，其中各个管区的执法人员、执法车辆的监控、指挥、调度等问题尤为突出，系统将集成集群通信技术、GPS 技术、音视频多媒体指挥调度、GIS 技术，借鉴相关行业人员、车辆的先进管理经验，通过建设城市管理执法指挥调度系统，辅助城管工作人员高效完成各类执法管理工作。

（二）物流

随着物流业的迅速发展，如何提高现场指挥能力和移动数据交换能力，将是物流行业急需解决的关键问题之一。系统对于公司运调中心管理人员，实时提供每辆货运车辆的承运状况，并能根据货物情况进行最优配置；获取 GPS 信息，随时监控每辆货运车辆的位置情况，并能通过集群语音调度功能进行远程指挥；在收到现场人员确认的回传单据后，及时通知客户提货，提高整个物流运转的效率。对于现场管理人员，第一时间发送电子单据，方便其根据每辆货运车的到达时间安排仓库的货物进出，提高整个库存货物的周转速度。

（三）公交

大力优先发展公共交通，实现数字化，智能化城市交通管理，提高公共交通运营管理效率和社会服务水平，是适合中国国情的现代化大城市发展的必然要求。系统提供基于公网集群通信公交指挥调度业务的全方位智能管理，包括车辆的实时监控、优化调度，达到优化车辆、人员等资源配置，节省成本的效用；同时为公交公司和公交管理部门提供公交线路规划、资源分配、经济分析等决策支持；为市民实时提供公交路线信息及公交到站等信息服务，方便市民出行，提高城市交通服务水平和城市整体形象。

（四）路政

目前，在我国高速公路管理模式中，高速公路信息管理调度中心承担着指挥、决策、监管、控制的主要职能，具有一套较为科学、完善的管理工作机制，但传统的外场上报、人工记录和处理的工作模式运行，以致信息收集困难、管理分散，导致劳动强度大。系统基于公网的集群通信技术，具有安全性高、覆盖范围大、建设成本低、部署方便、终端选择灵活等特点，非常适合路程较长和覆盖范围大等特点的高速公路，同时提供高速公路外场信息采集的业务功能，为高速公路管理提供智能化手段。

（五）交警

为适应现代交通管理的需要，向科技要警力，实现“整体防控、精确指导、精确打击”和“严、高、新、实”的工作思路，已成为交通管理信息化工作的重点。在警力资源有限的情况下，为应对越来越复杂的管理局面和越来越高的管理要求，要做到在警力资源有限情况下的合理部署，在紧急事件发生时（如交通事故、火灾等）能够及时有效调动警力资源实现快速处置，系统采用先进有效的技术手段实时获取警力资源状态、快速制定警力资源调度方案、快速下达指挥命令、监控跟踪命令执行情况，为警力资源快速部署与调度指挥的重要技术手段。

（六）消防

目前公安消防信息化建设对消防各项工作产生了积极的带动和促进作用，但仍然面临的一些突出问题和困难，利用数字集群通信系统提升消防指挥调度水平方面应用不够深入。系统提供在执行消防任务过程中实现城市环境内个人与多群组之间高质量的语音通话以及流畅的视频图像回传功能，可在城市灭火救援任务内部攻坚、现场指挥调度等环节中发挥巨大的作用。

六、更多适用场景

除以上典型专业应用外，本产品还可根据用户的实际需求进行定制，满足各单位各企业及各组织的日常通信调度及业务管理需求。适用场景包括政府各部门（如公安、环保、安检、监狱等）、各类企业（如厂矿、铁路、物流、航空、港口、出租车、能源、酒店、餐饮等）、各类组织（如救援、旅行团、结伴出行车队等）等领域。

“人-车-路-环境”一体的交通状态感知、运行仿真与评价技术

（中山大学）

随着城市交通需求不断增长，“人 - 车 - 路 - 环境”之间的矛盾所引发的交通拥堵对城市发展的影响深远。为此，需要以交通信息深层化与精细化应用为抓手，通过交通状态自动感知、交通仿真预测判别、交通运行与交通评价等手段，深入研究城市交通的多尺度演变规律、交通问题成因及决策影响，以“状态感知 - 仿真预测 - 运行评价”为链条形成城市交通分析评价理论方法与技术体系，有效缓解交通拥堵，提升交通管理水平，为管理决策提供信息支撑。

一、“人-车-路-环境”一体的交通状态感知技术

（一）技术概述

重点研究面向新型、多源（浮动车、智能 IC 卡、视频、移动通信等数据）、异构（结构化与非结构化、流式与批式等）数据的交通运行状态感知与信息获取技术。从海量的交通数据中获取交通演变规律，如路网平均车速、公交出行分布等，为解决大范围路网交通状态信息实时获取问题提供了核心技术支撑。

（二）主要技术及产品

平台一：城市主干路网交通状态分析与评价平台

通过集成车道级 GIS-T 数据管理与交互技术、海量 GPS 数据并行计算处理技术、路网交通流参数定量获取技术、路网多粒度交通运行状态感知技术等多项技术，对营运车海量 GPS 数据进行实时分析，获取主干路网实时交通状态。

平台二：基于智能 IC 卡的公交乘客出行需求分析平台

基于智能 IC 卡的公交客流分析技术，实现普通公交和 BRT 公交乘客的下车站点估计和换乘行为识别，获得公交线路站点客流、区间客流等运营信息，掌握全市公交出行行为和出行态势规律。

平台三：智能交通视频分析平台

通过自适应场景的道路结构提取技术、交通拥堵检测及相应的背景更新技术、检测区域自动调整技术等，实现了高精度的城市道路交通流参数检测。通过高级视觉理解知识与宏观信息分析，实现任意交通监控视频场景中道路结构的自动提取，估计交通流密度和速度，判别道路交通状态，全面实现了监控视频交通信息的自动获取。

产品一：广东省高速公路交通信息发布系统

通过全省营运车的GPS监控数据、高速公路卡口监控数据、测速点交通监控等数据进行融合处理，获得高速公路实时路况信息。系统已涵盖全省逾5500公里的高速公路，每个路段的实时路况信息每5分钟更新一次。

产品二：广州市主干路网交通状态分析与评价系统

系统每5分钟对全市主干路网700多公里、1800多条路段的平均行程车速进行计算，并通过拥堵指数、速率指数等交通运行指数，得出每条道路、每个区域，以及全市主干路网的交通运行状态。

产品三：广州市公交乘客出行需求分析系统

系统对全市1134条公交线路、16667个公交站点、及日均约650万的公交出行量等公交乘客出行信息进行管理与分析。得出公交班次、线路、站点、路段、区域等多尺度的公交拥挤度、行车速度、行程时间等公交运行指标。

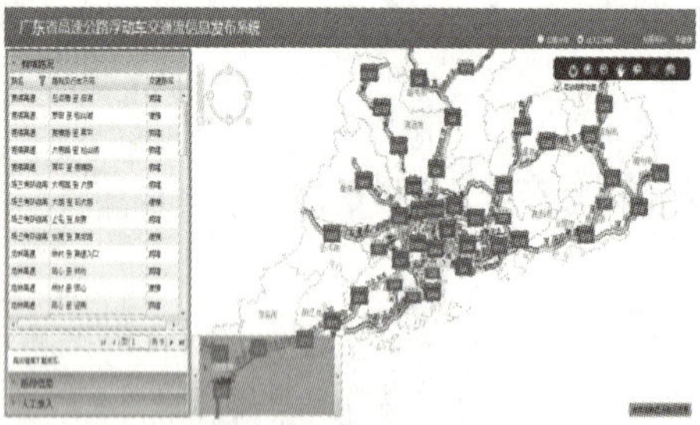

高速公路交通信息发布系统

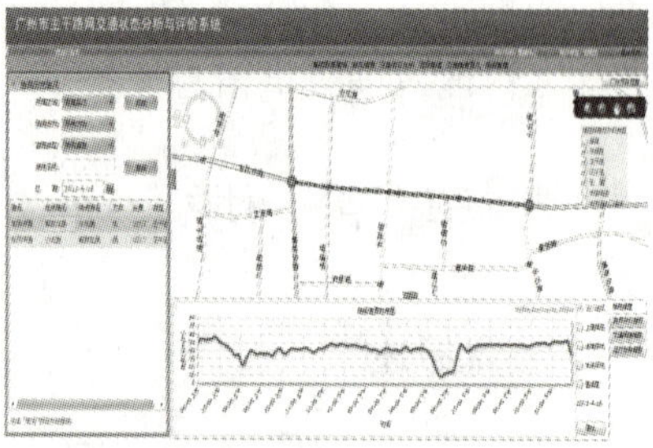

主干路网交通状态分析与评价系统

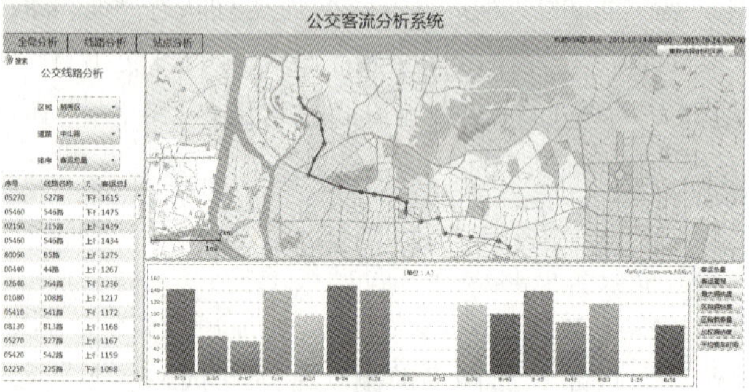

公交乘客出行需求分析系统

（三）应用案例

- 广东警民通便民服务平台信息支撑：为警民通提供数据信息支撑，包括路况信息、公交乘客出行信息、车驾管交通管理信息，打造移动互联信息服务平台。
- 广东省公安厅交通管理局高速公路信息发布：为每年的春运、国庆黄金周、五一、中秋等重大节假日期间疏通高速公路拥堵提供丰富的数据支撑。
- 广州市交通委员会交通指数发布：在市交委的交通管理业务中获得应用，每天通过网站、微博、微信、手机客户端等向市民发布实时路况及交通拥堵指数信息。

二、多尺度交通流模型与大规模路网仿真分析技术

（一）技术概述

基于交通路网常规路段与瓶颈路段的交通运行特性，研究宏观交通流与微观车辆行为模型耦合建模与分析方法，结合高性能并行计算框架与多源在线数据，研究动态交通需求估计与在线参数标定方法，满足面向大规模路网仿真的研究与应用需求。

（二）主要技术及产品

平台一：城市交通瓶颈处复杂车辆行为动态微观交通仿真平台

构建以弱车道行驶为特征的横纵向耦合车辆行为模型，结合相应的高空、高清监测平台获取高分辨率数据，对于描述瓶颈处车辆运行规律以及揭示拥堵形成机理，提供了新的平台工具。

平台二：基于元胞传输模型的宏观交通仿真平台

构建随机元包传输模型 (SCTM)，使其得以考虑基本图的随机特性和随机交通出行需求对交通流的影响。结合数据融合模型，使用多源交通流数据作为模型的输入，实现各种数据源的互补从而增加模型仿真的精度。

产品一：城市交通仿真应用管理系统

以交通仿真技术为基础，通过建立标准化、数字化的交通数据采集、存储、交互平台，实现城市交通管制方案的自动化仿真、实施效果的可视化展示及多层次定量对比，成为城市交通管理决策信息化与科学化的重要手段。

产品二：广东省高速公路动态交通信息处理与发布系统

系统实现了对全省 5000 多公里高速公路路网交通状态的全面监控，覆盖了全省 36 个高速公路大队，满足全省道路交通安全宏观管控、应急指挥等协作的实战要求，进一步提升了我省道路交通安全的管治能力和服务水平。

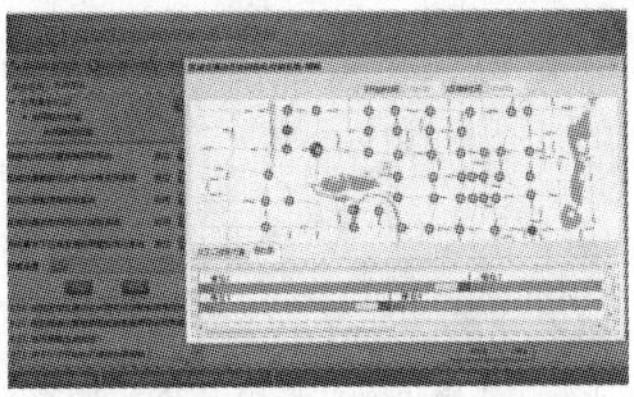

交通仿真应用管理系统

高速公路动态交通信息处理与发布系统

三、交通协同优化控制与多目标交通评价技术

（一）技术概述

从交通需求、交通组织与交通运行方面研究多层次区域交通协同优化控制技术，并结合多尺度交通仿真与 GIS-T 平台，实现交通策略的在线优化以及与诱控系统的软

硬件在环集成。通过建立了面向道路交通与公共交通系统的多层次多目标评价方法与指标体系，评价交通运行状态与交通管理水平，为交通管理提供决策支持。

（二）主要技术及产品

一个平台：交通协同优化控制集成平台

通过集成全息交通数据环境搭建技术、跨平台数据交互技术、区域交通协同联动控制策略生成与优化技术、区域交通协同联动控制运行评测技术等多项技术成果，实现区域交通诱导系统、控制系统的协调联动控制。

一个体系：多目标交通评价与信息服务体系

面向多用户多目标（面向政府、企业、公众等）的交通评价与信息服务，针对交通运行状态与交通管理水平等两方面，建立面向道路交通与公共交通系统的多层次（交叉口 - 路段 - 通道 - 区域路网、站点 - 线路 - 系统）、多目标（拥堵、效率、可靠性指数）评价方法与指标体系，为交通管理决策提供数据支撑。

产品一：城市交通信号控制集成系统

集成 GIS-T 高仿真电子地图展示，信号机实时运行状态与故障自动监测，远程信号控制优化等技术，系统根据接入的路口实时交通流数据，判断出路口当前的交通状态以及交通流变化趋势，并结合历史交通流数据，利用神经网络方法预测下一时段的交通流量及流量变化趋势，自动选择相对应的信号配时方案，实现自适应交通信号控制。

产品二：城市交通信号控制优化服务

服务包括交通信号管理基础工作、交通信号控制信息摸查、交通信号控制路口日常巡查及方案优化、交通信号协调控制方案优化、交通仿真评价和信号优化关键技术研究，对城市交通信号控制系统进行运行监控与优化管理。

产品三：城市路网交通运行评价服务

常规报告（周报、月报、年报）实现了评价范围内的交叉口、路段、片区及整体路网运行状况的评价，评价指标包括平均车速、日均累计运行车次、拥堵时长及常发拥堵黑点数量等。专项评价报告针对中秋、十一黄金周、交易会等节日或事件，评价对路网交通运行状况的影响情况。

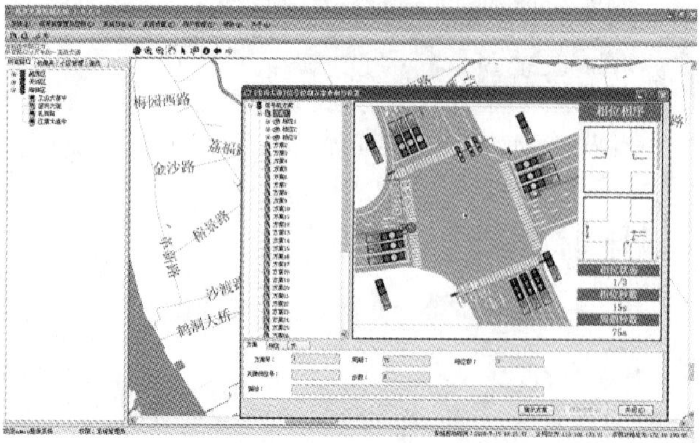

信号控制集成系统

信号优化服务

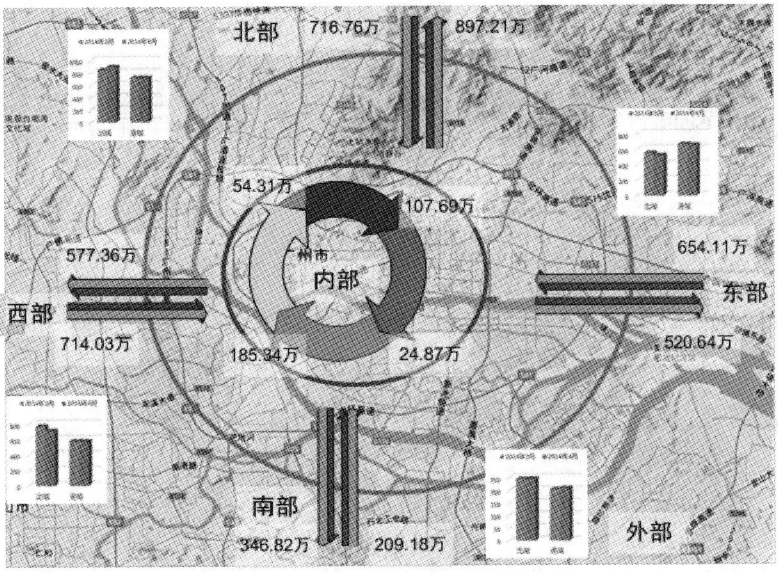

交通运行评价服务

（三）应用情况

- 广州市交通信号控制优化：对荔湾、越秀、白云二、海珠、内环路等交警大队辖区的591个的交通信号控制路口进行优化工作。主要有交通信号控制信息摸查、运行情况巡查、方案及参数优化、道路交通信号仿真评价、技术研究等技术服务内容。
- 广州市交委及市交警支队交通运行评价服务：面向交委提供“日报”，主要对路段的平均行程速度、交通拥堵指数、交通运行速率指数等指标进行多尺度的展现。面向交警提供“周报”与“月报”，通过重点路口路段的运行分析，评价路面交通管理水平，作为绩效考核与管理决策的重要参考。
- 广州市非本市籍载客汽车区域错峰限行交通管理方案评估：本地化使用的外地车数量较小，但其在市中心区的出行频率为过境车辆的30-70倍，针对外地车限行，更应充分照顾周边地市出行需要，适当保障“候鸟”群体通勤需求，“限外”的真正目标是严格控制外地车本地化使用。

以影像检测为核心构建交通安全管控体系

（北京精英智通科技股份有限公司）

一、交通安全管控措施的发展

（一）定义

交通管理的实质是：运用交通工程学的基本理论和原理，采用先进的科学技术手段，以交通安全、畅通、高效、便利为目的，优化现有和未来建设的交通系统及其设施。是对道路上的行车、停车、行人和道路的使用进行“执法管理”。

（二）目前的发展情况

自20世纪90年代以来，中国交通管理部门采用了各种技术手段，比如：电子警察、卡口、雷达测速等进行交通安全的管控，以弥补人工管理无法满足日益增长的车辆管理与交通管理的不足，起到了良好的作用。交通事故率整体呈下降趋势。

1．电子警察

1998年中央电视台“东方时空”节目中，为报道北京市机动车闯红灯自动监测系统的开通使用，使用了“电子警察”一词，这是“电子警察”第一次在媒体公开露面。公安部于2004年颁布了“电子警察”系统的行业标准GA/T496-2004《闯红灯自动记录系统通用技术条件》，为各个厂商的产品研发提供了依据。

典型的“电子警察”通常是由影像检测（车辆感应线圈配合）、拍摄、采集、处理、传输与管理以及辅助光源、辅助支架和相关配套设备等几个部分组成。主要有固定和流动的两种应用型式，自动和人工操作的两种工作方式。

2．监测系统

闯红灯违章监测系统是一个基于网络的分布式系统，系统分为前端视频检测与抓拍系统、路口局部数据处理系统、远程数据传输系统、中心数据管理与处罚系统四大部分。该系统主要安装于交通路口，全天候地对闯红灯的违章机动车辆进行监测，对违章车辆拍照，还能够实时对违章车辆的牌照和违章轨迹进行自动判断识别。

3．超速检测

除了闯红灯外，在道路中超速行驶也是引发交通事故的一个重要原因。超速检测系统利用视频影像处理技术，对公路车道上的汽车进行非接触式监控，获得超速车辆车速、车牌号码、违章照片等运行状态信息，每车道架设一台CCD（摄像头），可对高速公路或城市道路上的超速车辆信息进行全天候的检测和记录。

4．车辆稽查

移动式车辆稽查系统是将车辆视频检测、雷达测速、车牌自动识别和车辆稽查数据库实时比对等先进技术集于一体的实时稽查系统。该系统可对行驶车辆进行测速、牌照抓拍、识别和比对，在不影响正常交通的情况下，能自动实时稽查违规车辆，有效地进行交通执法。据了解，在北京、上海、天津、合肥、长春等许多城市的交警部门都配备了类似的移动式车辆稽查系统，应用效果比较良好。

5．卡口

采用先进的光电、计算机、影像处理、模式识别、远程数据访问等技术，对所有断面（每车道架设 CCD）进行全区域的覆盖。对监控路段的机动车道、非机动车道进行全天候实时监控并记录相关影像数据。前端处理系统对所拍摄的影像进行分析，从中自动获取车辆的通过时间、地点、行驶方向、号牌号码、号牌颜色、车身颜色等数据。并将获取到的信息通过计算机网络传输到卡口系统控制中心的数据库中进行数据存储、查询、比对等处理，当发现肇事逃逸、违规或可疑车辆时，系统会自动向拦截系统及相关人员发出告警信号。对通过监测区域的所有对象，包括机动车特征、机动车驾驶人、非机动车特征、非机动车驾驶人、行人等，都能够捕获。

对通过外场设备记录下来的信息，通过联网可以进行实时信息监控，可通过查询和数据挖掘手段进行历史信息回溯以及对该信息进行后台处理分析，但目前基于人工回看为主。

6．埋地线圈等传感器技术

目前在大量使用，可能会逐步淘汰。

优点：可靠性较高。

缺点：过于固定，无法移动，不具备智能；被动方式采集信号，无法预判；道路变更等情况下失效。

7．RFID

即射频识别技术。经历几十年的发展应用，技术本身已经成熟，在日常生活中随处可见，应用于防伪实际就是在普通的物品上加一个 RFID 电子标签，相当于一个物品的身份证。标签本身具有以下特点：

唯一性，每个标签具有唯一的标识信息，在生产过程中将标签与商品信息绑定，在后续流通、使用过程中标签都唯一代表了所对应的那一件商品。

前些年开始推广的 ETC 系统，主要依赖国外的 RFID 芯片；近年来，中国自主研发的 RFID 芯片正在逐步走向市场。成熟之后，作为电子标签的一个应用领域，与车辆购置、检测相结合，可以逐渐解决我国车辆唯一性问题。但是发展 RFID 车牌可能需要很多年的努力才有可能。

高安全性，电子标签具有可靠的安全加密机制，正因为如此现今的我国第二代居民身份证和后续的银行卡都采用这种技术。

易验证性，可以采用非常简单的方式对其进行验证。随着 NFC 手机的普及，用户自身的手机将是最简单、可靠的验真设备。

保存周期长，一般的标签保存时间都可以达到几年、十几年、甚至几十年，这样的保存周期对于绝大部分产品都已足够。

但是用于车辆唯一性标识，存在以下问题：易受干扰，用简单的金属物即可遮挡RFID 标识；易被盗用或伪装，读卡器无法辨识；不够直观，比如车辆虽然辨识、定位成功，但无法掌握其运动状态情况或违法情况，很难作为独立证据链存在；需要其他技术手段的配合才能在实际中有效利用这些信息。

RFID 的国产化工作并未完成，目前国产核心芯片的开发和标准化工作任务还很艰巨。

（三）目前存在的问题

以上介绍的电子警察和卡口，共同性的优点是：

基于影像的信号采集，对于管理部门来说，非常直观，操作简便；前端成本随着摄像头技术的成熟和发展趋于降低，并且近年来出现了高清化的趋势；对于后台处理来说，采集的大量影像信息为数据挖掘和分析提供了丰富的现场信息；影像处理能力的不断增强，使得用 CCD 方式进行数据采集的抗干扰、稳定性和对复杂环境的适应性大大增强，对车辆、人员的辨识度不断提高；

相比其他技术：如预埋磁敏线圈，RFID 等而言，影像采集和处理的方式更为可靠和高效，因此，在交通安全管理领域的应用前景较好。

总体而言，目前这些信息采集手段仍然存在以下不足：

1．由于智能化处理方式、预警机制不足，很多地方仍以人工干预和管理为主

现有的电子警察和卡口，只有在车辆通过时，才能被动地采集到车辆的行为数据，很多情况下，需要人工肉眼的观察才可比较明确地确认。这样会消耗大量警力资源，而且时效性较差。

2．只对动态车辆或违法车辆进行识别处理，只有固定车道检测，只能对较小视角范围进行被动记录，缺少静态全方位监控，无法进行全方位覆盖

由于安装的位置和角度局限性较强，而观测范围极为有限，难以实现全方位的覆盖。在大角度情况下、车辆未超速情况下、车辆速度过高情况下，电警和卡口基本无法掌握路面准确信息。而且，只有通过此车道的运动中机动车才能起到作用，而对大量未从此处经过的机动车则望尘莫及。对于停靠车辆更是无法发现和掌握其状况。

3．采用的是被动接收方式，只能事后排查，缺少事前智能化预警

由于安装位置固定，角度严格受限，因此只能被动地等待机动车从眼皮底下驶过，才有可能记录信息，属于被动接受方式，无法对车辆的违法行为进行主动式发现和智能化预警。

4．路面信息采集点少，车路管理分离

每条车道都需要加装 CCD，而且覆盖范围不超过 20 米。使得大范围、全面覆盖的成本和复杂性过大，对于像高速公路等监控而言，无疑是代价关于昂贵，有点得不偿失。

二、信息采集手段的新发展

近年来，信号采集手段呈多样化趋势。

1．RFID 技术

射频识别技术作为电子标签的一个应用领域，与车辆购置、检测相结合，可以逐渐解决我国车辆唯一性问题。

但是，RFID 技术仍然有一些局限性。比如：金属物遮挡会造成无法识别；信号强度不高，识别范围有限，需要大量加装 RFID 识别器；易于造假，使用伪造或盗用的 RFID，系统无法识别；没有直观的证据，很难形成证据链。

更为重要的一点是主要依赖国外的 RFID 芯片；近年来，中国自主研发的 RFID 芯片正在逐步走向市场。研调机构 ICInsights 预期，2017 年在芯片市场高达 1390 亿美元规模的中国，进口芯片仍占 85.6% 的比重。RFID 行业对国外芯片的依赖更是让人堪忧。行业标准是 RFID 芯片发展的基础，国家已经做了 RFID 标准统一的工作，将是对 RFID 芯片发展的有力促进。而另一方面，国产 RFID 芯片企业自己也要练好内功，用人才和技术，打造企业核心力量，抓住我国芯片需求缺口机遇，打破芯片依赖进口的尴尬局面。

2．CCD 技术

优点：直观，比较稳定耐用；走向高清化，可以采集大量有效信息；前端处理功能逐渐增强使得设备智能水平大大提高；可变焦技术发展使得监控范围大大提高；目前已经大量采用球机、云台 CCD。

缺点：多功能的人脸、车辆、物体检测算法识别率仍然有待提高；设备稳定性与环境适应性需要提高；能够低照度、复杂环境的摄像头费用较高；安装费用较高；多头联动、切换的功能有待开发。

3．TGIS 与 GNSS 技术

卫星定位技术的发展，从仅仅依赖于美国 GPS，发展到中国北斗卫星系统的成熟化、产品化，逐步走向大众。对 GNSS（Global Navigation Satellite System）的应用逐步成熟，比如 TGIS 系统 (Transportation Geography Information System) 已经成为车辆定位的标准化监控手段。

由于智能手机和 3G/4G/WIFI 技术的广泛使用，使得 GIS 定位技术的大范围使用创造了良好条件。目前，很多城市已在采用手机 GIS 信息进行路网拥堵、交通流检测、路径规划等工作。

当前交通决策要求 TGIS 提供的数据范围在不断扩大，可喜的是数据采集的技术也有了长足发展，这些技术包括 GNSS、视频技术、数码摄像技术、高清晰卫星影像、高清晰度扫描技术以及实时系统和传感器。这些实时系统和传感器众多：气象雷达、车辆身份证条码、交通量计数器、路面温度传感器、ITS 中的车辆导航系统。

优点：有效解决准确定位问题，全天候，较少干扰；使用 GIS 系统非常直观；中国北斗导航系统的成熟使得亚洲地区的卫星定位可靠性大大提高。

缺点：需要统一安装大量车载设备，成本和设备管理难度较大；在没有网络的环境无法获取准确的实时信息；在高层建筑、隧道等遮挡环境下，无法获得卫星信号；设备容易损坏或造假，使用伪造或盗用的GPS终端，系统无法识别；没有直观的影像证据，很难形成证据链。

三、实现以影像检测为核心的交通安全管控体系

近几年来，影像检测技术发展较快，一方面，硬件高清化的同时成本大大降低，另一方面，影像检测算法有了很大的突破。解决了困扰大家多年的影像分析方面存在的问题。下面详细介绍。

以违法停车抓拍为例，2013年之前，只能依赖人工巡检抓拍取证的方式，造成了很多社会矛盾。比如：北京由于警力有限，曾经雇佣大量协查人员进行违法停车取证工作，受到“无执法权”的广泛质疑；后来在一些地区安装了球机进行影像取证，但是由于技术局限，无法满足大角度、低照度、或者多张照片要求，号牌抓拍不清晰、安装位置未考虑树木、照度、角度等因素则无法取证。

2013年起，在违停抓拍领域算法上有了重大突破。国内厂家采用了具有国际领先水平的“影像元分析”算法，攻克了自动捕捉车牌、大角度、低照度号牌识别等技术难题，使得违停抓拍的智能化不再有技术方面的障碍。甚至可以使用手机作为智能影像采集终端。如果能够大面积推广使用，将对破解目前的交通困局起到积极作用。而且，对车辆的静态情况全面采集，为构建立体全方位无死角的监控提供了可能。

交通安全管控体系的构造分为四大部分：

（一）数据采集层

摄像机是前端视频监控、影像采集的关键设备。

网络化、高清化、智能化是近几年视频监控发展主要的三大趋势。目前，摄像机比较有代表性的是130万/200万/500万像素CCD的高清网络摄像机，可以进行全实时监控，即25fps的高清监控工作。纯数字高清摄像机技术发展很快，压缩方面，网络摄像机一般采用MPEG-4或H.264的标准进行编码压缩，而数字摄像机则不经过压缩直接输出数字的影像流；传输方式上，网络摄像机采用IP网络传输压缩后的码流，数字摄像机则采用光纤或HD-SDI等数字接口传输数字视频流。

在过去的几年，HD高清和百万像素摄像机是所有人关注的宠儿，几乎每个厂家都会在自己的产品列表里加上“高清”和“百万像素”的产品。按照新的预测统计数据，到2015年，将会有超过70%的网络摄像机全部为百万像素以上的解像度。这样的一种趋势下造成了整个行业的一种错误导向，那就是“更高的像素就是更好的影像质量”，片面地追求高像素。

其实，视频监控要解决的是“看得到、看得清楚”。清楚二字一方面是说要有更高的像素看到细节，即较高的解像度；另外一方面其实是关注影像的质量如色彩、照度、

宽动态等。所以，影像质量不仅仅取决于像素点，还取决于影像处理技术（如影像矫正、影像处理、灰阶处理、伽玛调整、2A算法等），以及高品质镜头等。因此，在现有百万像素成熟产品和技术基础之上实现百万像素高清高画质将是高清化发展下的新的要求。应该将更多的精力放在提升影像画质方面。

应用决定趋势。对于大多数情况下的视频监控应用，并非一定要非常高的像素，比如车牌识别或者人脸识别等只要能够有较高的识别准确率即可，不是更高的像素就会有更好的效果。基于此趋势，需要设备厂家开始投入更多的关注于影像质量，并提高同等像素条件下产品的差异化和性能，比如前面提到的“影像元分析”算法，就使用了3D降噪处理、宽动态等前沿方法。

目前，智能影像分析技术步入发展的瓶颈，智能分析技术有行为分析、特征识别、视频诊断、分类统计等，企业产品研发部门缺乏对用户和行业的深入理解、缺乏对算法等基础性研究的耐心与深度投入，导致智能影像分析产品功能千遍一律，缺乏针对性和先进性。该如何突破这一瓶颈是目前智能前端监控技术的一大重点难题。

比如：在实际环境中光照变化、目标运动复杂性、遮挡、目标与背景颜色相似、背景杂乱等都会增加智能分析算法设计的难度。当应用环境背景复杂，光照变化引起目标颜色与背景颜色的变化时，分析软件可能造成虚假检测与错误跟踪，这种光照变化对算法的影响是无法完全消除的。需要有研发人员有耐心、有恒心地针对某一种或简单几种事件进行分析，不断优化视频和影像检测的水平。

数据采集层，还可以把RFID、GIS前端设备等作为有效的辅助信息，进行多种类的信息实时采集，RFID可以为车辆单点识别提供帮助，GIS前端为车辆定位提供信息。这样，后台的综合处理与信息利用就可以获得更为全面的数据，为管理部门的大数据分析提供更为精准的线索。

（二）数据加工及传输层

实现高清视频采集，只是完成了管控体系的第一步。接下来需要进行高清编码和高清码流的传输，或者直接传输未经压缩的高清数字流，实现对高清数字信号进行交换控制，以及高清码流的存取和高清显示。

比如重要停车场所的车辆跟踪，安装采集摄像头是对车辆进行管控的起步，管理部门由于人员和技术的限制，不可能对所有停车场所进行密集布控。但是，把数据加工前置，把傻录数据在前端加工之后，则可以实现智能识别与事件报警，就可以有效避免大量的人力物力浪费。前端视频采集加装专业的处理器，嵌入专门的分析及跟踪算法，就可以提高智能分析技术的运算效率。而智能分析技术也会更贴合行业需求特点，进行更为精准的分析运算，为业主和管理部门提供智能化的有效信息，并大大减少人力资源。

将数据化的影像信息利用“影像元分析”技术进行结构化解析，把影像加工处理前置，可以大大提高高清编码和高清码流传输的效率。

“影像元分析”技术采用影像数据库标注方式。该工作将图片按照模式分割成有独立意义的区域，并分别对每个区域用文字进行描述，然后将各区域组织成层次树状结构并配上空间关系，称为语义解译图。标注数据库对于视觉系统有着重要的作用。通过这些解译图的标注数据可以发现物体与物体之间的本体关系，从而协助影像解译技术的实现。影像解译技术是一种将影像转换成文字表述的技术与算法。其中的关键瓶颈技术就是目标识别。目标识别领域大多采用上下文信息进行实现，但是通过标注数据库,可以将识别得到的目标部件与数据库中的语义树进行匹配,从而发现目标的类别。目标在数据库中的匹配对应的文字描述就是影像的解译。这种方法创新的用一种产生式模型方法对于目标进行识别和描述。

基于标注数据的影像转文字描述系统，实现了对场景图片的影像解译操作。该系统通过一系列的算法，可以将场景图片的各个部分识别并且通过文字标注出来。这项技术在监控应用和视频检索中有着重要的意义。可以通过这项技术从大量的监控视频记录中搜索到车辆、车牌等感兴趣的特征。

对这些车辆特征进行采集和暂存，然后，经过影像元分析算法加工的数据，通过光纤或无线宽带网络传输，可以与各类视频数据库集成、链接；并方便随时在“视频云端”提取。

（三）数据展现与分析层

作为整个系统的“指挥中枢”，管控中心必须有一套强大的高清影像管理平台，以满足对高清视频流、管理信令等进行集中 / 分布式管理。只有这样，才能保证后台管理系统的综合研判和有效组织功能，顺利完成管控、布控、追逃、预警、协调、组织等各类任务。

管控中心不仅有实时影像资料的监控，还要增加对电警、卡口、TGIS、RFID，以及空中巡逻机、卫星遥感预测等各类技术前端信息的汇总与分析、综合研判，充分利用云计算的优势，充分采用大数据技术，对全方位的信息进行开发。系统开发中，要强调主动式报警、预警功能，以及数据建模分析、历史分析、趋势分析等功能，使得整个系统更为智能化，并随着数据、应用的不断深入和发展，积累更多的应用经验，提高管控的效率。

（四）大数据应用层

从前端，我们采集到大量的各类信息，如：电子眼抓取的静态影像信息，电警和卡口获取的动态影像信息，RFID、GIS、线圈、无人机、卫星遥感获取的大量识别、位置、影像等信息。这些数据为大数据分析提供了可能，但是，如何有效使用这些数据？是目前一个非常重要的课题。

海量的视频影像信息如何有效使用？利用先进的影像元分析算法，可以对影像信息（包括人脸、车型、相关特征等）实现智能模糊建模、存储与查询，方便后台应用实现实时的特征值提取与查询。

建立大数据应用分析，可以扩展的功能包括：电子设施联动管理、现场执法联动管理、应急指挥、集中布控管理等。做到对肇事车辆、违章车辆、黑名单车辆的迅速捕捉、实时定位、全程跟踪或回溯。这样，就可以为治安、刑侦、反恐等部门提供海量信息的快速检索服务。

未来这些数据还可以扩展到如物流行业车辆管理、电商配送服务、询查车辆服务、公民出行服务等领域，为经济建设、社会服务提供依据。

对动静态全方位的海量交通数据的挖掘分析，将会成为智能化交通信息处理分析的核心内容。调查显示，韩国 3G 手机上的服务，有 50% 以上与交通有关，包括实时道路交通信息、地铁和公交信息、火车和飞机班次动态信息、换乘信息、与汽车服务有关的信息等。

以智能终端为服务窗口、以云计算和大数据分析技术为支撑的智能交通信息服务正在逐步成为主流。笔者认为，为了满足公众出行多样化、个性化、动态化的交通服务需求以及交通应急救援、跨行业综合交通服务需求，还需要应用新一代移动通信、智能终端以及大数据、云计算等新技术来大力推进个性化的移动服务发展，让民众“随时随地”享受到智能交通带来的便利。

四、影像检测技术的优越性

（一）动态与静态数据的有效结合

传统的电警和卡口主要是采集动态车辆数据，对于停靠状态或者视野范围之外的情况无法掌握；而新增设的高空摄像头主要用于对交通流量的监测，也属于动态范畴。但是，众所周知，车辆在其使用周期中，真正处于动态范畴的时间只有不到 10%，而其他 90% 的时间车辆是处于静止状态的。在监管对象处于静止情况下，如何有效发现、采集车辆及驾驶人的数据？如何预知其未来的出行动向？如何根据其移动行为追根溯源到静止地点？现有的技术手段对管控对象静态状况的有效监控非常有限，这是交通管控目前面临的主要问题，也是目前智慧城市管控的主要问题之一。

采用“影像元分析”算法的静态采集装置，则可以在可视范围内（360 度，半径 100 米），对所有静止状态车辆信息进行主动式“抓取”，对其地理位置、停止时长、车身特征、驾驶人特征等进行全天候的锁定，提取有意义的数据，并且可以在前端进行智能化数据预处理、传输和存储，实时报警、预警，为后台大数据分析提供有效的支撑。

因此，合理部署静态影像监控系统，使静态采集的数据与现有的动态数据有效结合，是一种开创性的思路。

（二）主动捕获与被动采集的有效结合

传统的电警和卡口通过在固定位置的采集设备，甚至只能监控单车道，成本较高，监控范围较小，属于被动式采集，如果需要全方位监控，则投入非常大，不现实。

部署新型“影像元分析”算法的前端采集设备，则可以在大范围（有效视角范围）

内进行信息的主动捕获。通过网络和后台的综合分析研判，对车辆及驾驶人的数据可以做到全方位、无死角、全天候立体式主动监管。

主动与被动方式采集的数据，可以在管控中心进行数据汇总和数据拟合，从而改变过去数据不完整，或者各类数据分离成“孤岛”，无法进行智能分析的窘迫。

（三）技防与人防的结合

无论何种技术的采用，必须紧密依靠“人防”。比如，最近防暴恐的措施，仍然需要大量警力、社会资源的投入。

但是，新技术的采用如果能够贴近真正的需求，能够智能化地分析，能够全天候地监控，则可以对人防形成有效的补充和完善。比如，近年来各地虽然安装了大量的“智慧城市”、“天网”摄像头，但是，真正遇到问题，还是需要靠大量人工进行回看等方式搜索影像数据，耗费大量人力物力和时间，却不如群众的举报来得快而有效，如何改变这种技术手段的窘境，如何让我们花费大量资金所安装的各类设备真正发挥智能化的作用？这是一个更大的课题。

本文所述“影像检测为核心”，正是通过最新的影像分析算法，为解决大量傻录数据所作的一种有效尝试。充分发挥“技防”的优势，同时，需要培养大量会用系统、会从大数据角度开展工作的人员，与“人防”紧密结合，才是我们构造“交通安全管控体系”的理念。

（四）前端处理智能化

根据传统的智慧城市、平安城市、天网系统等使用的经验，我们发现，如果前端数据采集设备只是仅仅能够实现视频影像的录制和存储，而不具备智能，则只是提供了大量傻录数据，无法真正实现实时监管的目的。因此，加强前端设备的智能化，把大量无用信息过滤、提取关键有效的数据，是一个非常重要的工作。

这就要求在要在设备前端进行智能化处理，比如：智能提取影像中的关键信息---车牌、车型、人脸，构造结构型数据库，后台要求有智能的存储和提取方式，以便于快速准确的数据发现和分析。

未来的趋势是尽量在前端即可获得有效的信息认证、标识，随着单片机、嵌入式系统的逐渐完善，良好的前端处理，把各种功能前置即是可能的，又是经济和高效的。

（五）形成大数据应用态势

智能化正在越来越深入到现实世界，搜索也从过去的文字演进到影像，诸如Google 地球和街景，还有扫封面、查人像之类的应用，都离不开影像大数据的积累。采取更加主动、全方位的采集方式和监管覆盖，运用大数据理念构造影像、视频数据库，增强前端影像处理智能化水平，使得影像处理能力大大提高，管控手段更为直观、高效、智能成为一种发展趋势。

与传统的信息采集手段相结合，比如：利用电警、卡口获得的大量车辆号牌信息，利用GIS、RFID、传感器等采集到的各类车辆位置、标识等信息，就可以对某个车辆从静态到动态的整个行驶位置和轨迹，以及驾驶行为进行统合的分析，如果能够采集到此辆车某时间周期内的行驶信息，就可以对车辆未来几天的行驶趋势和可能性做出预测。

结合近年来出现的智能手机、智能终端等设备，通过云端数据的积累，未来，单点用户的影像数据只要在云端存储，也可以被结合到我们的“交通安全管控体系”中，把那些默默记录着世界的各种智能终端，各种在我们视线之外的“眼睛”综合利用起来，在可预见的未来，我们才能掌握主动，应对各种不可预知的事件。

五、结语

未来就在“影像”之中！

以影像检测为核心构造交通安全管控体系，让交通管控更加智能化、主动化、全方位化，将极大地促进交通管理的现代化水平，为中国的交通环境整体改善做出贡献。而且，可以为社会整体防控体系的建设提供可行的思路与对策。

智慧交通综合信息服务应用系统解决方案

（上海电科智能系统股份有限公司）

一、概述

近几年来，随着经济和社会发展迅速，城市规模不继扩大，城市化进程的不断加快，机动车拥有量迅速增长，交通需求极大增加，原有的交通供需平衡被打破。城市的基础设施、交通管理设施和管理能力的提高跟不上交通需求发展速度，原有基础设施的缺陷和弊端不断暴露出来，交通管理的科技水平越来越显得不足。在此背景下，如何从系统的角度出发，把人、车、路和环境综合考虑，运用各种高新技术来解决交通问题的思想应运而生。除加速道路基础设施建设外，建设发展智慧交通系统，提升交通管理的现代化和科学化水平，是改善城市道路交通环境的必由之路。

“智慧交通”作为“智慧城市”物联网示范应用的重要组成部分，在提升城市品质，增强城市综合服务能力等方面发挥了重要的作用。

为了达到“智慧交通”示范性、实用性的预期目标，我们拟以兼具“交通信息采集”、“信息诱导服务”等多项功能于一体的“车联网”信息服务终端为突破口，建设集信息采集、智能控制、诱导服务于一体的“智慧交通综合信息服务应用项目”，通过充分感知人、车、路等要素信息，并对信息传输、汇聚、处理、分析和应用，动态地调节交通需求与交通供给，提升道路管控及信息服务水平。

二、现状与需求分析

（一）现状分析

随着经济实力的提高和国家汽车产业的发展，城市机动化程度显著提高，机动车保有量持续增长，车辆增长率远远超过道路建设率和停车场的建设速度。城市交通饱和度日趋增加，交通供给与需求的矛盾使得交通拥堵情况有所加剧，部分区域停车难、出行难、秩序乱的问题越来越突出。

针对日益突出的交通问题，交警、路政等管理部门提出了多种解决方案，建设了智能化系统并在各自的领域都发挥了一定的作用，但是各系统间相互独立，形成“信息孤岛”，资源无法共享，难以实现统一部署和系统集成，限制了智能交通的进一步发展。并且，城市交通管理普遍缺乏具有海量数据传输、存贮、处理、融合和应用支撑的平台，无法实现信息的共享和不同系统间的协调作业。

（二）需求分析

1．社会需求

发展智慧城市，是我国促进城市高度信息化、网络化的重大举措和综合性措施。为规范和推动智慧城市的健康发展，住房城乡建设部启动了国家智慧城市试点工作。国家发改委也着手起草智慧城市健康发展的指导意见，并研究在区域范围内启动智慧城市试点工作。在智慧城市的目标拆分与落地时，智慧交通是其中细分的一个重要领域，是智慧城市关键的落地点。、

智慧交通以电子技术、信息技术、通信技术和系统工程为核心技术，强调的是信息的交互性、技术集成的系统性以及服务的广泛性。目前不管是云计算还是物联网，单纯的某类监控产品或领域技术已不能满足智慧交通的全部要求。

2．行业需求

随着互联网、移运通信网络和传感器网络等新技术的应用，物联网应用于智慧交通已见雏形，在未来几年将具有极强的发展潜力。目前的智能交通系统主要包括：先进的交通信息服务系统、先进的交通管理系统、先进的公共交通系统、先进的车辆控制系统、先进的运载工具操作辅助系统、先进的交通基础设施技术状况感知系统、货运管理系统、电子收费系统和紧急救援系统。智慧交通行业中无处不在利用物联网技术、网络和设备来实现交通运输的智能化。因此，从发展的趋势来看，物联网和智慧交通的结合将是必然的选择，物联网、云计算等现代信息技术处理能力将成为未来智慧交通发展的核心技术。

同时，车联网发展逐渐成熟，通过构建城市级车联网大系统，利用车联网终端浮动采集方式和道路上的固定传感设备收集车辆、道路和环境的信息，能够确保车与车、车与人、车与路的互联互通，借助于三网融合实现信息共享，完善智慧交通信息服务，最终实现城市交通的智能、安全、畅通和高效。

车联网技术的发展可以有效解决交通拥堵问题，并且为出行者提供更为全面的交通信息服务。据预测，车联网的应用可以使交通拥堵减少约 60%，使短途运输效率提高近 70%，使现有道路网的能力提高 2-3 倍。除了提高效率，减少成本之外，车联网能够实现对整个公众资源的有效利用，减少政府在交通管理上的投入费用。

3．业务需求

（1）交通综合信息服务的需求

通常单一业务部门对原始数据的加工程度往往不能满足其它业务部门的需求，这类数据需要平台的深层次加工处理；对于来源于多部门的数据也是多源异构的，不能直接满足需要，所以需要一个综合的平台协同利用多源信息进行融合加工处理，以获得对同一事务或目标更为客观、更为本质认识的综合信息，形成道路交通状态监测和预测能力，支持多方式的交通导航与导行服务的推行。

交通综合信息服务平台作为交通信息融合、处理的平台，是智慧交通信息服务应用的重要基础，也是智能化交通管理与传统的交通控制和管理的本质区别。交通信息服务平台组织交通信息资源汇集和整合，实现交通信息共享、交换和和融合，并为交

通应用子集提供硬件、软件和数据支撑。针对交通信息平台所管理的交通信息内容，信息服务平台与交通相关部门的二级平台和业务系统连接，进行信息汇聚和共享，在一定的范围内为各种用户和系统共享利用，并对所连接的所有交通信息系统，提供一个信息交换的平台，达到这些系统之间进行交通信息交换的目的。

（2）交通控制管理的需求

我国在交通控制系统方面的工作起步较晚，20 世纪 70 年代后期北京市开始进行干道协调控制的研究。20 世纪 80 年代以来，北京、上海先后引进了英国和澳大利亚的新一代控制系统，对我国大中城市交通控制系统的发展起到了示范和促进作用。20 世纪 90 年代后，我国省会一级的城市基本都建立了区域交通控制系统。但是就实际运行而言，这些交通信号控制系统的模型和软件因没有考虑到我国城市交通的具体现状，使用效果不佳。

智慧交通综合信息服务对于交通控制系统的建设应在原有的基础上，逐步向以下三个方向发展：

① 扩大区域内交叉口进行联动控制；

② 基于动态 OD 交通流的网络协调控制；

③ 搭建智能化、模块化、协同诱导的信号控制系统。

（3）交通信息管理应用的需求

对于智慧交通综合信息服务的建设，交通信息管理有以下两大应用需求，应急事件管理与决策支撑和交通信息研判。

应急事件管理与决策支撑：交通事件包括交通事故、车辆抛锚、货物散落、交通堵塞等。因此需要该应用进行交通事件监测，为突发紧急交通事件提供交通应急控制指挥策略的支撑，以便协调全市相关资源，将事件影响降低到最小限度。

交通信息研判：交通信息研判通过度交通相关的各类数据进行分析和研究，发现路网中潜在存在的关键问题，为制定交通组织与控制方案、交通管制措施提供依据和方向。

（4）交通信息发布诱导的需求

国内外一些大城市智能交通系统建设经验表明，动态交通信息服务不仅可减少出行者的延误，还可均衡路网交通流分布，提高道路网利用率，避免交通事件影响下拥堵范围的大面积扩散。

但是，目前交通诱导系统的实际应用效果还有很大的局限性。主要原因在于，诱导系统缺乏整体的规划和设计，不同诱导方式间缺乏有效的协同，不能充分发挥各自的特点和优势；诱导信息的实时性、策略性不够。

因此在智慧交通综合信息服务应用中，基于先进的交通信息感应技术，获取网络动态 OD 交通流，对实现区域动态交通诱导的整体优化具有重大意义。另外，社会人文环境和城市布局等因素可导致不同城市居民具有不同的出行习惯和规律，对交通信息的需求也不尽相同。因地制宜地发展动态诱导系统，科学布设交通诱导方式，协同不同诱导渠道，是保障系统运行效率的关键。

三、总体建设方案

（一）设计原则

智慧交通综合信息服务系统总体设计的指导思想是：

坚持面向业务（以业务为基础）、面向数据（以数据为核心）、面向用户（以人为本），以标准规范和安全系统为灵魂设计系统，实现统一信息采集网络、统一信息资源管理、统一信息标准、统一安全保障、统一应用支撑平台。在指导思想的大前提下，方案设计具体遵从以下设计原则：

1．统一性

智慧交通综合信息服务平台将建设智能交通管控平台，车联网应用服务平台以及相关业务系统。所以项目应该把统一性作为首要前提，作为开展工作的出发点，同时项目要按照相关法律法规、业务规范和信息化标准规范，整合、规范交管服务业务，达到统一设计、统一标准、统一规范。

2．实用性

实用性是一个信息系统的基本要求，同时也是最高要求。一个信息系统是否实用，就是指它的经济性和有效性，简单地说，就是这个信息系统是否有优良的性能价格比。智慧交通综合信息服务平台建设要根据智慧城市及交管业务的实际需求进行总体设计，既要讲先进性，又要讲实用性。

3．先进性

除了实用性之外，还要考虑系统的先进性。力求采用先进的交通管理服务模式、网络信息技术、应用平台和开发工具，使智慧交通综合信息服务平台保持长久的生命周期。

4．开放性

由业务的发展和信息技术的进步，以及智慧城市各行业的深入开展，智慧交通综合信息服务平台的总体设计必须具有开放式体系结构，支持与外部平台和系统互联互通的技术支撑，以保证其可持续发展。

5．安全性

智慧交通综合信息服务平台网络系统和硬件、软件的设计等充分考虑安全保密，尽量采用国内拥有自主知识产权的成熟产品和安全可靠的技术，保证建成的系统稳定运行。

6．整合性

充分使用现有和外部资源，整合和配置各种资源，充分挖掘现有资源潜能，发挥综合资源效能。如：在信息网络统一平台基础上，满足数据一次录入，多次享用的原则，努力实现网络互联，信息互通，资源共享，有效利用。

（二）总体目标

创新寓管理于服务的智慧型政务模式，打造“智于管理、惠及民生”的智慧交通示范体系，实现城市道路交通管理及民生服务的跨越式发展，形成智慧交通产业化示范。

1．形成“智于管理”的道路交通管控体系，打造“智慧交管”应用示范，提升道路交通科学化管理水平

结合城市道路交通运行特征和智慧交通发展趋势，综合运用物联网、云计算、大数据等前沿技术，充分感知人、车、路等交通要素，实现信息采集全面化、交通控制智能化，应急处置科学化，交通发布人性化，有效提高路网通行效率，提升道路交通管控能力，保障道路交通安全，降低环境污染，形成对道路交通服务体系的有效支撑，实现人、车、路与环境的协调发展。

2．打造“惠及民生”的道路交通信息服务体系，创新“寓管理于服务”的交管政务品牌

充分利用“智慧交管”的信息资源，在现有服务手段的基础上，拓展信息服务渠道，打造集移动互联网、车联网、云服务等技术应用于一体的智慧交通服务体系，全方位、个性化的满足百姓的出行需求，让市民在接受便捷交通信息服务的同时，实现了路网交通流的均衡，达到更安全更畅通的管理目标。

3．建立智慧交通商业模式，形成智慧交通信息服务在物联网领域的产业化应用

在智慧交通信息服务产品化的基础上，建立一个多元、开放、共赢的商业模式，引入产品的市场化运营机制，拉动交通信息服务产品的研发、生产、应用的产业化，形成智慧交通信息服务在物联网领域的产业化应用。

（三）总体架构

智慧交通综合信息服务应用系统总体架构参照物联网和智慧城市典型架构模式划分为五个层次，由下至上分别为感知层、传输层、平台层、应用层和访问层。

智慧交通综合信息服务应用系统总体架构

1．感知层

主要实现交通流量信息采集、交通事件采集和停车信息采集功能。其中交通流量

信息采集来自公安交通管理部门在城市道路部署的相关流量采集设备，除此以外，配合车联网服务平台以及包含车联网终端产品在内的各种车载终端产品还可以实现针对浮动车的流量采集。事件采集主要通过视频监控设备以及其他视频分析系统。停车信息采集来源于第三方机构，包含停车泊位信息等。

2．传输层

主要实现感知层采集到的各类交通信息的传输，包括接入层和核心层，基于运营商提供的 M2M、3G 移动通信网络和光纤通信网络传输。

3．支撑层

支撑层通过基于云平台的基础架构，满足可扩展的支持当前以及未来的计算、存储、网络等硬件平台的需求，采用基于 SOA 的软件架构模式，逐步建设基于 SOA 的智能交通管理与服务系统。实现与各类交通应用服务间的接口和能力调用，进行数据融合以及与 GIS 系统的协同，并对应用层的业务系统提供技术支撑能力。

4．应用层

应用层主要包含两大应用领域，一类是围绕以公安交管为主的智能化综合交通管控平台，该平台由交通信息处理与分析、交通管理和控制以及交通信息诱导发布三大类应用组成。另一类围绕以车联网服务为核心的道路交通信息服务平台。

5．访问层

访问层提供对各种终端访问该系统的支持，支持的终端包括可变情报板、电台／电视台、交管微博、车载终端、智能手机、个人电脑和平板电脑。其中车载终端、智能手机和平板电脑均提供针对不同平台的个性化应用客户端软件。

（四）建设方案

1．智能化综合交通管控平台

打造一个集信息感知、数据分析、智能管控、信息发布、应急处置为一体化的智能化综合交通管控平台。

（1）多源交通信息感知子系统

为满足业务系统的需求，公安交警不同部门已建立各自的交通信息感知系统。但是，各系统间相互独立，存在信息重复采集的现象，信息缺乏有效的整合和利用，存在信息资源严重浪费的现象。同时现有的交通信息感知系统覆盖率低，无法提供全面的城区路网交通信息，不能满足先进的交通管理的需求。交通信息感知系统的建设以整合现有资源为主，根据整个交通信息服务平台的建设需求，拓展交通信息采集手段、采集内容和采集范围。

系统整合现有各类交通信息，并在关键交通节点增设交通信息采集设备，拓展交通信息采集手段，丰富采集内容，拓宽采集范围，汇聚由固定流量检测器、视频监控、浮动车、RFID、交通信息服务终端等设备采集的交通信息，建设高效一体化的交通信息感知系统。

通过该系统全方位采集包括交通流量、行驶速度，排队长度在内的交通运行参数；实时获取各类浮动车（包括校车、工程车、大客车、公交车、出租车、交通信息车载终端等）运行状态信息；全面掌握各类大型停车场的位置信息和实时停车泊位信息；动态监控交通感知网络各个节点（包括智能设备、通信设备、供电设备）的运行状态；实时获取各类交通突发事件信息、环境（气象）预警信息；准确采集勤务排班、岗点设置、警务线路、警员警力等交通管理信息，为交通事故自动发现、交通拥堵自动感知、交通信号智能控制、出行信息优质服务、交通秩序客观评价等提供全面、实时、准确的信息数据支持。

多源交通信息感知子系统的建设主要包括：

① 采用已安装 GPS 的出租车与公交车作为浮动车，采集动态交通信息，用于实时交通应用。浮动公交车和浮动出租车信息采集系统投资少、见效快。可采集长时间、大范围的交通信息，一方面通过与固定检测器的信息融合可提高信息的可靠度，另一方面还可填补固定检测器没有覆盖的“真空”地带；

② 采用无线地磁检测技术进行交通流量和占有率等基本交通参数的采集。无线地磁检测技术安装简单易行，维护方便，使用短程通信技术实现数据的传输，无需布设电缆。

③ 引进先进的视频行人识别技术，将立体视觉技术和智能检测相结合，实现对行人行为的感知以及行人过街信号灯的自适应控制。

④ 根据城区路边停车的特点，采用视频技术对路边停车进行实时监控，为实时停车诱导和停车管理提供动态信息。

通过系统的建设和完善，最终将形成全方位的城市交通信息感知网络，为交通管理、控制和诱导提供有力支撑。

（2）交通大数据分析子系统

交通大数据分析子系统包括交通数据存储管理，交通数据预处理和交通数据融合。交通大数据分析子系统将综合利用既有交通感知设备的信息，充分发挥各种设备的长处，对多源信息进行存储转换、过滤、标准化，结合多种感知设备所采集信息的数据融合方法，形成准确、多样的交通数据，为实施交通管理控制应用和信息服务提供数据支撑。

交通大数据分析的具体内容为：建立全市路网出行量分析模型（OD 分析），得出整体路网的交通运行规律；建立交通状态分析模型，实时展示路网的运行状态；建立行程时间计算模型，根据实时采集的交通信息，分析快速路上下匝道间、地面干道主要交叉口间的车辆行驶时间；根据警情严重程度、发生次数等因素，展示出拥堵、事故的热点效果；考虑路况、警情、警力的时空分布特点，计算四色分级管理指标；针对不同时段、不同区域，对信号策略的实施效果进行评价，提出改善建议；结合信号配时方案和交通流量，预测前位置前方小范围内的路段交通状态。利用分析得到的结果，为信号控制、交通诱导、应急管理、信息服务等应用提供数据支撑。

（3）智能交通信号控制子系统

传统的交通信号控制系统多采用单点多时段的控制方法，无法根据交通的变化进行实时配时动态调整，其智能化和自动化水平已远远落后于日益增长的交通流的需求。

因此在智慧交通建设过程中，对交通信号控制系统进行升级和改造，实现路网交通的自适应控制及区域协调控制。

信号控制系统根据不断变化的交通需求，自动调整周期、绿信比和相位差，实现信号系统的自适应控制；根据不同饱和度或不同控制策略，自动生成不同的单点或区域协调控制方案;针对节假日、大型活动、异常交通事件等特殊情形下的交通组织方案，提供最优的路口交通控制方案；结合警卫任务、特种车辆等个性化安保需求，实现基于位置的信号优先控制；对公交（有）对具备条件的公交线路行经路口路段，实施公交优先控制；在潮汐特征比较明显的道路和路口，实行智能可变车道控制；根据交通仿真的输出结果，对每个路口的放行周期进行调整，并分配信号周期内不同相位时长。

（4）动静态一体化道路交通发布系统

动静态一体化道路交通发布子系统主要包括动态交通诱导和静态停车诱导两大部分。根据城市交通运行现状和社会公众的实际需求，在城区关键交通节点实现动态交通诱导和静态停车诱导两大功能。通过多种渠道，全方位发布道路交通信息，根据交通需求分布和路网结构，在城市主要交通节点增设可变情报板，在重点商圈停车场周边新建停车诱导屏,结合路网诱导策略,实现路况信息和实时停车场泊位信息的预案化、自动化发布，并为交通广播、互联网站、微博微信等交通信息发布媒介提供全方位的数据支撑。

交通诱导可变信息板根据道路监控获取的信息，经后台算法处理，向公众及时发布当前主要道路的交通状态，方便其选择最佳的路径，减少交通堵塞。停车诱导信息板除提供附近的主要停车场所的位置信息外，还根据停车场、停车库以及路边停车的监控信息，获取动态的可停位数信息，向公众通报，方便其快速找到停车处，减少绕路。

除常规的交通信息发布外，项目还针对交通事故、灾害性天气、道路养护及施工等交通事件，开发交通诱导预案管理功能，对诱导时的关联诱导牌和发布文字内容进行管理。

（5）道路交通应急管理系统

道路交通应急管理子系统可以使交通管理者全面掌握各类资源的基础信息和使用情况，根据紧急程度及影响范围逐项编制应急响应预案；从多种渠道，获取各种类型的道路交通事件信息，按照相应的预案，联动视频图像监控、信号控制、勤务管理、交通发布等相关信息系统，对事件救援过程进行实时监控，跟踪事件发展状态，优化调整应急处置指令，支持各级应急管理人员进行事件信息首报、续报、终报的流转；对事件处理情况进行后评估，根据事件处理过程中的各项反馈信息，对预案进行优化调整。

交通应急管理分为三个部分，即多位一体的交通应急调度硬件设施、实时准确的信息联动和专业可靠的应急交通处理业务。利用先进的技术、集信息汇集、综合协调、指挥调度、应急处置于一体。

2．道路交通信息服务平台

为了实现交通信息服务由传统的盲目发布、被动接收向智能的精确推送、主动交互的转变，构建一个多元化、人性化、一体化的智慧型道路交通信息服务体系，其核心内容围绕在第三方的交通信息的采集和交通诱导信息的发布，主要包括出行信息服务应用子系统、行车辅助应用子系统、行业车辆管理应用子系统和服务支撑子系统四大板块。

（1）出行信息服务应用子系统

以综合交通管理管控平台的数据为基础，利用微信、互联网、手机 APP、导航终端等信息服务渠道，整合路况信息、停车泊位信息、视频信息、管制信息、天气信息、POI（交通出行兴趣点）信息，实现路况信息的实时推送，交通违法信息的实时提醒，停车泊位信息的智能提示，最佳路径的智能导航，出行方式的合理建议，周边出行兴趣点的实时告知。

出行信息服务应用子系统针对个人消费者主要提供以下功能服务：生活信息服务；交通动态信息服务；动态导航服务；一键导航服务；人工坐席服务。

（2）行车辅助应用子系统

通过车载联网终端，将 CAN 总线的实时车况信息，回传至车况诊断平台，实现车辆异常状态的在线诊断，异常报警，为驾车人提供安全行车的保障，降低因车辆故障引发交通事故的风险。

（3）行业车辆管理应用子系统

给工程车、公务车、校车、客运车、特种车、危化品车辆、公交车、物流车等行业车辆加装定制化的车载服务管理终端，实时采集车辆的定位信息，对车辆的运行线路、实时车速、行车时间进行监控，同时提供个性化的路线定制、路况推送、突发事件诱导、驾驶行为分析。

（4）服务支撑子系统

在通用化出行服务的基础上，建设并整合集电话服务中心，救援中心、保险理赔中心、在线支付中心等个性化服务单元与一体的服务支撑子系统，为出行过程中的个性化需求提供全方位的增值服务。

3．基础支撑子系统

建设一个为智慧交通提供云计算、网络安全、信息共享交换、应用支撑的基础支撑系统。基础支撑系统由云计算子系统、网络安全子系统、信息服务总线子系统、市级平台共享接口管理子系统四部分组成。

（1）云计算子系统

利用资源聚合、弹性调整、虚拟化等云计算关键技术，按需分配资源，实现基础设施的集约化、规范化管理，为智慧交通综合信息服务应用系统提供一个节能环保、能灵活扩充并可持续发展的云计算子系统。云计算子系统由云基础设施子系统、网络通信子系统、数据库子系统三部分组成。

云基础设施子系统，以虚拟化、自动化和服务化为特征的支持计算子系统。平台主机及存储建设方案采用支持云计算子系统的建设模式。

网络通信子系统，网络通信子系统需要实现公安网、交警专用网络、运行商网络、互联网等几个网络间的信息的共享交互。

数据库子系统，系统覆盖生产、经营各个环节的关键业务数据，完善元数据管理，形成全局的数据字典、业务数据规范和统一的业务指标含义，能够灵活的获取企业业务数据的单一视图（为保证数据的一致性、完整性、准确性和及时性，需要实现数据的联邦、多个数据源的抽取、转换、装载、汇总等）。

备份子系统，为了保证系统的安全，需要进行定期或在线的数据备份，另一方面为了保存历史数据，也要进行备份。系统需要支持基于 SAN、LAN 等多种备份方式；需要支持在线数据库备份；能够对各种带库和介质进行管理等。

运行维护子系统，实现对项目内软硬件系统的各个环节运行状态的实时监控，对设备维护的流程化管理，对各类设备基础台帐监管功能。

（2）网络安全子系统

为保障数据的安全性，网络的可靠性，并按照政府网络安全管理的相关规范，建设网络安全子系统，通过物理隔离、网络监管、入侵检测、安全审计、病毒防杀等手段，为互联网、公安网、政务网三网的互联互通、安全可靠提供保障。

网络安全子系统主要包括网络安全、主机安全、应用安全、数据安全、运行安全等。

（3）信息服务总线子系统

为实现本项目内不同系统间数据流、服务流的交互，保障数据的一致性、规范性，系统间的独立性，建立信息服务总线子系统，制定相关的规范，为综合交通管控和交通信息服务的各类应用提供标准的服务接口。

智能升降式限高控制系统

（安徽四创电子股份有限公司）

一、系统概述

智能升降式限高控制系统主要为市区高架上行匝道和立交按相应管理需求提供分时段限高控制。此时段禁止超高货车和客车驾入高架桥和立交桥，以保障夜间无民警现场管控状态下禁止超高超载货车驶入高架道路，其他时段按 5.5m 限高控制。各高架及立交入口匝道限高升降通过交警支队指挥中心控制平台人工远程操控，匝道入口处配有遥控和手动应急控制设施。

二、系统功能

为避免升降杆在升降过程中超高车辆误撞情况的发生，本系统配套设置了高清监控系统、道路车辆抓拍系统、信息发布系统（VMS）、以及相关辅助交通标牌。升降杆下降前，指挥中心远程操控人员需首先发布指令控制前端诱导屏发布升降杆下降警告信息，提示匝道处于限高状态，然后调出前端实时监控画面，判断龙门架前前方有无大型超高车辆，若满足上述两个条件之一后，即可发布升降指令，系统并对所有上行匝道车辆进行抓拍、识别及图片存储。

系统结构拓扑图：

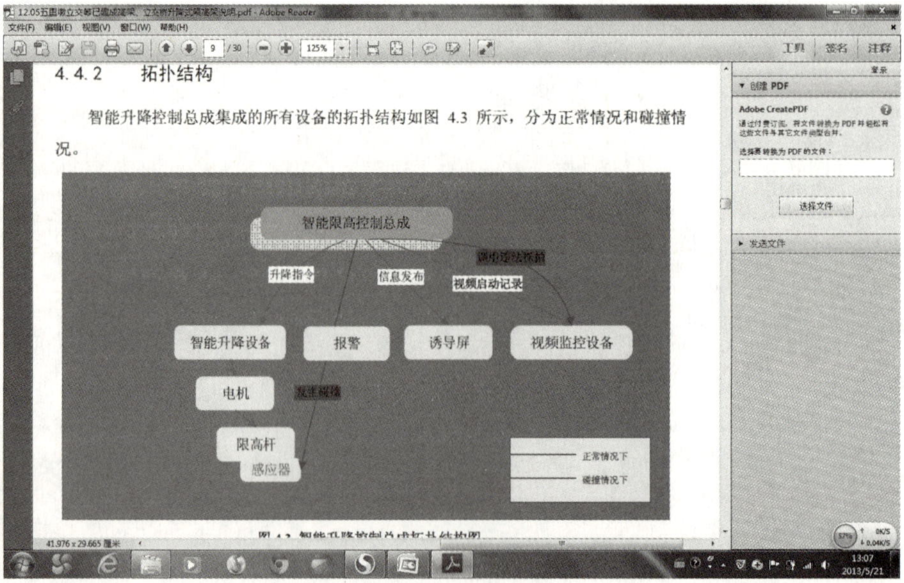

升降控制系统

现场效果图片

县域城镇智能交通（ITS）应用建设模式

（安徽科力信息产业有限责任公司）

一、背景概述

在公安交警的工作实践中，县域城镇智能交通建设是摆在公安交警工作面前的一项重要课题。由于县域城镇智能交通发展缺乏系统性研究，县域智能交通规划设计存在空白和滞后，难以与城镇总体规划、交通发展规划相衔接，制约了县域城镇智能交通的建设质量和应用水平。为了解决这一问题，安徽省公安厅交通警察总队与安徽科力信息产业有限责任公司共同承担了公安部应用创新计划项目《县域城镇公安智能交通（ITS）应用建设模式》，系统地研究制定县域城镇智能交通建设的标准、模式和评估体系，规范了县域城镇智能交通建设及应用。

项目通过对我国县域城镇智能交通建设现状和需求的充分调研与分析，提出了县域城镇智能交通应用建设基本流程及智能交通发展策略，构建了县域城镇智能交通建设标准和综合评价指标体系，形成了较为系统的县域城镇智能交通应用建设模式与实用方法。同时，项目以安徽省马鞍山市当涂县为试点县，完成了县级智能交通应用示范工程建设，取得了显著成效，获得了安徽省第三届公安基层技术革新奖一等奖。项目的研究与实施为我国县域城镇智能交通建设和应用体制建立探索了一个新模式，为县域城镇智能交通的可持续发展提供了科学性、前瞻性和可操作性的指南。

二、项目成果

项目已于 2014 年 6 月顺利通过公安部验收，获得国内交通管理领域知名专家的一致好评，项目成果主要由以下几部分组成：

一是编制完成了《县域公安交警科技应用工作调研报告》。该成果通过对全国 94 个县域城镇智能交通建设情况的专项调研，分析了县域城镇智能交通科技应用情况现状、存在问题和发展需求，并有针对性地提出了对策建议。

二是编制完成了《县域城镇智能交通（ITS）应用建设模式项目研究报告》。该成果较为系统地提出了适合我国国情的县域城镇智能交通建设模式和发展策略，创新提出了县域城镇智能交通应用建设标准体系和综合评价指标体系，填补了国家在县域城镇智能交通规划以及标准化方面的空白。

三是编制了《当涂县智能交通系统专项规划和设计方案》。该成果指导了当涂县智能交通系统专项规划编制工作，明确了未来 10 年当涂县智能交通发展目标、应用建设任务、建设模式和评价指标。依据当涂县智能交通专项规划，开展了若干项智能交通应用示范工程建设，取得了良好成效，为我国县域城镇智能交通建设提供了指南和样板。

四是制订了《安徽省中小城镇智能交通系统通用建设与应用导则（建议稿）》。该成果结合安徽省县域城镇智能交通建设实际需求，从项目研究提出的县域城镇智能交通应用建设标准体系和综合评价指标体系中提炼出了关于交通监控中心、交通工程基础设施、智能交通管理和执法科技设备等方面的普适性指标，对安徽省规范化县域城镇智能交通建设具有良好的参考价值。

五是凝聚了一批富有特色的知识产权，其中，获得国家专利二项，发表学术论文五篇，获得软件著作权三项。该成果丰富了我国在县域城镇智能交通建设理论与实践方面的知识和经验，为后续相关课题研究提供了重要基础。

三、应用案例

项目试点建设和实战应用工作在当涂县全面展开，完成了满足实战需求的县域城镇智能交通建设顶层规划设计和建设应用。在项目成果指导下，先后在当涂县实施了不同级别道路和路口的交通标志标线、交通信息采集、交通信号控制、交通违法行为监测、智能交通综合管控平台及交通信息对外服务网站等智能交通建设及应用项目，在当涂县的道路交通管理方面发挥了重要作用。一是通过县级智能交通综合管控平台有效整合外场科技装备资源，随时掌握设备运行状况，从而实现道路交通日常管控常态化，及时发现影响道路交通安全的违法行为和路面突发交通事件并快速处理；二是通过交通信号控制系统统一管理路面交通信号灯，通过地磁车辆检测器采集实时交通流量信息，实现县级重要主干道的绿波感应控制，提高了道路通行能力；三是通过卡口联网布控系统有效地预防和减少了交通事故的发生，特别是在侦破城乡道路交通肇事逃逸及治安和刑事案件中，发挥了至关重要的作用；四是通过交通信息对外服务网站整合交通流量、交通违法、交通事故等多维多基信息资源，实现信息的有效利用和深度挖掘，为县级居民的出行服务提供便利。为此，2013 年当涂县荣获安徽省公安厅、安徽省教育厅、安徽省住建厅、安徽省交运厅评定授予的“城市道路交通三等管理水平城市”称号，成为安徽省唯一获此殊荣的非省直管县级城市。

四、发展趋势

研究成果将对推动我国县域城镇智能交通可持续发展具有重要的指导意义，对县域城镇智能交通的规划、建设、应用和评价具有重要的指导作用，有助于提高县域城镇智能交通建设应用和管理水平。按照《安徽省人民政府关于进一步加强县城规划建设管理的实施意见》（皖政 [2014]20 号）提出的“整治交通秩序，提升管理水平，实现管理数字化、扁平化”和公安部交管局《“十二五”道路交通管理科技信息化发展规划》等要求，项目成果转化和推广应用工作已在安徽省 64 个县全面展开，下一步计划将项目研究成果逐步向全国推广应用。

华为智能交通解决方案

（华为技术有限公司）

作为全球领先的信息与通信解决方案供应商，华为深耕公路行业十多年，伴随着国内交通信息化产业的飞速发展，解决方案不断推陈出新，助力交通产业信息化的发展建设。

通过华为先进和丰富的ICT产品，路网运行的实时情况、突发事件现场的一线情况可以及时高效地展现在指挥中心的大屏幕系统、会商室，以及外出专家的便携移动设备上，同时建立了现场、指挥中心、外出专家之间的良好音视频通信能力，可很直观地展示事件现场情况，辅助会商专家和领导全面、真实掌握现场情况，制定科学合理的处置指令，及时高效传达到事件处置现场。因此本解决方案能有效提升交通突发事件的科学处理能力，缩短事件处置事件，降低事件损失。进而为整个道路运输网络的持续安全运行提供支撑。

华为致力于为客户提供可运营的公交移动互联网络解决方案，华为整合全球人力资源、创新能力、制造和供应链，并携手全球合作伙伴共同为客户提供一个功能强大、可靠、灵活和简单的解决方案，依靠华为在ICT产业25年的经验积累，华为公司的公交移动互联解决方案必将帮助企业以合理的成本提供随时随地的服务。

随着移动互联技术的迅速发展，移动互联网已经成为下个十年决定经济的十二大颠覆性技术，不断渗透到政府、交通、金融、医疗等各个领域。根据麦卡锡预测，到2025年，移动互联网可产生约10万亿美元的经济效益，对改善人类生活、提高生产效率等产生重要影响。高速公路城市化建设的重要组成部分，是大众日常出行、物流运输等重要载体，移动互联网络的建设，不仅仅可以承载传统的视频监控业务，还可以进一步整合交通路况，物流运输信息，推进信息共享平台的建设；从长远来看，还可以通过部署其他移动互联业务如广告，视频等大数据业务，带来额外的经济收益。通过建设统一的移动互联入口，对于高速公路管理人员、出行大众、物流公司做到“监管随行，路况随行，物流随行”。

一、华为公路应急通信解决方案

华为公路应急通信解决方案，利用先进的ICT技术，为路网应急提供“平”时应急人员的日常沟通与协调、“战”时以应急事件为核心的应急会商与多媒体调度服务，其主要包括：应急会商视频会议子系统、统一通信子系统以及多媒体调度子系统三大部分。解决方案整体逻辑图如图1所示：

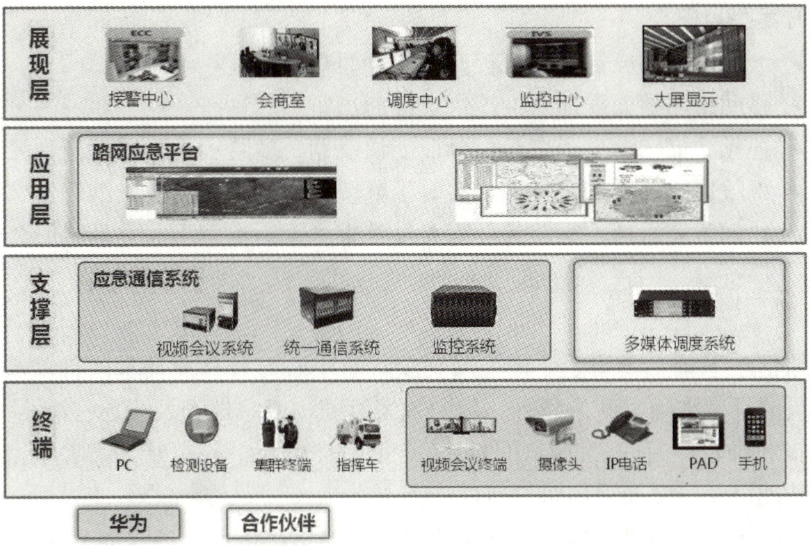

图1　公路应急通信解决方案

（一）应急会商视频会议子系统

应急会商视频会议子系统主要用于在发生重大应急事件时为交委应急指挥中心及各行业局、区县局应急指挥中心人员之间对案情进行分析、定级和讨论形成应急方案并指挥调度各相关部门按照应急方案协同配合进行应急处置。

应急会商视频会议子系统采用华为成熟的智真视频会议系统、电子白板系统以及支持手机接入的移动智真客户端，并通过与统一通信子系统、多媒体调度子系统的对接分别实现调度员、现场处置人员参与会商以及在应急会商室查看事件现场视频的等功能，子系统示意图如图 2 所示。

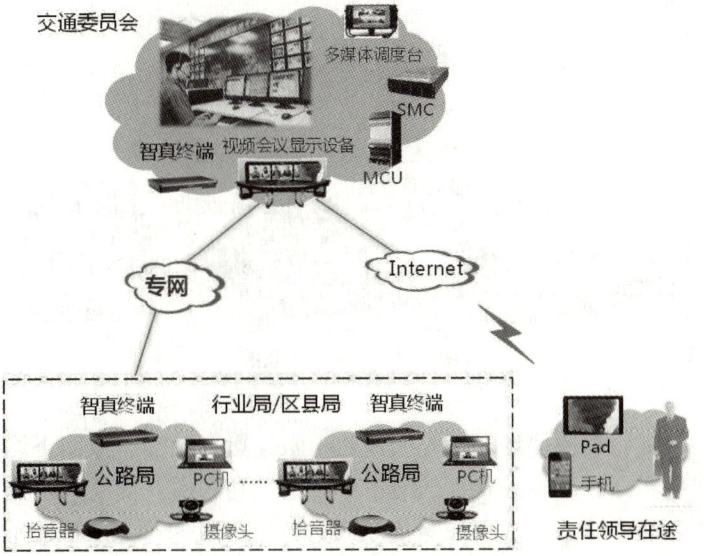

图2　应急会商视频会议子系统

解决方案亮点

- 一键式启动应急会商，提升应急会商响应速度
- 移动终端随时随地入会，快速会商决策
- 视频会议融合电子白板，会商能说能划、多管齐下，准确理解处置方案
- 事故现场视频实时推送，实时了解现场情况，提高决策准确性
- 独创智能调速方案，为会商人员带来“无距离感”高临场感的会议体验

（二）统一通信子系统

统一通信子系统主要用于“平”时交委应急中心与各行业局和区县以及与交委其他部门人员的日常沟通、应急管理、应急预案管理、应急培训及应急演练，“战”时应急事件接报和确报、应急会商与事件处置、事后评估与经验总结，需要丰富的多手段内部通信功能以及与交委通信录对接。

统一通信子系统为路网应急指挥中心提供了电话、传真、多媒体会议、即时通信、状态呈现、企业通讯录、统一消息等众多应用服务，提供了一种更个性化、更及时的通信手段，使应急指挥中心值守人员可以非常便利地与其他值守人员、周边部门人员便捷沟通、高效协作。同时通过与应急会商视频会议系统融合使值守人员方便地参与应急会商，通过与公网对接实现与报警人员等进行沟通进一步获取事件信息和跟进事件进展，子系统示意图如图 3 所示。

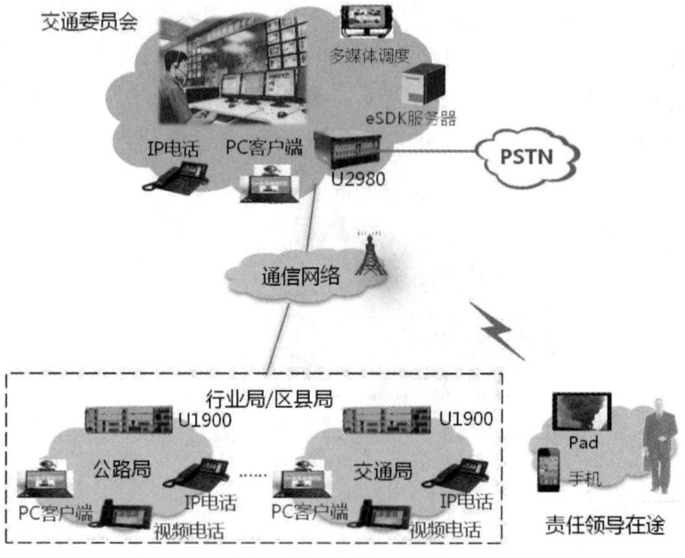

图3　统一通信子系统

方案亮点

- 多网互联、便捷沟通，呼叫畅通无阻、指令及时有效的下达
- 视频、即时消息等丰富的通信手段，便利沟通，提高事件处置效率
- 通信能力接口开放，应急值守人员按钮一点即可完成应急业务执行与信息发布

（三）多媒体调度子系统

随着通信技术的不断发展，办公电话、手机、调度电话、无线集群、视频会议等多种技术已广泛的在路网应急指挥调度中应用，这些通信手段在提升应急处置效率的同时，也产生了多种通信手段之间不能互相通信的问题，造成了大量的“通信孤岛”。

多媒体调度子系统从路网应急指挥相关客户的实际需求出发，为客户解决以下核心问题：①通过多网融合的语音通信，解决办公电话、手机、调度电话、集群终端等不同通信终端之间无法互通的问题；②通过视频会议和视频监控系统融合，解决传统路网应急指挥过程中，召开视频会议时无法实时查看现场监控图像的问题；③通过统一的调度台，解决一个调度人员面对办公电话、手机、调度电话、集群终端、会议终端等多种不同终端，实现对各种终端的“一键调度”，子系统如图 4 所示。

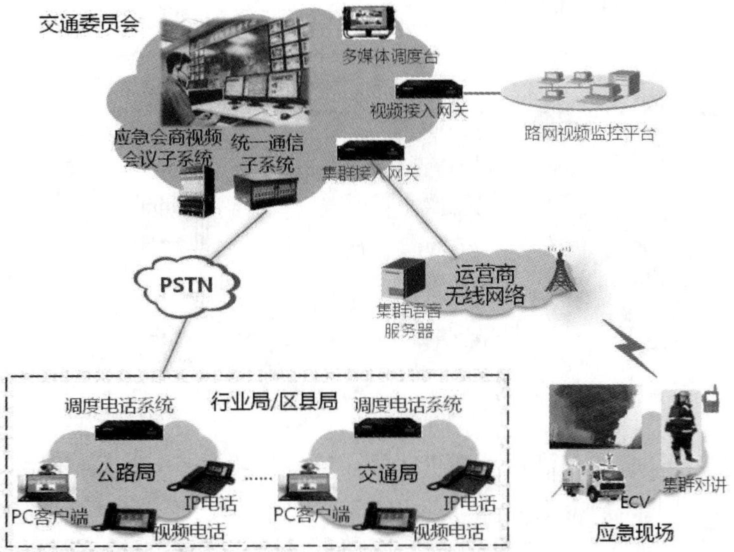

图4　多媒体调度子系统

方案亮点

- 多网融合语音通信，应急事件“说得清”，实现应急处置统一调度和指令快速传达
- 视频会议和视频监控系统融合，现场情况“看得见”，提升应急决策准确性
- 与GIS系统集成，形成交通一张图，实现快速的一键调度和会商启动

二、公交移动互联解决方案

在全中国近 30 主要省市中，每天约有近亿的人群（具有智能终端）选择乘坐公交，公交车已经成为下一个移动互联网络的重要入口，整个市场可运营价值巨大。传统媒体广告商，通过投资建设公交移动 wifi 与车联网平台，将传统的公交业务、移动电视、移动电商、内容分发等业务整合起来，打造一体化的移动应用平台，采用后向收费的

模式，为公交乘客提供免费的公网业务（如 O2O、广告、应用联网等）和本地播存（如应用下载、游戏下载、微视频、资讯等）业务。从后向的商务模式角度看，主要由应用分发、游戏联运、O2O、广告四种方式，分别采用不同的方式进行盈利。

为保障业务的正常运营并迅速抢占市场，移动 wifi 网络需要具备以下特点：

（1）可运营的网络，可以为乘客提供流畅安全的用户体验

（2）可管理的网络，可以快速开局上线并精确定位故障

（3）可集成的网络，可以为车联网的应用提供二次开发能力以及大数据分析能力

（一）总体方案

华为公交移动互联网络由三部分构成：前端用户接入网关，后端接入 vpn 网关，数据中心应用平台。具体网络结构如下：

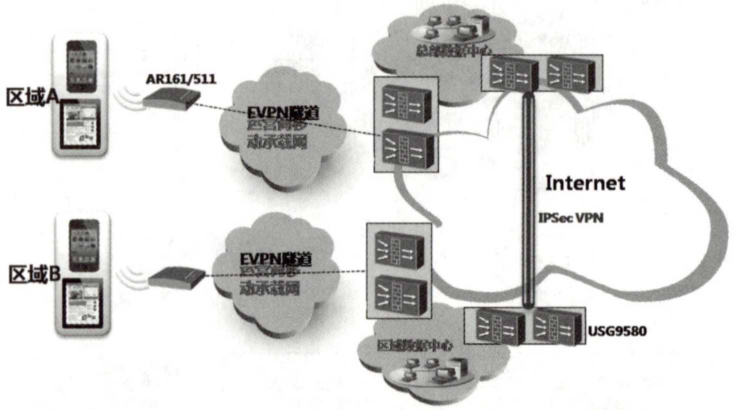

- 前端接入网关：在满足车载工业级设计（－40℃~70℃以及IP54防护等级）的同时，还具备以下能力：
  - 为保证乘客智能终端接入，具备WiFi双频（2.4G/5G）能力
  - 提供本地大容量存储，可以存放广告、多媒体资源等来进行营销活动
  - 为满足公交快速跨区域移动以及数据业务大带宽的要求，提供LTE上行网络接入能力，带宽达到百兆，同时兼容3G，保证网络的稳定性
  - 为满足车联网应用如基于位置的LBS营销业务和基于GPS的报站功能，提供内置的GPS功能
  - 为满足公交车内移动电视的播放和车载广播要求，提供视频和音频接口，可以输出1080P视频和接入车载广播
- 后端vpn网关：
  - 支持evpn方案，实现免配置开局，为跨运营商网络提供了稳定的数据通道；
  - 提供一体化的安全要求，保证网络安全；
  - 数据中心网络：层级化网络设计，实现所有用户统一注册、统一认证，统一审计等功能；同时实现网络管理，广告内容分发等功能，满足公安部82号令要求，也便于业务快速部署和后期运维。

（二）方案亮点和价值

一体化的车联网业务平台，奠定业务盈利基础

提供了融合的业务网关，可以实现传统公交业务与移动电视、移动电商、内容分发等移动业务的完美融合，提供稳定可靠的用户接入网络，提升用户的体验的同时，也降低投资成本，也为面向车联网业务快速开展创造了基础条件。

业务自动上线，保障业务快速部署

公交无线网络节点动辄数以万计，所有无线节点可以通过3/4G网络自动“0”配置上线，即插即用，极大降低了开局工作量；同时，提供开放的北向接口，可以与第三方管理进行无缝对接，满足定制化的管理需求。

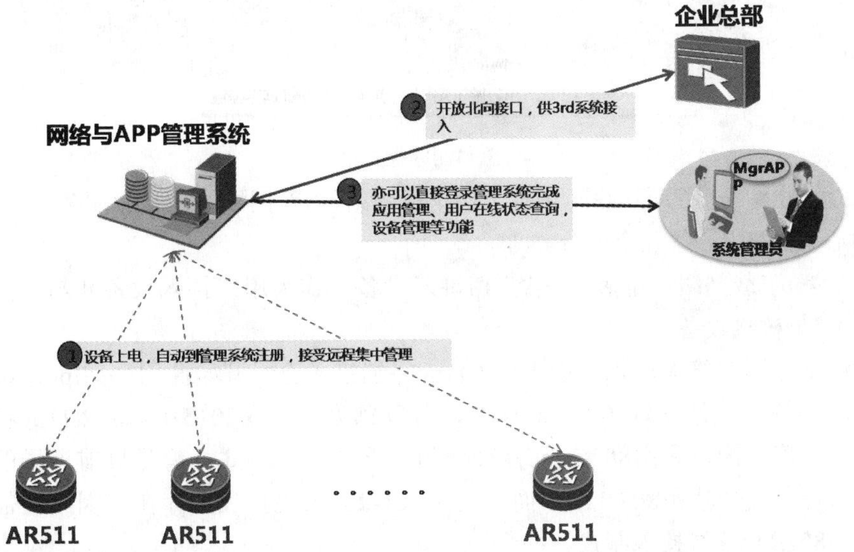

三、高速公路WLAN车辆网解决方案

移动互联网络的业务服务于高速公路管理人员，出行大众，物流公司等。因此，需要承载的业务包括特种车辆的移动视频监控，出行大众的路况查询，，物流公司的运输车辆定位，货物跟踪等;后续还可以所有人娱乐，社交，多媒体娱乐等移动互联应用。业务部署可以从基本的业务应用的开始，首先满足高速公里系统的需要；再次是整合资源，满足出行大众和物流公司的要求；最后，根据市场情况，有步骤有计划的部署其他增值类业务应用。

移动互联网络的建设包括“云-管-端”三个部分。宽泛的来说，“云”指的是业务平台;“管”指的是网络通道,也就是管道;“端”指的是接入终端。本文重点分析“管”的建设。移动互联网络的管道建设包括基础承载网络和无线网络两部分。

➢ 基础网络资源充足：

目前，全国公路的骨干网络建设已经基本完成，各省市的传输网络改造和新建也在同步建设中,传输资源已经不再是瓶颈,这为移动互联网络的建设奠定了良好的基础。

➢ Wi-Fi技术快速革新：

在对于无线网络的技术选型上，有两种技术可供选择：Wi-Fi 技术和 LTE 技术。

网络架构

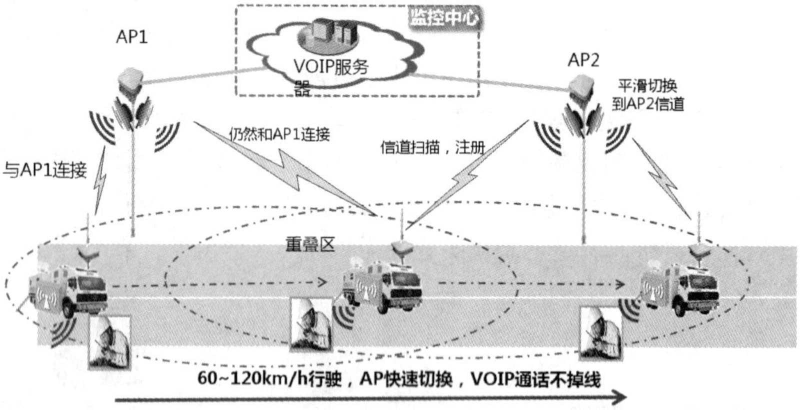

总体网络架构图

从功能上划分，移动互联网建设包括车载网络，路旁网络，收费站/服务区有线网络，运营中心/联网中心等几个部分。

➢ 车载网络：部署无线Wi-Fi接入设备，作为用户接入设备和与路旁通信的桥接设备。

- 下行用户终端接入：由于802.11ac终端接入已经开始商用，如iphone6，三星S5等都开始支持802.11ac标准，可以预见的是在2015年后802.11ac将会成为主流，因此采用802.11ac标准作为主要的接入制式。但是目前市场的主流终端制式依然是802.11n，而且在未来1-2年内还将长期存在，因此也需要兼容802.11n终端接入制式。
- 上行与路旁设备桥接：采用802.11ac标准，在5G频段进行桥接通信，通过Mesh技术，支持120km/h下快速漫游功能。

➢ 路旁网络：部署无线wifi接入设备，下行接入车辆，上行通过有线承载网络接入到收费站/服务区。

- 下行采用802.11ac标准，在5G频段与车辆进行桥接通信，通过Mesh技术，支持120km/h下快速漫游功能。
- 临近收费站和服务区可以考虑采用网线直连到交换机等数据设备；沿路部署的无线接入设备主要采用光纤方式采用就近原则接入到收费站和服务区，需要根据距离的不同选择不同的光模块。

➢ 收费站/服务区有线网络：部署交换机作为数据通信节点，从可靠性以及节约光纤资源角度，建议采用环网部署。从功能上来讲，可以分为两类网络节点：

- I类节点：部署网关设备，终结二层数据报文，采用vpn技术与上层节点进行通信。同时，配套部署日志，安全等设备，对子网的用户以及安全进行管理和防护。需要根据现网实际的流量进行部署，通常部署在车流量较大的节点。

- II类节点：部署二层中继设备，对所有数据报文进行透传，不做任何处理。通常部署在车流量叫小的节点。

运营中心 / 联网中心：部署业务平台以及大型网关设备，是某一条高速公路网络的路由出口，需要考虑业务互联互通，安全，用户和业务管理，运维等功能要求。可以考虑采用 BGP 等技术与上一层网络进行互联互通，进行互联互通。

➢ IP、vlan、QoS规划：

从整体网络来看，业务承载采用 mpls vpn 管道。因此 I 类节点到运营中心采用 mpls vpn 进行通信。同时，IP 地址的管理也由运营中心进行统一管理和分配。收费站 I 类节点以下是一个二层网络，所有 IP 地址由 I 类节点的交换机等数据设备来分配和维护。车载网络接入用户 IP 由车辆行驶过程中，所属 I 类节点来分配 IP 地址；这可能导致跨 I 类节点时，由于 IP 重分配而产生网络中断，但是从实际情况出发，这个中断时延过程是可以接受的。

Vlan 划分可以根据业务类型进行划分：采用不同的 SSID 接入，从空口采用 WMM 映射到有线，不同的业务对应不同的 vlan，同时实现业务服务等级一体化。

表1　业务类型及QoS规划

业务类型	业务说明	QoS
生产类业务	管理人员进行移动视频监控，移动办公等	AF
服务类业务	大众路况查询，企业物流监管等	EF
增值类业务	上网，社交，娱乐，通信类应用	BE

➢ 可靠性设计：

II 类节点组成的网络，建议采用环网，支持 MSTP 和 G.8032 等标准环网收敛协议，实现二层网络 50ms 快速倒换；

I 类节点以及运营中心和联网中心的三层网络，考虑到节点数量，采用 OSPF 等路由快速收敛协议；

运营中心和联网中心采用冗余备份设计，保障业务 7x24 小时在线。

用户管理：采用分布式部署，集中认证的架构，所有用户的认证集中到数据中心进行统一管控，有利于业务快速部署，既降低了数据中心流量压力，也节省了运维成本。从业务部署角度来看，如果需要开展移动互联业务，则需要满足公安部 82 号令要求，需要对用户上网行为进行追踪溯源。通过分布式的部署，用户上网行为日志以及网关日志保存到各个 I 类节点，相当于对数据中心进行分流，降低核心节点压力。

四、无线网络部署方案

（一）车载网络

无线接入设备一般部署在车内，考虑到与路旁无线设备通信的要求，可以采用外接天线，将天线部署在车体外部，从而避免由于金属车体导致的信号衰减；

无线接入设备应该充分考虑车上供电问题，应当支持直流 12v，24v 等电源。

为保证无线网络的可靠性，车载无线上行链路应该支持多空口链路技术，即同时与路旁无线接入设备建立多条备份链路，形成主备关系，当主链路发生故障，备用链路可以立刻激活进行通信，保证业务毫秒级的切换，从而不影响用户体验。

在 120km/h 高速行驶下，多普勒效应明显，频偏可能达到几百赫兹。无线接入设备应当充分考虑多普勒效应带来的信号衰减，通过动态监测信号，以达到最佳信号强度，保证车路通信质量。

其他如温度、湿度、防火、抗震等硬件性能以及组播探测，空口安全等软件性能也需要考虑。

（二）路旁网络

无线接入设备需要满足室外恶劣的环境要求，工业级性能应该达到 IP65 及以上，充分满足温度，防尘，防水的要求。

取电方式可以多样化，在离收费站或者服务区附近，可以采用 PoE 供电或者直接供电；在沿路可以考虑和既有的网络系统共用电；，在偏远山区供电不足的情况下，可以考虑采用太阳能电源。

间距和并发数：无线接入设备部署间距 1 ～ 2km，以上下两股车道并行为例，每 200m 一辆车，无线桥接数量约为 20 个，因此可以考虑以 20 个并发桥接数量作为基线参考。

五、应急通信助力重庆交委“听得到，看得到，调的到”

（一）客户需求

应急路网平台直接发起语音会议和视频会议。

应急会商决策会议能够看得到现场视频。

召开视频会议，领导、专家、现场单兵参与应急指挥调度。

（二）解决方案

应急路网平台通过开放 eSDK 集成应急通信系统，直接发起语音会议和视频会议。

现场单兵通过 3G 手机参加视频会议，与会方看得到现场视频。

召开视频会议，领导、专家、现场单兵参与应急指挥调度。

（三）客户价值

应急路网平台上发起语音会议和视频会议进行应急调度，“听得到，看得到，喊得到”，效率大幅提升。

北京市公交优先信号控制系统

（北京四通智能交通系统集成有限公司）

一、系统概述

北京是国内最早提出“公交优先”战略的城市之一。公交优先信号控制系统的建立是北京市政府大力发展公共交通，提倡绿色出行理念的一项重要举措，同时也是有效缓解北京市道路交通压力的科技手段。自 08 年以来至今，公交优先信号控制系统已在中关村大街、两广路、阜外大街、平安大街、朝阜路、北苑路、朝阳北路、南中轴路、安立路等全市 354 处主要大街及主干道的路口上安装和使用，线路总长达 168.8 公里，惠及公交线路 130 余条，公交车辆 4000 余辆。

北京市公交优先信号控制系统是在现有信号控制系统的基础上，通过无线射频识别技术实现公交车辆检测和公交信号的优先。通过在公交车上设置一个 RFID 标签，当公交车行驶至接近路口停止线时，系统读取设备就能发现它的信号，经过系统检验、识别、计算之后，根据当时的交通情况，为公交车延长或缩短信号灯变换时间，使其更快通过。同时，通过通信网络，将优先信号传递给控制中心，以便于对路口情况进行实时监控。

北京市公交优先信号控制系统投入运行以来，截止目前，平均每天响应公交优先请求 3 万余次，系统控制范围内公交车辆的运行时间，在早、晚高峰时间分别缩短了 9.15% 和 6.68%。

二、系统组成及功能

北京市公交信号优先控制系统是现有交通信号控制与管理平台下的一个独立的子系统，系统建设时要考虑与现有交通信号控制与管理平台连接，承担向平台提供交通信息、接受平台的管理（控制）任务。其逻辑结构示意图如下图 1 所示：

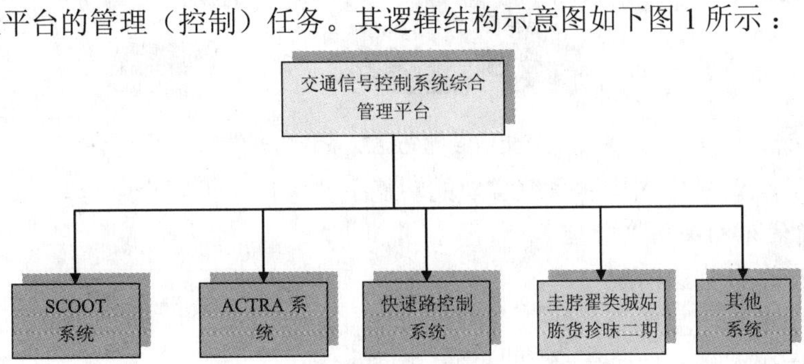

图1　系统总体逻辑结构

北京市公交信号优先控制系统的体系结构如下图 2 所示，RFID 有源标签设置在公交车辆上，RFID 阅读器设置在路口。当公交车辆接近路口时，有源标签射频装置向路边的 RFID 阅读器发送公交车辆相关信息，包括：公交车辆的 ID 编号，出行线路、优先级别、出行方向、时间等。RFID 阅读器经过识别、校验后将该信息传送给路口的信号优先申请接入设备。经过申请接入设备处理后，一方面通过 2M 宽带传输至信号管理平台的公交信号优先模块，由平台进行统计分析工作，另一方面，通过 I/O 接口将相关的信号优先申请传输至路口的信号控制器，再由信号控制器控制路口信号灯执行响应的公交优先动作。

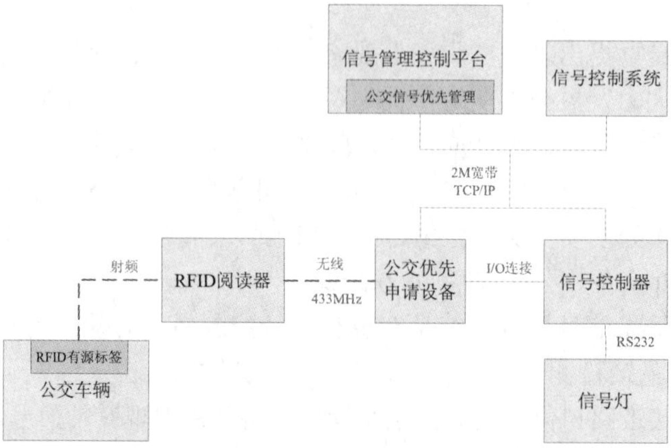

图2　公交信号优先控制系统体系结构

北京市公交信号优先控制系统的物理结构如下图 3 所示，其中 RFID 有源标签设置在公交车辆的车头位置，RFID 天线及阅读器设置在靠近路口的道边，信号控制器及优先申请接入设备设置与信号机箱内。RFID 阅读器和信号优先申请接入设备间通过无线 RS232 连接；而信号控制器和优先申请接入设备间通过 I/O 接口连接，传输信号为 0/1 信号；同时，信号优先申请接入设备通过 2M 宽带线路连接至控制中心。

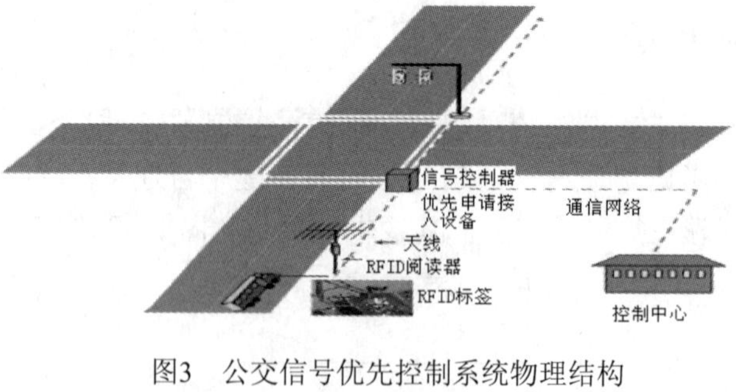

图3　公交信号优先控制系统物理结构

北京市公交信号优先控制系统实现的功能主要包括如下四个部分。

1．公交优先相关信息管理

- 公交车辆到达情况管理
- 公交车辆检测情况管理
- 公交优先执行情况管理

- 公交运行调度管理
- 公交优先执行效果分析
- 公交优先策略评价

2．相关线路的公交优先控制监视

- 公交车辆运行状况单路口监视
- 社会车辆运行状况单路口监视
- 公交车辆运行状况路线联动监视
- 指定车辆运行状况监视

3．公交优先控制数据统计分析

- 公交车辆实际运行时刻表生成
- 公交车辆到达状况统计分析
- 公交车辆旅行时间报表生成
- 公交车辆旅行时间统计分析
- 系统故障报表生成
- 系统故障统计分析
- 路口流量报表生成
- 路口流量统计分析

4．公交优先相关设备管理

- 系统设备状态查询
- 系统设备故障报警
- 系统设备定时检测
- 系统设备配置管理
- 系统设备统计分析

三、应用案例

（一）实现系统优化控制下的公交信号优先

实现中心计算机系统区域优化控制，系统接收公交申请信息，并根据自身的优化计算和优先程序的执行结果向信号机发送实时扩展或调用优先控制命令。

中心系统基于公交车检测设备取得沿线公交车辆的实时位置信息，根据车辆在沿线的运行情况以及道路交通的实时状况，以适当的优先策略给与公交车辆以优先通过权，同时在优先车辆通过相应的交叉路口之后，系统能够采取完善的控制策略使得系统运行尽快恢复到正常水平，使得优先通行给相应路口造成的影响降到最小。

（二）实现系统准许下的公交信号优先

路口信号机与现有系统相连，但在本地控制模式下运行。信号机接收公交申请信息，并实时请求系统准许后，根据自身的优先程序执行优先控制。

（三）实现系统监视下的公交信号优先

路口信号机与现有系统相连，但在本地控制模式下运行。信号机接收公交申请信息，并根据自身的优先程序执行优先控制。

（四）实现本地控制的公交信号优先

路口信号机不与系统相连，在接收到公交申请信息后，根据自身的优先程序执行优先控制。

（五）实现基于相位差协调的公交信号优先

对于不具备公交优先设备安装条件的路口，通过相位差协调方式实现公交信号优先。基于相位差协调的公交信号优先以公交车的旅行时间和在公交车站停靠的时间作为相位差协调的控制参数。对于不具备公交优先设备安装条件的路口，本路口信号机无法获取公交车辆的到达情况时，采用基于相位差协调的公交信号优先方式，利用上游路口设备检测到的公交车辆信息，实现本路口的公交信号优先控制。

通过信号协调方式实现不具备公交优先设备安装条件路口的公交优先控制，提高整条道路的公交信号优先效果。具体实施时，要根据路口的实际状况灵活的选用公交信号优先控制策略和控制方式，考虑连续两个路口的间距和公交车站的位置，以及早晚高峰时段考虑采用不同的控制策略和方式。

图4　公交信号优先控制系统监控平台

（六）系统特点

（1）采用自主研制的公交车辆采集专用读卡器，适应工程环境、增加车辆的定位准确度。

（2）实现系统各设备的自检和系统自检，便于系统维护、确保稳定运行。

（3）系统具备对下端设备的控制及参数设置和集中监控功能，实现中心对下端设备的参数配置，实时在线调优设备的运行效果。

（4）系统参照信号系统的模式，建立优先策略的调度管理模块，在中心集中管理各种优先策略的制定、修改等管理操作，同时与下端优先申请管理系统联合管理，实现不同时段不同的优先控制策略，达到公交优先的更佳效果，提升了系统效能。

四、发展趋势

目前，北京市公交优先信号灯数量与公交专用道长度相比还存在很大的差距。主要体现在以下两个方面：

（1）从已经实现公交信号优先灯控路口的数量所占灯控路口总数的比例来看，北京市公交信号优先控制系统还有待进一步完善。目前，北京市五环路以内灯控路口约有 1500 多个，而实现公交信号优先的交叉口有 354 个，占灯控路口总数的 23.6%，公交信号优先控制的路口所占比重还有明显上升空间。

（2）从已经实现公交信号优先道路的里程数占公交专用道总里程的比例来看，北京市实现公交信号优先的道路里程相对于公交专用道总里程还有较大提升空间。北京市目前公交专用道总长度将超过 350 公里，主要分布在城市主干道、次干道和快速路的联络线上，市区内三上三下道路 90%以上都增设了公交专用道，而目前实现公交信号优先的道路里程数有 168.8 公里，约占公交专用道总里程的 50%。但是，大多数公交专用道在接近路口时断开了，没有将公交专用道引到路口，这使得公交信号优先的效果打了一定折扣，没有完全实现真正意义上的公交优先。

在所有的交通工具之中，公交是最为节能的，社会效益是最大的，落实“公交优先”战略，实施公交优先是缓解大城市交通拥挤的主要途径和出路之一。公交优先又可分为“空间优先”和“时间优先”。设置公交专用道、专用路等是对公交车辆在通行空间上给予优先。而在路口设置公交信号优先则是对公交车辆在通行时间上给予优先，使公交车辆能够顺利通过交叉口，减少公交车辆在路口的延误，降低公交车辆的路段行程时间，提高公交准点率，提高公交车辆的运行效率。由于公交车辆在路口的延误是最大的，因此实行路口公交信号优先意义重大。

在未来公交信号优先控制系统的发展上，应着重完善公交优先的实时监视功能，实现公交优先相关的静态、动态数据的信息化管理。同时，加强对公交优先设备的故障检测和管理功能，实现指挥中心对所有公交优先设备的远程自动化管理，继续完善公交优先策略的调度管理，建立起性能可靠、稳定的公交优先的信号控制平台，实现公交优先设备的集成化管理、公交优先的在线、离线效果评估以及实现深入的信息统计分析与数据挖掘，在保证不对整个交叉口或干线车辆运行产生明显影响的前提下，优先放行公交车，减少公交车延误，提高公交车运行效率。

第五章

智能交通市场分析

2013年中国城市智能交通市场分析报告[1]

一、概述[2]

在过去三年的年鉴市场分析开篇，Tranbbs 都用几个关键词了概括总结过去一年行业的发展动态。2013 年城市智能交通市场的发展特征关键词可以用“回归”、“挑战”、“选择”和“蓄势前行”表示。

回归

- 北京联信永益科技股份有限公司(002373)11月5日公告称，公司将通过资产置换以及定增购买资产的方式剥离原有资产，并引入智能交通领域的知名企业千方集团借壳入驻，交易的总金额28.23亿元。2008年7月23日在美国纳斯达克上市，2012年10月在美国退市的北大千方（千方集团全资子公司）实现借壳上市，回归资本市场。
- 证监会2013年8月16日发布《创业板发行监管部首次公开发行股票审核工作流程及申报企业情况》，深圳市中盟科技股份有限公司位列其中，这标志着自2012年初主动撤回上市申请后时隔一年半，中盟科技再次启动了其IPO程序。

挑战

- 近几年海康、大华进入电子警察、卡口行业，并且雄厚的人才、技术、资金、品牌方面的优势，发展很快。价格战非常激烈，中小企业日益感受到了市场生存压力。在两个安防巨头夹击下，如何制定企业的发展战略方向，如何生存，中小电子警察企业面临严峻挑战。
- 智能交通行业备受关注，企业市场进入频繁发生。交通信息服务、智能轨道、停车信息化、智能公交等热点行业尤其受到关注。企业市场进入，投入巨资、人力物力，面临新的挑战。
- 2013年1月，财政部、国家发展改革委、人民银行、银监会四部门联合发出《关于制止地方政府违法违规融资行为的通知》，要求切实规范地方政府以回购方式举借政府性债务行为。2013年7月28日，中国审计署发表声明，称根据国务院要求，该署将组织全国审计机关对各级政府（从村政府到中央政

---

[1] 本章内容涉及的所有图片、表格及文字内容的版权归中国交通技术网（www.Tranbbs.com）所有，摘录全部或部分数据须标明 “数据来源：中国交通技术网（www.tranbbs.com）”。使用本篇章中的信息用于商业目的（包括企业融资、上市招股说明书编写等），须经中国交通技术网运营公司书面许可。

[2] 本篇文章摘自《2014年中国城市智能交通市场研究报告》，更多内容见报告。

府）的债务进行审计。债务审计是否对城市智能交通行业的BT等投融资模式造成影响？哪些业绩比较依靠这些模式市场运作的企业面临挑战。

- 不少企业在2013年已经或即将完成风险投资的注资，有了VC的支持，企业将面临与以往不同的发展目标和发展需求。

选择

- 智能交通多领域发展持续升温，企业面临新的细分市场进入的选择。
- 由其他领域市场进入智能交通，定位是产品供应商还是系统集成商，选择哪个产品行业还有市场空间？系统集成商方向会遇到哪些问题。
- 资本市场活跃，是选择独立上市的战略方向，还是卖给实力企业共同发展？
- 系统集成商产品化，是否要产品化？要选择那类产品研发？
- 非传统智能交通企业纷纷市场进入，投入巨资开拓智能交通业务，人才需求旺盛，可以给出超过行业平均水平的薪水。中高级人才工作去向面临选择。

蓄势前行

- 2013年11月21日，天津、上海、保定、呼和浩特、沈阳、长春、苏州、杭州、宁波、合肥、福州、南昌、青岛、新乡、株洲、广州、柳州、海口、贵阳、兰州、西宁、银川共22个城市确定为公交都市建设示范工程第二批创建城市。至此已有37个城市被列为公交都市示范城市，超过“十二五”规划建设的30个示范城市的目标。公交都市中很重要的内容之一就是智能公交。智能公交在未来将得到持续的政策、资金支持。
- 企业有了风险投资，被实力企业并购，投入巨资市场进入。有了资金，招揽人才，蓄势待发。
- 东京时间2013年10月15日上午11点半，华为全球交通行业总裁王翰超与日本自动车工业会会长、丰田汽车社长丰田章男，日本高新技术博览会组委会主席佐佐木则夫等共同为ITS 2013开幕式剪彩，宣布第20届智能交通世界大会正式开幕。华为用他自己的方式筹划进入、开拓国际智能交通市场。
- 2013年5月国家发展改革委会同交通运输部编制的《国家公路网规划（2013—2030年）》(下称《规划》)获得国务院的批准。至2030年按《规划》里程计算，普通国道还将新建约8千公里，10万公里左右为旧有道路改造升级；国家高速公路2.5-3.3万公里为新建。高速公路通信、收费和监控机电三大系统组成的高速公路智能交通市场在《规划》出台后将迎来新的市场发展空间。

表1　2011—2013年城市智能交通市场发展特征关键词

年份	2011年	2012年	2013年
关键词	关注 变化 增长	变化 BT 增长	回归 挑战 选择 蓄势前行

信息来源：中国交通技术网（www.tranbbs.com）

（一）细分行业统计范围

一般来说，城市智能交通系统的主要细分行业包括智能交通管理系统、智能公交系统、停车管理与停车诱导系统、出租车信息服务管理系统、综合交通枢纽信息系统和智能物流系统等。根据近几年政府政策导向、城市智能交通领域的热点投资细分行业、产业主要构成企业业务组成以及社会民众的主要关注点等因素，Tranbbs 将城市智能交通市场规模等相关统计的范围定义为以下十个细分行业：

交通指挥类系统与设备、电子警察系统与设备、交通视频监控系统与设备、卡口系统与设备、交通信号控制系统与设备、智能公交系统与设备、交通信息采集发布系统与设备、GPS 与警用系统与设备、出租车信息服务管理系统与设备、综合客运枢纽信息化系统与设备 10 个行业。

1．交通指挥类系统与设备

交通指挥类系统与设备包括成系统建设的专用软件与硬件设备（含系统建设时必须的数据库、操作系统），其范畴包括警用指挥中心平台、三台合一、六合一等公安部门专用系统、城市交通应急指挥平台，但不包括单独采购的通用型软件、计算机、服务器等设备，以及单独采购的土建与基础设施项目。

2．电子警察系统与设备

违章自动记录相关的固定式与移动式系统与设备，包括中心系统、设备、附件等，但不包括单独采购的土建与基础设施项目。

3．卡口系统与设备

道路车辆视频识别记录相关的系统与设备，包括成系统建设项目，以及单独采购的设备、附件等，但不包括单独采购的土建与基础设施项目。

4．交通视频监控系统与设备

用于监控道路与车辆的系统与设备，包括成系统建设项目，以及单独采购的设备、附件等，但不包括单独采购的土建与基础设施项目。

5．交通信号控制系统与设备

用于道路交通管理信号控制的系统与设备，包括与道路交通信号控制相关的系统、设备等，其范畴包括用于路段与路口、快速路车行道、出入口的交通信号控制设施。包括成系统建设项目，以及单独采购的设备、附件等，但不包括单独采购的土建与基础设施项目。

6．交通信息采集、发布系统与设备

包括视频、线圈、微波等形式的交通数据采集设备与系统，交通数据处理系统，用于道路与停车、出行者信息发布诱导设施与设备、交通信息发布系统、设备。包括成系统建设项目，以及单独采购的设备、附件等，但不包括单独采购的土建与基础设施项目。

7．GPS 与警用系统与设备

包括交通管理与交通部门使用的车载或个体携带的具有定位及定位显示功能的产品，包括警务通、移动警务、单兵作战等设备与中心对应的 GIS 定位显示系统。

8．智能公交系统与设备

用于快速公交与普通公交的智能系统与设备，包括调度、运营监控、电子站牌、乘客信息的系统与设备。包括成系统建设项目，以及单独采购的设备、附件等，但不包括车辆、单独采购的土建与基础设施、普通公交站台设施设备，以及归属于信号、交通视频监控等其他项目范畴的内容。

9．出租车信息服务管理系统与设备

包括一套终端三个中心的系统与设备。一个终端是指一套车载终端设备；三个中心指数据资源中心、监控指挥中心、电召服务中心。

10．综合客运枢纽信息化系统与设备

综合客运枢纽是以公共汽电车、城市轨道交通及长途客运为主，衔接两种以上（含两种）客运方式，具有运输组织管理、中转换乘、多方式联运服务基本功能的场所。综合客运枢纽信息化系统与设备包括具有枢纽运行监测、安全疏散与应急、乘客综合信息服务、协同管理与联动支持、停车管理和综合运行信息管理的多功能信息集合系统与设备。

（二）地域统计范围

本篇数据统计区域限于中国大陆地区，不包含台湾，香港和澳门。文中定义的中国市场指建设资金最终使用在中国大陆地域上所涉及的相关内容市场，包括世行、亚行等国外资金对中国城市智能交通的援建投资等。

（三）时间统计范围

数据统计时间为2012年12月16日-2013年12月15日。

（四）数据来源

报告数据基础是Tranbbs城市智能交通产业核心数据库，关于行业发展特征、行业动态等内容以行业用户访谈和桌面研究为主。

Tranbbs获得一些公开信息的渠道：

- 政府发布的数据与信息
- 国家统计年鉴
- 行业资深专家公开发表的观点
- Tranbbs的调研、访谈

二、城市智能交通市场规模与分析

（一）项目数量与市场规模

2013年，我国城市智能交通10个领域共发生自然采购项目数[3] 4452项；项目包数[4] 5153项；细分采购项目[5] 6126项。

2013年，我国城市智能交通10个细分行业市场总规模196.6亿元，同比增长20.3%。

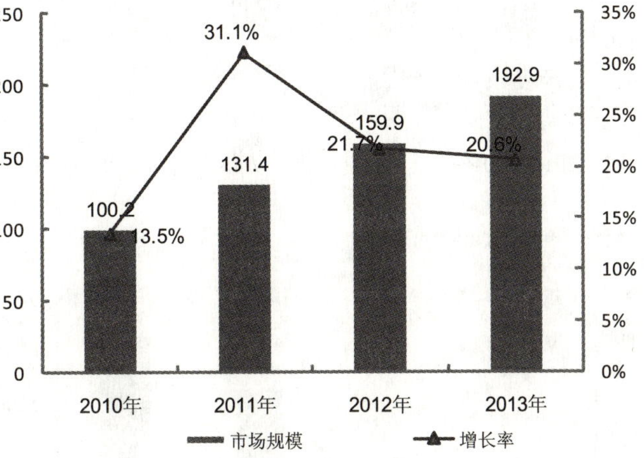

图1　2010—2013年城市智能交通市场规模及增长率图

单位：亿

数据来源：中国交通技术网（www.tranbbs.com）

（二）千万项目市场规模与分析

1．千万级项目数量和市场规模统计与分析

2013年，城市智能交通千万级项目数量271项，同比增长15.3%；千万级项目市场规模合计81.1亿元，同比增长19.1%；占2013年全年市场总规模的41.3%。

千万级项目市场规模占2013年全年总规模41.3%，与2012年该项数据41.7%基本持平。

---

[3] 自然采购项目：项目公开招投标的数量，也可以理解为项目立项时不同编号的数量。一个自然项目可能包括几个分包。

[4] 项目包数：企业投标标的的数量。一个自然项目可能包含多个项目包数，每个包数也可能包含多个细分项目数。

[5] 细分采购项目：在项目公开招投标的数量基础上，计算自然项目可能存在的分包数量，并根据8个行业数据统计需求，对只包含一个包的自然项目也进行了分类，分别统计。如无特殊说明，报告以下涉及到的“项目数量”称呼皆为此项统计口径。

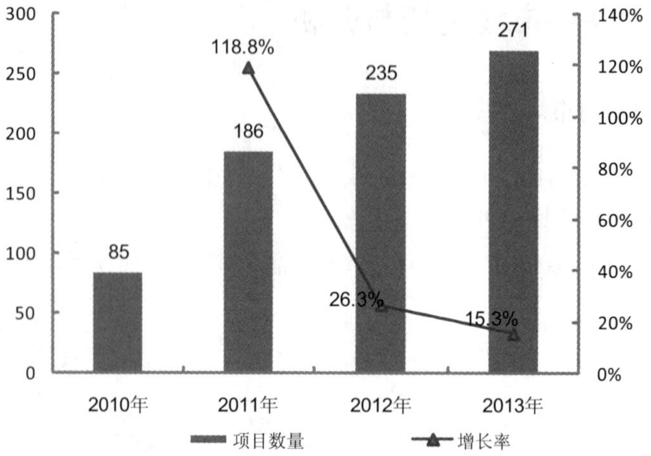

图2　2010—2013年城市智能交通千万级项目数量及增长率图

单位：项

数据来源：中国交通技术网（www.tranbbs.com）

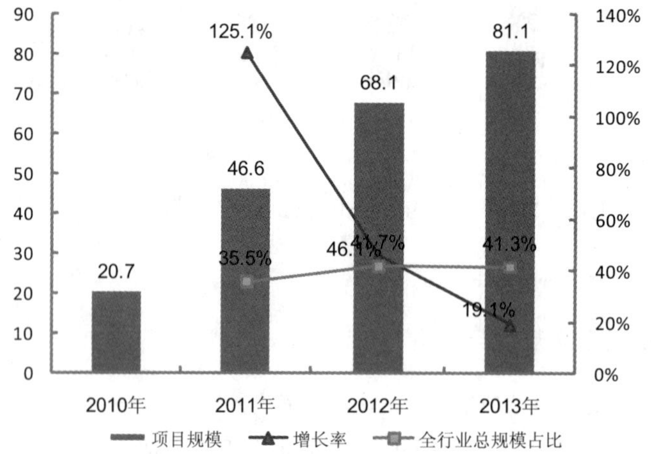

图3　2010—2013年城市智能交通千万级项目市场规模、增长率及全年规模占比图

单位：亿

数据来源：中国交通技术网（www.tranbbs.com）

2013年千万级项目平均规模为2993万，而2012年千万级项目平均规模为2898万，千万级项目平均规模增长95万。2010—2013四年间，千万级项目平均规模整体呈上升趋势。

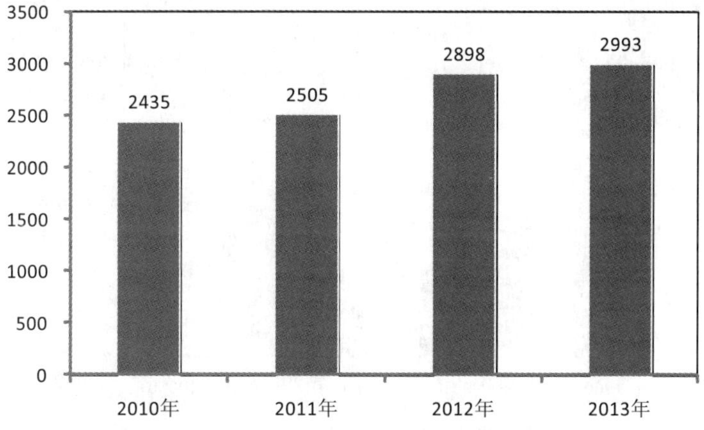

图4 2010—2013年千万级项目平均规模变化情况图

单位：万

数据来源：中国交通技术网（www.tranbbs.com）

2．千万级项目规模区间分布

区间项目数量分布来看，2013 年千万级项目规模区间 1000+、2000+、3000+、4000+、5000+、10000+ 六个区间的项目数量增长主要体现在 1000+、4000+、5000+ 区间，是千万级项目数量增长的主要原因。

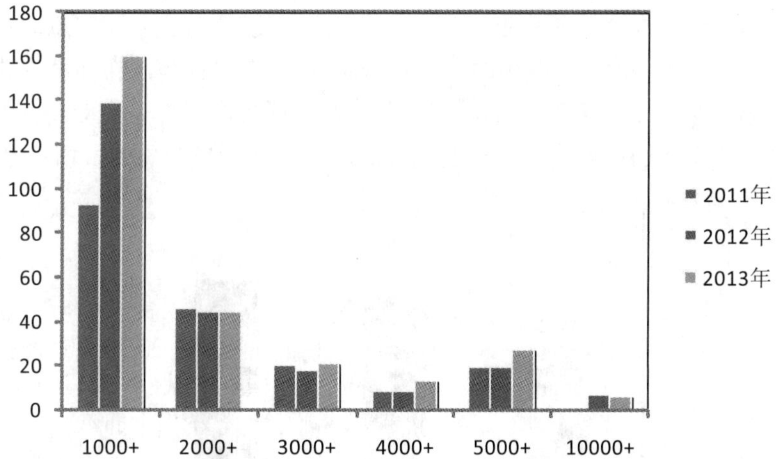

图5 2011—2013年城市智能交通千万级项目量级区间分布图（项目数量）

单位：项

数据来源：中国交通技术网（www.tranbbs.com）

从千万级项目市场规模分布来看，趋势与项目数量分布一致。1000+、4000+、5000+ 三个区间项目是 2013 年千万级项目规模增长的主要因素。

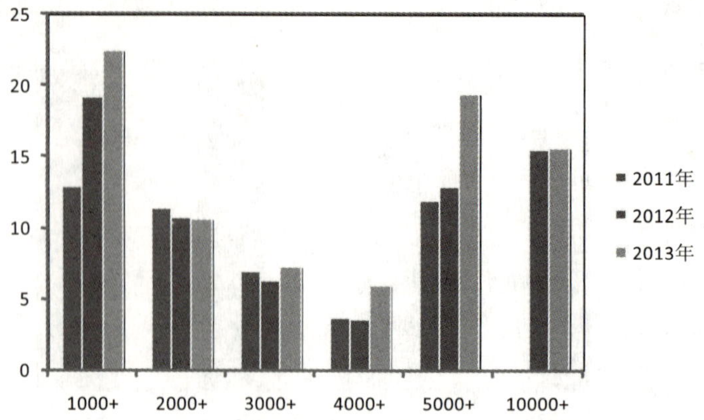

图6　2011—2013年城市智能交通千万级项目量级区间分布图（市场规模）图

单位：亿

数据来源：中国交通技术网（www.tranbbs.com）

三、产业规模持续增长

我们将在年度城市智能交通系统项目建设公开招标过程中（不含项目监理、前期规划设计），获得中标的企业称为市场竞争者，市场竞争者的总数量称之为产业规模。统计 2013 年产业规模为 1916 家企业，增长 6%，增长速度放缓。

近几年城市智能交通政策向好，各地方投资不断加大，也吸引了众多企业进入到智能交通领域。2012-2013 年市场的一个比较明显的特点就是，新面孔非常多。新进入的企业不单单拿到了众多地方几十万、上百万的项目，同样也有获得几千万，甚至上亿的项目。新企业的市场进入，产业规模的增大带来了更激烈的市场竞争环境。

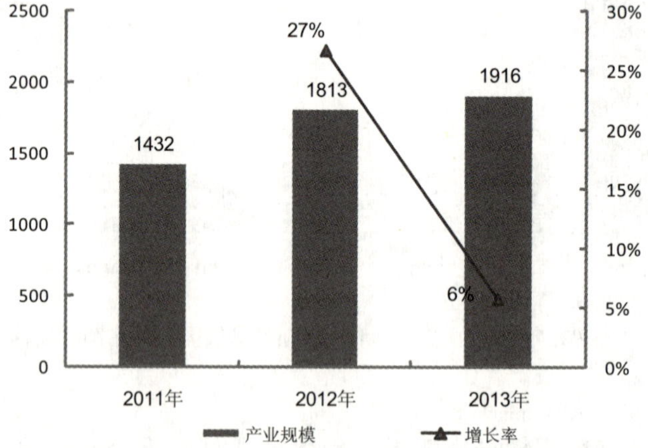

图7　2011—2013年城市智能交通市场竞争者数量（产业规模）变化图

单位：家

数据来源：中国交通技术网（www.tranbbs.com）

（撰稿：徐赫）

2013年智能交通系统市场分析

我国的智能交通行业从上世纪90年代开始起步，受国家近几年对公路基础设施的大力投资、城市道路拥堵和交通问题对智能交通形成的有效需求、信息技术迅速发展的带动以及市民对出行效率改善的要求等因素的积极影响，城市道路智能交通系统、城市轨道智能交通系统及高速公路智能交通系统在近几年均有较快发展。2010年后，中国智能交通行业进入高速发展时期，但是与发达国家相比，在智能交通系统应用层面仍存在较大差距，以我国高速公路的智能交通系统投资为例，智能交通建设占高速公路总投资比例只有2%，与国外发达国家7%至10%相比仍有很大差距。

预计未来我国智能交通系统建设将在未来二十年至三十年的时间里达到发达国家的智能交通投资水平，未来的整体市场将持续呈现加速发展的态势。

一、2013年智能交通市场发展分析

（一）中国智能交通整体规模分析

进入21世纪以来，中国智能交通系统已从从探索阶段跨入新的时期——即实际开发和应用阶段，并且保持着高速的发展态势。而在应用阶段，行业人士表示，我们更需要积极推进物联网、互联网、移动通信、ETC等现代信息技术在交通运输领域的应用，加快公众出行信息服务系统建设和互联互通，提高交通服务水平。

可见融入物联网、互联网、移动通信等新型信息技术的车联网，ETC技术以及公共交通的信息化应用，将是智能交通未来的三个着力点。

交通运输部发布《交通运输“十二五”发展规划》中明确提出，在未来五年中国要按照“适度超前”的原则，推进交通信息化建设，大力发展智能交通，提升交通运输的现代化水平。我国目前仍处于智能交通的初级阶段，推动因素主要来自于增强政府的监管能力，交通监控系统和集成交通指挥平台在这一阶段迎来需求的爆发和行业的快速增长。

相对于发达国家，我国智能交通行业偏“硬”偏“散”。从行业规模看，美国、日本的智能交通行业收入分别达到1118亿和377亿美元，而我国不到380亿人民币。从行业格局看，海外较为集中，项目实施、软件和信息服务占60%-80%市场份额；我国仍以硬件投入为主，占比达到80%以上，并且非常分散，龙头企业整体份额低于1/4。

（二）ITS管理系统市场规模分析

我国智能交通系统投资额从2007年的247亿增长到2012年的622亿，预计未来

4 年我国智能交通系统行业的投入将达到 3980 亿元，2012 年 -2015 年复合增长率约为 19.91%。

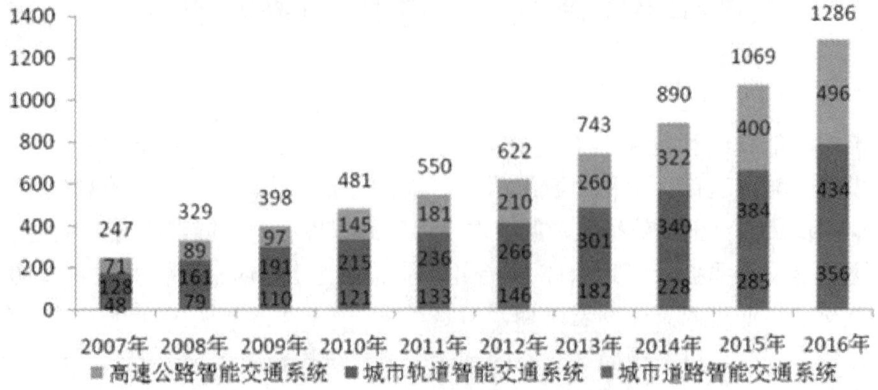

2007—2016年中国智能交通系统投资额

单位：亿元

数据来源：21its市场研究部整理

我国既是当今世界道路等交通基础设施建设速度最快的国家之一，同时又是交通需求增长最快的国家之一。在国内高速公路建设方面，2004 年 12 月 17 日，《国家高速公路网规划》已经国务院审议通过，《规划》确定的国家高速公路网采用放射线与纵横网格相结合的布局形态，构成由中心城市向外放射以及横连东西、纵贯南北的公路交通大通道，包括 7 条首都放射线、9 条南北纵向线和 18 条东西横向线，可以简称为“7918 网”。

智能交通管理需求方面，截至 2012 年底，全国汽车保有量已达 10933.09 万辆，其中载客汽车保有量为 8943.01 万辆，载货汽车保有量 1894.75 万辆。中国已快速进入汽车社会。截至 2013 年底，中国汽车保有量达 1.37 亿辆，是 2003 年的 5.7 倍。随着经济社会的发展，汽车快速进入千家万户，近十年汽车年均增加 1100 多万辆。而 2013 年更是同比增加 1651 万辆，增长了 13.7%，我国已快速进入汽车社会。汽车保有量的不断上升使得智能交通系统投入的重要性和紧迫性日益增强。

长期来看，我国的智能交通系统具有广阔的发展前景，将在交通运输的各个行业和环节得到广泛应用。但从目前我国智能交通发展的内部结构来看，智能交通信息采集与处理、信息整合与服务以及信息发布这三个环节中，居于主导地位的还是交通信息采集与处理设备的发展。一方面，交通信息采集与处理是整个行业的前置环节，它的变化与发展撬动了整个智能交通行业的发展；另一方面，智能交通信息采集与处理的数据种类多少、效率高低、准确率高低都决定了智能交通行业具体产品应用的可行性与商业价值。

（三）ETC 系统市场规模分析

2009 年全国使用 OBU 不停车收费用户数约为 52 万，开通车道条数约为 1292 条，

2010 年全国使用 OBU 不停车收费用户数约为 110 万，开通车道条数约为 1927 条；至 2012 年底，全国已有 24 个省市建设不停车收费系统，开通 ETC 车道约 3600 条，使用 OBU 不停车收费用户超过 400 万，2009 年 -2012 年 OBU 用户数量复合增长率高达 97%。按照交通运输部年初颁布的《公路水路交通运输信息化“十二五”发展规划》，“十二五”期末，全国高速公路 ETC 平均覆盖率将达到 60%，ETC 车道数达到 6000 条以上。

从汽车保有量以及日本等发达国家 ETC 市场普及率角度来看，日本 ETC2001 年正式投入运营，2006 年即达到 20% 左右的市场普及率，2008 年达到 30%，2010 年高达 56%。假设 2015 年达到日本 2006 年的水平，即以落后十年的水平推测，保守估计 2015 年市场普及率应该在 20% 左右水平。同时结合汽车保有量数据，根据交通运输部部门预测，我国 2015 年汽车保有量将达到 1.5 亿辆，假设 2015 年我国有 2500 万辆汽车使用 ETC，对应的 ETC 普及率为 16.7%，与日本 2006 年市场普及率 20% 较为接近。

随着城市化进程的加快以及人们生活水平的提高，城市汽车保有量越来越大，国家统计局数据显示，2001 年，我国民用汽车保有量为 1802.04 万辆，至 2011 年达 9356.32 万辆，年复合增长率达 17.91%。汽车保有量的增加对 ETC 系统的需求将起到较大的促进作用，ETC 正从高速公路走向城市，从目前的自由流过桥收费、到未来的停车场收费、乃至交通拥堵收费。在 2011 年，武汉路桥自由流不停车收费系统正式运行，成为在全国率先实行多车道自由流电子收费系统的城市，该项目的多车道自由流不停车收费系统投资需求约为 1.2 亿元左右。武汉市相关部门测算后发现：实施自由流办法比停车收费办法的交通通畅率提高了 23%，废气排放减少了 60%，交通事故下降了 15%，该项目的成功实施将带动全国城市自由流不停车收费系统的发展。

根据交通运输部统计，截止 2014 年 4 月，截至目前，我国已经在 26 个省市开通 ETC 车道 6800 余条。这些省市主要高速公路，所有的收费站，已经全部有了至少一入和一出的 ETC 收费车道现在 ETC 用户不到 700 万，有日均通行量 168 万辆通过 ETC 通行。现在各省市自营的客户服务网点有 711 个，和银行合作有 7000 多个，在全国基本实现了一条车道有一个服务网点。

2014 年，交通运输部的工作重点是把华北片区、华东片区，辽宁省、陕西省先实现并网，其他省市在 2015 年全部实现联网，用两年时间，实现全国的 ETC 全部联网。未来交通运输部将设立一个结算中心，各个省有分中心，来实现省内结算。首先，是客车 ETC 的使用率，不低于 25%，到 2015 年底，非现金支付使用率，包括客车、货车全加起来，非现金的支付要不低于 20%。

（四）公共智能交通系统市场规模分析

国家大力提倡发展公共交通，既能减少环境污染，又可以解决城市交通拥堵问题。对于出行者而言，智能公共交通系统通过采集与处理动态 (客流量、交通流量、车辆位置、紧急事件的地点等) 和静态交通信息 (交通法规、道路管制措施等)，通过多种媒体为出行者提供动态和静态公共交通信息(发车时刻表、换乘路线、出行最佳路径等)，从而达到规划出行最优路线选择、避免交通拥挤、节约出行时间的目的。对于公交车辆而言，智能公共交通系统主要实现对其动态监控、实时调度、科学管理等功能，保证公交车辆的优先通行，从而达到提高公交服务水平的目的。

目前各大中型城市大部分建设了公交 IC 卡系统，以及电子站牌的应用，有部分先进城市已经开始建设公交智能调度系统，未来需要整合各种公交信息资源，通过对数据资源的挖掘，对公交调度和线路设计等提供决策支持。通过建立公交智能调度系统，可以实时监控城市居民的出行情况，并对城市居民未来的公交出行需求进行动态预测。借助公共交通系统和城市交通控制系统有效对接，从而实现公交车辆在信号交叉口优先通行和公交专用道不被社会车辆占用。同时建立完善的公共交通自动监控及通信调度系统，使公交车全部实现自动监控、调度管理及信息发布功能。健全公交信息服务系统，为出行者在出行前或出行中选择交通方式和路径提供准确而及时的信息。

2013 年智能公共交通系统市场规模为 62.52 亿元，预计未来几年将保持 30% 以上的增长率，到 2015 年市场规模将超过 100 亿元。

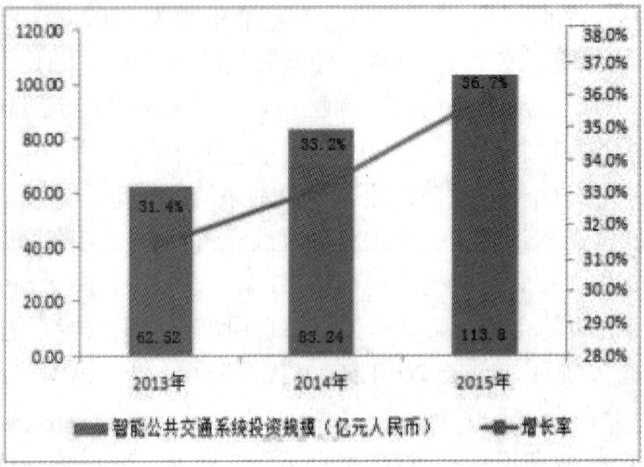

2013—2015年智能公共交通系统市场规模预测分析

数据来源：21its市场研究部整理

（五）交通信息服务系统市场规模分析

随着城市路面交通压力持续加大，我国二三线城市纷纷积极投身于轨道交通建设，城市轨道交通信息化系统的市场容量也随之扩张。同时，地方政府为了提升城市交通信息化水平，均愿意大力申请国家拨款，进行大规模城市轨道交通建设，2014 年轨道交通信息化行业的发展仍将保持快速发展态势。

2008 年我国城市轨道交通信息化系统市场规模仅为 31 亿元，增长率为 12.73%；到 2010 年，我国城市轨道交通信息化系统市场规模已达 45 亿；到 2012 年，市场规模已达 65 亿，增长率为 23.19%；2013 年我国轨道交通信息化系统市场规模已达 81 亿，预计 2014 年将有可能达百亿规模。

2009—2014年中国城市轨道交通信息化系统市场规模走势图

资料来源：21its市场研究部整理

从竞争格局来看，目前城市轨道交通信息化系统行业呈现“割据化”市场竞争格局，各主要竞争主体在各子系统拥有相对优势，没有一家企业在整个城轨信息化行业取得全面竞争优势。

铁路信息化行业分析报告预计，2014 年我国城市轨道交通信息化的市场规模将达百亿，其中信号系统的需求最为强劲，将可能达到 26.5 亿，市场将会进一步向龙头企业集中，行业集中度将会进一步提高。

二、2013—2014年中国智能交通行业细分格局

（一）2013—2014 年中国智能交通参与格局

智能交通管理系统行业主要客户为各地政府、交通管理部门、道路规划和建设管理部门等。智能交通管理系统的建设，目前大多属于政府采购的内容，需要依据政府采购的流程采取招投标的方式进行。而政府采购部门一般在上半年制定采购计划和进行项目需求调研和设计，下半年才安排进行实施。并且，由于政府预算管理的特点以及资金支付的审批手续繁琐，主要在第四季度支付采购款项，上述情形使得本行业的经营特点具有一般工程建设企业的周期性和季节性特征。

按照主要业务领域的不同，智能交通管理系统行业的参与企业可以分为咨询设计商、系统集成商、产品供应商三种类型。

1. 咨询设计商

咨询设计商主要涉及的领域为向最终用户提供智能交通管理系统的设计与咨询服务，包括但不限于系统架构、系统功能、系统规划等服务，咨询设计商一般不涉及系统的建设与产品供应，只是凭借其对智能交通系统的了解、深入研究、知识和经验，结合用户的需求，提出系统建设的各项合理化建议，并为设备与软件选型提出基本的思路与方案。目前咨询设计商既有国外专门咨询企业（例如 GHD、阿特金斯、奥雅纳

等专业咨询设计机构），也有国内科研机构（如公安部交通管理科学研究所，以及国内各大院校及其下属科研企业，如北京交通大学、清华大学交通研究所等）。设计咨询商通过课题研究、专项咨询设计等方式取得项目，其资金来源以科研课题居多。

2．系统集成商

系统集成商是指具有国家颁发的计算机信息系统集成资质，并将其技术应用于智能交通管理系统行业的企事业单位，是目前我国智能交通管理系统行业的主体。按照企业能力和规模不同，可将系统集成商分为三个类型：具有完整系统设计、软件开发、施工能力的全国性系统集成商；具有系统设计、施工能力的系统集成商；地方性系统集成商。

（a）具有完整系统设计、软件开发、施工能力的全国性系统集成商

该类系统集成商一般指持有计算机信息系统集成资质、软件企业认定资质、并拥有较大规模的软件或硬件研发、生产队伍，拥有较为完善的子公司网络与售后网点，具有至少一项的自主研发的核心软件或系统产品的企业。全国性系统集成商一般进入行业较早，有在全国范围内进行项目建设的能力，并且由于其具有软件产品自行研发能力，在技术上具有前瞻性，对于制定行业技术规则拥有一定话语权。目前全国性系统集成商数量较少，但占据行业主要份额。

（b）具有系统设计、施工能力的系统集成商

该类系统集成商一般指持有计算机信息系统集成资质或安全防范企业认定资质、拥有一定系统集成能力，但不具备核心软件或硬件研发能力，能够跨省或行政区域进行项目建设的企业。该类集成商数量所占比例较大。由于该类集成商一般缺乏智能交通管理行业的核心技术或产品，在其承建的项目中，关键设备与核心软件、基础应用系统往往来自于外购，或者联合承建，利润空间有限。随着行业进一步发展规范，该类系统集成商的市场空间呈缩小趋势。

（c）地方性系统集成商

地方性系统集成商一般指持有计算机信息系统集成资质或安全防范企业认定资质、拥有一定系统集成能力，但不具备核心软件或关键硬件研发生产能力，其业务主要限于当地省（区、市）的企业。该类企业数量上比例最大，但没有能力承接具有一定技术水平的项目。由于该类提供商具有灵活性与多元性特点，预计未来仍有一定存在空间。

3．产品供应商

产品供应商是指具有智能交通管理系统相关产品的生产与后续服务能力的企业，其最主要的业务为销售成型产品，并根据用户需求提供安装、调试、维护等服务，其产品多用于交通信号控制类、非现场执法类系统中，一般而言，产品供应商主要依托于系统集成商的集成项目。

由于国内市场起步相对较晚，部分国外企业凭借先发优势抢占了一部分市场份额，但受限于国内外交通管理模式、管理理念的巨大差别，加之经营成本的压力和对中国市场的熟悉程度不够，国外厂商的相关产品难以在我国推广使用，因此在智能交通管理领域，国外企业已经基本退出了竞争，市场参与者主要是国内企业。

但就目前而言，中国智能交通行业企业几乎全部扮演着产品供应商和系统集成商的角色，公司即属于具有完整系统设计、软件开发、施工能力的全国性系统集成商。在现有产品和技术的创新基础上，目前公司积极开展技术开发与市场开拓，以实现科研与市场的良性互动发展，技术与业务的完美结合，积极向产业链最高端的咨询设计商迈进。

（二）城市智能交通市场需求格局

目前，各地政府高度重视智能交通建设，将其列为主要政务之一。2011 年智能交通行业应用总体市场规模达到 250 亿元，比 2010 年增长 23.55%。2012 年市场规模达 308.87 亿元，增速高达 25.85%。2013 年市场规模更是超 400 亿元，年平均增速将维持在 20% 以上。而据中国交通运输协会智能交通技术应用委员会的测算，到 2020 年全行业的市场规模将接近 2000 亿元。

十二五期间，城市交通智能化投资增速达 20%，规模在 450 亿左右。2010 年 5 月，公安部要求省（自治区）、市公安交通指挥系统资源配置中要配备集成指挥平台系统。目前我国的市级建制城市已达 668 个，非农业人口规模达 20 万以上的城市有 319 个，而建立一个交通指挥中平均投资额约在 6000 万元左右（中型城市），如果 20 万人口以上的城市有一半在 5 年内只建设初级的指挥中心，其投资额约为 100 亿元。而在建设指挥中心过程中相应的基础应用系统建设投资额至少是指挥中心的两倍左右。同时，类似于北京、上海、广州等特大城市需要大量投入城市快速环路及干道交通监控、诱导系统的规划与投入建设，预计城市智能交通的市场需求量约为 150-200 亿左右。

城市人口不断增加与城市道路扩张空间有限矛盾，汽车生产和销售数量高速上升与城市交通管理体系落后之间矛盾的不可调和推动我国智能交通行业的发展。在经历"十五"、"十一五"的积累期后，我国智能交通市场进入了快速发展期，预计未来五年行业将继续保持 20% 以上的高速增长。其大中型城市的智能交通系统建设和交通信息服务需求尤为旺盛，根据北京交通智能化发展目标，十二五期间北京将投资 56 亿提升智能交通服务系统，天津、上海、广州、深圳等城市在此期间的智能交通系统建设投资也同样巨大。

"十二五"期间，全国将新增 59183 公里高速公路通车里程，对应 ITS 市场规模 300 亿左右。根据中国智能交通协会所提供的数据，预计 2009-2016 年，中国城市道路智能交通系统的总投资额将达到 1077.58 亿元，其中视频监控系统投资额超过 400 亿元，年均投资额超 50 亿元。

（三）城市轨道智能交通市场格局

城镇建设水平的提高，将提高对基本交通运输的需求。交通拥堵问题以及尾气排放带来的环境污染问题，使许多大中城市开始大力投资公共交通建设，城市轨道交通建设则是未来交通投资的重点之一。

表1 “十二五”城市公共交通发展目标

城市规模	“十二五”目标
300万人口以上	建成以轨道交通为骨干、以城市公共汽电车为主体的城市公共交通服务网络，1000万人口以上的城市基本建成城市轨道交通网络，公共交通出行分担率达到40%以上。
100-300万人口	基本建成以公共汽电车为主体，轨道交通和快速公交（BRT）适度发展的公共交通服务网络，公共交通出行分担率达到25%以上。
100万人口以下	建立完善的以公共汽电车为主体的城市公共交通服务网络，公共交通出行分担率达到15%以上。

根据交通部《城市公共交通“十二五”发展规划纲要》，“十二五”末全国城市轨道交通线路运营里程将达3300公里。“十一五”期间完成建设1500公里，“十二五”期间预计完成2000公里，较“十一五”期间增长133%。

我国城轨智能化市场集中度相对较高，细分领域优质企业具备优势。根据城市轨道交通智能市场的主要竞争参与者的历史工程业绩和主营业务范围，能全系统提供轨道交通智能化解放方案的公司较少，主要参与公司在轨交智能化领域各具优势。

轨道交通投资的大发展和信息化要求的双重促进，将使城轨智能化市场规模持续提升。我们按照轨道交通年投资规模2000~3000亿元，智能化系统投资占比5%~8%进行情景测算，则每年轨道交通智能市场规模约为100~240亿元。

轨道交通主要包括综合监控、乘客资讯、综合安防、通信、自动检售票和信号系统六大子系统。目前上述各系统占智能化系统投资比重分别为20%、11%、13%、11%、16%和29%。假定2014—15年智能化系统投资占比5%，轨道交通年投资规模为2000亿元；2016—2020年每年智能化系统占比提高至6%，轨道交通年投资规模为2500亿，则轨道交通信号系统和综合监控系统市场规模在“十三五”期间将分别达43.5亿和30亿。

（四）高速公路智能交通市场格局

近年来，随着国家在高速公路行业的持续投资，高速公路网络覆盖率逐渐得以提高。目前“十二五”的新增目标已完成65%，可见地方政府对投资高速公路的积极性很高，因此后三年完成目标的可能性非常大。目前东部地区高速公路建设已进入建设后期，需求以更新改造和提高监控密度为主；西部地区仍处于建设阶段，贵州、云南和四川等地区将成为未来安防产品需求最大的区域市场。同时由于西部地区高速公路建设中隧道以及桥梁、长下坡、大拐弯较多，因此监控系统的投入也会相对更大。

高速公路的机电系统需求包括通信系统、监控系统、收费系统、隧道通风照明系统及配电传输系统等，一般占到高速公路基本建设总投资的3%-5%左右，其中前三大系统最核心。随着收费系统的日益完善，以及公众、运营管理方、相关职能部门对高速安全的重视，监控在三大系统中的地位和投资越来越突出，成为运营方最直观、最关键的前端视频信息采集手段。随着全程监控和互连互通需求的提出，监控布点密度进一步提高，监控系统的占比呈现逐年上升趋势。

高速公路视频监控系统主要用于对收费站、路面、隧道、特大桥梁、变电所、危险路段以及服务区等的安防监控，其中以收费站的安防监控系统最为普及。

根据以上对高速公路所使用的安防监控产品的特点和投入规模的分析，我们预测2013—2015年间，中国高速公路的安防机电设备建设和技术改造将带来41.5亿元的产品需求，其中新建市场的需求为34.6亿元，因车流量增加、监控密度提高等要求带来的增购以及更新需求为6.9亿元。

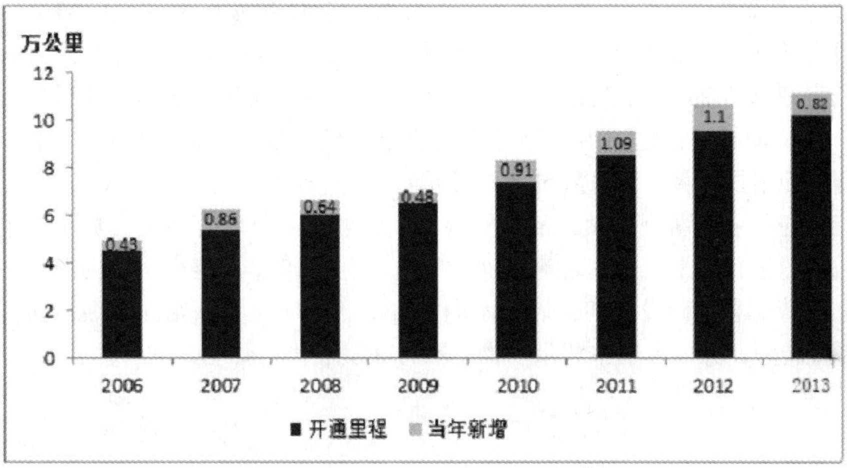

2006—2013年中国高速公路新增里程数

数据来源：21its市场研究部整理

三、2013—2014年我国智能交通重点解决的问题分析

随着中国城市化的快速推进和汽车拥有量井喷式增长，城市拥堵问题、交通事故发生率呈现急速上升趋势，同时伴生愈加严重的噪声污染和尾气排放，明显地制约了城市的承载能力和运行效率。拥堵的核心在于城市通行能力增长有限而需求增长过快；交通事故的核心在于出行者和驾驶者素质的提高跟不上城市化和机动车发展的进度。在传统手段无能为力或性价比过低时，让交通更为顺畅的任务就转向了智能交通行业的发展。

解决城市交通问题的重要途径就是发展公共交通，建立基于智能交通ITS的公共交通系统APTS，提高道路通行能力和公交车辆运营管理水平。2012年交通运输部发布《交通运输行业智能交通发展战略(2012—2020年)》中明确提出“智能交通发展要注重公共交通出行服务”。为加快公共交通建设，“十二五”期间，交通运输部将选择30个城市组织开展“公交都市”建设示范工程，在城市公交基础设施、信息化建设和节能减排等方面给予支持。2008年北京建成全国第一个公共交通智能化调度系统，通过先进的技术手段，实现对运营车辆调度、监控、事故处理、紧急救援及乘客服务。

未来几年将是中国智能交通发展的上升时期，将对提高城市交通设施利用效率、提升交通系统服务水平、促进节约型城市交通系统产生积极影响。从各省市发展规划来看，中国大多数城市从2009年起大规模增设公交道，建设新的轨道交通，以构建大公交网络。国家和地方政府将投入大量资金采购应用于公交、地铁、轻轨和出租车的各种智能交通解决方案和产品。同时，由于城镇化进程加快，城市交通的城乡一体化趋势日益明显，交通信息化的范围逐步向城镇郊区扩展。

全国城市交通智能化的水平将有显著提高。随着国家城镇化进程的加快，行业的发展将迎来前所未有的机遇。

“十二五”期间，中国智能交通行业投资将以年均20%以上的速度增长。2013年受政府投资推动智慧城市建设的影响，预计智能交通行业应用投资将增长至407.99亿元，增长率则高达28.5%；2014年智能交通行业基础建设基本成型，注重应用成为发展主要方向，增长率接近30%，预计应用投资规模超过500亿；预计到2015年，智能交通行业应用投资将增长将超过700亿元。

智能交通行业在新型城镇化战略实施的大背景下，可以有效提高城市的承载能力并提升城市的运行效率，正在迎来加速发展阶段。2015年后迎来量变向质变转换的关键阶段，随着信息基础设施和传感技术的完善，智能交通将开始向车路协助系统和出行服务系统转型，并成为催生和带动物联网行业发展的主要动力。

（撰稿：智能交通网）

第五篇

统计篇

第一章

统计数据

2013年全国民用机动车数据分析情况

一、综述

随着经济发展和城镇化、机动化进程的快速推进，中国机动车保有量显著增长，从2003年的近1亿辆增加至2013年的2.5亿辆。其中汽车保有量从2400万辆增长到1.37亿辆，年均增加1100多万辆，占全部机动车总量近55%，比十年前提高了近30%。机动车管理涵盖生产许可、质量监管、安全检验、注册登记、缺陷产品召回等方面，其中机动车注册登记及安全检验工作由公安机关主管。

二、机动车统计情况分析

2013年，中国机动车保有量突破2.5亿辆，其中汽车保有量约1.38亿辆，摩托车保有量约9500万辆，挂车保有量约190万辆。

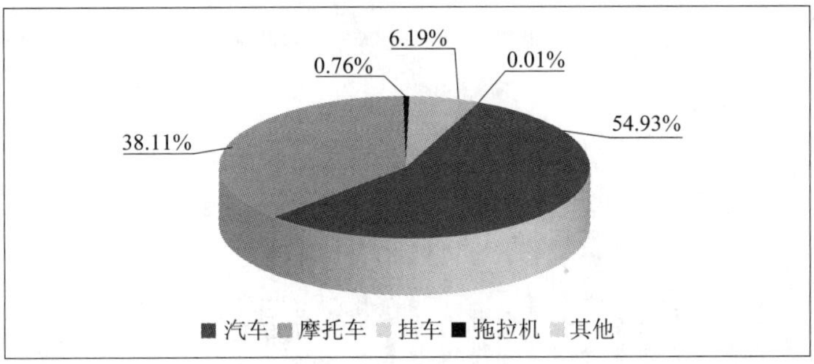

图1　2013年机动车构成比例

（一）机动车数量增长情况

2013年全年新注册登记机动车约2486万辆，机动车净增长量（去除报废注销量）约1025万辆，同比增长4.3%。2013年机动车报废注销数量约1461万辆，比2012年报废注销量增加约380万辆。从统计情况看，机动车总体保持快速增长趋势。

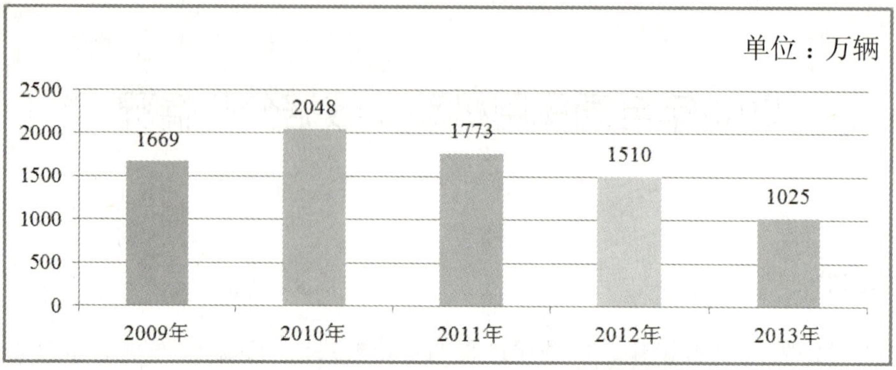

图2　2009年-2013年机动车保有量增长情况

（二）不同地区机动车保有量分布情况统计

从各省统计情况来看，人口大省、经济大省、沿海省份机动车保有量较为庞大，其中山东、广东、河南、江苏、河北、浙江、四川、广西、云南等9个省的机动车保有量均超过1000万辆，山东、广东机动车保有量均超过2000万辆，各占全国机动车总量的约9%。

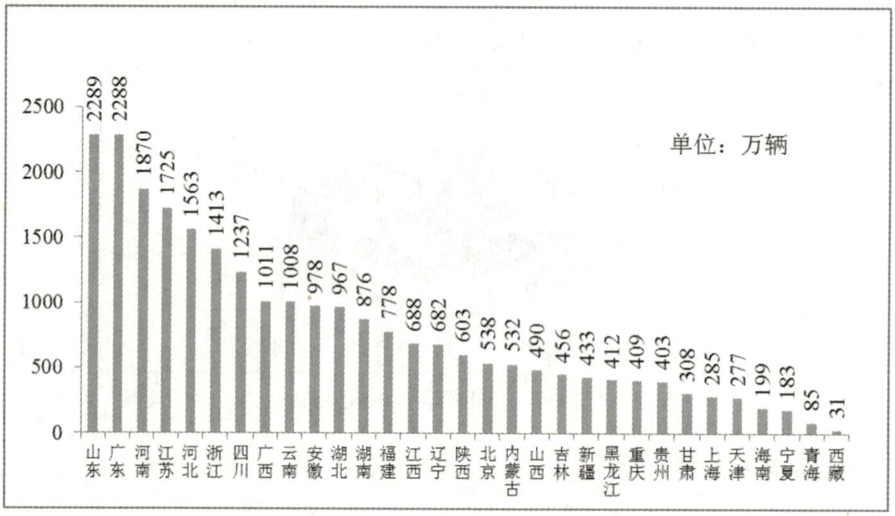

图3　2013年全国各省（区、市）机动车保有量情况

从重点城市统计情况来看，经济发达的一线城市、沿海城市、省会城市机动车保有量较为庞大，其中北京、重庆、成都、上海、天津、深圳、杭州、广州、郑州、宁波机动车保有量超过200万辆，北京、重庆机动车保有量超过400万辆。

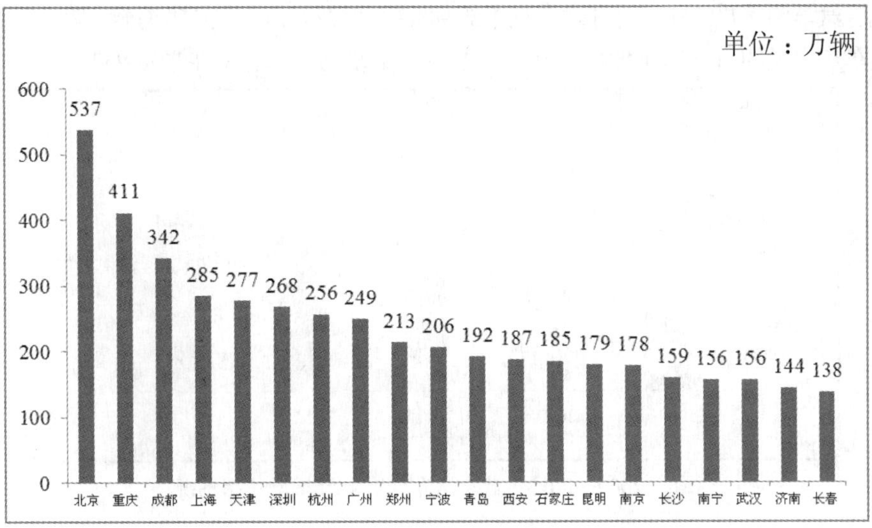

图4 2013年全国重点城市机动车保有量情况

（三）汽车保有量情况统计

汽车和摩托车是构成机动车总量的主要组成部分，2013 年，全国汽车保有量达 1.37 亿辆，摩托车保有量约为 9500 万辆，分别约占全国机动车总量的 55%、38%。随着汽车刚性需求持续旺盛，汽车保有量呈快速增长趋势，2013 年注册登记的汽车达 1905 万辆，保有量净增长 1651 万辆，相比 2012 年同比增长 13.7%，为历史最高增长水平。汽车占机动车的比率迅速提高，近五年汽车占机动车比率从 41% 提高到 55%，汽车取代摩托车成为机动车的主要构成部分。

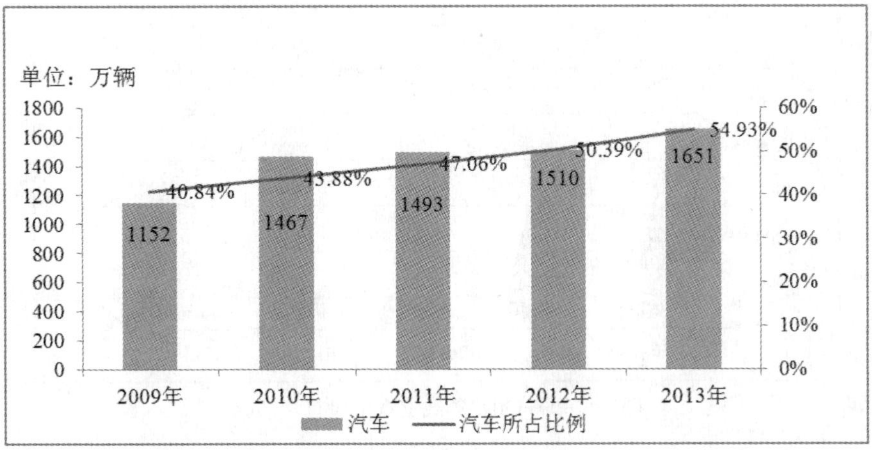

图5 2009—2013年汽车占机动车比率及年增长情况

（四）载客汽车保有量情况统计

2013 年，全国载客汽车保有量约为 1 亿辆，约占汽车总量的 77%，与 2012 年相比，增加约 1600 万辆，增长约 18%。其中，大型载客汽车约 130 万辆；中型载客汽车约 120 万辆；

小型载客汽车约9900万辆；约占载客汽车的94%；微型载客汽车约360万辆。从统计情况看，载客汽车年增量约占汽车年增量的98%，是汽车数量高速增长的主要动因。

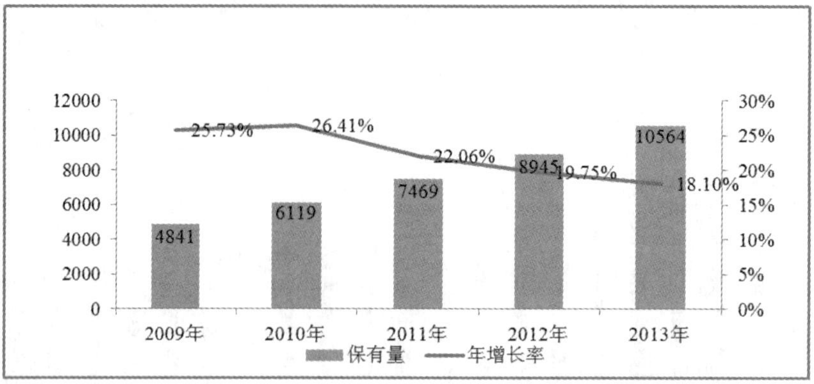

图6 2009—2013年载客汽车保有量及年增长率情况

（五）载货汽车保有量情况统计

2013年，全国载货汽车保有量约为2000万辆，约占汽车总量的15%，与2012年相比，同比增加约120万辆，增长约6%。其中，重型载货汽车约500万辆，约占载货汽车总量的25%；中型载货汽车约200万辆，约占10%；轻型载货汽车约1300万辆，约占65%；微型载货汽车约11万辆，约占0.6%。与2012年底相比，重型、轻型载货汽车分别增加约30万辆、120万辆，增长约6%、10%；中型、微型载货汽车分别减少约33万辆、1.5万辆，下降约14%、11%。从统计情况看，重型和轻型载货汽车增长量较大。

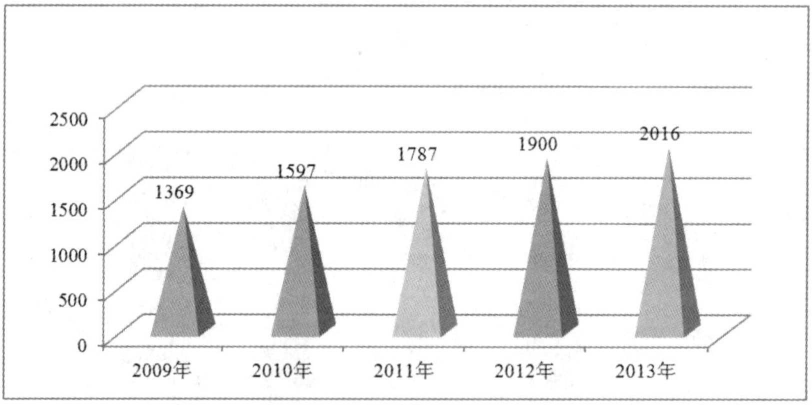

图7 2009—2013年载货汽车保有量情况

三、机动车发展特点分析

（一）机动化发展势头极为迅猛

近十年，我国机动化发展势头极为迅猛，主要体现在机动车，尤其是汽车保有量的高位增长。1949 年，我国汽车仅为 5 万辆，1978 年为 136 万辆，30 年间年均增幅 12%；2002 年为 2383 万辆，24 年间年均增幅 12.7%；2013 年为 1.37 亿辆，11 年间年均增幅 17.3%，呈现出增长势头越来越快的趋势。而美国汽车保有量增长最快时期是在二战前的四十年，其增长速度也仅为 15.1%。

（二）机动车整体结构质量水平偏低

从 2008 年以来，我国汽车保有量迅速提高，并取代了摩托车成为机动车的主要构成部分。但与发达国家和部分发展中国家相比，我国汽车所占机动车比重仍较低。美国汽车所占机动车比已超过 97%，英国、法国都在 90% 以上，俄罗斯、德国、日本都在 85% 以上，我国仅为 55% 左右，表明我国机动车整体结构仍处于偏低水平。

（三）全国机动车与汽车保有量分布不均

在全国范围内，机动车和汽车保有量持续增长，但是无论从增度还是存量来看，我国东部地区，尤其是经济发达的沿海城市要明显高于西部城市。

我国西部地区（12 省、市、自治区）土地面积 681 万平方公里，占全国国土面积 70.9%，人口 2.87 亿，占全国人口总数 21.2%，汽车保有量约 3000 万辆，占全国总量的 21.6%，即面积占全国七成，人口和汽车保有分布仅占两成。在全国 31 个汽车保有量超过 100 万辆的城市中，西部也仅成都、重庆、西安和昆明 4 个城市汽车保有量超过 100 万辆，仅占 31 个城市的 12.9%。

（四）机动车发展水平与经济发展水平密切相关

通过比较分析，我国不同地区机动化发展与经济发展呈现正相关关系，人均 GDP 越高的城市，其千人汽车保有量也越高。

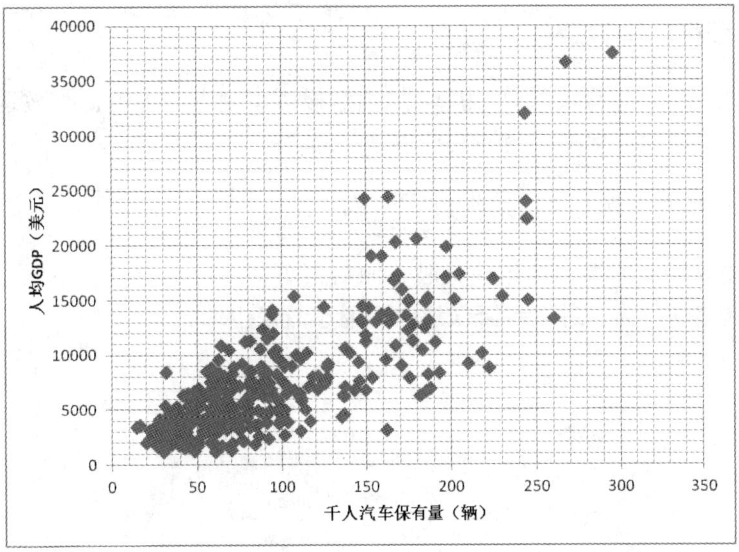

图8 我国348个城市千人汽车保有量与经济发展水平关系

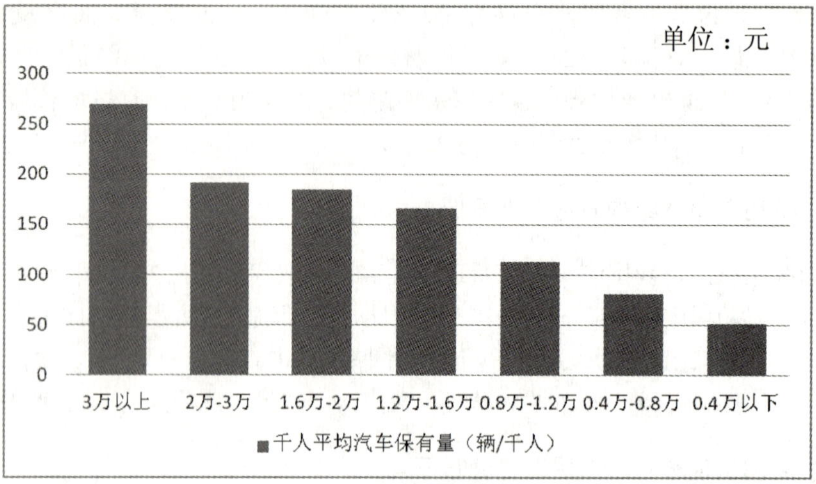

图9　我国不同人均GDP城市的千人汽车保有量情况

四、机动车管理主要措施

（一）严格实行机动车登记管理制度

严格执行机动车注册登记、变更登记、转移登记、抵押登记及注销登记程序，加强道路交通安全源头管理，进一步把好交通安全准入关。

（二）加强和改进机动车检验工作

加快机动车辆检验机构建设，规范检验机构审批程序，加快推进系统联网监管，强化检验机构主体责任，创新检验工作方式方法，严格查处违法违规检验问题。

（三）加强机动车报废管理

进一步落实机动车报废管理制度，加强对报废车辆管理力度，有效遏制因报废车辆引发的交通事故，确保道路交通安全。

（四）严查机动车辆交通违法行为

严查机动车辆涉牌涉证、超速行驶、酒后驾车、违反交通信号指示、超载超员等机动车辆交通违法行为，进一步降低道路交通事故发生率。

（撰稿：赵玉娟、王大珊、王松浩）

2013年全国民用机动车驾驶人数据分析情况

一、综述

随着经济发展和机动车保有量的快速增长，我国驾驶人数量发生了显著变化，从1987年近1200万人增至2013年底的近2.8亿人，近年来，年均增长近两千万人。驾驶人管理涵盖驾驶人许可、培训、考试和日常管理等方面，其中驾驶人考试、驾驶证核发、审验工作由公安机关负责，营运机动车驾驶人管理、驾驶培训行业监督管理由交通运输部门负责。截至2013年底，全国共有驾驶人培训机构约1.1万所，教练车数量约38万辆，教练员约44万人。

二、驾驶人统计情况分析

截至2013年底，全国机动车驾驶人数量近2.8亿人，持有小型汽车驾驶证的驾驶人达到了1.57亿人，占全部驾驶人总量的57%，持有大中型客货车驾驶证的驾驶人达到了6000多万人。

（一）驾驶人数量增长情况统计分析

与2012年相比，2013年全国驾驶人数量增加了约1790万人（扣除注销量），同比增长6.9%。其中，汽车驾驶人数量达2.2亿人，占驾驶人总量的78.4%，与2012年相比，新增约1844万人，同比增长9.2%。从统计情况看，由于受修订后的《机动车驾驶证申领和使用规定》（公安部123号令）中驾驶人考试模式调整和考试难度加大影响，2013年全年驾驶人增速有所放缓。

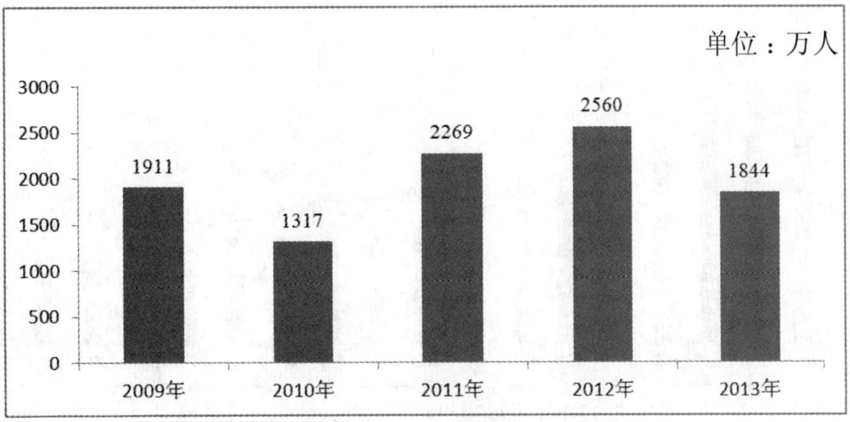

图1 2009—2013年机动车驾驶人数量增长情况

（二）不同地区驾驶人数量分布情况统计分析

从各省统计情况来看，人口大省、经济大省驾驶人总量较为庞大，其中广东、山东、江苏、河南、河北、四川、浙江、湖北、广西9个省（区）的驾驶人数量均超过1000万人，广东、山东和江苏的驾驶人数量均超过2000万人。

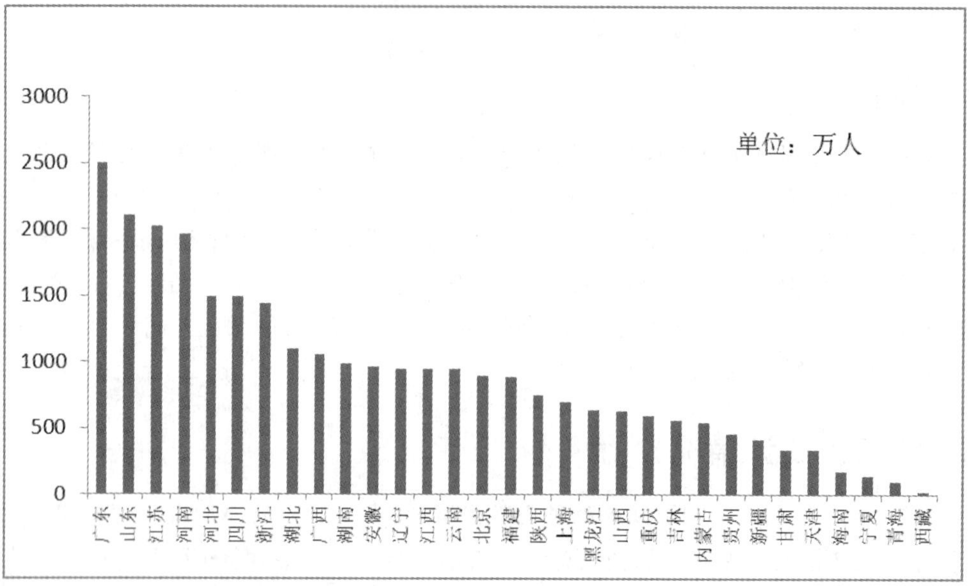

图2　2013年机动车驾驶人数量按省份分布图

从重点城市统计情况来看，经济发达的一线城市、沿海城市、省会城市驾驶人数量较为庞大，其中北京、上海、重庆、成都、广州、天津、杭州、西安等18个城市的驾驶人数量超过200万人，北京、上海、重庆驾驶人数量更是超过500万人。

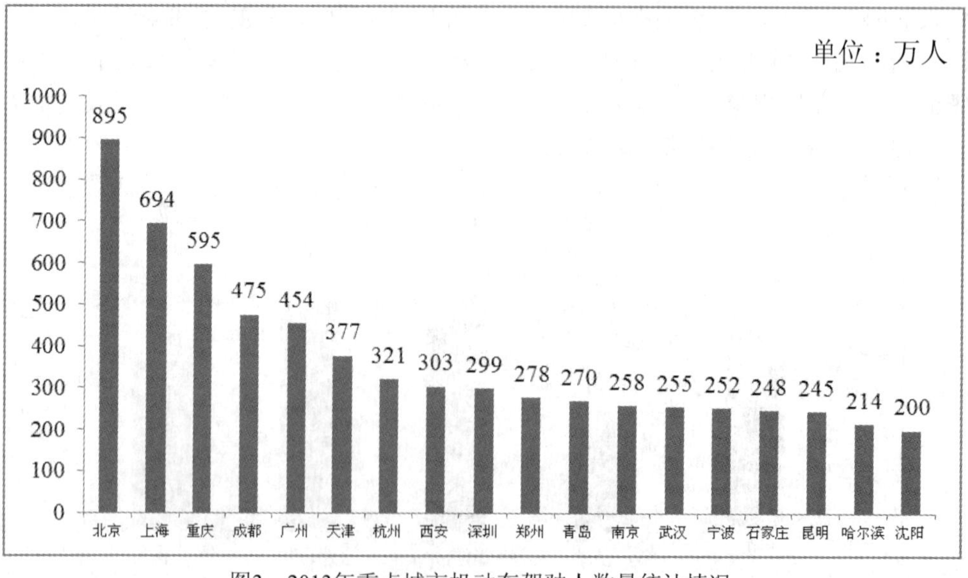

图3　2013年重点城市机动车驾驶人数量统计情况

（三）驾驶人年龄分布情况统计

（1）从驾驶人年龄看，全国 26 至 50 岁之间的驾驶人约有 2.2 亿人，占总数的 77.6%；18 至 25 岁的驾驶人超 2860 万人，占总数的 10.3%；51 至 60 岁的驾驶人约有 2900 万人，占总数的 10.4%；超过 60 岁的驾驶人约 502 万人，占总数的 1.8%。从统计情况看，驾驶人年龄段主要集中于 26 至 50 岁，随着我国即将步入老龄化社会，今后我国 60 岁以上驾驶人所占比例有所提高。

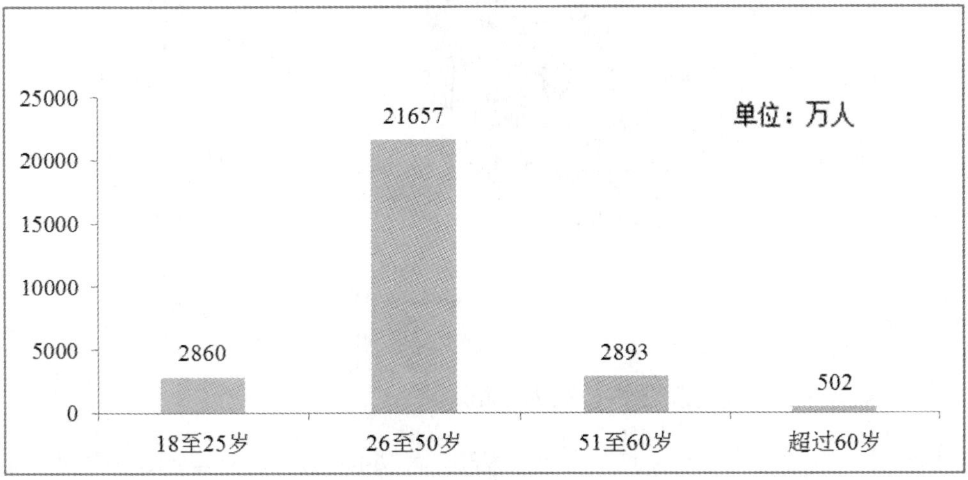

图4　2013年机动车驾驶人年龄统计图

（2）从驾驶人驾龄看，驾龄不满 1 年的驾驶人约 2204 万人，占全国机动车驾驶人总数的 7.9%。另外，男性驾驶人约 2.2 亿人，占驾驶人总数的 78.2%，女性驾驶人约 6073 万人，占 21.8%。

三、驾驶人交通违法情况统计分析

2013 年，全国查处各类交通违法相比 2012 年增加约 6000 万起，上升 13%。2013 年 1 月 1 日起实施的《机动车驾驶证申领和使用规定》（公安部令第 123 号，简称“123 号令”）提高了严重交通违法的记分分值，加大了对超速行驶、酒后驾驶等交通违法的惩处力度，有效预防和减少了交通违法的发生。据统计，2013 年查处交通违法升幅比 2012 年下降约 20%。

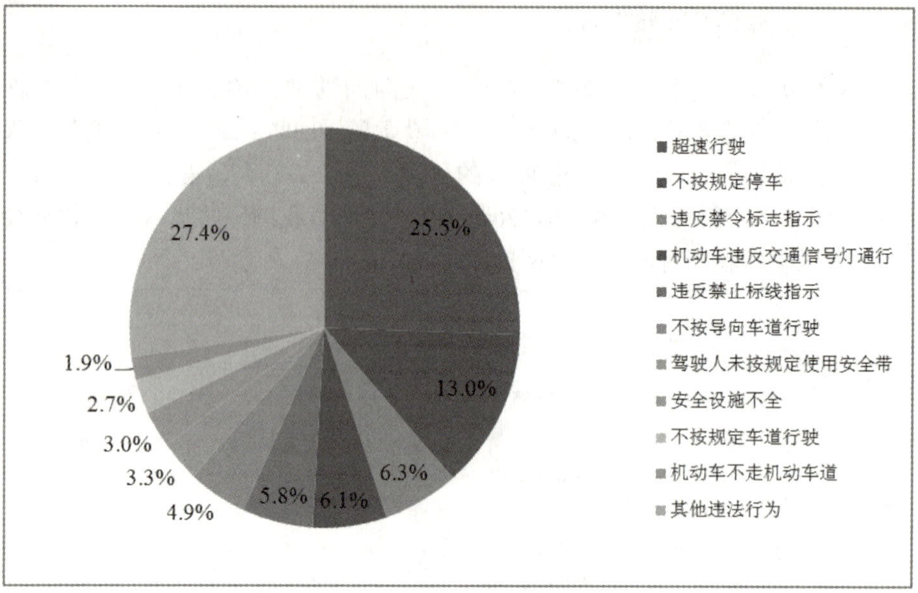

图5　主要违法行为所占比例

（一）驾驶人违法导致交通事故成因分析

据统计，驾驶人违法是导致交通事故发生的重要因素，2013 年全年发生的交通事故中，因未按规定让行导致的交通事故占 14.9%，超速行驶导致的交通事故占 8.2%，无证驾驶导致的交通事故占 7%，逆向行驶导致的交通事故占 3.8%，违法占道行驶导致的交通事故占 3.7%，违法会车导致的交通事故占 2.8%，酒后驾车导致的交通事故占 2.6%，违反交通信号导致的交通事故占 2.5%，违法超车导致的交通事故占 2.4%，违法上道路行驶导致的交通事故占 2.3%。以上交通违法行为导致的交通事故约占 50%。由此可见，驾驶人主观故意是导致交通事故发生的主要因素。

（二）驾驶人主要交通违法行为分析

1．驾驶人主要违法行为统计分析

2013 年，各地结合集中整治行动，充分借助交通技术监控，积极运用流动测速和区间测速等手段共处罚超速行驶违法行为约 1 亿起，占全国处罚总量的 25.6%，同比增加约 1400 万起，同比上升 13.5%。其中查处超速 50% 以上约 500 万起，同比减少约 50 万起，下降 9.5%。查处超速 50% 以上占查处超速行驶总量的比例为 4.6%，同比下降 1.3%。

2013 年，各地结合辖区实际，突出重点，不断加大对餐饮娱乐场所周边道路和重点时段的管控力度，始终严查严管严惩态势，酒后驾驶的发生率总体有所下降。2013 年，共查处酒后驾驶 52 万起，同比减少约 1 万起，下降 1.7%。从驾驶人年龄看，30 ～ 39 岁、40 ～ 50 岁的驾驶人分别占查处驾驶人总量的 33.4%、31.4%。从查处时间看，13 ～ 14 时、20 ～ 21 时为查处酒后驾驶的两个高峰时段，分别占全国查处总量的 15.1%、28.2%。

2．交通违法记分情况统计分析

2013 年，各地陆续出台了加强交通违法记分管理的措施，严格执行 123 号令的交通违法记分规定，交通违法的记分数量同比上升，处罚一次记 12 分和 6 分的交通违法数量升幅明显。全国处罚的交通违法中，有 1.29 亿起交通违法被记分，同比上升 63.2%。

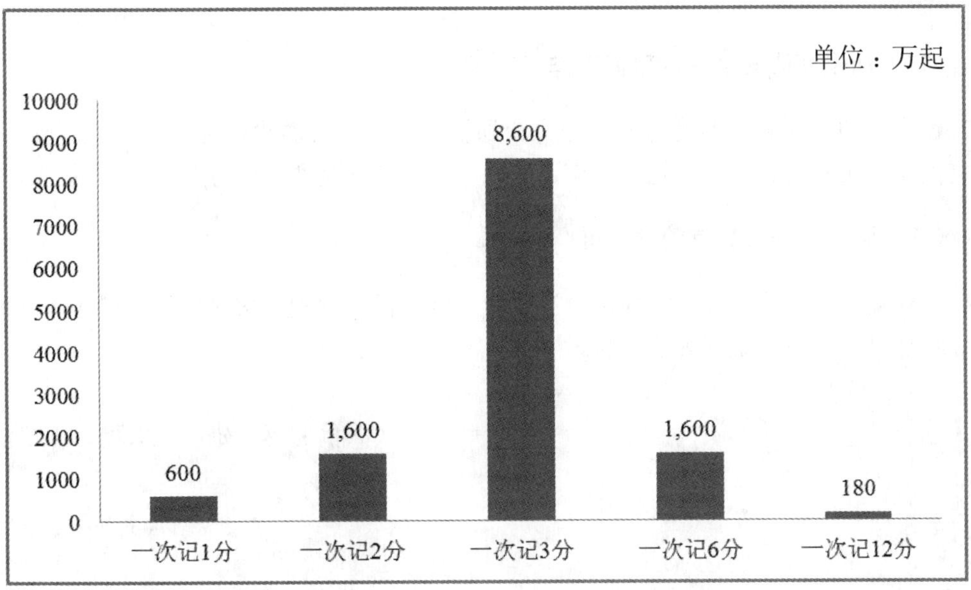

图6　2013年全国交通违法记分情况统计分析

其中一次记 12 分的交通违法行为约为 180 万起，是 2012 年的 3 倍；一次记 6 分的交通违法行为约为 1600 万起，约占交通违法记分总起数的 15%，是 2012 年的 2.7 倍；一次记 3 分的交通违法行为约为 8600 万起，约占交通违法记分总起数的 2/3，同比上升 54%；一次记 2 分的交通违法行为约为 1600 万起，同比上升 41%；一次记 1 分的交通违法行为约为 600 万起，约占交通违法记分总起数的 5%，同比基本持平。

3．受处罚驾驶人情况统计分析

2013 年，全国约有 8500 万驾驶人因交通违法被处罚，占全国驾驶人总量的 1/3，同比增加约 1900 万人，上升约 3 成。从年龄情况看，主要集中在 30 岁至 50 岁之间，共约 5500 万人，约占总量的 65%；30 岁以下、50 岁以上的驾驶人分别约占 25%、10%。从驾龄情况看，驾龄在 1 至 9 年的因交通违法被处罚的驾驶人数量相对多，总计约占受处罚驾驶人总量的 65%，其中驾龄不满 3 年的驾驶人数量约占总量的比例为 23%。

四、驾驶人管理主要措施

驾驶人违法是导致交通事故发生的主要因素，因此加强驾驶人管理对于降低交通事故发生率有着至关重要的意义，主要措施有：

（一）加强驾驶人培训及考试监管

加强科技监管手段应用，实现对机动车驾驶人培训全程动态监控；建立健全考试监控中心功能，运用技术手段实时监控考试过程，对各科目考试过程进行全程录音录像、随机抓拍照片。同时，定期对机动车驾驶人考试情况进行监控分析，及时查处、通报发现的问题。

（二）加强交通安全宣传教育工作

创新交通安全宣传教育方式，建立交通安全网络宣传教育阵地，在广大驾驶人中树立安全文明驾驶意识，自觉遵守交通法规，自觉抵制交通违法行为。

（三）强化驾驶人日常管理力度

严查重点交通违法行为，强化执法监管力度，督促驾驶人按时接受交通违法处理，按时参加机动车检验或驾驶证审验。

（撰稿：赵玉娟、王大珊、王松浩）

2013年主要高等院校交通人才培养数据

	学校名称	本科专业	班级数/人数	研究生教育	实验室
1	华东交通大学理工学院	交通工程	2个班	无	
2	山东科技大学	交通运输	38人	交通运输规划与管理	1.交通控制信号仿真实验室 2.道路桥梁模型实验室 3.道路建筑材料实验室 4.综合运输教学实验室
		交通工程	40人		
3	山东建筑大学	交通工程	3个班	1.交通运输规划与管理 2.交通信息工程及控制	道路与交通工程实验室
4	山东交通学院	交通工程	90人	1.载运工具运行安全与节能环保 2.港航路桥与隧道工程 3.海洋运输与物流	实验室： 交通工程、安全工程、轨道交通与物联网工程 经费支持：①中央财政（财政部）支持地方高校建设②交通运输部支持共建高校建设③山东省骨干学科建设（教育厅）等专项
5	北京工业大学	交通工程	35人	交通运输规划与管理	北京市交通工程重点实验室
6	东北林业大学	交通运输		1.载运工具运用工程 2.信息工程及控制 3.交通运输规划与管理	
		交通工程			
7	兰州交通大学博文学院	交通工程	2个班	无	
		交通运输	3个班		
8	吉林建筑工程学院建筑装饰学院：长春建筑学院	交通工程	34人	无	
9	吉林建筑工程学院城建学院	交通工程	2个班	无	
10	吉林建筑工程学院	交通工程	2个班	无	
11	长沙理工大学	交通运输 2个班		1.交通运输规划与管理 2.交通信息工程及控制	交通工程实验室：包括交通调查实验室、交通仿真实验室和交通控制实验室三个组成部分。开设的实验课程包括：交通调查实验；交通规划实验；交通仿真试验；GIS实验。实验室仪器设备在服务于常规本科教学的同时，有部分数据采集设备用于科研。
		交通工程 2个班			

续表

	学校名称	本科专业	班级数/人数	研究生教育	实验室
12	河北工业大学城市学院	交通运输	2个班	无	
		交通工程	3个班		
13	石家庄铁道学院（石家庄铁道大学）	交通运输		1.载运工具运用工程 2.交通信息工程及控制 3.交通运输规划与管理	1.交通流采集实验室 2.规划与仿真实验室 3.交通信息与GIS实验室 4.铁路运输模拟实验室 5.铁路运输仿真实验室
		交通工程			
14	天津城市建设学院	交通工程		无	道路与交通实验室
15	南京工业大学	交通运输		无	
		交通工程			
16	宁夏大学	交通工程		无	
17	黑龙江工程学院	交通运输		无	
		交通工程			
18	华南理工大学	交通运输		1.交通信息工程及控制 2.交通运输规划与管理 3.载运工具运用工程	
		交通工程			
19	吉林大学	交通运输		1.交通信息工程及控制 2.交通运输规划与管理 3.载运工具运用工程	1.汽车运用工程实验室 2.交通管理与物流工程实验室 3、交通工程实验室
		交通工程			
20	河海大学文天学院	交通工程		无	
21	西南交通大学	交通运输		交通运输规划与管理	
		交通工程			
22	华北水利水电学院	交通工程	98人	无	
23	扬州大学	交通工程		无	
24	武汉理工大学	交通运输	2个班	交通运输规划与管理	交通学院实验中心
		交通工程	2个班		
25	河北科技大学	交通运输		无	
26	太原科技大学	交通运输		1.运载工具现代设计理论及运用技术 2.交通设施与安全技术	
		交通工程			
27	辽宁工业大学	交通运输		交通运输工程	交通工程实验室
		交通工程			
28	郑州大学	交通工程	28人	无	交通工程实验室
29	江苏大学京江学院	交通运输	25人	无	
		交通工程	50人		

续表

	学校名称	本科专业	班级数/人数	研究生教育	实验室
30	安徽三联学院	交通运输	90人	无	交通安全监控实验室
		交通工程	140人		
31	中国人民公安大学	交通工程		无	
32	福建农林大学	交通运输	60人	1.交通运输规划与管理 2.载运工具运用工程	智能交通监控实验室
		交通工程	60人		
33	广州大学	交通工程	一个班	智能交通与道路安全	无
34	河北理工大学（现名河北联合大学）	交通运输	45人	无	无
		交通工程	52人		
35	平顶山工学院（现名：河南城建学院）	交通工程		无	交通调查实验室、交通行为实验室、交通规划实验室、交通仿真实验室、交通控制实验室、智能交通实验室等
36	湖北工业大学	交通工程	57人	无	
37	华中科技大学	交通运输	30人	1.交通信息工程及控制 2.交通运输规划与管理	
		交通工程	50人		
38	中山大学	交通工程	60人	交通运输工程	
39	华南农业大学	交通运输		无	
40	山东理工大学	交通运输	160人	1.道路交通安全 2.交通运输规划与管理 3.交通信息工程及控制	车辆工程实验室
		交通工程	80人		
41	上海海事大学	交通运输		1.交通运输规划与管理 2.交通运输工程	
		交通工程			
42	上海工程技术大学	交通运输		无	1.城市轨道交通列车运行自动控制（ATC）仿真实验室 2.城市轨道交通信号技术实验室 3.城市轨道交通运营管理实验室 4.城市轨道交通通信传输技术实验室
		交通工程	35人		
43	上海理工大学	交通工程		无	
44	武汉工业学院	交通工程		无	
45	武汉科技大学	交通运输		1.交通设备系统规划 2.交通设备控制技术 3.交通设备信息技术	
		交通工程			
46	盐城工学院	交通工程	2个班	无	
47	浙江科技学院	交通工程		无	

续表

	学校名称	本科专业	班级数/人数	研究生教育	实验室
48	内蒙古工业大学	交通运输	3个班	交通运输工程	
		交通工程	2个班		
49	同济大学	交通运输		交通运输规划与管理	1.道路与交通工程教育部重点实验室 2.国家道路交通安全管理工程技术研究中心同济大学分中心
		交通工程			
50	福州大学	交通运输		交通安全与灾害防治工程	
		交通工程			
51	桂林工学院（现名：桂林理工大学）	交通工程		无	
52	青岛理工大学	交通运输		1.交通信息工程与控制 2.交通运输规划与管理 3.载运工具运用工程	
		交通工程			
53	河南理工大学	交通工程		无	
54	东南大学	交通运输	32人	1.交通运输规划与管理 2.交通安全工程 3.交通信息工程及控制 4.载运工具运用工程	1.交通工程实验室 2.交通运输实验室
		交通工程	100人		
55	五邑大学	交通工程		交通信息工程及控制	
56	福建工程学院	交通运输		无	
		交通工程			
57	西安建筑科技大学	交通工程		1.总图运输设计理论与方法研究 2.交通运输规划与管理 3.城市道路交通与城市规划 4.总图运输优化设计理论 5.总图运输优化理论 6.城市道路交通规划 7.城市地铁设计与施工新技术 8.城市地铁信息化设计理论 9.城市综合枢纽规划设计 10.交通运输规划设计 11.交通环境保护	
58	北京交通大学	交通运输		1.系统科学 2.控制科学与工程 3.交通运输规划与管理 4.环境工程 5.安全科学与工程	交通运输实验中心
		交通工程			

续表

<table>
<tr><th></th><th>学校名称</th><th>本科专业</th><th>班级数/人数</th><th>研究生教育</th><th>实验室</th></tr>
<tr><td rowspan="2">59</td><td rowspan="2">昆明理工大学</td><td>交通运输</td><td></td><td rowspan="2">1.交通运输规划与管理
2.交通信息工程及控制
3.载运工具运用工程</td><td rowspan="2">智能交通工程技术研究中心</td></tr>
<tr><td>交通工程</td><td></td></tr>
<tr><td rowspan="2">60</td><td rowspan="2">兰州交通大学</td><td>交通运输</td><td></td><td rowspan="2">1.交通运输规划与管理
2.安全科学与工程
3.管理科学与工程
4.系统工程
5.信息管理与信息系统</td><td rowspan="2"></td></tr>
<tr><td>交通工程</td><td></td></tr>
<tr><td>61</td><td>中国农业大学</td><td>交通运输</td><td>3个班</td><td>载运工具运用工程</td><td></td></tr>
<tr><td rowspan="2">62</td><td rowspan="2">中国民用航空飞行学院</td><td>交通运输（空中交通管理）</td><td></td><td rowspan="2">交通运输规划与管理</td><td rowspan="2">空中交通管理研究所</td></tr>
<tr><td>交通工程</td><td></td></tr>
<tr><td>63</td><td>西安建筑科技大学华清学院</td><td>交通工程</td><td></td><td>无</td><td></td></tr>
<tr><td>64</td><td>南京工业大学浦江学院</td><td>交通工程</td><td></td><td>无</td><td></td></tr>
<tr><td rowspan="2">65</td><td rowspan="2">内蒙古农业大学</td><td>交通运输</td><td>1个班</td><td rowspan="2">公路交通运输规划</td><td rowspan="2"></td></tr>
<tr><td>交通工程</td><td>2个班</td></tr>
<tr><td>66</td><td>南京理工大学</td><td>交通工程</td><td></td><td>1.交通运输规划与管理
2.载运工具运用工程
3.交通信息工程及控制</td><td></td></tr>
<tr><td>67</td><td>苏州科技学院</td><td>交通工程</td><td></td><td>无</td><td></td></tr>
<tr><td rowspan="2">68</td><td rowspan="2">北京理工大学</td><td>交通运输</td><td></td><td rowspan="2">1.交通运输与现代物流技术
2.交通运输规划与管理
3.交通信息及控制</td><td rowspan="2">交通与车辆实验教学中心</td></tr>
<tr><td>交通工程</td><td></td></tr>
<tr><td>69</td><td>青岛理工大学琴岛学院</td><td>交通工程</td><td></td><td>无</td><td></td></tr>
<tr><td>70</td><td>河海大学</td><td>交通工程</td><td></td><td>1.交通信息工程及控制
2.交通运输规划与管理
3.载运工具运用工程</td><td>土木与交通工程实验中心</td></tr>
<tr><td>71</td><td>湖南城市学院</td><td>交通工程</td><td></td><td>无</td><td>无</td></tr>
<tr><td>72</td><td>桂林电子科技大学</td><td>交通工程</td><td></td><td>智能交通系统（机电工程学院）</td><td></td></tr>
<tr><td>73</td><td>深圳大学</td><td>交通工程</td><td></td><td>无</td><td></td></tr>
<tr><td>74</td><td>哈尔滨剑桥学院</td><td>交通工程</td><td></td><td>无</td><td></td></tr>
<tr><td>75</td><td>大连理工大学</td><td>交通工程</td><td></td><td>1.交通信息工程及控制
2.交通运输规划与管理
3.载运工具运用工程</td><td></td></tr>
</table>

续表

	学校名称	本科专业	班级数/人数	研究生教育	实验室
76	辽宁科技大学	交通工程		无	
77	淮阴工学院	交通运输	40人	无	智能交通与运输实验室
		交通工程	46人		
78	新疆农业大学	交通运输		1.交通运输规划与管理 2.交通信息工程及控制 3.载运工具运用工程	
		交通工程			
79	北京建筑工程学院	交通工程		1.交通运输规划与管理 2.载运工具运用工程与汽车 3.交通信息工程与控制	交通工程实验室
80	江苏大学	交通运输(汽车运用与物流工程)		1.交通信息工程及控制 2.交通运输规划与管理 3.载运工具运用工程	
		交通工程			
81	新疆大学	交通工程（土建方向）		无	
82	西华大学	交通运输		无	汽车交通实验中心
		交通工程			
83	河北工业大学	交通运输	60人	1.交通运输规划与管理 2.交通信息工程及控制	
		交通工程	120人		
84	大连交通大学	交通运输		1.交通运输规划与管理 2.载运工具运用工程	
		交通工程			
85	重庆交通大学	交通运输		1.交通规划与管理 2.交通信息与控制	交通运输工程实验室
		交通工程			
86	哈尔滨工业大学	交通工程		1.交通运输规划与管理 2.交通信息工程及控制 3.载运工具运用工程	
87	合肥工业大学	交通运输		1.交通运输规划与管理 2.交通信息工程及控制 3.载运工具运用工程 4.智能交通工程	
		交通工程			
88	南京林业大学	交通运输		1.交通运输规划与管理 2.载运工具运用工程	
		交通工程			
89	江西理工大学应用科学学院	交通工程	1个班	无	
90	北京林业大学	交通工程			
91	西南科技大学	交通工程		无	

续表

	学校名称	本科专业	班级数/人数	研究生教育	实验室
92	北京理工大学珠海学院	交通工程		无	交通工程实验室
93	华东交通大学	交通运输		交通运输规划与管理	
94	中国民航大学	交通运输		1.交通运输规划与管理 2.交通信息工程及控制	
		交通工程			
95	西北工业大学	交通工程	1个班	无	
96	闽江学院	交通工程（轨道交通）		无	
		交通工程（道路交通）			
97	北京城市学院	交通工程		无	
98	石家庄铁道学院四方学院	交通工程		无	
99	长安大学兴华学院	交通运输		无	
		交通工程			
100	长安大学	交通工程		交通运输规划与管理	
101	青海民族学院（现名：青海民族大学）	交通运输		无	
		交通工程			
102	江西理工大学	交通工程		无	
103	内蒙古科技大学	交通工程		无	
104	河北理工大学轻工学院	交通运输		无	
		交通工程			
105	河北工程大学	交通工程		无	交通实验室
106	河北工程大学科信学院	交通工程		无	
107	榆林学院				
108	沈阳工业大学				
109	山东大学	交通运输		交通信息工程及控制	
		交通工程			
110	中国人民解放军军事交通学院	国防交通工程		1.交通信息工程及控制 2.交通运输规划与管理 3.载运工具运用工程	
111	沈阳建筑大学	交通运输			

续表

	学校名称	本科专业	班级数/人数	研究生教育	实验室
112	内蒙古大学	交通运输		无	交通检测实验平台
113	黑龙江八一农垦大学	交通运输		无	
114	大连海事大学	交通运输			
115	北京航空航天大学	交通运输		1.载运工具运用工程 2.交通信息控制及工程 3.交通运输规划与管理	
116	鲁东大学	交通运输		无	

第二章

全国主要城市2012年交通年报（摘要）

北京市

1. 城市概况

北京市是中华人民共和国的首都、直辖市和国家中心城市，是中国的政治、文化、科教和国际交往中心，中国经济、金融的决策和管理中心，也是中华人民共和国中央人民政府和全国人民代表大会的办公所在地。北京位于华北平原的北部，行政管辖十四区两县，总面积 16410.54 平方公里。

2. 人口

2012 年末全市常住人口 2069.3 万人，比上年末增加 50.7 万人。其中，常住外来人口 773.8 万人，占常住人口的比重的 37.4%。常住人口中，城镇人口 1783.7 万人，占常住人口比重的 86.2%。全市户籍人口 1297.5 万人，比上年末增加 19.6 万人。

3. 社会经济

全年实现地区生产总值 17879.4 亿元，比上年增长 7.7%。其中，第一产业增加值 150.2 亿元，增长 3.2%；第二产业增加值 4059.3 亿元，增长 7.5%；第三产业增加值 13669.9 亿元，增长 7.9%。

4. 机动车保有量

2012 年底，全市机动车保有量为 520 万辆，比 2011 年底净增 21.6 万辆，增幅为 4.3%，其中私人小客车净增 18 万辆，增幅为 4.8%。

5. 出行总量

六环内日均出行总量达 3033 万人次（不含步行），比 2011 年底（2873 万人次）增加了 160 万人次，增幅为 5.6%。

其中公共汽（电）车出行量为 826 万人次 / 日，比 2011 年底增加 15 万人次；轨道交通出行量为 509 万人次 / 日，比 2011 年底增加 114 万人次；小汽车出行量为 990 万人次 / 日，比 2011 年底增加 42 万人次；自行车出行量为 422 万人次 / 日，比 2011 年底减少 10 万人次；出租汽车出行量为 199 万人次 / 日，与 2011 年底基本持平。

6. 出行结构

2012 年，全市居民各种交通方式出行构成中（不含步行），公共交通（轨道交通

+公共（电）汽车）比例为44%（其中，轨道交通16.8%，公共汽（电）车27.2%），较2011年底增长了2个百分点；小汽车出行比例为32.6%，较2011年底下降了0.4个百分点；出租车出行比例6.6%，较2011年底下降了0.3个百分点；自行车出行比例13.9%，较2011年底下降了1.2个百分点。

7. 轨道交通

至2012年底，北京轨道交通运营线路达到16条，运营里程达到442公里。轨道交通车辆共计3550辆，比2011年底增加700辆，增长24.6%；2012年轨道交通路网进站量13.8亿人次，客运量24.61亿人次，客运周转量220.6亿人次公里，分别比2011年增加了10.4%、12.2%和20.7%。

8. 对外旅客运输量

2012年全市对外客运共运送乘客2.59亿人次，比上年增长7.1%，其中道路客运完成7409万人次，铁路旅客发送量10315万人次，航空进出港旅客8193万人次。

9. 对外货物运输量

2012年，道路营业性货运量达到24925万吨，比上年增长7.1%；铁路货物到发量为4112万吨，比上年减少1.3%;航空货邮吞吐量达到180.0万吨，比上年增长9.8%;口岸监管货运量为154.3万吨，比上年减少1.9%。

上海市

1. 城市概况

上海市是中华人民共和国直辖市之一，中国的经济、交通、科技、工业、金融、贸易、会展和航运中心；地处长江入海口，东向东海，隔海与日本九州岛相望，南濒杭州湾，西与江苏、浙江两省相接，共同构成以上海为龙头的中国最大经济区“长三角经济圈”。上海市行政管辖十六区一县，总面积6340.5平方公里。

2. 人口

至2012年底，全市常住人口2380.43万人，同比增加32.97万人，增长1.4%。其中，常住外省市人口960.24万人，同比增加24.88万人，增长2.7%。

3. 社会经济

2012年，上海市实现生产总值20101.33亿元，按可比价格计算，比上年增长7.5%。分产业看，第一产业增加值127.8亿元，增长0.5%；第二产业增加值7912.77亿元，增长3.1%；第三产业增加值12060.76亿元，增长10.6%。

4. 机动车保有量

年底全市注册机动车达262.3万辆，同比增长4.3%。汽车保有量217.0万辆，同比增长12.0%。小客车保有量177.8万辆，同比增长14.1%。摩托车保有量43.5万辆，同比减少22.6%。私人机动车注册量183.8万辆，其中，私人小客车140.2万辆，同比增长17.9%。

5. 出行总量

2012年中心城出行总量3128万人次日，同比增长1.5%。其中，公共交通出行方式占35.1%，个体机动方式占23.0%，非机动方式占16.8%，步行占25.1%。

6. 出行结构

全市公共交通年日均客运量达1701万乘次，同比增长2.0%。其中，轨道交通日均客运 量621.8万乘次，同比增长8.0%，占公交客运量的37%；公共汽电车日均客运量766万乘次 同比下降0.5%，占45%；出租车日均客运量294万乘次，同比下降2.5%，占17%。

7. 轨道交通

至2012年底，全市运营轨道交通线路共13条，运营线路长度468.2公里，运营车站289座，其中换乘枢纽站37座。全网配置运营列车508列，同比增长9.0%。2012年轨道交通全年日均客运量621.8万乘次，同比增长8.0%；轨道交通日均换乘量254.8万乘次，同比增长7.6%。

8. 对外旅客运输量

全市对外旅客到发量2.9亿人次，同比增长7.8%。其中，港口对外旅客到发量139万人次，同比下降9.7%，占对外旅客到发总量的0.5%；航空对外旅客到发量7871万人次，同比增长5.6%，占对外旅客到发总量的27.2%；公路对外旅客到发量约7497万人次，同比增长7.8%，占26.0%；铁路旅客到发量13368万人次，同比增长9.5%，占46.3%。

9. 对外货物运输量

全市货物运输量11.9亿吨，同比基本持平。其中，港口货物年吞吐量7.36亿吨，同比增长1.1%，占全市对外货运量的61.7%；港口集装箱年吞吐量3253万TEU，同比增长2.5%，继续位居世界第一大港；航空年货运量336.8万吨，同比下降4.8%，占对外货运量的0.3%；公路年货运总量4.29亿吨，同比增长0.5%，占36.0%；铁路年货运量2331万吨，同比下降13.9%，占2.0%。

广州市

1. 城市概况

广州是广东省的省会，广东省的政治、经济、科技、教育和文化中心，地处中国大陆南方，广东省的中南部，接近珠江流域下游入海口。广州市行政管辖十区两市，总面积 7434.4 平方公里。

2. 人口

2012 年末，全市常住人口 1284 万人，较上年增长 0.6%;全市户籍人口 822.3 万人，较上年增长 .09%。

3. 社会经济

2012 年，广州市实现地区生产总值（GDP）13551.21 亿元，按可比价格计算，比上年（同下）增长 1.5%。其中，第一产业增加值 220.72 亿元，增长 3.3%；第二产业增加值 4713.16 亿元，增长 9.9%；第三产业增加值 8617.33 亿元，增长 11.1%。

4. 机动车保有量

2012 年底，广州市全市机动车拥有量 244.2 万辆，比上年增加约 11.7 万辆，增幅 5.0%。其中民用汽车 204.2 万辆，比上年增长 9.1%，小型客车受限牌政策影响，2012 年底全市小客车拥有量从 157 万增长为 174 万，增幅 10.6%。

5. 出行总量

2012 年末广州市区日均机动车出行量约 2045 万次，同比增长 5.2%。其中公共交通出行量增长约 3.9%，个体机动交通增长约 7.2%。

6. 出行结构

2012 年公共交通与个体交通的比例基本维持在 6:4 水平。个体机动车出行比例增加约 0.6 个百分点；公共交通从运量统计上有所增加，但整体结构出行比例有所下降，为 59.3%；轨道交通出行比重增加约 0.3 个百分点；地面公交出行比重在客运量下降的前提下增加了 0.9 个百分点。

7. 轨道交通

2012年广州市轨道交通总里程236公里，与上年相同。轨道交通完成客运量18.6亿人次，较上年的16.4亿增长了13%，日均客流达到507万人次/日。

8. 对外旅客运输量

2012年广州铁路、水路、公路、航空对外运输方式完成客运量76066万人次，日均客运量达到208.4万人次，较上年增长12.3%。其中铁路全年客运量为10699万人次，较上年增长2.0%；水路客运量307万人次，比上年增长7.3%；公路客运量58875万人次，增长15.2%；航空客运量6185万人次，较上年增长5.7%。

9. 对外货物运输量

2012年完成货运量75995万吨，日均货运量208.2万吨，较上年增长17.4%。其中铁路全年货运量为6049万吨，同比上年减少6.4%；水路全年货运量16325万吨，增长36.9%；港口货运吞吐量4.35万吨，增长1.4%，港口集装箱吞吐量1452TEU，增长1.5%；公路货运量52697万吨，增长16.0%；航空货运量99万吨，增长9.0%；管道货运量825万吨，增长3.5%。

第六篇

纪事篇

第一章

中国智能交通行业2013年大事记

中国智能交通行业2013年大事记

1月30日，住建部公布2013年度90个国家智慧城市试点名单。

2月6日，交通运输部、公安部、发展改革委、工业和信息化部、住房城乡建设部、商务部和邮政局七部委印发了《关于加强和改进城市配送管理工作的意见》。

3月7日，交通运输部发布《关于规范发展出租汽车电召服务的通知》。

3月12日，现代交通技术领域办公室组织863计划现代交通技术领域专家组、电动汽车和高速列车科技发展“十二五”专项总体专家组在北京举办了交通技术领域研讨会。

3月26日，发改委《促进综合交通枢纽发展的指导意见》正式公布。

4月8日，北京市智能交通协会成立大会暨第一次会员大会在北京召开。

5月29日，交通运输部印发了《加快推进绿色循环低碳交通运输发展指导意见》。

6月6日，交通运输部发布了《交通运输推进物流业健康发展的指导意见》。

6月20日，交通运输部正式公布了《国家公路网规划（2013年—2030年）》。

7月16日，交通运输部审议并原则通过了《交通运输“十二五”发展规划中期评估报告》。

7月16日，由武汉理工大学承办的第二届“交通信息与安全国际学术会议”在湖北武汉开幕。

7月17日，交通运输部下达《关于2013年交通运输标准化计划的通知》。

7月17日，深圳市交通运输委员会7月17日挂牌成立深圳市综合交通运行指挥中心。

7月24日，工信部电信研究院和中国移动研究院联合发布《车联网产业发展白皮书》。

7月25日，交通运输部印发《公交都市考核评价指标体系》。

7月26日，首届北京交通行业信息化大会在北京会议中心隆重召开。

8月20日，由世界银行和北京交通发展研究中心共同主办的世界城市交通发展战略研讨会在北京召开。

8月23日，交通运输部就《城市公共交通IC卡业务及技术应用规范》征求意见。

8月23日，《上海市交通发展白皮书》发布。

8月31日，交通运输部提出《关于改进提升交通运输服务的若干指导意见》。

9月13日，交通运输部在陕西西安召开公交都市创建工作座谈会。

9月24日，交通运输部办公厅发布了《关于推进交通运输信息化智能化发展的指导意见》。

9月24日，由交通运输部指导组建的中国智能交通产业联盟正式成立。

9月26日，由中国智能交通协会主办的“第八届中国智能交通年会暨智能交通创新成果展”在安徽合肥成功召开。

9月26日，“2013年度中国智能交通协会科学技术奖”颁奖仪式举行。

10月8日，交通运输部、公安部、安全监管总局三部委联合开展营运车辆卫星定位系统监管使用情况专项检查。

10月9日，国务院办公厅《国家卫星导航产业中长期发展规划》正式出台。

10月12日，公安部智能交通管理工程技术实验基地在苏州成立。

10月14日，交通部《道路运输行业节能评价方法》等35项交通运输行业标准审查通过，将自2014年1月1日起实施。

10月15日，第二十届智能交通世界大会在日本东京开幕。

11月21日，交通运输部公布天津、上海等22个城市为公交都市建设示范工程第二批创建城市。

11月28日，交通运输部批准成立交通运输信息安全中心，该中心依托中国交通通信信息中心，是目前行业内唯一的信息安全专业机构。

12月2日，全国交通安全日上，公安部交管局根据大数据统计公布了全国十大危险路段。

第二章

中国智能交通协会2013年大事记

中国智能交通协会2013年大事记

12月6日	2013’中国智能交通与大数据技术峰会在北京顺利召开
10月19～23日	中国智能交通协会专家团赴新疆考察
10月14～18日	中国智能交通协会阻止中国代表团赴日本东京参加第二十届智能交通世界大会
9月26～28日	2013’中国智能交通年会暨智能交通创新成果展在安徽合肥成功召开
9月26日	2013年度中国智能交通协会科学技术奖评审结果公布，共产生一等奖4项，二等奖8项，三等奖12项。
9月26日	2013’中国智能交通年会评选出10个优秀论文奖
9月26日	《中国智能交通行业发展年鉴（2012）》正式发布
9月26日	中国智能交通协会评选出2013年度15家优秀会员单位、10位突出贡献专家
9月26日	中国智能交通协会专家委员会水路交通专业委员会成立
9月5日	第一届中国智能交通协会科学技术奖励委员会第二次会议召开
8月16日	2013’中国智能交通年会优秀论文评审会召开
8月14日	吴忠泽理事长参加第十三届COTA国际交通科技年会（深圳）并做主题报告
8月6日	中国智能交通协会完成民政部专家实地评估调查工作
8月5日	中国智能交通协会完成民政部年检工作
8月1～2日	中国智能交通协会专家团赴天津考察
7月7～20日	中国智能交通协会成功举办第一期智能交通国际高级研修班
7月19日	2013年度中国智能交通协会科学技术奖终评会议召开
7月18日	《中国智能交通行业发展年鉴（2012）》统稿会召开
6月4-8日	中国智能交通协会专家团赴华东地区考察
6月4日	吴忠泽理事长参加第四届中国国际物联网大会（上海）并做主题报告
5月30日	第二届京交会——“智能交通与便捷出行”主题论坛在北京国家会议中心成功举办
4月26～28日	中国智能交通协会专家团赴华南地区考察
4月17日	2013’中国智能交通年会暨智能交通创新成果展新闻发布会在安徽合肥召开
3月25日	中国智能交通协会专家委员会交通安全专业委员会成立
3月18日	中国智能交通协会首次征集个人会员，共56名个人会员加入
3月11日	中国智能交通协会第一届常务理事会第九次会议召开
3月10日	中国智能交通协会完成财政部年检工作
1月14日	中国智能交通协会新春茶话会在北京召开

第七篇

附录

第一章

中国智能交通协会

中国智能交通协会第二届常务理事会名单

理事长	
吴忠泽	第一届中国智能交通协会理事长、中央纪委派驻科技部纪检组原组长（副部长级）、科技部原党组成员、第十一届全国人大代表、全国人大教科文卫委员会委员
副理事长	
何华武	中国铁路总公司总工程师、技委会主任、中国工程院院士
洪晓枫	交通运输部科技司副司长
李江平	公安部交通管理局副局长
刘贺明	住房和城乡建设部城市建设司副司长
高英战	中国民用航空局人事科教司副司长
袁建湘	科技部高技术研究发展中心副主任
王笑京	交通运输部公路科学研究院总工程师、国家智能交通系统工程技术研究中心主任
赵　航	中国汽车技术研究中心主任
常务理事（按音序排列）	
蔡启文	广东省智能交通协会会长
陈红洁	上海电科智能系统股份有限公司董事长
陈家昌	科技部高新技术发展及产业化司副司长
陈维强	青岛海信网络科技股份有限公司总经理
方守恩	同济大学党委副书记
关积珍	北京四通智能交通系统集成有限公司董事长
关志超	深圳市智能交通产业促进会秘书长
郭继孚	北京市交通发展研究中心主任
何建伟	天津市公安局交通管理局局长
胡　宾	北京速通科技有限公司总工程师
黄建玲	北京市交通信息中心主任、北京市智能交通协会会长
贾利民	轨道交通控制与安全国家重点实验室（北京交通大学）首席教授
江绵康	上海市城乡建设和交通发展研究院院长
金茂菁	科技部高技术研究发展中心交通处处长
康　熊	国家铁路智能运输系统工程技术研究中心主任、中国铁道科学研究院常务副院长
李　骏	中国第一汽车股份有限公司技术中心主任、中国工程院院士
李爱民	交通运输部路网监测与应急处置中心常务副主任
李正熙	北方工业大学副校长

续表

林拥军	北京易华录信息技术股份有限公司总裁
刘宝波	中国人民解放军军事交通学院副院长
罗瑞发	深圳金溢科技有限公司总经理
马　林	住房和城乡建设部城市交通工程技术中心总工程师
宁　滨	北京交通大学校长
孙正良	公安部交通管理科学研究所副所长
汪正胜	长安集团汽车工程研究院总工程师
王　炜	东南大学交通学院院长
王　勇	浙江网新智能技术有限公司总经理
王家捷	安徽科力信息产业有限责任公司董事长、安徽省智能交通协会副理事长
王云鹏	北京航空航天大学交通科学与工程学院院长
武　平	科技部高新技术发展及产业化司交通处处长
谢　飞	中国汽车工程研究院股份有限公司副总经理
谢振东	广东岭南通股份有限公司总经理
严新平	武汉理工大学副校长
杨　瑞	汉柏科技有限公司总经理
杨金才	深圳市智能交通协会会长
于春全	北京市公安局原副局长（正局级）
余　志	中山大学ITS中心主任
张　昊	北京市交科公路勘察设计研究院有限公司副院长
张　军	北京航空航天大学副校长、中国工程院院士
张　鹏	中铁信息工程集团有限公司副总经理
张　滔	博康智能网络科技股份有限公司董事长
张　毅	清华大学副教务长、自动化系教授
张建强	中国民航局空中交通管理局副局长
张进华	中国汽车工程学会常务副理事长、秘书长
张遂征	北京宏德信智源信息技术有限公司董事长
赵新勇	公安部道路交通安全研究中心副主任
邹　平	北京市公安局公安交通管理局科信处处长

中国智能交通协会理事单位名单

序号	单位名称
1	安徽博微广成信息科技有限公司
2	包头市公安局交通管理支队
3	北京辰阳易通信息技术服务有限公司
4	北京工业大学交通研究中心
5	北京航天福道高技术股份有限公司
6	北京航天智通交通科技有限公司
7	北京交通大学交通运输学院
8	北京精英智通科技股份有限公司
9	北京九州联宇信息技术有限公司
10	北京理工大学电动车辆国家工程实验室
11	北京全路通信信号研究设计院有限公司
12	北京尚易德科技有限公司
13	北京四维图新科技股份有限公司
14	北京万集科技股份有限公司
15	北京星通联华科技发展有限公司
16	成都深港路通科技有限公司
17	大连中智慧通信息科技有限公司
18	福建省视通光电网络有限公司
19	福建新大陆电脑股份有限公司
20	高德软件有限公司
21	广东联合电子服务股份有限公司
22	广州华工信息软件有限公司
23	广州交通信息化建设投资营运有限公司
24	广州新软计算机技术有限公司
25	国家道路交通管理工程技术研究中心
26	国家智能交通系统工程技术研究中心
27	杭州市综合交通研究中心
28	华南理工大学智能交通系统与物流技术研究所
29	吉林大学交通学院

续表

序号	单位名称
30	交通部公路科学研究院
31	交通运输部规划研究院
32	交通运输部科学研究院
33	交通运输部路网监测与应急处置中心
34	兰州交通大学交通运输学院
35	南京市公安交通科研所
36	宁波工程学院
37	宁波中兴智慧城市研究院有限公司
38	启明信息技术股份有限公司
39	清华大学-剑桥大学-麻省理工学院低碳能源大学联盟未来交通研究中心
40	清华大学汽车安全与节能国家重点实验室
41	清华大学深圳研究生院
42	瑞斯康达科技发展股份有限公司
43	山东大学综合交通运输科学与技术中心
44	山东海日峰电子科技有限公司
45	山东易构软件技术有限公司
46	上海宝康电子控制工程有限公司
47	上海电驱动股份有限公司
48	上海汽车集团股份有限公司技术中心
49	上海市国际展览有限公司
50	深圳蓝普科技有限公司
51	深圳市城市交通规划设计研究中心
52	深圳市公安局交通警察局交通科技处
53	深圳市交通科学技术研究所
54	水路公路交通安全控制与装备教育部工程研究中心
55	天津大学
56	同济大学交通运输工程学院
57	同济大学智能交通运输系统（ITS)研究中心
58	武汉武大卓越科技有限责任公司
59	西南交通大学
60	银江股份有限公司
61	浙江大学建筑工程学院
62	浙江浙大中控信息技术有限公司

续表

序号	单位名称
63	智能交通网
64	中国北方机车车辆工业集团公司
65	中国城市规划设计研究院
66	中国交通通信信息中心
67	中国交通信息产业杂志社
68	中国交通信息中心有限公司
69	中国民航大学民航空管研究院
70	中国南车集团公司
71	中国人民公安大学交通管理工程系
72	中国铁路通信信号股份有限公司
73	中铁电气化局集团有限公司
74	中通客车控股股份有限公司
75	中兴智能交通（无锡）有限公司
76	中咨泰克交通工程集团有限公司
77	中南大学城市交通研究所

中国智能交通协会专家委员会名单

（排名以拼音为序）

主任委员	
黄　卫	新疆维吾尔自治区人民政府常务副主席、中国工程院院士
委　员	
顾怀中	南京市公安局交通管理局科研所所长/高工
关积珍	北京四通智能交通系统集成有限公司董事长/教授级高工
贾利民	轨道交通控制与安全国家重点实验室（北京交通大学）首席专家/教授
江绵康	上海市城乡建设和交通发展研究院院长/研高
李克强	清华大学汽车工程系主任/教授
廉玉波	比亚迪汽车公司研究院级CEO/研高
刘小明	交通运输部运输司司长/教授
孙立军	同济大学交通运输工程学院教授
王　庆	东南大学教育部智能交通运输系统工程研究中心主任/教授
王笑京	交通部公路科学研究院总工/研究员
吴　卫	国家发展改革委产业协调司副处/研高
王长君	公安部交通管理科学研究所所长/研究员
谢　飞	中国汽车工程研究院有限公司副总/研高
徐亚国	广州市公安局交通管理研究所所长/教高
张　军	北京航空航天大学副校长/教授
朱华荣	长安汽车（集团）有限公司副总裁/研高
朱　中	青岛海信网络科技股份有限公司原副总经理/高工

中国智能交通协会专家委员会
城市交通专业委员会成员名单

（排名以拼音为序）

主任委员	
关积珍	中国智能交通协会副秘书长 北京四通智能交通系统集成有限公司董事长/研究员
副主任委员	
马　林	住房和城乡建设部城市交通工程技术中心副主任/教授级高工
王　炜	东南大学交通学院院长/教授
委　员：	
陈红洁	上海电科智能系统股份有限公司董事长/研究员
陈　茜	杭州市城乡建设委员会总工
关宏志	北京工业大学建筑工程学院副院长/教授
付长青	中国华录智能交通产业研究中心主任/研究员
顾承华	上海市城乡建设和交通发展研究院总工
关志超	深圳市交通委交通运行指挥中心总工
郭继孚	北京交通发展研究中心主任/研究员
黄建玲	北京市交通信息中心主任/教授
姜廷顺	大连公安局交通警察支队原副支队长/教授
林维望	深圳市公安局交通警察局科技处处长/高工
李正熙	北方工业大学副校长/教授
刘　新	青岛海信网络科技有限公司副总经理/总工程师
邵春福	北京交通大学教授
徐建闽	华南理工大学教授
谢振东	广东岭南通股份有限公司总经理/教授高工
孙正良	公安部交通管理科学研究所副所长/研究员
王殿海	浙江大学教授
王家捷	安徽科力信息产业有限责任公司董事长
杨　琪	全国ITS标准化委员会主任/研究员
杨晓光	同济大学教授
余　志	中山大学教授
张　毅	清华大学教授
张遂征	北京宏德信智源信息技术有限公司董事长/教授

中国智能交通协会专家委员会
交通安全专业委员会成员名单

（排名以拼音为序）

主任委员	
王云鹏	北京航空航天大学交通科学与工程学院院长/教授
副主任委员	
方守恩	同济大学党委副书记/教授
李爱民	交通运输部路网监测与应急处置中心副主任/研究员
赵新勇	公安部道路交通安全研究中心副主任/研究员
委　员	
戴　斌	国防科技大学机电工程与自动化学院副总工/教授
龚　标	公安部交通科学管理研究所研究员
龚进峰	中国汽车技术研究中心首席专家/研究员
何举刚	重庆长安汽车股份有限公司汽车工程研究总院副院长/研究员
胡江碧	北京工业大学交通研究中心教授
李　斌	交通运输部公路科学研究院ITS中心副主任/研究员
刘　建	中国交通通信信息中心副总工/研究员
刘　攀	东南大学院长教授
邵毅明	重庆交通大学交通运输学院院长/教授
王军利	中国人民公安大学交通管理工程系系主任/教授
魏　朗	长安大学教授
吴　旭	北京宏德信智源信息技术有限公司高工
吴超仲	武汉理工大学智能交通系统研究中心副主任/教授
徐友春	军事交通学院教授
闫学东	北京交通大学交通运输学院副院长/教授
杨志杰	中国铁道科学研究院通信信号研究所副所长/研究员
姚丹亚	清华大学系统工程研究所副所长/研究员
袁　宇	华北高速公路股份有限公司常务副总经理/研究员
朱晓光	安徽科力信息产业有限责任公司总经理/研究员

中国智能交通协会专家委员会
水路交通专业委员会成员名单

（排名以拼音为序）

主任委员	
严新平	武汉理工大学副校长/教授
副主任委员	
施朝健	上海海事大学院长/教授
刘怀汉	长江航道规划设计研究院院长/教授级高工
张淑芳	大连海事大学院长/教授
委　员	
万晓霞	武汉大学主任/教授
胡　昊	上海交通大学教授
殷惠广	长江航务管理局信息中心副主任/高工
罗　宁	三峡通航管理局技术研发中心主任/高工
张　帆	长江海事局指挥中心高工
邓延洁	交通运输部水运科学研究主任/高工
陆永军	南京水利科学研究院所长/高工
董国祥	上海船舶运输科学研究所主任/高工
徐志远	交通部规划研究院高工
胡国丹	中交水运规划设计研究院副院长/教授级高工
孙腾达	中国交通通信信息中心高工
钟　梅	中远网络（北京）有限公司副总经理/高工
张　阳	长江航运科学研究所所长/高工
张东华	武汉中原电子集团公司主任/高工
刘　轰	江苏交通规划设计研究院主任/高工
刘嘉华	国家东海航海技术保障中心主任/高工
孙东生	中船重工远舟（北京）科技有限公司董事长/研究员
杨光伟	北京视酷伟业科技有限公司总经理/高工
韩晓军	武汉因博信息技术有限公司总经理/高工
李朝辉	武汉南华工业设备工程股份有限公司总工/高工
秘书长：	
初秀民	武汉理工大学智能交通研究中心教授

中国智能交通协会会员单位名录

序号	单位名称	通信地址	邮编	电话
1	安徽汉高信息科技有限公司	安徽省合肥市高新区天达路71号华亿科学园E1座302/402	230088	0551-65397930
2	安徽云科智能科技股份有限公司	芜湖高新技术产业开发区火炬二路11号	241000	0553-2293176
3	百年金海科技有限公司	郑州市郑东新区商务外环路12号绿地世纪峰会17.18.22层	450001	4006551116
4	保定维特瑞交通设施工程有限公司	河北省保定市民营科技产业园腾飞路893号	71000	0312-5916380
5	北京航博视讯智能技术有限公司	北京市海淀区清华大学东门唐宁ONE10号楼1007	100080	010-82362026
6	北京华飞时代科技有限公司	北京市海淀区安宁庄东路18号光华创业园科研楼二层	100085	
7	北京市城市交通信息智能感知与服务工程技术研究中心	北京市海淀区高粱桥斜街44号一区科教楼1006室	100044	
8	北京金鸿泰科技有限公司	北京市海淀区大柳树富海中心4号楼608	100081	010-62130303
9	北京千方科技集团有限公司	北京市海淀区学院路39号 北航唯实大厦9层	100191	010-61959953
10	北京日立北工大信息系统有限公司	北京市朝阳区南磨房路37号华腾北搪商务大厦401室	100022	010-51908103
11	北京文安科技发展有限公司	北京市海淀区中关村东路8号东升大厦905室	100083	
12	北京文通科技有限公司	北京市海淀区北四环西路9号银谷大厦1609	100190	010-62800286
13	北京握奇智能科技有限公司	望京北路启明大厦7层	100015	010-64722288
14	北京邮电大学（计算机学院）	北京市海淀区西土城路10号	100876	
15	北京仲合晟泰科技有限公司	潍坊高新技术开发区东风东街与潍县中路往南400米路西翰林新城17号商业楼6、7号房	102208	0536-8882979
16	博雅软件股份有限公司	北京海淀区北四环西路66号2-3层	100085	010-82489003
17	常州市公共交通集团公司	江苏省常州市中吴大道2188号	213023	0519-67896565
18	成都四为电子信息股份有限公司	成都市高新西区新文路22号融智总部公园16栋	611731	028-87823187
19	电装（中国）投资有限公司	东三环北路5号北京发展大厦	100004	010-57582658

续表

序号	单位名称	通信地址	邮编	电话
20	福建富顺电子有限公司	福建省漳州市蓝田工业开发区富顺光电科技园	363000	0596-7095880
21	富邦工程有限公司	澳门宋玉生广场180号 东南亚商业中心11楼J座		00853-28329283
22	公安部第三研究所	上海市岳阳路76号	201204	021-33933856
23	广东方纬科技有限公司	广州市大学城街22号数学家庭基地B栋801房	510006	020-89250751
24	广州市埃特斯通信设备有限公司	广东省广州市萝岗区永和经济开发区华峰路5号	511356	020-32225030
25	哈尔滨程航科技有限公司	黑龙江省哈尔滨市南岗区哈尔滨工程大学21号楼B058	150001	0451-57762688
26	哈尔滨优先泊车管理有限公司	黑龙江省哈尔滨市道里区西头道街7号	150036	
27	杭州立讯科技有限公司	杭州市莫干山路256号墅园大楼6楼	310005	0571-88826959
28	杭州意博高科电器有限公司	杭州市余杭区良运街326号	311112	0571-89009898
29	杭州中奥科技有限公司	杭州市九堡九盛路9号东方电子商务园A04幢1-2楼	310019	0571-86717986
30	航天科技控股集团股份有限公司	北京市丰台区海鹰路1号海鹰大厦15层1508室	100070	
31	合肥文康科技有限公司	安徽省合肥市高新区香樟大道168号科技实业园B1栋	230088	0551-62553661
32	河南丽视电子技术有限公司	郑州市农业路72号国际企业中心B座2811室	450000	0371-63286191
33	惠州亿纬锂能股份有限公司	广州省惠州市仲恺高新区亿纬工业园	516006	
34	江苏盛天交通科技有限公司	江苏省常州市武进区科教城天鸿楼十楼1005室	213164	0519-89191760
35	卡斯柯信号有限公司	上海市西藏北路489号11号楼7楼	200071	021-56637080
36	科进英华（北京）智能交通技术有限公司	清华大学旧水利楼310室	100190	010-62155498
37	莱茵检测认证服务（中国）有限公司	北京市朝阳区中路乙10号艾维克大厦707室	100022	010-65666660
37	辽宁奇辉电子系统工程有限公司	沈阳市铁西区建设东路43号和谐大厦A座2409室	110021	
38	辽宁天久信息科技产业有限公司	沈阳经济技术开发区六号街9号	110141	024-85810999
39	南京多伦科技股份有限公司	南京市江宁区科学园天印大道1555号	211112	025-52168888
40	普天新能源有限责任公司	北京市海淀区北二街6号10层	100080	010-82484949

续表

序号	单位名称	通信地址	邮编	电话
41	青岛依鲁光电显示有限公司	青岛市城阳区青威路南头流亭立交桥北	266108	0532-89087078
42	上海爱谱华顿电子科技（集团）有限公司	北京市朝阳区芍药居北里101号楼世奥国际中心A座2205室	100029	010-82684071
43	上海慧昌智能交通系统有限公司	上海市徐汇区桂平路555号45号楼	200233	021-64857700
44	上海经达实业发展有限公司	上海市建国西路285号科投大厦11层	200031	021-64452140
45	上海玖开电线电缆有限公司	北京市朝阳区成寿寺路140号院13号楼102室	100078	010-57239905
46	上海美慧软件有限公司	上海市四川北路2261号嘉兰大厦12层	200081	021-56662788
47	上海天缘迪柯信息技术有限公司	上海市浦东新区灵岩南路295号17号楼4层	200126	021-68329002
48	上海遥薇（集团）有限公司	上海市嘉定区南翔镇翔乐路358号	200433	021-39199523
49	上海智合电子科技有限公司	上海市中山西路1919号B座411	200235	021-54313662
50	深圳市大族元亨光电股份有限公司	深圳市宝安区福永街道重庆路128号大族激光工业园4栋	518103	
51	深圳市航盛电子股份有限公司	深圳市宝安区福永和平村福园一路航盛工业园技术中心	518103	0755-29776784
52	深圳市凯达尔科技实业有限公司	深圳市南山区西丽同沙路168号凯达尔集团中心大厦A座23层	518055	0755-33286333
53	深圳榕亨实业集团有限公司	深圳市罗湖区莲塘鹏基工业区702栋四楼东	518014	0755-25701111
54	深圳市微驾智能交通科技有限公司	深圳市宝安区沙井镇万丰村财富公馆20号	518111	0755-32997527
55	深圳市易行网交通科技有限公司	深圳市南山区高新南四道9号科技园公交总站3楼	518040	0755-83135079
56	深圳市英尔科技有限公司	深圳市福田区下梅林北环大道7008号通业大厦（南塔）1208室	518049	0755-83881332
57	深圳市中盟科技股份有限公司	深圳市南山区海德三道天利中央商务广场C座30楼	518057	0755-26743555
58	深圳我行我速电子商务有限公司	深圳市福田区益田花园二期19栋10层1002室	518000	0755-23480745
59	沈阳聚德视频技术有限公司	沈阳市东陵区白塔二南街16号	110179	024-23921661
60	石家庄优创科技股份有限公司	石家庄市新华路159号华泰家园都市名苑E座	050000	0311-85868655
61	四川川大智胜软件股份有限公司	成都市武科东一路七号	610045	028-85372612/13
62	四川美通智能科技股份有限公司	四川成都高新区紫荆西路元华一巷6号	610041	028-81518399

续表

序号	单位名称	通信地址	邮编	电话
63	四川省集创科技有限责任公司	成都市青羊区西华门街17号天府中心1012	610000	028-86639999
64	四川师范大学交通信息与控制研究所	四川省成都市龙泉驿区成龙大道二段1819号四川师范大学计算机科学学院	610101	
65	太原市高远时代科技有限公司	太原市长冈街133号千禧大厦22层	030006	0351-7032817
66	万达信息股份有限公司	上海市联航路1518号	201112	021-24178888
67	无锡赛新投资管理有限公司	北京市朝阳区林萃东路国奥村西区A14单元901室	100101	010-84378461
68	吴江智远信息科技发展有限公司	江苏省苏州市吴江区联杨路600号（原长安路）	215200	0512-63030639
69	西安翔迅科技有限公司	西安市太白北路156号	710068	029-88151308
70	新疆正阳交通规划设计研究所（有限公司）	新疆乌鲁木齐市延安路1230号新大南区机械院汽车与交通工程研究所	830047	0991-8592321
71	徐州西尼科自动化控制技术有限公司	江苏省徐州市经济开发区经五路西科技企业产业园B1	221004	0516-87936910
72	郑州市加滋杰交通科技股份有限公司	郑州市金水区杨金璐外包产业园9号C5	450000	0371-68080015
73	郑州市圣兰电子技术有限公司	郑州市高新区翠竹街1号总部企业基地28号楼7层	450000	0371-65825150
74	中国软件评测中心	北京市海淀区紫竹院路66号赛迪大厦12层	100048	010-88559301
75	中国移动通信集团辽宁有限公司	中国辽宁沈阳市浑南新区新隆街6号	110179	
76	中国中铁二院工程集团有限责任公司	四川成都通锦路三号	610000	028-87665374
77	珠海龙码科技有限公司	珠海市唐家湾镇哈工大路1号博士楼2层C-206	519000	
187	松下电器（中国）有限公司	北京市朝阳区景华南街5号远洋光华中心C座3层、6层	100020	010-65626692
188	北京鼎盈视通安全科技有限公司	北京市西城区广安门南街36号天缘公寓A座2303	100054	010-52497479
189	河北视华电子产品有限公司	河北省邯郸市涉县经济开发区开元大街视华工业园	56400	0310-3883530
190	华为技术有限公司	北京市海淀区上地信息路3号华为大厦	100085	010-82882881
191	扬州鑫通交通科技有限公司	扬州市扬州北郊郭集团工业园	225654	0514-84247878
192	重庆港宇高科技开发有限公司	重庆市北部新区星光大道60号金星大厦B栋6层	401121	023-67681366

续表

序号	单位名称	通信地址	邮编	电话
193	福州北科大舟宇电子有限公司	福州市鼓楼区铜盘路软件园C区13栋101-103室	350003	0591-63661033
194	杭州柏年光电标饰有限公司	浙江省杭州市钱江经济开发区南公河路1号	311100	0571-56039999

第二章

中国智能交通研究单位名录

中国智能交通研究单位名录

华北地区
国家智能交通系统工程技术研究中心
国家铁路智能运输系统工程技术研究中心
国家道路交通管理工程技术研究中心
北京交通发展研究中心
城市交通运行仿真与决策支持北京市重点实验室
北京市交通信息中心
北京交通大学城市交通复杂系统理论与技术教育部重点实验室
北京交通大学轨道交通控制与安全国家重点实验室
北京交通大学中国综合交通研究中心
北京交通大学中欧智能交通培训中心
北京交通大学中英智能交通研究中心
北京工业大学交通研究中心
北京航空航天大学国家空管新航行系统技术重点实验室
北京航空航天大学车路协同与安全控制北京市重点实验室
北京航空航天大学北京市智能交通研究实验中心
北方工业大学智能交通系统研究所
清华大学交通研究所
清华大学自动化系ITS联合实验室
清华大学汽车安全与节能国家重点实验室
城市交通技术转移（北京）中心
北京世纪新运交通运输科技应用研究所
北京四通智能交通系统集成有限公司ITS研究中心
亿阳集团智能交通研究院
北京易华录信息技术股份有限公司智能交通研究院
中国智能交通系统（控股）有限公司研究院
天津市公安局公安交通管理局科研所
军事交通学院交通信息工程及控制学科实验室
交通运输部科学研究院城市交通研究中心

续表

东北地区
黑龙江省交通科学研究所
大连理工大学交通运输学院智能交通研究所
哈尔滨工业大学交通安全特种材料与智能化控制交通行业重点实验室
黑龙江省智能交通管理与技术重点实验室
吉林大学交通学院
辽宁公安厅公安交通管理局科研所
华东地区
公安部交通管理科学研究所
上海市交通信息中心
上海市城市综合交通规划研究所
同济大学智能交通运输系统研究中心
同济大学道路与交通工程教育部重点实验室
同济大学中德交通研究中心
同济大学智能交通高等研究院
上海市智能交通与系统仿真技术研究所
上海交通大学智能车辆技术研究所
上海交通大学智能机电系统控制研究所
中国科学院上海微系统与信息技术研究所
浙江大学交通工程研究所
浙江工业大学智能交通联合研究所
上海电科智能系统股份有限公司智能交通研究院
东南大学智能运输系统研究中心
东南大学教育部智能运输系统工程研究中心
浙江省交通科学研究所
江苏省感知交通信息服务工程技术研究中心
杭州市综合交通研究中心
南京智能交通产业研究院
青岛市智能运输系统工程技术研究中心
无锡物联网产业研究院
上海市路网智能交通技术研究所
安徽省智能交通（ITS）工程研究中心
安徽省智能交通重点实验室

续表

华中地区
武汉市交通科学研究所
武汉大学交通研究中心
武汉理工大学智能交通系统研究中心
水路公路交通安全控制与装备教育部工程研究中心
长沙理工大学智能交通与车路协同技术研究所
湖南大学
华南地区
广州市交通规划研究所
广州交通信息化建设投资有限公司智能交通研究中心
华南理工大学智能交通系统与物流技术研究所
中山大学智能交通研究中心
中山大学广东省智能交通系统重点实验室
深圳市智能交通中心
西南地区
昆明市城市交通研究所
重庆交通大学畅通重庆研究所
重庆市交通运输工程重点实验室
西南交通大学
西北地区
长安大学
兰州交通大学
西安交通大学

第三章

历届中国智能交通年会

历届中国智能交通年会

2005 年　上海

2005 年 12 月 9 ～ 10 日，“第一届中国智能交通年会”在上海成功举办。科技部、交通部、信息产业部、民航总局、国家标准化管理委员会、中国人民解放军总后勤部、中国科学院高技术研究与发展局等全国智能交通系统协调指导小组成员单位分别派代表 300 多人参加了会议，第一届年会的成功举办有助于掌握智能交通技术开发研究、系统集成、产品开发、示范应用以及产业化等方面的现状和发展趋势。

2006 年　北京

2006 年 12 月 20 日，主题为“ITS 的现状与未来”的“第二届中国智能交通年会”在北京成功召开。科技部、交通部、公安部、北京市委以及相关部委领导和专家出席了此次会议并发言。全国智能交通系统指导小组成员单位、智能交通业内专家、行政部门、研究机构、国内各大院校、企业、协会、行业媒体以及日本智能交通协会、韩国智能交通协会、欧洲智能交通协会的代表等各界人士参会，共计 500 余人，大家齐聚一堂，共同见证中国智能交通取得的发展成就。

2007 年　南京

2007 年 12 月 14 ～ 15 日，由全国智能交通系统协调指导小组主办，东南大学和国家道路交通管理工程技术研究中心承办的第三届中国智能交通年会在南京举行。科技部副部长曹健林、江苏省副省长何权和我校校长易红分别在开幕式上致辞，南京市副市长许慧玲、江苏省科技厅厅长朱克江、我校副校长沈炯、江苏省及南京市的相关部门负责人，全国智能交通系统协调指导小组成员单位等相关政府部门领导，全国智能交通系统专家顾问组与专家咨询委员会，国家“863”计划现代交通技术领域专家组成员和部分科研院所、高等院校、智能交通企业的代表 400 余人参加了会议。

2008 年　青岛

2008 年 9 月 26 ～ 27 日，“第四届中国智能交通年会”在青岛成功召开。年会主题“交通安全”，就国内外智能交通发展趋势，我国在智能交通领域最新研究成果，展望智能交通技术、应用和产业化发展远景等方面进行研讨，并就交通安全、智能控制、交通领域节能减排等国内最新科技成果和管理应用经验进行交流。

2009 年　深圳

2009 年 12 月 11 ～ 13 日，由中国智能交通协会主办的“第五届中国智能交通年会暨第六届国际节能与新能源汽车创新发展论坛和展览”在深圳隆重举行。本次活动以“智能交通，新能源汽车——创造出行新方式”为主题，国内外与会嘉宾就我国道路交通建设规划、智能交通发展战略、国家道路交通安全科技、中国高速列车发展与智能化、汽车产业发展、新能源汽车示范推广规划和相关政策以及国际智能交通等领域最新发展动向作主题报告。

2011 年　北京

2011 年 9 月 6 ～ 10 日，中国智能交通协会联合全国智能交通系统协调指导小组、全国清洁汽车行动协调领导小组在北京主办了“2011’第六届中国智能交通年会暨中国国际智能交通展览会、第七届国际节能与新能源汽车创新发展论坛暨展览会”。活动以“智能交通新能源汽车——低碳绿色出行”为主题，有来自国内外智能交通及节能与新能源汽车领域的近 600 人参加。本次活动为推动我国智能交通、节能与新能源汽车、汽车电子等产业战略发展，促进交通、汽车行业的技术融合和创新成果推广应用做出了积极贡献。

2012 年　北京

2012 年 9 月 26 ～ 28 日，由中国智能交通协会主办的“2012’第七届中国智能交通年会”在北京成功召开。会议以“智能交通感知新生活”为主题，来自科技部、工业和信息化部、住房和城乡建设部、交通运输部、铁道部、中国民航局、总后军交部等有关部门以及地方科技、公安、交通等部门，协会组织机构以及国内外交通、汽车、信息、电子等行业的近 400 位代表参加了学术会议。本次活动的成功举办，对于推动我国智能交通技术、产业发展、创新成果推广应用发挥了重要作用。

2013 年　合肥

2013 年 9 月 26 ～ 28 日在安徽合肥举办。年会主题“智能交通 - 创造智慧未来”，本次会议有 400 余位智能交通行业专家、同仁参加。本次年会包括中国智能交通年会全体大会、中国智能交通科学技术奖颁奖典礼、城市交通发展论坛、交通安全技术论坛、智能交通产业论坛、车联网及通信技术论坛、学术交流会、创新成果展示、技术考察等丰富的内容，是一次集政策解析、技术交流、学术研讨、市场分析、成果展示、科普宣传等于一体的权威盛会。

第四章

历届智能交通世界大会

历届智能交通世界大会

智能交通世界大会是由智能交通国际组织发起的智能交通世界大会，从 1994 年开始，每年举办一届，目的是推动智能交通领域前沿技术的研究，推广智能交通系统的应用，主办城市分别从欧洲、亚太地区和美洲国家中轮流选定。随着世界各国对智能交通重要性的认识，智能交通世界大会的规模也在逐届扩大。智能交通世界大会已成为智能交通领域规模最大、范围最广、影响最强的综合性国际会议。第十四届智能交通世界大会将于 2007 年 10 月 9-13 日在中国北京召开。

智能交通系统（IntelligentTransportSystems，缩写 ITS）将先进的信息技术、数据通信传输技术、电子控制技术及计算机处理等技术综合运用于整个交通运输管理体系，通过对交通信息的实时采集、传输和处理，借助各种科技手段和设备，对各种交通情况进行协调和处理，建立起一种实时、准确、高效的综合运输管理体系，从而使交通设施得以充分利用，提高交通效率和安全，最终使交通运输服务和管理智能化，实现交通运输的集约式发展。ITS 是现代化交通运输体系的发展趋势，ITS 涉及领域广泛，具有巨大的市场容量，这一新兴产业已成为全球最大产业之一，对未来世界将产生深刻影响。

第 01 届 1994——Paris,France 巴黎，法国

第 02 届 1995——Yokohama,Japan 横滨，日本

第 03 届 1996——Orlando,USA 奥兰多，美国

第 04 届 1997——Berlin,Germany 柏林，德国

第 05 届 1998——Seoul,Korea 汉城，韩国

第 06 届 1999——Toronto,Canada 多伦多，加拿大

第 07 届 2000——Turin,Italy 都灵，意大利

第 08 届 2001——Sydney,Australia 悉尼，澳大利亚

第 09 届 2002——Chicago,USA 芝加哥，美国

第 10 届 2003——Madrid,Spain 马德里，西班牙

第 11 届 2004——Nagoya,Japan 名古屋，日本

第 12 届 2005——SanFrancisco,USA 旧金山，美国

第 13 届 2006——London,UK 伦敦，英国

第 14 届 2007——Beijing,China 北京，中国

第 15 届 2008——NewYork,USA 纽约，美国

第 16 届 2009——斯德哥尔摩，瑞典

第 17 届 2010——釜山，韩国

第 18 届 2011——奥兰多，美国
第 19 届 2012——维也纳，奥地利
第 20 届 2013——东京，日本